BELGIQUE
ET
HOLLANDE.

PAR

M. VAN HASSELT,

MEMBRE DE L'ACADÉMIE ROYALE DE BRUXELLES, ETC. ETC.

PARIS,

FIRMIN DIDOT FRÈRES, ÉDITEURS,

IMPRIMEURS-LIBRAIRES DE L'INSTITUT DE FRANCE,
RUE JACOB, N° 56.

M DCCC XLIV.

L'UNIVERS.

HISTOIRE ET DESCRIPTION
DE TOUS LES PEUPLES.

BELGIQUE ET HOLLANDE.

PARIS.
TYPOGRAPHIE DE FIRMIN DIDOT FRERES,
IMPRIMEURS DE L'INSTITUT,
rue Jacob, 56.

PRÉFACE.

Peu de pays en Europe ont une histoire aussi étrangement enchevêtrée, et aussi difficile à coordonner dans un ensemble clair et facile à saisir que celle des Pays-Bas, non-seulement à cause du morcellement infini du territoire de ces provinces en seigneuries séparées et indépendantes les unes des autres, mais encore à cause des directions diverses que prit, dès les premiers siècles, leur développement intérieur, selon les influences de race, d'origine et d'intérêt, et selon les influences politiques extérieures sous lesquelles elles se trouvèrent placées. En effet, si nous remontons aux premières pages des annales de ce pays, nous le voyons, même avant l'invasion romaine, occupé par des populations hostiles entre elles, bien qu'elles soient des rameaux sortis du grand tronc germanique. Plus tard, elles ne s'unissent un instant que pour briser le joug imposé par les Romains. A l'époque de l'invasion des peuples barbares, la Belgique fait partie des Gaules, et la Hollande, de la Germanie. Sous la domination des Franks, une sous-division des Pays-Bas a lieu; et la Belgique voit passer la limite de l'Austrasie et de la Neustrie à travers ses provinces. Charlemagne, il est vrai, efface un moment cette délimitation avec son épée, et réunit dans un formidable empire les deux grandes fractions des Pays-Bas. Mais dès que cet empereur fut tombé, aussitôt de nouvelles divisions survinrent. Nos frontières ont une mobilité inouïe; elles se déplacent à chaque instant, avec une rapidité que l'œil a peine à suivre. Deux forces attirent tour à tour nos provinces, la France et l'Allemagne, selon les hasards des luttes auxquelles donnent lieu les querelles incessantes que chaque jour renouvelle entre les successeurs de Charlemagne. Plus tard, arrive le moment où les comtes, de bénéficiaires qu'ils étaient, deviennent héréditaires, et se font seigneurs et princes presque indépendants, au lieu de rester simples officiers du souverain. C'est le comte de Flandre, qui, à la fois vassal de la France et de l'Allemagne, reconnaît deux suzerains souvent ennemis, toujours rivaux; ce sont les comtes de Hainaut, de Namur, de Luxembourg, de Louvain et de Limbourg, qui appartiennent au duché de Lotharingie, mais dont l'obéissance est réduite à un stérile hommage, par la faiblesse des empereurs d'Allemagne. Pendant ce temps, dans le nord des Pays-Bas, la Hollande et la Gueldre ont leurs comtes dépendants de l'Empire; Utrecht a ses évêques souverains, comme Liége a les siens; et enfin les Frisons, fidèles à leurs anciennes coutumes germaniques, commencent cette lutte, qu'ils ont continuée pendant tout le moyen âge avec une si incroyable énergie, contre toutes les formes et toutes les institutions de la féodalité. Bientôt la Lotharingie est divisée en haute et basse Lotharingie : la première englobe le comté de Luxembourg; la seconde embrasse tout le reste des provinces belges, à l'exception de la Flandre française; et la maison de Louvain en est investie dans la personne de Godefroid, surnommé le Barbu, qui fixe dans sa famille le titre de duc de Brabant et de Lothier.

Telles sont les principales divisions qui partagèrent les provinces des Pays-Bas pendant une grande partie du moyen âge. Au-dessous de celles-là se groupaient des sous-divisions sans nombre : ici, des seigneuries que ne rattachait pas même le lien féodal aux comtés ou aux duchés au milieu desquels elles formaient des enclaves; là, des abbayes puissantes dont la crosse valait l'épée de ces seigneuries. Jusque vers la fin du XIVe siècle, toutes ces provinces, celles de Belgique aussi bien que celles de Hollande, n'avaient eu pour souverains immédiats que des princes issus de leur sol. Mais à cette époque commence le règne de l'étranger. La mort de Louis de Male introduit la Flandre dans la maison de Bourgogne; et le duc Philippe le Hardi ceint la couronne de ce riche comté, le premier de ces vastes domaines dont son petit-fils Philippe le Bon fera, par la réunion de presque toutes les seigneuries des Pays-Bas, un État assez puissant pour que Charles le Téméraire songe sérieusement à l'ériger en royaume. Sous Marie de Bourgogne, ces pays entrèrent dans la domination espagnole, pour se morceler de nouveau, sous Philippe II, en provinces belges et en provinces hollandaises. Celles-ci formèrent au XVIe siècle une république que Napoléon brisa, tandis que celles-là passèrent sous le sceptre de l'Autriche, pour être absorbées par la grande république française.

Pendant tout ce temps que voyons-nous ? des provinces belges, et pas une Belgique; des provinces hollandaises, et une Hollande qui apparaît seulement au XVIe siècle. Pendant la période antérieure à la domination bourguignonne, ce sont vingt petits États toujours opposés d'intérêts, toujours en querelles, toujours en lutte, toujours en guerre; et même dans chacun de ces petits États ce sont de riches communes, de florissantes cités toujours en dispute entre elles, ou avec leur propre souverain. L'unité nationale ne fait aucun progrès sous la domination bourguignonne, car l'action gouvernementale n'avait pu s'étendre partout d'une manière uniforme. Sous l'Espagne et sous l'Autriche, non-seulement les deux grandes fractions des Pays-Bas, mais les provinces elles-mêmes, ne cessent de se heurter et de se froisser entre elles, tant leurs intérêts les divisent, tant elles sont séparées l'une de l'autre par les régimes différents sous lesquels elles vivent.

On comprend aisément qu'au milieu de toutes ces influences diverses et opposées, il est difficile, impossible même, de donner de l'unité au récit de l'histoire des Pays-Bas, et surtout à celle des provinces belges prises isolément, si l'on veut se borner à celle-là. Aussi, dans tous les ouvrages sur cette matière que nous avons vus éclore depuis quelques années en si grande abondance, se manifeste-t-il un embarras et une confusion étranges. Les uns ont groupé les histoires des diverses provinces, en ne leur prêtant qu'une importance secondaire, autour du duché de Brabant; les autres ont pris pour centre la Flandre, en négligeant plus ou moins les autres seigneuries. Il y en a qui se sont bornés à dérouler aux yeux de leurs lecteurs une suite de tableaux qui ne sont liés entre eux que par l'une ou l'autre de ces formes extérieures et banales qu'on appelle transitions. Enfin, il s'en trouve qui ont eu recours au système des périodes historiques, sans s'être inquiétés de la justesse de ces périodes, et sans s'être demandé si elles existent pour toutes les seigneuries à la fois. Aucune de ces méthodes n'a réussi à exposer l'histoire des Pays-Bas dans un ensemble clair et intelligible.

La forme que nous avons adoptée dans cette histoire est celle de l'ouvrage du professeur Leo, *Zwoelf Buecher neiderlaendischer Geschichten*. Elle nous a paru la plus naturelle, et en même temps la plus propre à guider d'un pas sûr le lecteur dans ce grand dédale de notre histoire.

Nous avons tâché de mettre notre ouvrage à la hauteur des recherches historiques qui, depuis quelques années, ont été poursuivies avec tant d'ardeur en Belgique et en Hollande par MM. Raepsaet, Dewez, Ernst, Nothomb, les barons de Gerlache, de Reiffenberg et de Saint-Genois, les chanoines de Smet et de Ram, Willems, Gachard, Moke, Marchal, Polain, Schayes, Borgnet, Goethals, Groen van Prinsterer, van Kampen, et tant d'autres. Nous avons profité des travaux de tous ces écrivains, nous leur avons même fait souvent de larges emprunts, à eux et à cinquante autres ; et si nous n'avons pas indiqué constamment les sources où nous avons puisé, ç'a été pour ne pas embarrasser par des notes au bas des pages ; car un livre de la nature de celui-ci ne comporte pas un pareil étalage d'érudition, et doit se borner à l'exactitude des descriptions et à la vérité des faits.

La partie consacrée à l'histoire des arts et des lettres dans les Pays-Bas aurait mérité de plus grands développements. Elle fournirait à elle seule la matière d'un livre plein d'intérêt. Malheureusement il nous a fallu nous borner à n'en donner qu'un résumé fort rapide.

Quant aux détails statistiques, ils sont exclusivement puisés dans des documents officiels.

Bruxelles, janvier 1844.

A. v. H.

L'UNIVERS,

ou

HISTOIRE ET DESCRIPTION

DE TOUS LES PEUPLES,

DE LEURS RELIGIONS, MOEURS, COUTUMES, ETC.

LA BELGIQUE.

INTRODUCTION.

Il y a peu de pays en Europe qui, sur une étendue territoriale aussi étroite, présentent un aspect aussi varié que la Belgique. A l'ouest, ce sont les deux Flandres, avec leurs villes si pittoresques et si industrieuses : Ostende, qui est assise sur la mer du Nord; Bruges, qui ne garde plus de son glorieux passé que le souvenir des comtes de Flandre, les tombes de Charles le Téméraire et de Marie de Bourgogne, les tableaux de Van Eyck et de Memling; Gand, qui conserve encore dans ses monuments, dans ses archives, et dans le sang énergique de ses bourgeois, les traditions de sa fière et opulente commune. Au midi, c'est la province de Hainaut, avec ses cités presque françaises : Mons, que l'on croit bâti sur l'emplacement de cet ancien camp romain que Quintus Cicéron, frère de l'orateur, défendit avec tant de vigueur contre les attaques d'Ambiorix, chef des Éburons; Tournai, qui se glorifie d'avoir été, au milieu du Ve siècle, le siége du royaume des Franks, et qui montre avec orgueil sa cathédrale romane, dont les bases furent jetées sous la race mérovingienne; puis, les provinces de Namur et de Luxembourg, dont la première nous amène la Meuse, et étale, sur les bords de son fleuve, les ruines historiques de ses vieux châteaux, et dont la seconde fournit cinq empereurs à l'Allemagne, et garde dans une de ses villes un nom que Godefroid de Bouillon rendit si célèbre dans la Palestine. A l'orient, voici la province de Liége, où restent encore tant de vestiges des luttes héroïques qu'elle soutint, et de la splendeur dont elle jouit sous la souveraineté de ses princes-évêques; et une partie de ce Limbourg, où le premier roi des Franks fut élevé sur le pavois. Enfin, au nord, voilà les vastes bruyères par lesquelles le Limbourg occidental se relie à la province d'Anvers.

Cette province, ainsi que les deux Flandres, présentent dans leurs paysages un caractère de tristesse et de monotonie que la richesse du sol et la variété incroyable de la culture ne parviennent pas à corriger entièrement. Ce sont de vastes plaines à perte de vue, des horizons qui n'ont d'autre bornes que les nuages, des lointains qui ne finissent pas, des lignes qui se répètent à chaque plan de la perspective avec une uniformité que le peintre trouverait désespérante, si l'exubérance presque fabuleuse de la nature n'y étalait toutes les mille couleurs de ses produits. Au contraire, tournez-vous du côté du Hainaut, d'une partie du Brabant, des provinces de Luxembourg, de Liége, de Namur et du Limbourg oriental, vous y trouverez les sites les plus variés et les plus charmants : c'est un terrain accidenté, tourmenté par endroits, brisant ses lignes de la manière la plus pittoresque; offrant ici de grandes masses de forêts, là des rochers abruptes, et affectant mille formes bizarres qui défient le langage de la géométrie. Autant l'Escaut flamand se promène avec lenteur et gravité à travers ses vertes prairies et ses opulents pâturages, autant la Meuse wallonne se précipite avec énergie et turbulence dans son lit, bordé des deux côtés de longs rideaux de rochers tantôt âpres et nus, tantôt revêtus de la plus belle verdure, jardins ou vignobles, bois ou champs.

Ces deux fleuves sont une image frappante des deux populations dont la Belgique se compose, de sa population flamande et de sa population wallonne. La première, d'origine saxonne, a pour trait principal une sage lenteur toute germanique, un singulier mélange de réserve et de cordialité, une franchise qui touche presque à la brusquerie, un amour inné et profond de ce qui a été, un inébranlable attachement à ses vieilles institutions, à ses vieilles franchises, à ses vieilles libertés. La seconde, d'origine franke, a toute la vivacité romane, toute la mobilité romane. Aussi cordiale, aussi franche que l'autre, elle n'en a point la retenue, un peu froide, en apparence, au premier abord. Elle est plus vive, plus enjouée, plus spirituelle, tandis que l'autre est plus méditative et a l'esprit plus penseur. La population belge se présente ainsi sous une double face. Elle a deux têtes, comme Janus : une tête flamande, rebondie, exubérante, peau blanche, yeux bleus, cheveux blonds; et une tête wallonne, expressive, énergique, carnation brune, yeux noirs, cheveux noirs. Vous reconnaîtrez sans peine chacune de ces races, non-seulement à leur physionomie et à leur langage, mais encore à toute leur manière d'être et de vivre. Mais c'est surtout dans leurs institutions locales et dans leurs fêtes, que ce double caractère se révèle de la façon la plus tranchée. Le Flamand a conservé dans ses villes et jusque dans ses villages les sociétés d'arbalétriers et d'archers, filles des anciennes compagnies militaires de ses redoutables et puissantes communes, et les sociétés de rhétorique, issues de ses vieilles corporations littéraires, auxquelles les cours d'amour et les puys du moyen âge donnèrent naissance. Le Wallon n'a que des sociétés de musique. Tout chante dans les provinces wallonnes : la musique sort des mines d'où l'on extrait la houille, des ateliers où l'on forge et martèle le fer, des usines où gronde le bruit des machines et des hauts fourneaux, des forêts où l'on traque les loups et les sangliers, des carrières d'où s'extrait le marbre ou l'ardoise. Elle vous accoste le matin dans les rues; elle vous poursuit tout le long du jour, en sortant par bouffées de chaque maison; elle vous enlace, les soirs d'été, avec les joyeuses farandoles qui serpentent et se déroulent autour de vous au clair de la lune.

La diversité d'esprit qui anime et de caractère qui distingue ces deux populations ressort d'une manière bien plus frappante encore de leur histoire même dans le récit de laquelle nous allons maintenant introduire le lecteur.

LA BELGIQUE SOUS LA PÉRIODE ROMAINE ET SOUS LES ROIS DE LA PREMIÈRE RACE.

On est généralement d'accord sur l'origine germanique de la plupart des peuplades dont se composait la Belgique avant l'arrivée des Romains dans nos provinces. Quelques-unes, selon un historien qui a jeté de grandes lumières sur nos premières annales, M. Raepsaet, étaient originaires du Pont-Euxin, et quittèrent leur pays natal par transmigrations partielles et successives, pour venir s'établir dans le nôtre, dès le troisième siècle avant l'ère chrétienne. Quoi qu'il en soit, le territoire belge était occupé par cinq nations principales, qui étaient: les Nerviens, les Tréviriens, les Ménapiens, les Morins et les Éburons. Les Nerviens occupaient le Cambrésis, le Hainaut, et une partie du Brabant et de la Flandre. Les Tréviriens tenaient la plus grande partie du duché actuel de Luxembourg et du pays de Trèves. Les Ménapiens s'étendaient dans la Flandre orientale, dans la Zélande et dans la Campine. Les Morins dominaient dans la Flandre occidentale, et occupaient tout le territoire qu'embrassa, dans la suite, le diocèse de Térouanne, qui conserva longtemps la dénomination d'*Ecclesia morinensis*. Enfin, les Eburons habitaient en grande partie entre le Rhin et la Meuse, depuis Dinant jusqu'à Ruremonde; ils englobaient ainsi le Condroz, les duchés de Limbourg et de Juliers, et, sur la rive gauche de la Meuse, presque toute la partie actuelle des provinces de Namur, de Liége et de Limbourg. Au-dessous de chacun de ces cinq peuples principaux se groupaient un grand nombre de peuplades qui étaient en quelque sorte leurs clients ou leurs tributaires.

Telle était la composition de la Belgique, lorsque Jules César, pour s'apprêter à commencer avec avantage sa lutte contre Pompée, et se rendre maître de son armée avant d'essayer de se rendre maître de l'empire, entra dans nos provinces. Il avait conquis la plus grande partie des Gaules, et s'avançait maintenant vers le nord pour soumettre les Belges à ses armes. Ce fut l'an 57 avant J. C. Ils formèrent aussitôt une ligue, à la tête de laquelle se placèrent les Nerviens, sous les ordres de leur chef Boduognat, et au bord de la Sambre fut livrée la fameuse bataille de Prêle, où, après une lutte acharnée et terrible, presque tous les Nerviens furent exterminés. Les Ménapiens et les Morins tombèrent l'année suivante. Bientôt après, une ligue nouvelle s'organisa, dans laquelle entrèrent les populations comprises entre l'Escaut, la Samore et le Rhin. Elle se mit sous le commandement d'Induciomare, chef des Tréviriens, et d'Ambiorix, chef des Éburons; mais elle succomba à son tour sous les armes romaines. L'an 51 avant J. C., les aigles de César dominaient sur toute la Belgique.

Dès lors, s'attachant à la fortune du vainqueur, et comme pour se venger de la république, dont la puissance les avait soumis, les Belges aidèrent César à la détruire. On sait qu'ils figurèrent à la journée de Pharsale. Auguste réduisit leur pays en provinces de l'empire, et s'appliqua à éteindre leur nationalité, et à leur faire adopter les mœurs et les coutumes romaines. Cette domination fut lourde, comme on peut facilement penser, à ces populations, pour lesquelles la liberté avait tant de prix. Mais elle leur fournit les moyens de se préparer à secouer le joug étranger. Introduites dans ces armées qui faisaient et défaisaient les empereurs romains, elles contribuèrent à ruiner la puissance impériale, comme elles avaient secondé César dans la destruction de la république. Ce n'est pas cependant qu'elles s'appliquassent uniquement à se venger de leurs maîtres; elles cherchaient aussi à implanter dans nos provinces quelques éléments de civilisation. Ainsi, dès les premiers siècles de l'empire, l'industrie et le commerce belges avaient acquis une certaine importance. Les Atrébates fournissaient déjà leurs tissus au luxe italien, tandis que les Ménapiens faisaient un grand trafic de viandes salées, et que l'agriculture recherchait de toutes parts la marne de notre sol.

Au troisième siècle de l'ère chrétienne, commencent ces terribles mouvements des peuples septentrionaux dans l'empire romain. Les Franks, défaits par Probus, sont transplantés sur la rive gauche du Rhin, et servent à rendre aux Belges ce caractère âpre et sauvage que le contact de leur pays avec le reste de l'empire avait si grandement adouci. Les Franks, les Allemands et les Saxons tombent dans la Gaule, et fournissent à nos provinces de puissants et nombreux alliés contre les Romains. Au IVᵉ siècle, les Franks ont leur capitale en Belgique; c'est la ville de Diest en l'an 428, c'est celle de Tournai en 480, c'est celle de Cambrai en 500. Chlovis a ainsi achevé d'abattre la domination romaine dans tout le territoire qui s'étend au nord de la Seine. Ses quatre fils lui succèdent, et se partagent ses vastes domaines. Chlotaire s'établit à Soissons, Childebert à Paris, Chlodomir à Orléans, Thierry à Metz. Le premier obtient dans sa part toute la partie de la Belgique située entre l'Escaut et l'Océan; le dernier, celle comprise entre l'Escaut et le Rhin. De là ces deux dénominations d'Austrasie et de Neustrie, par lesquelles l'histoire désigne les Franks orientaux et les Franks occidentaux. L'Austrasie se composait: du Cambrésis, du Hainaut, du Brabant, de Namur et de Liége; la Neustrie, de l'Artois, de la Flandre, du Tournaisis et de Lille.

Les fils de Chlodomir ayant été égorgés par leurs oncles, qui se partagèrent le royaume d'Orléans; Théodebald, petit-fils de Thierry, chef de l'Austrasie, étant mort sans postérité, et Childebert n'ayant laissé que des filles, Chlotaire se trouve, en 558, seul héritier de sa famille et maître de tous les États de Chlovis, agrandis de la Bourgogne et de quelques autres provinces. A sa mort survenue en 561, le royaume est de nouveau divisé par ses quatre fils en quatre parties, dont Chilpéric obtient la Neustrie, et dont l'Austrasie échoit à Sigebert. Ce partage donne lieu à une longue guerre civile, qui embrase la Belgique et qui se termine par le triomphe de Chlotaire II, fils de Chilpéric, lequel réunit toute la monarchie sous sa puissance. Il a pour successeur Dagobert I, sous le règne duquel l'Austrasie est envahie par une tribu de Slaves Vénèdes, et qui rend de grands services à la législation de ses peuples, et est même regardé par plusieurs savants comme l'auteur de la loi Ripuaire telle qu'elle nous est parvenue.

A partir du règne de **Dagobert**, c'est-à-dire de l'an 638, le gouvernement repose tout entier entre les mains des maires du palais, qui, d'abord simples majordomes de la maison royale, usurpent ensuite tous les pouvoirs de l'État. A cette époque aussi commence la période historique de ces rois connus sous le nom de *fainéants*. Ici l'histoire n'est plus qu'un tissu d'intrigues et de meurtres.

Dagobert lègue ses royaumes à ses deux fils. Chlovis II obtient la Neustrie et la Bourgogne, et Sigebert II l'Austrasie. Ce dernier meurt, et son héritier est écarté par le maire Grimoald, qui essaye de faire proclamer son propre fils, mais dont l'usurpation échoue contre l'indignation des Franks. Chlovis II, après avoir cumulé la triple royauté, meurt en 656, et ses trois fils Chlotaire III, Childéric II et Thierry III règnent pendant quelque temps dans les États indivis de leur père, administrés par le maire Erchinoald. Mais à celui-ci succède en 666 l'ambitieux Ébroin; et la Neustrie, après s'être violemment détachée du reste de l'empire frank, prend pour roi Childéric II, qui se déclare ouvertement l'ennemi d'Ébroin. Saint Léger prépare une révolution ministérielle, à la suite de laquelle Thierry III et le maire abhorré sont condamnés au cloître, et Childéric III placé à la tête des trois royaumes après la mort de son frère Chlotaire III, en 670. Childéric ne garde pas longtemps sa puissance; il est tué avec ses enfants. Lui mort avec sa race, Thierry III est tiré de son monastère et placé sur le trône. Ébroin reprend son office de maire, et y joint celui de bourreau, pour se venger de la disgrâce à laquelle on l'avait soumis. Il se rend de plus en plus odieux, et les leudes austrasiens, fatigués de son intolérable tyrannie, rappellent Dagobert II, fils de Sigebert II, qui se trouvait en exil en Irlande. Mais il ne monte sur le trône que pour en tomber assassiné. Alors les Franks austrasiens abolissent la royauté, et se donnent pour ducs Pepin d'Herstal et Martin, petit-fils de saint

Arnulphe. Pepin d'Herstal, ainsi appelé du nom que porte encore aujourd'hui un village situé près de Liége, était petit-fils du maire d'Austrasie sous Sigebert II, c'est-à-dire Pepin de Landen qui tira son nom du village de Landen, situé dans la Hesbaie, laquelle fut comprise plus tard dans la principauté de Liége. Après s'être fait ainsi le protecteur de l'aristocratie austrasienne, il prêta aussi son appui aux leudes neustriens, qui vinrent chercher auprès de lui un asile contre les persécutions des maires qui succédèrent à Ébroin. Il somma Thierry III et son maire Bertait de restituer aux églises et aux seigneurs les biens dont ceux-ci avaient été dépouillés. Mais, sur le refus du roi neustrien et de son maire, il prit les armes contre eux, et remporta la fameuse victoire de Testry, qui lui assura la conquête de la terre des Franks occidentaux. Ainsi devenu, en quelque sorte, maître absolu dans les deux royaumes, Pepin d'Herstal disposa trois fois de la couronne de la Neustrie en faveur de Clovis III, de Childebert III et de Dagobert III. Il mourut en l'an 711, et laissa la mairie à son petit-fils Théodobald et à Plectrude sa veuve, sans avoir égard à son fils Charles, qu'il avait eu de sa seconde femme Alpaïde, après avoir répudié Plectrude. Ce fils fut enfermé dans une étroite prison par la tutrice du jeune maire, qui fut bientôt lui-même dépossédé par les Neustriens. Le prisonnier, sorti des fers, se mit à la tête des Austrasiens et commença par la défaite des Frisons cette série de faits d'armes qui immortalisèrent le nom de Charles Martel. Les victoires de Vincchy et de Soissons obtenues sur les Neustriens en 717 et en 719, et surtout celle de Tours, remportée sur les Sarrasins en 732, assurèrent de plus en plus sa puissance, et lui permirent de disposer des deux royaumes en faveur de ses enfants. En effet, à sa mort, survenue en l'an 741, il laissa la mairie d'Austrasie à son fils Carloman, et celle de Neustrie à son fils Pepin qui fut surnommé le Bref. La retraite du premier au Mont-Cassin, en 747, livra bientôt l'Austrasie à son frère, qui, dès lors maître des deux royaumes, aspira à la dignité royale, et, après s'être assuré des grands, du clergé et du pape Zacharie, fit déposer par l'assemblée du champ de mars, à Soissons, le dernier roi d'Austrasie Childéric III. Dans ce prince, qui finit ses jours dans un cloître, s'éteignit la race des fainéants et des Mérovingiens; mais ce fut pour faire place à une race nouvelle, à celle qui donna Charlemagne au monde.

LA BELGIQUE SOUS CHARLEMAGNE ET SOUS SES SUCCESSEURS.

« Dès le quatrième siècle, dit le savant professeur Warnkoenig, auteur de l'Histoire de Flandre, le christianisme avait étendu ses progrès en Belgique et aussi en Flandre : les diocèses formés d'après la division des diverses peuplades et la circonscription des provinces romaines sont nommés, dès l'an 358, dans l'ouvrage de saint Hilarion, *De Synodis*. Mais des peuplades germaines qui firent irruption dans le pays avaient conservé la religion païenne ; c'est pourquoi l'on retrouve, au VIIe siècle, des missionnaires dans le Brabant, la Flandre et la Zélande. » Le clergé fut un des principaux appuis sur lesquels se fonda la deuxième race celles des Carolings. Pepin le Bref fit légitimer aux yeux des peuples son usurpation par le pape lui-même. Après avoir reçu le titre de roi dans l'assemblée tenue à Soissons en 752, après avoir été sacré par Boniface, archevêque de Mayence, il se fit sacrer aussi par le pontife romain Étienne II lequel s'était réfugié dans nos provinces pour échapper à Astolphe, roi des Lombards, qui menaçait le duché de Rome ; et, non content d'avoir ainsi fait confirmer ses droits par l'Église, il donna à son titre un vernis de légitimité en s'appelant souverain par la grâce de Dieu. Il maintint et affermit par la force de son épée ce qu'il avait conquis par son énergie. Il consolida sa puissance par les victoires qu'il remporta sur les Saxons, sur les Bavarois et sur les Lombards, et agrandit son influence en rétablissant le pape sur le siége de Rome. Après un règne court, mais glorieux et bien rempli, il mourut en 768, ayant partagé ses États entre ses deux fils Carloman et Charlemagne, dont le premier obtint l'Austrasie et la Bourgogne, et le second la Neustrie et l'Aquitaine. On a beaucoup dissert é sur le lieu de naissance de Charlemagne. La Belgique a surtout tenu à revendiquer comme sien le nom de ce glorieux prince, comme si des noms tels que celui-là n'appartenaient pas au monde entier. Selon une des nombreuses opinions que les historiens ont émises sur le berceau de Charlemagne, c'est à Jupille, village situé près de Liége, que naquit, le 10 avril 742, ce fils de Pepin le Bref. Son berceau aurait ainsi été placé non loin de celui de Pepin d'Herstal. Mais qu'importe? Le théâtre de sa gloire fut l'Europe, et les institutions qu'il laissa après lui appartiennent à la société du moyen âge tout entière.

Après la mort de leur père, les deux nouveaux rois furent couronnés le même jour, le 7 octobre 768 : Charlemagne à Noyon, et Carloman à Soissons. A l'avénement du premier, la conquête de l'Aquitaine, que Pepin le Bref avait faite sur Waïfre, descendant de Caribert II, premier duc aquitanien, était fort mal assurée encore. Caribert, et après lui ses successeurs, n'avaient cessé de reconnaître, sous certains rapports, la suprématie des rois franks. Waïfre essaya de s'affranchir de ce vasselage. Pepin résolut de le dompter, et de soumettre entièrement l'Aquitaine, sur laquelle il lança huit expéditions, et dont il fit le théâtre d'une guerre d'extermination, où le malheureux Waïfre opposa à l'ambitieux vainqueur une constance et une activité infatigables. Mais, trahi par les siens, il tomba sous le fer d'un assassin en 768, l'année même où Pepin mourut. Charlemagne eut ainsi, dès son arrivée au trône, à achever la soumission de l'Aquitaine, qui lui était échue en partage. Hunald, père de Waïfre, qui avait abdiqué la couronne ducale en faveur de son fils, et s'était retiré dans un couvent, était tout à coup rentré dans le monde pour défendre à la pointe de l'épée son héritage contre les Franks. Force fut donc à Charlemagne de prendre les armes contre Hunald. Il se mit en campagne avec son frère; mais, au moment où leur armée se disposait à franchir la Loire, Carloman rebroussa tout à coup chemin sans rien dire, et Charlemagne continua seul sa route, défit Hunald, et s'empara de l'Aquitaine tout entière. Cette expédition fut la première des cinquante-trois qui signalèrent le règne de ce puissant souverain, et qui furent entreprises pour trois motifs principaux : c'est-à-dire pour abattre la puissance des Lombards en Italie, pour rétablir en Espagne quelques émirs celtibériens que le calife arabe Abdérame I avait dépouillés de leurs gouvernements; enfin, pour dompter les Saxons, mal soumis par Pepin le Bref. Elles eurent pour résultat la conquête de l'Italie, l'établissement des émirs, qui furent remplacés, plus tard, par des comtes dans les marches espagnoles, et la soumission complète des Saxons. Charlemagne agrandit ainsi l'héritage de Pepin de l'Aquitaine, de la Gascogne, de la chaîne des Pyrénées et de toutes les provinces bornées par l'Èbre, de l'Italie jusqu'à la Calabre inférieure, de la Saxe, de presque toute la Germanie, de l'Istrie, de la Croatie, de la Dalmatie; enfin de toute la partie de l'Europe comprise entre le Danube, la Vistule et l'Océan. Telles étaient les limites de cet empire gigantesque qu'il se tailla avec sa grande épée dans la carte de l'Europe, et qui ne reconnaissait que lui seul pour maître; car son frère Carloman était mort depuis l'an 771, et ses deux neveux, Pepin et Siaghre, avaient disparu de l'histoire.

Des guerres de Charlemagne, celle qu'il fit aux Saxons eut seule un certain résultat pour la Belgique car elle introduisit dans nos provinces une grande partie de cette population qui, vaincue et arrachée de son pays, fut dispersée dans la Flandre et dans le Brabant, et se mêla aux anciennes races germaniques que les migrations et les invasions antérieures avaient jetées sur notre sol.

Ce prince, ayant basé sa vaste puissance sur toutes ces conquêtes, et tenant à la main une épée capable de les maintenir, trouva trop petit pour lui le titre de roi, qu'il avait porté jusqu'alors. Il se fit couronner empereur romain dans l'ancienne capitale du monde, le 25 décembre 799, par le pape Léon III. Il mourut à Aix-la-Chapelle le 28 janvier 815. « Charlemagne, dit M. Sismonde de Sismondi, présente un des plus grands caractères du moyen âge. Ce monarque, relativement à ses contemporains, avait tous les avantages d'un homme étranger à son siècle. De même qu'on avait vu avant lui des hommes extraordinaires maîtriser un peuple civilisé, par l'énergie d'un caractère demi-sauvage, on vit alors un homme qui avait devancé la civilisation dominer sur des barbares par la force de l'esprit et celle des lumières. Charlemagne réunit les talents du législateur à ceux du guerrier, et le génie qui crée à la prudente vigilance qui conserve et qui maintient les empires. Il entraîna les nations germaniques après lui dans la route de la civilisation; et, tant qu'il vécut, il leur fit faire des pas prodigieux. Il joignit ensemble les barbares et les Romains, les vainqueurs et les vaincus, par un seul lien, et il les réunit en un nouvel empire. Il jeta enfin les fondements d'un ordre nouveau pour l'Europe, d'un ordre qui reposait essentiellement sur les vertus d'un héros, sur le respect et l'admiration qu'il inspirait. » Les lignes suivantes de Montesquieu servent à caractériser mieux encore ce grand prince, que l'histoire nous présente comme un des phénomènes les plus extraordinaires : « Charlemagne songea à tenir le pouvoir de la noblesse dans ses limites, et à empêcher l'oppression du clergé et des hommes libres. Il mit un tel tempérament dans les ordres de l'État, qu'ils furent contre-balancés, et qu'il resta le maître. Tout fut uni par la force de son génie. Il mena continuellement la noblesse d'expédition en expédition; il ne lui laissa pas le temps de former des desseins, et l'occupa tout entière à suivre les siens. L'empire se maintint par la grandeur du chef : le prince était grand, l'homme l'était davantage. Les rois ses enfants furent ses premiers sujets, les instruments de son pouvoir et les modèles de l'obéissance. Il fit d'admirables règlements; il fit plus, il les fit exécuter. Son génie se répandit sur toutes les parties de l'empire. On voit dans les lois de ce prince un esprit de prévoyance qui comprend tout, et une certaine force qui entraîne tout. Les prétextes pour éluder les devoirs sont ôtés; les négligences corrigées, les abus réformés ou prévenus. Il savait punir; il savait encore mieux pardonner. Vaste dans ses desseins, simple dans l'exécution, personne n'eut à un plus haut degré l'art de faire les plus grandes choses avec facilité, et les difficiles avec promptitude. Il parcourait sans cesse son vaste empire, portant la main partout où il allait tomber. Les affaires renaissaient de toutes parts; il les finissait de toutes parts. Jamais prince ne sut mieux braver les dangers; jamais prince ne les sut mieux éviter. Il se joua de tous les périls, et particulièrement de ceux qu'éprouvent presque toujours les grands conquérants, je veux dire les conspirations. Ce prince prodigieux était extrêmement modéré; son caractère était doux, ses manières simples; il aimait à vivre avec les gens de sa cour. Il fut peut-être trop sensible aux plaisirs des femmes : mais un prince qui gouverna toujours par lui-même, et qui passa sa vie dans les travaux, peut mériter plus d'excuses. Il mit une règle admirable dans sa dépense; il fit valoir ses domaines avec sagesse, avec attention, avec économie : un père de famille pourrait apprendre dans ses lois à gouverner sa maison. On voit dans ses capitulaires la source pure et sacrée d'où il tira ses richesses. Je ne dirai plus qu'un mot : il ordonnait qu'on vendît les œufs des basses-cours de ses domaines et les herbes inutiles de ses jardins, et il avait distribué à ses peuples toutes les richesses des Lombards, et les immenses trésors de ces Huns qui avaient dépouillé l'univers. »

Si nous avons cru devoir glisser rapidement sur la vie de ce puissant monarque, c'est parce que les faits dont elle se compose appartiennent avant tout à l'histoire de France; et que la Belgique, telle qu'elle se présente aujourd'hui, n'occupait qu'un point presque imperceptible dans l'immense empire de Charlemagne. Cependant le lecteur nous permettra d'entrer dans quelques détails sur les institutions fondées par ce prince, institutions qui ont fait à son nom une gloire plus belle encore et plus impérissable que celle qu'il s'acquit par ses armes.

Tous les cercles de l'empire étaient soumis à une organisation administrative simple et uniforme, qui avait en grande partie son origine dans des formes déjà usitées chez les Franks sur leur sol primitif et natal ou qui s'étaient développées parmi eux sur le territoire conquis. On doit regarder comme la base de tout le système le pouvoir des comtes, qui s'était partout établi dans l'empire d'une manière toute naturelle, l'empire s'étant formé successivement par les conquêtes des chefs des armées royales, et par la soumission des populations vaincues à ces chefs. Ce pouvoir était le pivot sur lequel tout tournait. En considérant de plus près les détails des rouages qui s'y engrenaient, on trouve que l'empire était divisé en provinces, dans chacune desquelles le pouvoir était exercé, au nom de l'empereur, par deux classes d'agents, dont les uns étaient locaux et permanents, et dont les autres étaient envoyés de loin et passagers. « Dans la première classe, dit M. Guizot, étaient compris : 1° les ducs, comtes, vicaires des comtes, centeniers, *scabini*, tous magistrats résidents, nommés par l'empereur lui-même ou par ses délégués, et chargés d'agir en son nom pour lever des forces, rendre la justice, maintenir l'ordre, percevoir les tributs ; 2° les bénéficiers ou vassaux de l'empereur, qui tenaient de lui des terres, des domaines, dans l'étendue desquels ils exerçaient, un peu en leur propre nom, un peu au nom de l'empereur, une certaine juridiction, et presque tous les droits de la souveraineté. Au-dessus des agents locaux et résidents, magistrats ou bénéficiers, étaient les *missi dominici*, envoyés temporaires, chargés d'inspecter, au nom de l'empereur, l'état des provinces, autorisés à pénétrer dans l'intérieur des domaines concédés comme dans les terres libres, investis du droit de réformer certains abus, et appelés à rendre compte de tout à leur maître. Les *missi dominici* furent pour Charlemagne, du moins dans les provinces, le principal moyen d'ordre et d'administration. »

Chacune des divisions territoriales appelées provinces avait pour chef un comte, chargé de l'administration, du commandement des troupes, et de l'exercice de la justice. L'institution de ces dignitaires paraît se rattacher à celle des *asenga* chez les Frisons, des *sagibarons* chez les Franks, et des juges qu'avaient les Bavarois et les Allemands, mais dont le vrai nom germanique ne nous est point connu. Le pouvoir dont les comtes étaient investis était considéré comme un bénéfice. Cependant, outre ce pouvoir, ils obtenaient souvent d'autres bénéfices réels, consistant en biens fonds ou en revenus, que l'empereur leur accordait à vie, en retour de certains services déterminés, mais dont ils étaient déchus dès le moment où ils ne pouvaient ou ne voulaient plus rendre le service exigé. Après la mort du tenancier, le bénéfice retournait au donateur. Comme il devait nécessairement arriver que l'institution des bénéfices dégénérât, dans l'absence d'un contrôle sévère, Charlemagne chercha à remédier à ce vice. Il est vrai que, dans chaque district, le premier dignitaire de l'église, l'évêque, pouvait surveiller le premier fonctionnaire civil, le comte ; de même que celui-ci pouvait tenir l'œil ouvert sur les actes de celui-là. Mais ce contrôle, l'empereur le regarda comme insuffisant dans les provinces ; car il pouvait naturellement arriver que tous deux s'unissent pour sortir des limites de leurs pouvoirs, et s'entendissent pour faire tourner à leur profit particulier des abus qui leur étaient si faciles, surtout dans les cercles répandus sur les limites extrêmes de ce vaste empire. Voici donc comment Charlemagne procéda pour empêcher ces abus. Il institua des envoyés, appelés *missi dominici*, qui servirent à introduire l'ordre et l'unité dans l'administration générale, en s'enquérant des plaintes qui pouvaient s'élever çà et là contre les administrations locales. Dans chaque district, composé de plusieurs comtés, il y avait deux de ces *missi dominici*, dont l'un était prêtre, l'autre laïque. Ils avaient mission de parcourir leur district quatre fois l'année, et d'instruire l'empereur de l'état des provinces, des domaines, des fonctionnaires, etc. Un autre genre d'envoyés, désignés par le nom de *missi fiscalini*, étaient chargés de la perception des amendes judiciaires qui devaient être payées à la chambre impériale, comme aussi du contrôle des bénéfices accordés et de la gestion des domaines. Les *rachimbourgs* et les *scabini* concouraient à l'administration de la justice. Ils étaient secondés par les *centeniers* ; mais ceux-ci ne pouvaient pas connaître des affaires où il y avait à trancher des questions de vie, de liberté, ou de propriété immobilière. Les affaires relatives au service militaire étaient entièrement du ressort des comtes. Sous Charlemagne, ce service était si strictement obligé, que celui qui refusait de s'y rendre et de s'équiper était condamné à payer une amende de soixante sols, ou à devenir le vassal de l'empereur jusqu'à ce que sa famille eût produit la somme. Dans la classe des hommes qui n'avaient pas les moyens de se procurer chacun un équipement de guerre, plusieurs se réunissaient pour équiper en commun l'un d'entre eux. Le service militaire était ainsi considéré comme un impôt. Outre la division de l'empire en comtés, il y avait une autre division du territoire en districts plus étendus, dont chacun était placé sous un comte palatin, ou justicier supérieur. Le comte palatin était, dans l'origine, appelé à rendre la justice dans le palatinat royal, où le roi lui-même présidait les plaids quand il n'était ni empêché ni absent. Mais, plus tard, l'empire ayant acquis un plus vaste développement, chaque grand district obtint son comte palatin particulier, qui avait le droit de connaître de toutes les affaires judiciaires dont la décision eût directement appartenu à l'empereur, s'il avait été présent dans le district. Cependant le pouvoir de ces justiciers supérieurs s'arrêtait devant la juridiction exclusivement réservée à l'empereur, et comprise sous le nom de *placita regia*, c'est-à-dire, celle qui avait à décider les affaires relatives aux prélats, aux comtes, et en général à tous les agents immédiatement soumis à l'empereur. Du reste, les comtes palatins jugeaient en dernier ressort les appels des jugements des comtes.

Telle était l'organisation que Charlemagne donna à l'administration locale dans son empire.

Quant au gouvernement central, il résidait presque exclusivement dans l'action de Charlemagne lui-même et de ses conseillers personnels. Nous venons de dire presque exclusivement, car l'empereur s'appuyait fréquemment sur les assemblées nationales pour recueillir les lumières et les conseils dont il s'aidait pour la rédaction des lois et des règlements. Ces assemblées, qui tiraient leur origine des anciennes institutions germaniques, et qui, après avoir d'abord été connues sous le nom de Champs-de-Mars, parce qu'on les tenait dans le cours de ce mois, furent ensuite appelées Champs-de-Mai lorsque Pepin le Bref les eut fixées au deuxième mois plus tard, — devaient, selon la règle, se tenir deux fois l'an. Mais elles ne furent jamais régulièrement tenues ainsi; car, sous le règne de Charlemagne, c'est-à-dire dans l'intervalle de quarante-six ans, l'histoire ne cite que trente-cinq de ces assemblés générales, dont la première eut lieu en l'an 770 à Worms, et la dernière à Aix-la-Chapelle en l'an 813. A ces réunions assistaient tous les grands du royaume, prêtres et laïques. « Là, dit Hincmar, archevêque de Reims, qui vécut vers la fin du IX° siècle, on soumettait à l'examen et à la délibération des grands, et en vertu des ordres du roi, les articles de loi nommés *capitula*, que le roi lui-même avait rédigés par l'inspiration de Dieu, ou dont la nécessité lui avait été manifestée dans l'intervalle des réunions. Après avoir reçu ces communications, ils en délibéraient un, deux ou trois jours, ou plus, selon l'importance des affaires. Des messagers du palais, allant et venant, recevaient leurs questions et leur rapportaient les réponses; et aucun étranger n'approchait du lieu de leur réunion, jusqu'à ce que le résultat de leurs délibérations pût être mis sous les yeux du grand prince, qui alors, avec la sagesse qu'il avait reçue de Dieu, adoptait une résolution à laquelle tous obéissaient. Les choses se passaient ainsi pour un, deux capitulaires, ou un plus grand nombre, jusqu'à ce que, avec l'aide de Dieu, toutes les nécessités du temps eussent été réglées. » Il résulte de ces paroles de Hincmar, que ces assemblées étaient tout simplement consultatives, et que Charlemagne seul prenait toujours les résolutions définitives sur les questions ainsi mûries dans ces grandes délibérations. On pourrait, en outre, déduire de ce que l'archevêque de Reims rapporte au sujet de ces réunions, que le roi seul y avait le droit d'initiative. Cependant on croit généralement que les membres de l'assemblée pouvaient faire de leur côté les propositions qui leur paraissaient convenables. Les édits ou règlements adoptés dans ces assemblées recevaient le nom de *capitularia*, *capitulaires*. Nous en connaissons soixante, se composant ensemble de onze cent vingt-six articles, dont six cent vingt et un appartiennent à la législation civile, et quatre cent quatorze à la législation religieuse.

Mais ces assemblées n'avaient pas seulement pour objet de fournir à l'empereur les lumières et les conseils nécessaires dans les affaires législatives : il en faisait aussi un grand moyen d'enquête générale sur les affaires intérieures des provinces, et sur les dangers qui menaçaient les frontières. « La seconde occupation du roi, dit Hincmar, était de demander à chacun ce qu'il avait à lui rapporter ou à lui apprendre sur la partie du royaume d'où il venait. Non-seulement cela leur était permis à tous, mais il leur était étroitement recommandé de s'enquérir, dans l'intervalle des assemblées, de ce qui se passait au dedans ou au dehors du royaume; et ils devaient chercher à le savoir des étrangers et des nationaux, des ennemis comme des amis, quelquefois en employant des envoyés, et sans s'inquiéter beaucoup de la manière dont étaient acquis les renseignements. Le roi voulait savoir si, dans quelque partie, quelque coin du royaume, le peuple murmurait ou était agité, et quelle était la cause de son agitation, et s'il était survenu quelque désordre dont il fût nécessaire d'occuper le conseil général, et autres détails semblables. Il cherchait aussi à connaître si quelqu'une des nations soumises voulait se révolter, si quelqu'une de celles qui s'étaient révoltées semblait disposée à se soumettre, si celles qui étaient encore indépendantes menaçaient le royaume de quelque attaque, etc. Sur toutes ces matières, partout où se manifestait un désordre ou un péril, il demandait principalement quels en étaient les motifs ou l'occasion. »

Ainsi Charlemagne avait l'œil sur

toutes choses ; ainsi il était partout, dirigeant, avec la force du génie et d'une volonté énergique, ce vaste empire composé d'éléments si divers. A la fois législateur, homme de guerre et d'administration, il imprima, à tous les actes et à toutes les institutions qu'il fonda, le cachet d'un homme qui avait devancé son siècle. Les crimes qu'on peut lui imputer, tels que la boucherie des quatre mille Saxons qu'il fit décapiter en un jour, appartiennent à l'époque barbare où il vécut ; mais ses vertus et ses grandes vues d'utilité nationale lui restent. Car, si l'on veut ne lui tenir compte ni de ses vastes conquêtes, ni de la vigueur avec laquelle il sut les maintenir, on ne peut lui refuser la gloire d'avoir tout renouvelé. Ainsi, dit Hallam, « on le voit réformer les monnaies et en donner un tarif régulier ; rassembler autour de lui les savants de tous les pays ; fonder des écoles et former des bibliothèques ; prendre part aux disputes religieuses, mais en roi ; faire des efforts, à la vérité prématurés, pour créer une force maritime ; concevoir, dans l'intérêt du commerce, la superbe entreprise de la jonction du Rhin avec le Danube, et se préparer à fondre, dans un système uniforme, les codes discordants des lois romaines et barbares. » Ce n'était donc pas seulement à affermir ses conquêtes, et à introduire l'unité et l'ordre dans l'administration de son empire, que Charlemagne s'appliquait : il prenait soin aussi d'éclairer ses peuples, de polir leurs mœurs, et de faire refleurir parmi eux les sciences et les arts, dont il ne restait presque plus aucun vestige lorsqu'il monta sur le trône de Pepin le Bref. En 782, il attacha à sa personne le célèbre moine anglo-saxon Alcuin, qui lui enseigna la rhétorique, la dialectique, et surtout l'astronomie, qu'il préférait aux autres sciences après la théologie. Outre ce savant, il y avait Éginhard, qui fut secrétaire de l'empereur, et devint, dans la suite, abbé de Saint-Bavon, à Gand, Angilbert de Neustrie, Leidrade de Norique, Smaragde, saint Benoît d'Aniane, Théodulphe, Adalhard, Anségise, Wala, Amalaire, Agobard, Thegan Raban Maur, Walfried Strabo, Nithard, Florus, saint Prudence, Servat-Loup, Radbert, Ratramne, Jean Scott et Gottschalk, tous hommes dont les écrits sont connus, et dont quelques-uns fournissent, sur l'époque où ils vécurent, les lumières les plus précieuses. C'est ainsi que l'empereur se plaisait à s'entourer non-seulement des savants lettrés de son empire, mais encore des étrangers distingués par leur savoir, quand il pouvait les attirer auprès de lui. Charlemagne était lui-même remarquable par son instruction. Selon Éginhard, il avait une élocution facile ; il possédait à fond la langue latine ; il savait lire le grec ; il avait des connaissances en logique, en grammaire, en rhétorique et en astronomie ; il entreprit même d'assujettir aux règles grammaticales la langue des Franks. Il fonda de nombreuses écoles, parmi lesquelles se distinguèrent surtout, en Belgique, celles de Liége, de Saint-Bertin, de Lobbes et de Saint-Amand, qui obtinrent une grande célébrité littéraire, et où l'on enseignait les sept arts libéraux, savoir : la grammaire, la rhétorique, la dialectique, l'arithmétique, la géométrie, l'astronomie et la musique. Il alla jusqu'à s'occuper des détails de l'orthographe et de la calligraphie, et fit substituer les caractères romains à l'alphabet teutonique mérovingien, qui avait prévalu jusqu'alors.

Malheureusement, pour continuer Charlemagne, il eût fallu un autre Charlemagne. Aussi, ce vaste empire dut s'écrouler sur lui-même, tout ce formidable entassement de puissance dut tomber, quand le bras eut disparu qui avait créé cet empire et fondé cette puissance.

L'empereur fut enterré à Aix-la-Chapelle, où sa tombe se voit encore aujourd'hui. La cérémonie des funérailles se fit avec une pompe extraordinaire. Le mort, revêtu de ses habits impériaux, la couronne sur la tête, son épée d'une main et son sceptre de l'autre, fut placé dans un caveau sur un trône d'or. Son bouclier fut mis à ses pieds, sa bourse de pèlerin attachée à sa ceinture, et le livre des Évangiles posé sur ses genoux. On ajoute que le sépulcre fut pavé de pièces d'or et embaumé de parfums, et qu'il fut scellé ensuite.

Charlemagne portait une affection particulière au pays de Liége, au berceau de sa famille. Il venait fréquemment se reposer de ses fatigues, ou passer les fêtes de Pâques ou de Noël, à Herstal, à Jupille et à Liége, où tout rappelle encore aujourd'hui son souvenir. Ici c'est quelque église fondée par lui ou par Ogier le Danois; là c'est une tradition populaire dont quelqu'un de ses paladins est le héros. Dans les campagnes, plus d'un arbre vénérable porte le nom d'*arbre de Charlemagne*, et plus d'un vieillard vous raconte, d'une voix grave et pieuse, la légende des Quatre Fils Aymon, dont le cheval Bayart imprima, selon le dire du peuple, l'un de ses fers dans l'énorme rocher à pic qui se dresse près de la ville de Dinant. Au village d'Oupeye on vous montre une vieille tour qu'habitait, dit-on, la célèbre Alpaïde, mère de Charles Martel. Quand vous visitez avec quelque savant les ruines de Franchimont, il ne manque pas de vous dire que les historiens font remonter l'origine de ce manoir à Pharamond, et que d'autres en reportent la construction à Chilpéric. Non loin de là on vous conduit sur le théâtre de cette fameuse bataille de l'Amblève, où Charles Martel défit l'armée des Neutriens et des Frisons, et préluda aux victoires de Vincchy et de Soissons. C'est à Liége que fut exilé avec sa femme et ses enfants le dernier roi des Lombards, Didier que l'empereur, après l'avoir vaincu, en 774, y plaça sous la garde de l'évêque Agilfride. Plusieurs de nos anciens et naïfs chroniqueurs rappellent les merveilles et les pompes des cours plénières que Charlemagne tenait en cette ville, et citent avec orgueil les glorieux faits d'armes que les hommes de la cité éburonne accomplirent sous l'étendard dont il la gratifia, et qui, pendant plusieurs siècles, fut si célèbre dans l'histoire de l'évêché sous le nom d'Étendard de saint Lambert, ainsi appelé parce qu'il était confié à la garde du chapitre de la cathédrale liégeoise.

Charlemagne mort, son fils Louis le Débonnaire, qu'il avait associé à l'empire dans la ville d'Aix-la-Chapelle en 813, lui succéda au trône impérial. Mais ce trône avait perdu son éclat depuis que l'épée du grand homme avait été déposée dans son sépulcre avec son corps. La tête de Louis n'était pas faite pour porter le lourd diadème que Charlemagne s'était forgé avec tant de labeur; son bras n'était pas fait pour maintenir le grand ensemble de l'empire carlovingien, composé de tant d'éléments divers qui tendaient déjà à se séparer, du vivant même de celui qui le fonda. Ces principes de dissolution que l'absence d'homogénéité devait nécessairement faire naître, se développèrent de plus en plus sous le faible successeur de Charlemagne. Aussi, dès l'an 817, Louis ne se sentit pas de force à porter seul le poids dont il s'était chargé en revêtant le manteau du pouvoir. Dans une diète tenue à Aix-la-Chapelle, il associa son fils Lothaire à l'administration de l'empire, créa son autre fils Pepin duc d'Aquitaine, et son autre fils Louis roi de France; de sorte que son quatrième fils Charles II, dit le Chauve, qu'il avait eu de Judith, sa seconde femme, n'eut d'abord aucun partage. Mais il obtint bientôt un trône aussi, celui d'Italie, après que le roi de ce pays, Bernard, neveu de Louis le Débonnaire eut été défait, pris et mis à mort par son oncle, en l'an 820. Le mécontentement que cette cession fit naître dans les fils de l'empereur, et l'inimitié que des jalousies réciproques suscitèrent entre eux, engendrèrent une suite de révoltes et de dissensions, qui eurent pour résultat deux dépositions et deux restaurations de Louis le Débonnaire, qui expira en 840, d'inanition et de chagrin. Sa mort fut le signal de la guerre entre ses fils, qui se mirent à s'arracher et à se disputer, les armes à la main, les lambeaux de l'empire de Charlemagne, tandis que de toutes parts ce vaste édifice commença à craquer et à tomber en dissolution. A la guerre intérieure se joignirent de tous côtés des soulèvements terribles, tandis que les Barbares s'agitaient de plus en plus autour des frontières, enhardis qu'ils étaient depuis que l'épée avait disparu qui les avait tenus en respect jusqu'alors. A l'orient ce furent les Slaves, au midi les Sarrasins, et au nord les Normands. Déjà, du vivant de Charlemagne, les premières voiles des Normands s'étaient montrées sur ses côtes. « Un jour, dit le moine de Saint-Gall dans sa précieuse chronique, l'empereur se leva de table, se mit à une fenêtre qui regardait l'orient, et y demeura longtemps immobile; des larmes coulaient le long de ses joues; personne n'osait l'interroger. « Mes fidèles, dit-il aux grands qui l'environnaient, savez-vous pourquoi je pleure? Je ne crains pas pour moi ces pirates; mais je m'afflige que, moi vivant, ils aient osé insulter ce rivage. Je prévois les maux qu'ils feront souffrir à mes descendants et à leurs peuples. »

Lothaire à peine parvenu à l'empire après la mort de son père Louis le Débonnaire, ses deux frères Louis et Charles se liguèrent contre lui, pour s'affranchir de la suzeraineté qu'il affectait sur leurs couronnes royales. Le résultat de cette ligue fut la sanglante bataille de Fontenay, livrée le 25 juin 841, qui, après avoir détruit les idées de monarchie universelle rêvées par Lothaire, amena le célèbre traité de Verdun en l'an 843. En vertu de cet acte, l'empire fut divisé en trois grands royaumes, d'Italie, de France et de Germanie. Charles le Chauve, qui, dans un précédent partage, avait obtenu la France, conserva l'Aquitaine et la Neustrie. Louis obtint la Germanie, et fut pour cette raison appelé le *Germanique*. Enfin, Lothaire, outre l'empire, l'Italie, la Provence, le Lyonnais et la Franche-Comté, eut dans son partage toutes les contrées comprises entre le Rhône, la Saône, le Rhin, la Meuse et l'Escaut. Ce vaste royaume fut appelé royaume de Lothaire, d'où, par contraction, on lui donna le nom de *Lotharingie*, et par corruption celui de *Lorraine*. Cet arrangement plaça sous le sceptre de Lothaire toute la Belgique actuelle, à l'exception de la Flandre et de l'Artois, qui, appartenant à la Neustrie, étaient échus en partage à Charles le Chauve. Le traité qui consacra cette division territoriale avait été précédé d'un serment d'alliance qui fut juré, à Strasbourg, par Charles le Chauve en langue germanique, et par Louis le Germanique en langue française. Cette dernière pièce est considérée comme le monument littéraire le plus ancien qui nous soit parvenu en français.

Non rassurés encore par le traité qu'ils venaient de conclure à Verdun, les trois frères, pour prévenir les dissensions nouvelles qui pourraient s'élever entre eux, et bien définir les intérêts de leurs États respectifs, se réunirent en assemblée au village de Meersen, près de Maestricht, et arrêtèrent un accord en vertu duquel les princes leurs fils hériteraient chacun des États de leur père, conformément au partage de Verdun.

C'est d'après le principe posé dans cet arrangement que Lothaire, avant de mourir, partagea en 855 ses États entre ses trois fils. Louis II devint empereur et roi d'Italie; Charles, roi de Bourgogne et de Provence; enfin, Lothaire, le plus jeune, roi de la Lotharingie. De cette manière la Belgique passa sous la puissance de Lothaire II, dont la succession fut dévolue en 869 à son frère Louis, déjà empereur depuis l'an 855, et roi de Provence depuis la mort de son autre frère Charles, survenue en 863. Mais la Provence et la Lotharingie furent, bientôt après, usurpées par Charles le Chauve, qui, après la mort de son neveu Louis II, trouva, en 875, le trône de l'empire vacant, et se fit couronner empereur à Rome par le pape Jean VIII.

Pendant les dissensions qui agitèrent l'empire carlovingien depuis que Charlemagne était descendu dans le tombeau, les Barbares avaient eu beau jeu, et s'étaient rués à plus d'une reprise sur ce vaste domaine. Les Normands avaient exercé les plus grands ravages dans les provinces belges. Ces guerriers farouches et sauvages avaient eu le temps d'aiguiser leurs épées et leurs haches d'armes, en attendant le moment de tomber sur leur proie. Louis le Débonnaire avait réussi un instant à les arrêter, en donnant pour roi aux Danois son vassal Harald et en le faisant appuyer d'une armée de Saxons. Mais le moment arriva bientôt où aucune digue ne fut plus capable de les contenir. Ils eurent pour alliées les querelles intestines des princes, et la haine que professaient contre leurs souverains tant de populations hétérogènes, mal unies et qui ne cherchaient qu'à rompre la soudure qui les liait les unes aux autres. Aussi, les larmes versées par Charlemagne, à la vue des premières voiles normandes, s'expliquèrent bientôt. L'orage, vainement conjuré, éclata dans toute sa force. Les Annales de Fulde et la Chronique de Sigebert nous apprennent que, en l'an 836, les Normands remontèrent l'Escaut et détruisirent la ville d'Anvers. Ce désastre ne fut pas le seul. La Belgique presque tout entière fut traversée par ces pirates furieux, comme par une trombe. Les villes croulaient à leur passage, et la flamme dévorait ce que l'épée n'avait pu abattre. Courtrai, Gand, Tournai, tombèrent sous cette tempête. Louvain fut ravagé, Térouanne livrée à l'incendie, Malines réduite en cendres. Ce fut une dévastation complète. Les Barbares, selon l'énergique expression de nos anciennes chroniques, ne laissaient derrière eux que la terre inculte, *nihil præter humum*. Le premier marquis de Flandre, Baudouin, leur opposa pendant quelque temps la plus énergique résistance, et mérita, dit-on, le surnom de Bras-de-Fer, par le courage avec lequel il les combattit. Mais ils inondaient nos provinces à flots toujours plus pressés. Charles le Chauve acheta d'eux la paix à plusieurs reprises, sans parvenir à les réduire au repos. Cet état de choses dura jusqu'en 892. Le premier septembre de cette année, ils essuyèrent la défaite la plus complète à Louvain, où ils s'étaient établis dans un vaste camp retranché, sur les bords de la Dyle. Ce fut l'empereur Arnoul qui, uni au roi de France et aux Belges, écrasa ces hordes dévastatrices, dont la destruction fut célébrée à Louvain jusqu'à une époque fort rapprochée de nous. Ainsi se terminèrent en Belgique ces ravages qui inspirèrent à nos populations une telle épouvante, que, longtemps après qu'ils eurent cessé, on chantait encore dans les litanies des églises cette prière: *A furore Normannorum libera nos, Domine : Seigneur, délivrez-nous de la fureur des Normands.*

Tous ces désordres avaient nécessairement dû concourir à affaiblir de plus en plus le pouvoir souverain, et à amener le démembrement des provinces, d'où sortit l'établissement de l'ordre féodal. Les ducs et les comtes, dans le principe, n'étaient que des gouverneurs particuliers, à qui les souverains confiaient l'administration des provinces, non à perpétuité, mais à vie, même quelquefois seulement pour un an. Ces officiers, profitant de la faiblesse des rois, prirent insensiblement un tel ascendant, qu'ils parvinrent à changer leurs titres et leurs charges, amovibles de leur nature, en dignités héréditaires, s'érigeant en seigneurs propriétaires des lieux dont ils n'étaient qu'administrateurs temporaires, révocables au gré du prince. Louis le Débonnaire, dit un historien belge, céda, en 846, des terres à perpétuité à ses *leudes* ou *fidèles*. Plus tard, Charles le Chauve ayant ordonné que les évêques fussent commis pour exercer la fonction d'envoyés royaux, *missi dominici*, dans leurs diocèses, les comtes s'opposèrent à ce règlement, et dès lors chaque seigneur entreprit de rendre sa justice indépendante, sans reconnaître d'appel supérieur. Bientôt après, un autre coup fut porté à l'autorité royale. Il fut permis à tout homme libre de choisir, du roi ou de ses vassaux, qui bon lui semblerait pour son seigneur. En 877, le capitulaire de Kiersy autorisa, sous certaines conditions, la transmission héréditaire des comtés, consacrant ainsi légalement une aliénation du pouvoir royal, qui avait déjà précédemment été consentie en faveur de plusieurs gouverneurs de provinces. L'essence de la constitution primitive du pouvoir fut dès lors entièrement changée, et le système féodal fut fondé. Les officiers, soit civils, soit militaires, qui ne venaient jamais en présence de leur prince sans lui baiser les pieds ou les genoux, rendirent héréditaire dans leurs maisons ce qu'ils n'avaient possédé qu'à ferme jusqu'alors. Leurs titres et leurs terres devinrent des fiefs, et ces fiefs leur donnaient des sujets appelés vassaux, qui s'en attribuèrent à leur tour par des sous-inféodations. Ainsi la souveraineté recula de plusieurs degrés, et ne s'exerça plus que médiatement sur les peuples qui, chose étonnante! devaient, dans certains cas, suivre leur suzerain contre le roi : car telle était la jurisprudence féodale, qu'elle défendait aux arrière-vassaux de faire ni serment ni hommage, à raison de leurs fiefs, à leur seigneur *dominant*, n'étant tenus à reconnaître que leur seigneur *médiat*, dont ils étaient spécialement les sujets.

C'est ici, dit l'écrivain que nous citions tout à l'heure, que commence cette inextricable complication de souverains qui gouvernèrent les diverses parties de la Belgique; et c'est du règne de Charles le Chauve que la Flandre se trouve érigée en souveraineté.

LIVRE I.

HISTOIRE DE FLANDRE ET DE HAINAUT JUSQU'AUX DUCS DE BOURGOGNE.

LA FLANDRE DEPUIS BAUDOUIN I, BRAS DE FER, JUSQU'A BAUDOUIN VII, DIT A LA HACHE. (879—1120)

Nous avons vu que, dans le partage fait en vertu du traité de Verdun, Charles le Chauve obtint la Flandre occidentale et la partie de la Flandre orientale qui est située sur la rive gauche de l'Escaut. Ce territoire, qui s'étend le long des côtes de la mer du Nord, avait été en proie, depuis la mort de Charlemagne, aux continuelles incursions que les Normands firent sur nos rivages. Déjà ce prince avait établi à Gand une station pour protéger cette partie des frontières de son empire. Sous ses faibles successeurs, ce besoin de défense était devenu plus urgent à mesure que l'audace des Normands était devenue plus grande et qu'ils se jetaient avec plus de fureur sur nos provinces. Aussi, on ne tarda pas à reconnaître la nécessité d'investir l'un des comtes établis en Flandre d'un pouvoir beaucoup plus étendu que celui des autres agents royaux et de l'instituer marquis, c'est-à-dire gardien de la frontière.

Le premier marquis de Flandre fut Baudouin I, qui obtint le surnom de Bras de Fer à cause de la bravoure dont il fit preuve en combattant les Normands qui tombèrent sur nos côtes depuis l'an 863 jusqu'en 878.

Si l'on en croyait les chroniqueurs flamands, on trouverait, avant le Bras de Fer, une série tout entière de ces fabuleux comtes forestiers, dont la tradition fait la souche des marquis ou comtes de Flandre, mais qui s'évanouissent d'eux-mêmes devant un examen un peu sérieux.

Dès 842, (c'est-à-dire l'année même où Éginhart, secrétaire de Charlemagne, mourut abbé du monastère de Saint-Bavon à Gand), Baudouin Bras de Fer est signalé dans l'histoire comme défenseur des côtes de Flandre. Quelques années plus tard, nous le voyons gendre du roi de France. S'étant trouvé à la cour de Charles le Chauve à Senlis, il s'éprit de la fille de ce prince, la belle Judith, veuve depuis 858 du roi d'Angleterre Ethelwolf. Après l'avoir enlevée, il l'épousa secrètement. Mais le père irrité rassembla à Soissons un concile d'évêques, par lequel il fit excommunier Baudouin, en vertu du canon : *Si quis viduam in uxorem furatus fuerit.* Cependant les coupables s'étaient réfugiés en Lorraine et s'adressèrent directement au pape Nicolas I, qui non-seulement contesta la justesse de l'application du canon à Baudouin, parce que Judith avait pleinement consenti à se laisser enlever, mais encore il intercéda auprès du roi en faveur de son gendre, de peur que celui-ci ne se trouvât réduit à faire alliance avec les Normands. Charles le Chauve céda; et, après avoir fait célébrer solennellement à Auxerre les noces des deux époux, il donna pour apanage à Baudouin, désormais membre de la famille royale, le marquisat de Flandre, qui comprenait tout le pays situé entre la Canche, l'Escaut et la mer. Ce fut, selon les uns en 863, selon les autres en 864. Il possédait au midi Arras, au nord Bruges, où il érigea comme à Gand de redoutables forteresses pour protéger son pays contre les pirates du Nord.

Son fils Baudouin le Chauve lui succéda dans le marquisat en 878, tandis que son autre fils Rodolphe obtint le comté de Cambrai. Plusieurs historiens belges ont révoqué en doute la transmission de la Flandre comme fief héréditaire à Baudouin le Chauve après la mort de son père, comme si l'hérédité de ce fief n'avait pas été établie en vertu même du capitulaire de Kiersy en 877. Dès la mort du Bras de Fer, les irruptions des Normands recommencent dans la Flandre, et les pirates, un moment contenus, livrent de nouveau le marquisat à la dévastation. Toutes les chroniques des monastères flamands sont pleines de plaintes au sujet des ravages exercés par ces hordes barbares. Ces invasions se continuent jusqu'en 944, bien qu'elles deviennent moins fréquentes après l'élévation de Rollon au duché de Normandie en 912. Pour les repousser, on s'empressa de couvrir tout le pays de châteaux forts, dont les comtes et gardiens devinrent bientôt ces puissants vassaux de la Flandre connus sous le nom de *châtelains*, et donnèrent lieu plus tard à la division territoriale en châtellenies.

Baudouin le Chauve épousa Estrude, fille d'Alfred le Grand, roi des Anglo-Saxons, dont il eut deux fils: Arnould et Adolphe. Il mourut, en l'an 919, à Arras, alors capitale de la Flandre, et ne figure dans notre histoire que pour l'inutile résistance qu'il opposa aux incursions des Normands, pour la part qu'il prit en faveur de Charles le Simple à la lutte que ce prince engagea avec Eudes, comte de Paris, qui s'était arrogé le titre de roi de France; et enfin, pour la sévérité avec laquelle il traita le clergé et dépouilla les monastères.

Des deux fils de Baudouin le Chauve, l'aîné Arnould obtint le marquisat, et le plus jeune, Adolphe, eut en partage tout le territoire des Morins, comprenant Térouanne et Boulogne. Celui-ci étant mort sans postérité en 943, son héritage retourna aux domaines de la Flandre, que gouverna jusqu'en 964 Arnould, auquel on donna le surnom de Vieux, parce que, après avoir associé au comté, en 958, son fils Baudouin III, dit le Jeune, il reprit, en 961, après la mort de celui-ci, le pouvoir qu'il lui avait résigné. Après avoir adopté à l'égard du clergé la conduite de Baudouin le Chauve, Arnould fut pris tout à coup d'un si profond repentir, que sa dureté se changea subitement en une libéralité telle qu'on lui donna le surnom de *Grand*. Il eut de rudes et longues luttes à soutenir contre les Normands qui s'étaient établis en France, et dont le territoire n'était séparé du sien que par la Canche. Un des épisodes les plus importants de sa vie fut l'assassinat de Guillaume, fils de Rollon, duc de Normandie, qu'il fit commettre pour venger la mort de son oncle Raoul, comte de Cambrai, à laquelle Guillaume de Normandie avait coopéré en 943. Ce fut sous le règne d'Arnould que l'empereur Othon I, qui avait succédé à la souveraineté de la Lorraine, s'empara d'une lisière de territoire sur la rive gauche de l'Escaut, qui comprenait une partie du pays de Gand et celui de Waes, avec les Quatre Métiers qui en dépendaient. Pour défendre sa conquête, l'empereur bâtit un château fort près de l'abbaye de Saint-Bavon à Gand, et creusa, à partir de ce point jusqu'au bras occidental de l'Escaut, le canal que nos historiens désignent par le nom de Fosse Othonienne. Si Arnould ne sut défendre ses États contre l'étranger, du moins c'est au règne si court de son fils que l'on rapporte le commencement de l'industrie des tisserands, l'introduction des marchés et des foires en Flandre.

Arnould, avant de mourir, eut soin d'assurer les droits de son petit-fils Arnould le Jeune, en le faisant reconnaître des grands spirituels et temporels du pays.

C'est sous le règne de cet enfant, qu'on vit le premier exemple de ces empiétements successifs que la politique française a mis en pratique, pendant tant de siècles, pour élargir les frontières de la France au détriment de nos provinces. Car le roi Lothaire enleva à la Flandre, pendant la minorité d'Arnould II, une partie de la Morinie et de l'Artois, qu'il donna au comte de Ponthieu.

En 966 Arnould prit, à son tour, les armes contre les Normands, et en 987 il refusa, en sa qualité de descendant de Charlemagne, de reconnaître pour roi l'usurpateur Hugues Capet. Ce fut l'origine d'une nouvelle guerre, dont l'issue le força de se réfugier auprès de Richard, duc de Normandie, qui offrit généreusement l'hospitalité au petit-fils du meurtrier de son aïeul, et parvint à le réconcilier avec le nouveau roi que la France s'était donné. Arnould le Jeune mourut en 988, et sa veuve, fille du malheureux Bérenger II, roi d'Italie, épousa Robert I, roi de France.

Du mariage de cette princesse avec Arnould était né Baudouin IV, sous le règne duquel commença le lien féodal entre la Flandre et l'Allemagne, l'empereur Henri II lui ayant accordé, en 1007, l'investiture de Valenciennes et des îles de la Zélande. Quelques historiens lui attribuent l'établissement des baillis dans les divers districts de la Flandre, et celui de l'administration échevinale dans la ville de Bruges.

Jusqu'au règne de ce comte, surnommé *à la belle Barbe*, la Flandre n'avait été divisée qu'en Flandre *gallicante* et en Flandre *flamingante*, selon la langue qui dominait dans chacune de ces parties. Grâce à l'investiture dont nous venons de parler, elle fut distinguée, sous le règne de Baudouin V, en Flandre *neustrienne* et en Flandre *austrasienne*, ou bien encore en Flandre *sous la couronne*, et en Flandre *impériale*. Une partie de cette dernière faisait partie de l'ancien territoire du Brabant, nommément le pays d'Alost.

Baudouin V obtint le surnom de Lille, selon les uns, parce qu'il naquit en cette ville; selon les autres, parce qu'il professait pour elle une prédilection particulière. Plusieurs écrivains ont avancé, au sujet de ce comte, un fait qui n'est appuyé que par la tradition populaire et que l'histoire n'a point établi d'une manière certaine. Ils racontent qu'il fut mis au monde sous une vaste tente dressée au milieu de la place publique, par ordre de son père; car Baudouin, avancent-ils, — ayant épousé une femme qui, parvenue à l'âge de cinquante ans sans lui avoir donné d'héritier, devint tout à coup enceinte, — voulut écarter tout soupçon sur cette grossesse extraordinaire et invita toutes les femmes à venir assister sous cette tente à l'accouchement de la comtesse.

Pas un seul événement important ne se présente dans l'histoire de Flandre jusqu'au règne de Charles le Bon. Aussi nous glisserons rapidement sur cette période.

Baudouin V, que Henri I, roi de France, chargea, avant de mourir, de la tutelle de son fils Philippe I et de la régence du royaume, laissa sept enfants, dont trois se distinguèrent par leurs alliances. Sa fille Mathilde devint l'épouse du duc de Normandie, Guillaume le Conquérant; son fils Baudouin se maria avec Richilde de Hainaut, et réunit les deux comtés de Hainaut et de Flandre; enfin son fils Robert épousa Gertrude, veuve de Florent, comte de Hollande et de Frise, et dut à cette union le nom de Robert le Frison.

Vers la fin de sa vie, Baudouin V partagea ses États entre ses deux fils Baudouin VI et Robert. Le premier obtint la Flandre proprement dite, qui dépendait de la France; la Flandre impériale et les îles de la Zélande échurent au second.

Les secours en hommes et en argent que Baudouin V prêta à Guillaume le Conquérant pour son expédition en Angleterre lui valurent, pour lui et pour ses successeurs, un fief de bourse de trois cents marcs. C'est ainsi que les comtes de Flandre, déjà vassaux de la France pour une partie de leurs domaines, devinrent aussi vassaux de l'Angleterre.

Baudouin VI, dit de Mons, parce qu'il porta à la fois la couronne de la

Flandre et du Hainaut, régna de l'an 1067 à 1070. Son gouvernement maintint une police si ferme, que le vol fut presque entièrement inconnu dans ses États. Aussi, disent les chroniqueurs, les maisons demeuraient ouvertes pendant la nuit, et les instruments aratoires restaient dans les champs, sans que personne eût à craindre pour ses propriétés.

La mort de Baudouin de Mons plongea le pays dans la guerre civile. Il avait laissé la Flandre sous la couronne à son fils aîné Arnould, dont il confia la tutelle à Robert le Frison, et le Hainaut à son fils cadet Baudouin, sous la tutelle de sa mère Richilde. Mais cette femme ambitieuse ne se conforma point à cette espèce de pacte de famille que Baudouin VI avait fait jurer aux vassaux des deux comtés. Forte de l'appui du roi de France Philippe I, dont elle s'était assurée à force d'argent, elle s'empara de la Flandre impériale, et fit mettre à mort plusieurs seigneurs qui tenaient pour Robert le Frison. Celui-ci, secondé par les épées de la Hollande et de la Frise, et soutenu par presque toute la Flandre flamingante, essaya de terminer sa querelle et de maintenir ses droits par la force des armes. Philippe I était accouru au secours de Richilde, et la fameuse bataille du Mont-Cassel se livra au mois de février 1071. Elle dura deux jours. Le premier, Robert et Richilde furent pris ; le second, le jeune Arnould fut tué. Les deux prisonniers ayant été échangés et l'héritier de Baudouin VI étant mort, le roi de France se retira, consentit à laisser Robert s'emparer de la couronne du jeune comte, et reçut de lui le serment d'hommage comme vassal du royaume. Dès lors Richilde n'aspira qu'à se venger. Elle vendit à l'évêque de Liége, Théoduin, la suzeraineté du Hainaut ; et cette vente fut ratifiée par l'empereur Henri IV en 1071. L'année suivante, la guerre éclata de nouveau. La comtesse de Hainaut marcha contre Robert avec presque toute la chevalerie de la basse Lorraine, et lui livra bataille près de Broqueroy. Mais elle essuya une défaite si complète, que l'endroit où la rencontre eut lieu porte encore aujourd'hui, en souvenir de cet événement, le nom de Mortes-Haies. Robert le Frison put, dès lors, s'asseoir en paix sur le trône des comtes de Flandre, auquel enfin son neveu Baudouin renonça en l'an 1085. Il ne fut pas plus l'ami du clergé que plusieurs de ses prédécesseurs ne l'avaient été. Il s'arrogea même, en dépit des défenses papales, un droit de dépouille sur le mobilier des ecclésiastiques qui venaient à mourir. En 1085, il associa son fils Robert II à l'administration du comté, et partit pour la terre sainte, où il passa six ans, et d'où il ne revint que pour mourir en l'an 1093 au château de Winendale, près de Thourout, qui fut longtemps la résidence des comtes de Flandre.

Le mouvement des croisades commença à précipiter sur l'Asie la chevalerie chrétienne, presque au moment où Robert II prit en main les rênes du comté. Le concile de Clermont décida la première croisade. Parmi les chevaliers belges qui y prirent part, Robert II ne fut pas un des moins distingués à côté de ces autres Belges Baudouin II, comte de Hainaut, et Godefroid de Bouillon, duc de la basse Lorraine, qu'accompagnaient ses deux frères Baudouin et Eustache. Un grand nombre de nobles flamands et wallons les suivirent. Leurs exploits, la prise de Nicée et de Jérusalem, appartiennent à l'histoire universelle. Qu'il nous suffise donc d'indiquer ici que Robert fut, dans cette expédition, nommé l'épée et la lance des chevaliers, et que ses compagnons voulurent lui donner la couronne du royaume de Jérusalem, qui fut placée sur la tête de Godefroi de Bouillon. Son épée, heureuse dans les guerres saintes, ne le fut pas moins dans celles qu'il eut à soutenir contre les empereurs Henri IV et Henri V, au sujet de la Flandre impériale et des îles de Zélande. Il périt, en 1112, sur le champ de bataille, dans une expédition à laquelle il prit part avec le roi de France contre le roi d'Angleterre Henri, qui avait refusé de continuer au comte de Flandre la somme annuelle de trois cents marcs, que Guillaume le Conquérant s'était engagé à payer à Baudouin V et à ses successeurs. Il conserva dans notre histoire le surnom de Robert de Jérusalem. Baudouin IV avait commencé à chercher des alliances dans les maisons les plus puissantes de l'Allemagne; et son mariage avec Ogive de Luxembourg lui avait ménagé de ce côté de solides appuis. Robert II continua ce système en épousant Clémence, comtesse de Bourgogne, sœur du pape Calixte II. De ses deux sœurs Adèle et Gertrude, la première devint la femme de Kanut, roi de Danemark; la seconde celle d'Henri III, comte de Louvain, et plus tard de Thierry, comte d'Alsace.

Pendant le temps que Robert de Jérusalem avait passé dans la terre sainte, la noblesse flamande, forte de l'absence du comte, s'était livrée à des violences et à des oppressions de toute nature. Les routes étaient devenues peu sûres, le commerce était presque anéanti, et la justice restait muette devant tous ces désordres. Baudouin VII trouva donc, à son avénement au pouvoir, une rude tâche à remplir; et il la remplit si bien, que plusieurs historiens expliquent par la fermeté dont il fit preuve pendant son règne, le surnom de Baudouin à la Hache qui lui fut donné. On lui attribue l'honneur d'avoir le premier opposé avec énergie le frein des lois à la tyrannie des nobles, et on lui doit le renouvellement de la loi connue sous le nom de *Paix du pays*, et jurée à Audenarde par Baudouin V, en l'an 1030. « Cette loi, dit l'annaliste Meyer, contenait, outre d'autres dispositions, la consécration du talion pour comprimer les excès de la populace, les meurtres et les brigandages. » Ainsi il rétablit bientôt l'ordre et la justice. Selon le chroniqueur Hériman de Tournai, il parcourait régulièrement ses États pour y rendre justice en tous lieux. On raconte même (et la tradition populaire a consacré ce fait) qu'à Bruges il fit jeter dans une chaudière d'eau bouillante un chevalier, armé de toutes pièces, qui avait dépouillé une pauvre femme ; et qu'il fit pendre dans son château de Winendale plusieurs nobles qui avaient détroussé des marchands sur la voie publique. Il mourut en 1119, des suites d'une blessure qu'il avait reçue à la tête, dans une guerre où il suivit, en sa qualité de vassal de France, le roi Louis le Gros, contre le roi d'Angleterre et le duc de Normandie. Et en lui s'éteignit la race flamande de la descendance légitime masculine de Baudouin I.

LA FLANDRE JUSQU'AU RÈGNE DE BAUDOUIN DE FLANDRE ET DE HAINAUT (1120-1191).

Maintenant nous allons voir la Flandre placée sous des princes étrangers, dont la plupart, n'ayant su se concilier l'affection du peuple, nous donnent ainsi la clef des troubles intérieurs et des soulèvements qui remplissent, sous leurs règnes, les pages de notre histoire.

Ce fut d'abord Charles, issu d'Adèle, fille de Robert le Frison, et de Kanut, roi de Danemark. Ce prince avait été désigné par Baudouin VII lui-même comme son successeur au comté ; mais ce riche héritage lui fut vivement disputé par Guillaume, vicomte d'Ypres, fils illégitime de Philippe, second fils de Robert le Frison. Le prétendant forma une ligue dans laquelle entrèrent Clémence, veuve de Robert II, remariée à Godefroi le Barbu, duc de la Basse Lorraine, le comte de Hainaut, et plusieurs des grands vassaux flamands. Mais il fut complétement défait par Charles de Danemark, qui déclara déchus de leurs fiefs les vassaux dont les épées s'étaient montrées dans les rangs de ses ennemis, et enleva à la duchesse Clémence quatre des douze seigneuries qui lui avaient été assignées pour douaire en Flandre. Cette victoire obtenue sur son adversaire, le comte trouva d'autres adversaires à combattre, c'est-à-dire les nobles à refréner, que Baudouin, son prédécesseur, avait réussi à soumettre, mais non pas à dompter. Élevé depuis son enfance à la cour de Baudouin à la Hache, il continua l'œuvre de cet homme énergique; il fit jurer l'observation de la *Paix du Pays*, et exerça une justice sévère, particulièrement sur les grands du comté, dont il réprima par tous les moyens les brigandages et les guerres privées. Son amour de la justice et sa piété lui méritèrent les surnoms de Bon et de Juste que lui donnent les chroniques, et causèrent aussi la mort déplorable qui couronna sa vie. Voici quel est le motif qui donna lieu au sacrilège assassinat dont il périt victime. Pendant l'hiver extraordinairement rigoureux qui régna de l'année 1125 à 1126, une grande famine, produite par la disette, désola la Flandre. Le comte, après avoir épuisé ses propres trésors, força tous les accapareurs de grains à vendre le blé au peuple à un prix fixé par lui, et il enleva même à plusieurs riches bourgeois les céréales qu'ils tenaient dans leurs greniers. Ce fut la cause ou le prétexte d'une conspiration à la tête de laquelle se placèrent les membres de la famille Van der Straeten, et surtout l'un d'eux, Bertulphe, prévôt de Saint-Donat, à Bruges, et chancelier de Flandre. Le 2 mars 1126, ils exécutèrent leur projet. Malgré les avis qu'on lui avait donnés de toutes parts, Charles s'était rendu de bonne heure à l'église de Saint-Donat, et disait ses prières vis-à-vis de l'autel, dans une galerie élevée qui communiquait avec le château. Pendant qu'il était ainsi en oraison, Bouchard, neveu de Bertulphe, s'approcha de lui, et lui fendit la tête d'un coup d'épée. A peine le malheureux comte fut-il tombé, que les conjurés accoururent, mutilèrent le cadavre, le précipitèrent dans la nef, et mirent à mort les domestiques qui avaient accompagné leur maître à l'église. Puis ils se répandirent dans la ville, semant partout la consternation et la terreur, et attaquant avec leurs partisans les demeures de leurs adversaires. La relation de ce crime, nous la trouvons dans un récit que nous en a laissé un témoin oculaire, Gualbert de Bruges.

Après ce forfait, qui plaça Charles le Bon au rang des martyrs et des saints qu'honore l'Église, les conjurés se retirèrent dans la citadelle de Bruges, le Bourg, où ils se trouvèrent bientôt assiégés par une armée accourue de tous les points de la Flandre, à la voix de Gervais Van Praet, chambellan du comte. La comtesse de Hollande, et le roi de France Louis le Gros, se joignirent aux assiégeants pour punir les coupables. Le Bourg pris d'assaut, les assiégés se retirèrent dans l'église d'abord, d'où ils furent refoulés dans la tour, du haut de laquelle la plupart furent jetés, après qu'on fut parvenu à leur enlever cette dernière position. Le prévôt fut attaché au gibet, et les maisons de ses complices furent rasées, et destinées à servir de places publiques à perpétuité. En mémoire de ce meurtre, on répéta tous les ans publiquement, dans l'église de Bruges, jusqu'à la fin du siècle passé, l'anathème fulminé contre les meurtriers.

Cette fois, les prétendants se présentèrent en plus grand nombre pour recueillir l'héritage du beau comté de Flandre. L'histoire cite : le comte de Hainaut et Guillaume de Loo, tous deux descendants directs, l'un de Baudouin de Mons, l'autre de Robert le Frison; Guillaume de Normandie, fils de Robert, surnommé Courte-Cuisse; Arnould le Danois, neveu de Charles le Bon; Guillaume, vicomte d'Ypres; la comtesse de Hollande, pour son fils Thierry VI; enfin, Étienne, comte de Blois, comme héritier de Mathilde, femme de Guillaume le Conquérant et fille de Baudouin V de Flandre. Thierry d'Alsace fut regardé par les Flamands comme l'héritier légitime du comté, en vertu du droit féodal. Mais Louis le Gros assembla les barons de Flandre à Arras, et parvint à leur faire accepter pour souverain Guillaume de Normandie, qui ne tarda pas à se faire reconnaître à Arras et à Lille. Les villes de Bruges et de Gand s'opposèrent d'abord à ce choix. Elles finirent par se soumettre, avec une grande répugnance, il est vrai, à cet étranger, que le roi leur imposa par la force des armes. Le pays souffrit considérablement dans la lutte de ces divers prétendants, dont quelques-uns essayèrent de s'y établir l'épée à la main. Guillaume commença par courtiser la faveur des villes en leur accordant quelques priviléges, dont le plus remarquable est la charte de commune qu'il donna à la ville de Saint-Omer. Mais il ne tarda pas à enfreindre le serment qu'il leur avait fait de maintenir les franchises et les libertés du pays. Aussi, des troubles nouveaux éclatèrent bientôt. D'un côté, Arnould le Danois, Guillaume d'Ypres et Étienne de Blois continuaient d'agiter le pays avec des armées étrangères. De l'autre côté, Guillaume le Normand voulut tenter de se remettre en possession de la Normandie, dont son père Robert avait été dépouillé par Henri I, roi d'Angleterre. Tout cela nécessitait de grandes dépenses. Le comte ne put y subvenir qu'au moyen de taxes énormes dont il frappa le peuple. Il trouva un autre moyen dans la vénalité des charges. Enfin, pour se concilier les nobles, il ferma les yeux sur les exactions qu'ils exerçaient sur le pays avec une incroyable rapacité. Cet état de choses devint bientôt intolérable, et les villes s'insurgèrent l'une après l'autre, tandis que le prétendant Thierry d'Alsace accourut au secours des mécontents avec une armée de cinq mille Allemands, et fut proclamé à Bruges comte de Flandre. Louis le Gros essaya en vain de s'interposer, et l'évêque de Tournai d'effrayer les esprits en frappant le pays d'interdit. Les villes persistèrent à maintenir la déchéance de Guillaume le Normand, qui résolut de les soumettre par la force. Il fut tué sous les murs d'Alost, par un coup de flèche lancée par un arbalétrier de cette ville ; et Thierry d'Alsace fut enfin unanimement reconnu par la Flandre tout entière et par le roi de France, auquel il prêta le serment de vasselage en 1132.

Ce prince trouva à remédier à beaucoup de difficultés, dont il parvint à triompher par sa fermeté et par son énergie. Il élargit les immunités et les priviléges des villes, s'appliqua à s'attacher les grands, et fortifia cette constitution du pays, qui se maintint pendant six siècles à travers tous les orages politiques. Il se distingua par son zèle pour le clergé. Aussi le nombre des monastères et des abbayes s'accrut considérablement sous son règne. Il entreprit quatre voyages en Palestine, en 1138, en 1148, en 1157 et en 1163. Il épousa en premières noces Marguerite de Clermont, veuve de Charles le Bon ; et ce mariage le fit excommunier par le pape Honorius, car Charles le Bon avait été son cousin germain. Marguerite étant morte en 1130, il s'unit en Syrie à Sibylle d'Anjou, à laquelle les écrivains qui se sont occupés de l'histoire littéraire de Belgique attribuent l'introduction des *cours d'amour* et de l'art du *gai savoir* en Flandre. Outre les guerres saintes auxquelles Thierry d'Alsace prit part, il en eut plusieurs autres à soutenir, dont il sortit avec avantage. Ainsi, de retour d'une de ses croisades, il trouva la Flandre agitée par Baudouin de Hainaut, qui n'avait pas renoncé à ses prétentions au comté, et auquel s'étaient réunis le comte de Namur et l'évêque de Liége. Il battit complétement les alliés, et termina cette lutte en donnant sa fille Marguerite en mariage à Baudouin. Il ne fut pas moins heureux dans la querelle qu'il eut avec Florent, comte de Hollande, au sujet des exactions commises par ce dernier envers les marchands flamands. Florent fut battu sur mer, pris en 1165, et conduit prisonnier à Bruges, où il signa, trois années plus tard, un traité de paix et de commerce extrêmement favorable à la Flandre. Ajoutons encore que Thierry tira, en 1137 et en 1140, son épée dans la guerre que les seigneurs de Grimberghe firent au duc de Brabant, encore mineur ; qu'il eut une rude lutte à soutenir, en 1140, contre Étienne de Blois, roi d'Angleterre, et contre Hugues, comte de Saint-Pol ; et qu'il fournit, en 1148, un grand nombre de navires à la flotte de deux cents voiles que la Flandre, le Brabant et l'Angleterre envoyèrent au secours d'Alphonse, roi de Portugal, contre les Maures. C'est ainsi que Thierry, après avoir consolidé par sa sagesse les institutions du comté, le fit respecter aussi par la force de son bras.

Son fils aîné Baudouin étant mort, Thierry laissa, en 1168, le comté à son fils Philippe, qu'il avait associé au pouvoir dès l'an 1157.

Le règne de Philippe d'Alsace (1169-1191) est d'une haute importance dans l'histoire constitutionnelle de Flandre. Il raffermit la paix publique; il continua l'organisation des villes et des châtellenies du pays, commencées par son père; il maintint les *keures* ou chartes des villes et en donna un grand nombre de nouvelles; enfin, il jeta les fondements de la plupart des droits des villes et des districts du comté. Mais, s'il mérita ainsi le titre de premier législateur de la Flandre, il ne s'appliqua pas avec moins d'ardeur à étendre au dehors le commerce flamand, surtout du côté de l'Allemagne.

Son zèle pour les guerres saintes l'entraîna, en Palestine, sur les champs de bataille où son père avait acquis tant de gloire. En 1177, il partit avec la fleur de la chevalerie flamande pour l'Italie, où il fit hommage à l'empereur Frédéric I pour le comté d'Alost, qui avait passé sous la souveraineté immédiate de la Flandre par la mort de Thierry d'Alost, neveu de Philippe. Arrivé en Palestine, il eut avec les Templiers de violents démêlés, à la suite desquels il quitta Jérusalem, pour assister le prince d'Antioche dans l'attaque d'une forteresse sarrasine. Plus tard il retourna dans la ville sainte et fit son pèlerinage au mont Sinaï. A son retour, il fut assailli par un grand nombre d'infidèles, qu'il parvint à repousser avec énergie. Lui-même, disent les chroniqueurs, tua de sa main un Sarrasin d'une stature gigantesque, et lui prit ses armes, qui, assure-t-on, furent depuis celles de Flandre, savoir, un champ d'or au lion de sable. Quand il fut revenu en Flandre, il se trouva mêlé aux grands débats que fit naître en France la question de la tutelle de Philippe-Auguste, dont le père, Louis VII, mourut en 1179. Philippe d'Alsace, qui avait été parrain d'épée de son jeune suzerain, fut chargé de sa tutelle et de la régence du royaume par Louis, au grand mécontentement de la reine mère, de son frère l'archevêque de Reims, et de leurs parents, le comte de Champagne et autres. Ce mécontentement s'accrut encore lorsqu'on apprit que le roi allait épouser Isabelle, fille du comte de Hainaut et nièce du comte de Flandre. Dans le contrat de ce mariage, négocié avec Louis VII, le comte Philippe assigna à sa nièce toutes les parties méridionales de son comté, qui formèrent plus tard l'Artois, et il obtint de son côté, pour le cas où sa femme viendrait à mourir sans postérité, la concession du comté de Vermandois, qu'il ne possédait qu'au nom de la comtesse. Ce mariage, et l'empire que Philippe d'Alsace exerçait sur l'esprit du roi, donnèrent lieu aux plus terribles querelles. Les grands du royaume étaient divisés en trois partis : celui de la reine mère, celui du régent, et celui du duc de Normandie, qui était aussi roi d'Angleterre. La première explosion eut lieu à propos des villes et des châteaux compris dans le douaire de la reine mère, qui, selon les coutumes de France, devaient lui être remis après la mort de Louis VII. Le comte de Flandre ayant refusé de les lui rendre, le prétexte d'une rupture se trouva posé tout d'abord. La reine mère et ses frères, les comtes de Champagne, quittèrent tout à coup la cour et se réfugièrent en Normandie, où ils demandèrent du secours au roi Henri II d'Angleterre, contre l'oppression du comte de Flandre. Ce prince les accueillit avec grande joie, dans l'espoir de trouver une occasion de conquérir à son profit la faveur et l'autorité dont Philippe d'Alsace jouissait à la cour de France. En effet, les fugitifs se rapprochèrent bientôt de Philippe-

Auguste, qui rompit avec son tuteur. Alors le comte, à son tour, s'éloigna du roi, emmenant avec lui la reine Isabelle. Une alliance se conclut entre la France et l'Angleterre. Aussitôt que le comte en eut connaissance, il suscita contre son suzerain tout ce qu'il put de Français et de Flamands, et sollicita même l'empereur Frédéric de prendre les armes. Un grand nombre de princes et de seigneurs se rangèrent de son côté, le duc de Brabant, le duc de Bourgogne, le comte de Hainaut, le comte de Sancerre, le comte de Namur, et tous les vassaux dont les terres relevaient de ces grands fiefs. Du côté de Philippe-Auguste se trouvaient le comte de Champagne et le roi d'Angleterre. En 1181, celui-ci offrit sa médiation pour arranger le différend. Mais, l'année suivante, la mort de la comtesse de Flandre vint changer entièrement le cours des événements. Sa sœur Éléonore prétendit lui succéder dans le comté de Vermandois, dont elle avait secrètement cédé une grande partie au roi. Ce fut la cause d'une complication nouvelle; car Philippe d'Alsace avait obtenu de Louis VII le Vermandois comme indemnité de la dot de sa nièce Isabelle de Hainaut; et Philippe-Auguste, qui avait lui-même, pendant sa minorité, confirmé cette convention, refusait de lui restituer les terres qui composaient cette dot. La guerre s'alluma donc. Le comte de Flandre obtint les premiers avantages; mais, abandonné peu à peu par ses alliés, il accepta enfin la médiation du roi d'Angleterre, et la paix fut conclue en 1186. Par ce traité, il consentit à ne conserver le Vermandois que sa vie durant.

L'année suivante, Philippe d'Alsace, poussé, comme quelques historiens le conjecturent, par son ressentiment contre Baudouin, comte de Hainaut, qui l'avait abandonné dans sa querelle avec le roi, songea à se remarier. Il choisit Mathilde de Portugal. On raconte que le navire qui portait cette princesse en Flandre fut abordé par des pirates français, et qu'ils lui enlevèrent ses joyaux et ses bijoux. Philippe arma plusieurs bâtiments, et fit donner la chasse aux brigands, qui furent pris et pendus sur le rivage de la mer, au nombre de quatre-vingts.

Cependant la chute du royaume de Jérusalem frappé par la puissante épée de Saladdin avait déterminé, en 1191, la troisième grande croisade. Le comte de Flandre partit pour la terre sainte avec l'empereur Frédéric, avec les rois de France et d'Angleterre, et une foule de princes et de barons. Il mourut de la peste pendant le siège de Saint-Jean d'Acre, sans laisser d'héritier, mais en laissant des institutions qui, fécondées par le temps, rendirent les communes flamandes si fortes et si puissantes. Rien ainsi ne manqua à sa vie laborieuse. Il joignit au titre de législateur celui de guerrier accompli. Il prit même une place distinguée dans les récits des romanciers, qui célébrèrent dans leurs chants l'emportement chevaleresque avec lequel il ordonna de pendre par les pieds dans un cloaque infect, et de livrer au bec des oiseaux de proie, sur la tour la plus élevée du château de Saint-Omer, le jeune et beau Gautier des Fontaines, qu'il avait un jour surpris à genoux aux pieds de la comtesse.

Quand la nouvelle de la mort de Philippe d'Alsace se répandit en Flandre, tout le pays fut en deuil. Ce prince, en effet, méritait les regrets de ses populations, parmi lesquelles il avait établi ces institutions démocratiques qui luttèrent pendant si longtemps contre l'aristocratie française, et qui, sans la perte d'une bataille, auraient, dès le quatorzième siècle changé la face d'une partie de l'Europe. Le deuil s'accrut encore lorsque Philippe, à son retour en France, se mit en possession de l'Artois, qui était la dot de sa femme.

LA FLANDRE JUSQU'A LA MORT DE BAUDOUIN DE CONSTANTINOPLE.

Les rênes du comté avaient passé aux mains de Marguerite d'Alsace, femme de Baudouin V de Hainaut et de Namur. Mais ils eurent de grands démêlés avec Philippe-Auguste, qui voulut s'emparer de tout le pays sous divers prétextes, dont le premier était le défaut d'héritier mâle. D'un autre côté, Mathilde de Portugal, qui prétendait comme fille de roi au titre de reine, réclama un douaire plus considérable que celui que son contrat de mariage lui avait assigné. Ces questions furent soumises à l'arbitrage des évêques de Reims et d'Arras, et aux abbés d'Anchin et de Cambrai, qui adjugèrent à Philippe-Auguste tout le territoire qui forma plus tard l'Artois, avec plusieurs fiefs qui en dépendaient. Marguerite et Baudouin obtinrent le reste de la Flandre, à l'exception des pays laissés en usufruit à Mathilde, c'est-à-dire toute la partie wallonne et la plus grande portion de la Flandre occidentale.

Ainsi furent mis en pratique ces usurpations et ces empiétements que la France exercera successivement sur le comté, et qui donneront lieu à tant de guerres furieuses.

Mais ces empiétements ne venaient pas de Philippe-Auguste seul. Le duc de Brabant et le comte de Hollande essayèrent, inutilement, il est vrai, de faire donner au premier, par l'empereur Henri VI, une partie de la Flandre. Enfin, le châtelain de Dixmude, descendant des comtes d'Alost, tenta, avec l'appui du duc de Brabant ou de Louvain, de se mettre en possession de ce comté. Baudouin sortit avec bonheur de cette dernière difficulté, et régna assez paisiblement jusqu'en 1195, après avoir renoncé, l'année précédente, à la couronne de Flandre, qu'il plaça sur la tête de son fils Baudouin, successeur de Marguerite.

On doit à ce prince la confirmation de la fameuse charte donnée aux Gantois par la reine Mathilde en 1191. Ce fut un des actes les plus mémorables de son règne.

Ici commence une nouvelle ère pour la Flandre. Baudouin IX prend en main le pouvoir, et va mériter le titre de premier empereur latin à Constantinople, tandis qu'il est, dans l'histoire de Flandre, la dernière de ces figures héroïques et chevaleresques qui le remplissent depuis Baudouin Bras de Fer. Mais, avant d'aller jeter sa grande épée dans la balance des événements qui vont s'accomplir en Orient, il s'applique et parvient à engager Philippe-Auguste à modifier la dureté des conditions qui avaient été faites à Baudouin de Hainaut. Plus tard, il trouva une occasion de reconquérir une autre partie des domaines que la cupidité de la France avait enlevés à la Flandre, en prenant parti contre le roi pour Richard Cœur de Lion, revenu de la captivité où il avait été retenu en Autriche. En effet, la partie septentrionale de l'Artois lui fut rendue par le traité de Péronne en 1199. La Flandre ainsi remise en possession de presque tout son ancien territoire, Baudouin, qui avait donné, en 1195, le comté de Namur en fief à son frère Philippe, assura la législation du Hainaut en faisant jurer, par tous les barons de ce comté, deux grandes chartes dont l'une formait leur code féodal, et dont l'autre était une espèce de code criminel et de procédure. Il fit, selon le chroniqueur Jacques de Guise, « par les conseils des grands clercs de ses États, recueillir et composer des histoires réduites en forme abrégée, depuis la création du monde jusqu'à son temps; il fit rédiger en langue française ces compilations appelées, d'après lui, Histoires de Baudouin. Enfin, il chargea les mêmes clercs de rédiger toutes les coutumes du Hainaut et de la Flandre, dans ces deux États. » Il dressa, en outre, plusieurs autres sages ordonnances relatives au prêt à intérêt, aux tonlieux et autres objets. Tout cela fait, il se dirigea vers la terre sainte, après avoir solennellement pris la croix dans l'église de Saint-Donat, à Bruges. Dans cette croisade il emmena un grand nombre de barons et de chevaliers flamands, parmi lesquels brillaient surtout ses deux frères Henri et Eustache, et le poëte Conon de Béthune, qui devint en quelque sorte le Tyrtée de cette expédition. On sait par quelles singulières circonstances cette croisade, entreprise en 1203, fut détournée de son but. Arrivée au bord de l'Adriatique, où elle comptait trouver les galères vénitiennes prêtes à la transporter en Palestine, elle se vit tout à coup arrêtée, parce qu'elle n'avait plus de quoi acquitter le passage. Les Vénitiens offrirent de lui accorder terme, si elle voulait consentir à les aider à reprendre la ville de Zara en Dalmatie, que le roi de Hongrie leur avait enlevée. Les croisés acceptèrent cette proposition, et s'emparèrent de Zara. Cette ville conquise, ils allaient se diriger vers la terre sainte, quand le jeune Alexis, fils d'Isaac l'Ange, empereur de Constantinople, que son frère avait précipité du trône, vint les supplier d'aller au secours de son père, leur promettant deux cent mille marcs d'argent, des vivres pour l'hiver, et une troupe de dix mille hommes d'armes, s'ils parvenaient à faire rendre la couronne à l'empereur déposé. Toute l'armée se tourna vers le Bosphore, prit Constantinople, et replaça Isaac l'Ange sur le trône. Mais l'empereur, restitué dans sa puissance, tardait à exécuter les promesses qu'il avait fait faire par son fils. Les croisés, campés sous les murs de la ville, commençaient à s'impatienter, et chargèrent le chroniqueur Ville-Hardouin et le poëte Conon de Béthune d'aller en réclamer l'exécution. Ce fut le poëte qui porta la parole. Son langage fut si hardi, qu'il excita la colère des Latins, et que les deux messagers durent se sauver au plus vite, pour échapper à la mort dont on les menaçait. A la nouvelle de ce qui venait de se passer, tous les barons frémirent d'indignation, et ce ne fut qu'un cri dans toutes les bouches : A l'assaut! à l'assaut!

Constantinople fut attaquée aussitôt et enlevée, après des prodiges de valeur.

La ville ainsi tombée en leur pouvoir, les croisés songèrent à élire un empereur. Il y avait trois concurrents : Baudouin de Flandre, le doge vénitien Henri Dandolo, et le marquis de Montferrat. Baudouin fut solennellement proclamé, au nom des barons, par l'évêque de Soissons, le 16 mai 1204. Plusieurs autres chefs de la croisade obtinrent dans l'empire grec des fiefs, dont l'histoire fabuleuse occupa si longtemps les veillées des manoirs de l'Occident, et fournit tant d'épisodes menteurs même aux romanciers français du XVIIe siècle. Mais le nouvel empereur ne resta que peu de mois sur le trône de Byzance. Il fut bientôt enveloppé dans une guerre contre les Bulgares, commandes par leur roi Joannice. Après une bataille sanglante, il fut pris le 14 avril 1205, et mourut en captivité. Les barons ne reçurent que dans le cours de l'année suivante la nouvelle certaine de sa mort, que les récits des romans accompagnent des circonstances les plus cruelles. Un grand nombre de chevaliers refusèrent cependant de croire à la réalité de sa fin, comme nous le verrons dans l'épisode du faux Baudouin, dont nous aurons à parler tout à l'heure.

Ce fut pendant les dernières années du règne de Baudouin de Constantinople qu'éclata, dans la châtellenie de Furnes et dans les autres districts compris dans le douaire de la reine Mathilde, la fameuse guerre civile entre les *Ingrekins* et les *Bleauvoetins*, qui eut pour cause les exactions que cette princesse, remariée à Eudes III de Bourgogne, exerçait sur le peuple, pour soutenir son luxe et celui des seigneurs étrangers qui vivaient à sa cour.

L'empereur mort, et sa femme Marie de Champagne l'ayant précédé au tombeau, il restait en Flandre leurs deux filles mineures, Jeanne et Marguerite, dont leur oncle Philippe, comte de Namur, prit la tutelle. La première, étant l'aînée, obtint les deux comtés; la seconde eut quelques fiefs particuliers.

LA FLANDRE JUSQU'AU RÈGNE DE GUI DE DAMPIERRE (1205-1280).

Le roi de France, pour empêcher les deux filles de Baudouin de contracter des alliances qui pussent être préjudiciables à la France, prétendit, en sa qualité de seigneur suzerain, à la garde noble de leurs personnes et au droit de mariage. Aussi, Philippe de Namur consentit à lui envoyer les deux jeunes princesses, afin d'obtenir lui-même, par suite de sa soumission à la volonté royale, la main d'une fille que Philippe-Auguste avait eue d'Agnès de Méranie. Mais le mécontentement populaire se manifesta si vivement en Flandre et dans le Hainaut, que le comte Philippe fut forcé d'abandonner la régence des deux comtés, dont l'administration fut remise à Bouchard d'Avesnes, qui la géra jusqu'au moment où Jeanne elle-même vint en prendre possession.

La guerre civile allumée par la reine Mathilde continua à désoler la Flandre. Mais bientôt elle fut à son terme, cette princesse, d'origine portugaise, ayant, de concert avec le roi de France, ménagé un mariage entre la comtesse Jeanne, dite de Constantinople, et Ferrand, fils du roi Sanche de Portugal. Cette union fut célébrée en grande pompe à Paris, aux frais de la Flandre et du Hainaut, et la jeune comtesse vint aussitôt prendre possession des États héréditaires de son père. Ce fut en l'an 1211 ; Jeanne n'était âgée alors que de vingt-trois ans. Mais au retour des deux jeunes époux en Flandre, Louis, fils du roi, les ayant devancés, les arrêta à Péronne, et les retint prisonniers jusqu'à ce qu'il se fût rendu maître des villes d'Aire et de Saint-Omer, où il plaça de fortes garnisons. Cet acte de violence eut des résultats terribles. Ferrand ayant été forcé de laisser à Douai Jeanne, attaquée de la fièvre, entra d'abord seul en Flandre, où il ne réussit pas à se faire reconnaître par les villes en l'absence de la comtesse. Cependant il se mit en mesure de reprendre Aire et Saint-Omer. Un choc avec la France allait avoir lieu ; mais les grands vassaux de Flandre et Jeanne réussirent à déterminer Ferrand à entrer dans la voie des négociations ; et les deux villes furent cédées à Philippe Auguste par un traité conclu en 1211, entre Lens et Pont-à-Wendin. Ce prince ne s'y soumit qu'avec la plus vive répugnance. Aussi, deux années après, il refusa d'assister le roi, comme il le devait en qualité de vassal de la France, dans l'expédition qui se préparait contre Jean-sans-Terre, roi d'Angleterre, excommunié par le souverain pontife.

Cette guerre n'ayant pas eu lieu, à cause de la réconciliation du roi Jean avec le pape, Philippe se porta avec toute son armée vers la Flandre, tandis que sa flotte, forte de 1200 voiles, entra dans le port de Damme. Ferrand appela à son secours les épées d'Angleterre, qui, réunies aux épées flamandes, attaquèrent et ruinèrent la flotte française. Mais il ne fut pas aussi heureux sur terre ; car Philippe-Auguste s'empara de presque toute la Flandre, dont il ne sortit qu'après avoir dévasté plusieurs villes, et après avoir laissé des garnisons dans quelques autres. Ferrand, qui s'était réfugié en Zélande, reparut, après le départ du roi, avec une nombreuse armée de Frisons et de Hollandais, et fut reçu successivement à Damme, et par les communes, déjà si opulentes, de Bruges et de Gand.

L'hiver suspendit un moment les hostilités, qui s'étaient continuées jusqu'alors par des expéditions peu importantes, dont le succès fut tantôt pour les armes royales, tantôt pour les Flamands, les Anglais et les Hollandais, que l'époux de Jeanne avait sous ses ordres. Ferrand le mit à profit pour se rendre en Angleterre auprès du roi Jean, afin de se concerter avec lui sur la campagne suivante.

Cependant Renaud de Dammartin, comte de Boulogne, avait réussi à négocier cette ligue si célèbre, dans l'histoire du moyen âge, sous le nom de Ligue du Bien Public. Cette confédération eut pour objet le partage de la France, et le renversement de Frédéric II prétendant à l'Empire, et elle eut pour principaux chefs l'empereur Othon IV, le roi Jean d'Angleterre, les ducs de Brabant et de Limbourg, les comtes de Flandre, de Luxembourg, de Hollande et de Namur. Presque tous les princes de la Gaule septentrionale et orientale y entrèrent. Les alliés réunirent une armée nombreuse, et resolurent d'attaquer la France sur deux points, du côté de l'ouest et du côté de la Flandre. Ils croyaient leur succès d'autant plus assuré, qu'ils trouvaient la plus vive sympathie dans presque tout le baronage de France, que mécontentait, depuis longtemps, la marche ascendante du pouvoir absolu qui caractérisait l'administration de Philippe Auguste, le suzerain tendant de plus en plus à absorber en lui le pouvoir de ses grands vassaux. Mais le roi, voulant empêcher ses ennemis de pénétrer dans le cœur de la France, et plein de confiance dans cette étoile qui le guida durant tout son règne, déboucha, le 23 juillet 1214, par Arras dans la Flandre, et, après avoir tout brûlé sur son passage, vint prendre, trois jours plus tard, position près de Tournai. Mais, Othon étant arrivé avec son armée au confluent de la Scarpe et de l'Escaut, Philippe Auguste se retira aussitôt vers Lille. Une grande partie de ses forces avait déjà passé le pont de Bouvines sur la Marque, quand son arrière-garde fut tout à coup attaquée par les troupes légères de l'empereur, et la bataille commença. Ce fut une lutte épouvantable, où tous ceux qui y prirent part se signalèrent par les plus beaux faits d'armes. Le roi favorisé par le soleil, et par cette toute-puissante énergie qu'inspire la nécessité de vaincre ou de périr, triompha. Il défit cette ligue formidable, après avoir couru lui-même les plus grands dangers, et resta maître du champ de bataille. Ainsi Philippe-Auguste fit remporter à la royauté française sa première victoire sur la féodalité, victoire dont profiteront Louis XI et Louis XIII, et qui préparera la puissance absolue de Louis XIV. Il mérita le surnom de Grand, et emmena prisonniers Ferrand, Renaud de Dammartin, le comte de Salisbury, et un grand nombre d'autres seigneurs. Renaud fut enfermé dans la tour de Péronne où il mourut dans les fers, quatre années après. Ferrand fut enchaîné, et transporté à Paris dans une litière traînée par quatre chevaux, comme nous l'apprennent ces vers du chroniqueur belge Philippe Mouskes, qui fut contemporain des événements que nous venons de raconter :

Enkaînés comme lupars
Fu Ferrans, et bien reliérés
De IIII piés; car défiérés
Avoit esté trop longement;

Et ceux-ci que le peuple de Paris chantait à cette occasion :

Quatre ferrans bien ferrés
Menent Ferrans bien enferrés.

Il resta douze années prisonnier dans la tour neuve du Louvre.

Cependant le roi n'abusa pas de sa victoire au point de confisquer à son profit la Flandre, dont Jeanne, à la vérité, était la souveraine réelle, et dont Ferrand n'était que bailli et mambour. Il se borna à exiger la démolition des forteresses de Cassel, de Valenciennes, d'Ypres et d'Audenarde, et l'engagement de la comtesse de ne pas augmenter les fortifications des autres villes de Flandre, et de n'en construire aucune nouvelle sans l'agrément du roi. Jeanne accepta ces conditions, et se soumit à la volonté de son suzerain pour la rançon de Ferrand et des autres prisonniers faits à la bataille de Bouvines. Mais elle sollicita vainement la liberté de son époux : Philippe-Auguste fut inexorable. Elle renouvela ses instances auprès de Louis VIII, qui lui succéda en 1223, et elle s'occupa de recueillir les sommes nécessaires pour la rançon. Les villes et les monastères de la Flandre l'y aidèrent généreusement, et le pape Honorius lui-même joignit ses instances à celles de la comtesse, promettant de mettre le pays en interdit, si le comte, rendu à la liberté, voulait jamais se révolter de nouveau. Le roi se rendit enfin et conclut avec Jeanne le traité de Melun (1226), dont les conditions étaient si dures, que les villes et les barons de Flandre le rejetèrent unanimement. Son successeur Louis IX se montra plus traitable et réduisit les charges du traité à un seul payement de vingt-cinq mille livres parisis. Cette condition fut acceptée, et Ferrand recouvra sa liberté le 6 janvier 1227. Depuis lors il ne cessa pas de donner au roi des preuves de fidélité. Aussi Louis IX ne tarda pas à lui permettre de rebâtir en pierres les portes de ses villes. Ferrand mourut à Noyon en 1233.

Jeanne épousa en secondes noces, en 1237, Thomas, comte de Savoie, oncle des reines de France, d'Angleterre et de Sicile, et mourut en 1244.

Son règne fut signalé par deux événements, dont l'un est plein de si étranges et si mystérieuses circonstances, qu'elles font de cette page de notre histoire une des plus romanesques et des plus dramatiques : ce fut l'apparition du faux Baudouin. La nouvelle de la fin de l'empereur Baudouin de Constantinople avait trouvé en Flandre beaucoup d'esprits incrédules. Les regrets qu'y avait laissés sa vie avaient fait douter de sa mort. Tout à coup, en 1225, apparut un homme qui offrait la plus grande ressemblance avec l'empereur, tombé sous les coups des Bulgares. C'était un ermite qui sortait du bois de Glançon, entre Tournai et Lille, où il avait, pendant quelque temps, vécu dans la retraite. Le mystère dont sa vie était enveloppée le rendait propre au rôle que plusieurs gentilshommes du Hainaut l'appelèrent à jouer, mécontents qu'ils étaient de la comtesse Jeanne. Un jour, un bruit étrange se répandit :

— Le comte Baudouin est revenu.

Cette rumeur populaire ne tarda pas à trouver de l'écho dans toute la Flandre et dans tout le Hainaut. Plusieurs seigneurs même se déclarèrent pour l'imposteur, et crurent en effet reconnaître en lui le mort si regretté. La comtesse, instruite de ces choses, dépêcha vers l'ermite un de ses hommes, Arnould d'Audenarde, qui donna dans le piège comme les autres chevaliers qui étaient allés le visiter dans sa solitude. Le faux Baudouin, dont le vrai nom était Bertrand de Rais, et qui avait d'abord exercé le métier de ménestrel, finit par se donner lui-même pour Baudouin de Constantinople, et raconta de quelle manière miraculeuse il s'était échappé de la captivité où les Bulgares l'avaient tenu. La comtesse finit par ajouter foi à un bruit qui trouvait croyance dans tous les esprits. Mais, voulant acquérir une assurance positive, elle tint une assemblée dans la ville de Quesnoy, où l'imposteur fut interrogé. Plusieurs indices s'y révélèrent, qui tendaient à prouver la fausseté de ses allégations. Cependant la merveilleuse histoire allait se propageant de plus en plus. Des gens du roi étaient venus pour s'assurer de la vérité, mais ils ne reconnurent pas le comte dans l'habitant de la forêt de Glançon. Le petit peuple s'était entièrement prononcé en sa faveur. Aussi la comtesse consternée quitta le Quesnoy en toute hâte, et bientôt la Flandre et le Hainaut furent en feu. Les populations couraient au-devant de l'imposteur, qui fut bientôt maître de tout le pays, et s'empara des deux fils de Bouchard d'Avesnes, neveux de la comtesse. Jeanne, réduite à l'extrémité, se détermina à demander du secours à la France, et parvint à engager le faux Baudouin à aller à Péronne trouver le roi, son *droit seigneur*. Il s'y rendit, en effet accompagné de cent chevaliers ; mais, n'ayant pu répondre à l'interrogatoire que le roi lui fit subir en sa présence, il fut banni du royaume. Il revint donc à Valenciennes, où il passa quinze jours dans une abbaye, et parvint à échapper, à la faveur d'une nuit ténébreuse, aux hommes d'armes que la comtesse avait mis à sa poursuite. Il gagna Nivelles, et s'enfuit à Cologne avec un sauf-conduit dont cette ville l'avait muni. Peu de temps après, il tomba entre les mains d'Édouard de Castenai, à Rougemont en Bourgogne. Amené à Lille, il fut condamné au dernier supplice ; et, après avoir été promené par la ville sur un mulet, il fut pendu à un gibet dressé dans la halle, entre deux chiens, et ayant à côté de lui un masque à figure de diable. Telle fut la fin de ce singulier personnage, qui remua si profondément le pays, et qui avait tellement excité le fanatisme du peuple, que les moines de Saint-Jean à Valenciennes gardaient comme des reliques les poils de sa barbe, et que les habitants de Binche avaient poussé leur dévotion pour lui jusqu'à boire l'eau dans laquelle il s'était baigné.

L'autre événement est l'histoire de Bouchard d'Avesnes. Ce seigneur, vassal du comte de Hainaut, avait été chargé, après la conclusion du mariage de la comtesse Jeanne avec Ferrand de Portugal, de la garde de la jeune comtesse Marguerite, en vertu d'une décision prise en commun par Philippe-Auguste, par les parents des princesses, et par les bonnes villes. Elevé à la cour de Philippe d'Alsace et reçu docteur en droit à l'Université d'Orléans, il avait été pourvu d'une prébende d'abord dans le chapitre de Notre Dame de Laon, ensuite dans celui de Notre-Dame de Tournai. Mais il se sentit peu fait pour les pratiques du sacerdoce, et embrassa bientôt la carrière des armes. Il fut créé chevalier par Richard Cœur de Lion ; et Baudouin de Constantinople, à son départ pour la croisade, l'adjoignit à Philippe de Namur pour gouverner ses États, et servir de protecteur à ses filles et à la reine Mathilde. Il s'était fait dans l'exercice de cette charge une si haute réputation de probité et de justice, qu'on lui confia, après le mariage de Jeanne, la garde de Marguerite. Il parvint bientôt à se faire aimer de cette princesse, et l'épousa en l'an 1212, en présence de Jeanne et de Ferrand. Deux enfants, dont l'un reçut le nom de Jean, l'autre celui de Baudouin, étaient sortis de cette union, quand tout à coup le bruit se répandit en Flandre que Bouchard était sous-diacre ; car le chapitre de Tournai l'avait forcé à entrer dans les ordres. L'émotion que cette nouvelle produisit à la cour de la comtesse fut extraordinaire. Aussi, après la bataille de Bouvines, Bouchard se rendit à Rome pour supplier le pape Innocent III de lui accorder une dispense, et de lui imposer la pénitence que le Saint-Siége jugerait convenable. Le souverain pontife lui refusa la dispense demandée, et lui ordonna de faire, pendant une année, un pèlerinage à Jérusalem et au mont Sinaï. Revenu de ce long voyage, il ne voulut pas consentir à quitter ses enfants et sa femme, malgré les instances et les sommations réitérées de la comtesse Jeanne et de l'évêque de Tournai. L'affaire en était à ce point, lorsqu'en 1215, le pape, pour vaincre cette obstination, frappa Bouchard d'excommunication, et ordonna que cette condamnation fût lue tous les dimanches et les jours de fête dans toute la province de Reims, jusqu'à ce que le sous-diacre eût remis Marguerite à sa famille, et qu'il fût rentré dans les ordres sacrés. Bouchard tint ferme, et persista dans sa résolution de ne pas se séparer de sa famille. Mais il fut pris, jeté en prison à Gand, et décapité plus tard, par ordre de Jeanne, dans la forteresse de Rupelmonde.

Jeanne employa les dernières années de sa vie, agitée par tant de troubles, à des fondations pieuses, dont plusieurs historiens attribuent l'origine aux remords qui l'agitèrent depuis l'exécution du faux Baudouin, dans lequel, assurent-ils, elle avait réellement reconnu son père. Cette calomnie resta, en effet, longtemps attachée au nom de cette malheureuse femme. Dans le cours du XVIe siècle, l'auteur des *Annales de Flandre*, Pierre d'Oudegherst, l'entendit répéter par toutes les bouches dans la ville où l'imposteur fut mis à mort. « Et fut, « dit-il, ceste opinion et persuasion tel- « lement enracinée ès cœurs de la mul- « titude, comme encore moi-mesme j'ay « entendu estre pour le présent, et si- « gnamment en la ville de Lisle, que par « nulles excusations on ne pouvait les « en divertir. » La postérité, plus juste, a la conviction maintenant que ce ne fut point pour expier un parricide que Jeanne fonda près de Lille le couvent de Marquette, où elle ordonna que ses restes fussent déposés.

Jeanne de Constantinople n'ayant point laissé d'enfants, sa sœur Marguerite lui succéda. Cette princesse, qui s'était mariée en secondes noces, après la mort de Bouchard d'Avesnes, avec Guillaume de Dampierre, baron de Champagne ou de Bourgogne, était devenue veuve, pour la seconde fois, en 1241. Elle avait eu du premier deux fils, Jean et Baudouin d'Avesnes, et du second une fille et trois fils, Guillaume, Gui et Jean. Toute son affection s'étant portée sur ces derniers, elle voulut, en prêtant, en 1245, à Louis IX le serment de vasselage et en jurant le maintien de la paix de Melun, faire admettre à l'hommage, comme son héritier présomptif, l'aîné des enfants qu'elle avait eus de Guillaume de Dampierre. Jean d'Avesnes se rendit aussitôt à Péronne, réclamant les droits que sa qualité de fils aîné lui assurait. Le roi ne décida rien, la question de la légitimité des enfants du premier mariage étant fort controversée encore ; car la commission que nomma le pape Innocent IV pour faire une enquête sur leur naissance ne rendit une sentence en leur faveur que le 25 novembre 1249. Cette préférence de la mère fut l'origine d'une querelle entre les fils des deux lits, qui prit bientôt un caractère violent. Un fait l'avait produite, un mot l'envenima. Guillaume de Dampierre avait donné à Jean d'Avesnes le nom de bâtard, en présence de Louis IX, à Péronne. Une guerre sanglante sortit de ce mot. Jean d'Avesnes, secondé par le comte Guillaume de Hollande, dont il avait épousé la sœur, commença cette lutte en 1246 contre sa mère et contre les fils de son second mari. Mais, toute la chevalerie du Hainaut s'étant déclarée pour lui, la décision de la querelle fut soumise à Louis IX et au pape, qui résolurent qu'après la mort de Marguerite, Guillaume de Dampierre obtînt la Flandre, et Jean d'Avesnes le Hainaut. Sur ces entrefaites, Guillaume de Dampierre, qui s'était étroitement attaché au roi, résolut de l'accompagner dans la croisade entreprise en 1248. Jean d'Avesnes profita de l'absence de ce prince pour recommencer la guerre. Il réussit à se mettre en possession non-seulement du Hainaut, mais encore du territoire d'Alost, du pays de Waes, de Termonde, de Grammont, et des districts des Quatre-Métiers de Flandre. Marguerite, en cette extrémité, se vit réduite à capituler avec son fils, et acheta la paix au prix de soixante mille livres. Jean d'Avesnes mourut en 1257. La guerre dans laquelle il entraîna sa mère ne fut pas la seule à laquelle la Flandre se trouva exposée sous le règne de Marguerite. Elle se vit forcée de prendre part à la fameuse dispute qui divisa, en 1257, les princes de l'Empire, partagés sur le choix du successeur de Guillaume de Hollande, roi des Romains. Mais, cette fois, la comtesse se préserva de nouveaux désastres par la diplomatie. Elle s'assura de l'investiture de la Flandre impériale, en négociant à la fois avec les deux principaux concurrents à la couronne de l'Empire, Alphonse le Sage, roi de Castille, et Richard de Cornouailles, fils de Jean sans Terre. Ce dernier l'emporta, et la Flandre resta en repos.

Il était temps, en effet, que le comté obtînt quelque trêve ; car c'était bien assez de douze années de luttes pour une simple querelle de famille, qui valut à la comtesse le surnom de la *dame Noire* et de *Marguerite l'Enragée*, nom que porte, encore aujourd'hui, le monstrueux canon de fer forgé qu'on voit couché sur le marché du Vendredi à Gand. Cette princesse ne s'appliqua plus dès lors qu'à l'administration intérieure du pays, en suivant fidèlement la politique adoptée par Baudouin et par Jeanne de Constantinople. Elle favorisa le commerce et l'industrie, creusa plusieurs canaux, affranchit les serfs flamands, fit faire de nouveaux progrès aux libertés individuelles et publiques, agrandit les villes, organisa le système monétaire, et érigea un grand nombre d'établissements de bienfaisance. Mais ces avantages ne purent faire oublier le morcellement nouveau que subit la Flandre, dont les îles zélandaises furent détachées en faveur du jeune Florent, comte de Hollande, en 1256.

Marguerite de Constantinople avait, dès le commencement de son règne, associé son fils Guillaume de Dampierre aux affaires du comté. Mais ce prince, ayant eu le malheur d'être fait prisonnier par les infidèles en Égypte, contracta, pendant cette captivité, une maladie à laquelle il succomba, peu de temps après son retour dans sa patrie, en 1251; de sorte que la comtesse, avant sa mort, qui survint en 1280, légua solennellement toute la Flandre à son deuxième fils, Gui de Dampierre.

Tout le pays vit avec inquiétude l'avénement de ce prince, qui ne possédait aucune des qualités qui avaient distingué sa mère, ni l'énergie, ni la prudence, ni l'activité. Mais, avant d'entrer dans le règne de ce prince, qui joua un rôle si triste et si douloureux dans notre histoire, tournons un instant les yeux vers le comté de Hainaut.

LE HAINAUT DEPUIS SON ORIGINE JUSQU'A LA RÉUNION DE CE COMTÉ A CELUI DE FLANDRE, SOUS BAUDOUIN LE COURAGEUX (860—1067).

Le comté de Hainaut se compose originairement de trois comtés franks, de celui de Hainaut, dont Mons était le siége; de celui d'Ostroban, dont le chef-lieu était Bouchain ou Douai, et de celui de Burban, dont la capitale était Ath. Vers la fin du neuvième siècle, à l'époque où la possession de la Lorraine flottait entre la France et l'Allemagne, le Hainaut était placé sous l'administration du comte héréditaire Raginer ou Renier, qui fut, en 898, dépouillé de ses possessions par Suentibold, roi de Lorraine, et se retira avec sa famille dans un château nommé Durfos, qu'il possédait sur la Meuse, et où il se fortifia si bien en en mettant tous les abords sous l'eau, que son suzerain ne put parvenir à le réduire, même après un siége de deux ans. Il était petit-fils de l'empereur Lothaire, dont son père Giselbert avait enlevé et épousé une fille; et son comté avait été érigé pour servir de boulevard, comme celui de Flandre, aux incursions des Normands. La mort de Suentibold ayant fait échoir la Lorraine à Louis, dit *l'Enfant*, roi de Germanie, le comte Renier fut rétabli dans ses domaines. Sa puissance s'accrut considérablement en 912; il fut créé duc de Lotharingie par Charles le Simple sur la tête duquel il avait puissamment contribué à placer la couronne de ce royaume. Son fils aîné Giselbert lui succéda en 914 dans cette dignité héréditaire, tandis que son deuxième fils, nommé aussi Renier, le remplaça dans le comté de Hainaut. Mais Renier II, que les historiens appellent Renier au Long Col, se vit arracher son manteau de comte, en 958, par Brunon, duc de Lorraine et frère de l'empereur Othon le Grand, qui l'enferma dans une étroite prison, où il mourut en 970. Ses fils Renier et Lambert, après que le comté eut été donné à Ricaire ou Ricuin, seigneur puissant de ce pays, s'étaient retirés à la cour de France, où le roi Lothaire, qui désirait réunir la Lorraine à la couronne de son royaume, les avait accueillis et comblés de faveurs. A la mort d'Othon le Grand, survenue en 973, ils entrèrent avec une nombreuse armée dans le Hainaut, et livrèrent dans la plaine de Binche une bataille sanglante aux fils de Ricuin, qu'Othon II avait investis du comté, et qui périrent tous deux dans la mêlée. Mais Renier et Lambert furent tellement affaiblis dans cette terrible rencontre, qu'Arnould, comte de Flandre, et Godefroi, comte de Verdun ou d'Ardennes, auxquels Othon avait commis le gouvernement du Hainaut, n'eurent pas de peine à les forcer de rentrer en France. Cependant la paix ayant été conclue en 977 entre l'empereur et Charles, frère du roi Lothaire, Renier III, fils de Renier au Long Col, fut restitué dans le comté de Hainaut, qu'il occupa jusqu'en 1002. Il avait épousé Hedwige, fille de Hugues Capet, dont il eut un fils, qui lui succéda sous le nom de Renier IV, et mourut sans enfants mâles en 1036. Il paraît que, sous le règne de Renier III, l'organisation législative des comtés Hennuyers avait un caractère entièrement germanique. Ce prince tenait ses lits de justice sous les chênes de Hornu. Son fils Renier IV eut, en 1015, une rude guerre à soutenir contre Godefroi d'Enghien, dit le Jeune, duc de la basse Lotharingie. Après la conclusion de la paix, il agrandit le Hainaut de tout le territoire du comté d'Eenham, par son mariage avec l'héritière de ce domaine ; et, depuis cette époque, il se montra constamment attaché aux intérêts de la maison de basse Lotharingie, dont il épousa même le parti dans l'opposition qu'elle fit au choix du roi Conrad II, en Allemagne. Il laissa le Hainaut à sa fille Richilde, dont le mari, Herman de Saxe, prit une part active à la guerre que Godefroi, duc de la basse Lotharingie, et le comte de Flandre, Baudouin de Lille, firent à l'empereur Henri III. La comtesse mit tout en œuvre pour détacher son époux de cette coalition. Herman abandonna donc ses alliés. Mais le comte de Flandre, outré de colère, se jeta dans le Hainaut, le fer et la flamme à la main. Mais, grâce à l'intervention du saint-siége, un traité de paix fut conclu à Aix-la-Chapelle, et vint un moment suspendre les querelles entre les deux comtés. Cette paix cependant ne fut que de courte durée; car, le comte Herman étant mort en 1050, Baudouin conçut l'idée de réunir les deux États, en demandant pour son fils la main de Richilde. La comtesse se refusa à ce mariage. Alors la guerre se ralluma. Les Flamands entrèrent dans le Hainaut, prirent Mons et s'emparèrent de la comtesse, qui fut forcée d'accepter pour époux Baudouin VI, dit de Mons. Ce prince, ayant succédé à son père en 1067, régna de cette manière sur les deux comtés à la fois.

LE HAINAUT JUSQU'EN L'AN 1191.

Cette réunion du Hainaut à la Flandre ne dura que peu d'années. Nous avons vu comment les deux États furent séparés après la mort de Baudouin de Mons en 1070, et quelle guerre sanglante fût produite par le pacte de famille qui consacra cette séparation.

On attribue à la comtesse Richilde l'établissement, dans le Hainaut, d'une institution pareille à celle que Baudouin de Lille avait organisée dans son comté, celle des douze pairs de Flandre, c'est-à-dire un tribunal suprême, composé des douze principaux seigneurs du pays, chargés de connaître de toutes les causes où il s'agissait de décider de la vie, de la liberté ou de la propriété des grands du comté.

En vertu du pacte de famille de Baudouin de Mons, le second fils de ce prince obtint le comté de Hainaut, sous la tutelle de sa mère Richilde. Sa vie appartient moins aux annales de son pays qu'elle n'appartient à l'histoire des croisades; car il partit, en l'an 1098, pour la terre sainte avec un grand nombre de seigneurs Hennuyers, parmi lesquels se distinguaient surtout Baudouin, comte de Rethel, son neveu; Gilles de Chin, seigneur de Berlaimont, qui se rendit célèbre par ses éclatants faits d'armes; et Gillon de Trazegnies, dont le nom s'est perpétué intact jusqu'à ce jour dans une race qui peut faire valoir toutes les illustrations. Baudouin II trouva la mort à Nicée, l'année même de son départ.

Son fils aîné Baudouin fortifia les alliances du Hainaut par son mariage avec Yolande, fille du comte de Gueldre, tandis que le deuxième, Arnould, par son union avec l'héritière de Gautier, sire de Rœulx, introduisit dans sa maison cette seigneurie, qui n'était pas sans importance.

Baudouin III étant mort, en 1133, d'une fièvre qui le saisit un jour à son retour de la chasse dont il aimait passionnément l'exercice, son fils Baudouin IV lui succéda; mais ce prince n'apporta dans l'histoire aucun acte digne d'être signalé, si ce n'est l'acquisition de la châtellenie de Valenciennes et de la seigneurie d'Ath, qu'il acheta à prix d'argent, et dont il agrandit son comté. Il est connu dans nos annales par le surnom de *Bâtisseur*, parce qu'il construisit à Mons l'église de Sainte-Waudru, qu'il entoura cette ville de murailles, qu'il fortifia les villes de Binche et du Quesnoy, et qu'il éleva des châteaux à Ath, à Bouchain et à Braine-le-Comte. Il régna jusqu'en 1171, ayant obtenu de sa femme Alix de Namur six fils dont les deux premiers l'avaient précédé au tombeau. Des quatre autres, Baudouin lui succéda sous le nom de Baudouin V, et Guillaume obtint la seigneurie de Château-Thierry sur la Meuse, dans le comté de Namur.

Après le décès de Philippe d'Alsace, comte de Flandre, son héritière, Marguerite d'Alsace, épousa, comme nous l'avons vu, Baudouin V de Hainaut; et, dès lors, les deux États se trouvèrent réunis sous la même puissance, jusqu'après la mort de Marguerite de Constantinople, survenue en 1280.

Maintenant suivons les annales de la Flandre et du Hainaut depuis l'avénement du comte Gui de Dampierre jusqu'à la domination des ducs de Bourgogne, de la maison de Valois. Ici va s'ouvrir cette série de luttes presque gigantesques, où la Flandre plus d'une fois tiendra tête à la France; où les épées des barons s'ébrécheront plus d'une fois sur les bâtons ferrés des bourgeois de nos villes; car nos communes sont devenues puissantes et fortes de cette double énergie que donnent la richesse acquise par le travail, et cet esprit de liberté qui leur fit accomplir tant de miracles.

LA FLANDRE JUSQU'A L'INVASION DES FRANÇAIS EN L'AN 1300.

Dès l'avénement de Gui de Dampierre au comté en 1280, la Flandre se trouva placée dans la position la plus fausse. Ce prince, à la fois ambitieux et avare, imprévoyant et faible, compromit au dedans et au dehors la sûreté de ses États. Infidèle à la sage politique de ses prédécesseurs, il essaya de s'attaquer aux libertés des communes. Il tenta tout d'abord, à l'instigation perfide du roi de France Philippe le Hardi, de soumettre les magistrats des villes à lui rendre compte de leur gestion. Aussi, Gand, Bruges et Ypres, s'appuyant sur leurs priviléges, commencèrent bientôt contre lui une violente opposition. Le successeur de ce roi, Philippe le Bel, vit avec plaisir et fomenta ces discordes intérieures, qu'il se disposait à mettre à profit pour se former un parti qui pût l'aider dans la conquête de la Flandre. Bruges avait été le théâtre d'une lutte sanglante, où ses bourgeois avaient donné le premier exemple de la prise d'armes d'une commune flamande contre l'autorité féodale: mais une punition sévère avait frappé cette ville. Ypres se souleva à son tour, et fut punie de même. Gand allait l'imiter et aurait peut-être subi le même sort, si le roi Philippe ne l'eut prise sous sa protection. La main du roi se manifestait presque ouvertement dans tout ce qui se faisait; car il laissa, malgré les stipulations du fameux traité de Melun, les villes augmenter leurs fortifications, tandis qu'il ne permettait pas au comté de fortifier un seul de ses châteaux. Gui était aveugle, et ne voyait rien de toute la vaste trame qui l'enlaçait. Enfin, en 1294, il arriva une circonstance qui lui ouvrit les yeux trop tard. Il avait fiancé sa fille Philippine au prince de Galles, fils d'Édouard I, roi d'Angleterre. Philippe, qui ne pouvait voir sans inquiétude cette alliance, résolut de la rompre par une ruse peu royale. Au moment où la jeune princesse, dont il était parrain, était sur le point de se rendre en Angleterre, Philippe fit complimenter le comte, et l'invita à conduire sa fille à Paris, pour prendre congé de lui et de la reine. Gui se rendit donc en France avec la princesse. Mais à peine fut-il arrivé à Paris, que le roi le fit traduire devant les pairs de France comme coupable de trahison, à cause de l'alliance qu'il allait conclure avec un ennemi de son suzerain. Les pairs l'ayant renvoyé absous, il lui fut permis de retourner en Flandre. Il n'en fut pas de même de sa fille. Philippe la retint prisonnière, et elle mourut bientôt de chagrin. Le comte avait à tirer une éclatante vengeance de l'insulte que le roi lui avait faite, et de la captivité de sa fille. Mais le roi le prévint avec une astuce plus perfide que jamais, en l'impliquant dans de nouvelles querelles avec les communes flamandes. Il excita contre lui les habitants de Gand, de Bruges, d'Ypres, de Lille et de Douai. Il leur accorda le privilége de refuser d'aller en guerre hors du royaume, à moins que ce ne fût d'après son ordre exprès, ou d'après l'ordre de ses successeurs. Enfin, il suscita partout les plus grands embarras à son vassal. Mais le comte, pour se mettre en état de faire face aux dangers qui le menaçaient, s'occupa de chercher au dehors de solides alliances. Il tint, en 1296, à Grammont, une assemblée où se représentèrent le roi Édouard d'Angleterre, l'empereur Adolphe de Nassau, le duc Jean de Brabant, le duc Albert d'Autriche, et le comte Henri de Bar. Il y fut décidé que Gui de Dampierre enverrait au roi une lettre de défi, et lui déclarerait aussitôt la guerre. Les alliés lui assurèrent solennellement leur appui contre Philippe, et contre l'allié de la France, Jean II d'Avesnes, comte de Hainaut. Édouard d'Angleterre fiança en outre le prince de Galles à Isabelle, autre fille de Gui; il s'engagea à fournir à la Flandre un subside annuel de soixante mille livres tournois, pour l'aider à payer les frais de la guerre, et promit de ne pas conclure la paix avec la France sans l'intervention du comte. La haine que le sang des Avesnes portait à celui de Dampierre trouva dans cette querelle une occasion de se venger de la préférence que Marguerite de Constantinople avait accordée à ces derniers. Elle s'empressa de mettre cette circonstance à profit. Le comte de Hainaut avait, pour augmenter sa puissance, attiré dans son parti ses frères Bouchard et Guillaume d'Avesnes, évêques de Metz et de Cambrai, Jean de Dampierre, évêque de Liége, les comtes de Juliers et de la Marck, ainsi qu'un grand nombre de seigneurs lorrains.

Aussitôt que Philippe le Bel eut appris les dispositions de Gui de Dampierre, il assembla les pairs du royaume, et résolut d'envoyer des messagers au comte. Celui-ci sortait précisément de la messe au moment où les messagers de son suzerain se présentèrent devant lui, le déclarèrent prisonnier du roi, et voulurent l'emmener à Paris. Le fils de Gui, Robert de Béthune, tira l'épée pour frapper les envoyés royaux; mais son père le retint, et leur ordonna de repartir incontinent pour la France, après les avoir munis d'un sauf-conduit. Ensuite il fit savoir au roi, par les abbés de Floreffe et de Gembloux, qu'il ne le reconnaissait plus comme son suzerain. Après cet acte, il fut déclaré rebelle à la couronne, et les hostilités commencèrent aussitôt.

Le roi s'était ménagé un parti puissant dans les villes de Flandre. Ce parti, que les historiens désignent par le nom de *leliaerts* (hommes du lis), s'était grossi de toutes les haines que le comte avait suscitées autour de lui dans les communes. Il résista avec l'énergie de la rancune à tous les moyens que Gui de Dampierre et le roi d'Angleterre mirent en œuvre pour le détacher de la France. Ni les libertés nouvelles que le premier assura aux villes, ni les avantages que le second donnait au commerce flamand, ne purent l'attirer d'un autre côté. Il avait pour chefs principaux Jacques, évêque de Térouanne; Thomas, abbé de Dunes, et les écoutêtes de Furnes et de Bergues : enfin, la plus grande partie des nobles de la Flandre occidentale, et presque tous les échevins des villes, y étaient entrés, par haine contre les Allemands.

La guerre commença donc. Après avoir, en 1295, fait mettre en interdit la Flandre par les évêques de Reims et de Senlis, le roi se mit en marche avec une armée de soixante mille hommes, où l'on voyait les bannières des ducs de Bretagne et de Bourgogne, et celles de trente-deux comtes. Au mois de juillet, cette troupe formidable franchit les eaux de la Lys dans le voisinage de Warneton. Le comte, dont les alliés n'étaient guère préparés à entrer en campagne, ne put songer à s'opposer à cette force imposante : aussi, il se tint sagement sur la défensive. Cependant les villes tombaient l'une après l'autre au pouvoir des Français. Warneton, Furnes et Bourbourg se rendirent sans résistance. Un combat sanglant eut lieu près de Furnes, où les Allemands alliés du comte furent battus par Robert d'Artois. Le drapeau des lis flotta bientôt sur cette ville elle-même, et sur les remparts de Nieuport et de Dixmude. Alors Robert fit sa jonction avec le gros de l'armée royale, qui avait mis le siége devant Lille. Pendant ce temps, le comte avait couru de ville en ville, à Ypres, à Bruges, à Gand, pour les maintenir jusqu'à ce que le roi d'Angleterre eût pu venir à son secours. Enfin, au mois d'août, la flotte anglaise aborda à Damme. Il importait, avant tout, de s'attacher les bourgeois de Gand, qui ne se croyaient pas tenus à prendre part à une guerre commencée sans l'intervention des communes. Édouard essaya vainement de les gagner en leur accordant des avantages commerciaux, comme il l'avait déjà précédemment fait aux bourgeois de Bruges. Pendant ce temps, Lille était tombée, malgré la vigoureuse défense de Robert de Béthune. La chute de cette forteresse entraîna la reddition de Douai et de Courtrai. Alors le roi se dirigea sur Bruges, dont les habitants vinrent au-devant de lui avec les clefs de leur cité. Les affaires en étant à ce point, la flotte anglaise n'eut que le temps de prendre le large au plus vite; car la ville de Damme fut occupée par les troupes françaises presque en même temps que Bruges. Ces forteresses enlevées, Charles de Valois, frère de Philippe le Bel, retourna au camp royal établi à Ingelmunster, entre Thielt et Courtrai. Robert de Béthune et le prince de Galles mirent aussitôt son absence à profit pour reprendre Damme; et peut-être auraient-ils réussi à chasser aussi la garnison française de Bruges, si une querelle ne fût survenue entre les Anglais et les Flamands dont se composait la troupe qu'ils commandaient.

Alors le roi, pour mieux assurer sa conquête, transporta son camp à Bruges, laissant Charles de Valois avec un corps devant Ypres, qui tenait encore pour le comte. Mais celui-ci désespéra bientôt de pouvoir emporter cette forteresse, et rejoignit Philippe le Bel peu de temps après. Cependant les Flamands et les Anglais attendaient avec impatience à Gand l'arrivée de l'empereur Adolphe, dont l'aide leur était devenue plus que jamais nécessaire. Mais cette fois encore ils furent déçus dans leur espoir; car le roi, d'après le conseil de son allié, le comte de Hainaut, envoya de grosses sommes d'argent en Allemagne, et paralysa de cette manière le secours qu'Édouard d'Angleterre et Gui de Dampierre attendaient de ce côté. Dans cette extrémité, il ne restait donc plus aux deux princes qu'à demander une trêve. Elle fut conclue vers le milieu du mois d'octobre 1297, d'abord pour six semaines, ensuite prorogée pour deux années, c'est-à-dire jusqu'au jour des Rois 1300. Il fut stipulé que les villes occupées par les Français resteraient en leur pouvoir pendant la durée de la trêve, et que l'arbitrage du pape Boniface VIII serait invoqué pour la décision du différend qui existait entre la Flandre et l'Angleterre d'un côté, et la France de l'autre.

Le roi Édouard passa l'hiver à Gand; mais une émeute le porta bientôt à franchir la mer. Ses soldats s'étaient fait détester par leur arrogance. Insolents hommes d'armes, ils croyaient avoir bon marché de ces bourgeois flamands dont ils n'avaient pas encore appris à respecter la force. Aussi, ils se mirent un jour à piller les maisons et à mettre le feu à la ville. Les Gantois coururent aussitôt aux armes, attaquèrent les Anglais, et tuèrent sept cents fantassins et trente chevaliers ennemis. Pas un n'eût échappé au massacre, si le comte ne fût arrivé à temps pour sauver les fuyards, et pour empêcher les bourgeois d'achever leur vengeance. Édouard, outré de colère, partit aussitôt avec les siens, et abandonna son allié à ses propres forces. Peu de temps après, il s'attacha à Philippe le Bel, dont il épousa la sœur Marguerite.

Pendant l'été de l'année 1298, des ambassadeurs furent envoyés de France, d'Angleterre et de Flandre à Rome, pour recevoir la sentence arbitrale du pape. Mais Boniface VIII ne fut pas écouté. La guerre devait recommencer avec une fureur nouvelle, à l'expiration de la trêve.

L'année 1300 venait de s'ouvrir, et Gui de Dampierre ne pouvait plus compter que sur sa propre épée. La trêve étant finie, Charles de Valois se répandit dans la Flandre avec une armée nombreuse, à laquelle Robert de Béthune ne put opposer que quelques faibles troupes, qui furent aisément battues près de Courtrai. Après cette défaite, le jeune comte se retira avec les débris de son armée dans les murs de Gand, tandis que ses frères Guillaume et Gui se maintenaient l'un à Damme, l'autre à Ypres. Damme se vit bientôt réduite à capituler. Ce qui restait encore de villes et de châteaux tomba au pouvoir des armes françaises. Enfermé dans les remparts de Gand, le comte recevait chaque jour la nouvelle d'un nouveau désastre. Le trait d'énergie d'un seul de ses barons, Philippe de Maldeghem, ne put le consoler de toutes ces afflictions. Ce seigneur essaya, sans aucun espoir de succès, et dans l'unique but de donner à son maître le temps de se fortifier à Gand, d'attirer sur lui seul toutes les forces des Français; mais, battu et fait prisonnier, il gagna à son fief le beau surnom de Maldeghem la Loyale. Ce dévouement ne put rien pour la cause de Gui de Dampierre. Les Gantois négocièrent avec le roi, et se soumirent après qu'il eut confirmé leurs priviléges, et qu'il se fut engagé à tenir leur ville comme relevant directement de la couronne. Le comte n'avait plus de résistance à faire : il se vit réduit à supplier Charles de Valois de lui fournir les moyens de négocier avec Philippe le Bel. Le prince français l'engagea à se rendre avec ses fils à Paris, lui promettant de le ramener avec les siens sains et saufs en Flandre, en cas qu'ils n'eussent pu obtenir la paix après l'expiration d'une année. Gui de Dampierre y consentit. Quand il fut arrivé à Paris avec ses fils Robert et Guillaume, avec ses petits-fils Robert et Louis, et avec plusieurs chevaliers flamands, tous se jetèrent aux pieds du roi, qui ne s'engagea qu'à leur accorder la vie sauve, disant qu'il n'était pas tenu aux promesses faites par son frère, sans avoir été investi de pleins pouvoirs à ce sujet. Le comte fut envoyé prisonnier à Compiègne, Robert dans la forteresse de Chinon en Touraine, Guillaume à Novette en Auvergne, les autres dans d'autres endroits.

Alors Charles de Valois nomma gouverneur royal de la Flandre le connétable Raoul de Nesle, dont le fils avait épousé la fille de Guillaume, deuxième fils du comte déchu.

La Flandre fut traitée en pays conquis, et les villes furent forcées d'envoyer des otages à Tournai, pour être les garants de leur obéissance.

LA FLANDRE ET LE HAINAUT JUSQU'A LA MORT DE GUI DE DAMPIERRE (1305).

Au printemps de l'année suivante, le roi, accompagné de la reine, du comte de Hainaut et d'un grand nombre de seigneurs, vint visiter sa conquête. Il se montra tour à tour à Douai, à Lille, à Courtrai et à Gand, se faisant partout rendre l'hommage dû au suzerain du pays, déclarant que Gui de Dampierre devait être regardé comme le dernier comte de Flandre. Il agit en maître; il confirma les franchises et les libertés des villes; il disposa des emplois en souverain, tandis que les Flamands lui donnaient les fêtes les plus magnifiques. A Gand, il changea dans le sens populaire la constitution de la ville. Mais à Bruges, la joie du peuple cessa tout à coup, pour deux motifs. Les agents royaux ayant défendu aux bourgeois de demander au souverain l'abolition de la taxe sur le vin et sur la bière, que les Gantois avaient obtenue, on commença à murmurer sourdement. De son côté, la reine avait vu avec un profond dépit le luxe que déployaient dans leurs vêtements les bourgeoises de cette ville, et avait prononcé ces paroles : « Je croyais être seule reine ici ; et voilà que j'en trouve six cents. »

Après avoir reçu l'hommage des habitants, le roi repartit par Ypres, Lille et Douai. Dans cette dernière ville il assista au mariage de Robert d'Artois avec Marguerite, fille aînée du comte de Hainaut. Il avait institué Gobert d'Espinoy commissaire royal à Bruges, et chargé le comte de Châtillon du gouvernement de la Flandre. Douze cents chevaliers français furent donnés à ce seigneur pour lui servir de garde. C'était presque une cour princière. Aussi, il commença, dès le départ de Philippe le Bel, à se conduire en maître.

Les Flamands ne tardèrent point à manifester leur mécontentement de ce nouvel ordre de choses, et à regretter leur ancienne indépendance. Ils trouvaient les taxes dures; ils sentaient leur commerce déchoir; ils s'inquiétaient profondément de voir l'étranger se fortifier dans leurs villes. Les Brugeois firent explosion les premiers. Excités par leur doyen, Pierre de Koninck, les tisserands y commencèrent la révolte. Le reste du peuple se groupa sous Jean Breydel, doyen des bouchers. Ces deux nobles flamands trouvèrent dans presque tout le comté la plus ardente sympathie. Gand leur tendit la main. Partout s'organisèrent des réunions secrètes, où l'on se stimulait, où l'on s'excitait par les mots de patrie et de liberté. Les fils de Gui de Dampierre, qui avaient échappé au malheureux sort de leur père, se multipliaient de toutes parts, et soufflaient dans tous les esprits la haine contre l'étranger. Tout fut bientôt organisé pour s'affranchir d'un joug devenu intolérable. Le jeune Guillaume de Juliers fut nommé en secret gouverneur du pays, au nom de Gui son aïeul. On se trouva prêt à agir le 24 mai 1302. Ce jour-là, le sire de Châtillon avait fait son entrée à Bruges avec dix-sept cents cavaliers et une troupe considérable de fantassins, traînant à sa suite plusieurs chariots, chargés de tonneaux que l'on croyait remplis de vin, mais qui contenaient des cordes confectionnées à Courtrai, et destinées, disait-on, à garrotter, au milieu de la nuit, les principaux bourgeois, et à les pendre à leurs fenêtres. La ville était dans une stupeur impossible à dépeindre. Les soldats, à peine arrivés, s'étaient mis à piller quelques maisons, et à massacrer ceux qui leur opposaient la moindre résistance. Cependant le soir arriva, et les Français s'endormirent dans une trompeuse sécurité. Mais, à peine la moitié de la nuit se fut-elle écoulée, que Jean Breydel et Pierre de Koninck pénétrèrent dans la ville avec sept mille de leurs partisans. Les bourgeois coururent aux armes et s'assurèrent des portes, pour empêcher l'ennemi de s'échapper. Puis, pour mieux reconnaître les étrangers, on adopta les mots de passe *schild en vriend* (*bouclier et ami*), dont la prononciation juste est impossible aux Français. Tout se trouvant ainsi disposé, le massacre commença. Plus de quinze cents cavaliers et environ deux mille hommes de pied périrent dans ce vaste carnage. Quand le matin fut venu, Bruges était libre. Cependant le sire de Châtillon était parvenu à se sauver avec le reste des siens. Il jeta dans le château de Courtrai une petite garnison commandée par le châtelain de Lens, remit le commandement de Lille à Pierre de la Flotte, chancelier du roi en Flandre, et prit incontinent la route de Paris.

Le roi fut exaspéré en apprenant les événements qui venaient de s'opérer en Flandre, et résolut de venger dignement l'affront que ses armes avaient reçu. Robert d'Artois, qui ne pouvait pardonner aux Flamands la mort de son fils, tombé dans le combat de Furnes, reçut avec joie l'ordre de rassembler une armée nombreuse pour châtier les rebelles. Une multitude de gens de guerre vint se ranger sous ses drapeaux. Toute la fleur de la chevalerie française prit place dans ses rangs, que vinrent grossir encore un grand nombre d'épées du Hainaut, du Brabant et même de l'Italie. Ce fut comme une croisade destinée à anéantir la Flandre.

Un orage terrible allait fondre sur les bourgeois ; mais le pays presque tout entier s'était déclaré pour leur cause. Gand et Audenarde avaient égorgé les partisans de la France; Ypres s'était prononcé pour le comte. Les Courtraisiens eux-mêmes ne cachaient pas l'esprit qui les animait, bien que la garnison du château jetât l'incendie dans plusieurs quartiers de leur ville. Ce fut un élan unanime dans toute la Flandre. Guillaume de Juliers, le comte Gui de Namur, Arnould d'Audenarde, seigneurs, chevaliers et bourgeois, tout fut soldat pour la défense du sol natal et de l'indépendance. Jamais les Flamands ne s'étaient trouvés dans un aussi grand péril.

L'armée française entra en Flandre au milieu du mois de juin, brûlant tout sur son passage et ne laissant derrière elle que la mort et la destruction. Elle était commandée par Robert d'Artois, que secondait de toute sa puissance Jean, comte de Hainaut, de Hollande et de Zélande [1]. Composée de toutes les milices de l'Ile de France, de Champagne, de Normandie, de Poitou et de Picardie, elle était renforcée encore par un grand nombre de lances du Hainaut et de gens de guerre du Brabant. On y comptait dix mille cavaliers, autant d'archers, et quarante mille fantassins. Presque toute la chevalerie française capable de porter les armes faisait partie de cette expédition. Cette armée se dirigea d'abord vers Courtrai, pour forcer Gui de Namur à lever le siége du château, qu'il tenait investi.

Cependant le jeune Gui, fils de Gui de Dampierre, avait mis tout en œuvre pour réunir des forces capables de résister à l'ennemi. Outre les cavaliers allemands que Guillaume de Juliers lui avait amenés, il réunit les troupes de toutes les villes et châtellenies de Flandre, qui s'étaient déclarées contre les Français. Jean de Renesse, seigneur zélandais, avait conduit dans les rangs des Flamands quelques-uns de ses compatriotes. Sept cents Gantois, bravant le ressentiment des Leliaerts qui dominaient encore dans leur ville, étaient accourus, sous les ordres de Jean Borluut et de deux échevins. Les forces réunies des Flamands pouvaient s'élever à soixante mille fantassins, parmi lesquels on comptait à peine une dizaine de chevaliers.

Robert d'Artois quitta Lille aux premiers jours de juillet, et vint planter son camp à une demi-lieue de Courtrai. Après avoir employé trois ou quatre jours à des escarmouches, le 11 on se prépara des deux côtés à une lutte acharnée. Les Flamands avaient reçu, la veille, un renfort de six cents Namurois. Ils laissèrent les gens d'Ypres dans la ville et sur les remparts, pour tenir en respect la garnison du château, et ils se disposèrent en un seul corps de bataille dans la plaine qui s'étend à l'est de la ville, sur la route de Gand. La rivière de Lys, qu'ils avaient à dos, les couvrait au nord. Ils étaient flanqués à droite par les retranchements de la ville, et à gauche par le ruisseau de Groeninghe, qui, après s'être dirigé pendant quelque temps d'occident en orient, et se repliant brusquement vers le nord, défendait aussi leur front. Les Français se disposèrent d'abord en neuf corps, outre celui que Godefroid de Brabant venait de leur amener. Mais quand ils eurent vu l'ordre adopté par les Flamands, ils se réunirent en masses plus lourdes, de manière à ne plus former que trois corps seulement, dont l'un fut destiné à servir de réserve.

Le moment était grave et solennel. D'un côté, des hommes bardés de fer et habitués à la guerre ; de l'autre, des bourgeois qui ne songeaient qu'à leurs foyers et au sol de la patrie. Ceux-ci se préparèrent à la bataille comme s'ils se fussent préparés à la

---

[1] Jean d'Avesnes avait hérité de la Zélande et de la Hollande, du chef de sa mère Adélaïde, sœur de Guillaume de Hollande, élu empereur en 1247, et mort en 1256.

mort, en se confessant comme ils le purent, sans quitter leurs rangs, à des gens d'église et à des moines qui se trouvaient parmi eux. Alors un prêtre montra le saint viatique à toute l'armée et donna l'absolution générale aux soldats, qui, prosternés dans un silence religieux, prirent chacun une poignée de terre et la portèrent à leurs lèvres, comme pour témoigner leur désir de participer à la sainte communion, et leur dévouement à la défense sacrée du pays. Ensuite les chefs haranguèrent les combattants avec énergie, et firent défendre, sous peine de mort, à toute l'armée de faire ni butin ni prisonnier. Pour redoubler encore l'ardeur des troupes, Gui et Guillaume créèrent, sur le front de bataille, plusieurs chevaliers, parmi lesquels se trouvaient Jean Breydel et Pierre de Koninck.

Le connétable Raoul de Nesle et plusieurs autres capitaines expérimentés, ayant examiné la position prise par les Flamands, furent d'avis qu'il ne fallait pas les attaquer, et que le plus sage était de les affamer dans l'île où ils se trouvaient enfermés. Mais Robert d'Artois ferma l'oreille à tout conseil, et donna, à neuf heures du matin, le signal de l'attaque à ses archers, à la suite desquels il fit avancer la cavalerie rangée en épais escadrons, puis le gros de l'infanterie. Les arbalétriers flamands furent bientôt forcés de se replier devant les archers ennemis. Les chevaliers, jaloux de ce premier succès, et craignant de laisser à de simples gens de pied l'honneur de la victoire, s'ébranlèrent aussitôt, et se précipitèrent au milieu de leur ligne, à travers laquelle ils voulurent se faire un passage pour aborder eux-mêmes les Flamands. Ce mouvement causa leur perte; car des masses de chevaux furent engloutis dans les nombreux filets d'eau dont la plaine est sillonnée, et que les gens des communes avaient eu soin de cacher au moyen de branchages et de haies abattues. Ces chevaux tombés, d'autres se ruèrent sur eux, et sans cesse et toujours. Les ruisseaux se trouvèrent bientôt comblés de cadavres. Cependant la presse poussait toujours en avant. Mais les lances flamandes étaient là. Alors commença une lutte opiniâtre et sanglante. Un moment les communes virent leurs rangs enfoncés sous le choc formidable des Français; mais elles les reformèrent aussitôt, et commencèrent à faire jouer ces terribles massues armées de pointes, qu'on appelait par dérision *bonsjours*. Elles étaient déjà presque fatiguées de cette boucherie effroyable, quand leurs capitaines les firent se déployer sur leurs deux ailes. Alors le massacre se développa avec plus de fureur, parce qu'un plus grand nombre pouvait y prendre part. On frappait, on tuait sans miséricorde. En vain la garnison du château de Courtrai avait tenté d'opérer une sortie et incendié quelques maisons de la ville, pour attirer de ce côté une partie des Flamands : les gens d'Ypres suffirent pour la refouler dans la citadelle. Le corps de réserve français essaya un moment d'avancer; mais il ne put passer sur l'infanterie, qui déjà reculait en désordre. Il ne lui resta donc plus qu'à se décider à la retraite. En ce moment la déroute devint générale, et tout ce qui put se sauver s'enfuit dans un pêle-mêle épouvantable.

Dans cette sanglante journée périrent soixante-quinze princes, ducs, comtes et barons français ou alliés du roi, parmi lesquels se trouvaient Robert d'Artois, Jacques de Châtillon, Godefroi, oncle du duc de Brabant, avec son fils le sire de Vierson, Jean sans Quartier, fils du comte de Hainaut, les comtes d'Eu et d'Aumale, Raoul de Nesle et son frère Gui. Il resta, en outre, sur le champ de bataille plus de mille simples chevaliers et plus de trois mille nobles écuyers. Enfin, la perte totale du roi, en y comprenant ceux qui tombèrent dans la déroute, s'éleva à vingt mille combattants. Les Flamands n'eurent qu'un petit nombre de morts; mais celui de leurs blessés fut très-considérable.

Un grand nombre d'éperons dorés, dépouilles d'autant de chevaliers, furent recueillis dans la plaine, et servirent de trophées aux vainqueurs. Guillaume de Juliers en envoya une partie à Maestricht, où il occupait la dignité de prévôt. Le reste fut suspendu, en souvenir de cette victoire signalée, à la voûte de l'église de Notre-Dame, à Courtrai.

Cette journée sanglante est appelée, dans les provinces flamandes, la *bataille des Éperons d'or*.

Le lendemain de cette victoire, la ville de Gand s'affranchit des *Leliaerts*; et, deux jours après, le château de Courtrai se rendit. Jean, comte de Namur, l'aîné des fils du second lit de Gui de Dampierre, prit les rênes du gouvernement de la Flandre.

Cependant la bataille de Courtrai ne termina point la lutte avec le roi de France; car, dès le mois de septembre, une nouvelle armée française, composée de vingt mille hommes de cavalerie et de soixante mille fantassins, vint prendre position à Vitry, sur la Scarpe, entre Arras et Douai. Mais cette fois Philippe le Bel n'avait pas l'intention d'en venir à un engagement. Il chercha à gagner du temps par des négociations, et à fatiguer les Flamands. Aussi un armistice fut bientôt conclu. Ils mirent cette trêve à profit pour attaquer, au mois d'avril 1303, la ville de Lessines, dont le comte de Hainaut s'était emparé, et pour entreprendre une guerre maritime contre la Hollande et la Zélande. Ils parvinrent à réduire ce dernier pays sous la domination du jeune Gui de Namur, qui prit le titre de comte de Zélande.

Vers le milieu de l'année 1303, les Flamands, enhardis par leurs succès, résolurent de se porter sur Tournai, qui reconnaissait la souveraineté du roi. Mais celui-ci détourna cette nouvelle guerre au moyen d'une nouvelle trêve. Il permit, en outre, au vieux comte Gui de Dampierre de retourner en Flandre pendant le temps que devait durer cette suspension d'armes, pour y négocier la paix avec les communes, mais à condition qu'il reviendrait se constituer prisonnier au printemps suivant, s'il ne pouvait parvenir à arranger les affaires. Le comte, n'ayant pas réussi dans ses négociations, reprit le chemin de Compiègne, où il expira l'année suivante.

Cette trêve avait été mise à profit par les Flamands pour recommencer les hostilités en Zélande; elles se terminèrent par un combat naval, qui fut désastreux pour leurs armes; car ils n'eurent pas seulement à lutter avec les Zélandais, mais encore avec un grand nombre de galères rassemblées, par ordre de Philippe le Bel, à Calais, à Gênes et dans les autres ports d'Italie, sous le commandement de l'amiral italien Grimaldi.

Ce fut le 24 juin 1304 qu'expira la trêve avec la France. Dès les premiers jours de juillet, le roi se montra à la tête d'une forte armée sur la frontière de la Flandre. Il n'entreprit rien d'abord, l'issue de l'expédition de Zélande n'étant pas encore connue. Mais, à la nouvelle du désastre essuyé par les Flamands, il attaqua leur armée de terre près de Mons-en-Puelle, entre Lille et Douai. Au premier choc, il fut forcé de céder le terrain. Mais, les Flamands s'étant abandonnés au pillage pendant qu'il se retirait, il profita aussitôt de ce désordre. Sa cavalerie se rallia, et tomba avec impétuosité sur les pillards, qu'elle n'eut pas de peine à mettre dans une déroute complète. La perte de cette bataille entraîna la chute de Lille, qui tomba au pouvoir des Français. Cependant, malgré cette défaite, une nouvelle armée flamande se trouva bientôt en face du roi, près de Lille. Philippe le Bel, dont la vie avait été en grand péril à la journée de Mons-en-Puelle, où il fut désarçonné par Guillaume de Juliers, recula devant une troisième bataille, et fit offrir une trêve aux Flamands, qui, fatigués eux-mêmes de cette guerre prolongée, accueillirent cette proposition. Quatre commissaires furent nommés de part et d'autre, et la paix fut conclue, sous la médiation du duc de Brabant, le 16 janvier 1305. Ce traité assurait aux villes leurs priviléges et leurs libertés, réintégrait le comte

Gui de Dampierre dans la possession de la Flandre, rendait la liberté à tous les seigneurs flamands prisonniers en France, et, enfin, stipulait une amende de six cent mille livres à payer par le comté au roi, qui exigeait la remise de Lille et de Douai jusqu'à ce que cette somme lui eût été fournie.

Mais le comte ne jouit pas longtemps de sa liberté. Il mourut à Compiègne le 7 mars 1305.

Les deux armées furent dissoutes après la conclusion de cette paix. Jean d'Avesnes, comte de Hainaut, était mort l'année précédente, et avait eu pour successeur Guillaume, le deuxième des fils que Philippine de Luxembourg lui avait donnés, Jean l'aîné ayant été tué à la journée des éperons d'or.

LA FLANDRE SOUS LE RÈGNE DE ROBERT DE BÉTHUNE, DE LOUIS DE NEVERS ET DE LOUIS DE MAELE (1305—1384).

Robert de Béthune succéda à son père Gui de Dampierre, et se trouva, dès son avénement, engagé dans une lutte de négociations avec le roi son suzerain. On fit et on refit sans cesse des traités. On négocia, on négocia encore et toujours, sur des propositions définitives qui furent tour à tour rejetées par les villes ou par Philippe le Bel, Louis X et Philippe le Long. Enfin, ce grand débat diplomatique se termina, en 1320, par la stipulation de sommes considérables en faveur de la France, pour le payement desquelles la Flandre française fut engagée et remise à la couronne, qui en garda la possession jusqu'en 1383. Il fut décidé, en outre, que Louis petit-fils de Robert et fils de Louis de Nevers, épouserait Marguerite, fille du roi, et que ce prince succéderait à son aïeul, quand même celui-ci viendrait à mourir avant son fils Louis de Nevers.

Mais la plume ne fut pas seule employée à la pacification ; l'épée y était intervenue à plus d'une reprise.

Avec ces négociations et cette guerre les Flamands firent marcher de pair une autre guerre et d'autres négociations qui furent entamées avec le comte de Hainaut, pour la reprise de la ville de Lessines dont il s'était emparé, et pour le règlement des affaires de Hollande et de Zélan le. Jean d'Avesnes resta en possession des îles zélandaises, mais comme vassal du comte de Flandre, et à la charge de payer annuellement une rente équivalente aux revenus de ces îles à Gui de Richebourg, auquel elles avaient été données par son père Gui de Dampierre.

Robert de Béthune employa le reste de son règne à développer de plus en plus ce vaste commerce et cette industrie presque fabuleuse qui élevèrent bientôt les communes flamandes au comble de la richesse, et firent donner à Bruges le surnom de Venise du Nord.

Le comte Robert expira en 1322, après avoir été, comme le bruit s'en était répandu, sur le point de tomber victime de la fureur parricide de son fils Louis de Nevers. Ce prince fut accusé d'avoir voulu verser du poison à son père. Robert le fit saisir, et transporter d'abord à Vianen, ensuite à Rupelmonde. Son frère, qui le détestait depuis la conclusion de la paix avec la France, écrivit de fausses lettres, qu'il envoya, après les avoir scellées du sceau du comte, au capitaine du château de Rupelmonde. Elles contenaient l'ordre de faire mourir le prisonnier. Heureusement pour Louis de Nevers, le capitaine ne voulut pas exécuter cet ordre avant d'avoir instruit le comte des doutes qu'il avait conçus sur l'authenticité des lettres. Robert de Béthune découvrit toute la fraude, et éprouva la joie la plus vive en apprenant que son fils était encore en vie. Mais il ne voulut pas lui permettre de continuer à séjourner en Flandre, tant il était devenu défiant ; et il lui ordonna de sortir de ses États, en lui défendant de tirer vengeance de ses accusateurs. Louis mourut à Paris, quelques mois avant son père.

Son fils Louis de Nevers, qui obtint plus tard dans l'histoire le surnom de

Louis de Crécy, parce qu'il périt dans cette sanglante journée, prit, après la mort de son aïeul, les rênes du comté, en vertu des stipulations du traité de 1320. Le commencement de son règne fut signalé par de nouvelles querelles avec le comte de Hollande, au sujet des îles zélandaises; mais le roi parvint facilement à les aplanir. Ce différend à peine arrangé, il s'en présenta un autre d'une nature plus grave. Louis de Nevers avait reçu les services les plus signalés de son grand oncle Jean de Namur dans les négociations avec la France. Il le récompensa en lui donnant la seigneurie de la ville de l'Écluse : c'était lui soumettre tout le commerce de Bruges et de Damme. Aussi, ces villes firent d'abord des réclamations qui ne furent point écoutées; ensuite elles recoururent à la voie des armes. Elles mirent le siège devant l'Écluse, l'emportèrent d'assaut, et enfermèrent l'oncle de leur prince dans la prison de Bruges. Louis parvint, à force de supplications, à obtenir que Jean de Namur ne fût pas mis à mort, et se rendit en toute hâte à Paris, pour demander du secours au roi. La noblesse se prononça pour lui; mais il devint aussitôt l'objet de la haine populaire. Les bourgeois de Bruges et du Franc se levèrent en armes contre elle, et se mirent à lui ravager ses terres et à lui brûler ses châteaux. Cependant Louis de Nevers, qui se trouvait en France, pressait le roi Charles IV de lui prêter main-forte pour faire rentrer les communes dans l'obéissance, tandis que la comtesse de Namur réclamait l'intervention de sa tante Mathilde d'Artois pour faire rendre la liberté au comte Jean. Mathilde, cédant à cette prière, ouvrit une assemblée à Saint-Omer, où se rendirent Louis de Nevers son oncle, Robert de Cassel, Jean et Gui de Nesle, et un grand nombre de seigneurs des pays voisins. La première chose dont on s'y occupa fut l'accommodement d'un différend qui s'était élevé entre le comte Louis et son oncle, au sujet de quelques prétentions que ce dernier avait essayé de faire valoir sur certaines parties des domaines dépendants de la Flandre. Ensuite on s'occupa de la question soulevée par les Brugeois. Les villes de Gand, de Bruges et d'Ypres, qu'on appelait les trois membres de Flandre, avaient envoyé des messagers pour les représenter à l'assemblée de Saint-Omer. Ces députés mirent à la liberté du comte de Namur des conditions si exagérées, qu'elles furent rejetées tout d'abord. Aussi ils se retirèrent bientôt, et vinrent annoncer aux villes l'issue défavorable de leur mission. Les communes étaient exaspérées. Un autre motif doubla leur colère. Jean de Namur était parvenu à sortir de sa captivité, en s'évadant par une ouverture pratiquée dans le mur d'une maison qui attenait à la prison, et dont ses partisans avaient réussi à gagner le maître. Mais elles eurent beau se répandre en menaces et témoigner leur fureur, le comte, sûr de l'appui du roi, les menaça à son tour de les châtier, et Charles IV confirma Jean de Namur dans la possession du fief de l'Écluse. Alors les Brugeois n'eurent plus qu'à se résigner, et à faire leur paix avec Louis de Nevers, qui la leur vendit pour soixante-six mille livres, et confirma tous leurs privilèges.

Toutes ces luttes n'avaient pu parvenir à entamer la richesse toujours croissante des bourgeois flamands. Ils développaient de plus en plus leur commerce et leur industrie, à l'ombre des franchises dont la conquête leur avait été difficile, et dont ils avaient maintenu la possession par tant de courage et de persévérance.

Cependant de nouveaux motifs de désordres ne tardèrent pas à s'accumuler. Le comte se livrait à des dépenses effrénées. Entouré de baladins et de chanteurs, il eut bientôt épuisé son trésor. Quand il se trouva l'avoir dissipé tout entier, il s'adressa à la générosité de ses villes, qui lui ouvrirent noblement leurs coffres.

Mais si, d'un côté, on avait à pourvoir aux dissipations de Louis de Nevers, on avait, de l'autre, à faire face aux amendes que les traités avaient stipulées en faveur de la couronne de France. Ces sommes se levaient par des agents du roi, qui abusaient souvent de leur pouvoir et ne rendaient leurs comptes qu'à Louis de Nevers. Celui-ci, en outre, ne paraissait plus que rarement en Flandre, et séjournait presque exclusivement dans le Nevérois, tandis que l'administration du comté reposait tout entière dans les mains du seigneur d'Aspremont.

Le pays ne tarda pas à se trouver de nouveau en combustion. Les agents fiscaux et les autres officiers furent saisis. On chassa les uns, on tua les autres: et, bien que d'Aspremont fût appuyé par les administrations des villes de Bruges, d'Ypres et de Gand, il se vit bientôt dans l'impossibilité d'apaiser le désordre. Au mois de février 1324, le comte rentra en Flandre pour y porter remède. Il réussit à refréner à la fois les excès du populaire et les exactions des nobles, qui s'enrichissaient par la levée des impôts. Le printemps venu, il retourna à Rethel. Alors tout recommença de plus belle. Cette troisième explosion fut plus terrible que celles qui l'avaient précédée; car toute la Flandre occidentale prit part à ce soulèvement. La haine contre les nobles, qui avait été comprimée un moment, éclata avec plus de fureur que jamais. Les incendies et les pillages des châteaux reparurent, tandis que les seigneurs par représailles dévastaient à leur tour les villages, et tuaient les gens du peuple qui leur tombaient entre les mains. Cette fois la commune de Bruges s'était grossie des forces que lui fournirent les villes de Berg, de Furnes, de Nieuport, de Cassel et de Dunkerque. Le feu de la révolte s'était rallumé d'une manière effrayante, et l'on soupçonna à tort qu'il fut soufflé par Robert de Cassel. La dévastation devenait chaque jour plus flagrante. De toutes parts on s'était créé des chefs, dont les principaux étaient Zegher de Courtrai et le fameux Zannekin, qui conduisait les Brugeois.

Louis de Nevers, pour conjurer l'orage, se hâta de rentrer dans le comté vers la Noël, et réunit incontinent une assemblée à Courtrai, où s'empressèrent d'accourir son oncle Robert de Cassel, son grand oncle Jean de Namur, et son cousin Jean de Nesle. L'évêque de Cambrai chercha à émouvoir les Flamands à la paix; mais ses efforts furent inutiles. Alors le comte se décida à faire prompte justice. Il fit enlever, à la faveur de la nuit, un grand nombre des plus mutins, et mettre les forteresses d'Ardenbourg et de Ghistelles en état de défense contre les habitants du Franc et de Bruges.

Cependant la révolte marchait à pas de géants. Aux premiers jours de janvier 1325, elle envahit Ardenbourg, dont elle battit la garnison dans une sortie, et Ghistelles dont elle s'empara. De là elle se porta sous les murs de Courtrai. Les habitants de cette ville, irrités parce que, dans l'intérêt de la défense de la place, on en avait brûlé les faubourgs, se soulevèrent, tuèrent les chevaliers qui accompagnaient le comte, et le livrèrent lui-même aux gens de Bruges, qui l'emmenèrent prisonnier et l'enfermèrent dans la halle de leur ville, où on le retint pendant vingt-quatre semaines. Jean de Namur était heureusement parvenu à s'échapper, l'épée à la main, avec quelques chevaliers, et à se sauver à Lille. Robert de Cassel s'était tranquillement retiré dans sa forêt de Nieppe, sans tenter la moindre chose en faveur de son neveu.

Pendant ce temps, Zannekin marcha sur Ypres, dont le peuple le reçut à bras ouverts.

Le roi de France, ayant appris la situation dans laquelle se trouvait son vassal Louis de Nevers, envoya à Bruges le bailli de Vermandois, pour y obtenir que le comte fût remis en liberté; mais les bourgeois répondirent par un refus, et la régence du comté fut offerte à Robert de Cassel, qui l'accepta avec la dignité de *ruwaert* (de *rustbewaerder*, *défenseur du repos public*). Les rebelles se dirigèrent aussitôt vers Gand avec une armée nombreuse, tandis qu'un autre corps, commandé par Robert, se dirigea vers Audenarde, et brûla, en passant, le château de Peteghem, qui appartenait au comte. Cependant les Gantois, ayant appris que les gens de Bruges s'avançaient contre eux, sortirent de leur ville et marchèrent au-devant des Brugeois. Leur intention était de livrer bataille le lendemain; mais leur projet fut trahi, et le corps que conduisait Robert de Cassel fut appelé aussitôt d'Audenarde, de sorte que les Gantois eurent à lutter contre l'armée tout entière des rebelles. Une bataille sanglante fut livrée le 15 juillet près du pont de Rekel, dans le voisinage de Deynze. Un grand nombre de Brugeois y périrent, mais les Gantois furent complétement défaits. L'armée victorieuse se porta en toute hâte sur la ville de Gand, dont elle commença le siége. Jean de Namur avait le commandement de cette forteresse, où les partisans de Louis de Nevers étaient en majorité. Pour se délivrer des ennemis intérieurs qui s'y trouvaient encore, ils expulsèrent trois mille tisserands, soupçonnés d'avoir des intelligences avec les Brugeois. La garnison de Gand fut grossie, peu de temps après, par une troupe de cavaliers de Jean de Namur, qui s'étaient sauvés de Grammont, où trois cents de leurs compagnons avaient été massacrés par les habitants. Cette force réunie put tenir tête aux rebelles, sur lesquels elle remporta plusieurs avantages.

De son côté, le roi ne cessait de presser les Brugeois de relâcher le comte, et d'envoyer des messagers à Paris pour traiter de la pacification du pays. Il priait, en même temps, Robert de Cassel de s'y rendre. Mais ni l'un ni les autres ne répondirent à cette invitation. Alors le roi recourut au moyen extrême de l'interdit, et fit lancer par un cardinal, assisté des évêques de Tournai et de Térouanne, l'anathème sur la Flandre, à l'exception des villes de Gand et d'Audenarde. Les Flamands tinrent si peu compte de cette mesure, que le siége de ces deux villes fut poussé avec énergie, malgré la rigueur de la saison. Mais, comme elles tardaient à se rendre, ils finirent par songer à prendre leurs quartiers d'hiver. Pendant cette retraite ils essuyèrent plusieurs échecs à Eecloo et à Assenede.

Cependant le plus grand nombre des villes sollicitaient les Brugeois de remettre le comte en liberté. Ils prêtèrent enfin l'oreille à ces instances répétées. D'ailleurs, ils voyaient qu'il leur était impossible de continuer à lutter seuls contre toute la Flandre. Aussi, plusieurs de leurs chefs se rendirent, peu de temps avant la fête de Noël, dans la prison de Louis de Nevers, et imploraient leur pardon en se jetant à ses pieds. Après leur avoir promis un oubli absolu du passé, il fut relâché, et partit pour Gand, d'où il se rendit presque immédiatement après à Paris.

Cette promesse que le comte avait faite ainsi sous l'empire de la force, il n'était guère disposé à la tenir. C'est pourquoi il s'était rendu auprès de son suzerain, dans l'intention de lui demander des secours contre les gens de Bruges, qui l'avaient si longtemps tenu en captivité. On s'attendait en Flandre à l'arrivée d'une armée française dans le pays; car le roi avait envoyé des troupes à Saint-Omer, et fait renforcer les garnisons de Térouanne, de Tournai, de Lille, et de quelques autres places limitrophes. A l'agitation que cette crainte produisait dans toute la Flandre, venaient se joindre encore les scrupules de conscience qu'un grand nombre éprouvaient depuis que le pays se trouvait sous le poids de l'interdit, et les regrets de ceux qui voyaient les négociants étrangers déserter les villes, où les désordres et les querelles diminuaient chaque jour la sécurité. Pourtant la guerre n'éclata point. Le roi préféra le rôle de conciliateur, et convoqua une assemblée à Arques, près de Saint-Omer, afin de trouver moyen de rendre, après tant de luttes, quelque repos au comté. Dans cette assemblée se trouvaient, au nom de la France, l'évêque de Tournay, avec Pierre de

Congières, et plusieurs autres. Louis de Nevers, Jean de Namur, Robert de Cassel, sa sœur Jeanne de Coucy, et les députés des villes flamandes, s'y rendirent aussi. Alors les négociations commencèrent. Elles ne furent pas difficiles; car le roi, impliqué dans de grands différends avec l'Angleterre, cherchait à aplanir à tout prix ceux que lui suscitaient depuis si longtemps les affaires de la Flandre. La paix se fit aux conditions suivantes : les communes de Bruges et d'Ypres, les habitants du Franc et de Courtrai, ainsi que leurs alliés, furent condamnés à faire ériger à leurs frais, près de cette dernière ville, une chartreuse pour douze moines, et à indemniser les églises des pertes qu'elles avaient essuyées pendant le cours de la guerre. En outre, trois cents membres des communes de Courtrai et de Bruges devaient être désignés pour accomplir de lointains pèlerinages, savoir : cent à Saint-Jacques de Compostelle, cent à Saint-Gilles en Provence, et cent à Notre-Dame de Rochemadour. Enfin, les Brugeois et leurs alliés consentirent à prêter un nouveau serment de fidélité, et à payer au comte cent mille livres tournois, à Jean de Namur soixante-six mille livres, et au roi deux cent mille, moyennant quoi il s'engageait à contenter les villes de Gand et d'Audenarde. Outre ces peines et ces amendes, il fut stipulé que tous les bannis, chassés selon la loi, resteraient en exil, tandis que ceux condamnés par les rebelles pourraient rentrer dans leurs foyers; que le comte pourrait placer de nouveaux agents dans tous les emplois donnés par les rebelles à leurs partisans; que les prisonniers faits de part et d'autre seraient remis en liberté, sans être tenus à donner une rançon; enfin, que, pendant dix années, des plénipotentiaires du roi descendraient tous les ans en Flandre, pour s'assurer de la stricte et loyale observation de la paix. La ville de Grammont seule fut exclue de cette pacification, et obligée de démolir ses murs et ses portes, et de payer une amende de trois cents livres de gros, en expiation du massacre exercé sur les hommes de Jean de Namur. Ces articles ayant été jurés de part et d'autre, et ratifiés par le pape, celui-ci leva l'interdit dont le pays avait été frappé.

Ce traité ne parvint point à apaiser les esprits, ni les haines si ardemment excitées. Après cette tempête profonde, la houle des passions continua à remuer la Flandre. La défiance resta au fond de tous les cœurs, et elle ne cherchait qu'une occasion nouvelle de faire explosion. Louis de Nevers préférait toujours au séjour de la Flandre celui de la cour de France, et manifestait un dédain prononcé pour les villes de son comté, dont il dissipait ailleurs les revenus dans les plaisirs et dans les fêtes. De leur côté, ses officiers se rendaient de plus en plus odieux au peuple. Cet état d'animosité ne pouvait durer longtemps. Aussi, plus d'une fois, la paix écrite fut violée par des actes de violence. La mort du roi Charles IV, survenue au mois de février 1328, donna de nouveau le signal de la révolte. La querelle que la succession à la couronne de France suscitait entre Philippe de Valois, premier prince du sang, et Édouard III d'Angleterre, parut aux communes flamandes une occasion favorable de secouer un joug dont le poids leur était devenu plus lourd que jamais. Elles espéraient que le nouveau roi n'aurait pas le loisir de s'occuper de leurs affaires. Elles se soulevèrent donc de nouveau, chassèrent les officiers du comte, et ne respectèrent pas davantage ceux de Philippe de Valois, qui l'avait emporté sur Édouard III, en vertu de la loi salique. Au premier moment, le comte invoqua le secours de son suzerain contre les insurgés; et le roi chargea aussitôt l'évêque de Senlis de lancer l'interdit sur toute la Flandre, à l'exception des villes de Gand et d'Audenarde. Bien que les églises fussent fermées de nouveau, et que les marchands étrangers eussent recommencé à déserter le pays, le peuple n'en continuait pas moins à se livrer aux plus grands excès contre les nobles, et contre les officiers du comte.

Au mois de mai 1328, eurent lieu les fêtes du couronnement du roi. Le comte y assista, avec quatre-vingt-six chevaliers flamands. Les fêtes finies, Philippe convoqua son baronnage pour le mois de juillet à Arras, et envoya de cette ville de fortes garnisons à Tournay, à Lille et à Saint-Omer. Ce furent les premiers actes des hostilités qui allaient s'ouvrir. L'armée royale rassemblée se dirigea ensuite vers Cassel, où elle prit position en face d'une partie des Flamands, commandée par le chef populaire Zannekin, et composée des milices de Furnes, de Nieuport, de Poperinghe et de Cassel. Ils avaient le double désavantage du nombre, et de l'absence d'une cavalerie capable de résister au choc des chevaux français. Mais, confiants dans leur ancienne bravoure, dont ils avaient fourni tant de preuves sur les champs de bataille, et confiants surtout dans la force de la position qu'ils occupaient (car ils s'étaient établis sur les hauteurs de Cassel), ils ne calculèrent pas l'inégalité des chances : même ils ne voulurent pas d'autre renfort que celui des gens de Bergues, laissant ceux de Bruges et du Franc marcher sur Tournay et ceux de Courtrai et d'Ypres se porter sur Lille.

L'armée française était formidable. Elle s'était renforcée des partisans du comte de Flandre et des gens de Gand et d'Audenarde, des hommes de Robert de Cassel et de ceux de Jean de Namur. Mais, pour en venir aux mains avec les Flamands, il s'agissait de les attirer d'abord dans la plaine. On mit donc tout en œuvre pour les faire descendre des hauteurs qu'ils occupaient. On commença à brûler et à dévaster tout le pays d'alentour. Bergues fut livrée aux flammes, et tout le territoire de Cassel fut ravagé par l'incendie. Pendant qu'une partie de l'armée était occupée de ce travail de destruction, les Flamands, qui rugissaient de colère sur leur montagne, résolurent de tomber à l'improviste sur les ennemis, et Zannekin donna le signal de l'attaque. Le 23 août, vers trois heures de l'après-midi, ils descendirent des hauteurs comme une avalanche, et se jetèrent sur le camp français avec une telle impétuosité, que dès le premier choc l'armée royale fut mise en déroute. La garde du roi prit la fuite, et lui-même eût été infailliblement fait prisonnier par les gens des communes, si Robert de Cassel et le comte Guillaume I de Hainaut n'étaient venus à son secours. Les fuyards s'étaient dispersés de tous côtés; mais, voyant que personne ne les poursuivait (car les Flamands s'étaient arrêtés devant Robert de Cassel et Guillaume de Hainaut), ils reformèrent aussitôt leurs bataillons, et firent essuyer aux communes une défaite sanglante. Zannekin fut tué sur un monceau de cadavres. Ses gens, malgré la perte de leur capitaine, continuèrent à lutter avec l'énergie du désespoir. Mais le succès ne couronna point leur courage : ils furent cernés de toutes parts. Cependant, en combattant toujours, ils parvinrent à faire une trouée dans le cercle d'ennemis qui les étreignait, et à regagner les hauteurs qu'ils avaient si imprudemment quittées. Ils avaient laissé, s'il faut en croire quelques historiens, plus de treize mille hommes sur le champ de bataille. Ceux qui restaient n'étaient plus assez nombreux pour se défendre contre l'armée française. Aussi, Cassel fut bientôt pris et entièrement ruiné. Furnes, Bergues et Nieuport se rendirent. Le roi se dirigea, en toute hâte, sur Ypres, qui lui ouvrit ses portes, et où il fit pendre les chefs des rebelles de cette ville. En outre, il y désarma les bourgeois, fit abattre la cloche du beffroi, et nomma Jean de Bailleul commandant de la place.

A la nouvelle du désastre de Cassel, le corps des Brugeois, qui se trouvait devant Tournay, se replia sur Dixmude, où il essaya vainement d'opposer quelque résistance à l'ennemi. Cette résistance étant impossible, il rentra à Bruges. Il ne resta plus au pays qu'à implorer la grâce du comte, et à se rendre à discrétion. Cette fois, de sanglantes représailles furent prises. Les villes confédérés contre leur seigneur furent frappées de fortes amendes ; leurs priviléges furent confisqués ; un grand nombre de leurs bourgeois furent mis à mort, ou condamnés au bannissement.

Le calme se trouva bientôt rétabli ; mais c'était le calme de la terreur. A l'ombre de cette paix apparente, la comtesse Marguerite se hasarda à entrer en Flandre. Elle fut reçue dans toutes les villes avec de grands honneurs, et gratifiée de riches présents. Elle établit sa résidence au château de Maele, où elle mit au monde, le 25 novembre 1330, un fils qui reçut le nom de Louis, et que les Flamands surnommèrent de Maele en commémoration du lieu de sa naissance. Dans le cours de la même année, mourut à Paris le comte Jean de Namur, que Robert de Cassel suivit dans le tombeau peu de mois après.

Deux années s'étaient écoulées sans que les communes, si rudement saignées à toutes leurs veines, eussent pu songer à tirer vengeance des humiliations que le comte leur avait fait subir. Mais tout à coup un nouveau différend vint à éclater. Ce fut, cette fois, avec le duc Jean de Brabant. Ce prince avait protesté contre la vente que l'évêque de Liége, Adolphe de la Marck, et le comte Renaud de Gueldre, avaient faite au comte de Flandre de la ville de Malines et des seigneuries de Géralmont et de Bornhem, pour la somme de cent mille livres tournois. Sa protestation était fondée sur le motif que la part qui appartenait à la Gueldre dans ces domaines dépendait du Brabant, et qu'il avait sur la partie liégeoise un droit de *préemption*, parce que ce territoire était entièrement enclavé dans celui du duché de Brabant. Cette querelle fut la cause d'une guerre entre le comte Louis et le duc Jean. Celui-ci y fut secondé par le roi de France et par le duc de Bar ; celui-là par tous les princes et seigneurs voisins, parmi lesquels on vit même figurer le comte de Hainaut. Des deux parts on exerça les plus déplorables ravages, à la suite desquels le roi s'interposa comme médiateur, et parvint à rétablir la paix en adjugeant la ville de Malines au duc de Brabant, qui, de son côté, s'engagea à payer au comte Louis la somme de quatre-vingt-sept mille écus. Il fut stipulé dans le même traité que le duc donnerait en mariage sa fille Marguerite au prince Louis de Maele, encore enfant, sa fille Jeanne à Guillaume, fils du comte de Hainaut, et sa fille Marie à Renaud de Gueldre.

Dans cette guerre, les gens de Bruges avaient si loyalement secondé le comte, qu'il leur rendit une partie de leurs anciens priviléges.

Mais le repos ne pouvait longtemps durer en Flandre. Il fut bientôt troublé de nouveau, aux approches de la guerre qui allait éclater entre l'Angleterre et la France ; et le pays ne tarda pas à être de nouveau divisé en deux factions acharnées. Louis de Nevers, aux premiers symptômes de mouvement, se hâta de rentrer en France, où il avait déjà tant de fois trouvé un refuge assuré contre l'esprit remuant de ses sujets. A peine fut-il parti, que Gand, Bruges et Ypres s'agitèrent. La première de ces villes avait jusqu'alors tenu fidèlement le parti du comte. Mais ses intérêts commerciaux la jetèrent tout à coup dans le parti populaire, qu'avaient embrassé Ypres et Bruges. Elle ne pouvait se passer des laines que ses tisserands travaillaient, et qu'ils tiraient exclusivement de l'Angleterre. Or, il arriva naturellement que les Anglais cherchassent à mettre à profit leurs relations commerciales avec la Flandre pour la détourner d'une alliance avec la France, et l'attirer de leur côté. Ils menacèrent donc les Flamands d'empêcher la sortie des laines. Cette menace eut l'effet désiré ; car, si elle se fût accomplie, l'industrie des principales villes, de celle de Gand surtout, eût reçu les plus rudes atteintes. Gand fit donc cause commune avec Bruges et Ypres, contre Louis de Nevers, partisan reconnu de la France.

Gand se trouvait alors sous l'influence d'un homme que les historiens ont bien diversement apprécié, et dont le nom sera, quelque jour, inscrit parmi les noms les plus illustres que la Flandre ait produits. Cet homme s'appelait Jacques Van Artevelde. Issu d'une famille noble, dont il augmenta encore l'éclat par son alliance avec une des lignées les plus distinguées du pays, il avait d'abord été employé comme varlet de la fruiterie à la cour du roi de France. Plus tard, il apprit la guerre sous Charles de Valois, qu'il suivit dans plusieurs expéditions. Rentré dans sa ville natale, il se fit affilier à la corporation des brasseurs pour parvenir à être élu d'abord doyen de ce métier, ensuite chef doyen des cinquante-trois métiers de Gand. Revêtu de cette dernière dignité, il disposait à son gré de toute la population armée de cette ville. Sa qualité de gentilhomme seule n'eût pu lui donner l'influence qu'il ambitionnait. Il obtint sa puissance d'un de ces titres populaires que les patriciens de Rome invoquaient parfois pour parvenir au tribunat. Appuyé sur les métiers de Gand, Van Artevelde eut bientôt balancé le pouvoir de Louis de Nevers. Ce fut lui qui attacha les Gantois à l'alliance anglaise. Doué d'une rare énergie, d'un coup d'œil sûr et prompt, d'une intelligence supérieure, et d'une haute éloquence, il était le chef qu'attendait cette population ardente, si mal dirigée jusqu'alors par des chefs qui n'étaient que des hommes d'énergie. Lui était homme de tête et de bras tout ensemble. Aussi, il obtint, par un traité qu'il conclut avec l'Angleterre, d'immenses avantages commerciaux pour la Flandre. Dans l'assemblée des députés flamands qui fut tenue à ce sujet à la Byloque, à Gand, il défendit avec tant de chaleur les intérêts du peuple, qu'il faillit être assassiné par quelques-uns des partisans du comte qui s'y trouvaient; mais, frappée d'indignation, la commune tout entière se déclara pour lui, et le nomma son capitaine. Son influence ainsi commencée dans une ville s'étendit bientôt sur le pays entier, et les membres de la Flandre l'investirent de la dignité du *ruwaert*. Il commença par s'emparer des revenus du comte, et se procura ainsi le moyen de s'attacher plus solidement ses partisans, et de réduire à l'impuissance ceux que Louis de Nevers avait encore conservés dans le pays. Le comte ne put nécessairement laisser se consolider le pouvoir de cet énergique tribun, sans essayer au moins de l'abattre. Il songea d'abord à mettre la désunion entre les communes, et offrit en 1337, aux Brugeois, les libertés et les priviléges les plus étendus qu'aucune ville eût obtenus jusqu'alors. Mais ses tentatives n'eurent aucun résultat. Alors il recourut à la voie des armes, et résolut de soumettre les Brugeois par la force. Mais il fut chassé de la ville à la pointe de l'épée, et s'enfuit en France avec sa femme et son fils.

Cependant l'union s'établissait de plus en plus entre les villes; et les bannis, rentrés dans leurs foyers, venaient grossir les partisans de Van Artevelde, déjà souverains à Gand, à Ypres, à Bruges, enfin partout. Les choses en étaient ainsi venues à un point dangereux pour la France. Aussi, le 22 mars 1338, le roi envoya l'évêque de Senlis et l'abbé de Saint-Denis mettre la Flandre en interdit, et plaça de bonnes garnisons dans toutes les villes voisines. En même temps le comte tenta de nouveaux efforts pour ramener le peuple, et se rendit à Bruges et à Gand, faisant les plus belles promesses, adoptant les couleurs d'Angleterre, et montrant des lettres du roi de France, qui se disait disposé à lever l'interdit, et à renoncer à toutes les prestations en hommes et en argent qui lui étaient encore dues par la Flandre, si le pays consentait à rentrer dans l'ordre légal. Mais ces tentatives ne réussirent pas mieux que celles mises en œuvre, l'année précédente, à Bruges. Louis de Nevers courut même le danger d'être retenu prisonnier par les rebelles. Un de ses serviteurs, Volkaert Van Rode, fut tué sous ses yeux par ordre d'Artevelde; et il fut lui-même assiégé, pendant quelque temps, dans le château des comtes à Gand, d'où il ne fut relâché que quand il eut autorisé par un acte solennel le retour des bannis. Mais, s'il n'obtint aucun succès dans ses projets de pacification, ses partisans ne cessaient d'employer tous les moyens pour répandre la division dans le pays. Ils réussirent à pousser les habitants d'Ardenbourg à se soustraire à la domination de Van Artevelde; mais aussitôt le tribun marcha contre cette ville, la prit, et fit mettre à mort cinq des magistrats de la commune. A Furnes et à Bergues, les agents de Van Artevelde trouvèrent la plus vive résistance, et ils furent forcés de prendre la fuite, tandis qu'une grande partie de ses adhérents furent égorgés.

Les choses marchèrent ainsi jusqu'au mois de février 1339. Alors le comte se rendit à Dixmude, pour y tenir une assemblée des nobles du voisinage, et aviser aux moyens de faire rentrer la Flandre dans le devoir. Mais les habitants de la ville envoyèrent en toute hâte des messagers à Bruges, pour demander du secours. Les Brugeois se dirigèrent aussitôt vers Dixmude, pour s'emparer de Louis de Nevers et de ses compagnons. Mais le comte, averti de l'approche des milices ennemies, parvint à faire ouvrir par la force une des portes déjà fermées de la ville, et s'échappa avec cent de ses hommes d'armes, qu'il dirigea sur Saint-Omer. Dans la précipitation de sa fuite, il laissa entre les mains des rebelles le sceau du comté, et un grand nombre de ses gentilshommes. Van Artevelde, comme pour lui montrer que le pays ne lui offrirait plus désormais un toit sous lequel il pût s'abriter, donna l'ordre de brûler tous les châteaux que Louis de Nevers possédait en Flandre.

Dans le cours de l'année précédente, Van Artevelde avait réussi à ménager habilement un traité d'alliance et d'union entre la Flandre et le Brabant.

A la suite de ce traité, une monnaie commune fut frappée, à Gand au nom du duc de Brabant, à Louvain au nom du comte de Flandre.

La guerre entre la France et l'Angleterre éclata peu de mois près. Un Français en fut la cause, c'est Robert d'Artois, petit-fils du comte de ce nom, qui périt à la bataille des Éperons d'or. Ce prince, après avoir réclamé pendant vingt ans l'héritage de son aïeul, adjugé à sa tante Mathilde, renouvela ses réclamations après l'avènement de Philippe de Valois à la couronne; mais il eut le malheur de les appuyer de titres faux, et fut condamné au bannissement par les pairs du royaume. Le cœur plein de haine, il se retira en Angleterre auprès d'Édouard III, qui avait également échoué dans les prétentions qu'il avait élevées, du chef de sa mère, sur le sceptre de France. Robert reçut du roi l'accueil le plus fraternel, et il ne cessa de l'exciter à prendre les armes contre leur ennemi commun. Le célèbre Vœu du héron, que les chevaliers anglais jurèrent devant le roi, fut le signal du commencement de ces terribles dévastations qui désolèrent la France pendant un siècle tout entier.

L'armée des Anglais débarqua en Flandre, et le roi Édouard entraîna dans son alliance contre la France, le comte Guillaume II de Hainaut, le comte de Gueldre, le comte de Juliers et l'archevêque de Cologne. Il obtint du duc de Brabant un secours de douze cents lances, aussitôt que le siège de Cambrai serait formé. C'est à Hal, dans le Brabant, que les princes coalisés s'assemblèrent. Leurs armées réunies marchèrent contre la France, et se mirent à ravager toute la Picardie jusqu'à Saint-Quentin. Philippe de Valois évita d'en venir à une bataille décisive, et se borna à défendre énergiquement la forteresse de Cambrai, qui tenait pour la France, bien qu'elle fût une ville de l'Empire. Van Artevelde avait, relativement à cette ville, imaginé un moyen d'intéresser directement l'empereur dans la querelle, en engageant

Édouard à se faire nommer vicaire de l'Empire par ce monarque, Louis de Bavière, époux de Marguerite, sa belle-sœur. Le roi avait obtenu ce titre à prix d'argent, et fait frapper des monnaies à Anvers pour le consacrer.

Mais Édouard, n'ayant pu amener les Français à un engagement décisif, licencia bientôt la plus grande partie de son armée, et se retira à Anvers, où sa femme avait mis au jour, le 29 novembre 1338, un fils qui reçut le nom de Lionnel, pour rappeler, dit-on, le lion qui est l'emblème de la Belgique.

Les Flamands, en voyant que les Anglais opéraient leur retraite, furent saisis de crainte; car ils pensaient que toutes les forces de la France allaient maintenant tomber sur la Flandre. Les communes offrirent donc la paix à Philippe de Valois, et promirent de se détacher de l'alliance anglaise, s'il consentait à leur rendre les places de Lille, de Douai et d'Orchies, qui avaient été détachées du comté. Le roi refusa, et les communes tinrent bon. Louis de Nevers, qui avait servi de médiateur dans cette négociation, se trouvait ainsi placé dans la pénible alternative de perdre entièrement le comté, s'il ne secondait les prétentions de la Flandre, ou de se voir dépouillé de ses domaines de Réthel et de Nevers, s'il embrassait les intérêts des communes. Le refus de Philippe de Valois seconda singulièrement les idées de Van Artevelde, qui, s'appuyant sur l'Angleterre, confia le sort de la Flandre à Édouard, dont elle reçut la solennelle promesse de se voir restituer non-seulement Lille, Orchies et Douai, mais encore Tournay et Térouanne. Cet accord conclu, Renaud de Gueldre et Van Artevelde allèrent de ville en ville dans toute la Flandre, et firent partout inaugurer Édouard comme roi de France, c'est-à-dire comme suzerain du pays, en garantissant le maintien des privilèges dans chaque localité, et celui des droits de Louis de Nevers comme comte. La position des communes flamandes était ainsi nettement dessinée, au moment où Édouard d'Angleterre revint dans le comté, au mois de novembre 1339. Van Artevelde gouvernait le pays presque en souverain. Il avait continué les hostilités pendant l'absence du roi, et placé même le siège devant Tournay, qu'il fut forcé de lever, après que les Français se furent emparés des deux capitaines anglais qui le secondaient, Guillaume de Salisbury et Robert de Suffolk.

Le printemps de l'année 1340 rouvrit les grands champs de bataille, occupés un moment par quelques petits faits d'armes insignifiants. Philippe de Valois, avant que la lutte ne recommençât, fit offrir aux Flamands la levée de l'interdit que le pape avait confirmé, s'ils voulaient s'engager à demeurer neutres. Mais ils rejetèrent cette offre à leur tour. Alors les Français commencèrent à dévaster les frontières du Hainaut, tandis qu'ils faisaient avancer devant l'Écluse une flotte formidable pour empêcher la sortie des vaisseaux anglais, et fermer au roi le chemin de la mer. Artevelde, à la nouvelle des ravages que l'ennemi exerçait sur le territoire des Hennuyers, marcha à leur secours avec les épées brabançonnes et flamandes. Les deux flottes, pendant ce temps, engagèrent un combat naval, célèbre dans les annales de l'histoire de Flandre. Les flots furent teints du sang de neuf mille Anglais et d'environ trente mille Français. Bien que la victoire se fût décidée complètement en faveur d'Édouard, beaucoup de ses meilleurs chevaliers avaient péri dans cette sanglante rencontre. Lui-même y avait reçu une blessure, qui cependant ne l'empêcha pas de déployer la plus grande activité, de se rendre à Gand, à Valenciennes, de se multiplier partout, et d'ouvrir enfin une assemblée à Vilvorde, où se trouvèrent les ducs de Brabant et de Gueldre, les comtes de Hainaut, de Juliers, de Berg, et plusieurs autres princes de la basse Lorraine. Robert d'Artois s'y rendit aussi, de même que Van Artevelde et les députés des villes brabançonnes,

4.

flamandes et hennuyères. Dans cette réunion, on resserra l'alliance entre le Brabant et la Flandre, et le comté de Hainaut y accéda. Ensuite, on résolut d'attaquer Tournay avec les forces réunies des coalisés. Toutes les issues de cette ville furent aussitôt occupées par les Flamands, les Anglais et les bas Lorrains. En même temps, une armée, composée des milices de Bruges, du Franc et d'Ypres, et placée sous les ordres de Robert, se dirigea vers l'Artois pour attaquer les Français, qui occupaient cette partie des frontières. Mais cette troupe fut battue près de Saint-Omer, et Robert se replia sur le gros de l'armée, campée sous les murs de Tournay.

Le roi Édouard, animé de cet esprit chevaleresque qui faisait le fond du caractère des guerriers de son temps, conçut, pendant ce siége, l'idée d'envoyer à Philippe de Valois un cartel dans lequel il lui proposait un combat corps à corps, un combat entre cent hommes choisis de chaque côté, ou une bataille générale. Mais Philippe n'accepta aucune de ces propositions. Cependant Tournay était resserré chaque jour davantage par le cercle de fer qui l'étreignait. Il fallait songer sérieusement à dégager cette place importante. Aussi, l'armée française se disposait à marcher contre les alliés, quand Jeanne de Valois, sœur du roi de France, et mère du comte de Hainaut et de la reine d'Angleterre, réussit à pratiquer à Gand une trêve d'une année, qui eut pour résultat de suspendre les hostilités, et de faire lever à la fois le siége de Tournay et l'interdit qui pesait sur la Flandre.

Dès l'acceptation de ces préliminaires, le comte de Flandre s'empressa de rentrer dans ses États, et se rendit à Gand, où il fêta magnifiquement Édouard, qui retournait en Angleterre. Mais, voyant l'impossibilité de ressaisir sa puissance, qui reposait tout entière entre les mains de Van Artevelde, il se retira, peu de temps après, en France, le cœur plein de colère et de haine.

Sur ces entrefaites, des plénipotentiaires des deux royaumes se réunirent à Arras, pour conclure une paix définitive et solide. Mais les prétentions de l'Angleterre y parurent tellement exorbitantes, qu'il fut impossible d'en venir à un accord, et qu'on se borna simplement à prolonger la trêve de deux années.

Cependant Van Artevelde, parvenu au faîte de la puissance, s'était laissé entraîner par les séductions du pouvoir. Il vivait, au milieu d'un luxe de prince, dans un magnifique hôtel, ou plutôt dans un palais qu'il s'était construit dans le Paddenhoek, à Gand. Il ne sortait jamais sans être accompagné de ses porte-glaives, et suivi d'une escorte de cinquante ou soixante écuyers et soldats. Il avait entièrement oublié ces paroles qu'il avait eu coutume de toujours répéter auparavant : « Quand vous me verrez bâtir un château et marier mes filles à des gentilshommes, vous pourrez cesser d'avoir confiance en moi. » Mais le peuple lui pardonnait aisément cette faiblesse, en faveur de tout ce qu'il avait fait pour le pays. En effet, jamais la Flandre ne s'était trouvée à un aussi haut degré de splendeur et de prospérité; jamais le commerce n'avait été aussi étendu, jamais l'industrie aussi active, grâce aux rapports multipliés que le *ruwaert* avait cherché à établir entre les villes flamandes et l'Angleterre.

Cependant le comte mettait tout en œuvre pour rallier les communes à son parti. Il fit si bien jouer tous les ressorts, que les trois membres du pays, Bruges, Ypres et Gand, se montrèrent disposés, en 1342, à le recevoir. Van Artevelde, voyant dans ces dispositions la fin de son règne, essaya de les contrarier par tous les moyens; mais, cette fois, il échoua. Les trois communes proposèrent à Louis de Nevers de rentrer en Flandre, pourvu qu'il leur promît le privilége exclusif de tisser la laine. Aussitôt que la nouvelle de cette proposition se fut répandue dans le pays, les petites villes et les campagnes coururent aux armes, pour s'opposer, s'il était nécessaire, à l'établissement de ce monopole. Van Artevelde chercha à réprimer ce mouvement par la force. Il marcha sur Eecloo, et fit exécuter un des chefs du parti des campagnes. Partout enfin il se montra le défenseur zélé des intérêts des grandes villes. Il ne parvint pas cependant à maintenir aussi bien son autorité dans la Flandre occidentale, où ses agents, sûrs de son appui, se permettaient toutes choses, et agissaient d'une manière entièrement arbitraire. Bientôt il se forma à Gand même un parti qui commença par accuser sourdement Van Artevelde de n'avoir pas tenu le serment qu'il avait prêté en prenant les rênes des affaires. Un Gantois, Jean de Steenbeke, ayant un jour eu l'imprudence de proférer tout haut cette accusation, Van Artevelde voulut le faire mettre à mort; mais le magistrat de la ville parvint à arracher le malheureux à la colère du *ruwaert*, et à le faire se sauver dans sa maison. Van Artevelde l'y poursuivit et l'assiégea avec vingt-six enseignes. Alors les échevins intervinrent de nouveau, et empêchèrent le tribun de se livrer à quelque sanglante extrémité. Une grande partie du peuple fut exaspérée de cette conduite. Les hommes du voisinage de Van Steenbeke se rassemblèrent devant l'hôtel de ville, criant qu'ils ne voulaient plus d'autre seigneur que le comte. La ville était dans une agitation extrême. Pour rétablir la paix, le magistrat fit écrouer Van Steenbeke dans le château des comtes, et Van Artevelde se constitua prisonnier dans le château de Gérard le Diable. Dès qu'elles eurent appris la détention du *ruwaert*, les milices de Bruges, d'Ypres, de Courtrai, d'Audenarde, de Dixmude, du pays de Waes et de celui d'Alost, accoururent en armes, et vinrent appuyer ses partisans à Gand, de façon qu'on se vit forcé de le relâcher avec quatre de ses affidés, et de le restituer dans sa puissance. Van Steenbeke et soixante-dix-neuf autres furent bannis de Gand pour cinquante ans. Le calme se trouva aussitôt rétabli dans la cité. L'opposition continua cependant à s'envenimer de plus en plus entre les petites villes et les grandes. Le comte, ayant compris qu'il ne réussirait point à concilier les intérêts opposés qu'il venait ainsi de mettre en jeu, retourna en France. D'ailleurs, la trêve avec l'Angleterre venant d'être prorogée pour une année, il se voyait de nouveau éloigné du moment où il pourrait tirer parti, par les armes, des dissensions qu'il venait de provoquer.

Van Artevelde, devenu plus puissant que jamais, s'appliqua alors à réorganiser complètement l'administration des villes, établissant partout des chefs qu'il animait de son esprit et éclairait de son intelligence. L'incroyable activité qu'il déployait ainsi pour le bien public, eut les plus vastes résultats. La quantité des ateliers et des fabriques était devenue telle, que chacune des corporations d'ouvriers, à Gand et dans les autres grandes villes, formait en quelque sorte un corps d'armée. Les métiers des tisserands et des foulons se composaient d'un nombre si prodigieux de bras, que, dans un combat que ces deux corps se livrèrent, en 1345, sur le marché de Vendredi, à Gand, cinq cents foulons restèrent sur la place.

La bataille fut si acharnée, que les prêtres, armés du saint sacrement, ne purent réussir à séparer les combattants.

En cette sanglante rencontre deux partis s'étaient mesurés, qui depuis longtemps se trouvaient en présence, sans en être venus aux mains jusqu'à ce jour. L'un, celui des tisserands, avait pour chef leur doyen Gérard Denis; l'autre, celui des foulons, était le principal soutien de Van Artevelde. La victoire remportée sur la place publique par les hommes de Gérard Denis apportait un grand échec à la puissance du *ruwaert*, déjà profondément ébranlée par l'état d'hostilité où les grandes villes avaient été placées à l'égard des petites par le monopole de la draperie. En effet, presque en même temps que les foulons et les tisserands ensanglantaient le marché de Gand, la ville de Termonde se souleva contre ce monopole. D'autres mouvements avaient déjà eu lieu pour le même motif sur d'autres points de la Flandre. Louis de Nevers accourut aussitôt à Termonde, et, appuyé par le duc de Brabant, qui commençait enfin à redouter lui-même pour ses États la contagion de l'exemple donné par les villes flamandes, il entreprit de négocier, afin d'amener Gand, Ypres et Bruges à renoncer au privilége exclusif qui leur avait été imprudemment accordé. Déjà, grâce à l'intervention du duc de Brabant, et dans la crainte d'une guerre civile, les députés des trois villes, réunis à Bruxelles, avaient fait d'importantes concessions, quand tout à coup Édouard III reparut avec une flotte dans le port de l'Écluse, et vint de nouveau faire pencher la balance en faveur des trois membres de Flandre, dont sa présence assurait puissamment la suprématie.

Van Artevelde s'était rendu à l'Écluse auprès du roi, qui, cette fois, commanda que les villes flamandes reconnussent son fils, le prince de Galles, comme comte de Flandre, à moins que Louis de Nevers ne consentît à rendre hommage au roi d'Angleterre et de France, comme à son suzerain. Van Artevelde promit de faire tout ce qui dépendrait de lui pour la réalisation de ce projet; et, en effet, il eut le courage d'en faire la proposition aux députés des villes qui se trouvaient assemblés à Gand; mais ceux-ci ne voulurent pas consentir à placer sur une tête étrangère la couronne héréditaire de leurs comtes. Van Artevelde, après avoir essuyé ce refus, malgré toutes les instances qu'il mit en œuvre, retourna à l'Écluse pour rendre compte au roi de ce qui venait de se passer. Il promit de nouveau de tenter tous les moyens pour faire accéder la Flandre au plan d'Édouard, et se disposa à reprendre le chemin de Gand, accompagné d'une garde de cinq cents Anglais. Mais ce second voyage lui fut fatal. Ses ennemis avaient profité de son absence pour répandre parmi le peuple si ombrageux de cette ville les accusations les plus odieuses contre le *ruwaert*. On disait qu'il avait détourné une partie considérable du trésor du comté, et qu'il l'avait remise aux Anglais. On disait mille autres choses, qui exaspérèrent au plus haut degré la commune. Gérard Denis avait soufflé partout ces calomnies; de sorte que tous les esprits s'étaient tournés contre Van Artevelde. Il rentra à Gand le 17 juillet 1345, et s'étonna d'abord de voir l'attitude morne et sinistre dans laquelle le peuple l'accueillit à sa venue. Mais, quand il vit ses plus ardents partisans de la veille passer à côté de lui sans le regarder, et se glisser dans leurs maisons pour éviter de lui donner un salut, il comprit que son règne était fini, et donna aussitôt l'ordre de mettre sa maison en état de défense. Comme ses gens étaient encore occupés à barricader les portes et les issues de son hôtel, il entendait déjà les cris de la multitude acharnée qui affluait de toutes parts, avec des armes et des menaces de mort. Ses serviteurs opposèrent une vive résistance, mais une résistance inutile, au peuple, qui en égorgea le plus grand nombre. Les assaillants étaient parvenus à pénétrer dans l'hôtel. Le *ruwaert* avait essayé un moment de parler à la foule de tout ce qu'il avait fait pour le pays, et de demander qu'on le laissât au moins se défendre des accusations fausses qui avaient été mises à sa charge. Tout fut inutile. Il ne put réussir à se faire entendre. Alors, voyant qu'il était perdu, il tenta de se sauver par une porte de derrière, et de chercher un asile dans une église voisine. Mais il fut pris dans son écurie, et misérablement massacré. Plusieurs de ses amis, et la plupart d'entre les soldats anglais qui lui servaient de garde, subirent le même sort. Son hôtel et les maisons de ses principaux partisans furent saccagés et rasés par la populace.

Édouard, lorsqu'il eut appris la fin déplorable de Van Artevelde, jura de tirer vengeance des meurtriers du *ru-*

waert, et retourna en Angleterre. Cette menace répandit la plus vive inquiétude dans toute la Flandre, excepté dans la ville de Gand; car on craignait que le roi ne défendît la sortie des laines anglaises, dont l'industrie flamande ne pouvait se passer. Aussi, pour conjurer sa colère, les villes lui envoyèrent des députés chargés de lui représenter qu'elles n'avaient pris aucune part à la mort de Van Artevelde, dont Gand seul était coupable; qu'elles n'avaient jamais cessé d'être et qu'elles voulaient rester de fidèles alliées pour l'Angleterre; que seulement elles ne pouvaient consentir à chasser leur comte de l'héritage de ses pères; enfin, que, si le roi voulait donner en mariage sa fille au jeune comte Louis de Maele, elles mettraient tout en œuvre pour faire réussir cette union. En effet, Édouard adoucit sa colère, et se contenta de la promesse qui lui fut faite par les députés que les villes ne se soumettraient pas à Louis de Nevers avant qu'il n'eût reconnu Édouard comme roi de France.

Mais la possession de Rethel et de Nevers empêchait le comte de reconnaître la suzeraineté d'Édouard. Aussi, refusa-t-il obstinément de lui rendre hommage. Bien que la mort de Van Artevelde n'eût guère avancé ses affaires auprès des communes, il fit rassembler des troupes et se fortifia à Termonde. Mais les Gantois, aidés des milices des autres villes, vinrent bientôt l'y assiéger. Malgré une défense opiniâtre, Termonde allait succomber, lorsque le comte parvint à s'en échapper, et à s'enfuir sur le territoire brabançon. Les habitants obtinrent, grâce à la médiation du duc de Brabant, une capitulation assez peu onéreuse.

Louis de Nevers, ayant acquis ainsi la certitude que la Flandre était désormais impossible à ramener, et se voyant déçu dans ses dernières tentatives, rentra en France pour ne plus en revenir. Avant son départ, il vendit définitivement la ville de Malines au duc de Brabant, qui, tirant profit des secours qu'il avait prêtés au malheureux comte, obtint cette ville pour la somme de quatre-vingt-sept mille écus d'or. Avant que le payement fût effectué, Louis de Nevers avait cessé de vivre. Il tomba, le 26 août 1346, dans la sanglante bataille de Crécy, où il avait assisté son suzerain le roi de France. Le cadavre de ce prince, mort vaillamment, avec une grande partie de la chevalerie française, sous les flèches des archers anglais, fut transporté à Bruges, et enterré dans l'église de Saint-Donat.

LA FLANDRE SOUS LE RÈGNE DE LOUIS DE MAELE (1346—1384).

Louis de Maele, qui avait assisté avec son père à cette terrible journée de Crécy, était heureusement parvenu à s'enfuir à Amiens avec le roi de France. Il passa les premières années de son règne à la cour de Philippe de Valois, attendant avec impatience le moment où le chemin du comté lui serait rouvert. Mais les Flamands continuaient à se gouverner comme auparavant, c'est-à-dire que les trois villes de Gand, d'Ypres et de Bruges exerçaient toute l'autorité dans le pays par les métiers, qui y avaient de plus en plus étendu leur influence. Les turbulentes communes, après le désastre dont l'armée française avait été affligée à Crécy, oublièrent tout à coup leurs querelles intestines, et réunirent leurs armes contre Philippe de Valois. Elles se mirent à brûler Arques, prirent Rutholt et assiégèrent longtemps Saint-Omer. Elles se vengèrent à plaisir de toute la protection que le roi n'avait cessé d'accorder à Louis de Nevers contre la Flandre, dont il respectait si peu les franchises et les droits. Heureusement pour la France, si violemment saignée déjà, le mois d'octobre arriva, avec des pluies battantes qui engagèrent les milices flamandes à rentrer dans leurs foyers. Dans le cours du mois suivant, Louis de Maele vint lui-même dans le comté, qu'il ne put détacher de l'alliance anglaise, malgré tous les efforts qu'il mit en œuvre. Il alla de ville en ville, et fut reconnu partout comme seigneur du pays, dont il jura de maintenir les lois et les libertés. Cependant il se refusa au mariage que les trois villes lui proposèrent avec la fille du roi d'Angleterre, disant, selon le chroniqueur Meyerus, qu'il ne s'unirait jamais à la fille du meurtrier de son père. Les Flamands, irrités de ce refus, et instruits de l'inclination qu'il éprouvait pour la belle Marguerite de Brabant, le soumirent, dès ce moment, à une surveillance active pour l'empêcher de retourner en France ou de se rendre en Brabant.

Le 1er février 1347, Louis de Maele renouvela ses instances auprès des députés des trois villes, pour les engager à rompre avec l'Angleterre et à se rattacher à la France. Mais il n'obtint pas plus de succès, les communes prétendant que l'alliance anglaise était indispensable à leur commerce, et le comte refusant de faire hommage au roi d'Angleterre avant qu'Édouard eût reçu à Reims la couronne de France, selon les formes établies. Après bien des débats, les villes parvinrent à obtenir de Louis de Maele qu'il tînt une assemblée dans le monastère de Saint-Winox, à Bergues. Le roi Édouard s'y rendit avec sa femme et sa fille, et le comte fut forcé en quelque sorte à consentir à se fiancer à la jeune princesse. Les noces furent fixées aux Pâques prochaines. Les Gantois, dans la crainte qu'il ne cherchât à éluder cette promesse, continuèrent à le surveiller comme un prisonnier. Cependant il réussit à tromper la vigilance de ses geôliers. Un jour (c'était le mercredi de la semaine sainte), on lui permit d'aller à la chasse du héron. Monté sur un cheval très-rapide, il avait apposté sur la route de France deux gentilshommes affidés qui l'attendaient avec des chevaux frais sur les bords de l'Escaut. Tout étant préparé ainsi, il lâcha un faucon, et fit semblant de le poursuivre avec une telle rapidité, qu'il arriva d'un seul trait dans l'Artois. Il s'était sauvé des Gantois : il songea alors à se sauver aussi du mariage qu'on voulait lui imposer, et, deux mois après, il épousa, à Vilvorde, Marguerite de Brabant, dont la sœur Marie fut, dans la même occasion, donnée pour femme à Renaud de Gueldre.

La fuite du comte produisit dans toute la Flandre une agitation extraordinaire. Les Gantois mirent sur pied un corps de six mille hommes; on s'arma de toutes parts; et, pour subvenir aux frais de la guerre, on frappa de contributions jusqu'aux biens des églises. Les domaines de ceux qui refusaient de payer, étaient impitoyablement saccagés et brûlés. Il suffisait d'être riche, pour être regardé comme un partisan du comte. Les troupes, ainsi mises sur pied et secondées par les Anglais, se tournèrent vers la France, et exercèrent sur les frontières les pillages les plus furieux. Le roi, pour y mettre un terme, envoya un corps de gens d'armes devant Cassel, où les Flamands, qui s'y étaient fortifiés, se défendirent si bien, sous le commandement d'un drapier gantois, nommé Gilles Rypegeerst, que les Français furent forcés de lever le siége de cette forteresse. Dès lors la guerre ne se continua que dans des escarmouches d'un succès varié, jusqu'à ce que, après la prise de Calais par les Anglais et les milices flamandes, Philippe de Valois conclût avec Édouard une trêve de neuf mois, dans laquelle la Flandre fut comprise. Cet acte est de la fin du mois de septembre 1347.

Louis de Maele profita de cet armistice pour rentrer dans ses États. Il sut rallier à ses intérêts la plus grande partie de la noblesse du pays, et presque toutes les villes. Bruges, Ypres et Gand résistaient seules encore. Il commença par négocier avec la première, qu'il n'eut pas de peine à gagner en la rétablissant dans tous ses anciens privilèges. Ypres et Gand refusèrent de traiter avec lui sans la permission du roi d'Angleterre. Celui-ci envoya en Flandre son frère, le duc de Glocester; et, le 25 novembre 1348, on conclut à Dunkerque un traité en vertu duquel le comte s'engagea à accorder aux communes une amnistie pleine et entière, et à rester neutre dans la guerre entre l'Angleterre et la France.

Au commencement du mois de janvier 1349, Louis de Maele fit son entrée à Gand, où l'opposition populaire tenta un dernier effort pour maintenir l'indépendance de la ville. Mais cette tentative fut étouffée dans le sang de six cents tisserands, qui furent taillés en pièces sur le fatal marché de Vendredi, par les corporations des bouchers et des foulons. Cette victoire rétablit entièrement l'autorité du comte; et la Flandre, fatiguée, mais non épuisée par tant de luttes, fut pacifiée pour quelques années.

Louis de Maele, instruit à la rude école de l'expérience, commença à gouverner dès lors le pays avec une intelligence à laquelle l'histoire doit rendre justice. Il cicatrisa de tout son pouvoir les plaies toutes saignantes encore que tant de désordres avaient faites au comté. Mais, autant il montra de sagesse dans les affaires publiques, autant il était relâché dans sa vie privée. Toujours entouré de comédiens, de chanteurs et de trouvères, il se livrait aux plaisirs les plus effrénés. La liste de ses maîtresses serait longue à dresser. La chronique rapporte même que la comtesse, un jour poussée à bout, se vengea de l'une d'elles en lui faisant couper le nez au château de Maele, pendant l'absence du comte.

La paix régnait depuis sept ans, quand tout à coup la guerre se ralluma. Cette fois ce fut avec le Brabant, au sujet de la pension dotale que le duc de Brabant avait assignée à sa fille Marguerite de Flandre, et que son successeur Wenceslas de Luxembourg, époux de Jeanne de Brabant, sa fille aînée, refusait de payer. Un autre motif d'argent était venu envenimer cette querelle : Louis de Maele réclamait vainement la somme que le Brabant devait encore à la Flandre pour la ville de Malines. Le comte donc marcha avec les milices de ses communes contre cette dernière ville, dont il s'empara, et qu'il rétablit dans toutes ses anciennes franchises. Cette conquête assurée, il se dirigea vers Bruxelles, sous les murs de laquelle eût lieu, le 17 août 1356, la fameuse bataille de Scheut, où les Brabançons furent complétement taillés en pièces. Les Flamands vainqueurs pénétrèrent avec les fuyards dans la ville, qui fut livrée au pillage et en partie incendiée. Louvain, Terveuren, Nivelles, Tirlemont et Léau se rendirent, sans opposer de résistance, aux milices flamandes, qui, après avoir remporté une nouvelle victoire à Zantvliet, près d'Anvers, se virent bientôt maîtresses de tout le territoire brabançon. Louis de Maele prit alors le titre de duc de Brabant. Le duc Wenceslas s'était enfui dans la ville de Maestricht, et attendait le moment de pouvoir rentrer dans sa capitale. Ce moment arriva l'hiver suivant; car les Flamands furent chassés de Bruxelles, où leur domination s'était rendue odieuse. En moins de deux mois toutes les villes du Brabant rentrèrent sous la domination du duc, appuyé par une alliance conclue avec l'empereur Charles IV. Cependant, le comte de Flandre n'en continua la guerre qu'avec plus d'acharnement, et une partie du duché resta livrée au pillage et à la dévastation. Au printemps de l'an 1357, Wenceslas se vit réduit à demander la paix. Elle fut conclue à Ath, sous la médiation de Guillaume III, comte de Hainaut et de Hollande, aux conditions suivantes : Louis de Maele pouvait garder, sa vie durant, le titre de duc de Brabant; la propriété de la ville de Malines lui fut adjugée; les villes de Bruxelles, de Louvain, de Nivelles et de Tirlemont, qui lui avaient prêté le serment d'hommage, furent tenues de lui fournir chacune tous les ans, aux frais du duché, une troupe de vingt-cinq cavaliers pour servir, sous leurs bannières particulières, dans l'armée de Flandre; enfin, le comte obtint, comme rente dotale de sa femme Marguerite, les revenus du marquisat d'Anvers, dont le titre seul devait rester à Wenceslas. Ces conditions étaient dures; mais le duc, pressé par la nécessité, les accepta. Anvers, cependant, ne fut pas sans opposer quelque résistance. Aussi, Louis de Maele y plaça une bonne garnison flamande, et se fit donner par les bourgeois deux cent cinquante otages, qui furent conduits en Flandre.

Mais cette lutte à peine terminée, il s'éleva un différend d'une nature plus grave. Louis de Maele avait marié, en 1354, sa fille unique Marguerite, enfant encore, au jeune Philippe de Rouvre, duc et comte de Bourgogne, comte d'Artois, de Boulogne et d'Auvergne. Ce prince, dernier rejeton de la maison des ducs de Bourgogne, issus de Robert, petit-fils de Hugues Capet, mourut en 1361, à l'âge de treize ans. Jean II, roi de France, hérita du duché de Bourgogne, et Marguerite, veuve de Louis de Nevers, obtint les comtés d'Artois et de Bourgogne, qui, après la mort de cette princesse, devaient revenir à Louis de Maele. La fille du comte de Flandre, devenue ainsi héritière présumée de cinq des plus belles provinces de la France, était un parti que tous les princes devaient rechercher. Aussi, Edouard III sollicita la main de la jeune veuve pour son fils Edmond, duc de Cambridge. Comme les villes flamandes, toujours attachées à l'Angleterre, appuyaient vivement ce mariage, Louis de Maele y consentit, et les paroles furent solennellement données. Jean II ne pouvait voir sans la plus vive inquiétude cette alliance, qui aurait ouvert toutes les frontières du nord de la France aux armes anglaises. Il mit donc tout en œuvre pour l'empêcher. Il fit d'abord refuser par le pape Urbain V les dispenses de parenté, et mit ensuite dans ses intérêts Marguerite de Nevers, par laquelle il fit proposer pour mari à l'héritière de Flandre son fils Philippe le Hardi, auquel il légua le duché de Bourgogne. Ce projet pouvait seul sauver la France. Mais le roi Jean mourut avant d'être parvenu à le réaliser. Son successeur Charles V le reprit, et le poussa avec vigueur. Il se rendit en Flandre, et fit tous les efforts possibles pour triompher de la répugnance des villes et du comte contre une union intime avec la France. Pour réussir, il rendit au comté les villes de Lille, de Douai et d'Orchies. Alors Louis de Maele céda, et le mariage fut célébré avec une pompe extraordinaire le 19 juin 1369.

Edouard, irrité contre la Flandre, avait recommencé avec une nouvelle fureur la guerre contre la France, et envahi l'Artois. Pour se venger des Flamands, il résolut de boucher leur commerce avec l'Angleterre, et à capturer leurs navires jusque sur les côtes de leur comté. Les communes, ainsi entravées dans leurs affaires, lui envoyèrent aussitôt des messagers, qui réussirent à négocier le rétablissement des rapports commerciaux entre les deux pays, à condition que les Flamands garderaient une stricte neutralité dans la querelle de l'Angleterre et de la France.

La ville de Gand était parvenue, à cette époque, à l'apogée de sa puissance. Elle comptait, selon les documents contemporains, près de deux cent mille habitants, et pouvait mettre sur pied une armée de quarante à cinquante mille hommes. Le luxe était parvenu à un degré presque fabuleux. L'opulence régnait partout. Le salaire des ouvriers était considérable, et avec peu de travail ils pouvaient vivre dans l'aisance. Aussi, le reste du temps ils le passaient dans les tavernes, livrés à des discussions politiques, et donnant pleine carrière aux haines et aux jalousies qui divisaient les différentes corporations. Les rixes et les querelles étaient ainsi à l'ordre du jour. S'il faut en croire les récits peut-être un peu exagérés des chroniqueurs, il y eut une année où la ville de Gand fut le théâtre de quatorze cents meurtres, commis dans les bains, dans les tavernes et dans les lieux de débauche. La corruption des mœurs était parvenue à son comble. Louis de Maele donnait d'ailleurs l'exemple de la dissolution. Le nombre de ses maîtresses et de ses enfants illégitimes était considérable. Ses dépenses étaient énormes. Les communes avaient payé trois fois ses dettes, et cette générosité leur avait valu chaque fois un privilége de plus. Cependant, il avait toujours besoin de nouveaux subsides. Un jour (c'était en 1379) il demanda de nouveau une taxe extraordinaire. La commune de Gand la refusa. Celle de Bruges lui offrit d'y consentir, à condition qu'il leur permettrait de creuser un canal pour relier la ville de Bruges à la Lys. Pendant ces négociations, le comte arriva à Gand, où il avait ordonné un magnifique tournoi, auquel assista toute la chevalerie de la Flandre, du Hainaut, du Brabant, de la Hollande et de l'Artois. La splendeur de cette fête fut telle, que le peuple se mit à murmurer, en voyant dissiper des sommes aussi immenses en des jeux dont les villes étaient forcées de faire les frais. Tandis que les passes d'armes se fournissaient, il s'éleva tout à coup une voix du milieu de la foule, la voix d'un simple bourgeois, qui s'écria que la ville n'était pas disposée à donner un liard pour de pareilles prodigalités.

Louis de Maele, irrité au plus haut point, quitta la ville aussitôt, et se rendit à Bruges, dont la commune lui accorda la somme désirée, malgré les avis de la noblesse et du conseil. Les Gantois, de leur côté, craignant que ce canal détournât le cours de leur rivière, refusèrent plus vivement qu'auparavant la taxe demandée; et ce fut la cause d'une guerre civile désastreuse. Parmi les plus riches familles de Gand se distinguaient celle des Hyoens et celle des Mathys, qui vivaient depuis longtemps dans une inimitié héréditaire. Le chef de la première, Jean Hyoens, jouissait d'une grande influence auprès du comte, au moment où l'affaire de la taxe commença. Il avait été exilé à Douai, pour un meurtre qu'il avait commis dans l'intérêt de son seigneur. Mais Louis de Maele l'avait non-seulement fait rappeler à Gand, mais encore fait investir de la dignité de doyen de la corporation des poissonniers. Jean Hyoens s'engagea envers son protecteur à disposer les esprits gantois en faveur de la taxe. Mais tous ses efforts échouèrent contre l'inimitié de la famille Mathys, qui, pour achever de perdre Hyoens, s'offrit au comte pour arranger la question du subside, disant qu'elle avait été mal conduite. Louis abandonna inconsidérément son favori, qu'il fit dépouiller de sa dignité pour en revêtir Gislebert Mathys, qui déclarait ne pouvoir réussir qu'autant qu'il serait investi de la charge de doyen des poissonniers. Et, en effet, les Gantois consentirent la taxe. Mais Jean Hyoens était devenu un ennemi irréconciliable du comte. Habile et plein d'audace, il mit à profit la jalousie et l'inimitié qui régnaient entre les villes de Bruges et de Gand, et organisa la fameuse association des Chaperons blancs, dans le but apparent de s'opposer au creusement du canal, et dans le but réel de former un parti contraire au comte. Cette compagnie se grossit de tous les mécontents, et s'accrut, en peu de temps, de manière à devenir réellement redoutable.

Les Brugeois avaient commencé à creuser leur canal. Aussitôt qu'ils eurent atteint la limite du territoire de Gand, Hyoens marcha contre eux avec ses Chaperons blancs, en tua un grand nombre et dispersa le reste. Le comte, reculant devant ce parti nouveau qui venait de se former contre lui, fit défendre aux Brugeois de continuer leur ouvrage, et promit à la ville de Gand de faire cesser la perception de la taxe, contre laquelle le nouveau tribun avait excité le peuple, si l'on parvenait à dissoudre les Chaperons blancs. On mit donc tout en œuvre pour parvenir à ce but. Mais Hyoens, craignant de se voir isolé, et de tomber ainsi victime de la vengeance du comte, ne négligea rien de son côté pour resserrer de plus en plus l'union entre ses partisans. Le bailli du comte et le doyen des poissonniers, accompagné de ses gens et des hommes du métier des bateliers, essayèrent, le 5 septembre 1379, de s'emparer de Hyoens. Mais ses Chaperons blancs se groupèrent au même instant autour de lui, et, grossis du métier des tisserands, ils livrèrent à leurs adversaires une bataille sanglante, où le bailli fut massacré. Maîtres du terrain, ils saccagèrent les maisons de Mathys, de tous les officiers et de tous les partisans du comte. Hyoens ne s'arrêta pas là. Il avait poussé les choses si loin qu'il n'y avait plus de pardon à espérer. Il partit donc avec ses Chaperons pour Wondelghem, et ruina le château que le comte y possédait. Ensuite, ils dévastèrent un grand nombre de châteaux de nobles, partisans de Louis de Maele. L'insurrection, une fois commencée ne tarda pas à s'étendre aux villes de Hulst, de Ninove et de Deynze. Le comte était dans l'épouvante. Il convoqua sa chevalerie à Lille, et plaça des garnisons dans les forteresses qui lui étaient restées fidèles; mais il eut beau faire, Hyoens ne perdait pas de temps, et il se trouva bientôt sous les remparts de Bruges, dont il commença le siége. La ville, frappée de terreur, n'opposa aucune résistance et ouvrit ses portes aux rebelles, auxquels cette commune se rallia aussitôt. Deux jours après, Hyoens était maître de Damme, dont les habitants se joignirent à lui. Le surlendemain de son entrée en cette ville, il tomba malade, après un magnifique banquet auquel il avait assisté. Le jour suivant, il se fit transporter à Gand, et mourut en chemin. On soupçonne qu'il fut empoisonné. Les Gantois lui firent des funérailles aussi riches que pour un prince.

Les rebelles, privés de leur capitaine, se choisirent à Gand quatre nouveaux chefs, Jean Bruneel, Jean Boels, Rasse Van Herzecle et Pierre Van den Bossche, et exigèrent des Brugeois plusieurs otages, pour s'assurer de la fidélité de cette ville. Ensuite ils allèrent à Courtrai, à Thourout et à Roulers, qui accédèrent à l'insurrection. Ypres et Grammont chassèrent les nobles, et se rendirent aux insurgés. Le comte n'occupait plus qu'Audenarde, Termonde et Alost, où il se défendait avec sa chevalerie et les Allemands qu'il avait pris à sa solde. Pour le chasser de ce dernier asile, une armée de soixante mille hommes investit Audenarde, qui, défendue par une garnison de huit cents hommes, opposa la plus vigoureuse résistance. Après plusieurs jours de siége, une partie de l'armée se détacha, sous les ordres de Rasse Van Herzeele, et marcha sur Termonde, où Louis de Maele commandait en personne. Mais elle y trouva une défense non moins énergique, et retourna bientôt devant Audenarde. Cette ville résistait toujours, quoique la famine eût commencé à s'y faire sentir. Mais elle ne pouvait plus soutenir longtemps ce siége vigoureux. Aussi, le comte, secondé par sa mère, pressa le duc Philippe de Bourgogne de se rendre dans l'Artois. Philippe se hâta d'arriver, et se présenta comme médiateur. Louis de Maele accorda aux insurgés une amnistie complète, à condition qu'ils rebâtiraient à leurs frais le château de Wondelghem. En outre, il s'engagea à confirmer tous les priviléges et les droits du pays qu'il avait reconnus dans sa joyeuse-entrée avant son inauguration; à abolir tous les actes qui, dans la suite, avaient enfreint ou modifié ces droits et ces priviléges; à bannir à perpétuité tous ceux qui avaient donné la main à ces actes; à ne plus laisser la charge de chancelier de Flandre au prévôt de Saint-Donat à Bruges; à venir fixer sa résidence dans la ville de Gand; à promettre sous serment le renvoi des soldats allemands; enfin, à ne prendre aucune vengeance sur les Flamands en Allemagne. Ces articles ayant été jurés par le comte, le siège d'Audenarde fut levé le 3 décembre. Mais Louis de Maele n'avait consenti à conclure un traité aussi dur que pour sauver la garnison de cette place. Quand il eut atteint ce but, il ne songea plus à remplir ses engagements. Après s'être longtemps arrêté à Bruges, il se rendit à Gand, où, au lieu d'oublier le passé selon sa promesse, il commença par réunir une assemblée des bourgeois, leur parla de l'affection qu'il avait toujours eue pour ses sujets, et de leur devoir envers leur seigneur; enfin, il rappela l'amnistie qu'il avait accordée, et demanda que la corporation des Chaperons blancs fût dissoute, et qu'il fût fait justice du meurtre du bailli. Les chefs des Chaperons blancs avaient deviné ce que le comte tramait contre eux. Aussi, ils s'étaient rendus à l'assemblée avec leurs hommes les plus déterminés, tous en armes et placés en évidence de telle manière que Louis de Maele put les avoir bien en vue. Il leur avait été enjoint de se tenir calmes et froids, et de ne témoigner aucun signe de respect au comte, au moment où il se présenterait dans l'assemblée du peuple. L'aspect de tous ces hommes l'avait singulièrement ému d'abord. Ils ne manifestaient cependant aucune mauvaise intention. Mais, quand il réclama la dissolution des Chaperons blancs, des murmures s'élevèrent dans leurs rangs, qui le regardaient avec colère. Alors, voyant qu'il pourrait courir quelque danger en appuyant sur ce qu'il venait de dire, il n'insista pas davantage, et rentra tout triste dans son palais. Peu de jours après, il quitta brusquement la ville de Gand et se retira à Lille, commençant à enfreindre ainsi cette paix que les Flamands, dans leur énergique idiome, ont nommée la *Paix à deux visages*.

Son départ livrait la ville aux Chaperons, qui, dès ce moment, y dominèrent en maîtres, et se mirent à frapper de contributions les nobles demeurés fidèles à leur seigneur, pour subvenir aux frais d'une guerre prête à faire explosion. Mais, avant la guerre que le comte allait leur apporter du dehors, grâce au secours que le roi de France se montrait disposé à lui prêter, la guerre intestine se ralluma avec une nouvelle fureur. La famille du bailli massacré, n'ayant pu obtenir justice de ce meurtre, avait recommencé les hostilités. De leur côté les Chaperons blancs avaient repris les armes. Cinq mille d'entre eux, sous les ordres de Jean Bruneel, tombèrent à l'improviste, au mois de février 1380, sur la ville d'Audenarde, et démantelèrent en partie cette forteresse. Louis de Maele essaya vainement d'empêcher, par des actes de sévérité, la guerre civile de s'étendre. Elle prit partout un caractère d'acharnement de plus en plus opiniâtre entre le peuple et les nobles, auxquels la chevalerie du Hainaut et des pays avoisinants avait commencé à prêter un appui efficace. Le comte se trouva bientôt débordé, et se vit forcé de permettre à ses nobles de faire la guerre chacun sous sa propre bannière. Ainsi le caractère de la lutte était nettement dessiné.

Bruges se trouvait dans une situation toute particulière. Son intérêt ne résidait pas exclusivement, comme celui de Gand, dans la fabrication et dans le commerce des draps; il consistait surtout dans ses relations avec les négociants étrangers. Cette ville avait donc un besoin extrême de la paix. Celles de Tournay, de Douai et de Lille étaient animées de l'esprit le plus pacifique. Louis de Maele n'eut ainsi aucune peine à les maintenir de son côté. Pour mieux s'attacher les Brugeois, parmi lesquels il avait un parti puissant, et qui l'avaient sollicité par leurs députés de venir établir sa cour dans leurs murs, il leur promit d'y séjourner la plus grande partie de l'année, et, de cette manière, il s'assura de presque toute cette vaste cité. Il s'y rendit avec un grand nombre des chevaliers flamands, artésiens, hennuyers, brabançons et bourguignons, qui composaient son armée. Mais il y fut à peine arrivé, que, pour réduire les mutins qui y restaient encore, il en fit saisir cinq cents, qui furent enfermés dans le château des comtes, et « lesquels petit à petit on décoloit, » selon l'expression de Froissart. Cette mesure frappa de terreur les habitants du Franc de Bruges, dont un grand nombre s'enfuirent, et dont le reste se rattacha spontanément au comte en lui promettant fidélité.

Dans ces entrefaites, les Gantois dirigèrent, au mois de mai, une attaque contre la forteresse de Termonde; mais la garnison allemande, que Louis de Maele y avait maintenue, les força à la retraite. Alors ils se tournèrent vers Alost, qui leur ouvrit ses portes. Rassurés par ce succès, ils retournèrent recommencer le siége de Termonde, où ils furent rejoints par les fugitifs de Bruges et du Franc. Leur armée était assez forte pour frapper deux coups à la fois. Ils la divisèrent donc en deux corps, dont l'un continua le siége, tandis que l'autre marcha sur Bruges, où il parvint à pénétrer, mais d'où il fut chassé avec une grande perte d'hommes. La nouvelle de ce désastre exaspéra au plus haut point les hommes restés devant Termonde. Ils poussèrent avec tant d'énergie le siége de cette place, que la garnison épuisée se vit réduite à céder. Une partie des Allemands s'échappa, le reste se rendit.

Cependant l'armée du comte s'était réunie à Cassel, et avait entrepris le siége de Poperinghe, dont la commune, ainsi que celle d'Ypres, tenait pour les Gantois, et se défendit vaillamment.

La guerre se continuait ainsi avec une vivacité extrême. En vain les Brugeois mirent tout en œuvre pour rétablir la paix. Pendant les négociations, une armée gantoise s'avança contre eux, et menaça de mettre leur ville à feu et à sang, si Gand n'obtenait pas, aussi bien que Bruges, la faveur du séjour du comte. Pour sauver cette ville de la destruction, Louis de Maele promit de se rendre à Gand, et d'y venir traiter un accommodement. En effet, il s'y rendit et fut reçu avec les plus vives démonstrations de joie. Le 19 juin, la paix fut conclue, et une amnistie complète promise aux rebelles. Mais cette paix ne dura guère que deux mois; car elle fut rompue le 8 août suivant. Une ardente querelle s'était élevée à Bruges entre les nobles et les tisserands. L'écoutète du comte punit ceux-ci, et donna droit à ceux-là. Les Chaperons blancs de Gand s'émurent contre cette décision, et se déclarèrent pour les tisserands. Louis de Maele, qui avait déjà tant de motifs de se défier de cette turbulente corporation, la fit désarmer, et lui défendit de porter des armes dans la rue et d'en posséder dans les maisons. Cette défense fut étendue aux tisserands des autres villes. Elle n'eut pour résultat que de produire une explosion nouvelle. Les insurgés de Gand marchèrent sur Deynze, Thielt et Roulers. Ypres et Courtrai se prononcèrent pour eux. Dixmude allait entrer dans leur parti, quand le comte, averti à temps, se mit à la tête des hommes d'armes de Bruges et du Franc, et se rendit à Thourout, où il convoqua les gens de Furnes, de Nieuport et de Bruges. Les milices d'Ypres et de Gand, conduites par Jean Boels et Arnould de Clerck, lui présentèrent le combat; et, après avoir essuyé une sanglante défaite, s'enfuirent en partie à Ypres, en partie à Roulers. Après cette victoire, Louis de Maele marcha contre l'armée de ceux d'Ypres et de Gand, qui avait commencé le siége de Dixmude, la battit à Woemen le 27 août, et la poursuivit jusqu'à Courtrai. Les Gantois, qui s'étaient jetés dans cette ville, y massacrèrent leur propre capitaine Jean Boels, auquel ils attribuèrent les désastres de leurs armes. La ville d'Ypres était dans une grande épouvante, et envoya trois cents de ses bourgeois se jeter aux pieds du comte vainqueur pour implorer sa miséricorde. Louis fit grâce à cette commune, se borna à demander la tête de trois cents mutins, et à réclamer un nombre égal d'otages, qu'il fit conduire à Bruges. Courtrai s'était soumis à son tour; Gand seul tenait encore la campagne. Le comte résolut d'entreprendre le siége de cette ville; mais son armée, si nombreuse qu'elle fût, ne l'était point assez pour tenir fermé l'accès de toutes les portes; et les Gantois purent aisément recevoir les convois de vivres que Liége et Bruxelles leur faisaient parvenir en abondance. Pendant que le siége traînait ainsi en longueur, Louis envoya le maréchal de Flandre, Gauthier d'Enghien, avec trois cents cavaliers, à

Grammont, pour mettre à mort plusieurs mutins de cette commune. L'exécution venait de commencer, quand tout à coup les bourgeois exaspérés coururent aux armes, et massacrèrent tous les gens du comte. Gauthier d'Enghien et deux de ses compagnons parvinrent seuls à se sauver. Les Gantois se ranimèrent à cette nouvelle; car, le pays tout entier tenant pour le comte, à l'exception de Grammont et du pays de Waes, ils n'avaient presque plus à compter que sur eux-mêmes. Ils se mirent alors à déployer une énergie incroyable. Ils appelèrent sous les armes tous les hommes de l'âge de quinze à soixante ans, et formèrent ainsi une armée de quatre-vingt mille combattants. Elle se divisa en plusieurs corps, et sortit de la ville. Termonde fut assiégé; Alost fut pris et brûlé; le château d'Eenham fut conquis. Alors Arnould de Clerck marcha sur Audenarde; mais il fut cerné par les troupes du comte, et battu le 25 octobre; lui-même resta sur le champ de bataille. Les Gantois prirent une terrible revanche le 1er novembre, et continuèrent le succès de leurs armes, qui ne fut interrompu que par la perte de Grammont, dont Gauthier d'Enghien parvint à s'emparer.

Après que le siége de leur ville eut duré dix semaines, les Gantois proposèrent la paix au comte, qui, pour mettre un terme à cette lutte prolongée, accepta les conditions qui lui furent offertes. Le traité fut conclu le jour de Saint-Martin, mais il ne fut pas plus durable que ceux qui l'avaient précédé. Au mois de janvier 1381, les Gantois reprirent les armes; et le pays fut de nouveau livré à la plus effroyable dévastation, jusqu'à ce que leurs alliés, fatigués de ces éternels combats, se fussent peu à peu détachés d'eux, et les eussent laissés de nouveau dans l'isolement. Alors le comte, qui avait rassemblé à Bruges une troupe de vingt mille hommes, lança cette armée, sous les ordres de Gauthier d'Enghien, contre la place de Nevele, où s'était établi un corps de Chaperons blancs, commandé par Rasse de Herzeele et par Jean de Lannoy, et renforcé de six mille combattants que Pierre Van den Bossche avait amenés de Courtrai. Rasse engagea la bataille avec tant d'impétuosité, que l'armée du comte commença à plier. Mais tout à coup la cavalerie de Gauthier se précipita sur les Chaperons, dont elle rompit les lignes et qu'elle mit dans une déroute complète. Tout le corps des rebelles s'ébranla, et se dispersa de toutes parts. De Herzeele fut frappé de mort; Jean de Lannoy se sauva dans une tour à laquelle les vainqueurs mirent le feu, et d'où il fut forcé de sauter sur la pointe des piques qu'ils lui présentèrent : les autres chefs furent brûlés dans une église. Tout ce qui avait pu échapper courut à Gand, où se réfugièrent aussi les habitants de Deynze, dont la ville fut livrée à l'incendie. Les Gantois étaient au comble de la fureur. Ils se vengèrent en brûlant plusieurs villages, et en massacrant, sur le marché de leur ville, vingt-six prisonniers de Bruges et du Franc, sans s'inquiéter des terribles représailles qu'exercèrent de leur côté les gens de Louis de Maele. Le magistrat de Gand, dont les intérêts ne se confondaient pas avec ceux des chefs du peuple, et qui voyait avec douleur ces cruautés inouïes et ces ravages continuels, pria le comte Albert de Hainaut de prêter sa médiation pour le rétablissement de la paix; mais Louis de Maele ne voulut entendre à aucune négociation, à moins que les Gantois ne lui eussent fourni préalablement un nombre d'otages qu'il se réservait de fixer et de désigner. Cette condition fut repoussée, et la guerre continua avec le même acharnement. Cette reprise d'armes fut signalée par la chute de Grammont, où les gens du comte, après avoir passé au fil de l'épée plus de cinq mille hommes, ne laissèrent pas une maison debout. Cette commune tombée, toutes les forces de Louis de Maele se tournèrent vers les Gantois. Leur ville était investie déjà, et chaque jour des secours nouveaux venaient grossir les forces des assiégeants. Quelque temps se passa en escarmouches, lorsqu'un jour le brave Gauthier d'Enghien fut cerné par les Chaperons blancs et tué après une défense héroïque. La mort de ce jeune soldat, qui comptait vingt ans à peine, et qui était le favori du comte, affecta celui-ci d'une manière si pénible qu'il leva le siége et se rendit à Bruges, en jurant une haine éternelle à ceux de Gand. D'ailleurs, il avait reconnu qu'il lui était impossible de réduire par la force cette ville intraitable. Il songea donc à intercepter les vivres qui y arrivaient de la Hollande, du Hainaut, du Brabant et de Liége. Il réussit du côté du Brabant et du Hainaut, mais les Hollandais et les Liégeois n'en continuèrent pas moins à ravitailler la commune gantoise. Cependant une diminution considérable s'était opérée dans l'arrivée des vivres, de sorte que, dans la crainte d'une disette, les Gantois commencèrent à piller des grains et à enlever des bestiaux partout où ils pouvaient. Mais tout cela n'empêcha point la famine de se faire bientôt sentir dans la ville. Alors Gand n'eut plus qu'à implorer la grâce du comte. Celui-ci remit en avant la demande des otages, à laquelle les rebelles ne pouvaient naturellement consentir. Gand, réduit au désespoir, eut recours à tous les moyens extrêmes que le désespoir peut inspirer. On ressaisit les armes, décidé à combattre jusqu'à la dernière extrémité. Pierre Van den Bossche était le chef des Chaperons blancs. Mais, voyant son pouvoir chanceler et les gros bourgeois de la commune incliner à la paix, il sentit la nécessité de porter au pouvoir un homme qui fût doué d'un esprit énergique, et qui eût pour lui l'autorité d'un nom vénéré. Cet homme, il le trouva dans Philippe Van Artevelde, fils de celui qui avait été si misérablement mis à mort. Pierre Van den Bossche l'engagea à accepter le titre de capitaine des Gantois, que les doyens lui conférèrent à l'unanimité. Philippe, solennellement élu, fut conduit sur le marché de Vendredi, où il reçut le serment du peuple et jura le maintien de la commune, le 24 janvier 1382.

Le premier acte du capitaine fut un acte de vengeance. Il fit décapiter douze bourgeois accusés d'être du parti du comte, mais, en réalité, parce qu'ils avaient pris part au meurtre du ruwaert Jacques. Il n'était pas possible de commencer la guerre au milieu de l'hiver. Les villes mirent donc à profit la saison pour tenir à Haerlebeke une assemblée où l'on traita de la paix. Douze membres du magistrat de Gand s'y rendirent, et deux d'entre eux convinrent avec le comte que celui-ci désignerait, dans le terme de quinze jours, deux cents Gantois qu'il garderait en otages dans le château de Lille. En apprenant cet accord, Pierre Van den Bossche entra dans une fureur extrême; et, dès que les députés furent revenus de Haerlebeke, il tua l'un des deux échevins qui avaient consenti la clause des otages. L'autre fut mis à mort par Philippe Van Artevelde. La nouvelle de ces deux meurtres irrita Louis de Maele au point qu'une réconciliation n'était plus possible. Gand ne pouvait plus négocier que l'épée à la main. Aussi, le nouveau capitaine commença par déployer une énergie et une activité incroyables. Il organisa le commandement des troupes, qu'il confia à quatre chefs expérimentés dans les choses de la guerre; c'étaient Pierre Van den Bossche, Jacques de Ryke, Jean Van Heyst et Rasse Van de Voorde. Matthieu Coolman fut nommé amiral. Enfin, François Ackerman fut placé à la tête d'un corps de soldats d'élite, appelés *reyzers* ou voltigeurs. Cette troupe servait surtout à protéger l'entrée des vivres dans la ville et à piller les campagnes; car la disette était devenue plus grande depuis que le comte avait fait ravager tout le pays d'Alost, d'où les Gantois tiraient d'immenses ressources.

Les choses restèrent dans cet état jusqu'au commencement du mois de mai. Alors Louis de Maele résolut de remettre le siège devant la ville, après avoir déclaré aux députés de Gand, dans une assemblée tenue à Tournay, que leur commune eût à se rendre à discrétion, et que c'était là son dernier mot. Le bailli de Hainaut avait conseillé aux Gantois de se soumettre, et leur avait promis que la duchesse de Brabant, le prince-évêque de Liége et le comte de Hainaut intercéderaient en leur faveur auprès du comte. Van Artevelde rassembla la commune sur le marché de Vendredi, et lui exposa les volontés de Louis de Maele. Le peuple écouta d'abord dans un silence farouche. Puis il y eut une explosion générale de cris, de sanglots et de désespoir. Il y avait, en effet, dans la ville trente mille hommes qui, privés de pain depuis quinze jours, s'étaient nourris des choses les plus abjectes. Il ne restait ainsi que deux partis à prendre : il fallait se soumettre à la merci du comte, ou tenter un combat avec les chances les plus inégales. Le peuple laissa le choix à Van Artevelde, qui se décida pour une bataille Il choisit une troupe de cinq mille hommes déterminés, pourvue d'une artillerie nombreuse et des dernières provisions qui restassent dans la ville, c'est-à-dire cinq chariots de pain et deux tonneaux de vin, et il sortit de Gand le 1ᵉʳ mai, pour aller lui-même affronter, malgré l'infériorité de ses forces, l'armée du comte, où se trouvaient quarante mille combattants. Le lendemain au matin, le capitaine arriva avec sa troupe à Beverholt près de Bruges, et prit aussitôt position. Un de ses flancs était protégé par un marais ; il couvrit l'autre par la ligne de ses chariots. Ainsi fortifié, il attendit de pied ferme l'arrivée de l'ennemi. Louis de Maele ne tarda pas à envoyer une reconnaissance pour examiner les dispositions des Gantois. Plusieurs de ses chevaliers furent d'avis que, au lieu de risquer un engagement, il était plus sage de laisser s'affamer les Chaperons blancs dans leur retranchement. Mais l'avis ou plutôt l'ardeur inconsidérée des Brugeois l'emporta. Leur milice se précipita en lignes profondes sur les rebelles, qu'elle était sûre d'exterminer. A peine fut-elle parvenue à quelque distance du retranchement, que les Gantois, démasquant tout à coup leur formidable artillerie, composée de trois cents bouches à feu, foudroyèrent les assaillants et en firent le carnage le plus terrible. La bataille était à peine ainsi engagée, que Van Artevelde s'écria : La victoire est à nous! Il avait fortifié ses hommes par une grande solennité religieuse ; car, le matin, plusieurs frères mineurs, qui accompagnaient l'armée, avaient dit la messe sur cinq points différents du camp, et donné l'absolution générale à tous les soldats. L'enthousiasme redoubla après le premier succès qu'ils venaient d'obtenir. Les milices brugeoises furent mises dans une déroute si complète, qu'elles jetèrent leurs armes et se dispersèrent de toutes parts. En vain les chevaliers du comte essayèrent-ils de rallier les fuyards : ils furent entraînés eux-mêmes dans la déroute. Alors tout le camp des Gantois s'ébranla, et se dirigea vers Bruges, dont le comte, dans la précipitation de la fuite, ne put fermer les portes. Artevelde pénétra dans la ville, tandis que Louis de Maele, déguisé en valet, cherchait vainement à se sauver à Lille avec les débris de ses quarante mille hommes. Bruges fut traitée en ville conquise. Les maisons appartenant aux partisans reconnus du comte furent pillées et dévastées. Quinze cents hommes furent tués. Ce désordre eut lieu dans le premier vertige ; mais Van Artevelde l'arrêta bientôt, et défendit sous peine de mort toute violence et tout larcin. Les biens et les personnes des marchands étrangers furent respectés, et toute la colère des vainqueurs retomba sur le château de Maele, qui fut détruit de fond en comble.

Cette victoire eut le plus grand retentissement dans toute la Flandre. Aussi, le pays entier, à l'exception de quelques places occupées par les nobles, reconnut l'autorité de Van Artevelde, qui fut déclaré père et libérateur de la patrie.

Plusieurs heures avaient ainsi suffi pour changer les rôles. Quand il croyait tout perdu, Van Artevelde venait de remonter au faîte du pouvoir. Quand il croyait tout gagné, Louis-de Maele était retombé plus bas que jamais. Jusqu'à l'heure de minuit le comte avait erré dans les rues les plus désertes, n'osant frapper à une porte, et écoutant avec épouvante les pas des Reyzers que Van Artevelde avait envoyés à sa poursuite. Pressé par la peur, il heurta enfin à la maison d'une pauvre femme, qui, l'ayant reconnu, le fit monter par une échelle dans une soupente, où était dressé un misérable grabat sur lequel les enfants de cette femme étaient couchés et endormis. Il se blottit le mieux qu'il put entre la paille et sous la couverture, à côté des enfants, tandis que son hôtesse, affectant la plus grande indifférence, se mit à remuer le feu de son foyer. A peine s'y était-il caché, qu'une bande de Gantois se précipita dans la maison, et demanda l'homme qui s'y était réfugié. La femme nia la présence d'un étranger dans sa demeure, qui fut fouillée aussitôt, au grand effroi du comte. Le sommeil profond des enfants et l'assurance de la mère trompèrent si bien les soldats, qu'ils partirent pour aller continuer leurs recherches ailleurs. Le danger passé, Louis de Maele parvint à traverser sur une barque le fossé de la ville, et arriva au point du jour dans le village de Saint-Michel, d'où il se sauva à Lille, sur le cheval d'un paysan.

Le butin que les Gantois firent à Bruges fut si considérable, qu'ils mirent cinq jours à l'embarquer. Van Artevelde s'empara de tout le trésor du comte, et, après avoir changé le gouvernement de la ville, envoya à Gand cinq cents bourgeois de Bruges, qu'il fit garder comme otages. Puis il se mit à parcourir le comté, et reçut partout l'hommage du peuple, comme s'il eût été le souverain réel du pays. Il affectait un faste et un luxe de prince, et ses vêtements étaient pareils à ceux de Louis de Maele. La commune d'Audenarde, occupée par la chevalerie du comte, ne voulut pas ouvrir ses portes au dictateur. Il jura de raser, à son retour, cette ville au niveau du sol.

Louis de Maele, qui était heureusement parvenu à gagner Lille, n'eut plus d'autre parti à prendre que d'implorer le secours de son gendre le duc de Bourgogne, et il se borna pour le moment à fortifier Audenarde, Lille et Tournay. De son côté, le duc de Bourgogne, bien que, par la mort de sa mère, il se trouvât comte d'Artois et de la Franche-Comté, se voyait dans l'impossibilité de rien entreprendre contre les Flamands; car Van Artevelde n'était pas resté inactif depuis la victoire remportée à Beverholt. Il avait rassemblé une armée considérable sous les murs d'Audenarde, et ravageait le pays tout à l'entour, s'avançant jusqu'à Lille et jusqu'aux portes de Tournay, et dévastant les campagnes par le fer et par le feu. Mais sur ces entrefaites, le comte était enfin parvenu à émouvoir son gendre, et avait réussi à s'attacher le duc de Berri. La guerre contre les Flamands fut résolue à Compiègne. Aussi, bientôt arrivèrent de la Flandre des lettres adressées au roi pour implorer sa médiation; mais les conseillers de Charles V se moquèrent de ces lettres, et firent jeter les messagers en prison.

Van Artevelde, ayant appris la résolution adoptée à l'égard du comté par les princes, envoya aussitôt des députés au roi Richard pour conclure une alliance avec l'Angleterre. Ce projet échoua. Mais, comme le résultat de la négociation était encore ignoré, on commença à hésiter en France, et, après avoir relâché les messagers flamands, on envoya des plénipotentiaires à Tournay pour traiter avec Van Artevelde. Celui-ci déclara qu'il n'entrerait dans aucuns pourparlers avant qu'il ne se trouvât en possession d'Audenarde. Le roi, qui se tenait à Péronne avec Louis de Maele, fut si profondément irrité de cette audace et de cet orgueil, qu'il déclara sienne la cause du comte, et ordonna des armements formidables. Le duc de Bourgogne amassa de grandes sommes d'argent et, donna même une partie de sa vaisselle en gage. Vers la fin du mois d'octobre tout était disposé pour la guerre, et les hommes d'armes affluaient de toutes parts dans l'Artois, où arriva même l'oriflamme, portée par Pierre Villiers.

Aux approches de cet orage, Van Artevelde mit tout en œuvre pour placer le pays dans un état de défense proportionné aux dangers qui allaient fondre sur lui. Il remit le commandement de Gand au sire de Herzeele, jeta Pierre Van den Bossche avec neuf mille hommes dans la ville de Comines, et confia la garde de Warneton à Pierre de Winter. Lui-même se rendit à Ypres, et fit couper tous les ponts entre Courtrai et Menin. Louis Haza, l'un des bâtards de Louis de Maele, qui avait franchi la Lys avec cent vingt cavaliers, se vit ainsi coupé, et fut massacré avec tous les siens.

Au commencement du mois de novembre, le roi se rendit à Arras; et l'armée, rassemblée à Lille, se mit en route pour Comines, où l'on avait résolu de passer la Lys. Pierre Van den Bossche essaya vainement de défendre le passage : il fut bientôt forcé à s'enfuir de la ville, qu'il quitta en effet, après y avoir mis le feu. Maîtres de Comines, les Français se furent bientôt emparés de Menin, de Werwick et de Warneton. On avait partout si bien compté sur la victoire qu'on n'avait songé, nulle part à rien mettre en sûreté; de façon que les vainqueurs trouvèrent partout un butin considérable. A Ypres éclata une grande division. Les principaux bourgeois voulaient qu'on se rendît au roi, et attaquèrent le capitaine de Van Artevelde, qui succomba dans cette lutte civile. Les députés de la commune obtinrent une amnistie complète, moyennant une contribution de quarante m.lle livres. Cassel, Bergues, Bourbourg, Gravelines, Furnes, Dunkerque, Poperinghe, Thourout, Roulers, en un mot, tout le sud-ouest de la Flandre se soumit, et partout on livra aux Français les officiers de Van Artevelde, qui furent conduits à Ypres et décapités. Cependant la soumission d'aucune de ces villes ne les sauva du pillage. Le butin que les vainqueurs emportèrent était traîné sur des chariots à Ypres, où il fut vendu aux gens de Tournay, de Lille, de Douai et d'Arras.

Après s'être reposée pendant cinq jours, l'armée française, forte de soixante mille hommes, se remit en marche. Van Artevelde avait réuni un corps de neuf mille Gantois. Bruges, le Franc, Ardenbourg, l'Écluse, Grammont, Alost, les Quatre-Métiers et le pays de Waes lui avaient fourni environ trente mille combattants. C'était tout ce qu'il pouvait opposer aux Français. Ceux-ci dont l'armée était formidable, campèrent le 25 novembre à Rosebeke, entre Courtrai et Thielt. Les Flamands furent forcés d'aller à la rencontre de l'ennemi, pour l'empêcher de s'emparer de Bruges. Herzeele déconseilla une attaque, parce que la pluie, qui tombait à torrents depuis le commencement de la campagne, forcerait bientôt la cavalerie française à la retraite, sans qu'on eût besoin de courir les chances d'une bataille. Van Artevelde fut d'un avis contraire, et il l'emporta. Les Flamands se dirigèrent donc du côté de Roulers, et placèrent le 26 novembre leur camp en vue de l'armée française, près de Rosebeke.

Le lendemain, dès le matin, Van Artevelde s'établit avec les siens sur une hauteur voisine, et fit ouvrir une large tranchée pour couvrir son front de bataille. Un brouillard épais couvrait au loin la campagne, et empêchait les deux armées de se voir. Cependant les Français, ayant appris par leurs éclaireurs que les Flamands venaient de prendre position, commencèrent à se disposer au combat, pendant que le brouillard s'éclaircissait par degrés. Afin de prévenir une effusion de sang inutile, le duc de Bourgogne envoya un héraut à Van Artevelde, pour lui proposer de se soumettre. Le héraut revint sans avoir rien obtenu. Alors l'ordre d'attaquer fut donné de toutes parts. Les Flamands, s'impatientant de rester aussi longtemps immobiles pendant le froid qu'il faisait, avaient déjà commencé à faire jouer leur grosse artillerie. Leurs boulets enfoncèrent au premier choc les escadrons ennemis, qui s'étaient ébranlés et s'avançaient vers la colline. Le désordre s'étant mis dans la cavalerie française, l'armée flamande s'ébranla à son tour, et descendit de la hauteur qu'elle occupait. Ce mouvement la perdit; car elle fut, au même instant, débordée sur ses flancs et enveloppée de toutes parts. Elle essaya vainement de se dégager; il ne lui resta plus qu'à combattre comme un lion pris dans un filet. Elle fit des prodiges de valeur, et lutta avec un acharnement incroyable; mais elle finit par succomber sous le nombre, et fut complétement écrasée. Van Artevelde resta sur le champ de bataille, avec vingt-cinq mille Flamands.

Après ce désastre, les milices, qui tenaient toujours Audenarde assiégé, s'enfuirent en toute hâte à Gand. Bruges se soumit, et se racheta du pillage pour une somme de cent vingt mille livres. Mais rien ne put sauver les habitants de Courtrai, dont un grand nombre se retirèrent à Gand; beaucoup d'autres furent mis à mort, et la ville fut incendiée, après avoir été livrée au pillage.

Cependant tout se trouvait dans le plus grand désordre à Gand. On y était dans une anxiété extrême. Mais tout à coup Pierre Van den Bossche arriva de Bruges, malgré les blessures dont il était couvert, et vint ranimer l'énergie de ses concitoyens, en les encourageant à rejeter les conditions avilissantes que le roi leur proposait, et à soutenir le siége dont la ville était menacée. Cette résistance servit un moment les Gantois; car le roi, après avoir passé les fêtes de Noël à Tournay, se retira à Péronne, l'hiver empêchant les Français de commencer le siége de la ville. Sur ces entrefaites, François Ackerman, que Van Artevelde avait envoyé en Angleterre, revint à Gand, et prit la direction des affaires. Il eut en peu de temps remis si bien les choses en état, qu'au mois de janvier 1383 il attaqua la garnison française d'Ardenbourg, et dévasta la ville après l'avoir mise au pillage. Ce premier succès ranima le courage de la commune gantoise, qui reçut presque en même temps des lettres par lesquelles le roi Richard promettait de venir au secours des Flamands. Son armée arriva en effet, et battit les troupes du comte près de Dunkerque. Tout était de nouveau remis en péril pour Louis de Maele. Mais le duc de Bourgogne vint encore cette fois à son aide, et, pour défendre son héritage futur, obtint que le roi de France rentrât en campagne Une armée immense fut rassemblée et lancée sur la Flandre. Après plusieurs échecs, les Anglais songèrent à se retirer, et négocièrent une trêve d'une année, dans laquelle les Gantois furent compris, malgré les instances réitérées du comte. Ce traité fut conclu à la fin du mois de septembre 1383. Louis de Maele en fut si irrité, qu'il se retira à Saint-Omer, où il expira de chagrin le 30 janvier suivant. Son testament, daté de la veille de sa mort, existe aux archives du royaume de Belgique.

Par la mort de ce prince, la Flandre, après avoir formé pendant cinq siècles un État indépendant, quoique ses marquis et ses comtes fussent réputés vassaux des rois de France et des empereurs d'Allemagne, échut à Philippe le Hardi, duc de Bourgogne. Dès ce moment elle se vit attachée tour à tour à des monarchies puissantes; mais son action politique disparut graduellement.

LE HAINAUT DEPUIS LA MORT DE JEAN D'AVESNES JUSQU'A LA RÉUNION DE CE COMTÉ A LA FLANDRE, SOUS LA DOMINATION DE LA MAISON DE BOURGOGNE (1304—1428).

Guillaume Ier d'Avesnes, qui fut surnommé le Bon succéda, en 1304 dans le comté de Hainaut, à son père Jean d'Avesnes II, dont le fils aîné avait été tué à la bataille des Éperons d'or. Il se hâta, dès son avénement, de resserrer encore, en épousant Jeanne de Valois, sœur du roi Philippe VI, l'union si étroite déjà que son père avait établie entre le Hainaut et la France. Cependant les premières années de son règne ne présentent aucune importance. Résidant presque toujours dans son comté de Hollande, ce prince abandonnait le gouvernement du Hainaut à un grand bailli qui administrait le comté presque en souverain, et qui, revêtu plus tard du titre de capitaine général, fut même investi du droit de grâce, du commandement de la force armée, et du maintien de la police.

Mais bientôt le Hainaut se trouva placé dans des rapports tout nouveaux par le mariage de Philippine, fille de Guillaume Ier, avec Édouard III, roi d'Angleterre. Ainsi le comte, qui tenait à la France par sa femme, sœur du roi, à l'Angleterre par l'une de ses filles, et à Louis de Bavière, roi des Romains, par une autre de ses filles, Marguerite, se trouvait allié aux trois princes voisins les plus puissants. Ces rapports, qui auraient, en d'autres circonstances, donné un poids immense au comté, devinrent plus tard de singuliers germes d'embarras et de divisions, à cause des hostilités acharnées qui éclatèrent entre la Flandre et l'Angleterre, et dans lesquelles le Hainaut ne pouvait garder une neutralité réelle.

En effet, après le règne calme, et presque entièrement consacré à des améliorations intérieures, que Guillaume Ier termina à sa mort, survenue en 1337, Guillaume II succéda à son père, et trouva déjà le comté impliqué dans la querelle des deux couronnes. Guillaume I avait commencé, dans cette lutte, à incliner vers la France : Guillaume II employa tous ses efforts à rester neutre dans la guerre, et désirait ne s'appliquer qu'au développement intérieur de ses États. Mais, en 1340, son oncle Jean d'Avesnes, sire de Beaumont, se déclara ouvertement pour l'Angleterre. Philippe de Valois se vengea de ce seigneur en faisant piller les faubourgs de la ville de Chimay. La démarche de Jean d'Avesnes eut pour résultat de susciter à la cour de France un certain refroidissement à l'égard de toute la maison d'Avesnes. Ce refroidissement se changea par degrés en une animosité flagrante, qui n'attendait qu'une occasion pour éclater : cette occasion se présenta. L'évêque de Cambrai se plaignait depuis longtemps de certains actes de violence commis dans son diocèse par les Hennuyers. Le roi fit occuper Cambrai, et ses troupes eurent, à plus d'une reprise, à échanger des coups d'épée avec les gens du Hainaut. Alors le comte ouvrit à Mons une assemblée de prélats et de chevaliers, auxquels il proposa de rompre avec la France, et de s'allier avec les Anglais et les Flamands. On en vint bientôt à des hostilités ouvertes. Les Français entrèrent dans le Hainaut, où ils commirent les plus grands dégâts. Mais ils se retirèrent bientôt dans le Cambrésis, devant les forces rassemblées par Guillaume, et grossies des secours qu'il avait demandés et obtenus de son gendre Louis de Bavière, et de ceux que lui amenèrent les Brabançons et les Flamands.

Nous avons parlé déjà de l'assemblée tenue à Vilvorde en 1340, dans laquelle l'alliance du Hainaut, du Brabant et de la Flandre fut solennellement conclue contre la France, sous les auspices d'Édouard III (*voy.* p. 51) La position du Hainaut s'était ainsi nettement dessinée. Guillaume II prit part au siége de Tournay, dont cet acte fut suivi, brûla Orchies, et se livra à plusieurs autres expéditions sur les frontières françaises. Ce prince était un de ces chevaliers batailleurs tels que le moyen âge nous les présente, et surtout tels que les firent les vastes querelles qui s'agitèrent à l'époque où il vécut. La guerre contre la France n'est pas la seule où il ait tiré son épée : il figura dans la croisade contre les Prussiens, et eut plus tard de sanglants démêlés avec les Frisons. Il fut tué en 1345, dans une bataille qu'il leur livra.

Il n'avait eu, de son mariage avec Jeanne de Brabant, qu'un fils nommé Guillaume, mais qui était mort étant fort jeune encore; de sorte que, dans l'absence d'un héritier direct, le comté échut à la sœur aînée de Guillaume II, Marguerite, épouse de l'empereur Louis de Bavière. Cette princesse confia alors l'administration de la Hollande, de la Zélande et de la Frise à Guillaume, l'aîné des fils qu'elle avait eus de ce monarque, et confia celle du Hainaut à son oncle Jean de Hainaut-Beaumont, qui se déclara bientôt après pour les Français, quand la guerre eut éclaté entre ce peuple et les Anglais. La position nouvelle où cette alliance mit le Hainaut ne fut cependant pas de longue durée; car, après la mort de l'empereur, la veuve de Louis de Bavière reprit elle-même les rênes de la Hollande, de la Zélande et de la Frise, et envoya son fils dans le Hainaut. Cette mesure prise par Marguerite fit éclater aussitôt une effroyable guerre civile dans les comtés du nord, où deux partis se formèrent, l'un en faveur de l'impératrice, l'autre en faveur de son fils. Celui du comte prit le nom de *Kabeljaauwschen* (*Morues*), ces poissons étant connus pour dévorer les plus petits. Celui de Marguerite adopta le nom de *Hoekschen* (*Hameçons*), cet instrument servant à prendre les morues. Cette lutte eut pour résultat de faire renoncer l'impératrice à la Hollande, à la Zélande et à la Frise, dont son fils revint prendre le gouvernement, tandis qu'elle reprit celui du Hainaut. La mort de cette princesse étant survenue en 1356, le comte Guillaume réunit dans ses mains tout l'héritage de sa mère. Mais il ne jouit pas longtemps de sa puissance; car trois années étaient à peine écoulées, qu'il fut frappé de frénésie, et enfermé au Quesnoy. Sa folie dura vingt-quatre ans, et il mourut en 1383. Dès le commencement de la maladie de Guillaume III, les États du Hainaut avaient conféré la régence à son frère Albert.

Cette régence ne fut signalée que par la fondation de plusieurs monastères, par l'institution de foires dans plusieurs villes, et par la construction de remparts autour de quelques places du Hainaut.

Toutefois elle ne se passa pas d'une manière tout à fait pacifique; car elle se trouva engagée dans deux grandes querelles : l'une avec la Gueldre, dont nous parlerons plus loin; l'autre avec le sire d'Enghien. Ce dernier événement offre un caractère assez étrange pour que nous le racontions ici. Jean d'Enghien, duc d'Athènes et comte de Brienne, dont le père avait épousé Hélène, fille de Gauthier de Brienne, duc d'Athènes, avait eu pour femme la sœur du sire Jean de Condé. De ce mariage était issu un fils nommé Gauthier, qui tenait un état magnifique à Enghien. Un jour qu'il se trouvait à son château de Besieux, près de Valenciennes, il fut tout à coup surpris par le duc Albert, qui l'emmena prisonnier au château du Quesnoy, sans que l'on sache le motif réel de cette attaque inopinée. Le prisonnier s'adressa à la cour féodale de Mons, réclamant justice; et le sire de Ligne et plusieurs autres seigneurs opinèrent pour sa mise en liberté. Mais Albert, sans tenir compte de cette décision, le fit décapiter, le jour même du jeudi-saint 1366. Cet acte de violence fut le signal d'une guerre qui mit le duc à deux doigts de sa perte. Le frère du mort, Englebert d'Enghien, rappela aussitôt de Naples ses deux frères, Louis, comte de Conversan, et Jean, comte de Liché. Il fit embrasser son parti par toute la noblesse voisine. Le sire de Sotteghem et le comte de Flandre épousèrent aussi sa querelle. Une troupe nombreuse se trouvant réunie sous sa bannière, il reprit par ruse le château d'Enghien, dont le duc s'était emparé, et il s'établit à quelque distance de là, faisant de terribles chevauchées sur les domaines d'Albert, où il porta le fer et la flamme. Ces incursions enhardissaient de plus en plus Englebert, qui avançait chaque jour davantage. Dans une de ces expéditions il réussit à tailler en pièces à Soignies un corps de Hennuyers que le duc avait envoyés contre lui ; et, après cette victoire, il résolut de marcher sur Mons. Albert se trouvait dans la situation la plus critique. Sans défense depuis la défaite de son armée, et ayant épuisé tout son trésor dans cette guerre, il eut recours à une taxe nouvelle dont il frappa les villes. Mais Valenciennes refusa de la payer, et les autres villes suivirent le même exemple. Il se vit ainsi réduit à proposer à ses ennemis un accommodement qu'ils acceptèrent en 1368. Il paya au comte de Flandre et au sire de Sotteghem les frais de la guerre, et fonda à la Haye un chapitre de douze chanoines, qui furent chargés de prier pour l'âme de Gauthier d'Enghien. Le fils de celui-ci rentra dans la possession de tous ses domaines, et fut déchargé, sa vie durant, de toute prestation de service personnel au duc. Après sa mort, le château d'Enghien échut à son oncle Louis, comte de Conversan.

Pendant la régence du duc Albert, la chevalerie du Hainaut eut souvent l'occasion de donner des preuves de courage et de se signaler par ses prouesses dans les troubles dont la Flandre fut agitée durant cette période.

Cette régence cessa en 1383 ; car ce fut alors que le comte Guillaume mourut au Quesnoy, et que son frère Albert prit les rênes du comté de Hainaut. Ce prince fut un ardent promoteur des idées chevaleresques. Il institua, en 1384, l'ordre des chevaliers de Saint-Antoine pour la noblesse hennuyère. Cette féodalité était animée d'un esprit si guerrier, que, après la sanglante bataille de Rosebeke, où tomba la puissance des communes flamandes, elle prit part à la nouvelle croisade contre les Prussiens, commandée, en 1385, par le fils d'Albert, Guillaume, comte d'Ostrevant, lui-même.

LE HAINAUT JUSQU'EN 1428.

La duchesse Jeanne de Brabant tenait pour son héritière cette Marguerite de Flandre qui, à la mort de son père, avait apporté à son époux, le duc Philippe de Bourgogne, la Flandre, avec le marquisat d'Anvers et la seigneurie de Malines, l'Artois, Rethel et Nevers. Cette princesse n'avait d'autre ambition que de voir un jour réunies dans la même famille toutes les provinces des Pays-Bas, et elle cherchait à en préparer l'accomplissement en formant une double alliance entre la maison ducale de Bourgogne et la branche bavaroise de Hainaut et de Hollande. Aussi, dans une assemblée tenue à Cambrai en 1385, et ménagée par la duchesse Jeanne, le mariage de Guillaume de Hainaut et de Hollande, fils aîné du comte Albert, avec Marguerite de Bourgogne, fille de Philippe le Hardi, et celui de Jean de Bourgogne, fils de Philippe, avec Marguerite de Bavière, fille d'Albert, furent conclus et décidés. Le dimanche après Pâques, ces deux mariages furent célébrés en grande pompe à Cambrai, où la cour de France s'était rendue pour assister à ces fêtes, qui furent d'une magnificence inconnue jusqu'alors.

Cette alliance ne fut pas la seule qui donna du lustre à la maison bavaroise de Hainaut. Cinq ans plus tard, Jean, fils cadet d'Albert, âgé de dix-sept ans à peine, fut placé à la tête de l'évêché de Liége, et confirmé comme prince-évêque par le pape Boniface IX.

Après son mariage avec Marguerite de Bourgogne, Guillaume fut investi de la seigneurie du comté d'Ostrevant, et la succession des souverainetés de son père lui fut assurée.

Albert put dès lors recommencer à fonder des monastères, à faire creuser des canaux et à élever des moulins à vent, comme il avait fait pendant une grande partie de sa régence. Une explosion nouvelle des haines, non assoupies encore, qui avaient depuis si longtemps divisé les Hoekschen et les Kabeljauwschen en Hollande, vint un moment interrompre ces pacifiques occupations, qui, plus tard, furent troublées de nouveau par l'émotion que produisit dans le Hainaut le bruit de la croisade de Hongrie. « Quand les nouvelles de ce voyage, « dit Froissart, furent venues en la « comté de Hainaut, chevaliers et « escuyers, qui se desiroient advancer « et voyager, commencerent à parler « ensemble, et dirent : — Par advis, « ceste chose se taille, que monseigneur « d'Ostrevant voise en ce voyage avec « son beau-frère le comte de Nevers ; « et, s'une telle compaignie comme « d'eux deux se faisoit, nous n'y « fauldrions pas. » Bien que Guillaume fût plein de cet esprit aventureux qui distinguait alors la chevalerie hennuyère, il ne voulut rien entreprendre sans avoir d'abord consulté son père. Albert le détourna de ce projet, disant que ce n'était qu'une frivole entreprise ; qu'au lieu de faire une croisade en Hongrie, il ferait mieux d'aller en Frise venger son grand-oncle, et que lui, Albert, l'aiderait en cette expédition. Guillaume se laissa facilement convaincre. Alors son père ouvrit aussitôt une assemblée à Mons, dans laquelle il exposa ses droits sur la seigneurie de Frise, et les motifs d'entreprendre une guerre. Il finit par demander un subside et des hommes. L'assemblée consentit à lui fournir une somme de trente mille livres, et la chevalerie de Hainaut composa l'armée. La guerre fut commencée en 1396.

Albert mourut huit ans plus tard, c'est-à-dire à la fin de 1404, après avoir agrandi son comté de la seigneurie de Beaumont.

Le 1ᵉʳ juin 1405, eut lieu la joyeuse-entrée de Guillaume IV de Bavière à Mons. Le 22 juillet suivant, il fut inauguré à Valenciennes. Il signala les premiers temps de son avénement par plusieurs règlements pleins de sagesse. C'est lui qui réorganisa, en 1406, le tribunal des échevins dans sa capitale et lui donna la forme que cette institution conserva jusqu'à une époque fort rapprochée de nous.

Mais il ne tarda pas à être distrait de ses travaux d'administration intérieure par la guerre dans laquelle il fut enveloppé par son frère Jean, évêque de Liége, ce terrible prélat que l'histoire a flétri du surnom le Jean sans Pitié, à cause des sévérités sanglantes qu'il exerça dans sa principauté. A peine la guerre liégeoise fut-elle terminée, qu'il eut à s'occuper des affaires que le duc de Bourgogne, son beau-frère, eut à démêler avec la cour de France, à la suite du meurtre du duc d'Orléans. Le comte Guillaume exerçait une grande influence sur la famille royale, à laquelle il était allié depuis 1405 par le mariage de sa fille unique Jacqueline avec Jean, duc de Touraine, second fils du roi. Aussi il contribua grandement à amener le traité de Chartres, et à la réconciliation de la maison de Bourgogne avec celle d'Orléans. Ce fut le dernier acte important de sa vie que l'histoire nous signale. Il mourut en 1417, de la morsure d'un chien, peu de jours après la mort de son gendre, le dauphin de France.

Sa fille, cette Jacqueline dont nos légendes populaires racontent tant de choses, était son unique héritière. Elle n'avait que seize ans à peine. Bien que cette princesse eût été, du vivant même de son père, reconnue en cette qualité par les Etats de Hollande et de Hainaut, son oncle Jean de Bavière éleva des prétentions sur le premier de ces comtés, prit Dordrecht et d'autres villes, et renonça à l'évêché de Liége, dont il n'occupait, du reste, le siége qu'à titre d'Élu, parce qu'il n'avait pas reçu tous les ordres sacrés.

Guillaume de Hainaut avait, dans ses derniers moments, témoigné qu'il désirait l'alliance de sa fille Jacqueline avec Jean IV, duc de Brabant, âgé également de seize ans. Ce jeune prince avait déterminé, dans une assemblée tenue à Beervliet, les princes et les princesses de la maison de Bourgogne à consentir à ce mariage. Jacqueline, qui était présente à cette assemblée, avait répondu aux vœux du jeune duc ; les princes et les princesses y avaient applaudi. Mais Jean de Bavière s'y était hautement opposé, alléguant pour cause d'empêchement l'âge et la parenté du duc et de la comtesse. Cependant Jacqueline avait réussi, à force de promesses et de sollicitations, à obtenir le consentement de son oncle, qui ne le donna toutefois qu'avec la plus vive répugnance. Les cérémonies des fiançailles furent célébrées le 1er août 1417, et celles du mariage furent remises jusqu'à ce que les dispenses nécessaires eussent été obtenues.

Le duc et la comtesse s'adressèrent à cet effet au concile de Constance, qui rejeta leur demande, grâce aux intrigues de Jean de Bavière et au crédit de l'empereur Sigismond, qu'il était parvenu à mettre dans ses intérêts.

Alors le duc Jean s'adressa directement au pape Martin V, et obtint la dispense désirée. La cérémonie des noces fut fixée au commencement de mars 1418, et le duc se rendit à la Haye, où Jacqueline faisait sa résidence comme comtesse de Hollande. Mais tout à coup Jean de Bavière, qui avait réussi à faire extorquer au pape par l'empereur Sigismond un bref par lequel il révoquait la dispense, leur opposa cet obstacle au moment où tout était prêt pour le mariage. Il fallait donc de nouveau en différer la cérémonie. Cependant le duc et la comtesse, revenus de leur première surprise, reconnurent l'invalidité de cette pièce subreptice, s'en tinrent au bref de dispense, et procédèrent au mariage le 4 avril. A peine la cérémonie fut-elle terminée, qu'un nouveau bref arriva, par lequel le pape déclarait qu'ayant été forcé par l'empereur de donner le bref de révocation, il rétractait ce dernier acte, et maintenait la validité de la dispense.

Jean de Bavière fut outré de colère en voyant que ses plans avaient échoué. Son ambition avait grandi encore depuis son mariage avec Élisabeth de Gorlitz, veuve d'Antoine, duc de Bourgogne, qu'il avait épousée, après avoir obtenu, par l'intervention de l'empereur, la dispense du diaconat.

N'ayant pu réussir à empêcher par ses manœuvres l'union de Jean IV et de Jacqueline, il se mit à remuer sourdement, en Hollande, les factions mal apaisées des Hoekschen et des Kabeljaauwschen.

A peine les difficultés du mariage de Jacqueline avaient-elles été levées, que les jeunes époux reçurent une déclaration de l'empereur Sigismond, datée de Constance, du 18 mars 1418, dans laquelle Jean de Bavière fut reconnu héritier des seigneuries de Hollande et de Hainaut. Mais les États des deux comtés, ayant prouvé par des exemples antérieurs la validité du droit de succession des femmes, déclarèrent de leur côté qu'ils tenaient Jacqueline pour l'héritière légitime de son père. Jean de Bavière résolut alors de recourir à la force des armes. Il avait attiré les Kabeljaauwschen dans son parti, et il était en mesure de commencer une lutte avec quelque succès. Cependant cette guerre n'éclata pas; car il parvint à obtenir un accommodement en vertu duquel il fut chargé de la régence de Hollande, de Zélande et de Frise, jusqu'à ce que toutes les questions en litige eussent été décidées.

Après la conclusion de cet accord, qui parut suffire pour un moment à l'ambition de Jean de Bavière, le duc de Brabant et sa jeune épouse se rendirent à Mons, où ils firent leur joyeuse entrée le 29 mai 1418, et reçurent le serment d'hommage des trois États du pays, dont ils confirmèrent les droits et les privilèges.

L'arrangement conclu par le duc de Brabant avec l'oncle de Jacqueline privait les Hoekschen de toute l'influence dont ils avaient joui jusqu'alors. Aussi, les esprits s'irritant de plus en plus, ils conçurent une haine profonde contre le duc, qu'ils représentèrent comme ayant, avec une indigne faiblesse, sacrifié les intérêts de sa femme aux exigences ambitieuses de son oncle. Ils allèrent jusqu'à présenter le mariage de la jeune comtesse comme une union incestueuse que le pape avait permise avec trop de légèreté. A mesure que ces dispositions gagnaient du terrain en Hollande, les seigneurs brabançons, dont Jean aimait à s'entourer, manifestaient chaque jour un plus grand mécontentement contre la duchesse. Ils parvinrent à engager le duc à renvoyer en Hollande toutes les femmes de son épouse, qu'elle avait amenées de la Haye, et qui étaient auprès d'elle les organes les plus influents du parti des Hoekschen.

Tandis que tous les soutiens sur lesquels Jacqueline eût pu compter s'affaiblissaient ainsi, Jean de Bavière fit proroger, au commencement de 1420, la durée de sa régence, à laquelle il parvint même à réunir le marquisat d'Anvers.

Le duc Jean, faible d'esprit, de corps et de santé, entièrement dominé par ses serviteurs, n'était rien moins qu'un homme capable de tenir les rênes d'un État. Il n'était pas fait davantage pour être l'époux d'une jeune femme, belle, ardente, et aussi énergique de corps que d'esprit et de volonté. Aussi, ne tardèrent-ils pas à apercevoir l'un et l'autre qu'ils ne se convenaient nullement.

En vain Jacqueline avait essayé de soustraire son époux à la domination que ses conseillers exerçaient sur lui, en appelant à Bruxelles Philippe, comte de Saint-Pol et frère du duc Jean, et en le faisant investir de la dignité de ruwaert de Brabant, office dont il se servit pour faire trancher la tête à tous les serviteurs de son frère, et pour rétablir le pouvoir de la noblesse.

La discorde entre les deux époux se renouvelait sans cesse. Plus d'une fois le duc Philippe de Bourgogne s'interposa entre eux ; mais rien ne put vaincre leur antipathie, qui devint bientôt de la haine. La comtesse Marguerite, mère de Jacqueline, avait de son côté vainement essayé d'arrêter le duc dans les nouvelles concessions qu'il venait de faire à l'avidité de Jean de Bavière. Outrée de dépit, elle quitta Bruxelles et se retira au Quesnoy, où elle emmena sa fille. Au milieu de ces circonstances, le duc restait sourd aux remontrances que les États de Brabant ne cessaient de lui faire, et inaccessible aux tentatives d'accommodement que les envoyés du duc de Bourgogne recommençaient chaque jour. Enfin, il partit pour l'Allemagne, allant au delà du Rhin se chercher des alliés, et engager des gens de guerre pour les éventualités qui pourraient survenir. Ce fut pendant cette absence que les États du duché, de concert avec Jacqueline, investirent le comte Philippe de Saint-Pol de la dignité de ruwaert.

Jacqueline, voyant que l'état des choses empirait sans cesse, prit la résolution d'aller demander du secours à la cour d'Angleterre, et de faire déclarer nul son mariage. De Valenciennes, où elle vivait alors avec sa mère, elle se rendit à Calais, d'où elle partit pour Londres. Elle y fut à peine arrivée, qu'elle s'éprit d'amour pour le frère du roi Henri V, Humphry de Glocester ; et elle envoya aussitôt au pape demander une déclaration de nullité de son mariage. Mais, sans attendre la décision pontificale, elle contracta, au mois d'avril 1422, une union avec le duc anglais.

A cette nouvelle, les états du Hainaut, craignant que cette résolution inconsidérée de leur souveraine n'amenât de grands malheurs sur le pays, et voulant prévenir l'explosion d'une guerre au sujet de la possession du comté, s'adressèrent aussitôt au roi d'Angleterre, au duc de Bedford et au duc de Bourgogne. Toutefois, cette démarche n'écarta aucune des difficultés qui devaient naître de la position que Jacqueline venait de prendre. Au contraire, elle en créa de nouvelles, le duc de Bourgogne et l'épouse de Jean IV ayant des intérêts entièrement opposés dans la question. A la vérité, les duc de Bourgogne et de Bedford commencèrent par se poser en arbitres, et déclarèrent que le Hainaut resterait sous le séquestre jusqu'à ce que le pape eût prononcé sur le mariage de Jacqueline. Malgré cette décision, Glocester avec sa jeune épouse abordèrent à Calais au mois d'octobre 1423, et arrivèrent dans le cours du mois suivant dans le Hainaut, pour s'y faire inaugurer. Alors le duc de Bourgogne déclara que, sa sentence arbitrale étant ainsi foulée aux pieds, personne n'eût à trouver mauvais qu'il prît ouvertement fait et cause pour son neveu Jean de Brabant. De son côté, la mère de Jacqueline avait déjà gagné une partie de la noblesse hennuyère aux intérêts du duc de Glocester; et les États du pays prêtèrent, en partie à Valenciennes, en partie à Mons, serment au nouveau comte, qui tint sa joyeuse-entrée dans cette dernière ville le 5 décembre 1423, et jura le maintien des droits et des franchises du comté.

Les embarras étaient grands de part et d'autre. La guerre seule pouvait y mettre un terme; elle éclata. Le comte de Saint-Pol, assisté du secours que le duc de Bourgogne lui prêta de la chevalerie de Flandre et d'Artois, marcha contre Glocester. Jean de Bavière promit même son appui aux Brabançons; mais il mourut avant qu'il n'eût pu mettre son épée dans la balance. On attribua cette fin subite au poison, et elle fit le plus grand tort à Glocester, que l'opinion populaire accusa de ce crime. Cette mort vint, en outre, compliquer encore les difficultés déjà si nombreuses qui s'étaient élevées; car les comtés de Hollande et de Zélande, et la seigneurie de Frise, reconnurent aussitôt le duc Jean comme leur droiturier seigneur et comme l'époux légitime de Jacqueline.

Cependant une correspondance s'était engagée entre le duc de Bourgogne et celui de Glocester. Elle eut pour résultat l'envoi d'un cartel par Philippe et la provocation à un combat singulier, que Glocester accepta le 16 mars 1424. Au commencement du même mois, ce prince était parti de Mons avec toutes ses forces, composées d'Anglais et de Hennuyers, et s'était dirigé vers Braine-le-Comte, dont Saint-Pol s'était emparé, après que les troupes de Jacqueline, s'appuyant sur ce point, eurent fait de nombreux dégâts sur les terres du duc Jean, tandis que de leur côté les Brabançons, concentrés à Enghien, n'avaient rien négligé pour dévaster les domaines du Hainaut. N'ayant pu réussir à reprendre Braine-le-Comte, Glocester se porta brusquement sur Soignies, lorsque, la nouvelle s'étant répandue qu'il y avait un défi entre ce prince et le duc de Bourgogne, les hostilités furent aussitôt suspendues.

De vifs démêlés avec l'évêque de Winchester rappelèrent tout à coup en Angleterre Glocester, qui partit pour Londres, muni d'un sauf-conduit du duc Philippe. Avant son départ, il confia la garde de madame Jacqueline à la ville de Mons. Mais, à peine se fut-il embarqué, que le duc Jean entra avec une armée dans le Hainaut, où il exerça d'effroyables ravages. Le pays tout entier allait tomber au pouvoir du Brabançon; Mons était réduit à l'extrémité, et bloqué de toutes parts. Il ne restait plus qu'à en venir à un accommodement. La comtesse douairière de Hainaut et les députés de Mons s'adressèrent donc au duc de Bourgogne, qui déclara qu'il prenait en sa garde la duchesse Jacqueline, pourvu qu'elle se rendît auprès de lui, promettant de la préserver de tous griefs, et de ne point la remettre en d'autres mains jusqu'à ce que le pape eût prononcé sur le différend relatif au mariage; que, en ce qui touchait la garde du pays, dont les députés l'avaient aussi requis de se charger, il attendrait, pour se prononcer, que Jacqueline et sa mère fussent venues auprès de lui, et que le duc de Brabant eût répondu à certaines lettres qu'il lui avait écrites.

Pendant ces négociations, les villes de Hainaut, Valenciennes, Condé, Bouchain, ouvraient l'une après l'autre leurs portes au duc de Bourgogne. La position de Jacqueline devenait ainsi de plus en plus critique, Mons étant menacé d'être réduit par la famine. Dans sa détresse, elle avait écrit à Glocester pour lui demander du secours; mais sa lettre avait été interceptée par les assiégeants. D'un autre côté, la ville elle-même commençait à murmurer; de sorte qu'il fallut songer à sortir de cet embarras toujours croissant. Le 1er juin 1425, un traité avait été conclu à Douai entre le duc de Bourgogne et le duc de Brabant. Cet acte portait que madame Jacqueline pourrait se retirer sûrement par devers monseigneur de Bourgogne, jusqu'à ce que le procès pendant à la cour de Rome entre elle et son époux fût décidé; que, pour le soûtien de son État, il serait prélevé une somme annuelle sur les trois pays de Hollande, Zélande et Hainaut; que le duc de Brabant serait restitué en la possession de ce dernier comté, sans pouvoir faire aucune punition civile ou criminelle; qu'il commettrait au gouvernement dudit pays un seigneur notable, et agréable à monsieur de Bourgogne; que cet arrangement durerait jusqu'à ce que le procès fût décidé, pendant lequel ladite dame demeurerait dans le pays dudit seigneur de Bourgogne. Le jour suivant, le duc Philippe écrivit aux habitants de Mons pour les amener à accepter le traité sans modifications aucunes, attendu qu'il avait fait tout le mieux possible auprès du duc de Brabant; il donnait les mêmes assurances à la comtesse douairière, mère de Jacqueline; en même temps, il les prévenait que, en cas de refus de leur part, il se rangerait du côté du duc de Brabant. Ce traité fut accepté par les députés de Mons, et force fut à la comtesse douairière et à sa fille de s'y soumettre. Aussi le 12 juin, la ville ouvrit ses portes au duc de Brabant, et la duchesse partit le lendemain pour Gand, sous la garde du prince d'Orange et d'un grand nombre de seigneurs, chevaliers et écuyers du pays de Hainaut. Jacqueline fut installée dans le château des comtes, et mise dans un état de maison honorable; et le duc prit l'administration des comtés de Hollande et de Zélande et de la seigneurie de Frise, le gouvernement du Hainaut étant confié à Jean de Luxembourg, sire d'Enghien.

Comme toutes ces affaires ne pouvaient manquer de refroidir le duc de Bourgogne pour les intérêts de l'Angleterre, qui avait pourtant si grand besoin de son alliance à cause de la guerre contre les Français, le duc de Glocester ne reçut point un accueil favorable à la cour de Londres. On l'y blâma surtout avec énergie d'avoir accepté le défi du duc Philippe; enfin, on lui fit entendre que, s'il ne renonçait pas à ce combat, il n'aurait pas le moindre secours à espérer.

Alors Glocester ne sut plus à quoi se résoudre. Pendant qu'il cherchait vainement une issue à ses embarras, l'aventureuse et déterminée Jacqueline, qui était à Gand depuis deux mois, parvint à s'échapper le 1er septembre. Habillée en homme, ainsi qu'une de ses femmes, et accompagnée de deux seigneurs hollandais qu'elle avait secrètement mandés et qui s'étaient travestis en valets, elle s'enfuit à Anvers, d'où elle se dirigea, par Bréda, vers la ville de Gouda, où ses partisans l'attendaient. Elle entreprit aussitôt la guerre contre le duc de Bourgogne. Quelques hostilités y avaient déjà commencé en son nom. Mais sa présence vint donner une nouvelle énergie à son parti, les Hoekschen, qui, après l'avoir soutenue contre son oncle Jean de Bavière, se trouvaient liés d'amitié et d'affection avec elle. Jacqueline avait un puissant allié dans l'évêque souverain d'Utrecht, et vit bientôt ses rangs grossis d'un corps de trois mille hommes d'élite, que Glocester lui envoya, sous le commandement de lord Fitz-Walter.

Le duc Philippe, investi par l'époux de Jacqueline du titre de ruwaert de Hollande, de Zélande et de Frise, se hâta de rassembler une armée, et se rendit aussitôt dans les provinces menacées. Déjà les Hoekschen avaient remporté une victoire près de Gouda, et les Anglais étaient maîtres de l'île de Schouwen en Zélande. Le duc dirigea ses forces de ce côté, et résolut de prendre terre près de Brouwershaven. Mais, avant d'avoir pu aborder, il fut assailli par les archers anglais, qui lui lancèrent une nuée de flèches. Les Bourguignons commençaient à plier, quand tout à coup le duc, saisissant sa bannière, s'élança sur le rivage, et entraîna toute son armée à sa suite. Alors la bataille commença avec une fureur incroyable.. Après une lutte acharnée, Philippe resta maître du terrain, et les débris du corps anglais furent refoulés dans leurs navires.

Après cet avantage, le duc se borna à mettre de fortes garnisons dans les villes de Hollande, et reprit le chemin de la Flandre; car on était au mois de janvier 1426, et l'hiver était trop rude pour que la guerre pût être continuée.

Jacqueline, que cet échec n'avait pu abattre, profita de l'absence du duc pour réparer ses désavantages malgré l'hiver. Elle vint faire le siége de Haarlem, brûlant partout les villages et faisant rompre les digues. La ville allait se voir réduite à l'extrémité, bien qu'elle fût vaillamment défendue par le sire d'Uitkerke, dont le fils, en outre, rassemblait en Flandre un corps d'armée pour venir au secours de son père. Mais Jacqueline, instruite de la marche de ces troupes, les attaqua au moment où elles débarquèrent, et les anéantit complétement. Les prisonniers ne reçurent aucun quartier, et furent cruellement mis à mort par les ordres de la princesse.

Ce désastre hâta l'arrivée du duc de Bourgogne, qui accourut avec une armée redoutable. Jacqueline, craignant d'en venir à un engagement décisif qui eût pu ruiner d'un seul coup toute sa position, se retira sur les frontières de la Frise, ne se livrant plus qu'à quelques faibles escarmouches, et profitant de toutes les circonstances favorables qui se présentaient pour harceler son ennemi.

Mais, dès l'ouverture de cette campagne, elle ne rencontra plus que des revers. Manquant d'artillerie et de machines de guerre, dont les Bourguignons étaient abondamment pourvus, elle perdait chaque jour du terrain.

Les capitaines de Philippe soumirent l'une après l'autre les villes de Hollande et de Frise.

Pendant que le sort de Jacqueline paraissait ainsi décidé, Glocester essaya de réunir de nouvelles forces en Angleterre, pour voler au secours de son épouse. Mais il fut arrêté dans cette entreprise, par l'intervention du duc de Bedford, qui, sentant plus que jamais le besoin de conserver l'alliance du duc Philippe, était venu le voir à Lille, et cherchait à réparer de son mieux les offenses de Glocester.

Enfin, au mois de janvier 1427, arriva la décision, si longtemps désirée, du pape, qui déclarait seul valable le mariage de Jacqueline avec le duc Jean de Brabant, et enjoignait à cette princesse de se rendre dans les domaines du duc de Savoie en attendant l'issue de tout ce procès. Le souverain pontife ajoutait à sa sentence que, même après la mort du duc de Brabant, Jacqueline ne pourrait, sans adultère, épouser Glocester. Celui-ci, ayant appris cette résolution, désespéra de sa cause, et cessa de songer à secourir la duchesse.

Jacqueline refusa de se soumettre, bien qu'elle fût entièrement abandonnée à ses propres ressources, qu'elle multipliait, du reste, par son activité et par son génie.

Le duc Jean mourut au mois d'avril 1427, sans que la situation fâcheuse de la duchesse eût éprouvé quelque changement.

Cependant le comte de Saint-Pol, frère de Jean, lui succéda dans le duché de Brabant, tandis que le duc Philippe continua à garder le titre de ruwaert de Hollande, de Zélande et de Frise. Les États du Hainaut l'investirent, en outre, du gouvernement du comté, qu'il entreprit jusqu'à ce que Jacqueline se fût séparée du duc de Glocester.

La duchesse n'en continuait pas moins à faire une guerre obstinée en Hollande, et son frère, Louis, bâtard de Hainaut, tenait encore dans ce pays le parti de sa sœur et faisait de son château de Scandœuvre des courses dans toute la contrée. Mais il fut enfin réduit, et dépouillé de sa seigneurie, qui fut donnée au sire de Luxembourg. Alors Philippe songea à achever la conquête de la Hollande. Il assiégea la ville d'Amersfoort, et s'en rendit maître, pendant que ses alliés, les ducs de Clèves et de Gueldre, ravageaient le pays tout à l'entour. Bientôt Jacqueline, chassée de ville en ville, ne se trouva plus maîtresse que des places de Schoonhoven et de Gouda où elle s'enferma, laissant ses navires chercher de toutes parts à opérer de puissantes diversions jusqu'à ce qu'enfin son amiral Guillaume de Brederode succombât dans un combat naval qu'il livra aux Bourguignons, aidés des gens de Haarlem et d'Amsterdam.

Sur ces entrefaites l'hiver arriva, et les affaires de France et de Bourgogne rappelèrent le duc à Dijon, au mois de décembre 1427.

Jacqueline put ainsi respirer un moment, et attendre peut-être le résultat de l'appel qu'elle avait fait, à la cour de Rome, de la sentence prononcée contre elle.

Mais Philippe ne voulut pas lui laisser de repos. Au mois de mai il se trouva de retour en Flandre, après avoir écrit à sa bonne chevalerie qu'il était résolu à terminer cette fois la guerre de Hollande. Les villes flamandes, qui souffraient peu de cette guerre, avaient fourni à leur seigneur des subsides considérables. De grands préparatifs avaient été faits au port de l'Écluse. Un orage terrible allait fondre sur la Hollande. Jacqueline, toutefois, ne perdit point courage. Cependant elle fut bientôt forcée de céder, le pays étant épuisé, et une grande partie des seigneurs et des villes qui lui étaient restés fidèles jusqu'alors ayant abandonné sa cause, qu'il n'était plus possible de défendre contre l'armée formidable que le duc conduisait contre eux. Les gens de Gouda, effrayés du siége qu'ils allaient avoir à soutenir, la conjurèrent de traiter. Jacqueline, voyant que toute résistance serait inutile, se détermina donc à céder. D'ailleurs, le comte de Glocester, après s'être soumis à la sentence papale, en avait profité pour épouser Alienor de Cohen, que depuis longtemps il avait eue publiquement pour maîtresse. Le 3 juillet, la duchesse conclut à Delft un traité avec le duc de Bourgogne.

Il fut établi par cet acte que Jacqueline renonçait à l'appel qu'elle avait fait à Rome de la sentence papale; que le duc la reconnaissait comme comtesse de Hainaut, de Hollande et de Zélande, et comme dame de Frise; qu'elle reconnaissait, de son côté le duc pour son vrai hoir et héritier, et aussi pour mambour et gouverneur desdits pays; qu'elle en remettrait toutes les forteresses entre les mains du duc, et qu'ils iraient ensemble dans les bonnes villes, pour y être reçus, elle comme dame héritière, lui comme mambour et gouverneur; que les nobles et les bonnes villes jureraient de reconnaître le duc pour leur droiturier seigneur, en cas que la duchesse mourût avant lui, sans laisser d'hoir légitime; que le duc aurait le gouvernement des pays, et que la duchesse ne pourrait s'en entremettre jusqu'à ce qu'elle fût mariée par l'avis et le consentement de sa mère, du duc et des trois États du pays ensemble; qu'en attendant, elle en toucherait les revenus, tous frais et charges déduits; que, si elle se mariait sans le consentement de sa mère, du duc et des trois États, ou de l'un d'eux, elle consentait qu'alors il ne fût obéi ni à son mari ni à elle, mais seulement au duc; que celui-ci instituerait, pour connaître des affaires de Hollande, de Zélande et de Frise, neuf personnes, savoir : trois présentées par la duchesse, trois qu'il choisirait dans lesdits pays, et trois qu'il tirerait d'autres lieux à son choix; que, quant au Hainaut, il y commettrait les officiers qu'il trouverait bon. Le même jour où ce traité fut conclu, Jacqueline remit au duc des lettres par lesquelles elle le reconnaissait pour son héritier en cas qu'elle mourût sans enfants légitimes, et lui transmettait le pouvoir d'instituer et de destituer tous officiers dans son pays.

Ce traité ne pacifia point les inimitiés si ardentes qui avaient si longtemps agité le pays. Les Hoekschen, dont le parti était fort nombreux encore, étaient domptés, mais non soumis. Ils subirent la loi du plus fort.

Pendant que tout prospérait ainsi à Philippe de Bourgogne, qu'il joignait à ses États le comté de Namur en 1429, qu'il se faisait inaugurer duc de Brabant après la mort de Philippe de Saint-Pol en 1430, et qu'enfin il fondait cette vaste puissance sur laquelle Charles le Téméraire essaya de placer une couronne royale, Jacqueline vivait dans le repos et dans le silence à Tergoes, petite ville de Zélande, qui lui avait été laissée en apanage. Elle passa ainsi quatre années, paraissant résignée, mais se plaignant toujours de ne pas avoir assez d'argent. Son cousin de Bourgogne ne lui en donnait guère, et elle en dépensait beaucoup. Enfin, un jour que sa mère, madame Marguerite, lui avait envoyé de beaux chevaux et de magnifiques joyaux, elle ne se trouva pas de quoi récompenser les gentilshommes qui lui remettaient ces présents. Ce fut un tel chagrin pour elle, qui était naturellement fort libérale, qu'elle se mit à pleurer amèrement. Un gentilhomme de ses domestiques, la voyant dans cette douleur, lui conseilla de s'adresser au sire Frans de Borsselle. C'était justement ce seigneur que le duc de Bourgogne avait nommé son tuteur en Zélande. Elle ne pouvait croire d'abord qu'un serviteur du duc, qui ne lui devait aucune reconnaissance, et qui avait toujours suivi un parti opposé au sien, fût empressé à lui rendre service. Ce fut cependant ce qui arriva. Le sire de Borsselle lui prêta tout l'argent qu'elle voulait, et lui dit qu'elle pouvait disposer de ses biens et de sa personne. Jacqueline, touchée de ce bon procédé, et trouvant d'ailleurs le sire de Borsselle fort à son goût, ne tarda point à prendre pour lui un grand amour ; et, comme elle écoutait bien plus ses penchants que la raison, elle l'épousa secrètement. Bientôt le duc en fut informé par quelqu'un des domestiques qui avaient assisté au mariage ; et d'ailleurs madame Jacqueline n'était pas d'un caractère à se cacher, ni à se contraindre beaucoup.

Au mois de juillet 1432, Philippe se rendit à la Haye avec six cents hommes d'armes, fit prendre le sire de Borsselle, et l'envoya prisonnier au château de Rupelmonde. La colère qu'il montrait était grande : il ne parlait pas de moins que de faire couper la tête au vassal insolent qui avait osé, sans sa permission, épouser une princesse de son sang, engagée par un traité à ne jamais se marier sans son consentement, et dont il était l'héritier reconnu.

Le but de Philippe était de forcer Jacqueline à de nouvelles concessions. Aussi, pour sauver son mari, qu'elle croyait voué à une mort certaine, elle consentit à traiter de nouveau. Cette fois elle céda non-seulement le gouvernement et la jouissance de ses États, mais la possession actuelle, tant pour elle que pour les héritiers directs qu'elle pourrait avoir. Le duc de Bourgogne lui laissa pour domaines plusieurs riches et considérables seigneuries qu'elle eut pouvoir de tenir en fief, avec de grands priviléges, mais en renonçant à tout droit de souveraineté. Seulement, si le duc mourait sans enfants, les pays cédés par Jacqueline devaient retourner à elle ou à ses héritiers. Il fut réglé, en outre, qu'elle porterait désormais les titres de madame Jacqueline, duchesse de Bavière, comtesse de Hollande et d'Ostrevant. Enfin, un revenu de cinq cents clinquarts lui fut assigné sur le comté d'Ostrevant, et elle se réserva le droit de chasse dans tous ses États et dans ceux du duc, car c'était un de ses grands passe-temps.

Philippe de Bourgogne était parvenu à son but. Jacqueline, dès lors, sembla satisfaite de son état, et demeura fort tranquille. Sa mère supporta avec un esprit moins stoïque toutes ces longues humiliations. Son ressentiment alla si loin, qu'un gentilhomme de sa maison ayant été mis en justice et condamné pour avoir comploté la mort du duc, qu'il avait résolu d'assassiner pendant une partie de chasse, il passa pour constant que ce crime avait été suggéré par madame Marguerite.

Jacqueline mourut, selon les uns, le 8 octobre 1436, selon les autres, le 9 du même mois, d'une maladie de langueur qu'on attribua aux chagrins qu'elle avait essuyés. Elle ne laissa point de postérité.

Frans de Borsselle lui survécut. Il rentra en grâce auprès du duc, qui lui permit, sans en faire toutefois l'objet d'un acte authentique, de porter le nom de comte d'Ostrevant, et le créa, en 1445, chevalier de la Toison d'or.

Selon la tradition populaire, Jacqueline s'amusait, pendant les dernières années de sa vie, à fabriquer une espèce de petites cruches d'argile, qu'on appela en Hollande *Jakoba's kruikjes (cruches de Jacqueline)*, et qui se conservent avec grand soin dans les cabinets des amateurs de curiosités.

La mort de cette princesse, dont la vie avait été si agitée et si romanesque, fit entrer définitivement le comté de Hainaut dans les domaines de la maison de Bourgogne.

LIVRE II.

HISTOIRE DE LIÉGE, DE LUXEMBOURG ET DE NAMUR, JUSQU'A CHARLES LE TÉMÉRAIRE.

CHAPITRE PREMIER.

I. LIÈGE DEPUIS SON ORIGINE JUSQU'A LA MORT DE L'ÉVÊQUE RODOLPHE EN 1191.

Le diocèse de Liége fut indubitablement un des premiers pays de la rive gauche du Rhin, qui aient été colonisés par ce mélange de peuplades germaniques que l'on appelait Franks saliens. Les anciens Germains qui habitaient ce territoire, et qui y vivaient dans l'union la plus étroite avec l'empire romain, durent plus facilement s'attacher aux vainqueurs; et ceux-ci, en venant s'y établir après avoir franchi le Rhin, y vinrent moins en conquérants qu'en amis. Ce qui est incontestable, c'est que la race royale des Mérovingiens nous apparaît d'abord sur le territoire du diocèse de Liége; que ces terres étaient habitées par une véritable population germanique, et que les chefs de la race carlovingienne y possédaient d'importants domaines. Sous les empereurs romains, le christianisme était devenu dominant dans cette contrée. Il y fut maintenu par Clovis, qui n'embrassa point l'arianisme, à l'exemple des autres chefs germains, mais qui se fit chrétien catholique, autant par politique, sans doute, que par suite de l'impression que l'exercice des pratiques religieuses du catholicisme avait produite sur son esprit dans ses premières années.

Les origines de l'église de Liége sont singulièrement obscures. A en croire quelques historiens, elle aurait eu pour premier évêque saint Materne, dont la tradition fait remonter l'existence au siècle même de Jésus-Christ, et dont elle rapporte la mort à l'an 128. Ce saint aurait eu son siége épiscopal à Tongres, qui était alors la ville la plus considérable de la Belgique. Dix évêques se seraient succédé ainsi, dont le dernier aurait été saint Servais. Ce prélat, prévoyant que la ville de Tongres allait devenir la proie des barbares qui envahissaient l'empire, aurait transféré le siége de l'évêché à Maestricht, où il mourut en 384.

Après saint Servais, les diptyques épiscopaux présentent un vide de plus d'un siècle. C'est en 503 seulement que la crosse de saint Materne passa aux mains d'Agricolaus, sacré par saint Remi. Cet évêque, et ses successeurs saint Ursicin, saint Désignat, saint Résignat, saint Sulpice, saint Quirille, saint Euchère I, saint Falcon, saint Euchère II et saint Domitien, ne sont connus dans l'histoire que par leurs noms.

Ce n'est qu'en 558, c'est-à-dire après saint Domitien, que nous trouvons une suite non interrompue d'évêques, dont le premier fut saint Monulphe.

C'est à ce prélat, fils d'un seigneur de Dinant, qu'est due l'origine de cette ville de Liége qui, plus tard, joua un si grand rôle dans l'histoire de Belgique. On raconte qu'allant un jour de Maestricht à Dinant, il vit de loin un petit village, situé au milieu des forêts, et entouré de montagnes et de rivières. Frappé de la beauté de ce site, il s'informa du nom que portait ce village. On lui répondit qu'il s'appelait *Legia*, du nom d'un petit ruisseau qui le traversait, et qu'on nomme aujourd'hui le *ri de Coq-Fontaine*. Jugeant qu'une position si avantageuse était propre à l'emplacement d'une ville, il prédit que Legia deviendrait une cité florissante, et y bâtit une chapelle qu'il dédia à saint

Côme et à saint Damien. Cette chapelle fut le berceau de la ville de Liége. Saint Monulphe la dota, avant de mourir, de tous les grands biens qu'il avait hérités de sa famille, et au nombre desquels se trouvait la ville de Dinant : cette donation fut l'origine de la puissance temporelle des évêques de Liége.

Depuis saint Monulphe jusqu'à saint Lambert, huit évêques se succédèrent, dont l'histoire n'offre guère d'intérêt. Ce furent saint Gondulphe, saint Perpète, saint Ébregise, saint Jean l'Agneau, saint Amand, saint Remacle et saint Théodard. De ces huit prélats, saint Amand et Saint-Remacle furent les plus célèbres par leurs œuvres. Le premier exerça avec éclat à Gand et à Tournai l'apostolat dont le roi Dagobert l'avait investi, et il fonda la célèbre abbaye de Saint-Amand ou d'Elnon. Le second fut appelé à l'épiscopat par le roi Sigebert, et fut le fondateur de l'abbaye de Stavelot, si fameuse dans l'histoire littéraire.

Dans la seconde moitié du septième siècle apparaît l'évêque saint Lambert, qui passe pour avoir le premier conquis les immunités de son église, ou, ce qui serait plus exact, pour en avoir obtenu la confirmation par le roi Childéric II. Il n'était âgé que de vingt et un ans seulement lorsqu'il monta sur le siége épiscopal, qu'il ne tarda pas à abandonner pour entrer à l'abbaye de Stavelot, où il vécut pendant sept ans comme simple moine. Après qu'il eut passé tout ce temps dans cette retraite à laquelle le força le barbare Ébroïn, maire du palais, pour le remplacer par Faramond, une de ses créatures, saint Lambert fut restitué dans sa dignité par Pepin d'Herstal. Son zèle contribua puissamment à répandre les lumières du christianisme parmi les Franks saliens, et le diocèse de son église s'étendait fort loin sur la rive gauche de la Meuse, vers le nord-ouest, c'est-à-dire dans la Taxandrie, dont une grande partie correspond à la Campine actuelle. Il termina sa vie sous le fer des assassins. Pepin d'Herstal, après avoir répudié sa femme Plectrude, vivait avec une concubine nommée Alpaïde. Saint Lambert prit à cœur de mettre un terme à ce désordre. Il ne cessait de faire au maire du palais des remontrances sévères sur sa vie scandaleuse, et il l'engagea par de vives instances à renvoyer sa compagne de honte et de débauche. Alpaïde, craignant que Pepin ne finît par céder aux sollicitations du prélat, pensa que le moyen le plus sûr de prévenir ce coup était de se défaire de Lambert. Cette résolution prise, elle engagea son frère, appelé Dodon, à se charger de commettre ce crime. Dodon accepta; et, après avoir pris toutes ses mesures, il se rendit de grand matin à la demeure de l'évêque, à la tête d'une troupe de sicaires dévoués à ses volontés. Il fit d'abord cerner le palais par une partie de ses compagnons, et les autres envahirent en tumulte les appartements épiscopaux. Ce bruit ayant donné l'éveil, les deux neveux de l'évêque s'armèrent à la hâte, et, secondés par quelques serviteurs fidèles, forcèrent les assassins à la retraite. Mais ceux-ci revinrent à la charge plus furieux, et, après avoir égorgé les deux neveux de l'évêque et les domestiques qui les secondaient, ils se précipitèrent dans la chambre où Lambert était endormi. Le saint évêque, voyant le sort qu'on lui préparait, se lève, se prosterne, et reçoit avec le plus grand calme le coup mortel. Saint Lambert fut honoré comme un martyr, et devint le patron de la ville de Liége.

Ses restes furent transportés à Maestricht, qui était encore le siége réel de l'évêché. Mais son successeur, saint Hubert, les ramena de nouveau à Liége, où il les déposa dans une église qu'il fit construire en mémoire du mort. Cette église devint la fameuse cathédrale de Saint-Lambert, qui n'eut peut-être point de rivale au moyen âge, par l'immensité de ses richesses et par sa puissance, qui faisaient briguer les stalles de ses chanoines par les fils des empereurs et des rois.

Depuis le temps de Pepin d'Herstal, le tombeau de saint Lambert attira un nombreux concours de pèlerins; leur séjour et les libéralités de Plectrude et de ses descendants, pleins de reconnaissance pour la mémoire du martyr, contribuèrent à l'accroissement de la ville, qui, dèslors, se développa avec une rapidité presque incroyable.

Saint Hubert, issu de la race de Clovis et fils d'un duc d'Aquitaine, succéda à saint Lambert, sous la discipline duquel il s'était placé après la mort de sa femme. Élevé à la cour de Neustrie, qu'il avait été forcé de quitter pour se soustraire à la tyrannie du maire du palais Ébroïn, il était venu chercher un asile auprès de Pepin. Devenu veuf, il s'était mis sous la direction de saint Lambert, après la mort duquel il fut élevé à la dignité épiscopale par le peuple, et confirmé dans sa prélature par Pepin d'Herstal.

L'humble village de Liége s'était développé par degrés, et transformé en une ville. L'évêque saint Hubert y bâtit la cathédrale dont nous venons de parler, et à laquelle il attacha vingt chanoines. Il entoura Liége de murailles, y publia des règlements de police, et donna des lois qui déterminaient les droits des habitants. Il y fixa les poids et les mesures; enfin, si l'on en croit l'historien Louvrex, il établit un tribunal composé de quatorze membres auxquels il donna un chef, appelé depuis grand maïeur.

Après les deux successeurs de saint Hubert, c'est-à-dire saint Floribert et Fulcaire, le siége épiscopal fut occupé d'abord par Agilfride, ensuite par Gerbalde, qui furent successivement investis de la crosse par Charlemagne. Ce prince visita la ville de Liége en 770, et y célébra les fêtes de Pâques, ce qu'il fit les trois années suivantes il pendant son séjour, à Herstal. Agilfride et Gerbalde obtinrent, d'après les chroniqueurs, un grand nombre de priviléges de cet empereur, qui, selon une vieille tradition populaire, donna même, comme une marque spéciale de sa faveur, à la cathédrale de Liége un étendard en forme de gonfalon, à la garde duquel il commit le chapitre de Saint-Lambert.

Cet étendard joua un grand rôle dans les guerres nombreuses que la principauté liégeoise eut à soutenir durant le moyen âge. Les formalités qui accompagnaient la remise de cette espèce de bannière à celui qui devait la porter dans les combats, sont assez curieuses pour que nous les rappelions ici en passant. Quand la guerre était déclarée, on sonnait les cloches du ban; le chapitre de la cathédrale armait ses suppôts avec la milice de son quartier, et c'était l'évêque qui commandait les armes. Le prévôt du chapitre déployait le gonfalon et l'exposait sous une vaste couronne, placée dans la nef de Saint-Lambert, jusqu'au moment où la bourgeoisie devait se mettre en marche. Au jour indiqué, le haut avoué de Hesbaie (qui seul avait le droit de porter l'étendard en guerre) se présentait aux portes de l'église, accompagné de quarante chevaliers. Après l'avoir revêtu d'une armure blanche, les chanoines le conduisaient au maître-autel, où il jurait sur les livres saints de rapporter, s'il revenait du combat, ce gage sacré. Le serment reçu, le prévôt du chapitre prenait l'étendard, et le montrait au peuple du haut des degrés de l'église qui s'ouvrait sur le marché, où les bourgeois en armes l'attendaient. Le haut avoué marchait entre deux chanoines, suivi de tout le chapitre. Dès qu'il avait descendu les degrés de la cathédrale, il montait à cheval; et, après avoir reçu l'étendard des mains du prévôt, il allait se placer à la tête de l'armée. La vue de cet objet de la vénération liégeoise enflammait tellement leur courage, qu'ils volaient à la rencontre de l'ennemi avec la certitude de vaincre, ou du moins avec la résolution de mourir.

Les faveurs de Pepin d'Herstal et de Charlemagne avaient donné une certaine importance au pouvoir temporel des évêques de Liége. Ce pouvoir s'accrut considérablement sous les évêques suivants.

A Gerbalde succédèrent sur le siége épiscopal Walcand et Pirard ; à celui-ci Hircaire, ensuite Francon, qui obtint en 884, de l'empereur Charles le Gros, la ville de Madière au diocèse de Metz, laquelle fut échangée par le chapitre contre la ville de Saint-Trond ; en 888, du roi Arnoul de Lorraine, la riche abbaye de Lobbes en Hainaut, avec toutes ses dépendances, dont la ville de Thuin faisait partie ; en 898, du roi Zwentibold, le domaine de Theux avec tout son territoire ; et de l'abbesse Gesle, parente de la famille de ce roi, l'abbaye de Fosses, dans le comté de Namur. Toutes ces riches donations furent confirmées sous l'évêque Étienne, en 908, par Louis, roi de Lorraine, qui accorda, en outre, à l'église de Liége un droit de gabelle et le droit de battre monnaie à Maestricht.

Les libéralités royales semblaient acquises à la cathédrale de Saint-Lambert. Elles ne se ralentirent pas, quand, après la mort de Louis l'Enfant, la Lotharingie passa pour un certain temps sous la domination de la branche française des Carlovingiens ; et Charles le Simple ne se montra pas moins généreux envers les évêques liégeois que les Carlovingiens germaniques ne l'avaient été. Déjà, du vivant de Louis, quand les guerres élevées entre Renier I et la maison royale allemande eurent soumis à la puissance de Charles les pays germaniques baignés par la Meuse, celui-ci donna au chapitre de Liége l'abbaye d'Hastière située sur ce fleuve dans le comté de Namur, et celle de Saint-Romuald, sur le Demer. Mais la dotation qu'il lui fit, en 915, fut plus importante encore ; car c'était la forêt de Theux (que Zwentibold n'avait pas comprise dans la donation du domaine royal de ce nom) avec toutes les juridictions qui en dépendaient, et, par conséquent, presque tout le territoire qui plus tard composa la seigneurie de Franchimont.

Si l'État de Liége s'enrichissait et s'agrandissait ainsi, il n'avait cependant pas encore acquis son indépendance. Mais il marchait à grands pas vers ce but, et les circonstances le secondaient merveilleusement. En effet, le royaume de Lorraine ayant passé aux rois de Germanie, par la faiblesse de Charles le Simple, le pays de Liége fut ainsi censé être attaché à l'Allemagne. Or, les Othons, redoutant les entreprises des comtes et des ducs, qui cherchaient à secouer l'autorité des empereurs, furent amenés par leur politique à accorder aux évêques un pouvoir qui pût contre-balancer celui des seigneurs. Mais, selon les apparences, ils se réservèrent le droit de nommer les évêques, ou au moins de les confirmer dans leur dignité, parce que, dans l'état des choses, il fallait que ces prélats leur fussent dévoués pour les soutenir contre les seigneurs par lesquels la puissance impériale pouvait être mise en péril.

L'évêque Étienne, qui mourut en 920, eut pour successeurs Richaire, Hugues, Farabert, sous l'épiscopat duquel l'empereur Othon enrichit la cathédrale du monastère d'Eyck et de ses dépendances ; Rathère, Baldric, et Éracle, ce dernier était issu du sang des ducs de Saxe et conseiller de l'empereur.

Nous voici arrivés à l'an 972. Ici nous apparaît tout à coup un homme de génie qui s'empare de tous les éléments de grandeur et de puissance que le temps avait lentement amassés dans les archives de Saint-Lambert, et qui constitua cet évêché souverain et indépendant, dont de grands rois souvent sollicitèrent l'alliance et l'appui.

Cet homme fut Notger. Issu d'une famille illustre de Souabe, il brilla d'abord dans l'école de Stavelot, ensuite dans le monastère de Saint-Gall, d'où l'empereur Othon Ier le tira, pour l'attacher à son palais. La mort d'Éracle ayant laissé vacant le siége épiscopal de Liége, Othon II présenta Notger au choix du chapitre, qui l'investit de la crosse.

Le nouvel évêque appliqua tous ses soins à régler l'administration intérieure de la ville de Liége, et à pourvoir à sa sûreté au dehors. La police attira d'abord son attention.

La fin de l'épiscopat d'Éracle avait été signalée par de grands désordres que ce prélat n'avait pas réprimés, soit par faiblesse, soit parce qu'il en avait été lui-même la principale victime. Voici ce qui était arrivé. Un nommé Henri de Marlagne avait envahi le palais de l'évêque avec une troupe de séditieux et s'y était livré à toute sorte d'excès. Éracle était mort sans avoir puni cet affront fait à sa dignité, et Henri de Marlagne continuait avec les siens d'infester Liége et ses environs. Notger, arrivé au pouvoir, comprit qu'une mesure énergique pouvait seule délivrer la ville de ce fléau. Il rassembla donc une troupe de gens de guerre, descendit dans le quartier occupé par les brigands, les cerna dans leurs logements, et les pendit presque tous aux portes de leurs maisons. Par cet acte de sévérité, il rendit aux lois leur vigueur, à l'autorité sa force, et imprima une terreur salutaire à l'esprit de turbulence et de sédition. L'ordre et la tranquillité ainsi rétablis, Notger s'occupa du soin des affaires spirituelles et temporelles de l'évêché.

En 980, l'empereur Othon II confirma par un diplôme les droits de l'église de Liége sur Huy, Fosses, Lobbes, Tongres et Malines. Othon III, dont Notger avait été précepteur, lui donna à son tour des preuves de libéralité en 985. Il lui fit don de la riche abbaye de Gembloux avec ses dépendances, et les parties du comté de Huy que le diplôme précédent ne lui avait pas assurées, et il confirma le don du comté de Brugeron en Hesbaie, avec sa capitale Tirlemont, qu'Othon II lui avait fait.

Avec la puissance les richesses affluaient ainsi à Liége. Notger les employa sagement au bien de la ville et du diocèse. Jamais les écoles de l'évêché n'avaient jeté autant d'éclat que sous sa prélature. Mais il ne se borna pas aux écoles seulement. Il enrichit Liége de plusieurs églises nouvelles, agrandit la ville, et la ceignit de remparts garnis de tours; il fortifia Thuin et Fosses, et rebâtit Malines, qui n'avait pu se rétablir des ravages que les irruptions des Normands y avaient exercés; enfin, il régla l'administration des domaines diocésains de telle manière qu'un tiers des revenus fut assigné à l'évêque, un tiers aux églises, aux monastères et aux établissements religieux, et un tiers aux officiers et aux employés civils et militaires de l'État.

Nous ne pouvons manquer de raconter ici un des faits les plus dramatiques de la vie de Notger.

Le château de Chèvremont, ancien domaine royal de la famille de Charlemagne, situé près de Liége, sur la petite rivière de Vesdre, était un de ces repaires de bandits comme il en existait tant au moyen âge. Bâti sur une montagne escarpée et inaccessible de tous côtés, il passait pour une des forteresses les plus formidables de ce temps, avec ses hautes murailles et ses tours épaisses et solides. Un seigneur, que les chroniqueurs appellent Immon ou Lidriel, l'occupait avec une troupe de gens de guerre qui infestaient les routes et tenaient constamment la ville en échec. Plus d'une fois Notger avait songé à s'en emparer, mais les moyens de le réduire lui manquaient; Othon le Grand, Charles le Simple, et Brunon, archevêque de Cologne, y avaient eux-mêmes échoué malgré toute leur puissance. Il fallait donc attendre du temps une occasion favorable : cette occasion s'offrit en 980. Le seigneur de Chèvremont désirait faire baptiser par un prélat distingué un fils qui venait de lui naître, et il jeta les yeux sur l'évêque de Liége auquel il envoya un messager pour lui en faire la demande. Notger accepta avec joie, et le jour de la cérémonie fut fixé. Il s'empressa aussitôt de rassembler dans le plus grand secret ses hommes d'armes; et, leur ayant exposé son projet avec les moyens de réussir, les exhorta à profiter de cette circonstance pour se délivrer d'un voisin si redoutable. Il parvint sans peine à les persuader. Tout étant préparé, l'évêque, dans la crainte que le seigneur du château ne découvrît le stratagème qui devait lui être si funeste, voulut le mettre à exécution quelques jours avant celui qui était fixé pour le baptême. Le jour venu, une immense procession de prêtres et de clercs, revêtus de chapes et d'habits sacerdotaux, sortit de la ville aux premiers rayons du soleil, et se dirigea vers le manoir, avec ses gonfanons et ses bannières. Notger lui-même fermait la marche, accompagné de tout son clergé. Quand le cortége fut parvenu au pied de la montagne, Lidriel ouvrit la porte du château toute grande, et, après s'être avancé à la rencontre du prélat, l'introduisit dans son manoir ; mais il remarqua bientôt que plusieurs de ces prêtres portaient des armures sous leurs vêtements sacerdotaux. L'évêque, voyant que le stratagème était découvert, fit aussitôt fermer les portes, et dit au châtelain :

« Je suis venu à ta prière ; et ainsi j'ai atteint le but que j'avais tant convoité, et qui est de détruire ce château. Car tu es un larron, un voleur de grands chemins, un détrousseur de gens que tu enfermes dans ton manoir, où tu les fais mourir en grandes souffrances. Or, rends-moi de gré ce castel ; sinon, je l'aurai de force. »

« Vous en aurez menti, faux prêtre, s'écria Lidriel en colère. Videz à l'instant même ce château ; sinon, vous mourrez tous. Si vous n'étiez venu à ma prière, vous n'auriez pas de grâce à espérer. »

L'évêque, entendant que Lidriel parlait ainsi avec grands outrages, donna à ses compagnons le signal convenu : toutes les chapes tombèrent, et cinq cents hommes d'armes se montrèrent l'épée à la main, et prêts à frapper.

Le châtelain resta confondu. Toute résistance était impossible et il dut se borner à lancer quelques imprécations contre Notger, puis il se jeta à bas des remparts, et tomba mort au pied des murailles. L'enfant fut baptisé ; mais il mourut trois jours après cet événement. La mère se précipita dans un puits. Maître du château, Notger le fit détruire de fond en comble. Une chapelle fut construite sur l'emplacement de la terrible forteresse. Elle est encore aujourd'hui un but de pèlerinage très-fréquenté.

En l'an 1006, l'empereur Henri II confirma toutes les donations faites par ses prédécesseurs à l'église de Liége, par un diplôme dans lequel sont cités, comme appartenant à cet évêché, Lobbes, Saint-Hubert, Brogne, Gembloux, Fosses, Malogne, Namur, Dinant, Ciney, Tongres, Huy, Maestricht, Malines, et qui garantit à Notger et à ses successeurs la possession libre et indépendante de ces villes, avec tous les biens et tous les hommes qu'ils contiennent. La souveraineté de Notger se trouva ainsi clairement établie, et c'est depuis ce prélat que l'on donna aux évêques de Liége le titre de prince.

Après une vie consacrée tout entière au bien du pays, Notger mourut en 1007. Il avait occupé le siège épiscopal pendant trente-cinq ans. Sa mémoire fut en si grande vénération à Liége, que la poésie lui a consacré le vers suivant, qui s'adresse à la ville :

Notgerum Christo, Notgero cætera debes.

Sous Baldric II, successeur de Notger et sorti de la maison des comtes de Looz, la puissance liégeoise avait acquis une si grande importance, que ses voisins commencèrent à voir qu'ils auraient un jour à compter avec elle. Elle inspirait surtout de vives inquiétudes au comte Lambert de Louvain, dont les domaines se trouvaient serrés d'un côté par Malines, de l'autre par les terres de Brugeron. Ces craintes étaient d'autant plus fondées, que l'évêque avait précisément commencé à bâtir un château à Hougaerde, entre Tirlemont et Liége. Cette construction parut un acte d'hostilité au comte, qui venait de commencer la guerre contre l'empereur Henri II, parce que ce prince, revendiquant le comté de Louvain comme un fief de l'Empire, en voulait dépouiller Lambert pour en investir Godefroi d'Eenham, duc de Lothier. Le comte, qui redoutait grandement ce château, fit sommer l'évêque de le démolir. Cette sommation n'ayant eu aucun succès, il se jeta aussitôt en ennemi sur le territoire de l'évêché. Baldric réunit en toute hâte ses hommes d'armes, parmi lesquels se trouvait le comte Robert de Namur. Les troupes de Lambert furent culbutées au premier choc; et leur défaite eût été complète, si Robert, voyant le danger où était Lambert son oncle, n'eût quitté la bannière de l'évêque, pour se ranger sous celle de Louvain. Le combat changea au même instant de face; et les Liégeois, ne pouvant résister aux efforts réunis des épées de Louvain et de Namur, furent rompus et forcés de prendre la fuite, en laissant sur le champ de bataille trois cents morts, sans compter les blessés et les prisonniers.

Pour se venger de la perfidie de Robert, Baldric résolut d'entrer dans le comté de Namur, pour châtier son vassal infidèle. Mais cet orage fut conjuré par le comte de Flandre, qui parvint à ménager entre les deux partis un accommodement, dont les conditions furent : que le comte de Louvain serait relevé de l'excommunication dont l'évêque l'avait frappé; que, pour l'expiation de ses torts, il ferait bâtir à Hougaerde une église dans laquelle on prierait pour le repos des âmes de ceux qui avaient été tués dans la bataille; et que Robert de Namur payerait une somme de quatre mille besants.

De son côté, l'évêque éleva, en mémoire des morts, la monastère de Saint-Jacques à Liége.

La principauté s'accrut, sous l'épiscopat de Baldric, du comté de Looz et du marquisat de Franchimont, par la donation qu'en firent à Saint-Lambert les souverains de ces deux petits États.

Les terres de l'évêché étant terres de l'Empire, ce prélat fut sommé de marcher à la tête de ses troupes contre Thierri, comte de Frise, qui s'était révolté. Il succomba de fatigue en route, en 1018.

Ses successeurs furent : Walbodon, qui se distingua par sa piété et par son instruction; Durand, qui passa pour un des hommes les plus lettrés de son temps; Réginard, qui jeta à Liége un grand pont de pierre sur la Meuse, et mérita le surnom de Chevalier accompli, dans une guerre contre Odon de Champagne: Nithard, qui réunit à l'État le comté de Haspinga, dernière partie de la Hesbaie que l'évêché eût encore à acquérir; et Wazon, qui se forma à l'école de Notger, où il fut le condisciple de ce Frédéric de Lorraine que Rome vit s'asseoir sur le siége pontifical, sous le nom d'Étienne X.

Wazon nous a conduit à l'an 1048. Son successeur Théoduin, prince de la maison de Bavière, fut nommé directement par l'empereur Henri III. Jusqu'alors il avait été de règle générale que les évêques fussent élus par le chapitre et par le peuple, et que les empereurs confirmassent la nomination. Henri III changea tout à coup ce principe, en s'arrogeant le droit exclusif d'investir les évêques de leur dignité. Le motif de cette mesure est assez facile à comprendre. Les empereurs s'étaient servis d'abord des évêques, et leur avaient donné une grande puissance, pour se maintenir contre l'esprit hostile des seigneurs. Mais plus tard, quand cette puissance se fut accrue au point qu'elle leur était devenue encore plus formidable que celle des grands vassaux, ils sentirent le besoin d'exercer sur elle une action plus directe.

C'est à l'évêque Théoduin que la comtesse Richilde vendit, pour cent soixante-quinze marcs d'or, la seigneurie du comté de Hainaut, avec Beaumont et Valenciennes [1]. Cette acquisition accrut encore l'importance du pays de Liége, devenu assez considérable déjà pour être compté parmi les États les plus vastes de l'Empire, et pour faire de la dignité épiscopale un objet de lutte entre les familles les plus puissantes. Aussi la crosse liégeoise fut dès lors tellement ambitionnée, qu'aussitôt la mort de Théoduin, survenue en 1075, un grand nombre de concurrents se présentèrent pour recueillir sa succession,

[1] Voir ci-dessus, page 19.

que l'empereur remit à Henri, archidiacre de Verdun, et frère de Godefroi le Bossu, duc de la Basse Lotharingie.

Le règne de Henri de Verdun est signalé dans l'histoire par l'établissement du tribunal appelé *tribunal de paix*. Déjà, avant cette époque, les princes et les conciles avaient pris des dispositions expresses contre l'usage barbare des guerres particulières. Dans l'état d'anarchie et de morcellement social qui existait alors, les ducs, les comtes, les seigneurs, ne cessaient de se livrer entre eux des luttes cruelles, dans lesquelles ils forçaient leurs vassaux à prendre les armes, pour vider des différends dont ceux-ci étaient les premières et les plus déplorables victimes. Un long abus paraissait avoir consacré cette coutume barbare, et les nobles la regardaient comme une de leurs plus précieuses prérogatives. Imitant l'exemple des seigneurs, les vassaux ne cherchaient qu'à venger leurs propres querelles par les mêmes moyens. Il y avait, pour ainsi dire, autant de guerres que de familles. Les mesures adoptées par les princes et par les conciles n'avaient jamais été réellement mises en vigueur, ou elles étaient tombées en désuétude. Ce n'est que, dans le cours du XIe siècle qu'on les voit exécutées ou rétablies en France, en 1041, sous la dénomination de *trêves de Dieu*. Le comte de Namur, Albert III, engagea l'évêque Henri à l'aider à introduire cette institution en Belgique. L'évêque, applaudissant à cette idée, convoqua une assemblée composée des principaux seigneurs du pays, pour concerter les mesures propres à atteindre ce but. Ils se réunirent à Liége, et il fut décrété que, du premier dimanche de l'Avent au jour de l'Épiphanie inclusivement, et du dimanche de la Septuagésime à l'octave de la Pentecôte, et, dans le reste de l'année, les dimanches et les fêtes, personne, dans toute l'étendue de l'évêché de Liége, ne pourrait porter les armes, et qu'il était défendu à qui que ce fût de commettre des brigandages, foules ou incendies, de mutiler ou de tuer quelqu'un à coups de bâton, d'épée, ou de quelque arme que ce fût, sous peine, pour les hommes libres, d'être bannis des terres de l'évêché, et privés de leurs biens et de leurs emplois; et pour les serfs, d'avoir la main coupée et d'encourir l'excommunication. L'assemblée, après avoir déterminé les peines, régla la forme de la procédure, et confia d'une voix unanime à l'évêque le droit de citer à son tribunal tous ceux qui se seraient rendus coupables de quelque violence ou brigandage : c'est ce tribunal qui fut appelé le *tribunal de paix*. Les statuts en furent dressés par l'assemblée. L'évêque était chargé de juger les injures, les violences, les meurtres, les viols, les pillages, les incendies. Il devait tenir ses séances tous les samedis, en habits pontificaux, dans la chapelle de la Vierge des Fonts, que Notger avait fait bâtir près de la cathédrale. Il était assis, et le préteur, armé, et accompagné de quelques bénéficiaires, se tenait debout. Tous les diocésains étaient justiciables de ce tribunal, à l'exception des nobles et des ecclésiastiques. Les plaideurs avaient le droit de demander que leurs différends fussent terminés par le jugement ou par le duel; et s'ils adoptaient ce dernier parti, les deux champions devaient, avant six semaines révolues, descendre avec des armes rouges dans la lice, qui était longue et large de vingt pieds. L'usage de cette sorte de combats, qui devait son origine aux lois barbares de la Germanie, avait tellement prévalu dans les provinces belges, que, selon les historiens du pays, on ne compta, sous le règne de l'évêque Henri, pas moins de quatre cent treize duels, non-seulement autorisés, mais prescrits par le juge.

Tous les principaux seigneurs, comtes et ducs, adhérèrent à ces arrangements. Le seul comte de la Roche, dans les Ardennes, refusa d'y consentir, et appuya son refus par la levée d'une petite armée. Il fut aisément et promptement mis en déroute. Mais sa défaite ne le déconcerta point. Il se retira dans son château de la Roche, qui était très-fort et abondamment approvisionné. Dès qu'il s'y fut enfermé, les seigneurs vinrent l'y assiéger. Ce siége dura sept mois, et, les vivres diminuant, la garnison allait se voir réduite à se rendre, quand le comte imagina un stratagème singulier et presque plaisant, pour donner le change à ses ennemis. Il fit sortir de son château une truie bien nourrie, grosse et grasse. Les assiégeants, qui s'en saisirent, jugèrent par l'embonpoint de l'animal que les provisions ne manquaient pas au comte, et ils crurent qu'il était plus prudent de faire la paix, que de prolonger inutilement un siége qui ne leur paraissait pas devoir finir. Elle fut conclue, en effet, à condition que les habitans de la Roche et des environs, dans le rayon d'une lieue, ne seraient pas soumis au tribunal de paix.

Henri de Verdun étant mort en 1091, Obert, chanoine de la cathédrale de Saint-Lambert, lui succéda. Ce prélat avait, dans un voyage à Rome, rencontré l'empereur Henri IV, et su se faire apprécier par ce monarque, qui le revêtit de la dignité épiscopale.

Obert fut un des princes qui contribuèrent le plus à l'agrandissement de l'État. En 1096, il acheta de Baudouin, comte de Hainaut, la ville de Couvin et ses dépendances pour cinquante marcs d'argent, avec la promesse de pourvoir deux des fils du comte de prébendes à l'église de Saint-Lambert, et de donner en outre, à l'aîné, des prébendes dans les autres églises.

A cette acquisition il en joignit une plus importante encore. Le temps des croisades était venu. La chevalerie belge y prit une grande part, et chercha, pour subvenir aux frais de ces expéditions lointaines, à mobiliser une partie de ses domaines. Dans ces ventes, les établissemens religieux avaient naturellement une espèce de droit de préemption, en partie parce qu'ils étaient abondamment pourvus d'argent, en partie parce que l'on croyait faire œuvre méritoire par la préférence qu'on leur donnait. Ainsi, dans la même année 1096, Godefroi de Lotharingie vendit à la cathédrale de Liége le château et le territoire de Bouillon pour la somme de trois marcs d'or et de treize cents marcs d'argent.

Vers la même époque, Obert acheta du comte Lambert de Clermont le château que ce seigneur possédait sur la Meuse entre Liége et Huy.

Enfin, trois années plus tard, en 1099, la possession du comté de Brugeron, que le duc de Brabant, Godefroi le Barbu, contestait à l'évêché, lui fut définitivement adjugée par une sentence arbitrale; et l'évêque, séance tenante, en présence de toute l'assemblée, à laquelle assistait l'empereur Henri IV, donna ce domaine en fief à Albert, comte de Namur.

Obert mourut en 1119, après avoir montré le plus grand attachement à son bienfaiteur Henri IV. Ce souverain, épuisé par la longue lutte engagée entre l'Empire et la papauté, et frappé d'excommunication, errait sans asile dans son propre empire. Liége lui offrit une généreuse hospitalité, malgré les menaces que le souverain pontife, Pascal II, fit au chapitre. C'est de Liége qu'il écrivit au roi de France, au pape, à tous les princes et évêques de l'Empire, ces lettres si touchantes, dans lesquelles il retrace avec tant d'éloquence toute la misérable histoire des trahisons et des persécutions qu'il avait essuyées, des violences et des outrages qu'il avait soufferts.

Obert eut non-seulement à donner un refuge à son bienfaiteur proscrit; il eut aussi à le défendre contre Henri I, comte de Limbourg, qui, vassal infidèle, avait levé l'étendard de la révolte contre l'empereur, mais qui fut aisément réduit.

L'empereur Henri V étant venu traquer son père jusque dans l'évêché de Liége, annonça qu'il irait y passer les fêtes de Pâques. Obert, d'accord avec les Liégois, lui répondit qu'il ne reconnaissait pas d'autre empereur que Henri IV. Irrité de cette réponse, le fils dénaturé entra dans la principauté, et se rendit maître du pont de Visé sur la Meuse, entre Liége et Maestricht. Le comte de Limbourg, qui s'était réconcilié avec son souverain, se porta aussitôt avec ses hommes sur la Meuse pour défendre le pont et culbuta les troupes impériales. Humilié de cette défaite, le jeune Henri reprit aussitôt la route de l'Allemagne. C'est à l'occasion de cette guerre que l'empereur Henri IV fit entourer de murailles l'église de Saint-Barthélemy et la montagne de Sainte-Walburge; de sorte que tout ce quartier, qui faisait partie des faubourgs, fut ainsi incorporé dans la ville. Il mourut à Liége le 7 août 1106. L'évêque lui fit faire de magnifiques obsèques, mais le fils du mort et le pape lui enjoignirent, en le menaçant des censures de l'Église, de déterrer le cadavre, et de le déposer, sans cérémonie et sans prières, dans un endroit qui ne fût point consacré. Obert fut forcé de se rendre à cet ordre; et le corps du malheureux empereur fut exposé au mont Cornillon pendant plusieurs jours. Durant tout ce temps, un moine compatissant, qui revenait de Jérusalem, chanta des hymnes et des psaumes à côté de la bière. Cependant, peu de temps après, Henri V consentit que son père fût transporté à Spire, où il le fit déposer en terre sainte. Ce prince alla même jusqu'à témoigner à l'évêque et aux Liégeois combien il était satisfait du dévouement qu'ils avaient montré pour son père, et il donna en 1107, au clergé de Liége, la confirmation des anciens priviléges de la cathédrale.

Outre l'acquisition du château de Clermont qu'Obert avait faite pour son église, il procura à la principauté la terre de Fragnée, qu'il partagea entre les collégiales de Liége. La mort de ce prélat ouvrit un nouveau champ aux disputes que la plupart des élections épiscopales vont susciter désormais. Comme on ne put s'entendre sur le choix à faire, l'empereur Henri V investit tout à coup de l'évêché Alexandre, archidiacre liégeois et prévôt de Huy, pour la somme de sept mille livres qui lui furent comptés. Mais le chapitre, s'étant assemblé pour examiner la validité de cette investiture, la trouva entachée d'un double vice : d'abord, elle était simoniaque; ensuite le collateur lui-même, étant excommunié, n'avait aucun titre devant l'Église. Cependant Alexandre ne tint aucun compte de cette décision; et, s'étant rendu à la cathédrale, accompagné d'une troupe nombreuse de soldats, il se mit à sonner la cloche, selon l'usage, en signe de sa prise de possession du siége épiscopal. Mais à peine eut-il mis les mains à la corde, qu'elle tomba. Le peuple, prenant cet accident pour une marque de la volonté du ciel, qui désavouait la nomination d'Alexandre, l'abandonna comme un réprouvé; et le clergé, à l'exception des chapitres de Saint-Paul à Liége et de Notre-Dame à Huy, dont cet évêque avait été prévôt, se sépara de sa communion. L'archevêque de Cologne, auquel on référa la connaissance de cette affaire, somma Alexandre de comparaître à Aix-la-Chapelle, où il ne se rendit point. Comme il ne s'était pas présenté après les trois monitoires, les chanoines, assemblés à Cologne, reçurent l'ordre de l'archevêque de procéder à une nouvelle élection.

Frédéric, prévôt de Liége et frère de Godefroi, comte de Namur, réunit tous les suffrages, et fut consacré par le pape Calixte à Reims, en 1119. Il eut à lutter, dès le commencement de son règne, avec Alexandre, qui, refusant de se soumettre, lui fit la guerre, appuyé par une partie des vassaux de la cathédrale, et par le comte de Louvain. Mais le prétendant ne tarda pas être pris à Huy. Frédéric toutefois ne jouit pas longtemps de cette victoire; car il mourut en 1121, empoisonné, dit-on, par un breuvage que les partisans d'Alexandre lui firent administrer.

Le siége étant redevenu vacant, Alexandre éleva de nouveau ses prétentions; mais l'archevêque de Cologne réussit à l'engager à s'en désister Cette nouvelle querelle fit durer pendant deux ans la vacance de l'épiscopat. Un autre motif s'était joint à celui-là pour faire différer l'élection jusqu'à la décision du concordat de Worms : ce fut le différend qui durait toujours entre l'empereur Henri V et le pape Calixte au sujet des investitures.

En 1123, Adelbert ou Albéron, chanoine de l'église de Metz, fut appelé à succéder à Frédéric. Ce prince était issu d'un premier mariage d'Adélaïde, femme du comte de Louvain, Henri III. Il signala son règne par l'abolition de la *morte-main*. Ce droit ou plutôt cet usage barbare consistait dans l'obligation de céder au seigneur, quand un père de famille mourait, le plus beau meuble de la maison, à moins que, pour le racheter, on ne coupât la main droite du mort, et qu'on ne l'apportât au seigneur. Albéron mourut en 1128.

Alors Alexandre parut pour la troisième fois sur la scène. Mais cette fois il fut élevé sur le siége de l'évêché par suite d'une élection canonique qui fut confirmée par l'empereur. Après un règne de peu d'années, il fut accusé de simonie à la cour de Rome. En effet, il avait fait le commerce des prébendes. Aussi le pape le déposa au concile de Pise, en 1134. Après la déchéance de ce prélat, le siége resta vacant pendant une année tout entière. Enfin, en 1136, Adelbert ou Albéron II, de la maison des comtes de Namur, fut revêtu de la dignité épiscopale.

Sous le règne d'Alexandre, Renaud, comte de Bar, s'était, en 1134, emparé par trahison du château de Bouillon. Albéron eut ainsi, dès l'origine de son épiscopat, une guerre à soutenir. Accompagné d'Henri l'Aveugle, comte de Namur, et des principaux membres du clergé de Liége, il se porta sur Bouillon avec une armée que les anciens écrivains liégeois font monter à plus de cent mille hommes. Cette troupe traversa rapidement les Ardennes, et arriva inopinément devant le château. Comme les habitants de la ville ignoraient, autant que la garnison de la forteresse, cette marche si brusque, personne n'avait songé à se pourvoir de vivres. Cette circonstance servit merveilleusement les assiégeants; car la position du château sur un rocher presque inabordable rendait en quelque sorte impossible un siége en règle. Aussi, après quelques escarmouches, les Liégeois résolurent d'affamer la citadelle, où les deux fils du comte de Bar s'étaient bravement jetés, et d'où même ils faisaient parfois de sanglantes sorties. Le courage des deux jeunes chevaliers retarda si longtemps la chute de cette forteresse, que le découragement commença à se jeter dans le camp des assiégeants eux-mêmes. En effet, le manque de vivres ne tarda pas à s'y faire sentir, et il était difficile de s'en procurer dans ce pays peu fertile, coupé de forêts, de montagnes et de bruyères. Le découragement amena la désertion, qui déjà éclaircissait notablement les rangs, quand tout à coup le bruit se répandit dans l'armée que l'évêque avait fait venir la châsse de saint Lambert. Les courages abattus se ranimèrent aussitôt, et Albéron mit à profit cet enthousiasme pour tenter une attaque contre le château. Il avait fait construire une énorme tour de bois, garnie de solives épaisses, montée sur des roues, et revêtue de peaux de bœufs fraîchement écorchés, pour la garantir des atteintes du feu. Il fit rouler cette machine gigantesque au pied du rocher où la citadelle était assise; puis il donna le signal de l'attaque. Les plus habiles archers avaient pris place dans la tour et se tenaient prêts à accabler de leurs flèches les soldats du comte de Bar qui se présenteraient sur les remparts du château. Un large pont devait servir aux plus braves à s'élancer sur le rocher. Mais, au moment où cette machine monstrueuse se mit en mouvement, les ressorts se détraquèrent, et elle resta immobile et exposée aux coups des assiégés, qui, en un instant, la ruinèrent complétement.

Le mauvais succès de cette attaque acheva d'ébranler les plus intrépides. Heureusement, au moment où tous ne songeaient qu'à se retirer, un immense convoi de vivres se présenta en vue du camp. Il était précédé d'une procession nombreuse de prêtres qui apportaient, en chantant des hymnes, la châsse où étaient enfermées les fameuses reliques de saint Lambert. Toute l'armée l'accueillit avec des cris d'allégresse; et, dès ce moment, elle se crut invincible. L'endroit où les reliques furent déposées s'appelle encore aujourd'hui le Pré de Saint-Lambert.

La garnison du château regardait du haut des remparts cette scène avec une sorte d'épouvante. Au moment où la châsse s'arrêta, le fils aîné du comte de Bar tomba à la renverse, comme si un bras invisible l'eût jeté par terre. Ce fut l'effet d'un vertige. Mais le jeune chevalier en eut l'esprit tellement frappé, qu'il attribua sa chute à une cause surnaturelle, et proposa à ses gens de rendre le château de bonne grâce, pour éviter un plus grand malheur. Son frère et les officiers de la garnison rejetèrent cette proposition comme une faiblesse. Lui cependant tomba gravement malade; et comme son état empirait chaque jour et devenait plus désespéré, plusieurs commencèrent à incliner vers son avis, et l'on envoya des messagers au comte de Bar, pour l'instruire de ce qui s'était passé. Pendant que, les avis étant ainsi partagés, on se tenait dans l'inaction au château, le 17 septembre arriva. C'était le jour de Saint-Lambert. Les Liégeois le mirent à profit pour livrer l'assaut à une tour de bois qui, placée sur le rocher, servait de défense à la forteresse. Mais ils furent forcés à la retraite, après avoir fait des prodiges de valeur. Henri l'Aveugle y fit surtout des prouesses remarquables.

Cependant le comte de Bar, ayant reçu connaissance de la situation des choses, fit demander une trêve à l'évêque. Aussitôt qu'il l'eut obtenue, il envoya à Bouillon son neveu Henri, comte de Salm, qui trouva la garnison épuisée, et le fils du comte dans un état voisin de la mort. La permission de capituler fut donc accordée, et le château fut restitué à l'évêché de Liége.

La richesse, cette mère commune de tous les vices, n'avait pas manqué d'engendrer une corruption profonde dans tout le corps de la principauté. Les charges ecclésiastiques étaient devenues vénales; le désordre et la licence étaient entrés dans la vie publique et dans la vie privée. Une partie du clergé porta l'audace jusqu'à entretenir publiquement des concubines, et toléra la création de la reine de Pâques et de Pentecôte dans la cathédrale. C'est ainsi que se nommait la reine des filles de mauvaise vie, qu'on plaçait, à chacune de ces solennités, sur un trône au milieu de l'église, et qui, vêtue de pourpre et une couronne d'or sur la tête, recevait les hommages des prêtres et des laïques, pendant que la foule dansait alentour, en chantant au son de la musique. Ces abus sacriléges, contre lesquels, du reste, un chroniqueur presque contemporain, le moine Gilles d'Orval, s'élève avec tant d'énergie, avaient été singulièrement encouragés par la tolérante faiblesse de l'évêque Albéron. En vain le prévôt de Saint-Lambert essaya-t-il de forcer ce prélat à mettre un terme à ces débordements. Albéron n'écouta point ces conseils. Enfin, dénoncé à la cour de Rome par la majeure partie de son clergé, il fut sommé de comparaître devant le souverain pontife, pour justifier sa conduite. Mais il mourut, en revenant, à Ortine, où il fut enterré.

Le prévôt de la cathédrale, Henri de Leyen, qui, après avoir si vivement censuré l'évêque, l'avait dénoncé à la cour du pape, fut désigné pour lui succéder, au mois de mai 1145. Il s'appliqua, dès le commencement de son règne, à réformer les mœurs de son clergé, et à mettre un terme aux affligeants désordres que son prédécesseur avait laissés se développer si librement. Mais il ne tarda pas à se voir distrait de cette tâche, dans laquelle saint Bernard le seconda si activement, par une guerre qu'il eut à soutenir contre Henri l'Aveugle, comte de Namur. Ce seigneur réclamait une somme d'argent, qu'il avait prêtée à Albéron pendant le siége de Bouillon, et que l'évêque refusait de payer jusqu'à ce que la reconnaissance de cette dette lui eût été présentée. Le comte, ne possédant aucun acte qui pût prouver le prêt, recourut au moyen de la guerre. L'évêque arma de son côté, et les deux partis se rencontrèrent, en 1153, à Andenne, entre Namur et Huy, où se livra une bataille sanglante, dans laquelle toute l'armée de Henri l'Aveugle fut détruite.

Cette guerre ayant réveillé en lui le goût de la vie des camps, Henri de Leyen partit pour l'Italie, où il avait déjà combattu sous les drapeaux de l'empereur Frédéric au siége de Milan. Il voulut assister aussi à la seconde expédition de ce prince. Mais il mourut à Pavie en 1164.

L'amitié de l'empereur, qu'il s'était acquise, lui avait valu la confirmation d'un grand nombre d'acquisitions, terres et châteaux, dont il avait pu enrichir la principauté, grâce à l'ordre qu'il était parvenu à remettre dans les finances.

Alexandre, grand prévôt de la cathédrale, qui fut élu après la mort de Henri de Leyen, ne fit que passer sur le siége pour aller tomber, atteint de la peste, en Italie, où il suivit l'empereur Frédéric dans sa troisième expédition.

Après une vacance assez longue, l'épiscopat fut remis à Radulphe, neveu du comte de Namur. Sous ce prince, les désordres, que Henri de Leyen avait cherché avec tant de zèle à extirper, recommencèrent plus fort que jamais. Il poussa la simonie, plus loin encore qu'Albéron ne l'avait fait, et il avait coutume de faire vendre, en plein marché, les prébendes des églises par un boucher. Cependant, si Radulphe s'adonnait ainsi à la simonie, il n'en fut pas moins un prince chevaleresque et un soldat éprouvé, comme il le montra dans une guerre qu'il soutint bravement contre le comte de Looz, en 1170. Ce seigneur ayant brûlé la ville de Tongres, qui appartenait à l'évêché, le prélat marcha contre lui, et le battit complétement. Mais, l'épée rentrée au fourreau, le commerce des prébendes se renouvela de plus belle. Les choses en vinrent au point qu'un pieux prêtre, nommé Lambert le Bègue, commença à prêcher ouvertement contre la conduite de l'évêque. Ses sermons attiraient un si grand concours de peuple, qu'il inspira bientôt des craintes sérieuses. Radulphe le fit saisir, et l'enferma au château de Revogne, près de Rochefort, dans les Ardennes. Mais le peuple s'étant mis à murmurer, disant que Lambert le Bègue était un saint et un martyr, l'évêque se détermina à le faire conduire à Rome, où le prédicateur s'expliqua si bien, que le pape le renvoya à Liége, avec la permission de continuer ses sermons. Pourtant le désordre des mœurs n'en continua pas moins avec grand scandale; de sorte qu'Henri, évêque d'Albe et légat du saint-siége, se rendit dans la principauté, frappa de ses censures le clergé liégeois, et parvint à l'amener au repentir. Radulphe, pour expier ses fautes, prit la croix, et accompagna l'empereur Frédéric I à la terre sainte. A son retour de ce pélerinage guerrier, il mourut empoisonné à Fribourg en 1191.

II. LIÉGE JUSQU'A LA DÉPOSITION DE L'ÉVÊQUE HENRI DE GUELDRE (1274).

Dans l'intervalle qui sépare l'an 1191 de l'an 1200, le siége de l'évêché devint l'objet des plus furieuses querelles.

Albert de Louvain, fils de Godefroi III, duc de Brabant ou de Louvain, fut appelé, par la majorité des suffrages des trois états de la principauté, à succéder à Radulphe. La minorité s'était prononcée pour Albert de Rethel, archidiacre et grand prévôt de Liége. Les deux prétendants demandèrent à l'empereur Henri VI, à être confirmés dans leur élection. le second ne pouvait s'appuyer que des voix de quelques chanoines de la cathédrale, mais il espérait être placé sur le siége au moyen d'une somme considérable d'argent qu'il offrit à l'empereur, tandis qu'Albert de Louvain avait en sa faveur des titres réels et légaux. Henri VI balança d'abord, ne sachant auquel des deux il accorderait l'investiture, lorsque Thierry, comte de Hostade, qui avait rendu de grands services à son impérial suzerain, vint tout à coup s'interposer, et demander la crosse de Liége pour son frère Lothaire, prévôt de l'église de Bonn. L'empereur hésitait encore, quand le comte de Hostade lui offrit une somme de trois mille marcs d'argent. Henri VI accepta, et Lothaire, ayant obtenu l'investiture désirée, vint prendre possession de la principauté.

Albert de Louvain, dont les partisans diminuaient chaque jour par crainte de l'empereur, et dont le frère, le duc Henri I, ne pouvait plus lui prêter le moindre secours, résolut alors d'aller demander la protection de Rome. Après avoir heureusement échappé aux satellites apostés tout le long de sa route pour le frapper, il arriva un matin dans la capitale chrétienne, brûlé par le soleil, couvert de poussière et de sueur, coiffé d'un mauvais bonnet de laine, vêtu d'un habit d'étoffe grossière, chaussé de gros souliers, et portant à la ceinture un coutelas dans une gaîne couverte de graisse et de rouille. C'est dans ce singulier accoutrement qu'il se présenta devant le pape Célestin III, qui, au risque d'encourir toute la colère de l'empereur, confirma solennellement la nomination d'Albert à l'évêché.

Cependant Albert, rentré dans les États de son frère, n'y trouva plus même un asile, Henri VI ayant ordonné au duc de Brabant de le faire sortir de ses États.

Un orage allait éclater.

L'empereur se rendit lui-même à Liége, pour infliger une punition éclatante aux partisans que l'évêque y avait conservés. Il fit raser d'abord leurs maisons; puis, ayant ordonné au duc Henri de Brabant de venir le trouver, il lui imposa l'obligation de déclarer nulle la nomination de son frère, et de reconnaître celle de Lothaire, valable. Le duc, pris au dépourvu, demanda le temps de réfléchir sur ces points. L'empereur voulait que la réponse fût donnée avant le soir; et quand le prince brabançon eut quitté le palais, il le fit suivre par des espions, afin qu'il ne pût s'échapper. Les amis du duc, sachant à quel danger il s'exposait en refusant de se rendre à la volonté de l'empereur, l'engagèrent à céder. En effet, le soir, il se déclara disposé à accepter ce que l'empereur lui avait imposé. Mais ce n'était pas assez; il fallait se défaire, par un prompt coup de main, d'Albert lui-même, qui se tenait à Reims, où l'archevêque lui avait administré le sacre par ordre du pape. Une trame odieuse fut ourdie à Maestricht par Henri VI, dont Lothaire et son frère Thierry ne cessaient d'attiser la violence. Trois chevaliers allemands se chargèrent de l'exécuter. Ils se rendirent à Reims avec un train considérable, et se lièrent avec le malheureux fugitif, qui les accueillit avec la plus grande bonté, et s'enquit du motif de leur voyage. Ils répondirent qu'ils étaient des seigneurs allemands attachés à la cour de l'empereur; et qu'ayant eu le malheur de tuer l'échanson de leur maître dans une rixe qui s'était élevée à la table impériale, ils avaient été forcés de prendre la fuite. Dès ce moment, le crédule Albert ne vit plus en eux que des compagnons d'infortune, et il les admit dans son intimité; mais il ne tarda pas à tomber dans le piége qu'ils lui avaient ainsi tendu. Un jour, étant allé se promener avec eux à cheval, ils l'entraînèrent à une grande distance de la ville et le massacrèrent misérablement. Le crime consommé, ils se sauvèrent à Verdun, d'où ils allèrent bientôt annoncer à l'empereur le succès de leur mission.

Aussitôt que la nouvelle de cet horrible assassinat fut connue à Liége, le peuple entra dans une grande fureur, et Lothaire quitta Liége en toute hâte et se retira vers l'empereur, parce qu'il ne se voyait plus en sûreté dans l'évêché.

Un des chanoines de Reims ayant

annoncé ce crime au duc Henri, auquel il porta les vêtements ensanglantés de son frère, une exaspération non moins grande éclata dans le Brabant. Ce ne fut qu'un cri. Le duc Henri et tous les membres de sa famille formèrent alors contre l'empereur une ligue, dans laquelle entrèrent l'archevêque de Cologne et tous les princes allemands. Cette coalition était formidable. Aussi Henri VI songeant sérieusement à la conjurer, demanda aux princes alliés une conférence qui eut lieu près de Cologne. Il consentit à chasser de ses États les meurtriers d'Albert; il abandonna Lothaire, et permit au duc Henri de choisir, de concert avec le chapitre de Saint-Lambert, l'évêque qui leur plairait.

Pendant que Lothaire renonçait à l'évêché pour échapper à l'excommunication dont Rome l'avait menacé, les querelles recommencèrent à Liége, et le chapitre se divisa de nouveau sur l'élection à faire. Quelques chanoines voulurent placer sur le siége épiscopal Simon, fils de Henri IV, duc de Limbourg, enfant qui comptait seize ans à peine. Mais quatre archidiacres réclamèrent contre le choix devant le pape, qui cassa cette nomination. Dans la crainte que les partisans de Simon ne leur laissassent pas la liberté de procéder, selon leur conscience, dans leurs opérations, les archidiacres et le plus grand nombre des chanoines se rendirent à Namur, où ils proclamèrent évêque Albert de Cuyck.

L'élu avait pour appui Baudouin V, comte de Hainaut, auquel le pape avait, dans ces circonstances difficiles, confié le soin de l'église de Liége, tandis que Simon avait, de son côté, le duc de Brabant. Une lutte était imminente. Simon avait mis en état de défense le château de Huy, que le comte de Hainaut vint assiéger, lorsque le duc prit tout à coup le rôle de médiateur, et proposa un accommodement en vertu duquel les deux princes prendraient le pays sous leur protection, jusqu'à ce qu'Albert et Simon se fussent rendus à Rome, et eussent soumis leurs titres à l'arbitrage du souverain pontife. Cet arrangement accepté, les deux élus partirent pour l'Italie, et le pape confirma l'élection d'Albert de Cuyck.

Mais, avant le retour d'Albert, de nouvelles difficultés lui furent suscitées. Ses ennemis ayant répandu le bruit de sa mort, les chanoines qui lui étaient opposés élurent évêque Othon de Fauquemont, archidiacre de Liége, et demandèrent son investiture à l'empereur Othon IV, qui se trouvait à Worms. Heureusement Albert arriva dans cette ville en même temps que son compétiteur, et reçut de l'empereur la confirmation de son titre.

Albert, investi du pouvoir, s'adonna à la simonie, à l'exemple de plusieurs de ses prédécesseurs, et fit censurer sa conduite par le pape Innocent III.

Dans la fameuse lutte des Guelfes et des Gibelins, il embrassa avec ardeur le parti de ceux-ci, tandis que les Brabançons se prononcèrent pour ceux-là. Cette division amena plus d'un froissement funeste.

Ce ne fut pas l'unique cause de désordre qui tourmenta la principauté sous Albert de Cuyck. Fondateur de ces libertés et de ces priviléges qui rendirent si fière la turbulente population liégeoise, et qui donnèrent lieu à cet adage consacré depuis dans d'autres actes publics : *Pauvre homme en sa maison roi est*, — ce prélat vit commencer dans l'État ces dissensions civiles par lesquelles Liége fut si souvent et si profondément agitée pendant cinq cents ans. Les magistrats ayant résolu, en 1199, de faire des réparations aux remparts de la ville, imposèrent une taxe, dans laquelle ils comprirent le clergé lui-même. Mais les clercs, se retranchant derrière leurs immunités, s'opposèrent à cette décision, fermèrent leurs églises, et lancèrent l'interdit sur la ville. Le peuple s'ameuta contre cette mesure de violence. Enhardi par l'appui que l'évêque lui prêtait, il se porta bientôt à des voies de fait. Cette exaspération aurait peut-être eu les conséquences les plus graves, si le grand doyen du chapitre de Saint-Lambert n'était parvenu à apaiser les esprits, et à amener le peuple à respecter les priviléges de l'Église.

Albert de Cuyck termina, en 1200, son règne, signalé par la découverte de la houille, qui ne remonte qu'à l'an 1198, et par l'octroi de la première charte, écrite en l'an 1199.

Son successeur fut Hugues de Pierrepont, fils du comte de Warnade et de Pierrepont, et allié par sa mère au comte de Rethel.

Dès le commencement de sa prélature, ce prince eut avec le duc de Brabant un débat qui se serait converti en une guerre acharnée, sans l'intervention du comte de Namur. Ce différend eut lieu au sujet de certains droits que l'évêque de Metz, possesseur de l'abbaye de Saint-Trond, avait accordés au comte Louis de Looz, et que le duc de Brabant disputait à ce seigneur. Le comte de Looz, pour s'assurer l'appui de l'évêque, convertit alors en fief liégeois tous ses domaines autres que ceux qui l'attachaient déjà par le lien féodal à la principauté. C'est ainsi que Hugues de Pierrepont dut recourir aux armes pour tenir tête à Henri I de Brabant. Il se dirigea avec une armée nombreuse vers Landen, et les épées brabançonnes se portèrent sur Waremme. Une rencontre allait avoir lieu, quand le comte de Namur s'interposa, et parvint à engager le duc à céder.

Cet accommodement ne fut, à vrai dire, qu'une suspension d'armes momentanée; car, peu de temps après, les hostilités éclatèrent entre les deux princes avec une incroyable fureur. Voici à quelle occasion.

Albert, comte de Dasbourg, de Metz et de Moha, avait perdu ses deux fils, qui, revenant d'un tournoi auquel ils avaient assisté à Andenne, et la tête exaltée par le spectacle chevaleresque de ces joutes, avaient voulu s'essayer dans un de ces combats, et s'étaient entre-tués. N'ayant plus d'héritier, le comte céda ses terres de Moha et de Walef au duc de Brabant pour une somme de quinze mille marcs d'argent. Mais, soit que le payement n'eût pas eu lieu, soit qu'Albert eût changé de résolution, il vendit en 1204, avec toutes les formalités d'usage, ces mêmes seigneuries à l'évêché de Liége, à condition toutefois que s'il lui survenait un fils ou une fille, cet héritier tiendrait les terres en fief de la principauté. Ce marché était à peine conclu depuis quelques mois, qu'Albert devint père d'une fille, et fit de vaines tentatives pour rompre le contrat. Il mourut huit années après, c'est-à-dire en 1211. Il avait investi de la tutelle de l'orpheline le duc de Lorraine, dont le fils, Thibaut de Bar, était appelé à l'obtenir pour épouse. Hugues de Pierrepont, prévoyant que de grandes difficultés allaient s'élever entre lui et le duc de Brabant, chercha aussitôt à s'arranger avec Thibaut. Tous deux tombèrent facilement d'accord, et les domaines vendus restèrent à l'évêché. Mais Henri de Brabant vint réclamer le payement de sommes considérables qu'il prétendait avoir prêtées au comte de Moha, et demanda à être mis en possession du château et des revenus qui en dépendaient, jusqu'à ce que ces sommes lui eussent été remboursées. L'évêque, éludant cette demande, lui proposa de soumettre leur différend à l'arbitrage de l'empereur, leur juge à tous deux.

Le duc, au lieu d'accepter la médiation impériale, recourut au moyen extrême des armes. Pendant que les épées brabançonnes se préparaient à entrer en campagne, Hugues de Pierrepont, croyant qu'elles allaient se jeter dans le comté de Moha, voulut les prévenir, et se hâta d'occuper le château. Mais la consternation se répandit bientôt à Liége, quand on apprit que le duc marchait contre la ville avec une troupe de vingt mille hommes. Les métiers coururent aux armes, et le haut avoué de la Hesbaie, Raes Desprez, les conduisit, avec l'étendard de Saint-Lambert, jusqu'au village de Horion, à deux lieues de la ville. Arrivé en cet endroit, leur capitaine sentit que les hommes s'ébranleraient au premier choc, peu nombreux et peu exercés comme ils l'étaient; et qu'au lieu de les conduire à un combat, il les menait à une boucherie. Soldat expérimenté et d'une bravoure souvent éprouvée, il parvint à faire comprendre ce péril à ses compagnons, et réussit à les ramener à Liége, où il remit la bannière sur l'autel de la cathédrale. On était dans la plus grande perplexité, quand on apprit soudain que le duc se trouvait aux portes de la ville. L'évêque, qu'on avait en toute hâte instruit du danger, accourut de Huy; mais, au moment où il arriva en vue de Liége, l'armée ennemie venait de couronner les hauteurs de la cité. Il n'eut ainsi que le temps de se retirer au plus vite, pour échapper aux Brabançons. Les Liégeois, désespérant de pouvoir se défendre, se cachèrent ou se sauvèrent comme ils purent. Le duc entra sans résistance dans leur ville. Ce fut le 4 mai 1211. Après quatre jours de pillage, de dévastation, de violences de toute nature, qui n'épargnèrent pas même les églises, Henri I voulut faire mettre le feu à la cité. Mais les supplications du châtelain de Bruxelles et de son fils, qui était chanoine de Saint-Lambert, le firent renoncer à ce projet, et Liége fut épargnée. En révoquant cette horrible sentence, le duc avait posé pour condition que l'évêché reconnût l'empereur Othon IV, qui avait été excommunié par le pape Innocent III, et remplacé par Frédéric, duc de Souabe. Le peuple et le clergé, pour échapper au désastre qui les menaçait, prêta serment de fidélité à Othon, que Hugues de Pierrepont, sur l'injonction papale, avait cessé de reconnaître pour son suzerain.

Pendant que tout cela se passait à Liége, l'évêque, qui s'était sauvé à Huy, frappa d'excommunication le duc, qui n'en devint pas plus docile. Sentant alors qu'il fallait d'autres armes que celles de l'Église pour réduire le Brabançon, Hugues de Pierrepont appela tous ses sujets et ses vassaux sous sa bannière, et eut bientôt réuni des forces imposantes, que vinrent grossir les épées des comtes de Flandre, de Namur et de Looz. Le duc Henri ne pouvait résister à une armée aussi puissante. Il envoya donc des députés, avec la promesse qu'il viendrait avec ses officiers demander pardon, pieds nus et à genoux, à l'évêque et au peuple de Liége, des attentats sacriléges dont il s'était rendu coupable. Hugues, qui ne se fiait point aux paroles de son ennemi, engagea le comte de Flandre à exiger de lui une caution en argent, qui fut facilement promise. Mais, au terme fixé pour le payement, le duc, qui ne cherchait qu'à gagner du temps, répondit qu'il n'avait pas encore pu réunir la somme convenue. Sur ces entrefaites, les alliés de l'évêque, croyant que la paix était définitivement assurée, avaient renvoyé leurs troupes et étaient rentrés chez eux.

C'était là ce que Henri attendait. Il tomba à l'improviste dans la Hesbaie, qu'il mit à feu et à sang; il incendia la ville de Tongres, et, passant comme une trombe, arriva aux portes de Liége, dont il ne put heureusement entreprendre le siége, à cause des bonnes fortifications dont la ville venait d'être munie. Il se replia donc sur Sendermale, dévastant tout ce qu'il trouva sur son passage. Les gens de Huy, de Dinant et de Fosses, que l'évêque avait appelés à son secours, accoururent se ranger sous sa bannière, à laquelle le comte de Looz se joignit avec sa vaillante chevalerie. Cette armée réunie se mit en mouvement, et s'arrêta à Glons, sur la petite rivière de Jaer, où elle apprit que les Brabançons étaient arrivés dans le voisinage, à Steppes, près de Montenacken. Hugues de Pierrepont brûlait d'en venir aux mains avec le duc. Il leva ses tentes, et se dirigea vers l'ennemi. A la vue de cette armée imposante, Henri éprouva une grande frayeur, et échangea son armure contre celle d'un de ses soldats, afin d'échapper aux coups qui s'adresseraient au duc. La bataille s'engagea, et devint, peu de minutes après, une mêlée furieuse et acharnée. Les Brabançons furent taillés en pièces, et mis dans une déroute complète. Il en resta plus de trois mille sur le champ de bataille, outre quatre mille prisonniers, comme l'atteste le distique suivant :

Millibus, ut cæsos numeres, tribus adde ducentos
Brabantos; duo bis millia capta scias.

Cette bataille sanglante, connue dans l'histoire sous le nom de la *Warde de Steppes*, se livra le 13 octobre 1213. Le soldat, qui avait revêtu l'armure du duc, tomba percé de coups. Henri se sauva par la fuite. Mais l'évêque le suivit l'épée dans les reins, ne laissant que des ruines sur son passage. Il ne rentra à Liége qu'après avoir incendié tout le territoire de Tirlemont, avec les villes de Léau, de Landen et de Hannut.

Cependant le duc, abattu par ce désastre, et menacé d'un autre côté par le comte de Flandre, qui s'apprêtait à entrer dans le Brabant pour le forcer à remplir les engagements pris envers l'évêque, consentit à s'humilier devant les Liégeois. Il se rendit dans leur ville, accompagné du comte de Flandre, après qu'une trêve eut été conclue le 2 février 1214. Il se jeta à genoux devant l'évêque et les chanoines, en demandant pardon; puis il releva de terre le crucifix qui, depuis que l'excommunication avait été fulminée, était, selon l'usage, déposé au milieu de l'église. Cette cérémonie expiatoire terminée, le comte et l'évêque donnèrent le baiser de paix au duc, qui retourna dans ses États, la honte et la rage dans le cœur.

A peine Hugues de Pierrepont se trouva-t-il délivré de cette guerre, que l'épée d'Othon vint le menacer. L'empereur, irrité du refus que l'évêque et le peuple de Liége avaient fait de le reconnaître, s'avançait à grandes journées vers la Meuse, prêt à tomber sur l'évêché, où le duc de Brabant, qui conservait toujours un profond ressentiment de l'humiliation à laquelle il avait été forcé de se soumettre, lui conseillait d'aller exiger le serment de fidélité. Déjà il avait franchi la Meuse, quand l'évêque alla au-devant lui avec ses principaux officiers. L'empereur parut satisfait de cette démarche, et promit à Hugues de ne rien entreprendre pendant deux ans contre la principauté. Son but était de maintenir les Liégeois dans l'inaction. Car, à peine arrivé dans le Brabant, il convoqua à Nivelles une assemblée où se présentèrent les ducs de Brabant et d'Ardennes, les comtes de Flandre et de Boulogne. Il y fut décidé que, à leur retour de l'expédition préparée par la Ligue du Bien public contre le roi de France Philippe Auguste, on renverserait en commun la puissance de l'évêque de Liége. Othon donna Huy et Moha au duc de Brabant, Dinant au comte de Boulogne, la suzeraineté du Hainaut au comte de Flandre, et d'autres domaines à d'autres seigneurs, se réservant pour lui la possession de la ville de Liége. Mais l'issue de la bataille de Bouvines vint renverser tous ces projets. Les comtes de Flandre et de Boulogne tombèrent aux mains des Français, et le duc de Brabant abandonna Othon vaincu, et prêta serment de fidélité à l'empereur Frédéric, qui, profitant de la défaite de son compétiteur, s'apprêtait déjà à fondre sur le territoire brabançon.

Le désastre de Bouvines sauva ainsi Hugues de Pierrepont de sa ruine.

Ce prélat entra définitivement en possession des terres de Moha et de Walef en 1225, après la mort de Gertrude de Moha, décédée sans postérité.

Cet accroissement ne fut pas le seul dont l'évêché s'enrichit sous cet évêque. En 1227, il acquit le domaine et les dépendances de la ville de Saint-Trond et de la riche abbaye de Waulsort située sur la Meuse, qui appartenaient à l'église de Metz, et pour lesquelles l'église de Liége donna la ville de Madière, située sur la Moselle, dont elle avait la possession depuis l'an 884, par la donation que Charles le Gros en avait faite à l'évêque Francon.

Le règne de Hugues de Pierrepont fit place à celui de son neveu Jean d'Aps, prévôt de Saint-Lambert, qui fut élu le 24 mai 1229, et sacré l'année suivante par l'archevêque de Reims.

Les factions des Guelfes et des Gibelins avaient commencé leurs luttes, et ce grand orage, qui troubla si profondément l'Italie et l'Allemagne, ne fut pas sans amonceler aussi quelques nuages sur la principauté de Liége. L'empereur Frédéric, qui ne pouvait pardonner aux Liégois la réception qu'ils avaient faite à son compétiteur l'empereur Othon, avait résolu de s'en venger par la voie des armes. L'évêché venait, d'ailleurs, d'être mis en interdit, parce que le clergé avait refusé de consentir à une réforme que le cardinal légat Othon voulait introduire dans l'administration des domaines de cette église. Ce prélat, ayant fait la récapitulation des revenus de tous les corps ecclésiastiques qui peuplaient la principauté, avait résolu d'en former une masse destinée à être divisée en parts égales, de manière qu'il n'y eût pas un membre du clergé qui fût plus riche que l'autre. Il échoua contre l'esprit hiérarchique des clercs, et partit de Liége, après avoir fulminé contre cette ville les censures ecclésiastiques.

Cependant l'empereur Frédéric ne tira point son épée, et l'interdit fut levé.

Les craintes de guerre dissipées, Jean d'Aps se livra aux travaux de l'administration. Il s'appliqua à corriger les abus qui s'étaient glissés dans les tribunaux, et à mettre un frein aux désordres qui s'étaient introduits dans la discipline ecclésiastique pendant les dernières années. Mais il fut bientôt distrait de ces soins par une guerre qu'il eut à soutenir contre Waleram, seigneur de Fauquemont et de Montjoie, et que la mort ne lui laissa pas le temps d'achever. Une querelle s'était élevée entre les hommes de ce seigneur et les gens de Theux. Il prit parti pour les siens, pénétra dans les terres de Franchimont, et réduisit Theux en cendres. L'évêque, de son côté, fit exercer des représailles sur le territoire des duchés de Luxembourg et de Limbourg, dont le frère de Waleram possédait la seigneurie. Une guerre ouverte s'ensuivit, qui causa de part et d'autre les plus affreux dégâts, après lesquels Waleram fit semblant de vouloir la paix. Son frère, le duc Henri IV de Limbourg, intervint, et s'engagea à la maintenir, sinon à payer de ses deniers une somme de mille marcs à l'évêque; mais la paix ne fut pas observée. Le duc et son frère ayant, par leurs menteuses promesses, endormi Jean d'Aps dans une fausse sécurité, attirèrent dans leur parti les comtes de Gueldre et de Juliers, et recommencèrent leurs dévastations. L'évêque fit déployer de nouveau l'étendard de Saint-Lambert, et se porta sur le Luxembourg, où il mit tout à feu et à sang. De là il se dirigea vers Montjoie, où les deux armées se heurtèrent et où Waleram fut défait et tué.

L'hiver suspendit un moment les hostilités. Au printemps elles furent reprises avec une fureur nouvelle, et Jean d'Aps entreprit le siège de la formidable forteresse de Poilvache, sur la Meuse, qui appartenait à Waleram. Pendant ce siège célèbre, l'évêque tomba malade, et mourut à Dinant le 1er mai 1238.

La mort de Jean d'Aps ouvrit la lice à de nouveaux débats. Deux prétendants vinrent se disputer la crosse de Liége. Les électeurs divisés partagèrent leurs voix entre Othon, prévôt de Maestricht, et Guillaume, évêque de Valence, frère de Thomas de Savoie. L'empereur Frédéric appuyait le premier. Les Liégeois soumirent l'élection à la sagesse du pape, qui désigna Guillaume. Mais ce prélat ne prit point possession de l'évêché; car il mourut à Viterbe, en revenant de Rome, où il était allé défendre ses droits.

Il fallut ainsi procéder à une élection nouvelle, et Robert, évêque de Langres, fut solennellement proclamé en 1240. Ce prélat ne fit que placer tout simplement un nom sur la liste des princes de Liége, et mourut six ans après, sans rien avoir laissé à l'histoire que ce nom.

Cette fois, le siége demeura vacant pendant une année tout entière, tant il fut disputé; car presque toutes les grandes familles du pays mirent en avant un candidat épiscopal. Cependant l'influence du légat du pape triompha de ces intrigues en 1247, et fit élire Henri de Gueldre, frère d'Othon, duc de Gueldre. Ce prélat étant fort jeune, Clément V lui accorda une dispense d'âge. Son règne fut un des plus agités de ceux qu'offre l'histoire de Liége.

Le collége des échevins avait, pour ainsi dire, réuni dans ses mains tout le pouvoir. Sous Louis le Débonnaire leur nombre avait été de sept ou de douze, selon la règle générale introduite par ce prince. Au treizième siècle ils étaient au nombre de quatorze, c'est-à-dire douze échevins, et deux maîtres de la cité choisis dans leur sein. Jusqu'à cette époque le maïeur, qui était placé à la tête des échevins n'avait eu dans ses attributions que la connaissance des causes civiles, tandis que celle des affaires criminelles appartenait à l'avoué du chapitre de Saint-Lambert. Tout cela cessa sous Albert de Cuyck : le maïeur et la cour échevinale remplacèrent le tribunal de l'avoué.

Ce pouvoir, d'autant plus fort qu'il était nouvellement conquis, subit les premières atteintes sous Henri de Gueldre; et ce fut là l'origine des longues et terribles dissensions qui signalèrent le règne de ce prélat. Une cause fort simple occasionna cette lutte acharnée. Un chanoine s'étant trouvé aux prises avec un bourgeois, son domestique accourut au secours de son maître, et, après avoir grièvement blessé le bourgeois, se réfugia dans un couvent, pour se soustraire à la justice séculière. Aussitôt, sans tenir compte des immunités ecclésiastiques, les échevins lancent contre le coupable une sentence de proscription. Les chanoines en appellent à leurs droits, qu'ils tiennent des empereurs, ils excommunient les échevins, et mettent la ville en interdit. Henri de Gueldre engage les échevins à révoquer leur sentence; ils s'obstinent à la maintenir. Alors il s'adresse à Guillaume, roi des Romains, qui se trouvait précisément à Maestricht. Guillaume rend la liberté au condamné, et ordonne aux juges de casser leur arrêt. Ils s'y refusent de nouveau. L'évêque rassemble aussitôt le clergé, les notables et le peuple, et leur déclare que, de son autorité, il se réserve le droit de rendre la justice à tous les citoyens, sans distinction de pauvres et de riches. Un bourgeois élève la voix; l'archidiacre veut lui imposer silence. Le bourgeois crie plus fort, et le prêtre le frappe de sa baguette. Cet homme furieux se mit à parcourir la ville, criant partout que les prêtres veulent tuer les bourgeois. Le peuple s'attroupe, le tocsin sonne, on prend les armes, et on se porte en tumulte à la maison de l'archidiacre, dont on se dispose à enfoncer la porte. Henri de Gueldre et le clergé, effrayés de cette émeute, quittent la ville après l'avoir mise en interdit et avoir frappé les échevins d'excommunication.

Cette affaire, cependant, ne tarda pas à s'arranger. L'évêque rentra dans la ville, et les bourgeois, après avoir promis de lui payer, à la fête de Saint-Martin, une amende de neuf aimes de vin, jurèrent qu'ils ne se permettraient plus de condamner les serviteurs des chanoines, pour quelque délit que ce fût.

Tout semblait pacifié. Cependant les échevins, ne se sentant pas rassurés contre les entreprises de l'évêque, cherchèrent à s'associer un homme qui jouissait d'une grande influence sur le peuple : c'était Henri de Dinant, homme adroit, rusé, entreprenant et d'une audace à toute épreuve. Ils le créèrent maître de la cité avec Jean Germeau, et le chargèrent de défendre la liberté de la ville et les droits du peuple contre l'évêque et ses partisans. Dès que Henri fut installé avec son collègue il organisa une milice et divisa la ville en vingt quartiers, commandés par autant de capitaines, dont chacun avait deux cents hommes sous ses ordres. Cette organisation permettait au peuple de se rassembler en ordre au premier signal.

Malheureusement, en voulant fortifier ainsi leur pouvoir contre l'évêque, les échevins le mirent à la disposition des bourgmestres ou maîtres à temps; et ce fut plus tard, comme on le verra, une cause de nouvelles luttes.

Dans la fameuse querelle suscitée en Flandre par Bouchard d'Avesnes, celui-ci réclama le secours de l'évêque de Liége. Henri de Gueldre, méprisant l'autorité des maîtres à temps, s'adressa directement aux échevins, qui consentirent volontiers à sa demande, dans l'espoir que leur soumission serait récompensée par de bonnes prébendes pour leurs fils. Mais Henri de Dinant, irrité des dédains du prélat, s'opposa vivement à cette demande, disant que les forces de la principauté ne devaient être employées qu'à la défense du pays et au soutien de l'église et de l'évêque. Henri de Gueldre s'anima de son côté et obtint de l'empereur Guillaume un décret en vertu duquel personne ne pouvait refuser le service à l'évêque, lorsqu'il aurait résolu la guerre pour la défense du comté de Hainaut.

Cet acte jeta une grande irritation dans les esprits. Elle s'accrut encore par une émeute qui eut lieu à la suite d'une délibération sur l'impôt du vin et de la bière, et dans cette circonstance la cathédrale fut violée par le peuple. Henri de Gueldre, non content d'avoir vu condamner à la fustigation les auteurs de ces désordres, quitta de nouveau Liége, et se retira à Namur avec tout son clergé, après avoir lancé l'excommunication sur les coupables et jeté l'interdit sur la ville.

Délivré de la présence de l'évêque, Henri de Dinant parcourut les villes de la principauté, et les engagea à organiser des milices. Pendant qu'il suscitait ainsi de tous côtés des forces contre le prince, celui-ci commença la guerre et porta le ravage dans la ville de Huy, qui, pour se venger des désastres qu'ils venaient d'essuyer, se rendirent à Liége, où ils pillèrent de fond en comble les maisons des chanoines. L'évêque appela à son secours le duc de Brabant, qui s'empara de Saint-Trond et s'y fit prêter le serment d'hommage. Henri de Gueldre l'excommunia. L'orage allait grossissant toujours, quand heureusement le légat du pape s'interposa, et ménagea, en 1254, la paix entre l'évêque et son peuple.

Mais la guerre civile n'était pas éteinte. Elle se ralluma par suite d'une querelle élevée dans un cabaret à Huy, où six jeunes gens avaient brisé les meubles et blessé l'hôte. Les échevins de la ville bannirent les coupables sans les avoir cités trois fois, selon l'usage. Mais aussitôt le peuple crie à l'attentat, et Henri de Dinant court à Huy pour faire révoquer la sentence. Les échevins s'y refusant, le peuple se déchaîne avec une fureur incroyable. Alors l'évêque frappe d'interdit les hommes de Huy et de Liége, pour qui les villes de Saint-Trond et de Dinant prennent parti. Henri de Gueldre assiége et prend Saint-Trond. Ceux de Huy se jettent dans la Hesbaie, et brûlent les châteaux de Walef et de Waremme. Mais le comte de Juliers accourt au secours de l'évêque, les poursuit, les taille en pièces près de Huy, et ne leur accorde la paix qu'à la condition de payer les frais de la guerre et de réparer les deux châteaux détruits.

Henri de Gueldre, voulant profiter de cette défaite, arriva avec toutes ses forces à Vottem, où il manda les échevins de Liége pour instruire le procès de Henri de Dinant, qui fut condamné au bannissement avec douze de ses adhérents.

La nouvelle de ce jugement arrivée à Liége, le peuple s'y livra aux fureurs les plus extrêmes. Il pilla et démolit les maisons des échevins, et bâtit avec les débris un palais à son tribun. En vain les abbés des monastères de Saint-Laurent, de Saint-Jacques et de Saint-Gilles offrirent-ils leur médiation : ni l'évêque, ni Henri de Dinant, ne daignèrent les écouter. Le premier ne voulut entendre à aucune paix avant que le second ne lui eût été livré avec ses complices.

Cependant la paix fut enfin conclue le 13 octobre 1255, et Henri de Dinant fut banni avec les siens. Les capitaines qu'il avait créés furent cassés, et les bourgeois consentirent à payer une amende de trois cents livres d'argent, et à fournir trois cents otages à l'évêque.

Tout paraissait terminé. Mais un débat nouveau s'éleva bientôt. Les échevins, se voyant dans l'impossibilité de réunir la somme adjugée à l'évêque, établirent un impôt sur les denrées qui se consommaient dans la ville. Les chanoines virent dans cette mesure une atteinte aux franchises de l'église, et demandèrent qu'elle fût abolie. Les échevins s'obstinant à la maintenir, le clergé suspendit le service divin, interdit l'usage des orgues et l'entrée des cimetières, cacha les images des saints, qui furent couvertes d'épines et d'orties, en signe de deuil; et il fallut se résoudre à enterrer les morts dans les champs et dans les jardins, sans prières et sans cérémonies. Henri de Gueldre, pour mettre un terme à la fermentation, qui allait toujours croissant, fit abolir l'impôt, restitua les sommes déjà perçues, et établit une taxe réelle sur les biens fonds. Le clergé se plaignit de nouveau. Alors le peuple ne se contint plus, et il recourut à l'insurrection. Il rappela Henri de Dinant, et l'accueillit comme le père de la patrie. Mais ce nouveau triomphe ne dura guère; car les échevins, accourus à la tête d'une troupe nombreuse, eurent bientôt rétabli l'ordre, et Henri de Dinant n'eut que le temps de se sauver par la fuite.

Pour maintenir son autorité en butte à tant de coups, l'évêque employa la somme produite par la taxe à construire une citadelle sur les hauteurs de Sainte-Walburge, qui dominent la ville. De là il crut pouvoir facilement tenir en respect la turbulente population de Liége. Elle murmurait, mais elle tremblait. Dès que Henri de Gueldre eut ainsi affermi sa puissance, il commença son impitoyable système de terreur. Il fit mettre à mort Gérard Beausire, qui avait été, en 1254, l'un des deux maîtres à temps, et qui s'était montré le plus opposé aux volontés épiscopales. Il fit périr d'autres bourgeois par divers supplices. Mais il n'avait frappé que les bras; il songea à frapper la tête, Henri de Dinant. Il voulut tenter de faire enlever cet audacieux tribun de Namur, où il s'était réfugié. Le comte de Berlo se chargea de cette tâche, prit la route de Namur, et fit engager Henri de Dinant à une promenade du côté de la Meuse, où se tenait prêt un bateau, avec quelques affidés munis d'armes cachées. Ils devaient s'emparer de lui, et le conduire à Liége. Henri donna dans le piége. Mais il n'était pas encore arrivé à la porte, qu'il retourna tout à coup sur ses pas en appelant les bourgeois à son secours, soit qu'il eût réfléchi à la singularité de cette invitation, soit qu'il eût aperçu quelque indice de trahison.

N'ayant pu réussir à se rendre maître de son ennemi, l'évêque s'adressa ouvertement à la comtesse de Namur, Marthe de Brienne, qui gouvernait le comté en l'absence de son mari, Baudouin de Courtenai. Il réclama d'elle le rebelle agitateur. Mais cette princesse, au lieu de livrer Henri de Dinant à l'implacable prélat, lui donna une bonne escorte, et le fit conduire en Flandre, où la comtesse Marguerite de Constantinople lui fit l'accueil le plus favorable, moins par générosité peut-être, que pour se venger de l'évêque de Liége, qui avait embrassé avec tant de chaleur la cause de son fils Jean d'Avesnes. Henri mourut au service de cette princesse, qui, selon quelques historiens, l'admit au nombre de ses conseillers, après lui avoir vainement proposé de se concerter avec les amis qu'il avait conservés à Liége, pour enlever l'évêque et le conduire à Gand.

Toutes ces guerres et tous ces troubles ayant singulièrement obéré les finances de la principauté, Henri de

Gueldre engagea au duc de Brabant plusieurs parties de l'évêché, parmi lesquelles se trouvait la moitié de la ville de Malines. Mais, comme cet acte avait été conclu sans l'assentiment du chapitre, les chanoines le déclarèrent illégal ; et le duc ayant refusé de le rompre, ils le frappèrent d'excommunication. Ce fut là une cause nouvelle de lutte et d'agitation, dont la ville de Saint-Trond surtout souffrit grandement.

La domination de Henri de Gueldre devenait de plus en plus insupportable. Admis dans les ordres sacrés en 1258, il n'en devint ni plus modéré ni plus pacifique, et n'en continua pas moins à mener une vie de déréglements et de débauche. Aussi de toutes parts commencèrent à éclater des symptômes de révolte. Malines donna l'exemple. L'évêque marcha contre cette ville, dont il entreprit le siége, mais, forcé par l'hiver, il ne tarda pas à faire sa retraite. Il se jeta dans Maestricht, d'où il se réfugia dans son château de Montfort en Gueldre.

Cependant les Liégeois cherchaient une occasion de renverser la menaçante citadelle qu'il avait érigée pour les contenir. Cette occasion s'offrit en 1269. Une grande fête se célébrait dans la ville : c'étaient les noces d'un des maîtres de la cité. Les officiers de la citadelle y étaient invités ; et les soldats, curieux de voir le spectacle nouveau pour eux d'une fête de cette nature, levèrent le pont et descendirent dans la ville, abandonnant la citadelle à la garde d'une femme qu'ils y laissèrent. A peine la nouvelle se fut-elle répandue que le château se trouvait ainsi sans défense, que les bourgeois songèrent à le surprendre. Ils se réunirent dans le voisinage, et l'un d'entre eux s'avança, qui appela la femme par son nom. Il portait une petite corbeille à la main. La femme lui ayant demandé ce qu'il voulait, il répondit qu'il venait apporter des raisins à un de ses amis qui faisait partie de la garnison. Mais elle, craignant sans doute quelque surprise, refusa de baisser le pont. Lui alors fit semblant de s'éloigner, après avoir déposé à terre la corbeille avec les fruits. Comme elle le crut parti, elle ne put résister à satisfaire sa curiosité, et baissa doucement le pont-levis, pour voir ce que la corbeille contenait. Mais, le pont baissé, l'homme se jeta sur elle, et appela à haute voix ses compagnons. En un instant la citadelle fut envahie par une multitude de bourgeois, qui commencèrent incontinent à la détruire. L'ardeur qu'ils y mirent fut telle qu'au bout de quelques jours on n'en voyait plus deux pierres l'une sur l'autre.

La ville, ainsi délivrée de cette formidable forteresse, n'avait plus rien à craindre au dedans. Mais elle savait que Henri de Gueldre ne manquerait pas de tirer une éclatante vengeance de l'acte qui venait d'être commis. Aussi elle s'empressa de renouer l'ancienne ligue avec les gens de Saint-Trond, de Huy et de Dinant. Mais, cette fois encore, les Liégeois furent forcés de se soumettre, et de payer trois mille marcs d'argent pour la reconstruction de la citadelle.

Cependant Henri de Gueldre, s'il résistait ainsi avec énergie à la population liégeoise, se livrait à un tyran qui le dominait lui-même, au libertinage. Les désordres de sa vie hâtèrent sa chute, en excitant contre lui tous les ordres de l'État, les prêtres aussi bien que les laïques. Il se livrait aux déréglements les plus scandaleux. Il se vantait, au milieu de ses festins, des débordements auxquels il s'adonnait. Un événement de ce genre finit par l'achever. Parmi les plus nobles maisons de Liége, se distinguait celle des Desprez. Henri de Gueldre était devenu éperdument épris d'une demoiselle appartenant à cette famille. N'ayant pas réussi à se faire écouter d'elle par les moyens de la séduction, il recourut à la violence. Les Desprez jurèrent de tirer de cet attentat une éclatante vengeance. Un des leurs, Thibaut, archidiacre de Liége, reprocha vivement cet acte infâme à l'évêque, en présence de tout le chapitre. Henri de Gueldre lui répondit par un coup de pied. Alors tous les chanoines indignés se levèrent, et le prélat se sauva par un escalier dérobé.

L'archidiacre, pour se soustraire à la vue de tant de scandale, partit aussitôt pour la terre sainte. Il était à Ptolémaïs quand il reçut la nouvelle qu'il venait d'être élu pape. Il revint en Europe et fut sacré à Viterbe sous le nom de Grégoire X. A peine ce pontife, si distingué par sa piété, eut-il pris possession de son siége, qu'il adressa à Henri de Gueldre une lettre pleine d'onction, dans laquelle il lui reprochait les scandales de sa vie. L'évêque renvoya avec dédain cette lettre au chapitre, disant qu'il trouverait moyen de se venger de ses ennemis. Alors le pape le cita au concile de Lyon. Henri, prévoyant la honte qui l'y attendait, se démit de son évêché[1]. Mais il n'en fut pas moins déposé par le concile en 1274. Il vécut encore douze ans, pendant lesquels il ne cessa de se livrer à tous les genres de brigandage et aux excès les plus déhontés, désolant sa patrie, inquiétant et persécutant ses successeurs.

III. LIÉGE JUSQU'A LA MORT DE L'ÉVÊQUE ADOLPHE DE LA MARCK. (1344).

Après la déposition de Henri de Gueldre, la crosse épiscopale fut remise à Jean d'Enghien, évêque de Tournai.

C'est aux premières années du règne de ce prélat que se rapporte la fameuse guerre de la Vache de Ciney, dont voici l'origine. Un paysan de Jallez, dans la province de Namur, avait volé une vache à un habitant de Ciney, village du Condroz liégeois, et l'avait conduite à Andenne, où le duc de Brabant et les comtes de Namur et de Luxembourg célébraient des joutes et des tournois. Le bailli du Condroz s'y trouvait aussi, et le propriétaire de la vache y vint la réclamer. Le bailli, ayant promis la vie sauve au voleur, obtint de lui l'aveu de son crime, et l'engagea à reconduire la vache à l'endroit où il l'avait prise. Il eut ainsi l'adresse de le faire entrer dans le Condroz, où il le fit arrêter et mettre à mort. Jean, sire de Gosnes, de qui dépendait le village de Jallez, se vengea de cet acte de perfidie en portant la dévastation dans les campagnes de Ciney. Le bailli, par représailles, incendia Jallez. Jean de Gosnes appela à son secours ses frères, les sires de Beaufort et de Fallais, qui se mirent à ravager le Condroz. Les gens de Huy ne tardèrent pas à se mêler de la querelle; ils vinrent, sous la conduite de leur bailli, brûler le château de Gosnes, et assiéger ceux de Beaufort et de Fallais. Le seigneur de ce dernier manoir, se voyant trop faible pour résister, en sortit pour aller réclamer le secours de ses alliés; mais il fut enveloppé par ceux de Huy, et tué. Alors son fils se mit sous la protection du duc de Brabant, auquel il fit hommage de sa terre, tandis que ses deux frères se placèrent sous la suzeraineté du comte de Namur. Forcés par le duc de Brabant de lever le siége de Fallais, les Liégeois se répandirent dans le Brabant et dans le comté de Namur et de Luxembourg, où ils exercèrent les plus affreux ravages.

Cette guerre prit un caractère d'acharnement incroyable. Déjà quinze mille hommes avaient péri, et un nombre prodigieux de villages et de châteaux avaient été réduits en cendres, quand les auteurs de cet incalculable désastre se décidèrent à y mettre un terme. Ils invoquèrent l'arbitrage du roi de France, Philippe le Hardi, qui venait d'épouser Marie, sœur du duc Jean de Brabant. Ce prince accommoda le différend, en décidant que les choses seraient remises dans l'état où elles étaient avant les hostilités; que chacun aurait à supporter les pertes qu'il avait essuyées, et que l'hommage fait par le sire de Fallais au duc de Brabant, et par les seigneurs de Beaufort et de Gosnes au comte de Namur, serait regardé comme non avenu. Ces conditions furent acceptées, et ces seigneurs rentrèrent sous l'obéissance du prince évêque de Liége.

---

[1] La chronique inédite de Jehan d'Outremeuse, fournit les plus curieux détails sur la déposition de Henri de Gueldre.

Mais la paix ne fut pas plutôt rétablie, qu'un nouveau différend s'éleva. Henri de Gueldre réclama une somme considérable qu'il prétendait avoir avancée, pendant son règne, pour les besoins de l'église de Liége. Comme Jean d'Enghien tardait à faire droit à cette demande, l'évêque déposé commença la guerre, et dévasta le territoire de Franchimont. Les Liégeois, de leur côté, se jetèrent dans la Gueldre, et détruisirent le château de Montfort. Après quelques déprédations commises de part et d'autre, les deux partis consentirent à tenir une conférence à Hougaerde, pour examiner la légitimité de la dette. Jean d'Enghien y vint sans défiance et sans armes, le 23 août 1281. Mais, au milieu de la nuit, il fut enlevé par les satellites de Henri de Gueldre, qui le placèrent sur un cheval et l'entraînèrent au grand galop. Comme il était fort gros, et que les mouvements précipités du cheval le secouaient violemment, il fut bientôt épuisé de fatigue, et tomba devant la porte de l'abbaye de Heylissem, où ses ravisseurs l'abandonnèrent, et où il fut trouvé mort le lendemain.

Après une vacance d'une année, le siège fut occupé par Jean de Flandre, évêque de Metz, fils de Gui de Dampierre, comte de Flandre.

Ce prince mourut en 1292, après un règne assez insignifiant, que signala seulement un conflit élevé entre le clergé et les échevins au sujet de l'établissement d'un impôt. Ce différend fut accommodé par le duc de Brabant, et prit dans l'histoire le nom de Paix des Clercs.

Jean de Flandre mort, il y eut de nouvelles querelles pour l'élection d'un prince. Gui de Hainaut et Guillaume de Berthaut se disputèrent d'abord le pouvoir. Mais le pape Boniface VIII investit de la dignité épiscopale Hugues de Châlons, de la maison de Bourbon.

Ce fut le 24 août 1296 que Hugues prit possession de la principauté. Son règne commença par une querelle qu'il eut à soutenir contre le duc de Brabant au sujet de la ville de Maestricht, qui appartenait indivisément à l'église de Liége et au duché de Brabant. Pendant que l'un des concurrents à l'évêché, Gui de Hainaut, était allé à Rome plaider sa cause, le duc s'était emparé de toute la juridiction de Maestricht. Comme il refusait de prêter l'oreille aux réclamations que Hugues de Châlons lui adressa au nom de son église, l'évêque vint mettre le siége devant cette ville. La médiation du comte de Luxembourg put heureusement arrêter cette guerre, et donna lieu à une charte, dans laquelle les deux souverains se partagèrent la juridiction de Maestricht par paroisses; d'où cet adage que la ville a conservé comme règle de son droit public jusqu'en 1794 :

Trajectum neutro domino, sed paret utrique.

Hugues de Châlons fut un ardent protecteur des nobles. Aussi le peuple n'attendait qu'une occasion de faire éclater son mécontentement. Bientôt elle se manifesta lors de la fabrication d'une monnaie nouvelle de bas aloi, que l'évêque fit frapper à Huy. Soit que l'émotion qui en résulta lui eût déplu, soit mauvaise humeur, le prélat quitta Liége et se retira à Huy, après avoir laissé le gouvernement de la principauté à son frère Jean de Châlons, qui fut investi du titre de *mambour*. Cette dignité fut créée en cette circonstance. Jusqu'alors, à la mort de chaque prince, ou pendant les vacances du siége, le chapitre de la cathédrale avait exercé la puissance suprême. Depuis Hugues, le chapitre convoqua les trois ordres de l'État, à l'effet de choisir celui d'entre les chevaliers liégeois qu'ils croyaient le plus propre à l'éminente charge de *mambour*, ou de défenseur du pays.

Ce fut sous Hugues de Châlons qu'éclata cette guerre d'Awans et de Waroux, qui couvrit la Hesbaie de tant de ruines. Deux seigneurs, celui d'Awans et celui de Waroux, vivaient en grande inimitié. Un parent du second avait enlevé et épousé une riche serve qui appartenait aux domaines du premier. Celui-ci réclama, disant que la fille n'avait pu se marier sans qu'il eût donné d'abord son consentement. On ne tint aucun compte de cette réquisition. De là une guerre acharnée entre les deux familles, et tous les seigneurs voisins prirent part pour l'une ou pour l'autre. Le mambour essaya vainement de les amener à une composition. L'évêque, qui, sur ces entrefaites, était revenu à Liége, se déclara pour les Waroux, et, n'ayant pu réussir à faire mettre bas les armes à leurs adversaires, il vint mettre le siége devant le château d'Awans, où le seigneur s'était enfermé avec ses chevaliers. Réduits à se rendre, ils capitulèrent avec le prince, qui les condamna à venir lui demander pardon, à l'église de Saint-Lambert, aux yeux de tout le peuple, pieds nus, en chemise et une selle de cheval sur la tête. Ils se soumirent à cette humiliation. Mais le seigneur d'Awans reprit bientôt après les armes contre les Waroux; il fut tué le 1er juin 1298, léguant toute sa haine aux siens. Cette lutte furibonde ne se termina qu'après trente-huit années de ravages, de siéges et de combats, que vinrent seulement interrompre par intervalles les *quarantaines*, ou trêves de quarante jours, qu'on observait pour chaque chevalier tué. Pendant ces trêves les deux partis se réunissaient, et on se mariait de part et d'autre. Mais, dès qu'elles étaient finies, on courait de nouveau aux armes, et on recommençait à se battre de plus belle. Trente-deux mille hommes périrent dans cette querelle, qui finit par un mariage, comme elle avait commencé par un mariage. Les deux familles ennemies s'allièrent, et mirent un terme à leur animosité. Les dommages que le pays avait subis étant irréparables, on convint d'ériger en commun une église, où l'on prierait pour ceux qui étaient morts.

Pendant que les Awans et les Waroux dévastaient ainsi la Hesbaie, la ville de Huy fut le théâtre d'une autre lutte intestine entre les drapiers et les tisserands. Le maïeur de la ville, Gilles de Chokier, essaya avec ses hommes d'armes de réduire les bourgeois, qui s'étaient prononcés pour les drapiers; mais il fut forcé de se sauver. L'évêque remédia à cette division en remplaçant les échevins de Huy, qui se sauvèrent à Liége, et commencèrent à exercer de furieuses déprédations sur les terres des Hutois. Ils étaient soutenus par une troupe d'infanterie légère, que Hugues de Châlons avait levée, et qu'on appelait *velites*. Ce furent des ravages et des pilleries effroyables, auxquels heureusement l'inclination qu'avait l'évêque à altérer les monnaies vint mettre un terme. Le prélat fut dénoncé au pape pour ce fait frauduleux, et sommé de comparaître à Rome. Le souverain pontife le déposséda de la principauté, et lui donna le siége de Besançon.

Adolphe de Waldeck, fils du comte de ce nom et d'Hélène, fille du marquis de Brandebourg, qui se trouvait en ce moment à Rome, fut investi par le pape de l'évêché de Liége, dont il prit possession le 4 juin 1301.

Il aplanit les difficultés suscitées par son prédécesseur entre les villes de Huy et de Liége, en condamnant la première à une amende de six mille livres, et en rétablissant les échevins que Hugues de Châlons avait destitués.

Quand Adolphe de Waldeck en eut fini avec ceux de Huy, il dut s'occuper de la ville de Fosses, qui avait bouché la porte par laquelle les chanoines avaient l'habitude d'y entrer. Il y alla en personne. Mais il fut assailli par le peuple dans une maison où il s'était réfugié avec ses domestiques, et il reçut une flèche dans sa robe. — Je me vengerai de cette injure, dit-il avec colère, et je n'ôterai cette flèche que lorsque je serai vengé.

En effet, il manda de Huy une troupe de gens d'armes, qui tombèrent sur la ville de Fosses et la pillèrent entièrement. Cela ne suffisant pas à sa vengeance, il priva la commune de tous ses priviléges, et se réserva exclusivement le droit de nommer les magistrats et de rendre la justice.

Adolphe de Waldeck ne se montra pas moins sévère au dehors qu'il l'était au dedans. Gui de Hainaut, qui avait été l'un des deux concurrents appelés à la principauté avant que le pape l'eût remise à Hugues de Châlons, avait acheté, avec l'argent de l'église de Liége, la terre et le château de Mirwart, situés au milieu des Ardennes, à deux lieues de l'abbaye de Saint-Hubert. Il avait cédé plus tard ce domaine à son frère le comte de Hainaut, comme s'il l'eût acquis de ses propres deniers. Or, les Hennuyers qui occupaient cette forteresse ne cessaient de piller et de ravager les villages voisins, qui dépendaient du pays de Liége. L'évêque mit un terme à ces brigandages en assiégeant le château de Mirwart, qu'il rasa; et en réunissant de nouveau la terre et ses dépendances aux domaines de la principauté.

C'est à l'énergie de ce prélat qu'est due l'abolition de l'intolérable abus de l'usure que les Lombards exerçaient, à cette époque, à Liége. Le pape Boniface VIII avait lancé une bulle contre ceux qui pratiquaient cet odieux trafic. Les échevins liégeois les protégèrent contre le pape et contre l'évêque. Adolphe de Waldeck, voyant que les voies de la justice et de l'autorité étaient insuffisantes pour extirper cette lèpre, recourut à un moyen plus expéditif. Il sortit un jour de son palais, la mitre en tête, sa crosse à la main, et escorté de ses gens d'armes. Dans cet appareil, il se rendit à toutes les maisons des usuriers les plus connus, enfonça les portes, et les chassa de leurs demeures et de la ville, sans que personne songeât à lui opposer la moindre résistance.

L'épiscopat d'Adolphe de Waldeck se termina le 13 décembre 1302. Ce prélat, selon quelques chroniqueurs, mourut empoisonné par les Lombards.

Thibaut de Bar, fils de Thibaut, comte de Bar, lui succéda l'année suivante, et ne fournit qu'un règne stérile; car, s'étant immiscé dans la lutte des Guelfes et des Gibelins, il fut tué dans un combat que l'empereur Henri VII livra dans la ville de Rome, en 1312.

C'est à l'année même de la mort de Thibaut de Bar, et à la *mambournie* d'Arnould de Blankenheim, grand prévôt de la cathédrale, que se rapporte un des épisodes les plus remarquables que nous présente l'histoire de la vie communale à Liége : cet épisode est connu sous le nom de *Mal Saint-Martin*.

A cette époque, la bourgeoisie, alliée au clergé, attaquait de toutes parts l'édifice de la l'aristocratie liégeoise, déjà miné par les cruelles dissensions des familles d'Awans et de Waroux. Cette bourgeoisie avait singulièrement grandi depuis Albert de Cuyck, qui l'admit à l'échevinage par sa charte de 1198. Dès-lors, presque chaque règne avait été pour elle une conquête et un progrès. Thibaut de Bar avait eu d'abord l'imprudence de se montrer le protecteur et l'appui de la noblesse. Mais il ne tarda pas à se laisser gagner par une forte somme d'argent, et à sanctionner les libertés populaires, auxquelles il donna même une garantie nouvelle, en augmentant de vingt le nombre des métiers. Ainsi s'accrut encore la force de ces bourgeois, que Hugues de Châlons avait déjà laissés monter à la dignité de maîtres de la cité. Le Mal Saint-Martin fut la première lutte ouverte qui se livra dans la principauté de Liége entre les nobles et les plébéiens. L'élection du mambour Arnould de Blankenheim, dont nous venons de parler, en fournit l'occasion.

Le chapitre, appuyé par le peuple, avait fait cette nomination, dans laquelle les nobles prétendirent intervenir. Pour se venger de l'insulte qu'ils croyaient faite à leurs droits, ils vinrent, au nombre de cinq cents, mettre le feu aux loges de la boucherie. C'était au milieu de la nuit. Le peuple se rassembla aussitôt en armes, et, secondé par le prévôt du chapitre, qui accourut avec ses chanoines, ses partisans et ses domestiques, marcha contre ses ennemis. Un combat s'engagea. Le prévôt tomba un des premiers. A la pointe du jour on luttait encore, mais les bourgeois ne cessaient de gagner du terrain. Ils finirent par refouler une partie des nobles dans des maisons, où ils pénétrèrent pour les massacrer. Le reste parvint à gagner l'église Saint-Martin, où ils furent bientôt assiégés par le peuple, renforcé d'une troupe de paysans et d'ouvriers des mines de houille voisines. En vain les nobles chercha à s'y maintenir, en se barricadant dans l'édifice. Les assiégeants l'enveloppaient de toutes parts, en faisant des efforts inouïs pour y pénétrer. Voyant qu'il était impossible d'ébranler la porte, la multitude furieuse entassa du bois, de la paille, des tonneaux de goudron et d'autres matières inflammables, autour de l'église; et le feu y fut mis, aux acclamations de la foule. En un instant la flamme jaillit de toutes parts, et l'incendie étreint le refuge des chevaliers, qui ne tardent pas à être enserrés dans un vaste brasier. Les charpentes s'allument, la tour s'écroule, et tous les nobles périssent sous les ruines du temple. Ils étaient plus de deux cents.

Le successeur de Thibaut de Bar ne fut point élu, selon l'usage, par les trois états. Le pape Clément V fit cette fois un coup d'État, en conférant de sa propre autorité l'évêché de Liége à Adolphe de la Marck, prévôt de l'église de Worms, que le roi de France Philippe le Bel lui avait recommandé.

Il fit son entrée à Liége le 25 décembre 1313. Après avoir visité les ruines de l'église de Saint-Martin, il condamna les bourgeois à la rebâtir. Mais bientôt il se vit forcé de s'appuyer lui-même sur le peuple pour tenir tête à une ligue que formèrent les nobles, et à la tête de laquelle s'étaient placés les seigneurs de Warfusée, de Hermul et de Waroux, le comte de Looz, et les villes de Huy et de Dinant. Les deux armées étaient sur le point d'en venir aux mains à Hansinelle, dans la province de Namur, quand les abbés d'Aulne et de Lobbes intervinrent, et ménagèrent entre les parties un accommodement connu dans l'histoire sous le nom de Paix de Hansinelle.

Mais cette paix ne procura point le repos au pays. La guerre d'Awans et de Waroux continuait toujours avec la même fureur. Des meurtres de toute nature se commettaient à l'abri d'une loi appelée la *Caroline,* parce qu'on l'attribuait à Charlemagne. En vertu de cette loi, tout homme accusé d'homicide, s'il n'avait pas été arrêté en flagrant délit, devait être renvoyé absous, dès qu'il jurait sur les Évangiles qu'il n'avait pris, ni directement ni indirectement, part au fait qu'on lui imputait, quelles que fussent d'ailleurs les preuves qu'on pût produire de sa culpabilité. Les pauvres et les petits étaient toujours sûrs d'être punis, tandis que les riches et les grands se réfugiaient toujours derrière la Caroline, qui leur assurait l'impunité. Les murmures du peuple réclamèrent contre cette injustice. L'évêque, pour faire droit aux petits, convoqua une assemblée des notables du pays, et chargea le mambour qu'il avait nommé pour le remplacer pendant son absence, et pour l'assister dans le gouvernement, de punir les assassins et les meurtriers, sans distinction de pauvres ni de riches. Mais le mambour continuait à favoriser les nobles, et les brigandages se renouvelèrent avec plus d'acharnement que jamais. Alors l'évêque, voyant que les voies de la justice étaient impuissantes, se mit à la tête du peuple, et fit démolir et brûler sous ses yeux les maisons des coupables.

Cependant Adolphe de la Marck ne tarda pas à se voir débordé par la caste dont il s'appliquait à réprimer les odieux emportements. Il chercha donc une force nouvelle dans une alliance qu'il conclut avec le duc de Brabant contre tous ceux qui les attaqueraient, excepté les rois de France et d'Angleterre, et le comte de Flandre. Le duc prêta même à l'évêque une somme d'argent, sur la part indivise que celui-ci avait dans la ville de Maestricht.

Mais Adolphe ne fut heureusement pas réduit à se servir des moyens dont cette alliance lui permettait de disposer; car la guerre intestine avait tellement épuisé le pays, que les deux partis désiraient ardemment la paix. Cette paix, qui fut conclue à Fexhe, le 18 juin 1316, devint désormais pour l'État une charte qui définissait les droits de tous les citoyens, ainsi que les droits du prince. Elle fut solennellement jurée par l'évêque, par le chapitre, par les maîtres de la cité, par les échevins, et par les chefs des métiers.

A peine ce différend se trouva-t-il arrangé, qu'une guerre éclata entre les Liégeois et le comte de Namur, à cause des gens de Bouvines, qui réclamaient une assez faible somme d'argent que ceux de Dinant leur devaient. Cette réclamation, qui ne fut point écoutée, alluma un incendie terrible, qui sema le pays de nouvelles ruines et de nouveaux désastres.

D'un autre côté, la paix de Fexhe n'avait amené qu'un calme passager. Le peuple se remit à murmurer contre la manière dont les officiers épiscopaux administraient la justice. Adolphe de la Marck ayant vainement cherché les moyens de rétablir la paix, se retira à Huy, après avoir déposé, dans le chœur de la cathédrale, une sentence munie de son sceau, par laquelle il mettait la ville en interdit. La guerre civile s'était ainsi rallumée, tandis que les partis d'Awans et de Waroux se livraient, le 25 août, un sanglant combat à Dommartin.

Pour mettre un terme à ces discordes, il ne fallut rien de moins que l'intervention du pape. Jean XXII envoya donc sur les lieux l'abbé de Saint-Nicaise, de Reims, qui ménagea, le 5 juin 1326, la paix de Vihogne, ainsi appelée parce qu'elle fut conclue dans le village de ce nom. Il y fut stipulé, entre autres choses, que le prince établirait un tribunal de vingt-quatre personnes, choisies dans le corps des jurés et des gouverneurs de Liége, moitié nobles et moitié bourgeois, pour rechercher et réprimer les excès et les méfaits des bourgeois de la ville. Les échevins étaient exclus de ce tribunal, qui, du reste, ne dura que peu d'années.

La paix de Vihogne ne fut pas plus efficace que ne l'avait été celle de Fexhe; car de nouvelles dissensions ne tardèrent pas à éclater. L'un des maîtres de la cité qui avaient administré la ville en 1327, étant allié aux Awans, avait engagé les gens de Liége et de Tongres à ravager les terres de ceux de Waroux. L'évêque se retira derechef à Huy, où les Liégeois, les Tongrois et les hommes de Saint-Trond lui déclarèrent formellement la guerre, après les fêtes de Pâques de l'année 1328. Mais ils furent battus dans une première rencontre qu'ils eurent avec les épées épiscopales. Alors ils se jetèrent dans la Hesbaie, où ils se mirent à ravager les terres de leurs ennemis. L'évêque, voulant frapper un coup décisif, appela à son secours les comtes de Gueldre, de Juliers, de la Marck et de Berg, qui vinrent, sous le commandement du comte de Cuyek, camper dans les environs de Tongres. Les Liégeois tombèrent sur cette armée au moment où elle s'y attendait le moins, et la mirent en déroute. Mais la voix de l'évêque parvint à rallier les siens, et à les ramener contre les assaillants, qui furent culbutés à leur tour et hachés en pièces.

L'épuisement des deux partis amena la paix de Flône, qui fut conclue le 1er juin 1330, dans l'abbaye de ce nom, située sur la Meuse.

L'année suivante, intervint le concordat nommé la Paix de Vothem ou de Jeneffe, parce que les conférences furent tenues dans ces deux villages. Par cet acte, l'évêque, le chapitre et les bourgeois organisèrent définitivement l'administration. Voici les principales dispositions de ce document. Tous les ans, le jour de Saint-Jacques, quatre-vingts conseillers chargés d'assister les deux maîtres de la cité, l'un pris dans la noblesse, l'autre pris dans la bourgeoisie, choisiraient six patriciens et six membres des métiers. Ces douze électeurs éliraient à leur tour vingt jurés, qui, avec les vingt de l'année précédente, composeraient l'administration de la ville, et désigneraient les deux maîtres de la cité.

En 1335, la sanglante querelle des

Awans et des Waroux prit enfin un terme. Il fut convenu que douze hommes, choisis dans les deux familles, se retireraient dans l'abbaye de Saint-Laurent, pour travailler définitivement à la paix tant désirée, et n'en sortiraient pas avant d'avoir tout aplani. Ils y entrèrent le premier jour de carême, et en sortirent le jour de Pâques. Cette paix fut appelée la paix des Douze.

Mais un événement survint, qui amena de nouvelles complications. Ce fut la mort de Louis, dernier comte de Looz, qui expira le 19 janvier 1336. Comme ce seigneur ne laissait qu'une fille, ses domaines devaient retourner à l'évêché de Liége, en vertu de la donation que le comte Arnould II en avait faite à Saint-Lambert en l'an 1014. Maintenant, en effet, la condition était remplie, en vertu de laquelle l'évêque Baldric en avait alors investi son frère, comme d'un fief de l'église de Liége, à charge de réversion à cette église, à défaut d'enfants mâles. Adolphe de la Marck eût facilement pu faire valoir ses droits, si le comte Louis, mourant avec le regret d'être le dernier de son nom et de sa race, n'avait disposé de ses biens en faveur de Thierry de Heinsberg, fils de sa sœur aînée, au détriment de l'évêché. Or, Thierry était précisément beau-frère de l'évêque, qui, prenant plus à cœur les intérêts de sa famille que ceux de l'État, se laissa vainement solliciter par le chapitre de s'emparer du comté, en sorte que Thierry en prit possession. De là, grands murmures à Liége. Enfin l'évêque, pour mieux cacher ses desseins, convoqua les trois ordres de la nation. Dans cette assemblée, la validité des titres de la principauté fut démontrée, et la guerre fut décidée. Mais Adolphe de la Marck trouvait mille moyens d'empêcher qu'on recourût aux armes. Le chapitre cependant ne fléchissait pas. Sachant bien qu'il n'avait rien à attendre de l'empereur Louis de Bavière, qui se trouvait sous le poids d'une excommunication, ni rien à espérer des douze pairs de l'Église liégeoise, qui étaient dévoués à Thierry de Heinsberg, et dont les principaux étaient les ducs de Brabant, de Limbourg, les comtes de Flandre, de Hainaut, de Namur, les sires d'Agimont et de Rochefort, et l'avoué de la Hesbaie, — il s'adressa directement au pape. Benoît XII envoya un cardinal sur les lieux, pour instruire l'affaire. Mais, rien n'ayant pu se conclure, on soumit la décision à quatre arbitres, parmi lesquels se trouvait Jean, roi de Bohême et duc de Luxembourg. Ces arbitres, également dévoués à Thierry, lui adjugèrent le comté à lui et à ses descendants, à perpétuité.

Le chapitre appela de cette sentence au saint-siége.

Pendant ce temps, l'unique héritier de Thierry vint à mourir. Les chanoines renouvelèrent donc leurs instances auprès de l'évêque pour l'engager à recourir aux armes. Mais il refusait toujours, et ne cessait d'encourager sous main son beau-frère. Alors les chanoines, fatigués de se voir ainsi joués, excommunièrent Thierry et convoquèrent les états, en informant le pape de la résolution qu'ils venaient de prendre. L'excommunication fut maintenue par le saint-siége.

Au milieu de ces embarras, il survint une autre difficulté. La ville de Huy continuait à payer ses contributions ecclésiastiques en monnaie de bas aloi, c'est-à-dire à la valeur nominale que Hugues de Châlons y avait donnée. L'évêque refusa de la recevoir. Les gens de Huy s'obstinèrent, et finirent par envoyer des députés au duc de Brabant, pour obtenir sa protection au prix de leur château et d'une somme de quarante mille écus. Le peuple liégeois résolut aussitôt unanimement la guerre contre le duc, à moins qu'il n'abandonnât la cause de ceux de Huy. La fermeté de cette résolution ébranla le Brabançon, qui fit proposer par le comte de Hainaut de nommer des arbitres pour décider les différends qui s'étaient élevés entre l'évêque et les Liégeois, et entre ceux-ci et le duc. Le chapitre y consentit, mais en déclarant qu'il entendait que les arbitres n'eussent à se mêler en aucune manière du comté de Looz.

Parmi les seigneurs auxquels l'arbitrage était confié, se trouvaient Jean, roi de Bohême, et le comte de Hainaut. Ils commencèrent par instituer le fameux tribunal des vingt-deux, qui eut à statuer sur tout ce qui concernait les intérêts et le bien-être de l'Église et de l'État. Ce fut un grand remède apporté aux concussions et aux prévarications que les officiers de l'évêque ne cessaient d'exercer sur le peuple. Quatre des membres de ce tribunal devaient être pris parmi les chanoines de la cathédrale, quatre parmi les nobles, quatre parmi les bourgeois de Liége, deux à Huy, deux à Dinant, deux à Tongres, deux à Saint-Trond, un à Fosses et un à Bouillon.

Après cet arrangement, les arbitres introduisirent la question du comté de Looz. Les chanoines étaient dans une grande perplexité, et ne savaient quel parti prendre, quand les trois ordres se réunirent spontanément, et résolurent, après avoir pris connaissance de toute l'affaire, qu'il fallait chasser Thierry du comté et qu'on enverrait au pape un rapport de la délibération. Mais l'astucieux évêque réussit à gagner les chanoines, et obtint qu'il ne fût point écrit au pape. Il parvint même à se faire remettre, les actes relatifs au comté de Looz, et les fit passer au comte de Hainaut. Alors les arbitres eurent beau jeu. Ils rédigèrent un projet de paix entre l'évêque de Liége, le duc de Brabant et la ville de Huy. Ensuite ils adjugèrent définitivement le comté à Thierry de Heinsberg, malgré les énergiques protestations du chapitre, qui affronta courageusement les menaces du fougueux roi de Bohême.

Cette décision rendue, le comte de Hainaut partit pour la Palestine, et l'évêque se retira en son château de Clermont.

Cependant le pape, instruit de ce qui venait de se passer, envoya à Liége l'évêque de Forli, pour s'enquérir du véritable état des choses. Mais Adolphe de la Marck lui dépeignit sous des couleurs si noires les excès des habitants de Huy, que le légat papal les excommunia, ainsi que le duc de Brabant. L'irritation était ainsi rallumée plus fort que jamais : elle ne pouvait se terminer que par la mort d'Adolphe de la Marck. Ce prélat expira le 3 novembre 1344, d'un accès de frénésie, en apprenant que les gens de Huy avaient battu une troupe de soldats qu'il avait envoyés pour tuer une députation de cette ville, qui devait venir le trouver à son château de Clermont.

IV. LIÉGE JUSQU'A LA PAIX DU 1er MARS 1466.

Le 23 février 1345, Englebert de la Marck, neveu d'Adolphe, fut appelé par le pape à succéder à son oncle.

Les difficultés élevées au sujet du comté de Looz n'étaient point aplanies. Thierry s'était plaint à Rome de l'excommunication lancée contre lui, et de l'interdit jeté sur le comté par le chapitre de Saint-Lambert; et le souverain pontife avait envoyé à Liége l'abbé de Saint-Nicaise de Reims pour examiner ces plaintes, et lever l'interdit, si elles étaient fondées. Des conférences s'ouvrirent; mais elles n'amenèrent d'autre résultat que la confirmation de Thierry de Heinsberg, auquel en effet le nouvel évêque accorda l'investiture du comté de Looz.

A cette nouvelle, une grande colère enflamma le peuple, que cependant les maîtres de la cité parvinrent à contenir cette fois. Le chapitre, la noblesse et le magistrat se bornèrent à protester contre l'acte épiscopal, et en appelèrent au saint-siége. De son côté, l'évêque ne s'inquiéta guère de cette opposition, et il fit ratifier sa décision par Charles de Luxembourg, roi des Romains.

Ce point tranché, Englebert de la Marck songea à détruire la ligue des villes qui avaient soutenu la querelle des gens de Huy. N'ayant pu y parvenir par un accommodement, il recourut aux armes, après s'être assuré de l'appui du roi des Romains, du roi de Bohême, des comtes de Juliers, de la Marck, de Gueldre, de Namur, de Looz et de Salm. Mais les Liégeois lui firent essuyer une déroute complète au village de Vothem, et dispersèrent toute son armée, qui laissa sur le champ de bataille plus de mille morts, au nombre desquels se trouvèrent un grand nombre de chevaliers, de seigneurs, et de princes de l'Empire. Cependant cet échec ne l'abattit point; car il ne tarda guère à prendre, grâce au secours du duc de Brabant, une éclatante revanche, et tailla en pièces les gens de Liége et leurs alliés, dans la vaste plaine qui s'étend entre le villages de Walef et de Tourinne. Cette défaite força les Liégeois à accepter une paix ignominieuse. Ils furent contraints à payer quarante mille écus d'or à l'évêque, et à fournir au duc de Brabant, toutes les fois qu'il le requerrait, six cents hommes d'infanterie, pour servir à leurs frais dans ses armées pendant quarante jours par an.

Maintenant que la turbulence du peuple était enchaînée pour quelque temps, Englebert de la Marck put s'occuper d'améliorer l'organisation intérieure de l'État. La paix de Waroux avait laissé intacts plusieurs points discutés et convenus dans les conférences concernant la justice et la police. Il nomma des députés pour rédiger ces dispositions, et publia, avec le concours des différents ordres, une modération de cette paix, sous le titre de Loi nouvelle. Ce fut le 12 octobre 1355.

Depuis, il gouverna avec prudence et sagesse, bien que le peuple ne pût lui pardonner d'avoir laissé Thierry de Heinsberg dans la paisible jouissance du comté de Looz. Un événement heureux vint lui concilier ces esprits hostiles. Thierry mourut en 1361, après avoir institué héritier son neveu Godefroi de Heinsberg d'Alembroeck. Au lieu de tenir compte de cet acte de transmission, l'évêque résolut de mettre l'église de Liége en possession du comté, fût-ce même par le moyen des armes. Outre Godefroi, un autre prétendant s'était mis en avant, Arnould d'Oreye, sire de Rummen et neveu de Louis, dernier comte de Looz. Englebert de la Marck rassembla une armée et défit d'Alembroeck qui se désista de ses prétentions. Mais, peu fidèle à sa parole, ce seigneur vendit ses droits à Arnould d'Oreye, avec lequel il fallut dès lors commencer une autre guerre. Le sire de Rummen, sentant qu'il ne pourrait résister à la puissance liégeoise, demanda que le différend fût soumis à la décision des pairs de l'Église de Liége. Mais Englebert, qui ne se fiait point à ce tribunal, dont la voix s'était déjà une fois prononcée en faveur de Thierry de Heinsberg, voulut que l'affaire fût porté. devant l'empereur, leur juge commune Arnould y consentit; et l'empereur statua que l'évêque se mettrait provisoirement en possession du comté, jusqu'à ce qu'une sentence définitive eût été rendue.

Sur ces entrefaites, Englebert de la Marck fut appelé par le pape à l'archevêché de Cologne, et remplacé l'année suivante, en 1364, dans la principauté de Liége, par Jean d'Arckel, évêque d'Utrecht.

Arnould de Rummen avait mis à profit l'interrègne, pour prendre les armes. Mais il avait essuyé une grande défaite, les Liégeois ayant pris pour mambour Jean de Walcourt, seigneur de Rochefort. Malgré ce désastre, Rummen ne renonça point à ses projets. A l'avénement du nouvel évêque, il rejeta les offres de paix que Jean d'Arckel lui proposa, et il reprit la campagne. Mais il fût battu de nouveau, et son château fut pris et rasé. Enfin, lui-même se vit forcé d'implorer la clémence de l'évêque et du chapitre. Bien qu'il fût réduit à l'impuissance, il reçut des Liégeois une pension viagère de trois mille florins, et le comté de Looz fut réuni à perpétuité à l'église de Liége en 1367.

Cinq années de tranquillité avaient commencé à cicatriser les plaies que tant de guerres et de luttes intestines avaient faites au pays, quand une nouvelle discorde civile éclata. Les habitants de Thuin s'étaient soulevés, et ils avaient banni ceux d'entre leurs échevins qu'ils croyaient dévoués au parti de l'évêque. Jean d'Arckel y envoya quatre de ses gardes à cheval, pour rétablir ces magistrats. Mais le bourgmestre, Jean de Harchies, ayant accablé d'injures un des envoyés épiscopaux, celui-ci le tua. Ce fut le signal d'une révolte ouverte. Les gens de Thuin prirent le cadavre, et le transportèrent à Liége, en passant par Dinant et par Huy, et en criant partout vengeance. L'évêque effrayé se retira à Maestricht, et les états lui déclarèrent la guerre, après avoir appelé à la mambournie Walter de Rochefort. Mais ce différend s'accommoda enfin par le rétablissement du tribunal des vingt-deux, qui n'avait eu qu'un moment d'existence, et qui fut modifié en plusieurs points à l'avantage du peuple.

Cette paix toutefois n'amena qu'une tranquillité momentanée. Un bourgeois de Saint-Trond, accusé d'un crime énorme, avait été condamné à une forte amende par l'évêque, qui lui donna ensuite des lettres d'absolution, par lesquelles il le déclarait innocent. Le coupable s'adressa, muni de ces lettres au tribunal des vingt-deux, prétendant que, puisqu'il était reconnu innocent, il n'avait pu encourir l'amende, dont il réclamait la restitution. Le tribunal fit droit à cette demande, et condamna l'évêque à restituer la somme. Jean d'Arckel recourut alors aux moyens ordinaires : il obtint du pape que le diocèse fût mis en interdit; mais les Liégeois tinrent bon, et la guerre s'alluma. Après qu'on se fut livré de part et d'autre à quelques dévastations, le duc de Brabant intervint de nouveau; et, dans un congrès qui fut tenu au château de Caster, près de Maestricht, la paix fut signée le 14 juin 1376. Ce fut la troisième paix des vingt-deux. L'évêque mourut l'année suivante.

Toute l'histoire de Liége n'est ainsi, comme nos lecteurs ont pu le remarquer, qu'un enchaînement d'explosions et de luttes entre le pouvoir populaire d'un côté, et le pouvoir épiscopal ou féodal de l'autre. Et toutes ces paix si célèbres ne furent pas de simples concessions octroyées par le prince; elles furent, au contraire, des stipulations et des garanties toujours arrachées par la force, mais que la force opposée tendait sans cesse à détruire.

Jean d'Arckel descendu du siége épiscopal pour entrer dans la tombe, il y eut de nouveau deux prétendants à la crosse : Eustache Persan, de Rochefort, chanoine de Liége, qui obtint ses bulles de l'antipape Clément VII, et Arnould de Hornes, évêque d'Utrecht, qui fut nommé par Urbain VI. Persan, qui avait pour appuis le duc de Brabant, le duc de Clèves et l'archevêque de Cologne, voulut défendre ses droits par les armes. Mais il se rendit si odieux, que les Liégeois se prononcèrent unanimement pour Arnould de Hornes, et commencèrent par mettre toutes leurs forteresses en bon état de défense. Cette mesure était d'une urgence extrême; car, peu de jours après, le duc de Brabant se vanta de ruiner le pays de Liége, et s'y jeta avec une armée. Ainsi une guerre acharnée commença. Les villages disparaissaient dans l'incendie; on se battait sans quartier, sans merci. Les Liégeois, à leur tour, entrèrent dans le Brabant, et en firent le théâtre des fureurs les plus sauvages. Les deux pays n'offraient de toutes parts qu'un tableau de ravage et de dévastation. Enfin le Brabançon, forcé à la retraite, revint cacher sa honte à Bruxelles; et, grâce au comte de Flandre, une trêve d'un an fut conclue le 13 décembre 1379.

C'est pendant cette trêve qu'Arnould de Hornes, qui jusqu'alors était resté à Utrecht et n'avait pris que le titre de mambour de la principauté, dont il avait laissé la charge à son frère Louis de Hornes, prit enfin possession de l'évêché de Liége. Il obtint de l'empereur Wenceslas, en 1380, que l'Empire prît le pays sous sa protection spéciale; de sorte que la guerre avec les Brabançons ne put éclater à l'expiration de la trêve.

Thierry de la Marck, appelé à recueillir, en 1389, la succession d'Arnould de Hornes, refusa l'évêché, auquel fut promu, l'année suivante, le terrible Jean de Bavière, fils d'Albert, comte de Hainaut.

Pendant les quatorze mois d'interrègne qui s'étaient écoulés depuis la mort d'Arnould de Hornes jusqu'à l'avénement de son successeur, l'anarchie avait pu se développer à l'aise dans l'État. Aussi, des explosions avaient eu lieu sur plusieurs points. Mais la fermeté de Jean de Bavière parvint aisément à les comprimer, et son énergie procura six années de paix au pays. Toutefois, pendant ce temps, il ne montra aucune des qualités qui gagnent l'affection et provoquent la confiance d'un peuple éminemment accessible aux idées généreuses. Livré à une vie dissipée, mondaine, et peu conforme à la dignité de son état, il avait refusé de prendre les ordres sacrés, et régnait plutôt en prince qu'en prélat. Aussi, on ne tarda pas à dire publiquement qu'il n'avait d'autre but, en gardant l'évêché, que d'en percevoir les revenus au lieu de s'appliquer à remplir les devoirs attachés à son caractère épiscopal. En effet, à cette seconde période, sa vie devint un tissu de scandales et son règne une série de calamités.

Une faction avait commencé à se former, que les partisans de l'évêque désignèrent par le nom bizarre de *haydrois*, qui signifie *qui hait le droit*, la justice. Dès qu'elle eut acquis assez de force pour éclater, elle prit les armes, chassa Jean de Bavière, et nomma un mambour. L'évêque se retira à Huy. Mais cette fois on en vint à un accommodement, sans en être venu aux mains d'abord. La paix des Seize ou de Tongres, ainsi appelée parce qu'elle fut conclue en cette ville (le 28 août 1403) par seize délégués nommés par les deux parties, rétablit pour un moment le calme, en statuant sur tous les points qui avaient donné lieu aux discussions et à la mésintelligence élevées entre le prince et la nation.

Cependant les esprits n'en furent pas plus rassurés. Des bruits étranges avaient commencé à circuler sur les intentions qu'on imputait à Jean de Bavière. On disait que, dans un voyage qu'il venait de faire en France, il s'était ligué avec le duc de Bourgogne, et que son dessein était de séculariser la principauté et de s'emparer des villes. Ces bruits se propageant de plus en plus, et la défiance croissant toujours, les haydrois se relevèrent, les villes renouvelèrent leur confédération, Tongres chassa ceux d'entre ses échevins qui tenaient pour le parti de l'évêque, Liége chassa le chancelier du prince; en un mot, on se prépara à une révolte ouverte.

Jean de Bavière, pour échapper à l'orage qui se formait, se retira à Maestricht avec son officialité, emporta le grand sceau de l'État, et fit fermer le tribunal des échevins. Tout espoir de conciliation était évanoui. Les villes, à l'exception de Maestricht et de Saint-Trond, envoyèrent des députés à Liége pour élire un mambour. On offrit d'abord cette dignité à Jean, seigneur de Rochefort, qui la refusa, voulant rester étranger à la querelle. On s'adressa alors à Henri de Hornes, dont le fils Thierry était chanoine de la cathédrale. Le vieillard se retrancha d'abord derrière ses scrupules. Mais, grâce à l'intervention de sa femme, on réussit à le vaincre d'autant plus facilement qu'on offrait la crosse à son fils. Henri de Hornes fut ainsi proclamé mambour, et son fils évêque de Liége. Les chanoines et les clercs n'ayant pas voulu prendre part à cette double nomination, on les chassa de la ville comme ennemis de l'État, et leurs biens furent confisqués. Tout tomba de cette manière dans le plus grand désordre. Thierry cependant, s'occupa de faire confirmer son élection. Il fut reconnu par l'antipape Benoît, et reçut de l'empereur le diplôme d'investiture. Ce dernier acte ne fut pas mieux accueilli par les échevins, que le premier ne le fut par le clergé. On recourut donc aux moyens de la terreur pour faire reconnaître le nouveau prélat. Les maîtres de la cité, à la tête d'un corps de cavalerie qu'on avait formé en prenant vingt hommes dans chaque métier, précédés de leurs drapeaux, allèrent mettre le feu aux fermes et aux maisons des échevins, des chanoines et des chevaliers, qui, restés fidèles à Jean de Bavière, s'étaient retirés à Maestricht, à Namur, dans le Brabant et dans le Hainaut.

Voyant les choses parvenues à cette extrémité, et l'audace de ses ennemis croissant de jour en jour, Jean de Bavière résolut de recourir à son tour à la voie des armes. Il alla donc solliciter des secours en France, en Allemagne, et auprès de tous les princes ses alliés. Informés de ses préparatifs, les Hornes se déterminèrent à mettre le siége devant Maestricht. Les premières hostilités commencèrent autour de cette ville. Mais, pendant que les Liégeois étaient occupés sur ce point, le comte de Hainaut, Guillaume IV, frère de l'évêque Jean, opéra une diversion dans le pays d'entre Sambre et Meuse, et commit les plus grands dégâts dans cette partie de la principauté. L'État ainsi pressé entre deux guerres, une troisième épée vint lui présenter la pointe. C'était celle de Jean, duc de Bourgogne, qui, sorti de France après l'assassinat du duc d'Orléans, accourait au secours de l'évêque, son beau-frère.

A l'approche de cette armée, le mambour se hâta de lever le siége de Maestricht et de rentrer à Liége, d'où il sortit le lendemain, 22 septembre 1408, pour marcher à la rencontre de l'ennemi. L'armée liégeoise était forte de quinze mille hommes d'infanterie et de sept cents cavaliers. Henri de Salm portait la bannière; les arbalétriers étaient au front de la bataille, et les deux Hornes commandaient le centre. L'armée des princes était de trente-cinq mille combattants, et se composait des meilleures troupes de Bourgogne, de Flandre, d'Artois et de Hainaut. La lutte s'engagea près du village d'Othée, à une lieue de Tongres. Elle fut d'un acharnement terrible. Aussi la victoire resta longtemps indécise. Mais enfin, pressés par le nombre, les Liégeois, après avoir fait des prodiges de valeur, rompirent leurs rangs. Alors ce ne fut plus qu'une horrible boucherie. Enveloppés de toutes parts, ils furent serrés en une masse si compacte, que ceux que le fer ennemi ne pouvait atteindre moururent étouffés les uns sous les autres. Henri de Salm, les deux Hornes, une foule de barons et de chevaliers, tombèrent sur le champ de bataille; la défaite fut telle, que, selon les chroniques, la plupart des anciennes maisons du pays s'éteignirent dans cette fatale journée. Les têtes des deux Hornes furent présentées le lendemain, plantées sur des piques, à Jean de Bavière, qui les envoya comme un trophée à Maestricht. Cette sanglante victoire mérita au duc de Bourgogne le surnom de Jean sans Peur, et à l'évêque celui de Jean sans Pitié, qu'il justifia si bien par l'abus cruel qu'il fit de la défaite des Liégeois.

La ville fut consternée en apprenant ce désastre; mais la terreur y redoubla quand on apprit la terrible sentence que Jean de Bavière venait de rendre. Il força d'abord les bourgeois et le clergé à venir lui demander pardon à genoux et la tête nue. Ensuite commencèrent les exécutions. Il fit précipiter du haut du pont des Arches la veuve de Henri de Hornes, et décapiter les seigneurs Jean de Seraing et Jean de Rochefort avec tous les fauteurs de la sédition. L'œuvre de sang terminée, il anéantit toutes les libertés et tous les priviléges de la nation, et fit transporter à Mons les chartes et les titres qui les consacraient. Il supprima les corps des métiers, et brûla leurs bannières; il démolit les portes et les remparts des villes de Dinant, de Thuin, de Fosses, de Couvin, et des autres situées dans le pays d'entre Sambre et Meuse; il frappa la principauté d'une amende de deux cent vingt mille écus d'or, à partager entre le roi de France et l'empereur ou leurs successeurs; enfin il mit le pays en interdit, jusqu'à ce que, rentré sous l'obéissance de son prince, il eût payé cette énorme amende. Toutes les conquêtes du temps étaient ainsi détruites d'un seul coup. Les libertés acquises au prix de tant de sang se virent abolies d'un seul trait de plume et la nationalité liégeoise fut en quelque sorte anéantie. Heureusement, le chapitre de la cathédrale avait conservé une énergie que la population avait perdue. Il refusa de ratifier le décision épiscopale, et fit comprendre à Jean de Bavière que, si les factieux avaient ébranlé sa puissance, il achevait de la détruire lui-même par le jugement rigoureux qu'il venait de porter. L'évêque, malgré l'inflexibilité de son caractère, se rendit à cette vérité, et, d'accord avec le peuple et les délégués des princes ses alliés, il modifia plusieurs dispositions de la sentence rendue. Toutefois ces modifications ne furent faites que par forme d'octroi, et elles conservèrent une couleur d'absolutisme bien décidée.

Ces blessures profondes eussent peut-être fini par se cicatriser, si l'implacable prélat ne se fût appliqué à renouveler l'irritation par une mesure de rigueur inutile, à laquelle il recourut. Il permit aux Liégeois, proscits par l'autorité des rebelles, de se venger sur les biens et sur les personnes de leurs ennemis. Alors ce furent de nouvelles dévastations et de nouveaux assassinats, mais autorisés, cette fois, par le prince lui-même. Les haydrois, qui s'étaient réfugiés en Brabant, se voyant ainsi menacés, se réunirent pour opposer une résistance commune, et se jetèrent dans la petite ville de Herck, au comté de Looz; mais ils furent pris par le sénéchal du comté, et tous livrés à la mort. Ce fut le signal d'une nouvelle boucherie. Trente habitants de Huy, qui s'étaient déclarés pour les Hornes, eurent la tête tranchée sur le pont de cette ville, et leurs corps furent jetés dans la Meuse.

Ces horribles cruautés, si elles répandaient la terreur, ne firent que donner un aliment de plus à la haine du peuple. On songea donc à se défaire du tyran par l'assassinat. Un complot fut tramé pour égorger l'évêque et ses ministres; mais la conspiration fut découverte, et les conjurés furent en partie décapités, en partie noyés.

Cette dernière tentative ayant échoué, les Liégeois n'eurent plus d'autre recours que la protection de l'empereur Sigismond. Ce prince passait précisément par leur capitale la veille de Noël 1416, pour se rendre au concile de Constance. Il écouta les plaintes de ce malheureux peuple, et ordonna, par un diplôme du 26 mars 1417, que la nation rentrât dans ses anciens droits, priviléges et libertés, et que les villes et les forteresses du pays fussent rétablies.

Cependant Jean de Bavière refusa de se soumettre à la volonté de l'empereur, et continua le système despotique dans lequel il était entré; de sorte que le diplôme impérial ne soulagea en aucune manière le joug qui pesait si durement sur les Liégeois.

Heureusement il survint un événement, étranger au pays, qui attira d'un autre côté l'attention de l'évêque. C'était la maladie de Guillaume, comte de Hainaut, dont l'héritière Jacqueline, âgée de seize ans, paraissait pouvoir être facilement dépouillée d'une partie de ses vastes domaines. L'évêque, voyant là une conquête digne de son ambition, changea brusquement de système à l'intérieur. Il fit revenir de Mons les chartes liégeoises et réintégra la nation dans une partie de ses droits.

Nous avons raconté, dans l'histoire du Hainaut, comment l'évêque réussit dans ses intrigues, et abandonna son évêché pour épouser Élisabeth de Gorlitz.

A la nouvelle qu'il avait déposé la crosse, la ville de Liége fut dans une grande allégresse. Il était temps, en effet, qu'elle respirât après tant de malheurs. Aussi Jean de Valenrode, archevêque de Riga en Livonie, qui fut appelé, en 1418, au siége épiscopal, appliqua son règne de onze mois à fermer les douloureuses blessures que Jean sans Pitié avait ouvertes et tenues saignantes pendant dix ans.

Sous Jean de Heinsberg, qui lui succéda en 1420, les Liégeois reconquirent leur tribunal des vingt-deux, et rentrèrent par degrés dans la plupart des priviléges dont ils avaient joui auparavant. Ressuscités à leur vieille liberté, ils voyaient recommencer de nouveaux jours, et se disposaient à jouir en paix de leurs droits acquis par tant de peines et de sang, quand tout à coup l'ambition d'un homme vint remettre le trouble dans l'État. Cet homme fut Wauthier d'Athin. Maïeur de la ville de Liége, mais d'un caractère impérieux et despotique, il avait fini par exercer un pouvoir singulièrement arbitraire. Son fils, qui était chanoine de Saint-Lambert, ayant eu à démêler avec le chapitre un différend dont il ne s'était pas tiré à son avantage, Wauthier alla jusqu'à interdire à ce corps l'eau et le feu, et défendit à tous les ouvriers de travailler pour les chanoines. Mais un jour, un bourgeois, condamné injustement à payer une amende au maïeur, osa se prononcer publiquement contre l'odieux magistrat. Cette fois, la mesure étant comblée, la voix qui s'élevait contre le tyran trouva de l'écho. Tous les métiers épousèrent la cause du condamné avec tant de chaleur et d'énergie, que d'Athin fut proscrit avec les échevins qui l'avaient soutenu jusqu'alors, dans la crainte d'encourir sa disgrâce.

Ce fut un événement. Mais la guerre étrangère ne tarda pas à venir en distraire tous les esprits.

Le comte de Namur, Jean III, avait vendu ce comté, en 1420, à Philippe le Bon, duc de Bourgogne, en s'en réservant la jouissance sa vie durant. Il mourut en 1429, et le duc se mit en possession de ce domaine. La petite ville de Bouvignes, située sur la rive gauche de la Meuse, faisait partie du comté et se trouvait, depuis longtemps, en rivalité avec Dinant, dont elle est voisine. Les gens de Dinant, pour la tenir en respect, avaient fait construire sur la rive droite du fleuve une tour fortifiée, qu'on appelait Montorgueil. Philippe le Bon en exigea la démolition. Les Dinantais la refusèrent, et une guerre terrible éclata. Mais les Liégeois y succombèrent. Resserrés qu'ils étaient de toutes parts entre les domaines nouveaux du duc, entre le comté de Namur et les duchés de Brabant et de Limbourg, la lutte était devenue trop inégale pour eux. Aussi, le chapitre fut forcé à une paix humiliante. L'évêque son père qui avait pris part à la guerre, et vingt députés des états du pays, vinrent à Malines trouver le duc, et lui demandèrent pardon à genoux, en lui promettant d'être à l'avenir de bons voisins; enfin, ils s'engagèrent à lui payer en deux ans une somme de cent mille nobles d'or, et de lui fournir tous les ans, deux mois après qu'ils en auraient été requis, une troupe de trois cents hommes d'armes pour servir pendant six mois sous ses drapeaux.

Cette paix excita à Liége un violent mécontentement, et les partisans de Wauthier d'Athin s'efforcèrent de l'accroître. Un tumulte menaçant eut lieu. L'évêque s'était réfugié dans les caves de l'hôtel de ville, où les bourgmestres eux-mêmes craignaient pour leur tête que le peuple réclamait à grands cris. Comme le nom d'Athin avait conservé une grande puissance, on invoqua l'intervention de Guillaume, frère du maïeur proscrit. Il se montra à la foule et réussit à la calmer. Lorsqu'il revint au milieu des magistrats, il dit que la multitude exigeait que le règlement dressé par l'évêque relativement aux élections fût changé en faveur du peuple. L'évêque et ses partisans accédèrent à cette demande; mais, le jour des élections venu, les métiers choisirent pour maîtres de la cité Guillaume d'Athin et Jacques de Borlé. Ce triomphe ranima la fureur des factieux. Une explosion eut lieu pendant la nuit du 5 janvier 1433, mais elle fut facilement comprimée. Les plus coupables, au nombre de cinquante, furent bannis à perpétuité du pays de Liége et du comté de Looz, avec leurs femmes et leurs enfants, et il fut défendu, sous peine de mort, de leur donner ni pain ni eau. Les autres, au nombre de trois cents, furent en partie condamnés à des bannissements plus ou moins longs. Il fut permis à chacun de tuer les proscrits qu'on rencontrerait sur les territoires où ils étaient mis hors la loi. Ces sentences furent exécutées avec une rigueur qui approcha souvent de la cruauté. Ainsi, un malheureux qui avait porté du secours à son père proscrit, fut cruellement décapité. Ainsi encore un chanoine de Saint-Lambert, fils de Wauthier d'Athin, ayant été à Bâle implorer le concile en faveur de son père, fut pris à son retour, couché au bord d'un puits de houillère, et précipité dans la mine, après avoir eu la tête fracassée à coups de maillet. En un mot, la terrible justice de Venise semblait transportée à Liége. Mais cette terreur ramena enfin le calme dans l'esprit de cette turbulente cité.

Deux nouvelles guerres s'allumèrent bientôt. En 1433, Jacques, seigneur de Morialmé, qui avait été proscrit quelques années auparavant, était revenu à Liége, muni d'un sauf-conduit de l'évêque. Les échevins, qui n'y avaient point consenti, le saisirent et le firent décapiter. Mais Tristan, bâtard de Morialmé, vengea son père, en commettant de grands dégâts dans le pays d'entre Sambre et Meuse, où il s'était réuni à une troupe de Français et de Bourguignons que le défaut de paye avait portés à déserter leurs drapeaux. Enfin, deux années plus tard, la paix d'Arras ayant fait licencier un grand nombre de compagnies, occupées jusqu'alors à la guerre en France, le même territoire fut de nouveau infesté par des hordes de bandits. Deux fois Jean de Heinsberg marcha contre eux, pour mettre un terme à ces dévastations.

Quand tout fut ainsi rentré dans l'ordre, l'évêque songea à faire le pèlerinage de Palestine, qu'il avait promis d'accomplir. Mais, arrivé à Tunis, où il se donna le titre de duc de Bouillon, on lui refusa le passage, tant le nom de Godefroi avait laissé de profonds souvenirs parmi les infidèles. Jean de Heinsberg rentra donc à Liége en 1444.

A peine fut-il revenu dans ses Etats, qu'il se vit impliqué dans de nouvelles difficultés. Everard de la Marck et Jean, sire de Beauraing, vassaux de Saint-Lambert, avaient commencé à garnir leurs châteaux de Rochefort et d'Agimont, et à faire avec quelques bandes d'écorcheurs des incursions sur les terres bourguignonnes. Le duc réclama avec instance le passage pour une armée qu'il destinait à châtier ces deux seigneurs, à moins que l'évêque ne consentît à les réduire lui-même. Mais les Liégeois craignaient qu'une fois le pied posé sur les terres de la principauté, le duc n'en sortît difficilement. C'est pourquoi ils furent forcés de marcher contre les deux châteaux rebelles, et de s'en rendre maîtres.

Jean de Heinsberg vécut jusqu'en 1455 dans des craintes continuelles de mort; car les proscrits liégeois lui dressaient de tous côtés des embûches et tramaient contre sa vie des conspirations, qui, heureusement pour lui, avortaient toujours. Enfin, Philippe le Bon, qui ne visait qu'à placer sur le siége épiscopal son neveu Louis de Bourbon, chercha à attirer l'évêque à Malines d'abord, à la Haye ensuite, sous prétexte d'arranger quelques derniers points relatifs aux conditions de la paix intervenue après la guerre qui avait eu lieu au sujet de la tour de Montorgueil. Jean de Heinsberg, arrivé dans la capitale hollandaise, fut sommé d'abdiquer, et il résigna en effet l'évêché. Comme il tardait à revenir, les Liégeois, qui commençaient à s'inquiéter du long séjour de leur prince à la cour du duc, qu'ils regardaient comme leur ennemi naturel, lui écrivirent qu'il eût à retourner sans délai, ou à ne plus rentrer. Irrité du ton impérieux de ce message, il répondit qu'il saurait leur donner un maître qui les gouvernerait avec une verge de fer, et leur apprendrait à adoucir leur style. Ces paroles éventèrent l'abdication, tenue secrète jusqu'alors.

Les Liégeois furent consternés en apprenant cette nouvelle; car ils sentaient qu'un joug pesant les menaçait sous la domination du neveu de ce puissant duc de Bourgogne, dont le voisinage les inquiétait déjà si fort. Leurs craintes se réalisèrent en effet, cependant, et Louis de Bourbon fit son entrée à Liége le 20 juillet 1456.

Ce prince, malgré son jeune âge, car il n'avait que seize ans, obtint les dispenses papales, en retour de la promesse que Philippe le Bon avait faite au souverain pontife, de conduire une flotte formidable au secours de Constantinople, tombée au pouvoir des Ottomans. Mais, si le saint-siége avait été facile à lui accorder ses bulles, le peuple ne fut pas aussi facile à les agréer; tandis que, de son côté, le chapitre se sentait humilié de n'avoir pas été admis à prendre part à ce choix. Louis de Bourbon n'était point fait pour gagner l'affection des Liégeois. Entouré d'officiers et de domestiques qui se plurent à exercer mille exactions sur le peuple, il ne tarda pas lui-même à essayer une autorité absolue, d'autant plus intolérable qu'il n'avait point le privilége de l'âge pour se la faire pardonner. Chaque jour l'animosité devint plus forte de part et d'autre. Dès la première année de son règne, le jeune prince commença par des exécutions sanglantes et par une sévérité tellement implacable, que Philippe le Bon crut devoir l'engager à se modérer. Louis de Bourbon ne continua pas moins à suivre la voie de la rigueur. D'un côté, il persécutait avec acharnement les partisans que Jean de Heinsberg avait conservés; de l'autre, il ne reculait devant aucun coup d'État, destituant arbitrairement de ses fonctions jusqu'au grand maïeur lui-même.

Le duc de Bourgogne s'employa de nouveau, en l'an 1460, à rétablir la bonne intelligence entre le peuple et l'évêque. Mais les Liégeois ne se fiaient pas plus à l'un de ces princes qu'ils ne se fiaient à l'autre. Si la tyrannie du prince leur pesait, la puissance du duc leur portait le plus vif ombrage. Ils essayèrent donc de nouer une alliance avec la France, et envoyèrent une députation au roi Charles VII, pendant qu'on s'occupait à Liége de l'arrangement des difficultés qui s'étaient élevées.

Sur ces entrefaites, Charles VII vint à mourir, et Louis XI lui succéda. Ce prince nourrissait une grande haine contre les Liégeois, qui, pendant son séjour à Genappe, où il était venu se sauver de la colère de son père, avaient voulu le livrer au roi irrité. Aussi, dès qu'il fut parvenu au pouvoir, il se disposa à envoyer une armée contre eux. Avertis de cette résolution par Louis de Bourbon, qui assistait, à Reims, au sacre royal avec le duc de Bourgogne, les gens de Liége se hâtèrent d'envoyer au roi une députation, afin de conjurer l'orage qui se préparait. Mais à peine les députés furent-ils arrivés à Reims, que l'évêque mit tout en œuvre pour les empêcher d'aborder Louis XI.

Ils y réussirent pourtant, et reçurent du souverain un si bon accueil, que l'on put deviner tout d'abord, sous cette bienveillance, quelque grand projet politique. En effet, le roi méditait la guerre contre le duc de Bourgogne, et il voulait s'attacher les Liégeois, dont il combla les députés de présents, d'honneurs et de belles paroles.

Les bonnes dispositions de Louis XI ranimèrent l'espoir du peuple, qui se croyait maintenant assuré d'un appui capable de contre-balancer l'influence funeste du duc. Aussi, la turbulence nationale ne tarda pas à se ranimer.

Le refus de Louis de Bourbon de prendre les ordres sacrés avait redoublé la mésintelligence que ses actes avaient fait naître. Pour détourner l'attention de ce point, il ressuscita l'ancienne querelle relative à certains attentats qu'il prétendait que les magistrats avaient commis contre son autorité; il menaça de mettre la ville en interdit, si on refusait de lui donner satisfaction à ce sujet, et il se retira à Maestricht. Aussitôt le peuple entra en ébullition; il fit proclamer devant le Perron, cet antique symbole de la liberté liégeoise, les noms des ennemis de la nation, et les bannit en leur interdisant le feu et l'eau. L'évêque de Tournay interposa sa médiation et réclama, au nom de l'évêque, une somme de cent mille florins et le rappel des proscrits. Le premier point fut accordé, le second, refusé. Dans l'espoir de vaincre cette obstination, et de pouvoir mieux travailler à une paix solide, les magistrats supplièrent l'évêque de revenir à Liége, où il rentra en effet. Mais, à son retour, il ne songea à rien moins qu'à publier la paix, dont les articles furent, il est vrai, arrêtés et ratifiés. Son but était de gagner du temps jusqu'à ce qu'il eût appris ce qui serait décidé au sujet de l'interdit, dont les Liégeois avaient appelé au saint-siége. Enfin, la nouvelle arriva que l'interdit était maintenu par le pape. Alors l'évêque ne garda plus de mesure; il cassa le décret de bannissement lancé par le peuple, rappela les bannis, et retourna à Maestricht, où il manda tous ses tribunaux et tous ses chapitres, avec son chancelier et son official.

L'irritation était extrême. Aussi, la première pensée du peuple fut de créer un mambour; et le marquis de Bade fut investi de cette dignité. Deux événements inattendus maintinrent les Liégeois dans ces dispositions. D'abord le pape Paul II, qui venait de succéder à Pie II, avait, au printemps de l'année 1463, envoyé un légat à Liége pour s'enquérir de l'état des affaires, et suspendre les censures jusqu'au 4 juillet. Ensuite Louis XI avait envoyé une députation, composée de Louis de Laval, seigneur de Châtillon, de Himar de Poisien, maître d'hôtel, conseiller et chambellan royal, de Jean de Verger, conseiller et président du parlement de Toulouse, et de Jacques de Royère, secrétaire du roi, pour négocier avec la cité et le pays de Liége une alliance contre Philippe, duc de Bourgogne, contre Charles, comte de Charolais, son fils, et contre l'évêque Louis de Bourbon et ses adhérents.

Cette alliance fut conclue; mais on approchait à grands pas du terme de la suspension de l'interdit.

Dans l'attente des hostilités prochaines, le marquis de Bade partit pour l'Allemagne, afin d'y chercher des secours d'hommes et d'argent. Quand il passa à Dinant, quelques soldats de la garnison bourguignonne de Bouvignes l'attaquèrent, lui tuèrent un homme, et lui en firent un autre prisonnier. Les Dinantais se vengèrent de cette insulte en attaquant Bouvignes, et en faisant quelques légères brèches aux remparts. Ces faits, si peu importants en eux-mêmes, suffirent pour enfanter plus tard de grands et terribles événements.

Cependant, le 4 juillet venu, les membres les plus considérables du clergé abandonnèrent la ville, que les échevins avaient déjà quittée. Quand ils eurent franchi le seuil des portes, le peuple commença à piller les maisons de ceux qui s'étaient échappés de la cité. Les gens de Liége en insurrection, ceux de Huy imitèrent si bien leur exemple, que l'évêque, réfugié dans leur château, en sortit furtivement pendant la nuit, et s'enfuit à Bruxelles.

Dans ce moment, le marquis de Bade revint d'Allemagne avec un corps de troupes assez considérable et un train assez nombreux d'artillerie, tandis qu'un des envoyés liégeois revenait de France avec la ratification du traité d'alliance conclu avec Louis XI. Le roi avait adjoint à ce député un de ses conseillers, avec la mission de presser les états de Liége de prendre les armes; et cet ordre était si précis, qu'il lui était défendu de revenir en France avant que les hostilités ne fussent entamées avec le duc de Bourgogne.

Philippe le Bon, dans la crainte d'être surpris à l'improviste, avait fait tous ses préparatifs de guerre; et déjà le duc de Clèves, son neveu, s'avançait à la tête d'une armée. De leur côté, le mambour et les Liégeois passèrent un temps précieux à discuter sur les plans de campagne, et sur les formes de la déclaration de guerre à envoyer au duc. Le peuple enfin perdit patience, et s'ébranla. Le métier des vignerons donna l'exemple, et sortit de la ville; celui des bouchers le suivit, et les autres successivement.

Il n'était plus temps de reculer. Liége envoya donc à Philippe un héraut, pour le défier à feu et à sang; et, sans attendre sa réponse, l'armée entra dans le Limbourg, pilla le ban de Herve, et mit le siége devant le château de Fauquemont. Mais, la nuit suivante, le marquis de Bade, qui ne pouvait réduire à l'obéissance la troupe indisciplinée d'Allemands qu'il avait amenés, se retira furtivement du camp. Cette retraite subite déconcerta les Liégeois, qui levèrent tout à coup le siége et rentrèrent dans leur ville.

Pendant ce temps, les Bourguignons avaient envahi la Hesbaie, où ils mirent tout à feu et à sang. Les partisans de Louis de Bourbon dévastaient les environs de Tongres et de Maeseyck, et les comtes de Nassau, de Hornes et de Gaesbeek ravageaient le comté de Looz. Les Liégeois cependant étaient loin de rester inactifs. Tandis que les gens de Saint-Trond ruinaient les châteaux de Duras, de Hornes et d'Ordinghen, ceux de Liége étaient tombés dans le duché de Limbourg, et ceux de Huy dans le comté de Namur, où ils exercèrent les plus horribles représailles.

Au milieu de ces chevauchées dévastatrices, se répandit tout à coup le bruit que les Français avaient fait essuyer une sanglante défaite aux Bourguignons, à la journée de Montlhéry, et que le comte de Charolais était pris. A cette nouvelle, une grande joie éclata dans tout le pays de Liége. Ceux de Dinant allèrent même jusqu'à manifester leur allégresse par une farce grossière, qu'ils expièrent quelques mois plus tard par un bien grand désastre. Ils promenèrent sous les murs de Bouvignes, dont ils avaient déjà pillé le territoire, une effigie du comte de Charolais, en criant :

— Voilà le fils de votre duc, ce faux traître, que le roi de France a fait ou fera pendre, comme il est pendu ici.

Mais, quand on sut que Louis XI, menacé dans Paris, avait conclu la paix à des conditions peu avantageuses, et que le comte de Charolais, ramenant de France son armée victorieuse, se préparait à marcher contre les Liégeois, la consternation fit place à l'allégresse. Les gens de Huy n'eurent pas de peine à obtenir la paix ; ceux de Dinant réussirent également à désarmer le duc Philippe. Les Liégeois restaient seuls et abandonnés à leurs propres forces. Mais la lutte était trop inégale ; il fallut se soumettre aux conditions que le duc leur imposa. Il en exigea trois principales : 1° que Philippe et ses sucesseurs, ducs de Brabant, seraient reconnus avoués et souverains héréditaires des églises et cité, villes et pays de Liége et de Looz, et que, à titre de cette reconnaissance, on payerait au duc et à ses successeurs une rente annuelle de deux mille florins ; 2° que ceux de la cité et du pays de Liége ne pourraient jamais s'armer ni faire la guerre contre le duc ou ses successeurs, ni contracter d'alliance, sans leur volonté et sans qu'ils y fussent compris, ou exceptés et réservés, s'ils le jugeaient à propos, sous peine de deux cent mille florins d'amende chaque fois ; 3° que les maîtres, les échevins et tous les officiers de la cité, les doyens des corporations avec dix hommes de chaque métier, dix chanoines de l'église de Saint-Lambert, quatre personnes de chacune des autres églises et des abbayes, et dix nobles vassaux de l'église, représentant les trois États, viendraient à Malines demander pardon au duc, têtes nues et les genoux fléchis. Après quelque hésitation, les Liégeois acceptèrent ces conditions, quelque humiliantes qu'elles leur parussent, et la paix fut solennellement conclue [1].

Après cette soumission, les exilés commencèrent à se remuer à leur tour dans les parties limitrophes de la principauté, surtout du côté de Looz et de Hasselt. Soutenus par les secours des factieux de l'intérieur, ils avaient pu se réunir en un corps, et se grossirent bientôt d'un grand nombre d'hommes perdus de dettes et de crimes. Cette troupe formidable prit le

[1] Le traité porte la date du 22 décembre 1465. Un des originaux de ce document repose aux Archives du royaume à Bruxelles.

nom de *couluvriers* ou de *compagnons de la verte-tente*, et se mit à dévaster les campagnes d'une manière effroyable, s'attaquant surtout aux partisans de Louis de Bourbon, et se répandant dans la Hesbaie jusqu'aux portes de Huy, où l'évêque s'était enfermé.

On croyait l'incendie éteint; mais le feu couvait partout sous la cendre. Dans tout le pays, ce n'était que désordre, anarchie et confusion. A Saint-Trond, on chassait les amis du prince; à Huy, on traquait ses ennemis; à Liége, les bourgeois allèrent jusqu'à décapiter l'avoué de la Hesbaie, qui avait accompagné à Huy Louis de Bourbon. Enfin, on songeait sérieusement à rappeler le prince de Bade.

Cependant Bourbon s'était résolu à prendre les ordres sacrés. Il se fit ordonner prêtre le 4 juillet 1466, et sacrer évêque dans le cours du même mois. Mais ses ennemis n'en montrèrent que plus d'acharnement. Les intrigues de Louis XI étaient venues les servir très-mal à propos, en rattachant les Dinantais au parti des Liégeois. Dès ce moment Dinant était devenu le point de ralliement des couluvriers, des proscrits et des mécontents. Cette ville signala sa révolte par un acte d'horrible atrocité. Elle fit mourir, presque sans forme de procès, les quatre députés qui avaient négocié la paix avec le comte de Charolais; puis elle lâcha une armée sur le comte de Hainaut et sur celui de Namur.

Philippe le Bon, en apprenant ces brigandages, se détermina à châtier une bonne fois cette indomptable population. Il rassembla donc à Namur une armée de trente mille hommes, dont il donna le commandement à son fils, pour marcher contre Dinant. La ville fut investie le 14 août 1466, et prise le 25 du même mois.

Comme, ici, l'histoire de Liége se rattache étroitement à celle des ducs de Bourgogne, nous raconterons les faits qui suivirent, dans l'histoire même de ces ducs.

CHAPITRE DEUXIEME.

LES COMTÉS DE NAMUR ET DE LUXEMBOURG JUSQU'A LEUR RÉUNION AUX ROMAINES DES DUCS DE BOURGOGNE.

I. LE COMTÉ DE NAMUR JUSQU'EN 1429.

Le territoire de Namur était, depuis l'invasion des Franks, une dépendance de la monarchie française. Il ne fut érigé en État indépendant qu'au commencement du xe siècle. Il se composait anciennement du territoire de Couvin, qui s'étendait sur la rive gauche de la Meuse, et du comté de Lommen, qui se développait sur une partie de la rive droite de la Sambre et sur toute la rive gauche, embrassant ainsi tout le pays compris entre la Meuse et la Sambre depuis son embouchure jusqu'au Hainaut. Le comté fut morcelé plus tard en faveur de plusieurs monastères et établissements religieux, tels que Florenne, Gembloux, Saint-Gérard, Fosses, Floreffe et Malogne. Après ce morcellement, les comtes de Lommen n'y exercèrent plus, à ce qu'il paraît, qu'une sorte d'avouerie; même ils devinrent complétement les vassaux de l'église de Liége pour les parties de ces domaines dont s'enrichit la cathédrale de Saint-Lambert. Ces comtes paraissent n'avoir plus conservé à la fin que leur alleu, le château de Namur, lequel, plus tard, lorsque le comté fut déclaré marquisat de l'Empire, devint le siége de leur seigneurie.

Les origines de l'histoire de Namur sont enveloppées d'épaisses ténèbres. Ce n'est que dans les premières années du xe siècle qu'elles commencent à s'éclaircir. En effet, dans l'acte par lequel Louis, roi de Lorraine, confirma, en 908, la donation de l'abbaye de Fosses, faite à la cathédrale de Liége par l'abbesse Gisèle, parente de Zwentibold, nous rencontrons un comte de Lommen, nommé Béranger. Ce seigneur est le premier qui figure sur les listes généalogiques du comté de Namur. Il épousa Symphoriane, fille de

Regnier I, comte de Hainaut, qui, investi en 916 du gouvernement de la Lotharingie par Charles le Simple, mourut vers l'an 932, et eut pour successeur son fils Robert I, dont le fils Albert I recueillit l'héritage. Albert épousa Ermengarde, fille de Charles de France, duc de la basse Lotharingie; et, ayant élevé du chef de sa femme des prétentions sur ce duché, il les soutint par une guerre contre l'Empire laquelle ne se termina point, sans lui sa procurer quelques avantages. Après sa mort, ses deux fils, Robert II et Albert II, prirent successivement les rênes du comté, le premier vers l'an 1000, le second vers l'an 1018. On rapporte la mort de ce dernier à l'an 1064. De ses deux fils Albert III et Henri, celui-ci obtint le comté de Namur, celui-ci le comté de la Roche et de Durbuy, qui était probablement un domaine de l'héritage lorrain de sa mère Régilinde, fille de Gothelin I, duc de Lotharingie. L'histoire ne fournit guère de détails sur l'un ni sur l'autre. Tout ce que l'on sait du premier, c'est qu'il était animé d'un grand esprit chevaleresque; car il tira son épée dans la guerre que Richilde, comtesse de Hainaut, eut à soutenir contre Robert le Frison [1]; et il reparut plus tard dans une querelle qui s'était élevée, au sujet de quelques domaines, entre Godefroi de Bouillon et l'évêque de Verdun, et dans laquelle il embrassa le parti de ce prélat. Albert III mourut en 1108. Son fils aîné Godefroi lui succéda dans le comté de Namur; le second, Frédéric, fut appelé en 1119 au siége épiscopal de Liége [2].

Le successeur de Godefroi fut Henri l'Aveugle, que nous avons déjà vu au siége du château de Bouillon par les Liégeois [3]. Il entra lui-même en guerre avec ses alliés, et subit à Andenne une défaite sanglante en 1153. Toute sa vie ne fut qu'une série de batailles et de combats. Il épousa successivement Laurette, fille de Thierry d'Alsace, comte de Flandre, laquelle mourut en 1172, sans lui laisser d'enfant; et Agnès de Nassau, fille d'Othon, comte de Gueldre. De cette dernière il n'eut qu'une fille, Ermesinde, qui fut mariée d'abord à Thibaut de Bar, auquel elle apporta le comté de Luxembourg, qu'Henri l'Aveugle tenait du chef de sa mère Ermesinde de Luxembourg; ensuite à Waleram, comte de Limbourg, dans la maison duquel elle introduisit le même domaine.

En 1192, du vivant même de Henri, qui ne mourut qu'en l'année 1196, l'empereur convertit en marquisat le comté de Namur, et en investit Baudouin V de Hainaut, neveu d'Henri l'Aveugle. C'est ainsi que Namur passa dans la maison de Hainaut.

Les événements de l'histoire du marquisat après qu'il eut été réuni au Hainaut, se mêlent à ceux de l'histoire de ce comté. Nous avons vu combien de fois ces seigneuries entrèrent en contact avec la Flandre et la France.

Après la mort de Baudouin V, Namur échut au deuxième fils de ce prince, Philippe de Courtenai, dit le Noble, et devint un fief du Hainaut, dont il suivit toutes les destinées sous Philippe le Noble et sous ses différents enfants. Le premier de ceux-ci fut Philippe II; le deuxième fut Henri II; le troisième fut Marguerite, épouse d'Henri, comte de Vianden dans le Luxembourg, laquelle usurpa sur ses deux frères Robert et Baudouin le marquisat, que l'empereur la força en 1237 à restituer à ce dernier.

En 1262, Baudouin vendit ce domaine à la reine Blanche de France, qui en fit présent à sa femme Marie de Brienne. Sous cette princesse, Marguerite éleva de nouvelles prétentions, auxquelles il fut mis un terme par l'acquisition que fit du marquisat Gui I, comte de Flandre, qui venait d'épouser Isabelle de Luxembourg, fille d'Henri, comte de Vianden.

Cependant Namur ne resta sous la domination de Gui que jusqu'à la mort de ce prince, qui le laissa à son fils Jean, le premier des enfants qu'il

---

[1] V. pag. 19.
[2] V. pag. 90.
[3] V. pag. 91.

avait obtenus d'Isabelle de Luxembourg.

Jean I épousa d'abord Marguerite de Clermont, dont il n'eut point d'enfants; ensuite Marguerite d'Artois, dont il eut sept fils et trois filles. De ces fils, les quatre premiers lui succédèrent, Jean II en 1330, Gui II en 1335, Philippe III en 1336; enfin, Guillaume I, dit le Riche, en 1337, qui, à sa mort survenue en 1391, laissa ses domaines à son fils aîné Guillaume II, des mains duquel ils passèrent, en 1418, à son fils puîné Jean III.

Jean III fut le dernier de sa maison. N'ayant point d'héritier légitime, il vendit, en 1421, le comté au duc de Bourgogne, mais il s'en réserva la jouissance jusqu'à sa mort. Par des lettres données à Gand plusieurs jours après cette vente, le duc Philippe le Bon déclara que le pays de Namur et ses annexes ne seraient jamais séparés du comté de Flandre. Enfin, par d'autres lettres, il promit aux gens d'Église, aux nobles, aux bourgeois et aux habitants du même pays, qu'il les entretiendrait dans leurs privilèges, franchises, libertés et coutumes, et que, dans l'année qui suivrait le décès du comte Jean, il leur prêterait les serments que le comte de Namur avait coutume de prêter à sa première entrée et à sa joyeuse réception.

Or, Jean III mourut le 1er mars 1429, et le duc se mit en possession de ce nouveau domaine, comme nous l'avons vu.

La circonscription territoriale de l'ancien comté de Namur est fort difficile à déterminer, parce que la partie principale des terres dont il se composait étaient des domaines des abbayes voisines, dont les comtes étaient simplement avoués.

Quant à l'administration du pays, outre le tribunal des échevins de la ville de Namur et de celui de Saint-Aubin, et les autres justices semblables, il y avait, dans les localités principales du comté, des tribunaux féodaux que le comte présidait en personne ou par son bailli, et qui se composaient de douze membres pris dans la noblesse. Il y avait une monnaie, qui fut établie en 1297, et dont les privilèges furent dressés à l'instar de ceux de la monnaie de Paris. Namur avait aussi ses corporations d'archers et d'arbalétriers, comme celles que nous avons vues en Flandre. L'une d'elles fut instituée en 1266. La ville possédait, à l'exemple des villes de Liége, de Huy et de Dinant, ses jurés ou bourgmestres, et un conseil de prud'hommes choisis dans les quatre métiers. La draperie était l'industrie principale des habitants.

II.—LE LUXEMBOURG JUSQU'EN 1444.

L'ancien comté de Luxembourg faisait partie de la Lotharingie que Lothaire I obtint en vertu du traité de Verdun, en 843. Il comprenait, outre le comté de Chiny, le pays d'Ardenne, qui s'étendait entre l'Ourthe, l'Amblève et la vallée de la Sure; le pays de Biedbourg, qui était borné à l'ouest par la Sure, et courait au sud le long de la Moselle et au delà jusqu'à Saarbourg; le pays de Voivre, que baignaient l'Our et le Chiers; le pays d'Arlon, dans la vallée de la Semoi; enfin, le territoire baigné par l'Alzette, et situé entre ceux de Biedbourg et de Voivre. Au partage que subit la Lotharingie en 870, toutes ces parties échurent à Louis le Germanique.

Vers l'an 928, la Lotharingie fut érigée en duché héréditaire par l'empereur Henri l'Oiseleur, qui en confia le gouvernement à Gilbert. Bruno, archevêque de Cologne, en obtint l'administration vers l'an 959, et partagea la Lotharingie en haute et basse. Dans le gouvernement de la première, appelée aussi duché de Mosellane, il se subdélégua Frédéric, comte de Bar; et dans celui de la seconde, Godefroi, que l'on regarde généralement comme le fils de Ricuin, comte d'Ardenne.

C'est à ce Ricuin que commence l'histoire spéciale du comté de Luxembourg.

De même que le comté de Namur, celui de Luxembourg comprenait plusieurs domaines ecclésiastiques, parmi lesquels celui de la cathédrale de Saint-

Maximin à Trèves, et celui de l'abbaye d'Epternach, étaient d'une grande importance. L'origine du premier remonte très-haut dans la période mérovingienne. Celle du second est due à saint Willibrord, qui fonda en 701 cette abbaye, que sainte Irmine pourvut de riches dotations.

En 963, Ricuin, comte d'Ardenne, ayant partagé sa seigneurie entre ses quatre fils et son gendre, Godefroi reçut le comté de Verdun et de Bouillon, Sigefroid le comté de Luxembourg, et Arnould de Granson, époux de Mathilde, le comté de Chiny. Les deux autres fils obtinrent des parts situées hors du territoire de Luxembourg.

Sigefroid, qui avait des possessions dans presque tous les comtés environnants, fut nommé, en 997, avoué de l'abbaye d'Epternach. Il exerçait déjà le même pouvoir sur les domaines de la cathédrale de Saint-Maximin. Il mourut, en 998, et laissa plusieurs enfants, dont l'un, sa fille Cunégonde, devint l'épouse de l'empereur Henri II, et donna une puissance nouvelle à sa maison. Henri, fils aîné de Sigefroid, lui succéda dans le comté de Luxembourg, et fut, comme son père, investi de l'avouerie d'Epternach et de Saint-Maximin. Son alliance avec Henri II lui fit obtenir en 1004 le duché de Bavière, qui lui fut ôté cinq années plus tard, mais qui lui fut restitué en 1017, après qu'il eut fait la guerre à l'empereur avec son frère Thierry, évêque de Metz, et avec la plupart des seigneurs lorrains.

Le comte Henri, en acceptant l'investiture de la Bavière, paraît avoir renoncé au Luxembourg en faveur de son frère Frédéric, des mains duquel ce comté passa en 1039, c'est-à-dire à l'époque de sa mort, aux mains de son fils Gilbert, comte de Luxembourg et de Salm. Gilbert s'enrichit probablement de cette dernière seigneurie par sa femme; car, après sa mort, survenue en 1057, son fils aîné Conrad I obtint le Luxembourg; le comté de Salm échut à son fils Herman.

Sous le règne de Conrad éclata un grave différend entre ce seigneur et l'archevêque de Trèves, au sujet des droits que le premier s'arrogeait comme avoué de Saint-Maximin. Le comte se porta même à des extrémités violentes, s'empara du prélat, et l'enferma dans le château de Luxembourg. Ce ne fut qu'après avoir été frappé des foudres de l'Église, qu'il relâcha son prisonnier, et il n'obtint son pardon qu'à la condition de faire un pèlerinage à Jérusalem. Par son mariage avec Clémence, héritière du comté de Longwy, il agrandit les domaines de sa maison dans le pays de Voivre.

Son fils Guillaume lui succéda en 1086 dans le comté de Luxembourg et dans l'avouerie de Saint-Maximin, tandis que son fils Henri le remplaça dans celle d'Epternach. Mais ce dernier ne vécut que jusqu'en 1096.

Guillaume fut un ardent partisan de l'empereur Henri IV, après la déposition duquel il se trouva enveloppé dans de grandes difficultés. Car les évêques de Verdun ayant successivement obtenu non-seulement les droits de comtes dans leur propre diocèse, mais encore l'investiture du comté de Verdun, en retirèrent en 1111 l'administration des mains du comte Regnier de Bar, et la confièrent à Guillaume de Luxembourg, qui se trouva ainsi impliqué dans une double querelle avec l'évêque de Metz et avec Regnier de Bar. Cette guerre ne se termina que par la rétrocession de l'avouerie de Verdun au comte Regnier.

La mort de Guillaume laissa à son fils Conrad II le comté de Luxembourg et les avoueries d'Epternach et de Saint-Maximin. En ce prince s'éteignit la ligne luxembourgeoise de Sigefroid.

Depuis Ricuin, trois autres maisons comtales avaient pris naissance dans le Luxembourg : celle des comtes de Chiny, dont le fondateur fut Arnould I, gendre de Ricuin; celle des comtes d'Orchimont, dont Godefroid, fils du même Arnould, fut la souche; enfin, celle des comtes de Vianden, dont le titre se trouve déjà cité dans un document de l'an 1096.

Après la mort de Conrad II de Luxembourg, le comté entra dans la maison des comtes de Namur, et échut à Henri l'Aveugle par sa mère Ermesinde, tante de Conrad. Henri acquit, en outre, la seigneurie de Durbuy et le fief liégeois de la Roche, et devint par là un des princes les plus puissants de cette contrée, en sorte qu'il fut investi des avoueries de Saint-Maximin et d'Epternach.

Notre lecteur a déjà vu comment le comté de Namur sortit des mains de Henri l'Aveugle pour entrer dans celles de Philippe I de la maison de Courtenai. Par le traité conclu entre Henri et Baudouin de Hainaut, en l'an 1190, la succession de la Roche et de Durbuy échut également à ce dernier, qui en investit Thibaut de Bar, époux d'Ermesinde, fille d'Henri l'Aveugle, laquelle, après la mort de son père, prit le gouvernement du comté de Luxembourg.

Thibaut de Bar ne se signala que par une guerre qu'il entreprit contre le duc Frédéric de Lorraine. Après avoir agrandi sa puissance par l'acquisition de l'avouerie héréditaire de l'abbaye de Stavelot, il mourut sans que l'on sache la date de sa mort. Sa veuve Ermesinde, n'ayant point d'enfants et étant fort jeune encore, fut pressée par la chevalerie luxembourgeoise de prendre un nouvel époux. Elle choisit parmi ses prétendants Waleram III, duc de Limbourg, en 1214.

De ce mariage sortirent trois enfants, Catherine, qui devint l'épouse du duc Mathias de Lorraine; Henri, qui recueillit l'héritage du Luxembourg, de la Roche et d'Arlon; et Gérard, qui succéda dans la seigneurie de Durbuy.

Waleram étant mort en 1226, Ermesinde entreprit seule l'administration du comté. Elle fiança en 1231 son fils Henri avec Marguerite, fille d'Henri II, comte de Bar. Ce mariage n'eut lieu qu'en 1240.

Le règne de cette princesse est remarquable dans l'histoire du comté de Luxembourg, par l'organisation nouvelle qu'elle donna aux villes. Elle affranchit Epternach en 1236, Thionville en 1239, et la ville de Luxembourg en 1243, et y établit une justice échevinale, à laquelle elle donna le droit de se choisir, concurremment avec les bourgeois, un écoutète dont la dignité ne durait qu'une année, et qui devait être confirmée par le seigneur, à Epternach par l'abbé, à Luxembourg par le comte. Toutefois la souveraineté des comtes, de même que tous les droits seigneuriaux, pour autant qu'ils laissaient intactes les franchises des communes, continuèrent à exister. Chaque bourgeois d'Epternach était tenu de payer tous les ans un tribut de douze deniers, et chacun de ceux de Luxembourg un tribut de quatre deniers, en reconnaissance des libertés qui leur étaient accordées. Le comte prélevait, en outre, deux deniers par vingt sous de la vente des denrées, à un trentième du prix des grains. Les bourgeois restaient, comme auparavant, soldats-nés. Dans les expéditions militaires qu'entreprenait leur seigneur, ils devaient l'assister, les huit premiers jours, à leurs propres frais. L'écoutète de l'endroit désignait ceux qui devaient servir à pied et ceux qui devaient s'armer en cavaliers, selon les moyens qu'ils possédaient. Enfin, les bourgeois de Luxembourg étaient tenus de fournir un don déterminé, quand le fils du comte était reçu chevalier, ou que sa fille contractait son premier mariage. Outre les tribunaux des échevins, il fut institué une cour ou tribunal féodal avec son organisation complète, et Ermesinde nomma un échanson, un veneur, un sénéchal, et plusieurs autres dignitaires féodaux.

Le comte Henri II, qui succéda, en 1246, à sa mère, suivit, en 1249, l'exemple de cette princesse, en donnant une charte de commune à la ville de Grevenmacheren, que Henri l'Aveugle avait acquise de l'évêché de Trèves. Plus tard, il affranchit aussi Marville en 1250, et Biedbourg en 1262.

Son fils Henri III, qui prit les rênes du comté en 1274, n'accorda aucune commune nouvelle. Il se borna à confirmer la charte de la ville de Luxembourg. La plus grande partie de son règne fut absorbée, d'ailleurs, par la guerre sanglante qui éclata au sujet de la succession du Limbourg, et dont le résultat fut la réunion de ce duché à celui de Brabant, comme nous le verrons plus tard.

Sa femme, Béatrix d'Avesnes, qui administra le pays après qu'Henri III eut été tué à la fameuse bataille de Woeringen, en 1288, ne s'occupa guère davantage de la liberté de son peuple. Elle eut même à essuyer une révolte des gens de Luxembourg, qui la forcèrent à se tenir pendant cinq mois cachée à Marienthal.

Son fils Henri IV fut élevé, en 1308, au trône impérial, et mourut dans une expédition en Italie en 1313, après avoir procuré à son fils unique le royaume de Bohême, en lui faisant obtenir la main de la princesse Élisabeth. Sa fille aînée Béatrix se maria avec le roi de Hongrie; la deuxième, avec Charles le Bel, roi de France; la troisième avec le comte palatin Rodolphe; et enfin la quatrième avec Albert, duc d'Autriche.

Si ces alliances donnèrent tout à coup un grand éclat à la maison de Luxembourg, le pays lui-même n'en retira aucun avantage. La dynastie régnante s'était en quelque sorte expatriée; et, absorbée par les intérêts nouveaux qu'elle s'était créés ailleurs, elle ne pensa plus que rarement au sol qui avait servi de piédestal à sa fortune.

Jean l'Aveugle, successeur de l'empereur Henri IV, fut un des ducs qui aimaient le plus à revoir la terre natale. Aussi, il revenait dans le Luxembourg chaque fois que les affaires de Bohême le lui permettaient, et il avait placé à sa cour un grand nombre de ses compatriotes. Pendant son premier séjour dans le comté, en 1322, il conclut avec l'évêque de Verdun et les habitants de cette ville un traité de paix et de bon voisinage. Il revint six années plus tard, et affranchit la ville de Marche. En 1331, il donna des lettres d'affranchissement à la ville de la Roche. Enfin, il établit la réciprocité du droit de bourgeoisie entre les hommes de Luxembourg et la ville de Prague.

Jean l'Aveugle fut tué à la bataille de Crécy. Veuf d'Élisabeth de Bohême, il avait contracté, en 1334, un nouveau mariage avec Béatrix, fille du duc de Bourbon. De cette union était sorti Wenceslas, qui succéda à son père dans le Luxembourg en 1346. Presque enfant encore, ce prince épousa, en 1347, Jeanne de Brabant, veuve de Guillaume II comte de Hainaut, et cette alliance donna un nouvel éclat à sa maison; car il recueillit en 1355 la succession de Jean III, duc de Brabant, dont sa femme Jeanne était unique héritière. Une année auparavant, le Luxembourg avait été érigé en duché, et Wenceslas réunit ainsi deux couronnes ducales sur sa tête. Son règne dans le duché brabançon fut signalé par des troubles civils et des émeutes sanglantes; dont nous laissons le récit au tableau historique du Brabant; car, pendant que là s'agitaient les querelles les plus terribles, le Luxembourg jouissait du calme le plus profond. L'empereur Charles IV, fils de Jean l'Aveugle et d'Elisabeth de Bohême, étant venu visiter le duché, amena en 1378 son frère Wenceslas, qui n'avait point d'enfants, à régler les affaires de sa succession. Aussi, le duc établit dans son testament qu'après sa mort le Luxembourg et toutes ses dépendances retourneraient à l'empereur et à son fils Wenceslas de Bohême, et resteraient à cette couronne aussi longtemps qu'elle se trouverait dans la maison de Luxembourg. Ce testament fut confirmé par les villes et par les barons du pays. L'empereur mourut dans la cours de la même année, et le duc Wenceslas le suivit dans la tombe cinq années plus tard. Cette mort rompit l'union des deux duchés, et le Brabant continua à être gouverné par la duchesse Jeanne jusqu'à l'abdication que fit cette princesse, en 1404, en faveur de sa nièce Marguerite de Bourgogne.

Wenceslas II de Bohême, après avoir confirmé les franchises et les libertés des villes, engagea, en 1388, les seigneuries du Luxembourg à Josse, marquis de Moravie, qui lui-même les sous engagea, en 1402, à Louis d'Orléans avec le titre de mambour. Winceslas mourut en 1411, peu de temps après qu'il eut été élu roi des Romains par une partie des princes de l'Empire.

Son frère Charles IV avait laissé trois fils, Wenceslas, Sigismond, et Jean de Gorlitz. Les deux premiers lui succédèrent à l'empire : Wenceslas en 1388, Sigismond en 1419. Le troisième eut une fille, Élisabeth de Gorlitz, que l'empereur Wenceslas maria, en 1409, à Antoine de Bourgogne, second fils du duc Philippe le Hardi, et à laquelle il transféra le droit de dégager le duché de Luxembourg des mains de Josse de Moravie; car celui-ci l'avait repris en 1407, après la mort du duc d'Orléans. Élisabeth et Antoine opérèrent le retrait en 1411, et firent gouverner le pays en leur nom comme engagistes, Wenceslas se trouvant toujours duc de droit, et étant reconnu comme tel. Les choses restèrent dans cet état jusqu'à la mort de ce prince, survenue en 1419. Il n'avait point laissé d'enfants. Toute la succession de Charles IV devait ainsi échoir à son fils aîné Sigismond, dont les descendants étaient les véritables héritiers du duché. Mais il n'en fut point ainsi. Élisabeth de Gorlitz, dont le premier époux, Antoine de Bourgogne, était tombé en 1415 à la bataille d'Azincourt, avait épousé en secondes noces, en 1418, Jean de Bavière, évêque de Liége : veuve pour la seconde fois sans avoir obtenu d'enfants d'aucune de ces unions, au moment où Sigismond vint à mourir, c'est-à-dire en 1437, elle eut à défendre le duché contre les héritiers de l'empereur. Celui-ci avait eu une fille qui, s'étant unie à l'archiduc Albert, roi de Bohême et de Hongrie, lui avait donné trois enfants, deux filles, l'une mariée à Guillaume, duc de Saxe, l'autre à Casimir, roi de Pologne; et un fils, Ladislas, qui devint roi de Hongrie et de Bohême. A la mort de Sigismond Guillaume de Saxe voulut se mettre en possession du duché de Luxembourg, et s'y forma un parti puissant. Ses prétentions étaient d'autant plus fondées, que sa mère lui avait cédé, en 1439, tous ses droits sur cette souveraineté. Cet acte de cession fut confirmé en 1440 par l'empereur Frédéric, tuteur de Ladislas, et porté à la connaissance des états du duché. Les Luxembourgeois, qui détestaient Élisabeth de Gorlitz, manifestèrent l'intention de seconder vivement Guillaume de Saxe. Le danger était donc imminent. Dans sa détresse, la veuve de Jean de Bavière appela à son secours le duc de Bourgogne son neveu, Philippe le Bon, qui s'empara de la ville de Luxembourg dans la nuit du 21 au 22 novembre 1443, et ne tarda pas à être maître de tout le pays. Élisabeth lui céda tous ses droits sur le duché, qu'il gouverna dès lors à titre de mambour. Ce ne fut qu'après la mort de cette princesse, survenue en 1451, qu'il prit le titre de duc de Luxembourg, et qu'il se fit inaugurer par les États. Toutefois ce gouvernement ne fut pas sans être troublé de nouveau. En effet, Ladislas vint à son tour faire valoir ses prétentions, et réussit, en 1453, à se faire reconnaître par une partie des États, et à s'emparer d'une portion du duché. Mais il mourut quatre années après, ne laissant d'autres héritiers que Guillaume de Saxe, et Casimir, roi de Pologne. Le premier céda ses droits au roi de France, qui y renonça en 1462, en faveur de Philippe le Bon. Le second vendit les siens en 1467 à Charles le Téméraire. Et ainsi la réunion du duché de Luxembourg aux États de Bourgogne, commencée en 1443 par la conquête, se trouva définitivement consommée en 1467, par les cessions successives de tous les ayants droit.

LIVRE III.

HISTOIRE DES DUCHÉS DE BRABANT ET DE LIMBOURG JUSQU'A LEUR RÉUNION AUX ÉTATS DE BOURGOGNE.

CHAPITRE PREMIER.

HISTOIRE DU BRABANT JUSQU'A LA MORT DE JEAN I EN 1294.

Le Brabant, avant son érection en duché, n'était qu'un fragment du royaume de Lotharingie, tel que cet État fut institué par le traité de Verdun en 843. Plus tard, ce royaume ayant été divisé en haute et basse Lotharingie, cette dernière partie, qui se composait de toutes les provinces situées entre le bas Rhin, le Zuyderzée et l'Océan, embrassait ainsi le Brabant, ou l'ancien *pagus Bracbantensis*.

Cependant le duché de Brabant ne comprenait pas tout le territoire de ce *pagus*, qui fut divisé en deux parties, probablement à l'époque où le marquisat de Flandre fut érigé. La première partie forma le pays d'Alost, et les autres dépendances qui furent attachées à ce marquisat; la seconde composa, avec le comté de Brugeron, dont Tirlemont était le chef-lieu, le Brabant proprement dit.

Regnier I, comte de Hainaut, avait été institué, en 912, duc bénéficiaire de la Lotharingie, par Charles le Simple, en récompense des services qu'il avait rendus à ce roi. Mais il mourut l'année suivante, et son fils Gilbert fut appelé à succéder à la dignité de son père. Le nouveau duc ne tarda pas à se voir entraîné dans une guerre longue et désastreuse, d'abord avec Conrad de Franconie, qui, ayant été élu roi de Germanie, voyait avec déplaisir que la Lotharingie en eût été distraite; ensuite avec Henri l'Oiseleur, qui fut le successeur de Conrad à l'empire. Dans cette lutte, Gilbert aida au renversement de Charles le Simple, dont la couronne fut déférée à Raoul, duc de Bourgogne; et, cet événement ayant allumé une guerre entre la France et la Germanie, il passa tour à tour au parti de Henri l'Oiseleur et à celui de Raoul. Au bout de vingt-quatre années de querelles et de trahisons, Gilbert se noya dans le Rhin, après avoir été battu par deux généraux de Henri, Otton et Conrad le Sage. Le premier était fils de Ricuin, comte de Verdun; le second, duc de Franconie. Tous deux furent successivement investis du duché de Lotharingie. Otton l'obtint en 940; mais, parvenu à l'empire peu de temps après, il remit la Lotharingie à Conrad, qui bientôt à son tour trahit son suzerain, et fut dépossédé de sa dignité en 953. Alors l'empereur en revêtit son frère Brunon, archevêque de Cologne. L'administration de ce prélat ne fut pas plus calme que ne l'avait été celle des hommes de guerre. L'exemple de Gilbert et de Conrad avait porté ses fruits, et nourri une fermentation dangereuse parmi les seigneurs lotharingiens, déjà si mal disposés à tolérer des maîtres. Regnier II, comte de Hainaut et neveu de Gilbert, commença les premiers mouvements; mais il fut déclaré déchu de son comté et envoyé en exil. Ses deux fils (Regnier, qui plus tard lui succéda sous le nom de Regnier III, et Lambert), sentant qu'ils ne pourraient ni vaincre ni apaiser Brunon, se retirèrent à la cour du roi Lothaire, qui les prit sous sa protection.

Brunon ayant, avec l'agrément de l'empereur, divisé son duché en haute et basse Lotharingie, investit de celle-ci Godefroi, comte de Verdun ou d'Ardenne, en 959. Mais Godefroi ne conserva pas longtemps cette administration. Il mourut de la peste en 964, en Italie, où il avait suivi l'empereur, pour l'aider à mettre un terme aux troubles qui venaient d'éclater à Rome.

Il eut pour successeur son fils Godefroi II, dont la faiblesse encouragea si bien les espérances de Regnier et de Lambert, fils de Regnier II, comte de Hainaut, qu'ils envahirent, avec le secours du roi Lothaire, la basse Lotharingie, et reconquirent une partie des États de leur père. Mais l'empereur Otton II arriva presque aussitôt d'Allemagne, força les deux princes à se rejeter dans la France, et partagea le gouvernement du Hainaut entre Arnould, fils du comte de Cambrai et de Valenciennes, et Godefroi, fils du comte de Verdun. Otton s'étant retiré, les deux frères recommencèrent leurs mouvements, et s'avancèrent avec une nouvelle armée dans le Hainaut, où cette fois ils parvinrent à s'installer, après avoir battu et chassé les gouverneurs impériaux.

Ce succès n'était dû, à vrai dire, qu'à l'intervention du roi Lothaire. L'empereur s'empressa donc de conférer la dignité de duc de la basse Lotharingie à Charles, frère du roi, dont il connaissait l'audace et l'ambition. A peine le duc Charles fut-il installé en cette qualité, qu'une guerre ardente s'alluma entre Otton et Lothaire; mais elle se termina par une convention qui donna pour limite aux deux États, à la France et à la Lotharingie, la rivière de Cher, qui tombe dans la Meuse à Sedan.

Pendant ce conflit, le duc Charles avait continué à administrer la basse Lotharingie au nom de l'empereur. Il avait fixé le siège de son gouvernement à Bruxelles, qui n'était alors qu'une espèce d'île resserrée entre les deux bras de la Senne, où existait anciennement un château habité par les empereurs, et dans la suite par les comtes de Bruxelles. Il s'y bâtit un palais, dans lequel il consacra une chapelle à saint Géry, qui devint plus tard cette église autour de laquelle se groupa la capitale actuelle de la Belgique.

Le trône de France étant devenu vacant par la mort de Lothaire et de Louis son fils, Charles fit valoir ses droits comme frère et héritier du roi. Mais les Français refusèrent de lui déférer la couronne, sous prétexte qu'il était vassal de l'empereur, et ils la mirent sur la tête de Hugues Capet. Alors il recourut aux armes, sans obtenir plus de succès; car il fut défait et jeté dans une étroite prison, où il mourut en l'an 1001.

Après Charles, son fils Otton gouverna pendant cinq années la basse Lotharingie. Dernier prince de la race masculine de Charlemagne, il mourut en l'an 1005, et eut pour successeur Godefroi III, comte de Verdun ou d'Ardenne, fils de Godefroi II, qui avait été gouverneur d'une partie du Hainaut pendant l'exil de Regnier et de Lambert. Le choix de ce nouveau duc par l'empereur Henri II était suffisamment justifié par les vues ambitieuses de Lambert I, comte de Louvain, et de Robert II, comte de Namur, qui tous deux aspiraient au duché, le premier du chef de sa femme Gerberge, le second du chef de sa mère Ermengarde, l'une et l'autre sœurs du dernier duc Otton.

Nous voici parvenus à l'époque où les gouvernements bénéficiaires de la Belgique vont être convertis en gouvernements héréditaires, par suite de l'affaiblissement du pouvoir des Empereurs et des embarras où ils se trouvaient engagés, soit par les guerres étrangères, soit par les troubles civils : troubles et guerres que les ducs et les comtes mirent à profit pour se rendre indépendants, et s'ériger en seigneurs propriétaires des lieux dont ils n'avaient été jusqu'alors que les seigneurs amovibles. Ainsi se formèrent dans la Belgique moderne ces différents duchés, comtés, marquisats, seigneuries, qui devinrent autant de souverainetés séparées.

Le gouvernement de la basse Lotharingie n'avait été accordé pendant longtemps qu'à titre de simple bénéfice. Il commença à devenir héréditaire dans la maison des comtes de Verdun ou d'Ardenne, moins de droit que de fait; car l'Empire y fit valoir plus d'une fois encore une autorité souveraine, qui contrariait cette hérédité.

Godefroi III étant mort en 1023 sans laisser d'enfants eut pour successeur dans le duché son frère Gothelon I, qui possédait le marquisat d'Anvers. A Gothelon I succéda son second fils Gothelon II, auquel son frère aîné Godefroi disputa le duché les armes à la main. Ici l'empereur fut forcé d'intervenir avec une armée, pour réduire Godefroi à l'impuissance. Plus tard, pour punir le rebelle, après que la mort de Gothelon II eut laissé vacant le gouvernement de la basse Lotharingie, en 1048, il y appela Frédéric de Luxembourg. Ce choix irrita plus que jamais Godefroi, qui recommença ses hostilités contre l'Empire. Elles ne prirent fin qu'à la mort de Frédéric, auquel l'empereur enfin laissa succéder le tenace prétendant dans le duché ainsi que dans le marquisat d'Anvers, sous le nom de Godefroi IV. Sous ce prince, le gouvernement de la Lotharingie rentra donc dans la maison des comtes de Verdun. En 1070, son fils, surnommé Godefroi le Bossu, à cause de sa difformité, prit les rênes du duché. Mais il tomba assassiné six années après.

Godefroi de Bouillon, le héros de la première croisade, se présenta alors pour recueillir l'héritage de Godefroi le Bossu, du chef de sa mère Ide, sœur de ce prince. Toutefois l'empereur Henri IV déclara le duché fief dévolu à l'Empire, et le donna à son fils Conrad. Mais, Conrad s'étant, peu de temps après, révolté contre son père, Henri IV le dépouilla de sa dignité et en investit Godefroi de Bouillon, qui gouverna pendant sept ans les provinces de la basse Lotharingie, que son départ pour la terre sainte et sa mort laissèrent de nouveau vacantes.

La grande querelle des investitures divisait l'Allemagne et l'Italie. Henri, comte de Limbourg, mit à profit les embarras où l'Empire se trouvait placé par cette lutte terrible, pour forcer l'empereur à lui céder le duché de Lotharingie en 1101; et il y réunit, comme l'avait fait Godefroi de Bouillon, le marquisat d'Anvers, qui, depuis cette époque, continua sans interruption à en faire partie intégrante. Mais il n'en jouit pas longtemps. Car l'empereur Henri IV ayant succombé dans la guerre sacrilége qu'avait entreprise contre lui son propre fils, celui-ci dégrada Henri de Limbourg de sa dignité, et le fit jeter dans les fers.

Dès lors le duché devint héréditaire dans la maison de Louvain, et c'est aussi à dater de cette époque que le comté de Louvain ou de Brabant fut réuni au duché de la basse Lotharingie, ou Lothier.

L'origine des seigneurs de cette maison est enveloppée des plus grandes ténèbres. Le premier dont l'authenticité soit bien avérée fut Ansfried, que le chroniqueur liégeois Anselme appelle positivement *comitem Lovaniensem*, et que Sigebert de Gembloux nomme *comitem Bratuspantii*. Il vivait vers l'an 997.

En l'an 1003, nous trouvons à la tête du comté Lambert I, dit le Barbu, fils de Regnier II de Hainaut. Ce prince, qui régna jusqu'en 1015, fut un de ceux qui s'opposèrent le plus vivement à l'autorité de Godefroi III, duc de la basse Lotharingie. Il reçut de l'annaliste de Hildesheim le surnom de *prœliator*, à cause des luttes qui remplirent la plus grande partie de sa vie.

Son fils aîné, Henri I, lui succéda, et continua la guerre de révolte commencée par son père contre le duc Godefroi; mais il fut assassiné, en 1038, dans le château de Louvain, par un seigneur lorrain qu'il avait fait prisonnier dans une bataille livrée près de Bar, l'année précédente. Il laissa un fils, Otton, qui ne lui survécut guère; car, en 1038, la liste des comtes de Louvain nous présente déjà Lambert II, dit Balderic. Impliqué dans la guerre des évêques de Cologne et de Liége contre Florent, comte de Hollande, il fut pris, mais relâché pour une forte rançon. La date et le lieu de sa mort sont entièrement ignorés. Toutefois on ne connaît pas d'acte qui parle de son successeur Henri II avant l'an 1073. Quatre années plus tard, Henri II laissa le comté à son fils Henri III, qui fut tué dans un carrousel donné à Tournai en 1096, et ne laissa point d'enfants mâles ; de sorte qu'il eut pour successeur son frère Godefroi le Barbu.

Ce fut ce prince que l'empereur Henri V revêtit de la dignité de duc de Lothier, après en avoir dépouillé Henri de Limbourg en 1106. Premier comte du nom de Godefroi dans la dynastie de Louvain, il en fut le septième dans la succession des ducs de la basse Lotharingie. Investi du nouveau titre dont la faveur impériale venait de le gratifier, il prit avec énergie les rênes du duché. Aussi bien il fallait un bras comme le sien pour contenir les mécontents que son avénement lui avait créés parmi les seigneurs dont il était ainsi devenu, en quelque sorte, le maître. D'ailleurs, Henri de Limbourg s'était échappé de sa prison, et cherchait une occasion de récupérer sa dignité perdue. Profitant du moment où l'empereur se trouvait au fond de l'Allemagne, Henri de Limbourg parcourut les villes, gagna les seigneurs, leva des troupes, et s'empara d'Aix-la-Chapelle. Le danger était pressant, et l'empereur trop éloigné pour empêcher la révolte de gagner du terrain. Mais Godefroi était là, dont l'épée valait celle d'un empereur. Il franchit la Meuse, tomba sur Aix, et rompit d'un seul coup toute cette ligue, réduisant Henri de Limbourg à une complète impuissance, et ne rendant leur liberté aux seigneurs rebelles qu'au prix de l'hommage qu'ils lui doivent en sa qualité de duc de la basse Lotharingie.

Godefroi était mieux affermi que jamais dans sa puissance, quand tout à coup survint un événement qui la remit tout entière en question. L'empereur Henri V mourut à Utrecht, sans laisser d'enfants. Deux partis se formèrent aussitôt parmi les princes de l'Empire, dont les uns voulaient placer la couronne sur la tête de Lothaire, duc de Saxe ; les autres, sur celle de Conrad, duc de Franconie. Godefroi garda à la maison de Henri la foi qu'il avait jurée à ce prince lui-même : il se déclara pour Conrad. Cependant le parti contraire l'emporta, et Lothaire irrité dépouilla Godefroi de la dignité de duc de Lothier, qu'il conféra à Waleram, fils de Henri, comte de Limbourg. C'est depuis ce temps que les comtes de cette maison prirent le titre de ducs. Mais Godefroi n'en continua pas moins à conserver ses droits, et à exercer, du moins dans une partie du pays, l'autorité qui y était attachée. De cette manière la basse Lotharingie se trouva, pour ainsi dire, divisée en deux portions ; en sorte que, tandis que Waleram gouvernait les provinces situées au delà de la Meuse, la ville de Maestricht et le territoire de Saint-Trond, Godefroi administrait toujours, avec le titre de duc, tout le reste du pays au nom de Conrad.

L'empereur étant mort en 1137, Conrad, son ancien compétiteur à l'Empire, fut choisi pour lui succéder. Le premier acte de ce prince fut de restituer Godefroi, dans son autorité, et de lui assurer même la possession du duché pour lui et pour ses héritiers, tout en laissant à Waleram le titre de duc. Mais Godefroi ne jouit pas longtemps de cette nouvelle faveur impériale ; car il mourut en 1140. Son successeur, Godefroi II, de la maison de Louvain, et VIIIe dans la suite des ducs de Lothier, parvint au duché sans aucune contestation. Le fils de Waleram de Limbourg, Henri, essaya seul de lui disputer la partie de la basse Lotharingie que son père avait gouvernée en vertu de la concession de l'empereur Lothaire. Godefroi prit donc les armes, et affermit son autorité en ruinant son audacieux compétiteur. Son règne cependant ne dura guère que deux années. Il fut emporté par une maladie de langueur en 1142, après avoir confié la tutelle de son fils Godefroi III, et la régence de ses États, aux sires Henri de Diest, Gérard de Wesemael, Jean de Bierbeeck, et Arnould de Winxel. La préférence accordée à ces quatre seigneurs parut une humiliation à la famille considérable des Berthold, seigneurs de Malines et de Grimberghe, qu'aucun des régents n'égalait ni en noblesse, ni en puissance, ni en richesses. Leur colère éclata aussitôt que la mort eut emporté le duc, et ils commencèrent par refuser le serment de fidélité qu'ils devaient, comme vassaux, au jeune Godefroi, dont les quatre tuteurs avaient eu soin de faire confirmer la dignité par l'empereur Conrad. Ce refus était une déclaration de guerre. Aussi les hostilités commencèrent. Elles durèrent dix-huit ans, et ne finirent, en 1159, que par la défaite des Berthold et la destruction de la redoutable citadelle de Grimberghe. Alors une paix intervint, dont les principales conditions furent que la forteresse de Grimberghe resterait démolie, que les Berthold tiendraient toutes leurs possessions du duc à titre de bénéfice, qu'ils lui prêteraient comme vassaux le serment de fidélité; enfin, que, dans la succession des biens situés sur le territoire de Grimberghe, les cadets passeraient avant les aînés : bizarre disposition, qui était directement contraire aux coutumes du Brabant, mais qui fut maintenue dans les siècles suivants.

Les Berthold ainsi réduits, une nouvelle difficulté vint compliquer les affaires. Les tuteurs de Godefroi, se voyant, au commencement de la guerre, dans l'impuissance de résister aux ennemis, qui s'étaient déjà emparés de Vilvorde, avaient cherché à attirer dans leur parti Thierry d'Alsace, comte de Flandre. Thierry y consentit, à condition que le duc, devenu majeur, se reconnaîtrait son vassal. Pressés par la nécessité du moment, il leur fallut accepter cette condition humiliante, au prix de laquelle le comte envoya au duc une armée, composée des meilleures épées flamandes.

Or, maintenant la guerre terminée, le comte demandait que Godefroi tînt la promesse faite par ses tuteurs, et lui fit hommage du duché de Brabant. En vain le duc mit-il tout en œuvre pour amener le comte à se désister d'un engagement que la nécessité seule avait pu arracher : Thierry tint bon, et en réclama l'exécution. Alors Godefroid tira son épée, et, la mettant dans la main du comte : Percez-moi plutôt le cœur avec cette épée, lui dit-il, que d'exiger que je m'humilie au point d'assujettir mon noble duché à votre comté.

Vaincu par ce trait de fermeté, Thierry se contenta de l'hommage de la terre de Termonde, qui était renfermée dans le duché de Brabant.

Godefroi fut un des princes les plus belliqueux de son temps. Son ambition ne méditait sans cesse que des projets d'agrandissement, et il épiait toutes les occasions de les exécuter, sans s'inquiéter de la justice de ses prétentions, et sans même chercher un motif qui pût les légitimer. En 1190, il termina sa vie, qui ne fut, à vrai dire, qu'une longue bataille. Accablé d'infirmités, il avait, sept années auparavant, c'est-à-dire en 1183, remis les rênes du duché entre les mains de son fils Henri I, duc de Lothier et de Brabant, et IVe des comtes de Louvain.

Henri I se trouva, dès son avénement, impliqué dans la querelle qui s'éleva entre son frère Albert et Albert de Rethel, au sujet du siége épiscopal de Liége, auquel tous deux prétendaient. Nous avons dit quelle fut l'issue de ce différend.

« Quelques-uns de nos historiens, dit M. Piot, auteur de l'*Histoire de Louvain*, ont singulièrement travesti le caractère de Henri : les uns en font une espèce de saint : les autres, par reconnaissance pour les services qu'il rendit à nos vieilles franchises, en font, de leur côté, un héros. Cependant, tout en rendant justice à ce qu'il fit pour la religion et pour la liberté, il faut convenir qu'il a été un des comtes dont le règne fut des plus funestes. Fourbe et hypocrite, il attira sur son peuple les plus grand maux, par sa mauvaise foi. »

En effet, nous avons vu comment il abandonna son propre frère dans la lutte que celui-ci eut à soutenir contre Albert de Rethel. Plus tard, l'empereur Henri VI étant venu à mourir, et deux prétendants à l'Empire, Philippe, duc de Souabe, et Otton, de Brunswick s'étant présentés, le duc Henri s'attacha tour à tour au parti de l'un et de l'autre, selon leurs succès ou leurs revers. Enfin, après la mort de Philippe de Souabe, il se rangea du côté d'Otton; et, sous prétexte de le défendre, commença une guerre acharnée contre la principauté de Liége, qui élevait des prétentions sur les châteaux de Moha et de Walef, au détriment du duc. Nos lecteurs ont vu, dans l'histoire de cette principauté, les détails de l'issue de cette lutte, également désastreuse pour les deux partis.

Cette sanglante querelle terminée, la fameuse bataille de Bouvines se préparait. Le duc Henri, qui, après la mort de l'empereur Philippe de Souabe, s'était mis sur les rangs parmi des princes de l'Empire, et s'étayait de l'appui du roi de France Philippe Auguste, pour disputer la couronne à Otton de Brunswick, et qui, depuis l'échec qu'il éprouva, s'était si bien rallié au nouvel empereur Otton qu'il lui donna même sa fille Marie en mariage, entra avec son suzerain dans la ligue que les grands vassaux de France formèrent contre leur roi, et prit part à la journée de Bouvines. Les barons furent battus dans cette mémorable rencontre, et les affaires d'Otton y furent si bien ruinées, qu'il abandonna les rênes de l'empire pour aller s'enfermer dans son château de Hartzbourg, près de Brunswick, où il passa le reste de ses jours dans l'obscurité de la vie privée, et mourut en 1218.

Déjà, avant cet échec à sa puissance, l'empereur avait subi un grand échec moral. Sacré en 1209 par les mains mêmes d'Innocent III, auquel il avait promis de restituer les provinces et les châteaux que les empereurs avaient usurpés sur les papes, il avait commencé par se brouiller avec son protecteur, et par envahir la Pouille malgré le saint-siége, qui en prétendait la souveraineté. Cet acte d'hostilité porta le pape, à son tour, à changer d'affection. Otton fut frappé des foudres de l'Église, et le jeune Frédéric de Sicile, fils de l'empereur Henri VI, fut, en 1212, investi de l'Empire dans une diète tenue à Nuremberg. Ce choix fut approuvé par Innocent, et protégé par Philippe Auguste, qui signa tout d'abord une alliance avec Frédéric.

Ce traité fut un des motifs qui poussèrent Otton dans la confédération qui se forma contre le roi. Toutefois le nouvel empereur ne parvint pas à établir son autorité dans tous les États qui composaient l'Empire. Ils s'étaient divisés en deux grands partis, dont l'un, la haute Allemagne, se plaça sous l'autorité de Frédéric, et dont l'autre, l'inférieure Allemagne, continua à reconnaître la suzeraineté d'Otton. Dans ce conflit, il ne restait à Frédéric qu'à attendre une occasion favorable de réduire tout l'Empire à son sceptre. Cette occasion, il la trouva après la défaite d'Otton à Bouvines. A peine celui-ci eut-il opéré sa retraite, que Frédéric passa le Rhin et la Meuse, et, après avoir forcé tous les princes et les seigneurs de ces cantons à le reconnaître, se disposa à fondre sur le Brabant pour soumettre également le duc Henri, qui tenait encore pour le parti d'Otton. Mais le duc, en suivant, dans cette occasion comme dans toutes les autres, les principes de sa politique versatile et pusillanime, qui le faisait passer d'un parti à l'autre, selon l'intérêt ou le danger du moment, abandonna la cause qu'il avait servie jusqu'alors, et vint, avec les principaux seigneurs de ses États, prêter serment de fidélité à Frédéric, lui laissant son fils pour garant de sa promesse.

La fin du règne de Henri I fut signalée par la guerre contre les Stadings, qui habitaient les terrains marécageux situés à l'embouchure de l'Elbe. Ils s'étaient révoltés contre Gérard de Lippe, archevêque de Brême, et contre le comte d'Oldenbourg, qui voulaient les soumettre à l'illégale prestation de la dîme. Ils opposèrent une si longue et si opiniâtre résistance, que, ne pouvant les vaincre par les armes, on résolut de les vaincre par la calomnie : on les accusa d'hérésie, on répandit le bruit qu'ils se livraient à l'inceste, et qu'ils adoraient le démon sous la forme d'un chat. Par la tous les chrétiens de l'Allemagne occidentale furent bientôt excités contre les Stadings. Une croisade fut prêchée pour combattre ces prétendus hérétiques. Elle comptait dans ses rangs un grand nombre de chevaliers flamands et brabançons, et elle eut pour chef Henri, fils du duc Henri I. Le résultat de l'expédition fut l'extermination des Stadings, le 28 mai 1234.

Henri I mourut le 3 septembre de l'année suivante, à Cologne, où il fut attaqué d'une maladie subite au retour d'une diète qui avait été tenue à Mayence. S'il faut en croire le chroniqueur liégeois Jehan d'Outremeuse, qui fut presque contemporain de ce prince, Henri mourut dans un état de frénésie terrible, dont Dieu l'aurait frappé pour le punir des excès sacriléges qu'il avait commis après la prise de la ville de Liége. Le même chroniqueur ajoute que le duc, courant comme un furieux dans le palais de l'empereur, et abattant tous ceux qui essayaient de l'arrêter, fut tué lui-même par un aide de la cuisine, qui lui broya la tête avec un pot de métal.

Quoi qu'il en soit de ce récit, dont la partie fabuleuse s'explique si bien, par la haine profonde que Henri avait excitée contre son nom à Liége, le règne de ce prince, si plein de désastres qu'il ait été, fut d'une haute importance politique pour le Brabant. En effet, c'est sous lui que le duché obtint plusieurs de ses chartes d'affranchissement. L'érection de la ville de Vilvorde en commune en 1192, par le duc Henri, passe pour la plus ancienne du Brabant. Louvain obtint sa charte en 1211, et Bruxelles la sienne en 1229.

Henri fut le premier des ducs de Lothier qui joignit à ce titre celui de duc de Brabant, et qui plaça dans son écu, comme emblème national, le lion brabançon.

Autant Henri I s'était montré ambitieux et avait causé de désastres à son pays, autant son fils Henri II s'occupa de procurer au duché les avantages solides de la paix. Il s'appliqua à cicatriser les plaies que son père avait ouvertes, et donna tous ses soins à l'administration intérieure, qu'il améliora en plus d'un point. Dédaignant la couronne de l'Empire, qui lui fut offerte après que l'empereur Frédéric et son fils Conrad, roi des Romains, eurent été excommuniés et déposés par le pape Innocent IV, il s'étudia à corriger les institutions et les lois. Un de ses actes les plus mémorables est l'abolition du droit barbare de morte-main, qui consistait dans l'obligation de céder au seigneur, quand un père de famille mourait, le plus beau meuble de la maison, à moins que, pour le racheter, on ne voulût couper la main droite du défunt, et la présenter au seigneur. Cet acte fut dressé à Louvain, et daté de l'année même de la mort du duc, survenue en 1247.

Marie, la quatrième fille de ce prince, fut l'héroïne et la victime d'une singulière tragédie qui a rendu ce nom célèbre. Épouse de Louis, duc de Bavière, comte palatin, elle était restée au château de Donawert avec la reine Élisabeth, sa sœur, pendant que ce prince était occupé à purger les bords du Rhin des brigands qui les infestaient. Cette expédition traînant en longueur, Marie écrivit deux lettres, l'une à son époux, l'autre au comte Henri Ruchon, dans lesquelles elle leur confiait des secrets particuliers. La première était scellée de cire noire; la seconde, de cire rouge; et toutes deux portaient le même cachet. Le messager chargé de porter ces lettres remit par mégarde au duc Louis celle qui était destinée au comte Henri. Après avoir lu cet écrit, dont il ne saisit pas le véritable sens, le prince crut y découvrir la preuve d'un commerce adultère entre sa femme et Ruchon. Dans le premier mouvement de fureur que ce soupçon lui inspira, il perça de son épée le malheureux messager, qui fut tué du coup. Cependant il dissimula son ressentiment, pour parvenir plus sûrement à assouvir sa vengeance, et il se rendit en toute hâte à Donawert, et se présenta à la porte du château. Un seul garde l'accompagnait. Louis, en entrant, lui ordonne de tuer le gouverneur, qui est venu au-devant de lui. Ce meurtre répand la consternation dans tous les cœurs, et la princesse Marie accourt avec ses domestiques tremblants. Les yeux du duc étincelaient de colère. Il reproche à la princesse son ingratitude et son infidélité. En vain l'accusée essaye d'expliquer à son époux furieux tout le prétendu mystère; en vain elle jure qu'elle est innocente; en vain la reine Élisabeth, prosternée aux pieds de son frère, tâche de l'apaiser par ses larmes et par ses prières, en le conjurant de différer au moins jusqu'au lendemain une vengeance dont il devait se repentir. N'écoutant que les conseils de sa fureur, et sourd aux serments, aux protestations, aux larmes, il repousse sa sœur, et ordonne au garde qui l'accompagne de frapper la duchesse. Presque au même instant la tête de l'infortunée Marie vint rouler aux pieds du duc, qui, lui-même, perça de son épée une des dames de la princesse et en fit précipiter une autre du haut d'une tour, parce qu'il les croyait complices de sa femme. Cette horrible tragédie se passa le 15 février 1256. L'innocence de la duchesse ne tarda pas à éclater dans tout son jour. Le duc lui-même fut forcé de la reconnaître, après avoir entendu le véritable sens de la lettre qui avait fait naître en lui de si injustes soupçons. Touché de repentir et de pitié, déchiré de remords, et pleurant la perte de sa malheureuse épouse, il se rendit à Rome, et se mit à la discrétion du souverain pontife, qui lui ordonna, pour expier son crime, de fonder à Furstemberg, en Bavière, une abbaye, où furent gravés ces deux vers, qui attestent à la fois les remords du duc et l'innocence de la princesse :

Conjugis innocuæ fusi monumenta cruoris,
Pro culpâ pretium, claustra sacrata vides.

Dès son avénement, Henri III trouva l'Empire en proie aux sanglantes querelles des Guelfes et des Gibelins. Par la seconde femme de son père, fille du comte de Duringen, et par le mariage de sa deuxième sœur, Béatrix, qui avait épousé Henri Raspe de la même maison, le duc de Brabant était l'allié naturel du parti guelfe. Aussi il s'unit à Guillaume, comte de Hollande, et prit part à la croisade qu'Innocent IV avait fait prêcher contre les partisans que l'empereur Frédéric avait conservés en Allemagne.

Le comte Guillaume avant été appelé à l'Empire, et n'étant âgé que de vingt ans à peine, on lui donna, pour aides et pour conseillers dans l'administration des affaires des Pays-Bas, l'évêque d'Utrecht et le duc de Brabant. Tous les vassaux de l'Empire furent appelés à lui prêter le serment de fidélité dans le terme d'un an et un jour. Marguerite, comtesse de Flandre, et Baudouin, comte de Namur, assis alors sur le trône chancelant de Constantinople, refusèrent d'obéir à ce devoir. Dans une diète tenue au camp devant Francfort, le 11 juillet 1252, l'empereur déclara Baudouin déchu du comté de Namur, et Marguerite dépossédée de la Flandre impériale. Cette mesure ne fit qu'irriter les partis. Marguerite, de son côté, somma l'empereur de lui rendre hommage, comme comte de Hollande, pour les îles Zéelandaises, qui dépendaient de la Flandre. Guillaume répondit par un refus formel, ce qui aurait rendu la guerre inévitable si le duc de Brabant, pour en arrêter l'explosion, n'eût offert sa médiation entre l'empereur et la comtesse. Il parvint à faire réunir un congrès à Anvers, où une trêve de trois mois fut solennellement conclue. Guillaume se reposait sur la foi du traité, quand tout à coup la perfide Marguerite rompit la trêve, et lança dans l'île de Walcheren une armée imposante, commandée par ses deux fils, Gui et Jean de Dampierre. Mais ils tombèrent dans une embuscade derrière les dunes de West-Capelle, et furent pris avec Thibaut, comte de Bar, Godefroi, comte de Guisnes, et deux cent trente chevaliers, par Florent, frère de l'empereur, après avoir essuyé, le 4 juillet 1253, une sanglante défaite, dans laquelle ils perdirent tous leurs vaisseaux et tous leurs bagages. Les suites de cet événement appartiennent à l'histoire de Flandre, où nous en avons exposé tous les détails.

Le duc Henri se trouva bientôt impliqué dans une autre lutte. L'évêque de Liége, Henri de Gueldre, avait accablé le clergé et les habitants de la principauté d'impôts extraordinaires, et le peuple s'était révolté contre lui. Il lui fallait de l'argent pour pousser la guerre contre ses villes rebelles : il engagea donc Hougaerde, Bavenchien, et la moitié de la ville de Malines, au duc de Brabant, pour treize cents marcs d'argent. Cet engagement ayant été pris sans le consentement du chapitre de Liége, les chanoines sommèrent le duc d'abandonner ces places, et, sur son refus le frappèrent d'excommunication. L'évêque l'en ayant relevé, le duc vint, à la tête d'une forte armée, soumettre la ville de Saint-Trond. Mais, peu de temps après, Henri de Gueldre entra dans la ville, et lui fit rudement expier l'accueil qu'elle avait fait au duc. Celui-ci avait fixé une amende que les habitants devaient payer à l'évêque. Le prélat ne tint aucun compte de cet arrangement, et voulut doubler la somme déterminée. Alors les gens de Saint-Trond appelèrent à leur secours le duc, qui leur défendit de rien payer au delà de ce qu'il leur avait ordonné. Force fut donc à Henri de Gueldre de recourir à un autre moyen pour obtenir de l'argent. Il demanda au pape la permission de réclamer le vingtième denier de tous les prêtres de son diocèse, afin de réunir la somme nécessaire pour dégager les villes qu'il avait aliénées au duc Henri. Ici se présenta un obstacle nouveau. Le diocèse de Liége embrassant une grande partie du Brabant, le duc ne voulut pas souffrir que les ecclésiastiques placés sous sa domination fussent chargés d'un impôt aussi onéreux en faveur d'un prince étranger. Il leur défendit donc de payer, et les menaça, s'ils obéissaient à l'évêque, d'exiger la dîme pour sa part. Il ne restait plus à l'évêque qu'à se servir de ses dernières armes : il les employa, et excommunia le duc.

Dans cette extrémité, il n'y avait plus que la guerre qui pût décider entre les deux princes. Cependant elle fut prévenue, les principaux seigneurs de Belgique s'étant assemblés à Bruxelles pour terminer les dissensions qui agitaient presque toutes les provinces. Le différend paraissait aplani, quand tout à coup l'évêque tomba sur Saint-Trond, et y porta la terreur, cassant les magistrats, abattant les maisons de ceux qu'il savait dévoués au duc, et des citoyens qui avaient pris la fuite. A la nouvelle de ces incroyables excès, Henri de Brabant résolut de tirer enfin l'épée. Mais on prit pour la seconde fois des moyens d'accommodement, et les deux partis soumirent la décision de leur querelle à une assemblée composée de Florent, régent de Hollande, d'Otton, comte de Gueldre et frère de l'évêque, de Jean d'Avesnes, et de plusieurs seigneurs brabançons. C'est par cette assemblée que Henri de Gueldre fut condamné à réparer les dégâts qu'il avait commis à Saint-Trond, à rappeler les bannis, à dédommager les citoyens dont les biens avaient été confisqués par lui, tandis que le duc dut s'engager, de son côté, à laisser debout une tour forte que l'évêque avait fait élever, pour maintenir la ville sous son autorité.

Le lecteur a déjà vu, dans le chapitre que nous avons consacré à l'histoire de Liége, de quelle manière se termina la querelle du duc et de l'évêque de Gueldre.

En 1256, Henri de Brabant, qui avait, pendant si longtemps, travaillé sans succès à la pacification des différends qui divisaient le pays, se trouva enfin en position de mettre un terme à tous ces fatals désordres. L'empereur Guillaume de Hollande ayant été assassiné par une troupe de paysans dans une expédition qu'il dirigeait contre les Frisons, la querelle qui durait, depuis tant d'années, entre Marguerite de Flandre et Jean d'Avesnes, put prendre un terme. La comtesse obtint, moyennant une rançon, que ses fils, Gui et Jean de Dampierre, fussent rendus à la liberté. Elle assura, en outre, le Hainaut à Jean d'Avesnes. Cet arrangement se fit sous la médiation du duc de Brabant.

Ce prince mourut à Louvain, le 28 février 1261. Il s'était montré un des trouvères les plus remarquables de son temps, et laissa dans notre histoire littéraire un nom aussi distingué que dans notre histoire politique. Fauchet cite, dans ses *Poëtes françois*, deux chansons dues à Henri III. Non-seulement le duc cultivait lui-même la poésie, il fut aussi un grand protecteur des lettres, des poëtes surtout. Il éleva à sa cour un des écrivains les plus féconds de son temps, Adenez le Roi, auteur des poëmes de *Berthe au grant pié*, d'*Ogier le Danois*, de *Buevon de Commarchis*, d'*Aimery de Noirbonne* et de *Cléomades*, comme le passage suivant de ce dernier livre nous l'atteste :

Menestrés au bon duc Henri
Fui; cil m'aleva et norri,
Et me fist mon mestier apprendre.

Parmi les actes politiques de Henri III, le testament qu'il nous a laissé est d'une haute importance. « Dans cette pièce, dit un de nos historiens modernes dont nous aimons à reproduire quelquefois les paroles, il manifeste des principes de raison et des sentiments d'humanité, non moins louables que ceux que son père avait montrés dans son acte de 1247. Ce dernier s'était borné à accorder aux Brabançons le droit d'être jugés par leurs magistrats. Mais Henri III les affranchit des impositions personnelles et des exactions arbitraires auxquelles ils étaient soumis, et il étendit ces priviléges à cette classe malheureuse qui, dans ces temps de barbarie, était comme séquestrée de la société civile, et dégradée de la qualité d'homme. » En effet, il statue, dans son testament, que tous les *hommes de la terre de Brabant*, c'est-à-dire les serfs et les clients attachés à la glèbe, seront traités généralement par jugement et par sentence, et exempts d'impositions extraordinaires : *tellement*, dit-il, *que nous n'en lèverons sur ces hommes, ou n'en ferons lever, que dans les expéditions militaires pour la défense de notre pays, pour la conservation de nos droits, pour la répression des injures, pour le service des empereurs romains ou des rois d'Allemagne, ou quand nous marierons une de nos filles, ou quand nous créerons un de nos fils chevalier.*

Henri III, en mourant, n'avait laissé que quatre enfants mineurs, Henri, Jean, Godefroi, et Marie, dont la tutelle donna lieu aux plus vives contestations. La duchesse Alix, ou Adèle, qui était fille de Hugues, duc de Bourgogne, s'était établie dans le couvent des Dominicains à Louvain, où elle entreprit l'administration du Brabant, et s'arrogea la tutelle de ses fils. Henri, landgrave de Thuringe et de Hesse, qui avait épousé Béatrix, sœur du duc défunt, arriva précipitamment d'Allemagne, et prétendit être nommé tuteur des jeunes princes ses neveux. Mais il fut débouté de ses prétentions par l'avis unanime des seigneurs et des villes. Alors se présenta Henri de Gaesbeeck, petit-fils du duc

Henri I. Entraîné par les conseils d'Otton, comte de Gueldre, et de Henri, évêque de Liége, frère de ce seigneur, il se déclara tuteur, contre la volonté des états de Brabant, et se montra résolu à se maintenir dans ce titre les armes à la main. Mais Alix obtint à prix d'argent que le comte et l'évêque engageassent Henri de Gaesbeeck à se désister de ses prétentions. Ainsi, par le consentement des villes et des seigneurs, elle resta seule tutrice de ses enfants. Toutefois, bien que cette princesse fût aussi distinguée par sa prudence que par sa fermeté, les états choisirent deux conseillers pour l'assister : ce furent Godefroi de Perwez et Gauthier Berthold, sire de Malines. Arnould, baron de Wesemael, maréchal héréditaire du Brabant, éprouva le plus grand dépit en se voyant exclu de ce conseil, auquel il croyait que sa naissance, autant que ses titres et ses services, lui donnaient le droit d'être appelé. Pour se venger de cette espèce d'affront, il résolut donc de soulever la ville de Louvain, où il exerçait une grande influence. Homme d'un caractère violent et énergique, il n'eut pas de peine à y réussir; car il y travaillait avec une double ardeur, d'abord à cause de son exclusion du conseil de tutelle, ensuite parce que Henri, le fils aîné de la duchesse, étant dans un état complet d'imbécilité, elle voulait transmettre le pouvoir à son second fils Jean. Cet arrangement, dit l'historien de la ville de Louvain, contrariait singulièrement les vues du sire de Wesemael, qui désirait toujours arriver au pouvoir. Il avait su s'attacher les Lovanistes, et il se forma dans cette ville deux partis, nommés, le premier, les *Colveren* ou *Uytten Brule*, et le second, les *Blanckaerden*, du nom de ces familles. Les premiers, à la tête desquels se trouvait Arnould de Wesemael, tenaient pour le parti de Henri ; les seconds, pour celui de la duchesse et de Jean. A chaque instant ces deux factions en venaient aux mains, et le sang n'était pas épargné dans ces rencontres. Enfin, les *Blanckaerden* allèrent trouver la duchesse, et accusèrent les *Colveren* et le sire de Wesemael de tous les excès qui se commettaient journellement dans la ville. Arnould fut chassé de Louvain avec tous ses partisans en l'an 1264, et la paix fut rétablie pour le moment dans la ville, tandis que le parti de Wesemael se jeta sur la seigneurie de Malines, où il exerça les plus grands dégâts, mais où il ne tarda pas à être complétement défait.

Les fils de Henri venaient d'atteindre l'âge où, suivant la constitution du pays, ils étaient reconnus capables d'exercer la souveraineté. Alix convoqua à Cortemberg, entre Bruxelles et Louvain, une assemblée générale des villes et des seigneurs, dans laquelle le prince Henri déclara que, *de sa libre volonté et de son mouvement spontané, il faisait à son frère la cession ou donation de tous les droits qu'il pourrait avoir à réclamer sur le duché de Brabant, sous quelque dénomination que ce fût* ; ensuite, il jura, sur l'Évangile, que *jamais il ne contreviendrait à cette donation ; déclarant au surplus qu'il déchargeait les hommes de la terre de Brabant, tant présents qu'absents, de la foi et de l'hommage qu'ils lui avaient prêtés, et leur ordonnant de tenir son frère comme légitime duc de Brabant, de lui obéir, de le servir comme tel, et de lui prêter foi et hommage.*

Cette assemblée, célèbre dans l'histoire de la Belgique, ayant accepté ainsi la renonciation de Henri en faveur de son frère Jean, l'acte en fut dressé huit jours après, le 23 mai 1267, à Cambrai, dont l'évêque s'était trouvé à Cortemberg. Cet acte lui-même reçut la ratification de Richard de Cornouailles, qui jouissait alors du vain titre d'empereur. Le jeune Henri prit l'habit de moine, et entra dans un monastère à Dijon, où il vécut dans la retraite, avec une cour et une suite conformes à sa naissance.

Au mois de juin 1267, le duc Jean I, âgé alors de dix-sept ans, fit son entrée solennelle à Louvain, et y prit possession de la souveraineté du pays. Le traité de Cortemberg y fut ratifié et confirmé par les villes et par les seigneurs. Toutefois le duc ne le crut pas suffisant, puisque, Rodolphe de Habsbourg étant parvenu à l'Empire en 1273, il se rendit à Aix-la-Chapelle, et fit de nouveau ratifier cet acte par l'empereur. Dès lors Jean se sentit affermi dans sa puissance. Il en donna les premières preuves dans la fameuse guerre de la Vache, qui éclata, en 1274, entre la principauté de Liége et les gens de Namur et de Luxembourg. Nous en avons raconté les sanglants épisodes, au règne du prince-évêque Jean d'Enghien.

Dans le cours de la même année, une grande joie se répandit dans le Brabant. Marie, sœur du duc Jean, devenait l'épouse du roi de France Philippe le Hardi. Cette princesse, qui joignait à une beauté touchante un esprit vif et délicat, avait hérité des inclinations et du talent de son père pour les lettres. Selon le témoignage des historiens de la poésie française, ce fut grâce à elle que les poètes qui avaient brillé sous le règne de saint Louis jouirent d'une considération plus grande encore sous Philippe le Hardi, à la cour duquel elle avait conduit le poëte Adenez le Roi.

Après quatre années de mariage, en 1278, cette princesse faillit devenir l'innocente victime d'un drame qui eût été non moins lamentable que celui dont Marie, fille du duc Henri II, avait été l'héroïne en 1256, au château de Donawert.

Le roi Philippe avait des enfants de son premier mariage avec Isabelle d'Aragon. Tout à coup son fils aîné Louis mourut empoisonné, et la reine fut accusée d'avoir commis ce crime pour frayer à ses propres fils le chemin du trône, quand elle aurait réussi à se délivrer de tous les enfants du premier lit de son époux. Cette accusation fut produite par Pierre Labrosse, qui, après avoir été barbier ou chirurgien de saint Louis, était parvenu à la dignité de chambellan et de conseiller intime de Philippe, son fils et son successeur. Quelques historiens ont prétendu qu'il recourut à ce moyen criminel pour perdre la reine, parce qu'elle voyait avec déplaisir l'ascendant qu'il exerçait sur l'esprit du roi, et qu'elle aurait voulu ruiner le crédit de ce perfide ministre, qui abusait insolemment d'un pouvoir dont il était digne. Mais un chroniqueur flamand, contemporain de l'événement, Jean Van Heelu, affirme que Pierre Labrosse, ayant essayé de porter atteinte à l'honneur de la reine, se vengea par cette accusation du refus de Marie.

Dese Pirs hadde ondaet
Ghetracht op die conincginne [1].

Philippe, prêtant l'oreille à ces odieuses insinuations, fit enfermer la reine dans une étroite prison; et, pour s'éclairer sur cet horrible empoisonnement, il recourut à l'art des devins. « Il y avait alors, à Nivelles, dans le Brabant, dit l'historien belge M. Dewez, une de ces religieuses connues sous le nom de béguines, qui passait pour une habile devineresse. Le roi envoya successivement des députés à cette femme pour la consulter sur cet abominable mystère. Il dépêcha d'abord Matthieu, abbé de Saint-Denis, auquel Labrosse fit adjoindre Pierre, évêque de Bayeux, parent de Labrosse et auteur de son élévation. L'évêque, qui avait eu soin de prendre les devants, flatta, menaça, intéressa la prophétesse, que quelques écrivains traitent sérieusement de sorcière, et l'engagea à lui révéler le secret en confession. L'abbé arrive : la devineresse lui dit que l'évêque de Bayeux est instruit de tout le mystère. Le roi, qui attendait leur retour avec la plus vive impatience, fut étrangement surpris quand l'évêque refusa de lui rendre compte de sa mission, alléguant que c'était un secret de confession.

« — Dom évêque, lui dit le roi avec colère, je ne vous ai pas envoyé pour la confesser. Par Dieu qui me fit, j'en saurai la vérité.

« Il envoya donc Thibaut, évêque de

[1] Rymkronyk van Jan van Heelu, p. 55, vers 1380; Bruxelles, 1836.

Dol, et Arnould, chevalier du Temple, qui furent très-bien reçus par l'oracle de Nivelles.

« — Engagez de ma part le roi, leur dit-elle, à ne pas croire les mauvaises paroles qu'on lui dit de sa femme. Le poison a été donné par un homme qui est tous les jours auprès du roi. »

Tels sont les détails que nous fournissent sur cet événement les anciens chroniqueurs. Toutefois nous devons à la vérité d'ajouter qu'aucune des circonstances relatives à la devineresse de Nivelles ne se trouve relatée dans la chronique flamande de Van Heelu, qui fut pourtant témoin de toute la vie du duc Jean I, dont il détaille les gestes avec une complaisance souvent très-prolixe.

Quoi qu'il en soit, il est certain que, la reine étant parvenue à instruire son frère de la fâcheuse position où elle se trouvait, le duc se rendit incontinent à Paris, où il fit bientôt éclater l'innocence de sa sœur. Quelques-uns disent qu'il fournit cette preuve après avoir offert le combat de Dieu à Labrosse. Mais cette circonstance n'est pas plus rapportée par Van Heelu que ne le sont celles que nous venons d'indiquer. Le fait est que le perfide ministre fut reconnu coupable de l'empoisonnement, et condamné à mourir au gibet. Il fut pendu à Montfaucon, où Jean I et le comte d'Artois le menèrent *en chantant*, selon la grande Chronique de Flandre.

L'esprit d'aventures, qui s'était manifesté de bonne heure dans le jeune duc, trouva bientôt un aliment digne de lui. Ce fut la conquête du duché de Limbourg.

Waleram III, duc de Limbourg, le dernier de cette famille, mort en 1280, avait laissé une fille unique, nommée Ermengarde, qui épousa Renaud, comte de Gueldre et de Zutphen, surnommé le Belliqueux. Cette princesse mourut deux années après son père, sans laisser d'enfants. Son héritier, selon l'ordre naturel, devait être Adolphe, comte de Berg, petit-fils de Henri de Limbourg, père de Waleram. A ce titre, et au témoignage de tous les auteurs contemporains, le comte devait être investi de la possession du Limbourg; car, dans ce duché, de même que dans les autres provinces des Pays-Bas qui relevaient de l'Empire d'Allemagne, les collatéraux étaient admis à la succession des grands fiefs.

Cependant d'autres prétendants se mirent également sur les rangs, soit pour recueillir une partie de l'héritage, soit pour revendiquer la possession de quelques fiefs qu'ils soutenaient leur être dévolus selon la coutume d'Allemagne. Dans cette dernière classe se trouvaient l'archevêque de Cologne et l'évêque de Liége.

Renaud de Gueldre s'était placé à la tête du duché comme possesseur usufruitier, à titre de son mariage et en vertu d'une concession que l'empereur lui avait faite le 18 juin 1282. Mais il fit d'autres actes que ceux de simple usufruitier; il greva le pays de plusieurs dettes, et plus tard il vendit même la terre de Wassenberg à l'évêque de Cologne; ce qu'il n'avait aucunement le droit de faire.

Le comte de Berg n'était pas en mesure de lutter contre des compétiteurs si puissants. A défaut de pouvoir appuyer ses prétentions par les armes, il s'adressa d'abord au duc de Brabant le 3 août 1283, à l'effet de recevoir l'investiture d'une partie du Limbourg, que le duc Henri III avait rendue fief du Brabant. Ensuite il invoqua l'aide de plusieurs membres de sa famille, pour l'aider à déposséder le comte de Gueldre. Mais sa famille ne voulut lui prêter des secours qu'à condition qu'elle serait admise au partage de la succession d'Ermengarde. Adolphe de Berg refusa de se soumettre à cette condition, et s'adressa de rechef au duc de Brabant, auquel il vendit tous ses droits sur le duché de Limbourg. Mais Renaud de Gueldre n'était pas homme à lâcher prise facilement, et le duc Jean I dut l'attaquer par la force des armes. Telle fut l'origine de cette guerre du Limbourg, qui dura cinq ans, et se termina par la fameuse journée de Woeringen[1]. Cette lutte semblait devoir se prolonger, quand Jean I, sentant que la querelle ne pouvait être tranchée que par une bataille décisive, fit d'immenses préparatifs. Il resserra les liens qui l'unissaient à la France, et employa dans son armée les meilleurs capitaines de cette nation belliqueuse, les comtes de la Marche, d'Angoulême, de Soissons, de Vendôme, de Saint-Pol, les sires de Châtillon, de Craon, de Montmorency. Il comptait pour alliés les comtes de Hollande, de Looz, de Bourgogne, de la Marck, de Waldeck, et le sire de Cuyck. Mais Renaud de Gueldre réunissait dans son parti des alliés plus nombreux. Le comte de Luxembourg, les principaux seigneurs des pays de Clèves, de Juliers et de Limbourg; les comtes de Seyne, de Nassau, de Spanheim, de Salm et de Nieuwenare, et Thibaut, fils du duc de Lorraine, tenaient pour le parti de Gueldre. Avant de tirer l'épée contre son suzerain, Renaud renonça d'abord à son fief. Il était prêt à entrer en campagne, renforcé encore d'une puissante armée que Sifroid, archevêque de Cologne, amenait à son secours. De son côté le duc Jean était prêt aussi à la guerre. Les bourgeois brabançons, pour l'aider à la soutenir, lui avaient accordé le vingtième de leurs biens, et les seigneurs lui avaient apporté leurs bonnes épées[2].

Tous les préparatifs terminés, le duc de Brabant lança ses troupes au delà de la Meuse, et entra dans le pays de Limbourg et de Juliers. Il balaya devant lui ses ennemis jusqu'au Rhin. Les deux armées se trouvèrent bientôt en présence. Ce fut au mois de juin 1288.

Dans le cours du mois précédent, le comte de Gueldre avait cédé au comte de Luxembourg, et à son frère le sire de Ligny, ses droits sur le Limbourg. Pleins de confiance dans le nombre et la bravoure de ses troupes

lui et ses alliés se croyaient tellement assurés de la victoire, qu'ils avaient fait conduire sur le champ de bataille des chariots chargés de chaînes et de cordes, pour attacher les prisonniers.

Les deux armées avaient pris position à Woeringen, près de Cologne. Dès le matin du 5 juin, l'archevêque de Cologne célébra une messe solennelle, à la suite de laquelle il donna l'absolution générale à toutes les troupes de ses alliés, et lança l'excommunication contre le duc de Brabant.

La bataille était devenue inévitable. La veille, une partie des chevaliers et des seigneurs de l'armée du duc avaient communié, et les cérémonies religieuses avaient recommencé le matin. Quand elles furent terminées, le duc excita tous les siens à se conduire vaillamment, et à lui donner la mort s'il tombait entre les mains de l'ennemi, ou s'ils le voyaient prendre la fuite. Le combat s'engagea presque aussitôt. Au premier choc, les Brabançons furent forcés de se replier. Les soldats du comte de Gueldre, croyant que la victoire était gagnée, avaient déjà commencé à piller les tentes. Cependant l'affaire n'était pas décidée encore, bien que le danger fût devenu pressant. L'archevêque avait réuni en une masse compacte et serrée les trois corps de bataille de ses alliés, et venait d'écraser les gens de Berg, au secours desquels le duc s'élança aussitôt. Tous les efforts de l'ennemi se dirigeaient du côté de ce prince, que l'éclat de son armure distinguait de ses autres capitaines. Les troupes de Limbourg, de Gueldre et de Cologne criaient à haute voix : *Au duc! au duc!* Le comte de Luxembourg réussit enfin à se faire jour à travers la mêlée, et à joindre le prince brabançon, qui, déjà blessé au bras par Wautier de Wes, continuait à se battre avec une incroyable énergie. Alors commença entre le duc et le comte une lutte corps à corps. Le frère du comte, Waleram de Ligny, était parvenu aussi à s'avancer du même côté ; mais la presse devint si forte, qu'il fut renversé de sa

---

[1] *Introduction du* RYMKRONYK VAN JAN-VAN HEELU, *publiée par M.* WILLEMS.
[2] DEWEZ, *Histoire générale de la Belgique,* tom. III, p. 131.

selle, et broyé sous les pieds des chevaux. La fureur d'Henri de Luxembourg redoubla quand il vit tomber son frère; et cette fois le combat devint si rude, que le duc fut culbuté à deux reprises, et sa bannière abattue. Déjà la terreur avait saisi les Brabançons, et les trompettes ne se faisaient plus entendre de leur coté, quand leur bannière se releva tout à coup, et avec elle le courage des soldats. Le duc combattit pendant quelque temps à pied avec un courage digne des héros d'Homère, et parvint enfin à remonter sur le cheval d'un échevin de Louvain, Arnould van der Hofstadt, qui se trouvait auprès de lui. Les Luxembourgeois l'avaient cru mort. Mais, quand il reparut, le désordre se mit dans leurs rangs et leur bannière fut renversée à son tour. Leur comte attaquait le duc avec un acharnement toujours croissant. Bien que son cheval fût blessé au ventre, il ne lâchait pas prise. Les deux guerriers donnaient ainsi, au milieu de la bataille, le spectacle d'une joute où le courage était égal des deux côtés, et dont le prix devait être la mort de l'un des deux. Après qu'ils se furent longtemps battus à l'épée, ils se saisirent par le corps, l'un essayant d'arracher l'autre de son cheval. Mais, au moment où Henri de Luxembourg se penchait vers son adversaire, un chevalier brabançon, Wautier van der Bisdomme, saisit le défaut de la cuirasse, que ce mouvement venait de découvrir, et porta au comte une blessure mortelle.

Alors la bataille devint une boucherie.

Le duc entamait de plus en plus le centre de l'armée ennemie, tandis que d'un côté son frère Godefroi rompait les rangs des soldats de l'archevêque, qui fut pris avec son étendard planté sur une énorme tour de bois crénelée, que traînaient des chevaux sur un char. Pendant ce temps, Renaud de Gueldre succombait de l'autre côté, et, tout couvert de blessures, il n'obtint la vie sauve que grâce à son parent Arnould, comte de Looz.

Un seul des alliés limbourgeois opposait encore une âpre résistance: c'était Waleram, sire de Fauquemont et de Montjoie. Mais il finit par succomber à son tour. Blessé d'un coup d'épée au visage, il fut sauvé, comme Renaud de Gueldre, par Arnould de Looz.

En ce moment la déroute des ennemis devint complète, malgré l'opiniâtreté désespérée avec laquelle les vassaux limbourgeois essayaient encore de disputer le terrain. Ils furent dispersés après un effroyable carnage. La perte de l'ennemi, en morts et en prisonniers, fut considérable. Presque tous les chefs furent pris ou tués. La bataille avait commencé à six heures du matin, et elle ne fut décidée qu'à trois heures de l'après-dînée. L'archevêque de Cologne fut livré à Arnould de Berg, et le comte de Gueldre au duc Jean, qui le tint, pendant une année, prisonnier au château de Louvain.

La mémorable journée de Woeringen assura au duc la possession du Limbourg, et lui mérita le surnom de *Victorieux*. Elle a été célébrée jusqu'à nos jours par une procession que les Bruxellois faisaient, tous les ans le 5 juin, sous le nom d'*Ommeganck*; et le souvenir en a été conservé par la chapelle de Notre-Dame des Victoires, que firent ériger, en 1304, les membres de la confrérie du Grand Serment, dont les arbalètes contribuèrent puissamment à cette grande victoire.

Le duc Jean consacra les dernières années de sa vie à corriger la législation de son duché. Dans une assemblée solennelle des principaux seigneurs du Brabant, il publia ces lois célèbres connues sous le nom de *Landcharter, charte du pays.* « C'est une espèce de code pénal, par lequel, pour contenir dans le devoir, par la crainte des châtiments, ceux qu'on ne peut y attacher par l'amour de la vertu, le duc décerne différentes peines, amendes, bannissement ou mort, suivant la gravité du délit, contre ceux qui injurient, calomnient, frappent ou blessent les autres; qui vont les attaquer dans leurs maisons ; qui jettent sur autrui de la bière, du vin ou d'autres liqueurs ; qui coupent les arbres, arrachent les haies, ôtent les bornes, enlèvent les bestiaux, fournissent des torches pour incendier, dressent des embûches pour tuer, surprennent les autres en trahison, ou les appellent en duel. Il y fut également statué que celui qui troublerait la tranquillité publique serait tiré en quatre quartiers, et que ses membres seraient attachés à des poteaux plantés aux confins du pays ; que, si celui qui aurait encouru la confiscation de ses biens avait femme et enfants, la moitié de ses biens resterait à sa famille, et l'autre passerait au seigneur ; que si, au contraire, il était sans famille, tous ses biens seraient acquis au profit du seigneur ; que celui qui ne pourrait être convaincu d'un délit, devrait tâcher de prouver son innocence par des témoignages dignes de foi ; et, s'il était étranger, attester par serment qu'il est innocent et qu'il lui est impossible de trouver des témoins. Il fut décrété que ceux qui auraient enlevé une fille encourraient, ainsi que leurs complices, la peine de mort et la confiscation de leurs biens ; et que celui qui aurait fait violence à une femme ou à une fille, si le fait était constaté par celle qui aurait été forcée, aurait la tête tranchée avec une scie de bois. Il fut ultérieurement établi que celui qui aurait coupé un membre à un autre serait soumis à la peine du talion ; que le *drossard* (sénéchal, bailli) du Brabant, les justiciers des villages et les autres officiers de justice, ne pourraient recevoir aucun présent ou service pour retarder ou accélérer le jugement, sous peine de payer le double des frais. Enfin, le duc promit de ne nommer à aucune place de drossard, maïeur, bailli, aman ou échevin, pour argent donné ou prêté. »

Telle est l'analyse de la législation que Jean I donna au duché.

Ce duc était en quelque sorte l'expression vivante de l'idée que nous formons de ces aventureux chevaliers du moyen âge, natures éteintes, types perdus aujourd'hui, poëtes à la fois par le bras, par la tête et par le cœur. Jeté au milieu de cette époque de romans, il semble en effet taillé pour être lui-même le héros d'un roman. Aussi, tous nos poëtes anciens le célèbrent à l'envi dans toutes les langues, Melis Stoke, Niclaes de Klerck, Jean de Thielrode, Van Velthem, et dix autres. Toute sa vie fut remplie d'événements chevaleresques, d'aventures galantes, combats, fêtes, tournois, amours, poésie ; car Jean I fut poëte aussi. Élevé sans doute à l'école d'Adenez, et enflammé par l'exemple de son père, il nous a laissé plus d'une curieuse chanson dans le *Sammlang der Minnesingern*.

Le duc Jean mourut comme un brave doit mourir, d'un coup de lance. Il assista, comme acteur, à plus de soixante-dix tournois. Il fut frappé au bras par Pierre de Beauffremont, dans un carrousel donné par Henri, comte de Bar, à l'occasion de son mariage avec Marie, fille du roi Édouard I d'Angleterre, et il succomba à cette blessure le 3 mai 1294, à Bruxelles.

CHAPITRE II.

HISTOIRE DU DUCHÉ DE LIMBOURG JUSQU'A SA RÉUNION AU BRABANT, EN 1288.

Le duché de Limbourg, qu'il ne faut pas confondre avec la province moderne de ce nom, était borné au nord par la seigneurie de Rolduc ; au midi, par l'évêché de Liége, la principauté abbatiale de Stavelot et le duché de Luxembourg ; à l'est, par le duché de Juliers, le territoire d'Aix-la-Chapelle et de Corneli-Munster ; à l'ouest, par le comté de Daelhem et l'évêché de Liége. Sa capitale était la ville de Limbourg, aujourd'hui perdue dans la province de Liége.

D'après les dispositions de l'acte de Verdun de 843, le Limbourg faisait partie du royaume qui échut à Lothaire I. Plus tard, dans le partage qui fut fait, en 855, entre les fils de ce prince, la part attribuée à Lothaire II, connue sous le nom de royaume de Lorraine, comprenait le Limbourg, qui devint en 891 le théâtre de la sanglante défaite que firent essuyer à l'armée des Lorrains les Normands, dont plus de cent mille hommes devaient être refoulés, quelques semaines après, dans les marais profonds de la Dyle par le roi Arnould.

Après l'établissement des ducs bénéficiaires de la Lotharingie, et la division de ce duché en haute et basse Lotharingie, c'est dans la dernière que le Limbourg fut compris.

Ce ne fut guère avant l'an 1055 que le Limbourg eut son premier comte héréditaire : ce fut Frédéric, un des fils puînés de Frédéric, comte de Luxembourg. Ce prince, qui avait déjà été investi, en 1048, du duché de la basse Lotharingie, exerça également l'avouerie des abbayes de Stavelot, de Malmédy, et de Saint-Trond.

Fondateur de la maison de Limbourg, il transporta, vers l'an 1060, le comté, par sa fille Judith, à son gendre Waleram Udon, comte d'Arlon, par lequel fut bâti le château de Limbourg, qui donna son nom au pays.

Le successeur de ce prince, son fils Henri de Limbourg, nous apparaît pour la première fois dans l'histoire en 1082. Il exerça, depuis l'an 1101 jusqu'en 1106, la dignité de duc de la basse Lotharingie.

Son fils aîné, Waleram II, prit, après son père, les rênes du comté de Limbourg en 1119. Il fut investi comme lui du duché de la basse Lotharingie, et introduisit le premier le titre de duc dans sa maison.

Il eut pour successeur dans le duché de Limbourg, en 1139, son fils aîné Henri II, auquel l'empereur Conrad III retira le titre de duc de la basse Lotharingie, pour le laisser exclusivement à Godefroi le Barbu, comte de Louvain, mais qui tenta des efforts désespérés pour ressaisir cette dignité, dont sa maison allait être frustrée pour toujours. Cette guerre, qu'il continua pendant longtemps, ne se termina, en 1155, que par le mariage de sa fille Marguerite avec Godefroi III, petit-fils de Godefroi le Barbu. Il mourut de la peste en Italie, où il avait suivi l'empereur Frédéric dans sa quatrième expédition.

En 1167, la couronne ducale se trouvait placée sur la tête de son fils Henri III, qui reçut le surnom de Vieux, parce qu'il régna plus de cinquante ans. Nous avons montré la part que ce prince prit par lui-même, et par son fils Waleram, à la querelle qui divisa l'Empire après la déposition de l'empereur Othon, et l'exaltation de Frédéric, roi de Sicile, par le pape Innocent III.

Waleram III, qui succéda à son père et qui s'était déjà signalé dans la guerre que le duc de Brabant, Henri I, fit à l'église de Liége, arriva à la dignité de duc de Limbourg en 1221. Il nous a déjà apparu dans l'histoire du comté de Luxembourg, où nous l'avons vu épouser, en 1214, Ermesinde, fille unique du comte Henri l'Aveugle, et veuve de Thibaut I, comte de Bar. De son premier mariage avec Adélaïde, fille de Goswin, seigneur de Fauquemont, il avait eu plusieurs enfants, dont l'aîné, Henri, épousa en 1217 Ermengarde, fille unique d'Adolphe, comte de Berg, et nièce d'Englebert, archevêque de Cologne. A en juger d'après cette union, qu'Englebert favorisa même par plusieurs actes de libéralité, ce prélat se trouvait dans des termes non équivoques d'amitié avec Waleram. Cependant cette harmonie ne tarda pas à être troublée, par un motif que les historiens ignorent, mais qu'ils soupçonnent avoir été la construction d'un château fort que le duc fit élever sur le territoire de l'archevêché. De là une guerre, dans laquelle Englebert incendia et détruisit la forteresse. Cette inimitié croissait de jour en jour. L'archevêque, dans sa haine, alla jusqu'à tenter, avec son frère Adolphe, comte de Berg, père d'Ermengarde, de faire casser, sous prétexte de parenté, le mariage de cette princesse avec le fils du duc Waleram, pour empêcher le comté de Berg d'entrer dans la maison de Limbourg. N'ayant pu réussir dans ce dessein, le prélat trouva bientôt une autre occasion de faire tort à son ennemi. Adolphe de Berg étant mort au siége de Damiette en 1218, Englebert forma des prétentions à la succession de son frère, se fondant sur sa qualité de plus proche parent mâle. De là de nouvelles hostilités, Waleram prétendant maintenir les droits héréditaires de sa bru. Cette guerre toutefois cessa bientôt, grâce à l'intervention du duc de Brabant et de quelques autres seigneurs. Un traité fut conclu en 1220, en vertu duquel Henri de Limbourg déclarait s'en rapporter au bon plaisir de l'archevêque pour les prétentions qu'il élevait, du chef de sa femme, sur le comté de Berg, dont le prélat se réservait la jouissance sa vie durant.

Après cet arrangement, l'attention de Waleram se tourna d'un autre côté : il s'occupa d'une longue guerre, qui eut pour objet la succession du comté de Namur, que Henri l'Aveugle avait, avec le consentement de l'empereur, assurée à son neveu Baudouin de Hainaut.

Mais un drame terrible vint bientôt ensanglanter sa famille.

L'empereur Frédéric II, se trouvant retenu en Italie par les affaires de l'Empire, avait investi de la dignité de vicaire de l'Empire Englebert, archevêque de Cologne. Ce prélat était chargé, à ce titre, de maintenir le repos public ; et il le fit avec toute l'énergie et la fermeté qu'on pouvait attendre d'un homme doué d'un aussi grand génie. Mais son zèle et sa sévérité lui créèrent des ennemis parmi ceux dont il réprimait ainsi les violences et la rapacité. De ce nombre était un membre de sa propre famille, Frédéric d'Altena, comte d'Isenberg, gendre du duc de Limbourg. Ce seigneur, pour se venger de l'archevêque, le fit assassiner traîtreusement le 7 novembre 1225, dans la forêt de Gevelsberg, que le prélat traversait pour aller consacrer l'église de Schwelm. Après avoir commis ce crime, auquel même on soupçonna que le duc ne fut pas étranger, Frédéric d'Altena courut s'enfermer dans son château d'Isenberg. Aussitôt que la nouvelle en fut parvenue à Waleram, ce prince, mettant à profit la consternation qu'elle avait répandue dans l'archevêché, fit détruire la forteresse de Valance, qu'Englebert avait fait construire à grands frais près de la frontière des terres ducales, à peu de distance du château de Rolduc. Cette expédition fut confiée à Gérard, seigneur de Wassenberg, frère du duc, et à Waleram, son fils, qui, après avoir forcé la place à se rendre, la ruinèrent de fond en comble.

Alors arriva un singulier prodige, s'il faut en croire le naïf récit d'un moine contemporain, Césaire de Heisterbach, qui écrivit la vie de l'archevêque assassiné. Un chanoine de l'abbaye de Rolduc, étant occupé à dire la messe au château de ce nom pour le repos de l'âme d'Englebert, le prélat lui apparut, et lui dit qu'il jouissait déjà du bonheur des élus, et que tous ceux qui avaient pris part au meurtre dont il était tombé victime périraient, avant peu, d'une manière funeste. En effet, Gérard de Wassenberg mourut le trentième jour après l'assassinat de l'archevêque, et le duc lui-même le suivit au tombeau peu de mois après, tandis que ses deux fils Henri et Waleram tombèrent gravement malades.

Le clergé de Cologne, que la destruction du château de Valance avait grandement ému, mais qui craignait plus encore pour les priviléges qu'Englebert lui avait accordés, et dont les habitants de cette commune avaient brûlé la charte après la mort de ce prélat, pourvut en toute hâte à l'élection d'un nouvel archevêque, et choisit Henri, prévôt de Bonn, issu des seigneurs de Molenark, au pays de Juliers. A peine armé de la crosse, Henri fit serment de venger le crime commis sur son prédécesseur, et refusa d'investir le duc Waleram de certains fiefs que la maison de Limbourg tenait de l'église de Cologne. Fidèle à ce serment, il se rendit à Francfort, présenta à la diète des princes de l'Empire, présidée par le roi des Romains, les restes mutilés et les vêtements ensanglantés d'Englebert, et demanda à grands cris justice. Le jeune roi des Romains se répandit en larmes devant les ossements du mort; et toute la diète fut saisie d'une si vive indignation, qu'on renouvela la proscription déjà prononcée contre l'assassin par la diète de Nuremberg. En outre, on déclara tous les biens et les fiefs de Frédéric d'Isenberg confisqués, et ses vassaux déliés de leur serment, les fiefs devant retourner à ceux dont ils relevaient, et les alleux être partagés entre les plus proches parents du comte, à l'exclusion absolue de sa femme et de ses enfants. On mit également au ban de l'Empire les complices de l'assassin, et l'archevêque de Cologne fulmina l'excommunication contre tous ceux qui avaient participé au crime. Parmi ces complices on citait les quatre frères du comte Frédéric : Guillaume, Godefroi, Thierry, évêque de Munster, et Englebert, évêque d'Osnabruck ; Thierry, comte de Clèves ; enfin, les comtes de Tecklembourg, d'Arnsberg et de Schwalenberg. Selon Césaire de Heisterbach, le soupçon atteignit même le duc Waleram et ses fils. Mais ce ne fut là qu'une simple conjecture, dont le peu de fondement est prouvé par l'amitié dans laquelle le duc continua à vivre, depuis l'événement, avec le roi des Romains, et par la sévérité dont son fils Henri fit preuve, en faisant mettre à mort un des meurtriers, quatre jours après que le crime eut été commis.

Waleram, après avoir accompagné le roi des Romains en Italie, vint mourir dans son duché vers le mois de juin 1226. Sa fille, la comtesse d'Isenberg, dont le château venait d'être pris et saccagé par les troupes de l'archevêque de Cologne, s'était réfugiée avec ses enfants chez son frère Henri de Limbourg, et ne survécut pas longtemps à son père. Elle succomba au chagrin que lui causait le malheur attiré sur sa famille par le crime de son mari. Et bien lui prit de mourir ; car le comte d'Isenberg ne tarda pas à tomber entre les mains de l'archevêque de Cologne. Après avoir fait un voyage à Rome pour être admis à la pénitence par le souverain pontife, il revint dans la basse Allemagne, déguisé en marchand et accompagné seulement de deux de ses gens, dans l'intention, dit-on, de chercher un asile auprès du duc de Limbourg, en attendant que l'orage qui le menaçait eût eu le temps de se calmer. Par malheur il fut reconnu à Liége, et arrêté pour être vendu à l'archevêque, au prix de deux mille cent marcs d'argent. Son procès fut bientôt instruit, et le roi des Romains le condamna à un supplice effroyable. Après avoir été promené à cheval par les rues de Cologne, il fut étendu par terre, et eut les bras et les jambes brisés par seize coups de cognée. Ensuite on le coucha sur une roue, et on le laissa mourir. Ce supplice, commencé le 10 novembre 1226, ne se termina que le lendemain au matin. Ce fut après cette longue agonie que le malheureux rendit l'âme, n'ayant laissé échapper aucune marque d'impatience, ni cessé de prier.

Henri IV avait, depuis plusieurs mois, remplacé son père dans le duché, lors de ce lamentable dénouement de l'histoire de Frédéric d'Isenberg. Le nouveau duc eut d'abord à lutter avec de graves difficultés, à cause de la position où le meurtre commis par son beau-frère l'avait placé. Il lui fallait garder les plus grands ménagements, et ne pas épouser trop ouvertement la cause de ses neveux, que la sentence de Francfort frappait avec une rigueur si extrême. Dès les premiers mois de l'an 1226, l'archevêque de Cologne avait lancé ses hommes d'armes sur les terres de Frédéric d'Isenberg, dont ils démolirent les châteaux. Le comte Adolphe de la Marck s'était joint à lui, et avait mis la main sur la principale partie des possessions de l'infortuné Frédéric, son cousin germain du côté paternel. Le duc Henri, irrité, somma le comte de se dessaisir de ces appropriations si inhumainement faites sur des parents auxquels le sang l'alliait de si près. Mais Adolphe s'y étant refusé, le duc recourut à la guerre. Dans cette lutte, qui se continua avec acharnement, il eut pour alliés le comte de Tecklenbourg, celui de Swalenberg et le sire de Steinfurt, qui faisaient dans le même temps la guerre au comte de la Marck, ainsi qu'à l'archevêque de Cologne et à l'évêque d'Osnabruck.

Les hostilités ne furent interrompues qu'en 1234, par la croisade contre les Stadings, à laquelle Adolphe et Frédéric, fils de Frédéric d'Isenberg prirent part avec Adolphe, fils aîné du duc de Limbourg. Cette expédition finie, elles furent reprises avec une énergie nouvelle, et ne se terminèrent que le 1er mai 1243, par un accommodement en vertu duquel Thierry d'Isenberg recouvra une partie de la succession de son père, et consentit à laisser l'autre au comte de la Marck, auquel l'archevêque de Cologne en avait donné l'investiture. Ce fut là le dernier acte de cette longue tragédie.

Pendant la durée de la première période de ces hostilités, le duc de Limbourg, laissant à ses généraux la conduite de la guerre, s'était rendu à la célèbre diète tenue à Aix-la-Chapelle, par ordre de l'empereur, vers la fin du mois de mars de l'an 1227, pour délibérer sur les secours à envoyer à la terre sainte. Il y avait pris la croix; et, après avoir confié le gouvernement de son duché à Waleram, son frère, seigneur de Montjoie, il partit pour la Palestine, où il prit une part importante à la guerre sacrée, et fut même chargé, par l'empereur Frédéric, du commandement de l'armée.

En l'an 1229, nous trouvons le duc de retour dans ses États. Il sauve d'abord d'une ruine complète et assurée la ville de Liége, que le roi des Romains, fils de l'empereur Frédéric, avait vouée au fer et au feu, parce qu'elle avait accueilli, comme légat du saint-siége, le cardinal Otton, depuis évêque de Porto, envoyé en Allemagne par le pape Grégoire IX, pour soulever les princes contre Frédéric, auquel ce pontife voulait substituer dans l'empire Otton de Brunswick, dit l'Enfant, petit-fils de Henri le Lion, duc de Bavière et de Saxe. Plus tard, en 1235, nous le voyons se rendre en Angleterre, avec l'archevêque de Cologne et le duc de Brabant, pour aller chercher à la cour de Henri III la sœur du roi, Isabelle, que l'empereur Frédéric venait de prendre pour épouse. En 1241, il est de ceux qui, restant fidèles à l'empereur, ne reconnaissent pas au pape Grégoire IX le droit que ce pontife s'arroge de donner un autre maître à l'Empire. Il meurt en 1247, et son fils puîné lui succède, sous le nom de Waleram IV.

Le règne de ce prince tombe au milieu d'une époque où les querelles de l'Empire se renouvellent sans relâche, où les désordres se multiplient de toutes parts, où toute l'Allemagne ne présente qu'un triste et continuel spectacle de ravage et de désolation. Dans cet état de choses Waleram s'allia avec ses cousins, Guillaume, comte de Juliers, et Thierry, seigneur de Fauquemont, pour maintenir le repos public et la liberté des routes entre la Meuse et le Rhin; charge qui avait autrefois appartenu au duc de la basse Lotharingie, et qui était restée aux ducs de Limbourg depuis que quelques-uns d'entr'eux avaient été revêtus de cette dignité. Grâce à lui, l'Escaut et le Rhin purent communiquer entre eux par les marchands de Hainaut et de Flandre, et par les traficants de Cologne.

Ces troubles avaient été suscités d'abord par Henri Raspon, landgrave de Thuringe, que le pape Innocent IV parvint à porter sur le trône d'Allemagne. Ils furent entretenus par Guillaume II, comte de Hollande, que le même pontife réussit, en 1247, à faire nommer successeur de Henri Raspon.

Le duc Waleram s'attacha au nouvel anti-César, qu'il nomma son cher et fidèle parent, et prit part à la guerre que ce prince commença contre Marguerite de Flandre, en faveur de Jean d'Avesnes.

Cependant l'Empire était toujours l'objet des plus ardentes querelles : Guillaume II avait péri, en 1256, dans une guerre contre les Frisons occidentaux, et Richard, comte de Cornouailles, frère de Henri III, roi d'Angleterre, avait été revêtu du titre de roi des Romains. Il voulut, pour mieux s'attacher les Allemands, se choisir une épouse parmi les princesses de leur nation ; ce fut à la maison de Limbourg qu'il la demanda, et il obtint Béatrix, fille de Thierry, seigneur de Fauquemont, cousin germain du duc Waleram. Bientôt une nouvelle puissance échut à cette famille par l'élévation d'Englebert de Fauquemont à la dignité d'archevêque de Cologne, en 1261. C'est ce prélat qui posa, en 1273, la couronne impériale sur la tête de Rodolphe d'Habsbourg.

Waleram de Limbourg se signala dans la première guerre que cet empereur fit à Ottocar, roi de Bohême, qui refusait de le reconnaître pour son suzerain. Pendant cette expédition, il se maria en secondes noces avec Cunégonde, fille d'Otton le Pieux, margrave de Brandebourg, grâce à l'intermédiaire de Sifroid de Westerbourg, qui avait succédé à Englebert de Fauquemont sur le siége archiépiscopal de Cologne. Mais, à son retour dans le Limbourg, il rompit l'amitié qui l'unissait à ce prélat, et dont Sifroid venait de lui donner une preuve si éclatante. Il s'attacha au parti du comte de Juliers, qui, faisant une guerre acharnée à l'archevêque de Cologne, pénétra à main armée dans la ville d'Aix-la-Chapelle, et fut tué par les bourgeois avec son fils aîné et presque tous les siens. Sifroid, après la mort de son ennemi, se jeta sur le pays de Juliers, en dévasta les campagnes, et en détruisit presque tous les châteaux. Ce ravage porta un grand nombre de seigneurs d'entre Meuse et Rhin à se liguer contre l'archevêque en faveur du jeune comte de Juliers. Waleram entra dans cette confédération, et tomba avec ses alliés sur les terres de Sifroid, où ils mirent tout à feu et à sang. Le duc de Brabant intervint un moment dans cette querelle, pour demander compte aux seigneurs limbourgeois de quelques pilleries commises sur des marchands brabançons, et surtout pour prendre sous sa protection la ville d'Aix-la-Chapelle, dont il était haut-avoué. Après de grands dégâts causés de part et d'autres, les hostilités cessèrent enfin ; et, la paix ayant été conclue entre l'archevêque et la maison de Juliers, la ligue fut dissoute. Le duc Waleram mourut ne laissant qu'une fille, Ermengarde, épouse de Renaud, comte de Gueldre, que nous voyons déjà s'intituler duchesse de Limbourg dans une charte de 1280.

C'est dans la diète, tenue à Worms par Rodolphe de Habsbourg, que fut accordée, le 18 juin 1282, à Ermengarde l'investiture du duché et de tout ce qui lui était dévolu par la mort de son père, dont elle était l'unique héritière. On serait en droit de conclure, d'après cet acte, que la succession féminine était établie dans le duché de Limbourg, ou au moins qu'elle y avait passé en coutume. Quoi qu'il en soit, dans les lettres d'investiture que l'empereur délivra à Ermengarde, il fut stipulé que, dans le cas où cette princesse viendrait à mourir avant son époux le comte de Gueldre, celui-ci continuerait à jouir, sa vie durant, du duché de Limbourg, et de tout ce qui en dépendait : cette clause ne fut que la consécration d'un point convenu dans le pacte anténuptial de Renaud et d'Ermengarde.

Le cas prévu ne tarda pas à se présenter. Ermengarde mourut vers le milieu du mois de juillet 1282 ; sa mort ouvrit la lice à ces longues querelles au sujet de la succession du duché, qui amenèrent la fameuse bataille de Woeringen, dont le résultat fut la conquête du Limbourg par Jean I, duc de Brabant.

CHAPITRE TROISIÈME.

HISTOIRE DES DUCHÉS DE BRABANT ET DE LIMBOURG JUSQU'A LA MORT DE JEANNE EN 1406.

Le duc de Brabant Jean I avait eu de sa seconde femme, Marguerite de Flandre, deux fils et deux filles. L'un de ces fils, Godefroi, était mort avant son père. L'autre lui succéda, sous le nom de Jean II. L'aînée des deux filles était mariée à Henri de Luxembourg, et la seconde devint plus tard l'épouse d'un comte de Savoie.

Au moment où Jean II prit en main les rênes du duché, une grande guerre se préparait entre la France et l'Angleterre. Depuis longtemps Philippe le Bel et Édouard I cherchaient un prétexte pour recommencer les anciennes hostilités entre les deux pays. Ce prétexte leur fut donné par une querelle qui s'éleva entre deux matelots, l'un anglais, l'autre normand, dans le port de Bayonne. Édouard, dans l'intention de fortifier le parti anglais, avait commencé par donner sa fille Marguerite en mariage au fils de Jean I. Cette union fut célébrée le 2 janvier 1294. Le but du roi était de parvenir à faire en Belgique une puissante diversion, dans le cas où Philippe le Bel commencerait l'attaque par la Guyenne. Mais ce n'était pas dans le Brabant seul qu'il avait cherché une alliance. Il se tourna aussi du côté de la Flandre, et fit proposer à Gui de Dampierre une union entre le prince de Galles et Philippine, fille du comte. Nos lecteurs ont vu, dans l'histoire de Flandre, comment le roi Philippe le Bel se vengea de son vassal le comte Gui, dont il retint la fille prisonnière à Paris.

Cependant, du côté du Brabant, le mariage obtenu par Édouard ne lui fut d'aucun appui dans la guerre où il allait s'engager contre la France. Jean II savait trop bien les maux que l'alliance anglaise avait causés à la Flandre et à la Hollande, pour exposer son pays aux mêmes désastres. Aussi ferma-t-il prudemment l'oreille aux suggestions du roi, qui vint lui-même au château de Louvain, pour mieux travailler à circonvenir son gendre. Mais le duc résista à toutes ces propositions, se réservant d'agir dans cette lutte selon que l'exigerait son intérêt particulier, comme Henri I, son aïeul, n'avait cessé de le faire. En effet, on le vit plus tard ménager à la fois les deux partis, et tantôt seconder les projets d'Édouard, tantôt défendre les intérêts de Philippe le Bel. Cette conduite fut loin de lui être avantageuse, car elle épuisait sans gloire et sans profit les ressources du pays et le sang de ses habitants.

Ce ne fut pas là le seul malheur qui affligea le Brabant. Le règne de Jean II fut signalé par des dissensions et des tumultes dans toutes les grandes villes du duché. Anvers, Malines, Bois-le-Duc, Louvain, Bruxelles, furent tour à tour le théâtre des plus grands désordres, dont le motif n'était au fond qu'une question de haute justice, l'égalité, devant la loi, des bourgeois aussi bien que des nobles. Le moment était venu où les villes, devenues florissantes grâce à leur commerce et à leur industrie, avaient compris toute leur importance et leur dignité. Les bourgeois se sentaient froissés sans cesse par les patriciens, qui les dominaient en toutes choses. Supportant à eux seuls toutes les charges et tous les impôts, ils se voyaient à regret exclus des fonctions publiques par les nobles. La richesse leur avait donné le goût du pouvoir. Aussi commencèrent-ils de terribles révoltes.

Anvers donna le premier exemple de cette protestation du droit contre la force. Mais cette première sédition fut étouffée dans le sang de ceux qui l'avaient fomentée. Cependant le mauvais succès des Anversois ne découragea pas ceux de Malines, qui se soulevèrent à leur tour. Le duc étant accouru pour apaiser les troubles, les habitants lui fermèrent les portes de leur ville. Irrité de cette audace, il accourut, au mois de mars

1302, pour attaquer Malines avec une armée nombreuse. Dans le but d'épargner le sang, il résolut de tenir simplement la ville bloquée, au lieu de chercher à la réduire par un siége en règle. Comme on était précisément aux fêtes de Pâques, plusieurs moines sortirent de Malines, et vinrent au camp supplier le duc de consentir à une trêve, qu'il ne fit pas difficulté de leur accorder. Jean II se reposait sur la foi de cette trêve, quand tout à coup les Malinois, sachant que les quartiers où les troupes d'Anvers et de Lierre étaient établies se trouvaient mal gardés, vinrent les surprendre, et y exercèrent un grand carnage, avant que le duc, posté de l'autre côté de la Dyle, n'eût pu venir au secours des siens. Cette perfidie demandait une éclatante réparation. Aussi la ville, serrée de plus près, manqua bientôt de vivres, et, après avoir été bloquée pendant cinq mois, fut forcée de se rendre; elle se remit à la discrétion du vainqueur, qui se contenta de la condamner à une forte amende.

La modération dont le duc avait fait preuve en cette circonstance n'empêcha pas les gens de Bois-le-Duc de se révolter à leur tour, de chasser les nobles de leurs emplois, et de les remplacer par des hommes du peuple. Jean, sire de Cuyck, qui fut envoyé contre eux pour les faire rentrer dans le devoir, essuya une sanglante défaite, et périt de la main des bourgeois, qui firent prisonniers un grand nombre des siens. Ce soulèvement ne prit fin que l'année suivante, et cette fois, comme à Malines, le duc se montra d'une modération extrême : il se borna à réintégrer les nobles que le peuple avait déposés, et accorda à la ville une amnistie complète, en exigeant toutefois une amende considérable.

Les révoltes se propageaient de tous côtés. Les habitants de Louvain, qui avaient assisté le duc au siége de Malines, s'ameutèrent aussi contre leurs patriciens, et réclamèrent tumultueusement leurs droits. Jean II était au bout de sa patience. Il n'avait rien gagné par l'indulgence qu'il avait témoignée d'abord. Il arriva donc à Louvain avec des projets de rigueur et de sévérité, pour apaiser les troubles : mais le remède qu'il y porta fut pire que le mal; car, au lieu de restreindre le pouvoir des patriciens, il ne fit que l'augmenter. Il leur accorda le droit de réprimer les émeutes par tous les moyens qu'ils jugeraient convenables, et conféra aux magistrats la faculté d'augmenter ou de diminuer les amendes, selon leur bon plaisir. Il bannit un grand nombre d'ouvriers, et en fit emprisonner d'autres à Genappe; enfin, l'impunité fut assurée à celui qui aurait donné la mort à un banni. Robert de Béthune, comte de Flandre, promit l'extradition de ceux qui viendraient chercher un asile à Gand. Les villes de Saint-Trond, de Maestricht et de Huy firent la même promesse. Cet excès de rigueur porta des fruits bien amers, parce qu'il augmenta de plus en plus l'arrogance des patriciens, et produisit plus tard cette épouvantable révolte populaire qui ensanglanta la ville de Louvain.

La fermentation ne tarda pas à gagner Bruxelles, où, profitant de l'absence du duc, qui se trouvait à Terveuren, le peuple se livra à toute sorte de désordres. Sans égard pour la duchesse Marguerite, qui essaya vainement de l'apaiser par la douceur, il chassa les patriciens, dont il saisit les biens et rasa les maisons. Jean II, instruit de ce qui se passait, se rendit aussitôt à Vilvorde, où il rassembla une armée avec laquelle il vint s'établir devant la ville insurgée. Après la facile victoire remportée dans ses murs, le peuple crut avoir aussi bon marché des troupes ducales, et s'avança résolument vers le camp; mais, chargé avec impétuosité, il fut mis en déroute au premier choc, et se débanda dans le plus grand désordre. Les fuyards furent poursuivis l'épée dans les reins; et le duc, qui, dans l'action, avait été renversé de son cheval, entra triomphant dans Bruxelles. Il cassa tous les magistrats nommés par le peuple pendant l'insurrection, et réintégra les nobles dans tous leurs droits. Il statua que tous les ans, huit jours avant la fête de saint Jean-Baptiste, les échevins sortants en éliraient sept autres, qui tous devaient appartenir aux sept familles patriciennes de la ville ; mais il se réserva toutefois le droit de refuser les nouveaux élus, en les remplaçant par d'autres choisis dans les mêmes familles. Il désarma les métiers, les dépouilla de tous les droits et de tous les priviléges qui leur avaient été accordés depuis l'an 1303, et leur défendit de lever aucun impôt sur les membres qui en faisaient partie, à moins que les échevins n'y donnassent leur consentement. Enfin, il fit chasser de la ville ceux d'entre les tisserands et les drapiers qui avaient été les boutefeux de la révolte.

Ainsi se termina cette série de séditions, que nous allons voir renaître bientôt en explosions encore plus acharnées et plus furibondes.

A peine le pays commençait-il à respirer de ces secousses profondes, qu'un tumulte d'une espèce nouvelle vint y ramener le trouble et l'agitation. Vers le milieu du siècle précédent, les Pastoureaux, en France, avaient donné l'exemple d'une singulière animosité contre les Juifs. Plus tard, Philippe le Bel chassa de son royaume ces infortunés enfants d'Israël, que de nouveaux malheurs attendaient en Belgique. Il s'y forma dans quelques provinces un rassemblement d'hommes sans aveu et sans mœurs, qui, séduits par des imposteurs, se croyaient appelés à faire la conquête du royaume de Jérusalem, après avoir égorgé les Juifs dans tous les endroits où il s'en trouverait. Cette horde, sans chef, sans mission, sans étendard, qui déclarait hautement qu'elle ne connaissait que Dieu pour son général, se répandit de tous côtés dans le Brabant. Les Juifs, se voyant exposés de toutes parts au fer des assassins, implorèrent la protection du duc Jean, qui leur donna pour asile le château de Genappe, où ils se retirèrent. Ce fut sans doute moins un mouvement d'humanité ou un sentiment de générosité qui dicta cette conduite au duc,

qu'un motif d'intérêt et une vue politique ; car les Juifs, étant rangés en quelque sorte dans la classe des esclaves, lui payaient de très-forts impôts.

Mais le château de Genappe n'offrait pas à ces malheureux un asile assuré. Ils y furent assiégés par la horde de fanatiques qui les persécutaient. Le duc lui-même fut forcé de marcher contre ces brigands, qu'il parvint à disperser, et dont il massacra un grand nombre.

Depuis longtemps Jean II souffrait de la pierre. Sentant que sa fin était prochaine, il voulut régler les affaires du pays, et convoqua à Cortemberg une réunion des seigneurs et des envoyés des villes du Brabant. Le résultat de cette assemblée fut le règlement célèbre, connu sous le nom de *loi de Cortemberg.*

Le contenu de cet acte est d'une haute importance historique. Il y fut statué que les ducs de Brabant n'imposeraient plus de droits ni de taxes sur le peuple, si ce n'est pour la levée de la milice, pour les mariages ou la rançon des ducs, et que ces impositions seraient fixées avec tant de modération, que personne n'en pût être grevé ni lésé ; que les ducs traiteraient avec la justice la plus impartiale tous leurs sujets, selon les lois et les termes judiciaires, sans distinction de pauvres ni de riches, et d'après les règlements originaux rédigés à ce sujet, lesquels devaient être soigneusement révisés par des jurisconsultes éclairés, chargés d'en corriger les abus, ou de mitiger les dispositions qui pourraient être trop dures ou onéreuses au peuple ; qu'ils maintiendraient dans toute leur intégrité et leur vigueur les immunités, les libertés et les franchises des villes, comme elles en avaient joui jusqu'alors ; et qu'ils rendraient justice à leurs sujets selon le droit coutumier de chaque ville, sans souffrir qu'il y fût porté aucune atteinte ; que, de l'avis du conseil du pays, ils éliraient, dans l'ordre de la noblesse, quatre sujets d'une capacité, prud'homie et probité parfaites, et dix dans la classe des bourgeois, savoir : trois de

Bruxelles, trois de Louvain, un d'Anvers, un de Bois-le-Duc, un de Tirlemont et un de Léau, lesquels tiendraient toutes les trois semaines une assemblée à Cortemberg, tant pour y reconnaître et corriger les abus qui pourraient s'être glissés dans l'administration du pays, que pour prévenir ceux qui pourraient s'y introduire par la suite, et dicter ou rédiger les statuts et les décrets qu'ils croiraient utiles au bien public; que, s'il arrivait qu'un des membres élus mourût, ou fût jugé peu propre ou peu habile à remplir ses fonctions, l'assemblée de Cortemberg le remplacerait par un autre de son choix; que les membres élus jureraient sur les saints Évangiles de veiller soigneusement aux intérêts tant du prince que des sujets, sans distinction de pauvres ou de riches; de maintenir leurs droits respectifs avec un soin exact, et de rendre la justice avec une scrupuleuse impartialité; que tous les statuts et les décrets portés par l'assemblée de Cortemberg seraient dès maintenant ratifiés par le duc et ses successeurs; et que, s'il arrivait que l'un ou l'autre des ducs vînt à les enfreindre ou refusât de les observer, *les sujets seraient autorisés à refuser le service jusqu'à ce que le prince se fût conformé à ces décrets*. Le duc promit, sur le livre des Évangiles, de tenir pour fermes et irrévocables toutes les dispositions prescrites par ces statuts, sans que le duc ni ses successeurs pussent jamais y porter atteinte en aucune façon, par dol, ruse, tromperie, ou de toute autre manière; et, pour assurer et corroborer d'autant plus ces dispositions, le duc enjoignit à tous ses barons, chevaliers, vassaux, ainsi qu'à tous les habitants des villes, en vertu de l'obéissance et de la fidélité qui lui était due, d'en jurer, à son exemple, l'exacte observation. Finalement, il déclara derechef que s'il arrivait que l'un ou l'autre de ses successeurs abrogeât quelqu'une des dispositions de ces statuts en tout ou en partie, ou qu'il s'en écartât, les sujets seraient déchargés de l'obligation de prêter service, obéissance ou secours, aussi longtemps que les infractions n'auraient pas été redressées dans tous leurs points; que si, d'un autre côté, l'un ou l'autre des barons, chevaliers, vassaux, ou habitants des villes, portait atteinte ou infraction à ces ordonnances, il était dès maintenant déclaré traître, indigne de tester, et inhabile à remplir aucune fonction publique.

Tel est ce mémorable acte politique par lequel le duc Jean signala ses derniers jours. Il est daté du 27 septembre 1312.

Les affaires de l'État ainsi réglées, le duc s'occupa d'une ordonnance en faveur des abbayes, par laquelle il reconnaît qu'il a quelquefois outrepassé ses droits dans les charges qu'il leur a imposées : il y déclare qu'il se repent de ces exactions, et il promet que, dans la suite, ni lui, ni ses successeurs, ne leur imposeront de surcharge extraordinaire. Ce document est du commencement du mois d'octobre 1312.

Jean II mourut le 27 du même mois, ne laissant de son épouse, Marguerite d'Angleterre, qu'un seul fils, qui lui succéda sous le nom de Jean III.

Les dettes considérables que Jean II avait contractées placèrent, après la mort de ce prince, le pays dans de singulières difficultés; car un grand nombre de créanciers étrangers attaquèrent de tous côtés les vassaux brabançons, et mirent arrêt sur leurs personnes et sur leurs biens, dans la crainte de ne pas être payés. Par l'effet de cette mesure, le commerce fut grandement troublé, jusqu'à ce que les états du duché eussent résolu, en 1313, d'imposer au pays une taxe pour l'acquittement des dettes. Cet impôt, qui s'élevait à dix-sept mille neuf cent quarante-trois marcs d'argent, fut établi sur les villes et sur les abbayes, et tira le duc du singulier embarras où la ruine de ses finances l'avait jeté. Mais cet embarras ne fut pas le seul avec lequel il eut à lutter. L'année qui suivit la mort de Jean II, une famine cruelle vint désoler le pays, et amena une peste terrible qui enleva, selon les supputations un peu exagérées peut-être des historiens, le tiers des habitants du Brabant. Cependant, malgré les ravages de ce fléau, Jean III, à peine âgé de quinze ans, s'occupa du choix d'une femme, et épousa Marie, fille de Louis, comte d'Évreux, fils de Philippe le Hardi, roi de France. Comme le jeune duc était mineur encore, son beau-père prit les rênes du gouvernement, avec Gérard, comte de Juliers, et Florent Berthold, seigneur de Malines, qu'assistaient, comme adjoints, plusieurs membres du conseil de Cortemberg.

Jean III sortit enfin de minorité; et, les finances du pays remises en bon état, il allait commencer un règne qui semblait devoir être prospère, quand tout à coup une singulière querelle vint remettre en question le repos public. Jean, roi de Bohême et comte de Luxembourg, fils de Marguerite de Brabant, fille de Jean I, vint à Bruxelles élever des prétentions sur quelques parties du duché de Brabant qu'il réclamait du chef de sa mère. Le conseil du duc fit connaître au roi que ses réclamations n'étaient fondées ni en droit ni en coutume; que, de temps immémorial, les femmes avaient été, selon les lois du pays, exclues du droit de succession alors qu'il y avait des enfants mâles; et, enfin, que Marguerite elle-même n'avait jamais formé une semblable prétention pendant les dix-huit années qu'elle avait vécu après son père. Irrité de cette réponse, le roi y répondit par une déclaration de guerre. Le duc accepta le défi, et se mit aussitôt à faire d'immenses préparatifs. Mais Gérard, duc de Juliers, ayant interposé sa médiation, un congrès se réunit à Rolduc, où il fut préliminairement admis que la paix serait rétablie entre le duc et le roi. La ville de Nivelles fut désignée pour y tenir des conférences où les conditions définitives seraient réglées. Les réunions s'ouvrirent; mais le roi de Bohême y parla d'une manière si impérieuse, que le duc, vivement choqué, ne put contenir son indignation. Tous deux s'obstinèrent, et se répandirent en injures et en menaces l'un contre l'autre. Dès lors les conférences furent brusquement rompues, après n'avoir servi qu'à redoubler l'animosité des deux partis, et la guerre devint imminente. Le duc employa tout l'hiver de 1325 à ses préparatifs; et, dès le printemps, ses Brabançons passèrent la Meuse pour se jeter dans le pays de Fauquemont, dont le seigneur, après avoir commis quelques hostilités sur les terres du Brabant, s'était ligué avec le roi. Le château et la ville de Fauquemont furent pris après un siége opiniâtre; la citadelle fut rasée.

Pendant ce temps, Jean de Bohême s'était rendu à la cour de France pour essayer d'exciter le roi Philippe VI contre le duc. Mais, malgré toutes ces sollicitations, Philippe se borna à offrir sa médiation pour terminer le différend. Le duc fit l'accueil le plus honorable aux députés du roi de France, sans accepter toutefois l'arbitrage qui lui était offert; et il pria le roi de lui laisser le soin de finir seul une querelle qu'il avait déjà presque terminée.

La guerre cependant était plus éloignée que jamais de sa fin; car un incident inattendu vint tout à coup exciter le courroux du roi de France contre le duc. Celui-ci avait accordé dans ses États un asile à Robert d'Artois, qui avait été banni du royaume pour avoir refusé de comparaître au lit de justice tenu par Philippe de Valois, à l'effet de s'y disculper du crime dont on l'avait accusé, d'avoir appuyé sur des actes faux les prétentions qu'il élevait, du chef de son père, sur le comté d'Artois, contre sa tante Mathilde. Robert s'était réfugié d'abord chez son neveu le comte de Namur; mais, craignant que celui-ci ne le livrât au roi, il était allé demander un asile au duc Jean, et se crut désormais en sûreté à Louvain. Mais Philippe de Valois fit sommer le duc de lui livrer le banni, ou de le chasser de ses États. Jean refusa d'obtempérer à cet ordre. Alors le roi, irrité, organisa contre le Brabançon une ligue formidable, dont le roi de Bohême était la tête, et dont les princes les plus puissants des pays voisins étaient les bras. Elle se composait d'Adolphe de la Marck, évêque de Liége; de Waleram, archevêque de Cologne; de Baudouin, archevêque de Trèves; de Jean de Hainaut, seigneur de Beaumont; de Renaud, comte de Gueldre et de Zutphen; de Gérard, comte de Juliers; de Jean, comte de Namur; de Louis, comte de Looz et de Ciney; d'Édouard, duc de Bar; de Thierry, comte de Clèves; et de Jean, roi de Bohême et duc de Luxembourg. Toutes les forces de ces princes se réunirent à Fexhe, à deux lieues de Liége, où le connétable de France, Raoul, comte d'Eu, vint les rejoindre avec un corps auxiliaire de troupes françaises. C'était en 1333. L'armée réunie se divisa en trois corps, et résolut d'envahir le Brabant par trois points différents. Déjà l'ennemi s'était avancé jusqu'à Saint-Trond, et la perte du duché paraissait certaine. Mais le duc, quelque grand que parût le danger, ne désespéra de rien. Il se porta, avec une armée beaucoup moins nombreuse que celle des alliés, mais animée de cet esprit patriotique qui double le nombre, sur les frontières de la Hesbaie, dans l'espoir de provoquer l'ennemi à lui présenter le combat.

Un choc paraissait devenu inévitable. Heureusement le comte de Hainaut intervint, et offrit sa médiation. Vieux et infirme, il se fit porter en litière dans les deux camps, pour négocier la paix. Mais il ne put rien obtenir d'abord des confédérés, qui commencèrent par dévaster la partie wallonne du Brabant. Cependant le duc faisait si bonne contenance et leur tenait si bien tête, qu'ils ne firent guère de progrès, et qu'un mois après ils consentirent à conclure une trêve de six semaines.

Pendant ce temps, la comtesse de Hainaut, Jeanne de Valois, s'était rendue à Paris auprès du roi son frère, pour l'engager à un accommodement avec le duc; et elle réussit d'autant mieux dans cette mission, que Robert était sorti du Brabant pour chercher un asile plus assuré en Angleterre. D'ailleurs la fermeté de la conduite que le duc avait tenue, seul en face d'un si grand nombre d'ennemis puissants, lui concilia si bien les bonnes grâces du roi, que celui-ci lui demanda une entrevue à Compiègne. De là ils se rendirent à Paris, où ils conclurent une alliance, dont les principales conditions furent que Marie, fille du roi de France, épouserait Jean, fils du duc; que le roi ne donnerait plus de secours aux alliés; qu'au contraire il tâcherait, par sa médiation, de les engager à la paix.

Le roi cependant ne parvint qu'à les déterminer à une trêve. Leur but n'était pas de conclure une paix définitive, et ils voulaient se réserver une occasion de guerre, que le temps ne tarda pas à leur offrir.

En effet, une singulière et grave question se présenta bientôt : celle de la possession de la ville de Malines. Cette ville avait longtemps appartenu à l'évêché de Liége, qui la faisait administrer par des avoués, les sires de Berthold de Grimbergen. Mais plus tard elle s'étendit au delà de la Dyle, sur une partie de la terre de Sempt, village qui appartenait aux Berthold; de sorte que la rivière la divisait en deux quartiers, dont l'un, l'ancien, était placé sous la seigneurie du chapitre de Liége, tandis que l'autre, le nouveau, reconnaissait l'autorité des Berthold, qui s'arrogèrent pour ce motif le titre de seigneurs de Malines.

Sous le règne du duc de Brabant Jean III, les deux villes se trouvaient réunies sous la domination du comte de Flandre Louis de Nevers, qui avait acheté l'une de l'église de Liége, et l'autre de Renaud, comte de Gueldre, époux de Sophie, fille unique de Florent Berthold. Mais les habitants de Malines refusaient de se soumettre à l'autorité du comte de Flandre, et réclamèrent la protection du duc, dont relevait la seigneurie de Malines, enclavée dans le Brabant. En sa qualité de suzerain, le duc n'était point intervenu dans la vente illégale de ce fief. Il se rendit donc à Malines, qui lui prêta le serment de fidélité. Le comte de Flandre, irrité, confisqua tous les biens des Malinois situés dans la Flandre, et renoua la fameuse ligue dont l'intervention de Philippe de Valois avait vainement essayé de débarrasser le duc. Les alliés, qui cette fois avaient attiré le comte de Hainaut dans leur parti, étaient au nombre de quinze. Ils s'engagèrent réciproquement à ne conclure aucune paix séparée avec le Brabant, et résolurent d'envahir, chacun de son côté, le duché par les frontières qui touchaient à leurs domaines respectifs. Après que chacun d'eux eut déclaré la guerre en son propre nom, les hostilités commencèrent sur tous les points à la fois. Le duc Jean n'avait pour alliés que le roi de France et le duc de Bar.

Après que la guerre eut sévi pendant quelque temps, et que de grands dégâts eurent été commis de part et d'autre, le roi Philippe, dont les forces étaient entrées dans le Brabant, moins pour seconder le duc par les armes que pour amener les parties belligérantes à conclure la paix, parvint à leur faire accepter son arbitrage. En effet, au mois d'août 1334, on arrêta en commun, à Cambrai, un arrangement dont les principaux articles portaient : que tous les traités d'alliance, faits de part et d'autre depuis le commencement de la guerre, seraient nuls ; qu'il y aurait une paix sincère et une amitié réciproque entre tous les seigneurs confédérés ; que le roi mettrait garnison dans la ville de Malines jusqu'à ce qu'il fût mieux instruit du droit des parties intéressées ; que Jean, fils aîné du duc Jean, épouserait Isabeau, fille aînée de Guillaume, comte de Hainaut (car Marie, fille du roi, avec laquelle le jeune prince avait été fiancé d'abord, était morte en 1333) ; que Henri, son deuxième fils, épouserait la fille de Renaud, comte de Gueldre, et que le fils de celui-ci épouserait Marie, fille cadette du duc.

Des trois mariages stipulés dans ce traité, un seul fut réalisé, Jean, fils du duc de Brabant, étant mort peu de temps après, avant d'avoir pu être uni à la princesse Isabeau de Hainaut, et Henri, deuxième fils du duc, s'étant uni, en 1347, à Jeanne de Normandie. Dans la même année, le fils du duc de Gueldre épousa Marie de Brabant.

La paix que ce traité avait cherché à établir, avec toutes les conditions possibles de stabilité, ne dura guère plus de quatre années.

Robert d'Artois, qui avait trouvé un asile en Angleterre, n'avait pas négligé de mettre à profit son séjour à la cour du roi Édouard III, dans l'intérêt de sa propre vengeance. Il était parvenu à faire passer toute sa haine contre les Français au cœur de cet ambitieux monarque, et avait donné lieu au célèbre Vœu du Héron, qui ralluma avec plus de fureur que jamais les vieilles querelles entre la France et l'Angleterre, dans lesquelles tant de sang avait coulé, et qui devaient en faire tant couler encore. C'était en 1338.

Cédant aux instigations de Robert d'Artois, le roi Édouard résolut enfin de revendiquer, les armes à la main, le titre de roi de France, qu'il croyait lui être dévolu du chef de sa mère Isabelle de France, comme héritière légitime de la couronne qu'avaient portée les trois derniers rois, ses frères. Toutefois, avant de commencer la guerre, il voulut, d'après l'avis de son conseil, s'assurer du concours ou de l'appui des princes de la haute et de la basse Allemagne. L'évêque de Lincoln, chargé de cette mission, s'adressa d'abord au comte de Hainaut, dont Édouard était le gendre. Ce prince, que le voisinage de la France inquiétait grandement, n'osa se prononcer. Il engagea l'évêque à commencer par attirer dans le parti du roi le duc de Brabant, l'évêque de Liége, le duc de Gueldre, l'archevêque de Cologne, et le marquis de Juliers. Édouard envoya donc une ambassade au duc Jean, qui eut quelque répugnance à contracter une alliance avec l'Angleterre contre Philippe de Valois, avec lequel il venait à peine de signer le traité de Cambrai. Toutefois il promit de faire partie d'une ligue contre la France aussitôt que les autres princes auraient consenti à y entrer, et il s'engagea à fournir un secours de mille cavaliers. Cette confédération ne tarda pas à se former à Valenciennes, où le duc de Gueldre, le marquis de Juliers, le sire de Fauquemont, l'archevêque de Cologne et le comte de Hainaut s'unirent aux Anglais contre la France. La condition exigée par le duc de Brabant se trouvant ainsi remplie, ce prince devait par là même être regardé comme acquis au parti de l'Angleterre. Ces seigneurs gagnés, Édouard se tourna vers les communes flamandes, que leur commerce de laine, et l'influence qu'exerçait sur elles Jacques Van Artevelde, parvinrent sans peine à rallier à la cause de ce roi.

Tout se trouvant ainsi préparé, Édouard s'embarqua vers le milieu du mois de juillet 1338, et aborda au port d'Anvers avec une flotte considérable, et un grand nombre de comtes, de barons et de chevaliers. A l'arrivée du roi, les principaux seigneurs de la Belgique se réunirent à Hal pour délibérer sur le grand objet qu'il méditait, et l'engagèrent à chercher un motif qui pût justifier son entreprise. Ils lui suggérèrent l'idée de se faire nommer par l'empereur vicaire de l'Empire en Belgique, et de réclamer à ce titre la restitution du Cambrésis, que les Français avaient usurpé. Édouard accueillit cette idée, et chargea le comte de Gueldre et le marquis de Juliers d'aller solliciter pour lui le titre de vicaire impérial, qu'ils obtinrent à force de présents. Après s'être fait investir de sa dignité par l'empereur à Cologne, il revint prendre possession de son vicariat dans la petite ville de Herck, située dans le comté de Looz.

C'est ainsi que le duc de Brabant se trouva dans l'obligation de prendre part à la guerre contre la France, à laquelle d'ailleurs il était naturellement poussé par son peuple, dont le commerce avec l'Angleterre était fort étendu, et surtout fort profitable au pays.

C'est au milieu des événements que cette guerre produisit, que l'acte d'une singulière importance dont nous avons déjà parlé, c'est-à-dire le traité d'alliance ménagé par Jacques Van Artevelde, fut conclu entre le duc de Brabant et le comte de Flandre.

Mais la lutte qui vient de commencer entre Édouard III et Philippe de Valois n'appartenant pas à l'histoire du Brabant, puisque ce pays n'y prit qu'une médiocre part, nous renvoyons le lecteur à ce que nous en avons dit dans l'histoire de Flandre.

La mort avait enlevé au duc Jean III ses trois fils, Jean, Henri et Godefroi, sans qu'il lui restât l'espoir d'obtenir un nouvel héritier mâle. Il n'avait que trois filles, dont l'aînée, Jeanne, avait épousé Wenceslas I, comte de Luxembourg; la seconde, Marguerite, s'était unie à Louis, comte de Flandre; enfin, la troisième, Marie, était l'épouse de Renaud de Gueldre. Dans la crainte que ses États ne fussent morcelés après sa mort, ou que son héritage ne devînt l'objet d'une querelle entre ses gendres, le duc Jean voulut régler sa succession. Il ouvrit donc à Louvain des conférences, où les villes, représentées par leurs députés, s'engagèrent solennellement à maintenir l'unité du pays, et décidèrent que la souveraineté du duché serait placée entre les mains de Jeanne et de Wenceslas, tandis qu'il serait fourni un apanage convenable aux deux autres princesses. Cet acte porte la date du 8 mars 1355. Le duc fit, en même temps, un testament conçu dans le même sens, et que l'empereur Charles IV ratifia dans le cours du mois suivant. Le 5 décembre 1355, Jean III mourut, après avoir pris l'habit de l'ordre de Saint-Bernard.

Jeanne et Wenceslas s'étant mis en possession du duché, le comte de Flandre vint réclamer l'apanage de sa femme, que le duc avait fixé, dans son testament, à la somme de cent vingt mille écus. Par malheur, le trésor ducal ne se trouvait pas mieux garni qu'il ne l'avait été depuis Jean I, et il fut impossible de faire droit à la réclamation du comte, qui dut recourir à la guerre; ce qu'il fit avec d'autant plus d'ardeur qu'il avait vu avec l'envie la plus jalouse le duché échoir à Jeanne. Wenceslas chercha donc tout d'abord à bien s'affermir dans la possession du Brabant; et, s'étant adressé à son frère l'empereur Charles IV, il parvint à obtenir de celui-ci un acte dans lequel il fut statué que, si Jeanne mourait la première sans enfants, les duchés de Brabant et de Limbourg passeraient à Wenceslas; que si, au contraire, ce dernier mourait le premier sans enfants et que Jeanne se remariât, les enfants issus de cette seconde union lui succéderaient; et, enfin, que si l'un ou l'autre venait à mourir sans avoir d'enfants d'un mariage postérieur, la souveraineté appartiendrait à l'empereur Charles IV, ou à son plus proche parent. Cet acte, daté du 20 février 1356, fut ratifié par les villes. On conçoit à quel point il dut irriter le comte de Flandre, dont l'épouse se trouvait lésée d'une manière aussi flagrante dans les droits éventuels qui pouvaient lui échoir à une succession à laquelle elle avait des titres si légitimes et si positifs. Aussi, dès ce moment, il ne se contint plus. Il avait à réclamer la dot de sa femme, et en outre la somme de quatre-vingt-cinq mille cinq cents réaux d'or, pour laquelle il avait cédé, en 1346, sa part de la ville de Malines à Jean III, et qui ne lui avait pas été payée.

Le duc se trouvait encore à Maestricht, où il venait de conclure avec l'empereur le concordat dont nous venons de parler, quand le comte envahit soudain le Brabant avec une armée nombreuse, semant la dévastation sur son passage. Tout fut bientôt dans le plus grand désordre. Les Flamands étaient déjà établis à Anderlecht, près de Bruxelles, et menaçaient la capitale du duché, où les gens de Louvain s'étaient rendus, sous les ordres du jeune Gérard de Juliers, comte de Berg, pour empêcher l'ennemi d'y entrer. Ces forces étaient loin d'être en état de se mesurer avec celles du comte de Flandre. Il eût donc été sage d'attendre l'arrivée du duc, et les renforts qui devaient venir d'Anvers et de la Campine. Mais la précipitation perdit tout. L'étendard du Brabant, que gardait toujours l'abbaye d'Afflighem, fut déroulé, et remis à son guidon héréditaire, le seigneur d'Assche; et l'armée sortit de Bruxelles le 17 août 1356, se dirigeant vers Scheut, près d'Anderlecht, où les Flamands l'attendaient en bon ordre. Le comte de Berg commandait l'avant-garde des Brabançons, et engagea le combat; mais il fut bientôt forcé de céder le terrain aux Flamands, qui, supérieurs en nombre, mirent le désordre dans ses rangs, et le chargèrent avec tant d'impétuosité, que le sire d'Assche prit la fuite, après avoir lâchement jeté l'étendard commis à sa garde. Ce fut le signal d'une déroute complète : l'armée tout entière des Brabançons se débanda, et se dispersa de toutes parts. Alors commença un carnage effroyable : les uns furent massacrés sur le champ de bataille, les autres périrent dans les marais ou dans les eaux de la Senne. Quelques débris parvinrent à gagner la porte de la ville, où ils entrèrent pêle-mêle avec les vainqueurs. Cette défaite mémorable (qui donna au jour où elle eut lieu le nom de Mauvais Mercredi, *Kwaede Woensdag*) fut si prompte, que la duchesse eut à peine le temps de se sauver de Bruxelles et d'échapper aux Flamands, en se dirigeant vers Maestricht, où le lâche Wenceslas, selon l'historien Butkens, « s'amusait avec assez peu de soin, se laissant mener par le conseil de jeunes gens sans expérience, plus adonnés à leurs plaisirs qu'à ce qui était nécessaire pour la défense de la patrie. »

Cependant le comte de Flandre, après avoir établi son autorité à Bruxelles, se dirigea vers Louvain, qui se soumit à sa puissance. Malines, Nivelles, Tirlemont, Léau, reconnurent à leur tour sa domination.

Presque tout le duché était perdu,

sans que Wenceslas se fût seulement montré. Jeanne, dès son arrivée à Maestricht, chercha à inspirer quelque courage à son époux, et s'occupa avec lui de réunir des forces pour reconquérir le pays. Mais cette conquête allait devenir difficile, le comte de Flandre ayant attiré dans son parti Englebert de la Marck, évêque de Liége, Guillaume, comte de Namur, et ses frères Robert et Louis, qui levèrent une armée pour le seconder.

Jeanne et Wenceslas se trouvaient ainsi dans une position singulièrement critique. Heureusement le courage d'un seul homme vint les sauver. Cet homme fut le chevalier brabançon Everard T'Serclaes. De Maestricht, où il avait suivi le duc, il entretenait des intelligences secrètes avec les partisans que Wenceslas avait conservés à Bruxelles. Il apprit un jour que les Flamands, trop pleins de confiance en eux-mêmes, gardaient avec beaucoup de négligence leurs postes pendant la nuit. Il résolut donc de mettre à profit cette circonstance, et de tenter un coup de main sur la ville. Dans la nuit du 24 octobre, il s'approcha en silence de Bruxelles avec une troupe de cinquante hommes déterminés, et escalada les remparts à un endroit qui est encore aujourd'hui appelé la *rue d'Assaut*. A peine cette poignée de braves eut-elle ainsi pénétré dans la cité, qu'elle se répandit par les rues en criant : *Brabant au grand duc!* Bientôt elle se grossit d'un grand nombre de bourgeois, et s'empara de l'hôtel de ville, d'où elle arracha l'étendard de Flandre, pour y substituer les couleurs brabançonnes. Cependant l'alarme s'était propagée dans toute la commune, et le peuple tout entier s'était mis sous les armes, tandis que les Flamands, saisis d'épouvante, et cherchant à se sauver, se dirigeaient dans le plus grand désordre vers la porte de Flandre, où la plupart furent massacrés. Quelques-uns seulement parvinrent à s'échapper, en se précipitant du haut des remparts.

Bruxelles reconquise, les autres villes du duché, excepté celle de Malines, rentrèrent successivement sous l'obéissance de Jeanne et de Wenceslas.

Mais, bien que le comte de Flandre eût été forcé de se retirer des points principaux des terres ducales où il s'était établi, il n'en continua pas moins à poursuivre la guerre avec acharnement sur plusieurs autres points du Brabant, pendant tout l'hiver. Enfin, au printemps suivant, les parties belligérantes en vinrent à un accommodement, qui fut signé le 4 juin 1357. Ce traité, que les historiens regardent avec raison comme un monument de honte pour le duc Wenceslas, portait en substance : « que le comte de Flandre déchargeait les Brabançons du serment de fidélité qu'ils lui avaient prêté, mais qu'il conserverait, s'il le voulait, le titre de duc ; que les bourgeois de Louvain, de Bruxelles, de Nivelles et de Tirlemont, qui lui avaient prêté foi et hommage, lui fourniraient tous les ans, aussi longtemps qu'il vivrait, vingt-cinq hommes, parmi lesquels il y aurait deux cavaliers, pris dans l'ordre de la noblesse, qui feraient tout le service pendant six semaines dans les armées du comte, sous leurs bannières et à leurs frais, et seraient tenus, toutes les fois qu'ils en seraient requis, de marcher contre tous les ennemis du comte de Flandre, excepté contre le duc de Brabant; que la ville de Malines, avec toutes ses dépendances, serait cédée au comte, à titre de compensation pour les frais de la guerre, pour qu'il en jouît à perpétuité et à titre héréditaire; que la ville d'Anvers lui serait cédée pareillement avec toutes ses dépendances, comme fief du Brabant, à titre de dot et de legs, en remplacement des dix mille écus d'or qui avaient été assignés à la comtesse Marguerite ; et que si les revenus provenant de cette ville n'équivalaient pas à cette somme, le duc devrait la compléter des revenus des pays adjacents. » Telles étaient les principales dispositions de ce traité avilissant.

Cette lâcheté ne rendit point le repos à l'indolent Wenceslas. A peine la guerre finie, il vit recommencer les révoltes dans ses villes. Celle de Louvain fut la première à donner l'exemple de l'insurrection.

Nous avons déjà vu les bourgeois de cette commune, poussés à bout par les excès et par l'insolence de ses patriciens, se soulever contre eux en 1306, sous le règne du duc Jean II, mais expier par l'exil leur protestation contre la tyrannie des nobles. Plus tard, sous Jean III, le peuple avait réclamé le rappel des bannis, et les patriciens avaient massacré sur la place publique ceux qui avaient eu le courage d'élever la voix en faveur de leurs frères. Ce furent là des motifs de haine profonde; et l'irritation, après avoir longtemps fermenté dans les cœurs de ces patients bourgeois, finit par une explosion terrible. Une cause fort simple au fond en devint le prétexte. En 1360, un paysan se présenta au marché de Louvain, avec une charrette à laquelle était attelé un cheval qui ne lui appartenait pas, et qu'il avait trouvé paissant entre Louvain et Malines. Arrêté, et accusé de vol, il fut acquitté par les échevins. Mais le maïeur, Pierre Couthereel, qui, bien qu'il fût noble lui-même, protégeait le peuple contre les injustices patriciennes, le garda en prison, malgré cet acquittement; car il était bien convaincu de la culpabilité du paysan. De leur côté, les échevins destituèrent Couthereel, qui alla trouver aussitôt le duc à Terveuren, et lui exposa le tableau de la tyrannie que les nobles exerçaient à Louvain. Un des conseillers du prince fut d'avis qu'il fallait laisser faire la commune, pour diminuer un peu les richesses et l'insolence des patriciens, qui, en quelque sorte indépendants, ne respectaient ni le peuple, ni les officiers du duc, ni le duc lui-même. Wenceslas ratifia ce propos par son silence, et Couthereel triomphant se hâta de retourner à Louvain, où il ne fallut qu'un souffle pour ameuter le peuple tout entier contre une faction qui accablait la commune d'impôts, et l'administrait sans lui rendre le moindre compte de sa gestion. A la voix de leur maïeur, les bourgeois se levèrent, et se portèrent, armés de bâtons, devant l'hôtel de ville. Un patricien, Gérard de Vorsselaer, essaya de calmer la foule. Mais voyant que ses efforts étaient inutiles, il voulut engager ses compagnons à dissiper la multitude les armes à la main. Les nobles n'osèrent pas. Le lendemain, les bourgeois se présentèrent plus nombreux encore que la veille. Couthereel était à leur tête. Les patriciens, effrayés, demandèrent humblement ce que la commune exigeait d'eux.

— Nous voulons connaître l'état des affaires de la ville, et avoir communication des comptes! crièrent mille bouches à la fois.

Presque au même instant la maison commune fut envahie par le peuple furieux, qui déchira et brûla tous les priviléges des nobles, et s'empara d'un grand nombre de seigneurs, que Couthereel enferma dans le château de Louvain. Il y avait vingt-six chevaliers et cent quarante-neuf écuyers. La ville ainsi délivrée de ses oppresseurs, Couthereel institua de nouveaux magistrats, qui furent choisis en partie parmi les patriciens connus par leur attachement à la cause du peuple.

Cependant Wenceslas se trouvait dans le Luxembourg, et il n'était pas fâché sans doute de laisser faire la commune de Louvain; car il sentait que la noblesse humiliée n'avait de recours qu'en lui, et qu'elle ne manquerait pas de venir se mettre à sa merci. La duchesse Jeanne ne se livrait pas à un calcul aussi machiavélique. Elle envoyait messager sur messager à Couthereel, pour obtenir la liberté des patriciens prisonniers, et l'entrée de la ville pour ceux qui en étaient exilés; mais toutes ses prières furent inutiles. Les nobles, voyant que le duc les abandonnait à leur sort, s'arrangèrent alors avec Couthereel, qui les relâcha à condition qu'ils quitteraient la ville, et qu'ils lui payeraient de fortes rançons.

Ainsi le peuple resta maître de la

ville, et il y commit les plus graves excès. Il démolit les portes qui avaient servi de prison aux bourgeois envoyés ensuite en exil; et la haine contre les patriciens était si grande, que dans les rues on plaçait des chaudières d'eau bouillante, pour y jeter le premier d'entre eux qui aurait tenté une entreprise contre la commune. Cet état de choses dura une année tout entière. Alors le duc sentit qu'il était temps de rétablir l'ordre. Il se rendit à Louvain, força Couthereel et la commune à lui demander pardon, et scella, le 19 octobre 1361, une paix, en vertu de laquelle il recomposa le magistrat, ordonnant que desormais la moitié des membres serait choisie parmi les nobles, et l'autre moitié parmi les bourgeois; que Couthereel serait destitué de ses fonctions de maïeur et prendrait place parmi les échevins.

C'est ainsi que l'élément plébéien entra dans la magistrature de Louvain; mais ce fut une cause de désordres plus sanglants et plus terribles encore, dont nous aurons à parler plus tard.

La ville de Bruxelles avait suivi l'exemple de sa voisine. Le peuple y avait demandé que la moitié du magistrat fût choisie dans son ordre, et la noblesse avait été forcée d'y consentir. Cette condescendance rendit les petites gens plus exigeants et plus entreprenants encore : ils poussèrent même leurs prétentions au point de demander que tous les patriciens fussent exclus des emplois. La corporation des bouchers s'était mise à la tête de ce parti, qui en vint aux mains avec les nobles, et fut défait après un combat acharné.

Cependant la paix de 1361 ne rétablit point le calme à Louvain. Couthereel, qui continuait à défendre les intérêts du peuple, était sans cesse en lutte avec les patriciens. Il envoya même des agents en Allemagne pour y vendre des créances sur la ville, sans doute pour soutenir son parti au moyen de l'argent qui en provenait. Enfin le duc parut de nouveau sous les murs de cette ville avec une nombreuse armée, en 1362. Il ordonna la stricte observation du traité de l'année précédente, se fit donner douze otages par la noblesse et quarante par la commune, statua que désormais les comptes de la ville seraient rendus devant le duc, et réclama de la commune une amende de vingt-huit mille moutons d'or pour lui, et au delà de quarante-quatre mille pour ses seigneurs.

Ainsi finit cette fois le règne de Couthereel. Mais il essaya, l'année suivante, de tenter de nouveau la fortune du peuple; et il organisa une conspiration dont le but était de massacrer tous les patriciens. Ce complot échoua, et Couthereel fut mis hors la loi ainsi que tous ses partisans. Il se retira en Hollande, où il chercha vainement à rallier tous les proscrits de Louvain, de Tirlemont, de Liége, de Saint-Trond et de Gand, pour rentrer, les armes à la main, dans sa ville natale. N'ayant pu réussir, il se mit à parcourir la France et l'Allemagne; et, étant parvenu enfin à obtenir son pardon de Wenceslas, il rentra à Louvain, où il finit tranquillement ses jours. Malheureusement l'exemple qu'il avait donné ne périt pas avec lui.

A peine ces troubles furent-ils pour un instant apaisés, que le duc se vit engagé dans une affaire plus sérieuse avec le duc de Gueldre.

Renaud de Gueldre, le premier pour lequel ce comté avait été érigé en duché, en 1339, par l'empereur Louis de Bavière, avait, après la mort de sa femme Sophie, héritière de Florent Berthold, seigneur de Malines, contracté une nouvelle alliance avec Isabelle, fille d'Édouard II, roi d'Angleterre. Il avait eu de ce second mariage deux fils, Renaud et Édouard, qui, après la mort de leur père, ne purent s'entendre sur le partage de ses États. L'aîné, Renaud, s'étant trouvé pressé d'argent, avait engagé au comte de Mœurs, pour une grosse somme, trois châteaux forts situés dans la seigneurie de Fauquemont. Mais, au moment où cette querelle éclata, le comte somma Renaud de lui restituer l'argent prêté; car il craignait que, si

Édouard obtenait le dessus, les châteaux engagés ne lui fussent repris. Malheureusement Renaud ne se trouvait pas en mesure de faire cette restitution. Alors le comte s'adressa au duc de Brabant, qui s'empressa de lui compter la somme, et d'entrer dans ses titres et dans ses droits; car il vit là une favorable occasion d'arrondir sa seigneurie de Fauquemont. Les deux frères en vinrent bientôt à des hostilités ouvertes. Renaud fut complétement battu et pris le 25 mai 1361 par Édouard, qui l'enferma dans une forteresse où le malheureux prisonnier resta jusqu'à sa mort, c'est-à-dire neuf ans et trois mois. Au moment où Renaud tomba entre les mains de son ennemi, sa femme Marie se sauva en Brabant, et réclama l'appui de Wenceslas, le n beau-frère. Le duc tenta d'abord ses voies de la douceur, pour amener le vainqueur à consentir à un accommodement; mais tous ses efforts étant restés infructueux, il se décida pour la guerre. Ce nouveau moyen ne lui réussit pas mieux; car, après avoir envahi la Gueldre en 1364, il fut forcé presque aussitôt de l'évacuer. Une seconde attaque dirigée contre Édouard, quatre années après, n'eut pas un meilleur succès; et Wenceslas fut ainsi contraint d'abandonner le malheureux Renaud à sa destinée.

D'ailleurs l'attention de ce prince se trouva bientôt attirée d'un autre côté. Entre la Meuse et le Rhin s'était formée, en 1365, une bande de brigands, nommés les Linfars, du nom de leur chef, qui se livraient à toute sorte d'excès, dévastant les campagnes, dépouillant et massacrant les voyageurs. Pour mettre un terme à cet état de choses, l'empereur Charles IV publia un édit qui enjoignait à tous les seigneurs de la Belgique de se prêter mutuellement secours pour délivrer les provinces de ces bandits. Le duc Wenceslas fut constitué chef de cette association, qu'on appela Landfried, c'est-à-dire Paix du pays; et l'empereur lui donna, en outre, la qualité de vicaire de l'Empire, de protecteur et de défenseur des routes publiques.

Investi de ce pouvoir, Wenceslas commença à faire la guerre aux Linfars. Tous ceux qu'on put trouver furent impitoyablement mis à mort. Comprenant la nécessité de purger les chemins de ces vagabonds dangereux, le duc de Juliers, les villes de Cologne, d'Aix-la-Chapelle, et quelques autres villes et seigneurs, conclurent en 1369, avec Wenceslas, un traité par lequel ils s'engagèrent pour cinq ans à se soutenir réciproquement contre l'ennemi commun. Ce traité toutefois ne fut guère observé par le duc de Juliers, qui non-seulement donnait asile aux Linfars dans ses États, mais qui même, selon le témoignage de Froissart, passait pour leur avoir « presté chevaulx et chasteaux. » C'était une infraction flagrante aux engagements que le duc venait de prendre. Aussi Wenceslas, cédant enfin aux plaintes qui lui furent adressées de toutes parts à ce sujet, envoya une députation au duc de Juliers, pour lui remontrer quel blâme et quel préjudice il apportait au duc de Brabant, gardien suprême de la Landfried. Mais le duc ne s'étant que faiblement excusé, et ayant montré qu'il aimait autant la guerre que la paix, Wenceslas résolut de le forcer à tenir les conditions du traité. Il rassembla donc une armée nombreuse, composée des troupes du Brabant, de Liége et de Namur, et d'un grand nombre de volontaires qui vinrent du Hainaut, de la Flandre, et même de France, de Lorraine et de Bourgogne, se ranger sous ses drapeaux. Ces forces réunies, il se dirigea vers la Meuse, et fit déclarer la guerre au duc de Juliers, qui comptait dans son parti le duc de Gueldre, le comte de Berg, et un grand nombre de chevaliers allemands.

Les deux armées se rencontrèrent au village de Bastweiler, entre Aix-la-Chapelle et Juliers. Les Brabançons se crurent tellement sûrs de la victoire, que le duc était encore occupé à entendre tranquillement la messe, au moment où le duc de Juliers rangeait déjà ses troupes en ordre de bataille; de sorte que Wenceslas n'eut que le temps de mettre au plus vite son bassinet, et de se placer au milieu des cavaliers bruxellois, « montés les aulcuns à cheval, et leurs varlets derriere eulx, qui portoient flacons et bouteilles de vin troussées à leurs selles, et aussi, parmi ce, fourrage et pastés de saumon, de truites et d'anguilles, enveloppés de belles petites tovailles (serviettes) ; et empeschoient là durement ces gens la place de leurs chevaulx, tant qu'on ne se povoit ayder de nul costé. » Pour dégager le duc de l'embarras de cette presse, ses écuyers durent commencer par lui faire jour, en frappant à grands coups sur les casques et sur les chevaux de ceux qui l'entouraient. Aussitôt que Wenceslas trouva le champ libre, la bataille s'engagea. L'armée brabançonne était divisée en deux corps, dont le premier était commandé par le duc lui-même, et dont le second était placé sous les ordres de Robert de Namur. Le premier choc fut si terrible, que les rangs ennemis furent enfoncés, et que la victoire paraissait complétement décidée; mais le comte de Juliers revint à l'attaque avec un tel acharnement, qu'une mêlée épouvantable s'engagea, et que le champ de bataille se couvrit de morts. Enfin, après une lutte obstinée, la victoire se déclara pour les ennemis. Le duc Wenceslas; Louis et Robert de Namur; Guillaume, leur neveu; Waleram, comte de Saint-Pol; Jean, fils aîné du seigneur de Breda, et plusieurs des principaux seigneurs, tombèrent entre les mains du duc de Juliers. Le nombre des tués fut considérable de part et d'autre. Édouard de Gueldre mourut, trois jours après cette bataille, d'une blessure qu'il avait reçue au visage.

Le duc de Juliers distribua les principaux prisonniers entre les princes et les seigneurs qui l'avaient assisté. Il se réserva le duc de Brabant, qu'il enferma dans le château de Niedeggen, sur la Roër.

L'émotion fut grande dans le Brabant, quand la nouvelle de ce désastre s'y répandit; et la duchesse surtout était dans une inquiétude extrême, s'attendant à chaque moment à voir de nouvelles explosions éclater dans les villes, où l'esprit populaire était mal dompté. Les conditions que le duc de Juliers mettait à la liberté de Wenceslas étaient si exorbitantes, que la duchesse dut s'adresser à l'empereur pour tâcher d'en obtenir d'autres moins pénibles. Charles IV fit d'abord faire des propositions fort avantageuses au duc de Juliers, lui offrant de donner à son fils l'investiture du duché de Gueldre et du comté de Zutphen, et, en outre, de lui faire obtenir en mariage Catherine de Hainaut, veuve d'Édouard de Gueldre, tombé dans la bataille de Bastweiler. Mais plus ces offres étaient séduisantes, plus le duc se montra intraitable, espérant toujours obtenir davantage. L'empereur, n'ayant pu réussir par les moyens de conciliation, se décida à recourir aux voies de la rigueur. Il se rendit à Aix-la-Chapelle, et convoqua tous les princes de l'Empire à la guerre, résolu de dompter le duc de Juliers par les armes. Les hostilités allaient commencer quand les prélats et les seigneurs s'interposèrent tout à coup, et parvinrent à engager l'empereur à sommer une dernière fois le duc de rendre la liberté à Wenceslas. Le comte de Hainaut, et son frère Otton, marquis de Brandebourg, furent chargés de porter cette sommation à Juliers. Le duc s'empressa aussitôt d'envoyer ses chevaliers les plus distingués à Niedeggen, pour tirer Wenceslas de sa prison et le conduire à Aix-la-Chapelle ; lui-même s'y rendit en personne auprès de l'empereur, et la paix fut scellée entre eux et Wenceslas, qui fut ainsi délivré sans rançon, de même que tous les autres prisonniers, qui n'avaient pas encore conclu d'arrangement avec les seigneurs auxquels ils étaient échus.

L'empereur, pour reconnaître la soumission que le duc de Juliers lui avait ainsi témoignée, donna au fils de ce prince l'investiture du duché de

Gueldre, et fit conclure le mariage qu'il lui avait fait proposer avec Catherine de Hainaut.

Dès que Wenceslas fut rentré dans ses États, il lui fallut songer à payer les dettes que les dernières guerres lui avaient fait contracter. Ce ne fut pas chose facile. Une assemblée des villes et du commun pays se réunit cependant à Cortemberg, et accorda au duc « une ayde de neuf cent mille moutons, monnoie de Vilvorde. » Cette somme votée, une nouvelle difficulté s'éleva. Les villes, qui pendant la captivité de Wenceslas s'étaient alliées entre elles dans le but de défendre en commun leurs droits et leurs libertés, voulurent que la répartition et la levée de cette somme fussent faites par leurs propres gens, et que ceux-ci fussent exclusivement chargés d'en surveiller l'emploi. Le duc, blessé de cette défiance, sortit de Bruxelles, et se disposa à faire la guerre aux villes. Mais l'évêque de Liége, Jean d'Arckel, interposa sa médiation, et engagea le prince à convoquer une assemblée nouvelle, qui eut lieu en effet à Braine-Lalleud. Là il fut décidé, le 30 avril 1374, que l'alliance conclue entre les villes, pendant la captivité du duc, serait déclarée dissoute; que, des neuf cent mille moutons accordés à Cortemberg, les villes et le plat pays en payeraient huit cent mille; que les villes nommeraient, pour la perception des deniers, leurs propres receveurs, auxquels il en serait adjoint deux nommés par le duc. Deux mois après, cet accord fut modifié, en ce sens que l'on mit à la charge des monastères cent mille moutons, plus quinze mille à titre de subsides ultérieurs, en laissant les huit cent mille autres à la charge des villes du plat pays, des chevaliers et des barons. Ce dernier acte n'ayant été souscrit par aucun ecclésiastique, les monastères refusèrent de payer la part qu'on leur avait imposée, et portèrent leurs plaintes à Rome. Le pape, faisant droit à leur réclamation, mit le duché de Brabant en interdit, excommunia les officiers du duc et tous ceux qui avaient pris part à cette affaire, et cita devant son tribunal Wenceslas, et les villes qui l'avaient assisté dans cette mesure, si contraire aux immunités ecclésiastiques. Toutefois ces difficultés nouvelles furent bientôt levées, mais d'une manière peu honorable pour le duc, il est vrai. L'évêque de Liége fut chargé par le pape d'examiner les réclamations produites par les monastères, le saint-siége ayant délégué à son commissaire le pouvoir de casser et d'annuler, en vertu de l'autorité apostolique, les impositions mises à la charge des corps ou des personnes ecclésiastiques, et s'étant réservé le droit de fixer selon son bon plaisir la part que les monastères seraient tenus de payer. Telle fut, en 1377, la conclusion humiliante de ce différend.

Cependant la ville de Louvain, grâce à la mauvaise administration des patriciens, et aux amendes ruineuses que les soulèvements lui avaient fait imposer, se trouvait tellement obérée, que ses marchands n'étaient plus en sûreté ailleurs que dans le Brabant; car on les arrêtait partout, et partout on saisissait leurs biens, qu'on retenait en nantissement. Le duc crut remédier à cet état de choses en nommant une commission chargée d'examiner les comptes de la ville, et d'aviser aux moyens de faire face à ses dettes. Mais ces commissaires n'obtinrent aucun résultat, les factions se heurtant sans relâche, et le peuple comptant sur l'appui et sur le secours des Flamands. Au mois d'août 1378, la commune s'insurgea, s'empara de l'hôtel de ville, et fit prisonniers tous les patriciens. Le duc ne vit dans ce mouvement qu'une nouvelle occasion d'extorquer de l'argent; et il accorda, le 14 septembre, une nouvelle paix, qu'il fallut payer d'une somme considérable, et en vertu de laquelle les vingt et un jurés se composeraient de onze patriciens et de dix plébéiens; et les sept échevins, de trois membres pris dans l'ordre des bourgeois, et de quatre choisis dans celui de la noblesse. Cependant cette mesure ne rétablit point le repos. Les nobles recommencèrent à opprimer le peuple, qui, fatigué de ces persécutions, résolut d'en finir une bonne fois. Mais, avant de recourir à la révolte, l'échevin Wautier Van der Leyen fut envoyé au duc pour lui exposer les griefs de la commune. Ce malheureux fut assassiné par deux chevaliers appartenant au patriciat, avant qu'il eût pu arriver jusqu'au prince. Aussitôt que la nouvelle de ce nouveau crime se répandit dans la ville, la commune exaspérée courut aux armes, et se rua sur l'hôtel de ville, où treize patriciens se trouvaient réunis. Ils furent massacrés sans miséricorde, et précipités par les fenêtres, sous lesquelles se dressaient des milliers de piques pour recevoir les cadavres. Ce fut une horrible boucherie, où le peuple irrité se vengea de toutes les oppressions qu'il avait si lontemps subies. Après le premier vertige de cette fureur, le peuple, effrayé lui-même de son œuvre, envoya des députés à la duchesse Jeanne, pour lui demander l'oubli du passé et l'exil des deux chevaliers qui avaient assassiné l'échevin Van der Leyen. La duchesse eût peut-être accédé à la prière de la commune; mais le duc, revenu du Luxembourg sur ces entrefaites, n'accorda la paix que pour une grosse somme d'argent, et il condamna en outre la ville à payer une composition aux parents des treize nobles égorgés, et les principaux auteurs de ce massacre à faire un pèlerinage en Palestine.

Cet arrangement, s'il contenta les bourgeois, fut loin de satisfaire les patriciens, qui ne voulaient que des représailles. Un grand nombre de nobles étaient sortis de la ville, et égorgeaient, partout où ils les trouvaient, les bourgeois qui osaient s'aventurer hors de leurs remparts. Les atrocités qu'ils commirent passent toute idée. Pour en donner un seul exemple, nous citerons le fait suivant. Un jour, ils parvinrent à s'emparer d'un riche bourgeois, auquel ils coupèrent les mains et les pieds, et qu'ils envoyèrent dans cet état sur une charrette à Louvain, disant qu'ils traiteraient de la même manière tous ceux qui leur tomberaient entre les mains. La commune irritée perdit de nouveau patience. Elle arma ses métiers, et les lança dans les campagnes à la poursuite des patriciens; de façon que bientôt ce ne fut plus partout que dévastations, assassinats, pillages et incendies. Il fallut que le duc s'avançât de nouveau avec une armée contre la ville. Il parut sous les murs de Louvain le 5 décembre 1382. Les bourgeois étaient décidés à soutenir un siége; mais l'évêque de Liége, Arnould de Hornes, ayant offert sa médiation, le duc consentit à leur accorder la paix. Parmi les conditions qu'il leur imposa, les trois principales étaient, d'abord le bannissement de dix-neuf des principaux chefs du peuple; ensuite le payement d'une amende de onze mille moutons d'or; enfin, la réconciliation des partis. Cette paix, si elle ne rétablit pas complétement la tranquillité, donna au moins quelque relâche à cette malheureuse ville, où la révolte fit encore par moments quelques légères tentatives, qui furent réprimées presque aussitôt.

Cette longue suite de tumultes et de séditions, et, presque autant que ces séditions et ces tumultes, les exactions incessantes de Wenceslas, ruinèrent cette cité naguère si florissante par son commerce et par ses riches draperies, maintenant si morne, si désolée. L'émigration qui en fut la suite fit, selon les écrivains de la ville même, tomber en ruines plus de trois mille maisons.

Wenceslas ne vécut guère au delà du dernier arrangement des affaires de Louvain. Il mourut le 7 décembre 1383, dans le Luxembourg, sans laisser un seul enfant.

Ainsi la duchesse resta chargée de l'administration du duché, et elle s'en acquitta avec une prudence et une sagesse dont le pays n'avait eu, depuis longtemps, à se louer dans ses princes. Cependant, dès 1386, elle se trouva en guerre avec le duc de Gueldre, qui prétendait libérer les trois châteaux forts que le comte de Mœurs tenait en gage du duc Renaud, et qu'il avait sous-engagés à Wenceslas. Jeanne de Brabant ayant refusé de satisfaire à cette exigence, l'épée fut tirée, et les hostilités continuèrent, presque sans interruption, jusqu'en 1399.

Dans le cours de cette année, les états du Brabant reçurent un message du duc de Bourgogne, qui les invitait à venir prêter le serment de fidélité à ses fils, héritiers présomptifs de la duchesse. Presque en même temps Wenceslas, roi des Romains, rappela aux états l'ordre de succession établi dans le duché de Brabant en faveur de la maison de Luxembourg, par le duc Wenceslas et son épouse, de concert avec l'empereur Charles IV. Mais les états donnèrent la même réponse au duc de Bourgogne et au roi des Romains, disant que la duchesse vivait encore.

Jeanne de son côté ne songeait guère à tenir l'engagement inconsidéré qui avait été pris avec la maison de Luxembourg. En effet, le 2 septembre 1399, elle avait réglé sa succession, à laquelle elle appelait, par un diplôme daté de Tournay, Marguerite, sa nièce, femme de Philippe le Hardi, duc de Bourgogne et comte de Flandre, laquelle était fille de Marguerite de Brabant, sa sœur. Ce fut à la suite de cet acte que le roi des Romains et le duc de Bourgogne s'adressèrent aux états du Brabant, pour obtenir le serment de fidélité. Philippe le Hardi prenait si vivement à cœur cette affaire, qu'il ne négligea rien pour y réussir. Aussi parvint-il, à force de présents et de promesses, à attirer dans ses intérêts les principaux membres des états, qui, dans une assemblée nombreuse tenue à Bruxelles en 1403, déclarèrent successeurs de Jeanne, Antoine, second fils de Philippe le Hardi et de Marguerite de Flandre. La mort du duc de Bourgogne, survenue peu de mois après, détermina la duchesse de Brabant à abdiquer en faveur de sa nièce Marguerite, qui elle-même remit le gouvernement du duché à son fils Antoine, avec la dignité de ruwaert. Ce prince ne prit le titre de duc de Brabant qu'après la mort de sa mère, survenue en 1405, et celle de Jeanne, arrivée en 1406. Ce fut par lui que le Brabant et le Limbourg sortirent de la maison de Louvain, pour entrer dans celle de Bourgogne.

HOLLANDE.

INTRODUCTION.

Nous voici sur un tout autre sol que celui de Belgique. Nous voici dans ces Provinces-Unies qui, comprises sous la dénomination générale de Hollande, suivirent pendant si longtemps les destinées des provinces belges, sans s'y être jamais vues liées autrement que par l'autorité commune qui les gouvernait. Tout, en effet, a divisé foncièrement ces deux grandes parties des Pays-Bas : le caractère national, les mœurs, les usages, les traditions, les intérêts, les occupations, même les diverses influences du dehors. Tandis que, de bonne heure, le système féodal se développa dans les provinces belges ; que les habitudes élégantes et chevaleresques de la société française s'y introduisirent ; que l'industrie et le commerce y constituèrent ces formidables et menaçantes communes dont nous avons raconté l'histoire ; que les arts fleurissaient au milieu de cette active et joyeuse population, les fêtes de rhétorique pour les bourgeois, les cours d'amour, la poésie et la musique pour les comtes de Flandre et pour les ducs de Brabant ; les provinces septentrionales vivaient d'une vie plus simple et plus grave. Leurs peuples, soit ceux qui habitaient la Hollande proprement dite, ou l'évêché d'Utrecht, soit ceux qui se trouvaient établis entre les côtes orientales du Zuyderzée et les bords de l'Ems, se ressentaient tous de leur origine frisonne, et portaient dans leur caractère la fierté, la roideur et la ténacité qui distinguent encore aujourd'hui les enfants de cette race. Leurs luttes constantes avec la mer, et l'ardeur infatigable avec laquelle il leur fallait combattre ce terrible élément et lui disputer le sol natal, les avaient endurcis aux plus rudes fatigues, et rendus impatients de tous les jougs. Aussi, les institutions féodales ne purent s'implanter d'une manière complète au milieu de ces hommes, rebelles à tout ce qui avait l'air de gêner leur liberté. Ni le faste ni les fêtes de la chevalerie n'avaient de charme pour eux. Autant la nature monotone et triste qui les environnait tendait sans cesse à réagir sur leur pensée, autant les traditions de la mythologie du Nord, qui s'étaient maintenues chez eux, avaient imprimé à leur esprit leur couleur sombre et farouche. Ce fut la dernière population indépendante et aussi la dernière population païenne des Pays-Bas ; car la crosse du clergé ne sut pas mieux la dompter que les épées des chevaliers n'avaient pu le faire ; et le temps seul parvint à la courber sous la double puissance de l'Église et des châteaux.

Tel est le terrain sur lequel nous allons introduire le lecteur.

LIVRE IV.

HISTOIRE DES COMTÉS DE HOLLANDE ET DE ZÉELANDE, ET DE LA SEIGNEURIE DE FRISE, JUSQU'A LEUR RÉUNION AUX ÉTATS DE LA MAISON DE BOURGOGNE.

CHAPITRE PREMIER.

JUSQU'A L'EXTINCTION DE LA PREMIÈRE RACE DES COMTES DE HOLLANDE ET DE ZÉLANDE.

L'histoire de l'Europe ne nous offre guère un peuple qui se soit maintenu sous des institutions aussi particulières, avec une constance aussi énergique et sur un territoire aussi borné, que les Frisons. Il entre dans les idées des natures ainsi trempées de rapporter leur existence à quelque origine antique et fabuleuse, et de la rattacher à des noms héroïques qui n'ont jamais existé que dans les royaumes de l'imagination. Ainsi Corneille Van Kempen n'eut pas de peine à accréditer auprès de quelques-uns l'origine donnée par lui aux Frisons, qu'il fait descendre des Juifs que la captivité de Babylone dispersa sur la terre; tandis que Tritheim eut moins de peine encore à établir une généalogie de rois frisons, en tête desquels il plaça le roi Friso, de la race de Pharamond. Mais aux Frisons eux-mêmes tout cela ne suffisait pas encore. Ils font remonter leur origine bien autrement loin dans les annales du monde. A les en croire, ils sont originaires des Indes, d'où leurs ancêtres sortirent sous la conduite de trois frères, Friso, Saxo et Bruno, qui servirent sous Alexandre le Grand, et, après la mort de ce roi, coururent les plus incroyables aventures, jusqu'à ce qu'enfin ils abordassent avec leurs vaisseaux, en l'an 313 avant l'ère chrétienne, à l'embouchure du Vlie ou Flévo, où ils bâtirent la ville de Sta-voren, et donnèrent le nom de Frise au pays qu'ils occupèrent.

Il n'est pas nécessaire que nous nous occupions ici de discuter l'existence des prétendus rois qui se succédèrent, selon les chroniqueurs, depuis Friso jusqu'au roi ou plutôt jusqu'au chef qui se présente dans l'histoire de Frise en 677, sous le nom d'Adgill. Toute cette généalogie tombe devant le moindre examen historique. Quelle était la nature du pouvoir de ces chefs, on le voit dans la conduite que tint Radbod, successeur d'Adgill. Selon le témoignage de l'auteur de la vie de saint Ludger, il employa la violence contre tous ceux qui lui étaient opposés, ou dont il convoitait les biens; et il les fit égorger par ses soldats, ou les chassa du pays. Nous lisons, dans le même écrivain, qu'il y avait en Frise certaines familles qu'on désignait particulièrement par le titre de *nobiles*, et dont la condition était évidemment la même que celle des *principes*, ou chefs, de la première période germanique. Il est dans la nature même des choses que parmi ces chefs une famille se soit élevée au rang de *stirps regia*, c'est-à-dire qu'elle ait acquis une puissante prépondérance dans quelque moment de trouble et de division intestine. Nous savons, en outre, qu'au temps de Radbod, c'est-à-dire à la fin du VIIe et au commencement du VIIIe siècle, les Frisons soutinrent de rudes guerres contre les Francs, et que ceux-ci les tenaient dans une certaine dépendance. Ces guerres pourraient particulièrement avoir fourni à Radbod l'occasion d'acquérir de fait le pouvoir suprême. Mais l'usage qu'il fit de cette autorité donna lieu à une opposition qui chercha et trouva de l'appui chez les Francs ; d'où il résulta ultérieurement que ce parti pencha vers le christianisme, auquel Radbod s'opposa toujours avec une vive énergie, comme à une importation de la suprématie franque. Malgré plusieurs défaites, dont chacune cependant sembla le rapprocher un peu des Francs, Radbod continua à marcher dans cette voie jusqu'au moment de sa mort, survenue en 719.

A la tête du parti qui s'était formé contre ce chef, se trouvait Ado Wursing, qui était probablement un des parents d'Adgill. Comme Radbod ne devait la considération dont il jouissait chez les Frisons qu'à la haine irréconciliable qu'il portait aux chrétiens et aux Francs, Ado Wursing s'était enfui chez ces derniers. Cependant, après la mort de Radbod, qui, se sentant vieux et épuisé, lui avait restitué tous ses biens, Wursing ne rentra pas dans sa patrie. Il y envoya son second fils Dietgrimm, pour reprendre possession de ses terres ; et lui-même attendit jusqu'à ce que, en 724, Charles Martel eût soumis par le fer et la flamme Poppo, successeur de Radbod, et la Frise tout entière. Après cette conquête, l'illustre capitaine franc fonda l'évêché d'Utrecht, et donna à Wursing une étendue de terre assez considérable dans le voisinage de cette ville, avec la mission de protéger le christianisme dans cette contrée. Ce domaine fut affecté plus tard par saint Ludger, fils de Dietgrimm, à la dotation d'un monastère nommé Werthina, qu'il fonda près de l'embouchure du Rhin, sur le bord de la mer.

Il résulte clairement de ceci que non-seulement le territoire d'Utrecht, mais encore toute la Hollande actuelle, étaient occupés par les Frisons. Il y a même plus : ce peuple tenait tout le pays vers l'ouest, et habitait les terres connues dans les auteurs contemporains sous le nom de *maritima*, c'est-à-dire de Zéelande.

Les Frisons étaient d'origine germanique, et ils comptèrent parmi les *Francs* aussi longtemps que ce dernier mot conserva son sens primitif, c'est-à-dire qu'il signifia les peuples du nord-ouest de la Germanie qui portaient la framée, en opposition aux *Saxones* et aux *Walchi*. La division du peuple franc en Frisons et en Francs ne s'établit réellement d'une manière précise que beaucoup plus tard, lorsque l'appellation de *Francs* ne fut plus attribuée qu'aux descendants des peuples du nord-ouest de la Germanie, soumis à la domination de la dynastie mérovingienne.

Après les défaites sanglantes que Charles Martel leur fit essuyer en 724 et en 729, les Frisons occidentaux commencèrent à adopter les institutions franques ; et la famille d'Ado Wursing mit tout en œuvre pour répandre parmi eux la doctrine du christianisme, avec le secours de plusieurs missionnaires anglo-saxons.

Déjà, dans les temps antérieurs à Radbod, s'était fondée, sur les confins des Francs et des Francs-Frisons, une puissante ville de commerce, Wyk-by-Duurstede, qui faisait un immense trafic avec Londres. Tout ce négoce tomba, pendant la guerre des Francs contre ce chef. Mais Wyk-by-Duurstede se releva bientôt, après que Charles Martel eut rétabli le calme dans le pays. Londres n'était pas le seul endroit avec lequel les Frisons eussent des relations commerciales. Ils occupaient un quartier particulier de la ville de Mayence, et partout les manteaux et les draps de Frise étaient recherchés.

Après la mort de Poppo, successeur de Radbod, les Frisons orientaux, bien qu'ils fussent soumis au tribut par les Francs, continuèrent, il est vrai, à vivre sous leur ancienne législation particulière. Cependant l'histoire nous montre qu'ils firent, à plus d'une reprise, de grands efforts pour détruire les églises et les monastères chrétiens établis sur leurs frontières. Ces efforts, ils les unirent plus tard à ceux des Saxons leurs voisins ; et ce ne fut qu'après la victoire remportée par Charlemagne sur Witikind que le christianisme fut réellement implanté dans la terre des Frisons. Mais à peine cette doctrine nouvelle y eut-elle été introduite, que les Danois et les Normands abordèrent aux côtes frisonnes, et se mirent à piller tout le pays. Ces dévastations amenèrent Louis le Débonnaire à donner, en 837, une nouvelle organisation aux comtés et aux évêchés de la Frise, dans le but de mieux protéger le territoire contre ces incommodes hommes du Nord.

Sous le nom de Frise était compris à peu près tout le territoire dont se compose aujourd'hui le royaume des Pays-Bas. Cependant elle se divisait d'abord en deux grandes parties, en citérieure et en ultérieure. Celle-ci s'étendait depuis le lac Flévo, aujourd'hui nommé le Zuyderzée, jusqu'à l'Elbe; celle-là était renfermée entre le lac Flévo au nord, l'Yssel à l'est, la mer à l'ouest, la Meuse et l'Escaut au midi. Puis venaient les sous-divisions. Sous le nom de *maritima* étaient désignées les terres que bornaient au sud-ouest la rivière de Zwyn, et au nord-est les bouches de la Meuse. Le territoire de Marsum se développait entre les bouches de la Meuse et celles du Rhin. Depuis ce dernier point jusqu'à l'extrémité de la province actuelle de la Hollande méridionale, s'étendait un comté dont le nom local n'est point connu, mais qui forma plus tard le comté de Hollande proprement dit. A l'est du territoire de Marsum et du comté dont nous venons de parler, était situé le Teisterbant, qui se trouvait compris entre le Leck, le Wahal et la Meuse, depuis la jonction de ces rivières jusqu'auprès de Buren. Le comté de Batua ou de Bathua, dont on fit plus tard le Betuwe, était renfermé entre le Rhin et le Wahal, depuis Schenk jusqu'auprès de Buren, entre Thiel et Wykby-Duurstede. Il y avait ensuite le comté de Moilla, qui, borné au nord par le Betuwe, embrassait tout le territoire depuis les environs de Nimègue jusqu'à la Meuse, où il touchait à la Taxandrie. A l'est du Flévo, s'étendait le territoire de l'Yssel et celui de Triantha (aujourd'hui Drenthe). Et enfin, au nord, les comtés de Westrachie (Westergo) et d'Ostrachie (Ostergo), qui tous deux composent actuellement la partie occidentale de la Frise, et dont le premier avait pour chef-lieu la ville de Stavoren, et le second la ville de Dokkum.

CHAPITRE II.

LES PREMIERS COMTES DE HOLLANDE ET DE ZÉLANDE, JUSQU'A L'EXTINCTION DE LEUR LIGNÉE MASCULINE.

On regarde comme la tige probable des comtes de Hollande un comte Gérolf, qui gouvernait le Kennemerland, peut-être aussi la Frise, et qui était issu, selon plusieurs historiens, du sang de Witikind. Quoi qu'il en soit, Gérolf doit avoir été un ardent partisan d'Arnoul de Carinthie, lors de la révolution des vassaux germains contre Charles le Gros; car le nouveau roi, sans doute pour se l'attacher davantage encore, le pourvut en 889, non-seulement d'une forêt royale et d'un domaine situés sur le territoire occupé aujourd'hui par le lac de Harlem, mais encore de plusieurs autres terres dans le comté de Teisterbant. Plus tard, nous trouvons sa famille étroitement liée avec les rois sortis de la même révolution qui avait mis la couronne sur la tête d'Arnoul, et qui lui succédèrent. Seulement, dans le court intervalle d'incertitude qu'il y eut sur le sort de la Lorraine, que se disputaient la France et l'Allemagne, Thierry I, fils de Gérolf, paraît n'avoir en vue que son intérêt particulier entre les partis qui déchiraient le pays même. Car, au mois de juin 922, le roi Charles lui accorda, probablement pour le récompenser de sa fidélité au parti des Français, l'avouerie de l'église d'Egmont dans le Kennemerland; et peut-être le mariage de Thierry avec Gerberge, fille du comte Pepin de Senlis, fut-il le résultat des rapports ainsi noués avec la cour de France.

Son fils Thierry II eut à lutter avec les Frisons du nord, qui tenaient encore à une grande partie des pratiques du paganisme; car la chronique d'Egmont nous apprend qu'il fut forcé de remplacer par des moines les religieuses de ce monastère, *ob asperitatem et molestiam duræ gentis Fresonum*. Il eut pour femme Hildegarde, fille du premier burgrave germanique de Gand, laquelle lui donna trois enfants, dont deux fils, Arnoul et Ecbert, et une fille, Éclinde. Ecbert devint évêque de Trèves, et Arnoul succéda à son père en 988, dans le comté de Marsum, de Kennemerland, et d'une partie de la Frise. En moins d'un siècle, cette famille était ainsi devenue une des plus puissantes de la Germanie occidentale. Elle avait même, outre les territoires que nous venons d'indiquer, d'importantes possessions dans le Teisterbant. Luidgarde, femme d'Arnoul, étant sœur de l'impératrice Cunégonde, parvint à attirer sur son mari la faveur de la maison impériale, et obtint qu'il succédât à son grand-père dans la charge de burgrave de Gand. Le père d'Arnold, Thierry II, était déjà parvenu, en 985, à faire transformer en alleux de sa maison plusieurs fiefs de l'Empire qu'il tenait dans le comté de Marsum, dans le Kennemerland et dans le territoire de Texel, lequel, à cette époque, se trouvait encore lié à la terre ferme.

Arnoul ayant succombé, en 993 ou en 1003, dans une guerre contre les Frisons septentrionaux, eut pour successeur son fils Thierry III, qui se vit bientôt enveloppé dans de graves difficultés avec l'évêque d'Utrecht. Des troupes de Frisons du comté de Marsum s'étaient établies dans l'île de Merwède, qui alors avait beaucoup plus étendue, et dont la possession était fort contestée, bien que depuis longtemps cette île eût été concédée par l'Empire en commun à l'évêque d'Utrecht et aux archevêques de Cologne et de Trèves, pour y exercer le droit d'abattage, de pâturage et de pêche. Ce territoire s'appelait *Holland*, ou *terre basse*. Il était entièrement inculte. Aussi les Frisons de Thierry, quand ils y arrivèrent, ne trouvèrent personne qui s'opposât à leur établissement. Les évêques les laissèrent s'y installer, et y mettre la terre en culture. Mais lorsque les nouveaux colons, non contents de cette concession, voulurent exiger pour Thierry un droit de passage des bâtiments marchands qui longeaient leur île, et piller ceux qui refusaient de payer; quand ils eurent construit une forteresse (probablement Dordrecht) dans laquelle Thierry entretenait une garnison, alors les prélats de la basse Lotharingie et les marchands de Thiel s'émurent, et réclamèrent en l'an 1018, de l'empereur Henri, le châtiment du comte.

L'empereur fit aussitôt enjoindre à Thierry d'évacuer le territoire de Merwède, et ordonna au duc de Lotharingie, Godefroi de Verdun, aux archevêques de Cologne et de Trèves, et à l'évêque d'Utrecht, de mettre sur pied une armée, pour forcer au besoin le comte à l'obéissance. Pendant que cette armée le menaçait, les Frisons, contre lesquels Arnoul avait échoué, se remirent en campagne contre Thierry; mais il sortit victorieux de cette double guerre. Il fit même prisonnier le duc Godefroi, qu'il ne relâcha qu'à condition que celui-ci emploierait sa médiation auprès de l'empereur et de l'évêque d'Utrecht. En effet, le duc fit si bien, que non-seulement l'empereur pardonna à Thierry, mais qu'en outre il lui donna tout le territoire contesté de Holland, et lui fit concéder en fief, par l'évêque, la partie occidentale du comté d'Utrecht près de Bodengraven et de Zwammerdam, conquise par Thierry sur Thierry-Bavon, vassal de l'Église d'Utrecht.

Depuis ces acquisitions, Thierry III et ses descendants, pour faire valoir leurs droits incontestables sur les territoires nouveaux, adoptèrent le titre de *comites Hollandenses* (comtes de Hollande), avec lequel cependant celui de marquis ou de comtes de Frise alterne encore assez fréquemment dans les actes qu'ils nous ont laissés.

Tous les États de Thierry III échurent après sa mort, survenue en 1039, à son fils Thierry IV, bien que, selon plusieurs historiens hollandais, la Frise fût attribuée à son fils cadet Florent. Quoi qu'il en soit, Florent recueillit bientôt toute la succession de son père, Thierry IV ayant été assassiné, en 1049, à Dordrecht, sans laisser de postérité légitime, par des sicaires des évêques d'Utrecht, de Liége et de Metz. Ceux-ci l'avaient vu, avec grand déplaisir, mis en possession de la Hollande; et au moyen de ce meurtre ils parvinrent à se rendre de nouveau maîtres de tout le territoire de Merwède. Ainsi dépouillé, Florent s'adressa à son allié Godefroi, fils de Gothelon le Grand, duc de la basse Lotharingie. Celui-ci accourut avec une armée, dans l'intention de reconquérir la Hollande pour son propre compte; mais il fut battu par les évêques alliés, et forcé de prendre la fuite. En 1058, Florent essaya une nouvelle tentative pour s'emparer des domaines de Merwède, mais sans obtenir un meilleur succès. Trois années après, il fut plus heureux. Il battit sur tous les points les princes lorrains qui lui avaient si longtemps disputé l'héritage paternel; mais, surpris par les ennemis au moment où il se reposait sous un arbre, près de Hemert, après un combat acharné contre les comtes de Louvain et de Cuyk, il fut massacré avec un grand nombre des siens.

Il fallait plus que jamais un bras ferme pour gouverner et défendre le comté; et Florent ne laissait qu'un enfant presque au berceau, qui lui succéda sous le nom de Thierry V. Sa veuve Gertrude prit en main l'administration des affaires, au nom de son fils. Cependant les difficultés devinrent toujours plus grandes ; car non-seulement l'empereur refusait à Thierry V l'investiture du comté de son père, mais encore il décida le retour à l'évêché d'Utrecht des seigneuries que les comtes de Hollande avaient arrachées à cette Église. Dans l'extrémité où Gertrude se trouvait ainsi réduite, elle consentit à épouser, en secondes noces, Robert de Flandre. Cette alliance procura à Robert le surnom de Frison, et à Gertrude un défenseur qui, occupant les îles zéelandaises de l'Escaut occidental, s'était appliqué d'abord lui-même à s'agrandir aux dépens de la Hollande. On pense généralement que le comte Thierry III, en s'emparant du territoire de Merwède, se rendit maître aussi des îles zéelandaises de l'Escaut oriental, comme appartenant aux marches frisonnes; et que Robert de Flandre, avant son mariage avec la veuve de Florent I, avait conquis sur cette princesse cette partie de la Zéelande, et peut-être la Hollande elle-même. Toujours est-il que, uni à Gertrude, il gouverna tout le pays depuis le Zuyderzée jusqu'au Zwyn, et qu'il défendit aussi bien contre l'étranger les domaines de son pupille, qu'il sut maintenir l'ordre au dedans. Il signala le commencement de son règne en arrachant la Hollande à l'évêque d'Utrecht. Ce prélat ne trouva d'autre moyen de rentrer dans cette possession que de la donner en fief à Godefroi V, duc de la basse Lotharingie, qui, ayant battu Robert en 1071, près de Leyden, le força à se retirer à Gand, et s'établit dans toute la partie qui compose aujourd'hui la Hollande méridionale et s'étend jusqu'à Delft, où il bâtit une citadelle. L'année suivante, Godefroi poussa ses conquêtes sur tout le reste des domaines de Thierry V, c'est-à-dire jusqu'à Alkmaar, et il en resta possesseur jusqu'en 1076. Mais en cette année il fut assassiné à Anvers, selon quelques-uns, à l'instigation de Robert le Frison. Cette mort, qui fut suivie bientôt de celle de l'évêque d'Utrecht, vint tout à coup changer la face des affaires de Thierry V, qui, secondé par Robert, reconquit en peu de temps tous les domaines de son père, depuis la Zéelande jusqu'aux frontières des Frisons du Texel.

Il légua en 1091 ce magnifique héritage à son fils Florent II, qui porte dans l'histoire le surnom de *Riche*, et qui passe pour avoir obtenu de l'Empire, dès 1107, les îles occidentales de la Zéelande, comme un arrière-fief de la Flandre. Ce qui est certain, c'est que son fils les posséda à ce titre.

La mort de Florent II laissa, en 1122, le pays dans une situation exactement semblable à celle où la mort de son aïeul l'avait laissé. Sa veuve Pétronille, fille du duc Thierry de Lorraine, resta avec des enfants mineurs, dont elle eut à défendre, à son tour, les domaines contre l'Empire. Un événement imprévu, arrivé à Utrecht, l'avait entraînée tout à coup dans les difficultés les plus graves. L'empereur Henri V célébrait, en 1122, les fêtes de Noël en cette ville. Une querelle s'éleva entre les bourgeois et les seigneurs de la suite de ce prince. L'évêque se rangea du côté de ses hommes, et les deux partis se livrèrent un combat acharné. Les hommes du prélat succombèrent, et lui-même fut fait prisonnier par l'empereur. La comtesse de Hollande se trouva mêlée à ces hostilités, soit en sa qualité de vassale de l'Église d'Utrecht, soit pour toute autre cause. En effet, en 1123, l'empereur envoya une armée contre Utrecht et la Hollande ; mais le duc Lothaire de Saxe accourut au secours de sa belle-sœur, la comtesse Pétronille, et paralysa si bien les forces impériales, que l'évêque fut remis en liberté, et que la guerre cessa aussitôt.

Peu d'années après, la mort de l'empereur Henri V ayant laissé vacant le trône d'Allemagne, Lothaire de Saxe y fut promu. Dès lors une puissante protection était assurée à la comtesse de Hollande. Cependant elle n'empêcha pas les Frisons orientaux de faire de vigoureuses tentatives pour renverser l'autorité comtale. Heureusement le jeune Thierry VI était en âge de porter l'épée de son père. Il marcha contre eux en 1132, les rejeta hors des frontières de son territoire, et pénétra dans le leur, où il mit tout à feu et à sang. Mais s'il réduisit de cette manière l'ennemi du dehors, il rencontra, au sein de son comté même, un ennemi plus dangereux : c'était son propre frère Florent, qui s'était formé un parti puissant dans le pays, et qui, après avoir passé une année au milieu des Frisons, entra dans les États de Thierry les armes à la main. Cette guerre civile, commencée en 1133, fut conduite avec un acharnement incroyable. Florent finit cependant par succomber, après deux années de luttes et de dévastations. L'empereur Lothaire s'était interposé inutilement d'abord ; mais, ayant menacé les deux frères de sa disgrâce, il parvint à les forcer à déposer les armes. Cette paix fut scellée quelques années plus tard, par la mort de Florent, qui fut tué, en 1137, sous les murs d'Utrecht, par les hommes de l'évêque. Malgré l'inimitié qui avait longtemps divisé Florent et Thierry, celui-ci résolut de tirer du meurtre de son frère une éclatante vengeance ; et à cet effet il marcha, avec une armée, contre l'évêque d'Utrecht. Mais cette guerre se termina, comme la plupart de celles que nous avons vues s'engager avec l'évêché de Liége, par un anathème. Le prélat battit avec les armes de l'excommunication le comte de Hollande, qui consentit à s'humilier devant son ennemi, et à lui demander pardon pieds nus et la tête découverte.

Le goût des croisades entraîna un moment Thierry vers la terre sainte, où il passa trois ans. Il était temps qu'il revînt dans ses États en 1143, pour mettre en jeu toute son influence dans l'élection du nouvel évêque qu'il s'agissait de donner à Utrecht, le prélat Herbart étant mort. Le choix du chef qu'il fallait placer à la tête de l'évêché était d'une haute importance pour les seigneurs qui tenaient des fiefs de cette Église. Les comtes de Hollande, de Gueldre et de Clèves se décidèrent pour Herman, prévôt de Saint-Géréon à Cologne, tandis que les dignitaires du chapitre, les villes d'Utrecht et de Deventer, et toutes les campagnes, leur opposèrent un autre prétendant. Tout le pays s'émut de cette querelle. Le comte Thierry voulut y mettre un terme, en imposant par la force le prévôt Herman au chapitre, qui tint bon cependant. Mais, sur ces entrefaites, arriva un cardinal-légat pour décider l'affaire. Il se prononça en faveur d'Herman.

Si Thierry VI avait ainsi puissamment concouru à l'élévation du nouvel évêque d'Utrecht, son fils Florent III, qui arriva au comté de Hollande en 1159, soutint de son épée le successeur de ce prélat, Godefroi de Rheenen, dans une circonstance assez critique qui se présenta bientôt. Parmi les domaines de l'Église d'Utrecht, on comptait la châtellenie de Groningue, qu'avait tenue en fief Leffart, frère de l'évêque récemment décédé. En 1159, après la mort de Leffart, qui n'avait point laissé d'héritier, deux membres de sa famille prétendirent à sa succession : son frère Lambert, et sa fille, épouse de Godescalc, seigneur de Sepperothe. Celle-ci trouva des partisans parmi les chevaliers de Groningue et du pays de Drenthe, et offrit au comte de Gueldre de lui rendre l'hommage pour cette châtellenie, s'il consentait à l'aider contre l'évêque Godefroi. Le comte accepta cette proposition; et la guerre, qui commença aussitôt, ne tarda pas à prendre une tournure si fâcheuse pour le prélat, que les fils de la dame de Sepperothe le tinrent assiégé dans son propre château épiscopal d'Utrecht, et l'eussent infailliblement fait prisonnier, grâce au concours des habitants de la ville, qui s'étaient joints à eux, si le comte de Clèves n'était accouru à son aide. La guerre cependant continua avec un tel acharnement, que l'évêque, presque réduit à l'extrémité, invoqua le secours de Florent de Hollande, qui parut bientôt avec une flotte et une armée nombreuse devant Utrecht. La ville était occupée par les gens du comte de Gueldre, qui la défendirent bravement, sous les ordres de Thierry de Batenburg. Mais les Hollandais, qui comptaient dans leurs rangs un grand nombre de ces rudes Frisons, habitués à lutter avec la mer, assaillirent vaillamment la place, sans toutefois réussir à l'emporter. Les combats continuèrent jusqu'au milieu de l'été de l'an 1164, et ils ne cessèrent que par l'intervention de l'archevêque de Cologne, que l'empereur chargea de ménager un accommodement.

La récompense du secours que le comte Florent avait ainsi prêté à l'évêque fut l'investiture de l'Ostrachie et de la Westrachie, c'est-à-dire de la partie qui compose actuellement la Frise hollandaise. Déjà l'empereur Lothaire, dans son affection pour sa sœur et pour son neveu, avait investi celui-ci de ce fief important. Mais Thierry VI ne put jamais réussir à faire reconnaître son autorité dans cette province; de sorte que l'empereur fut forcé de la rattacher à l'évêché d'Utrecht, dont elle avait dépendu d'abord. Florent III, après le service signalé qu'il venait de rendre à l'évêque, réclama le don qui avait été fait à son père Thierry par Lothaire. Le prélat s'y refusa; et une guerre s'alluma entre la Hollande et Utrecht. Mais l'empereur, s'étant rendu en cette ville en 1165, concilia ce différend de telle façon, que la seigneurie de l'Ostrachie et de la Westrachie devint commune entre les deux princes.

Cet accroissement de territoire ne fut pas le seul que Florent III apporta à sa maison. La guerre de seize ans, qui commença, en 1166, entre lui et les Frisons septentrionaux, le rendit maître, en 1184, des territoires de Wieringen et de Texel.

Tandis que ses domaines s'agrandissaient ainsi, sa puissance s'accroissait encore par de belles alliances. Ainsi Thierry, l'aîné des enfants que Florent avait obtenus de sa femme Ada, princesse d'Écosse, épousa Adèle, sœur du comte de Clèves, Thierry le jeune, lequel avait déjà pris pour femme Marguerite, fille du comte de Hollande. Peu de temps après, l'évêque d'Utrecht mourut, et Baudouin, frère de Florent, fut appelé à prendre la crosse.

Le comté de Hollande était assis sur des bases plus solides que jamais, grâce aux travaux de Florent, qui, n'ayant plus d'ennemis à combattre autour de lui, partit, en 1189, avec l'empereur Frédéric Barberousse pour la croisade, où il mourut de la peste l'année suivante.

Son fils Thierry VI, qui lui succéda, fut chargé en 1196, par l'empereur Henri VI, de l'administration de l'évêché d'Utrecht, que se disputèrent pendant longtemps, après la mort de Baudouin, Arnould, prévôt de Deventer, et Thierry, prévôt de Saint-Martin à Utrecht, et frère du comte Florent. Cette décision de l'empereur trouva un grand adversaire dans Otton, comte de Gueldre, qui entra dans les terres de l'évêché, situées à l'est de la rivière d'Yssel. Mais Thierry le refoula bientôt vers le Veluwe.

Cependant les deux prétendants s'étaient rendus à Rome, pour soumettre au saint-siége la décision du débat qui s'agitait entre eux; et le pape s'était prononcé en faveur de Thierry de Hollande, qui allait monter ainsi sur le siége épiscopal d'Utrecht. Mais par malheur l'évêque choisi mourut en chemin à Pavie, ayant survécu quelques jours à peine au prévôt de Deventer. Cette nouvelle vacance étant intervenue, le comte Thierry continua à exercer sa mambournie dans l'évêché.

Cependant le frère de Thierry, Guillaume, qui avait accompagné son père en Palestine, et s'y était attaché au duc Frédéric de Souabe, était revenu en 1194 dans le comté natal, pour y susciter des troubles civils. Plein d'ambition, et ne voulant pas se soumettre à l'autorité de son frère, il se retira chez les Frisons septentrionaux, et se mit à faire des incursions dans les États de Thierry. Celui-ci étant en ce moment occupé à guerroyer en Zéelande contre les Flamands, la comtesse Adèle se mit à la tête de l'armée destinée à combattre Guillaume. Elle réussit d'abord à obtenir quelques avantages; mais le jeune rebelle pénétra jusqu'à Alkmaar, où il fut battu et mis en déroute par les Kennemères et par les chevaliers de la comtesse. Réduit à l'impuissance par cette défaite, Guillaume demanda la paix. Son frère la lui accorda, et lui donna en sus le fief de l'Ostrachie et de la Westrachie, à condition qu'il resterait en repos. Guillaume promit de ne plus rien entreprendre contre la Hollande; mais, peu fidèle à sa promesse, il donna sous main des secours à Otton de Gueldre, et l'aida à envahir l'évêché d'Utrecht, après que Thierry eut été investi par l'empereur de l'administration de ce territoire, devenu vacant par la mort de l'évêque Baudouin. Cette trahison irrita au plus haut degré le comte, qui résolut d'en tirer vengeance. Il se trouvait précisément au château de Ten-Horst, sur le territoire d'Utrecht, où il tenait sa cour en sa qualité de mambour du pays, après la défaite d'Otton de Gueldre, quand Guillaume se hasarda, malgré les conseils de sa mère, à venir y voir son frère. Thierry le fit saisir par un vassal utrechtois, Henri de Kraan, et enfermer dans une étroite prison. Mais le captif parvint à s'échapper, et courut demander un asile au comte de Gueldre, qui le reçut avec de grandes démonstrations de joie, et lui promit sa fille en mariage. Après avoir séjourné quelque temps auprès d'Otton, il retourna à Stavoren, où il célébra tranquillement son mariage avec Adèle de Gueldre, sans que Thierry l'inquiétât davantage.

Du reste, une réconciliation s'opéra peu de temps après, en 1198, entre le comte de Hollande et le comte de Gueldre; et Guillaume y fut compris sans doute. Elle fut scellée par une clause en vertu de laquelle Adèle de Hollande, fille de Thierry, fut fiancée à Henri, fils d'Otton. Cette union des deux vassaux les plus puissants de l'évêché d'Utrecht eut un autre résultat encore: elle mit un terme aux querelles que l'élection d'un nouvel évêque avait réveillées, et tous les partis se réunirent pour porter leur voix unanime sur Thierry d'Aarburg, prévôt de Maestricht.

Guillaume de Hollande jouissait en paix de son fief, quand l'évêque d'Utrecht réclama, en 1202, la moitié qu'il prétendait lui être due des revenus de l'Ostrachie et de la Westrachie, comme seigneur indivis de ce domaine. Guillaume refusa de payer, et l'évêque l'attaqua; mais celui-ci fut pris, et relâché. Après cette rude leçon donnée au prélat, on comptait voir s'apaiser cette querelle; mais le comte Thierry avait vu, dans les hostilités dirigées contre le fief de son frère, une atteinte portée à ses propres droits. Il conclut une alliance avec Otton de Gueldre, attira de son côté la plupart des seigneurs utrechtois, et commença à serrer de près l'évêque, tandis qu'Otton chassa de l'Over-Yssel tous les officiers épiscopaux, et se fortifia dans la ville de Deventer. Tout le pays, à l'exception de la ville d'Utrecht, était au pouvoir du comte Thierry. En cette détresse, l'évêque n'eut plus d'autre parti à prendre que de s'adresser au duc de Brabant, et de lui demander aide et assistance. Celui-ci commença par réclamer le service féodal de son vassal, le comte de Gueldre, contre la Hollande. C'était un moyen adroit de rompre l'alliance qui unissait les deux comtes. Mais ce moyen ne lui réussit point, car le service lui fut refusé. Alors force fut au duc de les attaquer tous deux. Cependant il voulut d'abord châtier son vassal rebelle, qu'il fit déclarer coupable de félonie et déchu de tous ses droits féodaux. Pour exécuter cette sentence, il marcha avec une armée contre la Gueldre, et s'empara du comte Otton, qui avait tenté vainement d'obtenir la médiation de l'empereur. Pendant ce temps, le comte de Hollande incendia la ville de Thiel, battit une partie des Brabançons commandés par les sires Guillaume de Perwez et Henri de Cuyck, qu'il fit prisonniers; ravagea le territoire de Bois-le-Duc et réduisit cette ville en cendres, après l'avoir abandonnée au pillage. Mais le duc de Brabant arriva sur ces entrefaites, attaqua le comte, qui se dirigeait vers la Meuse, le battit à outrance, et, après lui avoir enlevé ses prisonniers et son butin, le fit prisonnier lui-même.

Les deux comtes ne recouvrèrent la liberté qu'aux conditions les plus dures. Otton de Gueldre fut restitué dans ses États, après s'être engagé à payer deux mille cinq cents marcs; à donner en otage au duc, jusqu'au payement complet de cette somme, deux de ses propres fils, et les fils de plusieurs de ses vassaux; et enfin à fournir une caution qui consisterait dans la partie du territoire de la Gueldre situé entre la Meuse et le Wahal. Le comte de Hollande ne fut relâché qu'après qu'il eut consenti à payer deux mille marcs, et à convertir en fief brabançon tout le pays situé entre Stryen, dans l'île de Beyerland, et Waalwyk, dans le Brabant septentrional. A cette condition le duc renonça, en outre, à quelques droits qu'il prétendait avoir sur une partie de la Zéelande. Cette rançon ne fut pas la seule perte que le comte Thierry eut à déplorer. Pendant qu'il était prisonnier du duc, ses terres avaient été envahies par l'évêque d'Utrecht, et livrées aux plus horribles ravages. Aussi, il ne survécut guère à sa délivrance; il mourut le 4 novembre 1203.

Tous ces désastres, Guillaume les avait regardés avec une grande joie; il considérait déjà le comté comme un héritage qu'il allait recueillir, car Thierry n'avait qu'une fille, incapable de se défendre elle-même. Mais son ambition fut singulièrement déçue dans son attente par une ruse qui renversa tous ses calculs. Pendant que Thierry, malade à Dordrecht, se sentait à l'extrémité, et désirait vivement qu'on appelât son frère, afin de s'entendre avec lui sur les affaires du comté, sa femme Adèle de Clèves, qui était parvenue à gagner tous les seigneurs présents à sa cour, fiança en toute hâte, avec leur consentement, sa fille Ada au comte Louis de Looz, qu'elle avait fait venir à Heusden, dans le pressentiment de la fin prochaine de son époux. A peine Thierry eut-il rendu le dernier soupir, que Louis de Looz accourut à Dordrecht, où le mariage projeté s'accomplit immédiatement après que le mort eut été couché dans son cercueil.

Guillaume n'eut pas plutôt reçu la nouvelle que son frère venait de mourir, qu'il arriva en toute hâte, pour célébrer avec sa famille les funérailles du comte. Mais il fut forcé de retourner aussitôt en Frise, sa belle-sœur ayant refusé de l'admettre à la cour. Une pareille insulte courrouça Guillaume, et un grand nombre de chevaliers prirent fait et cause pour lui. Ce furent non-seulement ceux que la comtesse n'avait pu réussir à attirer de son côté, mais encore une partie de ceux-là même qui s'étaient d'abord déclarés pour elle, et qui voyaient maintenant que, le comte de Looz une fois installé à la tête des affaires, et n'agissant que d'après les inspirations de la veuve de Thierry, ils n'avaient pour maître que l'ombre d'un homme, guidé par la volonté d'une femme. Ce parti devint de plus en plus puissant, et les sympathies se prononcèrent de plus en plus pour Guillaume. Les chevaliers l'invitèrent, quand leurs plans furent bien concertés et mûris, à se rendre au château de Wassenaar, entre Leyden et la Haye. Il y arriva dans le plus grand secret. De là il se rendit, à la faveur d'un déguisement, à Vlaardingen, où les Zéelandais l'attendaient pour le conduire à Zierikzée, et le proclamer leur comte. En même temps plusieurs de ses partisans soulevèrent la partie septentrionale de la Hollande. La nouvelle de cette insurrection surprit le comte Louis et la comtesse douairière, pendant qu'ils se rendaient à Haarlem. Ils s'enfuirent en toute hâte à Utrecht, dont l'évêque était contraire à Guillaume et s'était prononcé pour Louis de Looz. La jeune Ada s'était sauvée à Leyde, accompagnée de quelques chevaliers fidèles. Bientôt elle se trouva assiégée dans cette ville et forcée, de se rendre. A ces premiers succès Guillaume accourut, se fit inaugurer dans toutes les villes de Hollande, et enferma sa jeune prisonnière dans le château de Texel.

Cependant Louis de Looz mit tout en œuvre pour avoir sur pied une armée capable de le rétablir dans ses affaires. Il s'assura du secours de l'évêque de Liége, du duc de Limbourg, du comte de Namur, et de plusieurs autres princes de la basse Lotharingie. Son oncle, le comte Otton de Gueldre, dont Guillaume de Hollande avait épousé la fille, resta neutre dans cette querelle, les liens de la parenté l'attachant aux deux partis à la fois. L'évêque d'Utrecht s'était rangé parmi les alliés du comte Louis, qui lui promit, pour ce secours, une somme de deux mille livres, et lui donna son propre frère en otage, comme garantie de l'exécution de cette promesse. Enfin, un certain nombre de chevaliers hollandais, restés fidèles à la cause d'Adèle de Clèves, se placèrent sous les drapeaux du comte.

Dans ces entrefaites, Guillaume n'était pas resté inactif. Après avoir établi ses capitaines dans le Kennemerland et dans le Rhynland, il s'avança dans l'évêché d'Utrecht, rompit les digues de l'Amstel afin d'inonder le pays, exerça sur tout ce territoire le pillage et l'incendie, et prit partout des otages.

L'évêque résolut de prendre une éclatante revanche de tous ces ravages. Il marcha contre les retranchements que Guillaume avait fait élever près de Zwammerdam, et qui étaient placés sous le commandement de son frère Florent, prévôt d'Utrecht. Les troupes épiscopales s'emparèrent de ce fort, et, après avoir fait prisonnier Florent de Hollande, se mirent à exercer de furieuses représailles dans tout le pays du Rhin jusque sous les murs de Leyde.

En même temps Louis de Looz s'était avancé avec un corps d'armée nombreux dans la Hollande méridionale, où se tenait Guillaume lui-même, avec les Hollandais et les Frisons. Il pénétra jusqu'à Dordrecht sans que les ennemis lui opposassent la moindre résistance, en reculant toujours devant lui jusqu'en Zéelande. Tout le pays étant ainsi balayé, Louis opéra devant Leyde sa jonction avec l'évêque, et tous deux dirigèrent leurs forces réunies vers le nord, où les partisans de Guillaume commencèrent à passer du côté du vainqueur. Le Kennemerland tout entier se soumit, et acheta son pardon pour une somme de cinq cents livres. Tandis qu'ainsi toute la partie septentrionale de la Hollande se détachait de Guillaume, le comte Philippe de Namur était accouru en Zéelande et avait conquis l'île de Walcheren, pendant que Hugues, seigneur de Voorne, soumettait le reste de ce comté, et le forçait à donner des otages.

La cause de Louis paraissait gagnée; car il ne lui restait plus qu'à réduire le château d'Egmond, près d'Alkmaar, et celui de Leyde, où commandaient de braves capitaines. Mais une circonstance imprévue vint tout à coup ranimer le parti vaincu. Hugues de Voorne avait commencé à traiter les Zéelandais avec si peu de ménagements, qu'ils se révoltèrent contre lui et le chassèrent de leur pays, tandis que Guillaume reparut tout à coup à Tolfe, près de Ryswyk, avec les hommes de Hollande et de Zéelande qui lui étaient restés fidèles, et refusa les propositions de paix que le comte Louis lui fit faire par le duc de Limbourg. Celui-ci, déjà terrifié par la subite manœuvre de Guillaume, fut d'avis que l'on évitât tout engagement avant le retour de l'évêque, dont les troupes venaient d'être congédiées, parce que l'on croyait que la guerre était finie. Aussi, dans la crainte d'une défaite, ils reculèrent en toute hâte, et se replièrent sur Utrecht, harcelés sans relâche par l'ennemi. Louis n'atteignit cette ville qu'après avoir vu se fondre une grande partie de ses forces. Ce fut une véritable victoire pour Guillaume, qui prit Asperen et le réduisit en cendres, pendant que les ennemis lui brûlaient sa ville de Dordrecht.

La guerre s'était prolongée tout une année, quand un accommodement se conclut entre Guillaume et l'évêque d'Utrecht. Ils échangèrent réciproquement leurs enclaves, et le comte paya au prélat une somme de mille livres. De cette manière Guillaume se rattacha une grande partie des anciens adhérents de Louis. Les biens des autres, il les distribua entre les siens, et en donna une bonne part à son frère Florent, le chevaleresque prévôt d'Utrecht.

Lorsque l'évêque eut été ainsi détaché du parti de Louis de Looz, Guillaume reprit ses opérations. Il envoya son frère Florent en Zéelande, dont il reconquit toute la partie orientale, dans l'automne de l'année 1204.

Au printemps de l'année suivante, Philippe de Namur, qui tenait encore pour le comte Louis, et qui occupait la Zéelande occidentale, voulut entreprendre une attaque contre les troupes de Guillaume. Mais, avant qu'on n'en fût venu aux mains, un arrangement fut conclu entre les deux partis, et le comte Philippe se retira pour une somme de dix mille cinq cents marcs. Après cette défection, dont Louis et sa belle-mère reçurent la nouvelle à Utrecht, où ils avaient réuni une nouvelle armée, ils se virent dans l'impossibilité de faire de nouvelles entreprises, et renoncèrent, pour cette année, à reprendre l'offensive.

Cependant Ada avait été tirée de sa prison à Texel, et conduite en Angleterre. Et comme Guillaume avait conclu la paix avec l'évêque d'Utrecht et avec Philippe de Namur, qui administrait également la Flandre, le comte Louis se vit réduit à une impuissance d'autant plus complète qu'il avait vainement invoqué le secours du duc de Brabant. Sa situation était ainsi totalement désespérée, tandis que Guillaume s'affermissait mieux chaque jour dans le comté de Hollande. Enfin, en 1206, les deux prétendants se soumirent à l'arbitrage de Philippe de Namur, qui prononça, le 14 octobre, entre Louis de

Looz et Guillaume de Hollande. Mais la décision qu'il rendit ne fut point admise. Toutefois, l'année suivante, le comte Louis partit pour l'Angleterre, où il alla reprendre son épouse Ada. Il profita de ce voyage pour attirer dans son parti le roi Jean, dont il se reconnut plus tard le vassal; et, presque en même temps, il tira avantage des troubles qui déchiraient l'Empire, pour s'assurer de l'empereur Otton, en se déclarant pour lui. Ces alliances émurent Guillaume, qui ne resta pas inactif. Tandis que son adversaire s'était rangé du côté des Guelfes, il se prononça pour les Hohenstaufen. Mais, après l'assassinat de l'empereur Philippe, tous deux changèrent de rôle: Guillaume passa dans les rangs des Guelfes, et Louis embrassa la cause du jeune Frédéric de Sicile. Pendant que le premier tenait le parti de Philippe de Souabe, il fut attaqué par Otton, auquel il opposa la plus vive résistance, et dont il paralysa complètement les armes. Depuis que Guillaume avait abandonné le drapeau des Hohenstaufen, il s'était rapproché du duc de Brabant, dont il conquit si bien l'amitié, qu'une alliance fut conclue entre eux en 1214, et que son fils Florent fut fiancé à Mathilde, fille du duc. Cette union ne tarda pas à être d'une grande utilité au comte, qui, grâce à l'appui du Brabant, rentra en faveur auprès des Gibelins, quand le duc se fut réconcilié avec eux.

Bientôt Guillaume se trouva si solidement établi dans le comté paternel, qu'il put songer à faire des entreprises au dehors. Un grave débat venait précisément de surgir entre la France et l'Angleterre. Le prince Louis de France, fils de Philippe Auguste, élevait, du chef de sa femme Blanche de Castille, des prétentions au trône d'Angleterre, depuis qu'en 1203 le roi Jean, assassin du jeune Arthur de Bretagne, avait été déclaré indigne du royaume des Plantagenets, dont le pape Innocent III avait même donné l'investiture à Philippe Auguste en 1213. Mais le roi Jean s'était hâté de conjurer l'orage, en se réconciliant avec le souverain pontife, auquel il prêta, entre les mains du cardinal légat Pandolphe, le serment de vasselage pour la couronne anglaise. En dépit de la protection papale ainsi acquise à son adversaire, Louis de France entreprit une expédition en Angleterre, où les barons eux-mêmes l'appelaient, en lui promettant leur foi féodale. Il partit, en bravant les foudres de l'Église.

Guillaume de Hollande accompagna le jeune prince en Angleterre; il fut lui-même enveloppé dans l'excommunication, et la Hollande mise en interdit.

L'occasion parut favorable à Louis de Looz pour rentrer dans la possession des États de sa femme. Il s'adressa au saint-siège; mais il ne réussit pas dans ses desseins, et il mourut empoisonné le 29 juillet 1218. Les démarches de son adversaire avaient si peu inquiété le comte Guillaume, qu'il s'était décidé, en 1217, à laisser l'administration du pays à Baudouin de Bentheim, et à se rendre à la croisade, où il assista, en 1219, à la conquête de Damiette.

Pendant l'absence de Guillaume, sa femme, Adèle de Gueldre, était morte. Aussi, dès qu'il se trouva de retour dans son comté, il songea à se rattacher par un nouveau lien au duché de Brabant, en épousant la fille du duc, Marie, veuve de l'empereur Otton IV. Cette alliance eut lieu en 1220. Le comte n'y survécut que deux années.

Guillaume laissa dans les institutions de son comté de belles traces de son passage, entre autres les chartes qu'il donna à plusieurs de ses villes. Il en est une qui mérite surtout l'attention : c'est celle qu'il octroya, d'un commun accord avec la comtesse de Flandre, à la ville de Middelbourg en Zéelande, et qui présente cette particularité, qu'elle ne reconnut pas dans cette commune de familles échevinales, et qu'elle attribua aux habitants une complète égalité de droits aux fonctions de la magistrature.

Immédiatement après la mort de ce prince, son fils aîné, qui lui succéda sous le nom de Florent IV, accorda les mêmes droits aux bourgeois de Westkapelle, et, l'année suivante, à ceux de Dombourg.

Florent IV ne pourvut point, avec l'évêque d'Utrecht, à la nomination d'un vicomte pour l'Ostrachie et la Westrachie. Tous deux continuèrent à administrer en commun cette province, d'après un accord conclu entre eux en 1225, à la suite d'une guerre entreprise par l'évêque contre le comte de Gueldre, dans laquelle Florent avait été l'allié de ce prélat.

Florent trouva la mort dans un tournoi qui fut donné à Corbie, en Picardie, au mois de juillet 1234, et laissa ses États à son fils Guillaume II. La minorité de ce prince ne fut signalée par aucun événement important, la Hollande étant à l'abri de toute attaque, à cause des puissantes alliances qu'elle avait avec tous ses voisins. Unie par un double lien de famille au duché de Brabant, elle se trouvait dans les meilleurs termes avec l'évêché d'Utrecht, auquel Otton, l'un des frères de Florent IV et oncle du comte Guillaume II, avait été promu; de sorte que l'histoire de ce comté ne recommença à présenter réellement un puissant intérêt qu'au moment où Guillaume se mit sur les rangs pour la dignité de roi des Germains.

Les motifs qui, après la mort de Henri de Duringen, engagèrent le pape à présenter au choix des électeurs de l'Empire Guillaume de Hollande, étaient fort naturels; car il fallait, avant tout, que le prince appelé à défendre les intérêts du saint-siège fût voisin du bas Rhin, où l'influence papale avait le plus de force. Or, aucun des princes de l'Empire, dans cette contrée, n'était, sinon plus puissant, du moins mieux soutenu que ne l'était Guillaume. Il avait à sa disposition les ressources de presque tous les Pays-Bas, tandis que dans les seigneuries méridionales il tenait en quelque sorte dans sa main tous les partisans des d'Avesnes, auxquels il venait de s'allier par sa sœur Adèle, que Jean d'Avesnes avait épousée. D'ailleurs la nature même du sol où il régnait, et où il pouvait toujours trouver un refuge assuré en cas de défaite, doublait encore sa puissance. Enfin Guillaume avait hérité de l'audace de son grand-père; et son esprit chevaleresque, autant que la portée de son intelligence, donnaient les espérances les plus belles. Toutes ces considérations bien mûries, le choix de Rome fut décidé et le choix de Rome entraîna celui d'une partie des princes, c'est-à-dire des prélats du Rhin. Ce fut au commencement d'octobre 1247.

Avant la fin du même mois, le nouveau roi des Romains prouva au pape que ce calcul avait été de bonne politique. En effet, l'influence de Guillaume parvint à faire placer, sur le siège devenu vacant de Liége, Henri, frère du comte de Gueldre; et ainsi le comte, aussi bien que l'évêque, se trouvant ralliés au roi nouveau, c'était un accroissement important d'influence et de force.

Mais, dès ce moment, Guillaume appartient presque tout entier à l'histoire d'Allemagne, et c'est de celle de Hollande seule que nous avons à nous occuper ici. En 1248, nous le voyons engagé dans un grave différend avec la comtesse de Flandre, contre laquelle il soutint son beau-frère Jean d'Avesnes. Ce différend donna lieu à de singulières difficultés au sujet des îles de Zéelande, Walcheren, les deux Beveland, Borselen et Wolfersdyk, qui étaient des terres de l'Empire, et que les comtes de Hollande tenaient de ceux de Flandre en arrière-fief. Nous avons déjà dit comment se termina cette lutte des d'Avesnes contre leur mère Marguerite de Flandre.

Les grandes affaires qui occupaient Guillaume en Allemagne ne détournèrent pas ses affections de son comté de Hollande. Les chartes qu'il accorda à plusieurs de ses villes nous en fournissent la preuve évidente. Ainsi, au mois de novembre 1248, nous le voyons rendre aux Frisons leurs vieilles franchises et leurs vieilles libertés, pour les récompenser du secours qu'ils lui avaient prêté au siège et à la prise d'Aix-la-Chapelle.

Deux années plus tard, il affranchit les bourgeois de Dordrecht de certains péages établis sur les quatre principales rivières de Hollande, et les enrichit d'une charte nouvelle.

Un coup douloureux avait frappé ce prince en 1249. Son oncle Otton, évêque d'Utrecht, était mort. Il fut d'autant plus sensible à cette perte, qu'il se voyait à la fois privé d'un allié fidèle, et d'un homme qui lui avait longtemps tenu lieu de père. La nécessité de pourvoir au choix d'un nouvel évêque doit être regardée comme le motif probable qui ramena tout à coup, en 1250, Guillaume en Hollande Ce voyage est d'un certain intérêt historique; car c'est de ce séjour de l'empereur dans son comté que date l'origine de la ville de la Haye. A l'endroit où cette capitale est située, s'étendait alors une forêt assez vaste, dans laquelle ce prince se livrait parfois au plaisir de la vénerie. Au lieu de la simple maison de chasse qui s'y trouvait, il conçut l'idée de bâtir un palais. C'est autour de ce palais, qui ne fut achevé que par son fils, que les nobles du comté se firent construire des maisons, et que peu à peu se forma la résidence actuelle des souverains des Pays-Bas.

Chaque voyage que le roi faisait en Hollande était signalé par quelque embellissement, ou par quelque travail d'utilité publique. Tantôt c'était la ville de Delft qu'il munissait de remparts, tantôt le château de Marquette qu'il élevait près de Heemskerk, tantôt un nouveau palais qu'il construisait à Alkmaar. Tout cela marchait de front avec les soins que réclamaient les affaires d'Allemagne, et l'attention que demandait la guerre de Flandre.

Mais en l'année 1254 les Frisons septentrionaux commencèrent à reprendre leur ancienne turbulence. Ils avaient pris ombrage du château de Marquette, élevé dans le Kennemerland, croyant que cette forteresse était érigée contre eux. Au commencement du printemps, ils montèrent sur leurs navires, et vinrent attaquer les bâtiments du comte, qui battit complétement leur flotte. Furieux de cette défaite, ils se mirent à porter le ravage sur le territoire voisin de leurs frontières. Ils purent se livrer à l'aise à ces brigandages, Guillaume ayant été brusquement rappelé au delà du Rhin par les intérêts de l'Empire. Aussi l'hiver tout entier fut signalé par les déprédations les plus furibondes. Il fallait mettre un terme à ces excès. Le comte revint en Hollande au printemps suivant, avec une troupe nombreuse d'Allemands qu'il lança sur la Frise, où ils parvinrent, avant l'automne, à s'emparer de neuf villes qui furent forcées de se soumettre à la dîme. Cette armée eût pénétré bien plus avant; mais l'automne étant venue, les pluies continuelles, aussi bien que la nature marécageuse du sol, firent suspendre les hostilités. Le prince résolut donc d'attendre l'hiver pour poursuivre ses opérations, et s'occupa de bâtir à l'est d'Alkmaar une seconde forteresse, à laquelle il donna le nom de Toornburg. Au mois de décembre, une armée nombreuse allait se mettre en mouvement; mais Guillaume fit d'abord sommer les Frisons de se soumettre, de recevoir ses officiers, et de lui donner satisfaction pour les dommages qu'ils lui avaient causés. Ils répondirent par un refus insultant. Alors trente mille hommes se dirigèrent vers Alkmaar, et de là sur Vronen. Aussitôt qu'au mois de janvier les marais des Frisons eurent été pris par la glace, l'armée poussa plus avant. Elle était divisée en deux corps: l'un avait pour chef Guillaume, seigneur de Brederode, et l'autre était commandé par le comte lui-même, qui se porta, le 15 janvier, sur Hoogwoude, où les Frisons avaient réuni le gros de leurs forces. Il y arriva cinq jours après. Mais les ennemis, évitant une rencontre générale, reculèrent toujours, en attirant le prince vers les endroits où la glace était moins bien prise, et devait nécessairement céder sous la grosse cavalerie dont il était accompagné. Ce qu'ils avaient prévu arriva. Guillaume, emporté par son impétueuse ardeur, se précipita en avant avec ses chevaliers, quand tout à coup le sol glacé céda et se rompit. Le poids de son armure et la lourdeur de son cheval de bataille ne lui permirent pas de se dégager, malgré tous les efforts qu'il put faire. Les chevaliers, saisis d'épouvante, prirent la fuite, et il resta seul au milieu des ennemis, se battant en désespéré, et demandant vainement quartier. Il fut impitoyablement massacré. Sa mort fut le signal de la défaite de son armée, qui lâcha pied et fut mise dans une déroute complète.

Ce désastre fut d'autant plus fatal qu'il laissait le comté à un prince mineur, et l'administration aux mains d'une femme, Adèle, veuve de Jean d'Avesnes. Les Frisons profitèrent de cet état de faiblesse, pour reprendre leur vie franche et libre. Leur indépendance inspira même au Kennemerland l'idée d'imiter leur exemple. Si, au commencement du XIVe siècle, les premiers cantons suisses, après la conquête de leur liberté, donnèrent lieu à la puissante confédération dans laquelle ils attirèrent tous leurs voisins, il paraît que les paysans frisons, déjà quarante ans auparavant, avaient tendu à former une alliance de la même nature. Ainsi, en 1268, nous voyons les paysans de Kennemerland se soulever, et forcer tous les chevaliers à déserter leurs manoirs, et à se réfugier dans les murs de Haarlem. Les Frisons accourent à leur aide, et les deux populations se décident à tomber en commun sur l'évêché d'Utrecht, où l'orgueil et la puissance de la noblesse sont devenus plus insupportables encore que dans le reste des fiefs hollandais. C'est presque une croisade, qui a pour but l'affranchissement de la classe des serfs. Les révoltés se jettent d'abord sur l'Amstelland, et forcent le seigneur de ce territoire, Gisbert II d'Amstel, à leur prêter serment de fidélité, et à se placer à leur tête. Ce seigneur ne demanda pas mieux que de prendre le commandement de cette troupe formidable, et de s'en servir contre ses propres ennemis. Il les entraîna donc dans l'évêché et les conduisit vers Utrecht, dont les habitants se rallièrent à lui, et, après avoir chassé tous les patriciens de leur ville, se placèrent sous une magistrature populaire de leur choix. Amersfoort imita l'exemple d'Utrecht. L'évêque et le comte de Gueldre, qui essayèrent d'abord d'arrêter ce torrent et d'accourir au secours des nobles, furent forcés de se retirer vers le Veluwe. Ainsi Gisbert d'Amstel put tout à son aise se venger de ses ennemis. Il prit et ruina les châteaux de Gisbert d'Abcoude, de Guillaume de Rysenburg et d'Hubert de Vianen. L'automne arriva sur ces entrefaites, et déjà les Frisons s'étaient retirés avec leur butin. Pour clore cette campagne, le sire d'Amstel se porta avec les gens du Kennemerland vers Haarlem, dont il forma le siège. Mais cette ville, défendue par une troupe de braves chevaliers, se maintint vaillamment. La garnison, après avoir pendant quelque temps fatigué les assiégeants par de vigoureuses sorties, les battit enfin, et les mit si bien en déroute, qu'ils regagnèrent en toute hâte leurs foyers, en abandonnant tout le butin qu'ils avaient fait sur les terres de l'évêché.

Tout ce flot furieux rentré dans ses rivages, l'évêque n'eut guère de peine à soumettre Amersfoort, et, quelque temps après, à faire rentrer Utrecht dans le devoir. Gisbert d'Amstel fit la paix avec son seigneur, et les gens du Kennemerland obtinrent leur pardon. D'ailleurs, le jeune comte Florent V avait grand intérêt à les attirer de son côté, afin d'avoir sur leur territoire un appui pour agir contre les Frisons, sur lesquels il tenait à cœur de venger la mort de son père. Aussi, il les traita avec tant de douceur et leur accorda tant de privilèges, que les nobles l'appelèrent par dérision le Roi des Paysans.

Enfin, en 1272, vint le moment tant désiré par Florent de tirer l'épée contre les Frisons. Cette guerre, avec quelque énergie qu'elle fût conduite, ne se termina qu'en 1287, par la conquête totale du pays. Le comte, pour tenir en bride cette turbulente population et y établir solidement sa puissance, fit construire quatre châteaux forts : ceux de Medemblik, d'Énigenburg, de Middelburg et de Neyenburg.

Jusque-là les chevaliers hollandais avaient fidèlement servi leur comte, bien qu'ils le vissent avec grand déplaisir livré à l'influence d'un favori, Claes Van Kats, qui exerçait sur son maître un pouvoir sans limite. Puis encore Florent, jeune et beau comme il l'était, menait une vie de débauche qui ne respectait pas même les familles nobles ; et il passait pour avoir porté le déshonneur dans celle des seigneurs de Velsen.

La noblesse zéelandaise lui était surtout opposée, mais pour un autre motif encore. Il en avait réclamé des services aussi longtemps qu'il en avait eu besoin dans la guerre si longue qu'il fit à la Frise ; mais, après la conquête de ce pays, il commença à empiéter sur les droits des seigneurs de la Zéelande occidentale, en modifiant les titres de tenure d'après lesquels ils avaient occupé jusque là leurs fiefs sous la souveraineté des comtes de Flandre. L'empereur Adolphe, pour mettre un terme aux incessantes difficultés que cette partie de la Zéelande avait suscitées entre la Hollande et la Flandre, l'avait, en 1277, donnée à Florent comme fief immédiat de l'Empire ; et ce prince, placé dans cette condition nouvelle, avait agi d'une façon si arbitraire à l'égard des barons zéelandais, qu'il ne tarda pas à se les aliéner complétement. Des murmures, on en vint aux faits. Mais, avant de se décider à une révolte ouverte, on résolut de s'assurer de l'appui du comte Gui de Flandre, dont on reconnut, au mois de mars 1289, la suzeraineté, et auquel on promit le serment d'hommage. Cet acte, qui fut signé par les membres des familles les plus puissantes, les Renesse, les Borselen, les Kruningen, les Malstede, les Kattendyke, les Poele et même les Kats, s'exprime ainsi à l'égard du comte de Hollande :

« *Faisons savoir à tous, ke des grans et pluiseurs grieteis et durteis que nos sires Florens, quens de Hollande, nos fait et a fait en moult de maniere et longhement encontre les coustumes dou pays et encontre raison.* »

Tandis que toute cette noblesse se déclarait ainsi pour la Flandre, la ville de Middelbourg resta fidèle au comte Florent, qui s'engagea formellement, en 1290, à la protéger et à la défendre, en cas qu'elle fût attaquée par les chevaliers. Mais, peu de temps après, Gui de Flandre et son fils Robert arrivèrent dans l'île de Walcheren pour porter secours aux nobles, qui entreprirent aussitôt le siége de Middelbourg. Cette ville fut réduite à se rendre sans que Florent eût pu venir la dégager. Il ne se trouvait pas en mesure, d'ailleurs, de lutter contre les forces que les seigneurs avaient à lui opposer. Ce ne fut donc pas avec l'épée qu'il songea à terminer ce soulèvement. Dans la crainte que toute la Zéelande occidentale ne lui échappât, il recourut à la voie des accommodements, et, par l'intermédiaire du duc de Brabant, il conclut un arrangement avec le comte de Flandre, dont non-seulement il se reconnut le vassal, mais auquel il paya en outre, pour frais de guerre, une somme de vingt mille livres parisis. De plus, il offrit une amnistie complète aux barons qui s'étaient révoltés contre lui, et institua une assemblée de soixante-sept jurés, choisis par le duc de Brabant, par le comte de Flandre et par son fils Robert, pour dresser un règlement qui définît exactement les droits et les devoirs des seigneurs aussi bien que des comtes.

Ce qui prouve que ce soulèvement n'eut pas uniquement pour cause les infractions apportées par Florent aux droits des barons, mais qu'il fut presque autant le résultat de l'esprit d'hostilité que le comte avait réveillé en eux, c'est que même plusieurs seigneurs hollandais y prirent part, tels que Thierry de Brederode, ainsi que différents chevaliers de l'île de Schouwen, qui n'était pas fief flamand.

L'arrangement pris avec le comte de Flandre paraissait avoir aplani cette affaire; mais l'empereur annula tout ce qui avait été conclu. Toutefois Florent ne fit point usage de cette décision impériale pour revenir sur ce qu'il avait solennellement signé; et il continua à tenir les îles de Zéelande d'après les titres de l'acte qu'il venait de poser, en attendant une occasion plus favorable et plus sûre de parvenir à ses fins. Cette occasion se présenta bientôt.

Florent était lié d'une étroite amitié avec le roi Édouard I d'Angleterre, auquel il avait même confié l'éducation de son fils Jean. Cette amitié allait être scellée par l'union de Jean avec une des filles du roi, à laquelle il avait été fiancé, quand tout à coup les intérêts du commerce hollandais vinrent détacher le comte du parti anglais, et le lier à celui de la France.

Dans la guerre qui venait d'éclater entre Philippe le Bel et Édouard I, celui-ci, pour s'attacher les Flamands, leur accorda de grands avantages commerciaux, dont la ville de Bruges profitait surtout, elle qui devenait maintenant le grand marché des laines anglaises, qui jusqu'alors avait appartenu à Dordrecht. De là une grande haine contre les Brugeois. Le comte, qui n'avait pu pardonner aux princes flamands le secours qu'ils avaient prêté aux seigneurs zéelandais, crut pouvoir tirer parti de cette irritation populaire pour l'exécution de ses desseins. D'ailleurs le renouvellement des hostilités avec les barons de Zéelande devait nécessairement amener d'abondantes occasions de faire des entreprises contre la Flandre. Ces motifs portèrent Florent à rompre tout à coup avec l'Angleterre, et à conclure enfin, le 10 janvier 1295, avec le roi Philippe un traité, par lequel il se reconnaissait vassal du roi et allié intime de la France.

Telle était la position nouvelle que Florent venait de prendre, quand une querelle intérieure, qui s'éleva dans l'évêché d'Utrecht, vint tout à coup ruiner tous les projets de ce prince. Jean I de ce nom, évêque d'Utrecht, avait gravement indisposé les états de son diocèse, en donnant en fief à Gisbert d'Amstel, fils de celui qui avait commandé les Kennemeres, le château de Vredeland, et à Herman de Woerden la forteresse de Montfoort. Après la déposition de ce prélat en 1288, Gisbert, dont le vaste domaine seigneurial s'étendait dans le pays d'Amstel et dans celui d'Utrecht, établit, près de Vredeland, un nouveau péage qui entravait singulièrement le commerce des gens de l'évêché. Sur les instances réitérées de la ville et du chapitre, l'évêque Jean II lui offrit la restitution du prix du fief, et réclama l'évacuation du château. Gisbert répondit à cette sommation par un refus formel; et Herman de Woerden lui amena de Hollande un corps de troupes, pour le mettre à même de résister aux entreprises que l'évêque pourrait tenter pour le soumettre par la force des armes. Jean II fut battu, en effet. Après cet échec, il s'adressa à son vassal Florent de Hollande, qui vint faire le siège de Vredeland, devant lequel il échoua d'abord, mais dont il réussit enfin à s'emparer. Gisbert fut pris. Herman de Woerden ne fut pas plus heureux; ses domaines furent saccagés, et la forteresse de Montfoort tomba entre les mains du comte.

Ces événements furent suivis d'un traité de paix par lequel l'évêque donna les deux châteaux à Florent, qui les remit en arrière-fiefs à Gisbert et à Herman. Ces deux seigneurs toutefois se virent forcés de se soumettre à certaines conditions onéreuses: le premier pour être remis en liberté, le second pour obtenir la permission de rentrer dans sa seigneurie. Entre autres stipulations, il y en avait une qui dépouillait Gisbert de sa ville d'Amsterdam.

Ces arrangements terminés, Florent ne montra plus aucune défiance; même il admit ces deux seigneurs parmi ses conseillers les plus intimes. Eux, cependant, n'aspiraient qu'à se venger, et ils n'eurent pas de peine à trouver parmi les chevaliers hollandais plus d'un bras prêt à les seconder. Il y avait un homme surtout, Gérard de Velsen, dont ils se servirent pour se mettre en rapport avec les Anglais et les Flamands.

Pendant que les conjurés concertaient avec le roi Édouard le projet de s'emparer du comte, de le faire garder prisonnier en Angleterre, et de prendre l'administration du comté sous le nom de Jean son fils, Florent se livrait plus que jamais aux plaisirs et à la dissipation, dans son château nouvellement construit de la Haye ou de Vogelsang. Ce n'était que chasses bruyantes et que joyeux festins, auxquels il invitait les plus belles femmes de son comté et les plus élégants cavaliers de sa cour. Ces fêtes, il les interrompit un moment, pour se rendre à Utrecht, où il s'agissait d'arranger un différend que la dernière guerre avait fait naître. Dans l'expédition dirigée contre Gisbert d'Amstel et Herman de Woerden, deux seigneurs de la famille de Zuylen ayant été tués, leurs parents cherchaient à tirer vengeance de ce meurtre sur les deux conseillers du comte. Ce fut dans le but d'amener un accommodement que Florent était parti pour Utrecht, malgré les avertissements d'une devineresse qui lui avait prédit qu'un grand malheur l'attendait en ce voyage. Un jour, après avoir gaiement dîné avec l'évêque et les nobles de la ville, Florent se retira dans sa chambre à coucher, pour prendre quelque repos. Mais à peine se fut-il endormi, qu'il fut réveillé par Gisbert, qui vint lui annoncer qu'une quantité prodigieuse d'oiseaux sauvages s'étant montrés dans le voisinage de la ville, on se disposait à sortir avec les fauconniers. Le comte, qui aimait par-dessus toutes choses la chasse au faucon, se leva en toute hâte, prit un émérillon sur son poing, sortit de la ville avec un petit nombre de varlets, et fut par degrés entraîné jusqu'à une demi-lieue des remparts. Tout à coup Herman l'entoura avec une troupe de cavaliers qui s'étaient tenus cachés dans une embuscade, et Gérard de Velsen se précipita sur son seigneur. Florent songea un moment à se défendre, et tira son épée. Mais, succombant sous le nombre, il fut forcé de se rendre, et conduit à Muiden, qui était le château principal des sires d'Amstel.

A peine la nouvelle de la captivité du comte se fut-elle répandue, que les Frisons et les Kennemeres se levèrent pour aller délivrer leur seigneur. Ses ennemis, craignant l'arrivée de ces troupes furieuses, songèrent à le mettre en sûreté, et le dirigèrent vers Naarden par des routes écartées, où ils croyaient qu'on ne pourrait les surprendre. Mais les bourgeois de cette ville leur ayant coupé le chemin, et le cheval du comte étant tombé en franchissant un fossé, il ne leur resta plus qu'à égorger leur prisonnier et à se disperser, s'ils ne voulaient se voir eux-mêmes exposés à être pris, et livrés à toute sa colère. Cette résolution fut adoptée. Les furieux frappèrent Florent de vingt et un coups de dague, et tous s'enfuirent au plus vite, Gérard de Velsen en son château de Kronenburg, et Herman hors du pays. Le comte expirait au moment où les Kennemeres le rejoignirent. Cet événement arriva le 28 mai 1296. On l'enterra au couvent de Rynsburg, auprès de sa femme Béatrix de Flandre, fille du comte Gui.

Alors commença l'œuvre de la vengeance. Ce fut le comte de Clèves qui s'en chargea. Il assiégea et prit le château de Kronenburg, qui fut rasé. Thierry de Haarlem obtint la garde de la forteresse de Muiden, qui fut également conquise. Les aveux de Gérard de Velsen découvrirent toutes les ramifications du complot, et il expia sur la roue le crime qu'il avait commis.

L'assassinat du comte Florent commença une époque de décadence pour la noblesse hollandaise, qui ne se releva jamais complétement des persécutions que le peuple furieux exerça sur elle jusque dans la septième génération. De toutes les familles nobles, celle des Brederode fut la seule qui ne fut pas atteinte dans quelqu'un de ses membres.

Au moment où son père tomba ainsi victime de cet affreux guet-apens, le jeune comte Jean de Hollande était mineur encore, et se trouvait en Angleterre; de sorte qu'il fallut pourvoir à une administration provisoire de ses États. Le comte de Clèves et Gui d'Avesnes, qui devint plus tard évêque d'Utrecht, se la partagèrent; le premier entreprit le gouvernement de la Hollande septentrionale, du Kennemerland et de la Frise; le second, celui de la Hollande méridionale et de la Zéelande.

Mais la carrière des guerres intestines se rouvrit bientôt. Guillaume Berthold, de Malines, venait de monter sur le siége de l'évêché d'Utrecht. Sa première occupation fut de tenter de rattacher immédiatement l'Amstelland au domaine de son diocèse. Il réussit à reprendre Muiden, et à soulever contre l'autorité hollandaise les Frisons, qui s'emparèrent du château de Wydenes, démolirent celui d'Eenigenburg, et cernèrent Medemblik, où Florent d'Egmond se maintint vaillamment jusqu'à ce que Jean d'Avesnes eût eu le temps de venir le dégager. Ceux d'Arkel et de Putten brûlèrent ensuite la ville d'Enkhuizen, sans doute pour se venger des dégâts que la ville de Medemblik pendant le siége qu'elle venait de subir.

Durant ce temps le comte de Flandre recommença ses attaques contre la Zéelande, et pénétra dans l'île de Walcheren. Dans cette détresse, plusieurs seigneurs hollandais s'embarquèrent pour aller prendre en Angleterre le jeune comte Jean, espérant que sa présence contribuerait à ramener l'ordre dans le pays. Le roi Édouard leur fit le meilleur accueil, et leur remit le comte et sa jeune épouse, fille de ce monarque. Mais le malheur voulut que des vents contraires poussassent vers la Zéelande le navire que Jean montait. On fut forcé de relâcher dans le port de Veere, où Wolfram de Borselen s'empara de l'esprit du jeune prince, dont il s'arrogea la tutelle, bien que le seul qui y eût droit fût le plus proche parent du comte, Jean d'Avesnes.

Aussitôt que le jeune comte de Hollande fut rentré dans ses États, les affaires prirent une autre face. Les seigneurs avaient maintenant autour de qui se rallier. Aussi, en 1297, il marcha, sous la conduite de son tuteur, avec les hommes de Hollande et de Zéelande, contre les Frisons, qui refusaient de le reconnaître. Attaqués par lui près d'Alkmaar, vers la fin du mois de mars, ils perdirent dans cette rencontre plus de quatre mille hommes. Cette victoire signalée devait entraîner la défaite totale des Frisons; mais Guillaume d'Utrecht, qui sentait que leur ruine serait l'avant-coureur de la sienne, chercha tous les moyens de les secourir. Il fit prêcher dans l'Ostrachie et dans la Westrachie une croisade contre la Hollande. Une armée s'y trouva bientôt réunie, et s'embarqua pour Monnikendam, où les gens de Haarlem et des bords de l'Y la battirent, la forcèrent à remonter dans ses vaisseaux, et la poursuivirent dans sa fuite sur les eaux du Zuyderzée. L'évêque ne se découragea point. Il chercha de nouveaux secours dans l'Over-Yssel, et menaça lui-même directement le comte; mais il fut aisément réduit.

Cependant Wolfram de Borselen avait si bien abusé de l'influence qu'il exerçait sur le comte Jean, que les habitants de Dordrecht se soulevèrent contre lui. Il entreprit le siége de cette ville; mais il fut forcé de le lever et de s'enfuir vers la Zéelande, après avoir vainement tenté d'y entraîner avec lui le jeune prince. Les gens de Dordrecht se mirent à sa poursuite, l'atteignirent, et le conduisirent à Delft, où il périt dans un mouvement populaire, le 1er août 1299.

Jean d'Avesnes succéda alors dans la tutelle à Wolfram de Borselen. Grâce à lui, il avait été conclu en 1298, avec la Flandre, un arrangement en vertu duquel le comte Gui renonçait, en faveur de Jean de Hollande et de ses descendants, à la seigneurie de la Zéelande, en s'en réservant toutefois le retour, en cas que Jean mourût sans postérité, et que la Hollande passât à ses parents collatéraux. De son côté, Jean s'engageait à prêter à la Flandre des secours contre la France. Mais les réserves écrites par le comte de Flandre dans ce traité furent bientôt réalisées. Jean mourut sans héritier direct le 10 novembre 1299, et en lui s'éteignit la première lignée des comtes de Hollande.

Avant que nous terminions ce chapitre, il importe de jeter un coup d'œil sur les rapports de la Hollande avec l'Ostrachie et la Westrachie. Un document de l'an 1290 nous prouve que ces rapports n'avaient pas cessé d'exister. Dans cet acte, l'empereur Rodolphe revêtit du gouvernement de ces provinces le comte Renaud de Gueldre, mais en maintenant intacts les droits que le comte de Hollande y possédait : *excepta duntaxat illa parte, quæ ad nobilem virum comitem Hollandiæ pertinet.* Nous savons en outre, par un autre document, que les gens du comté de Stavoren prêtèrent, en 1292, le serment d'hommage au comte Florent V; et il est permis d'en conclure que cette seigneurie faisait alors partie de la Hollande.

Voici quelle était la nature de l'autorité établie entre le Zuyderzée et le Lauwer. Les comtes de Hollande et les évêques d'Utrecht avaient été investis par l'Empire d'un pouvoir suprême de contrôle dans ces contrées. Ce pouvoir cependant était beaucoup plus restreint dans les parties de la Frise qui n'appartenaient point immédiatement à ces seigneurs, ou dans lesquelles ils ne possédaient pas tous les droits de l'avouerie, qu'il ne l'était dans les autres parties. Au lieu de trois plaids réels dans l'année, les comtes n'en tenaient qu'un seul par an dans les terres frisonnes; en Zéelande le prince ou son bailli agissaient de même, ainsi que, dans l'Ostrachie et dans la Westrachie, le vassal commun que le comte et l'évêque y plaçaient. Dans ces grands plaids se traitaient toutes les affaires qui étaient du ressort de l'Empire. Pour le reste, les communes indépendantes et les nobles du pays étaient gouvernés selon leurs propres lois, dont ils défendaient le maintien comme la base de leur liberté, et à l'observation desquelles, en tant que ce droit n'était pas du ressort exclusif de l'Empire, se trouvaient préposés, dans chaque district particulier, des hommes appelés *Asega* ou *Aesga*, souvent aussi *Grietmannen, intendants, grands baillis*. L'Asega de chaque district avait des assesseurs, et tenait deux grands plaids par an. L'administration des impôts publics était confiée à des écoutètes. Quant aux nobles, ils possédaient des seigneuries importantes; et les querelles des grandes familles troublaient fréquemment le pays. Ce fut probablement pour réfréner ces luttes, que les communes investirent souvent d'un pouvoir extraordinaire certains seigneurs qui jouissaient d'une grande considération, et qui nous apparaissent dans l'histoire de Frise sous le nom de podestats. L'Église avait, comme la noblesse, ses vassaux et ses seigneuries, tant fiefs qu'avoueries; et plus d'un droit régalien était exercé dans certains districts par la noblesse ou par le clergé.

Depuis une époque assez reculée, le territoire de Stavoren dans la Westrachie s'était formé en seigneurie ou comté séparé; et il paraît que les comtes de Hollande y avaient acquis un domaine important, des droits d'avouerie, des droits régaliens ou d'autres droits féodaux, outre ceux qui leur avaient été attribués par l'Empire dans l'Ostrachie et dans la Westrachie, en commun avec les évêques d'Utrecht; en un mot, quelle qu'ait été la nature réelle de leur autorité dans le comté de Stavoren, toujours est-il certain qu'il tenait à la maison comtale de Hollande par des liens infiniment plus étroits que tout le reste de ces deux provinces.

Bien que, pendant la minorité de Florent V et les luttes qu'il eut à soutenir contre les Frisons et les Flamands, les droits que ce prince possédait dans l'Ostrachie et dans la Westrachie fussent exclusivement exercés par le représentant de l'évêque d'Utrecht, ou qu'ils fussent en partie tombés en désuétude, Stavoren ne cessa point d'appartenir à la Hollande. C'est ainsi que nous voyons, dans l'acte de délégation par lequel l'empereur Rodolphe investit, en 1290, le comte de Gueldre de l'administration impériale dans l'Ostrachie et dans la Westrachie, que Stavoren en est excepté. Peut-être même ce territoire était-il entièrement soustrait à la juridiction des évêques, et uniquement réservé aux comtes. Cependant ceux-ci ne renoncèrent point aux droits qu'ils avaient primitivement possédés sur le reste de ces provinces, où nous les verrons souvent encore chercher à les faire valoir.

CHAPITRE DEUXIÈME.
LES COMTES DE HOLLANDE ET DE ZÉELANDE, DE LA FAMILLE D'AVESNES.

Le plus proche parent du comte Jean était son tuteur Jean d'Avesnes, fils de Jean d'Avesnes et d'Adèle de Hollande, sœur du roi Guillaume. Déjà, du vivant du comte Jean, il s'était allié à plusieurs des principales villes de Hollande et de Zéelande, pour venger sur certaines familles nobles le meurtre de Florent V ; et il avait acquis par là une grande popularité dans les communes. Dès son avénement il se trouva donc appuyé d'un côté par l'esprit populaire, tandis que de l'autre il puisait une grande force dans son comté de Hainaut. Il lui fallait cette puissance pour lutter avec le comte de Flandre, qui réclamait de lui le serment de fidélité, en vertu du dernier accommodement conclu avec Jean de Hollande.

L'autorité comtale était rétablie dans l'Amstelland, malgré les efforts de l'évêque d'Utrecht ; et la possession de la seigneurie de Woerden était désormais assurée. Jean d'Avesnes donna ces deux fiefs à son frère Gui d'Avesnes, qui plus tard monta lui-même sur le siége de cet évêché. De son côté, le comte de Flandre investit de la Zéelande son fils Gui, qui pénétra en 1302 dans le pays, où un parti, dans lequel figurait Jean de Renesse, s'était déjà prononcé en sa faveur. Le comte Jean eut beau en appeler à l'arrangement antérieur, en vertu duquel les fiefs allemands de la Flandre avaient été accordés à la maison d'Avesnes, bien que la Zéelande fût toujours restée à la Hollande ; les Flamands continuèrent la conquête, et firent si bien qu'ils se rendirent maîtres, non-seulement des îles de l'Escaut occidental, mais encore du reste du pays ; de sorte qu'en 1303 le comte de Hollande se vit réduit à consentir à l'évacuation provisoire de toute la Zéelande, à l'exception de la ville de Zierikzée. Mais les Hollandais n'avaient cédé qu'à une nécessité du moment ; car peu de temps après, c'est-à-dire au printemps suivant, les deux partis reprirent les armes. Cependant cette guerre nouvelle, le comte Jean ne put la poursuivre jusqu'à la fin ; car il mourut le 22 août 1304, après avoir remporté, le 10 du même mois, une grande victoire navale sur les Flamands. Son fils Guillaume, qui lui succéda, eut ainsi à inaugurer son règne sur un champ de bataille. Il sortit de cette lutte avec avantage, et parvint à se faire rendre l'hommage de la Zéelande en 1310.

Guillaume fut le premier qui introduisit en Hollande les usages brillants et poétiques de la vie des seigneurs français. Les chroniques vantent avec chaleur une cour plénière qu'il tint à Haarlem, où se succédèrent pendant huit jours les fêtes les plus belles de la féodalité. Aimé de la noblesse à cause de l'esprit chevaleresque qui le distinguait, aimé des villes à cause de la tendance politique adoptée par son père, aimé du clergé qu'il enrichissait par les dotations dont il le pourvoyait, il mérita dans toutes les classes le surnom de Bon, qu'il porte dans l'histoire.

Mais autant l'esprit de la chevalerie animait Guillaume, autant il montra d'éloignement pour la guerre. Son nom était partout l'objet d'une si grande considération, que son règne fut le plus pacifique dont l'histoire de Hollande eût parlé jusqu'alors. Ainsi, lorsque, en 1317, la mort de l'évêque Gui d'Utrecht vint donner lieu à des querelles au sujet des fiefs d'Amstelland et de Woerden, dont ce prélat avait été personnellement investi, personne ne trouva à redire à la décision du comte, qui déclarait que ces seigneuries lui étaient retournées, et qu'il voulait les faire administrer par ses baillis ou par ses écoutètes. Toutefois, il y eut une guerre qui vint troubler le calme que le gouvernement de Guillaume avait rendu au pays : elle éclata dans la Westrachie. Le comte de Gueldre, auquel l'empereur Rodolphe avait donné en 1290 l'investiture de ce pays, n'avait pu réussir à s'y installer à ce titre, dont cependant il demanda la confirmation à l'empereur Albert en 1299. En cette année même, comme nous l'avons déjà vu précédemment en 1292, les habitants de Stavoren prêtèrent le serment d'hommage au comte de Hollande, qui leur accorda des droits et des priviléges nouveaux ; car cette preuve de vasselage lui était agréable surtout parce qu'elle mettait hors de doute ses droits sur cette partie de la Westrachie. Le reste de cette province et l'Ostrachie tout entière étaient placés sous leurs Aesgas ou Grietmannen, et sous leurs podestats. Ces officiers avaient fini par être, en quelque sorte, des souverains populaires. Le comté de Stavoren s'était laissé entraîner peu à peu vers cet ordre de choses presque républicain. En 1309, il refusa de reconnaître encore pour son seigneur le comte de Hollande. Il fallut donc marcher contre cette seigneurie rebelle; mais la puissance des Frisons était trop grande pour qu'on pût espérer de se mesurer contre elle avec avantage ; de sorte que cette entreprise, à peine commencée, fut suspendue presque aussitôt. Comme les Frisons de la Hollande septentrionale s'étaient montrés en cette occasion les fidèles alliés des Hollandais, la haine des Westrachiens éclata contre eux avec une grande énergie, et elle tomba surtout sur la ville d'Enkhuysen.

Tel était l'état des choses, quand une circonstance imprévue vint tout à coup offrir au comte une occasion favorable de reprendre l'offensive. Des divisions intestines venaient de s'élever entre l'Ostrachie et la Westrachie, dont la noblesse s'était divisée en deux partis, celui des *Schierings* et celui des *Vetkoopers* ; Dokkum et Groningue étaient en guerre. C'était en 1318. Guillaume résolut de tirer avantage de ces troubles, mais il ne réussit pas mieux cette fois qu'il n'avait réussi en 1309. Il avait cependant un puissant intérêt à rétablir son autorité dans les deux provinces, où l'empereur Louis IV venait de lui rendre les droits qui avaient d'abord été exercés en commun par le comté de Hollande et par l'évêché d'Utrecht, et qui ensuite avaient été attribués à la Gueldre seule. Mais cette restitution amena un nouveau champion dans la lice, le comte de Gueldre. Après que la seconde tentative faite par les Hollandais eut échoué, celui-ci vint attaquer la Frise pour son propre compte. Il obtint d'abord un grand avantage près de Vollenhoven, en 1323. Mais cette victoire fut presque une défaite, parce qu'il ne sut pas en profiter ; car elle donna lieu à une grande assemblée nationale des Frisons d'Ostrachie et de Westrachie, qui fut tenue près d'Upstalboom, et à laquelle se trouvèrent les prêtres et les nobles avec leurs vassaux, les Aesgas et les Grietmannen de tous les districts. De cette réunion sortit une vaste alliance offensive et défensive contre la Hollande et la Gueldre. Toutefois elle n'empêcha pas la Westrachie d'abord, l'Ostrachie ensuite, d'envoyer en 1328 des députés au comte Guillaume pour lui jurer fidélité, et lui demander la confirmation des officiers judiciaires du pays ; de sorte qu'au moins les droits de la Hollande sur cette partie de la Frise furent maintenus intacts pour la forme. Quant au rétablissement de l'autorité de fait, il eut lieu peu de temps après, l'empereur Louis ayant confirmé, en 1330, l'acte de concession déjà donné par lui au comte Guillaume.

Ce prince était généralement aussi estimé au dehors qu'il était aimé de son peuple : aussi son alliance fut grandement recherchée. Sa femme, Jeanne de Valois, était sœur du roi de France ; sa fille aînée, Marguerite, avait épousé l'empereur Louis de Bavière ; une autre de ses filles, Jeanne, était l'épouse du comte de Juliers ; une troisième, Philippine, partageait le trône du roi d'Angleterre.

Guillaume mourut le 7 juin 1337, emportant les regrets d'une population éplorée, qui conserva longtemps la mémoire de cette vie qui avait été si pleine de probité et de sentiments généreux.

Le plus âgé et le plus jeune de ses trois fils, Jean et Louis, l'avaient précédé dans le tombeau. Le deuxième, qui portait, comme lui, le nom de Guillaume, lui succéda dans le comté.

Ce troisième prince de la maison de Hainaut-Hollande possédait tout l'esprit chevaleresque de son père. Les tournois et les cours plénières qu'il tint à Haarlem et à la Haye remplissent les pages de plus d'une chronique, et rivalisèrent avec tout ce que les fêtes féodales de la France offraient de plus brillant. Aussi, il ne fait que traverser les annales hollandaises la lance courtoise au poing, pour passer d'un champ de tournoi au siége d'une ville, celle d'Utrecht, devant laquelle il fut percé d'une flèche, et du siége d'Utrecht à celui de Stavoren dans la Westrachie, où il périt le 27 septembre 1345. Les Frisons lui coupèrent la tête, et la portèrent en triomphe dans leurs villes, comme le trophée d'une victoire dont ils célébrèrent le souvenir jusqu'au milieu du XVII° siècle.

CHAPITRE TROISIÈME.

LA HOLLANDE, LA ZÉELANDE ET LA FRISE, SOUS LES COMTES DE LA MAISON DE HAINAUT-BAVIÈRE.

Dans le comte Guillaume s'éteignit la race masculine de la maison d'Avesnes. Ce prince eut pour successeur sa sœur aînée Marguerite, épouse de l'empereur Louis de Bavière, bien que les deux autres sœurs, la reine d'Angleterre et la comtesse de Juliers, élevassent de leur côté des prétentions, et voulussent être admises au partage des seigneuries hollandaises. Ces prétentions, à la vérité, n'étaient pas sans être fondées jusqu'à un certain point. Mais l'empereur trancha toutes les difficultés, en déclarant qu'il n'admettait point de succession féminine dans ces parties de l'Empire, et qu'il regardait ces fiefs comme devenus vacants. Il en investit sa femme, Marguerite de Hollande-Hainaut.

L'impératrice se rendit incontinent dans ses nouveaux domaines, pour s'y faire inaugurer à titre de comtesse. Elle entra d'abord en Hollande, où les états, pour prévenir le renouvellement des dispendieuses solennités chevaleresques auxquelles le comte Guillaume s'était livré, exigèrent d'elle la promesse qu'à l'avenir les comtes ne pourraient plus entreprendre une guerre au dehors, sans le consentement de la noblesse et des villes. Marguerite se rendit à cette exigence, placée qu'elle était dans la nécessité de s'attacher les états, et de rétablir les finances obérées du domaine comtal et du pays. Sa joyeuse entrée eut donc lieu à cette condition. Son inauguration accomplie, elle conclut un traité d'amitié avec l'évêché d'Utrecht, et chargea de l'administration des seigneuries hollandaises son fils Guillaume, duc de Bavière, enfant encore. Un conseil d'hommes choisis parmi les plus nobles familles, à la tête duquel se trouvait Jean d'Avesnes, de la branche de Hainaut-Beaumont, fut adjoint au jeune Guillaume, pour gérer les affaires du pays.

Les choses étaient arrangées de cette manière, quand la mort de l'empereur Louis vint tout à coup rouvrir le champ aux prétentions de la reine d'Angleterre et de la comtesse de Juliers. La menace de ce concert acquit bientôt une nouvelle importance par l'avénement de l'empereur Charles IV de Luxembourg, qui professait une haine mortelle contre toute la maison de Bavière. Dans ces circonstances, Marguerite prit, au mois de janvier 1349, la résolution d'abdiquer les seigneuries hollandaises en faveur de son fils, contre une rente annuelle de dix mille écus de France; mais à condition que ces terres lui retourneraient en cas que la rente ne lui fût pas exactement payée. Guillaume ne se sentit pas plutôt seigneur souverain de la Hollande, qu'il s'affranchit de l'espèce de tutelle que son conseil avait jusqu'alors exercée sur lui, et il se choisit un conseil nouveau, composé d'hommes moins influents, dont il n'eut plus ainsi à craindre l'orgueil et les prétentions. L'éloignement qu'il manifesta de cette manière pour les familles les plus puissantes lui attacha étroitement les villes, mais lui aliéna, d'un autre côté, les grands seigneurs, qui restèrent en relation avec Marguerite, et formèrent un parti dangereux. Le mauvais état des finances augmentait encore ce péril; car bientôt le comte se trouva dans l'impossibilité de payer la rente que sa mère s'était réservée sur les domaines hollandais, et le cas prévu par l'acte d'abdication se présenta. Il fut invoqué en 1350 par la comtesse, qui rentra ainsi dans la possession du comté, et envoya son fils en Hainaut.

L'éloignement du comte mit en présence son parti avec celui de Marguerite. Si la haute noblesse tenait pour la mère, un grand nombre de nobles d'ordre inférieur, et beaucoup de villes surtout, tenaient pour le fils. La première de ces factions fut désignée par le nom de *Hoekschen* (hameçons); la seconde, par celui de *Kabeljaauwschen* (cabillaux). Celle-ci conclut, le 25 mai 1350, une alliance avec Guillaume contre Marguerite; et on en vint à une guerre si furieuse, qu'avant la fin de l'année la ville de Naarden fut saccagée par les hommes de la comtesse, et que le parti des Hoekschen vit ruiner dix-sept de ses châteaux.

L'avantage était du côté de Guillaume. Sa mère, craignant une défaite complète, se tourna alors vers l'Angleterre, et demanda du secours à son beau-frère le roi. Mais le secours était lent à venir, et le comte faisait chaque jour de nouveaux progrès. Il s'était rendu à Gorinchem, où les seigneurs de son parti et les députés de Dordrecht, de Delft et de Haarlem étaient venus le trouver. En leur compagnie il se dirigea vers Dordrecht, et fut reçu avec acclamation par toutes les villes. Le Kennemerland et les Frisons septentrionaux lui jurèrent fidélité; de sorte qu'il se trouvait de fait comte de Hollande.

Cependant Marguerite avait offert le gouvernement du pays au roi d'Angleterre, et elle avait réussi à mettre sur pied une armée assez imposante pour forcer, en 1351, les Kabeljaauwschen à accepter un combat naval près de Veere, en Zéelande. Elle remporta la victoire, et Guillaume se retira en Hollande, où une deuxième rencontre eut lieu à l'embouchure de la Meuse, entre la Brielle et s'Gravesand. Cette fois la fortune se déclara pour le comte, qui mit les Hoekschen dans une déroute complète. Alors Marguerite se retira en Angleterre, où son fils la suivit, et où le roi, après de longues négociations, parvint à ménager un accommodement entre les deux partis. Ce traité porte la date du 7 décembre 1354. Deux années après, la comtesse mourut, et son fils lui succéda en Hollande et dans le Hainaut.

A peine sa mère fut-elle descendue dans le tombeau, que Guillaume commença à donner des signes de folie.

En 1359, cette folie, calme d'abord, était devenue une véritable frénésie; de sorte qu'il fallut enfermer le malheureux prince, comme nous l'avons déjà dit dans notre récit de l'histoire du Hainaut. Son frère, le duc Albert de Bavière, entreprit alors l'administration des seigneuries hollandaises, avec le titre de Ruwaert.

Le traité conclu entre Guillaume et sa mère n'avait point pacifié le pays. En effet, après le succès décisif remporté à l'embouchure de la Meuse, le comte avait cruellement abusé de la victoire en proscrivant tous les adhérents de Marguerite, et en faisant incendier leurs châteaux et leurs manoirs. Il avait ainsi allumé de grandes haines, que ce traité ne pouvait éteindre.

Aussi, à peine Albert eut-il pris en main les rênes du comté, que le feu de la guerre civile éclata avec plus de force que jamais, pour un motif assez petit cette fois. Jean de Blomsteen, seigneur du parti des Kabeljaauwschen, et bailli de la province de Kennemerland, avait été calomnié auprès du duc et démis de ses fonctions, qui furent données à Renaud, sire de Brederode. Il rallia autour de lui tous les hommes de sa faction, qui attaquèrent aussitôt les Brederode, pour lesquels Albert se déclara; et, n'ayant pu réussir dans leur entreprise, ils se réfugièrent en partie dans le château de Heemskerk, en partie dans la ville de Delft. Alors le duc résolut de mettre le siége devant les murs de Heemskerk. Le siége de ce château venait de commencer, quand les gens de Delft, secondés par les nobles partisans de Blomsteen, allèrent dégager la place. Ils eurent le dessus, et pénétrèrent jusque dans la Haye, où ils ouvrirent toutes les prisons. Albert se trouvait précisément en Zéelande. Il accourut en toute hâte à la Haye, convoqua les états du pays, et avec leur secours entreprit le siége de Delft, dont il s'empara. La ville rebelle fut forcée à lui demander pardon, à payer une amende de quarante mille écus, et à consentir à la démolition de ses murailles.

Cet échec des Kabeljaauwschen, et plus encore l'énergie que le duc avait montrée en cette circonstance, réduisirent pour un moment les factions au silence; et une paix intervint, qui fut scellée dans un tournoi qu'Otton d'Arkel donna, en 1360, à Gorinchem, et auquel assistèrent les nobles des deux partis.

Cette paix momentanée ainsi établie, la Hollande se trouva tout à coup enveloppée dans une guerre avec la Gueldre. Albert avait admis dans le comté plusieurs bannis qu'Édouard, duc de Gueldre, venait de chasser de son pays. Edouard réclama, et prit aussitôt les armes. Albert saisit à son tour l'épée, et, pour abréger la lutte, défia le duc à un combat singulier en rase campagne. Il se présenta, au jour désigné, avec une armée nombreuse; mais Édouard ne se montra pas. Alors les Hollandais entrèrent dans la Gueldre, où ils mirent tout à feu et à sang; après quoi ils rentrèrent dans leurs frontières, chargés de butin.

Toutefois cette expédition ne fut que le prélude d'une entreprise plus importante qu'Albert méditait depuis longtemps: il s'agissait de rétablir l'autorité comtale dans l'Ostrachie et dans la Westrachie. Mais le clergé, les seigneurs et les communes de ces provinces, voyant le danger qui les menaçait, reformèrent aussitôt leur ancienne alliance, et écartèrent ainsi le péril; de façon qu'Albert dut se borner à ne lancer en Frise que de petites chevauchées. Lui-même en conduisit une dans l'île de Ter-Schelling en 1374, après que Guillaume Naeldwyk, maréchal de Hollande, eut déjà pillé ce territoire l'année précédente. Ces expéditions continuèrent ainsi pendant plus de dix ans, sans amener aucun résultat.

Aussi bien l'énergie de la chevalerie hollandaise était réservée à d'autres luttes qui éclatèrent bientôt. Le duc Albert, ayant perdu son épouse, s'éprit d'une vive passion pour la belle Adèle, fille du sire de Poelgeest; elle tenait, par sa famille, au parti des Kabeljaauwschen, auquel elle n'eut pas de peine à gagner si bien le duc, que, en 1389, un seigneur de cette faction, Jean d'Arkel, fut revêtu de la dignité de bailli de Hollande, de Zéelande et de Frise, et chargé de l'administration du pays, tandis qu'Albert menait joyeuse vie à la Haye avec sa ravissante Adèle. Jusqu'alors le prince avait su maintenir la paix entre les deux partis, bien que ses affections personnelles l'attirassent du côté des Hoekschen. Mais, grâce à cette femme, qui le dominait tout entier, il pencha tout à coup vers les Kabeljaauwschen, qu'il commença à favoriser de toutes les manières et à préférer en toutes choses. Les nobles des Hoekschen, d'autant plus irrités de ce changement qu'il avait été plus brusque, se mirent à murmurer d'abord, et s'adressèrent au fils d'Albert, Guillaume, qui gouvernait le comté de Hainaut, pour se concerter avec lui sur le moyen de se défaire d'Adèle de Poelgeest. Un plan exécrable fut conçu, auquel Guillaume consentit, et même, selon quelques écrivains, concourut par sa présence. Au milieu de la nuit de Saint-Maurice, en 1392, Adèle fut surprise à la Haye, et misérablement assassinée avec son maître d'hôtel, Guillaume Kuser, qui avait vainement essayé de la défendre. Les meurtriers se réfugièrent dans le Hainaut, où Guillaume les couvrit de sa protection. Mais Conrad Kuser, père de la victime, s'éleva en accusateur contre cinquante-trois nobles, à la tête desquels se trouvait le jeune Guillaume, et qui avaient tous plus ou moins pris part à l'assassinat de sa fille. Aucun des accusés ne se présenta devant la justice, mais tous furent condamnés au bannissement et à la confiscation de leurs biens. Ce jugement fut le signal d'une explosion nouvelle entre les deux factions, et la lutte prit un caractère d'acharnement qu'elle n'avait peut-être jamais présenté jusqu'alors.

Albert était si irrité contre son fils, coupable d'avoir, sinon exécuté, du moins protégé ce meurtre, que Guillaume, étant venu à la Haye pour demander pardon à son père, fut forcé de s'enfuir au plus vite et de se jeter dans une maison fortifiée. Albert le poursuivit, l'assiégea dans l'asile où il s'était sauvé, et se disposait à le mettre en cendres, quand le grand bailli se jeta à ses pieds, implorant la grâce de Guillaume, et ne cessa de le supplier que lorsqu'il fut parvenu à calmer le prince et à le faire rentrer dans son palais. Aussitôt que son père se fut retiré, Guillaume s'enfuit avec les siens vers Altena.

Mais le courroux du duc n'était pas apaisé, et il ne cessa d'exiger de son bailli la démolition de tous les châteaux des condamnés. Force fut donc à Jean d'Arkel de pourvoir à l'exécution du jugement. Il commença par assiéger le château d'Altena, qui fut pris et démoli. Le jeune Guillaume était parvenu à s'en échapper avant le siège; et, après s'être tenu pendant quelque temps à Bois-le-Duc et à Bréda, il s'était retiré à la cour de France, désespérant du pardon paternel.

Pendant trois années Guillaume n'osa se présenter aux yeux de son père. Mais, en 1395, arriva à Paris un événement assez étrange, qui détermina le retour du jeune prince. D'après un ancien chroniqueur frison, Guillaume se trouvait, le jour des Rois, à la table de Charles VI avec un grand nombre de seigneurs, quand le roi des ribauds s'avança dans la salle, et, s'étant approché du jeune comte, coupa avec son épée la partie de la nappe qui se trouvait devant lui, et dit :

— C'est une honte qu'il se trouve à la table du roi de France un prince qui ne porte pas un blason intact. Or, le vôtre ne l'est pas, messire, vous dont l'aïeul Guillaume IV a perdu son épée en succombant dans la Frise, sans qu'aucun de ses héritiers ait, jusqu'à ce jour, cherché à la reconquérir par de justes représailles.

Le prince rougit jusqu'au blanc des yeux en entendant ces paroles; et, après le repas, il prit congé du roi. Rentré dans le Hainaut, il écrivit à son père lettre sur lettre, le suppliant de lui pardonner, et lui racontant ce qui s'était passé à la cour de France. Il ne tarda pas à rentrer en grâce, et partit pour la Hollande, où une grande expédition contre les Frisons fut, en effet, préparée. C'était en 1396. Tous les chevaliers du pays voulurent y prendre part, et un nombre considérable de seigneurs français, anglais, et de la basse Allemagne, se joignirent à eux. Le motif qui engagea toute cette féodalité à se ruer sur la Frise est facile à comprendre, quand on considère que ce pays était comme la Suisse des Pays-Bas, dont l'esprit indépendant, et impatient de toute forme féodale, était un objet constant de dépit pour la noblesse organisée.

L'armée se réunit à Enkhuizen en 1397. Les Français avaient pour chef le comte de Saint-Pol, et les Anglais le comte de Cornouailles. Quand toutes les batailles se trouvèrent rassemblées, on s'embarqua; car il fallut prendre route par le Zuyderzée, l'évêque d'Utrecht ayant refusé le passage par ses terres. La flotte, s'il faut en croire les chroniques contemporaines, se composait de trois mille bâtiments. D'Enkhuizen elle se dirigea vers Kuinder, où le duc Albert prit terre avec sa troupe le 24 septembre, malgré la résistance désespérée que lui opposa un corps de six mille Frisons. Le terrain fut si vivement disputé, que la victoire resta indécise jusqu'à ce que le seigneur de Kuinder eut passé du côté des chevaliers. Alors ce ne fut plus qu'une boucherie. Tous les Frisons restèrent sur le champ de bataille. Cinquante seulement furent pris vivants. Ce succès avait ouvert au duc l'entrée de la Westrachie et de l'Ostrachie, qu'il réduisit entièrement sous sa puissance, depuis le Zuyderzée jusqu'au Lauwer. Albert, toutefois, n'abusa point de son droit de conquête. Il laissa au pays ses franchises et ses libertés, et il se contenta d'y faire reconnaître son autorité, d'imposer ses baillis et d'établir quelques légers impôts. Grâce à l'influence de son fils Guillaume, tous les baillis furent choisis dans le parti des Hoekschen;

et ce fut là une cause nouvelle de dissensions, la faction opposée s'étant rattachée, par esprit de vengeance, au parti frison des Schierings, dans l'intention de recommencer les hostilités aussitôt qu'une occasion favorable se présenterait. Cette occasion s'offrit bientôt, le duc étant rentré en Hollande avec les restes de Guillaume IV, qui furent envoyés en Hainaut.

L'armée partie et dissoute, les ferments de discorde amassés en Frise éclatèrent. Le bailli et la garnison hollandaise de Stavoren furent chassés, et la révolte se propagea dans tout le pays avec la rapidité d'un incendie. Partout on ne voyait devant soi qu'un but, celui de secouer le joug de la Hollande.

Alors il fallut de nouveau courir aux armes pour soumettre cette population indocile. Albert réunit pour la deuxième fois une armée et une flotte à Enkhuizen en 1398, et confia à son fils Guillaume le commandement de cette expédition, qui débarqua dans le voisinage de Lemmer. Ayant l'automne, la Frise se trouva pour la deuxième fois conquise, et réduite à prêter le serment de fidélité.

Mais si la force pouvait vaincre ces énergiques Frisons, cependant elle ne réussissait pas à les dompter. Leurs luttes avec les Hollandais offrirent au XIVe siècle le spectacle de cette héroïque persévérance que les Saxons avaient montrée dans les guerres acharnées que leur fit Charlemagne. Car à peine le jeune Guillaume fut-il rentré en Hollande, que les Schierings, appuyés sur les communes, s'insurgèrent derechef pour reconquérir leur liberté. Une troisième expédition fut envoyée contre eux en 1399. Cette fois Guillaume envahit leur territoire avec une armée plus nombreuse, leur imposa de nouveau l'autorité hollandaise, et ne composa les baillis que de nobles choisis dans le pays même, et pris probablement dans la faction des Vetkoopers. On crut par là avoir pacifié les esprits; mais il n'en fut pas ainsi. Les impôts, si minimes qu'ils fussent, entretenaient le peuple dans un état permanent d'irritation; et la faction des Schierings était toujours sûre de trouver, par ce moyen, des forces capables de la seconder dans ses constants projets de soulèvement. La révolte se renouvela en effet en 1400; les Vetkoopers furent chassés de Groningue, et les Schierings vinrent assiéger Stavoren. Une armée hollandaise accourue, sous les ordres de Jean, sire de Brederode, pour dégager cette ville, essuya une défaite si complète, qu'Albert se résolut enfin, de guerre lasse, à conclure, le 1er octobre 1401, une trêve de six ans avec les Frisons, en leur laissant leur liberté complète, de même qu'aux habitants des îles Ter-Schelling, Ameland, Schiermonnikoog et Rottum, et en se contentant de la ville et du territoire de Stavoren.

Depuis sa réconciliation avec son père, Guillaume n'avait cessé de favoriser la faction des Hoekschen, et de se montrer profondément hostile à celle des Kabeljaauwschen, et surtout au grand bailli Jean d'Arkel, qui en était le chef. Il avait même réussi à ramener son père au parti de la haute noblesse, tous deux se trouvant ainsi en opposition ouverte avec le grand bailli, auquel ils ne voulaient ni accorder démission honorable de son emploi, ni permettre de rendre publiquement compte de sa gestion; de sorte qu'il ne resta à celui-ci d'autre parti à embrasser que celui de s'affranchir lui-même de sa charge, et de se placer à la tête des siens pour recommencer la guerre civile. Cette résolution énergique, il la prit et l'exécuta le 22 août 1401, comptant sur l'appui des ducs de Brabant et de Gueldre, et du comte de Juliers.

Cette nouvelle lutte intestine avait duré pendant deux ans, quand le duc Albert mourut dans le cours du mois de décembre 1404, laissant pour successeur, dans les comtés de Hainaut et de Hollande, son fils Guillaume, qu'il avait eu de sa première femme, Marguerite de Leichnitz. Après l'assassinat d'Adèle de Poelgeest, il avait épousé en secondes noces Marguerite de Clèves, dont il n'eut point d'enfants. Il avait marié sa fille Marguerite à Jean sans Peur, duc de Bourgogne, et était parvenu à faire placer son fils Jean sur le siége épiscopal de Liége.

La mort d'Albert avait mis à la tête des seigneuries hollandaises un homme qui, instruit aux pratiques de la guerre, non-seulement respirait l'ardeur des batailles, mais encore était animé d'une rare violence de caractère, et se livrait à toutes les impulsions de cette violence, soit dans son amour, soit dans sa haine. Il resta l'ennemi acharné des Kabeljaauwschen; et, bien que Jean d'Arkel lui eût rendu le plus grand service en mettant tout en œuvre pour le réconcilier avec son père, la lutte, commencée en 1401, n'en prit qu'un caractère plus furieux après la mort d'Albert.

La parenté qui unissait les d'Arkel au duc Renaud de Gueldre entraîna celui-ci dans cette guerre si longue et si désastreuse, à laquelle la paix, conclue en 1412 à Wyk-te-Duurstede, ne put mettre un terme.

Pendant qu'ainsi ces sanglantes divisions intestines déchiraient la Hollande, la trêve conclue avec la Frise était expirée; mais elle avait été renouvelée d'année en année jusqu'en 1411. Alors les Frisons, au milieu d'une nuit d'hiver, tombèrent sur Stavoren, tuèrent la garnison, et chassèrent tous les Hollandais de la ville. Peu de semaines après, Guillaume y rétablit son autorité. Mais, au mois de mars 1414, Stavoren tomba derechef aux mains des infatigables Frisons; et, dès ce moment, le duc, renonçant à toute nouvelle entreprise, se borna à prolonger chaque année la trêve, jusqu'au moment de sa mort, survenue dans la semaine de la Pentecôte, en l'an 1417.

Il ne laissa de son mariage avec Marguerite, fille de Philippe le Hardi, duc de Bourgogne, qu'une fille, Jacqueline, à laquelle, avant de mourir, il fit solennellement promettre obéissance et fidélité dans une assemblée générale des états des seigneuries hollandaises.

Quoique, dans cette assemblée, les seigneurs et la plupart des villes du parti des Kabeljaauwschen, aussi bien que ceux de la faction des Hoekschen, eussent solennellement reconnu les droits de Jacqueline, la haine que ceux-là avaient toujours professée contre Guillaume, ils la transportèrent sur sa fille. Parmi les plus acharnés se trouvaient les habitants de Dordrecht, qui, à ce qu'il paraît, ne s'étaient pas fait représenter à l'assemblée où le comte avait voulu assurer sa succession à Jacqueline.

Nous avons déjà vu, dans l'histoire du comté de Hainaut, comment cette princesse épousa le duc Jean de Brabant, et comment Jean de Hainaut-Bavière, après avoir renoncé au siége épiscopal de Liége qu'il occupait, se maria avec Élisabeth de Luxembourg-Gorlitz, veuve d'Antoine de Brabant.

Au moment où Jacqueline arriva au pouvoir, la fureur des factions, si imprudemment attisée par Guillaume, était moins que jamais disposée à transiger. Les Kabeljaauwschen s'attachèrent en grande partie à Jean de Bavière, qui, dans l'automne de 1417, se rendit à Dordrecht, avec l'intention de s'emparer lui-même de la Hollande. Déjà fort d'un grand appui, il s'occupa avec ardeur de doubler ses ressources en rassemblant, dans cette ville et dans celle de Brielle, des troupes et des vaisseaux. Son parti croissait de jour en jour, et il menaçait sérieusement de renverser complétement l'autorité de Jacqueline dans le pays tout entier. Force fut donc à cette princesse et à son indolent époux de venir mettre le siége devant Dordrecht. Mais non-seulement l'ambitieux prélat se maintint énergiquement dans cette place, il réussit encore à forcer l'armée brabançonne de se retirer, et à s'emparer de Rotterdam.

Bientôt la Hollande tout entière se trouva convertie en un vaste champ de bataille, où Jean de Bavière était déjà vainqueur sur les points les plus importants, quand Philippe de Bourgogne intervint, et ménagea la paix entre ce prince et Jacqueline. En vertu du traité, Jean obtint en fief, de la duchesse de Brabant, une grande partie des seigneuries hollandaises; en outre, il fut chargé d'administrer pendant trois ans, au nom de Jacqueline et à titre de mambour, tout le reste du pays, c'est-à-dire la Hollande, la Zéelande et la Frise tout entières. Il entreprit donc ce gouvernement, mais beaucoup moins en mambour qu'en seigneur souverain, irritant plus encore les factions l'une contre l'autre, n'appelant aux offices publics que les seigneurs du parti des Kabeljaauwschen, et repoussant tous ceux qui appartenaient de près ou de loin à celui des Hoekschen. Ceux-ci espérèrent un moment dans l'appui de l'évêque d'Utrecht, qui en effet tira l'épée en leur faveur, et combattit, pendant quelque temps, avec avantage la Hollande et la Gueldre, que Jean était parvenu à unir par un traité d'alliance offensive et défensive. Mais cette épée fut brisée, et ceux d'Utrecht se virent réduits à demander la paix.

Les Hoekschen, maintenant abandonnés à leurs propres forces, n'avaient plus d'espoir que dans les chances d'une lutte entre Jean de Bavière et Jacqueline. La grande difficulté était d'amener cette lutte, à laquelle la duchesse ne pouvait décider son époux. On imagina, pour renverser cet obstacle, de souffler la division dans le palais ducal à Bruxelles; ce qui n'était guère difficile, vu l'esprit faible et vacillant du mari de Jacqueline. Déjà quand, au commencement de l'an 1420, ce prince eut prorogé le terme de la mambournie de Jean de Bavière, et l'eut même étendue sur Anvers et sur son territoire, les Hoekschen étaient parvenus à gagner à un certain degré la duchesse; et ils y eurent d'autant moins de peine que sa mère était également fort irritée de cet arrangement. Nous avons vu comment Jacqueline partit pour l'Angleterre avec le projet de se séparer du duc Jean, et comment, avant même qu'elle eût été légalement divorcée, elle épousa le duc de Glocester. Pour le reste des aventures si romanesques dont la vie de cette princesse est remplie, nous renvoyons au récit que nous en avons donné dans l'histoire du comté de Hainaut.

Jean de Bavière mourut à la Haye le 6 janvier 1424. On assure qu'il fut empoisonné par un seigneur du parti des Kabeljaauwschen, qui fut en effet décapité pour avoir commis ce crime, et coupé en quatre quartiers devant le palais des comtes.

Les Kabeljaauwschen se rallièrent à Jean de Brabant, uniquement parce qu'il était opposé à Jacqueline et aux Hoekschen; et ils lui conférèrent le gouvernement de la Hollande, de la Zéelande et de la Frise, comme s'il eût été leur véritable comte. Ils étaient ainsi maîtres du champ de bataille. Aussi les Hoekschen se résignèrent, jusqu'à ce que Jacqueline, s'étant échappée de Gand, arriva tout à coup à Gouda, et vint ranimer l'espoir des siens.

Le retour de cette princesse fut signalé par un de ces épisodes dramatiques qui abondent dans les annales hollandaises, et semblent y avoir transporté une partie de l'histoire de l'antiquité. Jacqueline avait envoyé un de ses capitaines, Florent de Kyfhoek, s'emparer du château de Schoonhoven, pour s'ouvrir ainsi l'entrée de la Hollande. Cette citadelle, commandée par deux vaillants hommes de guerre, Guillaume Colster et Albert Beyling, et défendue par quatre-vingts soldats, résista pendant quelque temps aux attaques multipliées de Florent de Kyfhoek; mais elle fut enfin forcée de se rendre. Toute la garnison obtint la vie sauve, excepté Beyling, dont le chef ennemi réclamait la tête, pour se venger de quelque ancienne inimitié particulière. Albert cependant obtint, par ses prières, un délai d'un mois, pour aller revoir une dernière fois sa femme et ses enfants. Kyfhoek le laissa partir, après lui avoir fait jurer qu'il reviendrait. Quand le mois fut écoulé, Beyling revint, nouveau Régulus, offrir sa tête, comme il l'avait promis. Moins généreux envers son ennemi que celui-ci n'avait été infidèle à sa parole, Kyfhoek le fit impitoyablement enterrer vif.

Cependant le duc Jean, pour tenir tête à Jacqueline, nomma gouverneur des seigneuries hollandaises Jacques, sire de Gaesbeek d'Abcoude, qui commença par assiéger la duchesse et ses partisans dans le château de Schoonhoven. Toutes les villes étaient dans l'attente; car toutes voyaient, dans la prise ou dans la résistance de cette forteresse, l'avortement ou l'origine d'une guerre nouvelle. Zierikzée, Gouda, Oudewater et la Brielle étaient les seules qui, sans renier décidément les Kabeljaauwschen, fussent décidées à rester neutres : toutes les autres étaient contraires au parti de Jacqueline. Le siége de Schoonhoven avait duré six mois, quand le duc de Clèves et le comte de Meurs procurèrent un armistice de six semaines. Les Kabeljaauwschen levèrent aussitôt le siége; et, voyant que le duc Jean n'agissait qu'avec la plus grande mollesse et la plus étrange irrésolution, ils s'adressèrent au duc de Bourgogne, qui était appelé d'ailleurs à recueillir l'héritage de Jacqueline, si elle mourait sans enfants. Philippe le Bon accepta les propositions qui lui étaient faites; et, après avoir obtenu, par un traité conclu à Mons en 1425, avec le duc Jean, le gouvernement de la Hollande, de la Zéelande et de la Frise, il résolut d'y établir son autorité. Mais Jacqueline, dont le parti avait repris quelque consistance, continua à résister jusqu'au 3 juillet 1428. Alors enfin elle se vit réduite à reconnaître Philippe de Bourgogne pour son légitime héritier, et à le mettre en possession des seigneuries hollandaises, avec le titre de ruwaert de Hollande. Dès ce moment nous pouvons regarder la domination bourguignonne comme établie dans ces provinces. Le duc de Brabant, lui-même, était mort l'année précédente.

Tandis que toutes ces fureurs civiles dévastaient ainsi la Hollande, l'Ostrachie et la Westrachie n'étaient pas restées plus calmes. Après que Jean de Bavière se fut emparé du gouvernement au préjudice de Jacqueline, il avait tenté de reconquérir ces provinces, et il s'était adressé au parti des Schierings, qui, dans les derniers temps, avait reçu de rudes échecs dans la lutte qu'il soutenait toujours contre celui des Vetkoopers. A l'appel du duc, ils tinrent, en 1418, une assemblée à Stavoren, et nommèrent, pour le terme de vingt ans, Jean de Bavière, seigneur de Frise, à condition qu'il aiderait les Schierings bannis à rentrer dans leurs biens. Mais comme le duc était trop occupé par les affaires de la Hollande pour pouvoir prêter ce secours, ce traité n'eut pour résultat que d'irriter plus encore les Vetkoopers, et de les porter à mieux écraser encore leurs ennemis ; ce qu'ils firent avec un incroyable acharnement. Les Schierings furent traqués partout comme des bêtes fauves, et les prisonniers eux-mêmes égorgés sans pitié.

D'ailleurs, quand même les Vetkoopers n'eussent pas complètement paralysé les efforts des partisans que Jean de Bavière avait réussi à se créer dans l'Ostrachie et dans la Westrachie, un autre motif eût empêché ces provinces de lui être d'aucune utilité. En effet, en 1417, l'empereur Sigismond avait confirmé les anciennes libertés des Frisons, et déclaré leur pays avouerie de l'Empire, en leur promettant en même temps de n'entendre en aucune façon détacher cette avouerie des terres impériales, mais de la protéger, tant sous le rapport de ses institutions et de ses lois nationales, que sous celui du service qu'elle devait, et qui ne pouvait, en aucun cas, être réclamé au delà des frontières du territoire des deux provinces. En retour de cette charte, chaque famille se soumit à la prestation d'un gros, ou de la seizième partie d'un florin d'Empire. Ainsi rétablis dans leurs vieilles franchises, les Frisons s'irritèrent plus que jamais contre la domination hollandaise. Cependant ils n'en continuèrent pas moins à ensanglanter leur sol par leurs querelles intestines. Ils se réconcilièrent un moment en 1420, Jean de Bavière étant intervenu dans leurs affaires, et ayant prêté aux Schierings un léger secours qui les mit à même de battre leurs ennemis. Cette intervention, qui n'était certainement pas désintéressée, et qui pouvait devenir dangereuse aux deux partis, les engagea à conclure, le 6 août de la même année, une trêve de vingt ans, dont les principaux articles stipulaient : une amnistie générale, le rappel des bannis, la restitution des biens confisqués, la suspension de toute hostilité, et l'expulsion des soldats étrangers. Mais cette trêve fut presque aussitôt rompue que signée. Les Schierings ayant négligé de fournir les otages promis aux Vetkoopers, la guerre éclata de nouveau, et il ne resta bientôt plus qu'à recourir derechef à l'aide de Jean de Bavière, et à reconnaître son autorité. Il fut, en effet, recevoir le serment de fidélité par Henri, seigneur de Renesse, qu'il nomma son gouverneur en Frise, à Stavoren. Dès lors les Schierings eurent un point d'appui. Avec le secours des épées hollandaises, ils étendirent en peu de temps leurs conquêtes sur toutes les parties de l'Ostrachie et de la Westrachie, qui enfin, en 1421, reconnurent le duc Jean pour leur seigneur, en se réservant toutefois l'exercice de leurs libertés. Cet arrangement eût peut-être été maintenu, car tous les partis étaient exténués, si Jean n'avait commencé à élever des forteresses, pour affermir son autorité. La crainte d'un asservissement complet rendit une nouvelle énergie à ces rudes populations, qui cette fois, déposant franchement leurs haines intérieures, s'allièrent contre celui qu'elles regardaient comme leur ennemi commun, et conclurent, en 1422, un traité dont le résultat définitif fut l'expulsion de la puissance hollandaise. Dès ce moment, le pays reprit sa vie indépendante, à l'abri de ses institutions particulières.

LIVRE V.

HISTOIRE DE GUELDRE ET DE ZUTPHEN, JUSQU'A L'OCCUPATION DE CES TERRITOIRES PAR LA MAISON DE BOURGOGNE SOUS CHARLES LE TÉMÉRAIRE.

CHAPITRE PREMIER.

LA GUELDRE JUSQU'AUX COMTES DE LA MAISON DE NASSAU.

Les rois germaniques avaient institué, pour l'administration de la haute justice dans leurs terres domaniales, des baillis ou des avoués. Il en fut de même au temps des Carlovingiens; et, comme partout ailleurs, il y avait un officier semblable dans un de ces districts situé sur le Niers, dans le comté de Haettra, dont la plus grande partie servit plus tard à composer le comté de Clèves. La famille qui, dans les derniers temps de la domination carlovingienne, était investie de cette avouerie, descendait, selon un ancien historiographe gueldrois, Arend van Slichtenhorst, d'un seigneur nommé Wichard, qui vivait à la cour de Louis le Jeune, et qui fut honoré de cette dignité en récompense de ses services. Ce qui est certain, c'est que le pays où la ville de Gelder est située, c'est-à-dire le territoire qui s'étend entre Wachtendonck, Straelen et Sonsbeek, était un bailliage, et que, longtemps après l'époque dont parle van Slichtenhorst, cette terre était encore désignée par la dénomination d'*avocatia*. Mais les documents historiques sur lesquels est établi le reste des données que cet historien nous fournit, manquent complétement. Nous ne savons pas mieux d'après quelle autorité il avance que Wichard mourut en 910, et que la dignité d'avoué fut transportée à son fils Gerlache. La mort de celui-ci est fixée à l'an 937 ; et l'historiographe dont nous suivons toujours les assertions lui donne, pour successeurs en ligne directe, Godefroi, Wichard II, et enfin Mengoos ou Megingoz.

Nous arrivons à l'an 990 ; là nous mettons réellement le pied dans l'histoire. Car on sait d'une manière certaine que Mengoos fonda à Willich, dans le diocèse de Cologne, près de Bonn, un monastère de dames nobles, dont sa fille Adèle devint abbesse. Dans la biographie de cette religieuse, qui mourut en odeur de sainteté, on lui attribue déjà le titre de comte, titre qui, du reste, ne s'appliquait pas toujours exclusivement aux terres érigées en comtés d'Empire, ni aux autres domaines pourvus des droits dont se composaient les attributions des comtes; car il se donnait souvent aux avoués et aux administrateurs féodaux, qui représentaient les grands dignitaires. Mengoos eut (toujours selon Slichtenhorst) pour successeur son fils Wiking, qui parvint à l'avouerie de Gueldre en 1011, et mourut en 1035, laissant sa dignité à son fils Wichard. Le frère de ce seigneur occupa, depuis 1054 jusqu'en 1076, le siège épiscopal d'Utrecht, et il paraît avoir ainsi grandement contribué à augmenter l'éclat de sa maison. En effet, la fille unique de Wichard, Adèle, épousa Otton, comte de Nassau, qui obtint, après la mort de sa femme, l'avouerie de Gueldre, à laquelle il joignit en 1076 le comté de Zutphen, ayant épousé, en secondes noces, l'unique héritière de ce comté.

CHAPITRE DEUXIÈME.

LES COMTES DE GUELDRE ET DE ZUTPHEN, DE LA MAISON DE NASSAU.

Otton de Nassau porta le premier le titre de comte de Gueldre et de Zutphen. Il réunit à ces domaines celui de Veluwe, qui, touchant à l'évêché d'Utrecht, au comté de Teisterbant et à l'ancien duché de Frise, avait été donné par l'empereur à l'évêque d'Utrecht, lequel le transmit en fief à Henri III, comte de Louvain. Ce seigneur le transporta en arrière-fief à Otton, comte de Gueldre, dans l'intervalle de 1095 à 1105.

Ainsi se réunissaient les éléments qui devaient composer, plus tard, un des plus puissants duchés des Pays-Bas.

Gérard le Long, fils d'Otton de Nassau, succéda à son père dans le comté de Gueldre, et fut même admis par l'évêque d'Utrecht (bien qu'il fût issu du premier mariage de son père) au fief de Zutphen, qui avait été donné en 1046 à cette Église par l'empereur Henri III. Gérard s'affermit puissamment en épousant Hedwige, fille du comte Florent II de Hollande. Il laissa un fils, Henri, qui obtint toutes les seigneuries paternelles en 1131, et mourut vers l'an 1163. Alors arriva au comté Gérard II, qui, pendant son règne de seize ans, faillit perdre la terre de Veluwe, attendu que le comte de Louvain, duc de Brabant, avait négligé de prêter pour ce fief le serment de fidélité au nouvel évêque d'Utrecht, Baudouin, frère de Florent III, comte de Hollande. La querelle qui s'éleva à ce sujet se continua après la mort de Gérard, qui eut pour successeur son frère Otton II. L'évêque résolut de chasser du Veluwe le nouveau comte, et s'allia aux comtes de Hollande et de Clèves pour dévaster la Gueldre. Mais Otton trouva du secours, pour tenir tête à ses ennemis, auprès de l'archevêque de Cologne, de l'évêque de Munster, du duc de Brabant et du comte de Berg; de sorte qu'il réussit à forcer Baudouin à la retraite. Il marcha même sur Deventer, et menaçait sérieusement cette ville épiscopale, quand Baudouin, ayant réuni de nouvelles forces pour dégager cette place, reparut tout à coup devant les hommes de Gueldre. Une bataille décisive allait avoir lieu; mais l'empereur Frédéric, interposant aussitôt sa médiation, entreprit de décider lui-même le litige, et adjugea le fief de Veluwe au comte Otton en 1187. Cependant toutes les difficultés ne furent entièrement aplanies que par l'empereur Henri VI, qui régla en 1196 les choses de manière à contenter toutes les parties. Il décida que ce domaine serait tenu de l'Empire par l'évêché d'Utrecht, et que le duc de Brabant le tiendrait de celui-ci, pour le donner en arrière-fief à la Gueldre.

Ce qui avait engagé le comte de Clèves à prendre parti contre celui de Gueldre, c'est que ce seigneur ayant négligé ses devoirs de vassal envers l'Empire comme bas-avoué de la ville impériale de Nimègue, Frédéric lui avait retiré cette dignité en 1182, pour la donner au comte Otton.

Quant à l'organisation des villes à cette époque où, grâce à la faveur des empereurs, ainsi qu'à leur propre énergie et à leurs alliances, les comtes de Gueldre étendirent si largement leur puissance, elle était en tout pareille à celle que nous avons remarquée dans les villes brabançonnes. Elles avaient des écoutètes ou des baillis, que secondaient des colléges échevinaux. Outre les prestations traditionnelles qu'elles fournissaient, telles que l'impôt de mortemain et certains services de vasselage, les redevances ordinaires qu'elles payaient n'avaient lieu que pour le mariage des filles du comte, pour les fêtes de promotion de ses fils à la chevalerie, et pour sa rançon personnelle lorsque les hasards de la guerre le rendaient prisonnier de l'ennemi. L'octroi de lettres de communes ne remonte pas au delà du règne d'Otton II, qui accorda la première charte à la ville de Zutphen en 1190.

Peu de temps avant que l'empereur Henri eût définitivement réglé la question élevée au sujet du comté de Veluwe, Otton s'était trouvé entraîné dans une nouvelle guerre avec l'évêque d'Utrecht. Le pays de Drenthe, fief de cette Église, était administré par les châtelains de Koeverden. En 1196, cette charge était remplie par Florent de Vorenburg, qui, sûr de ne pas déplaire au comte de Gueldre, irrité encore des dégâts que l'évêque avait exercés sur ses terres, s'était livré à des déprédations sur les domaines d'Otton de Bentheim, dont le territoire touchait les limites orientales de celui de Drenthe. L'évêque, prenant parti pour son frère Otton de Bentheim, semonça d'abord son châtelain; mais comme il ne gagnait rien aux remontrances, il finit par l'excommunier. L'excommunication ne produisant pas un meilleur effet, le prélat attaqua et prit la forteresse de Koeverden, qu'il donna, avec le fief épiscopal, à son frère. La famille de Florent de Vorenburg prit aussitôt les armes, et souleva tout le pays de Drenthe contre le nouveau châtelain. La révolte se répandit d'autant plus facilement, que les gens de Groningue s'étaient joints aux rebelles, avec lesquels le comte de Gueldre même entretenait des relations secrètes. L'évêque, ayant senti la nécessité de réprimer avec énergie ce soulèvement, marcha contre eux avec deux armées, l'une commandée par lui-même, l'autre placée sous les ordres d'Otton de Bentheim. Le comte de Gueldre, malgré les intelligences qu'il avait nouées avec les révoltés, amena ses hommes de guerre, comme vassal de l'Église d'Utrecht. Le succès des armes du prélat fut complet. Les rebelles succombèrent partout: mais Otton de Gueldre fit valoir en leur faveur sa médiation, en obtenant de l'évêque qu'il acceptât quatre otages de Groningue et douze de Drenthe, qui devaient être gardés à Deventer jusqu'à ce qu'il eût été donné satisfaction au diocèse d'Utrecht, et qu'une paix solide eût été conclue. Il paraît que l'armée du comte était si nombreuse, en comparaison de celle du prélat, que celui-ci n'osa refuser cette médiation, ni les conditions qu'elle posait. Mais quand ils furent arrivés à Deventer, l'évêque Baudouin, dans l'intention de vexer Otton, qui cherchait, il est vrai, à faire tourner au désavantage du prélat les négociations avec les otages, jeta ceux-ci aux fers, et les fit traiter sévèrement comme des prisonniers. Le comte, irrité de ce procédé, sortit aussitôt de la ville. Presque en même temps un des gendres de Florent de Vorenburg reprit les armes, tomba sur le château de Koeverden, et emmena prisonnières la femme et toute la famille du comte de Bentheim, en emportant tout ce qu'il put. Alors force fut à l'évêque de relâcher les otages pour obtenir la liberté de la comtesse prisonnière. Mais bientôt après il lança une nouvelle armée dans le pays de Drenthe. Heureusement, cette fois, les archevêques de Cologne et de Mayence vinrent à Deventer, et négocièrent un accommodement, en vertu duquel Robert (probablement un fils de Florent de Vorenburg) fut nommé châtelain de Koeverden et investi du fief de Drenthe, à condition qu'il s'engageraità payer mille marcs à l'évêque. Cet arrangement irrita au plus haut degré Otton de Bentheim. Mais, cachant sa colère jusqu'après le départ des deux prélats, ce seigneur parvint à engager son frère, peut-être parce que Rodolphe tardait à payer la somme promise, à conduire une armée devant Koeverden. Quelque vaillance que Baudouin déployât dans cette campagne, il subit une défaite sanglante, et se retira en désordre vers l'Yssel. Là il répara ses forces, et envahit inopinément les terres du comte de Gueldre, qu'il regardait comme l'auteur de tout ce qui était arrivé. Tout le pays de Veluwe fut mis à feu et à sac. Le comte exaspéré reprit au même instant les armes, se joignit aux rebelles de Drenthe, châtia rudement l'évêque, et courut mettre le siége devant Deventer. Cette ville allait tomber, quand le duc de Brabant arriva, ménagea une trêve, et fournit à l'empereur Henri l'occasion de régler d'une manière définitive les relations du comté de Veluwe en 1196.

Un mois après que l'empereur eut prononcé sa décision, Baudouin mourut, et le siége d'Utrecht devint l'objet d'une vive querelle. Nous avons vu comment il fut disputé par deux concurrents puissants, Thierry de Hollande, frère de Baudouin, prévôt d'Utrecht, et Arnould d'Isenburg, prévôt de Deventer. Une guerre nouvelle éclata entre le comte de Hollande et celui de Gueldre, au sujet de cette élection. Une troisième eut lieu en 1198, après que l'évêché fut de nouveau devenu vacant par la mort des deux prétendants, qui avaient aspiré à la crosse. Mais cette fois elle fut conduite en commun par les deux comtes contre Thierry d'Aarburg, appelé au siége épiscopal en 1198. La lutte étant fort inégale, Thierry d'Utrecht invoqua le secours du duc de Brabant, son vassal direct pour le comté de Veluwe. Celui-ci intervint aussitôt, et fit prisonnier le comte de Gueldre, qu'il ne relâcha qu'en 1203, après l'avoir dépouillé des domaines de Thiel et de Bommel, dont l'église épiscopale avait autrefois investi les comtes de Zutphen, pour les indemniser des droits qu'ils avaient exercés à Deventer, comme vassaux immédiats de l'Empire. Otton de Gueldre ne survécut guère à sa captivité : il mourut en 1204, laissant son fils, Gérard III, engagé dans les plus graves difficultés avec le duc de Brabant. Celui-ci, non content d'arracher à Otton deux domaines importants, lui avait infligé de grosses amendes qu'il s'agissait de payer. Gérard ne trouva moyen d'y faire face qu'en engageant à l'évêque de Liége la partie de la Gueldre qui s'étendait entre Ruremonde et Maestricht. Cet amoindrissement de territoire ne fut pas le seul tort que la Gueldre eut à subir. Pendant la captivité d'Otton, l'évêque avait commis d'horribles ravages dans le Veluwe, pillant et dévastant le pays. Ces excès auraient continué peut-être, si un accommodement ne fût intervenu entre Otton et le duc de Brabant, et surtout si la guerre de la succession n'eût commencé en Hollande. Ces deux puissants motifs engagèrent le prélat à rétablir au plus vite ses bonnes relations avec la Gueldre. En effet, dès l'an 1205 un arrangement fut conclu entre les deux princes.

Mais cette paix ne fut pas de longue durée. L'évêque Thierry était mort, et il avait obtenu pour successeur Otton de Lippe. Bien que ce prélat n'eût réussi à se faire élire que par l'influence que les comtes de Hollande et de Gueldre avaient employée en sa faveur, il faisait opprimer par ses baillis plusieurs vassaux, nobles et autres, que le comte Otton avait dans les terres d'Over-Yssel. Ceux-ci adressèrent des plaintes à leur seigneur, qui recourut à des représailles, en faisant frapper de gros péages les gens d'Utrecht, qui naviguaient sur le Rhin, à Oosterbeek et à Arnheim. L'évêque se plaignit à son tour, mais à l'empereur, qui, pour mettre un terme à ces exactions, abolit les deux péages en 1223. Cette mesure, au lieu de trancher les difficultés, ne fit que leur donner un aliment nouveau ; car l'évêque, dès ce moment, commença à trouver dans les vassaux d'Over-Yssel la plus âpre résistance. Il fallut réduire les rebelles par les armes. Le prélat appela à son secours son frère Herman de Lippe et l'évêque de Munster, et marcha contre les révoltés, qu'il trouva bien préparés à la défense, et appuyés par le comte de Gueldre. Cependant il parvint à les battre, et leur brûla plusieurs châteaux, parmi lesquels se trouvait celui de Buckhorst, dont le seigneur tenait pour les Gueldrois. Gérard de Gueldre ne pouvait plus reculer, en voyant le désastre de ceux qui s'étaient ainsi fiés en lui. Il s'assura d'abord du concours de Waleram de Limbourg et du jeune comte de Hollande, tandis que l'évêque de Brême se rangea du côté de ceux d'Utrecht.

Une guerre longue et terrible allait s'ouvrir, quand le cardinal-légat Conrad interposa sa médiation, et parvint à amener les deux parties à déposer les armes et à conclure la paix.

Cette paix paraissait si solidement établie, que l'année suivante, une querelle ayant éclaté entre le châtelain de Koeverden et celui de Groningue, et les deux seigneurs en étant venus rudement aux mains, l'évêque obtint l'assistance du comte de Gueldre, ainsi que celle des comtes de Hollande, de Clèves et de Bentheim, pour réduire Rodolphe de Koeverden, qui commettait de grands dégâts sur le territoire de Groningue. Rodolphe, ayant appris qu'une armée formidable s'avançait contre lui, quitta précipitamment le siége de cette ville, qu'il tenait bloquée, et courut se réfugier dans son manoir. A peine y fut-il rentré, qu'il aperçut l'avant-garde de l'armée alliée qui s'approchait. Malheureusement les troupes épiscopales entamèrent le combat sur un terrain marécageux près de la rivière de Vecht, où un grand nombre périrent engloutis dans le sol, qui cédait sous les cavaliers, alourdis encore par le poids de leurs armes, et qui soutenait même à peine les fantassins. En sorte que la victoire se prononça bientôt en faveur de Rodolphe, qui poursuivit avec énergie les avantages de cette journée, et qui, après avoir mis l'évêque et ses alliés dans une déroute complète, les chassa pendant toute la nuit l'épée dans les reins. Le prélat, engagé dans les marais, fut misérablement mis à mort; le comte de Gueldre fut pris avec plusieurs autres seigneurs, et quatre cents chevaliers et écuyers restèrent sur le champ de bataille.

Il fallait pourvoir au choix d'un successeur à donner à Otton de Lippe. Gérard de Gueldre et le seigneur d'Amstel obtinrent du châtelain de Koeverden d'être relâchés pour quelques jours de leur prison, afin de pouvoir assister au chapitre qui s'ouvrit à Utrecht, pour procéder à l'élection d'un nouveau chef. Ils se firent porter, sur des civières, dans la salle de l'assemblée; car ils souffraient encore des blessures qu'ils avaient reçues dans la funeste bataille où ils furent pris. Le choix tomba sur le fils du comte d'Oldenbourg, Willibrand de Paderborn, bras d'airain destiné à venger le prélat, dont il allait recueillir l'héritage. C'était en 1226. Toutefois Willibrand ne réussit pas à étouffer la révolte du pays de Drenthe et des terres d'Yssel. Il mourut avant que la défaite essuyée par les Stadings en 1234 fût venue frapper d'épouvante les rebelles, et les eût amenés à demander la paix.

Gérard de Gueldre ne vécut pas jusque-là. Il mourut en 1229, après avoir accompagné l'évêque dans sa première expédition contre le seigneur de Koeverden.

Otton III, fils de Gérard, succéda à son père dans le comté de Gueldre. Ce prince, surnommé le Pied-bot, fut réintégré par l'empereur dans les péages dont son père avait été dépouillé en 1223, et il agrandit son territoire de la haute avouerie de la ville et du royaume de Nimègue, dont il fut investi en 1248 par l'empereur Guillaume de Hollande, et qui avait dépendu jusqu'alors du duc de Brabant. Ainsi le comté se trouvait entièrement arrondi, et il formait un bel ensemble tout d'une pièce, depuis Woudrichem et Heusden jusqu'à Elst et Arnheim. Six ans plus tard, il obtint une nouvelle marque de la munificence impériale, qui lui donna le fief d'Oye. Ainsi se complétait à peu près le territoire de la Gueldre dans le Bétuwe, entre le Wahal et le Rhin. En 1256, Otton acheta toutes les seigneuries que le couvent de Deutz, près de Cologne, possédait dans le Bétuwe et dans le Veluwe; et il entra ainsi en possession immédiate d'Elkum, de Velp, de Rhynwyk et de Wyk. La même année, il acquit Zevenaar. Mais ce n'était pas seulement par toutes ces importantes acquisitions qu'il augmentait la puissance de son comté : il chercha aussi à l'affermir par de grandes alliances, contractées avec les princes voisins. Ainsi une de ses filles épousa Waleram, sire de Fauquemont et de Montjoye, de la maison de Limbourg; une autre, le comte Adolphe de Berg; enfin, une troisième, Thierry de Clèves.

Otton était fort avancé en âge quand il mourut, en 1271. Les dernières années de sa vie furent signalées par une guerre qu'il eut avec le duc de Brabant au sujet de la ville de Thiel. Il expira avant d'avoir pu la terminer, et son fils Renaud lui succéda.

Ce prince, qui mérita le surnom de Guerroyeur, eut pour première femme Ermengarde, héritière de la maison de Limbourg, qui ne lui donna point d'enfants. Il épousa en secondes noces Marguerite, fille de Gui de Dampierre, comte de Flandre, qui fut la mère de Renaud II de Gueldre.

C'est Renaud I qui parut, en 1288, dans la fameuse guerre engagée avec le duc Jean I de Brabant, pour la succession du duché de Limbourg. Nous avons vu quel fut le résultat de cette lutte sanglante, décidée par la bataille de Woeringen, laquelle adjugea définitivement ce domaine à Jean I, et détruisit toutes les espérances de Renaud de Gueldre, qui en 1289 renonça enfin à ses droits sur le Limbourg, et obtint en retour les territoires de Thiel et de Bommel, conquis sur son père par les Brabançons. Cette guerre ne fut pas la seule qui mérita à Renaud le surnom qu'il porte dans l'histoire. Celle qu'il eut à soutenir dans l'Ostrachie et dans la Westrachie, pour y établir son autorité, après que l'empereur Rodolphe l'eut investi de ces seigneuries en 1290, n'eut pas un meilleur résultat que celle qu'il entreprit pour la défense des terres limbourgeoises. Mais dans l'une et dans l'autre il montra une rare intrépidité et un courage chevaleresque peu commun, même dans ces temps des grands courages.

Ces expéditions ruinèrent la santé de Renaud, qui, en outre, grièvement blessé à la tête dans la bataille de Woeringen, eut même quelques lueurs de folie qui attristèrent le reste de sa vie, et qu'augmentaient encore les chagrins qu'il ressentait de la perte de tant d'amis tombés dans cette fatale journée. Aussi il ne s'occupa plus que d'agrandir ses États par l'acquisition d'un grand nombre de petits fiefs, et de réorganiser ses villes, en leur donnant des chartes, où la liberté communale eut à la vérité peu de part. En 1311, il obtint de l'évêché d'Utrecht, en fief immédiat, le Veluwe, pour lequel le duc de Brabant avait négligé de faire hommage à l'évêque Gui. Cependant la maladie d'esprit qui le gagnait chaque jour davantage, les atteintes qu'il porta aux libertés, et l'extraordinaire piété dont il fit preuve vers la fin de sa vie, comme le démontrent les noms nouveaux qu'il donna aux villes, tels que Hattem-*Mons Dei*, Zutphen-*Insula Dei major*, Wageningen-*Insula Dei supra Veluam*, Ruremonde-*Insula Dei ad Mosam*, lui aliénèrent la plupart des villes et des seigneurs. Il se forma contre lui un parti de mécontents, à la tête desquels se plaça son fils Renaud, qui commença bientôt une guerre ouverte contre son père, en 1316. Cette lutte impie dura deux années, et elle ne se termina qu'en 1318, par l'arbitrage du comte Guillaume de Hainaut-Hollande. Par cette décision, le jeune Renaud fut chargé de l'administration des domaines gueldrois.

Cependant la santé du vieux comte empirait de plus en plus. Sa femme et quelques-uns des grands du pays furent d'avis qu'il fallait l'enfermer. Son fils, en effet, le confina dans le château de Montfort, près de Ruremonde, qui avait été bâti par Henri de Gueldre, évêque de Liége. Le vieillard y mourut le 9 octobre 1326.

Renaud I avait laissé le pays singulièrement obéré. Son fils, qui avait épousé Sophie, héritière de Florent Berthold de Malines, fut forcé de vendre une partie de cet héritage, pour dégager le comté des dettes qui l'accablaient. Mais à peine ses finances furent-elles rétablies, qu'il perdit sa femme. Il se vit placé ainsi dans un grave embarras. En vertu des stipulations matrimoniales contractées avec la famille des Berthold, il s'était engagé à n'admettre à la succession de la Gueldre que les enfants issus de ce mariage. Or, Sophie Berthold ne lui ayant laissé que des filles, cet arrangement devenait caduc pour les fiefs impériaux du comté, si un mariage postérieur lui donnait un fils. Telle était la difficulté qui se présenta en 1331, au moment où Renaud II voulut épouser en secondes noces Éléonore, sœur du roi d'Angleterre. Il se pourvut d'abord auprès de l'empereur Louis de Bavière, qui assura aux enfants du futur mariage la succession de leur père dans le domaine impérial de Nimègue. Ensuite il obtint également pour eux, de l'évêque d'Utrecht, la succession des fiefs utrechtois. Enfin, dans un diplôme qu'accompagnait son acte de mariage, il stipula que le fils aîné, ou, à défaut de fils, la fille aînée qui sortirait de l'union projetée avec Éléonore, succéderait dans toutes les seigneuries de la Gueldre. Le duc de Brabant et le comte de Hollande se rendirent garants du contrat, et le mariage eut lieu le 24 octobre 1331. Deux années après, Renaud consentit aux fiançailles de sa fille aînée Marguerite avec Gérard, fils aîné du comte de Juliers, et elle reçut en dot ce qui restait des domaines de Berthold de Malines.

Ce prince avait hérité de l'esprit guerrier de son père. Dans l'histoire de Hollande, nous l'avons vu prendre les armes contre les Frisons en 1323. Il les battit de nouveau en 1338, sans gagner, cette fois, plus de terrain que la première dans l'Ostrachie ni dans la Westrachie. Vers le même temps, éclata la guerre entre la France et l'Angleterre. Renaud y fit cause commune avec son beau-frère, et y fit briller le tronçon de l'épée paternelle, brisée à la journée de Woeringen. Ces expéditions, et les prêts que Renaud ne cessait de faire à l'empereur Louis et à Édouard d'Angleterre, endettèrent considérablement le comté. Louis témoigna sa reconnaissance des services que Renaud lui rendit ainsi, en lui attribuant le titre et la dignité de duc.

Après avoir donné une charte de commune à la ville de Venlo en 1343, Renaud mourut à Arnheim. Il laissait d'Éléonore un fils mineur, qui lui succéda sous le nom de Renaud III. Dans la crainte que l'âge de leur jeune prince n'entraînât le pays dans des troubles et dans des désordres, les villes conclurent aussitôt une alliance, dans laquelle entrèrent d'abord Nimègue, Zutphen, Arnheim et Ruremonde, qui étaient les chefs-lieux des quatre quartiers de Gueldre; ensuite Gelder, Emmerich, Thiel, Saltbommel, Harderwyk, Doesburg, Goch, Dotechem, Lochem, Venlo, Neustadt, Gent, Maas-Bommel, Wageningen, Elburg, Hattem, Erkelens et Echt. Cette alliance était devenue d'autant plus urgente que le jeune duc se trouvait avec sa mère à la cour d'Angleterre, et que des partis avaient commencé à troubler le duché. D'un autre côté, le comte de Juliers songeait à faire valoir les droits héréditaires de sa femme Marguerite, fille de Renaud II et de Sophie Berthold, en vertu des stipulations du mariage de sa mère. Mais ce dernier danger se trouva bientôt écarté par la mort de Marguerite, survenue en 1344. Cependant le comte n'en continua pas moins à souffler le feu dans le duché. Aussi le roi d'Angleterre, dans le but de prévenir les désordres qui allaient y éclater, songea à négocier une union entre le jeune duc et Élisabeth, fille du comte de Juliers, et à charger celui-ci de la tutelle et de l'administration de la Gueldre. Mais le jeune Renaud voulut rester fidèle au traité conclu en 1334 avec le Brabant, en vertu duquel il avait été stipulé qu'il épouserait Marie de Brabant; et il refusa l'union qu'on lui proposait, pour conclure, en 1347, celle que son père avait acceptée pour lui.

Ce règne, commencé sous de si mauvais auspices, ne tarda pas à être désolé par une rude guerre qui mit le duché à deux doigts de sa perte.

Dans une querelle que l'évêque d'Utrecht eut, en 1348, avec le duc Guillaume de Bavière-Hollande, qui n'observait point le traité que sa mère, l'impératrice Marguerite, avait conclu avec l'évêché, Gilbert, sire de Bronckhorst, était parvenu à surprendre la garnison épiscopale de Goor, et à réduire cette place en cendres. La querelle s'étant arrangée entre les deux princes, et Gilbert étant resté isolé, l'évêque envoya contre lui une armée qui ravagea tous ses domaines. Mais comme ces terres appartenaient au pays de Zutphen, et étaient fiefs gueldrois, il en résulta que le duc Renaud et son frère Édouard prirent parti pour le sire de Bronckhorst, et déclarèrent la guerre à l'évêque, contre lequel le duc Guillaume s'engagea à les soutenir. Cependant le différend s'accommoda l'année suivante, après que les Hollandais eurent été forcés à la retraite, et que le prélat eut retiré de grosses amendes qui furent imposées aux Bronckhorst.

Mais si la paix se trouvait ainsi rétablie au dehors, elle ne l'était pas dans le pays même. Les Bronckhorst souffraient avec impatience l'humiliation qu'ils venaient de subir, et qu'ils attribuaient surtout à l'influence qu'exerçait sur le duc la famille des Heekeren, qui, en effet, jouissait auprès de lui d'une faveur extraordinaire. Résolus de se venger à la fois du prince et de ses favoris, ils réussirent, en 1350, à exciter Édouard contre son frère Renaud, et à le faire se déclarer pour eux. Édouard, cédant aux Bronckhorst, se mit à la tête du parti puissant qu'ils étaient parvenus à former, et ils ne songeaient à rien de moins qu'à l'élever au duché. Cette conspiration s'étendit bientôt sur tous les points du pays. Renaud était dans une situation réellement critique; car une grande partie de la noblesse s'était rangée du côté d'Édouard et des Bronckhorst. Cependant il ne manquait pas d'alliés. Il avait pour lui Waleram de Fauquemont, le sire d'Asperen et Jean d'Arkel, et pouvait tenir tête à l'orage. Avant l'automne, le duché ne fut plus qu'un vaste champ de bataille. Cette guerre civile continuait encore en 1358. Tous les liens d'obéissance étaient relâchés. Le parti d'Édouard s'était accru d'une manière effrayante, et les princes voisins avaient vainement essayé d'interposer leur médiation. La détresse de Renaud augmentait de jour en jour. Pour ne pas être chassé du duché, il se détermina à affranchir tous les habitants du Veluwe des impôts et des dîmes qu'ils lui payaient. Cette mesure augmenta un peu ses forces. Mais cette population, peu exercée aux armes, n'était bonne qu'à incendier et à piller. Elle ne put tenir devant les épées des Bronckhorst, qui la défirent complétement. De leur côté les chevaliers se livraient à tous les désordres, brûlaient les manoirs de leurs ennemis, égorgeaient les garnisons. Édouard, soutenu par les gens de Nimègue, s'empara, en 1354, des châteaux de Buynswaard, de Lent, de Bemmel, de Zoelen, d'Avezaet, de Tuyl, de Loenen, d'Apelteren, de Doornik, de Zynderen, et de quelques autres. Il avait, de son côté, la plupart des nobles. Renaud avait, du sien, presque toutes les villes et les campagnes. Il reprit Arnheim, Doesburg, Venlo, Thiel, et Emmerich.

Le pays était épuisé par ces ravages et par ces désastres, et de toutes parts on aspirait à un peu de repos. Enfin, en 1358, les chefs-lieux des quatre quartiers de Gueldre, Nimègue, Zutphen, Arnheim et Ruremonde, essayèrent de rétablir le calme. Deux échevins de chacune de ces villes conclurent un traité de paix avec les évêques de Munster et d'Utrecht, le comte de Moers, et Arnould, sire d'Arkel. Mais ce traité fut déchiré presque aussitôt qu'il fut écrit, et la guerre recommença avec un nouvel acharnement. Il fallait cependant mettre un terme à un état de choses qui avait réduit le plat pays presque en un désert. En 1361, Renaud, décidé à porter un grand coup, mit sur pied une armée plus nombreuse que jamais. Il la dirigea sur Thiel, qui tenait pour Édouard. Celui-ci n'était pas resté inactif; il avait, de son côté, rassemblé de grandes forces. Il marcha à la rencontre de son frère, qu'il attaqua près de Thiel, et qu'il fit prisonnier, après l'avoir complétement défait. Alors la Gueldre tout entière se soumit au vainqueur, le proclama duc et lui prêta le serment de fidélité. Renaud, prisonnier, fut transporté d'abord au château de Rozendaal, près d'Arnheim, ensuite à Nieuwbeek, entre Deventer et Zutphen, où il resta enfermé dix ans.

Il ne paraît pas que cette captivité lui ait causé de grands chagrins; car, s'il faut en croire ce que rapporte l'historiographe Arend van Slichtenhorst, Renaud commença à y mener si joyeuse vie, et à s'adonner si ardemment aux plaisirs de la table, qu'il engraissa bientôt à tel point, qu'il ne fut plus nécessaire de tenir fermé son appartement, sa corpulence seule l'empêchant d'en sortir. Lorsqu'il fut relâché à la fin, il fallut, pour lui livrer passage, démolir les portes des chambres qu'il avait occupées.

Édouard, parvenu au pouvoir, eut à lutter encore avec les de Heekeren, qui avaient cherché un asile en Hollande, et continuaient à faire des irruptions dans le duché. D'un autre côté, Marie, femme de Renaud, s'était réfugiée auprès de sa sœur Jeanne, duchesse de Brabant, qui envoya ses hommes de guerre dans l'île de Bommel, où ils portèrent le ravage. Un troisième parti se déclara contre lui : ce fut le comte de Clèves, qui, ayant vainement réclamé la dot de sa femme Mathilde de Gueldre, voulut, en 1364, forcer par les armes Édouard à la lui payer. Ce ne fut pas tout : d'un bout du pays à l'autre, des plaintes éclatèrent sur l'élévation des péages, sur les impôts, sur les dîmes, auxquels, après tous les désastres qu'on avait soufferts, il était difficile de faire face. Mais, si porté qu'il fût à rendre la tranquillité au pays, Édouard n'y put réussir que par la guerre. Il prit et démolit les châteaux des de Heekeren; il chassa les Brabançons de l'île de Bommel; il s'arrangea avec le comte de Clèves, en lui engageant la ville d'Emmerich; enfin il contenta les villes en leur accordant de nouveaux priviléges. D'un autre côté, il se fortifia par l'alliance qu'il contracta avec Albert de Bavière-Hollande, dont il épousa la sœur Catherine. Mais il ne jouit pas longtemps du repos qu'il s'était ainsi assuré; car, impliqué dans la guerre que Wenceslas, duc de Brabant, fit, en 1371, au duc de Juliers, qui avait agi contrairement à la *Landfried*, ou paix du pays, le duc Édouard fut mortellement blessé dans la bataille de Geilenkirchen, où il s'était placé sous les drapeaux de Guillaume de Juliers.

La mort d'Édouard procura la liberté à son frère Renaud, qui sortit enfin de la prison où il avait été retenu pendant si longtemps au château de Nieuwbeek. Le captif fut replacé à la tête du duché, mais pour n'en jouir que pendant trois mois; car il suivit bientôt son frère dans la tombe, et en lui s'éteignit la maison de Nassau en Gueldre.

CHAPITRE TROISIÈME.

DEPUIS L'EXTINCTION DE LA MAISON DE NASSAU JUSQU'EN L'ANNÉE 1473.

Édouard ni Renaud n'avaient laissé d'héritier direct qui pût leur succéder. Il n'y avait pour recueillir leur héritage que le fils de leur sœur Marie, épouse du duc Guillaume de Juliers. Mais la réunion des deux duchés sur la même tête pouvait rendre un jour le jeune Guillaume de Juliers trop puissant pour ses voisins. Aussi, l'évêque d'Utrecht reconnut, comme devant succéder dans les domaines gueldrois, Mathilde, veuve du comte de Clèves, sœur aînée des ducs Renaud et Édouard; et il engagea cette princesse à donner sa main à Jean de Châtillon, comte de Blois, que les princes voisins reconnurent aussitôt duc de Gueldre, mais à qui la ville d'Arnheim seule prêta le serment de fidélité. C'était en l'an 1372.

Sur ces entrefaites, l'empereur arriva à Aix-la-Chapelle, pour aviser aux moyens de délivrer son frère, le duc de Brabant, de la captivité où il gémissait depuis la bataille de Geilenkirchen. Il témoigna le plus vif intérêt au jeune Guillaume de Juliers, et lui promit l'investiture de la Gueldre. En vain le comte de Blois essaya-t-il de faire valoir ses prétentions par les armes, secondé qu'il était par l'évêque d'Utrecht. Partout le duc de Juliers lui offrit la plus vive résistance, jusqu'à ce qu'enfin, la guerre s'étant allumée entre l'évêque et le comte de Hollande en 1372, il conçut l'espoir de mieux écraser son ennemi. Il n'y réussit pas cependant, malgré tous les efforts qu'il put mettre en œuvre. Le comte de Blois tint bon jusqu'à ce que, les hostilités ayant cessé entre le comté de Hollande et l'évêché d'Utrecht, il se trouva de nouveau appuyé par le prélat, son allié. Alors la lutte prit un caractère plus animé. Un grand nombre de seigneurs qu'il avait faits prisonniers, de concert avec le prélat, se déclarèrent en sa faveur, afin de s'affranchir de payer la rançon à laquelle il n'eût pas manqué de les soumettre. La position de Guillaume de Juliers se trouva ainsi singulièrement compromise. Il reçut un nouvel échec en 1377, le comte de Blois ayant conclu, avec la majeure partie de la noblesse et plusieurs villes, une alliance pour six ans.

Cependant une heureuse combinaison vint au secours du jeune duc de Juliers. Il fut fiancé à Catherine de Bavière-Hollande, à laquelle Édouard de Gueldre avait été sur le point de s'unir. Cette alliance, qui assurait au fils de ce prince l'appui de la Hollande, ruina complétement le parti du comte de Blois et de Mathilde de Gueldre ; de sorte que le duché tout entier se trouva soumis à la puissance du successeur d'Édouard et de Renaud en 1383.

Cette lutte avait été d'un immense avantage pour les communes ; car le prince, forcé par la nécessité de les attirer dans son parti, chercha à les gagner en leur accordant force priviléges et franchises. De cette manière les communes gueldroises prirent, pendant la période de la minorité du jeune Guillaume, un grand développement ; et même la plupart acquirent alors plus de libertés que les villes impériales de Thiel et de Nimègue n'en avaient jamais possédé.

En 1383, Guillaume reçut de l'empereur Wenceslas l'investiture du duché de Gueldre. Quelques ferments de discorde y régnaient encore, et plusieurs seigneurs ne cessaient d'essayer d'y faire éclater des troubles et des divisions, quand les croisades de Prusse et de Livonie vinrent inspirer au duc l'idée d'y chercher une occupation pour l'esprit guerrier de son indocile chevalerie. Il y conduisit en effet ses turbulentes épées, qui s'usèrent bientôt sur ces nouveaux champs de bataille.

Guillaume était revenu dans ses États en 1386, pour mettre fin aux différends que Marie de Brabant, veuve du duc Renaud, avait suscités contre la Gueldre, et qui n'étaient pas terminés encore, et pour recueillir, en 1393, la succession du duché de Juliers. La réunion des deux États dans la main de Guillaume, événement que les princes voisins avaient tant redouté, venait maintenant de s'accomplir. Le duc toutefois ne put guère profiter de cet accroissement de puissance, si ce n'est pour soutenir son beau-frère, Jean d'Arkel, dans une guerre que ce seigneur eut à soutenir contre la Hollande. D'ailleurs il mourut en 1402.

Guillaume, n'ayant point laissé d'héritier de Catherine de Bavière-Hollande, eut pour successeur son frère Renaud IV. Ce prince, d'un esprit pacifique, ne chercha qu'à cicatriser les blessures profondes que toutes ces guerres ruineuses avaient apportées au pays. Mais il n'y réussit, à vrai dire, que d'une manière fort imparfaite. Dans la lutte des Armagnacs et des Bourguignons, qui depuis si longtemps désolait la France, les ducs de Gueldre avaient constamment tenu pour le

HOLLANDE.

parti d'Orléans. Renaud IV, dès son avénement, se rangea du même côté, et se plaça par là dans la position la plus fausse à l'égard des princes voisins, qui tenaient presque tous pour le duc de Bourgogne. Témoin des dispositions hostiles que ces princes ne se donnaient pas même la peine de déguiser, la noblesse voisine saisit, en 1406, les plus minces prétextes pour envoyer des lettres de défi, et déclarer la guerre aux duchés de Gueldre et de Juliers. Sous un autre que Renaud, le pays n'eût pas manqué de se trouver lancé dans des agitations nouvelles. Mais il sut sagement faire décider par des arbitres toutes ces difficultés, dont chacune recélait une guerre peut-être. Deux ans après, en 1408, tout danger disparut devant le traité d'alliance offensive et défensive que conclurent la Gueldre et le Brabant, pour tous les cas où il ne s'agirait pas de tirer l'épée contre l'Empire, le roi de France ou le comte de Hollande.

Toutefois, malgré cet engagement solennel, une partie de la noblesse gueldroise prit une part très-active à la lutte qui commença bientôt à sévir en Hollande entre Jean de Bavière et la comtesse Jacqueline. Le duc lui-même ne cessa pas, il est vrai, d'observer la *Landfried*, de même que les villes gueldroises.

Le duc Renaud n'ayant point d'enfants de son mariage avec Marie de Harcourt, la plus grande partie des seigneurs les plus importants du pays, et les magistrats des communes, songèrent à prévenir les troubles auxquels ne manqueraient pas de donner lieu les disputes nouvelles qui s'élèveraient au sujet du duché. Ils conclurent donc en 1418 un concordat, par lequel ils s'engageaient à ne reconnaître, en cas que le duc vînt à mourir sans héritiers légitimes, d'autre seigneur que celui qui aurait réuni la majorité des voix des communes et de la noblesse. Le même acte garantissait le maintien en commun des chartes des villes, et des droits établis « d'ancienneté. » Le but de cette alliance fut si bien apprécié, que le reste de la noblesse se joignit,

en 1419, à ceux qui l'avaient signée. Renaud cependant y vit une infraction apportée à ses droits; mais il n'eut pas le courage d'essayer de s'y opposer.

Jusqu'alors la chevalerie gueldroise avait été seule à se mêler des affaires de Hollande. Renaud lui-même y prit part bientôt, et brisa le traité conclu avec le duché de Brabant, en s'alliant avec l'usurpateur du comté de Hollande, Jean de Bavière. Ce fut, il est vrai, dans le but d'attaquer en commun l'évêché d'Utrecht. Cette guerre couvrit de ruines le pays de Veluwe, où les troupes épiscopales exercèrent les plus grands ravages. Après deux années de luttes, le duc en vint à un accommodement qui lui assura des sommes importantes, que l'évêque s'engagea à lui payer. Mais la mort ne lui permit pas de les recueillir. En 1423, il laissa le duché vacant, et le pays eut à lui choisir un successeur, aux termes du concordat conclu en 1418.

Après la mort de Renaud IV, les états du pays de Gueldre se réunirent à Nimègue pour proclamer en commun le nom de celui qui succéderait à ce prince. Leur choix s'arrêta sur Arnould d'Egmont, petit-fils de Jeanne, sœur des ducs Guillaume et Renaud, laquelle avait épousé Jean d'Arkel. Arnould n'avait que quatorze ans à peine, et son père, Jean d'Egmont, vivait encore. Celui-ci fut donc investi de la tutelle de son fils, bien que la partie supérieure de la Gueldre eût préféré voir appeler à cette charge Adolphe de Clèves. Pour prévenir toute division qui aurait pu naître à ce sujet, et comme d'ailleurs il était important de s'assurer de l'amitié du comte de Clèves, le jeune Arnould fut fiancé et, bientôt après, marié à Catherine, fille du comte Adolphe. Le 15 août 1424, l'empereur Sigismond reconnut solennellement les droits d'Arnould au duché de Gueldre; mais il ne tarda pas à refuser de ratifier le choix que les états du pays venaient de faire; et il voulut que le duc Adolphe de Berg fût choisi et mis en possession de l'héritage de Renaud IV. Cependant les états de Gueldre s'en tinrent à leur première décision, et repoussèrent le prétendant de l'empereur. Néanmoins, forts de l'appui impérial et assurés du secours de l'archevêque de Cologne, Adolphe de Berg et son fils Robert se rendirent maîtres du duché de Juliers, et ce dernier prit pour épouse Marie de Harcourt, veuve de Renaud IV. Pendant ce temps, Arnould s'assurait de bonnes alliances du côté des Pays-Bas, et contracta avec Philippe le Bon, duc de Bourgogne, et avec l'évêque d'Utrecht une étroite union. Mais, si puissantes que fussent ces alliances, il comprit l'impossibilité de ressaisir le duché de Juliers. Aussi ne fit il aucune tentative dans ce but, et il se borna, pour le moment, à se fortifier et à se maintenir dans la Gueldre. D'ailleurs, un motif majeur lui commandait de ne songer à aucune entreprise de ce côté, les forces dont il aurait pu disposer se trouvant absorbées par la part qu'il lui fallut prendre aux luttes que l'évêque d'Utrecht, Zweder de Kuilemburg, soutenait contre Rodolphe de Diephold, prétendant au siège de cet évêché, et par les envois de troupes qu'il dut fournir à Philippe le Bon, pour aider ce prince à mettre enfin un terme aux dernières tentatives de Jacqueline de Bavière en Hollande.

Ce qu'Arnould de Gueldre avait craint depuis longtemps arriva en 1428. Robert, fils d'Adolphe de Berg, après s'être solidement établi dans le duché de Juliers, dont il venait d'être solennellement investi par l'empereur, renouvela ses prétentions sur la Gueldre. La situation d'Arnould était d'autant plus fâcheuse, qu'il s'était en quelque sorte épuisé par les secours prêtés à l'évêque d'Utrecht et au duc de Bourgogne. Il se hâta donc de conclure une trêve avec Rodolphe de Diephold, et il crut pouvoir compter sur Philippe le Bon. Mais ce prince, profitant de l'isolement où son allié se trouvait réduit, le somma, comme héritier du Brabant, de restituer les biens dotaux de Marie de Brabant, femme de Renaud III de Gueldre. Il fallut parer au plus vite à ce nouvel embarras. Arnould se rendit donc en toute hâte à la cour du duc Philippe, pour aplanir les difficultés qui auraient pu lui venir de ce côté; car il lui importait, avant tout, de se mettre en mesure de tenir tête à l'orage qui se préparait dans le pays de Juliers. Heureusement l'intervention du comte de Meurs parvint à empêcher cet orage d'éclater. Grâce à ce seigneur, des arbitres nommés par les deux partis se réunirent le 12 juillet 1429, et conclurent une trêve de quatre ans, pendant laquelle le *statu quo* serait observé de part et d'autre. Cette paix, que Robert de Berg avait posée, ne tarda pas à être rompue, ce prince étant mort en 1430, et son père Adolphe s'étant emparé de l'affaire en litige, avec cet esprit turbulent et belliqueux que l'histoire lui reconnaît. La guerre éclata donc. Elle promettait à Arnould des dangers d'autant plus réels, que les difficultés élevées par la maison de Bourgogne s'étaient aggravées au point que le duc Philippe cherchait par tous les moyens possibles à créer dans le duché de Gueldre un puissant parti en faveur d'Adolphe de Berg, et que, d'un autre côté, celui-ci était parvenu à faire fixer par l'empereur une diète où il prouverait la justice de ses prétentions sur ce domaine. Au milieu de ces menaçants embarras, les états du duché firent mettre le pays en bon état de défense, résolus qu'ils étaient à maintenir les droits d'Arnould. Mais l'empereur, malgré la résistance qu'il savait que le jugement qu'il allait prononcer rencontrerait dans la fidélité du duché à son chef, mit Arnould et tous ses partisans au ban de l'Empire. Le duc toutefois ne se laissa point effrayer par cette condamnation. Il pouvait compter sur son peuple : il voulut pouvoir compter aussi sur de bons alliés. Il conclut enfin en 1432, avec le duc de Bourgogne, une alliance offensive et défensive, qu'il n'obtint, il est vrai, que par de grands sacrifices ; et, peu de temps après, il conclut un traité aussi onéreux avec le duc de Clèves. Ainsi appuyé, il put non-seulement se maintenir solidement dans la Gueldre, mais encore, ayant envahi avec une armée le pays de Juliers, il voulut forcer Adolphe à accepter une bataille. Mais celui-ci, évitant avec soin toute rencontre décisive, se borna à réunir le plus de troupes possible, et à s'assurer de l'alliance de plusieurs seigneurs allemands, entre autres de l'archevêque de Cologne, avec l'aide desquels il réussit enfin à chasser les Gueldrois du territoire de Juliers. Le jugement impérial ne put donc être exécuté. En 1436, Arnould de Gueldre, pour récompenser les états de son pays de la fidélité qu'ils lui avaient témoignée dans cette longue et dangereuse querelle, leur donna, dans une grande assemblée tenue à Nimègue, une charte générale, dans laquelle il confirma tous les droits et les priviléges des nobles aussi bien que des villes. Ce fut un lien nouveau entre le prince et ses sujets. Cette union ruinait les dernières espérances du duc de Juliers, qui enfin consentit à traiter de la paix. Les négociations s'ouvrirent à Dalhem, dans le duché de Limbourg, où se rencontrèrent les députés d'Arnould de Gueldre, d'Adolphe de Juliers, et de Philippe de Bourgogne. La conclusion du traité se trouva bientôt singulièrement facilitée par la mort du duc Adolphe, auquel succéda son neveu Gérard de Berg et de Juliers, prince aussi pacifique que son oncle avait été guerrier.

Dès ce moment Arnould, n'ayant plus rien à craindre du dehors, ne s'occupa plus que de l'administration intérieure de son duché. L'Empire lui-même avait cessé ses menaces; car, en l'an 1442, on vit ce prince paraître tranquillement à la diète de Francfort, où l'empereur Frédéric III l'avait invité à se rendre.

Cependant tous les éléments de guerre n'étaient pas si bien éteints qu'ils ne fissent bientôt un nouvel effort pour éclater. C'était en 1443. Gérard de Berg et de Juliers avait mis sur pied des forces considérables, dans lesquelles Arnould vit une menace faite à la Gueldre. Il s'empressa de convoquer de son côté une armée qui pût tenir tête à celle de son voisin. Il s'attacha le duc de Clèves, tandis que Gérard attira dans son parti l'archevêque de Cologne et l'évêque de Liége, qui cependant ne purent lui prêter un secours efficace, celui-là se trouvant, bientôt après, entraîné dans une querelle avec l'évêque d'Utrecht, et celui-ci ayant conclu un accommodement avec le duc de Gueldre. Arnould, comptant sur l'affaiblissement que cette double défection avait apporté à son ennemi, entra aussitôt dans le territoire de Juliers avec deux mille hommes d'armes, et commença par mettre tout à feu et à sang. Gérard marcha au-devant de lui, et fit essuyer à ceux de Gueldre une déroute fort peu importante, il est vrai, mais dans laquelle le duc Arnould lui-même faillit être pris. Soixante-quatre chevaliers gueldrois étaient tombés entre les mains de l'ennemi; et les trophées de cette victoire ne furent tout simplement que de grosses rançons, que ceux de Juliers réclamèrent comme prix de la liberté de leurs prisonniers.

Cependant il s'était formé dans le duché une certaine opposition contre Arnould, qui s'efforçait de maintenir la charte qu'il avait donnée aux états à Nimègue, mais qui y réussissait d'autant moins que sa faiblesse extraordinaire augmentait chaque jour davantage les prétentions particulières des villes, dont les intérêts opposés se mirent bientôt en état d'hostilité. Le duc intervenait chaque fois dans les débats, mais chaque fois pour se créer de nouveaux ennemis dans les partis qu'il cherchait à concilier. Ce furent ces inimitiés intestines qui avaient engagé Gérard de Juliers dans l'entreprise qu'il avait voulu tenter contre la Gueldre, et dont nous venons de voir l'issue.

Pressé toujours davantage par les exigences des villes, le duc ouvrit enfin en 1450 une grande assemblée des états à Lobith, à l'effet de procéder à la nomination d'un conseil d'administration pour le duché. Les chefs-lieux des quatre quartiers du pays demandèrent que, outre les deux chevaliers que chaque quartier avait à élire, chacune des quatre capitales eût le droit d'en nommer deux autres, de sorte que le nombre en fût porté à seize. Le duc y consentit. L'assemblée close, il remit à ce conseil de nobles le gouvernement du pays, sous la présidence de la duchesse ; et il partit pour Rome, Naples et Venise, laissant ainsi les affaires se compliquer encore par son absence. Il ne revint qu'en 1452.

La faiblesse d'Arnould croissait de jour en jour, en raison des difficultés qui l'environnaient. Bientôt il en survint une qui menaça d'amener la ruine du duché, en y allumant la guerre civile. En voici la cause. Vincent, comte de Meurs, avait été investi de plusieurs fiefs dépendant du comté de Fauquemont, pendant la réunion des duchés de Juliers et de Gueldre. La séparation de ces deux seigneuries ayant été opérée, il cessa de se considérer comme vassal d'Arnould. Celui-ci, irrité de ce qu'il appelait une rébellion, voulut réduire le comte par les armes. Mais Vincent, sachant qu'il n'aurait pas de peine à obtenir du secours des gens de Nimègue, qui étaient fort opposés au duc, s'adressa à cette ville, laquelle en effet promit de le soutenir. C'était une étincelle qui pouvait mettre en feu le pays tout entier, et compromettre la couronne ducale elle-même.

Dans cette circonstance critique, la duchesse de Gueldre et son fils Adolphe résolurent de prendre en main les affaires du pays, et ils se prononcèrent pour le comte de Meurs. Ainsi la guerre civile s'alluma. Une partie du duché tenait pour le fils, l'autre tenait pour le père. Celui-ci se tourna alors vers le duc de Bourgogne, qui, se bornant à des promesses, ne fit rien pour son allié ; car il voyait sans doute avec plaisir ces dissensions s'envenimer, espérant y trouver plus tard l'occasion d'enrichir par ce moyen son héritage, déjà si riche et si beau. Arnould obtint cependant quelque secours du duc de Clèves, et put se mettre en campagne contre son fils, qu'il assiégea dans Venlo et contraignit à lui demander pardon.

Mais, non content de pardonner à son fils rebelle, Arnould, par un traité conclu à Batenburg, le chargea de l'administration de la ville et du royaume de Nimègue, ainsi que du territoire de Duiffel. Cette fatale condescendance ne tarda pas à porter ses fruits ; car la paix fut bientôt troublée de nouveau par Adolphe, qui fit enlever et maltraiter deux seigneurs de la cour de son père, au point qu'ils succombèrent aux violences dont ils avaient été les victimes. Arnould, voulant punir cette infraction au traité de Batenburg, somma son fils de comparaître à son tribunal. Mais Adolphe refusa de s'y rendre, et il se retira avec sa mère dans le Veluwe, rompant ainsi ouvertement avec son père. Il ne restait au duc qu'à tirer l'épée contre le jeune rebelle ; et il se disposait à prendre les armes, quand Adolphe quitta brusquement le duché, et se rendit à la cour de Philippe le Bon, pour y chercher de l'appui. Mais sa demande ayant été repoussée, il prit le parti d'aller accomplir un pèlerinage en Orient. A son retour, il épousa à Bruxelles Catherine de Bourbon, belle-sœur du comte de Charolais, et parvint à se faire pour la seconde fois recevoir en grâce par son père.

La Gueldre cependant se déclarait de plus en plus contre Arnould. Les villes de Nimègue, d'Arnheim et de Zutphen lui étaient plus que jamais hostiles, et Vincent de Meurs y gagnait une influence toujours plus grande, à cause de la lutte qui n'avait cessé de régner entre lui et le duc. Celui-ci pouvait encore, il est vrai, compter sur le duc de Clèves, dont l'alliance ne lui avait point fait défaut. Mais, sur ces entrefaites, Adolphe et sa mère rentrèrent brusquement dans le duché, décidés à tout risquer pour parvenir à s'emparer du pouvoir. Ils commencèrent par s'attacher au parti à la tête duquel se trouvait placée la ville de Nimègue, et réussirent à y faire entrer les villes du haut quartier du pays, à l'exception de celle de Ruremonde. Jusque-là tout s'opérait dans le plus grand secret, le moment n'étant pas encore venu d'agir au grand jour. Mais ce moment arriva bientôt. Quelques chevaliers, pour en finir promptement, proposèrent au jeune Adolphe et à la duchesse de s'emparer d'Arnould, et de l'enfermer dans un château fort. Le fils dénaturé, et sa mère, applaudirent à ce projet. Mais plus il était perfide, plus il fallait de prudence pour l'exécuter. Aussi, toutes les chances furent combinées avec un art incroyable. On se rapprocha lentement du duc, on l'entoura de prévenances, on recherccha ses bonnes grâces, de loin d'abord, de près ensuite. La duchesse s'était rendue pendant les fêtes de Noël à Grave, où le duc tenait sa cour. Adolphe l'y avait suivie le jour des Rois 1445. Le vieillard, trompé par les faux semblants d'affection que sa femme et son fils ne cessaient de lui témoigner, leur avait rendu toute sa confiance. Cet aveuglement le perdit. En effet, au milieu d'une nuit ténébreuse et glaciale, Adolphe introduisit dans le palais ducal une troupe de gens de guerre qu'il avait fait venir de Nimègue, et fit saisir son père dans son lit. Bien que la rigueur de la saison fût extrême, le prisonnier fut jeté dans une barque, mal couvert, et se plaignant, avec des larmes amères, et du froid, et de l'ingratitude de son fils. Mais Adolphe, sans écouter les plaintes du vieillard, lui fit passer la Meuse, et le transporta d'abord à Lobith, ensuite à Buren, où il l'enferma.

Tous les princes voisins furent grandement émus, en apprenant l'acte de violence qu'Adolphe venait d'exercer sur son père. Le duc de Clèves surtout adressa à ce sujet les plus pressantes remontrances à son neveu. Mais celui-ci n'en tint aucun compte. Il s'arrogea, autant qu'il put, l'administration du duché, et voulut par de mauvais traitements forcer enfin son père à abdiquer le pouvoir. Ce moyen lui réussit. Arnould délia tous ses sujets de leur serment de fidélité, et Adolphe, cet indigne fils, se fit inaugurer, le 15 janvier, duc de Gueldre à Doesburg. Cependant tant de perfidie ne devait pas rester impunie. Le duc de Clèves fut le premier à prendre les armes, et à rallier à son drapeau plusieurs autres seigneurs gueldrois. Les prélats d'Utrecht et de l'archevêché de Cologne cherchaient de leur côté un prétexte pour se déclarer contre Adolphe: ils le trouvèrent dans quelques difficultés suscitées à propos de certains péages prélevés illégalement sur des marchands de leurs diocèses, tandis que, dans le duché même, Ruremonde refusait toujours de reconnaître le nouveau prince.

Les épées de Clèves entrèrent les premières sur le territoire de la Gueldre, et dévastèrent tout le pays de Nimègue. Adolphe, de son côté, entra sur les terres de Clèves, où il exerça de sanglantes représailles.

Cette guerre avait duré une année tout entière, et elle apportait de graves préjudices au commerce du Brabant. Aussi Philippe de Bourgogne adressa bientôt des plaintes sévères au fils d'Arnould. Ces remontrances réitérées, et l'épuisement des finances, auquel Adolphe avait vainement tenté de remédier, en accordant à grand prix d'argent des priviléges exorbitants aux villes, le décidèrent enfin à conclure, au commencement de l'an 1467, avec le duc de Clèves une suspension d'armes, dans laquelle il fut stipulé que le duc Arnould sortirait de son cachot; qu'il obtiendrait Buren, Lobith, ou une autre forteresse du duché; qu'il lui serait donné un état convenable à son rang; et qu'on lui accorderait la liberté de chasser, de pêcher, d'aller et de se tenir où bon lui semblerait, toutefois sous la surveillance nécessaire. Ce traité signé, le duc de Clèves déposa les armes; mais Adolphe n'exécuta pas les conditions auxquelles il venait de souscrire; car il craignait toujours que son père ne se mît à la tête de quelque parti. Il recommença même la guerre contre le duc de Clèves, et obtint pour allié l'archevêque de Cologne; mais il fut forcé de nouveau à demander la paix, qu'il rompit derechef. Alors recommencèrent les ravages et les dévastations, jusqu'à ce qu'enfin le duc Charles le Téméraire interposa sa médiation en 1469. Adolphe eut l'air de céder, vaincu cette fois en apparence par la perte de sa femme Catherine de Bourbon, et par l'anathème qui pesait sur lui depuis qu'il avait si indignement jeté son père dans les fers. En 1470, il convoqua à Nimègue les états du pays, et les pria de consentir à la mise en liberté du duc prisonnier. Ceux de Nimègue et tous les seigneurs ennemis du vieux Arnould se prononcèrent formellement contre la proposition; et Adolphe ne demandait pas mieux que de se rallier à leur volonté. Mais Charles de Bourgogne, poussé par Guillaume d'Egmont, frère du vieux duc, et par le duc de Clèves, manda l'usurpateur à Hesdin, afin de s'y justifier de l'infraction qu'il venait de faire à la paix. Un cardinal-légat du saint-siège y était présent, et reprocha vivement à Adolphe l'attentat dont ils s'était rendu coupable; mais celui-ci allégua le serment qu'il avait prêté aux états, et par lequel il s'était engagé à ne rien décider sans leur consentement. Toutefois Charles de Bourgogne insista si vivement, qu'Adolphe donna l'ordre écrit de relâcher son père. Sur cette lettre, portée, sans délai, au commandant du château de Buren, le prisonnier fut tiré de son cachot et conduit à Bois-le-Duc, d'où il se rendit à Hesdin. Partout il fut accueilli avec autant de respect et de vénération que son fils le fut avec mépris. Arnould revint ainsi au monde, portant la double couronne de la vieillesse et du malheur.

Cependant le bruit se répandit en Gueldre que le duc Charles, non content d'avoir fait remettre en liberté le père, allait faire saisir le fils. L'inquiétude fut grande dans le pays, quand cette nouvelle y fut accréditée. Aussi, dans l'alarme qu'elle produisit, les états se réunirent à Zutphen, et prirent la résolution de défendre et de conserver le duché au nom d'Adolphe. Cette décision adoptée et signée, ils en donnèrent communication au duc Charles, qui se plaignit amèrement de l'intention qu'on lui avait prêtée. L'assemblée publia, en outre, un manifeste, dans lequel elle exposa toutes les raisons qui avaient motivé l'arrestation et la captivité du duc Arnould.

Charles de Bourgogne, après avoir longuement traité cette querelle de famille, voulut réintégrer Adolphe dans la Gueldre, à condition que la ville de Grave continuerait à appartenir au vieux Arnould, auquel le duché payerait, en outre, une pension de six mille florins d'or. Mais Adolphe se refusa à cet arrangement, disant:

— J'aimerais mieux jeter mon père dans un puits et m'y précipiter après lui, que d'accepter une pareille proposition. Voici déjà quarante ans qu'il est duc; il est temps enfin que mon tour arrive.

Bientôt après, il s'échappa brusquement de la cour de Bourgogne; mais, ayant été reconnu dans sa fuite en voulant passer la Meuse, il fut arrêté. On le transporta d'abord au château de Namur, puis à celui de Vilvorde, et enfin à celui de Courtrai.

Après l'arrestation de son fils, le vieux Arnould écrivit des lettres aux états de Gueldre, dans lesquelles il les somma de le reconnaître comme leur prince légitime. Ensuite il s'occupa, avec l'aide de Charles de Bourgogne, à mettre sur pied une armée, et il pénétra dans son duché. Les fêtes de Pâques 1471 terminées, il entra, sans coup férir, dans la ville de Grave, qui lui ouvrit ses portes; mais il fut forcé de réduire le château fort par les armes. Cette entreprise lui réussit; Gelder et Ruremonde se soumirent sans résistance. Mais les autres villes du pays persistèrent dans le refus de le recevoir; et comme Charles, fils aîné d'Adolphe, n'avait pas encore atteint sa majorité, elles conférèrent au comte Vincent de Meurs l'administration intérimaire du duché. Ce ne fut pas tout: les chefs-lieux des trois quartiers supérieurs de la Gueldre et les seigneurs conclurent un autre traité, en vertu duquel ils s'engageaient à garder entre eux bonne alliance et à s'assister mutuellement. Toutes les lettres qu'Arnould put envoyer aux villes en particulier, telles que Zutphen et Arnheim, demeurèrent sans aucun résultat. En sorte que, voyant l'impossibilité de reconquérir le territoire de son duché, il prit, vers la fin de l'an 1472, à Saint-Omer, la résolution de vendre la Gueldre à Charles le Téméraire pour quatre-vingt-douze mille florins d'or, en se réservant toutefois le titre de duc, et l'autorité souveraine dans le pays. Quant à l'administration, elle fut laissée à Charles de Bourgogne, qui obtint le droit de faire occuper par ses hommes une place forte à son choix dans chacun des quatre quartiers. Ce marché conclu, le Téméraire entra aussitôt dans le duché, fit démanteler les villes de Nimègue et de Venlo, pour refréner leur esprit de rébellion, et sévit contre une partie des seigneurs qui s'étaient montrés le plus acharnés contre le vieux Arnould. Celui-ci s'était assuré la jouissance viagère de la ville et du château de Grave, où il passa les derniers mois de sa vie. Il y mourut le 23 février 1473. Le duc Charles se mit aussitôt en possession de la Gueldre, qui dès lors se trouva attachée aux domaines de la maison de Bourgogne.

LIVRE VI.

HISTOIRE DE L'ÉVÊCHÉ D'UTRECHT JUSQU'A DAVID DE BOURGOGNE.

CHAPITRE PREMIER.

DEPUIS L'ORIGINE DE L'ÉVÊCHÉ JUSQU'A L'EMPEREUR ARNOULD.

L'origine la plus probable du nom d'Utrecht est celui d'*Outrecht* (*vetus Trajectum*), par lequel la capitale de l'évêché se trouve désignée dans les documents du IXe siècle, bien que cette ville y soit fréquemment appelée aussi *Trajectum ulterius* ou *ultrajectum*, comme opposition au nom de *Trajectum superius* que portait la ville de Maestricht, également située sur le territoire des Francs. Les habitants du territoire environnant paraissent avoir porté anciennement le nom de *Wiltés*; car Utrecht est appelé, dans d'autres documents, *oppidum Wiltorum*. Quelle que soit l'origine romaine ou franque de cette ville, il est certain qu'elle ne fut érigée en place forte et en siége épiscopal que dans les temps de Charles Martel, comme nous l'avons déjà dit.

Le premier chef de cet évêché fut saint Willibert ou Willibrord, de Northumberland, qui, ayant été sacré à Rome évêque des Frisons, s'établit à Utrecht, et y mourut en 739, après avoir, le premier, répandu dans cette contrée les lumières de l'Évangile. Son disciple saint Albert, fils du roi Oswald de Deira, qui prêcha et mourut dans le Kennemerland, fut enseveli à Hattum, appelé plus tard Egmont, près d'Alkmaar. Un autre de ses disciples, saint Werenfried, sema la doctrine du christianisme dans le Bétuwe, où il mourut, et fut enterré à Elst.

Déjà du vivant du premier de ces prélats, comme il résulte du testament même de saint Willibrord, l'évêché comptait, outre la ville d'Utrecht, plusieurs possessions importantes, parmi lesquelles se trouvait l'Église d'Anvers avec toutes ses dépendances.

L'évêché d'Utrecht était situé dans le comté d'Insterlak, qui faisait partie du Teisterband, lequel était, comme nous l'avons dit, une réunion de plusieurs comtés.

Avant de mourir, Willibrord désigna pour son successeur son disciple et compagnon saint Boniface, que le saint-siége avait déjà sacré évêque des Germains, et qui obtint pour sa nouvelle Église les priviléges les plus étendus, d'abord de Charles Martel, ensuite de Pepin le Bref. Mais Boniface n'administra point par lui-même ce diocèse, absorbé qu'il était ailleurs par le cercle trop étendu de ses travaux apostoliques; mais il délégua successivement le siége d'Utrecht aux soins de ses deux disciples, Éoban et Grégoire de Trèves.

Ce dernier, issu d'une famille franque très-considérable, succéda à Boniface, et mourut entre l'an 765 et 784. Il laissa l'évêché à Albert d'York, qui, plus tard, cumula avec ce siége celui de Cologne, et obtint de Charlemagne d'importantes donations. L'année de la mort de ce prélat n'est point connue. Après lui on voit se succéder rapidement dans le diocèse d'Utrecht, d'abord Théodard, savant frison, pendant l'administration duquel Charlemagne luttait encore avec Wittekind; ensuite Erwachter ou Harkamar, qui, selon les uns, fut originaire de la Frise, selon les autres, de Northumberland; enfin Rixfried, également

Frison, qui vivait encore en 815, et reçut de Charlemagne la ville de Wykby-Duurstede, et tous les impôts et les dîmes auxquels avait eu droit jusqu'alors la chambre impériale dans le diocèse d'Utrecht.

Frédéric, disciple de Rixfried et issu d'une famille frisonne, obtint la crosse après la mort de son maître. Les paroles que l'on assure lui avoir été adressées par l'empereur Louis le Débonnaire, le lendemain du jour où il fut inauguré sur le siége épiscopal, nous montrent suffisamment que les idées païennes avaient encore racine dans certaines parties du diocèse d'Utrecht. « *Est autem*, dit l'empereur, *Walachria tuæ diœcesis insula multum infamis, ubi, proh dolor! concumbere dicitur non solum frater sorori, verum etiam filius suæ propriæ genitrici.* » Quant à la Frise proprement dite, elle était grandement infectée de l'hérésie des ariens; et ce fut pour l'extirper que Frédéric envoya à Stavoren saint Odulphe d'Oirschot. Dans la tâche difficile qu'il eut à accomplir, Frédéric ne démentit pas un seul instant son zèle, si bien qu'il finit par en devenir la déplorable victime. Il s'attira la colère de l'impératrice Judith, dont il avait sans ménagement réprimandé les relations avec le marquis Bernard de Barcelone; et il fut misérablement assassiné par ordre de cette princesse, en 838.

Ici se succédèrent plusieurs évêques à peu d'années d'intervalle. Ce fut d'abord le frère de Frédéric, Albert II, sous le règne duquel le diocèse fut dévasté par les Normands; ensuite Eginhard, qui n'est cité que dans un diplôme de l'empereur Lothaire I; puis, le Frison Ludger; enfin, un autre Frison, Hunger, sous lequel les Normands exercèrent de nouveaux ravages dans l'évêché. En 866, la crosse échut derechef à un Frison nommé Odilbald, qui régna jusqu'au temps de l'empereur Arnould.

Sous ce dernier évêque, l'église de Saint-Martin d'Utrecht avait déjà acquis une grande importance territoriale, grâce à la faveur des empereurs et à la pieuse libéralité des seigneurs.

CHAPITRE II.
JUSQU'A L'ACQUISITION DU HAMELAND. 1046.

Après la mort d'Odilbald, le chapitre, d'une voix unanime lui choisit pour successeur Egilbold, également d'origine frisonne. Ce prélat était fort considéré à la cour de Zwentibold; mais il n'administra son Église que pendant deux années, et il fit place à Radbod, qui descendait par sa mère de l'ancien chef frison du même nom. Radbod était un homme fort savant, élevé à la cour de France, et instruit dans les sciences philosophiques, telles qu'elles étaient cultivées à l'époque où il vécut. La ville d'Utrecht ayant été entièrement ravagée par les hordes normandes, il transporta sa résidence à Deventer, et s'appliqua avec ardeur à réparer les désastres auxquels son diocèse avait été soumis par les furieuses invasions de ces barbares. Mais les Normands l'arrêtèrent à plus d'une reprise dans ce travail de restauration, jusqu'à ce qu'enfin on eût réussi à les expulser entièrement des terres de l'évêché. Radbod succomba à cette grande tâche en l'an 917, et fut enterré à Deventer, après avoir en 914 obtenu de l'empereur Conrad I la confirmation des droits et des priviléges que l'Église d'Utrecht avait reçus des rois francs précédents.

Son successeur fut Baldric, que l'on croit issu des comtes de Clèves, et qui vivait à la cour de Henri l'Oiseleur, dont il éleva les deux fils : l'un qui, plus tard, figura dans les fastes de l'Empire sous le nom d'Otton le Grand; l'autre, que nous avons déjà rencontré dans l'histoire de la basse Lotharingie, et qui fut archevêque de Cologne sous le nom de Brunon.

Le premier projet de Henri l'Oiseleur avait été de donner à Brunon la succession de Radbod; mais, comme le territoire de l'évêché était constamment exposé aux invasions des pirates normands; comme la ville d'Utrecht elle-même demandait à être relevée des ruines où ces barbares l'avaient mise, et que, en un mot, ce siége réclamait un bras énergique, il conféra le diocèse à Baldric. C'était là, en effet, un homme d'un esprit de fer, dans la main duquel la crosse valait une épée. Il ramena à Utrecht les chanoines fugitifs, remit l'ordre dans les finances de sa cathédrale, restaura les églises, fortifia la ville; bref, il fit tout pour cicatriser les blessures que les hordes du Nord avaient faites à l'évêché, et il se montra en toutes choses digne de la tâche qu'il était appelé à remplir. Aussi, les rois ses contemporains le secondèrent-ils le plus qu'ils purent dans son œuvre. Ainsi Henri I lui donna la confirmation de tous les droits et de tous les priviléges de Saint-Martin, et lui fournit les moyens de paralyser entièrement les expéditions que les Normands pourraient encore méditer contre les terres utrechtoises. Ainsi, enfin, Otton I l'enrichit d'un grand nombre de donations et de faveurs nouvelles.

Après une vie laborieuse, et plus de cinquante ans consacrés à relever son évêché des désastres qui l'avaient affligé, Baldric mourut en 976.

Il eut pour successeur Volcmar, sur lequel l'histoire est entièrement muette, et dont l'administration n'y a laissé qu'une date, celle de 989. Nous ne possédons guère plus de détails sur Baudouin, qui, issu de la famille des comtes de Hollande, recueillit l'héritage de Volcmar, et mourut en 994.

Mais bientôt s'ouvre un règne plus important, celui d'Ansfried, qui, après avoir d'abord occupé un des comtés du Teisterbant, fut investi de la dignité épiscopale. Il enrichit l'Église d'Utrecht de toutes les vastes possessions qu'il avait dans le marquisat de Ryn, telles que Westerloo, Meerbeke, Oudlo, Hombeke. Son exemple et ses exhortations engagèrent plusieurs autres seigneurs à faire don à l'évêché de tous leurs biens. Les empereurs Otton III et Henri II la pourvurent également de donations remarquables. Enfin, sous aucun de ses évêques, Utrecht ne fut aussi magnifiquement doté que sous l'épiscopat d'Ansfried. Ce diocèse, dont Charles Martel avait jeté les fondements, et que Willibrord avait trouvé si humble à son origine, avait acquis maintenant une puissance telle, que les princes voisins étaient forcés de compter avec elle.

L'organisation politique d'Utrecht était, dans son principe, à peu près la même que celle de l'évêché de Liége : seulement il est probable que, pour attacher davantage les habitants à la capitale, au milieu des périls toujours renaissants dont les Normands la menaçaient, il leur fut accordé, presque dès l'origine, des droits et des priviléges beaucoup plus étendus. Puis encore, pour le même motif, le nombre des seigneurs qui servaient l'évêque de leur épée, et l'importance dont ils jouissaient dans l'État, ont dû y être beaucoup plus grands qu'ils ne le furent à Liége. L'ancienne dénomination d'Hommes de Saint-Martin, sous laquelle étaient compris tous les habitants d'Utrecht, prouve que cette ville ne pouvait pas être regardée comme une commune libre, dans le sens strict de ce mot. Car ils étaient tenus de servir saint Martin, c'est-à-dire l'évêque, de leurs bras dans la guerre, et de lui payer des impôts pour la protection qu'il étendait sur eux; libres du reste comme ces fiers Frisons qui se saluaient toujours par ces paroles énergiques : *Tala, fria Fresena, Salut, libre Frison*; avec cette différence toutefois qu'Utrecht ne dépendait point des empereurs, et que l'évêque, au lieu d'exercer simplement une charge impériale, régnait au nom de sa cathédrale, placée elle-même directement sous la protection de l'Empire.

L'évêque avait, pour administrer son évêché, un haut avoué qui présidait la justice et qui commandait à la guerre ; ensuite il avait de simples avoués dans les districts particuliers où ils exerçaient le même pouvoir. Le haut avoué portait quelquefois le nom de comte ou de châtelain d'Utrecht, *comes* ou *castellanus Trajectensis*. Dans des temps plus rapprochés de nous, il y avait dans la ville d'Utrecht, outre ce dignitaire, un écoutète ou bailli, que secondait un tribunal d'échevins, dont les membres assistaient même parfois le châtelain dans ses sessions judiciaires. Le nombre de ces échevins a probablement de tout temps été de douze ; du moins il était ainsi fixé pendant les derniers siècles du moyen âge.

Nous avons déjà signalé les querelles qui eurent lieu sous le règne d'Adelbold, successeur d'Ansfried, au sujet du Holtland ou de la Hollande. Ce prélat, avant d'avoir été investi de la crosse, avait longtemps été le fidèle conseiller de l'empereur Henri II, qui lui donna de grandes marques de sa munificence, comme fit aussi plus tard, en 1027, l'empereur Conrad II, dont Adelbold obtint tout le territoire de Teisterbant.

Après la mort de ce prélat, le siége d'Utrecht fut vivement disputé, comme il méritait de l'être en effet, à cause de l'importance qu'il avait acquise. Enfin, pour mettre un terme à ce débat, Conrad II vint lui-même à Utrecht. Pendant qu'il se trouvait en cette ville, sa femme donna le jour à un enfant. Elle était logée dans la maison de Bernulf, prêtre de l'église de Saint-Martin, qui courut en toute hâte porter cette nouvelle à l'empereur, auquel le chapitre venait précisément de s'en référer pour le choix d'un nouvel évêque. Quand le messager fut arrivé, et qu'il eut annoncé à Conrad que l'impératrice lui avait donné un fils, l'empereur se leva, et, s'adressant aux chanoines : — Voilà, dit-il, celui qui sera votre évêque.

Le chapitre répondit par de vives acclamations aux paroles de l'empereur, et Bernulf fut inauguré sur le siége épiscopal. Ce choix avait été le résultat d'un entraînement du cœur ; la suite prouva qu'il était une véritable inspiration. Bernulf fut, en effet, un des prélats les plus sages qui aient tenu l'évêché d'Utrecht. Il maintint la paix avec les princes voisins, et il gouverna par la justice. S'il fallait lui donner un surnom, c'est à celui de Bâtisseur qu'il aurait le plus de droit ; car il construisit deux nouvelles églises à Utrecht, leur donna des chapitres, et les dota richement ; il en éleva une autre à Deventer ; partout il restaura et agrandit celles que ses prédécesseurs avaient négligées. Mais, outre qu'il entassa ainsi édifice sur édifice, il agrandit aussi les domaines de l'évêché, grâce aux nombreuses donations dont l'empereur Henri III le pourvut. Parmi ces donations, les plus importantes par leur étendue furent le comté de Drenthe, et surtout la ville de Deventer, avec le comté de Hameland ou de Zutphen.

CHAPITRE TROISIÈME.

JUSQU'A L'ÉVÊQUE JEAN D'ARKEL. 1342.

Plus les domaines de l'évêché devenaient puissants, plus les princes voisins devaient chercher à y placer quelque membre de leur famille, pour augmenter ainsi leur propre influence et affermir leur propre autorité.

Aussi, après Bernulf, mort en 1054, ce fut Guillaume, frère du grand bailli de Gueldre, qui fut investi de la prélature. Nous avons vu, dans l'histoire de Hollande, quels embarras ce prélat suscita aux souverains de ce comté. Le rôle qu'il joua dans ces débats nous prouve le degré de puissance où l'humble évêché de Willibrord était parvenu à cette époque. Son successeur, l'évêque Conrad, né en Souabe, lequel avait été précepteur de l'empereur Henri IV, ne se montra pas moins terrible dans la lutte contre la Hollande. Mais il ne se borna pas à cela seulement; il ajouta à son tour de nouvelles seigneuries au diocèse que son impérial disciple lui procura : ce furent celle de Broeckershoven dans le Veluwe, celle de Stavoren en Frise, enfin celle de l'Ostrachie et de la Westrachie.

Nous avons vu les évêques d'Utrecht devenir plus guerriers à mesure que leur puissance s'est accrue. Guillaume et Conrad nous offrent des types de ces prélats chevaleresques du moyen âge, qui maniaient la crosse aussi bien que la masse d'armes; car, l'Église leur défendant de se servir de l'épée, ils assommaient, ils n'égorgeaient pas. Ce fut par l'épée que Conrad périt, non pas sur un champ de bataille, il est vrai, comme un homme de guerre, mais dans son palais, par la main d'un assassin. Il avait entrepris de faire bâtir à Utrecht une église à la Vierge, mais il ne put parvenir à rendre le terrain assez solide pour en soutenir les piliers. Alors se présenta un Frison, chef d'une de ces corporations maçonniques qui parcouraient les pays pour élever ces vastes édifices religieux dont la construction réclamait de grandes connaissances techniques. Il offrit de se charger de l'édification de l'église, consentant à subir la mort s'il ne parvenait à l'achever selon les désirs de l'évêque; mais exigeant une somme considérable en cas qu'il réussît. Le prélat trouva le prix exorbitant ; mais il corrompit le fils de l'architecte, qui lui confia tous les secrets de la science paternelle. Maître de ces plans, Conrad reprit lui-même son ouvrage, et le mena heureusement à bonne fin. Le Frison irrité jura de faire mourir l'évêque, et accomplit sa vengeance au mois d'avril 1099. Il pénétra dans le palais épiscopal, et frappa l'évêque à mort.

Ici se présente de nouveau, sur le siége d'Utrecht, une succession de deux évêques, dont le règne n'est d'aucune importance majeure pour l'histoire de ce diocèse. Nous nous bornerons donc à citer simplement leurs noms.

C'est d'abord Burkard, dont l'origine est inconnue, et qui mourut en 1112.

C'est ensuite Godebald, qui, sorti d'une famille frisonne, ne se distingua que par son zèle pour le maintien de la discipline monastique. Il s'éteignit en 1128.

Mais voici venir un prélat dont le règne sut rendre à l'histoire de l'évêché ce mouvement et cette vie que Guillaume et Conrad y avaient donnée. Ce fut André de Cuyck. Un des premiers actes de son autorité fut la réconciliation de sa famille avec celle des comtes de Hollande, qui n'avait pu oublier jusqu'alors le meurtre commis, près de Hemert, sur Florent I, par le comte de Louvain et par le sire de Cuyck. Mais cette paix ne fut guère de longue durée; car elle fut rompue par un nouveau meurtre commis par les hommes de l'évêque sur Florent, frère de Thierry VI, comte de Hollande. Ce crime ralluma la guerre entre ce prince et l'évêque. Nous avons vu, dans l'histoire de Hollande, comment elle se termina (1).

Après André de Cuyck, mort en 1138, l'évêché fut successivement occupé par Heribert ou Herbart, qui réussit à obtenir en 1148, de l'empereur Conrad, l'Ostrachie et la Westrachie, à l'exclusion de la Hollande, et mourut en 1150 ; ensuite par Herman de Hoorn, qui parvint à la crosse grâce à l'appui des princes de Hollande, de Gueldre et de Clèves, et après deux années de luttes contre les partisans de Frédéric de Hovel, que les gens d'Utrecht lui opposaient ; puis par Godefroi de Rheenen, qui enrichit l'évêché de la seigneurie de Rheenen, et succomba en 1178 ; enfin, par Baudouin, frère de Florent III, comte de Hollande.

Sous ce prélat nous trouvons les ducs de la basse Lotharingie investis du comté de Veluwe comme d'un fief épiscopal d'Utrecht, sans que nous sachions de quelle manière Baudouin

(1) V. ci-dessus page 172.

lui-même y parvint. Nous avons vu à quelle guerre sanglante cette investiture donna lieu entre l'évêque et le comte de Gueldre (1). Baudouin mourut le 21 avril 1196, à Mayence, où il était allé demander des secours à l'empereur pour continuer cette lutte.

Le lecteur sait déjà à quelles âpres querelles la succession de Baudouin donna lieu entre Thierry de Hollande et Arnould d'Isenburg (2). Nous avons également touché les points les plus importants de l'histoire des évêques qui se suivirent sur le siége d'Utrecht depuis Baudouin, à savoir : Thierry I de Hollande, qui succéda à Arnould en 1198, et ne survécut guère à son élévation ; Thierry II, d'Aarburg (3), dont la mort survint en 1212; Otton II, de Lippe, sur lequel l'influence des comtes de Hollande et de Gueldre parvint à faire tomber le choix du chapitre, et qui, après une vie usée à demi dans les croisades en Orient, à demi dans les guerres avec ses voisins, périt misérablement en 1226, dans les marais de Koeverden, en combattant comme il l'avait fait en Palestine (4) ; Willibrand d'Oldenbourg, que la mort enleva en 1233, pendant qu'il s'occupait de venger la mort d'Otton de Lippe (5) ; Otton III, de Hollande, qui mit un terme à la guerre désastreuse que ses prédécesseurs avaient depuis si longtemps soutenue dans le pays de Drenthe, et laissa, après sa mort, survenue en 1249, le trésor épiscopal richement fourni, et les finances relevées du désordre où elles étaient tombées; Goswyn d'Amstel, qui succéda à Otton III, et qui céda la place à Henri de Vianden, neveu du comte de Hollande, en 1150 ; et enfin Jean I de Nassau, sous lequel les paysans de Kennemerland forment un des épisodes les plus dramatiques de cette longue histoire des soulèvements dont les classes agricoles nous offrent le spectacle pendant tout le moyen âge (1). Après que les paysans se furent emparés, en 1268, de la ville d'Utrecht, ils aidèrent les bourgeois à en chasser les patriciens, et à remplacer le magistrat noble par des hommes tirés des métiers utrechtois. Ils gouvernèrent ainsi en maîtres la ville pendant deux ans. Un des chevaliers épiscopaux réussit enfin à les chasser eux-mêmes, et à les refouler dans leur territoire. Cependant la retraite de leurs alliés, et le retour de la noblesse de l'évêque, n'empêchèrent pas les bourgeois de faire plus tard de nouvelles tentatives pour s'emparer du pouvoir. Mais ils furent complètement battus par Nicolas van Kats et par les chevaliers hollandais. Tous ces troubles civils inquiétaient fort peu l'évêque Jean, qui ne prenait souci que de tirer de son évêché le plus d'argent possible. Il abusait de toutes les manières de son autorité, engageait les terres, les châteaux et même les villes du diocèse ; en un mot, il administrait si mal, qu'enfin un chapitre général fut ouvert, auquel s'adjoignirent le comte de Hollande et plusieurs autres des principaux vassaux de l'Église d'Utrecht, pour déclarer la déchéance du prélat. Sa déposition fut prononcée en 1288, et approuvée par le pape.

Jean I laissa l'évêché singulièrement obéré. Jean II, comte de Sierk en Lotharingie, qui lui succéda, eut à réparer d'abord les brèches faites à la fortune publique, ensuite à libérer les domaines engagés par son prédécesseur. Avec l'aide du comte de Hollande, il parvint à ressaisir ainsi les forteresses de Vredeland et de Montfoort. Mais à peine eut-il accompli cette rude tâche, qu'il renonça en 1296, pour le siége de Toul, à celui d'Utrecht, dans lequel il eut pour successeur Guillaume Berthold de Malines, qui, distingué par la profondeur de ses connaissances, remplissait à la cour de Rome de hautes fonctions ecclésiastiques.

---

(1) Voyez ci-dessus, page 200.
(2) Voyez ci-dessus, page 202.
(3) Voyez ci-dessus, page 202.
(4) Voyez ci-dessus, page 203.
(5) Voyez ci-dessus, page 203.

(1) Voir notre *Étude sur les causes des soulèvements et des guerres des paysans au moyen âge*. 1 vol. in-8°, Liège, 1841.

Dès que Guillaume eut revêtu le pouvoir, il commença contre la Hollande cette guerre qui eut pour résultat d'adjuger à cette dernière l'Amstelland et la seigneurie de Woerden (1). La science même de ce prélat lui fut aussi fatale que le lui furent les armes hollandaises. Exhumant et examinant avec son esprit de jurisconsulte toutes les questions qui se rattachaient aux fiefs qu'il jugeait dévolus de droit à son Église, il ne manqua pas de se créer un grand nombre d'ennemis parmi les chevaliers utrechtois. Ce fut bientôt un noyau d'opposition prêt à servir celui qui aurait la volonté de s'en emparer. Le comte Jean de Hollande-Hainaut entreprit de tirer avantage de ces dispositions hostiles, et il réussit à se former un parti puissant dans l'évêché. Les nobles, étant ainsi assurés de l'appui du comte, commencèrent à se prononcer ouvertement contre le prélat. Ils s'emparèrent de sa personne, et l'enfermèrent au château de Lichtenberg, où ils le retinrent prisonnier pendant une année tout entière. Cette longue captivité ennuya si bien l'évêque, qu'il se dégoûta complétement de son diocèse, et que, relâché de sa prison, il partit pour Rome, afin de se démettre de sa dignité entre les mains du souverain pontife. Mais le pape refusa d'accepter cette résignation, et ordonna à l'évêque de Munster de prêter secours à Guillaume d'Utrecht contre ses vassaux. Guillaume rentra donc dans son diocèse, rassembla dans le comté d'Yssel une armée avec laquelle il descendit dans l'évêché. Il tenta d'abord de reprendre sa capitale, mais il fut bravement repoussé. Pendant ce temps, les chevaliers utrechtois avaient eu le loisir de s'armer de leur côté. Ils marchèrent contre l'évêque. Les deux armées se rencontrèrent, le 12 juillet 1301, près de Hoogewoerden. Au premier choc la victoire parut pencher en faveur de Guillaume. Mais l'arrivée de Zweder de Montfoort avec ses gens d'armes vint tout à coup la décider en faveur des rebelles, et le prélat lui-même resta sur le champ de bataille.

Si la mort de l'évêque délivra ainsi les nobles d'un chef qui leur était importun, elle ouvrit le champ à des divisions nouvelles. Il s'agissait de pourvoir à la vacance du siége épiscopal, et deux partis se formèrent : l'un, la faction hollandaise, se prononça pour Gui d'Avesnes ; l'autre, pour Rodolphe de Waldeck. Le premier s'installa à Utrecht même ; le second s'établit dans l'Over-Yssel et dans les fiefs frisons de l'évêché. L'Église utrechtoise avait ainsi deux chefs qui commencèrent à lutter avec des forces à peu près égales. Gui d'Avesnes succomba d'abord, grâce à des querelles intestines élevées dans sa capitale entre le peuple et la noblesse : il fut jeté en prison, et ses ennemis occupèrent la ville, où ils changèrent le magistrat dans le sens du parti populaire. Mais, relâché bientôt, il parvint à réconcilier les factions, et à s'affermir sans partage sur le siége de l'évêché. Son autorité était établie déjà sur une grande partie du diocèse. Il voulut l'étendre aussi sur les Frisons, qui refusaient toujours de s'y soumettre. Il prit donc les armes contre eux ; mais il interrompit un moment cette campagne, pour se rendre au concile de Vienne. A son retour, il les trouva occupés du siége de Vollenhoven, les força à la retraite, et les soumit complétement.

Toutes ces luttes avaient entièrement épuisé l'évêché. Les finances surtout étaient dans un dérangement déplorable. Aussi, le repos obtenu, il fallut songer à les réparer. C'est pourquoi l'évêque alla passer cinq années en France (1312-1317), où, vivant dans la plus profonde retraite, il rétablit si bien par son économie le trésor épiscopal, qu'à son retour dans le diocèse il libéra le pays de toutes ses dettes. Il mourut en mai 1317.

Son successeur, Frédéric de Sierk, était personnellement si pauvre, qu'il ne tarda pas à devenir un objet de mépris pour ses riches vassaux. A ce mépris des grands ne tarda pas à se join-

---

(1) Voyez ci-dessus, page 188.

dre la haine des petits; car l'évêque fut forcé, pour maintenir son État, d'entraîner de nouveau le pays dans des dettes énormes. Aussi, des rébellions éclatèrent bientôt, et Frédéric invoqua le secours de Renaud, comte de Gueldre, qui cependant ne lui prêta guère main forte. Alors il s'adressa au comte de Hollande, dont il obtint une aide plus efficace ; de sorte qu'il put réduire le pays tout entier. Mais il ne survécut pas longtemps à cette victoire; il mourut en 1322, laissant l'évêché obéré, et plusieurs seigneuries engagées entre les mains des Hollandais.

Après la mort de Frédéric, il y eut, à propos de l'élection épiscopale, de nouveaux troubles dans l'évêché. Le comte de Hollande désirait placer sur le siége d'Utrecht Jacques de Suda; mais il trouva la plus vive résistance dans Florent de Jutphaas, prévôt de la cathédrale, et dans la plupart des chanoines. Ceux-ci portèrent leurs voix sur le doyen du chapitre, Jacques d'Outshoorn; et le peuple travailla si tumultueusement en faveur de cette élection, que le comte fut forcé de se retirer de la ville. Il assouvit sa colère sur le château de Doorne, qui appartenait au doyen, et qu'il fit réduire en cendres. Mais ce facile succès ne l'empêcha pas de voir son candidat se désister d'un siége qui lui était si hostile, et Jacques d'Outshoorn investi de la crosse.

Ce prélat, cependant, mourut sans avoir occupé l'évêché pendant une année révolue. On soupçonne qu'il succomba au poison.

Il eut pour successeur Jean de Bronckhorst, prévôt du chapitre de Saint-Sauveur, à Utrecht, que les chanoines proclamèrent d'une voix unanime. Toutefois, cette élection fut attaquée par le duc de Brabant et par les comtes de Gueldre et de Hollande, qui s'adressèrent au saint-siége, et la représentèrent comme étant simoniaque, et faite sous des promesses de bénéfices ecclésiastiques. Le pape, faisant droit à cette réclamation, déclara nulle l'élection de Jean de Bronckhorst, et donna l'évêché à Jean III, de Diest, que les trois princes lui avaient proposé.

Cependant Bronckhorst s'était déjà mis en possession du siége épiscopal; de sorte qu'il fallut employer la force pour l'en chasser. Jean de Diest y réussit sans peine, grâce au secours de ses puissants alliés.

Les services que ceux-ci lui rendirent en cette circonstance furent, il est vrai, loin d'être désintéressés; car non-seulement l'évêque laissa le château et la seigneurie de Vollenhoven engagés au comte de Gueldre, mais encore il engagea à ce prince tout l'Over-Yssel, tandis qu'il accordait, au même titre, le Vredeland, et presque toutes les terres inférieures du diocèse, au comte de Hollande. Ce fut à ce prix que Jean obtint l'évêché; mais ce fut aussi un motif de haine constante contre lui de la part du peuple, qui éclata, à plus d'une reprise, en mécontentements. Cependant la mort ne laissa pas au prélat le temps de voir ces mécontentements se transformer en révoltes ouvertes. Il expira en 1340.

Alors ce furent de nouveaux débats pour l'élection d'un nouvel évêque. Deux partis se formèrent: celui des Hollandais élut Jean d'Arkel; celui des Gueldrois désigna Jean de Bronckhorst; mais le pape ne confirma ni l'un ni l'autre. Il porta son choix sur Nicolo de Capucci. Toutefois, ce prélat, ne pouvant se résoudre à venir résider, selon la coutume, dans la capitale de l'évêché, et rendre la justice aux époques fixées par les lois, résigna le siége en faveur de Jean IV d'Arkel, qui fut sacré en 1342.

CHAPITRE QUATRIÈME.

JUSQU'A L'ÉVÊQUE DAVID DE BOURGOGNE. 1455.

Jean IV était fort jeune encore, mais d'une haute instruction et d'une grande sagesse. Il se trouvait à la cour papale, quand le choix de Rome le revêtit de sa dignité; et il vint se faire inaugurer à Utrecht, au mois de mai 1343.

Il trouva une partie des terres de son diocèse engagées, et le pays chargé d'énormes dettes. Pour remédier à ces maux la tâche était fort rude, mais il l'entreprit avec la résolution de faire tous les sacrifices pour réussir. Pour parvenir à rétablir les finances délabrées, il imita l'exemple de son prédécesseur Gui d'Avesnes; et, après avoir nommé son frère Robert mambour de l'évêché, il se retira à Grenoble, avec l'intention d'y vivre dans la retraite la plus profonde. Cependant, on le voit déjà de retour dans son diocèse en 1345, pour tenir tête à une attaque que Guillaume d'Avesnes, comte de Hollande, venait de diriger contre l'évêché, avec l'aide de plusieurs seigneurs utrechtois. La mort de ce prince, tué, le 27 septembre de la même année, au siége de Stavoren, permit à l'évêque de sévir contre les seigneurs qui avaient pris parti pour les Hollandais dans cette lutte. Non content de les avoir sévèrement châtiés, il libéra la plupart des seigneuries épiscopales qui se trouvaient engagées, et y sacrifia plus de cent mille florins d'or. Il acheta en outre, pour son Église, la possession immédiate d'autres seigneuries qui appartenaient à des vassaux de son diocèse. Son frère étant mort, il établit un conseil de six hommes, auquel il remit l'administration de l'évêché, lorsque le calme fut rétabli dans les terres d'Utrecht, et la marche du gouvernement assurée, il retourna en France, où il se fixa à Tours. Rentré pour la seconde fois dans l'évêché, il y retrouva tout dans l'état le plus déplorable. Quelques-uns des seigneurs s'étaient derechef attachés aux Hollandais, et il fallut les soumetre par l'épée. Ce fut même là le motif d'une guerre désastreuse avec le comte de Hollande (1), qui devint plus tard l'allié du duc Renaud de Gueldre, et de son frère Édouard contre Jean d'Arkel. Tout le trésor de l'évêché, restauré à si grand'peine, s'y fondit; et Jean d'Arkel, forcé de recourir de nouveau à des emprunts, dut engager les terres de son diocèse : si bien que, voyant Utrecht au bord de sa ruine, ce prélat perdit tout courage, remit le gouvernement à un mambour, Gérard van der Veene, et partit pour Rome, espérant trouver quelque appui efficace auprès du souverain pontife; mais les seul secours qu'il en obtint se bornèrent à des vœux et à des promesses. L'évêque rentra donc en 1351 dans ses États, où son absence avait encore empiré les affaires. Cette fois pourtant il retrouva toute l'énergie de son caractère, et commença contre ses vassaux indociles une lutte opiniâtre, dans laquelle le comte de Hollande jeta vainement son épée. C'étaient des domaines usurpés qu'il fallait recouvrer, c'étaient des esprits hostiles qu'il fallait réduire, c'étaient des querelles intestines qu'il fallait réprimer; et tout cela, il fallait le faire sans posséder presque aucune ressource. Jean cependant entreprit et continua cette vaste tâche, avec une persévérance qui fut couronnée du plus grand succès, et qui méritait de l'être. Dans ce labeur inouï, le génie et la force de la volonté devaient triompher, et Jean d'Arkel, qui possédait l'un et l'autre, eut la gloire de terminer en 1360 cette œuvre difficile, entreprise en 1351. Dès lors commença pour l'évêché une ère de repos, que le courageux prélat employa à cicatriser les plaies du pays et à améliorer toutes choses. Ici c'étaient des châteaux à rebâtir, là des marais à dessécher; partout ce grand homme eut à se multiplier. Après un règne glorieux, mais plein de périls et de travaux, Jean d'Arkel descendit, en 1364, du siége d'Utrecht, pour monter sur celui de Liége.

L'évêque de Munster, Jean de Virnebourg, lui succéda dans le diocèse d'Utrecht. Ce prélat était doué d'un esprit fort pacifique. Il trouva son évêché solidement restauré, grâce à son courageux prédécesseur, des labeurs duquel il ne demandait qu'à recueillir les fruits. Mais son ardent désir de la paix ne tarda pas à se voir traversé par les ferments de discordes et de haines intestines que le bras de fer de Jean d'Arkel avait seul pu contenir. Aussi

(1) Voyez ci-dessus, page 206.

il se trouva bientôt en butte à mille hostilités, auxquelles sa mort, survenue en 1371, vint donner un nouvel aliment.

Les partis se relevèrent, en cette occasion, avec plus de fureur que jamais. Pour se préparer les moyens de donner plus libre carrière à leur ambition personnelle, quelques-uns des chanoines de la cathédrale d'Utrecht voulurent choisir, pour successeur à Jean V, leur prévôt, Zweder d'Uterloo, homme aussi peu distingué par son instruction que par la sévérité de ses mœurs. D'autres se montrèrent ardemment opposés à cette élection. De sorte que le pape intervint encore cette fois, et désigna pour l'évêché Arnould de Hornes, qui vivait à la cour de Rome, et qui était cité autant pour sa science et pour sa sagesse que pour sa bravoure guerrière.

Arnould de Hornes prit possession de son siége au mois de septembre 1371. Dès son arrivée dans l'évêché, il commença par éteindre les dettes que son prédécesseur avait faites pour se maintenir contre les seigneurs, aux attaques desquels il s'était trouvé exposé. Sa présence seule avait réduit au silence les intentions hostiles des vassaux du diocèse; mais son esprit guerrier l'entraîna bientôt d'un autre côté. Il prit parti pour Jean de Châtillon, comte de Blois, dans la guerre à laquelle donna lieu la succession du duché de Gueldre; et il causa, de cette manière, de grands maux à l'évêché, où les ennemis de Mathilde de Gueldre firent de fréquentes et désastreuses irruptions (1). Mais à peine fut-il bien engagé dans cette querelle, qu'Albert de Bavière-Hollande entra à main armée dans l'évêché, sous le prétexte d'une réclamation qu'il formula au sujet des sommes que le prélat avait payées pour dégager le château et la seigneurie de Vredeland. Il prétendait que ces sommes n'étaient pas suffisantes, et que l'évêque lui devait davantage. Cette double guerre encouragea les entreprises des vassaux utrechtois contre Arnould de Hornes,

(1) Voyez ci-dessus, page 208.

qui fit en 1375 la paix avec la Hollande, et put dès-lors employer contre eux la majeure partie de ses forces. Ces luttes, il les laissa inachevées, lorsqu'il passa, en 1378, à l'évêché de Liége, et obtint pour successeur Florent de Wevelichhoven.

Florent, au moment où il entreprit les fonctions épiscopales, trouva tous les officiers du diocèse engagés encore par leur serment à Arnould de Hornes, qui en effet conserva les revenus de l'évêché d'Utrecht pendant l'année qui suivit sa promotion à celui de Liége; de sorte que l'épiscopat de Florent ne commença réellement qu'en 1379. Ce prélat était, comme Jean d'Arkel, un homme plein d'énergie. Il essaya son épée sur les seigneurs de l'Over-Yssel, qui se livraient à de violents brigandages, et fit brûler, en 1380, trois de leurs principaux châteaux. Mais à peine eut-il commencé ainsi à extirper de ses domaines l'esprit de violence que tant d'années de désordres avaient si puissamment concouru à développer, que l'antipape Clément, qui avait refusé de le reconnaître, conféra l'évêché d'Utrecht à Renaud, frère de Gilbert, sire de Vianen. Celui-ci se mit aussitôt en possession des revenus épiscopaux; mais il ne tarda pas à se voir renversé par Florent, et forcé à reconnaître Urbain pour le vrai souverain pontife. Ce ne fut là qu'un épisode qui vint un moment interrompre la tâche entreprise par l'évêque contre ses vassaux. Florent y réussit d'une manière complète; car non-seulement il parvint à rétablir la sûreté publique dans son diocèse, et à refréner les mauvaises passions de la noblesse, mais encore il défendit vaillamment l'autorité épiscopale contre les prétentions des châtelains et des baillis, et même contre le clergé. Aussi, au moment de la mort de ce prélat, c'est-à-dire en 1393, toutes les terres de l'évêché se trouvèrent dans un état d'ordre et de défense respectable.

Il était bien nécessaire que l'Etat se trouvât ainsi restauré; car l'élection à laquelle il fallut procéder, pour remplir

15

la place laissée vacante par Florent de Wevelichhoven, rouvrit la carrière des troubles. Le comte de Hollande et le duc de Gueldre s'étaient rendus à Utrecht, et chacun d'eux présenta son candidat au chapitre : celui de Hollande était Roger de Bronckhorst, un des dignitaires du chapitre de Cologne ; celui de Gueldre était Frédéric de Blankenheim, évêque de Strasbourg. Les deux princes ne purent parvenir à s'accorder, et l'élection se fit au milieu d'une irritation incroyable. Cependant Frédéric de Blankenheim obtint la pluralité des voix, et la confirmation du pape.

Ce prélat, doué des qualités énergiques dont Florent avait donné des preuves si éclatantes, continua avec bonheur la guerre de son prédécesseur contre ses vassaux, pendant les trente ans qu'il passa sur le siège épiscopal d'Utrecht, c'est-à-dire jusqu'en 1423.

Au milieu des luttes qui divisaient les princes voisins, l'évêché avait acquis une importance assez grande pour que chacun d'eux songeât à y maintenir son influence particulière, et que tous cherchassent à y faire prévaloir le nom de leur choix. Après la mort de Florent, le nombre des prétendants offerts au chapitre fut si considérable, que les chanoines se décidèrent à différer l'élection. Aussitôt que le bruit se fut répandu que cette décision était prise, les partis que les concurrents possédaient dans la ville commencèrent à se mettre en mouvement. Des menaces de mort furent même proférées contre quelques-uns des chanoines de la cathédrale. Mais ils persistèrent, et maintinrent la mesure qu'ils venaient d'adopter. Cependant les chapitres des quatre autres églises voulurent procéder à l'élection. Un des partis choisit Rodolphe de Diepholt, chanoine de Cologne et prévôt d'Osnabruck, qui avait été mis en avant par le duc de Clèves. Un autre parti se prononça pour Zweder de Kuilenburg, prévôt d'Utrecht. Mais celui-ci s'étant brusquement retiré, les voix se portèrent sur Rodolphe de Diepholt, qui était, du reste, à cause de la grande influence dont il jouissait dans l'Over-Yssel, l'homme le plus propre à diriger les affaires de l'évêché. Toutefois le pape refusa de ratifier ce choix ; il voulait placer sur le siège d'Utrecht l'évêque de Spire ; mais ce prélat n'accepta pas la position nouvelle que le souverain pontife lui destinait ; car il craignait de se trouver jeté dans le conflit des factions qui se démenaient toujours sur les terres utrechtoises. Grâce à son intervention, il vit enfin le pape consentir à nommer au diocèse vacant Zweder de Kuilenburg.

Rodolphe de Diepholt ne put se résoudre à se soumettre à la décision papale, ni à reconnaître le nouvel évêque. Il s'établit dans l'Over-Yssel, les armes à la main, et décidé à se maintenir contre l'autorité de Zweder. C'est au milieu de ces difficiles circonstances que ce dernier fit son entrée à Utrecht, le 10 août 1425. A sa suite marchaient, selon l'ancien usage, les bourgeois qui avaient été bannis de la ville, et auxquels la coutume rendait leurs foyers, quand ils se présentaient sous la protection du chef diocésain, au moment de son inauguration. Mais un tumulte survint, et tout à coup un grand nombre de bannis furent égorgés. Zweder eut ainsi à commencer son règne par un acte de justice et de sévérité, et bannit à leur tour les meurtriers. Jusque-là il n'était reconnu que par la seule ville d'Utrecht, où même il rencontra une vive opposition dans les esprits, mais où il réussit cependant à s'établir assez solidement, grâce à la puissante corporation des bouchers, qu'il parvint à gagner. Il ne fut pas aussi heureux à Amersfoort, dont il ne s'ouvrit les portes que par la force. C'est au printemps de l'an 1426 qu'il entra dans cette ville.

Rodolphe de Diepholt avait attendu une occasion favorable pour s'emparer d'Utrecht. Il résolut de mettre à profit l'absence de l'évêque, pour lancer une troupe de gens de guerre, commandée par Jean, sire de Renesse, dans la capitale du diocèse. Lui-même y pénétra, après que les siens eurent d'abord écrasé le métier des bouchers et les partisans de Zweder. Le prélat accourut en grande hâte pour délivrer Utrecht; mais tout était perdu. Force lui fut de se replier sur Amersfoort; mais il trouva cette ville elle-même fermée. Alors il se tourna vers le sire d'Egmond, père du duc de Gueldre. Ce seigneur et son fils lui fournirent un secours de cinq cents hommes, cavaliers et fantassins. Avec cette petite armée, Zweder s'empara d'Amersfoort, d'où il commença à faire la guerre à Rodolphe de Diepholt, mais où il ne tint pas longtemps, les bourgeois de la ville ayant réussi à le chasser de leurs murs.

Zweder se trouvait ainsi dans la position la plus critique. Cependant une épée plus puissante, mais non plus résolue, lui vint bientôt en aide; c'était celle du duc Philippe de Bourgogne. Amersfoort fut attaqué d'abord; mais la garnison se défendit si vaillamment, que les troupes ducales se virent forcées à battre en retraite. Leurs armes ne furent pas plus heureuses devant Utrecht. Un corps de cinq mille Picards, commandé par Rodolphe de Westkerke, gouverneur bourguignon en Hollande, y fut entièrement défait.

Pendant ce temps, Rodolphe de Diepholt se maintenait, par la force, dans l'évêché. Il s'était emparé de l'administration du diocèse tout entier, régnant avec une violence qui ne reculait devant aucun moyen, et frappant de mort ceux-là même qui étaient simplement atteints du soupçon de conspirer contre lui. Bientôt après, il conclut la paix avec le duc de Gueldre (1), et presque en même temps avec celui de Bourgogne. Toutes les espérances de Zweder se trouvant ainsi détruites, ce prélat alla soumettre l'examen de ses droits au concile de Bâle. Mais il mourut en cette ville en 1433, avant d'avoir obtenu aucune décision.

La fraction du clergé qui était restée fidèle à Zweder, lui choisit aussitôt pour successeur Waleram de Meurs. Elle crut ainsi renverser d'un seul coup Rodolphe de Diepholt, que le pape Eugène IV avait confirmé dans le diocèse, et relevé des censures qui avaient été prononcées contre lui et ses adhérents : et elle y réussit en partie, le concile ayant reconnu Waleram, et l'antipape Félix V l'ayant confirmé.

Ainsi deux évêques eurent de nouveau à se disputer la possession du diocèse. Waleram s'établit à Dordrecht et à Arnheim, tandis que Rodolphe tenait le pays presque tout entier. Toutefois ce dernier se trouva bientôt placé dans un grand péril, à propos d'un nouvel impôt foncier que le magistrat d'Utrecht voulut établir en 1447, à l'effet d'éteindre les dettes contractées pendant les guerres précédentes. Comme les charges étaient déjà fort grandes, Rodolphe s'opposa à l'établissement de cette nouvelle contribution. Le magistrat tint bon, appuyé qu'il était par le chapitre de la cathédrale, dont le doyen eut le courage de dire au prélat, dans une vive dispute qui s'engagea entre eux :

— Je resterai doyen malgré vous; tâchez de rester évêque.

Voyant cette opposition se formuler ainsi contre son autorité, Rodolphe songea à s'affermir de plus en plus, en se retirant à Amersfoort, pour traiter avec les seigneurs utrechtois, qui s'étaient montrés hostiles à son pouvoir. Mais son absence ne fut qu'un moyen de plus de presser les esprits à Utrecht de se prononcer pour Waleram de Meurs. Cependant une collision était imminente, quand tout à coup un légat du pape vint s'interposer entre les partis, et chercher à ménager un accommodement. Il y réussit, et Waleram renonça à ses prétentions, pour quelques avantages qui lui furent assurés.

Rodolphe obtint ainsi pour lui le droit, comme il avait depuis longtemps le fait en sa faveur. Il ne lui restait plus qu'à rentrer dans la capitale de l'évêché, qui refusait de le recevoir. Il y pénétra par surprise. La ville se trouvant en fête à l'occasion du renouvellement de ses magistrats, en 1449, Rodolphe s'y glissa secrètement par

(1) Voyez ci-dessus, page 210.

une brèche des remparts, fit ouvrir une des portes, et y introduisit une troupe de gens d'armes, qui s'avancèrent jusque sur la grande place, où ils engagèrent un rude combat avec les partisans de Waleram. L'évêque obtint le dessus, fit décoller ou bannir, et frappa de grosses amendes, la plupart de ses ennemis. Maintenant il se crut au bout de toutes les difficultés. Mais alors commença une nouvelle lutte avec les bannis, qui se mirent à faire de toutes parts des incursions dans le diocèse. A cette cause constante d'alarmes, vint se joindre bientôt un autre motif d'opposition et de haine. Rodolphe s'était engagé, en faveur d'un de ses parents, dans une querelle dont le siége de l'évêché de Munster était l'objet; et il y dépensa des sommes énormes, auxquelles il ne put faire face. Il lui fallut songer à faire de l'argent, et il s'adressa au clergé utrechtois, qui refusa de lui accorder ce qu'il demandait. Même les églises prirent des gens d'armes à leur solde, pour se défendre en cas que l'évêque voulût exiger par la force ce qu'il n'avait réclamé que par prière.

Ces dispositions hostiles se prolongèrent jusqu'en 1455. Alors les métiers d'Utrecht, fatigués de cet état de choses, déposèrent violemment leurs magistrats, en nommèrent de nouveaux, brisèrent le sceau de la ville, et se donnèrent en quelque sorte pour chef Gilbert de Brederode, prévôt de la cathédrale. Rodolphe, d'autant plus effrayé de cette émeute qu'elle était produite par le parti populaire, qu'il avait eu jusqu'alors pour principal appui, se tourna vers le duc de Bourgogne, et lui demanda du secours. Mais il mourut le 24 mars 1455, avant que Philippe le Bon eût pu faire la moindre chose pour lui. On procéda aussitôt à une élection nouvelle. Le duc de Gueldre proposa le prince Étienne de Bavière, et le duc de Bourgogne mit en avant son fils naturel, David. Mais le chapitre porta sa voix sur le prévôt de la cathédrale, Gilbert de Brederode.

Philippe le Bon, voyant ainsi lui échapper l'occasion de rattacher l'évêché d'Utrecht à ses États déjà si puissants, qui embrassaient presque toutes les provinces des Pays-Bas, envoya, en toute hâte, l'évêque d'Arras à Rome, pour y empêcher la confirmation de Gilbert par le saint-siége. Il réussit dans ses desseins, et David de Bourgogne fut élevé par le pape au siége épiscopal d'Utrecht.

LIVRE VII.
BELGIQUE ET HOLLANDE.
HISTOIRE DES PAYS-BAS SOUS LA DOMINATION DES DUCS DE BOURGOGNE.

CHAPITRE PREMIER.

DEPUIS L'ACQUISITION DE LA FLANDRE JUSQU'A CELLE DE LA GUELDRE. (1384-1472.)

§. 1. FIN DE LA GUERRE CONTRE LES FLAMANDS.

Peu de mois après que le dernier comte de Flandre, Louis de Maele, eut été inhumé, avec une pompe presque royale, dans l'église de Saint-Pierre à Lille, sa fille Marguerite fit, avec son époux Philippe le Hardi, duc de Bourgogne, son entrée solennelle à Bruges, où ils furent inaugurés. Tout l'Artois s'était déclaré pour eux. La noblesse flamande ne se montra pas moins bien disposée en faveur de son nouveau souverain. Les communes cependant manifestaient de grandes craintes et de vives défiances. Elles redoutaient la puissance excessive de la maison de Bourgogne.

La ville de Gand, dans sa haine contre les princes français, refusait toujours de se soumettre. Elle reçut des secours de l'Angleterre, et bientôt elle obtint pour alliés les bourgeois de Bruges et d'Ypres. Ainsi elle se crut assez forte pour braver les armes du duc Philippe le Hardi.

Celui-ci cependant se préparait à faire une guerre à outrance à ses sujets indociles, et à l'Angleterre qui les soutenait. Il en avait plus que jamais les moyens. Des alliances avec les maisons de Hollande et de Brabant préparaient à ses fils la possession de tous les Pays-Bas. Lui-même venait de joindre à ses domaines la Flandre et l'Artois, et de s'assurer un grand empire sur l'esprit du jeune roi de France, en le mariant à Isabelle de Bavière, dont la famille lui était dévouée. Au milieu des fêtes brillantes qui furent célébrées à l'occasion de cette union, les Gantois s'étaient emparés de la ville de Damme, et avaient ainsi posé leur premier acte d'hostilité contre le duc Philippe. Celui-ci résolut de les châtier; et il n'eut pas de peine à obtenir du roi Charles VI de conduire contre eux l'armée destinée à faire face aux Anglais. Cette armée, grossie encore des troupes hennuyères et hollandaises du duc Guillaume de Bavière, marcha sur Damme, et planta le siége devant cette ville. Mais le capitaine gantois Akkerman, qui y commandait, s'y maintint vaillamment, pendant plus de quatre semaines, contre ces forces si supérieures. Son but était d'attendre la saison des grandes chaleurs et l'arrivée des vents d'est, qui, soufflant sur les terrains marécageux où tous ces étrangers étaient campés, devaient y engendrer une terrible mortalité. Ce qu'il avait prévu arriva en effet. La fièvre des marais attaqua l'armée des assiégeants, et y exerça d'effroyables ravages. Au moment où elle sévissait avec le plus de fureur, Akkerman se fit jour, l'épée à la main, à travers l'armée, et reprit le chemin de Gand.

Les Français, furieux d'avoir ainsi laissé échapper l'ennemi, assouvirent leur colère sur la ville de Damme, sur les quatre métiers de Flandre et sur le territoire de Gand, brûlant les villages, démolissant les châteaux, égorgeant tout ce qui n'avait pu se sauver par la fuite.

Cependant dans la ville même de Gand il s'était formé deux partis, dont l'un, fatigué de cette lutte sans fin, demandait la paix et la tranquillité, et avait de son côté tous les hommes de peur, saisis d'une grande frayeur à l'idée du péril qui allait fondre sur eux; et dont l'autre devait vouloir d'autant plus ardemment la continuation de la guerre, qu'il était plus gravement compromis, et avait moins à espérer l'oubli du passé. Du côté de celui-ci l'énergie suppléait à ce que le nombre eût pu faire du côté de celui-là. De cette manière les deux partis se balançaient en quelque sorte, et se neutralisaient l'un l'autre.

Sur ces entrefaites, Charles VI, voyant l'armée française décimée par les maladies, et les chevaliers royaux déçus dans l'espoir d'un grand butin, songea à battre en retraite. D'ailleurs, le désir d'aller rejoindre Isabelle de Bavière hâtait son retour en France. Aussi, le 12 septembre, l'armée évacua la Flandre.

Quand les Français se furent ainsi retirés, le duc Philippe se vit réduit à conclure la paix avec les Gantois. Car, depuis le temps que durait cette guerre intestine, non-seulement d'énormes sommes avaient été absorbées, mais encore il était impossible de recueillir aucun impôt en Flandre. Les gens de Gand n'étaient pas moins enclins à la paix; mais, sous la dictature que Pierre Van den Bossche exerçait dans la ville, il y avait le plus grand péril à parler d'un accommodement. Quiconque avait le malheur de proférer le moindre mot à ce sujet était impitoyablement massacré. Cependant ce despotisme ne pouvait durer plus longtemps; car tout commerce avait cessé, les campagnes étaient dévastées, toutes les sources du bien public étaient taries, le peuple lui-même était aussi fatigué de sa propre puissance que son tribun avait peur de sa propre autorité.

C'est dans ces circonstances que le duc chargea un chevalier connu par sa bonne foi, Jean Van Heyle, de proposer sous main aux Gantois une amnistie complète, s'ils consentaient à se soumettre. Le chevalier s'adressa d'abord secrètement au doyen des bouchers et à celui des mariniers. Tous deux entrèrent dans son projet, et ils n'eurent pas de peine à gagner les doyens des autres corporations. L'affaire fut conduite avec tant de mystère, que Pierre Van den Bossche n'apprit pas même que les métiers avaient envoyé des députés à Paris et à Troyes, pour confirmer, devant le roi et le duc, l'assurance que Jean Van Heyle avait donnée de la soumission des Gantois, si les deux princes s'engageaient à maintenir les anciens droits et les vieilles franchises de la commune, et à accorder une amnistie complète à tous les bourgeois sans exception. Le duc y consentit volontiers, et manifesta le désir de voir le capitaine gantois Akkerman se prononcer personnellement pour la paix. Akkerman fut gagné. Cependant Van den Bossche apprit tout ce qui se tramait. Mais il était trop tard pour qu'il pût traverser les négociations; car les doyens des bouchers et des mariniers se montrèrent tout à coup, avec leurs gens en armes, sur le marché du Vendredi, où ils plantèrent la bannière de Bourgogne et de Flandre. Il y arriva quelques minutes après, avec les archers anglais et la bannière d'Angleterre, disposé à tomber sur les partisans de la paix. Mais la défection avait commencé à se mettre parmi la population gantoise, qui se rangea presque tout entière sous les couleurs ducales. Cette défection devint complète, lorsque le chevalier Van Heyle eut donné lecture des propositions du duc; de sorte que Van den Bossche n'eut que le temps de s'enfuir au plus vite. Les Anglais obtinrent un sauf-conduit jusqu'à Calais, et la ville conclut avec le duc une trêve jusqu'au 1ᵉʳ janvier 1386.

Pendant cette trêve, les négociations pour la paix définitive furent entamées. Cinquante députés gantois se rendirent devant Philippe de Bourgogne à Tournai, où un traité fut enfin signé le 18 décembre 1385.

Van den Bossche s'était retiré en Angleterre, où le roi lui fit grande fête. Akkerman fut tué, peu de temps après, par le bâtard d'Herzeele, dont il avait fait égorger le père par le populaire de Gand.

§ II. RÈGNE DE PHILIPPE LE HARDI DEPUIS LA SOUMISSION DES GANTOIS.

La paix étant conclue avec les Gantois, la domination bourguignonne se trouva complétement établie en Flandre; et le pays put en retirer d'autant plus d'avantage, que le duc Philippe avait plus de moyens pour faire valoir l'esprit d'industrie et de commerce dont cette province avait toujours été animée.

Un des premiers actes du règne de ce prince fut d'échanger sa seigneurie de Béthune pour la ville de l'Ecluse, que les comtes de Namur possédaient en fief de la Flandre, et que la cour du roi Charles tenait d'autant plus à voir entre les mains puissantes de son allié, que ce port avait toujours servi à introduire dans les terres flamandes les armées anglaises dirigées contre la France.

Il s'occupa aussi d'établir partout de bonnes fortifications, et de prendre des mesures de police intérieure, afin d'éteindre le germe des troubles futurs qui pourraient éclater dans cette partie de ses domaines.

La redoutable expédition préparée par la France contre les Anglais, en 1386, causa un mouvement extraordinaire dans le pays de Flandre, qui fournit, à grand prix d'argent, un nombre de douze cent quatre-vingt-sept vaisseaux destinés à transporter l'armée en Angleterre, et une partie considérable des vivres, des vêtements et du matériel nécessaire. L'or affluait ainsi dans les villes; et ce fut un moyen puissant de rattacher fortement au nouveau prince, et de pacifier les populations, depuis si longtemps habituées à la révolte. Toutefois le séjour de l'armée dans leur pays ne fut pas sans causer un vif mécontentement aux Flamands; car elle était si mal payée, que les soldats se livraient au vol et au brigandage, et cherchaient à obtenir du petit peuple, par la violence, ce qu'ils n'obtenaient pas de la justice de leurs chefs. Les belliqueux Flamands, souffrant impatiemment cette conduite, opposèrent la force à la force, et plus d'un Français tomba sous leurs coups. A Bruges, où les soudards avaient commencé à exercer des violences sur les femmes, les métiers se soulevèrent; et tous les Français auraient peut-être été égorgés, sans l'intervention de Jean de Ghistelles.

Peu de mois après, l'expédition, qui avait été organisée d'une manière si sérieuse que, le 13 septembre, le duc Philippe avait pris à Arras ses dispositions dernières et fait son testament, fut tout à coup abandonnée, parce qu'on ne pouvait se résoudre à mettre à la voile avant l'arrivée du duc de Berri, qui cependant ne se disposait guère à quitter Paris. Le roi se trouvait à l'Ecluse avec le duc de Bourgogne, et s'impatientait grandement. De leur côté, les princes, les seigneurs et les chevaliers murmuraient de tous ces retards, d'autant plus que l'argent s'épuisait dans l'attente, et que les provisions commençaient à se gâter. Enfin la saison s'avançait, et il fut bientôt trop tard pour qu'on pût prendre la mer. En ce moment, le duc de Berri arriva tout à coup auprès de Charles VI, auquel il représenta que les vents étaient contraires, que l'armée était en mauvais ordre, et que le roi ne pouvait s'exposer à prendre part à une expédition si pleine de périls. Il réussit à se faire entendre, malgré l'opposition qu'il rencontra dans ces esprits chevaleresques et aventureux qui entouraient le monarque; et l'expédition fut remise à l'année suivante.

Si grands qu'eussent été les avantages que les Flamands avaient retirés de la vente de tous les objets nécessaires à cette redoutable armée, et du rachat à vil prix des fournitures qu'ils avaient faites, le pays apprit bientôt qu'il ne s'était pas impunément détaché de l'alliance anglaise. La Flandre était alors le grand entrepôt du commerce des vins de France pour le nord de l'Europe; et c'était dans la ville de Bruges surtout que les vaisseaux anséatiques venaient s'approvisionner. Ce commerce se faisait par mer; et, à chaque printemps, une flotte, composée en grande partie de Flamands, de Zéelandais et d'Anversois, partait pour la Rochelle, où elle faisait ses achats. Or, au mois de mars 1387, les navires de Flandre revenaient de ce port. Ils eurent le malheur de rencontrer une flotte anglaise qui les ruina complétement, et en poursuivit les débris jusqu'à Blankenberg. Les vainqueurs, parmi lesquels se trouvait Pierre Van den Bossche, emmenèrent un butin considérable, et exercèrent même de grands ravages sur les côtes flamandes.

Ce terrible échec inspira aux Flamands un grand regret d'être en guerre avec l'Angleterre, et fit aussi une brèche profonde à l'affection dont ils s'étaient épris pour leur prince.

Celui-ci toutefois ne négligeait rien pour rendre au pays toute sa splendeur et sa prospérité matérielle, bien qu'il se mêlât beaucoup des affaires de la Gueldre en faveur de Marie de Brabant, veuve du duc Renaud III [1]. Du reste, il n'y avait plus, à vrai dire, qu'une difficulté à faire disparaître, d'où pouvaient sortir de nouveaux différends. Philippe entreprit de l'aplanir. Il s'agissait de la division que le schisme de l'Eglise de Rome avait opérée dans la Flandre. La plupart des villes et des seigneurs étaient partagés entre le pape Urbain VI et l'antipape Clément, ce qui fut la source de querelles et de conflits continuels. Le besoin d'argent, où le duc se trouvait toujours, lui fit d'abord fermer les yeux sur ces divisions. Mais elles devinrent enfin si violentes, qu'elles menaçaient sérieusement le repos du pays. En 1392, le parti de l'antipape s'était considérablement accru, grâce au duc: de sorte que les partisans d'Urbain, se trouvant en butte à mille vexations, commencèrent à émigrer, et allèrent s'établir à Liége, à Cologne, et dans d'autres villes, où ils transportèrent leurs familles et leur industrie. La commune de Gand resta seule fidèle à Urbain, peut-être par esprit d'opposition au duc, qui tenait grandement à Clément VII. Aussi devint-elle en quelque sorte un lieu de pèlerinage, où les habitants des autres villes, toutes placées sous le clergé clémentiste, venaient accomplir leurs devoirs religieux. Philippe le Hardi en manifesta souvent le plus vif mécontentement; et quand les affaires qui l'occupèrent les années suivantes lui permettaient de visiter la Flandre, il évitait chaque fois, autant qu'il le pouvait, de se montrer à Gand.

Cet esprit de sourde hostilité se communiqua bientôt aux Brugeois. La flotte flamande avait été attaquée de nouveau en 1402 par les Anglais à son retour de la Rochelle, et les villes avaient demandé vainement au duc une espèce de neutralité, en vertu de laquelle elles auraient pu faire librement le commerce avec l'Angleterre par l'entremise de Bruges. L'Écluse n'eut pas moins à se plaindre des entraves que les vaisseaux anglais mettaient à sa navigation.

Mais il était difficile de rien entreprendre pour secouer un joug dont tout le monde commençait à sentir le poids.

La Flandre cependant s'était prise à espérer de voir s'améliorer sa triste position, quand le prince tomba tout à coup malade à Bruxelles, pendant les fêtes données par cette ville en 1404, à l'occasion de l'abdication de la duchesse Jeanne, qui remettait solennellement le Brabant à Antoine, deuxième fils de Philippe de Bourgogne. Le duc se fit transporter à Hal, où il mourut le 27 avril.

§ III. RÈGNE DU DUC JEAN SANS PEUR.

Philippe le Hardi avait laissé trois fils : Jean, qui lui succéda dans la Bourgogne, dans l'Artois et dans la

[1] Voyez ci-dessus.

Flandre ; Antoine, qui était ruwaert du duché de Brabant ; et Philippe, qui portait le titre de comte de Rethel.

Par la mort de sa mère, survenue le 16 mars 1405, le jeune duc de Bourgogne était devenu seigneur souverain de la Flandre. Le 21 avril, il fit sa joyeuse entrée à Gand, où les quatre membres du pays le prièrent d'établir sa résidence dans la Flandre ; de confirmer toutes les libertés, les droits et les priviléges de chaque commune ; qu'il procurât, pendant la guerre entre la France et l'Angleterre, la neutralité aux Flamands, afin qu'ils ne fussent pas privés des laines nécessaires à leurs draperies ; de ne pas consentir à ce que Gravelines et son territoire fussent distraits de la Flandre ; et enfin, d'établir une cour suprême de justice dans une des villes flamingantes du pays, où les affaires fussent traitées en langue flamande. Henri Van der Zype, bailli du duc à Lille, fut chargé de répondre affirmativement à chacune de ces demandes ; et Jean de Bourgogne choisit pour sa résidence la ville d'Audenaerde, remit aux Brugeois plusieurs confiscations prononcées contre eux par son père, accorda aux villes différents priviléges, et se montra en toutes choses un bon seigneur : car il savait qu'il n'y avait rien à gagner à vivre en mauvais accord avec cette population, si impatiente de tout maître. En sorte qu'il obtint de riches présents des villes de Gand, de Bruges et d'Ypres ; et les villes lui prêtèrent le serment de fidélité.

Aussi bien la Flandre avait besoin plus que jamais d'un seigneur qui fût bienveillant ; car le pays avait considérablement souffert par les inondations, qui, en plusieurs endroits, avaient rompu les digues et franchi les dunes : d'un autre côté, les Anglais avaient pillé et ravagé Cadsant, et ils continuaient à intercepter tous les navires qui communiquaient avec Bruges ; tandis que les Français, ayant converti Gravelines en une place d'armes destinée à tenir tête à Calais, contribuaient à la dévastation du sud-ouest de la Flandre. Le duc négociait, il est vrai, pour assurer au pays l'avantage de la neutralité ; mais les Anglais n'en montraient que plus d'ardeur à lui fermer tout commerce maritime. Ils vinrent même bloquer le port de l'Écluse. Dans cette détresse, Jean de Bourgogne eut recours à la belliqueuse jeunesse de Gand, et l'envoya au secours de ce port, qu'elle parvint à débloquer. Pendant ce temps, des désordres d'une autre nature se manifestèrent dans la Flandre française, où les gens des campagnes tenaient pour les Anglais, et trahissaient ouvertement leurs seigneurs. Tous ces motifs, joints à la nécessité où se trouvait le duc Jean de se rendre à Paris pour déjouer les intrigues que le parti d'Orléans ourdissait à la cour, l'engagèrent à ouvrir, dans le courant du mois d'août, une assemblée générale des états de Flandre à Aardenbourg, afin de concerter avec eux les mesures réclamées par les besoins les plus urgents du moment.

Cette assemblée étant close, le duc, qui obtint en 1406 le gouvernement de la Picardie, se laissa entièrement absorber par les affaires de France, dans lesquelles nous comprenons la guerre avec les Anglais dans la Flandre française, et le siége de Calais, dont nous passons ici les détails.

Le malheureux succès de l'expédition dirigée contre cette ville eut pour cause principale le manque d'argent, les coffres se trouvant épuisés par les fêtes splendides qui furent données en 1406, à l'occasion du mariage des deux filles du duc, dont l'une, Marie de Bourgogne, épousa le duc Adolphe de Clèves, et dont l'autre, Isabelle, fut mariée au duc de Penthièvre ; car, bien que les villes de Flandre eussent, à propos de cet événement de famille, donné de riches présents à leur seigneur, et que les états de Bourgogne n'y eussent pas moins largement contribué, le duc Jean trouva, en 1407, son trésor entièrement vide. L'échec qui en résulta eut des conséquences fatales. Jean l'attribuait au peu de secours que lui avait fourni la cour de France, tandis que le duc d'Orléans objectait que parler ainsi, c'était exposer le nom français au mépris des ennemis du royaume. Par ces dissensions, la haine des deux princes s'envenimait de plus en plus.

Sur ces entrefaites, le Brabant, après la mort de la duchesse, arrivée le 1er décembre 1406, venait d'échoir au duc Antoine, qui se fit aussitôt inaugurer.

Peu de temps après que le duc Jean eut échoué devant Calais, un accommodement fut conclu entre les villes de Flandre et les Anglais, en vertu duquel le commerce flamand obtint enfin la neutralité si longtemps désirée. Cet arrangement fut suivi d'une trêve entre la France et l'Angleterre, après les fêtes de Pâques 1407. Le duc se trouvait précisément vers ce temps en Flandre. Il laissa sa femme à Gand, et se rendit en France. C'est pendant ce séjour de Jean de Bourgogne à Paris, qu'eut lieu, le 23 novembre, le fameux assassinat de son ennemi, le duc d'Orléans. Après s'être ouvertement déclaré l'auteur de ce crime au duc de Berri, Jean quitta brusquement Paris, prit le chemin de la Flandre, et s'arrêta enfin à Lille. C'est là qu'il convoqua ses barons et son clergé, qu'il trouva entièrement dévoués à sa cause. Mais comme eux seuls n'étaient pas capables de le protéger, il chercha à s'assurer l'appui des villes. Il se rendit à Gand, où il manda des députés des principaux membres du pays, c'est-à-dire de Gand, de Bruges et d'Ypres, qui promirent de le soutenir contre qui que ce fût, hormis le roi de France et ses enfants. Ils lui prouvèrent même que cette promesse n'était pas une vaine parole, en lui fournissant de grosses sommes d'argent ; car un prince dont l'intérêt était opposé à celui de la cour de France ne pouvait manquer d'être solidement secondé par ces populations, animées d'une haine séculaire contre les Français. C'est ainsi que le duc Jean se trouva bientôt à même de réunir une armée suffisante pour rentrer en France. En effet, il repartit pour Paris en février 1408.

Nous passons ici quelques détails qui ne se rattachent pas directement à notre sujet, et qui appartiennent plus immédiatement à l'histoire de France. Nous nous bornerons à indiquer que le résultat qu'eurent pour la Flandre le fait de ce meurtre, et la fausse position dans laquelle il plaça le duc à l'égard de la cour de France, fut une extrême libéralité dont Jean usa à cette époque envers ses sujets flamands, auxquels il accorda tous leurs désirs, fondés et même non fondés; car, jamais il n'eut plus besoin d'eux qu'alors.

Pendant ce temps, Antoine, duc de Brabant, frère de Jean de Bourgogne, fut, à cause de sa fidélité à l'ex-empereur Wenceslas de Luxembourg, sur le point d'entamer une guerre avec l'empereur Rodolphe de Bavière, qui voulait le forcer à lui rendre l'hommage. Mais Rodolphe ne se hasarda point à en venir aux mains, Antoine s'étant mis sur un bon pied de défense, et s'étant même avancé jusqu'à Fauquemont à la rencontre de l'ennemi. Bientôt après, l'union déjà si étroite du Brabant et du Luxembourg fut resserrée encore par une alliance nouvelle. Le duc Antoine épousa, en 1409, Élisabeth de Gorlitz, unique héritière de ce duché.

Dans le cours de l'année précédente, les affaires de son frère, et plus encore celles de l'évêque de Liége, Jean de Bavière, avaient rappelé le duc Jean dans les Pays-Bas. Il a déjà été question de la célèbre bataille d'Othée, où l'évêque mérita le surnom de *Jean sans Pitié*, et le duc celui de *Jean sans Peur*. La victoire que ce dernier aida si puissamment à forcer dans cette journée mémorable, remplit ses ennemis de France de terreur et d'épouvante. Nous laissons de côté tout ce que le duc fit dans ce royaume jusqu'à la paix de Bicêtre, qui intervint au mois de novembre 1410. Pendant qu'il se battait ou qu'il négociait en France, ses sujets de Flandre vivaient des jours d'or, grâce à la neutralité conclue avec l'Angleterre. Ce n'était que travail, jeux et fêtes, dans toutes les villes. Celles-ci s'enrichissaient à l'envi de bonnes franchises et de gros revenus; car le duc cherchait à faire argent de tout. Il leur vendait des priviléges de toute nature; il aliénait ses propres droits; il accorda même à la commune de Gand la faculté d'acquérir et de posséder autant de fiefs qu'elle voudrait. Il trafiqua des emplois publics, dont il vendait la possession viagère. Enfin, il rendit toute chose vénale, pour autant que les états ne le contrariaient pas. Mais comme, en beaucoup d'endroits, le prix de ces ventes d'offices consistait uniquement dans la facilité que témoignaient les fonctionnaires et les officiers à lever de nouveaux impôts, on vit éclater çà et là des troubles assez sérieux. Le duc alla lui-même dans les villes apaiser ces mouvements, et confirmer les priviléges des communes, qui lui témoignaient chacune leur reconnaissance par de beaux dons gratuits. Ainsi la ville de Furnes lui fit présent de dix mille écus d'or; celle de Bergues, de huit mille. Jean, voyant combien les Flamands étaient gens faciles et libéraux quand on s'y prenait bien, résolut de visiter, en 1411, toutes les communes du pays. Il leur présenta son fils Philippe, et obtint ainsi en présents beaucoup plus que n'auraient pu lui produire des impôts même onéreux.

Enfin, quand tout eut été préparé par le moyen des négociations et à force d'argent, le duc parvint, grâce à ses barons et aux bonnes villes, à mettre sur pied une armée de près de vingt-cinq mille hommes, tous bien vêtus et bien armés. Toutes les cours de justice du pays suspendirent leurs travaux, et un nombre considérable de gens des corporations se joignirent à l'armée, qui était organisée par métiers et par villes. Un mouvement extraordinaire semblait imprimé au pays, et tout respirait la guerre.

Au commencement du mois de septembre, le duc arriva avec toutes ces forces devant la forteresse de Ham, en Picardie, que défendait le sire Bernard d'Albret, capitaine des Armagnacs. Les fiers bourgeois de Flandre, habitués à la vie riche et aisée qu'ils menaient dans leurs villes, ne voulurent rien changer à leurs habitudes dans les camps, où il leur fallait, sinon toutes les facilités de l'existence; au moins toute l'abondance possible, de sorte que la discipline ne tarda pas à en souffrir grandement, des querelles se renouvelant sans cesse entre eux et les chevaliers, parce que les uns ne voulaient pas céder aux autres les meilleurs quartiers, et que c'était une lutte constante d'amour-propre. Puis encore les gens des métiers enlevaient aux Picards tout ce qu'ils pouvaient, comme s'ils eussent été en pays conquis; et ils chargeaient le butin sur leurs charrettes de bagage ce qui ne se faisait pas toujours sans une vive résistance et sans effusion de sang. Enfin, le sire d'Albret ayant évacué Ham avec ses Armagnacs et les habitants notables de la ville, les Flamands la pillèrent et la ravagèrent horriblement, malgré la défense du duc. Tout le pays en fut bientôt dans l'épouvante. Mais quand l'armée se fut avancée jusqu'à Montdidier, et qu'elle fut sur le point d'en venir aux mains avec les Armagnacs, les chefs des métiers déclarèrent que le temps était écoulé pour lequel les bourgeois des villes de Flandre s'étaient engagés à servir leur prince, et qu'ils allaient retourner avec leurs hommes dans le comté. Toutes les prières, toutes les supplications du duc pour les retenir pendant huit jours encore, furent inutiles. A l'instigation des Gantois, les métiers levèrent leurs tentes le lendemain au matin. Comme le duc, secondé par son frère de Brabant, voulut tenter un dernier effort, les suppliant à mains jointes de rester encore quatre jours, les appelant ses frères d'armes, et leur promettant force libertés et priviléges de tout genre s'ils consentaient à ne pas le laisser ainsi à l'abandon, ceux de Bruges et d'Ypres commencèrent à chanceler. Mais les tenaces Gantois tinrent bon, et montrèrent la lettre qui fixait le terme du service, avec le nom et le sceau du duc apposés au bas. Ils allèrent même jusqu'à menacer, s'il ne les ramenait au jour marqué de l'autre côté de la rivière de Somme, de couper par morceaux son fils le comte de Charolais, qui était resté à Gand. Voyant cette obstination, Jean consentit enfin à les congédier. Avant de s'en aller, ils mirent le feu à leurs tentes; et la flamme se répandit dans le reste du camp, qu'elle consuma en partie.

Pour justifier leur conduite, les Gantois alléguaient, non sans quelque fondement, que la guerre du duc ne touchait en aucune manière aux intérêts de la Flandre; qu'elle se faisait uniquement dans l'intérêt d'une faction française, pour laquelle ils ne se sentaient pas disposés à verser leur sang; qu'ils ne devaient, comme sujets du duc, qu'un service limité, et que ce service ils l'avaient fourni; que, du reste, les guerres qui désolaient la France étaient une punition méritée, pour l'attachement qu'elle témoignait pour un faux pape; que, de leur côté, ils avaient toujours été fidèles au véritable successeur de saint Pierre, et qu'ils ne prétendaient aucunement prendre part au fléau que le ciel envoyait à ses ennemis.

Quelque désolé que fût le duc de voir ainsi échouer tous ses plans, grâce aux Gantois, il reconnut pourtant qu'il n'avait pas le droit de les retenir. Il reconduisit donc les Flamands à Péronne, où il les remercia des bons services qu'ils lui avaient prêtés.

Pendant qu'ils reprenaient ainsi le chemin de la Flandre, les gens de Bruges engagèrent ceux de Dixmude, de l'Écluse, de Damme et d'Ostende, à faire halte devant Lille, et à se faire remettre les lettres originales par lesquelles le duc avait établi une cueillette sur les grains dans la ville de Bruges; impôt qui avait été étendu à plusieurs autres villes de Flandre. Après avoir passé douze jours devant Lille, ils obtinrent ce qu'ils demandaient. Les lettres furent apportées à Gand, où elles furent déchirées, dans une assemblée qui eut lieu à Saint-Bavon.

Après la désagréable expérience que le duc venait ainsi de faire, il fit sortir toute sa famille de Gand, et la manda auprès de lui à Paris. Mais les trois capitales de Flandre ne tardèrent pas à lui faire exposer à ce sujet des représentations par leurs députés. Jean jugea qu'il était prudent d'accéder à leur demande; et il trouva, dans les périls auxquels le séjour de la France pouvait exposer les siens, un prétexte de contenter les Flamands sans avoir l'air d'y être contraint. Il renvoya donc à Gand le comte de Charolais et la princesse royale, sa fiancée. Les gens de Flandre attachaient d'autant plus d'importance à tenir entre leurs mains ces otages, que, en vertu d'une déclaration du roi d'Angleterre, du mois de mai 1412, la trêve avec les Flamands ne serait observée de la part des Anglais que pour autant que ceux-là ne fourniraient point de secours au duc de Bourgogne contre les Armagnacs en France. Cependant l'armistice ne tarda pas à être rompu, bien qu'on n'en vînt pas encore à la guerre. L'année suivante, la chance s'était tournée contre le duc, et il revint dans ses provinces flamandes, où il se prépara à se remettre en campagne. Les hostilités qui s'ouvrirent en 1414 avaient pris un caractère tel, que les villes de Flandre refusèrent d'y prendre part pour le duc; car celui-ci, maintenant que le roi s'était livré aux Armagnacs, se trouvait réellement en guerre contre son suzerain. Aussi, dans l'armée qu'il avait mise sur pied, il n'y eut que de simples volontaires des villes, ces dernières disant qu'elles ne prendraient les armes que dans le cas où le roi attaquerait leur propre territoire. Jean en témoigna un vif mécontentement, surtout quand, vers la fin du mois de mai, ses affaires empirèrent de plus en plus. Alors le duc Antoine de Brabant et la comtesse Marguerite de Hainaut-Hollande cherchèrent à ménager, de concert avec les villes flamandes, un accommodement entre le duc Jean et le roi. Mais ils n'obtinrent aucun résultat. D'un autre côté, le parti d'Orléans tenta, avec aussi peu de succès, d'attirer les

Flamands. Cependant le roi s'empara de Bapaume, et forma le siège d'Arras. Il échoua devant cette dernière ville, les vivres commençant à manquer dans l'armée, et les maladies y exerçant d'ailleurs les plus cruels ravages. Aussi il consentit enfin, le 4 septembre, à conclure la paix, grâce à l'intervention du Dauphin, du duc de Brabant, et de la comtesse de Hainaut. Cette paix fut jurée à Tournai, au mois de mars suivant, par Antoine de Brabant, Marguerite de Hainaut, le comte de Charolais, et les députés des villes flamandes. Les états d'Arras, de Bourgogne, et des autres parties de la Flandre, la jurèrent aussi plus tard. Le duc seul hésitait toujours d'y accéder, voyant les affaires du royaume s'embrouiller à merveille.

Cependant la trêve entre la France et l'Angleterre expira le 1er août 1415. Le 25 octobre, eut lieu la fameuse bataille d'Azincourt, où la chevalerie française reçut un si terrible échec. Cette journée changea brusquement la face des choses. Antoine de Brabant et Philippe de Nevers, frères du duc, y étaient tombés. La mort du premier fit échoir la succession du Brabant à son fils aîné Jean IV, à peine âgé de treize ans. Mais la défaite que l'armée royale venait d'essuyer releva tout à coup le duc de Bourgogne, au quel roi, dans la terreur que lui inspirait la puissance de ce prince, offrit, par lettres patentes datées du 7 novembre, une abolition générale et sans exception de tout le passé, et, en outre, une pension de quatre-vingt mille écus, et le gouvernement de la Picardie, pour le comte de Charolais. Le duc se trouvait ainsi en position de reprendre toute son influence dans les affaires du royaume; et il résolut d'en tirer avantage, malgré les ordres qui lui furent envoyés de congédier son armée. Il marcha vers Paris; mais il ne réussit pas à y entrer. Il s'en revint donc en Flandre essayer de se faire charger de la tutelle de son neveu Jean de Brabant, mais sans y réussir davantage.

Le moment cependant arriva bientôt, où Jean de Bourgogne vit tourner selon ses vœux les affaires de Paris. Le comte d'Armagnac n'y régnait que par la terreur. Aussi les Parisiens profitèrent du moment où ce seigneur marchait contre la garnison anglaise d'Harfleur, qui faisait des incursions dans le pays, pour s'adresser au duc de Bourgogne, et le prier de venir les délivrer du joug odieux sous lequel ils gémissaient. La tentative qu'il fit pour s'emparer de leur ville échoua, à la vérité; mais elle le décida à se mettre en hostilité ouverte avec l'armée du roi.

Tandis qu'en 1416 toutes les tentatives qu'on put faire pour établir une paix générale entre la France et l'Angleterre restaient sans résultat, une trêve fut conclue sans la moindre difficulté entre le roi anglais et le duc de Bourgogne, en faveur des villes de Flandre et d'Artois. Elle commença le jour de la Saint-Jean 1416, pour finir le 1er octobre 1417. Cet acte excita à la cour de France une grande défiance contre le duc. Ce fut pis encore, quand le roi d'Angleterre, le duc et l'empereur Sigismond s'étant rencontrés à Calais, peu de temps après la conclusion de cette trêve, elle fut prolongée jusqu'au 1er octobre 1419. Aussi le Dauphin s'empressa d'écrire à Jean de Bourgogne, pour lui demander une entrevue que le comte de Hainaut leur ménagea à Valenciennes. Là, le prince français requit le duc de jurer que jamais il ne se rangerait du côté des Anglais, et qu'au contraire il assisterait le royaume contre cet ennemi. Jean le promit sous serment, et obtint du Dauphin la promesse de faire en sorte que le duc fût mandé à la cour, se réconciliât avec le roi, et pût conclure un bon traité, pour le plus grand avantage du royaume.

Dans ces entrefaites le comte de Hainaut mourut, ne laissant pour héritière qu'une fille, Jacqueline, à laquelle son oncle Jean de Bavière, évêque de Liége, commença à disputer les seigneuries hollandaises qui appartenaient aux domaines de Hainaut-Bavière. La maison de Brabant-Bourgogne entra dans cette querelle pour un double motif. Le duc Antoine de Brabant avait laissé veuve sa seconde femme Élisabeth de Luxembourg-Gorlitz; et celle-ci, mécontente des cinq mille écus d'or que les états de Brabant lui avaient offerts à titre de douaire, les avait refusés, et s'était retirée du duché. Or, au moment où le fils aîné d'Antoine, Jean IV de Brabant, voulut rendre l'hommage à l'empereur Sigismond pour le duché de basse Lotharingie, et pour les fiefs impériaux de Maestricht et d'Anvers, Sigismond lui en refusa l'investiture, jusqu'à ce qu'il eût été fait droit à la duchesse Élisabeth. Jean IV força, il est vrai, en mai 1417, les Maestrichtois à lui prêter le serment de fidélité, sans que Jean de Liége y eût fait opposition au nom de l'Empire. Mais quand l'évêque eut appris que l'intention de la maison de Bourgogne était d'unir Jacqueline de Hainaut, veuve déjà du Dauphin de France, au jeune duc de Brabant, il la prit aussitôt en haine; et, pour se créer un parti capable de le soutenir dans ses prétentions sur la Hollande, il s'attacha à la maison de Luxembourg, en épousant la veuve d'Antoine de Brabant, presque en même temps que Jean IV se mariait avec Jacqueline. La faiblesse de ce dernier doubla la force et l'audace de l'intrépide évêque de Liége, qui parvint à s'établir, comme nous l'avons raconté, dans une partie des domaines hollandais. Il le put d'autant plus facilement, que, pendant les années 1417 et 1418, le duc de Bourgogne se trouva entièrement absorbé par les affaires de France, où, l'année suivante, il périt, traîtreusement assassiné, le 10 septembre, sur le pont de Montereau, sous les yeux mêmes du Dauphin.

Les circonstances dans lesquelles le duc périt de cette mort inattendue, portèrent la famille de Bourgogne à détacher entièrement ses intérêts de ceux de la famille royale. Philippe, fils et successeur du duc Jean, avait passé en grande partie les dernières années dans la Flandre, qui manifestait toujours une profonde aversion pour la France, et tendait de toutes ses forces vers l'Angleterre; et il s'y était profondément identifié avec cet esprit. Il n'est donc pas étonnant que dès lors la Flandre ait acquis une si haute importance pour la maison bourguignonne, que celle-ci considéra désormais le duché de Bourgogne comme un domaine presque accessoire.

§ IV. RÈGNE DU DUC PHILIPPE LE BON EN FLANDRE, DE JEAN IV ET DE PHILIPPE I EN BRABANT, JUSQU'A LA MORT DE CE DERNIER EN 1430.

Philippe le Bon, qui alors portait encore le titre de comte de Charolais, fut saisi de la plus vive douleur en apprenant à Gand la mort de son père. Toutefois il ne fit point expier à sa femme la trahison dont son frère le Dauphin s'était rendu coupable. « Il avait vingt-trois ans : malgré sa jeunesse, il se montra tout aussitôt animé du ferme désir de venger son père, et de se maintenir dans une puissance que sûrement le parti du Dauphin allait s'efforcer de détruire. Après avoir consulté son conseil et les gens de Gand, d'Ypres et de Bruges, il prit, comme unique héritier du duc Jean, les titres de toutes ses seigneuries; puis il se rendit à Malines, où il eut une conférence avec le duc de Brabant son cousin, Jean de Bavière son oncle, le duc de Clèves son beau-frère, et la comtesse de Hainaut[1]. » Tous furent d'avis que, pour venger la mort de son père, il ne lui restait qu'à conclure une alliance avec l'Angleterre. Bien qu'en France le parti bourguignon fût encore très-puissant; que les habitants de Paris se fussent déclarés contre le Dauphin et en faveur du comte de Saint-Pol, qui représentait la maison de Bourgogne; et que même, dès le 12 septembre, ils eussent envoyé des députés au nouveau duc, pour lui faire savoir qu'ils étaient décidés à vaincre ou à périr avec le comte de Saint-Pol; Philippe resta cependant fermement résolu à contracter une alliance avec les étrangers; et il manda

[1] DE BARANTE, Hist. des ducs de Bourgogne.

dans ce but des députés de ses partisans, pour le 17 octobre, à Arras, où il fit célébrer de magnifiques funérailles en mémoire de son père.

Pendant ce temps, les Anglais venaient piller jusque sous les murs de Paris; mais si forte que fût la haine que les Parisiens leur portaient, celle qu'ils nourrissaient contre les adhérents du Dauphin était plus violente encore. Ils disaient : « Mieux valent encore les Anglais que les Armagnacs. » Aussi aucun d'eux ne s'opposa à la proposition qui leur fut faite par le duc, à Arras, de négocier avec l'Angleterre.

Avant les fêtes de Noël, un traité fut conclu entre l'Angleterre et la Bourgogne, en vertu duquel le roi Henri épouserait la princesse royale Catherine, et entreprendrait le gouvernement de la France, au nom du roi malade. En outre, un des fils de Henri devait épouser une sœur du duc; et on convint de commencer ensemble la guerre contre le Dauphin et les Armagnacs.

Ce traité, dont nous passons ici les détails, eut une grande importance, tant à cause de la liberté et de la protection qu'il procura nécessairement au commerce flamand avec l'Angleterre, et auquel le Hainaut et le Brabant devaient participer aussi, qu'à cause du vif intérêt que la belliqueuse chevalerie belge prit aux affaires françaises. Cependant le roi de France, toujours frappé de folie, était entièrement à la dévotion de la faction bourguignonne. Il approuva tout. Non-seulement il admit le duc Philippe, qui était venu à Troyes dans le cours du mois de mars 1420, à lui prêter le serment d'hommage pour tous les fiefs qu'il tenait du royaume, mais encore il consentit solennellement, le 9 avril, aux fiançailles de sa fille Catherine avec Henri d'Angleterre, et à investir celui-ci du gouvernement de la France. Il se désista aussi du droit de détacher Lille, Douai et Orchies, de la Flandre; et céda à sa fille Michelle, épouse du duc Philippe, au lieu d'une dot en argent, les villes de Roye, de Péronne et de Montdidier, en forme d'engagère. Enfin, il confirma la maison de Bourgogne dans la possession du comté de Tonnerre, échue au duc Jean peu de temps avant sa mort, et lui assura en outre les biens des meurtriers de Montereau, et l'hôtel d'Armagnac à Paris.

Pendant que le duc de Bourgogne se préparait ainsi à une lutte décisive contre le Dauphin, la faction des Armagnacs faisait aux Flamands une véritable guerre de sauvages. Elle avait pris à sa solde des bandes d'incendiaires qui venaient mettre le feu aux villes de Flandre, à Poperingue, à Dixmude, à Furnes, à Roulers, à Oudenbourg, à Eeccloo, à Bruges, et à Werwick.

Dans ces entrefaites, les germes de division les plus déplorables se développaient dans la ligne brabançonne de la maison de Bourgogne. Jean IV différait totalement de caractère avec Jacqueline, sa femme : lui était d'une faiblesse et d'une apathie incroyables; elle, d'une vivacité et d'une chaleur de tête peu communes. Le jeune duc était à la merci de ses favoris. Parmi ces derniers se distinguait surtout, par l'empire qu'il exerçait sur son maître, Guillaume de Mons, ou Dumont. Il trouva naturellement une ennemie acharnée dans Jacqueline, qui ne pouvait lui pardonner la faveur dont il jouissait. Aussi, un jour que la cour se trouvait à Mons, et que le duc était allé à la chasse, les frères naturels de la duchesse égorgèrent l'odieux favori. La princesse crut avoir tout gagné, par ce meurtre, sur l'esprit de son époux; mais elle ne parvint qu'à exciter en lui une aversion de plus en plus forte. L'histoire de Hainaut et celle de Hollande nous ont montré quelles tristes complications naquirent de cette désunion, et quels en furent les lamentables résultats, guerres sanglantes et troubles intérieurs, dont il a déjà été fait mention. Quand le duc Jean, après avoir institué, en 1425, la fameuse université de Louvain, mourut le 17 avril 1427, son frère Philippe de Saint-Pol se trouvait à Rome avec plusieurs chevaliers de Louvain, pour se rendre à Jérusalem. Le pape l'ayant détourné de ce voyage, il rentra dans le Brabant, où il prit les rênes du duché, Jean n'ayant point laissé d'héritier direct. Mais Philippe de Saint-Pol avait à peine eu le temps d'entreprendre la succession fraternelle, qu'il expira, le 4 août 1430, à Louvain, au moment où il s'apprêtait à épouser Yolande, fille de Louis d'Anjou. On soupçonna d'abord qu'il avait succombé au poison; mais on reconnut bientôt qu'il avait été enlevé par un défaut organique incurable.

Incontinent après la mort de ce prince, les états de Brabant se réunirent, pour examiner les prétentions que Marguerite de Bourgogne, comtesse douairière de Hainaut, et le duc Philippe le Bon, élevaient chacun de leur côté sur le duché devenu vacant. La comtesse s'y rendit en personne. Philippe y envoya une députation, composée d'hommes sages et instruits aux affaires. L'assemblée, après avoir mûrement délibéré, se prononça pour Philippe le Bon, qui, en effet, prêta serment aux états de Brabant, et reçut le leur à Louvain, le 5 octobre 1430.

§ V. RÈGNE DU DUC PHILIPPE LE BON JUSQU'EN 1458.

Pendant longtemps ce prince avait été occupé des luttes qui se démenaient toujours dans le royaume de France. Seulement, en 1421, quand le roi Henri eut quitté Paris pour retourner en Angleterre, Philippe prit des dispositions pour visiter ses villes flamandes, dont le commerce florissait de plus en plus, grâce aux trêves, et malgré les troubles qui agitaient toutes les provinces voisines. Aussi, son séjour dans le comté de Flandre ne fut qu'une succession de fêtes magnifiques et de solennités chevaleresques. L'affection des Flamands pour leur prince y éclata dans toute sa force, et elle le consola de bien des chagrins. Elle contribua beaucoup à adoucir la douleur que lui causèrent la mort de sa femme Michelle de France, qui s'éteignit, l'année suivante, à Gand, et celle de sa mère Marguerite, qui expira en 1424. Vers la fin de la même année, Philippe épousa en secondes noces, après avoir obtenu des dispenses du pape, la veuve de son oncle le duc de Nevers, tombé à la bataille d'Azincourt, Bonne d'Artois, fille du comte Philippe d'Eu. Mais cette princesse, il ne la conserva qu'une année à peine.

Il ne fallut rien de moins que l'attachement de ses bonnes villes, et de grands intérêts politiques, pour distraire le duc de tant de coups qui se succédaient avec une si effrayante rapidité. Les affaires de Bourgogne allaient mal en France, mais elles n'en allaient que mieux en Belgique. Le duc avait acheté, en 1420, le comté de Namur, dont il obtint la possession en 1429, après la mort du comte Jean III. En 1428, il s'assura, en traitant avec Jacqueline, la possession des comtés de Hollande et de Zéelande, et de la seigneurie de Frise. En 1430, il obtint, par la mort de Philippe de Saint-Pol, le duché de Brabant. De façon que, peu de temps après qu'il eut épousé en troisièmes noces Isabelle de Portugal, et institué l'ordre de la Toison d'or (10 janvier 1430), il put s'intituler : « Philippe, par la grâce de Dieu duc de Bourgogne, de Lothier, de Brabant et de Limbourg, comte de Flandre, d'Artois, de Bourgogne, palatin de Hainaut, de Hollande, de Zéelande et de Namur, marquis du Saint-Empire, seigneur de Frise, de Salins et de Malines. »

Mais, au moment où sa puissance s'était ainsi étendue sur la plupart des provinces des Pays-Bas, il s'était déjà presque entièrement détaché du parti anglais, pour se rapprocher de celui du Dauphin, parvenu au trône de France en 1422, sous le nom de Charles VII.

Enfin le duc Philippe allait pouvoir jouir de quelque repos, quand des troubles commencèrent à éclater dans quelques-unes de ses villes. Les habitants de Cassel furent les premiers à donner l'exemple de la rébellion, en se soulevant contre le bailli et le magistrat qui leur avaient été donnés par le duc. Tous les mécontents qui se trouvaient parmi le petit peuple en Flandre coururent grossir les rangs des mutins; de façon qu'il se trouva bientôt plus de trente mille hommes sous les armes, qui répandirent dans le voisinage des désordres de toute nature. Philippe assembla aussitôt une armée, et dispersa les rebelles, dont les chefs furent condamnés à de grosses amendes, lesquelles servirent sans doute à payer les dépenses du brillant chapitre de la Toison d'or, que le prince tint dans l'église de Saint-Pierre, à Lille, au mois de novembre 1431. Le Brabant ne resta pas plus tranquille. L'ancienne jalousie de Malines et d'Anvers se réveilla ; et, dans cette querelle, les Anversois trouvèrent des alliés dans les gens de Bruxelles. Mais le duc parvint à accommoder ce différend avant qu'on n'en fût venu aux mains. Cependant à peine eut-il arrangé cette affaire, que les hommes de Tournai lui en suscitèrent une autre. Philippe voulait donner à un de ses conseillers le siège épiscopal de cette ville, qui était devenu vacant. Les Tournaisiens s'opposèrent à ce choix, parce qu'ils craignaient que par là ce prince n'acquît dans leur ville une influence menaçante pour leurs libertés, et que d'ailleurs le pape s'était prononcé pour Jean de Harcourt, auquel ils se rallièrent. Le duc tint bon, mit arrêt sur tous les revenus de l'évêché en Flandre, bloqua le commerce des Tournaisiens, et parvint enfin, après cinq années de querelles et de difficultés, à faire accepter à Jean de Harcourt le siège de Narbonne et à faire placer sur celui de Tournai son conseiller Jean Chevrot, archidiacre de Reims. Des tumultes éclatèrent aussi à Gand, au sujet d'un nouveau règlement sur les monnaies, après que cette ville eut déjà, en 1430, eu de graves débats avec celle de Bruges, au sujet de leurs droits et de leurs priviléges respectifs.

Au milieu de ces passagères difficultés intérieures, le duc n'avait pas cessé de s'occuper des affaires de France, où la fortune des armes commençait à se déclarer contre les Anglais. Mais bientôt, en 1433, un événement plus important vint l'absorber : ce fut une nouvelle aventure de Jacqueline de Hainaut-Bavière. Après avoir solennellement reconnu héritier de tous ses domaines Philippe de Bourgogne, et l'en avoir institué ruwaert, Jacqueline s'était simplement réservé quelques revenus, et avait pris l'engagement de ne pas se marier sans le consentement du duc, selon l'acte du 3 juillet 1428. Depuis, elle résidait à Goes, dans l'île de Zuid-Beveland, ou à la Haye. Ses revenus, si peu importants qu'ils fussent, lui furent encore plus d'une fois rognés par Philippe. Aussi, bien qu'elle vécût assez retirée, elle avait souvent besoin d'argent; et les Hoekschen n'osaient lui venir en aide, de peur d'exciter la défiance et la colère du duc. Le seul homme sur lequel il ne pût tomber le moindre soupçon était Franck de Borselen, grand bailli ducal, dans l'île de Zuid-Beveland. Il fournit des secours à la princesse, et ne tarda pas à gagner le cœur de l'inflammable Jacqueline. De l'amour ils en vinrent au mariage, et ils s'unirent secrètement. Mais, si bien cachée qu'on eût tenu cette alliance, elle ne resta point celée aux yeux des espions de Philippe ; et messire Franck ayant été saisi par ordre du prince, fut transporté au château de Rupelmonde. Le bruit se répandit aussitôt que le bailli infidèle allait être condamné à mort. Jacqueline, pour le sauver, s'adressa, par l'intermédiaire du comte de Meurs, au duc, et offrit, pour prix de la liberté du sire de Borselen, de renoncer complètement à tous ses droits sur le Hainaut, la Hollande, la Zéelande et la Frise. Philippe accepta cette condition, laissa à Jacqueline la possession viagère des pays de Voorn, de Zuid-Beveland et de Tholen, relâcha Borselen, lui accorda le collier de la Toison d'or, et lui donna pour sa vie durant la seigneurie d'Ostrevant.

C'est ainsi que le duc de Bourgogne parvint à réunir définitivement à ses domaines l'héritage de l'aventureuse Jacqueline.

Presque en même temps la duchesse Élisabeth lui donna un fils, qui naquit à Dijon le 10 novembre 1433, et reçut le nom de Charles, auquel l'histoire ajouta plus tard le surnom de Téméraire. Sa femme avait déjà mis au monde, en 1431, un fils nommé Antoine, qui ne vécut guère que quelques mois; et un autre, nommé Jossé, qui était mort également.

La naissance de cet héritier procura tant de joie au duc Philippe, qu'il lui tardait de finir les affaires de France. Il l'amena en Flandre avec sa femme, au printemps de 1435, pour ouvrir le fameux congrès d'Arras, qui devait enfin, après tant de désastres et de sang répandu, chercher à terminer la querelle de la France et de l'Angleterre. Les ambassadeurs des deux royaumes s'y rendirent, et bientôt la ville offrit un spectacle plus riche et plus animé que celui qu'avaient offert celles de Constance et de Bâle, au milieu des splendeurs de leurs conciles. Outre les représentants de la France et de l'Angleterre, il y avait des députés et des ambassadeurs du pape, de l'empereur, des rois de Chypre, de Portugal, de Navarre et des autres royaumes espagnols, des rois de Danemark et de Pologne, des ducs de Bretagne et de Milan, de plusieurs autres princes, de l'université de Paris, de toutes les villes opulentes qui reconnaissaient l'autorité du duc Philippe, et d'un grand nombre d'autres cités. Ce n'était que luxe et magnificence, et jeux chevaleresques. Le duc se montra d'une libéralité toute royale, par les magnifiques présents qu'il distribuait à toute cette chevalerie, dans les tournois dont Arras fut le théâtre. On ne le voyait jamais qu'accompagné d'une garde composée de cent gentilshommes tirés des meilleures familles de ses vastes domaines, et de deux cents arbalétriers sortis de ses villes les plus riches. Pendant ce temps, les pourparlers commencèrent. Mais, malgré les efforts qui furent mis en œuvre pour en venir à un accommodement, ils ne tardèrent pas à être rompus. En effet, les prétentions des Anglais s'y montrèrent tellement exagérées, qu'elles furent repoussées d'emblée, et que les Français se refusèrent à négocier sur une autre base que la renonciation complète du roi d'Angleterre à la couronne de France.

Les ambassadeurs anglais se retirèrent le 1ᵉʳ septembre, sans qu'on fût parvenu à tomber d'accord sur quoi que ce fût.

Cependant l'assemblée d'Arras ne fut pas sans avoir un éclatant résultat. Elle produisit enfin la paix entre le duc de Bourgogne et le roi de France. Le traité qui la consacra procurait d'immenses avantages à Philippe. En effet, il fut investi de la possession d'un grand nombre de seigneuries qui lui furent accordées, et d'un grand nombre de droits qui complétèrent son autorité souveraine dans ses domaines de France. Il fut exempté, pour la durée de sa vie, de tout acte d'hommage féodal. La ville de Tournai lui fut pour ainsi dire sacrifiée par le roi, qui s'engagea, en outre, à rompre avec tous les ennemis du duc, et à ne jamais traiter avec les Anglais sans son concours Enfin, on conclut le mariage de la princesse Catherine, fille du roi, avec le comte de Charolais, fils du duc. Le pape et le concile de Bâle ratifièrent ce traité.

Mais quand Philippe de Bourgogne eut envoyé au roi d'Angleterre des députés pour lui donner connaissance de cet acte, et l'émouvoir à accepter la médiation bourguignonne, pour ses négociations ultérieures avec la France; ce prince, dès leur arrivée à Douvres, les fit presque traiter comme des prisonniers, et leur donna à Londres un logement dans la maison d'un pauvre cordonnier. Ils ne furent pas même admis auprès du roi; on ne leur donna aucune réponse écrite, et on les renvoya avec de grandes marques d'étonnement sur la conduite du duc.

Le revirement ainsi opéré dans la politique de Philippe de Bourgogne dut nécessairement bientôt faire éprouver ses conséquences aux villes de Flandre et de Zéelande, dont le commerce était menacé de graves embarras, à cause de la position hostile prise par le duc à l'égard des Anglais. Les bourgeois de Zierikzée et de plusieurs autres villes remirent, il est vrai, eux-mêmes à leur prince les lettres que le roi d'Angleterre leur écrivit ; et le pillage de leurs navires de commerce irrita grandement contre les Anglais les habitants de ces provinces. Mais, d'un autre côté, on commença à souffrir avec impatience les impôts, qu'on avait payés avec joie aussi long-temps que la position politique du duc avait assuré protection au commerce. Aussi Philippe, irrité par les vexations des Anglais, songea d'abord à entreprendre contre eux une guerre ouverte. Cependant sa cour était divisée en deux partis. L'un, qui avait pour chef Jean de Luxembourg, comte de Ligny, était d'avis qu'il fallait de toute manière éviter la guerre ; l'autre, à la tête duquel se trouvaient les sires de Croy et l'évêque de Tournai, Jean Chevrot, voulait qu'on prît les armes. Le duc inclina naturellement vers ce dernier ; et bientôt la résolution fut prise de déclarer la guerre, et d'enlever aux Anglais la ville de Calais et le comté de Guines. Cette décision adoptée, le duc demanda l'avis des échevins et des doyens de Gand, qui, sans consulter les trois autres membres de Flandre, Bruges, Ypres et le Franc, se rangèrent à l'opinion du prince, à laquelle se rallièrent aussi les autres quartiers du comté. De leur côté, les villes de Hollande et de Zéelande promirent le secours de leurs vaisseaux pour le siége de Calais.

Pendant ce temps, le roi d'Angleterre n'était pas resté inactif. Fort de ses prétentions sur la couronne de France, il avait investi le comte de Glocester des terres de Flandre, et le comte de Beaumont du domaine de Boulogne.

Les hostilités ainsi décidées, le duc résolut de harceler, avec le secours des Français, les garnisons anglaises, jusqu'à ce que les apprêts nécessaires pour le siége de Calais fussent achevés. Les Anglais commencèrent, de leur côté, à se mettre en mouvement dans la Flandre, et abordèrent, dans le cours du mois de mai 1436, les villes de Bourbourg, de Bergues et de Cassel.

Dans ces entrefaites, les communes flamandes avaient fait tous leurs préparatifs, et composé une superbe armée de siége. Les Gantois surtout s'étaient distingués par leur ardeur à mettre sur pied une bataille qui fût digne d'eux. Ils fournirent neuf mille hommes choisis, bien armés de piques et de masses d'armes, qui composaient, avec ceux du pays d'Alost, un corps dont le commandement fut confié à messire Coulard de Commines. Les gens de Bruges se placèrent sous les ordres de messire Jean de Steenhuyse ; ceux de Courtrai avaient pour chef messire Gérard de Ghistelles ; ceux d'Ypres, Jean de Commines ; et enfin ceux du Franc, le sire de Merckem. L'armée tout entière était placée sous le commandement en chef du sire d'Antoing, vicomte héréditaire de Flandre. Au commencement du mois de juin, les Gantois se mirent en marche par Courtrai, Armentières et Hazebrouck, vers Dringham, où le duc vint les rejoindre. Ceux de Bruges longèrent la mer par Nieuport vers Gravelines, où ils trouvèrent les gens de Gand, auxquels s'étaient réunis ceux d'Ypres et de Courtrai. Les hommes de Malines s'étaient joints à ceux de Bruges ; et quand le duc Philippe passa la revue de ses Flamands, il se trouva à la tête de trente mille combattants. L'armée se porta de Gravelines à Tournehem, où elle se grossit d'une troupe de bons chevaliers, conduits par le comte d'Étampes. Toutes les petites places situées sur la route de Calais furent si facilement enlevées, que les Gantois commençaient déjà à craindre que les Anglais ne se fussent sauvés de Calais, pour se réfugier en Angleterre avec tous leurs biens. Mais les choses étaient loin d'en être à ce point. La garnison anglaise se défendit vaillamment, et faisait à tout moment d'énergiques

16.

sorties, qui coûtèrent la vie à plus d'un Flamand, et mirent plus d'une fois le duc Philippe en grand péril. Les gens de Flandre ne se trouvaient pas même en état d'empêcher les Anglais de mener paître leurs troupeaux dans les prairies voisines de Calais; et comme la flotte hollandaise ne se montrait pas encore, la ville pouvait, sans obstacle, recevoir d'Angleterre tous les secours nécessaires. Les choses avaient duré ainsi pendant quelque temps, quand enfin la flotte parut, commandée par Jean de Hornes, garde des côtes de Flandre. Mais malheureusement elle échoua dans la tentative qu'elle fit pour barrer l'entrée du port, en y laissant couler de gros navires. Ce triste début servit à augmenter encore le découragement qui s'était déjà emparé des assiégeants. Ce découragement fut à son comble, quand la crainte des vaisseaux anglais eut porté la flotte hollandaise à reprendre le large, et que plusieurs vigoureuses sorties de la garnison eurent répandu la terreur parmi les gens des communes. D'abord ils entrèrent en grande colère; et il fallut les empêcher par la force de se jeter sur les seigneurs du parti de Croy et de les tuer, comme ayant conseillé cette malheureuse expédition. Ceux de Gand allaient criant à haute voix qu'ils étaient trahis, et levèrent incontinent leurs tentes. En vain le duc et ses chevaliers essayèrent-ils de les calmer et de les retenir. Tout fut inutile: ils partirent; et le reste des communes les suivirent l'une après l'autre. Le duc en fut pris d'un désespoir qui fit craindre pour sa santé et pour sa vie.

Bientôt après, les Anglais, ayant reçu des renforts considérables, entreprirent une expédition en Flandre, détruisant par le fer et par le feu tout ce qui se trouvait sur leur passage. Ils incendièrent Poperinghe, Bailleul, et toutes les places ouvertes qu'ils purent atteindre, et ils emportèrent un immense butin à Calais. Pendant ce temps, une partie de la flotte anglaise s'était approchée des côtes et avait mis la Zéelande au pillage, tandis que les paysans flamands, exaspérés contre Jean de Hornes, qui se tenait dans l'inaction avec la flotte hollandaise à Ostende, le massacrèrent impitoyablement dans les dunes.

Les gens de Bruges, à leur retour de Calais, s'étaient campés sous les remparts de leur ville, et ils refusaient d'y rentrer avant d'avoir humilié l'Écluse, qui avait refusé de marcher sous leur bannière. De leur côté, les Gantois refusèrent également de rentrer avant que la ville leur eût assuré à chacun une robe neuve, comme c'était l'usage anciennement, quand ils revenaient d'un service de guerre. Mais le magistrat leur ayant répondu qu'ils avaient plutôt mérité la corde qu'un habit neuf, parce qu'ils avaient si honteusement laissé leur prince à l'abandon, ils se résolurent enfin à remettre le pied dans leurs foyers.

A la prière de la duchesse Élisabeth, les Brugeois avaient marché contre les bandes anglaises qui désolaient les côtes, mais qui parvinrent à leur échapper. Revenus, le 24 août, de cette infructueuse expédition, ils refusèrent derechef de déposer les armes, malgré les ordres formels du duc. Ils voulaient d'abord se venger de l'Écluse; ensuite ils exigeaient que le Franc cessât d'être regardé comme le quatrième membre de Flandre, et qu'il fût administrativement soumis à Bruges. Ils demandaient, en outre, que toute l'artillerie leur fût remise. Jean de Gruithuisen, capitaine; Nicolas Van Utenhove, bailli de la ville, et Stassart Brisse, écoutète, ayant voulu s'interposer pour calmer cette multitude déchaînée, ce dernier tomba victime de la fureur populaire. Force fut alors au magistrat de livrer les canons aux séditieux. Gruithuisen se démit aussitôt de sa charge de capitaine, et il fut remplacé par Vincent de Scheutelaere. Jusqu'au 4 octobre, Bruges resta au pouvoir des masses armées, qui n'épargnèrent pas même les insultes à la duchesse; de sorte qu'elle se hâta de sortir de la ville après que le duc fut parvenu à lui faire obtenir un sauf-conduit, qu'on ne lui accorda qu'avec grand'peine. Au moment où elle traversa la porte de la ville, une bande effrénée, conduite par Jean Lonckaert, arracha de leur chariot deux dames qui accompagnaient la princesse, et les traîna en prison, pendant que le jeune comte de Charolais pleurait et jetait de grands cris dans les bras de sa mère, qui cependant échappa heureusement. C'est à Damme qu'elle rejoignit son époux.

Depuis quelque temps tout se trouvait en tumulte et en désordre à Gand. La milice, furieuse de ce que dans toute la Flandre on lui imputait la honteuse retraite de Calais et les malheurs qui désolaient le pays, voulait absolument en rejeter la faute sur d'autres. De là des querelles et des discordes interminables. Le duc lui-même alla trouver les Gantois, et réussit à leur procurer quelque apaisement, en leur donnant de sa propre bouche l'assurance qu'il était content de la conduite qu'ils avaient tenue devant Calais. Cette affaire semblait terminée, quand celle de Bruges éclata tout à coup. Philippe de Bourgogne, n'ayant pas de forces suffisantes à sa disposition pour réduire ces populations rebelles, n'eut d'autre moyen que de temporiser. Après avoir assoupi les Gantois, il courut à Damme, où la duchesse Élisabeth était arrivée sans encombre.

Dans ces entrefaites, les Brugeois écrivirent des lettres à ceux de Gand, et leur demandèrent leur appui, d'abord pour les réconcilier avec le duc, ensuite pour les aider à châtier l'Écluse et à soumettre cette place à la commune brugeoise. Philippe arriva de Damme à Gand, presque au moment même où ces lettres y étaient parvenues. Les Gantois commencèrent aussitôt à lui faire de nouvelles remontrances, et lui demandèrent d'accorder à ceux de Bruges tout ce que ceux-ci réclamaient, c'est-à-dire tous les priviléges et les libertés qu'ils possédaient d'ancienneté ; la démolition des remparts de l'Écluse, et la réunion du Franc. Le duc fut d'autant plus irrité de ces exigences, qu'il avait à demander compte à Bruges des insultes faites à madame Élisabeth, et de l'assassinat commis sur l'écoutète. Mais les hommes de Gand ne tinrent d'abord aucun compte de cette colère. Les cinquante-deux métiers se réunirent en armes sur le marché de Vendredi, et y plantèrent leurs bannières, disant qu'ils étaient résolus à porter aide aux Brugeois, et qu'ils ne déposeraient pas les armes avant qu'il n'eût été fait droit à leurs alliés. Ils restèrent ainsi cinq jours, après lesquels ils prêtèrent enfin l'oreille aux gens sages de la commune, et consentirent à se retirer, le duc ayant promis d'agir à l'égard des Brugeois avec toute la douceur que sa dignité lui permettrait. Ils prirent d'autant plus volontiers cette résolution, que, pendant ce temps, Philippe le Bon avait reçu des secours de Bourgogne, de Savoie, de Picardie et d'Artois. Ces épées arrivées, le duc réorganisa le gouvernement militaire du comté, rétablit le bon ordre dans les villes, et les mit en état de défense contre les Anglais. Ensuite il s'occupa de réduire Bruges à l'obéissance : il plaça d'abord une bonne garnison à Damme, et chargea la flotte hollandaise, commandée par le sire de Vère, d'intercepter toute communication des Brugeois avec la mer. Ceux-ci, voyant qu'une lutte sérieuse allait s'engager, cherchèrent à négocier avec le duc, qui refusa de rien entamer avec eux avant qu'ils eussent mis bas les armes. Alors force leur fut de céder. Le 17 octobre, leurs magistrats arrivèrent au palais de Philippe, à Gand, et se jetèrent à ses pieds en lui faisant les plus humbles prières. Le prince leur pardonna, et les reçut en sa bonne grâce.

Mais il ne s'était pas écoulé quinze jours, que la sédition reprit de plus belle. Les Brugeois, prétendant que l'Écluse était dans leur juridiction, assignèrent le magistrat de cette ville devant leur tribunal, en réparation d'injures et de dommages qu'ils prétendaient leur avoir été faits. D'après le conseil des nobles, aucune personne de l'Écluse ne comparut à la citation des Brugeois, qui condamnèrent à un bannissement de cinquante ans les baillis, les échevins, les magistrats, et plusieurs autres habitants de cette ville. Non contents d'avoir frappé les Éclusois de cette condamnation, ils se répandirent en armes dans les rues de Bruges, et jetèrent en prison vingt-quatre des principaux bourgeois. Ceux de l'Écluse, sans s'inquiéter en aucune façon de ce qui venait d'être fait contre eux, se bornèrent à couper par une forte estacade les communications entre Bruges et Damme. De son côté, le duc cassa l'arrêt prononcé contre eux. Mais les Brugeois n'en continuèrent pas moins de se livrer à tous les excès imaginables. Ils avaient jeté dans les places de Damme et d'Aardembourg des garnisons qui commettaient dans le voisinage de terribles dégâts. Ce ne fut pas là tout. Ils suspendirent toutes les justices ducales, jusqu'à ce qu'il leur eût été donné satisfaction par Philippe; puis ils se mirent à démolir les maisons de plusieurs citoyens notables de leur ville. L'écoutète condamna à mort les trois chefs de cette émeute; mais il fut lui-même égorgé par les doyens des métiers. Enfin, les hommes sages commencèrent à voir que cet état de choses ne pouvait continuer. Ils rappelèrent les garnisons de Damme et d'Aardembourg, le duc menaçant la ville de Bruges de toute sa colère; et ils cherchèrent à établir légalement, de concert avec des députés de Gand et d'Ypres, ce qu'ils étaient en droit d'exiger de la ville de l'Écluse. Pendant qu'ils étaient occupés de ces travaux, le duc entra, le 13 décembre, dans les murs de Bruges avec sept cents archers. Vincent de Scheutelaere, capitaine de la ville; Nicolas Van Utenhove, bailli du duc; les deux bourgmestres Maurice de Varssenaer et Louis Van den Walle; l'écoutète Barthélemy de Voocht, les conseillers, les échevins, les trésoriers et les doyens de cinquante-deux métiers, se rendirent au-devant de lui. A la porte de la ville, le secrétaire de Bruges, Jean de Mil, prononça un beau discours, auquel le duc répondit qu'il n'était venu que pour la paix; après quoi il entra dans le château.

Philippe, arrivé au milieu des rebelles, cassa de nouveau le jugement qu'ils avaient prononcé contre ceux de l'Écluse. Il plaça Audenaerde, l'Écluse et Nieuport, sous sa juridiction immédiate, et décida que le Franc ne serait pas regardé comme appartenant au quartier de Bruges, mais qu'il serait considéré comme formant à perpétuité le quatrième membre de Flandre. Les Brugeois n'avaient pas encore répondu à ces conditions, dont l'acceptation seule pouvait les remettre en grâce auprès du duc, quand celui-ci prit le chemin de Lille, où le duc de Bourbon et le chancelier de France s'étaient rendus pour négocier la liberté du duc René de Lorraine, prisonnier de Philippe. Enfin, à Noël, ils se soumirent aux volontés du prince, en faisant toutefois des réserves au sujet de la juridiction sur l'Écluse. Mais de nouveaux troubles ne tardèrent pas à éclater. Le duc revint à Bruges, où il trouva les esprits plus agités que jamais. Gand n'était pas plus calme. Le souvenir de Calais y excitait des querelles toujours renaissantes, dont Jacques de Zaghère, grand doyen des métiers, qui le premier devant Calais avait abattu son pavillon et plié sa tente, finit par tomber victime. Philippe se rendit au milieu des Gantois, et apaisa cette nouvelle sédition, sans recourir cette fois à des moyens de rigueur. Mais à peine eut-il fini ici, que tout se remit en mouvement à Bruges. Les marchands étrangers n'y trouvaient plus de sûreté, pas plus que les bourgeois riches de la ville. Ils conjurèrent le duc de venir à leur secours. Sa patience était à bout, et il résolut d'en finir une bonne fois avec cette turbulente commune. Le 21 mai 1437, il vint donc à Roulers avec un corps de quatorze cents hommes, parmi lesquels se trouvaient ses meilleurs chevaliers. Il annonça qu'il avait intention d'aller en Hollande régler la succession de madame Jacqueline, morte au mois d'octobre de l'année précédente; et qu'il prendrait sa route par Bruges. Le lendemain, il fit son entrée dans cette ville, après avoir longtemps négocié avec les bourgeois, qui ne voulaient livrer passage qu'au duc et à ses gentilshommes. Mais, au moment où il était entré avec la moitié de sa troupe, les Brugeois fermèrent brusquement la porte. Le duc ignorait encore ce qui venait de se passer, au moment où il atteignit le marché. Tout à coup les mutins se jetèrent sur deux bourgeois notables qui saluaient le prince, et ils les mirent à mort. Ce meurtre fut le signal d'une sanglante collision. Les archers de Philippe commencèrent à tirer sur le peuple. Au même instant les métiers coururent aux armes, et refoulèrent les hommes du duc, qui, forcé de battre en retraite, chercha à regagner au plus vite la porte par où il était entré. Malheureusement elle était fermée, et défendue par les bourgeois. Philippe eût été perdu, si un des doyens des métiers, Jacques de Hardoye, ne fût venu à son aide. Pendant que l'on combattait encore devant la porte, le doyen entra chez un serrurier, et prit ses outils. A eux deux ils brisèrent les serrures, forcèrent la porte, et livrèrent passage aux débris de la troupe ducale. Beaucoup d'hommes considérables étaient tombés de part et d'autre. Cent soixante-dix d'entre les gens de Philippe furent pris, dont vingt-deux furent massacrés le surlendemain par les Brugeois.

Dès ce moment, le duc ne pouvait plus user d'une indulgence qui n'eût fait qu'empirer le mal. Aussi, malgré les instances d'Ypres, de Gand, et des marchands étrangers qui résidaient à Bruges, il considéra cette commune comme une ennemie déclarée, et il rompit toutes les communications qu'elle avait avec la mer.

Cependant les Brugeois bravèrent tout ce qui put être fait contre eux : ils marchèrent vers l'Écluse, qu'ils canonnèrent pendant dix-huit jours, et dont ils n'abandonnèrent le siège qu'à l'arrivée d'une armée envoyée pour dégager cette ville. Dans ces entrefaites, Philippe avait occupé toutes les places voisines, et traitait en ennemis tous ceux qui tenaient pour Bruges. Mais il n'avançait que lentement ; et l'automne arriva, sans qu'il y eût eu d'autres résultats que des dégâts et des pillages. Alors les Gantois, irrités de voir que le duc ne faisait rien de décisif pour amener une paix dont le pays avait tant besoin après tous ces interminables tumultes, se levèrent en armes, et vinrent se joindre à l'armée du prince. Par leur force imposante, ils réussirent d'abord à engager les Brugeois à reconnaître le Franc comme le quatrième quartier de Flandre. Mais, à la voix d'un homme qui représenta cette résolution comme une lâcheté, le populaire reprit bientôt toute sa fureur, et la guerre recommença. Tous les environs de Bruges en furent entièrement ruinés. Les gens de Gand n'avaient pris les armes que pour se rouvrir les communications avec la mer, dont la fermeture causait un grand préjudice à leur commerce. N'ayant rien pu obtenir de ceux de Bruges, ils se portèrent eux-mêmes sur l'Écluse. Alors le duc, pour empêcher qu'ils ne se missent à faire cause commune avec les Brugeois, fit savoir à ceux-ci qu'ils n'auraient aucun pardon à attendre de lui, s'ils se permettaient de traiter en particulier avec les Gantois. Ainsi ces derniers se retirèrent sans avoir obtenu aucun résultat, et ils rentrèrent dans leurs foyers.

Pendant ce temps, Philippe le Bon n'avait pas cessé de tenir les Brugeois bloqués, et la famine n'avait pas tardé à se déclarer dans leur ville ; de sorte que la commune envoya des députés à la duchesse, pour invoquer sa médiation et obtenir la paix. Le duc fit d'abord quelques difficultés pour les recevoir ; mais enfin il les renvoya avec treize articles, parmi lesquels il s'en trouvait un qui portait que Philippe se réservait quarante-deux hommes, sur le sort desquels il se proposait de décider selon son bon plaisir. Le même jour, les Brugeois épouvantèrent leur ville par des exécutions sanglantes, sans toutefois accepter les conditions qui leur avaient été posées. Ce n'est que le 10 janvier 1438 que, se trouvant réduits à l'extrémité, ils envoyèrent des députés à Arras, où le duc tenait sa cour, et offrirent de se rendre à discrétion. Philippe ne donna sa réponse que le 17 février, et accorda la paix aux Brugeois. La sentence qu'il rendit se composait de vingt-neuf articles, dont les principaux portaient : que les gens de Bruges feraient amende honorable devant le duc ; qu'ils lui payeraient une somme de deux cent mille philippus d'or; que le Franc serait irrévocablement regardé comme le quatrième membre de Flandre; et qu'enfin les quarante-deux hommes réclamés resteraient à la discrétion du prince. De ceux-ci il n'en fut mis à mort que onze. Ainsi se terminèrent ces troubles qui remplirent le pays de tant de désastres.

Vers ces mêmes temps, la plupart des villes hollandaises s'étaient alliées à la Hanse teutonique. Mais soit que, dans leur commerce et dans leur navigation, elles observassent mal les lois de la confédération, soit qu'elles enfreignissent les droits et les priviléges de certains ports, soit enfin, ce qui est le plus vraisemblable, que les Hollandais fissent tort en Flandre aux intérêts des villes hanséatiques, enveloppées dans une guerre avec Érick, roi de Danemark, une querelle éclata, en 1428, entre la Hollande et les gens de Lubeck. Cette fois, on n'en vint pas à une lutte ouverte. Six années après, ceux de Lubeck eurent à se plaindre de nouvelles insultes faites à leurs droits. Ces insultes se formulèrent bientôt en actes de piraterie qui assaillirent, sur les côtes de Hollande et de Zéelande, les vaisseaux que les Hanséates conduisaient aux ports de Bruges et de l'Écluse. De là naquit, dans les villes de la confédération hanséatique, une vive animosité contre les Hollandais, les Zéelandais, et les sujets flamands du duc de Bourgogne. Pour se dédommager des pertes qu'elles avaient ainsi essuyées, elles mirent la main sur les bâtiments que leurs ennemis avaient dans les ports de la Baltique; et elles ne voulurent les relâcher que pour une somme de cinquante mille florins d'or. Sur cela, ceux de Hollande et de Zéelande envoyèrent une flotte pour donner la chasse aux navires de Hambourg, de Lubeck, de Lunebourg, de Rostock, de Wismar et de Stralsund. Ces corsaires écumaient toutes les mers, et apportaient de graves empêchements, non-seulement au commerce des Hanséates avec la Flandre et la France, mais encore à celui des Flamands avec l'Espagne; car ils finirent par n'épargner pas plus leurs amis que leurs ennemis. Les villes de la Baltique n'avaient pas manqué d'exercer d'éclatantes représailles en plus d'une circonstance; de sorte que tout le pays souffrait considérablement de cette rupture. A ces pertes vint se joindre une grande cherté de vivres, produite par la mauvaise récolte de 1436 dans le Betuwe et dans l'évêché d'Utrecht. Cette querelle continua sans interruption jusqu'en 1442; mais elle eut cela d'utile, qu'elle fournit au port d'Amsterdam l'occasion de jeter les bases de l'importance maritime qu'il développa, dans la suite, à un degré si étonnant.

Pendant ce temps, le calme s'était rétabli dans la Flandre, où, depuis la soumission des Brugeois, tout était rentré dans l'ordre. Toutes les villes y avaient repris leurs habitudes pacifiques, et les fêtes y recommencèrent à alterner avec les occupations de l'industrie et du commerce. En 1439, Gand ouvrit un de ses plus fameux concours d'arbalétriers, où ceux d'Oudenaerde envoyèrent douze cents hommes vêtus de drap blanc. Les joutes chevaleresques n'étaient pas oubliées; et Bruges, Lille et d'autres cités furent témoins de toutes ces pompes éclatantes de la noblesse. Enfin, les chapitres de la Toison d'or donnèrent au duc Philippe l'occasion d'étaler ce faste qui était devenu en quelque sorte un besoin dans la riche et puissante maison de Bourgogne.

En 1443, le duc se trouva, pour un moment, distrait de ces plaisirs par les affaires du duché de Luxembourg. Nous avons vu comment il s'en empara dans le cours de la même année, pour en préparer la possession définitive aux domaines de Bourgogne, en 1467.

Pendant que Philippe occupait ses armes dans le Luxembourg, les factions mal éteintes des Hoekschen et des Kabeljaauwschen se remirent en mouvement en Hollande. Depuis l'emprisonnement de Franck de Borselen, messire Hugues de Lannoy gouvernait cette province au nom du duc. Il contint si énergiquement les Hoekschen par sa sévérité, qu'ils se trouvèrent entièrement réduits à l'impuissance, jusqu'à ce que, en 1440, Guillaume de Lalaing fût appelé au gouvernement de la Hollande. Le nouvel officier ducal agit envers eux avec beaucoup plus de douceur. Sa fille Yolande avait épousé un de leurs chefs, Renaud de Brederode; et, dès ce moment, l'accès des offices publics ne leur fut plus fermé dans les puissantes villes de ce pays. Mais le résultat de cette tolérance fut que, dès l'an 1444, les luttes recommencèrent entre les deux partis. De mauvaises récoltes avaient de nouveau produit une grande cherté; et le duc réclamait de nouveaux impôts des états, qui s'étaient assemblés à la Haye au mois de mai. Les Kabeljaauwschen, mécontents de l'administration du gouverneur, mirent ces circonstances à profit pour agiter le peuple, et attribuer à l'influence des Hoekschen toutes les difficultés auxquelles l'État se trouvait exposé. C'est à Amsterdam qu'éclatèrent les premières hostilités, et elles se propagèrent bientôt dans toutes les villes.

Le duc, afin d'apaiser ces discordes, qui commençaient à devenir menaçantes, envoya la duchesse en Hollande. Elle eut beaucoup de peine à se faire ouvrir les portes de Harlem, où, presque sous ses yeux, les Kabeljaauwschen tenaient les Hoekschen assiégés dans leurs maisons. Pour soustraire ces derniers au péril qui les menaçait, elle les engagea à l'accompagner à Amsterdam, où leur parti avait pris le dessus, et où Renaud de Brederode s'était jeté, avec une bonne troupe de gens d'armes. Malgré tous les efforts que la princesse put mettre en œuvre, elle n'obtint aucun résultat; car, pour le moment, toute réconciliation entre les partis était devenue impossible. Aussi, elle ne tarda pas à reprendre le chemin de Bruxelles. Il fallait recourir à des mesures d'énergie, pour éteindre ces discordes civiles qui allaient de nouveau embraser le pays. Après avoir entendu les messagers de Harlem, où dominaient les Kabeljaauwschen, et ceux d'Amsterdam, où régnaient les Hoekschen, le duc rappela Guillaume de Lalaing, et le remplaça, au printemps de l'an 1445, par un chevalier flamand, Goswin de Wilde, qu'il envoya à la Haye avec le titre de président. L'arrivée de cet officier n'améliora pas plus les choses que le voyage de la duchesse n'avait pu le faire. Au mois de juillet, les deux factions en vinrent derechef aux mains à Leyde. Les Kabeljaauwschen y étaient appuyés par ceux de Delft et de la Haye; et, placés sous les ordres de Jean, sire de Wassenaar, ils attaquèrent les Hoekschen avec tant de fureur, qu'ils les refoulèrent et les forcèrent à la retraite, après leur avoir tué beaucoup de gens, et avoir fait un grand nombre de prisonniers, qui furent impitoyablement décapités.

Les factions ayant ainsi repris toute leur sauvage fureur, Philippe résolut de se rendre lui-même en Hollande. L'évêque de Liége, Jean de Heinsberg, et le seigneur de Breda, Jean de Nassau, l'accompagnèrent. Ce fut surtout grâce aux conseils de ce dernier, qu'il répartit aussi également que possible tous les emplois entre les deux partis, et qu'il éloigna, dans ce but, le plus grand nombre des magistrats des offices qu'ils occupaient. Il défendit aussi de porter les signes distinctifs des factions, et de sortir avec des armes offensives. Enfin il commina des peines sévères contre ceux qui emploieraient les noms de

Hoekschen ou de Kabeljaawschen comme des qualifications injurieuses.

La fureur des partis fut, de cette manière, apaisée pour un moment; mais elle ne tarda pas à faire de nouvelles tentatives pour se ranimer, lorsque, en 1448, Jean de Lannoy eut été appelé au gouvernement de la Hollande, pour remplacer Goswin de Wilde.

D'ailleurs, un nouvel élément de mécontentement venait de naître dans les Pays-Bas : c'étaient les impôts onéreux que Philippe le Bon établissait partout. Les Gantois furent les premiers à s'émouvoir, et à refuser la gabelle sur le sel, que le duc songea à leur imposer en 1446. Cet échec, le duc voulut le réparer plus tard, en apportant des changements à la constitution de leur ville. Mais cette fois encore il ne produisit qu'une vive irritation. Il persista cependant, plaça de fortes garnisons à Oudenaerde, à Termonde, à Rupelmonde et à Gavre; barra les canaux, et ordonna de nouveau l'établissement de la gabelle sur le sel. Les Gantois tinrent bon. Une guerre allait éclater. La crainte de nouveaux désastres s'empara de toute la Flandre. Aussi les villes s'empressèrent-elles de se porter médiatrices entre les Gantois et le duc. Celui-ci convoqua donc, le 26 janvier 1450, à Malines, les états de Flandre, savoir: les prélats, les nobles, et les villes, celle de Gand exceptée. Il fut résolu, dans cette assemblée, que des députés des trois états se rendraient à Gand, pour s'entendre avec la commune sur quelques moyens d'accommodement. Ils réussirent en effet à calmer un peu les esprits. Mais cette turbulente population ne s'apaisait pas si facilement. De nouveaux troubles éclatèrent au sujet de quelques étrangers que les doyens des métiers furent accusés d'avoir admis dans les corporations; et plusieurs bannissements furent prononcés pour ce motif. Il y avait surtout trois hommes qui s'occupaient à tenir le peuple dans l'agitation : c'étaient Daniel Sersanders, Liévin de Pottere et Liévin Sneevoet.

Le duc se plaignait amèrement des calomnies qu'ils répandaient contre lui. La commune prit parti pour eux. Mais le souverain bailli de Flandre et le grand bailli de Gand leur ayant annoncé que le duc consentait à tout oublier s'ils venaient lui demander pardon, ils se soumirent, et se rendirent en grand appareil à Termonde, où se trouvait le prince. Ils furent condamnés tous trois au bannissement, avec défense de s'approcher de la Flandre à une distance de moins de vingt lieues.

Cette condamnation jeta une irritation profonde dans les esprits, surtout parmi les gens des métiers, qui commencèrent à s'attaquer aux gentilshommes. Des exécutions sanglantes remplirent la ville, et la terreur s'y établit. Les gens sages cherchèrent à mettre un terme à cet état de choses, et envoyèrent des députés à Bruxelles, pour en venir enfin à un arrangement avec le duc. Mais, pendant ce temps, les Gantois s'emparèrent de la place de Gavre. Dès ce moment tout espoir de conciliation était évanoui. Alors les gens de Gand songèrent à se faire des alliés. Les villes de Flandre eussent volontiers pris parti pour eux, dans le but d'empêcher l'établissement des gabelles. Mais le duc prévint ces alliances, en faisant aux villes des promesses et en leur donnant de belles paroles. Les Gantois ne furent pas plus heureux en s'adressant aux gens de Liége, qui se souvenaient encore trop bien de la terrible journée d'Othée, où Jean sans Peur avait conquis, en 1408, son surnom chevaleresque. Les Liégeois donnèrent même à ceux de Gand le conseil de se soumettre, et l'évêque alla trouver le duc pour essayer d'intercéder en leur faveur; mais ce fut sans aucun résultat. Philippe était poussé à bout. Il assembla ses hommes d'armes de Flandre, d'Artois et de Picardie; et, après avoir exposé au roi de France la nécessité où il se trouvait d'employer le moyen extrême de la force, il se prépara à une guerre formidable. Les bons esprits, à Gand, se trouvaient dans les angoisses de la crainte et du désespoir. Dans ces entrefaites, les trois membres de Flandre envoyèrent au duc une ambassade dont faisait partie les députés de Liége, ainsi que plusieurs bourgeois notables de la commune rebelle. Le duc Philippe consentit à les admettre en sa présence : c'était le 7 avril 1452. Mais, au moment même où les négociations allaient s'ouvrir, les mutins se répandirent dans la province, s'emparèrent des châteaux de Poucke et de Schendelbeke, et commirent toute sorte de dégâts. Ainsi tout fut rompu de nouveau. Le prince ordonna donc à son armée de se mettre en mouvement. Elle comptait l'élite des bonnes épées de Hainaut, de Namur, de Brabant, de Hollande et de Zéelande. Le duc de Clèves, neveu de Philippe, s'y trouvait même avec ses vassaux. L'armée des Gantois se composait de trente mille combattants, bien armés et pourvus d'une nombreuse artillerie. Ils eurent d'abord quelques avantages, et envoyèrent même un corps planter le siége devant Oudenaerde, où commandait, au nom du duc, le sire de Lalaing. Il fallait, avant tout, songer à dégager cette ville. Philippe fit avancer sur ce point deux corps d'armée, dont chacun suivait une des rives de l'Escaut. Un combat sanglant s'engagea ; et les Gantois furent mis en déroute, après avoir laissé trois mille des leurs sur le champ de bataille. A la première nouvelle de ce succès, le duc, qui se trouvait à Grammont, envoya son avant-garde à la poursuite des fuyards, dont un grand nombre furent atteints. On leur donna la chasse jusque sous les remparts de Gand.

La guerre n'était point finie par là. Traqués dans leur dernier retranchement comme des lions dans leur tannière, les Gantois reprirent quelque chose de cette énergie terrible qui avait signalé leurs pères dans les luttes qu'ils eurent à soutenir contre la France dans le siècle précédent. Ils faisaient à tout moment des sorties meurtrières, où plus d'une fois les épées des seigneurs furent ébréchées par les bâtons ferrés des bourgeois. Cependant le siége d'une ville aussi importante que Gand était une entreprise au-dessus des forces du duc. Son armée n'y suffisait pas. Il se borna donc à mettre de bonnes garnisons dans toutes les places voisines, et fit construire, à Termonde, un pont sur l'Escaut, afin de donner à ses troupes le moyen de faire des courses de ce côté jusqu'aux environs de la ville de Gand.

Mais l'audace des Gantois n'en diminuait pas. Cependant ils comprenaient le besoin de se procurer des alliés. Ils se plaignirent au roi de France des violations apportées par le duc à leurs franchises et à leurs priviléges. Ils demandèrent des secours aux Anglais, qui leur donnèrent force promesses, mais qui ne leur envoyèrent pas le moindre écuyer. Ils tentèrent aussi de s'assurer de l'appui des bonnes villes de Flandre, qui avaient, il est vrai, à se plaindre aussi de la gabelle, mais qui n'osaient bouger, dans la crainte d'avoir pis encore. Il ne restait plus qu'à faire un essai du côté de Bruges. Ils y envoyèrent une troupe de douze mille hommes bien pourvus d'artillerie, pour rappeler à leurs voisins les promesses que ceux-ci leur avaient faites, et requérir leur aide. Mais les Brugeois se bornèrent à leur remontrer la folie de leur obstination, et la mauvaise issue que leur rébellion devait avoir. L'armée gantoise, mécontente de cette réponse, se retira, et brûla plusieurs villages.

Toutefois, l'isolement où l'on se trouvait conseilla à quelques hommes sages de rechercher la paix. Aussi, une députation, dont l'abbé de Saint-Bavon faisait partie, se rendit auprès du duc ; mais il voulait une soumission complète : de sorte que rien ne put se conclure. Dès ce moment, les gens de Gand se sentirent forts du courage du désespoir. Outre les Chaperons blancs, qui s'étaient relevés, il se forma une autre confrérie des Compagnons de la Verte Tente, qui avaient juré de partager également le pillage, et de ne jamais coucher sous un toit tant qu'ils seraient hors de la ville. Ils poussaient de tous côtés des pointes, et commettaient les dégâts les plus horribles. Philippe, irrité au plus haut degré, se décida enfin à frapper un coup décisif. L'armée des Gantois s'était avancée jusqu'à Basele, village voisin de Rupelmonde. Il marcha contre eux, et leur fit essuyer une défaite effroyable, après laquelle il fit incendier les villages qui tenaient pour les rebelles.

Dans ces entrefaites, le roi de France, qui avait pris en délibération les plaintes que les Gantois lui avaient adressées, envoya trois ambassadeurs au duc, pour aviser aux moyens de rétablir la paix. Ils firent d'abord quelques tentatives sur l'esprit de Philippe, et se rendirent ensuite à Gand, où ils trouvèrent toutes les têtes si exaspérées, qu'il n'y eut pas moyen de leur faire entendre raison, ni de chercher à ouvrir des négociations sérieuses. Ils revinrent donc auprès du duc sans avoir rien fait.

Presque au même instant où ils quittèrent la ville rebelle, une troupe de cinq mille hommes sortit de Gand, et attaqua le bâtard de Bourgogne près de Hulst; mais elle ne tarda pas à être mise dans une déroute complète. Le chef fut pris avec un grand nombre de ses gens, et tous furent attachés au gibet par ordre du duc Philippe.

Ces deux sanglants échecs n'avaient pas encore abattu le courage des Gantois. Bien que la famine et les maladies eussent commencé à sévir dans leur ville, ils continuèrent à se défendre vaillamment, et firent plus d'une belle sortie. Mais il n'était plus possible qu'ils tinssent longtemps, cernés qu'ils étaient de tous côtés par l'armée bourguignonne. Aussi le parti de la paix commença à grossir dans la cité; et les ambassadeurs du roi furent rappelés à Gand, afin de s'interposer entre la commune et le duc. Les messagers royaux étant arrivés, le peuple se rassembla sur le marché du Vendredi, et l'on fit passer d'un côté ceux qui voulaient la paix, et de l'autre ceux qui voulaient la guerre. Les premiers se trouvaient au nombre de sept mille seulement; les seconds, au nombre de douze mille. Toutefois, une nouvelle épreuve eut lieu le lendemain; mais les partisans de la guerre n'y comparurent point : de sorte qu'il fut décidé que des députés seraient envoyés au duc, pour entrer en pourparlers. Ils obtinrent d'abord une trêve de six semaines, donnèrent des otages, et s'engagèrent à ne recevoir aucun convoi de vivres, et à payer les garnisons de Courtrai, d'Oudenaerde, d'Alost et de Termonde. Ces préliminaires établis, on commença à traiter. Les conditions que le duc posa parurent cependant d'une telle dureté, que les Gantois reprirent aussitôt les armes, et que les compagnons de la Verte Tente recommencèrent leurs ravages. D'ailleurs, quinze cents Anglais étaient venus de Calais grossir les rangs des rebelles; et la garnison de Thionville, qui tenait toujours pour Guillaume, duc de Saxe, et pour Ladislas, roi de Bohême, avait mis à profit l'absence des troupes bourguignonnes, pour reprendre l'offensive dans le duché de Luxembourg. L'audace de la Verte Tente alla jusqu'à essayer d'enlever la duchesse de Bourgogne, qui se rendait à Bruges. La mesure était comblée. Le duc marcha sur les châteaux de Schendelbeke et de Poucke, occupés par des garnisons gantoises. Les deux places furent prises, et les garnisons pendues. Il restait à s'emparer de la forteresse de Gavre, que ceux de Gand occupaient aussi. Le siége fut entrepris, mais la place se défendit avec énergie : elle ne pouvait tenir cependant contre l'armée nombreuse qui la cernait. Le commandant Arnold Van Spechte, doyen des maçons, résolut d'aller lui-même demander des secours aux siens. Pendant la nuit il sortit, par une poterne, avec son lieutenant et quatre autres, traversa la ligne des assiégeants, égorgea les sentinelles, passa l'Escaut à la nage, et arriva à Gand. Il amena sans peine les métiers à marcher contre l'armée ducale, qu'il représenta comme complétement démoralisée, faute de payement. On résolut donc d'aller présenter la bataille au duc. Tout homme, depuis l'âge de vingt ans jusqu'à celui de soixante, fut sommé, sous peine de la hart, de s'armer pour venir au combat. Les Gantois sortirent de leur ville, au nombre de quarante-cinq mille hommes. Mais, pendant ce temps, la garnison de Gavre, voyant que son capitaine ne revenait pas, s'était rendue à discrétion, et elle avait été condamnée à être pendue. Au moment où les métiers commencèrent le combat, un chariot de poudre sauta en l'air, et tous furent pris d'une terreur panique. Leur armée se débanda, et subit une défaite effroyable. Plus de mille hommes, qui cherchaient à se maintenir dans un polder (terrain bas, endigué), furent passés au fil de l'épée. Le reste s'enfuit horriblement écharpé, ou noyé dans l'Escaut. Les cavaliers seuls purent échapper au carnage et regagner la ville. Le massacre fut si grand, que Philippe, touché jusqu'aux larmes, promit de recevoir la malheureuse commune en grâce. Il dépêcha donc, le 22 juillet 1453, aux Gantois des lettres dans lesquelles il leur représenta avec douceur leur folle rébellion. Cet écrit eut le meilleur succès, et la ville envoya des députés au duc, qui leur accorda la paix. Les principales conditions furent les suivantes : « Le magistrat de la commune se renouvellera à l'avenir selon la teneur du privilége du roi Philippe, de 1301 ; et les deux grands doyens des métiers ne pourront s'en entremettre, non plus que de l'exercice de la juridiction appartenante aux échevins et aux conseillers. Ceux de Gand jouiront de la bourgeoisie selon le contenu de leurs priviléges, et non autrement ; et les échevins ne pourront bannir sans le consentement du duc ou de son bailli. Ceux de Gand, dans les lettres qu'ils enverront au duc ou à d'autres, écriront leur qualité en dessous, et non en marge ou en tête. Les bannières qui ont été levées contre le duc lui seront remises, quand la commune viendra lui demander pardon ; et les métiers ne s'assembleront plus en armes sur le marché. Les Chaperons blancs, et toutes autres corporations du même genre, seront abolis. A titre d'amende honorable, les capitaines de la ville et leurs conseillers, les échevins, les doyens et d'autres habitants viendront, au nombre de deux mille hommes au moins, au-devant du duc ou de monsieur de Charolais, à une demi-lieue hors de la ville ; les capitaines et leurs conseillers tout nus en leurs chemises et petits draps, les autres têtes et pieds nus ; et tous se mettront à genoux, et feront dire par la bouche de l'un d'eux, en langage français, qu'ils ont grandement blessé leur seigneur en se montrant rebelles et désobéissants, et qu'ils s'en repentent, et requièrent, en toute humilité, merci et pardon. Les deux portes par lesquelles les Gantois sortirent, le jeudi après Pâques de l'an 1452, pour aller assiéger Oudenaerde, seront perpétuellement tenues closes le jeudi de chaque semaine, et celle par laquelle ils sortirent pour aller attaquer l'armée du duc, à Rupelmonde, sera murée et condamnée à toujours. Ils payeront, à titre d'amende, une somme de deux cent mille ridders ; une pareille somme de cent mille ridders, s'ils ne dédommagent le duc des pertes que la guerre a faites à son domaine en Flandre et en Hainaut ; et, enfin, une somme de cinquante mille pour la réparation des églises détruites, pour l'érection de croix, et pour la fondation de messes. » Ces conditions furent acceptées et ratifiées le 30 juillet ; et le lendemain, l'amende honorable et la remise des bannières eut lieu à Ledeberg, à une demi-lieue de la ville.

A peine cette paix eut-elle clos cette guerre longue et si acharnée, qu'une nouvelle sinistre se répandit dans la Flandre. Constantinople était tombée aux mains des infidèles. La douleur et l'épouvante que cette nouvelle produisit furent si grandes, qu'au commencement de l'an 1454 le duc ouvrit à Lille une grande assemblée de ses barons, pour aviser aux moyens de porter aide aux chrétiens d'Orient. Il avait toujours éprouvé un grand désir d'aller faire la guerre aux infidèles ; et il tenait si bien à cœur les intérêts des chrétiens, qu'il leur avait déjà, malgré ses propres embarras, envoyé des secours, et que ses ambassadeurs s'étaient entremis auprès du pape, du roi de France et du roi d'Aragon, pour aviser aux moyens d'empêcher la chute de Constantinople. Maintenant que cette ville était au pouvoir des Ottomans, et que les affaires de Gand et de Luxembourg étaient arrangées, il se sentit plus que jamais porté à prendre la croix. D'ailleurs, un chevalier, envoyé par le pape Nicolas V, était arrivé à Lille pour engager le duc à se mettre à la tête de la grande entreprise chrétienne qu'il avait si longtemps rêvée. Philippe voulut préluder à une décision définitive par des fêtes chevaleresques. Il ouvrit des tournois, où les braves épées et les bonnes lances de nos provinces firent force louables faits d'armes. Puis il réunit toute sa vaillante chevalerie à un riche festin, embelli d'un intermède où figurait un géant, coiffé d'un turban et revêtu d'une longue robe sarrazine, qui signifiait le Grand Turc. Il était assis sur un éléphant, surmonté d'une tour sur les créneaux de laquelle se trouvait une femme éplorée, et vêtue en religieuse. Elle signifiait la sainte Église, et exposait en termes lamentables sa douloureuse détresse. Au moment où l'émotion avait commencé à gagner toute cette ardente assemblée, Toison d'or, accompagné d'un grand nombre d'officiers d'armes, de Yolande, bâtarde de Bourgogne, et d'Isabeau de Neufchâteau, entra dans la salle, portant un faisan vivant, orné d'un collier d'or et de riches pierreries. Il fit une profonde révérence au duc, lui dit que l'ancienne coutume des grands festins était d'offrir aux princes et seigneurs quelque noble oiseau pour faire un vœu, et qu'il venait avec les dames et les chevaliers faire hommage du faisan à sa vaillance. Le duc dit alors à haute voix : « Je voue à Dieu premièrement, puis à la glorieuse vierge Marie, aux dames et au faisan, que je ferai ce qui est écrit. » Et il remit à Toison d'or un billet dont il lui ordonna de faire publiquement la lecture, et dans lequel il s'engageait à prendre les armes pour aller combattre en Orient le Grand Turc et les infidèles, si le roi entreprenait de se croiser, ou d'envoyer avec ses barons un prince de son sang pour rétablir la foi chrétienne à Constantinople. La dame sainte Église remercia le duc, et Toison d'or se mit à faire le tour des tables, recueillant les vœux de chaque seigneur et de chaque chevalier. Le duc de Clèves, le comte de Saint-Pol, monsieur de Charolais, le comte d'Etampes, tous les princes et les grands seigneurs, vouèrent d'aller à la croisade. Ils étaient au nombre de quatre-vingt-dix-huit. A l'exemple des chevaliers qui assistèrent au célèbre vœu du héron, sous Édouard III, à Londres, il y en eut plusieurs qui s'engagèrent, en outre, aux choses les plus extraordinaires. Quand tous les vœux furent faits, une dame entra, également vêtue en religieuse, mais tout en blanc : elle figurait la Grâce de Dieu. Dix compagnes la suivaient : c'étaient les douze vertus, la Foi, l'Espérance, la Charité, la Prudence, la Tempérance, la Force, la Vérité, la Largesse, la Diligence, et la Vaillance. Chacune portait son nom écrit sur son épaule. Madame Grâce de Dieu s'avança vers le duc, lui expliqua en vers le motif de sa venue, et lui remit un billet, dont le sire de Créqui fut chargé de faire la lecture. Il y était dit que les vœux prononcés par Philippe, duc de Bourgogne et de Brabant, avaient été entendus de Dieu, et qu'ils lui étaient fort agréables ainsi qu'à la sainte vierge Marie, lesquels envoyaient Grâce de Dieu par de vers les empereurs, rois, ducs, princes, comtes, barons, chevaliers, écuyers et autres vrais chrétiens, pour les aider à venir à bonne conclusion de leur entreprise, et les faire rester en bonne renommée par tout le monde, et le royaume de paradis à la fin. Ensuite madame Grâce de Dieu se retira, après avoir présenté au duc ses dix compagnes.

L'intermède ainsi terminé, les hérauts vinrent requérir les dames de dire à qui elles adjugeaient le prix de la joute du matin. Elles nommèrent toutes monsieur de Charolais; car nul n'avait plus gracieusement rompu les lances.

Le souvenir de cette fête resta longtemps dans la mémoire des chevaliers; mais aucun n'en fut plus préoccupé que le duc Philippe. Il ne rêvait plus qu'expédition en Orient, et que batailles à livrer pour la foi chrétienne. Il avait obtenu l'assentiment du roi de France à ses projets, et se rendit incontinent à la diète de Ratisbonne, pour conférer avec l'empereur et les princes de l'Empire. Mais l'empereur s'était retiré dans son duché d'Autriche; et d'ailleurs il n'avait pas le moindre goût pour les choses de la guerre, ni pour les prouesses de chevalerie. Force fut ainsi au duc de revenir dans ses États, où il avait déjà commencé par diminuer les pensions de ses officiers, et où quelques villes lui avaient déjà promis des aides importantes, pour subvenir aux frais de l'expédition. Cependant, quoi que Philippe pût faire, il ne réussit point à pousser ce grand projet de croisade. Le moment de ces beaux enthousiasmes était passé, et le siècle des nobles dévouements était fini. Aussi, les splendides fêtes de Lille et les vœux du faisan ne furent bientôt plus que des motifs de récits chevaleresques, aux veillées, dans les manoirs.

Il ne fallut rien de moins que de hauts intérêts de famille pour distraire un moment le duc Philippe de ce projet : c'était le mariage de son fils, le comte de Charolais, avec Isabelle, fille du duc de Bourbon. Les noces furent célébrées au mois d'octobre 1454. Les fêtes finies, le duc reprit son dessein. Les princes de l'Empire, réunis à Francfort, avaient promis de fournir chacun un nombre d'hommes déterminé, selon l'importance de leur seigneurie; et Philippe s'était engagé à mettre sous les armes quatre mille combattants à pied et deux mille à cheval, pour les terres qu'il tenait de l'Empire. Le roi de France n'avait rien à redire à cela ; mais il n'en porta pas moins obstacle au départ du duc. Il trouvait que Philippe était d'une trop grande importance, tant à cause de sa qualité de prince du sang qu'à cause de sa puissance, qui pouvait être si utile au royaume, pour ne pas mettre tout en œuvre afin d'empêcher une si longue absence. D'un autre côté, beaucoup de villes ne se déterminèrent qu'à la dernière extrémité à fournir les subsides nécessaires pour une si lointaine expédition ; et d'ailleurs le peuple de Flandre surtout ne souffrait qu'à regret et avec impatience l'autorité du comte de Charolais, que le duc, avant de partir pour l'Allemagne, avait investi de ce gouvernement difficile.

Ces deux motifs étaient de quelque gravité sans doute. Mais un troisième vint tout à coup absorber entièrement la pensée du duc : c'était l'élection d'un évêque qui remplaçât, sur le siège d'Utrecht, Rodolphe de Diephold. Cet évêché avait une haute importance pour les domaines bourguignons, situé qu'il était entre les terres de Hollande, de Brabant et de Frise. Aussi le duc mit tout en œuvre pour y placer un prélat qui fût de sa maison. Nous avons vu comment il réussit à y faire monter, en 1456, son fils naturel, David de Bourgogne. Cette affaire faillit l'entraîner dans une guerre avec les états d'Utrecht, qui voulaient maintenir dans l'évêché Gilbert de Brederode, élu par eux. Le duc Philippe, bien qu'il prévît le succès de ses négociations à la cour de Rome, les voulut cependant appuyer par une force imposante. Au printemps de l'an 1456, il se rendit en Hollande, où il tint, le 2 mai, un chapitre de la Toison d'or à la Haye, et s'occupa de mettre sur pied une bonne armée. Bientôt il eut réuni un corps de quatorze mille combattants. Cet armement nécessita de grandes dépenses, auxquelles Philippe fit face, en rendant à prix d'argent, aux villes du Kennemerland et de Frise, les libertés et les franchises dont elles avaient été dépouillées, pour avoir tenu le parti de la comtesse Jacqueline contre le duc. Pendant qu'il assemblait ainsi ces troupes, les partisans que Brederode avait dans l'évêché ne restaient pas inactifs. Les villes d'Utrecht et de Rheenen s'allièrent pour la défense des droits de leur élu ; et les vassaux du clergé, comme aussi la chevalerie utrechtoise, se préparèrent à une énergique résistance. Cependant David de Bourgogne ne manquait pas de partisans assez nombreux dans le diocèse, et surtout dans la ville d'Utrecht, où tous les métiers étaient pour lui, et contraires à leur magistrat patricien ; de sorte que cette commune ne put être tenue dans l'obéissance que par une forte garnison et par un régime de violence. Aussi Gilbert de Brederode vit bien qu'il ne pourrait s'y maintenir. Seulement il cherchait à gagner du temps, pour obtenir du duc des conditions plus favorables à sa renonciation à l'évêché. Mais Philippe repoussait toute négociation. Il avait de trop bonnes épées à sa disposition, pour transiger avec le compétiteur de son fils. D'ailleurs la décision papale, qui adjugeait la crosse à David de Bourgogne, ne tarda pas à arriver. Cette sentence termina toutes les difficultés, et le duc aida le nouvel évêque à s'installer dans son diocèse, et à se faire inaugurer dans les terres d'Utrecht et de l'Over-Yssel ; ce qui cependant ne put pas se faire partout sans l'emploi des armes.

Philippe le Bon, au moment où il acquit la possession de la Hollande, n'avait pas essayé de faire valoir les anciennes prétentions des princes de ce comté sur l'Ostrachie et sur la Westrachie. Il s'était borné à conclure avec les populations de ces domaines une trêve; mais il n'avait cessé d'entretenir la division dans le pays, en prêtant secrètement et tour à tour aide et secours au parti qui succombait dans les luttes auxquelles on ne cessait de se livrer. La fatigue et l'épuisement que les querelles acharnées des Schierings et des Vetkoopers devaient nécessairement produire, ne pouvaient manquer de préparer au duc les moyens d'établir son autorité sur ces Frisons si indomptables jusqu'alors. Aussi, vers le temps où il marcha contre Utrecht pour y affermir son fils, il leur fit savoir qu'ils eussent à le reconnaître comme leur seigneur ; sinon il viendrait les y forcer par les armes. Il manda en outre, à Harlem, des députés frisons, pour leur exposer ses volontés et ses droits, afin qu'ils les transmissent à leurs gens, et portassent ceux-ci à se soumettre. Mais les hommes d'Ostrachie et de Westrachie prirent la résolution de ne pas donner de réponse, et de défendre avec courage leurs biens et leur indépendance, ainsi qu'il seyait à des hommes libres comme ils l'étaient. Comme, vers le même temps, l'empereur Frédéric III mettait tout en œuvre pour rattacher ces terres à l'Empire, les gens de Frise profitèrent de cette circonstance pour lui demander sa protection contre les prétentions du duc de Bourgogne. En effet, par une lettre datée du 10 août 1457, l'empereur s'engagea à protéger les Frisons comme sujets immédiats de l'Empire, somma le duc Philippe de prouver en justice la légitimité de ses droits sur les terres frisonnes, et lui donna l'assurance que, ces preuves fournies, il pouvait également compter sur l'appui impérial. Ainsi le duc se trouva forcé de suspendre l'idée d'établir son autorité en Frise.

Pendant que cette affaire se négociait ainsi, la femme du comte de Charolais avait mis au jour, à Bruxelles, une fille, cette Marie de Bourgogne qui, plus tard, devint l'héritière des puissants domaines de sa maison : ce fut le 13 février 1457. Cet événement, qui en d'autres circonstances eût été une occasion de joie et de fêtes, n'empêcha pas le duc Philippe de rester dans des termes de froideur à l'égard de son fils. Depuis longtemps des éléments de division s'étaient amassés dans la famille de Bourgogne. Le comte de Charolais ne voyait qu'avec un vif déplaisir la grande faveur dans laquelle son père tenait la famille de Croy, et il était jaloux de l'influence de ce seigneur. Déjà, en 1454, pour éloigner son fils de la cour, Philippe l'avait chargé du gouvernement de la Hollande et de la Zéelande; mais l'éloignement n'avait fait qu'accroître encore la haine que le jeune prince éprouvait pour le favori. Tout à coup le bruit se répandit que le duc avait pris la résolution de donner en fief le comté de Boulogne au comte d'Étampes, le comté de Namur à messire Jean de Croy, et la seigneurie de Gorinchem à messire Jean de Lannoy. L'irritation du comte de Charolais en fut portée à son comble. Une querelle allait commencer entre le père et le fils : elle éclata au sujet de la nomination d'un troisième chambellan dans la maison du comte Charles. Celui-ci voulait avoir le sire d'Aymeries; le duc prétendait que l'office fût donné à Philippe de Croy, sire de Sempy; et il déchira, dans la chapelle du comte, la nomination du protégé de son fils. Charles entra dans une grande fureur, et déclara qu'il ne voulait pas du sire de Sempy; car il n'était pas disposé à se laisser mener comme son père par les Croy, qui depuis trop longtemps conduisaient le duc par la lisière. La duchesse essaya vainement de s'interposer. La querelle devint si vive, que Philippe, en colère, quitta aussitôt le palais. Cependant un raccommodement fut bientôt ménagé par le Dauphin de France, qui s'était sauvé dans le Brabant, pour se soustraire à la colère de son père. Seulement le mot fatal qui contenait le germe de cette division avait été prononcé, et il devait donner lieu, plus tard, à de nouveaux différends.

Presque en même temps les rapports du duc avec la cour de France devinrent quelque peu embarrassants, à cause de l'asile que Philippe avait accordé au Dauphin dans le duché de Brabant. Ce qui contribua à augmenter encore ces difficultés, ce fut la mort du duc de Bourbon, beau-père du comte de Charolais, survenue en 1456.

D'un autre côté, la garnison anglaise de Calais avait plus d'une fois exercé, sur le territoire flamand, de grandes déprédations. Pour empêcher que ces dégâts se renouvelassent, le duc conclut une nouvelle trêve de neuf ans avec les Anglais. A la vérité, elle reçut, dès l'année suivante, de graves infractions; mais elle eut un résultat plus grave, celui d'empirer encore la position de Philippe à l'égard de la France. La colère du roi fut à son comble, quand il apprit que le Dauphin venait d'épouser madame Charlotte de Savoie à Namur, dans les Etats du duc. Aussi quelques mouvements de troupes françaises vers la Somme donnèrent l'éveil à Philippe, qui songea à fortifier les garnisons de ce côté, dans l'attente où il était de quelque hostilité sur ce point.

Dans un moment comme celui-ci, où tant de dangers intérieurs et extérieurs menaçaient le pays, la prudence devait nécessairement conseiller au duc de se réconcilier complètement avec la ville de Gand. Aussi, dans le cours du mois d'avril 1458, il résolut d'aller visiter cette commune, pour la première fois depuis l'humiliation à laquelle elle avait été soumise après sa défaite. Il y fut reçu avec un enthousiasme et des démonstrations de joie extraordinaires. Si bien que tout le passé parut oublié de part et d'autre, et qu'il semblait que les Gantois eussent pris à tâche de montrer à leur souverain que les princes gagnent le cœur des peuples plutôt par la clémence que par la sévérité.

§ VI. RÈGNE DE PHILLIPPE LE BON JUSQU'A SA MORT.

L'année 1459 s'écoula au milieu des craintes que le duc Philippe avait conçues du côté de la France, et des préoccupations que ne cessait de lui donner la guerre contre les Turcs; car il songeait toujours à aller guerroyer contre les infidèles. Du reste, des lettres et des ambassadeurs du pape, du roi de Hongrie et du roi de Portugal, même des princes grecs, qui vinrent le trouver en personne, lui rappelaient continuellement le vœu qu'il avait prononcé sur le faisan, et l'engagement qu'il avait pris de se mettre à la tête de la chevalerie d'Occident, pour combattre de grandes batailles contre les ennemis de la foi chrétienne. Mais, bien que, dans une maladie dont il fut attaqué à Bruxelles, il eût renouvelé son vœu, l'exécution en fut indéfiniment différée. Ce qui en était cause, c'était surtout la mauvaise disposition du roi Charles de France, laquelle eût infailliblement éclaté en une guerre ouverte, si Charles VII ne fût mort peu de temps après, c'est-à-dire le 22 juillet 1461, à Meung-sur-Yèvre.

Cet événement rassura entièrement le duc sur les dispositions de la France. Le roi à peine mort, Philippe manda tous les seigneurs de ses pays à Saint-Quentin le 8 août, pour l'accompagner à Reims, et assister au couronnement du Dauphin, maintenant roi sous le nom de Louis XI. Ce fut avec le consentement du nouveau souverain que le duc s'y présenta en si nombreuse compagnie; car Louis ne savait si la France le voyait de bon œil arriver à la couronne. Mais quand il se fut aperçu que partout on lui faisait joyeux et bon accueil, il se repentit d'avoir permis au duc de se faire accompagner d'un si grand nombre de gens d'armes, et lui fit dire de laisser là cette suite nombreuse, et ce train d'hommes de guerre, qui ne ressemblait pas mal à une armée. Les seigneurs s'étaient mis en grands frais pour s'équiper de manière à paraître dignement au sacre, et maintenant c'étaient dépenses devenues inutiles. En outre, il ne leur était plus permis de compter sur les largesses que le nouveau roi ne pouvait manquer de faire à ceux qui assisteraient à cette solennelle consécration royale : de sorte que toute cette chevalerie bourguignonne conçut un profond dépit contre le roi. D'un autre côté, l'amour du faste et du luxe, que le duc Philippe poussait si loin, trouva, à Reims et à Paris, l'occasion de se produire. La magnificence qu'il étala fut si grande, que ses villes et ses seigneuries témoignèrent un vif mécontentement de ces dépenses, dont elles faisaient ou dont elles craignaient d'être appelées à faire les frais.

Peu de temps après son retour dans ses domaines, le duc Philippe tomba dangereusement malade à Bruxelles; ce fut au mois de janvier 1462. Sa vie parut en si grand péril, que les médecins eux-mêmes doutaient qu'il en pût échapper. Il en revint pourtant; et bientôt il vit se développer de plus en plus le mauvais vouloir que le roi lui avait déjà fait entrevoir, par la défiance qu'il avait montrée avant le sacre à Reims. Louis XI voulait introduire dans la Bourgogne la gabelle sur le sel; le duc y répondit par un refus. Philippe de Bourgogne maintenait la trève avec les Anglais, dans l'intérêt du commerce de ses gens de Flandre : le roi fit défendre à ses sujets français toute relation avec l'Angleterre, et renvoya, sans presque l'avoir écouté, un ambassadeur que le duc de Bourgogne lui avait envoyé à ce sujet. Cependant, peu après, il entama une négociation pour rentrer en possession des villes de la Somme, qui avaient été engagées, en vertu du traité d'Arras, au duc Philippe, pour une somme de quatre cent mille écus. Le comte de Charolais se montrait peu disposé à céder sur ce point. Mais le roi s'assura des Croy, qui jouissaient toujours de la plus grande faveur à la cour de Bourgogne; et il réussit à amener le vieux duc à se décider pour l'abandon des villes. Aussitôt que le comte de Charolais eut appris que les Croy, gagnés par la France, tramaient cette affaire en faveur du roi, il envoya auprès de son père le sire d'Humbercourt, pour lui représenter de quelle importance les villes d'Amiens, de Corbie, de Péronne, d'Abbeville et de Saint-Quentin étaient pour la défense de l'Artois. Mais, sans prêter l'oreille à ces représentations, le duc, qui devenait chaque jour plus faible, et se livrait de plus en plus à l'influence que les Croy exerçaient sur lui, signa le traité de cession avec le roi, qui, de son côté, chercha partout à emprunter de l'argent, et déposa enfin entre les mains du comte d'Eu les quatre cent mille écus. De la part du duc, les villes furent remises à la garde du comte d'Étampes. Il ne restait plus que l'échange à opérer. Dans l'intention de le hâter, le roi vint lui-même trouver le duc Philippe à Hesdin, et essaya de l'émouvoir à consentir aussi au rachat des villes de Douai, Lille et Orchies, engagées autrefois au comte de Flandre. Mais cette fois il ne put rien obtenir; on lui répondit, en lui opposant la concession perpétuelle et héréditaire faite au duc Philippe le Hardi.

Cependant ce voyage fut, sous un autre rapport, singulièrement profitable à Louis XI. Précisément au moment où le roi se trouvait à la cour du duc, les ambassadeurs anglais venaient de conclure à Saint-Omer une trêve entre l'Angleterre et la Bourgogne. Louis sut les gagner par de riches présents; et, s'appliquant à leur faire comprendre l'avantage qu'il y aurait pour les Anglais aussi bien que pour les gens de France, si les uns et les autres se tenaient en bonne paix et en bonne amitié, il chercha à préparer, sinon un traité, au moins une trêve avec l'Angleterre.

Aussi longtemps que le roi resta à la cour du duc, le comte de Charolais, toujours irrité contre son père, dont il taxait la conduite de faiblesse, refusa de quitter la ville de Gorinchem, où il se tenait en sa qualité de gouverneur de Hollande et de Zéelande, disant qu'il ne paraîtrait pas à Hesdin tant que les Croy et le comte d'Étampes, avec leurs adhérents, s'y trouveraient. Si l'affaire des villes de la Somme avait ainsi produit dans l'esprit du comte Charles une vive animosité contre le roi, la découverte des intelligences de Charles avec le duc de Bretagne, et les affaires qu'ils tramaient contre Louis XI, irritèrent de même celui-ci contre le fils de Philippe le Bon. Cette haine se manifesta par plusieurs actes. Ainsi, quand le roi eut été mis en possession des villes qu'il venait de dégager, il dépouilla tous les amis du comte de Charolais des offices qu'ils y possédaient. Ainsi encore, dans la crainte que le gouvernement des vastes domaines bourguignons ne tombât entre les mains de Charles, si Philippe se résolvait à partir pour la croisade où il tenait toujours à se rendre, selon son vœu, Louis XI mit tout en œuvre pour déterminer le duc à renoncer à cette entreprise. Du reste, il se défiait tant du comte, qu'il passa tout l'hiver suivant dans la Flandre, dans l'Artois, ou dans les territoires français avoisinants. Mais, quelques peines qu'il se fût données pour divertir le duc de la croisade, une lettre du pape vint tout à coup rendre tous ces efforts inutiles. Philippe manda à Bruges, le 25 décembre 1463, tous les seigneurs et les chevaliers qui avaient fait vœu avec lui, et il leur déclara que sa ferme intention était d'exécuter enfin sa pieuse entreprise au printemps suivant. Au surplus, il convoqua pour le 10 janvier 1464 les états de Flandre, afin de prendre avec eux des mesures pour le gouvernement du pays, pendant le temps de son absence. Aussitôt que le comte de Charolais, qui se tenait toujours en Hollande, eut appris ce qui se passait, il adressa des lettres à tous les membres des états, et les pria de se trouver, le 3 janvier, à Anvers, afin qu'il pût conférer avec eux sur les moyens à mettre en œuvre pour le réconcilier avec son père. Le duc fut fort courroucé en apprenant ce que son fils venait de faire, et il défendit aux états de se rendre à Anvers. Mais il était trop tard; et un grand nombre s'y trouvaient déjà réunis.

L'assemblée du 10 janvier s'étant ouverte à Bruges, une partie des membres, les prêtres surtout, s'employèrent à arranger les démêlés de Philippe et du comte de Charolais. Ce dernier s'était rendu à Gand; et il consentit, d'après les conseils de ceux avec lesquels il s'était concerté à Anvers, à s'humilier devant son père. Il prit donc la route de Bruges pour faire demander pardon au vieux duc. Celui-ci envoya à la rencontre de son fils plusieurs seigneurs de sa cour et le magistrat de la ville, pour le recevoir, tandis que messire Antoine de Croy

17.

quitta, le même jour, la résidence ducale, et se rendit à Tournai, auprès du roi. Au moment où le comte plia le genou devant son père, et voulut s'excuser, le vieillard lui dit :

— Laissons cela. De vos excuses, je sais bien ce qui en est. Mais puisque vous êtes venu à merci, soyez bon fils, et je vous serai bon père.

Tout était oublié et pardonné; et les états furent ajournés au mois de mars.

De Bruges le duc se rendit à Lille, où il eut une entrevue avec le roi. Louis XI tenait plus que jamais à le détourner de l'entreprise contre les Turcs, et lui offrit, pour gagner au moins le délai d'un an, un corps auxiliaire de dix mille Français, s'il voulait attendre jusqu'à ce que la paix avec l'Angleterre fût conclue. Le duc accepta cette proposition; mais, pour contenter le pape, il envoya aussitôt en Orient ses fils Antoine et Baudouin, bâtards de Bourgogne, avec une troupe de deux mille hommes, qui s'embarquèrent à l'Écluse.

Cependant le roi n'avait vu qu'avec un grand déplaisir la réconciliation du duc avec son fils; et une querelle assez étrange s'éleva bientôt entre eux, bien que Louis cherchât à ménager beaucoup son voisin, par le moyen duquel il songeait toujours à traiter avec les Anglais. Ce qui donna lieu à ce démêlé, ce furent les relations que le comte de Charolais entretenait avec le duc de Bretagne, où Louis cherchait à étendre de plus en plus sa suzeraineté. Le roi prétendait qu'il y avait une alliance secrète entre le comte Charles et le duc de Bretagne, et qu'un négociateur de ce dernier allait et venait sans cesse de l'un à l'autre. Aussi, dans l'automne 1464, il résolut de faire enlever cet agent, et envoya dans ce dessein, sur les côtes de Hollande, un bâtiment monté par le bâtard de Rubempré, avec une troupe de gens d'armes. Le bruit se répandit tout à coup que cette expédition avait été envoyée pour s'emparer du comte de Charolais lui-même; et Rubempré fut arrêté à Gorcum, où Charles se tenait alors. Le duc fut tellement effrayé en apprenant cette rumeur, qu'il résolut d'abord de ne pas se rendre à Hesdin, où il devait avoir une entrevue avec le roi, et qu'il ne voulut en rien consentir à relâcher son prisonnier.

Cet événement rattacha plus que jamais le duc à son fils. Philippe, d'ailleurs, voyait de mauvais œil les Croy s'attacher de plus en plus à Louis, et conçut d'eux une défiance que le comte de Charolais cherchait, depuis si longtemps, à exciter dans l'esprit de son père. Le roi nia, de toutes ses forces, qu'il eût la moindre connaissance de l'entreprise du bâtard de Rubempré; mais personne ne crut à la sincérité de ses paroles. La croyance était répandue partout qu'on ne pouvait se fier à lui, qu'il était plein de perfidie, et que ses serments valaient autant que ses promesses, qu'il ne tenait jamais.

Malgré sa première résolution, le duc cependant s'était rendu à Hesdin, et il fit savoir à Louis qu'il ne fallait pas compter sur l'arrivée des ambassadeurs anglais. C'est à cela pourtant que le roi tenait le plus au monde. Il fit avertir le duc qu'il viendrait le trouver; mais, la veille du jour fixé, Philippe quitta subitement Hesdin, et se rendit à Lille. Ce brusque départ étonna grandement Louis XI, qui envoya au duc de Bourgogne une ambassade solennelle, pour se plaindre de tout ce qui avait été fait et dit contre la renommée de Sa Majesté, et pour remontrer l'offense qui lui avait été apportée, par le soupçon injurieux qu'on avait conçu au sujet du voyage du bâtard de Rubempré à Gorcum. Les messagers royaux avouèrent que celui-ci avait été, en effet, envoyé en Hollande par leur maître, pour y épier les démarches de Romillé, vice-chancelier du duc de Bretagne, lequel avait été récemment en Angleterre, sans doute pour y tramer quelque négociation contraire aux intérêts du royaume. Enfin, ils requéraient trois choses : d'abord, que le bâtard fût rendu avec ses compagnons et sa barque; puis, qu'Olivier de la Marche fût remis à la discrétion du roi, pour avoir répandu des bruits injurieux pour l'honneur de Sa Majesté, en venant rendre compte au duc de l'arrestation de Rubempré à Gorcum; ensuite, qu'on livrât pareillement plusieurs prêtres qui, dans leurs sermons, avaient diffamé le roi à Bruges.

Le comte de Charolais était présent à cette audience, où des paroles amères furent échangées de part et d'autre, et où le duc répondit définitivement par un refus aux trois points de la requête du roi. Les discours hautains tenus par l'ambassade de Louis XI achevèrent de perdre les Croy, qui passaient pour l'avoir conseillée au roi. Ce fut un grand motif de joie pour le comte Charles, qui n'avait cessé de craindre leur influence, et qui la craignait encore assez pour ne pas vouloir retourner en Hollande. Le duc lui-même désirait garder son fils auprès de lui. D'ailleurs, la santé de Philippe paraissait s'affaiblir de jour en jour. Il s'était rendu de Lille à Bruxelles, où il tomba si gravement malade vers la fin du mois de février 1465, que l'on crut qu'il allait mourir. Le comte de Charolais prit alors toutes ses mesures. Il fit occuper toutes les villes et les châteaux du Luxembourg, de Namur, du Hainaut, de Beaumont et de Bologne, dont le gouvernement avait été remis aux Croy. Il fit sortir ceux-ci du pays, et il les remplaça par de nouveaux commandants. Le duc, quand il se trouva rétabli, ne changea rien à ce que son fils venait de faire; et dès ce moment le gouvernement se trouva presque tout entier entre les mains du comte de Charolais.

Peu de temps après, l'alliance du comte Charles avec les ducs de Bretagne, de Bourbon et de Berri, et plusieurs autres grands vassaux de France contraires au roi, amena la ligue et la fameuse guerre du *Bien public*, dont nous passons ici les détails, parce qu'ils appartiennent moins à l'histoire de nos provinces qu'à celle de France. Par la paix de Conflans, intervenue le 5 octobre 1465, le comte de Charolais obtint du roi les villes d'Amiens, Saint-Quentin, Corbie et Abbeville; le comté de Ponthieu, Dourlens, Saint-Ricquier, Crèvecœur, Arleux, Montreuil, le Crotoy, Mortagne, avec leurs appartenances et leurs dépendances, pour en jouir lui et ses successeurs, ainsi qu'avait fait le duc son père, au rachat de deux cent mille écus d'or, qui ne pourrait s'effectuer durant la vie du comte. En outre, le comté de Guisnes, les châteaux, villes, châtellenies et prévôtés de Péronne, Montdidier et Roye, furent cédés en toute propriété à la maison de Bourgogne.

Dès son retour de France, le comte de Charolais se hâta de prendre possession des villes de la Somme, et se dirigea incontinent vers Liége, pour mettre un terme aux rébellions auxquelles cette ville ne cessait de se livrer contre son évêque, Louis de Bourbon. Pendant l'absence du comte Charles, le vieux duc avait déjà cherché avec son conseil des mesures propres à mettre un terme à ces désordres, que Louis XI entretenait sous main. Car ce roi avait conclu, le 17 juin 1465, une alliance avec les Liégeois, qui, enhardis par l'éloignement du comte et de son armée, avaient chassé leur évêque, et se livraient à tous les genres d'excès.

Ils n'avaient, il est vrai, aucun motif d'aimer leur prince, qui tenait fort peu compte des droits et des priviléges de cette ancienne cité, et qui ne tendait à rien de moins qu'à placer son autorité au-dessus des lois. Mais ils agirent à coup sûr avec aveuglement, en rompant tous les liens d'obéissance, et en poussant même l'audace jusqu'à défier à feu et à sang le duc de Bourgogne, dont Louis de Bourbon avait invoqué l'appui. Ce défi, ils l'exécutèrent en exerçant des dégâts furieux sur les terres du duc; et ils témoignèrent ouvertement une joie frénétique, au bruit généralement répandu que le comte de Charolais avait été vaincu et fait prisonnier à Montlhéri par Louis XI.

Aussi, le comte Charles était animé du plus vif désir de châtier les Liégeois. Il marcha contre eux avec l'armée qu'il avait ramenée de France. Dès qu'ils apprirent quelles forces s'avançaient pour les combatre, les gens de Liége furent saisis d'une grande terreur. Le roi les avait trompés, et il n'avait point envoyé les secours qu'il leur avait promis. Les villes de Huy et de Dinant avaient acheté la paix à prix d'argent. De sorte qu'ils se voyaient maintenant, pour ainsi dire, abandonnés à eux-mêmes, et réduits à tenir tête à des forces trop supérieures. Ils prirent donc le parti de se soumettre aux conditions qu'il plairait au duc de leur imposer. Il en stipula trois principales, dont la première était que Philippe et ses successeurs, ducs de Brabant, seraient déclarés mambours ou administrateurs du pays de Liége, et qu'on lui payerait tous les ans, à ce titre, une somme de deux mille florins d'Allemagne; la deuxième, qu'on n'entreprendrait aucune guerre ou affaire importante sans le consentement du mambour; enfin, la troisième, qu'on remettrait au duc dix bourgeois, pour être garants de l'exécution de ces articles. Les Liégeois répondirent qu'ils ne refusaient pas la paix, mais qu'ils ne pouvaient consentir à livrer leurs concitoyens au duc. Ils demandèrent que ce point fût l'objet d'une négociation nouvelle. Ils obtinrent d'abord un délai, pour se décider, jusqu'au 15 décembre, ensuite jusqu'au 13 janvier 1466.

Cependant le comte de Charolais avait commencé les hostilités, et il s'était emparé de Saint-Trond, qu'il remit à l'évêque. La ville de Liége lui envoya aussitôt des députés pour le prier de s'arrêter, disant qu'on était en voie d'accommodement. En effet, les comtes de Meurs et de Hornes s'étaient rendus au milieu des Liégeois, et les pressaient d'accepter les conditions. La commune résistait toujours, et s'appuyait d'un décret rendu le 21 décembre, par lequel le peuple défendait de livrer aucun bourgeois. Comme ces pourparlers se prolongeaient, le comte de Charolais perdit enfin patience, et voulut terminer toutes les difficultés par les armes.

Déjà son avant-garde avait franchi les frontières du comté de Looz, quand les métiers liégeois lui envoyèrent de nouveau des députés. Il leur annonça que le duc son père consentait à ce qu'on rachetât les otages à prix d'argent; et qu'à cet effet on eût à lui compter six cent mille florins du Rhin dans le terme de six ans. Tous les hommes sages étaient d'avis qu'il fallait se soumettre. Ils triomphèrent, et la paix fut signée le 22 décembre 1465.

Cependant elle ne fut pas de longue durée; car elle fut rompue l'année suivante par les Dinantais, qui, excités par Louis XI et par les proscrits liégeois, avaient fait mourir les quatre bourgeois notables de leur ville, grâce auxquels elle avait obtenu un accommodement avec le duc. Non contents d'avoir commis ce crime, ils entreprirent des courses et des pillages dans les comtés de Namur et de Hainaut, et remirent ainsi en mouvement dans tout le pays l'esprit de révolte, si mal apaisé. Le duc Philippe résolut de les châtier, et manda à tous ses vassaux et gens d'armes qu'ils eussent à se trouver à Namur le 28 juillet. Le comte de Charolais y arriva, et commença par faire le siége de Dinant avec une armée de trente mille hommes.

Tout allait au pis dans cette ville : mise en interdit, elle forçait les prêtres à faire le service divin, et précipitait dans la Meuse ceux qui s'y refusaient. Elle était tellement aveuglée dans sa haine contre la maison de Bourgogne, qu'elle insultait le comte du haut des remparts, et qu'elle égorgeait les hérauts qui venaient lui faire des propositions de capitulation. Aussi le siége fut rude; mais elle refusait toujours de se rendre, bien que ses faubourgs fussent déjà au pouvoir des Bourguignons; car elle comptait toujours sur les Liégeois, qui avaient promis de lui venir en aide. Mais, plus elle s'obstinait, plus on la battait de toutes parts. Enfin il lui était devenu impossible de tenir plus longtemps, et Dinant se rendit à discrétion. Le comte de Charolais livra la commune au pillage, et la fit si complétement saccager, que plus tard, en 1472, dans l'acte par lequel il autorisa la reconstruction de la grande église de Saint-Perpète ; il écrivit : *Au lieu jadis appelé Dinant.*

Du haut des murs de Bouvignes, le duc Philippe assista au sac de cette malheureuse ville. A la nouvelle de ce grand désastre, les Liégeois avaient été frappés d'une grande terreur ; mais quand le premier moment d'épouvante fut un peu passé, ils songèrent de nouveau à se relever. Les hommes sages étaient toujours d'avis qu'il fallait se soumettre ; mais ils furent si peu écoutés, que le populaire égorgea et traîna par les rues un ancien bourgmestre de la cité, recommandable par cinquante ans de services, qui avait eu le seul tort de parler en faveur de la paix. Cependant, après cette folle effervescence, on envoya des députés au duc Philippe, pour lui demander qu'on s'en tînt au traité conclu l'année précédente. Mais ils furent renvoyés sans avoir rien obtenu. Le duc tenait à poursuivre ses plans de vengeance. Son armée se dirigea donc de Namur vers Tirlemont, et se disposait à attaquer la cité rebelle. Déjà Saint-Trond était pris, et le comte de Charolais était arrivé à Waremme, à cinq lieues de Liége. Au lieu de l'attendre au pied de leurs remparts, les bannières liégeoises s'avancèrent au-devant de lui ; et un engagement allait commencer, quand le bourgmestre Rouveroi, qui les commandait, voyant qu'il était impossible de lutter avec avantage contre des forces si supérieures, prit la résolution de se rendre au camp du comte, avec quelques seigneurs qui eurent le courage de l'y accompagner. Là, il réitéra au prince la demande que les députés avaient faite au duc à Bouvignes. Charles enfin y accéda, exigeant seulement qu'on lui livrât cinquante otages, pour garantir l'accomplissement de ce traité. Les otages fournis, les deux armées se séparèrent, et le comte de Charolais reprit aussitôt le chemin de Bruxelles.

Au mois de juin 1467, le duc Philippe retomba tout à coup malade à Bruges. Il avait été frappé d'apoplexie ; mais il s'était un peu repris, bien qu'il fût d'une faiblesse extrême. Le 15, il se trouva incapable de proférer une seule parole ; et il mourut le soir du même jour, assisté de son fils, qui ne put obtenir de lui qu'un serrement de main pour dernier adieu.

§ V. RÈGNE DU DUC CHARLES LE TÉMÉRAIRE JUSQU'À L'ENGAGEMENT DU DUCHÉ DE GUELDRE EN 1572.

De toutes les villes soumises à l'autorité du duc Philippe, aucune n'avait souhaité aussi ardemment la mort de ce prince que la ville de Gand. Les Gantois attendaient, en effet, le retour de leurs libertés de l'avènement du comte de Charolais ; car ils l'avaient soutenu de tout leur pouvoir dans les démêlés qu'il avait eus avec son père. Aussi, dès qu'il eut revêtu le manteau ducal, ils lui envoyèrent une députation solennelle, pour le prier humblement de venir faire sa joyeuse entrée dans leur ville, la première que, d'après l'ancien usage, les comtes de Flandre eussent coutume de visiter pour recevoir l'hommage de leurs sujets. Le jeune duc cependant craignait qu'on ne lui fît, à son inauguration, des conditions qu'il ne se sentait pas disposé à tenir. Mais les députés parvinrent à le rassurer si bien à cet égard, qu'il consentit à ce qu'ils demandaient.

Donc, le 26 juin, il partit de Bruges et se dirigea vers Gand. Il n'avait pas atteint cette dernière ville, que les exilés gantois se présentèrent devant lui, et lui demandèrent leur grâce. Il examina leur requête, et permit à cinq cent soixante-trois d'entre eux de rentrer avec lui dans leurs foyers.

Ce n'est que le surlendemain qu'il fit son entrée à Gand. Elle fut d'une pompe extraordinaire. Après qu'il eut fait sa prière et prêté le serment dans l'abbaye de S.-Pierre, il s'assit au banquet que la commune lui avait préparé, et toute la ville fut pleine de joie.

Mais le hasard voulait que, précisément le lendemain du même jour, eût lieu le retour de la procession de Saint-Liévin, dont on avait coutume de porter, tous les ans, les reliques au village de *Sint-Livens-Houtem*, pour les ramener, le jour suivant, à Gand. A cinq heures du soir, la procession, composée en grande partie de gens des petits métiers, entra dans la ville. Elle était fort nombreuse, et traversait le marché au blé, au milieu duquel se trouvait établi le bureau de la gabelle, appelée *cueillette*. Les hommes qui portaient la châsse marchaient tout droit vers la loge, pendant que la foule criait à haute voix :

— Saint Liévin ne se détourne pas !

Presque au même instant elle tomba renversée sous les efforts de la populace; et le peuple en porta les débris en triomphe par les rues, en criant :

— Aux armes! aux armes!

Les bannières des métiers avaient été séquestrées, en vertu de la paix de Gavre; mais on en avait secrètement fait faire de nouvelles, qui furent aussitôt déployées au marché du Vendredi et autour de la châsse de Saint-Liévin. Bientôt les métiers en armes vinrent se ranger chacun sous son enseigne, et la commune fut en mouvement comme pour une révolte.

Le duc ne savait ce qui se passait. De moment en moment ses gens accouraient des divers quartiers de la ville où ils avaient leurs logements, et vinrent se ranger autour de leur maître, pour le défendre. Les archers de la garde s'établirent devant son hôtel. Ignorant toujours de quoi il s'agissait, il descendit, demanda son cheval, et voulut lui-même aller parler au peuple. Ce ne fut qu'après de longs pourparlers qu'il chargea un de ses gentilshommes, le sire de la Gruthuse, d'aller demander d'abord aux Gantois ce qu'on voulait de lui. Ils répondirent qu'ils étaient entièrement dévoués à leur seigneur; mais qu'ils voulaient se défaire de leur magistrat et des gros bourgeois, qui s'enrichissaient de la cueillette. Quand Charles entendit cela, et qu'il vit cette grande multitude de peuple, il se montra fort mécontent d'avoir à commencer son règne par la rigueur. Revêtu de son habit noir, et son bâton à la main, il se précipita sur le marché au milieu de la multitude, qui se disposait en masses épaisses, et faisait résonner les hampes des piques sur le pavé. Un bourgeois ne s'étant pas rangé assez vite le duc lui porta un coup de bâton, auquel l'homme répondit en retournant le bout de sa pique vers la poitrine du prince. L'agitation en devint si grande, que Charles et les siens commençaient à courir le plus grand péril. Le conseil de ceux qui l'entouraient ne parvint qu'à grand'peine à l'empêcher de pousser à une fatale extrémité cette foule furieuse. Grâce à quelques métiers qui se groupèrent autour de lui, il réussit enfin à atteindre le balcon où les anciens comtes de Flandre avaient coutume de se placer pour adresser la parole à la commune. Il dit aux gens qui encombraient le marché, qu'ils eussent à se retirer chez eux, et à emporter la châsse; que tout leur était pardonné; qu'ils obtiendraient ce qu'ils désiraient; et que, s'ils voulaient être ses bons enfants, il leur serait bon seigneur. Sur quoi ils crièrent de toutes parts: *Oui! oui!* Cependant quelques-uns d'entre les bourgeois notables arrivèrent sous le balcon, et exposèrent au duc les griefs du peuple contre la cueillette, et contre les magistrats en particulier. Mais comme ceux qui désiraient amener la multitude à une véritable révolte virent que leurs projets allaient échouer, un des mutins, armé de pied en cap, s'élança sur le balcon, où le duc se trouvait toujours; et, frappant de son gantelet de fer sur la balustrade, pour imposer silence :

— N'est-ce pas, demanda-t-il à la multitude, que vous voulez que ceux qui ont le gouvernement de cette ville, et qui dérobent le prince, vous et moi, reçoivent punition? Que vous voulez que la cueillette soit abolie? Que vous voulez que vos portes condamnées soit rouvertes, et que vos bannières soient autorisées comme dans tous les temps? Que vous voulez ravoir vos châtellenies de la campagne, porter vos chaperons blancs, et reprendre toutes vos anciennes manières?

— Oui! oui! répondait chaque fois le peuple avec frénésie.

Alors cet homme, se retournant vers le duc :

— Monseigneur, lui dit-il, vous savez maintenant ce que veulent tous ces gens. J'ai parlé pour eux, et ils m'ont avoué, ainsi que vous l'avez entendu. Excusez-moi. A présent c'est à vous d'y pourvoir.

Le peuple, enhardi par ce qui venait de se passer, ne voulut pas vider la place, malgré les bonnes paroles que le duc pût dire; et il refusa d'emporter la châsse avant qu'il lui eût été donné satisfaction au sujet de tous ses griefs. Charles, voyant qu'il ne gagnait rien sur l'esprit de cette foule désordonnée, descendit du balcon, remonta à cheval et quitta le marché, escorté de ses serviteurs et des bons bourgeois de la ville. Aussitôt qu'il fut rentré dans son hôtel, il renvoya au marché le sire de la Gruthuse et deux conseillers, pour inviter le peuple, de sa part, à mettre ses demandes par écrit. Une cédule leur fut délivrée, où elles étaient énoncées; ils la portèrent au duc. Après qu'il en eut pris connaissance, et qu'il en eut délibéré avec ses conseillers, il ordonna au sire de la Gruthuse de se transporter de nouveau au marché, pour dire au peuple qu'il voulût veiller cette nuit; que monseigneur prendrait attention à tout; et qu'il espérait apporter, le lendemain matin, une bonne réponse. Le peuple demeura donc en armes toute la nuit. Vers huit heures du matin, le 30 juin, le sire de la Gruthuse revint, et, après avoir remercié au nom du duc ceux qui étaient présents de la bonne garde qu'ils avaient faite, il cria à gorge déployée : — « A bas la cueillette! à bas la cueillette! Monseigneur est de cela bien content! » Et il leur donna l'assurance que le duc avait tout pardonné, et qu'ils obtiendraient tout ce qu'ils avaient demandé dans leur cédule. Seulement il les invita à nommer six d'entre eux pour solliciter leurs demandes auprès du prince, et ensuite à se retirer en leurs maisons : ce à quoi ils consentirent. Alors ils emportèrent saint Liévin, qui fut reconduit à Saint-Bavon. De là ils allèrent briser les portes que le traité de Gavre condamnait à rester fermées, et ils démolirent une maison où la cueillette sur le son était perçue. Enfin, le même jour, le duc signa un acte qui contenait son acquiescement à tous les points que le peuple avait demandés.

Le 1er juillet, Charles, plein de honte et de colère, sortit de cette ville, où son avénement venait d'être signalé par de si cruels affronts. Toutefois, par des lettres datées du même mois, il autorisa les Gantois à tenir ouvertes les portes condamnées, et à reprendre leurs bannières et leurs enseignes. En outre, il leur pardonna la sédition dont ils s'étaient rendus coupables, à condition que, le 8 août, quatre échevins, les deux grands doyens, et dix-neuf personnes de chacun des trois membres de la ville, savoir la bourgeoisie, les métiers et les tisserands, vinssent, au nom de toute la communauté de Gand, têtes nues, sans ceinture et à deux genoux, solliciter l'entérinement de ce pardon : condition qui fut accomplie à Bruxelles, au jour fixé.

Cependant le funeste exemple donné par la ville de Gand ne tarda pas à porter ses fruits. Toutes les autres villes, dont les priviléges et les libertés avaient reçu de si grandes atteintes sous Philippe le Bon, essayèrent, à leur tour, de les reconquérir. Bruxelles, Anvers et Malines tentèrent le moyen qui avait si bien réussi aux Gantois. D'ailleurs, le moment paraissait propice aux révoltes. Louis XI, qui pressentait déjà les graves démêlés qu'il aurait un jour avec Charles le Téméraire, cherchait de toutes les manières à lui susciter des embarras; et c'est à l'instigation du roi que Jean, comte de Nevers et d'Etampes, vint élever des prétentions sur les duchés de Brabant et de Limbourg. Ce prince, qui appartenait à la maison de Bourgogne, et qui était cousin germain du dernier duc de Brabant, mort en

1430, se trouvait conséquemment héritier au même degré que la branche aînée de sa maison. Son droit et celui de son frère aîné, feu Charles de Bourgogne, comte de Nevers, n'avaient point autrefois paru fondés aux états de Brabant, qui, délibérant sous l'influence du duc Philippe, avaient reconnu que le duché devait passer à la branche aînée. Les deux princes de la branche de Nevers avaient eux-mêmes acquiescé à cette sentence; et c'était à titre de dédommagement que le duc Philippe avait donné à Jean de Nevers les seigneuries de Roye, Péronne et Montdidier; mais il les lui avait retirées depuis, à la suggestion de son fils le comte de Charolais. Après la guerre du Bien public, le comte de Nevers avait renouvelé formellement sa renonciation au duché de Brabant; mais ce motif ne l'arrêta point. Poussé par Louis XI, au moment même où des ferments de révolte se révélaient de toutes parts dans les États du duc Charles, il revint tout à coup à ses prétentions. Le roi le releva de la renonciation qu'il avait faite, et l'envoya solennellement réclamer son héritage par-devant les États. En même temps il écrivit des lettres et dépêcha des messages à Bruxelles et dans les autres villes. Bientôt il y gagna beaucoup de partisans. La bourgeoisie lui était partout favorable; car elle avait vu, par expérience, combien il est préjudiciable aux libertés d'un pays d'avoir un seigneur qui tire sa puissance des autres domaines qu'il possède. Les bonnes villes, qui autrefois avaient su défendre leurs privilèges contre les ducs de Brabant, les avaient vus succomber sous le grand pouvoir du duc de Bourgogne, comte de Flandre, d'Artois, de Hainaut, et seigneur de tant d'autres États: elles pensaient que le comte de Nevers, appelé par les hommes du pays, et tenant d'eux toute sa force et sa richesse, ne pourrait avoir des volontés si absolues. Au contraire, la noblesse et les gens de guerre étaient tous dévoués au duc de Bourgogne, dont ils attendaient leur avancement et l'agrandissement de leur fortune.

Cet état de choses augmenta encore la colère de Charles contre les Gantois. Il se sentait disposé à bien les châtier, pour avoir ouvert la mauvaise route où les villes étaient entrées maintenant; mais il trouva bon de différer cette vengeance, et tourna uniquement son attention vers les communes de Bruxelles, d'Anvers et de Malines, où il résolut d'agir avec énergie, si la nécessité le requérait. Cependant cette nécessité ne se posa pas d'abord. Louis XI continuait, il est vrai, à intriguer dans les villes; mais le duc, laissant à ses gentilshommes le soin de les menacer et de les effrayer, leur faisait promettre, en son nom, « qu'il n'avait pas de plus grand désir que de vivre amicalement avec elles; de les maintenir en paix; de protéger leur commerce; de reconnaître leurs droits autant et plus que l'avait fait son père; de faire tout ce qui pourrait être jugé utile au bien du pays, et d'entendre libéralement les avis qui lui seraient donnés. » Enfin, l'affaire fut si bien conduite, qu'après douze jours les états de Brabant lui envoyèrent des députés à Malines, où il avait fait sa joyeuse entrée, comme seigneur de Malines, le 3 juillet, sans qu'aucun trouble s'y fût manifesté. Il se rendit aussitôt à Louvain, y fit son entrée solennelle, proclama sa prise de possession du duché de Brabant, et reçut les hommages de la noblesse, des gens des villes et de l'université. Puis il vint à Bruxelles, où il fut aussi reçu avec grande affection, et montra bienveillance et faveur aux habitants. Mais une sédition furieuse ne tarda pas à éclater à Malines. Le peuple se souleva, sonna la cloche d'alarmes, brûla et saccagea les maisons de plusieurs membres du magistrat, entre autres de l'écoutète du duc; ordonna de nouveaux statuts, et remplaça les magistrats par des hommes de son choix. Le duc nomma d'abord un nouvel écoutète; mais son autorité ne fut pas respectée. Les mutins s'emparèrent même des clefs des portes de la ville, ne laissant entrer et sortir que ceux qui leur convenaient, et appelant, pour se fortifier, les bannis et les fugitifs de tous les pays. Charles, voyant qu'il n'y avait rien à gagner par la douceur sur l'esprit de cette populace en émeute, se rendit en armes à Malines, et réussit à mettre un terme à ces désordres, sans se montrer seigneur trop sévère. Anvers aussi se remit dans l'obéissance, après avoir fait une tentative de rébellion.

De cette manière, Louis XI et le comte d'Étampes voyaient une partie de leurs projets contre le duc Charles paralysés. Mais ils furent plus heureux du côté des Liégeois, qu'ils parvinrent à exciter de nouveau contre lui. Cette ardente population, toujours si attachée à ses institutions et à ses libertés, ne supportait qu'avec impatience les conditions du traité conclu, le 22 décembre 1465, avec Philippe de Bourgogne. Aussi elle commença bientôt à s'émouvoir : elle envoya une grosse troupe de gens à Huy, où l'évêque Louis de Bourbon tenait sa résidence, et que défendait, avec une petite garnison, un officier du duc, le sire de Boussu. Leur dessein était de s'emparer du premier, et de tuer le second. Dans l'impossibilité d'opposer une bonne défense, il ne restait à l'évêque et au capitaine bourguignon qu'à se faire jour les armes à la main. Le sire de Boussu ne prit cette résolution qu'à la dernière extrémité, le duc lui ayant ordonné de se défendre à outrance. Mais les petites gens de Huy ayant pris parti pour les Liégeois, il se décida à faire une sortie à la tête de ses hommes d'armes, et emmena sous bonne escorte l'évêque, par la route de Bruxelles. La ville de Huy tarda peu à recevoir la récompense de sa perfidie ; car à peine eut-elle ouvert ses portes, que les Liégeois la mirent au pillage et la réduisirent en cendres. Ce premier mouvement opéré, les gens de Liége commencèrent à se livrer à toute sorte de dégâts, se répandant partout en armes, et n'épargnant ni amis ni ennemis. Des pillards et des hommes sans aveu se joignirent à eux, et commirent mille excès, qui passaient pour être l'œuvre des Liégeois. Tel était l'état des choses vers le milieu du mois de septembre 1467.

Tandis que, d'un côté, les avantages que Louis XI aurait pu retirer des entreprises des Liégeois étaient ainsi en grande partie détruits par les excès mêmes auxquels ils se livraient ; d'un autre côté, il ne tarda pas à être déçu dans l'espoir qu'il avait d'exciter la maison d'York, en Angleterre, contre celle de Lancastre, alliée du duc de Bourgogne. Le projet seul du mariage de Charles, veuf alors, avec la princesse Marguerite d'York, eut pour résultat de renforcer d'un corps de cinq cents Anglais, venus de Calais, l'armée que ce prince rassemblait à Louvain contre les Liégeois : car le duc était d'autant plus fermement résolu à en finir avec cette turbulente population, qu'elle n'agissait ouvertement qu'à l'instigation du roi. Il ne s'inquiétait guère des représentations que Louis XI pouvait lui adresser par ses ambassadeurs au sujet de l'alliance avec l'Angleterre, et de la guerre projetée contre les Liégeois, alliés de la France. Vers le milieu du mois d'octobre il mit son armée en mouvement, après avoir envoyé des hérauts publier la guerre dans tout le pays, l'épée nue d'une main et la torche de l'autre, pour signifier qu'on allait commencer une lutte de feu et de sang. Les Liégeois, de leur côté, s'étaient avancés jusqu'à Saint-Trond en Hesbaie, et avaient jeté dans cette place une garnison de trois mille hommes. Il fallut commencer par faire le siège de cette ville. Le duc l'investit avec son armée. Mais à peine se trouvait-il là depuis un jour, que les gens de Liége, au nombre de trente mille combattants, accoururent au secours des assiégés, réalisant ainsi ce vieux dicton populaire :

> Qui passe dans le Hesbain
> Est combattu le lendemain.

Les deux armées se rencontrèrent près de Brusthem, à une demi-lieue de Saint-Trond, et se livrèrent une grande bataille, dans laquelle les Liégeois furent cruellement défaits. Cet échec décida la chute de la place, qu'ils venaient essayer de dégager. La ville se rendit, et se racheta du pillage pour une somme de vingt mille florins. Le duc la fit démanteler, et se fit livrer, en outre, dix hommes à discrétion. Dans ce nombre il s'en trouvait six qui avaient fait partie des cinquante otages que le duc avait tenus, pour garantir l'exécution de l'accommodement fait l'année précédente avec le pays de Liége. Ces dix hommes furent impitoyablement décapités. A la nouvelle du désastre de Brusthem et de la prise de Saint-Trond, Tongres se rendit sans résistance. Les murs de cette ville furent également démolis, et elle fut forcée de livrer dix hommes, que le duc fit également mettre à mort.

Liége était dans l'épouvante, car l'orage approchait. Charles étant arrivé à Othée, ce champ de bataille si célèbre, où son aïeul Jean sans Peur mérita son chevaleresque surnom, ceux de Liége lui envoyèrent des députés qui, après divers pourparlers, déclarèrent que la cité se rendait à sa volonté, sans réserve aucune, sauf le feu et le pillage. Le 11 novembre, l'armée des Bourguignons se trouva aux portes de la cité. Malgré la soumission faite, ils se tenaient sur leurs gardes ; car on savait que les habitants n'étaient pas d'accord entre eux, les uns voulant la paix, les autres ne la voulant pas. Cela dura jusque dans la nuit. Alors ceux qui étaient opposés au traité abandonnèrent la ville, au nombre de trois à quatre mille hommes. Le lendemain, dix hommes de chacun des métiers de Liége vinrent, en chemise, la tête et les pieds nus, à une demi-lieue de la ville, où le duc était logé, lui crier merci, en se prosternant à ses pieds, et lui présenter les clefs des portes. Charles le Téméraire fit aussitôt occuper celles-ci par ses gens. Il ne voulut pas entrer dans la cité autrement que par une brèche qu'il fit pratiquer, en ordonnant qu'on démolît vingt brasses de mur, et que l'on comblât le fossé. Il fit son entrée triomphante le 17 novembre, à cheval, l'épée à la main, accompagné de l'évêque également armé, et escorté de ses officiers, de deux mille cavaliers et de deux mille archers à pied. Le doyen de Saint-Pierre le reçut à la porte Sainte-Marguerite, au nom du clergé, qui bordait un côté de la rue ; les bourgeois bordaient l'autre, chacun placé devant la porte de sa maison, et tenant un flambeau à la main. Avant de se rendre à l'évêché, le duc parcourut en vainqueur différents quartiers de la ville, et l'évêque prit son logement dans la maison de Mérode.

Le 26, le peuple fut convoqué au palais en présence du duc et de l'évêque, pour entendre la sentence que le vainqueur avait dictée. Elle se composait de quatre cent soixante-neuf articles, dont les principaux étaient les suivants : La cité de Liége et les autres villes du pays, excepté celle de Huy, seront démantelées, aux frais de chacune d'elles. Toute l'artillerie et toutes les armes, sans en excepter une flèche, seront remises au duc. Les habitants ne pourront retenir que les couteaux de table. Toutes les chartes, papiers, édits, ordonnances concernant les libertés, les franchises et les priviléges de la cité et du pays, seront livrés au duc. Le Perron, autrement dit colonne de la Fortune, qui est dressé sur le marché, sera enlevé.

Après la lecture de ces humiliantes conditions, le duc fit demander au peuple s'il voulait s'y soumettre. Les habitants témoignèrent leur adhésion du geste et de la voix ; et le même jour on commença à abattre le Perron, cet antique symbole de la liberté des Liégeois, qui fut transporté à la Bourse de Bruges, et garni d'inscriptions en latin et en français, dans lesquelles étaient rappelés le souvenir du lieu où il avait été pris, et la victoire du duc Charles. Après quelques jours passés à Liége, il revint en grand triomphe à Bruxelles le 24 décembre.

Tout cela s'était fait avec une rapidité qui n'avait pas laissé à Louis XI le temps de se reconnaître. Ses alliés étaient abattus avant qu'il eût pu leur envoyer le moindre secours, dans la supposition qu'il eût eu la volonté de les aider autrement que par de belles paroles. Charles le Téméraire n'en était que plus fier de sa victoire. Maintenant les plans de son ennemi étaient déjoués; les villes étaient réduites au silence; ces puissants et indomptables Liégeois étaient soumis à la dernière humiliation, et courbaient la tête sous son épée toute-puissante.

Après avoir ainsi affermi solidement son autorité dans ses États par l'exemple de ce qui venait de se passer à Liége, le duc s'adonna entièrement à l'organisation de ses domaines et de ses finances. Puis il convoqua à Termonde les états des quatre membres de Flandre, et leur fit demander, par son chancelier, de lui accorder une aide d'un million de ridders, de quarante-huit gros chacun, payable en neuf années. Cette demande était fondée sur les frais excessifs qu'avait occasionnés au duc son expédition contre les Liégeois; sur la nécessité où il se trouverait peut-être de prendre les armes, pour avoir raison des vexations que la Flandre souffrait de la part des officiers du roi de France; sur son avénement à la souveraineté du pays; enfin, sur son prochain mariage avec madame Marguerite d'York. L'assemblée fut d'abord effrayée de l'énormité de cette somme, grossie encore des prétentions de tous les membres de la famille du duc. Toutefois, les gens de Gand furent les premiers à accorder la demande du prince, dont ils espéraient ainsi acheter la faveur. Leur exemple fut suivi par les autres villes de Flandre; et l'on consentit un million de ridders au duc Charles, neuf mille six cents ridders à la duchesse douairière, quarante mille à la duchesse Marguerite, future épouse du duc, huit mille à mademoiselle Marie de Bourgogne, et huit mille à Antoine, bâtard de Bourgogne. Les états de Brabant et ceux de Hainaut accordèrent également ce qu'il demandait, et ce n'était pas peu de chose.

Toutes ces sommes enfermées dans ses coffres, Charles le Téméraire s'apprêta à recevoir avec un faste royal madame Marguerite, qui aborda à l'Écluse le 25 juin 1468. Huit jours plus tard, la nouvelle duchesse fit son entrée solennelle à Bruges, après que le mariage eut d'abord été célébré à Damme. Les fêtes qui se succédèrent pendant neuf jours dans cette grande ville, absorbèrent une bonne partie des subsides que les états avaient si généreusement fournis à leur seigneur.

Bientôt après, le 13 juillet, le duc prit route par la Zéelande, pour se faire inaugurer dans ses États du nord. Il reçut à Middelbourg le serment des villes zéelandaises, et à la Haye celui des villes de Hollande. Mais il eut soin d'accompagner son inauguration d'une demande de bons subsides aux deux comtés. Les sommes recueillies, il reprit le chemin de Bruxelles.

Pendant ce temps, les relations de Charles le Téméraire et de Louis XI avaient pris une tournure de plus en plus hostile; et la guerre que le roi avait commencée contre le duc de Bretagne semblait inévitablement devoir amener le renouvellement d'une lutte entre la Bourgogne et la France. Cependant, comme le duc de Bretagne se réconcilia bientôt avec le roi, par le traité d'Ancenis, sans qu'il eût été fait la moindre mention du duc de Bourgogne dans cet acte, et comme Louis était parfaitement préparé à la guerre, il eût peut-être été de l'intérêt du duc Charles d'entamer des négociations avec Louis, dont les armes pouvaient maintenant tomber de tout leur poids sur les terres bourguignonnes. Mais toutes les querelles avec le roi provenant de ce que celui-ci avait enfreint ou négligé d'exécuter les traités d'Arras et de Conflans, et le duc ne transigeant jamais avec ses droits, personne n'osa se hasarder de l'émouvoir à céder en cette circonstance. Enfin le roi, s'imaginant que le mauvais succès des pourparlers qui avaient eu lieu jusqu'alors provenait de la faute de ses négociateurs, résolut de venir lui-même se concerter avec le duc. C'est à Péronne qu'eut lieu cette entrevue fameuse.

Mais à peine les deux princes se trouvaient-ils là réunis, que le duc reçut la nouvelle d'un nouveau soulèvement des Liégeois, à la suite duquel l'évêque Louis et le sire d'Humbercourt, gouverneur bourguignon, avaient été forcés de quitter la ville.

Depuis le moment où Charles le Téméraire avait établi son autorité à Liége, un légat du pape y était venu, avec la mission de ménager une réconciliation entre le prince et le peuple. Il avait commencé par lever l'interdit dont le pays avait été frappé. Il s'était appliqué ensuite à concerter avec l'évêque les moyens de ramener le calme dans la principauté. Il regardait surtout comme un des points les plus importants le rappel des proscrits. Mais comme toutes ces discussions ennuyaient le jeune prélat, qui n'aimait et ne recherchait que ses plaisirs, il quitta brusquement la ville et se rendit à Bruxelles, laissant le fardeau des affaires au légat et au sire d'Humbercourt. Pendant ce temps, celui-ci se rendit de plus en plus odieux au peuple par ses violences et ses exactions continuelles, enfreignant ou abolissant les anciens priviléges, créant de nouveaux impôts, outrant même les ordres du duc, quelque durs qu'ils fussent. Les bourgeois, abattus par la crainte et par le désespoir, et impatients de sortir de cette affreuse tyrannie, abandonnaient en foule leur malheureuse patrie, pour aller grossir le nombre des proscrits, qui déjà méditaient des projets de vengeance, et parcouraient le Condroz les armes à la main. Louis de Bourbon ne s'inquiétait guère de ce qui se passait, et ne songeait qu'à ses amusements, courant tantôt à Bruxelles, tantôt descendant la Meuse vers Maestricht, sur un bateau chargé de musiciens et festonné de fleurs. Il venait de se rendre en cette dernière ville le 24 août, quand les proscrits résolurent tout à coup de profiter du moment. Liége étant en quelque sorte dépourvue d'armes et de garnison, ils conçurent le projet de s'en emparer, prirent leur route par les bois, et dérobèrent si bien leur marche, qu'ils arrivèrent à Seraing sans qu'on s'en fût aperçu. Mais comme ce village n'est situé qu'à une lieue de la ville, la nouvelle de l'arrivée de cette troupe y parvint bientôt. Cependant ils persistèrent dans leur entreprise, forcèrent les gens de Seraing à les suivre, et, après avoir passé la Meuse et recueilli les hommes du village de Tilleur, ils gagnèrent les hauteurs de Saint-Gilles, d'où ils tombèrent dans la cité sans qu'on eût pu leur opposer la moindre résistance. Une partie des habitants se joignit aux proscrits à mesure qu'ils entraient dans la ville. D'autres, parmi lesquels se trouvaient beaucoup de prêtres, se sauvèrent pour aller rejoindre l'évêque à Maestricht; mais ils furent arrêtés et dépouillés; on ne leur laissa que les chemises, et il y en eut même un bon nombre qui furent tués, ou jetés dans la Meuse. Les proscrits s'installèrent dans les maisons des fugitifs, et leur capitaine, Jean de Villers, s'établit dans le palais épiscopal. Une autre troupe, qui arrivait de France, ayant rencontré Amel de Velroux, ancien bourgmestre, l'arrêta, et l'engagea si bien qu'il consentit à en prendre le commandement. Mais les chefs des mutins, après ce premier succès, furent saisis d'une grande frayeur. Ils comprenaient que, si leur entreprise ne réussissait pas, ils porteraient toute la peine de leur rébellion. Aussi ils ne tardèrent pas à trahir leurs compagnons, et vinrent se jeter aux pieds du légat, lui demandant pardon, et implorant sa protection auprès de l'évêque. L'envoyé papal ne leur promit d'intercéder pour eux que s'ils parvenaient à amener tous les proscrits, sans distinction, à donner au prélat satisfaction pleine et entière. Ils usèrent si bien de leur influence, qu'ils réussirent à conduire tous leurs compagnons devant le légat, auquel ils promirent à genoux, et les mains levées vers le ciel, obéissance et soumission à l'évêque. Il se transporta aussitôt à Maestricht, où Louis leur accorda la paix, à condition que toute la troupe viendrait à sa rencontre, sans armes, lui demander pardon à genoux. Cette triste cérémonie allait s'accomplir, et tout paraissait fini. Si bien que le légat et l'évêque partirent de Maestricht et se rendirent à Tongres, où la noblesse du pays était rassemblée pour les accompagner à Liége.

Sur ces entrefaites, arrivèrent des lettres du duc de Bourgogne, par lesquelles il annonçait qu'étant sur le point de faire la paix avec le roi de France, il viendrait d'abord à Liége réduire les rebelles. Il ordonnait qu'on se gardât d'entamer avec eux aucun accommodement, parce qu'il allait envoyer le sire d'Humbercourt avec un corps de troupes pour les attaquer.

Les proscrits, ne prenant conseil que de leur désespoir, conçurent alors le projet de s'emparer de l'évêque, croyant bien que, lorsqu'il se verrait entre leurs mains, il serait obligé de leur accorder des conditions favorables. Ils sortirent donc de Liége le 8 octobre au soir, par trois portes différentes, sous la conduite de trois chefs, et se rencontrèrent à onze heures de la nuit sous les remparts de Tongres. Ils y entrèrent sans obstacle, et se partagèrent en trois bandes : l'une se porta vers le logement de l'évêque, l'autre vers celui d'Humbercourt; et la troisième fut chargée de garder les avenues de la ville. Un combat terrible commença devant la demeure d'Humbercourt, et il se prolongea jusqu'à l'approche du jour. Alors l'évêque, qui s'était sauvé chez le légat par une ouverture qu'on avait pratiquée dans la muraille, parut à une fenêtre, et demanda aux rebelles ce qu'ils voulaient.

— Seigneur, répondit un de leurs chefs, nous ne sommes venus ici que pour vous ramener à Liége. Suivez-nous, et vous n'aurez pas à vous en repentir.

L'évêque et le légat y ayant consenti, sortirent de Tongres au milieu des proscrits, qui se dirigèrent vers Liége sans bruit et sans désordre.

Deux jours après, le peuple fut convoqué au palais; et l'évêque, après avoir instamment prié le légat d'employer son crédit pour procurer aux Liégeois une paix solide, parla de la nécessité de mettre un terme à ces divisions intestines. Il avoua qu'il avait peut-être trop facilement prêté l'oreille à des conseillers qui lui déguisaient la vérité, et il promit d'être à l'avenir plus circonspect et plus réfléchi, et de ne plus employer que les voies de la douceur et de la modération. Enfin, il protesta de sa volonté de vivre et de mourir avec les Liégeois. Le peuple applaudit à ces paroles, qui eussent clos peut-être cette déplorable querelle domestique, si le duc de Bourgogne n'en eût décidé autrement.

Charles le Téméraire apprit, à Péronne, tout ce qui s'était passé à Tongres; mais les nouvelles s'étaient grossies de mille mensonges avant d'être arrivées jusqu'à lui. On disait même que l'évêque et le sire d'Humbercourt étaient tombés victimes de la fureur populaire.

Aussi sa colère n'eut point de bornes, et il ne douta pas que ce nouveau tumulte n'eût été excité par Louis XI. Il alla jusqu'à accuser le roi de n'être venu à Péronne que pour le tromper; et il avait raison, bien que Louis jurât par la Pâque-Dieu qu'il n'avait aucunement donné la main à la rébellion des gens de Liége, et qu'il s'engageât à signer la paix telle que le duc la lui avait proposée, et à se joindre à lui pour faire la guerre aux Liégeois. Charles le prit au mot, et ils partirent pour cette expédition. Arrivés à Namur, ils envoyèrent des troupes pour occuper la principauté de Liége et former le siége de la ville. Ils entrèrent eux-mêmes au camp bourguignon, le 27 octobre.

Tongres avait été livrée au pillage et allait être incendiée, quand elle se racheta pour une somme de deux mille écus du Rhin. Liége allait donc seule soutenir l'effort de toute l'armée du duc. La consternation y était générale, et il n'y avait plus ni remparts, ni fossés. Il est vrai qu'à force de peines et d'argent, en vendant une portion des ornements de leurs églises, et en sacrifiant une partie de leurs biens, les habitants avaient rétabli une sorte d'enceinte; mais rien ne paraissait plus facile que d'y entrer. Le premier jour, ils firent une sortie; et quelques-uns, comptant encore sur l'appui de Louis XI, se mirent à crier : *Vive le roi de France!* Mais le roi s'étant porté en avant, répondit à ce cri par celui de *Vive Bourgogne!* Les Liégeois, voyant que Louis les abandonnait ainsi, après les avoir lui-même poussés avec tant d'ardeur à la révolte, furent près de s'abandonner au désespoir. Cependant leur courage était soutenu encore par la présence du légat. Celui-ci leur conseilla d'envoyer une ambassade au duc dans son camp, pour lui offrir de se mettre à sa merci, et lui rendre, en preuve de leur soumission, l'évêque, et les prisonniers qu'ils avaient faits à Tongres. Charles accepta les prisonniers, sans s'engager à rien. Le légat lui-même alla le trouver, et le supplia avec des prières et des larmes de prendre en pitié ce pauvre peuple égaré. Il resta inflexible, donnant pour toute réponse que la vie et les biens des Liégeois étaient entre ses mains.

Liége était donc condamnée. Mais ses braves métiers résolurent de vendre chèrement leur vie. A la faveur de la nuit, ils se glissèrent le long des remparts démantelés, descendirent par les sentiers du vignoble qui domine le faubourg de Vivignes, et tombèrent avec furie sur les Bourguignons, postés dans les vergers. Huit cents hommes, dont trois cents gens d'armes, tombèrent sous leurs coups. Deux mille archers furent mis en déroute, et deux capitaines bourguignons, le prince d'Orange et le sire d'Humbercourt, furent blessés. L'avant-garde ennemie se replia sur une maison du faubourg, où les fuyards prirent poste. Il fallait les déloger de là. Les Liégeois y mirent le feu. Malheureusement cet incendie même devint un phare pour leurs ennemis, qui, se ralliant à la clarté des flammes, fondirent sur la poignée d'hommes par lesquels cette belle sortie venait d'être opérée. La retraite se fit en bon ordre, et les assiégés rentrèrent avec plusieurs drapeaux enlevés aux Bourguignons.

En apprenant que son avant-garde venait d'essuyer cet échec, le duc fit avancer le gros de son armée, qui avait pris position à quelque distance de la ville, et qui ne comptait pas moins de quarante mille combattants. Il s'établit lui-même au faubourg de Sainte-Walburge, sur les hauteurs qui dominent la cité; et « le roy, dit Commines, vint loger en une petite maisonnette rasibus de celle où estoit logé le duc de Bourgongne. »

Les assiégeants restèrent pendant huit jours dans cette position. Le soir du huitième jour, l'attaque de la ville fut fixée au lendemain. Le signal de l'assaut devait être donné à l'avant-garde par un coup de bombarde et de deux grosses serpentines. Une nuit encore, et Liége ne devait plus être qu'une ruine. Mais, dans cette nuit, une grande et héroïque résolution fut prise. Les gens de Liége, instruits de l'attaque qui devait se donner le lendemain, demandèrent conseil à leur courage et à leur désespoir. Ils n'avaient pas un soldat, pas un chef; ils n'avaient ni fossés, ni murailles, ni artillerie. A peine si quelques palissades, élevées à la hâte, offraient un obstacle à l'ennemi; et encore, pour les défendre, il n'y avait que les habitants, secondés par sept ou huit cents hommes du pays de Franchimont. « Ont toujours esté très-renommés et très-vaillants ceux de ce quartier, » dit Philippe de Commines; et ils le prouvèrent en cette extrémité. Six cents de ces braves gens résolurent de sortir de la ville, de pénétrer dans le quartier du duc et du roi, et d'enlever les deux princes. Le 29 octobre, à dix heures du soir, favorisés par une obscurité profonde, commandés par George Strayle, et guidés par les hôtes des maisons où les princes étaient logés, ils se glissèrent en silence par les brèches des remparts, et arrivèrent au quartier de Sainte-Walburge. Ils avaient surpris et égorgé la plupart des sentinelles, « et entre autres, dit Commines, y moururent trois gentilshommes de la maison du duc de Bourgogne; et s'ils eussent tiré tout droit sans eux faire oyïr jusques à ce qu'ils eussent esté là où ils vouloient aller, sans nulle difficulté ils eussent tué ces deux princes, couchés dans leur lit; et croy qu'ils eussent aussi desconfit le demeurant de l'ost. » Derrière le logis de Charles le Téméraire était un pavillon, où logeaient le comte de Perche et le sire de Craon: les Liégeois y voulurent entrer; mais les valets de chambre se défendirent, et se firent tuer. Ce bruit sauva les deux princes; car il donna l'alarme à un poste de trois cents hommes d'armes que le duc avait placés dans une grange située entre son logis et celui de Louis XI, pour observer le roi, dont il se défiait toujours. Ces hommes se levèrent aussitôt, s'armèrent à demi, et engagèrent le combat avec les assaillants. Le duc était au lit; sa garde se trouvait établie du côté opposé à celui par où l'attaque était venue. Il n'y avait dans sa maison qu'une douzaine d'archers, qui veillaient et jouaient aux dés. Mais le bruit qui se faisait devant la grange les avertit à temps. Ils vinrent se ranger devant la porte et défendre les fenêtres. La nuit était noire; on entendait dans la rue les cris de « Vive le roi! vive Bourgogne! » sans bien savoir ce qui se passait. Philippe de Commines, qui était couché dans la chambre du duc avec deux autres gentilshommes, arma au plus vite son maître d'une cuirasse et d'un casque, et tous descendirent l'escalier. Les archers se maintenaient à grand'peine à l'entrée de la maison; et, pendant un instant, on douta qu'ils pussent la défendre. Enfin, toute l'armée étant à la fois éveillée et surprise, il arriva successivement du monde, et le moment du péril passa. Pendant ce temps, le logis du roi était aussi surpris et attaqué. Mais, au premier bruit, les vaillants archers écossais vinrent se ranger devant leur maître, et, lui faisant un rempart de leurs corps, repoussèrent à coups de flèche toutes les attaques, sans s'inquiéter si leurs traits tuaient les Liégeois ou bien des Bourguignons, qui accouraient au secours. Pendant que tout cela se passait, les gens de la ville opérèrent une sortie par la porte de Sainte-Walburge; mais elle arriva trop tard, et fut repoussée avec grande perte.

Tous les Franchimontois périrent en luttant comme des désespérés, soutenus jusqu'au dernier moment par l'espérance « d'avoir, selon la parole de Commines, une bien grande victoire, ou, à tout le moins et au pire aller, une bien glorieuse fin. »

La défaite héroïque de ces braves ne retarda pas d'un jour la chute de la ville. Le lendemain (c'était un dimanche), le 30 octobre, dès huit heures du matin, le duc fit tirer la bombarde et les deux serpentines, pour avertir l'avant-garde. S'étant mis à la tête de ses troupes, il s'approcha des retranchements, où il ne trouva pas la moindre résistance, parce que les gens de Liége, croyant que, par respect pour le dimanche, l'assaut ne serait pas donné, étaient restés fort tranquilles chez eux. Toute l'armée pénétra dans la ville sans rencontrer le plus faible obstacle, les Bourguignons par la porte Saint-Léonard, le roi et le duc par celle de Sainte-Walburge. Le roi, qui portait à son chapeau la croix de Saint-André, entra en criant à haute voix: « Vive Bourgogne! » Le duc répéta le même cri, en tirant son épée du fourreau quand ils furent arrivés devant l'hôtel de ville. C'était le signal du massacre. Alors commença un carnage effroyable, où rien ne fut épargné, ni l'âge, ni le sexe, ni maisons, ni couvents, ni églises. Le sang coulait à grands flots dans les rues; la Meuse se remplit de cadavres; un nombre considérable de bourgeois y furent précipités vivants, liés deux à deux, et douze mille femmes et enfants noyés. Selon quelques historiens liégeois, le chiffre des hommes qui périrent sous l'épée des Bourguignons s'éleva à quarante mille : il est porté par d'autres à cinquante mille. Les églises furent ensanglantées par les massacres les plus affreux. Dans celle des Frères Mineurs, on tua tous les malheureux qui assistaient à la messe. Celle de Saint-Lambert, la splendide cathédrale liégeoise, fut seule préservée des horribles profanations dont toutes les autres furent souillées. Un grand nombre de fugitifs s'y étaient sauvés; et les gens de guerre voulaient forcer cet asile, et piller ce temple si fameux par ses richesses. Mais les archers du duc en défendaient les portes, et résistaient à grand'peine; lui-même tua de sa main un des pillards, et Saint-Lambert fut sauvé de la dévastation.

Liége n'offrait plus dans ses rues que des monceaux de cadavres; car le massacre avait duré deux jours tout entiers. Alors le duc demanda l'avis du roi sur ce qu'il fallait faire de la ville de Liége.

— Pour chasser l'oiseau, il faut brûler le nid, répondit le roi.

Après cette réponse, si bien d'accord avec les intentions du duc, celui-ci permit à Louis XI de reprendre le chemin de la France. Ensuite il donna l'ordre de mettre le feu à la ville, les églises et les maisons des chanoines exceptées. Quatre mille soldats limbourgeois furent chargés d'exécuter cette sentence, pendant que Charles le Téméraire se disposait à partir. Quand il fut parvenu à quelque distance de la cité, il se retourna pour admirer ce vaste embrasement. L'incendie fut tel, que, huit jours après, on pouvait encore apercevoir, des hauteurs d'Aix-la-Chapelle, les tourbillons de flammes qui jaillissaient dans l'air. Pendant qu'ainsi s'accomplissait cette immense destruction, le duc se dirigea vers le pays de Franchimont, où il exerça les ravages les plus furieux. Cela fait, il reprit la route de Bruxelles, laissant le sire d'Humbercourt chargé du soin d'achever ce que l'épée et le feu avaient épargné dans la malheureuse cité.

Le bruit de cette horrible exécution augmenta encore dans toutes les provinces la terreur que le nom de Charles le Téméraire inspirait déjà. Gand surtout tremblait, en songeant aux outrages que le duc y avait reçus en y faisant sa joyeuse entrée. Dès le mois de novembre 1467, à l'issue de la première expédition contre le pays de Liége, ils avaient fait, pour se réconcilier avec lui, quelques démarches qui n'obtinrent aucun succès. Après la destruction de Liége, les quatre membres de Flandre lui envoyèrent à Bruxelles des députés pour le complimenter. Ceux de Gand lui firent à cette occasion, de bouche et par écrit, des protestations d'obéissance et de fidélité; mais ces protestations il refusa de les recevoir, disant que les faits avaient trop souvent démenti les paroles. En effet, il jugea que le moment était venu d'humilier cette fière commune gantoise, comme il avait anéanti l'orgueilleuse république de Liége. Il fit donc savoir aux gens de Gand, qu'ils eussent à venir faire amende honorable devant lui à Bruxelles, à lui envoyer le privilége de création de la loi émané du roi de France Philippe le Bel, et un homme de chaque métier, qui serait porteur de la bannière du corps auquel il appartenait. Une députation de la commune, accompagnée des doyens et des jurés des métiers, vint en effet s'humilier aux pieds du duc le 8 janvier 1469, dans son palais, à Bruxelles. Il ne les admit en sa présence qu'après les avoir laissés attendre, pendant plus d'une heure et demie, dans la neige, sur la place de Coudenberg. Puis il les reçut dans la grande salle, où se trouvaient réunis Louis de Bourbon, évêque de Liége; Philippe de Savoie, frère de la reine de France; Adolphe de Clèves, sire de Ravestein; les membres de la Toison d'or, un grand nombre d'autres barons, seigneurs et chevaliers; enfin, les ambassadeurs de France, d'Angleterre, de Hongrie, de Bohême, de Naples, d'Aragon, de Sicile, de Chypre, de Norwége, de Pologne, de Danemark, de Russie, de Livonie, de Prusse, d'Autriche, de

Milan et de Lombardie. L'Europe tout entière était ainsi représentée là, pour assister à la confusion des Gantois. Au moment où ils furent introduits dans la salle par Olivier de la Marche et Pierre Bladelin, maîtres d'hôtel du duc, les doyens des cinquante-deux métiers se mirent trois fois à genoux en grande humilité, et vinrent ensuite déposer leurs bannières aux pieds de Charles le Téméraire, en criant tous ensemble : « Merci ! » Puis il fut donné lecture du privilége de Philippe le Bel ; et le chancelier de Bourgogne, Pierre de Goux, demanda au duc ce qu'il voulait qu'on fît de cette charte.

— Qu'elle soit détruite, répondit le prince.

Et maître Jean le Gros, premier secrétaire audiencier, la tailla aussitôt en pièces avec un canif, en présence de tous les assistants.

Le duc exposa ensuite à ceux de Gand tous les griefs qu'il avait à leur reprocher, et leur recommanda de rester en bonne obéissance, s'ils voulaient qu'il leur restât bon prince. Au surplus, il leur défendit les assemblées générales connues sous le nom de *collaces*, et menaça de peines sévères les métiers qui feraient armée ou course à bannière déployée, sans l'ordre du bailli et de la loi. Déjà, dès le dernier jour du mois de décembre 1468, le conseil de Flandre avait constaté par un acte solennel que les trois portes condamnées avaient été refermées par les Gantois, aux jours marqués par le duc Philippe le Bon. Charles compléta la sentence le 20 avril suivant, en rétablissant à Gand la *cueillette* sur les grains.

Cette remuante ville de Flandre ainsi réduite à l'impuissance, et presque aussi soumise que celle de Liége, Charles crut que le calme était assuré dans ses États. Alors il se mit à tourner les yeux autour de lui, cherchant quelque entreprise qui fût digne de son épée, et qui pût augmenter encore sa puissance, déjà si grande ; car il avait une ambition si démesurée, que la moitié de l'Europe ne l'aurait pas contenté. Il rencontra enfin un objet qui fixa toute son attention, et qui malheureusement devint l'origine de tous ses désastres.

Le duc Sigismond d'Autriche régnait vers ce temps dans le Tyrol, et dans les domaines autrichiens de la Souabe et des bords du Rhin. Bien qu'il fût d'humeur très-pacifique, il se trouvait sans cesse en guerre avec les Suisses, qui lui cherchaient à tout moment des querelles. Ces guerres prenaient de jour en jour un caractère d'acharnement plus vif, parce que les ligues helvétiques gagnaient en force et en énergie à mesure que la haine des seigneurs croissait contre eux, vilains dont les chevaliers appelaient les villes *étables à vaches*. Mais toutes ces luttes finissaient à l'avantage de ces vilains qu'on méprisait, mais par lesquels on était battu. Si bien que le duc Sigismond fut forcé d'acheter la paix des Suisses, et d'engager ses domaines, en garantie de dix mille florins qu'il leur promit pour les frais de la guerre. Il lui fallut ainsi chercher à emprunter de l'argent sur ses seigneuries ; mais on ne sut où trouver un prince ou un seigneur qui voulût prêter de l'argent, en prenant pour gage des domaines qui lui deviendraient une occasion perpétuelle de froissements avec les ligues. Il y eut à ce sujet de grandes assemblées à Strasbourg et à Einsisheim. Enfin, un des gentilshommes avisa que le meilleur moyen de dompter les Suisses et de préserver le pays, c'était de l'engager au duc Charles de Bourgogne. Cet avis fut adopté par les seigneurs. Toutefois Sigismond, bien qu'il n'eût aucun autre expédient à opposer, ne voulut pas se prononcer à ce sujet avant d'avoir soumis cette affaire au roi de France, avec lequel il avait toujours été en alliance. Louis XI était trop sage pour s'engager dans une entreprise aussi difficile. D'ailleurs il était trop occupé chez lui. Il travaillait à donner une unité au royaume, et à l'arrondir : il bâtissait la France. Dans ces circonstances, il lui convenait parfaitement de tourner d'un autre côté l'attention du duc de Bourgogne, et de le laisser s'impliquer dans les affaires d'Allemagne. Enfin il aimait mieux être l'ami que l'ennemi des Suisses.

Le duc Sigismond put donc, en toute liberté, s'adresser à Charles de Bourgogne, qu'il vint, en effet, trouver à Arras au printemps de l'an 1469. Le 9 mai, il fut conclu à Saint-Omer, entre les deux princes, un traité qui engageait au duc de Bourgogne le landgraviat d'Alsace, le comté de Ferrette, et les cinq villes du Rhin : Rheinfelden, Seckingen, Laufenbourg, Waldshut et Brisach, pour une somme de quarante mille florins, outre les dix mille florins dus aux Suisses. Cette convention signée, Charles envoya son maître d'hôtel, Pierre de Hagenbach, gentilhomme alsacien, prendre possession de ces seigneuries et de ces villes, à la tête de quinze cents chevaux et de quatre mille gens de pied.

Cette affaire, le duc la considérait moins comme un but que comme un moyen. Il comptait ainsi prendre pied en Allemagne et dans l'Empire, et songeait déjà à y gagner assez de puissance pour devenir empereur lui-même, après la mort du duc Frédéric d'Autriche. Plein de ce rêve, il alla visiter ses bonnes villes de Flandre, Bruges et Gand, où il fut reçu avec un enthousiasme qui contrastait singulièrement avec la sévérité avec laquelle il venait de frapper cette dernière commune. De là il se rendit en Zéelande, où il donna un exemple éclatant de justice et de sévérité. Le gouverneur de Flessingue, chevalier vaillant et de bonne renommée, auquel le duc Philippe avait donné cet office, s'était épris d'une grande passion pour la femme de son hôte. Ayant inutilement tenté tous les moyens de se la rendre favorable, il fit saisir le mari, et l'accusa d'avoir tramé un criminel projet de sédition contre l'autorité du prince. Puis, troublant à force de menaces cette malheureuse femme, il lui promit la grâce de l'accusé pour prix de son déshonneur. La passion de cet indigne chevalier s'étant plutôt augmentée qu'assouvie, il ne put ensuite se résoudre à renoncer à celle qu'il aimait d'un si horrible amour. Après l'avoir comblée de présents, après avoir fait tout son possible pour l'apaiser et gagner son cœur, il feignit cependant de céder à ses prières, et de lui tenir la promesse qu'il avait faite. Elle reçut l'ordre écrit de se faire ouvrir la prison et remettre son époux. Mais, pendant ce temps, le gouverneur avait fait trancher la tête à ce malheureux; et quand elle montra son ordre, le geôlier lui fit apporter un coffre, où elle trouva les restes sanglants de son mari : elle en pensa mourir de saisissement et d'horreur. Le gouverneur essaya de s'excuser sur les commandements qu'il avait reçus du prince; mais ni cette pauvre femme ni sa famille ne purent se persuader qu'une cruauté si abominable fût conforme à la volonté du duc, ni qu'il prît jamais sous sa noble protection un crime si infâme. Lorsque, peu de temps après, Charles fut venu en Zéelande, cette femme alla se jeter à ses pieds, et lui raconta son malheur. Il promit aussitôt que justice serait faite, et manda devant lui le gouverneur, qui se prosterna, et raconta en pleurant tout ce qui s'était passé, demandant humblement sa grâce, rappelant les beaux faits de guerre qui lui avaient valu la faveur du duc Philippe, alléguant la violence insensée où l'avait jeté son amour pour cette femme, offrant toutes les réparations convenables, et demandant même à l'épouser. Le duc, après l'avoir entendu, lui répondit qu'en effet il convenait avant tout d'apaiser la plaignante. La femme refusa d'abord avec horreur d'épouser celui qui avait tué son premier mari, et de devenir ainsi complice de son crime. Toutefois sa famille en pensa autrement, et, à force d'instances, la fit consentir à accepter l'offre du chevalier. Le contrat fut dressé, et, le mariage ayant été célébré, le gouverneur revint se présenter devant le duc, disant que la partie adverse se tenait pour satisfaite. — Elle, oui, répondit sévèrement le prince; mais non pas moi.

Un confesseur fut appelé : le chevalier reçut l'absolution et communia; puis le bourreau lui trancha la tête. Bientôt celle qui était sa femme arriva à la prison, accompagnée de ses parents, pour y voir son nouveau mari. Elle y trouva le même horrible aspect qu'elle y avait eu, peu de jours auparavant, sous les yeux. Elle ne put survivre à de si terribles atteintes, et mourut bien peu de temps après.

De Zéelande, le duc passa en Hollande, où il séjourna deux mois à la Haye. Là il reprit en main les affaires de l'Ostrachie et de la Westrachie, et songea à soumettre ces Frisons, dont les comtes de Hollande n'avaient pu obtenir qu'une obéissance précaire, et pour ainsi dire nominale.

Ce projet se rattachait en partie à la situation où se trouvait l'évêché d'Utrecht, maintenant placé entre les mains de David de Bourgogne. Ce prélat, libéral et instruit, aimait les sciences et les arts, la musique surtout, qui fleurissait alors dans la partie flamingante des Pays-Bas plus que dans toute autre partie de l'Europe. Respirant cette passion du faste et du luxe qui semblait être l'apanage des princes de sa maison, il était toujours entouré de musiciens, et il vivait au milieu des fêtes. Les habitudes élégantes et les mœurs chevaleresques de la Flandre française remplacèrent ainsi bientôt à sa cour les usages plus simples et moins raffinés de ces dures gens de race frisonne, qui l'avaient exclusivement peuplée jusqu'alors. Cette infraction apportée aux choses de la vie et de la société, il l'étendit bientôt aux institutions. Il abolit les formes judiciaires que les Frisons avaient conservées de leur ancienne législation germanique. Puis enfin il s'aliéna puissamment le clergé et la noblesse, auxquels il prêtait beaucoup moins l'oreille qu'il ne la prêtait aux avis de ses conseillers, dont la plupart étaient de petites gens qui avaient réussi à gagner la faveur de leur maître, plutôt par sympathie de goûts que par leur science et leur sagesse. Mais ce que l'évêque David était en partie parvenu à faire dans le quartier inférieur de son diocèse, grâce au voisinage des domaines bourguignons, il n'osa pas le tenter dans l'Over-Yssel, encore moins dans le pays de Drenthe et dans la châtellenie de Groningue, qui ne s'était soumise à l'évêché que peu de temps avant l'arrivée de Charles de Bourgogne à la Haye, en 1469. Ce fut cette circonstance qui inspira au duc l'espoir d'étendre l'autorité bourguignonne sur l'Ostrachie et sur la Westrachie, où son père n'avait pas réussi à l'établir. Il y était surtout sollicité par Uffo de Dokkum, qui lui promit que le pays lui rendrait l'hommage, et qui s'engageait à lui procurer la soumission d'une partie de la Frise, où il exerçait une grande influence. En effet, des conférences furent bientôt ouvertes à Enckhuysen, avec des députés que les Frisons y envoyèrent pour s'entendre avec Gérard Entson, bourgmestre de cette ville. Les négociations cependant n'amenèrent aucun résultat. Les Frisons tenaient trop à leur liberté, pour consentir à reconnaître la puissance du duc. Ils déclarèrent qu'ils étaient sous la protection de l'Empire. Cette déclaration, ils la répétèrent, l'année suivante, dans une conférence nouvelle qui fut ouverte. Peut-être Charles de Bourgogne eût-il écouté le conseil d'Uffo, qui le poussait toujours à employer la force pour réduire cette population indocile, si des affaires plus importantes n'avaient, depuis ce moment jusqu'à la fin de sa vie, appelé ailleurs son attention.

Ce fut d'abord le désastre de son beau-frère Édouard IV, que la défaite de Nottingham avait forcé à quitter l'Angleterre, et à venir chercher un refuge dans les États de Bourgogne. Ce furent ensuite les attaques dirigées contre le commerce et les vaisseaux flamands par les navires de la faction du comte de Warwick, devenu maître momentané du trône anglais. Enfin, l'ambition du duc était absorbée en grande partie par l'Allemagne, et par la dignité impériale, où il eût voulu succéder à Frédéric d'Autriche, qui la tenait si mal depuis tant d'années. Ce fut dans cette pensée qu'il conclut, pendant son séjour à la Haye, avec le sire de Stein, ambassadeur du roi de Bohême, un traité par lequel celui-ci s'engageait, moyennant cent mille florins du Rhin, à employer tout son pouvoir à procurer l'élection du duc Charles de Bourgogne à la dignité de roi des Romains, c'est-à-dire de successeur désigné de l'empereur.

Cette idée fixe de son ambition n'empêcha cependant pas le duc de s'occuper d'autres affaires. Il fit armer dans les ports de Zéelande une expédition destinée à ramener Édouard IV en Angleterre. Il châtia les gens de Tournai, qui, par attachement pour la France, s'étaient mis à le jouer d'une manière injurieuse dans des comédies qu'ils représentaient en public.

Pendant que Charles se livrait, au milieu de ces préoccupations, à ses rêves insensés de couronne impériale, Louis XI affermissait de mieux en mieux son trône de roi. Il réussit à détacher le duc de Bretagne de l'alliance de Bourgogne. Il conclut, en outre, un traité avec les ligues suisses, qui s'étaient tenues jusqu'alors dans la meilleure intelligence avec le duc Charles. Ainsi le roi travaillait, non-seulement à devenir maître chez lui, mais encore à susciter des embarras à son adversaire, et à l'isoler de plus en plus. Dans les premiers moments, Charles de Bourgogne ne fit pas trop attention à tout cela. Il n'avait les yeux tournés que vers l'expédition qu'Édouard IV conduisait en Angleterre pour reconquérir son trône. Tout dépendait pour lui du succès de cette entreprise. Édouard vaincu, l'alliance anglaise était acquise à Louis XI, qui soutenait ouvertement Warwick de ses armes, de son argent et de ses vaisseaux. Mais le roi se croyait tellement sûr du succès de son allié, qu'il jeta tout à coup le masque, et découvrit ce qu'il avait mis tant de temps et de peine à tramer. Il réunit à Tours une grande assemblée, où se trouvèrent présents plus de quatre-vingts princes, seigneurs, maréchaux de France, serviteurs et officiers de sa maison, évêques, conseillers, maîtres des requêtes, et gens des divers parlements. Là il fit exposer tous les griefs qu'il avait à la charge du duc de Bourgogne : le voyage de Péronne, et la contrainte injurieuse exercée sur la personne royale; le sauf-conduit donné par le duc, et sa foi violée; la trahison du cardinal Balue; enfin, les menaces et les étranges discours adressés au roi et à ses gens. On remontra que le duc n'avait pas rempli l'engagement pris par lui à Péronne, en jurant, sur le bois de la vraie croix, de rendre hommage au roi, et de lui prêter serment de fidélité. On rappela que Charles de Bourgogne n'avait pas, selon les termes du traité, remis au roi le serment et le sceau des principaux seigneurs de ses États. On remémora les manœuvres employées par lui pour empêcher le duc de Guyenne de se réconcilier avec le roi; et ses menées avec le duc de Bretagne; et ses complots avec le comte d'Armagnac, pour livrer Bordeaux et la Guyenne aux Anglais; et sa fraternité d'ordre avec Édouard IV, dont il avait reçu le ruban de la Jarretière; puis les paroles qu'il avait écrites de sa propre main aux gens de Calais, leur disant qu'il était plus Anglais que les Anglais eux-mêmes. Enfin, on termina en détaillant une foule de violences exercées sur des sujets du roi. Après cet exposé, Louis XI faisait demander à tous et à chacun ce que, selon Dieu, la raison et la justice, le roi devait faire. Ce n'était pas assez. Chacun des notables fut invité à penser mûrement à toutes ces choses, et à se rendre ensuite devant deux notaires, pour faire rédiger par écrit le conseil qu'il croyait, en honneur et en conscience, devoir donner au roi.

De cette manière, Louis XI parvint à se faire relever du serment qu'il avait prêté à Péronne sur le bois de la vraie croix, pour mieux s'engager à la paix avec le duc; car tous lui déclarèrent qu'il était entièrement libre de tout engagement envers son adversaire. Mais, dans le but d'environner cette affaire d'une apparence de formes de justice, il manda le duc de Bourgogne à comparaître devant le parlement de Paris. Charles ayant fait mettre en prison l'huissier qui vint à Gand lui signifier la citation royale, le président du parlement de Paris saisit et remit aux mains du roi les prévôtés de Vimeu, de Feuilloy et de Beauvoisis. Ce commencement d'hostilité dessilla entièrement les yeux du duc, et le détourna tout à coup de l'Allemagne, de l'Angleterre, et des discordes qui, élevées entre le duc de Gueldre et son fils, devaient bientôt lui fournir un nouveau moyen de s'agrandir. Non content de faire saisir ces prévôtés sur le duc, le roi retira de son service tout ce qu'il put d'hommes capables ou influents. Puis enfin, au mois de décembre 1470, il fit surprendre et occuper la ville de Saint-Quentin, sans que la guerre eût été déclarée. Au mois de janvier suivant, il s'approcha de la rivière de Somme; et la ville d'Amiens, où il avait pratiqué des intelligences, lui ouvrit volontairement ses portes. Roye et Montdidier suivirent cet exemple, sans que Charles pût l'empêcher, faute de forces suffisantes, bien qu'il se trouvât à Doulens, dans le voisinage. Abbeville ne se maintint qu'à grand'peine sous le commandement de Crèvecœur.

Le duc convoqua aussitôt ses troupes. Vers le milieu du mois de février, il campa avec son armée devant Arras, et dévasta Picquigny. Bientôt il s'avança vers Amiens, pour forcer le roi à accepter le combat. Mais celui-ci se tenait sur ses gardes, et il évitait soigneusement une rencontre décisive, tandis qu'il faisait faire de toutes parts des incursions dans le duché de Bourgogne, tant par le Dauphiné que par l'Auvergne, et commettre ainsi d'immenses dégâts. Enfin, les nouvelles venues d'Angleterre, qui annonçaient le succès des armes du roi Édouard, vinrent tout à coup déranger les projets du roi, et le forcer à signer avec le duc Charles, le 4 avril, un armistice de trois mois. Cette suspension d'armes n'était pas expirée encore, qu'elle fut convertie en une trêve d'un an, c'est-à-dire prolongée jusqu'au mois de mai 1472. Le duc la mit à profit pour établir une bonne armée permanente, destinée, non-seulement à défendre sa personne et les forteresses du pays, mais encore à être toute prête au service, en cas de guerre contre la France. Les provinces, il est vrai, murmuraient au sujet des impôts : même çà et là, en Hollande et en Zéelande surtout, il y eut quelques troubles. Lui cependant persistait; et il sut même augmenter les taxes de cinq cent mille écus, tant ces vastes armements absorbaient d'argent. Cependant, tout en mettant sur pied des forces capables d'affronter toute lutte, il ne cessait pas de négocier avec la France, dans le but de gagner le temps qui lui était nécessaire pour rassembler une armée imposante. Elle se trouva prête à entrer en campagne au printemps de l'an 1472. Mais la trêve fut prolongée jusqu'au 15 juin. Avant qu'elle ne fût entièrement écoulée, le duc Charles se porta avec son train de guerre sur la Somme, et entra dans le royaume de France, jurant de tout mettre à feu et à sang, dans l'exaspération où l'avait jeté la mort de son allié le duc de Guyenne, qu'on disait empoisonné par le roi. Il tomba d'abord sur la ville de Nesle, dont tous les habitants furent impitoyablement massacrés. Ce succès jeta une telle épouvante dans le pays, que la garnison de Roye se rendit d'elle-même. Jusque-là la guerre s'était faite sans avoir été déclarée. Aussi le duc lança un manifeste, dans lequel il accusait le roi de parjure et d'empoisonnement : puis il se dirigea vers la Normandie. Après s'être un moment arrêté devant Beauvais, et avoir donné à l'héroïque Jeanne Laîné l'occasion de rendre célèbre le nom de Jeanne Hachette, il entra dans le pays de Caux, qu'il dévasta, incendiant les villages et démolissant les châteaux. A mesure qu'il avançait, c'était comme si une trombe passait.

Cependant les maladies avaient commencé à envahir son armée; la solde n'était pas payée, et les troupes se mirent à murmurer. Le duc résolut donc de les ramener en Artois et en Picardie, où les armes du roi exerçaient, de leur côté, d'effroyables ravages. Pendant ce temps, Louis XI négocia et traita avec le duc de Bretagne, qu'il détacha de Charles le Téméraire. Ce fut là ce qui détermina ce dernier à conclure, le 2 novembre, une nouvelle trêve de cinq mois.

Le répit que cette suspension d'armes lui donna, il le mit à profit pour négocier l'achat du duché de Gueldre.

CHAPITRE II.

JUSQU'A L'EXTINCTION DE LA MAISON DE BOURGOGNE DANS LES PAYS BAS, EN 1482.

§ I. JUSQU'A LA MORT DE CHARLES LE TÉMÉRAIRE, EN 1477.

Avant de se mettre en possession des territoires de Gueldre et de Zutphen, le duc ouvrit, au commencement du mois de mai 1473, un grand chapitre de l'ordre de la Toison d'or, pour faire prononcer, par une sorte de jugement, sur les droits qu'Adolphe de Gueldre pourrait prétendre sur les États de son père. L'assemblée eut lieu à Valenciennes, et le chapitre décida, selon quelques historiens, que l'achat du duché de Gueldre et du comté de Zutphen était légitime et en bonne forme.

Dans les premiers jours de juin, le duc lança une armée dans la Gueldre; et le duc de Juliers, ne voulant pas s'engager dans une lutte qui eût pu lui devenir funeste, lui vendit tous ses droits pour la somme de quatre-vingt mille florins. Les villes qui tenaient pour le jeune duc Adolphe ne furent pas aussi effrayées de la puissance bourguignonne : elles essayèrent d'opposer quelque résistance, mais elles finirent par succomber. Celle de Nimègue se défendit avec le plus d'énergie : mais elle eût fini par tomber comme les autres, si elle n'eût prévenu sa chute en capitulant, réduite qu'elle était à l'impossibilité de tenir plus longtemps devant la terrible artillerie des Bourguignons. Ainsi le duc Charles se trouva possesseur définitif de tout l'héritage d'Arnould de Gueldre. « Maintenant il fallait continuer à s'agrandir en Allemagne, et y devenir maître des bords du Rhin, de manière que ce fleuve, depuis le comté de Ferrette et la comté de Bourgogne jusqu'en Hollande, ne coulât plus que sous sa domination. Il voulait que tant de seigneuries et d'États fussent réunis en un grand royaume. Rien ne lui tenait plus à cœur que de porter le noble titre de roi. Depuis plusieurs années, il était en continuelle négociation avec l'empereur et la maison d'Autriche pour obtenir cette faveur; il voulait être roi des Romains, et vicaire impérial. On a déjà vu qu'il avait cherché à y parvenir en cherchant des alliances et en se faisant un parti parmi les princes de l'Empire, lorsqu'en 1469 il avait conclu un traité avec le roi de Bohême. Son moyen de se concilier la bonne volonté de la maison d'Autriche était surtout de lui promettre sa protection armée contre les Suisses; ses ambassadeurs avaient maintes fois été chargés d'assurer le duc Sigismond qu'aussitôt que les affaires de France et d'Angleterre lui en laisseraient le pouvoir et le loisir, il s'armerait contre les ligues suisses, et envahirait leur pays. Ce n'était pas la seule espérance dont il flattait la maison d'Autriche; il employait envers elle le même appât qui lui servait à séduire tant d'autres princes : le mariage de sa fille. Déjà en 1470, lorsque le duc Sigismond était venu à Hesdin conclure la vente du comté de Ferrette, il avait été question de marier Marie de Bourgogne à Maximilien d'Autriche, fils de l'empereur Frédéric. Le duc avait continué à entretenir cette espérance, et à solliciter en même temps le vicariat de l'Empire, l'érection en royaume de quelques-uns de ses pays, et le titre de roi des Romains; car, disait-il, après la mort de Frédéric d'Autriche, la couronne impériale passant à lui duc de Bourgogne, il lui serait facile de faire roi des

Romains son gendre Maximilien, et de lui assurer la succession à l'Empire. »

Déjà, pour s'attacher le duc de Guyenne, Charles le Téméraire avait pris avec ce prince quelques engagements au sujet du mariage de mademoiselle de Bourgogne. Plus tard, afin de se concilier la maison d'Anjou, il avait entamé pour le même objet des négociations avec Nicolas de Calabre, petit-fils du roi René. Il y avait même une promesse formelle faite par écrit, signée et échangée entre ce prince et la princesse Marie. Mais le duc Charles s'était fait rendre la lettre de sa fille, lorsque, ayant changé de vues, il eut pour ses nouveaux projets plus grand besoin de la maison d'Autriche que de la maison d'Anjou. D'ailleurs le duc Nicolas de Calabre et de Lorraine mourut presque en ce même temps, et fournit à Charles le Téméraire l'idée d'un nouvel agrandissement. En effet, s'appuyant du crédit dont il jouissait auprès de l'empereur, il conçut le projet de s'emparer de l'héritage de Lorraine, ou de le disputer à la branche cadette de cette maison. Plein de cette pensée, dont l'exécution devait arrondir les États bourguignons, la Lorraine joignant le duché de Luxembourg à la comté et au duché de Bourgogne, Charles se rendit à Trèves, où il eut une entrevue avec l'empereur, et lui demanda le titre de roi, avec l'office de vicaire général de l'Empire. Il réclama, en outre, de grandes augmentations de territoire, entre autres les quatre évêchés de Liége, d'Utrecht, de Tournai et de Cambrai, qui étaient fiefs relevant directement de l'Empire. Peut-être avec tout cela eût-il obtenu la Lorraine, si le roi de France n'eût fait mettre cette province en état de défense, et n'eût excité adroitement la défiance de l'empereur, en lui représentant les dangers qu'il courrait en favorisant un prince dont l'orgueil et l'ambition ne connaissaient aucune borne. Cependant une partie des désirs du duc allaient être remplis. Son couronnement comme roi paraissait assuré. Il avait reçu de l'empereur l'investiture du duché de Gueldre, et de toutes ses seigneuries relevant de l'Empire. L'église de Saint-Maximin de Trèves était tendue de superbes tapisseries, et deux trônes y étaient dressés, l'un pour l'empereur, l'autre pour le nouveau roi. Le sceptre, la couronne et le manteau royal étaient exposés aux regards des curieux. Enfin, l'évêque de Metz était désigné pour sacrer le successeur des anciens rois de Bourgogne, quand, le matin du jour fixé pour la solennité, on apprit que l'empereur avait subitement quitté la ville, se jouant ainsi des espérances du duc et de ses pompeux préparatifs.

Si cette conduite excita grandement la colère de Charles le Téméraire, elle ne lui fit changer en rien les projets qu'il avait formés sur l'Allemagne; seulement il concevait maintenant l'idée d'y revenir à force ouverte : c'était là que se tournaient toutes ses volontés. Il commença par s'assurer de l'alliance de René, duc de Lorraine; conclut avec ce prince un traité contre le roi, et obtint pour lui et pour son armée un passage à travers la Lorraine, afin de se rendre dans son comté de Ferrette et dans la comté de Bourgogne. Il prit aussitôt sa route par Nancy, et se dirigea vers les domaines qu'il tenait en gage du duc Sigismond. Depuis trois ans que ce pays était au pouvoir du duc, la plus furieuse haine s'y était allumée contre son gouvernement. Il y avait toujours comme gouverneur le sire de Hagenbach, qui ne négligeait rien pour se rendre chaque jour plus odieux, à cause de sa tyrannie et de son insolence, autant qu'à cause de ses débauches, qui ne respectaient ni les familles les plus nobles, ni même la clôture des monastères. De là une indignation violente, non-seulement dans le pays même, mais encore dans les contrées voisines et chez les princes de la Souabe, contre le sire d'Hagenbach. Il n'avait pas eu plus d'égards pour les villes libres de Strasbourg, de Colmar et de Schelestadt, qui relevaient de l'Empire, pour les seigneurs immédiats de l'Alsace et des bords du Rhin, pour les évêques de Strasbourg et de Bâle, pour les ligues suisses elles-mêmes, les anciennes et bonnes voisines de la maison de Bourgogne. Il n'était personne qui n'eût à lui reprocher une violence. Les premiers résultats de sa conduite furent d'amener une alliance entre les Suisses et les villes libres d'Alsace; ensuite d'inspirer au roi de France l'idée de faire tous ses efforts pour tenter de réconcilier le duc Sigismond et les ligues helvétiques, et de les réunir dans une alliance contre le duc de Bourgogne. La nouvelle du projet, conçu par le duc, de se faire nommer roi, acheva d'inspirer la plus grande défiance aux Suisses; car ils avaient été compris dans l'ancien royaume de Bourgogne, et l'on disait qu'ils seraient également absorbés par le nouveau. Tel était l'état des choses, au moment où le duc Charles alla visiter ses États du Rhin.

Charles le Téméraire ne cherchait en aucune manière à dissiper les craintes qui s'étaient ainsi établies. Non content d'avoir mis sur pied une armée imposante, il la grossit encore d'une troupe d'Italiens, commandée par deux célèbres condottieri, le comte de Campo-Basso et le seigneur Galeotto. Par là la défiance s'était encore accrue. Elle fut à son comble quand le duc eut congédié, sans leur donner la moindre réponse, les députés que les Suisses lui avaient envoyés à Thann, pour lui exposer les griefs dont ses serviteurs ne cessaient de les accabler. Alors ils se tournèrent vers le roi Louis XI, qui traita aussitôt, et s'occupa de former une ligne entre eux, le duc Sigismond, les villes libres de l'Alsace et des bords du Rhin, les seigneurs de tout ce pays, et les malheureux sujets des seigneuries engagées au duc de Bourgogne. Cependant ces négociations ne pouvaient se faire d'une manière assez secrète pour que le duc n'en fût pas instruit. Aussi il mit tout en œuvre pour les empêcher de réussir, et envoya une ambassade aux gens des ligues. Mais partout se renouvelèrent les plaintes déjà formulées contre le sire d'Hagenbach. Charles enfin, rappelé en Flandre par les projets qu'il méditait avec l'Angleterre, quitta les bords du Rhin, y laissant l'odieux gouverneur qui déjà lui avait excité tant d'embarras, et qui devait, en ébranlant les Suisses dans leur ancien attachement pour la maison de Bourgogne, les pousser définitivement dans l'alliance concertée par Louis XI.

A peine fut-il rentré dans ses États de Flandre, que les Suisses commencèrent par s'allier avec les Autrichiens; et bientôt tout fut en mouvement dans la haute Alsace et dans le comté de Ferrette. Le duc Sigismond lui fit savoir, en même temps, que le montant de la créance était à sa disposition dans la ville de Bâle, et qu'ainsi les pays donnés en gage devaient rentrer sous la puissance de leur seigneur naturel. Avant que le duc de Bourgogne eût pu donner une réponse, le pays se trouvait déjà en pleine insurrection. Hagenbach fut pris, livré par Sigismond à un tribunal composé de députés de toutes les villes, condamné à mort, et décapité à Brisach.

Charles le Téméraire, qui avait été loin de s'attendre à une explosion aussi prompte, fut outré de colère en apprenant la mort de son favori. Il mit d'abord quelques troupes à la disposition du frère d'Hagenbach, ne pouvant tourner toutes ses forces vers les points insurgés, à cause des projets qu'il méditait, pour porter un coup fatal à Louis XI. En effet, il traitait avec le roi d'Angleterre, et négociait avec le duc de Bretagne et le roi d'Aragon, pendant que Louis resserrait de plus en plus l'alliance des Suisses avec le duc Sigismond, et travaillait à détacher le duc de Lorraine de l'alliance bourguignonne.

Les trêves entre la France et le duc Charles avaient été prolongées jusqu'au 1er mai 1475. Le roi les eût voulues plus longues, et semblait même désirer une paix définitive; mais elles parurent suffisantes au duc pour terminer ses préparatifs, consommer son union avec le roi d'Angleterre, et concerter avec lui leurs plans de guerre. Enfin, le 25 juillet 1474, divers traités furent conclus à Londres par Antoine, grand bâtard de Bourgogne, au nom du duc son frère. Le roi Édouard s'engageait à entrer en France avec une armée de dix mille hommes au moins, et donnait à Charles de Bourgogne, à titre de souverain du royaume et en considération des services que son allié devait rendre, le duché de Bar, les comtés de Champagne, de Nevers, de Rethel, d'Eu et de Guise, la baronnie de Douzy, et toutes les villes de la Somme.

Pendant que le roi Édouard se préparait à commencer les hostilités en France, le duc de Bourgogne, dont l'armée était prête à entrer en campagne, résolut d'abord de terminer de vive force l'affaire de Cologne. L'archevêque, Robert de Bavière, avait été chassé de son siège par les habitants de la ville, et il s'était adressé au duc Charles pour obtenir des secours, que ce prince lui promit, dans l'espoir sans doute d'être investi de l'avouerie de cette Église. Charles se dirigea vers Nuess, petite mais forte ville, où commandait le nouvel évêque Hermann de Hesse, contre lequel il s'était déclaré. Il commença par investir et attaquer cette place, qui se défendit vaillamment. Cependant les gens de Cologne étaient allés trouver l'empereur à Augsbourg, pour le conjurer de songer à les secourir, et de ne point les abandonner au duc de Bourgogne. En même temps Frédéric était pressé par tous les princes d'Allemagne. Louis XI lui-même s'en mêla, et promit d'envoyer un corps de vingt mille hommes au secours de l'empereur, aussitôt qu'il serait arrivé devant Cologne. Les ordres furent donnés dans tout l'Empire; mais les troupes ne s'assemblaient qu'avec une lenteur extrême. Pendant ce temps, le duc était toujours devant Nuess, et n'avançait pas plus un jour que l'autre.

Les troupes qu'il avait placées sous les ordres du frère d'Hagenbach avaient, dans ces entrefaites, commencé les hostilités dans la haute Alsace, et s'y étaient livrées aux excès les plus atroces. L'empereur et Louis XI pressaient de tout leur pouvoir les alliés de mettre un terme à cette invasion sauvage, en s'avançant contre les Bourguignons. Les Suisses hésitèrent d'abord; mais enfin ils envoyèrent au duc Charles des lettres de défi ; et, bientôt après, ils envahirent ses Etats du Rhin, où ses hommes essuyèrent une défaite complète et sanglante. Après cet exploit, les alliés retournèrent tranquillement chez eux, chacun de son côté.

Cependant le duc s'obstinait toujours devant la ville de Nuess. Il s'y trouvait encore au mois de novembre, bien que, dès le mois précédent, le roi Édouard eût envoyé son héraut d'armes à Louis XI, pour lui signifier qu'il eût à restituer au monarque anglais ses duchés de Guyenne et de Normandie; faute de quoi il lui ferait la guerre, et descendrait en France avec toute sa puissance. L'armée anglaise n'avait pas, il est vrai, terminé tous ses préparatifs, et ne pouvait se mettre en campagne avant le printemps prochain. Mais le printemps arriva, et le duc ne quittait pas le siége de Nuess. Depuis l'automne, l'empereur s'était rendu à Andernach, entre Cologne et Coblentz ; et les deux armées étaient restées en présence, sans en venir à un engagement décisif, et se bornant seulement à se livrer quelques petites escarmouches.

Si fausse que fût la position où le duc de Bourgogne s'était placé là, devant une ville qui ne se rendait pas et qu'il ne pouvait prendre, le roi n'en cherchait pas moins à traiter avec lui pour la prolongation de la trêve qui devait expirer le 15 mai 1475, tout en travaillant, d'un autre côté, à détacher de l'alliance bourguignonne le duc René de Lorraine, déjà pressé par l'empereur et par les seigneurs d'Allemagne. René, ainsi sollicité de toutes parts, céda enfin, accéda à la ligue des Suisses et des pays du Rhin, et envoya défier Charles le Téméraire. L'autorité du roi fut prodigieuse en ces moments : elle maintint, au moyen d'argent, de bonnes paroles et de procédés, les cantons hélvétiques en état d'hostilité contre le duc; de façon qu'ils se remirent en campagne dès le mois de mars 1475, et commirent les plus affreux dégâts dans le comté de Bourgogne. De son côté, le duc de Lorraine se jeta dans le duché de Luxembourg, où il commença d'affreux ravages.

Lorsque tout se trouva bien engagé, Louis XI, qui voyait toujours le duc Charles s'obstiner aveuglément à la prise de Nuess, résolut de commencer aussi la guerre, ni la Picardie, ni l'Artois, ni le duché de Bourgogne, n'étant munis de forces suffisantes pour l'arrêter. Au moment où la trêve expirait, il entra donc dans la Picardie, et se mit à y exercer des dévastations d'autant plus cruelles, qu'il voulait forcer le duc à signer une trêve avant que les Anglais eussent pu descendre en France. Ces succès du roi portèrent les princes à pousser l'empereur à se rapprocher de Nuess. Il parut en effet en vue du camp de Charles le Téméraire, avec une armée forte d'environ cent mille hommes ; mais dans l'intention de négocier, le mariage de son fils Maximilien avec mademoiselle de Bourgogne lui tenant toujours sérieusement à cœur. Quelques engagements inévitables, mais peu importants, s'ensuivirent ; et enfin au mois de juin les deux princes signèrent une trêve de neuf mois, remettant l'affaire de Cologne au jugement du pape.

Le roi cependant n'avait pas continué ses ravages dans la Picardie. La nouvelle de la prochaine arrivée des Anglais l'avait tout à coup fait se transporter en Normandie, vers l'embouchure de la Seine, pour les accueillir à leur débarquement. Mais, ce bruit reconnu faux, il renvoya aussitôt son armée tout brûler et dévaster en Picardie et en Artois.

Le moment était venu où le roi Édouard se trouva enfin au bout de ses préparatifs de guerre. Il s'embarqua à Douvres, d'où il envoya des lettres de défi à Louis XI, et descendit le 5 juillet à Calais, où il comptait trouver le duc de Bourgogne avec ses gens. Charles le Téméraire ne s'y présenta que neuf jours après, mais peu accompagné ; il avait laissé à Namur les débris de l'armée qu'il avait ramenée de Nuess, et il avait honte de la montrer aux Anglais. L'étonnement fut grand quand on le vit venir ainsi presque seul, et surtout quand on l'entendit soutenir qu'il fallait agir séparément, et que lui irait porter la guerre en Lorraine. Et il fit comme il venait de dire. Il reprit le chemin de Namur, d'où il se rendit dans le Luxembourg, attendant le moment favorable de se mesurer avec le duc de Lorraine, quand tout à coup il reçut la nouvelle que le roi de France et le roi d'Angleterre étaient en voie de négociation. Ce fut un coup de foudre pour lui. Il se hâta de retourner au camp d'Édouard, pour essayer de faire rompre les pourparlers. Mais n'ayant pu rien obtenir, il retourna de nouveau à Namur, pendant que les deux rois, dans une entrevue qu'ils eurent sur la Somme à Picquigny, conclurent, le 29 août, une paix définitive. Chacun des contractants y fit comprendre virtuellement ses alliés, et le duc de Bourgogne fut porté au nombre de ceux de l'Angleterre ; toutefois Charles signa le 13 septembre, avec Louis XI, une paix particulière, pour la durée de neuf ans.

Débarrassé de cette difficulté, Charles le Téméraire chassa aussitôt le duc René des terres de Luxembourg, et entra dans la Lorraine, dont il s'empara, bien que ce prince eût été porté au traité parmi les alliés du roi de France. Maître de ce duché, qu'il se proposait bien de garder, il songea à se venger des Suisses. Le comte de Romont, gouverneur du duché de Bourgogne, avait commencé à insulter les gens de Berne, arrêtant leurs marchands et les pillant sur les grandes routes. Les Bernois avaient appelé aux armes les cantons alliés, et la guerre avait recommencé avec l'énergie presque sauvage de ces hommes, qui ne comptaient jamais avec le danger. Tout cédait devant eux. Les garnisons bourguignonnes furent impitoyablement massacrées, et le comte de Romont fut forcé de se replier, avec les débris de ses troupes, vers la comté de Bourgogne.

Le duc Charles frémit de colère en apprenant ce désastre. Il était précisément occupé du siège de Nancy. Après avoir pris cette ville, dans laquelle il achevait la conquête de la Lorraine, il eût voulu tourner son épée contre les Suisses. Il est vrai qu'il se trouvait mieux à la portée de l'Alsace et du pays de Ferrette ; mais il avait consenti, dans le traité conclu avec l'empereur, à un délai de six mois, pour tenter avec le duc Sigismond un accommodement à l'amiable. Il commença par accorder aux gens d'Alsace une trêve jusqu'au 1er janvier 1476. Ensuite il fit sommer la ville de Strasbourg de se rendre. Dès le mois de décembre, il publia un mandement dans lequel il annonçait sa résolution de marcher contre les Suisses. Ceux-ci tinrent, le 1er janvier, une assemblée à Zurich, et envoyèrent au duc des députés pour lui demander de remettre à des arbitres le jugement des difficultés qui régnaient entre eux. Mais il les reçut aussi mal que possible, et dix jours après il se mit à la tête de son armée. L'avant-garde, commandée par le comte de Romont, pénétra dans la Suisse par Jougne et Orbe, et s'empara d'Yverdun, que la garnison brûla elle-même avant de se replier sur Granson. L'armée tout entière du duc arriva bientôt devant cette ville, que l'ennemi était résolu à défendre jusqu'à la dernière extrémité, repoussant vaillamment les assauts que les Bourguignons lui donnaient sans relâche, et souffrant avec courage le manque de vivres qui déjà commençait à se faire sentir. Granson était cerné du côté du lac aussi bien que de la terre, et l'artillerie des assiégeants battait jour et nuit ses murailles. Enfin, la garnison fatiguée, et n'espérant plus de secours, capitula ; mais le duc la fit cruellement mettre à mort ; une partie fut pendue, l'autre noyée dans le lac. Cette cruauté excita une colère profonde dans tous les cantons, qui lancèrent sur les Bourguignons une armée de vingt mille combattants, et les mirent, le 2 mars, dans une déroute si complète, que tous les bagages et tout le trésor de Charles le Téméraire restèrent sur le champ de bataille. Cette défaite mémorable rendit célèbre le nom presque ignoré de Granson, et elle ne dut être éclipsée que par cette autre défaite où les rêves insensés du dernier duc de Bourgogne s'évanouirent pour toujours : le désastre de Nancy.

Bien que la journée de Granson eût été plutôt une déroute qu'une bataille (car il n'y périt que mille hommes à peine), le roi Louis XI en éprouva une grande joie, et se mit incontinent à essayer de détacher du duc les alliés qui lui restaient encore. Il réussit à attirer de son côté René d'Anjou, roi de Sicile, le duc Galéas de Milan, et la duchesse de Savoie.

Le duc Charles se laissa d'abord tellement abattre par le chagrin, qu'il en tomba malade ; mais il ne tarda pas à se rétablir, et il reprit toute son énergie. Sa première pensée fut de refaire son armée, plutôt dispersée que battue, *esparse et escartée*, comme il l'écrivait aux magistrats de la ville de Malines. Il en réunit les débris, et joignit à ces forces déjà imposantes dix-huit mille hommes qui lui arrivèrent de Flandre, de Liége, de Luxembourg, d'Angleterre, et des États du pape. A la tête de cette armée, il se remit en campagne le 27 mai, se dirigea d'abord vers ceux de Berne, et s'avança jusqu'au delà de Morat. Cette ville fut investie par le comte de Romont, qui commandait l'avant-garde, et bientôt toute l'armée bourguignonne se trouva sous ses murailles. Le siége cependant n'avançait que lentement, parce que la place recevait à tout moment des renforts, des vivres et des munitions par le lac. L'artillerie toutefois ne cessait de battre la ville et d'en ruiner les remparts. Elle résistait avec courage, et détournait tous les assauts que le duc ne cessait de lancer contre elle. Cette longue et merveilleuse défense donna aux confédérés le temps de se réunir ; car c'était la saison des pâturages, et les montagnards étaient retournés dans leur pays, après la grande victoire de Granson. Quand leurs forces se trouvèrent assemblées, ils marchèrent contre les Bourguignons. Ils étaient au nombre d'environ trente-quatre mille. La bataille s'engagea le 22 juin. Elle fut âpre et rude. De part et d'autre on fit des prodiges de valeur. Mais Charles le Téméraire fut complétement battu, et forcé de prendre la fuite. Huit ou dix mille des siens restèrent sur le champ de bataille, et leurs restes servirent à construire cet effroyable ossuaire de Morat, sur lequel les Suisses placèrent cette inscription, qui vaut toute une histoire :

DEO OPTIMO MAXIMO. INCLITI ET FORTISSIMI BURGUNDIÆ DUCIS EXERCITUS, MORATUM OBSIDENS, AB HELVETIIS CÆSUS, HOC SUI MONUMENTUM RELIQUIT.

A Dieu très-bon et très-grand. L'armée du très-illustre et très-puissant duc de Bourgogne, assiégeant Morat, défaite par les Suisses, a laissé ici ce monument.

Ce deuxième désastre n'avait fait qu'irriter de plus en plus le duc. Il se rendit à Salins, et songea plus que jamais à venir à bout de ces redoutables confédérés, dont le triomphe étonnait les princes les plus puissants. Il donna de toutes parts des ordres pour de nouvelles levées. Dans une assemblée des états de la comté de Bourgogne, il fixa à quarante mille hommes l'armée qu'il voulait mettre sur pied, et résolut de taxer chacun de ses sujets au quart de son avoir. En vain on lui représenta que le pays était épuisé, et qu'il valait mieux chercher à se défendre soi-même qu'à faire des guerres de conquêtes impossibles : il s'emporta, et menaça la comté de faire pour toujours sa demeure dans la Flandre. Les états du duché de Bourgogne, réunis à Dijon, hors de la présence de leur prince, répondirent plus hardiment qu'il n'était pas besoin de contribuer à une guerre inutile, ni de molester le peuple pour une querelle si mal fondée. Les provinces des Pays-Bas montraient encore moins d'obéissance. Malgré les instances et les menaces du prince, les états du pays, réunis à Gand au mois d'avril 1476, avaient déjà pris la résolution de ne plus l'aider d'hommes ni d'argent, le peuple et les villes se trouvant épuisés d'impôts, les nobles se voyant constamment tenus sous les armes, et devant engager leurs biens sans espoir de profit ni de gloire ; enfin le clergé n'était pas mieux ménagé par les taxes que ne l'étaient le peuple et les villes.

La nouvelle de cette rébellion jeta le duc dans un désespoir si profond, qu'il s'enferma dans le château de la Rivière, près de Joux et de Pontarlier, sans rien faire ni rien résoudre, pendant que sa fortune croulait de toutes parts, que Louis XI se liait plus étroitement que jamais avec la Suisse, et que le duc de Lorraine reprenait Nancy sur les Bourguignons. Les gens sages de son conseil voulaient que, dans l'impossibilité où il se trouvait de mettre sur pied une armée telle qu'il la désirait, il réunît au moins les débris que Morat lui avait laissés, pour se faire jour à travers la Lorraine, et revenir dans ses provinces des Pays-Bas rétablir son autorité. Mais il s'obstinait à ne vouloir rien résoudre. Cependant, quand la nouvelle lui parvint que Nancy et presque toutes les petites villes de la Lorraine étaient reprises, il sortit tout à coup de son inaction. Il rassembla un corps de six mille hommes, et parut devant Nancy le 22 octobre.

La ville était pourvue d'une forte garnison, et les habitants étaient bien disposés pour le duc René. Aussi elle se défendit à merveille, pendant que ce prince allait chercher des secours en Suisse pour abattre une bonne fois cet orgueilleux duc de Bourgogne, dont tout le monde avait à se plaindre. Dans ces entrefaites l'hiver arriva ; et si les assiégés souffraient de ce siége obstiné, les assiégeants ne souffraient pas moins dans leur camp, où ils périssaient de froid, de misère et de maladies. Dans la seule nuit de Noël, il y mourut quatre cents hommes. Mais les intempéries de la saison et le manque de vivres n'étaient pas les seuls ennemis appelés à ruiner le duc Charles. Il y en avait un autre bien plus à craindre : la trahison. Le comte de Campo-Basso avait été gagné par Louis XI ; mais il se tenait toujours auprès du duc; pour être mieux à même de le perdre.

Le 4 janvier 1477, René de Lorraine arriva tout à coup avec une armée composée de Suisses, d'Alsaciens et de gens de Strasbourg. Il ne se trouvait plus qu'à deux lieues du camp bourguignon. Tous les capitaines du conseil du duc Charles étaient d'avis qu'il fallait éviter une bataille, et qu'il était temps encore de se retirer à Pont-à-Mousson : mais il résolut, contrairement à l'opinion de son conseil, d'en venir à un engagement, et il s'occupa de prendre les dispositions nécessaires. Le lendemain, avant qu'on en fût venu aux mains, Campo-Basso passa au duc de Lorraine avec sa troupe, après avoir laissé dans l'armée bourguignonne quelques hommes chargés de crier *Sauve qui peut!* et plusieurs autres pour tenir l'œil sur le duc Charles, et le tuer dans le désordre de la fuite. La neige tombait à gros flocons, et l'air en était tout obscurci. Les deux armées ne connurent leur présence que par quelques coups de canon tirés hors de portée par les Bourguignons. Alors René de Lorraine donna le signal. Bientôt l'engagement commença, et la lutte devint terrible. D'un côté, le nombre et la vengeance; de l'autre côté, le désespoir : car les ennemis avaient une armée trois ou quatre fois plus forte que celle du Téméraire. Aussi elle ne tarda pas à enfoncer les rangs des Bourguignons, et à les mettre dans une déroute complète. Un grand nombre voulurent passer le pont de la Meurthe ; mais Campo-Basso leur barra le passage, et les força de se jeter dans la rivière, où la plupart se noyèrent. D'autres cherchèrent à se sauver comme ils purent, en s'enfonçant dans les bois ou en gagnant les campagnes. Déjà depuis longtemps la bataille était finie, que les vainqueurs poursuivaient encore les fuyards, et égorgeaient tous ceux qui leur tombaient sous la main.

Le duc de Bourgogne avait disparu dans cette effroyable bagarre, sans que personne pût dire ce qu'il était devenu. Le lendemain, le duc René, craignant que son ennemi n'eût été égorgé comme le reste, le fit chercher parmi les morts ; mais on ne le trouva point. Quelques-uns croyaient qu'il avait pris la route de Luxembourg. La plupart disaient qu'il s'était échappé, et qu'il ne tarderait pas à reparaître. Enfin, le 7 janvier, Campo-Basso ayant amené la veille, devant René, un jeune page de l'illustre maison romaine des Colonna, qui prétendait avoir vu de loin tomber le duc Charles dans la mêlée, l'amena sur le champ de bataille, et l'on se mit de nouveau à chercher le corps. On le trouva en effet dans la vase d'un étang, où il était à demi enfoncé, avec une douzaine d'autres cadavres dépouillés. « Une pauvre blanchisseuse de la maison du duc s'était, comme les autres, mise à cette triste recherche ; elle aperçut briller la pierre d'un anneau au doigt d'un cadavre dont on ne voyait pas la face. Elle s'avança, et retourna le corps. « Ah ! mon prince ! » s'écria-t-elle. On y courut. En détachant cette tête de la glace où elle était prise, la peau s'enleva ; les loups et les chiens avaient déjà commencé à dévorer l'autre joue : en outre, on voyait qu'une grande blessure avait profondément fendu la tête depuis l'oreille jusqu'à la bouche. »

Il fut parfaitement reconnu par son frère le grand bâtard de Bourgogne, et par ceux de ses autres serviteurs qui étaient tombés au pouvoir des vainqueurs. Le duc René lui fit faire de magnifiques funérailles, tandis que les rhétoriciens de Tournai se mirent à le chansonner dans leurs vers (1).

---

1 Il existe dans le registre manuscrit des *Ouvriers de rhétoricque*, de Tournai, déposé à la bibliothèque de cette ville, une chanson fort curieuse sur la mort de Charles le Téméraire. Nous l'avons reproduite dans notre *Essai sur l'histoire de la poésie française en Belgique*; Bruxelles, 1838.

Les restes du malheureux prince furent déposés devant l'autel de Saint-Sébastien, dans l'église Saint-Georges, à Nancy.

§ II. JUSQU'A LA MORT DE MARIE DE BOURGOGNE.

Le roi Louis XI ressentit une grande joie en apprenant ce qui venait de se passer à Nancy; et il résolut de mettre au plus vite à profit la mort du duc Charles, pour s'emparer des domaines français de ce prince, comme de fiefs qui retournaient à la couronne. Il écrivit aux bonnes villes de Bourgogne, et envoya le bâtard de Bourbon, amiral de France, et le sire de Commines, en Picardie et en Artois, pour requérir la soumission de ces provinces à l'autorité royale.

Pendant ce temps, la nouvelle de la fin du duc arriva en Flandre. Le chancelier Hugonet fut le premier informé de cet événement; mais il n'osa prendre sur lui d'en faire part à la jeune princesse Marie, héritière de Bourgogne. Il en instruisit d'abord la dame de Halewin, gouvernante de la duchesse, et la chargea de la préparer à entendre ce déplorable événement; puis lui-même et le sire d'Humbercourt achevèrent d'apprendre tout à la fille du duc. Elle pensa mourir en écoutant ce fatal récit.

Mais autant Marie fut affligée, autant les villes flamandes manifestèrent de joie et d'allégresse. A Gand, personne n'assista aux obsèques qui furent faites au mort, si ce n'est ses propres serviteurs. Il en fut de même dans les autres villes. On alla jusqu'à murmurer publiquement contre la dépense des services funèbres qui furent célébrés. Tout le monde se félicitait d'être débarrassé de ce maître si dur, qui avait cherché à tuer les libertés publiques, et qui n'avait cessé d'accabler le peuple de rudes impôts.

Toutes les haines, toutes les rancunes, si longtemps comprimées, purent en ce moment faire explosion à leur aise. Mais on ne se borna pas là : on commença, dans la Flandre et dans le Brabant, à refuser de payer les impôts et les taxes. Ainsi les liens de l'obéissance se relâchaient partout, et personne n'était capable de les resserrer; car de tous côtés on avait la plus grande défiance des nobles, qu'on soupçonnait de vouloir livrer le pays à la France.

Louis XI voyait avec plaisir la tournure que les affaires de Marie de Bourgogne prenaient ainsi. Pendant ce temps, il avait réussi à s'établir dans la Picardie. L'Artois, le duché et la comté de Bourgogne, le Ponthieu et le comté de Boulogne, ne pouvaient tarder de le recevoir, et de se soumettre à leur tour.

Si le duc Charles avait eu son rêve, c'est-à-dire l'espoir de porter un jour une couronne de roi, Louis XI avait son rêve aussi, qu'il nourrissait depuis longtemps, c'est-à-dire, l'idée de réunir un jour les vastes États du Téméraire au royaume de France, par le mariage du Dauphin avec mademoiselle Marie de Bourgogne. Ce fut même là un des motifs qui l'engagèrent à se mettre si promptement en possession de la majeure partie du vaste héritage de Charles. Mais quand il vit avec quelle facilité il réussissait, grâce à la toute-puissance de l'argent, à s'attacher les seigneurs et les états des provinces qu'il convoitait, il parut abandonner bientôt ce projet d'alliance, mais pour y revenir ensuite plus fortement que jamais. Cependant il n'en continuait pas moins à seconder de toutes ses forces l'esprit de désordre qui se révélait sur tous les points du pays, dans le but de parvenir plus sûrement à obtenir ce qu'il désirait. Il avait envoyé en Flandre, pour y nouer des intrigues, son chirurgien-barbier, maître Olivier le Dain, ou le Diable. Ce personnage, de petite origine, était natif du village de Thielt, ou de Damme, près de Bruges; et le roi l'avait pris en si grande affection, qu'il lui avait donné la seigneurie de Meulan, avec le titre de comte. Ce fut cet homme qui entreprit de travailler le peuple de Gand, dans l'intérêt de la France. Mais il était impossible qu'il réussît dans cette tâche; car si les Gantois se remuaient, c'était uniquement dans le but de reconquérir les priviléges et les libertés que le duc Charles leur avait enlevés, et non point pour se donner à un prince étranger.

Louis XI, s'il avait réussi à prendre pied dans la Picardie et dans l'Artois, ne tarda pas à y voir les populations redevenir hostiles à son autorité, à cause de la conduite que ses gens d'armes y tenaient; car ils traitaient sans façon ces provinces en véritable pays conquis; et les Flamands savaient trop bien cela, pour prêter l'oreille à Olivier le Dain.

L'agitation que la mort de Charles le Téméraire avait produite dans la partie méridionale des Pays-Bas s'était communiquée aussi aux provinces septentrionales. Là se réveillèrent tous ces vieux souvenirs d'indépendance que les princes avaient successivement cherché à étouffer, en intervenant dans la lutte des Hoekschen et des Kabeljauwschen. Cependant les deux factions n'en vinrent pas aux mains; elles se réconcilièrent, au contraire, car toutes deux avaient un but commun, l'une et l'autre ayant été dépouillées de leurs antiques franchises par leurs comtes d'abord, par les ducs de Bourgogne plus tard. Les partis, ainsi réunis, tinrent des assemblées à Harlem, à Leyden et à la Haye, pour se concerter sur les mesures à prendre; et ils s'engagèrent à ne traiter qu'en commun, et à ne rechercher isolément aucune confirmation de droits ou de priviléges, quels qu'ils fussent.

Comme tous les liens se relâchaient ainsi, le conseil de la jeune princesse ouvrit, au mois de février, une assemblée des états à Gand. Elle se composait du chancelier Hugonet, du sire d'Humbercourt, de la duchesse douairière, et d'Adolphe de Clèves, sire de Ravestein et gouverneur général des seigneuries bourguignonnes des Pays-Bas. Louis de la Gruthuse, gouverneur de Hollande, Wolfram de Borselen, seigneur de Veere, et les députés de toutes les provinces, se rendirent à l'appel du conseil, qui leur exposa la situation du pays, et leur demanda des subsides en hommes et en argent. Les états promirent ce qu'on demandait, mais à condition que leurs droits et leurs priviléges seraient assurés contre toutes les atteintes et les violences du genre de celles que le duc Charles avait pratiquées. Ceux de Hollande et de Zéelande surtout tinrent bon, jusqu'à ce qu'enfin, le 14 mars, le Grand Privilége leur eût été accordé. En vertu de cet acte, la duchesse s'engageait à ne point contracter de mariage sans le consentement de sa famille et des États de ses pays; à ne placer en Hollande, en Zéelande ni en Frise, aucun officier qui ne fût natif de ces provinces; à ne pas permettre le cumul des offices; à instituer pour les trois seigneuries un gouverneur, assisté de huit conseillers; à restituer aux bonnes villes de Hollande, à savoir Harlem, Leyden, Delft, Amsterdam, Gouda, Rotterdam et Schiedam, les droits et les priviléges dont elles avaient joui sous le duc Philippe le Bon; à confirmer à perpétuité les ordonnances de lois et de justice que les villes de Dordrecht, la Brielle et Middelbourg rédigeraient pour elles-mêmes; à permettre aux états de Hollande, de Zéelande et de Frise de tenir, conjointement avec les états des autres seigneuries bourguignonnes, des assemblées aussi souvent qu'ils le trouveraient bon, et cela sans l'autorisation de la duchesse ou de ses successeurs; à n'entreprendre aucune guerre sans le consentement des états, et avec la réserve que ceux de Hollande, de Zéelande et de Frise ne seraient tenus au service que dans les limites de leurs seigneuries, et qu'ils auraient le droit de ne tenir compte d'aucune guerre entreprise sans leur assentiment; à assurer à ces provinces qu'il ne serait fait usage, dans les lettres et les actes publics qui les concerneraient, que de la langue hollandaise; à déclarer nulles et non avenues les ordonnances à venir qui pourraient être contraires à des droits reconnus et confirmés; enfin, à établir en Hollande, pour les trois seigneuries, une chambre des comptes, séparée de celle de Malines. Telles sont les dispositions principales de cet acte célèbre, à la suite duquel on commença immédiatement à retirer à Louis de la Gruthuse, qui était Flamand, le titre de gouverneur de Hollande, pour en investir Wolfram de Borselen.

Le Grand Privilége, en présentant ainsi de larges garanties à toutes les libertés, calma entièrement l'agitation à laquelle le pays était en proie. Les affaires extérieures prirent aussi un caractère plus favorable. Le roi avait une grande confiance dans le succès d'Olivier le Dain à Gand : mais il fut trompé dans son attente; car les Gantois ne s'étaient mis en opposition que parce que Charles le Téméraire avait outrageusement anéanti leurs droits, et cherché à établir partout en Flandre les habitudes et les usages français. Maintenant, qu'ils pouvaient espérer avec fondement de voir aussi redresser leurs griefs, qu'ils entendaient comment les Français menaçaient la Flandre de leur puissance, et qu'ils songeaient enfin que le roi leur serait un maître beaucoup plus dur que le duc Charles ne l'avait été, ils se tournèrent tous contre la France.

Le conseil de la duchesse avait commencé par envoyer au roi une députation composée du chancelier Hugonet, du sire d'Humbercourt, de Guillaume de Cluny, du sire de la Gruthuse, et de plusieurs autres seigneurs, pour lui signifier qu'on était prêt à restituer toutes les seigneuries ou domaines acquis par les traités d'Arras, de Conflans et de Péronne; qu'on offrait de reconnaître la juridiction du parlement de Paris, depuis si longtemps contestée; et qu'on reconnaissait que l'hommage était dû au roi pour la Bourgogne, l'Artois et la Flandre. A ce prix on demandait qu'il retirât les armées qu'il avait jetées dans ces seigneuries. Louis XI répondit qu'il avait les meilleures intentions pour mademoiselle de Bourgogne; qu'elle était sa proche parente et sa chère filleule; qu'il n'avait d'autre désir que de la protéger, elle et ses États; que, comme suzerain, il avait droit à la garde-noble de la princesse mineure; et enfin qu'il souhaitait par-dessus tout la conclusion du mariage de Marie de Bourgogne avec son fils le Dauphin. Il ajouta que, jusqu'à la conclusion de cette grande affaire, il allait réunir à la couronne les seigneuries qui y étaient réversibles, et se saisir, pour le conserver à mademoiselle de Bourgogne, du reste de ses États. Les députés répondirent qu'ils n'avaient nul pouvoir pour traiter de ce mariage. De son côté, le roi refusa de mettre autre chose en négociation.

A leur retour en Flandre, les ambassadeurs trouvèrent le pays impliqué dans des embarras nouveaux. Le vieux duc de Clèves, frère du sire de Ravestein, était arrivé à Gand pour travailler à déterminer mademoiselle de Bourgogne à épouser son fils Jean de Clèves. L'évêque de Liége, Louis de Bourbon, y était venu, de son côté, demander qu'on rendît à sa ville les libertés et les priviléges dont elle avait été si cruellement dépouillée, et qu'on restituât les sommes d'argent que le duc Charles en avait arrachées par violence. Ce furent là autant de motifs de mécontentement pour les Flamands. Mais ce qui les irritait surtout, c'était l'idée de ce mariage que le roi désirait tant. Ils ne voyaient là que le renouvellement de ce règne odieux des étrangers, dont ils avaient tant eu à se plaindre sous les princes bourguignons qui avaient régné sur eux.

Cependant il fallait entrer de nouveau en pourparlers avec le roi, après le mauvais succès de l'ambassade qui lui avait été envoyée. On fit donc partir pour Péronne, où Louis se tenait toujours, une députation chargée de réclamer l'exécution de la trêve de neuf années conclue à Soleure avec le feu duc Charles, et de lui donner l'assurance que mademoiselle de Bourgogne ne pouvait nourrir contre lui aucun mauvais dessein; et qu'ils en répondaient, puisqu'elle avait juré de ne se gouverner que d'après les conseils des états du pays. Quand ils furent admis en sa présence, et qu'ils lui eurent exposé l'objet de leur mission, le roi leur dit qu'il était mieux instruit, et qu'il savait que la princesse se voulait faire conduire ses affaires par d'autres gens moins portés pour la paix. Et, parlant ainsi, il leur remit une lettre par laquelle la duchesse lui annonçait qu'elle prenait pour conseillers justement les hommes que les Gantois haïssaient le plus. Les députés, exaspérés, se hâtèrent de revenir à Gand, et se présentèrent devant la duchesse, lui rapportant ce que le roi leur avait dit. Elle nia d'abord qu'une lettre de ce contenu eût été écrite au roi. Mais un de ceux qui avaient été à Péronne tira aussitôt la lettre de son sein, et la montra à la princesse, en présence de tout le conseil. Cet incident donna lieu à une vive explosion de colère contre le chancelier et le sire d'Humbercourt. Cette fureur augmenta encore, quand on apprit que ces deux officiers avaient promis à Louis XI de travailler au mariage de mademoiselle de Bourgogne avec le Dauphin; car les Flamands ne voulaient pas de cette union, et ils préféraient que leur duchesse s'alliât à quelque prince allemand qui ne fût pas trop puissant, et qui, tout en leur assurant la protection de l'Empire, ne pût détruire leurs libertés. Le duc de Clèves, qui voyait dans ce calcul un élément de succès pour son fils, s'occupa de tout son pouvoir à exciter le peuple, tandis que les Liégeois soufflaient également le feu de la discorde, pour se venger des exactions et de la tyrannie que le sire d'Humbercourt avait exercées dans leur ville, après qu'elle eut été prise par le duc Charles.

Aussi toute cette colère ne tarda pas à se formuler en actes. Le 19 mars, le chancelier Hugonet, le sire d'Humbercourt, Guillaume de Cluny, et Jean Van Melle, ancien trésorier de la ville de Gand, furent arrêtés, et conduits au château des comtes. Quelques jours après, le bruit s'étant répandu que les prisonniers allaient être élargis, les métiers se réunirent en armes sur le marché du Vendredi, réclamant qu'on en finît avec les accusés. Ceux-ci comparurent en effet devant le tribunal des échevins le 4 avril, après que Hugonet, Humbercourt et Van Melle eurent été, les jours précédents, appliqués à la question la plus rigoureuse. Là, ils furent condamnés à la peine de mort, « à cause de certain mauvais gouvernement qu'ils avaient eu dans les pays et bonnes villes du comte Charles. » Guillaume de Cluny fut épargné, grâce au caractère ecclésiastique dont il était revêtu; car il était protonotaire du saint-siège, et administrateur perpétuel de l'évêché de Thérouanne. « Mademoiselle de Bourgogne, dit Philippe de Commines, sçachant cette condamnation, s'en alla en l'hostel de la ville, leur faire requeste et supplication pour les trois dessusdits; mais rien n'y valut. De là s'en alla sur le marché, où tout le peuple estoit assemblé et en armes, et vit les trois dessusdits sur l'échaffault. Ladite demoiselle estoit en son habit de deuil, et n'avoit qu'un couvre-chef sur la teste, qui estoit habit humble et simple, pour leur faire pitié par raison : et là, supplia au peuple, les larmes aux yeux et toute eschevelée, qu'il leur pleust avoir pitié de ses trois serviteurs, et les lui vouloir rendre. Une grande partie de ce peuple vouloit que son plaisir fust fait, et qu'ils ne mourussent point; autres vouloient au contraire; et se baissèrent les piques les unes contre les autres, comme pour se combattre. Mais ceux qui vouloient la mort se trouvèrent les plus forts, et finalement crièrent à ceux qui estoient sur l'échaffault, qu'ils les expédiassent. Or, par conclusion, ils eurent tous trois les testes coupées; et s'en retourna cette pauvre demoiselle en cet estat en sa maison, bien dolente et desconfortée; car c'estoient les trois principaux personnages où elle avoit mis sa fiance. » Cette terrible exécution eut lieu le jour même où l'arrêt fut prononcé. Hugonet, Humbercourt et Van Melle furent conduits sur le marché, où l'échafaud avait été dressé.

Le premier qui y monta fut le chancelier de Bourgogne. Après l'exécution, son corps fut transporté aux Carmes, accompagné de cinquante torches. Van Melle le suivit; puis vint le tour du seigneur d'Humbercourt. Comme ce dernier était chevalier de la Toison d'or, l'échafaud avait été tendu de noir. On apporta une chaise où il s'assit, ne pouvant se tenir debout, à cause des plaies dont il était couvert, par suite des tortures qu'on lui avait fait subir. On le dépouilla de l'ordre de la Toison d'or, après quoi il fut décapité. Son corps fut porté dans une litière hors de la ville, accompagné de cent personnes vêtues de noir, ayant chacune une torche à la main. On le conduisit à Arras, où il reçut la sépulture dans l'église cathédrale.

Cet acte de justice populaire accompli, les métiers avec leurs bannières, précédés du bailli et des échevins, quittèrent le marché du Vendredi, et se rendirent à l'hôtel de ville, où ils se séparèrent en bon accord et amitié.

Le peuple ne fut pas complétement apaisé par cette tragédie; il se rassembla bientôt en armes, attaqua et démolit les maisons des serviteurs du feu duc, qui s'étaient rendus odieux, mais qui n'avaient pas encouru la haine publique au point d'être jugés dignes de l'échafaud. Un certain nombre d'entre eux furent mis à rançon.

Pendant ce temps, Louis XI continuait à saisir l'une après l'autre, par menaces, violence ou corruption, presque toutes les villes de la Picardie et de l'Artois. Il n'avait pas vu sans un grand déplaisir le jugement rendu contre Hugonet et Humbercourt; car avec eux disparaissait l'appui sur lequel il comptait le plus pour arriver à la conclusion du mariage si vivement désiré. Aussi il ne gardait plus aucun ménagement.

Au milieu des violences et des rébellions de la commune de Gand, la duchesse douairière de Bourgogne et le sire de Ravestein se trouvaient si mal à l'aise et si peu en sûreté, qu'ils quittèrent la ville, tandis que l'évêque de Liége y fut pendant quelque temps retenu prisonnier. La jeune duchesse elle-même, qui était constamment surveillée comme une captive, se résolut enfin à sortir de Gand et à se rendre à Bruges. Les Gantois l'accompagnèrent jusqu'à Ursel, où ceux de Bruges vinrent au-devant d'elle pour l'emmener en leur commune, où elle entra en grande pompe et en grande solennité. Mais ces fêtes ne furent pas sans être accompagnées de quelque trouble; car les Brugeois réclamèrent un nouveau règlement qui leur subordonnât le Franc; et les métiers voulurent qu'elle changeât le magistrat de la ville.

Plus que jamais il était devenu évident que la duchesse ne pouvait sortir des embarras qui la pressaient de tous côtés, que par un mariage qui plaçât dans les mains énergiques d'un homme les rênes de l'État; et il fallait qu'elle prît une décision à ce sujet. Le jeune duc de Clèves était d'un caractère grossier et méchant, et Marie de Bourgogne le savait suffisamment pour refuser de s'unir à lui. La duchesse douairière conçut alors l'idée de la marier avec un gentilhomme anglais, Antoine Rivers, dont la sœur était l'épouse du roi Édouard. Mais ce projet n'eut pas plus de succès que l'autre, Rivers n'ayant ni une fortune ni un rang qui pussent lui donner quelque influence ou quelque considération dans le pays. Dans ces circonstances, il était naturel qu'on en revînt à un plan qui avait longtemps préoccupé le duc Charles, c'est-à-dire à l'alliance de Maximilien d'Autriche.

Sous quelque point de vue que l'on juge ce prince, il serait difficile de nier qu'il possédât à un haut degré les qualités propres à gagner le cœur d'une femme. Marie de Bourgogne le connaissait déjà personnellement. Il était cité pour la variété de ses connaissances, autant que pour sa sagesse et la rectitude de son jugement. Comme homme, aucun prince n'eût pu lui être comparé; et, en même temps, aucun autre n'eût pu assurer à la jeune duchesse un meilleur appui, non-seulement contre le roi de France, mais encore contre les princes de l'Empire; car il était fils de l'empereur, et appartenait à la maison souveraine la plus riche en domaines qu'il y eût en Allemagne, sans que ses seigneuries héréditaires pussent, par leur voisinage, inspirer le moindre ombrage aux Flamands, ni être pour eux une menace systématique de guerre, ou au moins d'influence.

Les gens de Flandre pesèrent toutes ces considérations; et comme on ne pouvait se décider encore, la dame de Halewin, l'une des gouvernantes de la princesse, fit, par un mot énergique, résoudre la question en faveur de l'archiduc Maximilien, disant que les Flamands « avoient besoing d'un homme, et non pas d'un enfant; que sa maistresse estoit femme pour porter enfant, et que de cela le pays avoit besoing. »

Aussitôt que l'empereur Frédéric eut été instruit de la décision des gens de Flandre, il envoya une ambassade demander la main de la princesse pour son fils. Rien de ce qu'Adolphe de Ravestein, le sire de la Gruthuse et d'autres seigneurs purent alléguer contre ce mariage, ne fut capable de l'empêcher. Le peuple même se montra si fortement disposé pour cette alliance, qu'il faillit jeter à l'eau le barbier-chirurgien du roi, qui tramait toujours en faveur de la France, et se vit enfin forcé à prendre la fuite et à se sauver à Tournai, qu'il réussit à faire tomber entre les mains des Français quelques jours plus tard.

Dès ce moment, la guerre entra dans le pays même. Le roi s'était emparé d'Arras. Il se rendit maître de Cambrai, prit Bouchain et le Quesnoy, tenta un moment le siége de Lille, et prit Avesnes, qui fut mise à feu et à sang. A l'exemple de Lille, Douai et Saint-Omer opposèrent une vive résistance aux armes françaises. Les Flamands, de leur côté, avaient mis sur pied une bonne troupe, et en confièrent le commandement au duc de Gueldre, le même qui s'était si cruellement conduit envers son vieux père, et que le duc Charles, après l'avoir dépouillé de ses États, avait tenu enfermé à Courtrai. Ce prince, qu'ils avaient songé un instant à donner pour mari à la jeune duchesse, s'avança jusque sous les murs de Tournai, en commettant les plus affreux dégâts sur son passage. Mais une querelle s'étant élevée entre les gens de Gand et ceux de Bruges, et ceux-ci ayant refusé de suivre leur capitaine contre les Français qui faisaient une sortie de la ville, les Gantois subirent une grande défaite, et le duc de Gueldre resta sur le champ de bataille. On crut, après cet échec, que Louis XI aurait poursuivi le cours de ses succès du côté de la Flandre flamande et du Brabant; mais il se tourna vers la Flandre française et le Hainaut, où Valenciennes, Lille, Douai et Saint-Omer continuaient à se maintenir vaillamment. D'horribles dévastations furent commises dans le pays. Les troupes du roi y pillaient, tuaient et incendiaient à plaisir, tandis que des milliers de faucheurs étaient levés par force au centre de la France, pour dévaster dans les campagnes flamandes les moissons vertes encore. Tel était l'état des choses au mois de juin 1477.

Dès le 27 avril, le mariage de Marie de Bourgogne avec l'archiduc Maximilien avait été conclu et publié à Gand. Les Flamands demandaient à grands cris qu'il s'accomplît. Enfin, le 17 août, le duc arriva à Gand en magnifique appareil; le lendemain, le mariage fut célébré, et, six jours après, Maximilien prêta le serment au pays de Flandre et à la ville de Gand.

L'arrivée de ce prince avait fait cesser toutes les discordes, et relevé le courage des Flamands. Aussi le roi pensa qu'il était plus prudent de traiter, que de continuer sa guerre de dévastation. On conclut d'abord, le 8 septembre, une trêve de dix jours, qui fut bientôt prolongée sans terme fixe, les deux parties s'étant engagées à se prévenir de la reprise d'armes quatre jours d'avance.

Pendant que Maximilien et Marie marchaient de fête en fête dans la Flandre et dans le Brabant, après cette union, qui rassurait si puissamment le pays, bien que les Français continuassent à occuper une bonne partie des provinces, les gens de Gueldre commencèrent à se remuer contre la domination bourguignonne; et la Hollande vit se renouveler la querelle des Hoekschen et des Kabeljaauwschen. La ville de Gouda, qui tenait au premier de ces partis, avait chassé ses magistrats; et Marie avait été forcée d'y nommer un châtelain et un magistrat nouveau, composé d'hommes appartenant à la faction des Hoekschen. Il en fut de même à Schoonhoven, à Dordrecht, à Gueldre et à Hoorn. Cependant partout où les Kabeljaauwschen avaient le dessus, le repos ne fut point troublé.

A tous ces désordres il fallut remédier par des concessions, jusqu'à ce qu'on eût terminé les difficultés qui restaient à aplanir du côté de la France. La trève du 8 septembre permit à Maximilien de se faire inaugurer à Lille, à Douai, et dans les comtés de Hainaut et de Namur. Le 5 décembre, il tint sa joyeuse entrée à Louvain, où il jura de maintenir les droits et les libertés du pays de Brabant, et s'engagea à tenir le peuple pour délié de sa fidélité, si lui prince, ou quelqu'un de ses successeurs, entreprenait la moindre infraction à ces libertés et à ces droits. Ainsi il se rendit successivement dans chaque province, pour donner et recevoir les serments. Au commencement de l'année 1478, il reçut de son père l'investiture des fiefs impériaux de Hollande, de Zélande, de Frise, de Gueldre et de Zutphen. Dans ces entrefaites, le roi, après avoir dénoncé la trève aux Flamands, était parvenu au terme de ses conquêtes, et venait de s'emparer de la ville de Condé. De son côté, Maximilien, après avoir réuni une forte armée, était arrivé à Mons, pour s'opposer aux progrès des Français. Il s'avança jusqu'à Pont-à-Vendin. Cependant les garnisons françaises quittaient à mesure les châteaux qu'elles avaient pris quelque temps auparavant. Elles évacuèrent même les villes d'Antoing, de Condé et de Mortagne, après les avoir pillées, et se replièrent vers le Quesnoy. Les Flamands se portèrent aussitôt en partie devant cette place, en partie devant Valenciennes. Mais une trève d'une année fut conclue le 8 juillet 1478, et le roi s'engagea à retirer ses gens d'armes du comté de Hainaut. Enfin, pour ne pas donner de griefs contre lui à l'Empire, il prit aussi l'engagement d'évacuer Cambrai, et de restituer à monsieur d'Autriche tout ce qu'il tenait ou pouvait tenir dans la comté de Bourgogne.

Les affaires du dehors ainsi réglées, Maximilien put diriger toute son attention du côté de la Gueldre. Ce pays avait porté en silence le joug bourguignon sous le règne du duc Charles; mais, après la mort de ce prince, les états du duché avaient tenu à Nimègue une assemblée où ils avaient résolu de ne reconnaître pour seigneur que le duc Adolphe de Gueldre. Cette résolution étant devenue caduque par la mort d'Adolphe, les états se réunirent de nouveau, et se décidèrent à placer la couronne ducale sur la tête du jeune Charles de Gueldre, fils de ce prince, sous la tutelle de madame Catherine, sa tante. Louis XI, pour créer de ce côté de nouveaux embarras à Maximilien, promit des secours aux Gueldrois. La princesse Catherine redemanda aussitôt son neveu à l'archiduc; mais celui-ci répondit par un refus. Cependant le jeune prince fut reconnu seigneur du pays dans toutes les villes qui n'étaient pas occupées par de trop fortes garnisons bourguignonnes; et les états, pour faire de l'argent, engagèrent, au mois d'août 1478, le comté de Zutphen à l'évêque de Münster, Henri de Schwarzbourg, qui fut appelé à prendre le commandement des troupes dans la guerre qui éclata presque aussitôt. Cette lutte se continua sans interruption jusqu'en 1481. Alors une trève fut conclue, et les états de Gueldre consentirent l'année suivante à se soumettre, et à reconnaître l'autorité de la maison de Bourgogne.

Pendant ce temps les querelles entre les deux factions hollandaises n'avaient pas cessé. En 1479, les Hoekschen avaient été chassés de Leyde. Des troubles avaient agité presque toutes les villes; de sorte que le gouverneur de Hollande, Wolfram de Borselen, convoqua à Rotterdam les états du comté, pour aviser aux moyens de rétablir l'ordre dans le pays. Mais le magistrat de cette ville refusa de recevoir dans ses murs les députés des villes de Gouda, Dordrecht, Schoonhoven et Oudewater, qui tenaient pour les Hoekschen. Borselen lui-même, qui favorisait ces derniers, se vit forcé de quitter Rotterdam, et de se retirer dans sa seigneurie de Veere. Pendant son absence il y eut une lutte sanglante à la Haye entre ses gens et ceux de messire Jean Van Egmont, et des sires Jean et Philippe de Wassenaar, qui étaient du parti des Kabeljaauwschen. Ses fauconniers tirèrent à coups d'arquebuse sur leurs ennemis par les fenêtres de son palais. Mais les Kabeljaauwschen ayant reçu du secours de Harlem, de Delft, de Leyde et d'Amsterdam, vinrent former le siége en règle du palais, s'en emparèrent par capitulation, et le livrèrent au pillage. Cependant ils ne restèrent pas longtemps maîtres du terrain; car Borselen assembla aussitôt, dans les villes de son parti, un corps de six à sept mille hommes, entra à la Haye, reprit par force son hôtel, et se mit à piller et à dévaster à son tour les demeures des Kabeljaauwschen. Pendant ce temps, Rotterdam, qui avait d'abord été forcé de reconnaître l'autorité du gouverneur ducal, se mit tout à coup en mouvement. Il marcha aussitôt contre cette ville; mais, au moment où il s'occupait de la réduire à l'obéissance, les Kabeljaauwschen recommencèrent leurs désordres à la Haye. Wolfram de Borselen avait pris entièrement le caractère d'un homme de parti. Il sentit lui-même combien était fausse la position où il s'était placé. Aussi il investit des fonctions de gouverneur à Rotterdam messire George, bâtard de Brederode, et il se retira de nouveau à Veere.

Les choses en étaient à ce point au mois de février 1480, au moment où Maximilien arriva lui-même en Hollande, en partie pour remettre l'ordre dans le pays, en partie pour demander aux états des subsides pour continuer la guerre en Gueldre et contre les Français. Il vit tout d'abord qu'il était impossible de louvoyer entre deux partis aussi franchement opposés. Aussi il se laissa gagner par la faction des Kabeljaauwschen, qui lui accordèrent, pour la durée de huit ans, une somme annuelle de quatre-vingt mille philippus, et lui permirent de lever incontinent une taxe de cent soixante mille philippus dans les domaines de Hollande, de Zéelande et de Frise. Maximilien accorda en retour, aux villes de Harlem, Leyden et Amsterdam, qui tenaient à ce parti, la permission de creuser un canal à travers la Hollande. Ces négociations durèrent jusqu'au mois de mai; et le duc, pour plaire à la faction à laquelle il s'était attaché, remplaça le sire de Borselen dans les fonctions de gouverneur de Hollande, par Josse de Lalaing, qui était, il est vrai, étranger à la province, mais que les états acceptèrent, faisant ainsi eux-mêmes une infraction aux stipulations du Grand Privilége.

Le duché de Luxembourg, qui avait obtenu de Marie de Bourgogne d'abord, de Maximilien ensuite, la confirmation de ses libertés, ne resta pas mieux à l'abri des troubles et des désordres que le reste du pays, malgré l'énergie et la sagesse du marquis Christophe de Bade, qui avait le gouvernement de cette province. Une bande de pillards, composée des débris de quelques compagnies que les trêves avaient mises en inactivité, s'empara de la ville de Virton, et se livra à toute sorte de brigandages dans le voisinage de cette place. Il ne fallut rien moins qu'un corps de dix mille hommes pour les réduire. Le comte de Chimay, gouverneur des comtés de Hainaut et de Namur, marcha contre eux, et les força en 1479 à lui rendre la forteresse, dont ils avaient fait le centre de leurs expéditions.

Avant la fin de la trêve d'une année, conclue en 1478, la guerre avec la France avait recommencé par de petites rencontres et de petites escarmouches; et les Français l'avaient surtout conduite avec avantage sur la mer. Pour donner une meilleure face à ses affaires de ce côté, l'archiduc réunit en 1479, à Saint-Omer, une armée imposante, composée de Flamands, d'Artésiens, et de compagnies allemandes. Le comte de Chimay y amena le corps avec lequel il avait reconquis Virton, et le prince d'Orange y conduisit une bonne troupe de ces Bourguignons, qui ne se montraient pas moins hostiles au roi que les gens de Flandre eux-mêmes. Le 25 juillet, l'archiduc quitta Saint-Omer avec environ vingt-cinq mille cinq cents hommes, et plaça son camp devant la ville de Thérouanne. Mais à peine eut-il bien pris position, que l'armée française parut, forte de dix-huit cents lances et de quatorze mille francs-archers. Elle s'établit sur la hauteur d'Engui. Les Bourguignons marchèrent au-devant des Français, et ils n'étaient plus séparés d'eux que par la colline de Guinegate. Le signal fut donné, et les deux armées en vinrent aux mains. La bataille commença à deux heures de relevée, et bientôt elle parvint à un degré d'acharnement incroyable. Malgré les prodiges de valeur que fit Maximilien en se multipliant partout, et en encourageant les siens par la voix et par l'exemple, les Français s'emparèrent de presque toute son artillerie. Déjà la victoire penchait en leur faveur, et une déroute complète allait entraîner les Bourguignons, quand le comte de Romont, l'un des capitaines de l'archiduc, parvint à reprendre les canons, et rétablit si bien la bataille, que l'armée française fut ébranlée et mise en fuite. La victoire des Flamands fut complète, mais elle n'avait pas été sans leur coûter bien cher; car la plupart de leurs plus braves chevaliers avaient été faits prisonniers par l'ennemi, au commencement de l'affaire. A huit heures du soir, quand les débris des troupes royales se mirent en retraite, treize mille de leurs archers et hommes d'armes étaient couchés sur le champ de bataille, où les Flamands laissèrent trois mille hommes à peine.

Après avoir remporté ce succès signalé, Maximilien n'eut rien de plus pressé que de courir à Gand en apporter la nouvelle à la princesse, et de la célébrer par des fêtes. Ce fut là précisément ce qui l'empêcha de tirer parti de sa victoire et de poursuivre ses succès. Peut-être, s'il eût profité de la déroute des Français, fût-il parvenu à s'emparer de Thérouanne et d'Arras. Mais ce ne fut qu'au mois d'octobre qu'il reparut en armes à Aire. Cette fois ses troupes étaient plus nombreuses, et il put pousser la guerre avec plus d'énergie : elle se borna cependant à une série d'escarmouches, de petites expéditions, de sièges de villes et de châteaux.

On atteignit ainsi l'année 1480. Maximilien se trouvait dans un assez grand embarras; car Louis XI avait envoyé une armée dans le Luxembourg, tandis qu'il menaçait également l'Artois. Enfin, la Gueldre était toujours dans une vive agitation, grâce aux agents du roi; et les luttes des factions duraient encore en Hollande. Plus que jamais on sentait le besoin de recourir à des alliances, pour échapper à ce réseau d'intrigues dont Louis XI ne cessait d'envelopper la famille de Bourgogne. Maximilien songea d'abord à resserrer les liens d'amitié que Charles le Téméraire avait noués avec l'Angleterre; et son fils Philippe, que Marie avait mis au monde le 22 juin 1478, fut fiancé, bien qu'il ne se trouvât âgé que de deux ans à peine, avec la princesse Anne, fille du roi Édouard. Ces fiançailles furent l'occasion d'un traité entre les deux pays. Ce premier avantage obtenu, l'archiduc résolut de se rendre dans le Luxembourg avec Marie, autant pour se faire inaugurer dans cette partie de leurs États, que pour encourager par leur présence les troupes destinées à tenir tête aux Français. Son armée était loin d'être assez forte pour commander le succès car les états de Flandre avaient répondu par un refus à la demande qu'il leur avait faite d'une aide pour entretenir mille lances dans le duché de Luxembourg. Toutefois les affaires ne tardèrent pas à prendre de ce côté une tournure plus favorable. D'ailleurs, le moment était prochain où la décision des différends qui existaient entre les pays bourguignons et la France allait cesser d'être livrée aux hasards de la guerre, pour être réglée par la voie des négociations.

Cependant les désordres qui désolaient toujours la Gueldre et la Hollande ne purent être étouffés d'une manière aussi pacifique. La première de ces provinces fut pacifiée, comme on l'a dit, par la trêve du mois de janvier 1481 [1]. Mais les troubles qui agitaient la Hollande en prirent un développement nouveau. Les Hoekschen, qui succombaient de plus en plus sous la puissance des Kabeljaauwschen, s'étaient en grande partie retirés sur le territoire de l'évêché d'Utrecht. Après la conclusion de la trêve avec ceux de Gueldre, Regnier de Broekhuysen un des capitaines qui avait, dans cette province, tenu le parti du jeune duc Charles, alla, avec un grand nombre de ses compagnons, se joindre aux Hoekschen rassemblés sur les terres de l'évêché, et fit avec eux une invasion en Hollande, où il pénétra dans les murs de Leyden, aux cris de « Brederode! Montfoort! » et s'empara de l'hôtel de ville. Mais, pendant qu'il cherchait à se rendre maître du reste de la place, et à faire prisonniers quelques chefs du parti ennemi, le feu prit aux poudres entassées sous la maison de la commune, et la fit sauter en l'air. Un grand nombre des siens y perdirent la vie. Toutefois, il resta maître de Leyden. Aussitôt toutes les villes des Kabeljaauwschen s'émurent, et poussèrent le gouverneur de Hollande, Josse de Lalaing, à reprendre cette place. En effet, le siége en fut formé, et la ville reconquise. Il en fut de même de Dordrecht, que les Hoekschen avaient surpris, et dont les Kabeljaauwschen parvinrent aussi à s'emparer, comme ils firent également de Gouda, de Schoonhoven et d'Oudewater.

Dans ces entrefaites, Maximilien se rendit en Hollande, approuva tout ce que le parti vainqueur avait fait, força les gens de Leyden à lui demander pardon, et ne leur fit grâce qu'après s'être réservé dix-huit hommes, dont six furent décapités. Tous les biens de Jean de Montfoort, qui était chef des Hoekschen en Hollande, furent confisqués, de même que ceux de Regnier de Broekhuysen; et tous deux furent bannis à perpétuité. Des peines sévères furent infligées à la plupart des seigneurs de ce parti dans les différentes villes du comté; et ainsi le repos, sinon le calme, fut rétabli, aussi bien qu'il peut l'être par la terreur.

L'évêché d'Utrecht n'était pas resté à l'abri des tumultes qui avaient ainsi désolé la Hollande. Les Hoekschen, condamnés au bannissement, et beaucoup d'autres de leurs partisans, s'étaient fait un lieu d'asile de ce diocèse. Mais, sans respect pour l'hospitalité qu'ils y recevaient, ils ne tardèrent pas à y répandre aussi la discorde. Ils avaient commencé par chasser d'Amersfoort les officiers de l'évêque David de Bourgogne, et avaient si bien réussi à indisposer les gens d'Utrecht contre ce prélat, qu'il s'était vu forcé d'établir sa résidence à Wyk-by-Duurstede. Cette retraite leur laissa beau jeu. Aussi ils s'emparèrent bientôt de la ville d'Utrecht, et entreprirent une guerre ouverte contre l'évêque. Cette lutte se prolongea jusqu'en 1482, avec des chances diverses. Pour y mettre enfin un terme, Maximilien réunit une armée à Bois-le-Duc. Pendant que ces forces se rassemblaient, ceux de Gueldre, croyant qu'elles étaient dirigées contre eux, demandèrent aussitôt à convertir la trêve en un traité. Le pays tout entier, à l'exception de la ville de Venlo, consentit ainsi à reconnaître l'autorité de l'archiduc.

---

[1] Voir ci-dessus, page 294.

Avant que ses préparatifs fussent achevés, l'archiduc fut tout à coup rappelé dans ses provinces voisines de la France, où les trêves étaient plus mal observées que jamais, et où commençaient à se montrer des bandes d'aventuriers qui dévastaient les frontières avec une incroyable fureur.

On était au commencement du mois de mars 1482. Maximilien s'était montré un moment dans le Hainaut, et avait repris le chemin de Bruges où Marie avait passé l'hiver. La duchesse, qui s'était vivement inquiétée de l'absence de son époux, et que préoccupait déjà peut-être le pressentiment de sa mort prochaine, voulut célébrer ce retour par une grande chasse au vol. Cette fête eut lieu par une belle matinée. Le duc monta à cheval avec Marie et toutes ses dames d'honneur, et ils sortirent de la ville. Les sires de Nassau, de Beveren, de Gruthuse, de Chimay, et d'autres seigneurs, les accompagnaient. La duchesse portait un émerillon sur le poing. Le duc et ses chasseurs prirent les devants, pour découvrir quelque gibier.

Pendant que Marie chevauchait ainsi, elle aperçut un héron posé à terre. Le faucon fut déchaperonné et lancé; le héron était pris. Elle continua sa course du côté où se creusait le nouveau canal, et vit en cet endroit un autre héron. Voulant pousser sa haquenée de ce côté, et lui faire franchir un fossé, elle la frappa de la main. Mais le pied manqua au cheval; il s'abattit, et tomba sur la duchesse, qui eut le corps, pour ainsi dire, brisé par cette chute. On la rapporta dangereusement blessée; mais on ne croyait pas que sa vie fût en péril. Pour ne pas inquiéter l'archiduc, ou par pudeur, dit-on, elle ne laissa pas les médecins panser la profonde blessure qu'elle s'était faite. Le mal s'envenima, la duchesse devint de plus en plus malade, et, trois semaines après sa chute, elle mourut le 27 mars 1482, à l'âge de vingt-cinq ans.

Maximilien fut inconsolable de cette perte, qui d'ailleurs allait lui préparer une position toute nouvelle dans les provinces des Pays-Bas, comme nous allons le voir dans les pages qui suivent.

LIVRE VIII.

HISTOIRE DES PAYS-BAS SOUS LE RÈGNE DE LA MAISON DE HABSBOURG, JUSQU'A L'ABDICATION DE CHARLES-QUINT.

CHAPITRE PREMIER.

DEPUIS LA MORT DE MARIE DE BOURGOGNE JUSQU'A L'AVÉNEMENT DE CHARLES-QUINT. 1482-1515.

§ I. RÉGENCE DE MAXIMILIEN JUSQU'A LA MAJORITÉ DE SON FILS PHILIPPE LE BEAU.

En vertu du pacte matrimonial, Marie eut pour héritier légitime de ses seigneuries des Pays-Bas, non pas son époux, mais son fils l'archiduc Philippe. Cependant il était naturel que Maximilien prétendît à la régence et à la tutelle de son fils, mineur encore. Ce ne fut pas sans peine qu'il parvint à se faire nommer régent en Hainaut, en Brabant, dans le comté de Namur, et dans les provinces hollandaises, où la faction des Kabeljauuwschen lui prêtait un grand appui. Les Flamands eurent moins de confiance encore dans ce prince, pour lequel ils avaient conçu la plus profonde aversion. Le 17 juillet 1482, les villes de Gand, Bruges et Ypres, qui représentaient les trois membres du pays de Flandre, se confédérèrent par un traité, et commencèrent à lui montrer un esprit d'hostilité, contre lequel il lutta vainement. Ils tenaient que le duc n'était pas leur souverain, mais seulement le mari de leur souveraine; et, réclamant comme un privilége ce qui s'était en effet pratiqué souvent, les Gantois voulaient qu'on nourrît et qu'on élevât dans leur ville les enfants de madame Marie et du duc Maximilien. Il y en avait deux, Philippe, né en 1478, et Marguerite, née en 1480. Le troisième, François, qui avait vu le jour en 1481, était mort peu de temps après sa naissance.

Les Gantois s'emparèrent du jeune Philippe et de Marguerite sa sœur; et les membres du pays de Flandre formèrent un conseil de régence, composé de l'évêque de Liége, de Wolfram de Borselen, de Philippe de Bourgogne, seigneur de Beveren, et de Philippe de Clèves, fils d'Adolphe de Ravestein. Ensuite, pour rendre plus nulle encore la position de Maximilien, ils entamèrent des négociations avec la France.

Ce prince devait souhaiter le rétablissement de la paix avec Louis XI, car les embarras étaient loin d'être finis dans l'évêché d'Utrecht. Aussi l'accomplissement de ce souhait paraissait d'autant plus facile, que le roi était fort malade, et désirait lui-même ardemment le terme des différends qui divisaient les deux pays. Seulement les Flamands y suscitèrent de graves difficultés; car, leur intention étant d'accepter la paix à des conditions fort onéreuses pour le jeune prince soumis à leur tutelle, Maximilien ne pouvait pas en réclamer de plus favorables, s'il ne voulait hâter un rapprochement entre les Français et les Gantois qui s'étaient déclarés contre lui, et rendre ainsi impossible l'établissement de son autorité en Flandre. La principale condition que le roi tenait à poser était le mariage de la jeune princesse Marguerite avec le Dauphin, déjà fiancé à la fille du roi Édouard d'Angleterre. La crainte de blesser par cette rupture le roi anglais, et de le conduire ainsi à prêter de grands secours à Maximilien, devait engager Louis XI à pousser ses négociations avec énergie, et à les amener promptement à terme. Aussi elles furent conduites avec la plus grande célérité possible : si bien que l'archiduc n'eut pas même le temps de renouveler les tentatives d'accommodement qu'il avait vainement faites dans l'assemblée générale des états du pays, convoquée par lui à Alost, au mois de mai 1482. Les Flamands n'y avaient point paru, et ils continuaient à lui montrer une opposition presque furieuse. « Là, dit Philippe de Commines, firent plusieurs choses contre le vouloir dudit duc : comme de bannir et d'oster aucuns d'auprès de son fils, et puis luy dirent le vouloir qu'ils avoient que ce mariage se fist pour avoir paix; et le lui firent accorder, vousist-il, ou non. » Ainsi entraîné par la volonté des gens de Flandre, que secondaient dans ce projet de paix les états de Brabant et de Hollande, Maximilien n'eut pas à choisir. Force lui fut de consentir à fiancer sa fille au Dauphin, et à abandonner, à titre de dot, l'Artois et la Franche-Comté, bien que Louis XI n'eût d'abord espéré obtenir qu'une seule de ces deux seigneuries. Même peu s'en fallut que les Flamands n'eussent également renoncé au Hainaut et au comté de Namur, afin de rompre ainsi à tout jamais l'union des provinces flamandes et des provinces wallonnes, placées sous la domination bourguignonne. Enfin les états du pays consentirent à la paix aux conditions acceptées par les gens de Flandre, et elle fut signée à Arras le 23 décembre 1484.

Pendant que ces négociations se tenaient dans les provinces méridionales, la lutte entre les Hoekschen et les Kabeljaauwschen éclata avec une nouvelle fureur dans celles du nord. Ces derniers y obtinrent, comme toujours, l'avantage; et les vaincus se retirèrent dans l'évêché d'Utrecht ou dans la Frise, d'où ils continuèrent à faire de sanglantes expéditions dans le comté de Hollande.

Le diocèse d'Utrecht ne jouissait pas de plus de repos. Malgré tout ce qu'il put faire, Maximilien n'avait pas réussi à y rétablir le calme, ni à arrêter les terribles incursions que les Hoekschen faisaient, de ce côté, dans les terres hollandaises. Cependant les gens sages d'Utrecht étaient singulièrement fatigués de ces désordres, qui les ruinaient, et des taxes que cette guerre continuelle faisait peser sur eux. Aussi l'évêque n'eût pas manqué d'y être rappelé, sans les efforts d'Englebert de Clèves, lequel était venu se placer à la tête des mécontents, qui y dominaient en maîtres. Les choses en étaient venues au point que le souverain pontife s'en mêla. Le 1er août 1482, l'excommunication fut lancée contre Englebert de Clèves, et l'interdit fut fulminé contre les villes d'Utrecht et d'Amersfoort. Le mécontentement qui s'était déjà manifesté parmi les bonnes gens d'Utrecht n'en devint que plus vif; de sorte que le parti rebelle consentit enfin à entrer en négociations avec l'évêque; mais elles demeurèrent sans résultat.

Presque au moment où la paix fut conclue avec la France, une nouvelle explosion eut lieu dans la ville de Liége. Elle fut excitée par Louis XI, qui crut parvenir plus vite à faire consentir Maximilien à un traité pour lequel il éprouvait une si vive répugnance, en lui suscitant des embarras dans son propre voisinage. Pour cela une circonstance extraordinairement favorable s'était présentée. Le roi, voyant que toute possibilité de guerre avec les provinces flamandes était écartée, par suite des dispositions dans lesquelles les gens de Flandre se trouvaient à son égard, avait licencié une partie de l'armée qu'il entretenait à si grands frais sur les marches de leur pays. Or, Guillaume d'Aremberg, comte de la Marck, surnommé le Sanglier des Ardennes, attira à lui la plupart de ces bras inoccupés. Tous les bannis liégeois étaient venus se joindre à ces forces déjà si imposantes, et il résolut de s'emparer de la ville de Liége. Depuis longtemps ce remuant seigneur, qui cherchait à placer son fils sur le siége épiscopal, avait vécu en inimitié avec l'évêque, Louis de Bourbon. Jouissant d'une grande popularité, il s'était fait un parti puissant, non-seulement dans la capitale même du pays, mais encore dans toute la Hesbaie. Dans son château d'Aigremont, bâti sur la crête d'un rocher, presque en vue de la cité liégeoise, il bravait le prélat, et se livrait à toute sorte d'excès. Un jour il alla jusqu'à faire assassiner le vicaire général de l'évêché, à Saint-Trond, sur le seuil même de son église. C'était au moment où Charles le Téméraire était occupé du siège de Nuess. Louis de Bourbon, pour venger la mort de son vicaire, attaqua, prit et démantela la forteresse d'Aigremont. Le Sanglier des Ardennes ne se découragea point par cet échec, et il tint la campagne avec un petit corps de troupes dont l'empereur Frédéric lui avait confié le commandement. Avec cette troupe, il harcela continuellement l'évêque.

Après la mort du duc Charles de Bourgogne, les Liégeois, déjà deux fois si cruellement trompés par l'astucieux Louis XI, refusèrent de l'écouter davantage, et se décidèrent à garder la neutralité dans la lutte qui se préparait entre ce roi et les États de Bourgogne. La duchesse Marie, pour leur en témoigner sa reconnaissance, et leur donner une preuve du désir qu'elle avait de conserver leur amitié, renonça, par un acte solennel, à tous les droits et à toutes les actions qu'elle pourrait avoir et prétendre sur le pays de Liége, en vertu des traités conclus entre eux et le duc son père. Elle leur restitua même leurs privilèges, leurs franchises et leurs libertés, et leur permit de venir reprendre à Bruges le Perron, ce vieux symbole de leur indépendance, que le duc Charles leur avait enlevé. L'évêque, parvenu à obtenir toutes ces concessions, se hâta de rétablir les métiers, dans le but de s'attacher entièrement les Liégeois. Le comte d'Aremberg, voyant ainsi son crédit menacé, n'eut rien de plus pressé que de chercher à rentrer en grâce auprès du prélat. Il alla donc se jeter à ses pieds, et lui demander pardon. Ce pardon fut accordé d'une manière si complète, que l'évêque le nomma son grand officier, son grand maître d'hôtel, capitaine de ses gardes, grand mayeur de Liége, et enfin lui donna une garde particulière, composée de vingt-quatre cavaliers, équipés et entretenus aux frais du trésor épiscopal.

Au moment où tout venait de s'arranger ainsi, un grand nombre de proscrits liégeois, grossis d'une troupe de Français et de Gascons, firent une invasion dans la principauté. Guillaume d'Aremberg fut envoyé contre eux avec une armée considérable. Mais, avant d'en venir aux mains avec eux, il s'aboucha avec leur chef Raes de Heers, qui, s'expliquant sans détour, lui dit qu'il n'était revenu que dans l'intention de demander la liberté de rentrer dans sa patrie et dans ses biens, et qu'il déposerait les armes et jurerait fidélité à l'évêque, si cette liberté lui était accordée. Louis de Bourbon accéda aux vœux de Raes de Heers, et toute sa troupe se débanda. Le Sanglier des Ardennes se réservait de reprendre plus tard le rôle que l'on attribuait d'abord à ce chef : il n'attendait qu'une occasion favorable pour exécuter le projet auquel son ambition tenait chaque jour davantage.

Bien que les gens de Liége eussent promis d'observer la neutralité entre la France et les États de Bourgogne, ils ne restèrent pas fidèles à cet engagement. Un grand nombre d'entre eux se jetèrent dans les armées de Louis XI, et vinrent faire des incursions dans le Brabant, emmenant en France le butin et les hommes qu'ils prenaient. Le roi tenait beaucoup à créer de ce côté des embarras à Maximilien, et à se ménager une diversion favorable à ses intérêts. Grâce à ses intrigues, il se forma même, dans la ville de Liége, une conspiration dont le but était de lui livrer l'évêque, mort ou vif. Ce complot échoua, par bonheur; mais il s'en machinait un autre plus terrible, dont Guillaume d'Aremberg lui-même devait être l'âme et le bras.

Ce fougueux seigneur, qui n'avait cherché à gagner la faveur de Louis de Bourbon que pour se préparer les moyens de satisfaire son insatiable ambition, avait peu à peu enveloppé le pays de ses intrigues comme d'un réseau. Il s'était si bien emparé de l'esprit et de la confiance du prélat qu'il était devenu, pour ainsi dire, unique dépositaire de l'autorité dans l'État, et qu'il ne lui manquait plus que le titre de prince. Il s'attacha entièrement le peuple, et finit par ne pas plus respecter les ordres de l'évêque que les résolutions des états. En vain le prince chercha-t-il à le ramener par la douceur : il n'y trouva qu'un motif de plus pour redoubler d'insolence. Enfin, il se retira avec les siens au château de Franchimont, et s'y fortifia, résolu à braver la puissance de Louis de Bourbon. Une rupture complète fut la suite de cet acte. Quelques hommes sages cherchèrent à amener un accommodement; mais leurs efforts n'eurent aucun résultat. Cependant Guillaume d'Aremberg se rendit en France pour offrir ses services au roi, et lui donna l'assurance que, s'il voulait lui confier une armée suffisante, il pourrait le rendre maître du pays de Liége. C'était en 1479. Louis XI ne manqua pas de saisir cette occasion de diviser les forces de Maximilien; il jeta dans les Pays-Bas une armée de vingt mille hommes, sous les ordres de Charles d'Amboise. D'Aremberg commença par placer de fortes garnisons dans ses châteaux, pour résister aux attaques que l'évêque pourrait tenter contre lui; puis il s'empara de la place de Virton, dans le Luxembourg. Mais l'évêque ayant invoqué le secours de Maximilien, celui-ci lui envoya une armée assez considérable, sous le commandement du prince d'Orange, qui reprit tous les châteaux où d'Aremberg avait placé des garnisons. Les aveux des prisonniers, dont la plupart furent appliqués à la question, établirent tous les détails des projets du seigneur rebelle. Une commission de juges fut déléguée à Namur, et elle condamna le Sanglier des Ardennes au bannissement.

Il appela vainement de cette sentence, et on le remplaça dans ses fonctions de grand mayeur de la cité. Dès ce moment il ne respira plus que la vengeance. Il porta le fer et le feu dans le pays de Liége. Ses bandes, composées en grande partie de bannis, et surtout des débris des compagnies françaises que la paix d'Arras laissa inoccupées, eurent bientôt mis le plus grand désordre dans la principauté. L'évêque, qui s'était enfui à Maestricht au premier moment, revint cependant à Liége, d'après les conseils du prince d'Orange, qui l'engagea à tenir la ville, tandis que lui se chargerait de garder les avenues et les défilés, pour y surprendre d'Aremberg et l'arrêter au passage.

Mais, comme si ce conseil n'eût été qu'un piége, le 30 août 1482, au moment où Louis de Bourbon entendait la messe dans sa chapelle, on vint tout à coup l'avertir que le Sanglier approchait de la ville avec son armée. Il n'y avait pas une seconde à perdre. L'évêque s'arma à la hâte, rassembla ses hommes de guerre, et monta à cheval dans la cour de son palais; puis, précédé de l'étendard de Saint-Lambert, confié à la garde d'un jeune chanoine, Jean de Hornes, il se rendit au marché, où les bourgeois en armes s'étaient réunis. Ils promirent tous de le suivre avec les bannières des métiers, et demandèrent qu'il marchât en avant avec sa cavalerie. Il se dirigea donc vers la porte d'Amercœur, sortit de la ville, et s'avança jusqu'au delà du couvent des Chartreux, où les deux armées se heurtèrent. Celle de Guillaume d'Aremberg était infiniment plus considérable, et comptait un nombre imposant de cavaliers; de sorte qu'au premier choc les gens de l'évêque plièrent, et qu'une grande partie tombèrent sous les coups des hommes du Sanglier. Louis de Bourbon fut atteint de trois blessures, dont une lui fut portée par Guillaume d'Aremberg lui-même. Frappé à mort, il tomba de cheval ; son corps roula dans une mare d'eau formée par un petit ruisseau. Là, le cadavre de l'évêque, meurtri, sanglant et presque entièrement nu, demeura pendant plusieurs heures gisant dans la boue, exposé aux regards et aux insultes de la populace, d'Aremberg ayant expressément défendu qu'on lui accordât la sépulture. Ce ne fut que sur les vives remontrances du clergé qu'il permit que les derniers devoirs fussent rendus à ce corps, qui avait été le prince de Liége. Après cette victoire signalée, le Sanglier des Ardennes entra dans la ville, où il se fit proclamer mambour, et convoqua le chapitre pour procéder à l'élection d'un nouvel évêque. Son intention était toujours de faire placer son fils sur le siége épiscopal. Aussi, il mit tout en œuvre pour gagner les chanoines, les uns par promesses, les autres par menaces. La plupart d'entre eux, dans la crainte de ne pouvoir donner librement leur voix, se retirèrent à Louvain. D'Aremberg mit à profit cette circonstance, et assembla ceux qui étaient restés à Liége. Cette minorité, toute dévouée en apparence au redoutable tribun, proclama son fils, bien qu'il n'eût pas encore atteint l'âge prescrit pour entrer dans les ordres. Mais bientôt ceux-là même qui avaient ainsi désigné le successeur de Louis de Bourbon s'échappèrent de Liége et se rendirent à Louvain, où ils rétractèrent unanimement leurs suffrages. Le chapitre réuni procéda à un nouveau choix. Mais les voix se partagèrent entre Jacques de Croy et le même Jean de Hornes qui avait porté l'étendard de St.-Lambert au combat où Louis de Bourbon perdit la vie, et qui, après la défaite de son seigneur, était parvenu à se sauver à Maestricht. Les deux concurrents ayant laissé leur différend à la décision du pape, Jacques de Croy renonça à ses prétentions en faveur de Jean de Hornes.

Cependant Aremberg n'en resta pas moins déterminé à se maintenir par la force des armes. Il ravagea d'abord le comté de Hornes, et lutta ensuite pendant deux ans avec les troupes qu'envoya contre lui Maximilien, débarrassé de la guerre de France par le traité d'Arras. Ce ne furent que dévastations, pillages et massacres de part et d'autre. Le pays fut foulé de la manière la plus cruelle par ses amis et par ses ennemis. Enfin Liége se trouvait dans un état pire que celui où elle s'était vue dans ses plus mauvais jours. Le Sanglier y régnait en maître absolu, et il ne s'inquiétait guère des malheurs qui déchiraient la patrie.

Enfin, au printemps de l'an 1484, il se trouva réduit à l'extrémité, et il consentit à faire la paix : elle se conclut enfin, mais elle fut plus onéreuse aux Liégeois qu'elle ne le fut à Aremberg.

Jean de Hornes, ayant obtenu les bulles papales, fit son entrée solennelle à Liége le 7 novembre 1484. Il était accompagné de Guillaume de la Mark, avec lequel, dès ce moment, il parut vivre dans le plus parfait accord. Tous deux semblaient avoir oublié les causes d'inimitié qui les avaient si longtemps divisés, et ils ne cessaient de se donner des preuves d'affection réciproque.

Cependant l'archiduc Maximilien se défiait grandement de ce terrible Sanglier des Ardennes, qu'il ne pouvait croire résolu à rester ainsi dans l'inaction et dans le repos. D'ailleurs il ne pouvait se faire à l'idée que d'Aremberg n'eût pas contribué à fortifier les villes de Flandre dans leurs résolutions de refuser la tutelle du jeune Philippe à son père l'archiduc. Frédéric de Hornes, sire de Montigny, reçut donc du prince l'ordre de s'emparer, à quelque prix que ce fût, de cet homme si redouté. L'évêque donnait précisément une grande fête à Saint-Trond; d'Aremberg et un grand nombre de seigneurs s'y trouvaient réunis. Montigny s'y rendit, et communiqua au prélat et à son frère Jacques l'ordre de Maximilien; aucun d'eux n'eut le courage de repousser cette indigne trahison. Le repas fini, Frédéric et Jacques de Hornes dirent qu'ils allaient partir pour Louvain; l'évêque proposa de les conduire à quelque distance de Saint-Trond, et le Sanglier voulut être de la partie. Mais à peine furent-ils hors de la ville, que Montigny, comme par plaisanterie, défia d'Aremberg à la course. Celui-ci, qui était le mieux monté, accepta le défi de bonne grâce, et tous deux poussèrent leurs chevaux vers un but désigné. Pour l'atteindre, il fallait traverser un bouquet de bois. A mesure qu'ils en approchaient, Montigny ralentit à dessein le galop de son cheval, tandis que d'Aremberg s'élançait avec une rapidité toujours plus grande. Il touchait le petit bois, quand tout à coup plusieurs hommes, qui se tenaient en embuscade dans les broussailles, tombèrent sur lui et le garrottèrent, après l'avoir bâillonné. Tout cela se fit si promptement, qu'il n'eut pas le temps de se reconnaître, ni la force de se dégager. Sur ces entrefaites, Montigny survint, et lui montra l'ordre de l'archiduc. Aremberg vit que c'en était fait de lui, quand il eut appris qu'on allait le conduire à Maestricht; car il savait que c'était à la mort qu'on le conduisait. On le dirigea aussitôt vers cette ville, où il fut condamné le lendemain, et où il périt par le glaive, le 18 juin 1485. Il fut amené sur la place du Vrythof, où se trouvait le grand échafaud de pierre de la justice liégeoise. Avant d'y monter, il tourna les yeux autour de lui, et aperçut, dit-on, à une fenêtre, l'évêque Jean de Hornes, qui était accouru pour assister au supplice de son ennemi. La Marck, furieux, reprocha vivement au prélat d'avoir donné la main à une trahison aussi infâme, et jura que ses amis le vengeraient; puis il releva sa longue barbe, qu'il tint retroussée entre ses lèvres, et il tendit le cou au glaive du bourreau. Sa tête roula au même instant sur les dalles de l'échafaud.

La menace du Sanglier des Ardennes ne s'accomplit que trop bien car sa famille et ses partisans commencèrent aussitôt contre l'évêque une guerre acharnée, qui ne cessa qu'à la paix de Donchéry, conclue en l'an 1492, et qui remplit de nouveau la principauté de désastres et de misère.

Maximilien n'avait pas été uniquement absorbé par tous ces événements depuis le traité d'Arras. Aussitôt que cette paix eut ôté aux gens d'Utrecht l'espoir de recevoir du secours de Louis XI, ils commencèrent à se fatiguer de plus en plus de la lutte engagée avec leur évêque. Ils eussent volontiers rappelé le prélat; mais Englebert de Clèves et ses partisans s'opposèrent plus que jamais à un accommodement. De sorte que les Kabeljaauwschen engagèrent l'archiduc à se mettre à la tête d'une armée hollandaise de douze mille fantassins et de deux mille cavaliers, que les états de Hollande consentirent à lever et à équiper à leurs frais. Il parut avec cette troupe devant la ville d'Utrecht; mais les habitants, craignant de voir leurs biens livrés au pillage, se défendirent vaillamment contre les assauts multipliés qu'il ne cessait de leur livrer. Cependant, après un siège de neuf semaines, ils consentirent à capituler, et se rendirent le 7 septembre 1483. Maximilien se réserva le droit de mambournie sur l'évêché, qui rentra ainsi sous l'autorité de David de Bourgogne.

Les difficultés aplanies de ce côté, l'archiduc put respirer un instant. D'ailleurs le roi Louis XI était mort le 30 août, et il avait emporté toute crainte de voir se renouveler les querelles si funestes qui avaient si longtemps bouleversé les provinces bourguignonnes. Maximilien put, dès ce moment, s'occuper uniquement des affaires de Flandre. Les Gantois refusaient toujours de lui reconnaître la qualité de tuteur de son fils Philippe; car sa fille Marguerite avait été remise aux Français, en vertu du traité d'Arras; et, après l'avoir fiancée au Dauphin, on l'avait placée sous la tutelle de madame Anne de Beaujeu, fille de Louis XI. Mais, tandis que les Gantois s'obstinaient ainsi, la Flandre formait une autre prétention encore : elle voulait rester séparée, comme comté particulier, des autres seigneuries des Pays-Bas.

L'archiduc avait longtemps attendu pour faire valoir ses droits dans ces turbulentes communes. A son retour d'Utrecht, il assembla une armée considérable à Malines, et s'empara, l'année suivante, des villes de Termonde et d'Oudenaerde. Il fit même exercer de grands dégâts sur le territoire de Gand, et surtout dans le pays d'Alost. Mais les Flamands se vengèrent de ces dévastations en se jetant dans la Zéelande, et en s'emparant, le 16 avril 1485, de la ville de Flessingue, qu'ils ravagèrent et pillèrent à leur tour. Pendant cette lutte, l'archiduc conclut un traité de commerce avec Richard III d'Angleterre; et les Flamands traitèrent de leur côté avec le roi, au nom du jeune duc Philippe. Cet acte montra, dans toute son étendue, la scission qui régnait entre Maximilien et les gens de Flandre. Cependant la résistance qu'ils opposaient ne pouvait durer longtemps : car Maximilien parvint à se rendre maître de l'Écluse et de Bruges; et, le 8 juin, les Gantois se soumirent par capitulation. Le résultat de ces événements fut que les états de Flandre reconnurent enfin l'archiduc en qualité de régent et de tuteur, et s'engagèrent à lui payer, en trois termes, une somme de sept cent mille florins. De son côté, il promit que le jeune Philippe, qui dès ce moment lui fut remis, ne quitterait point les Pays-Bas avant sa majorité.

Mais cette paix ne fut pas de longue durée. Adrien de Villain, seigneur de Rasseghem, qui s'était le plus vivement prononcé contre Maximilien dans l'affaire de la tutelle, avait été banni de Gand d'abord, puis saisi à Courtrai, et enfermé à Vilvorde par ordre de l'archiduc. Il parvint à s'échapper de sa prison, retourna au milieu des Gantois et remua cette ardente population, déjà mécontente de Maximilien et des Allemands, dont il aimait à s'entourer. La ville se souleva, et se mit sous la protection de la France. La révolte se communiqua de proche en proche à toute la Flandre. Bruges suivit cet exemple le 1er février 1488, s'empara de Maximilien, et pilla son hôtel. Le prince fut tenu prisonnier, et sa vie même fut pendant quelque temps en danger. Cependant on se contenta de le déclarer déchu de la tutelle, et ses conseillers, devenus l'objet de la haine populaire, furent soumis aux plus affreuses tortures. Enfin les états généraux du pays s'assemblèrent pour mettre un terme à cet état de choses, et on conclut avec Maximilien un accommodement, en vertu duquel il continua à exercer la régence dans les provinces des Pays-Bas autres que la Flandre, où un conseil particulier fut nommé, pour gérer les affaires au nom de Philippe. L'archiduc s'engagea, en outre, à faire sortir les Allemands de la Flandre en quatre jours, et en huit jours du reste des Pays-Bas. Enfin, il fut convenu qu'on s'en tiendrait, à l'égard de la France, aux stipulations du traité d'Arras. Mais Maximilien ne fut relâché qu'après avoir donné aux Flamands plusieurs de ses chevaliers en otages, pour répondre de l'exécution de ses engagements.

Cependant le vieil empereur Frédéric avait reçu la nouvelle de la captivité de son fils. Il assembla à la hâte une armée, et la dirigea vers les Pays-Bas. Déjà l'un des corps, commandé par le duc Albert de Saxe, allait toucher la frontière, quand on apprit que Maximilien avait été rendu à la liberté. L'archiduc protesta, aussitôt qu'il eut été relâché, contre les serments qu'il n'avait prononcés que sous l'empire de la force. Les états généraux du pays, qu'il réunit à Malines, ne tinrent pas eux-mêmes ses serments pour obligatoires. Mais, mieux que cet accord des états, l'armée impériale, forte de quarante mille hommes, était là pour appuyer Maximilien. Frédéric entreprit en personne le siège de Gand, mais sans le moindre succès; car Philippe de Clèves, qui se trouvait au nombre des otages livrés à cette ville, se plaça à la tête des bourgeois, indigné qu'il était du parjure de l'archiduc. Il conduisit si bien la défense de cette place, qu'il parvint non-seulement à repousser les assiégeants, mais encore à faire des incursions dans le Brabant, et à rester pendant quelque temps maître de la ville de Bruxelles. Il s'était emparé de l'Écluse, dont il fit le centre de ses opérations, et où il appela de Hollande un grand nombre de partisans de la faction des Hoekschen. L'empereur, voyant qu'il n'avançait en rien les affaires de son fils, laissa dans les provinces son armée sous les ordres du duc de Saxe, et reprit le chemin de l'Allemagne.

La guerre se trouvait en même temps rallumée dans la Hollande. Les Hoekschen avaient pour chef un seigneur de la famille des Brederode, âgé de vingt-deux ans à peine, qui assembla une flotte, et se dirigea vers les bouches de la Meuse. Il prit Rotterdam, dont il fit sa place d'armes, et d'où il commanda plusieurs courses sanglantes dans le pays. Maximilien, ne pouvant réussir du côté de la Flandre, se transporta en Hollande avec une armée, et reprit Rotterdam. C'est pendant ce temps que Philippe de Clèves, soutenu par un corps français, s'installa dans le Brabant, s'empara de Bruxelles, de Louvain et de Tirlemont ; de façon que presque tout le duché était perdu. Mais Albert de Saxe rétablit bientôt la fortune de Maximilien, en chassant Philippe de Clèves des terres brabançonnes. D'un autre côté, l'archiduc parvint, par le traité qu'il conclut, le 22 juillet 1489, avec le roi de France Charles VIII, à Francfort-sur-le-Mein, à isoler les Flamands, en leur ôtant l'appui des Français. Aussi les trois membres de Flandre ne tardèrent-ils pas à se voir réduits à se soumettre, et à implorer la grâce du prince. La condition qu'il leur imposa était qu'ils le reconnaîtraient en qualité de régent, et qu'ils lui payeraient une somme de trois cent mille florins d'or. De son côté, il promit de faire sortir du pays les troupes allemandes.

Philippe de Clèves se maintint pendant quelque temps encore à l'Écluse, bien qu'il eût été compris nominativement dans le traité de Francfort, tandis que le jeune de Brederode tenait toujours la mer avec ses navires, et ne cessait d'inquiéter les côtes hollandaises. Enfin une flotte, commandée par Jean d'Egmont, gouverneur de Hollande, rencontra ces bâtiments près de Brouwershaven le 21 juillet 1490, et les battit complétement. Brederode fut pris, et il mourut de ses blessures à Dordrecht.

Presque en même temps Albert de Saxe entra en Hollande avec son armée, pour s'emparer des places de Woerden et de Montfoort, derniers refuges des Hoekschen dans cette province. Il s'en rendit maître ; de sorte qu'il ne restait plus qu'à prendre l'Écluse. Ainsi la position des Hoekschen se trouva bientôt entièrement désespérée. Mais un événement inattendu vint tout à coup relever leur courage. Les contributions de guerre et les taxes que le pays s'était vu forcé de fournir pendant cette longue lutte l'avaient presque entièrement épuisé. La Frise se souleva pour se soustraire à ces prestations ruineuses ; et les Hoekschen eurent ainsi un nouvel appui, sur lequel ils purent compter avec d'autant plus d'assurance qu'ils se donnaient pour les défenseurs du peuple, réduit à la misère pour des intérêts qui n'étaient pas les siens. Ils s'étaient emparés des îles de Texel et de Wieringen, et inquiétaient grandement le Zuyderzée. Cependant la rébellion allait se propageant de plus en plus ; et comme les insurgés appartenaient en grande partie au petit peuple, ils peignirent sur leur drapeau un fromage et un pain ; d'où leur est venu le nom de Kaasenbroodters, *gens du fromage et du pain*, qu'ils portent dans l'histoire. Les rebelles envoyèrent de tous les points des députés à Hoorn, où l'assemblée prit l'engagement solennel de ne plus payer la taxe de guerre ; puis ils abattirent la citadelle de cette ville. Les forteresses de Nieuwenburg et de Middelbourg subirent le même sort. Ensuite ils s'emparèrent de Haarlem. Ce ne fut qu'une suite d'expéditions furieuses, auxquelles Albert de Saxe vint enfin mettre un terme avec les Allemands placés sous ses ordres. La ville de Haarlem fut reprise et rudement châtiée. Les gens du Kennemerland furent forcés de venir faire amende honorable devant le vainqueur, et leurs priviléges furent anéantis. Il en fut de même des habitants d'Alkmaar.

Cette guerre fut la dernière résistance que les Hoekschen opposèrent à leur seigneur en Hollande et en Frise. Maintenant le moment était venu de réduire aussi la Zéelande. La ville de Zierikzée, qui n'avait cessé de fournir des secours à l'Écluse, fut surprise par le duc de Saxe, et punie comme l'avaient été les communes de la Hollande septentrionale. Il ne restait plus à soumettre que l'Écluse, où Philippe de Clèves se maintenait toujours. Le siége fut mis devant cette place par les troupes d'Albert de Saxe du côté de la terre, et par une flotte hollando-anglaise du côté de la mer. Les attaques se succédèrent avec acharnement, et une partie de la ville fut incendiée. Enfin Philippe de Clèves consentit à capituler, et il se retira avec les siens en France.

Ainsi la faction des Hoekschen fut entièrement anéantie.

Pendant cette dernière guerre, Maximilien avait été préoccupé d'affaires autrement graves que celles des Pays-Bas. Le pouvoir royal en France avait acquis une unité et une importance qu'il n'avait encore présentées jusqu'alors que dans peu de pays en Europe. Il s'était récemment enrichi du duché de Bourgogne, et il ne lui restait plus à acquérir que la Bretagne, pour compléter la réunion de tous les grands fiefs de la couronne. Cette seigneurie devait passer du dernier duc François à sa fille Anne; et il était ainsi de l'intérêt du roi de prendre cette princesse pour épouse. Mais le roi Charles VIII, étant dauphin encore, avait été fiancé à Marguerite, fille de Maximilien; et ce n'est qu'en faveur de ce futur mariage que la Franche-Comté et l'Artois avaient été détachés des États bourguignons. Charles VIII avait ainsi à choisir. Mais Maximilien le prévint, et se fiança lui-même avec Anne de Bretagne en 1489. Ce fut un coup de foudre pour le roi. La réunion de la Bretagne aux provinces méridionales des Pays-Bas laissait à découvert tout le nord du royaume, et faisait dépendre toute cette partie de la France du sort d'une seule bataille. Le roi s'appliqua donc à prévenir ce projet. Il se porta avec une armée aux frontières de la Bretagne, réussit à détourner Anne de son mariage avec Maximilien, et épousa lui-même cette princesse en 1491. Ainsi il rompait doublement avec l'archiduc en lui renvoyant sa fille Marguerite d'Autriche, et en lui enlevant l'héritière du duché de Bretagne. Alors éclata une guerre dans laquelle Maximilien reconquit l'Artois, mais qui fut close par le traité de Senlis le 23 mai 1493, lequel rendit à l'archiduc la possession de cette province et de la Franche-Comté.

Peu de mois après, Maximilien, qui avait déjà obtenu en 1486 la couronne de roi des Romains, succéda à son père sur le trône de l'Empire. Il laissa les États des Pays-Bas à son fils l'archiduc Philippe, et se rendit en Allemagne pour prendre possession du sceptre impérial.

§ II. RÈGNE DE PHILIPPE LE BEAU. 1413-1505

Dès l'avénement de ce prince, on comprit l'importance du Grand Privilége accordé aux provinces de Hollande et de Zéelande, dans un moment où Marie de Bourgogne, pour s'attacher les populations au milieu des embarras avec lesquels elle avait eu à lutter, s'était trouvée forcée de leur faire des sacrifices si exorbitants. Aussi, quand Philippe le Beau se fit inaugurer, en 1494, dans ces deux comtés, il ne leur reconnut que les droits qu'ils avaient possédés sous Charles le Téméraire, et ne leur prêta que le serment que son aïeul leur avait prêté. Il n'eut pas de peine à opérer cette réaction, assuré qu'il était de l'appui de son père. Son but était de récupérer ainsi par degrés une autorité à laquelle des circonstances malheureuses avaient fait de si grandes brèches.

20.

Il y réussit d'autant plus aisément que les esprits, fatigués des luttes qu'on venait de traverser, avaient aussi peu de volonté que le pouvoir de l'arrêter dans sa marche.

D'ailleurs un singulier événement vint bientôt menacer le pays de nouveaux embarras. Au milieu des querelles qui s'agitaient en Angleterre entre la Rose blanche et la Rose rouge, et auxquelles le mariage d'Henri Tudor de Richmond avec Élisabeth, fille d'Édouard IV, n'avait pu mettre un terme, Marguerite d'York, veuve du roi Édouard, et la duchesse douairière de Bourgogne, ne cessaient leurs intrigues pour remuer ce pays. Il s'éleva un imposteur qui ressemblait à Édouard IV, et qui se donna le nom du second des deux fils de ce prince, si mystérieusement assassinés dans la Tour de Londres. Cet homme était fils d'un Juif converti, de Tournai, et son nom réel était Pierkin Warbeek. La duchesse de Bourgogne le reconnut pour son neveu après un examen solennel, et le nomma publiquement la Rose blanche d'Angleterre. Il fut traité en roi par Charles VIII, et conclut le 24 février 1495, à Malines, un arrangement avec Maximilien et Philippe le Beau, auxquels il céda solennellement ses droits au trône d'Angleterre, en cas qu'il mourût sans laisser d'héritier. Ce traité eut pour résultat de rompre tout à coup les relations de toute nature entre l'Angleterre et les Pays-Bas, et d'établir un esprit d'hostilité entre les deux pays. On craignait que les anciennes querelles ne recommençassent, et ne vinssent renouveler les dommages dont on avait eu tant de fois à se plaindre autrefois. Heureusement l'année suivante mit un terme à ces craintes et à ces embarras. Philippe et Maximilien ayant abandonné la cause de Warbeek, le grand traité de commerce du 12 février 1496 fut conclu. Cet acte, si important dans l'histoire de Belgique, stipulait que l'archiduc ne tolérerait aucun rebelle anglais dans ses États, ni dans ceux qui composaient le douaire de la duchesse de Bourgogne; que les Flamands, les Hollandais et les Zéelandais auraient la libre entrée du port de Calais et des ports d'Angleterre; qu'ils auraient le droit de pêche sur les côtes anglaises; et enfin que l'Angleterre renoncerait à tout droit d'épave sur les navires des Pays-Bas qui feraient naufrage sur ses côtes.

Ce traité tombe précisément à l'époque où un grand déplacement se manifeste dans le commerce des Pays-Bas. Jusqu'alors le centre de la navigation s'était trouvé à Bruges : Anvers devint ce centre depuis. Le premier de ces ports continua, il est vrai, à exploiter ses anciennes voies, et à fréquenter surtout la Méditerranée. Anvers s'appliqua à conquérir exclusivement le marché des pays septentrionaux, de la France, de l'Espagne, et bientôt après à se mettre en rapport avec Lisbonne, devenue l'entrepôt du commerce des Indes orientales. Les Pays-Bas, qui faisaient déjà un commerce assez étendu avec l'Espagne, virent ces rapports se multiplier, par le mariage de l'archiduc Philippe et de sa sœur Marguerite. Ce prince épousa en 1496, à Anvers, Jeanne, fille de Ferdinand le Catholique et d'Isabelle de Castille ; et, l'année suivante, Marguerite s'embarqua à Flessingue pour aller se marier, à Burgos, avec Jean, fils unique de Ferdinand; mais elle demeura veuve avant la fin de la même année. La mort de l'infant Jean fut suivie de celle de sa sœur aînée Isabelle, femme d'Emmanuel de Portugal; de manière que Philippe le Beau obtint la chance de recueillir un jour l'héritage des couronnes de Castille et d'Aragon.

Depuis les infructueuses tentatives faites en Frise par Charles le Téméraire, ce pays avait continué à jouir d'une espèce d'indépendance. Les chevaliers hollandais avaient, il est vrai, dirigé quelques entreprises de ce côté; car la faction des Vetkoopers frisons était alliée de celle des Kabeljauwschen hollandais, comme celle des Schierings l'était des Hoekschen. Cette communauté de principes et d'intérêts entre chacun de ces partis avait donné lieu à plus d'un choc sanglant en Frise comme en Hollande. Maximilien, trop préoccupé des affaires qui se démenaient autour de lui, n'avait pas eu jusqu'alors le loisir de songer à établir son autorité sur les Frisons de l'Ostrachie et de la Westrachie. Il en avait confié le soin au duc Albert de Saxe; mais celui-ci n'avait guère réussi dans cette tâche. Sous Philippe le Beau, le duc voulut reprendre l'œuvre qui lui avait été confiée. Il se fit d'abord investir par Philippe des droits que les anciens comtes de Hollande avaient possédés dans les domaines frisons. Ce pouvoir, il l'obtint en 1498, avec le titre de gouverneur héréditaire au nom de l'Empire. Puis il prit à sa solde une troupe de soudards allemands, et commença sa conquête. Elle fut lente, il est vrai, mais si bien menée, qu'elle se trouva pour ainsi dire entièrement achevée en l'an 1500. Par malheur, Albert de Saxe mourut avant de l'avoir conduite à son terme. Toutefois la Frise en fut si bien réduite à l'impuissance, qu'il suffit d'une sentence impériale pour accomplir ce que le duc avait commencé avec tant d'énergie et de bonheur.

Les affaires de Gueldre furent menées avec presque autant de succès. Dans ce duché, Charles de Gueldre, fils d'Adolphe, avait essayé de ressaisir l'héritage que son aïeul Arnould avait vendu à Philippe le Bon. Maximilien n'avait pas mieux eu les moyens de chasser ce prétendant, que de soumettre les Frisons pendant les premiers temps de sa régence dans les Pays-Bas. Charles, d'ailleurs, s'était trop bien installé dans le pays, et y avait gagné un trop grand nombre de partisans, pour que les forces bourguignonnes pussent faire autre chose que se tenir sur la défensive. En 1495, l'archiduc Philippe conclut une trêve avec le prétendant; mais, trois années après, la guerre commença avec une nouvelle énergie. Albert de Saxe fut encore chargé de commander l'armée bourguignonne. Il fit construire un grand pont sur la Meuse, et opéra par ce moyen de fréquentes incursions dans les terres gueldroises. Les dégâts qu'il commit ainsi forcèrent ceux de Gueldre à demander une trêve indéfinie, qui leur fut en effet accordée le 25 décembre 1497.

Après la conclusion de cette trêve, Albert de Saxe renvoya ses soldats allemands, dont une grande partie allèrent porter le désordre dans l'évêché d'Utrecht. Aussi l'évêque, Frédéric de Bade, pour mettre un terme à leurs brigandages, appela à son aide Charles de Gueldre, qui se réjouit d'avoir une occasion d'attaquer ces bandes en détail. Il entra donc dans l'évêché, les dispersa, et en tua un grand nombre.

Cependant Maximilien, mécontent de la trêve signée, ne cessait de pousser les ducs de Clèves et de Juliers à prendre les armes contre Charles de Gueldre. Ces deux princes promirent enfin de se mettre en campagne au printemps de l'année 1498. L'empereur lui-même vint à Anvers, amenant un corps de troupes assez considérable, qu'il grossit encore d'un bon nombre d'épées dans les différentes provinces des Pays-Bas. Le printemps venu, les attaques commencèrent de tous côtés contre la Gueldre. Mais la guerre traînant en longueur, à cause de la vive résistance que les assaillants rencontrèrent partout, Charles, allié de la maison de Bourbon, fit lever en France une armée, qui lui fut amenée par le bâtard de Bourbon et par Robert de la Marck. Maximilien ayant été rappelé en Allemagne presque au moment même où ces secours arrivèrent au prétendant, aucun de ses capitaines ne tint plus la campagne : tous se retirèrent devant les Français, parce que leurs troupes, par défaut de solde, refusaient de servir. Dès ce moment la guerre se borna de nouveau à une série de petites expéditions, dont l'unique but de part et d'autre était de piller et d'incendier tout ce qu'on trouvait. Enfin, grâce à l'intermédiaire du bâtard de Bourbon, une trêve d'un an fut conclue le 15 juin 1499.

Pendant le cours de cette suspension d'armes, le 24 février 1500, l'archiduchesse Jeanne mit au monde, à Gand, un enfant, auquel on donna le nom de Charles, son aïeul, et qui devait être un jour l'empereur Charles-Quint : et comme à cette époque, la politique se préoccupait singulièrement d'alliances et de projets d'avenir, on fiança le jeune prince, dès sa première année, à la princesse Claude de France, fille du roi Louis XII.

La trêve avec la Gueldre ayant été prolongée, l'archiduc entreprit un voyage en Espagne; après lequel il se rendit à Inspruck, où il promit à son père de reprendre avec énergie la guerre contre le prétendant gueldrois. En effet, dès son retour en Belgique, en 1504, il commença à faire de grands préparatifs; mais, dans ces entrefaites, sa belle-mère, la reine Isabelle, vint à mourir, et il se trouva ainsi héritier du royaume de Castille. Cet événement réclamait vivement sa présence en Espagne; mais, avant d'y aller, il voulut terminer les affaires gueldroises, afin de ne pas laisser derrière lui des difficultés qui ne lui avaient déjà causé que trop d'embarras. Il ouvrit donc à Bois-le-Duc une grande assemblée des états du pays, lança un manifeste, dans lequel il développait tous les droits qu'il avait sur la Gueldre et sur le pays de Zutphen, et somma les habitants de ces seigneuries de lui faire leur soumission. Les villes d'Enkhuizen, Édam, Amsterdam et Hoorn reçurent l'ordre d'intercepter le commerce des ports gueldrois; et Philippe envoya un corps de gens d'armes pour commencer les hostilités. L'année suivante, pour donner à ses droits une consécration plus complète, il alla se faire investir solennellement, à Hanau, par son père Maximilien, des seigneuries de Gueldre et de Zutphen. Pourvu d'argent, et à la tête d'une belle armée, il envahit les territoires rebelles, et se rendit maître de presque toutes les villes du pays. L'empereur lui-même le rejoignit bientôt avec une bonne troupe. Alors Charles de Gueldre, voyant l'impossibilité de se maintenir plus longtemps, même avec le secours de la France, qui lui prêtait toujours la main, recourut à la médiation de l'évêque d'Utrecht. Enfin, après quelques négociations, il se rendit au château de Rosendael près d'Arnhem, où Philippe se tenait, et plia le genou devant l'archiduc, en se remettant à sa merci. Ils convinrent d'une trêve de deux ans, à condition que Philippe retirerait ses troupes de la Gueldre, et que, pour l'indemniser des frais de la guerre, les villes d'Arnhem, Thiel, Hattum, Harderwyk, Elburg et Bommel lui resteraient. Cette trêve devait servir à préparer un traité de paix définitif. Philippe toutefois s'y fiait si peu, qu'il voulut que Charles de Gueldre l'accompagnât en Espagne, dans la crainte que ce prince ne mît à profit l'absence de son seigneur, pour se livrer de nouveau à quelque entreprise déloyale. Mais Charles ne l'accompagna que jusqu'à Anvers, où il s'échappa furtivement, après s'être d'abord fait donner trois mille florins d'or pour ses frais de voyage. C'était au mois de janvier 1506. Philippe le Beau dut ainsi s'embarquer seul. Après avoir séjourné quelque temps en Angleterre, où les tempêtes l'avaient forcé de relâcher, il arriva enfin en Espagne, où il prit possession de son royaume. Mais à peine eut-il posé la couronne sur sa tête, qu'il tomba malade; il expira le 25 septembre 1506. Les gens des Pays-Bas conjecturèrent qu'il mourut empoisonné.

§ III. MAXIMILIEN RÉGENT ET TUTEUR DE SON PETIT-FILS CHARLES. 1506-1515.

Après la mort de Philippe le Beau, son fils Charles lui succéda, sans contestation, dans toutes les seigneuries des Pays-Bas. Comme ce prince était mineur encore, personne n'osa disputer la régence et la tutelle à Maximilien, qui, étant le plus proche parent d'épée, y avait d'autant plus de droits que Jeanne de Castille, après la mort de son mari, était devenue entièrement folle. L'empereur commença donc par nommer Guillaume de

Croy, seigneur de Chièvres et baron d'Arschot, gouverneur du jeune prince, dont il confia l'éducation à Adrien Floriszoon, docteur de l'université de Louvain, et plus tard pape sous le nom d'Adrien VI.

Ce que Philippe le Beau avait redouté avant son départ pour l'Espagne était arrivé en effet. Charles de Gueldre profita de l'absence de l'archiduc pour recommencer les hostilités dans la Gueldre et dans le pays de Zutphen. Appuyé par le roi de France et par Robert de la Marck, il remit le désordre dans ces deux provinces. Les vaines attaques que Guillaume de Croy dirigea contre lui, et plus encore la nouvelle de la mort de l'archiduc, relevèrent singulièrement son courage. Il se jeta dans le Brabant, et s'avança jusque devant Tirlemont, d'où il fut bientôt forcé de se replier sur Ruremonde. Pendant ce temps, un grand nombre de pirates s'étaient mis à donner sur mer la chasse à tous les navires flamands et espagnols qu'ils rencontraient. Cette guerre se prolongea sans interruption jusqu'à la conclusion de la ligue de Cambrai en 1508, où le roi de France s'engagea à cesser de prêter son appui au prétendant Charles de Gueldre, et où il fut stipulé que les puissances belligérantes resteraient provisoirement dans la possession des territoires qu'elles occupaient. Cet arrangement toutefois ne remit point le repos dans les terres gueldroises, où Charles et sa remuante noblesse tenaient trop à la maison de France pour rester inactifs dans les divisions qui continuaient à régner entre ce royaume et la maison de Habsbourg, malgré les arrangements conclus en 1508.

Il s'était à peine écoulé deux années depuis l'acte de Cambrai, que les Gueldrois se trouvèrent en guerre avec l'évêché d'Utrecht, parce que les habitants de Kampen avaient mis à mort un chef de lansquenets qui, après la conclusion de la paix entre le Danemark et Lubeck, en 1510, vinrent offrir leurs services au duc Charles. Mais un accommodement ne tarda pas à intervenir entre ce prince et l'évêque, après d'énormes dégâts commis de part et d'autre.

Depuis l'an 1507, Maximilien avait chargé du gouvernement des Pays-Bas, au nom de son petit-fils, sa fille Marguerite. Cette princesse, après avoir d'abord été fiancée en 1497 à l'infant d'Espagne, fils de Ferdinand et d'Isabelle, qui mourut au bout de quelques mois, s'était remariée avec Philibert le Beau, duc de Savoie, qu'elle perdit après une union de quatre années : double veuvage qu'elle célébra elle-même par cette épitaphe, qu'elle se composa :

Ci-gît Margot, la gente damoiselle,
Qu'eut deux maris, et si mourut pucelle.

Cette femme, dont l'énergie valait celle d'un homme, s'appliqua d'abord à contenir le turbulent Charles de Gueldre, qui ne cessait de faire des incursions dans le Brabant, sans qu'elle réussît toutefois à mettre un terme à ces incessantes hostilités. Elle tourna aussi son attention du côté de la Frise, où les troubles qui avaient recommencé, surtout après la mort du duc Albert de Saxe, duraient depuis l'an 1501. Henri, fils du duc Albert, après avoir essayé vainement de se maintenir dans cette province, avait fini par vendre ses droits héréditaires à son frère Georges. Celui-ci n'avait pas été plus heureux, et, après s'être épuisé en luttes stériles, avait vendu à son tour les prétentions qu'il pouvait avoir sur la Frise au jeune roi Charles de Castille, pour la somme de trois cent cinquante mille florins du Rhin.

C'était précisément en l'année 1515. Charles venait d'atteindre sa majorité, et se fit inaugurer dans le duché de Brabant, dans le comté de Flandre, en Zéelande, en Hollande, et dans ses autres seigneuries des Pays-Bas. Il conclut une trêve d'un an avec la Gueldre, en attendant l'occasion de faire mieux, c'est-à-dire de prendre les armes.

CHAPITRE II,

DEPUIS LE COMMENCEMENT DU RÈGNE DE CHARLES-QUINT JUSQU'A L'ABDICATION DE CET EMPEREUR. 1515-1555.

Les premières années du règne de Charles-Quint furent pleines de calme. Les troubles avaient cessé dans la Gueldre, le duc Charles étant allé rejoindre avec ses chevaliers le roi François I, qui avait commencé en Italie cette guerre si désastreuse pour la France. Du côté de la France, les Pays-Bas se trouvaient sous la protection du traité de Noyon, conclu en 1516 avec François I, par Henri de Nassau, au nom du jeune Charles de Castille. Enfin, on était dans de si bons termes avec ce roi, qu'un mariage fut même négocié entre sa fille Louise et le roi Charles, sans toutefois que cette union vînt à s'accomplir.

La trêve conclue avec les Gueldrois, Charles-Quint voulut la mettre à profit pour s'emparer d'une partie de la Frise. Mais Charles de Gueldre lâcha contre lui une partie des lansquenets qu'il avait pris à sa solde. Ces furieux soudards entrèrent en Frise, et de là se jetèrent dans la Hollande septentrionale, où ils se livrèrent aux plus grands excès. Henri de Nassau, gouverneur de la Hollande, n'avait pas une armée assez forte pour pouvoir leur résister. Il fut battu. Après ce premier échec, les Hollandais coururent aux armes, refoulèrent les lansquenets dans la Gueldre, et assiégèrent eux-mêmes le duc Charles dans la ville d'Arnhem. Ce prince eût infailliblement succombé, si une heureuse circonstance ne lui fût venue en aide. Ferdinand le Catholique était mort au mois de janvier 1516, et le roi Charles était appelé en Espagne pour recueillir aussi l'héritage de la couronne d'Aragon. Cette circonstance facilita un accommodement qui fut conclu, au mois de septembre, à Utrecht, et en vertu duquel le duc Charles de Gueldre vendit au roi Charles ses prétentions sur la Frise pour la somme de cent mille écus.

Pendant tous ces désordres, l'évêque d'Utrecht, Frédéric de Bade, avait tant souffert, qu'il s'était pris d'un grand dégoût pour sa position. Il songea à vendre ou à échanger son diocèse. Un échange eût fortement contrarié l'empereur; et la vente aux conditions que Frédéric voulait stipuler était très-difficile. Enfin, on conclut un arrangement, d'après lequel les états de l'évêché et les chanoines d'Utrecht consentirent à conférer la crosse épiscopale à un bâtard de Philippe le Bon, qui, après avoir longtemps pratiqué le métier des armes, avait rempli avec quelque énergie le poste d'amiral des Pays-Bas. Si irrité que Charles de Gueldre dût être de ce choix, les états de son duché n'essayèrent point de s'y opposer, le pape ayant lui-même ratifié l'élection de Philippe de Bourgogne.

Mais bientôt arriva un événement plus important encore pour Charles-Quint que ne l'avait été la mort de Ferdinand le Catholique : ce fut celle de Maximilien, survenue en janvier 1519. Le trône de l'Empire ainsi devenu vacant, les princes électeurs y appelèrent le petit fils de ce vieux Max, dont le nom brille de tant d'éclat dans les fastes de l'Allemagne. Dès qu'il eut reçu la nouvelle de la mort de son aïeul, Charles avait quitté en toute hâte l'Espagne. Il n'accourut que pour ceindre la couronne impériale, que François I de France et Henri VIII d'Angleterre avaient essayé vainement de lui disputer.

Devant, dès ce moment, donner tous ses soins à l'Empire, Charles-Quint conféra définitivement l'administration des Pays-Bas à sa tante Marguerite, qui s'était jusqu'alors si bien acquittée de cette charge. Il lui forma une sorte de conseil d'État, dont les évêques de Liége et d'Utrecht firent partie. Enfin, sous ce conseil particulier il groupa le grand conseil de Malines, la cour de Hollande, le conseil de Brabant, les grands colléges et les gouverneurs des provinces, pour l'assister de leurs avis. Ce fut en quelque sorte une organisation nouvelle, dans laquelle les états virent une atteinte portée à leurs anciens priviléges et à leurs anciennes libertés. Mais ces libertés et ces priviléges, Charles les anéantit, en tant qu'ils s'opposaient à l'ordre nouveau qu'il voulait établir, et à l'unité nationale qu'il tendait à fonder. Avec leur concurrence pour la couronne impériale, commença la sanglante rivalité de François I et de Charles-Quint. Le premier réclamait Naples pour lui, la Navarre pour Henri d'Albret; l'empereur revendiquait le fief impérial du Milanais et le duché de Bourgogne.

Aussi, à peine l'administration des Pays-Bas se trouva-t-elle entièrement organisée, que la guerre éclata entre ces deux princes; ce fut en 1521. Elle commença d'abord dans la Navarre. L'empereur se trouvait précisément dans les Pays-Bas. Il réunit en toute hâte une armée dans les environs de Malines, la mit sous les ordres du comte de Nassau, et la dirigea contre les Français, qui avaient pénétré dans le Hainaut, pour opérer de ce côté une utile diversion.

Mais, pendant ce temps, la Gueldre recommença à se remuer. Le duc Charles agitait de nouveau la Frise, malgré le traité conclu avec l'empereur, et lança les partisans qu'il y avait gardés contre les îles hollandaises de Texel et de Wieringen. Il s'empara de Zwolle, et couvrit le Zuyderzée de corsaires qui inquiétaient le commerce de toutes les villes de Hollande.

Dans ces entrefaites, Charles-Quint, après avoir arrangé les affaires les plus pressantes de l'Empire, rentra en Belgique en 1522 On crut qu'il allait venir mettre les mains à celles qui restaient à terminer dans les Pays-Bas; mais il ne fit que traverser les provinces, pour s'embarquer en Zéelande et gagner l'Espagne, où la guerre avec la France lui-suscitait de grands embarras. Il relâcha un moment en Angleterre, pour se fiancer à la princesse Marie, fille du roi Henri VIII, et obtenir un corps de troupes anglaises dont il renforça les hommes d'armes flamands qui, sous les ordres du comte de Buren, avaient pénétré jusque dans la Picardie, en chassant devant eux les bannières françaises.

Cependant les désordres continuaient toujours dans la Frise, où Charles de Gueldre ne cessait de souffler le feu. Lui-même s'était installé dans l'Over-Yssel, et inquiétait vivement l'évêque d'Utrecht. Ce prélat, après avoir vainement tenté de se remettre en possession de cette partie de son territoire, était parvenu à exciter la gouvernante Marguerite à prendre enfin des mesures sérieuses pour réduire complétement le parti gueldrois en Frise. Au printemps de l'an 1522, elle y envoya une petite troupe de soldats, qui réussit à porter les gens de Sneek à se déclarer contre le duc de Gueldre. Peu de temps après, les états d'Ostrachie et de Westrachie s'assemblèrent, et acceptèrent enfin l'autorité des comtes de Hollande au nom de l'empereur et de l'Empire, à condition que leur pays serait administré par un gouverneur, auquel serait adjoint un conseil composé de douze membres des états. Cette convention conclue, plusieurs villes frisonnes n'en restèrent pas moins au pouvoir des Gueldrois. Celle de Groningue y demeura jusqu'en 1536. La plupart cependant furent conquises presque aussitôt après la soumission des Frisons.

Peu de temps avant cet arrangement, Antoine de Lalaing, gouverneur de Hollande, avait conclu avec Charles de Gueldre une trêve, qui fut dès lors d'autant moins observée, que le parti pris par les gens de Frise venait de ruiner entièrement l'appui que ce prince avait jusqu'à ce moment trouvé chez eux. En effet, les hostilités continuèrent comme auparavant; et, en 1523, une troupe de Gueldrois pénétra en Hollande jusqu'à Leyde, et livra la ville de la Haye au pillage. Enfin, une nouvelle trêve intervint l'année suivante, et la guerre cette fois fut suspendue pour la durée d'un an.

Cependant la lutte allumée entre la France et Charles-Quint avait pris un développement effrayant. La bataille de Pavie, en faisant tomber François I entre les mains de l'empereur, donna lieu à la trêve de six mois qui fut signée à Bréda, au mois de juin 1525, entre la gouvernante des Pays-Bas et la régente de France. Cet acte fut suivi, bientôt après, du traité de Madrid, par lequel François I s'engageait à abandonner Charles de Gueldre : mais ce traité, le roi ne l'observa point, et il recommença, aussitôt qu'il eut été relâché, les hostilités en Italie. Le renouvellement de cette lutte acharnée n'exerça, il faut le dire, aucune influence sur les affaires de la Gueldre; car la trêve d'un an, signée en 1524, avait été prorogée pour le même terme, et elle était scrupuleusement observée. Mais tout à coup la tranquillité fut de nouveau troublée par un événement imprévu.

L'évêque Philippe de Bourgogne était mort, et Henri de Bavière avait été investi de la crosse d'Utrecht en 1524. Un de ses premiers soins fut de chercher à réunir aux terres de l'évêché le pays d'Over-Yssel, où Charles de Gueldre se maintenait toujours. Ainsi tout se trouva bientôt en trouble et en discorde. Mais la lutte tourna tellement au désavantage de l'évêque, que, réduit à la dernière extrémité, il offrit de faire la cession des terres de son évêché à l'empereur, si celui-ci s'engageait à les défendre contre la Gueldre, et à payer au prélat une rente annuelle. Cette offre était d'un immense avantage pour le Brabant aussi bien que pour la Hollande et la Zéelande. Aussi la gouvernante Marguerite s'empressa-t-elle de l'accepter.

Dès que Charles de Gueldre connut cette négociation, il résolut de surprendre les Hollandais, et envoya contre eux son maréchal Martin van Rossem, avec un corps de deux mille lansquenets. Ces troupes s'avancèrent, sous la protection des couleurs autrichiennes, jusque près de la Haye; puis tout à coup elles arborèrent le drapeau gueldrois et tombèrent sur cette ville, où elles se livrèrent au pillage le plus furieux. Il fallait s'opposer au plus vite à cette expédition : aussi, une armée imposante fut mise sur pied, et confiée au commandement du comte de Buren.

Mais de graves complications étaient survenues, qui rendaient la guerre extrêmement impopulaire. Le roi d'Angleterre avait abandonné le parti de Charles-Quint, pour s'attacher à celui de François I; de sorte que tout commerce entre les Pays-Bas et l'Angleterre était de nouveau interrompu. Cette circonstance décida l'acceptation d'une trêve de six mois avec Henri. La France y accéda, et Charles de Gueldre y fut compris, à condition qu'il évacuerait les terres de l'évêché d'Utrecht, celles de Groningue et le reste de la Frise. Mais, comme il n'exécutait point cette stipulation, on fut réduit à l'y forcer par les armes, et on y parvint. Alors s'éleva une nouvelle difficulté. La ville de Tournai et le Tournaisis avaient été pris par les troupes de Charles-Quint au commencement de la guerre contre la France, et avaient été incorporés à la province de Flandre. Les Hollandais prétendirent que l'évêché d'Utrecht fût réuni de même à leur comté. L'empereur toutefois en décida autrement. Comme le Brabant avait contribué, aussi bien que la Hollande, aux frais de la guerre contre la Gueldre, il résolut que l'évêché serait tenu à la fois comme terre brabançonne et comme terre hollandaise. Ce fut là un motif de profond mécontentement, qui eut pour résultat de faire ériger ce pays en province particulière, sous une administration spéciale.

Ce grand succès fut poursuivi avec ardeur, et couronné, peu de temps après, par la soumission du duc de Gueldre, qui la vendit à prix d'argent. Elle eut lieu par un traité conclu en 1528 à Gorinchem, et mit un terme à ces longues et désastreuses hostilités.

Mais les plaies que cette guerre avait ouvertes furent loin de se cicatriser de sitôt. A peine la paix fut-elle bien établie à l'intérieur, que d'autres causes de mécontentement vinrent se produire. La gouvernante demanda aux états de Hollande des sommes considérables pour ériger des forteresses dans le pays d'Utrecht, pour l'entretien des troupes destinées à former ces garnisons nouvelles ; et pour payer à l'évêque d'Utrecht et au duc de Gueldre les sommes convenues dans les arrangements conclus avec eux. Toutefois on finit par céder, et on paya.

Le calme ainsi ramené dans les provinces du nord, on songea aussi à rétablir le repos dans celles du midi. Le 5 juillet 1529, la mère et la sœur du roi François I ouvrirent à Cambrai des conférences avec la régente des Pays-Bas, Marguerite d'Autriche, dans le but de négocier une paix solide entre la France et l'empereur. Un mois après, elle fut conclue, et prit le nom de *Paix des trois dames*. La princesse Marguerite y donna de nouvelles preuves de l'habileté diplomatique qu'elle avait révélée dans l'acte de Cambrai de 1508. Ce traité, qui ne faisait que renouveler à peu près toutes les clauses de celui signé à Madrid par François I, stipulait que la Bourgogne resterait au roi de France ; que le Charolais appartiendrait à madame Marguerite d'Autriche, et après elle à Charles-Quint ; que le roi abandonnait ses prétentions sur la Flandre, sur l'Artois, et sur les villes et châtellenies de Lille, Douai et Orchies ; que Tournai et la province de Tournaisis resteraient incorporés à la Flandre ; que le roi payerait deux millions d'écus d'or au soleil pour la rançon de ses deux fils donnés comme otages, lorsque, après le traité de Madrid, il fut remis en liberté ; qu'il rendrait les villes du Milanais que ses troupes occupaient encore ; qu'il renoncerait à ses tentatives sur la ville de Gênes ; qu'il consentait que Charles de Gueldre restât vassal de l'empereur, selon les conventions signées à Gorinchem ; et enfin qu'il épouserait Éléonore, reine douairière de Portugal, et sœur de Charles-Quint. Cet acte fut suivi d'un traité de paix et d'amitié avec l'Angleterre, et, bientôt après, d'un événement qui fut un coup douloureux pour toutes nos provinces : nous voulons dire la mort de Marguerite d'Autriche. Cette princesse, qui était poëte et musicienne, qui prit une si grande place dans notre histoire littéraire et dans notre histoire politique, qui aimait à s'entourer de savants et d'artistes dont elle encourageait les travaux, mourut à Malines le 1er décembre 1530 [1].

Cette mort laissa dans le gouvernement de nos provinces un vide que ne put combler Marie, sœur de l'empereur Charles-Quint et veuve du roi Louis de Hongrie, qui fut appelée, en 1536, à la régence des Pays-Bas.

Dès cette époque apparaissent les germes des luttes effroyables qui ensanglantèrent notre sol pendant quatre-vingts ans. Le mouvement imprimé par Luther aux idées religieuses s'était propagé dans les Pays-Bas, et la réformation trouva de chauds partisans d'abord dans la Frise, dans le pays de Groningue et dans celui de Drenthe, où les doctrines nouvelles envahirent bientôt les églises et les chaires. Peu à peu elles s'avancèrent dans la partie méridionale de nos provinces. La traduction flamande qui avait été faite de la Bible, presque en même temps que celle publiée en allemand par Luther, contribua puissamment à remuer les esprits. En vain Charles-Quint mit-il dans les Pays-Bas plus de sévérité encore que dans le reste de l'Empire à arrêter la propagation de ce livre et à maintenir l'édit de Worms : le livre courait plus vite que la rigueur et les menaces. Aussi l'empereur nomma deux inquisiteurs de la foi, Nicolas Van der Hulst, membre du conseil de Brabant, et un

---

[1] Parmi les manuscrits de la bibliothèque de Bourgogne à Bruxelles, il se trouve plusieurs recueils de poésies dues à Marguerite d'Autriche. Nous en avons publié quelques-unes dans notre *Essai sur l'histoire de la poésie française en Belgique*; Bruxelles, 1838.

carmélite, Nicolas Van Egmont, qui, par leur zèle outré, servirent plutôt qu'ils n'empêchèrent la diffusion des idées de la réforme. Jean de Bakker, prêtre à Woerden, paya le premier de sa tête son adhésion à ces doctrines. D'autres exécutions se firent bientôt dans d'autres villes, et elles ne servirent qu'à exaspérer de plus en plus les populations. A Bois-le-Duc, on chassa les moines, et la régente dut employer la force pour les rétablir dans leurs couvents. A Anvers particulièrement, l'hérésie trouva un foyer où elle put s'établir à son aise, grâce au concours des marchands étrangers, des allemands surtout, qui fréquentaient en si grand nombre ce port, devenu le plus important des Pays-Bas depuis la décadence de Bruges.

En Hollande, la secte des anabaptistes prit en peu de temps un développement presque effrayant. Ils se rendaient par troupes à Munster, où un tailleur de Leyden, Jean Beucoldsz, s'était posé *Roi de la paix et du nouveau royaume de Jérusalem*. De toutes parts on s'érigeait en communautés, où Rome était attaquée avec une violence extrême. Et on ne se bornait pas à des paroles et à des invectives seulement; on s'armait pour soutenir et pour défendre par le bras les convictions nouvelles qu'on avait dans la tête. Le désordre était partout.

En 1533, l'empereur avait rendu un édit dans lequel il promettait le pardon à ceux qui reconnaîtraient leur erreur et retourneraient à l'Église romaine, et menaçait en même temps de peines sévères ceux qui persisteraient dans leur révolte. Cet acte n'avait fait qu'enflammer de plus en plus la fureur de ces fanatiques.

Dans ces entrefaites, la guerre éclata de nouveau, en 1536, entre l'empereur et François I. Charles de Gueldre, qui s'était reconnu en 1534 vassal de la France pour une somme de cinquante mille livres tournois, et que l'empereur avait, pour le punir de cette déloyauté, dépouillé des terres de Groningue et de Drenthe, dont il l'avait laissé investi, s'arma de son côté, et montra des intentions hostiles contre la Hollande, au moment où la France armait de nouveau. Les états de ce comté voulurent d'abord traiter avec lui; mais il posa pour condition première qu'on lui restituerait Groningue, et il fit armer des bâtiments de guerre dans les ports de Harderwyk et d'Elburg. Cette circonstance porta les états de Hollande à revenir avec instance au désir qu'ils avaient déjà manifesté de voir réunir au comté les terres de l'évêché d'Utrecht. Ce désir reçut en partie son accomplissement.

Cependant on négociait toujours avec le duc de Gueldre; car il importait de l'empêcher de prendre part à la lutte qui allait s'engager. Enfin on tomba d'accord. L'empereur l'amena à renoncer à Groningue et à Drenthe, moyennant une somme de trente-cinq mille carolus et une rente viagère de vingt-cinq mille.

Dès le mois de mars 1537, une armée française s'avança contre Hesdin. Le danger était pressant. La reine gouvernante, qui, dès le mois d'octobre précédent, avait inutilement demandé aux états du pays de l'argent pour conduire la guerre, se trouvait dans le plus grave embarras; mais les nobles lui vinrent en aide, et lui avancèrent les sommes nécessaires. Cependant les états généraux s'assemblèrent à Bruxelles. Les Brabançons furent les premiers à consentir le subside demandé, tandis que les Flamands, les Hollandais et les Zéelandais firent de grandes difficultés. Pourtant le danger devenait plus pressant chaque heure; Hesdin était pris par les Français. Heureusement le subside fut accordé, et le comte de Buren s'empara des villes de Saint-Pol et de Montreuil. Mais ce succès ne rendit pas entièrement inutile une trêve de dix mois, qui fut conclue le 30 juillet avec la France. Cette trêve fut bientôt prolongée de dix ans, grâce à la médiation du pape.

Au moment où les Français s'étaient avancés sous les remparts d'Hesdin, Charles de Gueldre avait aussi recommencé à agir. Il s'était porté sur Enkhuisen, mais il n'avait pas réussi à se rendre maître de cette ville. Ayant ainsi échoué, il essaya d'engager les états de son duché à prêter le serment de fidélité à la France, afin d'empêcher par là que, après sa mort, les princes de la maison de Habsbourg s'emparassent du pays. Mais il rencontra en eux la plus vive résistance, et excita même la fureur populaire au point que ses châteaux furent attaqués et pillés, et que plusieurs villes admirent des garnisons autrichiennes et clévoises. Toutefois il s'entendit avec eux, et consentit au mariage de sa nièce, Anne de Lorraine, avec Guillaume de Clèves, auquel il assura la succession de la Gueldre. Les états voulurent qu'en outre il résignât, de son vivant, le gouvernement du duché en faveur de ce prince. Mais il fut tellement affligé de cette combinaison, qu'il en tomba malade, et qu'il mourut le 30 juin 1538 à Arnhem. L'empereur se vit ainsi délivré d'un de ses ennemis les plus constants et les plus acharnés.

Les idées de la réforme se propageaient de plus en plus. Elles pénétraient dans toutes les classes de la société. Ce fut dans ce moment que Charles-Quint fit faire, dans les Pays-Bas, des préparatifs pour une grande expédition contre Constantinople. Mais cette fois la guerre fut arrêtée par une trêve conclue avec le sultan.

Si on n'en vint pas aux mains au dehors, un événement éclata tout à coup à l'intérieur, qui remit le repos du pays en danger : ce fut la révolte de Gand.

Dans la question des subsides demandés aux états par la gouvernante des Pays-Bas, au moment où les hostilités avaient recommencé avec la France, les Gantois avaient témoigné le plus d'opposition : ils avaient refusé d'y contribuer, même après que, la ville de Hesdin ayant été prise, les députés du Brabant eurent accordé les sommes nécessaires. La Flandre y avait été taxée pour quatre cent mille florins. Trois membres, Bruges, Ypres et le Franc, avaient donné leur consentement ; et la gouvernante établit, pour subvenir à cette somme, des droits sur les marchandises dans les villes, et des taxes sur les chemins dans les villages. Les Gantois seuls avaient persisté dans leur refus, prétendant que, selon leurs anciens priviléges, on ne pouvait leur imposer aucune taxe sans qu'ils s'y fussent formellement soumis. La gouvernante, de son côté, entendait que, les états de Flandre ayant consenti, l'opposition d'une ville devait céder. Après avoir épuisé les moyens de douceur, elle résolut donc, pour forcer cette commune, de faire arrêter les Gantois qui se trouvaient dans les autres villes des provinces. La commune, placée ainsi dans un grand embarras, invoqua la médiation des autres membres de la Flandre, et s'adressa à l'empereur. Mais Charles-Quint permit que la gouvernante et ceux de Gand soumissent la décision de ce différend à la sagesse du grand conseil de Malines. Les Gantois se refusèrent à accepter l'arbitrage de ce tribunal, et les prisonniers eux-mêmes ne voulurent pas consentir à racheter leur liberté.

Cette affaire s'était longtemps prolongée, et l'irritation était parvenue à son comble. On disait même que ceux de Gand avaient envoyé des lettres et des émissaires au roi de France, pour lui offrir la souveraineté de la Flandre, s'il voulait leur assurer sa protection de suzerain. Cependant la gouvernante avait commencé à exécuter les villages et les petites villes du quartier de Gand, et prenait des mesures pour affermer les accises. En cette circonstance, le magistrat convoqua la commune gantoise, pour délibérer sur le parti qu'il convenait de prendre. Les bons bourgeois étaient d'avis qu'il fallait se soumettre, tandis que les métiers voulaient qu'on persistât dans le refus, et qu'on allât en armes au secours des paysans. Les tisserands, retrouvant enfin une partie de cette énergie qui avait animé leurs aïeux dans les luttes gigantesques du XIVe siècle, ne purent contenir leur fureur. Ils allèrent jusqu'à proposer la réforme du gouvernement.

La gouvernante était précisément sur le point de partir pour la Hollande, au moment où elle apprit cette délibération hardie. Cependant elle ne céda pas. Elle se contenta d'écrire qu'à son retour, elle aviserait aux moyens de rétablir l'ordre; et elle ordonna que l'on continuât les exécutions avec activité.

Dans ces entrefaites, le mois d'août arriva, c'est-à-dire l'époque du renouvellement du magistrat. Les métiers s'opposèrent à ce qu'il y fût procédé avant qu'il eût été fait droit à leurs réclamations, qui étaient : d'abord, le rétablissement de tous les anciens priviléges; ensuite, l'impression et la publication de ces priviléges en langue flamande; enfin, l'enregistrement des noms de tous ceux qui avaient contribué, par conseil ou par acte, à presser de taxes la ville de Gand. Ces réclamations étaient fondées surtout sur une charte imaginaire qu'on appelait le *rachat de la Flandre*. D'après une ancienne tradition, un des comtes de Flandre, après avoir perdu au jeu son pays à un comte de Hollande, aurait été remis en possession de son fief par la générosité des Gantois, qui le rachetèrent, à condition que jamais aucune taxe ne pourrait y être levée sans leur consentement. Le peuple demanda que le titre de cette charte lui fût délivré. Comme la chose était impossible, il accusa le magistrat d'avoir détourné ou détruit la charte fabuleuse, et jeta en prison tous les membres de ce corps qui n'avaient pas eu le temps de se mettre en sûreté. Ils eurent beau protester qu'ils n'avaient aucune connaissance de cet acte : on les appliqua à la question, pour leur arracher un aveu impossible à faire. Le grand doyen Liévin Pyl fut si cruellement maltraité, qu'on dut le reporter dans un fauteuil; ses blessures n'empêchèrent pas les métiers de demander qu'il fût décapité. Le populaire porta sa fureur jusqu'à mettre à prix la tête des magistrats fugitifs, tout en s'acharnant contre ceux qui étaient restés entre ses mains. En vain Lambert Beyaerde, président du grand conseil de Malines, et Adolphe de Bourgogne, seigneur de Beveren, vinrent-ils essayer de calmer les esprits. Les Gantois s'échauffaient de plus en plus; ils voulaient qu'il leur fût permis de rétablir ces compagnies de Chaperons blancs, qui avaient autrefois si intrépidement combattu pour la cause de la liberté; ils réclamaient, en outre, qu'on supprimât les tribunaux des petites villes, pour donner plus d'importance à celui de leur ressort; et, enfin, que l'ordonnance fût abolie par laquelle Maximilien et Philippe le Beau avaient annulé les priviléges de la commune. La gouvernante céda, et accorda ces demandes. Mais les Gantois n'en devenaient que plus exigeants, et bientôt ils ne mirent plus de bornes à leur rébellion. Ils commencèrent à attaquer les châteaux, pour y placer des garnisons. Celui de Gaveren était déjà investi.

En ce moment le comte de Rœulx, gouverneur de Flandre, arriva d'Espagne avec les ordres de l'empereur. Il se rendit directement à Gand, où il essaya tous les moyens de calmer l'exaltation du peuple; mais rien de ce qu'il put faire ne réussit. Les métiers tinrent bon. La commune cependant demanda huit jours pour délibérer sur les propositions de paix que le gouverneur venait de lui faire. Mais celui-ci n'en ayant accordé que trois, les *Kresers* ou crocheteurs (nom que la faction populaire s'était donné) rompirent tout à coup les négociations. Le désordre était à son comble. Les échevins saisirent ce moment pour faire ouvrir les prisons, et procurer l'évasion des magistrats prisonniers. Le gouverneur lui-même se sauva avec eux.

L'empereur, instruit de ce qui venait de se passer, jugea les circonstances assez graves pour nécessiter son départ pour les Pays-Bas. Le chemin le plus court étant par la France, il se décida à le prendre, et à demander un sauf-conduit à François I. Ses conseillers lui représentèrent vainement le péril auquel il allait s'exposer, lui disant que les Français seraient bien faibles ou bien aveugles, s'ils ne le retenaient prisonnier. Il se contenta de leur répondre : « Ils sont l'un et l'autre. » Il obtint le sauf-conduit, contre la promesse de terminer l'affaire du Milanais à la satisfaction du roi, et prit route par la France, accompagné de cent personnes seulement. Il passa par Paris, et fut partout l'objet des plus grandes prévenances.

Au moment où Charles-Quint arriva en Belgique, son frère Ferdinand s'y trouvait déjà avec deux régiments d'infanterie allemande. Une armée, rassemblée grâce aux soins du comte de Nassau, se tenait prête, et l'attendait aussi. Il se mit incontinent à la tête de ses troupes, et se dirigea vers la ville rebelle. La consternation fut grande parmi les Gantois, quand ils apprirent l'arrivée de l'empereur. Ils lui envoyèrent des députés, pour implorer sa clémence. Il leur répondit qu'il voulait paraître au milieu d'eux en juge et en souverain, le sceptre d'une main, et l'épée de l'autre. Il fit son entrée dans la ville le 24 février 1540, le jour anniversaire de sa naissance. Il était accompagné de sa sœur Marie, de son frère Ferdinand, roi des Romains, et de la plupart des seigneurs belges, qui lui avaient amené quinze cents chevaux. Après s'être assuré des portes et des avenues de Gand, il manda devant lui les membres de la noblesse et du conseil de Flandre. L'orateur de la députation lui exposa toute l'affaire, énuméra toutes les sommes qu'on avait exigées de la ville depuis l'avénement de l'empereur, et finit par demander la suppression du nouvel impôt, qui était contraire aux priviléges de la commune, comme il le prouvait par la charte du comte Gui, de 1296 ; par celle du comte Louis de Nevers, de 1334 ; et par le Grand Privilége de la duchesse Marie, de 1477. Charles-Quint fit répondre par l'avocat fiscal, et combattre les arguments de l'orateur des Gantois. Ensuite il prononça, le 30 avril, une sentence par laquelle il déclara le peuple de Gand coupable du crime de lèse-majesté ; en conséquence, il décida que les Gantois seraient dépouillés de leurs libertés, immunités, privilèges et coutumes ; que leurs biens, revenus, maisons, armes, canons, et autres semblables munitions ou attirails de guerre, appartenant à la ville ou aux métiers, ainsi que la cloche du tocsin, nommée Roland, seraient confisqués au profit de l'empereur ; qu'il serait interdit de fondre à l'avenir des canons ; que, outre la part à laquelle la ville avait été taxée dans le subside de quatre cent mille florins, ils payeraient celle de cent cinquante mille florins une fois ; et en outre, tous les ans, six mille florins à perpétuité ; enfin, que les magistrats, les syndics, les greffiers, avec trente des plus notables bourgeois et le doyen des tisserands, vêtus d'une robe noire traînante, et tête nue, six hommes de chaque métier, cinquante de celui des tisserands et cinquante des *Kresers*, ces derniers vêtus d'une simple chemise, la corde au cou, lui demanderaient publiquement pardon à genoux et à haute voix, par l'organe du syndic, des attentats commis contre la personne de l'empereur et de la reine.

Le même jour, il publia un édit qui abolissait l'ancienne forme d'administration, et prescrivait un nouveau mode de gouvernement pour la ville : il porta le même édit contre la ville d'Oudenaerde, qui avait pris le parti des rebelles. Enfin, il fit trancher la tête à vingt-six des principaux chefs de la sédition, en frappa d'autres de confiscation, et en condamna plusieurs à des pèlerinages lointains. Pour laisser à Gand un monument de sa sévérité, et empêcher à l'avenir le renouvellement de toute émeute, il fit ériger une citadelle, aux frais de la commune.

Quand il eut ainsi réduit les Gantois, il leva le masque, et ne répondit que par des paroles évasives aux ambassadeurs français, qui le pressaient de tenir la promesse qu'il avait faite au sujet du Milanais. Il nia même, avec une condamnable déloyauté, qu'il eût rien promis.

Après avoir réglé quelques affaires d'intérieur, nommé le prince René d'Orange-Nassau gouverneur de Hollande, de Zéelande et d'Utrecht, et réuni à Bruxelles les états du pays, pour concerter des mesures contre les hérétiques, il reprit le chemin de l'Allemagne.

Dans ces entrefaites Charles de Gueldre étant mort, Guillaume de Clèves, qui avait succédé à son père en 1539, s'était mis également en possession de la Gueldre, en vertu de la cession qui lui en avait été faite. Il convoqua aussitôt une assemblée des états du duché à Ruremonde, où se présentèrent des députés d'Antoine de Lorraine, qui vinrent élever des prétentions sur la Gueldre, leur maître étant le plus proche parent mâle du feu duc Charles. L'empereur fit aussi exprimer aux états son étonnement sur le parti qu'ils avaient pris pour Guillaume de Clèves. Malgré ces réclamations et ces remontrances, ils prêtèrent le serment de fidélité à leur nouveau duc, qui entreprit immédiatement le gouvernement du pays. L'affaire fut portée devant la diète de l'Empire, où Guillaume fit valoir les droits de la maison de Clèves, mais où rien ne fut décidé. Enfin, au moment où Charles-Quint se mit à la tête de l'armée réunie pour réduire les Gantois, le bruit se répandit que ces forces, après avoir atteint leur but, seraient conduites contre la Gueldre. Guillaume convoqua donc en toute hâte les états du duché, qui lui promirent de le soutenir de leurs biens et de leurs personnes jusqu'à la dernière extrémité. Ils lui fournirent l'argent nécessaire pour la défense du pays; et quand les préparatifs furent terminés, il chercha à s'assurer de l'appui du roi de France. Mais Gand soumis, l'empereur ne tourna point son épée contre les Gueldrois; et il présenta de nouveau à la diète la question en litige. Les princes, après l'avoir examinée; laissèrent Charles-Quint libre de chercher à faire valoir par les armes ses droits sur le duché de Gueldre.

Pendant ce temps, Guillaume de Clèves s'était rendu secrètement à Amboise, pour obtenir des secours de François I. Durant son séjour en cette ville, il épousa Jeanne de Navarre, qui devint plus tard mère de Henri IV; et cette princesse reçut en dot la Gueldre, dont Guillaume venait de faire hommage au roi. Bientôt après, la guerre recommença entre François et Charles-Quint, pour des motifs qui ne se rattachent point à l'histoire des Pays-Bas. Toutefois ce furent encore ces provinces qui fournirent de l'argent, comme toujours, pour des querelles qui ne les regardaient point. Seulement, quelques mois plus tard, cette affaire devint aussi la leur. Les Français ouvrirent la campagne en s'avançant dans le Hainaut, et en mettant le siége devant Landrecies. Puis ils tombèrent sur le Luxembourg, et s'emparèrent de tout ce duché jusqu'à Thionville. Mais ce succès ne fut pas de longue durée; car le comte d'Orange-Nassau, gouverneur de Hollande, accourut avec une armée, et força les troupes françaises à la retraite.

Au moment où le comte de Nassau était ainsi occupé à chasser l'ennemi, on apprit que Martin Van Rossem, maréchal de Gueldre, rassemblait des troupes. Il avait déjà commencé par lancer quelques corsaires sur le Zuyderzée. Il se jeta dans le Brabant, et commit de grands dégâts sur le territoire de Bois-le-Duc. Il prit le château de Hoogstraeten, et signalait chaque jour par un nouveau progrès. Le prince d'Orange rentra en toute hâte dans sa seigneurie de Bréda, et marcha contre Hoogstraeten; mais il fut forcé de se replier sur Anvers. Van Rossem le suivit jusque sous les murs de cette ville, dont il essaya vainement de s'emparer. D'Anvers, le capitaine gueldrois se dirigea vers Malines, mettant partout le pays à rançon. Après avoir échoué dans une attaque qu'il essaya sur Louvain, il sortit du Brabant et alla se joindre aux Français, qui étaient rentrés dans le Luxembourg.

Le maréchal de Gueldre s'étant dirigé de ce côté, le prince d'Orange s'avança avec une armée imposante sur les terres gueldroises. Ce mouvement y fit revenir tout à coup Martin Van Rossem, pendant que les Français, voyant toutes les forces du prince occupées ailleurs, poussèrent leurs progrès dans le Hainaut, et se fortifièrent à Landrecies, dont ils s'étaient emparés.

Le danger pressait. Aussi l'empereur, sentant combien sa présence était nécessaire dans les Pays-Bas, descendit le Rhin avec un grand nombre de troupes, au milieu de l'été de l'an 1542. Il avait avec lui quatorze mille lansquenets allemands, quatre mille Italiens, autant d'Espagnols, et quatre mille six cents cavaliers allemands, wallons et albanais, pendant que le prince d'Orange avait déjà sous ses ordres douze mille fantassins et deux mille hommes de cavalerie. Guillaume de Clèves ne put tenir devant des forces aussi supérieures. Dans les premiers jours de septembre, il vint lui-même dans l'armée impériale, campée à Venloo, offrir sa soumission à Charles-Quint: il obtint sa grâce, à condition qu'il maintiendrait dans ses États la religion catholique; qu'il renoncerait à l'alliance du Danemark et de la France; qu'il jurerait fidélité et obéissance à l'empereur, au roi Ferdinand et à l'Empire; qu'il s'engagerait à ne conclure jamais un traité contre l'empereur ou ses héritiers, mais au contraire à les comprendre toujours dans les appointements qu'il pourrait faire; enfin, qu'il abandonnerait à l'empereur et à ses héritiers la Gueldre et le pays de Zutphen. Guillaume accepta ces conditions; et la Gueldre avec ses dépendances prêta le serment d'hommage à Charles-Quint, maître maintenant de toutes les provinces des Pays-Bas, la principauté de Liége exceptée.

Ces seigneuries assurées à sa maison, l'empereur tourna son attention vers la France. On commença par le siége de Landrecies; mais il fut bientôt abandonné, une armée française s'étant avancée pour dégager cette ville. On ne resta pas inactif cependant; Cambrai et Câteau-Cambrésis furent repris. Arlon fut reconquis dans le Luxembourg, que les Français occupaient de nouveau jusqu'à Thionville.

Dans ces entrefaites l'hiver arriva, et il fut activement employé à des négociations. L'empereur gagna dans le roi d'Angleterre un puissant allié contre la France. Il détacha Christiern III, de Danemark, de l'alliance française, et obtint pour ses sujets des Pays-Bas la liberté de naviguer dans la Baltique. Enfin, dans la diète de Spire, il se procura l'aide de l'Empire romain contre François I.

Au printemps, il se trouva en état de se mettre énergiquement sur l'offensive. La ville de Luxembourg fut reprise; Commercy et Ligny tombèrent au pouvoir des troupes impériales. Le chemin de Paris était ouvert, et il aurait fallu marcher sur cette capitale. Mais l'empereur s'arrêta devant Saint-Dizier, tandis que Henri VIII perdit son temps devant Montreuil et Boulogne. Ces retards sauvèrent peut-être la capitale française; car des négociations furent entamées, et bientôt la paix de Crespy intervint. Cet acte était d'une haute importance pour les provinces belges; car il rompit, par une de ses stipulations, le lien féodal qui avait, depuis si longtemps, rattaché à la France les comtés d'Artois et de Flandre; et, par une autre de ses clauses, il anéantit toutes les prétentions du roi de France sur la Gueldre.

Maintenant que l'empereur venait de triompher de tous ses ennemis du côté des Pays-Bas, il songea à établir d'une manière plus solide son autorité en Allemagne, où elle se trouvait gravement compromise par les luthériens, à la tête desquels s'étaient placés l'électeur de Saxe et le landgrave de Hesse. Ce fut une occasion nouvelle de demander de l'argent aux provinces des Pays-Bas, déjà épuisées par tant de guerres et de subsides. Elles fournirent aussi des troupes, que commandait en grande partie le comte Maximilien de Buren, et dans lesquelles servaient le comte Lamoral d'Egmont, Henri de Brederode, et plusieurs autres seigneurs des premières maisons flamandes. Les protestants, abandonnés de la France, de l'Angleterre et du Danemark, succombèrent sous la trahison et sous les armes impériales. Les victoires remportées par Charles-Quint sur ce parti, en 1548 et en 1549, contribuèrent à établir des rapports tout à fait nouveaux entre les Pays-Bas et l'empire d'Allemagne.

Nous allons ici en expliquer la nature.

Les Pays-Bas bourguignons avaient, depuis le règne d'Othon le Grand, appartenu sans contestation à l'empire d'Allemagne, à l'exception de la Flandre occidentale et de l'Artois, qui étaient fiefs français. En l'an 1500, l'Empire ayant été divisé en différents cercles pour les besoins de l'administration, le duché de Gueldre, la principauté de Liége, l'évêché d'Utrecht, et le territoire situé sur la rive droite de la Meuse, furent compris dans le cercle de Westphalie; les seigneuries de l'ancien duché de la basse Lotharingie, situées sur la rive gauche de la Meuse, ainsi que les comtés de Hollande et de Zéelande, furent enfermées dans le cercle du Rhin; et plus tard, en 1512, elles reçurent la dénomination de cercle de Bourgogne, pour autant qu'elles se trouvaient appartenir à la maison de Habsbourg. Par suite de cette division, les princes de l'Empire demandèrent, à plusieurs reprises, que les Pays-Bas fussent soumis au payement des taxes impériales, que ces pays avaient cessé de fournir depuis la mort du dernier duc de Brabant. Ces réclamations devinrent surtout très-pressantes en 1543, et plus vives encore l'année suivante. Charles-Quint y résista longtemps, parce qu'il craignait que les subsides impériaux, auxquels ces provinces auraient été soumises, ne diminuassent d'autant les subsides particuliers qu'il avait l'habitude d'en tirer pour ses propres guerres. Enfin, le 26 juin 1548, l'Empire décida, à la diète d'Augsbourg, que les Pays-Bas bourguignons, y compris Utrecht, la Gueldre et Zutphen, formeraient le cercle de Bourgogne, et payeraient annuellement autant que deux électorats. La Flandre et l'Artois, qui avaient cessé d'être considérés comme des fiefs français depuis le traité de Crespy, furent incorporés dans ce cercle, de même que l'Over-Yssel, Drenthe, Groningue et la Frise, comme dépendances de la Hollande et d'Utrecht.

Cependant cette réunion des Pays-Bas à l'empire d'Allemagne était plutôt nominale que réelle; et au fond elle ne se bornait qu'au payement des taxes impériales, comme prix de la protection qu'ils en recevaient. Sans doute, en agissant ainsi, Charles-Quint trahissait son devoir d'empereur; car il rompait, en faveur des intérêts de sa famille, le lien qui rattachait ces provinces au grand corps de l'Empire, et qu'il aurait dû rétablir s'il avait écouté la voix de la justice. Mais il fut cruellement puni dans son fils de cette lésion apportée à ses devoirs.

Ce que son père avait commencé, Philippe II le continua plus tard. Les provinces belges sentaient trop bien quelles bornes solides elles avaient toujours trouvées à l'arbitraire de leurs princes, dans leur réunion à l'Empire, pour ne pas tenir au faible lien qui les y rattachait encore, et que Philippe chercha de toutes les manières à briser entièrement. Jusqu'en 1579, un membre flamand continua à siéger dans la haute cour impériale. Les membres de l'Union d'Utrecht déclaraient encore qu'ils n'entendaient pas se soustraire à la suzeraineté de l'Empire. Ce ne fut que lorsque le déchirement fut devenu complet, que les provinces insurgées cessèrent de payer la taxe de l'Empire. L'empereur Rodolphe II fit, en 1607, une tentative inutile pour renouer les anciens rapports; et plus tard, bien que la paix de Westphalie eût établi que le cercle de Bourgogne resterait domaine impérial, l'empereur Ferdinand III traita cependant, dans les actes de Munster, les Provinces-Unies comme détachées du cercle de Bourgogne, et comme des terres qui n'appartenaient plus par aucun lien à l'Empire. Ce lien cependant continua à exister, de nom plutôt que de fait, pour le reste du cercle de Bourgogne, c'est-à-dire pour les Pays-Bas espagnols, et plus tard autrichiens.

La législation des souverainetés particulières qui composaient les Pays-Bas se trouvait alors développée d'une manière entièrement historique. Comme toutes avaient, à l'origine, fait partie de l'empire des Francs, et que la plupart avaient appartenu plus tard au duché de la basse Lotharingie, on rencontrait dans leur législation des formes sinon communes, au moins analogues. En général, chacune de ces seigneuries avait ses états, qui étaient, il faut le dire, différemment organisés, selon les développements particuliers que cette institution reçut dans l'intervalle qui sépare le règne des Carlovingiens de celui de la maison de Bourgogne. Ces états devinrent, avec le temps, des corps politiques d'une haute importance, ici plus tôt, là plus tard, ici avec plus, là avec moins d'attributions, selon que les besoins d'argent l'avaient exigé des princes. En Hollande, les états existaient depuis longtemps avant qu'on ne les considérât comme un corps; car le prince traitait toujours avec les seigneurs et les villes en particulier. Puis encore le nombre des villes qui avaient accès aux états n'était pas déterminé d'une manière précise : les plus importantes seules y furent d'abord admises, les autres se trouvant pour la plupart soumises aux seigneurs, mais se développant de plus en plus, et tendant à s'élever plus tard au rang des premières. Un moment arriva, où les princes trouvèrent plus d'avantage à traiter avec les villes d'un ordre inférieur. Mais celles-ci cherchèrent bientôt d'elles-mêmes à s'affranchir des assemblées des états dans leurs murailles, pour ne pas être exposées aux dépenses que ces réunions rendaient nécessaires. Charles-Quint mit grandement à profit cette tendance, et la favorisa de toutes ses forces. Les états de Hollande ne parvinrent à s'organiser complètement en corps politique que pendant le dernier quart du XVe siècle; et Dordrecht, qui alors était encore la ville la plus importante du pays, se trouvait à la tête des communes, tandis que la famille de Nassau s'était placée à la tête de la noblesse, grâce à la confiance dont Maximilien avait investi un de ses membres, Englebert. Cette famille, d'ailleurs, put d'autant plus facilement prendre cette position, qu'aucun des souvenirs de la longue et sanglante querelle des Hoekschen et des Kabeljaauwschen ne s'attachait à son nom, ni ne l'exposait par conséquent aux haines traditionnelles de ces factions. La noblesse réunie n'avait droit, dans l'assemblée des états du comté, qu'à une seule voix pour elle, pour les vassaux de ses seigneuries, et pour les petites villes qui lui étaient soumises, tandis que les six grandes villes : Dordrecht, Haarlem, Delft, Leyden, Amsterdam et Gouda y avaient une voix chacune. Les petites villes, quand elles s'y présentaient après avoir été invitées, débattaient elles-mêmes leurs intérêts. Le corps des états avait, pour traiter ses affaires, un syndic commun, qui portait le nom d'avocat ou de grand pensionnaire de Hollande. Le clergé n'y était aucunement représenté.

L'organisation des états était la même en Zeelande, excepté qu'il s'y trouvait un seul membre du clergé, l'abbé de Middelbourg, et qu'il n'y avait qu'un seul membre de la noblesse, le seigneur de Veere et de Middelbourg, outre les représentants des six villes suivantes : Middelbourg, Veere, Flessingue, Zierickzée, Goes, et Tholen.

Dans le diocèse inférieur d'Utrecht, les états se composaient du chapitre de la cathédrale, de la noblesse capitulaire et de cinq villes; tandis que dans le diocèse supérieur, c'est-à-dire dans l'Over-Yssel, ils ne comprenaient que la noblesse et les villes de Deventer, Zwolle, et Kampen.

En Gueldre, le collége des états était organisé de manière à comprendre les quatre quartiers du duché, dont chacun avait son chef-lieu; ainsi il y avait le quartier supérieur, dont la capitale était Ruremonde; le Bétuwe, qui avait Nimègue; le Veluwe, qui avait Arnhem; et Zutphen, qui avait la ville du même nom.

En Frise, il se composait de onze villes et de vingt-huit (plus tard de trente) cercles judiciaires ou *grietenyen*, chacun représenté aux états par des plénipotentiaires. En outre, les abbés des monastères du pays y figuraient aussi.

Le territoire de Groningue avait ses états, où siégeaient les abbés, la noblesse, et les représentants des paysans libres. La ville et ses dépendances formait un corps à part avec ses quatre bourgmestres et ses douze échevins, assistés de vingt-neuf jurés.

L'organisation des états du duché de Brabant était à peu près la même que celle admise en Gueldre; ils se composaient de trois membres, à savoir: le clergé, à la tête duquel se trouvait l'abbé de Tongerloo; la noblesse, à la tête de laquelle se présente fréquemment la maison de Nassau, pour la seigneurie de Bréda qu'elle possédait; et enfin les villes et les bourgs du pays, parmi lesquels Bruxelles et Louvain exerçaient une haute prépondérance politique. Mais, outre cette division en trois membres, il y en avait une autre encore: celle des quatre quartiers du duché, dont chacun avait une des grandes villes pour capitale, celles de Louvain, de Bruxelles, d'Anvers, et de Bois-le-Duc. Les états de Brabant avaient acquis, bien plus tôt que ceux de Hollande, le droit de refuser leur obéissance au prince, et de se mettre en armes contre lui quand il portait atteinte à leurs priviléges.

Les états de Limbourg, qui se rattachèrent en quelque sorte à ceux de Brabant, comme les états de Zéelande se réunirent à ceux de Hollande, se composaient du clergé, dans lequel siégeait le chapitre d'Aix-la-Chapelle, de la noblesse et des villes. Ils ne formaient ensemble qu'un seul quartier.

Nous avons déjà appris à connaître en partie l'organisation des états de Flandre, par les histoires des troubles qui agitèrent successivement ce comté. Pendant longtemps les trois villes de Gand, Bruges et Ypres, avaient été les seuls membres des états qui représentassent à l'égard du prince le comté, qu'elles se partageaient en trois grands cercles judiciaires. Le Franc de Bruges, qui formait une espèce de commune rurale, et auquel tenait une grande partie de la noblesse du quartier nord-est de la Flandre, tendit peu à peu à obtenir le même droit de représentation. Bruges fut humiliée, par sa rébellion contre Philippe le Bon en 1438, et le Franc fut définitivement reconnu comme quatrième membre de Flandre. En 1453, la ville de Gand fut dépouillée également de la juridiction qu'elle exerçait sur les villes et les villages qui étaient sous sa dépendance, bien que toutefois elle fût laissée intacte dans son droit de représenter seule son quartier.

La Flandre méridionale, qui avait pour chefs-lieux Lille et Tournai, possédait ses états particuliers. La ville de Tournai avait dans sa juridiction ses faubourgs, trois paroisses rurales, et trois hameaux. Elle était représentée par son magistrat, qui cependant était tenu de demander l'avis des trente-six métiers dans les affaires relatives aux impôts, et en outre celui des députés des villages, quand il s'agissait d'établir des taxes nouvelles. Les états du domaine épiscopal de Tournai se composaient d'un chargé de pouvoirs de l'évêque, d'un représentant du doyen, du chapitre, de deux abbés, et de quatre nobles investis de la haute justice. Dans les questions des subsides et des taxes, ils avaient coutume de consulter aussi les villages, parmi lesquels Mortagne et Saint-Amand étaient les plus importants.

Dans le reste de la Flandre française, à Cambrai, dans le territoire d'Alost et dans celui de Waes, les états n'avaient qu'une importance fort secondaire, parce qu'ils ne représentaient que des fractions isolées du pays. La noblesse et les villages, et quelquefois aussi (comme à Cambrai) le clergé, faisaient partie de ces états, qui ne constituaient pas, à proprement dire, un corps, et qui traitaient toujours séparément avec le prince, et se servaient tour à tour de celui-ci et des états plus puissants de Flandre. Dans les affaires d'intérêt général ils étaient consultés par le seigneur, s'il le jugeait convenable, concurremment avec les quatre membres du comté.

Dans l'Artois, les états se composaient de quatre membres, dont l'un était formé par le chapitre et par les abbés; la noblesse, la ville d'Arras et celle de Saint-Omer représentaient les trois autres. Quand les états de Flandre se montraient disposés à se prêter aux exigences du comte, ceux d'Artois se rangeaient sans peine du même côté, ainsi que ceux du Cambrésis.

Ceux de Hainaut étaient composés de cinq membres : du clergé, c'est-à-dire du chapitre, des abbés, et des doyens des circonscriptions diocésaines; des douze pairs ou hauts barons; du reste de la noblesse; des villes de Mons et de Valenciennes; et enfin, des autres petites villes du comté. Les villes ne pouvaient nommer, pour les représenter, aucun officier investi de fonctions par le comte.

Les états de Namur ne comptaient que trois membres, à savoir : le clergé, dont faisaient partie, outre le chapitre, plusieurs abbés, et les représentants de la dame prieure d'Andenne et de l'abbesse de Moustier-sur-Sambre; la noblesse, dans laquelle étaient compris les baillis du comte et les députés des villes de Fleurus, Walcourt et Bouvignes: et, enfin, la ville de Namur, représentée par son magistrat et par les chefs des vingt-quatre métiers.

Enfin, dans le Luxembourg, les états n'étaient aucunement organisés en corps. La noblesse y était toute-puissante; après elle venait le clergé, dans lequel l'abbé de Saint-Maximin de Trèves était représenté par un chargé de pouvoirs; ensuite venaient les villes. La classe des paysans était en grande partie soumise au servage.

Les provinces des Pays-Bas, qui toutes se trouvaient ainsi organisées selon le mode des institutions germaniques, furent donc détachées, comme nous l'avons dit, du grand corps de l'empire d'Allemagne, et dépouillées par leur nouveau maître, le roi d'Espagne, des garanties que leur union avec l'Empire assurait à leurs libertés; et elles se trouvèrent de cette manière ne dépendre uniquement que de l'arbitraire de leur prince, et n'avoir d'autre recours que la révolte pour la défense de leurs droits. Elles ne purent employer que ce dernier moyen contre Philippe II.

Ce prince n'était pas d'un caractère qui pût le faire aimer des populations des Pays-Bas, sur lesquelles il devait régner après la mort de son père. Charles-Quint le sentit si bien, qu'il jugea nécessaire de montrer son fils aux provinces bourguignonnes, et de chercher à lui concilier le bon vouloir de ces peuples si impatients déjà de tout joug et de tout maître. En 1549, Philippe arriva à Namur, d'où il se rendit en Brabant; il parcourut successivement la Flandre, l'Artois et le Hainaut. Il passa par Malines à Anvers, d'où il entra dans les provinces septentrionales, pour visiter la Hollande, Utrecht, l'Over-Yssel, la Gueldre, la Frise et Groningue. Partout il fut inauguré comme futur successeur de son père, et partout il jura d'observer et de maintenir les franchises et les libertés du pays.

Après que Philippe eut ainsi prêté et reçu tous les serments, Charles-Quint assembla les états du pays, et déclara, de concert avec eux, l'indivisibilité perpétuelle des provinces, et donna une organisation plus forte aux inquisiteurs établis dans les Pays-Bas.

Ainsi ces provinces étaient dans l'attente d'un nouveau maître qui était loin de leur plaire. En effet, ce prince n'avait aucune des qualités chevaleresques de son père l'empereur :

il était froid, réservé, peu sympathique, peu affable, toujours caché, et enveloppé dans un morne silence. Il ne parlait pas flamand, et ne comprenait pas plus cette langue qu'il ne comprenait les mœurs du pays. Il ne savait pas mieux plaire aux seigneurs qu'au peuple; car il ne prenait plaisir ni à la chasse ni aux armes. Rarement il daignait leur adresser la parole ou leur donner un salut. Mais ce qui développa surtout parmi les populations une grande aversion contre lui, c'était la haine qu'il portait aux doctrines de la réforme, auxquelles les provinces tenaient si profondément déjà, les provinces du nord surtout.

Les rigueurs comminées contre les protestants avaient commencé avec une énergie nouvelle, depuis l'édit rendu contre eux en 1550. Anvers toutefois en fut beaucoup moins atteint que le reste du pays; car cette ville avait de grandes relations avec l'Allemagne protestante, et elle souffrait déjà assez dans son commerce, rien que par les conséquences de l'édit, pour adresser à l'empereur une remontrance appuyée par le conseiller Viglius et par la reine gouvernante. Aussi, par égard pour les marchands étrangers, il rendit bientôt une ordonnance moins sévère, dans laquelle en même temps il employa le terme de *juge ecclésiastique* au lieu d'*inquisiteur*, afin de ne pas donner lieu à une comparaison avec l'inquisition d'Espagne.

Les deux années qui suivirent furent assez calmes. Mais, en 1552, la guerre éclata de nouveau entre l'empereur et la France. Maurice, électeur de Saxe, avait formé secrètement une ligue avec le successeur de François I, Henri qui s'arrogea le titre de protecteur des libertés d'Allemagne. Le roi saisit les armes, s'empara des villes de Metz, de Toul et de Verdun, qui dépendaient de l'Empire, et se mit en marche pour opérer sa jonction avec les princes allemands. Pendant ce temps, la gouvernante des Pays-Bas lança une armée sur la Picardie, où se commirent les plus grands dégâts; et l'empereur rassembla toutes ses forces, pour reprendre les trois évêchés. A la fin d'octobre, il parut devant Metz avec une armée de soixante mille hommes, et commença le siége de cette place. Mais, après avoir passé soixante-cinq jours devant ses remparts, que François de Lorraine, duc de Guise, défendait avec un courage héroïque, Charles-Quint se vit forcé de lever le siége, la moitié de son armée ayant été détruite par les maladies. Il se vengea de ce revers par ce mot, devenu si célèbre; « Je m'aperçois que la Fortune est femme; elle abandonne les vieillards, pour accorder ses faveurs aux jeunes gens. »

Après un hiver passé dans des préparatifs de guerre, l'empereur rouvrit, au printemps 1553, la campagne par le siége de Thérouanne. Cette ville, située sur la Lys, dans l'Artois, était le boulevard de la Flandre contre la France: elle s'était rendue aux Français, et attachée avec enthousiasme à leur cause. Ses fortifications étaient dans un très mauvais état; et le roi Henri II, plein d'une aveugle confiance dans ses succès, n'y avait laissé qu'une faible garnison. Charles-Quint la fit investir par une armée de quarante mille combattants, sous les ordres du seigneur de Roeulx. Après un siége meurtrier, elle fut prise d'assaut, et les soldats impériaux passèrent toute la garnison au fil de l'épée. Thérouanne, livrée au pillage, fut ensuite démantelée et rasée au niveau du sol, par ordre de l'empereur; et les habitants furent dispersés dans les villes voisines. Cette ville avait disparu pour jamais.

Presque en même temps celle d'Hesdin fut prise. Elle subit le sort de Thérouanne, et fut entièrement détruite.

Au moment où s'exécutaient ces ordres terribles, l'empereur songeait à un vaste plan qui devait puissamment servir sa politique, c'est-à-dire au mariage de son fils Philippe avec Marie d'Angleterre. Les principales conditions de cette alliance, qui fut contractée en 1554, étaient que don Carlos, fils du premier mariage de Philippe, succéderait à son père en Espagne, dans les Indes, à Naples, en Sicile, dans le Milanais et dans ses autres possessions d'Italie, tandis que le premier-né de la seconde union lui succéderait dans les Pays-Bas et en Angleterre, de même que les autres royaumes, en cas que don Carlos mourût sans postérité. On voit dans cet arrangement que l'empereur tenait à mettre les Pays-Bas en rapport avec celui d'entre les pays européens vers lequel, par leur commerce et par leur navigation, ils devaient tendre le plus, c'est-à-dire avec l'Angleterre ; car, à vrai dire, aucun intérêt naturel ne militait en faveur d'une union entre les Pays-Bas et l'Espagne ; et (l'empereur l'avait compris) il y avait là, au contraire, une grande cause de division.

Aussitôt que les négociations de cette alliance furent connues, le roi de France en conçut de vives alarmes, et aussitôt il reprit les hostilités avec une vigueur nouvelle. Il voulait aborder l'empereur, avant que des forces anglaises eussent pu venir accroître la puissance de ses armes. Il se hâta donc de réunir une armée formidable qu'il partagea en trois corps, et qu'il lança, par trois points différents, sur les Pays-Bas : l'un dans l'Artois, l'autre dans le Hainaut, et le troisième dans les Ardennes. La campagne s'ouvrit par la prise de Marienbourg, place située dans l'Entre-Sambre-et-Meuse, que Marie, reine de Hongrie, avait fait ceindre de murailles et ériger en ville. Chimay fut occupé, pendant que les places ardennaises tombaient l'une après l'autre. A la nouvelle de ce succès, Henri II vint lui-même se placer à la tête de ses troupes. Il cerna Dinant, et vint assiéger la petite ville de Bouvignes. Le deuxième et le troisième corps d'armée, commandés l'un par le connétable de Montmorency, l'autre par le duc de Nevers, se trouvaient réunis devant cette forteresse. La ville fut emportée après un assaut sanglant, et presque toute la population passée au fil de l'épée.

La tradition populaire a conservé de ce siège meurtrier un épisode plein d'intérêt. Elle raconte qu'une partie de la garnison, après la prise de la ville basse, s'était retirée dans la grosse tour du fort de Crèvecœur, placé sur les rochers qui dominent Bouvignes, et qu'elle continuait à s'y défendre à outrance. Trois jeunes dames, remarquables par leur rang et par leur beauté, voulant partager le sort de leurs époux, qui comptaient parmi les chevaliers les plus distingués du pays, les suivirent dans le fort, où elles enflammèrent, par leur présence et par leur exemple, le courage des assiégés. Le désir de venger la mort de leurs maris, tués sous leurs yeux, ne fit que stimuler leurs forces. Mais les braves dont elles avaient secondé et soutenu la valeur par tous leurs efforts, étaient presque tous tombés aux côtés de ces héroïnes. Le nombre des assiégés diminuait de minute en minute sous les boulets de l'ennemi, qui battait sans relâche leur dernier refuge. La tour allait être prise, quand tout à coup elle fit taire tous ses canons. Les Français crurent qu'elle allait se rendre. Mais au même instant ils virent les trois amies s'agenouiller, les bras entrelacés, au sommet des créneaux, et, après une courte prière, se précipiter dans les flots de la Meuse, pendant que la tour elle-même s'ébranla sur sa base, et sauta avec un bruit effroyable. Ce spectacle remplit tout le camp de terreur et d'admiration.

Le duc de Nevers voulut profiter de l'épouvante que la prise de Bouvignes devait avoir inspirée aux Dinantais, pour les faire sommer de se rendre. Mais ils répondirent que si on leur apportait le cœur ou le foie du roi de France ou du duc, ils le rôtiraient volontiers pour en faire un bon déjeuner. Ils allèrent même jusqu'à couvrir d'insultes et d'outrages le héraut qui leur avait été envoyé. Le duc, indigné, commença aussitôt à battre avec un si grand acharnement la ville, qu'elle fut forcée de se rendre. Malgré la capitulation, qui accordait aux habitants leur vie et leurs biens saufs, Dinant fut mis au pillage ; ses églises même, où les femmes et les enfants avaient cherché un asile, ne furent pas épargnées; et tous ces malheureux en furent arrachés, pour être traînés à la suite du vainqueur.

L'empereur frémit de rage en recevant ces terribles nouvelles. Il avait rassemblé à Namur une armée nombreuse, dont il confia le commandement au duc Emmanuel-Philibert de Savoie. Le roi Henri passa aussitôt la Meuse et la Sambre, et vint prendre position à deux lieues de Namur, espérant que l'empereur viendrait lui offrir la bataille. Mais Charles-Quint ne bougea point, et il se borna à grossir chaque jour ses forces. Le roi, voyant que de nouveaux renforts ne cessaient d'arriver à son ennemi, se replia vers la rivière de Haine, attaqua, prit et détruisit le château de Marimont, que la reine Marie avait fait construire en 1548. Ce fut une représaille dont il usa pour se venger de la destruction du château de Folembray en Picardie, que François I avait bâti, et que la reine de Hongrie avait brûlé deux années auparavant. De Marimont, les troupes royales se portèrent sur Binche, et livrèrent cette ville au pillage et aux flammes, avec le beau palais que Marie y possédait. Puis, après avoir ravagé une partie du Hainaut et réduit en cendres Maubeuge et Bavai, Henri planta son camp entre Valenciennes et le Quesnoy. Cependant les vivres commençaient à lui manquer. Alors il entra dans le Cambrésis, et s'arrêta à Crèvecœur pour rétablir son armée.

Pendant que ces dégâts s'exerçaient dans le Hainaut, l'armée impériale se mit en mouvement, et suivit pas à pas les Français. Elle prit poste près de Cambrai, dans le voisinage de l'ennemi, espérant en venir aux mains avec lui. Mais le roi, n'osant pas se hasarder en plaine, né sortait pas de son camp. Il profita d'un moment favorable pour se tirer de cette position, et se dirigea vers Bapaume, exerçant partout la dévastation et l'incendie. Il ne s'arrêta que pour essayer d'enlever la petite ville de Renti, située vers les confins de l'Artois et du Boulonnais. Mais il fut forcé d'en lever le siége, l'armée de l'empereur étant survenue pour dégager cette place.

Maintenant le tour de Charles-Quint était venu. Il tomba sur la Picardie, et y mit tout à feu et à sang, faisant ainsi expier aux Français les ravages qu'ils avaient commis dans le Hainaut et dans l'Artois. Ces représailles furent terribles.

Pour empêcher le roi de se jeter de nouveau dans le Hainaut et dans le comté de Namur, Charles-Quint fit commencer aussitôt la construction de deux villes fortes : l'une, placée vis-à-vis de Givet et nommée Charlemont, du nom de son fondateur et de sa situation; l'autre, appelée Philippeville, du nom de Philippe II.

Tandis que les soldats impériaux dévastaient la Picardie, une flotte française, composée de vingt-six vaisseaux de guerre, sortit de Dieppe, et rencontra en mer vingt-quatre navires belges, qui, chargés de marchandises, retournaient dans leur pays : elle se mit aussitôt à les attaquer. Après une vaillante défense, les Flamands, voyant qu'ils ne pouvaient résister avec leurs bâtiments de commerce à des forces si supérieures, prirent une résolution qui leur fut inspirée par le désespoir. Ils attachèrent leurs navires l'un à l'autre au moyen de grappins, mirent le feu à leurs poudres, et se firent sauter en l'air. Hommes et vaisseaux, Belges et Français, furent enveloppés dans le même désastre. Il n'en échappa qu'un très-petit nombre de part et d'autre.

Cependant l'empereur, accablé de maladie, sentait que sa main n'était plus forte assez pour porter le sceptre si lourd de tant de royaumes. A l'état de souffrance où il se trouvait, se joignait un grand dégoût des affaires. L'activité du corps ne répondant plus à cette prodigieuse activité d'esprit qu'il avait déployée pendant sa longue carrière, il éprouvait un affaissement moral qui le fit enfin aspirer au repos.

Il commença donc par négocier avec le roi de France, à l'abbaye de Vaucelles près de Cambrai, d'abord un échange de prisonniers, ensuite une trêve de cinq ans.

Puis il résolut de résigner sa puissance en faveur de son fils, auquel il avait déjà cédé les royaumes de Naples et de Sicile. Les états généraux du pays furent convoqués à Bruxelles, et, dans une séance solennelle tenue au palais le 25 octobre 1555, à trois heures après midi, il remit à Philippe le gouvernement des Pays-Bas et de la Franche-Comté. L'empereur y parut, accompagné de Philippe son fils, de Marie sa sœur, de Philibert, duc de Savoie, et suivi d'un grand nombre de nobles, et des ambassadeurs des rois et des princes confédérés. Aussitôt que Charles-Quint eut pris place entre son fils et sa sœur, sur une estrade élevée à cet effet, Philibert de Bruxelles, membre du conseil privé, prit la parole, et exposa l'état de maladie et de souffrance où l'empereur se trouvait réduit, le besoin de repos qu'il éprouvait, et sa résolution de se démettre du pouvoir. En effet, dès le mois de février 1549, Marillac, ambassadeur de France à Bruxelles, avait écrit à son maître ces lignes assez curieuses : « L'empereur a l'œil abattu, la bouche pâle, le visage plus mort que vif, le col exténué, la parole faible, l'haleine courte, le dos fort courbé, et les jambes si faibles, qu'à grand'peine il peut aller, avec un bâton, de sa chambre jusqu'à sa garde-robe. » Philibert de Bruxelles ayant fini sa longue harangue, tout le monde demeura stupéfait de la grande résolution de l'empereur : on plaignit le pays, qui allait être privé d'un tel appui dans des circonstances si périlleuses, lorsqu'un roi jeune, actif et belliqueux, commandait à la France, nation inquiète et puissante, qui ne respirait que la guerre, toujours jalouse de notre prospérité et de notre commerce. Alors l'empereur se leva péniblement, la main droite appuyée sur un bâton, et la gauche sur l'épaule de Guillaume de Nassau, prince d'Orange; et il fit signe qu'il voulait parler. Il commença d'une voix très-faible; mais lorsque, jetant un coup d'œil sur sa vie passée, il vint à rappeler ses travaux, ses actions et ses grands desseins, il éleva le ton, son regard s'anima, et sa parole retentit, solennelle comme les derniers accents d'un mourant, au milieu du silence religieux de l'assemblée, qui avait de la peine à contenir son émotion. Ensuite, se tournant vers son fils, l'empereur lui recommanda les Belges ses compatriotes, et particulièrement les intérêts de la religion catholique. A la fin, ne pouvant plus retenir les sentiments qui l'oppressaient, ses jambes fléchirent, sa voix défaillit, et il se laissa retomber presque mourant sur son siége. L'assemblée avait écouté jusque là son discours avec le plus profond recueillement; mais, à ces derniers accents, tout le monde se mit à sangloter. Jacques Masius, syndic d'Anvers, répondit au discours de l'empereur, au nom des états. Puis Philippe s'avança, se mit à genoux devant son père, et dit qu'il n'acceptait le gouvernement des provinces belgiques, qu'il lui plaisait de résigner en ses mains, que pour se conformer à sa suprême volonté. Et, se tournant vers l'assemblée, il s'excusa de ne pouvoir s'exprimer ni en flamand ni en français, et demanda qu'on lui permît que l'évêque d'Arras, auquel il avait fait connaître sa pensée, lui servît d'interprète. Alors Perrenot de Granvelle prit la parole, et fit, au nom de son nouveau maître, force belles promesses. Enfin, la reine Marie de Hongrie, sœur de l'empereur et gouvernante des Pays-Bas, rendit compte de sa gestion, et remit ses pouvoirs entre les mains de Philippe. Cette mémorable séance fut terminée par un nouveau discours de Jacques Masius, en réponse à celui de la gouvernante.

Charles-Quint resta en Belgique jusqu'au mois de septembre 1556, et remit aussi à son fils le gouvernement de l'Espagne, comme il céda la couronne et le sceptre de l'Empire à son frère Ferdinand I, roi des Romains.

On sait par quelle étrange comédie l'empereur termina sa carrière. Après s'être dépouillé de toute sa puissance, il se retira au monastère de Saint-Just, dans l'Estramadure. Là, il chercha à oublier le monde et ses vanités, dans une cellule de moine, s'occupant à monter et à démonter des horloges, et se comparant parfois à la roue maîtresse, lui qui avait fait mouvoir toute l'Europe à son gré. Mais cet homme n'était point fait pour mourir ainsi, oublié et perdu au fond de cette morne retraite. Dévoré d'ennuis, et éprouvant peut-être le regret d'avoir quitté la puissance, il conçut la bizarre idée d'assister lui-même à ses propres obsèques. Il fit donc élever un tombeau dans la chapelle du couvent. Ses domestiques y allèrent en procession funéraire, vêtus de noir, et portant des cierges. Lui-même les suivait, enveloppé d'un linceul. On l'étendit dans un cercueil avec beaucoup de solennité, et on commença à chanter l'office des morts. Charles joignit sa voix aux prières qu'on récitait pour le repos de son âme, et mêlait ses larmes à celles des assistants, qui pleuraient comme s'ils eussent assisté à de véritables funérailles. On termina la cérémonie en jetant, selon l'usage, de l'eau bénite sur le cercueil; et, tout le monde s'étant retiré, les portes de la chapelle furent fermées. Charles alors se leva de sa couche funéraire, et se retira dans sa cellule, plein des idées lugubres que cette solennité n'avait pu manquer de lui inspirer. Soit que la longueur de la cérémonie l'eût fatigué, soit que cette image de la mort eût fait sur son esprit une impression trop forte, il fut, le lendemain, saisi d'une fièvre ardente, et il mourut peu de jours après, le 21 septembre 1558.

LIVRE IX.

HISTOIRE DES PAYS-BAS SOUS LE RÈGNE DE LA MAISON DE HABSBOURG ET PENDANT LE SOULÈVEMENT DE CES PROVINCES, JUSQU'A LA TRÊVE DE L'AN 1609.

CHAPITRE PREMIER.

DEPUIS L'AVÉNEMENT DE PHILIPPE II, JUSQU'A L'ARRIVÉE DU DUC D'ALBE DANS LES PAYS-BAS. 1555-1567.

§. I. RÈGNE DE PHILIPPE II, JUSQU'AU COMMENCEMENT DES TROUBLES PAR LE COMPROMIS DES NOBLES.

A l'avénement de Philippe II, la reine gouvernante s'était démise du pouvoir qu'elle avait jusqu'alors exercé dans les Pays-Bas au nom de son frère Charles-Quint, et elle s'était déterminée à suivre l'empereur en Espagne. Dès ce moment le gouvernement de nos provinces fut confié par le roi au duc Emmanuel-Philibert de Savoie, neveu de l'empereur. Charles III, père de ce prince, et lui-même, avaient été presque entièrement dépouillés de leur duché par les guerres qui leur furent faites par la France, autant en leur qualité d'alliés de l'Empire, que par suite des prétentions que le roi François I éleva sur leur héritage. Emmanuel-Philibert avait déjà rendu d'éminents services comme général dans la dernière lutte de Charles-Quint avec les Français; et il semblait être, autant par sa haute naissance que par ses qualités personnelles, l'homme le plus propre à succéder à la reine Marie dans le gouvernement des Pays-Bas. A côté de ce prince figuraient deux hommes distingués par leur richesse et par leur origine, aussi bien que par leur caractère et leur énergie : Lamoral, comte d'Egmont, et Guillaume de Nassau, prince d'Orange. Le premier de ces seigneurs descendait des anciens vicomtes de l'abbaye d'Egmont en Hollande. Son père avait été chambellan de Charles-Quint et chevalier de la Toison d'or. Sa mère était Françoise de Luxembourg-Ligny. Son frère était mort jeune en Espagne, et l'avait laissé unique héritier de sa maison. Enfin sa sœur avait épousé le duc de Lorraine, et avait donné à sa famille un nouvel éclat par cette grande alliance. Lamoral avait, à l'âge de dix-neuf ans, accompagné l'empereur à Tunis, et il s'était distingué comme officier dans cette mémorable campagne. Quelques années plus tard, il avait épousé, à Spire, Sabine du Palatinat-Simmern, sœur de l'électeur palatin Frédéric. Guillaume de Nassau descendait d'Otton II de Nassau-Dillenbourg, qui, par son mariage avec Adèle de Vianden, acquit le comté de ce nom dans le duché de Luxembourg. Cette maison s'était peu à peu agrandie dans les Pays-Bas, où elle parvint, par l'union d'Englebert I de Nassau avec l'héritière de la famille de Polaenen, à la seigneurie de Bréda, comme, plus tard, Henri, arrière-neveu d'Englebert, l'enrichit de la principauté d'Orange, par son mariage avec Claudine de Châlons, sœur de Philibert d'Orange. Toutes ces seigneuries échurent en 1544 à Guillaume, qui n'était alors âgé que de onze ans. Il avait été élevé, dès son enfance, dans le protestantisme; et lorsque plus tard il se trouva attiré à la cour de l'empereur, il fut forcé de vivre extérieurement selon les pratiques de l'Église romaine. La violence intérieure qu'il était tenu de se faire ainsi le disposa naturellement à une grande retenue. Son caractère en prit quelque chose de morne, de sévère et de posé; et c'est ainsi qu'il reçut le surnom de Taciturne. Charles-Quint le maria, en 1551, à une des plus riches héritières du pays, à la fille de Maximilien d'Egmont, comte de Buren et seigneur d'Ysselstein, qui possédait de grands et superbes domaines dans le Betuwe, dans le diocèse d'Utrecht et dans la Hollande méridionale.

Outre ces deux seigneurs se groupaient, autour du duc de Savoie, Philippe de Montmorency, comte de Hornes; Perrenot de Granvelle, évêque d'Arras, qui était un des plus intimes confidents du roi Philippe; le président du conseil privé, Viglius de Zwichem d'Aytta; et enfin, le comte de Berlaimont.

Au commencement de l'année 1557, la trêve que Charles-Quint avait commencé à négocier avec la France, et que Philippe II était parvenu à conclure en 1556 à Vaucelles, fut tout à coup rompue en Italie. La campagne s'ouvrit dans les Pays-Bas, où l'amiral Coligny commença par essayer de s'emparer, par un coup de main, de la place de Douay. N'ayant pu réussir dans cette entreprise, il tomba sur la ville de Lens, et s'en rendit maître. Dès les premières nouvelles de la rupture de la trêve, Philippe avait fait réunir près de Charlemont une nombreuse armée, composée en grande partie d'Allemands, de Flamands et de quelques Espagnols, auxquels étaient venus se joindre dix mille Anglais. Sans ce secours venu d'Angleterre, elle comptait cinquante mille fantassins et treize mille cavaliers. Toute cette troupe se mit en mouvement dans le cours du mois d'août, et elle parut d'abord vouloir tomber sur Marienbourg; mais, par une brusque manœuvre, elle se dirigea vers la Picardie, où elle prit et brûla Vervins. Elle parut tout à coup devant Saint-Quentin, où Coligny n'eut que le temps de se jeter à la hâte avec quelque garnison, pour renforcer cette place. Le connétable de France, Anne de Montmorency, voyant la ville ainsi menacée, arriva aussitôt, pour tenter de la dégager; car, Saint-Quentin tombé, l'armée flamande pouvait marcher droit sur Paris. Mais les forces qu'il commandait étant trop inférieures, il choisit le parti de la retraite, afin d'essayer de couvrir au moins la capitale du royaume. Le comte d'Egmont fut lancé à la poursuite de l'ennemi, et lui causa de grandes pertes. Bientôt l'affaire devint si vive, que les Français essuyèrent une défaite complète. Le connétable lui-même fut fait prisonnier. Peu de jours après, Saint-Quentin fut pris d'assaut, et Coligny tomba au pouvoir des Flamands.

L'hiver étant venu, ceux-ci, au lieu de poursuivre leurs succès, rentrèrent dans leurs quartiers, pendant que les Français s'occupèrent de la conquête des dernières possessions que l'Angleterre avait conservées en France : Calais, Guines et Ham.

Dès le retour du printemps, l'armée française se remit en marche. Cette fois elle envahit le Luxembourg, et prit Arlon et Thionville, pendant qu'un autre corps s'empara de Dunkerque et de Bergues. Presque toute la Flandre fut mise au pillage et dévastée. Le comte d'Egmont, envoyé avec une troupe de cavalerie pour arrêter ces ravages, accosta les ennemis près de Gravelines, et leur fit essuyer une déroute signalée. Leur général fut fait prisonnier.

Cependant la tournure que la guerre prit bientôt en Italie sous la conduite du duc d'Albe, engagea le pape à s'entremettre en faveur de la paix. Il commença par conclure lui-même un traité qui le détacha des ennemis du roi Philippe II; puis il envoya à la cour de Bruxelles le cardinal Caraffa pour y négocier une paix définitive, à laquelle le roi de France se montra aussi bien disposé après la défaite de Gravelines, que Philippe l'était depuis la mort de son épouse Marie d'Angleterre (17 novembre 1558), qui le privait désormais de l'appui des Anglais.

Cependant le duc de Guise, qui commandait les Français dans le duché de

Luxembourg, avait formé le projet de pousser une pointe sur Namur. Mais l'issue de l'affaire de Gravelines l'engagea tout à coup à se jeter dans la Picardie, où les forces françaises se rassemblaient dans le voisinage d'Amiens. De son côté, le roi Philippe réunit une troupe considérable près de Doulens, sous le commandement des meilleurs capitaines flamands, espagnols, allemands et italiens. Pendant plusieurs mois ces deux armées demeurèrent ainsi en présence, retranchées dans leurs camps, et peu disposées à rien entreprendre l'une contre l'autre.

Dans ces entrefaites, le pape n'avait cessé de prêcher la paix; et la duchesse Christine de Lorraine avait joint sa voix à la sienne. Tous les partis y parurent bientôt disposés. Le prince d'Orange fut chargé par le roi Philippe d'entamer les négociations avec le connétable de France et le maréchal de Saint-André, tous deux prisonniers; et on en vint à des pourparlers d'accommodement. Ils s'ouvrirent en octobre 1558, dans l'abbaye de Cercamp, près de Saint-Pol en Artois. L'Espagne y était représentée par le prince d'Orange, le duc d'Albe, le comte de Melita, Granvelle et Viglius; et la France, par le cardinal de Lorraine, le connétable, le maréchal de Saint-André, l'évêque d'Orléans, et le secrétaire d'État Claude d'Aubespine. Les négociations eurent pour premier résultat l'établissement d'une trêve. Après avoir été un moment interrompues, elles furent reprises à Câteau-Cambresis dans le mois de février 1559. Enfin, une paix définitive fut signée le 3 avril. Elle laissait les Pays-Bas intacts dans leur territoire, et stipulait la restitution réciproque de toutes les villes, places fortes et territoires conquis par chacun des deux pays sur l'autre; elle décida le mariage de Philippe II avec Elisabeth de France, fille aînée de Henri II; enfin, elle établit que les deux rois s'emploieraient pour la réunion d'un concile général, qui aviserait aux moyens d'éteindre l'hérésie et de commencer la guerre contre les Turcs.

Après la conclusion de cette paix, Guillaume d'Orange et plusieurs autres seigneurs furent envoyés en France comme otages pour garantir l'exécution du traité. On assure que, pendant son séjour dans ce royaume, le prince fut instruit de toutes les mesures secrètes prises en commun par les deux rois contre les protestants, et que ce fut là le motif qui le poussa, plus tard, à se mettre sur un pied d'hostilité à l'égard de Granvelle.

Quoi qu'il en soit, aussitôt que la paix eut été conclue avec la France, le roi Philippe songea à retourner en Espagne. Mais, avant son départ, il lui fallut pourvoir au gouvernement général des Pays-Bas, dont il investit Marguerite de Parme, fille naturelle de Charles-Quint, et femme d'Octave Farnèse, duc de Parme et de Plaisance, le duc de Savoie ayant été réintégré dans ses États par le traité de Câteau-Cambrésis. Ensuite il nomma un gouverneur à chaque province. Guillaume d'Orange fut préposé à la Hollande, à la Zéelande et au pays d'Utrecht; Lamoral d'Egmont fut continué dans les provinces de Flandre et d'Artois; le comte de Mansfeld obtint le Luxembourg; le comte de Berlaimont, le comté de Namur; Jean, comte d'Oost-Frise, le Limbourg; Jean de Lannoy, le Hainaut; Jean de Montmorency, la Flandre française; Florent de Montmorency, le Tournaisis; Jean de Ligne, la Frise et l'Over-Yssel; et enfin, Charles, comte de Meghen, la Gueldre et le pays de Zutphen. Quant au Brabant, le roi le plaça sous l'autorité immédiate de la gouvernante des Pays-Bas. L'organisation militaire attira aussi l'attention de Philippe, qui distribua en quatorze cornettes, dont il conféra le commandement à quatorze des principaux seigneurs du pays, le corps de cavalerie que son père avait institué, sous le nom de *bandes d'ordonnance*, et qui se composait de trois mille chevaliers. La charge d'amiral fut confiée à Philippe de Montmorency, comte de Hornes, et celle de général d'artillerie à Philippe Stavel de Glay.

L'état ecclésiastique fut également

l'objet de ses soins. Jusqu'alors il n'y avait eu dans les Pays-Bas que cinq évêchés : Arras, Cambrai, Thérouanne, Tournai et Utrecht. Charles-Quint, pour empêcher les progrès des nouvelles sectes, avait déjà formé le projet d'en ériger de nouveaux. Mais ses graves préoccupations et ses guerres continuelles l'avaient tenu dans l'impossibilité de le réaliser. Philippe reprit cette idée, et la mit à exécution. Il négocia avec le pape, et obtint une bulle par laquelle le souverain pontife lui permit de fonder quatorze nouveaux siéges qui seraient suffragants de Cambrai et d'Utrecht, qu'il établit en métropoles, et de Malines, qu'il érigea en primatie des Pays-Bas. Les nouveaux évêchés furent Saint-Omer et Namur, suffragants de Cambrai; Anvers, Gand, Bruges, Ypres, Bois-le-Duc et Rurémonde, suffragants de Malines; et enfin Haarlem, Deventer, Leeuwaarden, Groningue et Middelbourg, suffragants d'Utrecht. Le roi plaça sur ces siéges des hommes qui tous s'étaient distingués par leurs écrits, et s'étaient signalés par leur fermeté et leur orthodoxie au concile de Trente. Perrenot de Granvelle, évêque d'Arras, obtint l'archevêché de Malines et le titre de primat.

Enfin, Philippe compléta l'organisation administrative des Pays-Bas, en adjoignant à la gouvernante un conseil d'État, composé de Guillaume de Nassau, du comte d'Egmont, du comte de Hornes, de Perrenot de Granvelle, de Viglius, de Zwichem d'Aytta, et du comte de Berlaimont. Ces trois derniers avaient surtout la confiance du roi, et il les recommanda particulièrement à la duchesse de Parme. Aussi ils formaient ce qu'on appelait la *consulte*, ou, comme les ennemis de Granvelle disaient, le *conseil secret*.

Toutes les choses ainsi disposées, Philippe adressa aux tribunaux des circulaires par lesquelles il leur recommandait, en termes généraux, l'observation et le maintien de la religion, ainsi que la rigoureuse exécution des édits publiés sur cet objet.

Puis il convoqua à Gand les états du pays, et conduisit la duchesse de Parme dans cette assemblée, devant laquelle Granvelle exposa les motifs qui forçaient le roi à quitter les Pays-Bas. Les états ayant saisi, dans ce discours, des dispositions qui annonçaient un système oppressif, et destructeur des priviléges et de la liberté du pays, y firent une réponse ferme et digne, dans laquelle ils exposèrent et leurs raisons et leurs craintes. Le roi, qui aperçut aisément, dans ce langage, leur mécontentement et leurs dispositions, laissa à la duchesse des ordres et des instructions secrètes sur les principes d'après lesquels il eût à diriger sa conduite dans l'administration des affaires. Les états cependant n'avaient point parlé des circulaires envoyées aux tribunaux ni des recommandations faites au sujet des édits. Ils avaient tiré le principal argument de leur réplique de la nécessité de renvoyer les troupes espagnoles et étrangères; de confier, comme au temps de l'empereur, la garde des places fortes du pays à des troupes nationales, et de n'admettre aucun étranger dans le conseil d'État. Cette dernière réclamation était un trait lancé indirectement à Granvelle, qui était de Besançon, dans la Franche-Comté. Philippe, qui ne put manquer de voir dans ce langage le germe d'une opposition, ne s'engagea cependant à rien, si ce n'est à retirer les troupes étrangères au bout de quatre mois.

Après avoir passé un mois à Gand, il alla s'embarquer à Flessingue, et partit pour l'Espagne le 26 août 1559.

A peine le roi eut-il quitté les Pays-Bas, que les esprits, déjà si mécontents du présent et si inquiets de l'avenir, commencèrent à s'agiter. Il avait laissé dans les provinces trois mille hommes de troupes espagnoles; dont les états pressaient vivement le départ. La duchesse alléguait prétexte sur prétexte pour retarder leur éloignement. Le peuple en murmurait de plus en plus, et trouvait un puissant soutien dans le prince d'Orange, et dans les comtes de Hornes et d'Egmont. Enfin, la gouvernante, vaincue, céda à ces instances, et donna aux Espagnols l'ordre de s'embarquer à Flessingue. En vain Granvelle essaya-t-il de s'y opposer : les cinq autres membres du conseil d'État se prononcèrent pour l'éloignement des soldats étrangers, qui en effet partirent au commencement de l'an 1561.

Depuis ce moment une division cachée, mais profonde, s'établit entre la duchesse de Parme et Granvelle. La gouvernante s'était placée, comme l'archevêque de Malines l'avait prévu, dans une position embarrassante, par le renvoi des Espagnols ; car, dès cet instant, on en vint des murmures aux exigences. Le prince d'Orange demanda, dans le conseil d'État, qu'il fût nommé un gouverneur du Brabant. Il savait très-bien que cet office ne serait confié qu'à un homme du pays, et de haute condition ; mais il tenait, avant tout, à soustraire cette province à l'influence directe de Granvelle. Là duchesse ne se montrant pas disposée à faire directement droit à cette réclamation, le parti mécontent demanda qu'une assemblée des états fût convoquée pour délibérer sur ce sujet. Mais elle répondit que le roi lui avait défendu de réunir les états. Toutefois elle recourut à une de ces demi-mesures qui gâtent toujours les affaires, et consentit à convoquer, sous sa responsabilité particulière, l'ordre de la Toison d'or. Ce ne fut là que fournir aux grands seigneurs l'occasion de conspirer à leur aise, et de se concerter entre eux pour renverser Granvelle, qui tenait constamment le roi au courant de tout ce qui se passait dans le pays, et, certes, ne les dépeignait pas au souverain sous les couleurs les plus favorables.

Un autre embarras que la duchesse s'était créé, c'était le refroidissement dont Granvelle ne se cachait plus. Mais elle trouva un moyen de le ramener, en obtenant du pape le chapeau de cardinal pour l'ambitieux archevêque de Malines. Bien que la bulle papale fût datée du 26 février 1561, Marguerite la tint secrète jusqu'à ce que le roi eût approuvé cette nomination. Cette dignité nouvelle ne fit que rendre Granvelle plus odieux encore aux grands seigneurs, que son orgueil blessait déjà si profondément, et que son luxe exagéré blessait maintenant plus profondément encore. Les choses en étaient venues au point qu'on ne déguisait plus la haine qu'on lui portait. Un jour, dans un banquet qui se donnait à l'hôtel du seigneur de Grobbendonck, on se mit à persifler vivement l'insolente magnificence des domestiques du cardinal. Un des seigneurs qui s'y trouvaient présents proposa d'adopter la mode contraire, et le comte d'Egmont fut chargé d'inventer une nouvelle livrée. Le lendemain, il fit habiller ses domestiques de gros drap gris-noir uni. Cette mode fut adoptée aussitôt avec une si grande avidité, que les tailleurs de Bruxelles ne pouvaient suffire à toutes les commandes. Mais, afin que la signification de ce bizarre accoutrement fût bien comprise, on fit broder sur les ailerons, ou manches pendantes, qu'on portait alors, des têtes rouges ou encapuchonnées, comme celle du cardinal.

La duchesse ne fit que rire de cette plaisanterie, et elle envoya même un de ces ailerons au roi. Granvelle ne fut pas d'aussi bonne composition. Il se mit en grande colère, et se plaignit vivement à Philippe II ; de sorte que les ailerons à têtes rouges et à capuchons furent défendus. On se hâta d'y substituer un faisceau de flèches, accompagné de ces mots : *Concordia res parvæ crescunt*. Dans ce symbole et dans ces paroles, qui devinrent plus tard l'emblème et la devise des Provinces-Unies, il y avait toute une révolution.

Ces menées ne pouvaient manquer d'inspirer enfin quelque inquiétude à la duchesse, qui se hâta de congédier les chevaliers de la Toison d'or, et d'envoyer à Philippe un messager, le baron de Montigny, pour lui porter les plaintes et les demandes de la nation. Elle avait, avant le départ de ce messager, dépêché secrètement une lettre au roi, pour lui donner connaissance de l'état des esprits, et de la haine dont Granvelle était devenu l'objet ; mais Philippe lui répondit qu'il fallait diviser pour régner, et qu'il importait avant tout d'empêcher la réunion des grands, et de leur inspirer des jalousies et des défiances réciproques.

Montigny revint, sans avoir obtenu du roi autre chose que des promesses. Alors le prince d'Orange proposa aux principaux seigneurs d'écrire en commun une lettre à Madrid, pour demander le rappel du cardinal. Cette lettre, datée du 11 mars 1563, ne fut signée que du prince d'Orange et des comtes d'Egmont et de Hornes. Elle n'obtint qu'une réponse évasive trois mois après. Alors ils écrivirent de nouveau, priant le roi de leur permettre de ne plus paraître désormais au conseil, où le cardinal était le seul dont on écoutât les avis.

Cependant rien n'était négligé pour ruiner Granvelle par le ridicule, comme il était déjà en partie perdu par la haine générale. Le pays fut inondé de satires et de libelles, dans lesquels on le dépeignait sous les couleurs les plus odieuses. Les sociétés littéraires connues sous le nom de *Chambres de rhétorique* le flagellèrent de leurs vers et de leur prose. Ce n'était, dans tout le pays, qu'un cri et qu'une voix contre ce personnage détesté. La duchesse elle-même, humiliée de l'ascendant et de l'autorité qu'il prétendait sur elle, désirait ardemment qu'il fût rappelé. Les seigneurs mécontents la décidèrent enfin à s'expliquer sérieusement au roi ; car ils refusèrent de paraître dans le conseil aussi longtemps que le cardinal en ferait partie. Elle envoya donc en Espagne un de ses secrétaires, et obtint de Philippe le rappel du ministre, qui quitta les Pays-Bas le 10 mars 1564.

Mais les esprits étaient trop irrités pour que le départ du cardinal pût entièrement les calmer. D'ailleurs, le roi ne cessait de donner de nouveaux motifs de mécontentement. Il tenait plus que jamais à faire poursuivre sévèrement les gens suspects d'hérésie, et il envoya d'Espagne des espions qui, répandus dans toutes les provinces, s'enquéraient, voyaient, écoutaient, et l'instruisaient de tout ce qui se passait ; de sorte que, mieux informé que la duchesse elle-même ne l'était, il put lui donner connaissance des démarches les plus secrètes des partisans de la nouvelle doctrine. Force fut alors à la gouvernante de laisser faire les tribunaux. Les haches furent aiguisées, les gibets furent dressés, et les bûchers s'allumèrent. Mais tout cet attirail de terreur et ce sang versé sur les places publiques ne firent qu'aggraver le mal. Les hommes de révolte allaient parlant, de tous côtés, des atrocités commises en Amérique, et des horribles sentences de l'inquisition espagnole. Chaque jour on s'aigrissait davantage, et une explosion devenait plus menaçante.

Bientôt un nouvel élément d'opposition fut donné au peuple. Le concile de Trente venait de se clore ; et Philippe II, croyant que l'uniformité du culte deviendrait le lien commun de la fidélité de ses sujets, avait chargé la gouvernante de le publier dans les Pays-Bas. Mais les évêques s'y opposèrent, soutenant qu'un grand nombre de décrets de ce concile étaient contraires, non-seulement aux priviléges de la nation, mais même aux droits et à l'autorité du roi. Le prince d'Orange appuya les remontrances des évêques, et la duchesse instruisit le souverain de ces oppositions. Philippe persista, et voulut que son ordre fût exécuté. Le concile fut donc publié dans les provinces, et il accrut encore le mécontentement.

Le comte d'Egmont, voyant l'abîme où l'on marchait, se rendit lui-même à Madrid, pour exposer au roi l'état d'irritation où se trouvait le pays ; mais il revint sans avoir rien obtenu, si ce n'est un redoublement d'esprit de persécution. Philippe II envoyait dépêche sur dépêche à la gouvernante, pour presser l'exécution des édits contre les hérétiques. Aussi la duchesse de Parme, malgré la résistance qu'elle rencontrait dans la plupart des membres du conseil d'État, consentit à notifier les ordres du roi concernant l'inquisition, aux conseils et aux gouverneurs des provinces. Ceux-ci, effrayés de la fermentation, qui était déjà parvenue à un degré plein de périls, prévinrent la gouvernante qu'ils n'osaient prendre sur eux de faire exécuter les édits : il y en eut même qui allèrent jusqu'à refuser de les publier. Dès le commencement de l'an 1566, la duchesse voyant la rumeur et l'agitation se répandre partout, et une explosion devenir de plus en plus imminente, écrivit de nouveau au roi ; et, cette fois, elle ne lui cacha pas qu'elle prévoyait un soulèvement général. En effet, la crainte de l'inquisition était si grande, qu'on était disposé à sacrifier tout pour éviter cette menace. La gouvernante apprit d'abord, par la bouche d'un inconnu, que la noblesse du Brabant avait formé une ligue, et qu'elle s'était engagée à prendre les armes, si le roi s'obstinait à vouloir introduire l'inquisition dans cette province. Le prince d'Orange lui écrivit de Leyden la même nouvelle ; les comtes d'Egmont et de Meghen la lui confirmèrent, en ajoutant que les confédérés avaient secrètement choisi leurs officiers ; et qu'au besoin ils auraient vingt mille hommes prêts à marcher. Cette confédération était une chose bien réelle. Philippe de Marnix, qui avait embrassé le protestantisme, en fut le premier auteur ; Henri, seigneur de Brederode et descendant des anciens comtes de Hollande, en fut reconnu le chef. Ils se réunirent d'abord au nombre de neuf, et rédigèrent un acte dans lequel ils exposèrent les griefs du pays contre le gouvernement du roi Philippe. Cette pièce, connue sous le nom de *Compromis*, fut traduite plus tard dans toutes les langues, et envoyée dans tous les pays. L'association des seigneurs confédérés s'agrandit rapidement. Ils se réunirent à Hoogstraeten, sous le prétexte d'une partie de chasse. Le résultat de cette entrevue fut la résolution unanime de rédiger une requête qui contiendrait tous les griefs du pays, et qu'on présenterait à la gouvernante. La duchesse ayant appris ce qui se passait à Hoogstraeten, et sachant qu'un grand nombre de confédérés devait se rendre à Bruxelles, pour lui remettre l'acte qu'on venait de délibérer, réunit aussitôt son conseil, pour aviser aux mesures qu'il importait de prendre. Les avis furent singulièrement partagés, les uns disant qu'il fallait refuser l'entrée du palais aux confédérés, ou les faire égorger par les gens de guerre ; les autres se déchaînant contre l'inquisition, et donnant raison à ceux qui s'y montraient opposés. A vrai dire, il n'y avait pas moyen de songer à des mesures énergiques, le gouvernement se trouvant entièrement dépourvu des forces nécessaires pour les exécuter, et les habitants s'étant pourvus de toutes parts d'armes, pour résister. Il fut donc proposé, à la pluralité des voix, que les inquisiteurs suspendraient l'exercice de leurs fonctions. La duchesse adopta cette décision, et donna sur-le-champ connaissance au roi des motifs qui l'avaient fait agir. Ce conseil eut lieu le 27 mars 1566.

Le même jour, vers six heures du soir, les confédérés, au nombre de deux cents, selon quelques-uns, et de cinq cents, selon d'autres, arrivèrent à Bruxelles, ayant à leur tête Brederode et Louis de Nassau, frère du prince d'Orange. Ils descendirent d'abord à l'hôtel de ce dernier, où les comtes de Mansfeld et de Hornes vinrent leur faire visite. Le lendemain, ils se réunirent dans l'hôtel de Florent Pallandt, comte de Cuilembourg, où Brederode les engagea tous à signer le compromis, et à jurer de prendre les armes, dans le cas où l'un des confédérés serait arrêté. Les signatures données et les serments échangés, ils se rendirent le jour suivant, en magnifique équipage, deux à deux, au palais de la duchesse, pour lui présenter cet acte célèbre, qui commençait une grande révolution et une guerre de quatre-vingts ans. La marche était ouverte par un gentilhomme artésien, nommé Philippe de Balcoul de Cornaille, et fermée par Brederode.

Tout ce cortége fut accueilli, à son passage, par des milliers de bourgeois qui applaudissaient de la voix et des mains. Il entra dans le palais de la gouvernante, et fut introduit dans la salle du conseil, où la duchesse, entourée de ses conseillers et des chevaliers de la Toison d'or, reçut des mains de Brederode une requête qui renfermait tous les points développés dans le compromis. Marguerite de Parme fut saisie d'une grande émotion en reconnaissant, parmi les confédérés, un grand nombre de seigneurs alliés et parents du prince d'Orange et du comte d'Egmont. Elle fut longtemps à trouver la force de proférer une parole, et des larmes roulaient le long de ses joues. Enfin, elle répondit, en peu de mots, qu'elle s'occuperait sérieusement de la demande qui venait de lui être adressée.

Les confédérés étant partis, le conseil de la duchesse montra de nouveau la même division. Le comte d'Egmont haussait les épaules, comme pour ne pas s'expliquer; le prince d'Orange défendait le but des seigneurs coalisés; et le comte de Berlaimont se répandait en paroles outrageantes contre les confédérés, disant à la gouvernante : « Comment, madame! votre altesse a-t-elle crainte de ces *gueux* ? » Ce mot devint, dès lors, un titre et un signe de ralliement pour tous.

En effet, le soir, tous les seigneurs se réunirent à un banquet dans l'hôtel de Cuilembourg, et resserrèrent leur union au cri de *vivent les gueux* ! Le mot était devenu historique. Les jours suivants, les confédérés se montrèrent publiquement dans les rues de Bruxelles en costume de gueux, vêtus d'une étoffe grise, ayant à la ceinture une petite écuelle de bois, au chapeau une petite tasse, un petit plat ou une petite bouteille, et au cou une médaille représentant, d'un côté, l'effigie du roi avec ces mots : *Fidèles au roi ;* et de l'autre, deux mains entrelacées, avec ces mots : *Jusqu'à la besace.* La révolution était prête; elle n'attendait plus qu'une occasion pour éclater.

§ II. JUSQU'À L'ARRIVÉE DU DUC D'ALBE DANS LES PAYS-BAS.

Au mois de juillet, les seigneurs du parti des gueux se réunirent à Saint-Trond. Cette fois, il y en eut plus de deux mille. Tous étaient armés comme pour entrer en guerre, et accompagnés chacun d'un nombreux domestique. C'était presque une armée. L'agitation fut extrême dans cette assemblée, où toutes les passions s'étaient donné rendez-vous, et où même quelques ministres protestants étaient arrivés, qui enflammaient la multitude par leurs paroles; en sorte que cette réunion excita vivement l'attention de la duchesse. Pour la dissoudre, elle envoya le prince d'Orange et le comte d'Egmont, qu'elle savait capables d'exercer une grande influence sur toutes ces têtes exaltées. Mais ces seigneurs furent accueillis au cri de *vivent les Gueux !* On promit de se retirer, si la gouvernante consentait à accorder la liberté religieuse, ou à faire droit aux conditions qui avaient été posées dans la requête présentée par les confédérés. On réclamait, avant tout, des otages qui pussent garantir l'exécution de ce qu'on demandait. Enfin, le tumulte fut à son comble. La cour de Bruxelles était dans les plus vives inquiétudes. La duchesse et son conseil virent qu'il n'y avait pas d'autre moyen de dissiper cet orage, que de traiter avec les chefs de l'assemblée. Ils mandèrent à Duffel, près de Lierre, Louis de Nassau, Brederode, et plusieurs autres seigneurs. Louis de Nassau vint même à Bruxelles avec quelques-uns de ses compagnons. Il fut auprès de la duchesse l'interprète du langage hardi tenu à Saint-Trond, et lui fixa un délai pour prendre une mesure définitive, ajoutant que, ce délai passé, il ne répondait plus de rien. La gouvernante, dans le désir de sortir des difficultés où elle se voyait placée, avait envoyé à Madrid le baron de Montigny, pour demander de nouvelles instructions au roi, après lui avoir fait connaître tout ce qui se passait. Elle donna pour réponse aux confédérés qu'elle réunirait, vers la fin du mois d'août, un conseil de l'ordre de la Toison d'or à Bruxelles.

Pendant ce temps, tout marchait avec une incroyable rapidité vers un dénoûment. Sur les frontières du pays s'étaient organisées des troupes de vagabonds et de gens sans aveu de toutes les nations, la plupart amis et partisans des nouvelles doctrines. On s'en servait comme d'un prétexte pour susciter des troubles. Des bandes d'anabaptistes infestaient les provinces de Frise et de Groningue; des luthériens et des zwingliens parcouraient la Hollande et l'Over-Yssel ; enfin, une foule de calvinistes, venus de France, remplissait les provinces limitrophes du sud. Ces derniers étaient divisés en deux corps, dont l'un se trouvait près de Valenciennes, l'autre sur la Lys supérieure. Dès le mois de juin celui-ci pénétra dans la Flandre occidentale, tandis que l'autre se porta vers Oudenaerde. A la fin de juillet, tous deux se trouvèrent réunis à Gand. Des ministres protestants, accourus d'Allemagne et de France, prêchaient publiquement dans les villes et dans les campagnes, et une multitude innombrable s'empressait autour d'eux. Ces prédications se tinrent en rase campagne d'abord, dans les villes ensuite. Le peuple y assistait en armes, pour se défendre en cas que des tentatives eussent été faites pour dissiper leurs réunions.

La gouvernante se trouva bientôt débordée de toutes parts : elle avait usé ses derniers efforts en publiant des édits qui défendaient au peuple d'assister aux prédications des ministres, et qui enjoignaient aux étrangers de sortir du pays. La digue était rompue. On avait voulu la liberté, et on commença à se livrer à la plus affreuse licence. Les villes de Flandre furent le théâtre des plus horribles désordres; Ypres, Furnes, Menin, Commines, Werwick et Lille, virent les sectaires piller, dévaster et saccager les églises, renverser et briser les tableaux et les images des saints, chasser les prêtres et les religieux de leurs couvents. C'était comme si les Normands du IX siècle fussent revenus. Ces brigandages et ces profanations continuaient et augmentaient tous les jours. Gand vit bientôt ses églises ravagées, sa cathédrale pillée de fond en comble, la nuit, à la lueur des flambeaux. Valenciennes, Renaix, Oudenaerde et Tournai ne furent pas plus épargnées que les villes de Brabant, de Hollande et de Zéelande, Lierre, Malines, Bois-le-Duc, Amsterdam, Delft, Leyden, Utrecht et Middelbourg. Anvers seul était resté à l'abri de ces furieux excès, grâce à la présence du prince d'Orange en cette ville, où la duchesse l'avait envoyé pour essayer de calmer les esprits. Mais ce seigneur ayant été appelé à Bruxelles pour assister à un conseil que les circonstances rendaient si urgent, la populace se porta aux plus affreux débordements. La riche cathédrale de Notre-Dame fut mise à sac, et toutes les églises d'Anvers furent profanées de la manière la plus sacrilége. Ainsi l'embrasement se propageait de plus en plus, et les confédérés allèrent jusqu'à publier hautement que, si on ne leur accordait pas la liberté de conscience, ils viendraient à Bruxelles, sous les yeux de la duchesse, piller et brûler les églises, ajoutant qu'ils ne la respecteraient pas elle-même. Marguerite de Parme fut tellement saisie de peur à cette menace, qu'elle conçut le projet de se sauver à Mons. Le comte d'Egmont et le prince d'Orange eurent la plus grande peine à l'en détourner. Ne pouvant la dissuader, ils fermèrent les portes de Bruxelles, et la retinrent en quelque sorte par violence. Elle se trouva ainsi réduite à céder, et accorda l'oubli du passé et la liberté des prêches.

Le roi Philippe, instruit de ce qui se passait aux Pays-Bas, résolut d'employer la force pour mettre un terme à tous ces excès. Il envoya l'ordre de lever en Allemagne un corps de dix mille hommes d'infanterie et de trois mille cavaliers ; et l'empereur Maximilien II défendit, sous peine de mort, à tous ses sujets de prendre les armes contre le roi d'Espagne. La duchesse Marguerite, voyant que ce secours ne tarderait pas à lui arriver, reprit quelque énergie. Elle envoya une troupe, commandée par Philippe de Noircarmes, gouverneur du Hainaut, pour occuper Valenciennes, qu'elle craignait de voir tomber entre les mains des huguenots de France; mais les habitants lui refusèrent l'entrée de leur ville. Noircarmes n'y pénétra qu'après un siége en règle, et après avoir défait un corps de confédérés qui s'était formé entre Lille et Tournai, pour venir au secours des gens de Valenciennes. Cet échec découragea vivement le parti nouveau. Ce qui servait à augmenter encore ce découragement, c'était la nouvelle que le roi se disposait à venir lui-même aux Pays-Bas terminer toutes les difficultés. On était dans l'attente et dans l'inquiétude. La duchesse mit à profit cette circonstance pour s'assurer des sentiments des principaux seigneurs en prescrivant à tous les officiers publics et à tous les magistrats un nouveau serment. Les comtes d'Egmont, de Mansfeld, de Meghen, de Berlaimont, et le duc d'Aerschot, s'y soumirent; tandis que les comtes de Hoogstraeten et de Hornes, ainsi que le seigneur de Brederode, s'y refusèrent, en alléguant que celui qu'ils avaient fait devait suffire. Le prince d'Orange l'éluda. Pourtant c'était, avant tout, de ce seigneur qu'il importait de s'assurer. La gouvernante l'amena donc, après quelques négociations, à consentir à une entrevue avec le comte d'Egmont, qu'elle envoya dans ce but au village de Willebroeck, entre Bruxelles et Anvers. Mais le comte ne put rien sur l'esprit du prince d'Orange, qui le quitta avec le pressentiment des grands malheurs qui attendaient la patrie, et sortit des Pays-Bas avec toute sa famille, pour se retirer en Allemagne, dans son château de Dillenbourg.

Ce départ du prince jeta dans un nouvel abattement les confédérés, déjà si grandement consternés par la chute de Valenciennes et des places de Maestricht, Anvers et Bois-le-Duc, qui s'étaient rendues à la discrétion de la gouvernante. Brederode était de tous les seigneurs le seul qui montrât quelque confiance dans l'avenir. Il s'était retiré à Amsterdam, où la duchesse envoya son secrétaire pour lui enjoindre de quitter cette ville. Mais le fier confédéré commença par arrêter lui-même le secrétaire chargé de lui intimer l'ordre de Marguerite. Toutefois, craignant les suites fâcheuses que cet acte de violence pourrait avoir pour la ville d'Amsterdam, il prit la résolution de suivre le prince d'Orange en Allemagne. La retraite de ce chef eut pour résultat la soumission de la Hollande, de la Zéelande et de la Frise.

Quelque calme semblait rendu aux provinces, quand tout à coup la nouvelle se répandit qu'au lieu du roi, le duc d'Albe allait arriver dans les Pays-Bas. Ce seigneur passait pour un bon général. Il avait d'abord servi Charles-Quint en Allemagne et en Italie, puis Philippe II en Flandre, dans la guerre contre la France. Homme dur, inflexible, avide, bien que regorgeant de richesses, élevé dans les camps, et appliquant à toutes choses l'esprit impitoyable du soldat, il était un ministre digne du maître qui l'envoyait. Il amenait avec lui toutes ces vieilles bandes espagnoles qui avaient si rudement combattu dans le Milanais, et que devaient grossir les garnisons de la Franche-Comté et quelques troupes allemandes : son armée s'élevait à environ vingt mille combattants.

CHAPITRE II.

DEPUIS L'ARRIVÉE DU DUC D'ALBE JUSQU'A LA PACIFICATION DE GAND EN 1576.

§ I. GOUVERNEMENT DU DUC D'ALBE.

Ce redoutable capitaine entra à Bruxelles le 22 août 1567. Investi de pouvoirs suprêmes et secrets, il commença son plan de vengeance en cherchant à attirer d'abord dans ses piéges les principaux seigneurs, et en les accablant de caresses perfides. Il convoqua, le 9 septembre, à l'hôtel de Cuilembourg, un grand conseil, auquel assistèrent le duc d'Aerschot, les comtes d'Egmont, de Hornes, de Mansfeld, d'Aremberg, de Berlaimont, et plusieurs capitaines espanols et italiens. A l'issue de la séance, les comtes d'Egmont et de Hornes furent arrêtés, tandis que des ordres étaient donnés pour s'emparer d'Antoine Van Straelen, bourgmestre d'Anvers, et de Jean Kaesenbroodt, secrétaire du comte d'Egmont. Les deux premiers furent transportés à la citadelle de Gand; les deux autres, au château de Vilvorde.

Ce premier acte de violence répandit une si grande terreur dans les provinces, que, selon les écrivains contemporains, plus de vingt mille habitants sortirent du pays, pour aller se mettre en sûreté ailleurs. Il eut aussi pour conséquence d'engager la duchesse à se démettre du gouvernement des Pays-Bas, que, du reste, elle n'exerçait plus que de nom, depuis l'arrivée de l'implacable duc d'Albe.

Dès ce moment, le duc ne garda plus les moindres ménagements. Il fit dresser des listes de toutes les personnes qui tenaient directement ou indirectement aux nouvelles doctrines, ou qui avaient concouru à la signature du compromis. Puis il institua, sous le nom de *Conseil des troubles*, un tribunal exclusif, et supérieur à toutes les constitutions et à toutes les juridictions quelconques, destiné à connaître de tous les excès commis tant en matière de religion qu'en matière d'État. Ce tribunal fut énergiquement appelé par le peuple du nom de *Bloedraed, Conseil de sang*. Il était composé, en majeure partie, de gens entièrement dévoués au duc, qui commencèrent par citer à leur barre les grands et les petits indistinctement, et par faire le procès aux présents et aux absents, aux vivants et aux morts. Les formes qu'employaient les gens de ce conseil n'étaient pas moins détestables qu'ils l'étaient eux-mêmes : ils faisaient déposer les enfants contre leurs pères, les parents contre les parents, les voisins contre les voisins. Au mois d'avril 1568, les premières exécutions eurent lieu. Toutes les villes furent ensanglantées avec une fureur qui ne s'explique que par l'avidité des juges; car tous les biens des condamnés étaient confisqués, et on n'en rendait la moitié à la veuve que lorsqu'elle était catholique et se trouvait dans le pays. Chaque jugement était une sentence de mort et de ruine; et ce n'étaient pas seulement les personnes qu'on frappait, on s'acharnait aussi sur la matière brute. Le duc rendit un arrêt de démolition contre l'hôtel de Cuilembourg, où les confédérés s'étaient réunis le jour où ils présentèrent à la gouvernante leur mémorable requête.

Les provinces étaient dans une incroyable stupeur. Aussi la désertion ne fit qu'augmenter de jour en jour. Pour y mettre un terme, le duc fulmina des placards d'une sévérité extrême; et ce ne fut qu'un nouveau motif pour multiplier les actions criminelles et les confiscations sur des biens recélés, sur des secours envoyés ou reçus, et des correspondances illicites.

Pendant ce temps, le prince d'Orange ne restait pas inactif. Ses domaines, situés dans les Pays-Bas, avaient été confisqués; et son fils aîné, le comte de Buren, qui étudiait à l'université de Louvain, avait été saisi, par ordre du duc d'Albe. Ces coups personnels, autant que les malheurs auxquels il voyait la patrie livrée, l'émurent profondément. Il dressa, avec quelques-uns des seigneurs fugitifs, un nouveau compromis, qui, répandu dans les provinces, y augmenta encore l'exaspération des peuples contre le sanguinaire dictateur qui y régnait en maître absolu. Il ne se borna point à ces actes écrits; il songea sérieusement à entrer dans les Pays-Bas les armes à la main, sûr qu'il était d'y trouver un grand appui; car des bandes de citoyens réduits au désespoir, et forcés de quitter leurs foyers, s'étaient jetés dans les bois et dans les marais, d'où ils ne sortaient que la nuit, pour piller les églises et les châteaux. Ceux-là étaient appelés *gueux des bois*.

D'autres, montés sur de mauvais bâtiments, infestaient les côtes, exerçaient le métier de pirates, opéraient souvent de meurtrières descentes, et rendaient redoutable le nom de *gueux de mer* qui leur fut donné. Enfin, toutes les provinces du pays, presque toutes les villes étaient peuplées de mécontents, dont les uns appartenaient en secret aux sectes nouvelles, et dont les autres, bien qu'ils fussent catholiques, étaient leurs alliés, par la haine commune que tous les cœurs nourrissaient contre les Espagnols.

C'est sur ces éléments que le prince d'Orange comptait pour le succès de l'entreprise qu'il méditait. Mais il voulut d'abord rassembler tous les moyens propres à en assurer la réussite. Il s'adressa donc à Élisabeth d'Angleterre, et amena cette reine à l'aider secrètement de son secours. Il s'assura également de l'appui de l'amiral de Coligny, placé à la tête des huguenots de France. Enfin, il sut si bien gagner les princes protestants d'Allemagne, que, dans une diète où parurent le duc de Wurtemberg, le marquis de Bade, l'électeur palatin, le marquis de Dourlach et le ministre du roi de Danemark, ils lui promirent de l'argent et des troupes. Bientôt il eut sur pied une armée assez puissante, composée de soldats allemands, et grossie des nombreux émigrés qui avaient été forcés de quitter les Pays-Bas. Il la divisa en quatre corps, dont le premier, placé sous le commandement de son frère, le comte Louis de Nassau, se trouvait à Embden, prêt à tomber sur la Frise. Le deuxième, composé de huguenots français, avait pour capitaine le seigneur de Cocqueville, et devait envahir l'Artois. Le troisième, qui se tenait dans le pays de Juliers, avait pour chefs les seigneurs de Lumey et de Villiers, et se disposait à s'emparer de quelque place forte sur la Meuse, pour s'assurer du passage de ce fleuve et ouvrir l'entrée des Pays-Bas au quatrième corps,

conduit par le prince lui-même. C'est vers Ruremonde que Lumey et Villiers résolurent de se porter d'abord. Mais le duc d'Albe ayant envoyé contre eux une division de quatre mille fantassins et de trois cents chevaux, ils se retirèrent précipitamment dans le pays de Liége, et se retranchèrent près de la petite ville de Dalhem, où ils furent atteints et rudement battus. La fortune fut plus favorable aux confédérés en Frise. Le comte de Nassau y avait pénétré avec une armée de dix mille hommes d'infanterie et trois mille cavaliers. Il prit position sur une hauteur près de l'abbaye d'Heiligerlée, voisine de Winschooten, à cinq lieues de Groningue, et confia le commandement de sa cavalerie à son frère Adolphe. Il y fut abordé le 24 mai par Jean de Ligne, comte d'Aremberg, placé à la tête des Espagnols. Une bataille meurtrière s'engagea. A la première attaque, Jean de Ligne fut tué en menant les siens au combat, et Adolphe de Nassau tomba presque au même instant. On dit qu'ils s'entretuèrent dans l'action. Bientôt la bataille devint une boucherie; et les Espagnols subirent une défaite si complète, qu'il n'en échappa qu'un fort petit nombre.

Ce premier succès fit éclater une grande joie dans toutes les provinces. Mais autant cette joie fut vive, autant la colère du duc d'Albe fut profonde : il s'aperçut qu'il avait commis une faute, en s'imaginant qu'il aurait bon marché de ces rebelles, qui luttaient pour leurs foyers et pour leurs croyances. Il résolut donc de se placer lui-même à la tête de son armée. Mais, avant de quitter Bruxelles, il voulut laisser dans tous les cœurs une grande épouvante. Le 1er juin, il fit décapiter dix-huit gentilshommes. Quatre jours après, il fit rouler sur la grande place de la capitale la tête des comtes d'Egmont et de Hornes, qu'il avait fait amener de Gand. D'autres exécutions ensanglantèrent le château de Vilvorde. Quand il eut ainsi porté à son comble la terreur et en même temps la haine de tous les Belges, il se transporta aussitôt à Groningue, pour ne pas laisser à Louis de Nassau le temps de s'installer dans la Frise, dont la population s'était presque tout entière déclarée pour lui. Le comte, espérant gagner du temps jusqu'au moment où le prince d'Orange eût pu venir à son secours, reculait d'un endroit à l'autre, manœuvrait sans cesse, et évitait toujours un engagement. D'Albe tenait, de son côté, à en finir au plus vite. Les deux armées étaient à peu près de force égale, et chacune comptait environ douze à quatorze mille hommes. Mais celle des Espagnols se composait de troupes aguerries, et rompues aux choses de la guerre. Elle réussit à acculer les confédérés au fond de la Frise, entre la rivière d'Ems et la mer du Nord, et les défit dans une bataille sanglante, le 21 juillet 1568.

Sur ces entrefaites, le prince d'Orange, toujours occupé à grossir son quatrième corps d'armée entre Aix-la-Chapelle et Liége, se mit tout à coup en mouvement avec vingt-huit mille hommes, et se dirigea vers le Brabant. Il prit Tongres et Saint-Trond, et chercha à réduire le duc d'Albe, qui était accouru, à accepter la bataille. Mais l'Espagnol évita par des marches et des contre-marches tout engagement, et se tint sur la défensive jusqu'à l'arrière-saison. De cette manière il gagna l'hiver, qui força le prince d'Orange à congédier ses troupes. Ainsi se termina cette première campagne, sans grands succès pour les confédérés. Les corps destinés à agir en Gueldre et en Artois avaient été dispersés, après quelques escarmouches. L'armée de Louis de Nassau avait été battue, après avoir d'abord remporté un avantage signalé à Heiligerlée. Enfin, le prince d'Orange lui-même avait subi un grand échec, par cela seul qu'il n'avait point réussi.

Le mois de mars 1569 arriva. Le duc d'Albe avait passé tout l'hiver à stimuler son tribunal des troubles; mais la matière s'était épuisée, et avec elle la source des confiscations, qui lui tenait le plus au cœur. Cependant il fallait de l'argent à son insatiable avidité. Alors il songea à introduire une imposition par laquelle tout citoyen, sans exception, payerait le centième denier de ses biens, meubles et immeubles, une fois; le vingtième denier, à chaque aliénation d'un immeuble, et le dixième, à chaque vente d'un meuble. Ce fut là un motif de violente opposition, et de la part des États, et de la part du conseil et du ministère. Toutefois il n'en tint aucun compte, et il se vanta, dans les lettres qu'il écrivait en Espagne, de tirer des Pays-Bas plus d'argent qu'on n'en tirait du Pérou. Le pays allait être réduit à la plus grande misère, et le commerce était presque anéanti. Un an ou deux encore, et la dernières ressources de ces riches provinces seraient épuisées. L'Espagne elle-même sentit que les Flamands ne se plaignaient pas sans motif. Aussi le roi et son ministère firent à ce sujet les plus vives remontrances au duc d'Albe, qui se vengea effrontément de ces représentations en ne payant point les troupes, et en les forçant ainsi à se mutiner. Enfin, Philippe II conçut un si profond mécontentement contre son représentant dans les Pays-Bas, qu'il résolut de le remplacer par le duc de Medina-Celi. Ce seigneur arriva dans nos provinces avec une flotte considérable, le 11 mai 1572; mais il y trouva les affaires si embarrassées, qu'il renvoya incontinent au roi la commission dont il était investi. D'Albe continua donc à gouverner une année encore. Le 17 novembre 1573, il fut définitivement remplacé par don Luis de Zuniga y Requesens, commandeur de l'ordre de Malte. Ainsi finit le règne de ce farouche dictateur, qui laissa dans tous les cœurs flamands l'exécration de son nom, et alla se faire gloire en Espagne, comme la plupart des historiens l'assurent, d'avoir fait périr aux Pays-Bas, par les mains des bourreaux, plus de dix-huit mille personnes.

§ II. GOUVERNEMENT DE REQUESENS.

Depuis que le prince d'Orange avait opéré sa retraite, à la fin de l'année 1568, les armées n'étaient pas restées inactives. En rentrant à Bruxelles au mois de janvier 1569, le duc d'Albe avait reçu, des mains de l'archevêque de Malines, la toque et l'épée, richement ornée de pierreries, que le pape Pie V lui avait envoyées comme un témoignage de son estime pour le défenseur de la foi. Puis il songea à se dresser un trophée dans la citadelle d'Anvers. Il fit fondre les canons qu'il avait pris au comte Louis de Nassau en Frise, et en fit couler une statue colossale à son effigie. Il était représenté tenant un bâton de commandement à la main, et foulant à ses pieds deux figures, qui exprimaient le peuple et la noblesse. On lisait sur la face du piédestal une inscription outrageante pour la nation, et suivie de ces mots : *ex ære captivo*. Cet insolent symbole fut regardé par les Belges comme une nouvelle insulte; et la haine contre le tyran ne fit qu'augmenter. Tandis qu'à l'intérieur l'exaspération allait ainsi croissant, les entreprises du dehors redoublaient aussi. La reine Élisabeth d'Angleterre, ne pouvant se résoudre à soutenir ostensiblement les confédérés, malgré le désir qu'elle en avait, s'était emparée sur les côtes anglaises d'une grande somme d'argent que les vaisseaux génois transportaient dans les Pays-Bas, pour subvenir aux frais de la guerre. Elle ne se borna pas à cela : elle protégeait secrètement les bâtiments des gueux de mer, et leur fournissait une retraite assurée dans les ports, quand ils se trouvaient trop vivement poursuivis. Ces navires étaient fort nombreux, et ceux qui les montaient se rendaient redoutables par leur audace. Ils infestaient la mer et inquiétaient toutes les côtes des Pays-Bas, depuis l'embouchure de l'Ems jusqu'à l'extrémité méridionale de la Flandre, courant sus à tous les vaisseaux espagnols. Leur chef était Guillaume de la Marck, comte de Lumay, descendant et homonyme de ce terrible Sanglier des Ardennes, que nous avons déjà rencontré dans l'histoire de Liége, au siècle précédent. Ce seigneur se distinguait par la haine implacable qu'il avait vouée aux Espagnols. A la mort des comtes de Hornes et d'Egmont, il avait fait serment de laisser croître sa barbe et ses cheveux jusqu'à ce qu'il eût dignement vengé ses deux amis. Pour réveiller le souvenir et renouveler sans cesse la haine du *dixième denier* parmi ses troupes, il avait fait peindre sur son étendard dix pièces de monnaie. Jusqu'en 1572, les gueux maritimes ne s'étaient bornés qu'au rôle de pillards et d'écumeurs de mer. Mais au moment où le duc de Medina-Celi aborda au port de l'Écluse, le 11 mai, pour venir prendre le gouvernement des Pays-Bas et remplacer le duc d'Albe, ils attaquèrent la flotte qu'il avait amenée d'Espagne, brûlèrent et enlevèrent quelques-uns de ses vaisseaux le plus richement chargés. Un mois auparavant, ils s'étaient emparés du port de Brielle, dans l'île hollandaise de Voorn, comme l'attestent les deux vers suivants :

Den eersten duch von april.
Verloos duc d'Alva synen bril [1].

Cette ville devint le berceau de cette puissante république des Provinces-Unies, qui étonna le monde au dix-septième siècle. Elle servit aux gueux de point d'appui pour s'emparer du reste des îles voisines, de la Zéelande, de la Hollande septentrionale et méridionale. Presque toutes les villes les appelèrent comme des libérateurs, et se servirent d'eux pour secouer le joug odieux des Espagnols. Pendant ce temps, le comte de Berg entrait avec un corps de confédérés dans l'Over-Yssel, et le prince d'Orange dans la Gueldre, tandis que le comte Louis de Nassau, agissant de concert avec Genlis, chef des huguenots français, avait pénétré dans le Hainaut, et s'était rendu maître de la ville de Mons.

Ainsi les Espagnols se trouvaient attaqués de toutes parts. Le prince d'Orange profita de ce succès pour em-

---

[1] *Le premier jour d'avril, le duc d'Albe perdit ses lunettes.* Il y a ici un jeu de mots. Le nom hollandais de la ville de Brielle s'écrit exactement de même que le mot *bril*, lunettes.

porter Ruremonde et pénétrer de nouveau au cœur du Brabant, en enlevant Tongres, Sichem, Saint-Trond, Tirlemont et Louvain. Si bien qu'en moins de trois mois depuis l'expédition du comte de Lumay, on pouvait tenir plus de soixante-dix villes, avec leur territoire, perdues pour l'Espagne, et les autres prêtes à lui échapper.

Le duc d'Albe sentit le besoin de laisser reposer pour un moment la question du dixième denier, pour ressaisir les armes. En effet, il reprit Mons et quelques villes flamandes dont un capitaine confédéré, Arnould Van den Dorpe, était parvenu à s'emparer. Le général castillan avait retrouvé toute son énergie. Il força toute la Flandre et le Hainaut à se soumettre, et réduisit le Brabant, pendant que le colonel Mondragon essayait de reprendre la Zéelande, et que Frédéric de Tolède, fils du duc, entreprenait le siège de Zutphen et saccageait cette ville. La chute de Zutphen fut suivie de celle de Naarden, dont tous les habitants furent misérablement massacrés. De là Frédéric se porta vers Haarlem, qui fut investi aussitôt par terre et par eau. Ce siége fut un des plus terribles de cette guerre. Il dura plus de huit mois, et les femmes elles-mêmes y firent des prodiges de valeur. Enfin la place capitula le 15 juillet 1573; et la garnison, ainsi qu'un grand nombre de bourgeois, furent impitoyablement mis à mort, malgré les stipulations conclues. Toutes ces pertes ne découragèrent pas les confédérés, qui se maintenaient vaillamment dans les îles zéelandaises, et les purgeaient de tous les Espagnols. Presque en même temps, la ville d'Alkmaar, qui était la clef de la Hollande septentrionale, tombait en leur pouvoir. Leur audace et leurs forces s'étaient encore accrus par une grande victoire navale qu'ils avaient remportée, dans les eaux du Zuyderzée, sur une flotte espagnole que commandait le comte de Bossu, et dont ils firent l'amiral prisonnier.

Tel était l'état des choses au moment où Requesens arriva dans les Pays-Bas, et entreprit le gouvernement de ces provinces, que le duc d'Albe avait exercé pendant six fatales années.

Dès que ce chef nouveau eut mis le pied dans Bruxelles, les populations commencèrent à respirer; car il était connu par sa sagesse et sa bonté. Aussi, un des premiers actes de son autorité fut de réprimer la licence de quelques garnisons, et de faire disparaître l'odieux trophée que l'orgueil du duc d'Albe s'était élevé dans la citadelle d'Anvers. Successeur d'un homme chargé de l'exécration publique, il gagna par sa probité l'estime du peuple; mais il ne réussit pas aussi facilement à gagner sa confiance. Les embarras où il se trouvait étaient extrêmes. Le roi, il est vrai, penchait vers les moyens de douceur, et les instructions dont le nouveau gouverneur avait été muni étaient conçues dans ce sens. Mais on ne pouvait brusquement abandonner le système de rigueur dont on s'était servi jusqu'alors, de crainte de paraître trop vite renier le passé. De sorte que Requesens fut forcé de continuer à sévir comme auparavant en matière de religion, et de pousser cette implacable guerre civile. Aussi, peu de temps après son avénement, il se vit en proie à la haine populaire. Une autre difficulté qui le plaçait dans une position bien plus fausse encore, c'était l'épuisement des finances. Depuis deux ou trois ans, les troupes espagnoles dans les Pays-Bas n'avaient pas reçu la moindre solde; de là des mutineries et des pillages qui se renouvelaient à chaque instant. Il fallut faire face à tout cela. La tâche était rude : cependant Requesens ne recula point. Il abolit le conseil des troubles, châtia les garnisons rebelles et les réduisit aux lois de la discipline, supprima l'impôt du dixième et du vingtième denier, et enfin publia une amnistie générale. Toutes ces mesures ne produisirent que peu d'effet dans les provinces belges; elles n'en eurent aucun dans celles de Hollande et de Zéelande, ni en Frise, où la guerre continuait toujours avec un acharnement terrible. La Zéelande était surtout le grand foyer de la lutte. Middelbourg était la seule place de cette province que les Espagnols eussent conservée. Depuis deux ans elle était assiégée par les confédérés, et il importait de la dégager. Requesens envoya une flotte de soixante vaisseaux pour la secourir ; mais les gueux de mer, commandés par l'amiral Louis Boisot, vinrent à la rencontre de l'ennemi, l'attaquèrent, et, après un combat acharné, la défirent complétement sous les yeux mêmes des assiégés, qui attendaient leur délivrance de l'issue de cet engagement. Cette défaite, qui eut lieu le 29 janvier 1574, entraîna la perte de Middelbourg, qui se rendit aux confédérés le 19 février suivant.

Dans ces entrefaites, le comte Louis de Nassau s'était avancé dans la Gueldre avec une armée de sept mille fantassins et de quatre mille chevaux. Il se retrancha entre la Meuse et le Wahal ; mais il ne tarda pas à être atteint dans la plaine de Mook, où il essuya une défaite complète.

Pour aller combattre ce corps, les Espagnols avaient été forcés de distraire une grande partie des troupes qui composaient l'armée de siége postée devant Leyden. Cette place avait été bloquée pendant tout l'hiver, et espérait que le succès de Louis de Nassau la dégagerait entièrement. Mais elle fut déçue dans son espoir ; car, après la déroute des confédérés à Mook, les Espagnols reprirent le siége de Leyden avec des forces beaucoup plus nombreuses. La ville était commandée par Jean Van der Does, qui se rendit si célèbre par ses poésies latines, sous le nom de Dousa. Les assiégeants lui proposèrent des conditions assez avantageuses, et le menacèrent de la réduire par la faim, s'il ne consentait pas à se rendre. Il ne répondit que par ces paroles, d'un héroïsme presque sauvage :

— Quand les vivres nous manqueront, nous mangerons notre bras gauche ; notre bras droit nous suffira pour défendre notre liberté.

Le prince d'Orange attachait la plus haute importance à la conservation de cette place. Aussi il ne cessait de l'encourager à persévérer dans sa défense, et correspondait avec la garnison au moyen de pigeons. Cependant la situation des assiégés devenait de plus en plus critique. Bien qu'ils eussent fait sortir de la ville toutes les bouches inutiles, ils se trouvèrent bientôt en proie à une horrible famine. La détresse devint telle, que les bourgeois, exténués, demandèrent à grands cris qu'on leur donnât du pain, ou qu'on rendît la place. En ce moment le bourgmestre, Pierre Van der Werf, se présenta devant la foule, offrant son épée à ces malheureux qui se traînaient autour de lui, pâles et décharnés, et leur dit : « Amis, je n'ai point de pain à vous donner. Mangez ma chair : si elle peut vous satisfaire, je mourrai content. » On était réduit à la dernière extrémité, quand le prince assembla les états de Hollande, pour aviser aux moyens de secourir la ville. L'amiral Boisot proposa à ce conseil un projet aussi étonnant par sa nouveauté que par sa hardiesse. Son avis était qu'il fallait rompre les digues qui contenaient la Meuse, le Rhin et l'Yssel ; et qu'on parviendrait ainsi à noyer les Espagnols, en même temps qu'on s'ouvrirait, au moyen de cette inondation, un lac par où une flotte pourrait aller au secours des gens de Leyden : ce projet fut exécuté aussitôt. Un espace de vingt lieues, entre Leyden, Delft, Gouda et Rotterdam, fut inondé, le camp espagnol submergé, les Leydois secourus, et les Espagnols forcés à la retraite (octobre 1574). Ce coup hardi décida du sort de la Hollande, comme la prise de Middelbourg avait décidé de celui de la Zéelande [1] quelques mois auparavant

[1] Pour récompenser de la conduite héroïque tenue par les bourgeois de Leyden pendant ce siége mémorable, leur ville fut dotée, en 1575, d'une université, à laquelle les noms de Juste Lipse, de Boerhave et de tant d'autres savants illustres, donnèrent plus tard tant d'éclat.

Cependant, au milieu de toutes les graves difficultés dans lesquelles ces deux provinces se trouvaient, le prince d'Orange était parvenu à réunir dans ses mains un pouvoir presque absolu. Revêtu de la dignité de *stadhouder* ou de gouverneur général, il ordonnait tout ce qui concernait l'administration civile ou militaire, il nommait les officiers de terre et de mer, plaçait des commandants dans les villes et dans les places fortes, les pourvoyait de garnisons, réglait les monnaies; en un mot, il exerçait une autorité égale à celle du roi, et agissait comme s'il eût été comte de Hollande et de Zéelande. Bientôt il commença à donner ombrage aux états du pays. On alla même jusqu'à dire qu'il employait les finances des deux comtés moins en faveur de la chose publique qu'en faveur de ses propres intérêts. Aussi, force lui fut de faire droit aux craintes qui commençaient à se manifester de toutes parts. Il convoqua donc une assemblée, pour fixer l'organisation du gouvernement. On se réunit à Dordrecht; et, le 20 avril 1575, on adopta le plan d'une union sous l'obéissance du prince d'Orange, qui fut investi d'une autorité en quelque sorte absolue, à condition qu'il jurerait de conserver et de maintenir les priviléges, les libertés, les immunités et les droits généraux et particuliers; d'établir et d'autoriser l'exercice public de la religion évangélique réformée; de faire cesser celui de la religion romaine, sans cependant souffrir qu'on inquiétât ni qu'on recherchât qui que ce fût sur l'article de la foi. Les états se réservèrent, en outre, le droit d'établir un conseil général pour l'administration des affaires de l'Union, et pour assister le prince de ses avis. De plus, il fut arrêté que les officiers, les magistrats, les communes, les compagnies d'arquebusiers, les corps de métiers, s'engageraient par serment à observer ces règlements, et jureraient obéissance et soumission au prince d'Orange. Enfin, les états de Hollande et de Zéelande signèrent, le 4 juin, ce fameux acte de l'Union, par lequel ils s'obligeaient à se secourir, à s'aider et à se défendre mutuellement contre l'ennemi commun.

Le prince fut grandement mécontent du conseil qui lui avait été adjoint, et il ne vit dans ce corps qu'un surveillant importun et toujours prêt à le contrarier. Aussi il prit à tâche de le faire supprimer. Mais les états tinrent bon; et, pénétrant les motifs de cette opposition, dans laquelle ils ne voyaient qu'une tendance à l'absolutisme, lui répondirent qu'ils consentaient à lui conférer le gouvernement sous tel titre qu'il voudrait, même sous celui de comte, pourvu toutefois que les droits des états et ceux du peuple fussent maintenus intacts; qu'ils avaient créé un conseil pour l'aider et non pour l'entraver dans l'exercice de son pouvoir. Les états furent de nouveau convoqués à Rotterdam; et le prince conduisit si bien les choses, qu'il parvint à empêcher la confirmation du conseil.

Dans ces entrefaites, l'empereur Maximilien II offrit sa médiation au roi Philippe et aux confédérés. Ainsi des conférences furent ouvertes à Bréda, où se rendirent des députés des deux partis. Mais comme aucun préliminaire n'avait été arrêté, on ne put en venir à aucune conclusion, chacun étant arrivé avec des prétentions inadmissibles. Les confédérés voulaient que toutes les troupes étrangères fussent rappelées du pays, et qu'une assemblée libre des états généraux des provinces fût convoquée, pour régler les affaires de la religion. Le roi ne voulut admettre ni l'une ni l'autre de ces propositions. Il tenait surtout à ne tolérer que la religion catholique : en sorte qu'après trois mois de négociations infructueuses, le congrès fut rompu.

Pendant ces pourparlers, les Espagnols avaient obtenu de grands succès en Hollande. Ils avaient repris les villes de Buren, Montfoort, Oudewater et Schoonhoven, et reconquis presque tout le territoire qui s'étend entre les rivières de Wahal et de Leck. Ces avantages portèrent Requesens à tenter de chasser les confédérés de la Zéelande. L'entreprise était d'une extrême difficulté; car il fallait traverser à pied deux lieues de mer entre les îles de Philipsland et Duveland, par un gué que des gouffres profonds bordaient de chaque côté. Cependant cet obstacle ne l'arrêta point. Au milieu d'une nuit ténébreuse, celle du 28 au 29 septembre 1575, il ordonna ce passage dangereux à un corps de deux mille hommes. Cette troupe, divisée en trois bandes, commença sa marche périlleuse à l'heure de minuit, au moment où la basse marée était venue. Requesens, debout sur le rivage, les animait du geste et de la voix; et un prêtre, qui se tenait à côté de lui, implorait, pour ceux qui passaient, l'assistance de Dieu et de saint Michel, dont on célébrait la fête le lendemain. Cependant le prince d'Orange était là, qui entravait cette marche avec ses gros vaisseaux, dont les canons tiraient sans relâche sur les Espagnols; et les matelots se jetaient à la mer, pour venir lutter corps à corps avec l'ennemi. Ce combat au milieu des flots et de la nuit présentait un caractère étrange et unique. Il retarda si bien les Espagnols, que la marée commença à monter au moment où le troisième corps venait d'entrer dans l'eau : il fut donc forcé de retourner sur ses pas, de même que le second, réduit à neuf hommes, de deux cent cinquante qu'il avait comptés d'abord. L'avant-garde, après n'avoir perdu que douze ou treize combattants, arriva dans l'île de Duveland à la pointe du jour. Elle entreprit aussitôt le siége de Zierikzée, qui se rendit après une résistance héroïque de huit mois, le 29 juin 1576.

Il ne fut pas donné à Requesens de voir la fin de ce siége. Depuis longtemps sa santé était gravement altérée, par les difficultés et les embarras continuels contre lesquels il avait à lutter. Il succomba le 5 mars, après avoir investi le comte de Berlaimont du gouvernement des Pays-Bas, et le comte de Mansfeld du commandement de l'armée.

La mort de Requesens redoubla encore les embarras, en laissant l'anarchie s'établir dans le gouvernement lui-même. Car le conseil d'État ne tint aucun compte des dispositions en vertu desquelles Berlaimont et Mansfeld voulaient conduire les affaires du pays. Il s'empara même de l'autorité, au nom du roi. Jérôme de la Rueda, qui était à Anvers avec les troupes, essaya un moment de la lui disputer; mais il échoua. Philippe II, instruit de la mesure que le conseil d'État venait de prendre, ne sut d'abord quel parti adopter. Mais un de ses ministres lui conseilla de confirmer ce corps dans l'administration qu'il n'exerçait que par intérim. En effet, le 24 mars, le souverain donna des lettres par lesquelles le conseil fut pourvu du gouvernement des provinces jusqu'à l'arrivée de don Juan d'Autriche dans les Pays-Bas. Malheureusement cette mesure, prise dans un intérêt de conciliation, ne produisit qu'un élément de désordre de plus; car il ne tarda pas à se former dans le conseil d'État deux partis, sous la dénomination de *patriotes* et d'*Espagnols*.

D'un autre côté, les mutineries se multipliaient plus que jamais parmi les troupes. Une partie des garnisons zéelandaises entra dans le Brabant et se porta sur Alost, où les soldats commirent les plus grands excès, rançonnant cette ville et plus de cent soixante-dix villages et hameaux. Bientôt les mutins communiquèrent l'esprit de révolte à la garnison de Bruxelles, qui fit cause commune avec eux. De toutes parts les masses de rebelles accoururent à Alost, devenu un foyer d'insurrection militaire. Le conseil d'État lui-même fut forcé d'armer les provinces, pour s'opposer aux incursions, aux rapines et aux brigandages des révoltés.

Guillaume d'Orange n'était pas homme à négliger de mettre à profit ces désordres. Il avait convoqué à Delft les états de Hollande et de Zéelande le 11 mars 1576; et, après s'être plaint de leur indécision et de leurs tergiversations interminables, il avait été jusqu'à vouloir se démettre de son autorité, si l'on ne se décidait à convenir d'une union plus intime, et à se réunir de volonté et d'intention pour agir avec énergie. Enfin, le 28 avril, les états signèrent un acte par lequel le prince d'Orange obtint, sous le titre de souverain et de chef, pleine autorité et plein pouvoir d'ordonner tout ce qu'exigerait la défense des provinces, les magistrats, les officiers civils et militaires, les corps de villes, les communes et les compagnies s'obligeant à jurer entre ses mains obéissance, fidélité, et l'exacte observance de tous les articles de l'union. De son côté, il promettait de maintenir et de défendre leurs priviléges et leurs libertés. C'était presque une inauguration souveraine.

Peu de jours après, la guerre recommença avec une fureur nouvelle, et les confédérés firent le siége d'Anvers et de Gand.

L'agitation n'avait fait qu'augmenter parmi les troupes espagnoles, réunies à Alost : elles s'étaient rendues à Anvers et établies dans la citadelle, d'où elles tombèrent sur la ville, qu'elles livrèrent au plus horrible pillage pendant trois jours tout entiers.

Le gouvernement n'était pas livré à moins de désordre. Il fallait que les provinces cherchassent à pourvoir elles-mêmes à leur salut, dans le grand sauve qui peut auquel tout était livré. Le conseil d'État se trouvant frappé d'impuissance au milieu de toutes ces complications, les états généraux se réunirent à Gand le 9 septembre 1576. L'ouverture de l'assemblée se fit par une déclamation violente contre les Espagnols, leurs cruautés, leurs déprédations. On proposa de s'unir avec le Brabant, le Hainaut et les autres États et provinces, pour chasser cette soldatesque effrénée, comme perturbatrice du repos public. Enfin, les nobles et les villes se prononcèrent pour une proscription générale des mutins. Cependant les gens de Gand étaient dans une grande terreur. Ils craignaient que les Espagnols, enfermés dans la citadelle de cette place, ne se répandissent dans la ville, et n'y commissent des excès pareils à ceux qu'ils avaient exercés ailleurs. Ils songèrent donc à s'adresser au prince d'Orange, considéré dès lors comme le seul homme capable de sauver le pays. Ces négociations furent poussées avec tant d'activité, que, le 8 novembre, le fameux traité connu sous le nom de Pacification de Gand put être signé. Il le fut, sous l'approbation du conseil d'État, par les prélats, les nobles, les villes et les membres de Brabant, de Flandre, d'Artois, de Hainaut, de Valenciennes, de Lille, de Douai, d'Orchies, de Namur, de Tournai, de Tournaisis, d'Utrecht et de Malines d'une part; et par le prince d'Orange et les états généraux, et les villes de Hollande, de Zéelande, et leurs associés, de l'autre.

Cet acte se composait de vingt-cinq articles, et stipulait entre les parties une paix sincère, inviolable et éternelle, ainsi qu'une alliance, confédération et union perpétuelle, tendant à se secourir mutuellement, à s'aider de toutes leurs forces, de tout leur sang et de tout leur avoir, à concourir au bien public; surtout à extirper, à chasser les Espagnols et autres soldatesques étrangères, et s'opposer à jamais à leur retour; qu'aussitôt et immédiatement après l'expulsion et la sortie effective des Espagnols, les deux parties contractantes tiendraient avec toute diligence, chacune de son côté, une assemblée générale des états, telle que celle de 1555, dans laquelle on réglerait le fait de la religion, la propriété des forteresses, des vaisseaux et des domaines du roi; qu'il ne serait plus permis d'attenter contre la religion catholique et romaine; qu'on abattrait les trophées, les inscriptions et les monuments érigés par le duc d'Albe, au déshonneur de qui que ce fût; que le prince d'Orange serait continué dans ses charges de stadhouder, et d'amiral de Hollande et de Zéelande, jusqu'à la décision des états généraux; que les dettes contractées par le prince d'Orange, dans ses deux expéditions, à la charge des provinces de Hollande et de Zéelande, seraient soumises aux états généraux, dès que les Espagnols seraient expulsés ; qu'on se promettait réciproquement l'oubli des maux passés et des dommages causés; que les propriétaires de biens fonds, rentes, etc., pourraient réclamer leurs biens confisqués depuis l'an 1566; que les corporations, les dignités, les chapitres, les monastères et les fondations, situés hors de la Hollande et de la Zéelande, possédant des biens dans ces deux provinces, en jouiraient librement; qu'on se rendrait de part et d'autre tous les prisonniers sans rançon ; et enfin que les pays, les villes et les seigneuries attachés au parti contraire seraient regardés comme exclus de cette pacification, jusqu'à ce qu'ils eussent accédé formellement, ce qui leur serait loisible quand ils le jugeraient convenable.

Le jour même où la pacification de Gand fut signée, les Espagnols qui occupaient la citadelle la rendirent au comte de Rœulx. Peu de jours après, Zierikzée fut occupée par le comte de Hohenlohe, et les autres villes de l'île de Schouwen furent remises au prince d'Orange.

CHAPITRE III.

DEPUIS LA PACIFICATION DE GAND JUSQU'A LA MORD DU PRINCE D'ORANGE.

§ 1. GOUVERNEMENT DE DON JUAN D'AUTRICHE.

Pendant que la paix se négociait entre les provinces à Gand, le nouveau gouverneur général des Pays-Bas, nommé par le roi, était entré dans le Luxembourg.

Après la mort de Requesens, Philippe II avait laissé le pouvoir entre les mains du conseil d'État, jusqu'à l'arrivée du successeur destiné à prendre la place de ce capitaine. C'était également un homme de guerre, fort jeune encore, qui se trouvait dans le Milanais, et qui avait remporté en 1571, à l'âge de vingt-deux ans, la mémorable bataille de Lépante : il s'appelait don Juan d'Autriche, et était issu de l'empereur Charles-Quint et d'une musicienne de Ratisbonne, Barbe Blomberg, s'il faut en croire l'historien Strada. La journée de Lépante n'était pas la seule qui lui eût procuré sa renommée militaire : il avait fait ses premières armes contre les Maures de Grenade, et s'était signalé par la prise de Tunis.

Aussitôt que le prince fut arrivé dans le Luxembourg, il instruisit de sa venue les conseils et les états des provinces, les invitant à se concerter avec lui sur les moyens de ramener la paix et la prospérité dans le pays. Mais de même que Requesens avait eu le malheur de venir après le duc d'Albe, don Juan eut le malheur de mettre le pied dans le pays au moment même où la garnison de la citadelle d'Anvers exerçait dans cette ville l'horrible pillage dont le peuple a conservé le souvenir sous le nom de *Furie espagnole*. Il commença ainsi son gouvernement sous les plus funestes auspices. Un acte cependant lui concilia tout d'abord, à un certain degré, l'affection de la bourgeoisie : c'était une proclamation qu'il adressa aux troupes, et qui eut pour résultat de les faire rentrer dans les bornes de la discipline. Cependant les provinces n'étaient pas disposées à admettre le nouveau gouverneur sans condition, et le prince d'Orange mit tout en œuvre pour semer la défiance dans les esprits. C'est d'après son conseil que les états de Brabant, qui se trouvaient réunis à Bruxelles, et dont l'exemple fut naturellement suivi par la plus grande partie des provinces méridionales, posèrent les conditions auxquelles ils étaient prêts à admettre don Juan dans le pays. Ces conditions étaient : la retraite complète des soldats espagnols, l'acceptation de la pacification de Gand, la convocation des états généraux comme au temps de Charles-Quint; enfin, la confirmation des anciens priviléges et des anciennes libertés du pays. Quelque dures que dussent lui paraître ces exigences, don Juan ne refusa pas de négocier sur ces bases; et même, pour faciliter les pourparlers, il invita le conseil d'État et les états généraux à venir à Namur traiter avec lui tous ces points. Toutefois il n'osa pas se rendre en cette ville, parce qu'il craignait, disait-on, pour sa sûreté personnelle. Ainsi cette négociation traîna en longueur. Elle donna lieu à plus d'un bruit étrange. On disait qu'un des députés qui étaient allés trouver le prince avait eu la hardiesse de l'engager à se mettre à la tête du mouvement dans les provinces des Pays-Bas, et à s'emparer du pouvoir pour son propre compte. On ajoutait que ces paroles, nul n'aurait osé les lui adresser, si don Juan n'avait lui-même paru disposé à les entendre. De cette manière, de graves soupçons avaient été propagés contre lui sourdement, et avec tant d'adresse, que les intentions même les plus conciliatrices furent expliquées de la façon la plus injurieuse pour lui. Ainsi, lorsqu'il eut résolu le renvoi des troupes étrangères, et qu'il eut pris la détermination de les faire partir par un des ports flamands, parce que l'hiver empêchait de les diriger par les Alpes, le Taciturne sut faire accroire à la reine Élisabeth d'Angleterre que le prince avait le projet de se servir de ces forces pour délivrer de sa prison Marie Stuart, sa captive. Bien plus, les états des provinces méridionales, qui devaient d'abord pourvoir aux frais de transport par mer, refusèrent de fournir les sommes nécessaires; en sorte que les troupes restèrent forcément dans les Pays-Bas.

Pendant l'hiver (1576-1577), le prince d'Orange s'occupa de négocier avec les villes de Hollande qui n'avaient pas encore reconnu son autorité, Minden, Weesp, Heusden, et quelques autres. Le château d'Utrecht, tenu jusqu'alors par les Espagnols, se rendit aussi au Taciturne. Bientôt il ne resta plus pour ainsi dire qu'Amsterdam, qui ne se fût pas soumis à sa puissance.

L'empereur Rodolphe chercha, dans ces entrefaites, le moyen d'amener un accommodement entre don Juan, qui se tenait alors à Marche en Famenne, et les états du pays. Il chargea le duc de Clèves et l'évêque de Liége de préparer les voies. Mais il s'éleva contre ces projets d'arrangement difficultés sur difficultés. Enfin, les états des provinces belges, de même que ceux de Gueldre et d'Utrecht, conclurent l'acte connu sous la dénomination d'*Union de Bruxelles*, lequel consacrait le maintien de la pacification de Gand, en même temps qu'il stipulait que les troupes étrangères seraient renvoyées du pays, pour ne plus y être admises à l'avenir. La condition qui y fut ajoutée, relativement à la protection de la religion catholique, fut cause que ceux de Hollande et de Zéelande n'entrèrent pas sans de certaines réserves dans cette union, qui, du reste, obtint tout l'effet qu'on en attendait. Car don Juan, rassuré par les deux représentants de l'empereur, ainsi que par les évêques du pays et par les docteurs de l'université de Louvain, sur la crainte qu'il avait que la Pacification de Gand ne fût contraire à la foi catholique et aux droits du roi, prit enfin la résolution d'accepter l'Union de Bruxelles, et d'y adhérer par un acte appelé *l'Édit perpétuel*. Cette adhésion donnée, il fut reconnu en qualité de gouverneur général par les états dont l'union se composait. Après que la paix eut ainsi été rétablie entre les états et le prince don Juan, celui-ci quitta la province de Luxembourg et se rendit à Louvain, pour ordonner lui-même le départ des troupes étrangères. Elles avaient d'abord manifesté un vif mécontentement à l'idée de quitter ces villes, ces forteresses et ces châteaux, qu'elles n'avaient conquis qu'après tant de combats opiniâtres. Mais enfin elles consentirent à partir, lorsque le roi eut sanctionné l'Édit perpétuel. Toutefois il n'y eut que les Espagnols, les Italiens, et les Bourguignons de la Franche-Comté, qui sortissent du pays, les Allemands et les Wallons n'étant pas considérés comme étrangers.

Le 1ᵉʳ mai, don Juan arriva de Louvain à Bruxelles, où il fit, comme nouveau gouverneur général, son entrée solennelle. Il y fut reçu avec un grand enthousiasme; car tous avaient conçu une profonde confiance dans son bon vouloir, et il s'était gagné tous les cœurs. Parmi les témoins de cette fête, il y avait un vieillard cassé par l'âge, et qui avait joué un rôle important dans toute l'histoire des troubles passés, le président Viglius. En voyant défiler devant lui le jeune prince avec son étincelante escorte, il dit, avec un sourire moqueur: « Est-ce donc là l'enfant qui doit nous ramener la paix ? » Viglius doutait, et il avait raison. En effet, le prince d'Orange avait l'œil sur les événements; et, afin de pouvoir mieux les suivre, il se tenait à Berg-op-Zoom, où les états le mettaient au courant de tout ce qui se passait. Il prévoyait que la paix ne serait pas plus perpétuelle que l'Édit ne le serait lui-même, en dépit de la qualification qu'on lui avait donnée; et il sentait que son rôle n'allait être suspendu que pour peu de temps. Dans la prévision d'une rupture prochaine, il était parvenu à engager adroitement les états de Hollande et de Zéelande à refuser leur adhésion aux termes de l'Édit, tandis que les provinces de Frise et de Groningue n'y accédèrent pas davantage, bien qu'après quelques difficultés, elles eussent été amenées à consentir conditionnellement à l'Union de Bruxelles.

Les affaires se précipitèrent avec plus de rapidité que le prince d'Orange ne l'avait calculé. Dès le séjour de don Juan à Louvain, de petites causes de mécontentement étaient nées dans l'esprit de quelques seigneurs, le nouveau gouverneur général n'ayant pas voulu se résoudre à composer sa maison exclusivement de Belges. Bientôt des bruits d'une gravité extrême furent mis en circulation contre don Juan. On disait que les troupes étrangères, au lieu d'avoir repris le chemin de l'Italie, se tenaient cachées, par son ordre, dans les forêts du Luxembourg, de la Lorraine et des environs; que d'autres, parties pour la Bourgogne, étaient entrées au service de la Ligue en France, prêtes à revenir au premier signal; enfin, qu'une partie était restée dans les provinces mêmes, sous le prétexte d'attendre le payement de leur solde. La défiance contre l'Espagne était si grande, que les bruits les plus absurdes et les plus incroyables étaient sûrs d'être accueillis et de s'accréditer. Aussi don Juan ne tarda-t-il pas à se trouver dans la plus fausse des positions, entouré qu'il était de toutes parts de gens sur l'appui desquels il ne pouvait compter pour l'accomplissement de l'œuvre de pacification qu'il avait entreprise. Bientôt il ne se crut plus lui-même en sûreté au milieu de ces populations, sourdement travaillées d'inquiétudes et de soupçons de tout genre. Chaque jour il lui parvenait de sinistres avis et des menaces anonymes, qui le troublaient d'autant plus qu'il n'avait ni une place forte, ni une retraite où se mettre à l'abri, en cas de danger. Il chercha donc à s'assurer d'une forteresse d'où il pût faire respecter son autorité. Une circonstance inattendue lui fournit bientôt l'occasion d'exécuter ce projet. Au mois de juillet 1577, la reine Marguerite de Navarre, sœur du roi de France, se rendait aux eaux de Spa, en passant par Namur. Don Juan, sous le prétexte d'aller complimenter cette princesse, se transporta dans cette ville avec sa cour, et une suite de quelques gentilshommes. Le château de Namur était commandé, au nom des états, par le fils du comte de Berlaimont. Don Juan manifesta le désir de voir cette citadelle fameuse. Ils lui firent grande politesse, et le prièrent d'entrer. Le prince, y ayant pénétré avec toute sa suite, se mit d'abord à examiner tous les ouvrages; et, s'étant assuré de la faiblesse de la garnison, déclara qu'il retenait le château au nom du roi, et qu'il était résolu à y fixer sa résidence, comme gouverneur général des Pays-Bas. Il avait réussi.

A peine cet événement (car c'était un véritable événement) fut-il connu, qu'il s'opéra un mouvement extraordinaire dans tout le pays. On cria à la trahison ; on disait que la reine de Navarre avait trempé dans le complot, et que même, dans la prévision d'un échec, elle avait, à force d'argent, ménagé au prince l'entrée de quelques places fortes sur les confins de la France, dans le Hainaut et dans l'Artois. On ajoutait qu'il avait dépensé à ces intrigues des sommes importantes. Enfin, les provinces furent inondées d'un déluge d'écrits, tous remplis de reproches et de récriminations.

Don Juan s'adressa d'abord aux états de Namur. Ils répondirent. Ce ne fut de part et d'autre que plaintes et querelles. L'émotion et la rumeur étaient devenues plus vives que jamais. Des apologies et des manifestes furent le prélude de la nouvelle guerre qui allait éclater. Bientôt des motifs plus sérieux de mécontentement vinrent se joindre à ceux que l'on avait déjà. On apprit qu'un corps d'Espagnols était en marche vers la Belgique, et venait d'arriver à Mézières. On ajoutait que la corruption avait été essayée sur les commandants des châteaux d'Anvers et de Termonde, et que ces capitaines auraient livré leurs forteresses à don Juan, si l'on n'avait prévenu à temps cette trahison. L'alarme répandue ainsi dans le pays, l'irritation fut bientôt à son comble. Les villes se tenaient soigneusement fermées ; on levait de l'argent et des troupes partout ; on ne parlait que de trahisons et de parjure ; on reprochait aux Espagnols leur mauvaise foi et la rupture de la paix ; enfin, on déclara don Juan agresseur, ennemi du roi et de la patrie, et il fut résolu qu'on lui ferait la guerre.

Déjà les états des provinces avaient envoyé leurs députés au prince d'Orange pour l'inviter à venir à Bruxelles, afin de concerter avec lui les moyens de remettre le pays en paix et en liberté. Il se rendit à cet appel, et débarqua, le 18 septembre 1577, à Anvers, où une députation considérable des états généraux vint le recevoir. Cinq jours après, il entra à Bruxelles comme un triomphateur, au milieu des acclamations et de l'enthousiasme du peuple. Le 22 octobre, les états de Brabant lui conférèrent la dignité de *ruwaert* de leur province.

Dès le mois d'août, les états généraux avaient résolu de démolir les châteaux de Gand et d'Anvers du côté de ces villes ; et les bourgeois, hommes, femmes et enfants, y avaient prêté la main avec une joie presque frénétique. Les habitants d'Utrecht, de Lille et de Valenciennes imitèrent cet exemple. On réussit par ruse à faire sortir de Bréda le commandant de cette forteresse. Bref, en payant la solde de toutes ces garnisons, on parvint à délivrer le pays de ce qu'il y avait encore de troupes étrangères, des Wallons.

Bientôt il ne resta plus à don Juan que les provinces de Namur et de Luxembourg. Son autorité était perdue partout ailleurs, tandis que celle des états était devenue plus forte que jamais. Il lui eût même été impossible de se maintenir dans les deux provinces qui lui étaient restées fidèles, si la noblesse brabançonne avait été d'accord avec le prince d'Orange ; mais elle connaissait trop bien le Taciturne, pour ne pas se défier de lui autant que des Espagnols eux-mêmes. Elle s'était surtout grandement émue de la réception qui lui avait été faite à Anvers, de son entrée triomphale à Bruxelles, et du titre de *ruwaert* qu'il venait d'obtenir : elle craignait qu'il ne visât à se poser dans les provinces méridionales en quasi-dictateur, comme il l'avait fait en Hollande et en Zéelande. Aussi bientôt il se forma parmi elles un parti, à la tête duquel se trouvait le duc d'Arschot, dans le but d'élever au pouvoir un prince qui, appartenant à l'Église romaine et sorti du sang même des Habsbourg, pût donner à la position qu'on lui préparait une apparence de légitimité : c'était l'archiduc Mathias d'Autriche, frère de l'empereur Rodolphe II et neveu du roi Philippe. On avait hésité d'abord entre la reine d'Angleterre, l'archiduc Mathias, le duc d'Alençon, et le prince palatin Jean-Casimir, fils de l'électeur : Mathias l'emporta. Un gentilhomme flamand fut chargé d'aller à Vienne négocier l'acceptation de ce prince, qui consentit sans peine à accéder à l'invitation des états des Pays-Bas, et s'enfuit secrètement et en petite compagnie du territoire de l'Empire, Rodolphe n'ayant pu, par égard pour la cour d'Espagne, lui permettre de se rendre dans le Brabant. Avant la fin du mois d'octobre, l'archiduc se trouvait déjà à Lierre.

Le prince d'Orange, pour qui la mesure adoptée par une partie de la noblesse brabançonne n'était pas restée un mystère, ne vit pour lui, dans le choix de Mathias, qu'une source de nouveaux avantages. Lui, en effet, qui était parvenu à renverser la puissance de Philippe II et du duc d'Albe dans les Pays-Bas, il devait avoir bon marché de ce jeune et pauvre archiduc, que son propre frère, l'empereur, avait été forcé de désavouer, pour prévenir une rupture avec la cour de Madrid. Puis encore, il prévoyait bien qu'en élevant ce prince au gouvernement général du pays, on établirait une certaine mésintelligence entre l'Autriche et l'Espagne, et qu'il serait facile de faire retomber sur cet enfant toutes les fautes que l'on commettrait. Sûr ainsi de ne rien perdre de son influence tout en mettant mieux sa responsabilité à couvert, le prince d'Orange accepta l'archiduc; mais il eut soin de s'emparer des négociations relatives aux conditions sous lesquelles Mathias serait investi du pouvoir suprême dans les provinces. On tomba bientôt d'accord, et les articles furent signés. Il y en avait plus de trente, mais tous pouvaient se réduire à deux principaux, savoir : que le prince d'Orange serait le lieutenant de l'archiduc en tout et partout, et que celui-ci ne pourrait exercer aucune autorité, pas même sur ses propres gardes, dans l'armée, dans le gouvernement politique, ni dans les finances, sans l'avis du conseil d'État, et sans le consentement des états généraux des provinces. Cet acte présente une autre particularité remarquable : c'est que l'on n'y écarta pas encore entièrement le nom du roi, bien qu'on y attribuât à Mathias un pouvoir entièrement souverain dans les Pays-Bas, sous le titre de simple gouverneur général.

Le 18 janvier 1578, l'archiduc fit son entrée à Bruxelles ; et, deux jours après, il jura solennellement le maintien des articles convenus. Pendant le cours de ces négociations, le prince d'Orange était parvenu à faire renouveler l'Union par les états généraux, et à y introduire une stipulation par laquelle les catholiques et les protestants se promettaient une tolérance mutuelle, et s'engageaient à mettre leurs forces en commun, pour secouer le joug de l'ennemi commun des provinces.

Sur ces entrefaites, un événement d'une extrême gravité était accompli à Gand. Deux seigneurs, animés d'un vif esprit d'indépendance, les sires de Ryhove et d'Hembise, s'étaient mis à la tête du peuple gantois, et le berçaient de l'espoir d'obtenir le rétablissement de tous ses anciens privilèges, même de ceux dont Charles-Quint l'avait dépouillé en 1540. Ils étaient parvenus à répandre ainsi l'excitation dans cette ville, déjà si prompte aux troubles et aux émotions, quand le duc d'Arschot, investi par les états généraux du gouvernement de la Flandre, y arriva le 23 octobre 1577, avec vingt trois compagnies de fantassins et trois cents cavaliers. Accueilli avec un grand enthousiasme par la population gantoise, il lui promit, pour se rendre agréable, la restitution des privilèges si instamment réclamés; mais il reconnut bientôt qu'il avait été trop loin dans ses promesses; et cependant il ne pouvait reculer sans blesser profondément ces inflammables bourgeois flamands, et sans s'exposer aux plus grands périls. Comme il hésitait, il fut abordé un jour, dans la rue, par Hembise et sa faction, qui le sommèrent de rétablir les priviléges de la cité. Il chercha d'abord à se retrancher derrière quelque faux-fuyant; mais, serré de trop près :

— On fermera bien la bouche à ces mutins en leur passant un collier de chanvre au cou, dit-il, quand même ils seraient soutenus par le prince d'Orange.

Ces paroles se répétèrent de rue en rue. Partout on courut aux armes, et bientôt la ville se trouva divisée en deux camps, dont l'un était pour, l'autre contre le duc d'Arschot. Cependant, grâce à l'intervention du magistrat, ce tumulte ne tarda pas à s'apaiser un peu, quand malheureusement le sire de Ryhove, qui avait été à Anvers proposer au prince d'Orange de s'emparer du duc, revint à Gand avec huit hommes de guerre qui l'accompagnaient. A peine eut-il appris ce qui venait de se passer, qu'il cria aux armes, se rendit maître du palais des comtes et de toute l'artillerie, et fit prisonniers le duc d'Arschot et huit de ses gentilshommes. Il mit la main sur les caisses publiques, fit tendre les chaînes dans les rues, et fermer les portes de la ville; tandis qu'Hembise rétablit les anciens priviléges et organisa une espèce de république, à la tête de laquelle il plaça dix-huit *assistants* ou *notables*, tirés des différents quartiers de la commune.

Guillaume le Taciturne, après avoir d'abord refusé de prendre ouvertement part à cette affaire, comme le seigneur de Ryhove l'en avait prié, résolut tout à coup de tirer parti de ces circonstances nouvelles : il s'entremit pour obtenir la liberté du duc d'Arschot, espérant s'attacher ce seigneur, dans lequel il avait toujours eu un ennemi décidé. Ces démarches eurent pour résultat de faire élargir le duc, mais seulement lorsque Mathias se trouvait déjà entièrement au pouvoir du prince d'Orange.

Pendant ce temps, les événements avaient marché avec une rapidité extraordinaire. Le 7 décembre, don Juan avait été déclaré, par les états généraux, ennemi de la patrie ; et, dès le mois suivant, l'archiduc Mathias leur ayant prêté serment, la guerre commença.

Au moment où les hostilités éclatèrent, don Juan n'avait qu'une armée très-peu considérable. Elle était composée surtout d'Allemands qu'il avait pris à sa solde. Cependant il n'avait rien négligé pour se préparer à une lutte énergique : il avait rappelé une partie des Espagnols qu'il avait fait partir pour l'Italie, et des soudards qui, après avoir été renvoyés des Pays-Bas, s'étaient mis au service de la Ligue en France. Toutes ces troupes lui arrivèrent peu à peu; et quand, au mois de janvier 1578, l'armée des états, forte d'environ vingt mille hommes, vint prendre position sur le territoire de Namur, don Juan comptait un nombre égal de combattants.

Le 25 janvier, don Juan envoya une déclaration de guerre en forme aux états, qui donnèrent à leurs capitaines l'ordre de marcher sur Namur. Les deux armées se rencontrèrent à Gembloux le 31 janvier, et un combat sanglant s'engagea. Les troupes confédérées essuyèrent une horrible défaite, et laissèrent sur le champ de bataille tous leurs canons, leurs enseignes, leurs bagages, un grand nombre de tués et de prisonniers. Cette déroute répandit la consternation dans le pays. L'épouvante était si grande, que l'archiduc Mathias, les états généraux et le conseil d'État s'enfuirent de Bruxelles à Anvers. Et cette peur n'était rien moins que fondée : car, outre Gembloux, Tirlemont, Bouvignes, Sichem, Diest, Jodoigne, Nivelles, et plusieurs autres places fortes du Brabant et du Hainaut, tombèrent au pouvoir des Espagnols, qui, heureusement pour les états, ne purent poursuivre leur victoire, et furent forcés de rentrer à Bruxelles, surtout à cause du manque d'argent.

Mais les provinces du nord trouvèrent en quelque sorte une compensation à cette perte dans la reddition de la dernière ville que les Espa-

23.

gnols eussent conservée en Hollande, la ville d'Amsterdam, qui se rattacha par capitulation aux états et au prince d'Orange.

Dans la province de Groningue on s'était à peine vu délivré de l'ennemi, que la ville et la campagne se mirent en lutte pour un différend relatif au droit que prétendaient posséder les villages environnants, d'exercer certains métiers dont la ville s'était jusqu'alors exclusivement réservé la pratique. Si bien que les états généraux se virent forcés d'intervenir; et ils ne réussirent qu'à grand'peine à étouffer cette querelle.

De leur côté, les villes hollandaises commençaient à s'agiter, grâce aux protestants, auxquels les capitulations solennellement garanties avaient permis de rentrer dans leurs foyers, et qui maintenant, à leur tour, se livraient à la pente des réactions. Une conjuration éclata à Amsterdam le 26 mai 1578, et amena le changement des magistrats et l'oppression complète des catholiques. Trois jours après, Haarlem fut le théâtre de violences du même genre, et vit couler le sang d'un prêtre catholique dans la grande église, et son évêque racheter sa vie à prix d'argent. Ter-Goes, en Zéelande, fut témoin de persécutions de la même nature. Dans les provinces belges l'esprit de réaction ne put se donner aussi libre carrière, bien que les stipulations relatives à la protection et à la déférence promises aux catholiques ne fussent pas partout rigidement observées. A Anvers et à Gand se tenaient des réunions et des prêches protestants, et personne ne les empêchait. Bien plus, partout, à Anvers, à Tournai, à Bruges, à Maestricht et dans d'autres villes, on prononça le bannissement contre les moines, surtout contre les jésuites et les franciscains, qui avaient refusé de consentir à prêter le nouveau serment de fidélité à l'Autriche.

Quant aux états de l'évêché d'Utrecht, ils s'étaient étroitement ralliés au prince d'Orange, dès l'arrivée de Mathias aux Pays-Bas; et le premier point de leur capitulation avait été de faire promettre par le Taciturne protection au culte catholique, bien qu'elle ne fût pas mieux exercée là qu'ailleurs.

Ces collisions devenant de plus en plus fréquentes, l'archiduc résolut, de concert avec le prince d'Orange et les états généraux, de proposer un règlement qui offrît des garanties à la tranquillité religieuse. Cet acte, connu dans l'histoire sous le nom de *Paix de la religion*, se composait de dix-huit articles, et assurait en substance le partage des églises paroissiales, l'entretien des monastères, et la subsistance des moines et des religieuses; enfin, la liberté des deux cultes, et la manière de se comporter l'un envers l'autre. Cependant l'effet qu'on en attendait fut loin d'être obtenu. La paix fut refusée par le Hainaut, devenu le refuge des prêtres bannis, et par les états d'Utrecht; elle fut acceptée par le territoire de Groningue, par la ville de Leeuwarden et par les états d'Anvers. En général elle rétablit si peu la concorde, que, dans la Gueldre, les protestants s'emparèrent par force de plusieurs églises catholiques, et y installèrent leur culte. Des excès plus effrayants encore éclatèrent dans la Flandre : un grand nombre de maisons religieuses et d'églises y furent mises au pillage et dévastées; et de ces dévastations était résulté une guerre civile, accompagnée des plus horribles désordres.

Gand surtout offrait le spectacle du pêle-mêle le plus incroyable. Hembise y tenait toujours l'autorité, exerçant un pouvoir dictatorial dans la ville, tandis que Ryhove gouvernait l'armée à sa fantaisie. Tous deux ne régnaient que par la violence, et ils permettaient tous les excès, donnant eux-mêmes l'exemple de tous les crimes. Hembise tranchait presque du roi : il battait monnaie; il lançait des édits de proscription; il disposait des biens et de la vie des citoyens. Les persécutions les plus odieuses étaient exercées sur tout ce qui tenait à la religion catholique. Les moines étaient chassés de leurs couvents, et les monastères étaient convertis en casernes, comme les églises étaient mises au pillage; enfin, on se trouvait en guerre ouverte avec toute la Flandre française. En vain les villes voisines, Bruxelles et Anvers, avaient-elles essayé de ramener à la raison cette orageuse population de Gand; en vain Marnix de Sainte-Aldegonde s'était-il entremis lui-même, au nom de l'archiduc Mathias et du prince d'Orange ; rien n'avait réussi à la faire rentrer dans l'ordre. Elle était d'autant plus hardie et plus obstinée, qu'elle comptait sur l'appui du comte palatin Jean-Casimir, qui, pourvu d'argent par la reine Élisabeth d'Angleterre, avait mis sur pied une armée destinée à seconder les Flamands contre l'Espagne.

Au milieu de ces graves circonstances, ce n'était pas assez pour les provinces belges de tant de maîtres. Depuis la bataille de Gembloux, un prince français était venu à son tour essayer de se placer à la tête de ces riches domaines : c'était le duc d'Alençon. Sollicité par quelques gentilshommes wallons, il était venu offrir ses services, et il avait fait son entrée à Mons le 12 juillet. Là, il entama des négociations avec les gens d'Anvers; car il lui importait de se rapprocher du centre des affaires.

Durant ces événements, les hostilités avec don Juan n'avaient pas été suspendues. L'armée des états généraux, commandée par François de la Noue et le comte de Bossut, se trouvait forte d'environ dix mille combattants : elle était campée près de Malines, entre Reymenam et le Demer, attendant la cavalerie allemande et les fantassins suisses que le comte palatin devait amener; car elle ne voulait rien entreprendre avant l'arrivée de ce secours. Don Juan, profitant de la faiblesse de ses ennemis, les harcelait sans cesse, pour les provoquer à un combat décisif; mais, n'ayant pu atteindre son but, il prit le parti de retourner le 7 août à Namur, après avoir laissé dans la place d'Arschot une garnison, qui ne tarda pas à en être chassée par l'armée confédérée.

Alors les états wallons, craignant que l'arrivée du comte palatin ne donnât entièrement la prééminence aux protestants, commencèrent à insister sur la nécessité de déclarer le duc d'Alençon protecteur de la liberté des Pays-Bas. Cette idée trouva partout de l'accueil; car, tout en offrant un honnête prétexte de congédier l'archiduc Mathias, ou de lui faire quitter son gouvernement, dont il était amplement dégoûté, elle présentait en outre un moyen de rebuter le comte palatin Casimir, qui, d'intelligence avec Hembise et la faction des Gantois, se trouvait installé en Flandre, où sa présence portait le plus grand ombrage. Aussi, le 13 août, il fut conclu à Mons, entre les états et le duc, un traité par lequel il s'engageait à mettre à leur service un corps de dix mille fantassins et de deux mille cavaliers pendant trois mois, et, après ce terme, une troupe de trois mille soldats à pied et de cinq cents hommes à cheval. Il fut convenu, en outre, qu'il aurait le commandement de ces forces en partage avec le comte de Bossut; qu'il obtiendrait un certain nombre de places fortes pour sa sûreté, et qu'il serait proposé avant tout autre, lorsqu'il s'agirait de nommer un nouveau chef de l'État. Le 26 du même mois, le comte palatin réunit son armée à celle du comte de Bossut.

La manière dont la reine Élisabeth, par le comte Camisir, et la France, par le duc d'Alençon, avaient mis chacune un pied dans la question qui s'agitait dans les provinces belges, faisait que ces deux puissances se neutralisaient ainsi l'une par l'autre ; et les Flamands wallons, qui avaient cru trouver un soutien dans l'archiduc, mais qui avaient été déçus dans cet espoir par la ruse du prince d'Orange, se félicitaient de posséder au moins une sorte d'appui dans le prince français, quoique son caractère et ses capacités fussent peu faits pour inspirer de la confiance. Car ils se voyaient grandement menacés dans leur religion, par tout ce qui s'était passé dans le pays, et par les désordres qui régnaient encore à Gand.

Au milieu des discordes qui divisaient les fanatiques gantois et les gens de la **Flandre wallonne**, appelés alors *Malcontents*, les partisans de l'Angleterre et ceux du duc d'Alençon, les amis et les adversaires de la paix de religion, quelque temps se passa sans qu'on eût repris les hostilités contre don Juan, dont le camp principal était assis sur le plateau de Bougy, près de Namur. Ce prince d'ailleurs, voyant que les conquêtes qu'il venait de faire l'affaiblissaient au lieu de lui donner de la force, avait jugé à propos d'abattre quelques châteaux, d'abandonner quelques bourgades, et d'assembler toute son armée en un corps à Bougy, jusqu'à ce que le roi lui eût envoyé de l'argent, et qu'il lui fût venu de nouvelles troupes d'Allemagne et d'Italie. Mais, au lieu d'argent et de soldats, il recevait lettres sur lettres, par lesquelles il lui était commandé de tenter toutes choses pour parvenir à un accord. Aussi les états et don Juan s'envoyèrent-ils des députés, et l'on recommença à parler de la paix. Mais les états demandaient que l'archiduc Mathias demeurât dans le gouvernement du pays aux mêmes conditions qu'il avait jurées; que le duc d'Alençon et le prince Casimir fussent compris dans le traité de paix, et qu'on rendit aux états la province de Limbourg, et tout ce que les troupes du roi avaient pris par force ou autrement dans le Brabant et dans le Hainaut. Don Juan se hâta d'instruire la cour de Madrid de ces propositions, qu'il regardait comme exorbitantes; et il travailla de plus en plus à faire fortifier le camp de Bougy, tandis que le prince palatin et le duc d'Alençon, pressés également par le besoin d'argent, retournaient, le premier en Angleterre, le second en France. Mais le roi n'en insistait que plus vivement sur la nécessité de pacifier le pays par des moyens de douceur.

Les choses en étaient à ce point, quand don Juan tomba tout à coup gravement malade. Il investit, sous l'approbation royale, du gouvernement général des Pays-Bas et du commandement de l'armée, son lieutenant Alexandre Farnèse, prince de Parme, qui était arrivé d'Italie avec un corps de vieilles troupes, et qui lui avait déjà rendu de grands services depuis le combat de Gembloux. Don Juan mourut le 1ᵉʳ octobre 1578, dans le camp de Bougy, *con gran sospecha de veneno*, s'il faut en croire l'historien Herrera, bien que ce soupçon n'ait point été reconnu fondé.

§ II. GOUVERNEMENT DU PRINCE ALEXANDRE FARNÈSE, JUSQU'À LA MORT DU PRINCE D'ORANGE.

Ce fut le 21 septembre que don Juan avait remis le pouvoir à son neveu Alexandre Farnèse. Ce prince avait hésité d'abord à accepter le fardeau de l'autorité, dans la crainte qu'il ne résultât quelque confusion pour lui, si le roi refusait de ratifier cette nomination; mais il céda enfin aux instances de son père Ottavio, et à l'idée de paraître reculer devant les états des Pays-Bas. Il accepta donc la mission qui lui était offerte, et le roi l'y confirma le 29 novembre.

Ce fut aussi vers ce même temps que le prince d'Orange était le plus sérieusement occupé des affaires de Gand. Nous avons vu quelle vive opposition la Paix de religion avait rencontrée dans plusieurs provinces, surtout parmi les Gantois. Cet acte semblait inspiré pour faciliter la tâche dont l'accomplissement était désormais confié au prince de Parme. Celui-ci avait vu tout d'abord que si des griefs bien fondés avaient, dès les premières années du règne de Philippe II, poussé à l'insurrection les populations des Pays-Bas, au moins tout espoir n'était pas perdu de ramener une partie des esprits. Il avait pu s'assurer que les provinces septentrionales étaient pour ainsi dire irrévocablement perdues pour l'autorité du roi. Mais aussi il avait démêlé les divisions intestines qui dans les provinces méridionales partageaient, comme en deux camps, les Flamands et les Wallons, ceux-ci voulant rester fidèles au culte romain, ceux-là s'irritant de plus en plus dans les doctrines de la réforme. Farnèse était sûr ainsi de l'appui des premiers. Aussi, il s'appliqua à tirer parti de cette position, qui se dessinait d'une manière de plus en plus tranchée. Enfin, le 26 janvier 1579, les provinces d'Artois, de Hainaut, et la Flandre wallonne, formèrent une union séparée, dans le but de maintenir l'union de Bruxelles, la religion catholique, l'obéissance due au roi, et la pacification de Gand. Cet acte était au fond semblable à l'accord qui avait précédemment été conclu avec don Juan : c'était un acheminement de ces provinces vers l'Espagne. La mort du comte de Bossut, qui avait suivi de près celle de don Juan, contribua à séparer plus décisivement encore la noblesse de la partie méridionale des Pays-Bas, des plans du prince d'Orange, et de la position hostile dans laquelle les états se tenaient toujours à l'égard du roi. Déjà avant cette rupture, le Taciturne, de concert avec la reine Élisabeth d'Angleterre, avait trouvé convenable de resserrer plus étroitement l'union des provinces septentrionales, et de chercher à rallier à la Hollande et à la Zéelande l'Over-Yssel, la Gueldre, Utrecht, la Frise, et Groningue. Les négociations, conduites par Jean de Nassau, frère du prince d'Orange, amenèrent l'union d'Utrecht, conclue le 23 janvier 1579. Dans cette alliance entrèrent la Hollande, la Zéelande, Utrecht, le territoire de Groningue, et une grande partie de la Frise, de Zutphen et de la Gueldre. Quelques mois plus tard, d'autres parties de ces dernières provinces y accédèrent aussi, à l'exception de la ville de Groningue. Les principaux articles de cette union nouvelle stipulaient une alliance perpétuelle, sans préjudice des droits, des priviléges et des libertés de chacune des provinces et des villes, et garantissaient à toutes et à chacune secours, aide et soutien réciproque. Ils déterminaient que les frais de la guerre, et ceux réclamés pour l'entretien des forteresses des frontières, seraient faits par une caisse commune. Ils établissaient en outre que, pour subvenir à la défense du pays, on fixerait une contribution générale dans toutes les provinces, et qu'on dresserait une liste de tous les habitants mâles, depuis l'âge de dix-huit ans jusqu'à celui de soixante; que l'union ne déciderait qu'à l'unanimité les questions relatives à la guerre, à la paix, aux trêves, et à de nouvelles taxes; et que toutes les autres elle pourrait les trancher à la pluralité des voix : qu'à aucune province n'appartiendrait le droit de faire en particulier des traités ou des alliances avec des puissances étrangères; qu'en cas de division entre les provinces, leurs gouverneurs auraient voix décisive; qu'en matière religieuse chaque province agirait selon sa conviction et son sentiment, et que nulle part la liberté de conscience ne pourrait être troublée par aucune inquisition; que les états tiendraient à Utrecht des assemblées régulières; et enfin que tous les stadhouders ou gouverneurs particuliers des provinces, les magistrats, et les citoyens armés, jureraient le maintien de cette confédération.

Entre le prince de Parme et l'union d'Utrecht se trouvait, en quelque sorte comme une troisième force, le parti des Malcontents. Il n'était donc pas étonnant qu'on fît de part et d'autre des efforts pour les attirer, ou au moins pour gagner ceux qui pouvaient exercer sur eux quelque influence. Farnèse eut en cela tout l'avantage par la nature même des choses, c'est-à-dire par l'éloignement naturel que la race wallonne a de tout temps professé pour la race flamande, et la défiance que les provinces méridionales nourrissaient contre le prince d'Orange.

Pendant une partie de ce temps, l'armée espagnole s'était tenue immobile dans le camp de Bougy, se fortifiant chaque jour davantage par des retranchements et des redoutes. Les confédérés étaient en grande force, et leur armée, disait-on, s'élevait à quarante-deux mille hommes d'infanterie et à dix-sept mille chevaux. Celle du roi ne comptait guère que la moitié de ce nombre; car les troupes allemandes, qu'on attendait depuis longtemps, n'étaient pas encore arrivées ; et le corps espagnol placé dans la Franche-Comté avait ordre de ne pas bouger de là, et de s'opposer aux courses du duc d'Alençon. Toutefois, si rassuré pour lui-même que se trouvât Farnèse dans le camp de Bougy, il craignait que les confédérés ne se rendissent maîtres des bords de la Sambre et de la Meuse, et ne lui fermassent l'accès des vivres nécessaires à ses troupes.

Heureusement pour lui, la discorde s'était établie dans l'armée des états, qui, après avoir pendant quelque temps menacé de l'attaquer, décampa tout à coup au mois de novembre 1578, et prit le chemin de Gembloux. Ce fut un nouveau motif de grandes plaintes contre le prince d'Orange, qui avait levé de grosses sommes d'argent, en promettant de chasser cette fois les Espagnols du pays, et qui se retirait sans avoir seulement tenté de les aborder. Pendant ce temps, quinze compagnies de soldats d'élite vinrent d'Allemagne grossir l'armée de Farnèse, à laquelle se joignirent bientôt les troupes postées dans la Franche-Comté, d'où elles avaient réussi à chasser les gens du duc d'Alençon.

Tandis qu'ainsi le prince de Parme refaisait ses forces, la défiance et l'indiscipline faisaient les plus dangereux progrès dans l'armée confédérée. Les chefs en effet, dont chacun tirait de son côté, s'étaient émus de la nouvelle promesse, faite par les états, que, si l'on était obligé de placer un nouveau prince à la tête des Pays-Bas, le duc d'Alençon serait préféré à tous les autres. Ces paroles eurent pour résultat de blesser à la fois l'archiduc Mathias, qui se croyait dans une position de droit acquis, et la reine Élisabeth d'Angleterre, qui ne pouvait consentir à voir un prince français souverain dans nos provinces; et enfin, d'irriter tous les amours-propres particuliers, qui tendaient au pouvoir pour s'en emparer.

Dans cet intervalle, l'union d'Utrecht avait reçu les adhésions d'un certain nombre de villes flamandes, qui se flattaient de parvenir, au moyen de cette association, à rétablir leur commerce, si grandement déchu : c'étaient Bruges, Gand, Ypres et Anvers. Gand fut la première à signer cette accession formelle : les autres suivirent presque aussitôt cet exemple.

Tel avait été l'état des choses pendant l'infructueuse campagne de 1578. Farnèse avait eu le temps de méditer ses plans, et de se préparer à tirer avantage de la position nouvelle que l'union d'Utrecht venait de faire aux provinces, et de l'esprit d'hostilité qui se formulait de plus en plus entre les Flamands et les Wallons. Des renforts considérables lui étaient arrivés ; et il prit si bien ses mesures, qu'en 1579 il se trouva maître de la campagne, les Allemands et les Français qu'avaient amenés le prince Casimir et le duc d'Alençon s'occupant plus à ravager et à piller le pays qu'à le défendre, pour se dédommager du défaut de solde, dont ils ne recevaient plus le payement. Les circonstances lui parurent favorables pour commencer ses opérations. Il se trouvait à la tête de vingt-quatre mille hommes d'infanterie et de sept mille chevaux ; mais il ne sut d'abord de quel côté diriger ses armes. Son conseil fût d'avis qu'il fallait se porter sur Alost ou sur Termonde, parce qu'en attaquant ainsi les Flamands on ferait chose agréable aux Malcontents, dont le courage se doublerait, en outre, par la présence de toute l'armée royale sur les frontières du Hainaut. Farnèse cependant n'était pas de cet avis. Il songeait à se jeter d'abord sur la Gueldre, où des intelligences étaient pratiquées; et principalement d'accoster Maestricht, dont les approches lui étaient facilitées par la Meuse, et qui lui eût assuré une forte position sur ce fleuve, en même temps que cette place lui eût permis de se mettre en communication avec le Limbourg, province en grande partie restée fidèle. Cependant il crut prudent de masquer ses projets par quelque manœuvre propre à dérouter ses ennemis.

La ville de Deventer, capitale de l'Over-Yssel, que défendait avec une garnison allemande un des capitaines du prince de Parme, était cernée par le comte de Lalaing, et vivement pressée. Le comte de Berlaimont allait marcher au secours de cette place, quand on apprit tout à coup que les confédérés s'étaient emparés du passage du Rhin. Farnèse résolut alors de se diriger lui-même vers ce point; car il sentait la nécessité de maintenir dans l'obéissance la principale forteresse de l'Over-Yssel, qui pouvait lui être d'un si grand secours dans les entreprises qu'il méditait de faire dans la Frise d'un côté, dans la Gueldre de l'autre.

Il se mit donc en route, et marcha droit vers Limbourg. Mais à peine y fut-il arrivé, qu'il reçut la nouvelle que Deventer s'était rendu aux confédérés. Alors il prit le parti de mettre le siége devant la place de Maestricht, pendant que ses lieutenants remportaient partout des avantages. Mondragon parcourait en vainqueur la Gueldre, battant les confédérés, et enlevant les villes et les châteaux forts; et le marquis de Berg se multipliait sur tous les points du territoire qui s'étend entre Maestricht et Louvain.

Farnèse se tourna brusquement vers la Gueldre. Il passa, par une manœuvre rapide, la Meuse au-dessus de Ruremonde, et assit son camp près de Weert, avant que les confédérés eussent eu le temps de se reconnaître. Dès ce moment l'entrée du Brabant lui était ouverte, et il se trouvait à la tête de vingt-cinq mille fantassins et de huit mille hommes de cavalerie, outre les troupes placées sous les ordres de Mondragon et du marquis de Berg. La place de Weert fut emportée. Quelques sanglantes escarmouches eurent lieu près d'Eyndhoven et de Turnhout, à la suite desquelles une partie de la cavalerie des confédérés, composée d'Allemands et commandée par le duc Maurice de Saxe, en l'absence du prince Casimir, demanda à composer, et se retira en Allemagne. L'armée des états ainsi affaiblie, le prince de Parme releva encore ses affaires, en allant attaquer le prince d'Orange sous les murs mêmes d'Anvers, dont il brûla les faubourgs.

Ces succès décidèrent enfin les provinces wallonnes à rentrer sous l'obéissance du roi. Cinq mille hommes, appartenant à cette partie des Pays-Bas, quittèrent l'armée du prince d'Orange, rentrèrent dans l'Artois, et en chassèrent les partisans que les états y avaient conservés. Ce fut un coup terrible pour ces derniers. Aussi rien ne fut négligé pour ramener les Wallons. Le Taciturne commença, de son côté, à négocier avec eux, tandis que le prince de Parme mit tout en œuvre pour les attirer à lui. Ainsi doublement sollicités, ils déclarèrent à Farnèse que rien ne leur tenait à cœur autant que la religion de leurs pères et le service du roi, mais qu'ils ne voulaient rien avoir de commun avec les Espagnols; et qu'ils ne se joindraient à lui qu'à la condition expresse qu'il ferait sortir des Pays-Bas les troupes étrangères.

Le prince de Parme dissimula d'abord, et ne repoussa pas formellement ces prétentions. Cependant le prince d'Orange, tout en employant mille manœuvres secrètes auprès des chefs des Malcontents, agissait avec énergie auprès de l'empereur Rodolphe, accepté pour arbitre par le roi Philippe dans les affaires des Pays-Bas, et demandait qu'on ne traitât que dans la ville de Cologne, d'accord en cela avec les Malcontents.

Enfin, après de grandes difficultés de part et d'autre, un accommodement fut conclu entre les Wallons et le prince de Parme. Ils s'engageaient à maintenir la religion catholique et romaine, et l'obéissance au roi; à observer le traité de Gand, l'Union, et l'Édit perpétuel; à concourir, après leur admission dans l'armée du roi, à la défense de toutes ces choses; à donner au roi les villes de Menin, de Cassel, et les autres places environnantes, à condition que leurs provinces seraient délivrées de la milice étrangère. Ceux d'Artois et de Hainaut avaient d'abord signé cet accord. Leur exemple entraîna la Flandre gallicane, excepté Tournai et le Tournaisis.

Les troubles dont la ville d'Anvers fut bientôt après le théâtre contribuèrent grandement à consolider cet arrangement nouveau, connu sous le nom de traité d'Arras, et signé par le prince de Parme le 28 juin 1579. Un autre événement n'y concourut pas moins efficacement : ce fut la prise de Maestricht. Farnèse, profitant des préoccupations auxquelles se livraient les confédérés pendant que toutes ces affaires se négociaient, s'était brusquement porté avec son armée devant cette place, qu'il investit de toutes parts. Le Taciturne avait eu soin de confier le commandement de cette ville au célèbre ingénieur français Sébastien Tapin, qui la munit avec tant d'art et de célérité, qu'il la rendit presque inexpugnable. Le prince de Parme ne s'en laissa pas déconcerter. Il commença par jeter deux ponts de bateaux sur la Meuse, en amont et en aval de la forteresse, afin d'établir des communications entre les corps qu'il avait postés sur les deux rives du fleuve. Puis il dressa de formidables batteries, et se mit à foudroyer les remparts. La brèche ouverte, il commanda l'assaut; mais il échoua deux fois, et fut forcé de rentrer dans ses retranchements, après le combat le plus meurtrier. Ce siège terrible avait duré près de quatre mois, et une disette de vivres et de munitions commençait à se faire sentir parmi les assiégés, qui d'ailleurs avaient perdu, dans des attaques multipliées, la plus grande partie de leurs soldats. Cet état de détresse et de misère ne pouvait durer. Farnèse, qui en était instruit, fit proposer à la ville une capitulation honorable; mais elle préféra s'ensevelir sous ses propres ruines. Le siége fut donc poussé avec une nouvelle vigueur; mais il n'avançait que lentement, car le terrain était disputé pied à pied, et les Espagnols n'en gagnaient un pouce qu'au prix d'un combat acharné. Les longues fatigues de cette défense, autant que l'accablante chaleur de l'été, eurent bientôt tellement épuisé la garnison, que les retranchements ne se gardaient plus qu'avec un relâchement extrême, et seulement par quelques sentinelles endormies à demi. Une nuit, un Espagnol s'approcha des remparts, se glissa par une brèche, trouva le poste livré au sommeil, et vint sur-le-champ en donner avis au prince de Parme. Les ordres furent donnés aussitôt, et à la pointe du jour l'armée avait pénétré dans la ville. Le carnage fut horrible; il dura trois jours, et un grand nombre d'habitants périrent sous l'épée des Espagnols et dans les eaux de la Meuse.

La perte de ce boulevard, qui rendait Farnèse maître du cours de la Meuse, porta un coup terrible aux états. Elle rattacha en même temps à la cause de l'Espagne la plus grande partie des Wallons, qui n'appartenaient pas aux Malcontents. Malines même se remit sous l'obéissance du prince de Parme.

Les états avaient mis tout en œuvre pour empêcher la chute de Maestricht. Ils avaient envoyé le comte Jean de Nassau avec un corps d'armée, pour essayer de dégager cette place; mais, dans l'impossibilité de rien entreprendre, ces troupes avaient été forcées de se retirer, sans avoir même tenté de forcer les retranchements espagnols. De son côté le prince d'Orange, ne voyant aucun moyen de secourir la ville, avait vainement fait proposer une suspension d'hostilités au représentant du roi, à l'assemblée qui se tenait à Cologne pour la pacification des Pays-Bas. Mais rien n'avait pu arrêter la chute de cette forteresse si importante.

Le Taciturne attribuait surtout cette perte au trouble que la république gantoise avait jeté dans les affaires du parti des états. On avait espéré que la Paix de religion, enfin acceptée par les Gantois, aurait ramené le calme et la concorde en cette ville; mais cet espoir fut déçu; car, sous le prétexte que les états n'avaient pas rempli l'engagement qu'ils avaient pris de soutenir les Gantois contre les Malcontents, cette ville s'était déclarée entièrement indépendante; et le parti qui y dominait, toujours sous les ordres d'Hembise et de Ryhove, se livrait aux emportements de la tyrannie la plus affreuse, sans s'inquiéter en aucune manière de la paix. La reine Élisabeth, qui, grâce au prince palatin, les avait en quelque sorte pris sous sa protection, leur avait, il est vrai, écrit dès l'année précédente les lettres les plus pressantes, pour les ramener à la modération. Elle avait même ordonné à son chargé d'affaires auprès des états généraux de se rendre de Bruxelles à Gand, pour joindre à ces remontrances écrites ses remontrances verbales. Mais toutes ces démarches avaient été sans résultat. Elles furent même suivies d'excès plus graves et plus odieux. Le désordre allait augmentant chaque jour. Les mutins faisaient à chaque moment des courses furieuses dans la province, brûlaient les châteaux, ravageaient les biens, et exilaient les citoyens qui avaient le malheur de leur déplaire.

Les choses se trouvant à cette déplorable extrémité, le prince d'Orange résolut d'y mettre un terme. Il écrivit d'abord au magistrat de Gand, s'offrant à pacifier cette ville, sauf à prendre des mesures énergiques, si sa voix n'était pas écoutée. Hembise se croyait perdu, si le prince venait dans la ville : aussi fit-il tous ses efforts pour empêcher que le Taciturne y fût admis. Il alla même jusqu'à distribuer un écrit dans lequel il développait les motifs qui s'opposaient à ce qu'on reçût le prince. Une des principales raisons était que celui-ci, entièrement dévoué à la France, n'avait tiré les Flamands du joug des Espagnols que pour les placer sous celui des Français. Du matin au soir, assisté de son confident le ministre protestant Dathenus, il haranguait le peuple. Mais ses desseins secrets ne tardèrent pas à se trahir par ces manœuvres mêmes. En vantant ses services passés, il déclara qu'ayant étudié la constitution de toutes les républiques anciennes et modernes, son plan était de faire de Gand une autre Genève, mais beaucoup plus formidable; que la cité flamande, avec ses solides fortifications et sa population guerrière, serait à l'abri de toute insulte, et qu'il y amènerait le commerce le plus florissant de l'Europe. Cependant il eut beau faire : il ne put empêcher que la résolution d'inviter le prince d'Orange à venir à Gand fût adoptée; que le jour de son entrée fût fixé; et que même les préparatifs nécessaires pour sa réception fussent ordonnés.

Hembise fut saisi d'effroi en voyant le brusque changement qui venait de s'opérer dans les esprits; et il songea à se sauver par la fuite, et à suivre dans le Palatinat son ami Dathenus. Déjà il se trouvait à quelque distance de la ville, quand il fut arrêté par un de ses propres compagnons, et ramené à Gand, où il n'osa se montrer aussi longtemps que le prince y fut, bien qu'il continuât d'exciter sous main des tumultes qui n'aboutirent à rien. En effet, le Taciturne, qui était entré à Gand le 18 août, y rétablit complétement l'ordre; il ramena aussi la tranquillité à Bruges, et bientôt toute la Flandre flamande se trouva pacifiée.

Pendant que ces événements se passaient en 1579, le congrès ouvert à Cologne par les soins de l'empereur Rodolphe, pour chercher les moyens de rendre le repos aux provinces des Pays-Bas, n'avait pas un moment interrompu ses travaux. Outre les représentants du pape et les princes de l'Empire qui assistaient à cette assemblée, le roi Philippe II et les états y avaient leurs députés. Mais les prétentions qu'on éleva de part et d'autre étaient si impossibles à concilier, qu'on se sépara après neuf mois de négociations infructueuses. Le duc d'Arschot, qui y avait pris part comme plénipotentiaire de l'archiduc Mathias et des états, conclut seul un accord particulier, et rentra dans l'obéissance du roi.

Ces pourparlers, s'ils ne produisirent pas le résultat qu'on en attendait, eurent cependant une conséquence fort importante : c'est que, depuis ce moment, les états et le prince d'Orange se dépouillèrent entièrement du masque politique dont ils n'avaient cessé de se couvrir jusqu'alors, en prétendant qu'ils n'agissaient qu'au nom et dans l'intérêt du roi Philippe, tandis qu'ils ne négligeaient rien pour expulser des Pays-Bas le dernier de ses fidèles serviteurs. Cependant, comme on n'en était pas encore venu à l'idée d'établir une république sans un chef souverain, et que le prince d'Orange n'était pas tellement placé au-dessus des autres grands seigneurs du pays qu'il exclût forcément toute rivalité, et fût le seul chef possible à donner aux provinces révoltées, il ne restait qu'à s'adresser à un prince étranger. Le parti le plus naturel à prendre en ce moment eût été d'offrir la souveraineté à la reine Élisabeth, ou à quelque prince voisin, qui professât le protestantisme. A la vérité, ni l'un ni l'autre de ces projets ne s'accordait avec l'ambition du prince d'Orange, qui eût nécessairement dû s'employer à affermir la puissance du souverain élu; et ceci ne s'accordait guère avec ses intérêts. Il s'appliqua donc à faire valoir les avantages d'une union avec la France, et revint à l'idée de placer à la tête des provinces le duc d'Alençon, qui avait déjà été une fois appelé au titre de défenseur des libertés des Pays-Bas; car il avait la conviction que ce choix était incapable de rien fonder de stable pour l'avenir. Ce projet amena naturellement quelques rêveurs politiques à songer à un mariage entre le duc et la reine Élisabeth. Tout en abondant en apparence dans le sens de cette combinaison, le Taciturne devait trop bien connaître et apprécier les circonstances, pour ne pas juger cette alliance impossible. Quoi qu'il en soit, au mois de mai 1580, on commença à négocier, dans le but de faire accepter la souveraineté des Pays-Bas par le duc d'Alençon. Ce prince ne pouvait porter aucun ombrage à Guillaume d'Orange, qui le dominait de toute la hauteur de son intelligence. Du reste, esprit fort ordinaire, et appartenant à la famille de France, si ardemment catholique, il devait nécessairement avoir tous les désavantages possibles dans une lutte d'ambition que le Taciturne reprendrait, quand le moment opportun serait venu.

Pendant ce temps, les états des provinces wallonnes, assemblés à Mons, ne cessaient de demander avec instance le renvoi des troupes étrangères, conformément au traité d'Arras. Le prince de Parme essaya vainement de les engager à se désister de cette prétention. Ils tinrent bon; et Farnèse, qui reçut, sur ces entrefaites, un ordre précis du roi de congédier ces troupes, se rendit à Namur, pour donner à la garnison de cette place l'ordre de sortir des Pays-Bas. Ce départ fut suivi de celui de toutes les troupes espagnoles, bourguignonnes et allemandes, qui se trouvaient répandues dans les provinces wallonnes. Farnèse ne garda auprès de lui qu'un petit corps d'Italiens, autour desquels il s'appliqua à grouper une armée levée dans le pays même.

Tandis que le prince de Parme s'occupait ainsi de réunir les forces nécessaires pour reprendre la campagne, il fut tout à coup attaqué par le fameux Lanoue, Breton, surnommé Bras de Fer, qui, après avoir rendu de grands services aux calvinistes en France, était entré au service des états. Quelques villes lui furent enlevées; Lille même faillit être surprise. Mais Farnèse se hâta d'envoyer contre Lanoue le marquis de Roubais, qui le battit et le fit prisonnier.

Cependant le roi, dans l'espoir que la duchesse de Parme, mère d'Alexandre Farnèse, laquelle, pendant son gouvernement, avait su se concilier l'affection des Belges, pourrait par sa présence ramener le calme dans les provinces, avait pris le parti de la renvoyer aux Pays-Bas avec le titre de gouvernante, laissant au prince son fils le commandement général des troupes. Mais, Farnèse ne voulant pas d'une autorité divisée, et Marguerite de Parme souffrant à regret un pouvoir partagé, Philippe s'était bientôt vu forcé de la rappeler, et de laisser au fils le gouvernement complet des provinces.

Pendant ce temps le prince d'Orange avait mûri le projet auquel devait nécessairement aboutir la route où il était entré : c'était de s'affranchir ouvertement de la domination du roi. Jusqu'alors on n'avait cessé de ménager les apparences, et de se tenir dans une sorte d'attente armée. Mais le moment était venu de secouer entièrement le joug de l'Espagne. Une assemblée des états généraux avait été convoquée à Anvers au commencement de l'an 1580 ; la question de l'indépendance des provinces y avait été discutée, et résolue dans le sens du prince d'Orange. Dès lors les négociations avec François, duc d'Alençon, purent être poursuivies avec énergie. Aussi le furent-elles si bien, que, le 29 septembre, un traité fut signé par les commissaires du duc et les députés des Pays-Bas, à Plessis-lez-Tours, où les conférences s'étaient tenues. Cet acte, composé de vingt-sept articles, portait en substance que les états déclaraient élire pour leur souverain seigneur et prince François, duc d'Anjou et d'Alençon, frère unique du roi Très-Chrétien ; mais il réglait avec tant de sévérité son administration, sa succession, la régence en cas de minorité pour ses descendants, et stipulait tant de réserves pour les priviléges, la pacification de Gand, l'union d'Utrecht, le consentement des états, etc., qu'au fond il n'inaugurait qu'un simulacre de souverain. Le duc cependant jura ce traité à Bordeaux, au mois de janvier de l'année suivante.

Tout était maintenant rompu avec l'Espagne. Mais depuis longtemps Philippe II savait si bien qu'on ne pouvait manquer d'en venir à cette extrémité, que, dès le mois de novembre 1579, il avait conçu l'idée de proscrire et de mettre au ban de ses états Guillaume d'Orange, comme coupable de trahison et de lèse-majesté. Le prince de Parme essaya d'abord de détourner son maître de cette idée. Mais enfin force lui fut de publier, le 15 juin 1580, le fameux édit qui mettait le Taciturne hors la loi, comme perturbateur de l'État, comme ennemi du roi et du pays, et comme une peste publique ; et qui déclarait tous les partisans et les adhérents du prince déchus de leur noblesse, de leurs honneurs et de leurs biens, s'ils n'abandonnaient son parti dans le délai du mois qui suivrait la publication de cet acte. Vingt-cinq mille écus et des lettres de noblesse étaient promis à celui qui livrerait le proscrit, mort ou vif. A cet écrit plein de fureur, Guillaume d'Orange répondit par une apologie non moins furibonde, dans laquelle, pour nous servir de l'expression de l'historien Van der Vynckt, il relança chaque épithète et chaque vice dont on l'accusait sur le roi Philippe, qu'il prit personnellement à partie, en mettant au jour les actions de toute sa vie, ses mariages, la mort de sa troisième femme, et de son fils don Carlos. Si la révolution n'eût été dans tous les esprits, si elle ne fût déjà presque devenue un fait, elle serait, à coup sûr, sortie de cet énergique manifeste, pour embraser le pays.

Le Taciturne présenta cette réponse aux états généraux réunis à Delft, le 13 décembre 1580, et les sollicita de la publier en leur nom, s'ils la trouvaient fondée en raison et en droit. Mais ils n'osèrent en prendre sur eux la responsabilité, à cause de la violence dont elle était empreinte. Le prince d'Orange prit donc la résolution de l'adresser, avec l'édit de proscription, à toutes les cours de l'Europe.

Le ban lancé contre le Taciturne avait imprimé une impulsion toute nouvelle aux événements. Aussi, dès le 30 décembre, les états généraux ratifièrent le traité conclu avec le duc d'Alençon, après avoir obtenu du roi de France la promesse de sa protection et de ses secours, que le duc leur avait assurés, au nom de ce monarque, aussitôt que les troubles qui agitaient depuis si longtemps le royaume seraient apaisés. Ces secours devaient consister en une armée de huit à dix mille hommes.

Ce grand arrangement signé, les états reçurent, le 1er mars 1581, l'archiduc Mathias, qui déposa entre leurs mains l'autorité factice dont il avait été revêtu pendant quatre années. Il avait été honorablement cité dans le traité conclu avec François d'Alençon; et, vers la fin du mois d'octobre, il reprit le chemin de l'Allemagne, pourvu de pensions considérables. Selon l'historien Strada, outre l'acte du Plessis-lez-Tours, le seigneur de Sainte-Aldegonde avait, au nom du prince d'Orange, signé avec le duc d'Alençon un traité secret qui assurait au Taciturne la souveraineté de la Hollande, de la Zéelande et de la Frise. Quoi qu'il en soit, le 24 juillet le duc fut reconnu, par la noblesse et les villes, magistrat suprême, et chargé d'administrer le gouvernement des comtés de Hollande, de Zéelande, et de la seigneurie de Frise, avec le titre de stadhouder général. Non content d'avoir ainsi affermi son autorité, le prince d'Orange poussa vivement les états à sortir de l'indécision où ils étaient restés jusqu'alors, flottant entre une apparente obéissance et la révolte ouverte. Déjà, à plus d'une reprise, il avait essayé d'en venir là; mais le moment n'était pas arrivé. Enfin, le 28 mars 1581, l'assemblée des états de Hollande résolut unanimement de retrancher le nom du roi de tous les actes judiciaires, et d'administrer la justice au nom du prince d'Orange. Toutefois, la publication de cet acte fut différée jusqu'à ce que l'adhésion des autres provinces eût été obtenue. Mais l'exemple de la Hollande fut si bien suivi, que, le 26 juillet, les députés de l'Union presque tout entière abjurèrent solennellement la domination de Philippe II.

Dès ce moment, la position des provinces des Pays-Pas se trouvait nettement dessinée à l'égard de l'Espagne; le gant était définitivement jeté de part et d'autre.

En effet, le prince de Parme, voyant tout ce qui se passait autour de lui, d'un côté les mutineries qui commençaient à travailler ses garnisons, leur solde ne leur étant plus payée, de l'autre côté la révolution qui, opérée déjà dans les provinces septentrionales du pays, s'étendait de plus en plus dans celles du midi, grâce à l'accord conclu avec le duc d'Alençon, résolut tout à coup de reprendre les hostilités avec énergie. Il marcha donc vers les frontières de France, par où devaient arriver les secours promis aux Flamands par le duc, et il fit le siége de Cambrai. Son but était de s'emparer de cette place avant que le duc d'Alençon n'eût pu s'y jeter avec les Français qu'il devait amener. Mais, après l'avoir tenue bloquée pendant quelque temps et presque réduite par la famine, l'armée française s'avança aussitôt sous les ordres du duc, et força les Espagnols à la retraite. D'Alençon, maître de cette forteresse importante, qui lui assurait un solide appui, et placé à la tête d'une armée composée de l'élite de la noblesse française, eût été maître du terrain, s'il avait pu se rendre aux instances que ne cessaient de lui adresser les états généraux pour l'engager à pénétrer dans les Pays-Bas. Mais toute cette belle troupe qu'il avait sous ses ordres ne tarda pas à se dissiper entièrement. Les seigneurs qui l'accompagnaient, voyant le siége de Cambrai levé, se hâtèrent de rentrer en France, tandis que ses propres soldats, ne recevant point de solde, se débandèrent peu à peu; si bien qu'il ne lui resta plus qu'une poignée d'hommes, avec lesquels il lui était impossible de rien entreprendre. Il se retira donc au Câtelet, attendant l'occasion d'agir selon les circonstances qui s'offriraient.

Quand son ennemi se trouva ainsi réduit à une inactivité forcée, le prince de Parme rentra aussitôt en campagne, et se dirigea vers Tournai, dont les bourgeois s'étaient emparés de la petite place de Saint-Ghislain sur la Haine, d'où ils inquiétaient tour à tour Mons et Valenciennes. Farnèse reprit Saint-Ghislain d'abord, puis il investit la forteresse de Tournai. Cette ville, qui ne possédait qu'une garnison peu importante, parce que le prince d'Espinoy, qui en était gouverneur, avait conduit une grande partie de ses hommes au prince d'Orange, n'était guère en état d'opposer une longue résistance. Toutefois elle suppléa au nombre par le courage, et soutint vaillamment les assauts multipliés que Farnèse dirigeait contre elle. Les assiégés étaient commandés par la princesse d'Espinoy, qui brava héroïquement tous les efforts de l'ennemi, et obtint enfin, le 29 novembre, une capitulation honorable.

Pendant ce temps d'Alençon avait quitté le Câtelet, et s'était rendu en Angleterre, dans l'espoir de se faire accepter pour mari par la reine Élisabeth. Il réussit à avancer si bien l'affaire du mariage, que le bruit s'en répandit dans les Pays-Bas, et que le prince d'Orange en donna même connaissance aux villes, comme d'une chose définitivement conclue. Seulement il avait un rival qui ne négligea rien pour faire échouer ce projet : c'était le comte de Leycester, favori de la reine. Ce seigneur, en effet, parvint, à force d'intrigues et d'adresse, à faire écarter le duc, qui se détermina enfin à quitter Londres le 1ᵉʳ février 1582.

Dix jours après, il débarqua à Flessingue, où les princes d'Orange et d'Espinoy le reçurent à la tête de la noblesse. Le 22 du mois il fut inauguré à Anvers, par le prince d'Orange et par les députés des états, duc de Brabant et de Lothier. Le 3 avril, il fut reconnu par les députés de Gueldre et de Zutphen ; le 20 août, par ceux de Flandre ; et, dès lors, il prit publiquement les titres de duc de Lothier, de Brabant, de Limbourg et de Gueldre, de comte de Hollande, de Zéelande, et de Zutphen, de marquis du Saint-Empire et de seigneur de Frise. Ces titres pompeux ne conféraient cependant au duc qu'une autorité extrêmement restreinte : car, de crainte qu'il ne pût enfreindre le traité conclu au Plessis-lez-Tours, on lui adjoignit un conseil général, composé de trente et un membres, dont quatre de Brabant, quatre de Gueldre et de Zutphen, cinq de Flandre, quatre de Hollande, trois de Zéelande, deux de Tournai et du Tournaisis, trois d'Utrecht, un de Malines, un d'Over-Yssel, deux de Frise, et deux des Ommelandes de Groningue. Ce conseil fut investi de l'exercice du pouvoir souverain concurremment avec le duc ; du soin de faire entrer les impôts consentis, et de les appliquer aux besoins du pays, et du droit de conférer tous les emplois publics, en s'entendant, à ce sujet, avec le prince. Toutefois il ne lui fut permis ni d'établir des taxes, ni de céder aucune partie du territoire, ni de conclure la paix ou la guerre, ni enfin d'exercer aucun pouvoir législatif, sans le consentement exprès des états. Du reste, il entrait dans ses attributions de conclure des alliances avec les puissances étrangères ; et quant à la monnaie, il était obligé de s'entendre avec les différentes provinces. Afin de se trouver en position de mieux dépêcher les affaires pressantes, les membres de ce corps étaient tenus de séjourner en partie sur la rive droite, en partie sur la rive gauche de la Meuse. Enfin, le duc possédait le droit de nommer les chefs militaires et ses propres officiers. Pour les états généraux, ils s'assemblaient deux fois par an, le 1ᵉʳ avril et le 15 octobre, dans leurs lieux de réunion, sauf la faculté de tenir des assemblées plus fréquentes s'il en était besoin.

Le prince d'Orange avait eu soin, dès l'origine, de faire en sorte que la Hollande, la Zéelande et la province d'Utrecht fussent soustraites à l'influence du duc d'Alençon. Grâce à ses manœuvres, les deux premières de ces provinces avaient d'abord refusé de prêter le serment d'hommage au duc, et elles ne l'avaient donné plus tard qu'à des conditions qui le rendaient presque illusoire : celle d'Utrecht, plus obstinée, s'y refusait toujours. Pendant tout le temps que la guerre avait duré en Hollande, le Taciturne avait eu pour lui la noblesse, qui le regardait comme son chef ; tandis qu'il avait mieux encore réussi à plier à sa volonté les villes, en faisant tout pour leur inspirer la conviction qu'il était l'homme indispensable au pays. Cependant Amsterdam et Haarlem lui avaient, pendant quelque temps, manifesté une opposition assez vive; mais il finit par triompher aussi de cet obstacle. De cette manière, il était parvenu à se rendre maître des négociations entamées avec d'Alençon par la Hollande et la Zéelande. Aussi il eut soin de se faire délivrer des reversales par le duc, lorsque celui-ci eut pris possession de l'autorité dans les Pays-Bas. Il était stipulé, dans ces lettres, que, conformément au traité du Plessis, d'Alençon n'entendait pas comprendre, avec la généralité des provinces réunies, la Hollande, la Zéelande et Utrecht, ces trois dernières ne se trouvant assujetties à l'union générale que pour ce qui concernait la guerre, les monnaies, et les priviléges respectifs.

Durant ce temps, les hostilités se continuèrent avec des chances presque égales de part et d'autre, sans pouvoir amener une affaire décisive, les deux partis manquant d'argent pour presser la guerre avec l'énergie nécessaire. Le prince de Parme prit Audenaerde par capitulation, Lens par force, Lierre et le château de Gaesbeck par trahison, pendant que les troupes du duc d'Alençon emportaient Alost, et faisaient sur Namur une infructueuse tentative.

Mais si les Espagnols n'avançaient que fort peu par la guerre, en revanche ils avaient trouvé un puissant auxiliaire dans l'assassinat. L'édit de proscription lancé contre le prince d'Orange avait porté ses fruits, et les tentations offertes à la cupidité avaient amené le crime. Un marchand espagnol fixé à Anvers, et nommé Gaspar d'Anastro, poussa un de ses commis, Jean Jaureguy, à tuer le Taciturne. Le jeune fanatique choisit, pour l'exécution de son dessein, le jour où le prince donnait un grand dîner dans son hôtel, à Anvers, et célébrait l'anniversaire du duc d'Alençon : c'était le 18 mars. Le Taciturne sortait précisément de table, quand il fut tout à coup abordé dans l'antichambre par Jaureguy, qui lui tira un coup de pistolet à la tête. La balle lui entra sous l'oreille gauche, passa par le palais sous les dents supérieures, et sortit par la joue droite. Le jeune homme fut percé, à l'instant même, de coups d'épée et de hallebarde. Le prince ne tomba pas du coup; mais on l'emporta aussitôt sans connaissance. La blessure heureusement n'était pas mortelle.

Le bruit de cette tentative se propagea dans la ville avec la rapidité de l'éclair. Au premier instant, le peuple, attribuant ce crime aux Français, courut aux armes et se mit en devoir d'investir l'abbaye de Saint-Michel, où se trouvait d'Alençon : il était décidé à mettre le feu au monastère, et à massacrer le duc avec toute sa suite française. Heureusement Maurice, fils du prince d'Orange, prévint cette catastrophe, en assurant au peuple que le coup partait des Espagnols, et non des Français. La nouvelle de la mort du Taciturne se répandit bientôt dans l'Europe tout entière; car on croyait qu'avec lui toute cette formidable révolution des Pays-Bas devait tomber. Le prince de Parme lui-même, prenant ses espérances pour la réalité, crut à la perte de son adversaire, et adressa de Tournai aux principales villes, à Bruxelles, à Anvers, à Bruges, à Gand, à Ypres, des dépêches par lesquelles il cherchait à les ramener de son côté. Mais il obtint si peu de succès par cette démarche, que la plupart des provinces firent renouveler par leurs députés leur serment au duc d'Alençon.

Ce serment n'augmentait guère l'autorité factice dont le duc était revêtu, et dont il sentait chaque jour davantage le vide et l'inanité, grâce aux représentations que ne cessaient de lui adresser à ce sujet les seigneurs français qui composaient sa cour. Ils s'appliquaient à lui insinuer, chaque jour, qu'il ne possédait que le vain titre de souverain, et que le prince d'Orange en avait toute l'autorité. Ils finirent enfin par concerter entre eux les moyens de le tirer de cette espèce d'avilissement où il se trouvait réduit. Ils conclurent qu'il ne pourrait établir son pouvoir que par la force, et que, pour y parvenir, il devait s'assurer d'Anvers et des principales villes de la Flandre. Ce fut Fervaque, favori du duc, ou, selon d'autres, Bodin, son maître des requêtes, qui se chargea de lui faire connaître les sentiments et les projets de ses officiers. Séduit par les avantages que le succès de cette entreprise ne pouvait manquer de lui procurer, d'Alençon se résolut à la tenter. Toutes les dispositions ayant été prises vers le milieu du mois de janvier 1583, la première explosion se fit à Dunkerque, dont les Français s'emparèrent. Les gens du duc furent aussitôt chassés d'Ostende et de Nieuport; mais ils parvinrent à s'établir dans plusieurs autres places flamandes. Il fallait se rendre maître de quelqu'une des villes du premier rang. Ils firent donc une tentative sur Bruges; mais ils échouèrent, grâce à la résolution du grand bailli. A Anvers, les desseins du duc ne restèrent pas si bien cachés qu'on ne sût partout que, le 16 janvier, les Français devaient essayer un coup de main sur cette ville. D'Alençon avait fait approcher de la place son armée, qui, fort nombreuse déjà, venait d'être renforcée d'un corps de quatre mille Suisses, qu'il avait récemment fait lever. Il en fit même loger un assez grand nombre dans la ville, près de son hôtel, sous prétexte que c'étaient des officiers de sa maison et des gens de sa suite. Cette mesure augmenta encore les soupçons, auxquels l'éveil était déjà donné. Aussi les bourgeois demandèrent que, ce soir-là, les chaînes des rues fussent tendues de meilleure heure que de coutume. Cette précaution força les Français de se tenir tranquilles cette nuit.

Le lendemain, le duc, prétextant qu'il allait sortir de la ville pour passer la revue de son armée, fit détacher les chaînes et ouvrir les barrières. Il envoya une partie de ses troupes à la Porte Rouge, et lui-même se dirigea avec le reste de ses gens vers la porte de Kipdorp. Au moment où il eut atteint le second pont-levis, il montra de la main la ville à ses soldats, en leur criant : « Courage, mes enfants! Anvers est à vous! » Trois cents chevaux détachés du camp étaient venus à sa rencontre, et attendaient le signal convenu : il fut donné par Rochepot, l'un des seigneurs du duc, qui, faisant semblant de s'être cassé une jambe dans le désordre qui régnait sur le pont, cria au secours. L'attention se trouvant attirée de ce côté, d'Alençon s'avança avec une faible escorte vers le camp établi au faubourg de Borgerhout, pendant que le gros de ses gens pénétrait tumultueusement dans la place, et s'emparait de la porte et du corps de garde qui la surveillait. Maîtres de ce point, les Français coururent par le rempart surprendre et ouvrir une autre porte, par où de nouvelles troupes entrèrent. Cela fait, ils pointèrent les canons vers l'intérieur de la ville, et y descendirent eux-mêmes au nombre de trois mille, en criant : « Ville gagnée! vive la messe! tue! tue! » Le premier moment d'hésitation passé, après cette surprise inopinée, on commença à tendre les chaînes, et à tirer çà et là sur l'ennemi. En moins d'une heure l'alarme fut générale, et le combat engagé sur tous les points. Hommes, femmes, enfants, soldats et bourgeois, protestants et catholiques, se rallièrent dans une pensée commune de défense. De toutes les fenêtres, de tous les toits, pleuvaient des pierres, des meubles, des objets de toute nature, qui écrasaient les assaillants. Les gens d'Anvers étaient si animés, qu'à défaut de balles ils coulaient dans leurs mousquets les boutons de leurs vêtements, ou des pièces d'argent qu'ils pliaient entre leurs dents. Parvenus à reprendre les remparts, ils retournèrent leurs canons contre les Suisses qui s'avançaient vers la ville au secours de leurs compagnons; tandis que, par les fenêtres des maisons voisines de la porte de Kipdorp, un feu meurtrier accueillait les soldats qui cherchaient à pénétrer dans la place. Les cadavres amoncelés sur ce point eurent bientôt entièrement obstrué le passage. En vain les vivants cherchaient à gravir ce monceau de morts : de sorte que le carnage devint de plus en plus horrible. Une partie des Français s'étaient jetés du haut des remparts, et luttaient pour traverser le fossé à la nage, mais sans atteindre le bord opposé; car une pluie de balles les frappait sans pitié. Le duc, qui arrivait enfin de Borgerhout avec son armée, croyant qu'Anvers était à lui, fut forcé de rebrousser chemin et de prendre la fuite. Dans cette retraite désordonnée, une partie des siens se noyèrent dans les eaux des fossés, pendant que le reste de ceux qui se trouvaient engagés dans la ville achevaient de périr.

Selon les historiens contemporains il arriva, par un singulier hasard, que le nombre des Français qui tombèrent dans cette échauffourée s'éleva à quinze cents hommes, et celui des Anversois à quatre-vingt-trois; chiffre qui compose exactement le nombre de l'année où arriva ce déplorable événement, c'est-à-dire 1583.

La mauvaise issue de cette entreprise insensée dut nécessairement ruiner tout à fait le duc d'Alençon aux yeux des Flamands, et relever en même temps les espérances du prince de Parme, qui, malgré tout son courage et toute son activité, se trouvait dans la plus grande détresse, par manque d'argent et de toute autre ressource. Le Taciturne avait très-bien su d'avance que la position qu'on avait faite à d'Alençon n'était guère tenable, mais aussi que les efforts que ce prince pourrait mettre en œuvre pour en sortir devaient achever de le perdre. Cependant il chercha à s'entremettre en faveur du duc auprès des états généraux; car il sentait qu'en le maintenant dans une apparente autorité, il conserverait en lui un instrument aussi utile à ses projets que l'archiduc Mathias l'avait été. Seulement il faisait ainsi deux calculs également faux : d'abord, il tenait mal compte de l'animosité que d'Alençon et ses Français avaient excitée contre eux dans les provinces méridionales; ensuite il ne comprenait pas assez qu'il n'était guère lui-même l'homme de cette partie des Pays-Bas, et que, par la démarche qu'il tentait, il ne faisait que les éloigner davantage encore de lui, à moins qu'on ne voulût admettre que, possédant déjà la conviction que ces provinces n'étaient point disposées à se maintenir dans la voie de l'insurrection, il eût l'intention de les traiter avec peu de façon, n'ayant rien à risquer, et pouvant s'attendre à la chance de gagner quelque chose.

De son côté, le prince de Parme sut mieux tirer parti des circonstances, pendant que le duc d'Alençon, se livrant à des entreprises aussi folles, s'était enfermé dans Termonde, après avoir échoué à Anvers. Il avait fait investir par le comte de Mansfeld la ville d'Eyndhoven, qui capitula le 23 avril 1583. Les places de Dalhem, Sichem et Westerloo tombèrent successivement en son pouvoir Ayant remporté ces avantages, Farnèse aspira à des succès plus signalés. Il divisa son armée en deux corps; il envoya l'un bloquer Dunkerque, où le duc d'Alençon s'était enfin retiré, et il fit manœuvrer l'autre dans la Campine, pour chercher à atteindre le maréchal de Biron, qui y tenait la campagne avec un gros de troupes françaises. Lui-même alla se placer à la tête de cette armée, et s'avança vers la place de Steenbergen, près de laquelle il rencontra dans les dunes le maréchal, qu'il battit à outrance. Ce succès fut suivi de la chute de Hoogstraeten, dont les Espagnols se rendirent maîtres.

Vainqueur de ce côté, Farnèse se porta lui-même sous les murs de Dunkerque, d'où le duc d'Alençon s'était échappé par mer, pour s'enfuir à Calais. Dunkerque se rendit le 16 juillet. Nieuport et Furnes tombèrent, bientôt après, au pouvoir du prince de Parme. Ostende fut reconquis de même; Bergues fut repris par trahison. Le siége d'Ypres traîna plus longtemps; cette ville ne capitula qu'au mois d'avril 1584. En revanche, avant la fin d'octobre 1583, le Sas de Gand tomba au pouvoir des Espagnols, que le bailli du pays de Waes mit en possession d'Axel, de Hulst, et du château de Rupelmonde. Alost leur fut vendu par la garnison anglaise, que depuis longtemps les Gantois ne payaient plus. Enfin, la ville de Gand se trouvait entièrement coupée du côté de la mer, et Anvers commençait à se livrer à la plus vive inquiétude.

Les territoires eux-mêmes qui faisaient partie de l'union d'Utrecht ne restèrent pas à l'abri des armes espagnoles. Depuis 1580 la guerre avait continué avec des fortunes diverses dans l'Over-Yssel, en Frise, et dans la province de Groningue. La garnison que Farnèse entretenait dans la place de Steenwyk tourmenta vivement le Veluwe et la Frise dès le commencement de l'an 1583. Pendant l'automne, il s'empara de Zutphen. Ainsi les hostilités se continuèrent dans une partie du nord et dans presque tout le midi des Pays-Bas. Ici les événements ne tardèrent pas à se dessiner d'une manière extraordinaire. Gand, où Hembise avait repris toute sa puissance; Bruges, que tenait le prince de Chimay, fils du duc d'Arschot, et Termonde, dont le sire de Ryhove avait le commandement, rentrèrent successivement dans l'obéissance du roi. De sorte que, vers le milieu de l'an 1584, les provinces méridionales se trouvèrent presque tout entières remises sous l'autorité du prince de Parme.

Pendant que tous ces événements s'accomplissaient, le prince d'Orange, qui ne s'était laissé distraire un moment de ses plans que pour célébrer ses quatrièmes noces avec la fille de l'amiral de Coligny, n'avait cessé de tenir les yeux sur tout ce qui se passait autour de lui. Pendant que le reste d'influence qu'il avait conservée dans les provinces flamandes s'effaçait, pour ainsi dire, complétement, il s'était appliqué sans relâche à affermir de plus en plus celle qu'il exerçait dans les provinces du nord. Dans l'automne de l'année 1583, un mouvement populaire avait eu lieu à Utrecht, sous le prétexte de faire abolir une taxe sur le blé. Cette émeute, peu importante en elle-même, produisit cependant des résultats très-graves : d'abord, elle fut une manifestation de l'esprit populaire à cette époque ; ensuite, elle conduisit à déterminer la position qu'il s'agissait de donner au prince d'Orange dans la province d'Utrecht. La noblesse et les états tenaient à restreindre grandement le pouvoir du Taciturne, dans le traité qu'on projetait de conclure avec lui; car jusqu'alors il n'avait pu réussir à installer son autorité dans cette province aussi bien qu'il l'avait fait dans celles de Hollande et de Zéelande. Or, le mouvement dont la capitale utrechtoise fut le théâtre força les états et la noblesse à se rendre au désir du peuple, qui demandait qu'il fût accordé au prince des conditions semblables à celles que les provinces voisines avaient consenties.

Nous avons déjà dit de quelle nature était l'autorité que le Taciturne obtint en Hollande, en Zéelande et en Frise, après que le duc d'Alençon fut arrivé dans les Pays-Bas en qualité de seigneur souverain des provinces. Cependant cette affaire, bien qu'elle eût été conclue en termes généraux, n'avait pas été sans donner lieu à une série de négociations de détail avec les villes et les provinces particulières, sur les conditions ultérieures des droits qu'il s'agissait de lui conférer. Les Hollandais avaient été d'avis qu'il fallait franchement reconnaître le prince, à titre de comte de Hollande, de Zéelande et de Frise. En Zéelande, Middelbourg s'était montré particulièrement opposé à cette proposition. Toutefois, dès le mois de septembre 1582, cette province avait, par un acte secret, décerné le titre de comte au Taciturne, à des conditions à établir plus tard. Déjà avant cette époque la Hollande avait pris la même mesure. Cependant la rédaction des conditions spéciales, et les termes dans lesquels devait être conçu l'acte de transmission, donnèrent lieu à de si longs pourparlers, qu'ils traînèrent jusque dans le courant de l'année suivante.

24.

Ce fut probablement dans le but d'aplanir les dissensions élevées entre les provinces qui prirent plus ou moins de part à ces discussions, que, dans une assemblée tenue à Middelbourg par les états généraux des provinces appartenant à l'union d'Utrecht, le 13° article de l'acte d'union fut modifié, et qu'il fut « décidé que l'on maintiendrait le culte réformé, et qu'il n'en serait point toléré d'autre publiquement dans les Pays-Bas-Unis ; mais que, toutefois, les pays qui seraient à l'avenir admis dans l'union seraient laissés libres d'agir en ce point selon leur propre avis. » L'acte de transmission pour la Hollande se trouva signé dès le mois de mars 1583. Cependant les villes d'Amsterdam et de Gouda refusèrent d'y adhérer jusqu'à ce que la Zéelande l'eût adopté également; mais, dans cette dernière province, Middelbourg continuait à se montrer contraire au prince d'Orange. Malgré cette opposition, les états de Hollande résolurent enfin de passer outre; la noblesse et la majorité des villes lui donnèrent leurs lettres le 7 décembre, sans s'arrêter davantage aux réclamations qui pourraient s'élever. Cet acte cependant ne renfermait pas encore les conditions de cette investiture; car on attendait toujours le moment où toutes les opinions se seraient entendues, et tous les intérêts conciliés. Les états d'Utrecht se montrèrent disposés à imiter ceux de Hollande. Enfin, on tomba d'accord sur les points principaux. La Hollande et la Zéelande convinrent de prêter serment au prince d'Orange, et de lui conférer la dignité de comte à un titre en quelque sorte héréditaire, c'est-à-dire en le subordonnant à un usage pratiqué par les anciens Germains, qui laissait aux états le droit de choisir le successeur du comte parmi ses fils, sans s'astreindre à l'ordre de primogéniture. Cette résolution définitivement prise, on s'occupa de rallier Amsterdam et Gouda en Hollande, et en Zéelande surtout Middelbourg. Mais, pendant qu'on se livrait à ces soins, toutes ces négociations et tous ces projets furent brusquement renversés par l'assassinat du prince d'Orange.

Dans les années qui venaient de s'écouler, plusieurs trames provoquées par le roi d'Espagne avaient été ourdies contre la vie du Taciturne; mais elles avaient chaque fois été découvertes avant qu'elles eussent pu être mises à exécution. Enfin, il y en eut une qui réussit. Depuis le mois d'avril 1584 vivait à Delft, où se tenait le prince, un homme qui affectait le plus grand zèle pour la religion réformée, et qui s'appelait François Guion. Né à Besançon, où il disait que son père avait été exécuté pour son attachement au culte protestant, il avait passé quelque temps à Luxembourg, chez un de ses parents, secrétaire du comte de Mansfeld. Ce séjour et ce rapport de famille l'avaient mis à même de se procurer des blancs seings du comte, et il les avait apportés à Delft, où il les offrit au prince, dont il était parvenu à obtenir l'accès et dont il captiva bientôt la confiance. Ne sachant d'abord quel emploi il pourrait donner à ces blancs seings, le Taciturne songea enfin à en envoyer une partie au maréchal de Biron, afin de s'en servir pour se ménager, par ce moyen, des messagers entre Cambrai et Bruxelles. C'est Guion qui fut chargé de les porter en France : il partit en compagnie du seigneur de Caron, investi de la mission de donner connaissance au duc d'Alençon de la dernière résolution des états. Mais il revint bientôt après en Hollande, avec la nouvelle de la mort du duc. Aussitôt qu'il fut arrivé à Delft, il fut mandé chez le prince, qui se trouvait précisément au lit, et qui désirait apprendre des détails plus circonstanciés sur la fin de d'Alençon. Guion raconta tout ce qu'il savait, et inventa ce qu'il ne savait pas. Puis, exposant son dénûment et sa misère au prince, il lui demanda un secours. Guillaume lui donna quelque argent, que le traître employa aussitôt à acheter deux pistolets. C'était le 9 juillet. Le lendemain, Guion se rendit à l'hôtel du prince, qui était le couvent de Sainte-Agathe, sous le prétexte de lui demander un passe-port. Comme c'était le moment où le Taciturne descendait avec son épouse dans la salle à manger pour se mettre à table, il congédia Guion, lui disant de revenir quand le dîner serait fini. La vue de cet homme égaré et de mauvaise mine avait fait sur la princesse une impression telle, qu'elle n'avait pu s'empêcher d'exprimer quelques craintes, et de lui attribuer des projets sinistres. Cependant le prince se mit à table, sans prêter l'oreille à ces soupçons. Quand le dîner fut fini, il monta le grand escalier, où il vit Guion, qui, enveloppé dans son manteau, s'avança vers lui comme pour demander son passe-port. Mais au même instant le meurtrier tira de dessous son vêtement un pistolet chargé de trois balles, et fit feu sur le prince. Le Taciturne, mortellement frappé, chancela et tomba, en s'écriant d'une voix défaillante : « Mon Dieu, mon Dieu, aie pitié de moi et de ton pauvre peuple ! »

Au bruit de la détonation, la princesse d'Orange, la comtesse de Schwartzenberg, belle-sœur du Taciturne, et l'écuyer du prince, accoururent, et le trouvèrent presque expirant. L'écuyer le souleva, et l'assit sur une des marches de l'escalier. Puis on le transporta dans une pièce voisine, où il rendit le dernier soupir peu de moments après.

L'assassin voulut se sauver par la fuite ; mais il avait laissé tomber son chapeau, et le second pistolet dont il était muni. Ces objets indiquèrent de quel côté il s'était dirigé, et l'on se mit sur sa trace : il fut pris au moment où il se disposait à sauter à bas du rempart de la ville, qu'il était parvenu à gagner par les écuries, et auquel le couvent de Sainte-Agathe se trouvait adossé.

—Traître d'enfer ! lui crièrent un laquais et un hallebardier du prince, qui s'étaient emparés de lui.

—Je ne suis pas un traître, répondit-il avec sang-froid : je ne suis qu'un fidèle serviteur de mon maître.

—De quel maître ?

—De monseigneur le roi d'Espagne.

Comme il crut avoir entendu que le prince n'était pas mort, il murmura :

—Maudit soit le bras qui l'a manqué !

La nouvelle de ce crime se répandit dans la ville avec la rapidité de l'éclair ; ce fut un deuil universel, comme si chacun eût perdu un père. Interrogé par les officiers de la justice, l'assassin déclara que son véritable nom était Balthazar Gérard ; qu'il était né à Villefranche en Beaujolais ; qu'il avait depuis six ans conçu l'envie de tuer le prince ; que, dès le mois de février 1582, après la publication du manifeste du roi contre le Taciturne, il était venu de Bourgogne pour accomplir son dessein ; qu'arrivé à Luxembourg, il s'y était arrêté sans aller plus avant, parce qu'il avait appris que le coup venait d'être fait à Anvers par Jauréguy ; qu'au mois de mars il fit part de son projet à un jésuite de Trèves, auquel il se confessa ; que ce jésuite lui conseilla d'en donner connaissance au prince de Parme, auquel, en effet, il en écrivit à Tournai ; qu'ensuite il se rendit à Delft, où il revint après son voyage en France, dans le but de mettre son dessein à exécution ; et enfin que, si le prince se trouvait à mille lieues, il irait le chercher à travers tous les obstacles, pour pouvoir l'achever. Toute cette féroce déclaration, il la fit par écrit. Il ajouta de bouche qu'il avait confessé son plan au père Gery, gardien des cordeliers de Tournai, et au prince de Parme, qui l'adressa à un de ses conseillers, pour en conférer plus amplement ; et qu'il avait été engagé par l'officier du prince à persister dans son projet. Appliqué à la question extraordinaire, il répéta les mêmes aveux. Le 14 juillet, il fut condamné à avoir la main droite enfermée et brûlée dans un étau de fer rouge, les bras, les jambes et les cuisses rongés par des tenailles ardentes, le ventre ouvert, le cœur arraché, la tête tranchée et attachée au bout d'une pique, le corps coupé en quatre parties, pour être pendues à des potences au-dessus des quatre principales portes de la ville. Quand il eut entendu cette terrible sentence, il se découvrit la poitrine, tout empreinte encore des marques de la torture, et s'écria : « *Ecce homo,* » se comparant ainsi sacrilégement au Christ Sauveur. Le lendemain, il subit son arrêt, sans pousser un cri, et sans même trahir le moindre signe de douleur.

CHAPITRE IV.

LES PAYS-BAS DEPUIS LA MORT DU PRINCE D'ORANGE JUSQU'A LA TRÊVE DE 1609.

§ I. JUSQU'A LA CESSION DES PAYS-BAS BOURGUIGNONS A L'INFANTE ISABELLE ET A L'ARCHIDUC ALBERT.

Maintenant que le Taciturne était descendu dans la tombe, un grand nombre commencèrent à craindre pour le succès de la révolution dans les Provinces-Unies, tandis que le prince de Parme conçut l'espoir de voir crouler bientôt l'édifice élevé à si grand'peine par la politique de Guillaume d'Orange. Mais cette crainte ne tarda pas à être dissipée, et cet espoir à être déçu; car les états de Hollande, qui se trouvaient précisément réunis à Delft au moment où le crime de Balthazar Gérard fut consommé, déclarèrent que leur ferme résolution était de ne pas cesser la lutte qu'ils avaient entreprise; et ils en donnèrent connaissance aux états de Brabant, à tous les capitaines et tous les commandants des forteresses. Le conseil qui avait été adjoint au prince d'Orange fut investi du gouvernement, jusqu'à ce que les états généraux des Provinces-Unies pussent se réunir à Delft. Cette assemblée eut lieu le 18 août, et il fut nommé un conseil d'État de dix-huit membres, dont trois pour le Brabant, deux pour la Flandre, un pour Malines, quatre pour la Hollande, trois pour la Zéelande, deux pour Utrecht, et trois pour la Frise. La Gueldre, l'Over-Yssel et Groningue ne s'y trouvèrent point représentés. A la tête de ce conseil on plaça le jeune Maurice d'Orange-Nassau, que le Taciturne avait obtenu de son mariage avec Anne de Saxe, et qui fut investi d'un pouvoir aussi élevé, mais non aussi étendu que celui dont son père avait été revêtu.

Cette mesure ne tira pas les Provinces-Unies des embarras où la mort de Guillaume d'Orange les avait jetées : car le prince de Parme avait repris les armes avec une nouvelle vigueur, et, profitant de la consternation que l'assassinat de Delft avait produite, poussait la guerre avec la plus grande énergie; si bien que les états généraux résolurent de s'adresser à la France, et envoyèrent une députation au roi Henri III, pour lui offrir la souveraineté de toutes les provinces des Pays-Bas. Après trois ou quatre mois de négociations, le roi répondit aux envoyés des états qu'il les remerciait de leur offre, et qu'il ne pouvait l'accepter à cause de la mauvaise situation du royaume. En effet, la Ligue y avait recommencé à lever la tête.

Après avoir reçu cet échec à la cour de France, les états s'adressèrent à la reine d'Angleterre. Élisabeth refusa, à son tour, la souveraineté qui lui fut proposée; mais elle consentit à fournir aux provinces un secours de quatre mille fantassins et de quatre cents chevaux, pour toute la durée de la guerre. Elle avança, en outre, des sommes considérables, que les états s'engagèrent à lui restituer quand la guerre serait finie, et pour lesquelles ils lui donnèrent en gage les villes de Flessingue, de Brielle, et le château de Rammekens, en Zéelande. Elle plaça Robert Dudley, comte de Leycester, à la tête du corps d'armée destiné à aller au secours des Provinces-Unies. Ces troupes se rendirent à Flessingue, et de là entrèrent en Hollande, où elles furent reçues avec un enthousiasme d'autant plus grand, que Leycester y était regardé comme un protestant plein de ferveur pour la cause du calvinisme.

La mort de Guillaume d'Orange avait relevé les espérances de ceux qui avaient vu à regret se développer la puissance du prince, et qui craignaient cette famille à cause de l'influence écrasante qu'elle pouvait prendre un jour dans les affaires du pays. Aussi le pensionnaire de Rotterdam, Jean Van Oldenbarneveld, avait proposé, dans l'assemblée des états généraux, de donner à Leycester la charge de gouverneur général des Pays-Bas-Unis, au même titre auquel cette dignité avait été accordée par Charles-Quint à ses officiers, et d'investir seulement le jeune Maurice de l'autorité suprême, ou du *stathoudérat*, en Hollande et en Zéelande, aux conditions auxquelles son père en avait été revêtu. Mais, dès le 14 octobre, Maurice avait prêté serment aux états en qualité de stathouder, de capitaine général, et d'amiral de Hollande, de Zéelande et de Frise. Leycester, arrivé dans les provinces, ne manqua pas de manifester le mécontentement qu'il éprouvait en se voyant éclipsé par un jeune homme dont il ne pouvait se résigner à subir l'autorité. On s'empressa donc, pour le satisfaire, de lui conférer un pouvoir supérieur. Le 10 janvier 1586, on lui donna le stathoudérat général, mais avec des restrictions telles, qu'il refusa jusqu'au 1ᵉ février de l'accepter. Cependant, une fois maître de cette position, il sut, dans la suite, arracher par son obstination plus d'un autre privilége. En effet, le prince Maurice d'Orange accepta de lui, stathouder général, la charge de stathouder de Hollande et de Zéelande, et Louis de Nassau, celle de stathouder de Frise.

Les défiances que Leycester avait, dès le principe, rencontrées dans les états généraux, l'engagèrent à chercher un appui dans le parti démocratique, qui, composé des émigrés de Flandre et de Brabant, des habitants des petites localités, et des familles considérées qui n'appartenaient pas aux villes de premier ordre, se trouvait en opposition avec le parti des états, tout aristocratique de fait. Cet appui lui fut acquis par l'adoption de plusieurs mesures qu'il prit dans l'intérêt de la classe dont il recherchait ainsi la faveur.

Une circonstance nouvelle arriva bientôt, qui servit à définir plus nettement encore la scission qui avait commencé à s'opérer entre Leycester et les états. La reine Élisabeth, soit pour déguiser sa conduite aux yeux de l'Espagne, soit parce qu'elle se trouvait réellement blessée, se plaignit de n'avoir pas été consultée par les états, avant qu'ils eussent conféré à Leycester le pouvoir suprême dans les provinces. Il fut répondu à la reine que ces mots *pouvoir absolu* ne signifiaient aucunement la souveraineté, mais qu'ils servaient tout simplement à distinguer le pouvoir du stathouder général de celui des stathouders de province; que le pouvoir souverain résidait dans les mains seules des états, et que l'autorité absolue dont Leycester était investi n'était qu'un pouvoir délégué. Cette explication devait nécessairement irriter le lieutenant d'Élisabeth. Aussi il la considéra comme un outrage.

Ainsi les éléments de division s'amassaient entre lui et les états. Ajoutons encore que bientôt le peuple lui-même s'émut, en le voyant s'entourer de préférence de réfugiés brabançons et flamands, et choisir dans leurs rangs ses conseillers les plus intimes.

Telle était la situation des affaires dans les provinces du nord, pendant que le prince de Parme continuait dans celles du midi le cours de ses conquêtes. Il avait repris une nouvelle énergie depuis que le prince d'Orange était tombé, et il avait grandement mis à profit le découragement où cette perte avait jeté les Pays-Bas.

Si grande que fût la stupeur où cet événement plongea tous les esprits, les Gantois s'étaient relevés plus furieux que jamais. La faction populaire y avait repris le dessus; et, dès le mois d'août 1583, elle avait proclamé premier échevin Hembise, alors absent. Le fougueux tribun y accourut aussitôt. Mais on ne tarda pas à s'apercevoir qu'il avait noué des relations avec le prince de Parme, et qu'il était entré dans un complot dont le but était de livrer Gand et Termonde aux Espagnols. Enfin, le 22 mars 1584, on vit sur l'Escaut, près de la porte qui conduit à Bruxelles, plusieurs pontons et bateaux chargés d'échelles, et d'ustensiles propres aux travaux d'un siége. Ces bâtiments suspects donnèrent l'éveil, et on apprit des bateliers que, la nuit suivante, ils devaient descendre l'Escaut. Mais on ne se laissa point rassuré par ces paroles. En effet, le convoi ne partit pas cette nuit ; et le lendemain un détachement de troupes espagnoles se montra, à la pointe du jour, sous les remparts de la ville. L'alarme fut donnée aussitôt, le tocsin se mit en branle, et toute la population courut aux armes. Hembise fut pris, et enfermé dans le château des comtes. Convaincu d'avoir voulu livrer la ville au prince de Parme, il fut condamné à mort, et subit sa peine le 4 août, à côté des piliers du Vieux-Bourg.

Si Farnèse avait ainsi échoué dans le dessein qu'il projetait sur la ville de Gand, il fut plus heureux dans l'entreprise qu'il fit sur celle de Termonde. La position de cette place sur l'Escaut, entre Anvers et Gand, protégeait la communication entre ces deux forteresses si importantes. Il résolut de l'enlever. Après huit jours de siége, il entra à Termonde par capitulation, le 17 août. Maître de Rupelmonde, de Tamise et de toutes les places environnantes, il prit poste à Beveren, garnit tous les passages, et affama les Gantois, qu'il réduisit enfin à capituler le 17 septembre. Il força Bruxelles à suivre cet exemple le 10 mars 1585, et Malines le 19 juillet.

Toutes les grandes villes sur lesquelles Anvers avait pu s'appuyer jusqu'alors étant conquises, il put désormais compter sur le succès de son entreprise contre cette riche et puissante cité, dont la possession allait lui assurer les fruits de cette laborieuse campagne. Les capitaines les plus éclairés de son conseil avaient vainement essayé de le détourner de ce dessein, en lui remontrant que les forces dont on pouvait disposer n'étaient pas suffisantes pour un si grand projet, trois corps d'armée étant nécessaires pour faire le siége d'Anvers : l'un destiné à couper les secours que la ville pourrait tirer du Brabant, les deux autres pour occuper les deux rives de l'Escaut, et intercepter le fleuve du côté de la Zéelande. Malgré ces remontrances, il avait persisté dans sa résolution, et commencé à s'assurer des approches de la place. Il s'était établi avec le gros de son armée dans le pays de Waes, sur la rive gauche de l'Escaut. Pour se rendre maître du fleuve en aval d'Anvers, il envoya le marquis de Roubais attaquer le fort de Liefkenshoek, et un autre de ses lieutenants, Mondragon, mettre le siége devant le fort de Lillo. Le premier réussit ; le second échoua, et fut réduit à renoncer à l'entreprise, après avoir fait d'inutiles efforts pour s'emparer de cette citadelle. Il fallait être sûr de ces deux positions à la fois, pour fermer la communication d'Anvers avec la Zéelande. L'armée espagnole fut donc un moment à hésiter ; mais Farnèse ne se rebuta point. Il résolut de fermer le passage au moyen d'un pont appuyé de chaque côté à un retranchement, et choisit, pour le construire, l'endroit où le fleuve forme son premier coude au-dessous d'Austruweel. On commença aussitôt à élever, du côté de la Flandre, un fort dédié à *sainte Marie*, et, du côté du Brabant, un autre qui reçut le nom de *Saint-Philippe*, en l'honneur du roi.

C'est pendant ces travaux que Termonde fut pris, et que les Gantois succombèrent. Bientôt le formidable pont se trouva achevé. Voici comment cette prodigieuse construction était imaginée. On avait, sur chacune des rives de l'Escaut, du côté du fort *Sainte-Marie* et du côté de celui de *Saint-Philippe*, établi une solide estacade, hérissée de grosses poutres terminées en pointes ferrées. L'une de ces estacades avait deux cents pieds de long; l'autre en avait neuf cents. L'intervalle qui les séparait était long de douze cent cinquante pieds, et occupait la partie la plus profonde et la plus large du fleuve; il fut fermé par trente-deux gros bateaux de soixante pieds de longueur et de douze de largeur, placés à vingt-deux pieds de distance l'un de l'autre, solidement accrochés entre eux par de fortes chaînes, fixés par deux bonnes ancres, et montés chacun de trente soldats et de quatre matelots; ils étaient, ainsi que les estacades, défendus par deux canons. L'intervalle d'un bateau à l'autre était rempli par des poutres couvertes de planches disposées transversalement. Ce pont, revêtu de fortes palissades, était couvert par une défense extérieure, pour le garantir des attaques des Anversois. Ceux-ci ayant, à plusieurs reprises, lancé des brûlots dans l'espoir de parvenir à incendier le pont, les ingénieurs espagnols imaginèrent un moyen de les arrêter : ils firent construire d'énormes radeaux, armés d'un grand nombre de mâts fortement attachés les uns aux autres, et disposés de manière à présenter la pointe en avant, et à faire obstacle à l'ennemi. Ils étaient amarrés à de gros bâtiments à l'ancre, qu'on avait avancés à leur niveau, et qui les protégeaient contre le choc des vaisseaux ennemis et contre la force de la marée. Distribués sur toute la longueur et de chaque côté du pont, ils lui formaient une solide défense. Le nombre total des canons placés tant sur les estacades que sur le pont lui-même était de quatre-vingt-dix-sept. Toute cette immense construction ne demanda que sept mois de travaux. Elle se trouva entièrement terminée le 24 février 1585.

Les confédérés n'avaient rien entrepris jusqu'alors pour tenter de détruire cet ouvrage, ni pour s'opposer aux travaux, tant ils étaient convaincus de l'impossibilité que le fleuve rebelle devait mettre à l'exécution. De leur côté, les Anversois en avaient fait un objet de raillerie; mais bientôt il devint pour eux un objet réel de terreur. Malheureusement il était trop tard pour s'opposer aux travaux qu'on avait laissé s'exécuter. Ce fut alors seulement que l'on commença à faire mille tentatives pour détruire par le canon ou par le feu cette formidable construction; mais tous les moyens échouèrent.

Heureusement il y avait dans la ville d'Anvers un ingénieur italien, nommé Frédéric Gianibelli, fort expert dans la science des machines de guerre : il imagina de construire quatre énormes bateaux, qu'il chargea chacun d'une mine sur laquelle il plaça des meules, des blocs de pierre et des boulets, solidement entassés, pour que la force de l'explosion augmentât en raison de la résistance. Un réveille-matin devait par son mouvement battre un briquet, et, en faisant feu, donner sur une traînée de poudre qui aboutissait à la mine. Le 8 avril, les Anversois, déjà cernés de tous côtés, lancèrent d'abord au fil de l'eau treize brûlots, que des matelots expérimentés conduisirent jusqu'à une distance de quatre mille pas environ du pont. Les quatre vaisseaux les suivirent. Le premier échoua sur la rive gauche, et causa, en sautant, un grand dommage à la garnison d'une redoute. Le deuxième échoua de même; le troisième coula au milieu du fleuve. Le dernier, enfin, fut plus heureux; il parvint à atteindre le pont, où une partie de l'armée espagnole se trouvait réunie, et éclata aussitôt avec un bruit épouvantable. Ce fut comme l'éruption d'un volcan. Par la force de l'explosion, l'Escaut sortit de son lit, inonda ses deux rives, et s'éleva à la hauteur d'un pied au-dessus du fort Sainte-Marie. Le pont fut brisé; une nuée de pierres, de poutres et de boulets, tomba du ciel et se répandit de toutes parts; une partie des bateaux, l'artillerie qui s'y trouvait, les soldats qui les montaient, tout fut la proie de la machine dévastatrice. Huit cents hommes furent tués du coup; le nombre des blessés et des estropiés fut très-considérable. Plusieurs d'entre les meilleurs capitaines espagnols y perdirent la vie. Le prince de Parme lui-même courut le plus grand péril; car, étant entré au fort Sainte-Marie au moment de l'explosion, il fut frappé à la nuque par une poutre, et renversé par terre.

Il fallait toute la fermeté de Farnèse pour ramener la confiance dans l'esprit de ses soldats, terrifiés par cette effroyable catastrophe. Il était trop maître d'eux pour n'y pas réussir. Il ordonna que le pont fût réparé aussitôt; et on se mit à l'œuvre avec tant d'ardeur, que bientôt il se trouva rétabli dans son premier état. On ne se borna pas là. On fortifia toutes les digues voisines, surtout celle de Kouwenstein, qui fut garnie d'un fort auquel on donna le nom de *la Croix*, et qui se trouvait situé entre Lillo et le pont. Un grand nombre de retranchements furent élevés sur d'autres points.

Les confédérés, qui se tenaient toujours sur la partie inférieure du fleuve, et les Anversois, qui occupaient l'autre côté des Espagnols, mirent tout en œuvre pour empêcher ou pour ruiner ces travaux. Mais tous ces efforts furent inutiles. De sorte que la ville d'Anvers se trouva en grande crainte de se voir bientôt affamée, toute communication avec la Zéelande, avec la Flandre et avec le Brabant lui étant coupée; car Bruxelles et Malines avaient été forcés de capituler avec le prince de Parme.

Ainsi serrés de toutes parts, et nul secours ne pouvant leur arriver d'aucun côté, les Anversois se virent bientôt réduits à négocier avec Farnèse. Les pourparlers furent longs; mais enfin le 17 août la capitulation fut signée. Maintenant la Belgique presque tout entière était rentrée sous l'obéissance du roi. La perte d'Anvers, ce dernier boulevard de la liberté dans les provinces méridionales, fut un coup terrible pour les États confédérés; et elle fut, après la mort du prince d'Orange, le motif le plus puissant qui les engagea à s'adresser à la France d'abord, à la reine d'Angleterre ensuite, pour obtenir des secours. Nous avons déjà vu quelle aide Élisabeth leur accorda, et quelle position son favori Leycester obtint dans les Provinces-Unies.

L'année 1586 fut signalée pour les Espagnols par de nouveaux succès. Les villes de Grave, Venlo et Nuess étaient tombées entre leurs mains. Ils avaient forcé Leycester de lever le siége de Zutphen, et s'étaient rendus maîtres de Deventer par stratagème. Mais il importait de balayer complétement la Flandre. Farnèse fit donc investir la place de l'Écluse, que tenaient les confédérés; et, malgré les dégâts immenses que le prince Maurice et le comte de Hohenlohe exercèrent dans le Brabant septentrional, dans le but d'opérer une diversion, le siége fut poussé avec tant d'énergie que la ville fut réduite à se rendre, dans les premiers jours du mois d'août.

L'autorité de Philippe II triomphait ainsi dans les provinces belges; mais elle ne triomphait que dans un désert et que sur des ruines. Toutes ces villes, naguère si riches et si peuplées, se trouvaient maintenant appauvries et vides: les habitants avaient cherché leur salut dans l'émigration. Tous ces grands et beaux villages de Flandre et de Brabant étaient maintenant dévastés par la guerre et par l'incendie. Nulle part ni sûreté ni confiance, partout la misère: plus de commerce; toutes les ressources taries.

Les provinces septentrionales des Pays-Bas s'étaient enrichies de toutes les dépouilles de la Belgique. Malgré les circonstances critiques dans lesquelles elles se trouvaient toujours, dès 1586 et 1587 leurs ports, dont deux à peine étaient tenables, virent entrer et sortir plus de huit cents navires chargés. Elles entretenaient plus de cent vaisseaux de guerre, pour assurer leur commerce et leur pêche. La liberté était devenue la base de leur politique, et elle leur attira le commerce du monde, comme la suite nous le démontrera. Cependant la perte d'Anvers leur avait inspiré de grandes inquiétudes; car elles craignaient que, le roi rendant l'Escaut libre, cette ville ne restituât à son port le mouvement qu'il avait possédé à un degré si étonnant. Mais leurs craintes ne tardèrent pas à se dissiper. Philippe II ne comprit guère l'intérêt réel de sa politique. Au lieu de rendre ce fleuve aux Anversois, il crut pouvoir les tenir mieux en respect en les privant des ressources que la prospérité aurait pu leur procurer. Ensuite, appliquant toutes ses forces à ses armées, il ne songea point à assurer les mers. Ainsi, tout le commerce et toute la pêche des Flamands disparurent sans retour. Ajoutons que les Provinces-Unies avaient acquis une influence morale qui doublait leur force. Elles pouvaient se flatter de l'appui des puissances étrangères, bien que la France ne leur donnât que de belles paroles; car l'Angleterre et quelques parties de l'Allemagne leur fournissaient des secours bien réels et bien efficaces.

Cependant le désaccord qui venait de s'établir entre les états de l'union et Leycester ne cessait de s'aigrir. La défiance et le mécontentement qu'on avait conçus contre lui s'accrurent encore par les mauvais succès de ses entreprises militaires. Farnèse avait réussi, le 7 juin 1586, à s'emparer de Grave, et forcé, quelques semaines plus tard, Venlo à capituler. Ces échecs portèrent le coup de mort au favori de la reine Élisabeth dans l'opinion des Provinces-Unies. Toute la campagne de cette année fut aussi fatale pour l'union qu'elle fut avantageuse pour les Espagnols. La guerre, transportée sur le Rhin, où l'électeur de Cologne s'était prononcé pour les états, fut pleine de désastres pour les armes confédérées. Leycester ne les répara point en s'emparant de Doesburg et en faisant lever le siége de Rhynberg. Ce léger succès, il le perdit même en abandonnant le siége de Zutphen, après avoir fait d'inutiles efforts pour s'emparer de cette place.

Une circonstance inattendue vint tout à coup rappeler ce capitaine en Angleterre, où sa présence était réclamée par la résolution qu'Elisabeth avait prise au sujet de la reine Marie Stuart. Il quitta donc la Hollande, après avoir remis au prince Maurice le commandement des forces de mer, et au conseil d'État le gouvernement et les forces de terre. Mais avant son départ il lia complétement les bras à ce conseil, et fit reprendre aux états l'idée d'offrir à la reine d'Angleterre la souveraineté des Provinces-Unies. Cette proposition donna lieu, en effet, à une ambassade que les états de Hollande et de Zéelande, après s'être montrés d'abord très-opposés à cette démarche, envoyèrent à Élisabeth, et qui revint d'autant plus mécontente de sa réception à Londres, que la reine l'avait traitée avec une rudesse insultante, et lui avait reproché, dans les termes les plus amers, d'avoir tout mis en œuvre pour paralyser Leycester dans son autorité.

Bientôt les mesures prises par ce seigneur, avant son départ, portèrent leurs fruits. Il avait laissé au conseil d'État l'ordre de ne changer, pendant son absence, aucun des capitaines qu'il avait placés dans les villes. Le commandant de Wouw, près de Berg-op-Zoom, vendit cette place aux Espagnols. Celui de Deventer, et celui d'un retranchement élevé par Leycester près de Zutphen, imitèrent cette odieuse défection. A la vue de ces trahisons, le peuple s'imagina qu'elles avaient été favorisées par le représentant d'Élisabeth lui-même. Le mécontentement populaire ne tarda pas à dégénérer en une défiance qui menaçait de tout compromettre. Dans ces circonstances, le conseil d'État prit en mains l'autorité suprême, et enfreignit ouvertement les ordres que Leycester lui avait prescrits. Il ne fallait rien de moins que cette décision pour exaspérer la reine, qui se hâta d'écrire en Hollande des lettres presque menaçantes. Mais on était arrivé au moment où le terme pour lequel le conseil avait été élu devait expirer. On en renouvela les membres, qui furent réduits au nombre de dix, dont un appartenant à la

Gueldre, trois à la Hollande, deux à la Zéelande, un à la province d'Utrecht, deux à la Frise, et un à l'Over-Yssel. Leycester perdit à ce renouvellement de pouvoirs la plupart de ses partisans, et, par suite, toute son influence. En outre, les états de Hollande et de Zéelande conférèrent au prince Maurice la charge de capitaine général des forces de terre dans ces deux provinces, et la mission de lever un corps considérable de troupes, qui prêtèrent aux états serment de fidélité, et au prince serment d'obéissance. Enfin, une grande partie des commandants des places fortes furent changés.

Par tous ces actes, dans lesquels les états de Hollande avaient montré une autorité presque absolue, il s'opéra bientôt une scission entre les provinces. Celles de la partie orientale du pays, qui étaient entièrement dévouées à Leycester, ne tardèrent pas à former en sa faveur un parti qui avait son siége à Utrecht, et qui envoya des lettres à la reine, pour la supplier de hâter le retour de son lieutenant dans les Pays-Bas. En même temps, un grand nombre de prédicateurs calvinistes se mirent à exalter le peuple en sa faveur. Enfin, le commandant de Medemblik ayant refusé de reconnaître l'autorité de Maurice, tout le parti démocratique religieux l'applaudit. Cette division était pleine de périls; mais les dangers n'étaient pas là seulement.

Farnèse commença, le 11 juillet 1587, le siége de la ville de l'Écluse en Flandre, pendant qu'un de ses capitaines, le seigneur de Hautepenne, s'avançait vers le Veluwe. L'Écluse capitula avant qu'elle eût pu être dégagée par Leycester, qui aborda aux côtes de Zéelande au commencement du mois d'août. Il avait été précédé d'un ambassadeur de la reine, Thomas Buckhurst, investi de la mission d'apaiser les esprits dans les Pays-Bas; mais l'exaspération des états était trop grande pour que ce messager pût parvenir à la calmer. Oldenbarneveld fut même sur le point de se retirer des affaires. On ne parvint qu'à grand'peine à l'y faire rester, et il continua avec ardeur à pénétrer et à déjouer les machinations que Leycester ne cessait de tramer. La position de ce dernier paraissait devenir intenable en raison de cette inimitié toujours croissante. Mais, d'un côté, l'appui qui lui était assuré par le parti populaire, et, de l'autre, les ménagements qu'on avait à garder pour la reine Élisabeth, étaient pour lui des éléments de force qui lui permettaient de braver tous les orages qui s'amoncelaient autour de lui. Le clergé protestant lui était dévoué avec une ferveur toute fanatique, tandis qu'il comptait parmi ses ennemis les plus ardents Maurice d'Orange, Guillaume-Louis de Nassau, le comte de Neuenaer, et celui de Hohenlohe.

C'est au milieu de ces circonstances que Leycester convoqua les états le 24 août, quand tout à coup on apprit que des négociations étaient entamées par Élisabeth avec l'Espagne. Cette nouvelle excita à la fois l'étonnement et l'incertitude. Mais ce qui produisit un effet plus grand encore, ce fut une proposition que le lieutenant de la reine fit aux états, aussitôt qu'ils se trouvèrent assemblés. Il leur fit connaître que, dans l'impossibilité où était le pays de se défendre par ses propres moyens, la reine désirait que les états voulussent entendre à des conditions de paix équitables avec l'Espagne; et qu'elle s'offrait à ouvrir des négociations dans ce but, à moins qu'ils ne préférassent traiter directement avec le prince de Parme. La défiance que Leycester avait inspirée, dès son arrivée dans les Pays-Bas, fut singulièrement justifiée par ce langage. Le soupçon de trahison devint bientôt une certitude. D'ailleurs, on ne tarda pas à découvrir une trame bien plus vaste qu'il avait ourdie contre Oldenbarneveld, le prince Maurice et le comte de Hohenlohe. On sut qu'il avait formé le projet de s'emparer de ces trois personnages, et de les envoyer prisonniers en Angleterre. Enfin, il alla, dans l'aveuglement de son autorité, jusqu'à vouloir dominer par ses créatures dans les grandes villes, envers lesquelles, jusqu'alors, il avait été forcé de garder de prudents ménagements. Mais Amsterdam, Leyden et Enkhuysen lui opposèrent la plus vive résistance.

Ces dernières entreprises du représentant d'Élisabeth avaient été précédées d'une déclaration, faite par les états de Hollande réunis à Haarlem, dans laquelle ils exposaient 1° que Leycester ne possédait d'autre pouvoir que celui des anciens gouverneurs de Charles V, tandis que l'autorité elle-même que l'empereur avait exercée se trouvait placée maintenant entre les mains des états; 2° que la conduite tenue jusqu'à ce jour par eux à l'égard de Leycester était conforme aux droits des deux parties; 3° que la souveraineté en Hollande, en Zéelande et en Frise, n'appartenait pas au peuple, mais aux états qui représentaient le peuple, c'est-à-dire les villes par les députés de leurs magistrats, et les campagnes par les députés de la noblesse, conformément au droit et aux anciens usages. Cette déclaration, et le mauvais succès qu'avaient obtenu les entreprises tentées par lui pour essayer de s'emparer de l'autorité absolue, contrairement à la volonté des états, amenèrent enfin, au mois de novembre, Leycester à se retirer à Flessingue. A cette nouvelle, les états conférèrent le gouvernement au conseil d'État. Le 6 décembre, Leycester leur adressa une lettre d'adieux, et, quelques jours après, il mit à la voile pour l'Angleterre, d'où il leur envoya aussitôt, d'après l'ordre de la reine, une renonciation formelle au stathoudérat.

Cependant cette pièce n'ayant été publiée que le 1er avril 1588, ses partisans eurent tout le loisir de fomenter à leur aise des troubles et des tumultes. D'un autre côté, les troupes, liées à lui par un serment qu'elles croyaient encore obligatoire, se mutinèrent en partie. La garnison de Medemblik avait donné l'exemple de la rébellion. Celles de presque toutes les places fortes de Hollande, de Zéelande et du Brabant septentrional se soulevèrent à leur tour. Le prince Maurice fut ainsi forcé de faire le siége en règle de Medemblik, pour soumettre les mutins. Les capitaines de Gertruidenberg vendirent cette place à l'ennemi. L'anarchie s'établit partout. Si bien que, sans la détresse où se trouvaient une grande partie des provinces belges, le prince de Parme eût peut-être, dans l'intervalle du mois de janvier au mois de mai 1588, pu tenter avec succès une entreprise contre les Provinces-Unies, même malgré la résistance désespérée que le parti d'Oldenbarneveld n'eût pas manqué de lui opposer.

Depuis longtemps il n'arrivait plus le moindre secours d'Espagne pour renforcer l'armée de Farnèse; car le roi Philippe avait appliqué toute son attention à cet armement formidable contre l'Angleterre, qu'on appela la *flotte invincible*. La mésintelligence qu'avait fait naître, entre Philippe II et la reine Élisabeth, la part que cette princesse avait prise à la guerre des Pays-Bas, était depuis longtemps parvenue au point d'exiger de part et d'autre les explications les plus animées. Pendant ces pourparlers, les armements maritimes étaient poussés avec vigueur dans les ports d'Espagne. Ces préparatifs firent craindre à la reine que le roi ne nourrît quelque projet hostile contre l'Angleterre; et elle voulut le prévenir en envoyant l'amiral Drake, avec une flotte de vingt-sept vaisseaux, à Cadix, où il incendia une partie des galions espagnols. Malgré cette expédition, les négociations pour la paix continuèrent. Le siége de l'Écluse par le prince de Parme faillit un moment les compromettre. Mais les négociateurs anglais arrivèrent à Ostende; et les conférences, d'abord ouvertes dans une tente dressée entre cette ville et Nieuport, furent transportées à Bourbourg, près de Calais. Pendant ce temps, le roi avait terminé les apprêts de la flotte destinée à agir contre l'Angleterre, et l'avait nommée *l'invincible armada*. Il lui tardait de châtier l'hérétique Élisabeth, qui avait, comme l'historien Strada s'exprime dans son indignation, sollicité à la révolte le prince d'Orange et les peuples des Pays-Bas, destitués de conseil, d'argent et de troupes. D'ailleurs, le pape Sixte V le poussait à prendre les armes contre cette reine, dont Rome avait tant à se plaindre.

Farnèse avait reçu l'ordre de lever des troupes, d'armer des navires, et de se tenir prêt à une invasion en Angleterre. Bientôt les Pays-Bas regorgèrent de soldats étrangers. Il en vint de toutes les provinces d'Espagne, des terres du Pape, du royaume de Naples, du Milanais, de l'île de Corse, de l'Allemagne, de la Bourgogne, et presque de tous les points de l'Europe. Leur nombre s'élevait à quarante mille fantassins et à trois mille hommes à cheval. Le prince de Parme en désigna trente et un mille pour passer avec lui en Angleterre, et nomma, pour occuper durant son absence le poste de gouverneur général des provinces, Ernest, comte de Mansfeld, auquel il donna pour lieutenant Charles de Ligne, comte d'Aremberg.

Le bruit que firent ces préparatifs excita vivement l'attention d'Élisabeth, qui s'empressa de se mettre en mesure de résister à l'orage prêt à fondre sur l'Angleterre. Elle s'attacha les Écossais, prêts à conclure un traité avec l'Espagne, renouvela ses alliances avec la France, le Danemark et l'Allemagne, et envoya même des ambassadeurs aux Turcs. Elle ne mit pas moins de soin à traiter avec les Hollandais, qui lui envoyèrent vingt vaisseaux de guerre, et lui promirent d'occuper les bouches de l'Escaut, pour barrer la mer aux bâtiments que Farnèse avait apprêtés. Elle joignit aux vaisseaux hollandais une armée navale commandée par Henri Seymour, fit lever de tous côtés des troupes, qu'elle plaça sous les ordres de Leycester, et préposa à la flotte d'Angleterre l'amiral Howard, auquel elle adjoignit l'amiral Drake, avec le titre de lieutenant.

Enfin les ports espagnols s'ouvrirent, et la flotte *invincible* en sortit. Elle était composée de cent trente-cinq grands vaisseaux, tant galères que galéasses, et était montée par vingt-sept mille huit cent dix-neuf hommes, tant troupes que matelots. Le duc de Medina-Sidonia, marin peu expérimenté, la commandait. La France craignait qu'elle ne se dirigeât vers Calais, et se tint sur ses gardes. Quand la flotte fut entrée dans le canal de la Manche, on ouvrit les lettres scellées du roi, et on y lut l'ordre d'attendre, à l'île de Wight, les navires du prince de Parme, et de se rendre ensuite directement à Londres, sous le commandement de ce chef. Mais l'amiral anglais n'en laissa pas le temps aux Espagnols. Il les attaqua près du cap Finisterre, et leur coula plusieurs vaisseaux. Cette première rencontre eut lieu le 21 juillet 1588. Cependant le duc de Medina se trouvait dans une position critique, n'ayant que de lourds bâtiments à opposer aux navires légers des Anglais, qui pouvaient les attaquer à tout moment, et les tournaient avec une agilité merveilleuse. Aussi il pressa le prince de Parme d'arriver sans délai, avec la flotte légère qui se trouvait préparée dans l'Escaut et dans les ports de Flandre. Mais ce secours fut lent à le rejoindre, parce que les Hollandais tenaient l'embouchure de ce fleuve, par les positions de Lillo, de Liefkenshoek et de Flessingue. Il fallait passer devant ces forts et risquer d'être coulé, ou arriver à Nieuport par les canaux intérieurs. Farnèse choisit ce dernier parti; mais il ne parvint à exécuter ce plan qu'avec les plus grandes difficultés. Vers le milieu du mois il se trouvait à Dunkerque avec sa flotte et les débris de son armée, dont les deux tiers avaient été enlevés par des maladies. Il fit embarquer une partie de ses troupes, et mit en mer pour joindre Medina. Mais les Anglais l'avaient prévenu. Drake avait commencé à assaillir la flotte espagnole par un grand nombre de brûlots, qui lui causèrent d'énormes dommages. Les vaisseaux, épouvantés par ces machines de feu, se dispersèrent dans tous les sens. La flotte anglaise profita de ce désordre pour tomber sur l'ennemi et le battre à outrance. Enfin, pour comble de malheur, une tempête s'éleva, qui acheva de maltraiter les Espagnols. Si bien qu'après avoir perdu trente-deux vaisseaux pris ou submergés, et plus de dix mille hommes tués ou prisonniers, le duc de Medina résolut de regagner les côtes d'Espagne.

Les Provinces-Unies avaient beaucoup contribué à cette importante victoire : aussi l'allégresse y fut immense, quand on apprit le succès qui venait d'être remporté sur les Espagnols. De son côté, le prince de Parme en fut désespéré. Ce qui le troubla plus encore, ce fut le conseil que lui donna Élisabeth de s'emparer de l'autorité suprême dans les Pays-Bas. Il lui fallait sortir de son inactivité, et répondre à l'avance de la reine par un coup d'éclat, par le siège de Berg-op-Zoom, que les Anglais occupaient, en vertu du traité conclu par les confédérés avec l'Angleterre. Deux soldats écossais, qui appartenaient à la garnison de cette place, étaient venus le trouver secrètement, et lui offrir de lui livrer un grand fort voisin qui, commandant l'embouchure de la rivière de Zoom, protégeait les communications de la ville avec la Zéelande. Séduit par la promesse des deux Écossais, Farnèse envoya aussitôt le comte de Mansfeld avec un corps de troupes, pour s'emparer de l'île de Tholen, dont la possession devait faciliter grandement les travaux du siège projeté. Mais ce capitaine fut battu et forcé à la retraite. Alors le prince s'avança lui-même vers Berg-op-Zoom, et s'approcha du fort dont l'entrée lui avait été promise. Un des Écossais était précisément de garde à la porte; il introduisit les Espagnols. Mais à peine un certain nombre y étaient-ils entrés, que la herse s'abaissa tout à coup, et qu'ils furent assaillis par la garnison, qui les passa tous au fil de l'épée. Le reste de la troupe fut mis en déroute par les canons et les mousquets des remparts.

Furieux d'avoir été victime de cette fourberie, le prince de Parme reprit le chemin de Bruxelles, pendant que le comte de Mansfeld se rendait maître de la ville de Wachtendonck, dans la Gueldre. Cette province était désolée par un de ces hardis aventuriers qui abondent dans l'histoire du XVIe siècle : c'était le capitaine Schenk. Après avoir été d'abord attaché au service du roi, il s'était placé sous les drapeaux des confédérés, et il occupait un fort situé dans une île formée par le Rhin, entre Emmerich et Kleef. De là il opérait tout alentour des incursions incessantes. Rien n'avait pu l'arrêter. Enfin il entreprit, avec une poignée de troupes, d'attaquer Nimègue, et fut sur le point de se rendre maître de cette place; mais les habitants et la garnison l'assaillirent avec tant de vigueur, qu'il fut forcé à la retraite, et périt dans les eaux du Wahal, en voulant traverser cette rivière à la nage. La perte de ce capitaine, dont tous les historiens contemporains vantent l'activité et l'audace, fut un coup sensible pour les états confédérés : car on comptait sur lui pour faire, du côté de la Gueldre, une utile diversion, pendant que le prince Maurice agirait contre la ville de Breda, dont on avait résolu de s'emparer.

La conservation de cette place était d'une haute importance pour les Espagnols. Aussi le prince de Parme y tenait une forte garnison, pour la mettre à l'abri de toute surprise. On s'y croyait donc bien en sûreté. Mais les confédérés parvinrent à y pénétrer par la ruse. Ils venaient de perdre la place de Gertruidenberg, que les Anglais avaient livrée aux Espagnols, et plusieurs forts situés dans l'île de Bommel. Toute la campagne de 1589 avait été peu heureuse. C'était un échec qu'il fallait réparer. Il importait d'ailleurs de refouler la guerre vers le Brabant. Le siège de Bréda fut ainsi résolu, malgré l'hiver, qui sévissait avec une violence peu commune. Le prince Maurice se chargea de le conduire. Il s'empara de la place le 4 mars 1590, par un coup de main aussi heureux que hardi. C'était précisément le temps des fréquents passages des bateaux destinés à transporter par la rivière de Merck, qui passe par Bréda, cette espèce de terre qu'on appelle tourbe, moyen de chauffage ordinaire des habitants de la Hollande et de la Frise. Le patron d'une de ces barques conçut l'idée d'introduire une troupe de soldats dans la ville. Il se concerta d'abord avec un des capitaines confédérés, Charles Harauger, vieil officier qui ne comptait jamais avec le péril; puis il s'en ouvrit au prince Maurice lui-même. Le projet approuvé, le batelier cacha dans le fond de sa barque quatre-vingts soldats déterminés, sous les ordres du capitaine Harauger, et il commença son périlleux voyage. L'embarcation fut prise par la glace depuis le 26 février jusqu'au 1er mars. Le lendemain, elle arriva près de la ville, et reçut une avarie qui y fit entrer l'eau, tellement que les hommes s'y trouvaient jusqu'aux genoux. On raconte que l'un d'eux, pris d'un rhume violent, et craignant de trahir la présence de ses compagnons s'il toussait, demanda avec instance qu'on le tuât. Heureusement les Espagnols ne l'entendirent pas, grâce au bruit que faisait la pompe avec laquelle on tirait l'eau qui remplissait la cale. Pour comble de fortune, la visite du bateau fut faite avec si peu de soin, qu'aucune des sentinelles ne s'aperçut du stratagème. Le 3 mars, l'écluse du château fut ouverte, et la barque entra; mais le passage était tellement difficile à cause des glaçons dont il était obstrué, que les soldats de la garnison se mirent eux-mêmes à la tirer. Le chef du poste ordonna aussitôt qu'on y prît la provision nécessaire à la garde, et ses hommes commencèrent à enlever les tourbes. On en prit une si grande quantité, que l'on touchait déjà au plancher sous lequel Harauger et les siens étaient cachés. Le danger croissait à chaque seconde; mais le patron fit si bonne contenance, qu'il parvint à écarter toute apparence de soupçon, agaçant les Espagnols, et les égayant par des propos joyeux et par des plaisanteries. Enfin, feignant d'être fatigué, il leur donna de l'argent pour aller boire. Tout réussit à merveille. Ils s'endormirent, et il profita de leur sommeil pour l'exécution de son dessein. Harauger et ses compagnons sortirent de leur retraite, et se rendirent maîtres de la ville.

La perte de cette place était un grand coup. Aussi Farnèse mit tout en œuvre pour la reprendre, et chargea le comte de Mansfeld de l'investir; mais ce capitaine fut bientôt forcé de lever le siége, pour aller au secours de Nimègue, que le prince Maurice avait cerné avec des forces considérables, dans le but de réduire l'ennemi à abandonner ses projets sur Bréda. Mansfeld arriva à temps, et dégagea Nimègue.

Dès le mois de février 1590, Maurice avait obtenu le stathoudérat d'Utrecht et d'Over-Yssel. Il possédait toutes les qualités d'un excellent homme de guerre. Son éducation tout entière avait tendu vers ce but. Il se distinguait par des connaissances profondes en mathématiques, et dans la tactique militaire par un coup d'œil vif et sûr, et par un esprit qui embrassait à la fois l'ensemble et tous les détails de l'administration de ses troupes. Aussi bientôt il rendit redoutable la petite armée des états.

Il avait amené les provinces confédérées à reprendre l'offensive, et leur assura toute cette campagne, qui fut signalée par de grandes mutineries que le défaut de payement de la solde fit éclater dans l'armée espagnole. Les affaires des confédérés devinrent bientôt si florissantes, que, vers la fin de 1590, l'Union put fournir au roi de France Henri IV un subside de cent mille florins.

L'année suivante s'ouvrit par de nouveaux succès. Le 24 mai, Maurice investit la ville de Zutphen, et l'enleva six jours après. Il emporta Deventer au bout d'un siége de quelques jours; et, après avoir fait une inutile tentative sur Groningue, il s'empara de Delfzyl. Puis tout à coup il se tourna vers un autre côté du pays, vers Nimègue. Il avait élevé, près de cette place, un retranchement que Farnèse était venu cerner. Il le dégagea en passant, traversa la Zéelande avec la rapidité de l'éclair, et se jeta dans le pays de Waes, sur la rive gauche de l'Escaut, pour attirer vers ce point les forces des Espagnols. Après s'être rendu maître de Hulst, où il plaça une garnison respectable, il retourna soudain dans le Bétuwe, forma le siège de Nimègue, et enleva cette forteresse le 21 octobre.

Cette campagne assura la réputation militaire de Maurice. Celle qui suivit ne fut pas moins glorieuse pour le fils du Taciturne. La faiblesse des capitaines ennemis, la misère qui régnait dans les provinces belges, et les richesses que le commerce accumulait dans les Provinces-Unies, permirent aux confédérés de tenir l'offensive, et de la tenir avec avantage. Aussi leurs armées marchèrent de succès en succès. Maurice attaqua et prit la forteresse de Steenwyk, s'empara d'Ootmarsum et de Koeverden, et mit dans une déroute complète les Espagnols, commandés par le capitaine Verdugo.

Au mois de décembre 1592, le prince de Parme, — depuis longtemps malade du chagrin que lui avait causé la perte de la flotte de Medina, dont le désastre lui avait été attribué, parce qu'il n'avait pas tenu ouvert le port de Dunkerque pour y abriter les vaisseaux espagnols, — mourut à Arras. Le comte de Mansfeld, qui lui succéda, était infiniment plus soumis à l'influence des officiers espagnols que Farnèse ne l'avait été. Aussi c'était, à vrai dire, son conseil de guerre, plutôt que lui-même, qui tenait le commandement; et dans ce conseil dominaient surtout le comte de Fuentes et Estevan d'Ybarra. Mansfeld ne faisait guère que prêter son nom. Il en résulta que l'administration de ce seigneur eut un caractère bien plus sauvage que celle de son prédécesseur. On n'admit plus les villes ennemies à se racheter du pillage; on ne consentit plus à l'échange des prisonniers; même on ne voulut plus faire quartier. Les confédérés, de leur côté, exercèrent naturellement de rudes représailles : à l'exemple de leurs ennemis, ils dévastaient par le fer et par le feu les provinces où ils pouvaient pénétrer, et ils pendaient leurs prisonniers sans miséricorde. Cependant cet état de choses reçut quelque adoucissement, grâce aux plaintes de la noblesse et du clergé brabançons, qui avaient toujours, jusqu'alors, racheté leurs villages et leurs terres du pillage des deux parties belligérantes.

Déjà, dans le cours de l'an 1592, une partie des forces dont le roi Philippe II pouvait disposer dans les Pays-Bas avait fait plusieurs expéditions en France, en faveur de la Ligue. En 1593, ces expéditions se renouvelèrent. Pendant ce temps, Maurice ne resta pas inactif. Le 27 mars, il commença le siège de Gertruidenberg. Mansfeld accourut de France avec un corps de 15,000 hommes, pour dégager cette place; mais les confédérés la forcèrent à capituler le 24 juin. Sur ces entrefaites, les Espagnols investirent la ville de Drenthe, et se tinrent devant cette place pendant tout l'hiver suivant.

Cependant la tournure que les affaires en France avaient prise fit de nouveau sentir au roi Philippe l'importance des Pays-Bas. Aussi il en confia, vers la fin de l'an 1593, le gouvernement général à l'archiduc Ernest d'Autriche, qui remplaça le comte de Mansfeld. Cette mesure excita d'abord une vive inquiétude parmi les confédérés, qui craignaient qu'elle n'amenât des forces allemandes dans les Pays-Bas. Toutefois ces craintes n'étaient guère fondées, et elles ne se réalisèrent point. D'ailleurs, Ernest était un homme plus nul encore que Mansfeld et Fuentes dans les choses de la guerre. Il n'en avait pas la moindre intelligence, et il possédait aussi peu d'expérience que de bravoure. En un mot, Philippe n'aurait pu donner au prince Maurice un adversaire moins digne que l'archiduc. Le 30 janvier 1594, le nouveau gouverneur général fit son entrée solennelle à Bruxelles, avec une suite nombreuse de seigneurs, mais sans être accompagné d'aucun soldat allemand.

Maurice avait habilement mis à profit les inquiétudes que le choix de l'archiduc Ernest avait inspirées aux états, pour faire augmenter considérablement les subsides destinés à pousser la guerre. Dès le mois de février, il tenta de s'emparer par surprise de la ville de Bois-le-Duc, ensuite de la forteresse de Maestricht. Mais ces deux entreprises échouèrent. Irrité de n'avoir réussi ni dans l'une ni dans l'autre, il se transporta tout à coup en Frise, se joignit à son frère Guillaume-Louis, dégagea la ville de Koeverden, et parut le 22 mai devant Groningue, pour investir cette place. Ernest ne fit rien pour faire lever ce siége; et, à la vérité, il ne lui était guère possible de rien entreprendre, à cause des rébellions auxquelles se livraient à tout moment les troupes espagnoles, qu'on ne payait plus. Aussi Groningue ne tarda pas à tomber. Cette forteresse capitula le 22 juillet, et s'attacha à l'union d'Utrecht.

Les embarras de l'archiduc croissaient de jour en jour, et la guerre avait épuisé les dernières ressources des Pays-Bas espagnols. Il lui vint donc à l'idée d'offrir des conditions de paix aux états confédérés, et il leur écrivit, le 6 mai, des lettres à cet effet. Mais les états, dont la fortune favorisait si puissamment les armes, répondirent, avec la juste fierté que leur donnait la victoire, et dans la défiance de sa sincérité, qu'ils aimaient mieux se confier dans la Providence que dans des ennemis aussi déloyaux que les Espagnols. Cette disposition des esprits rendit vaines toutes les tentatives que l'archiduc mit en œuvre pour obtenir la paix, jusqu'au moment de sa mort, survenue le 20 février 1595.

Avant de rendre le dernier soupir, Ernest avait désigné, pour lui succéder, le comte de Fuentes. Mais ce seigneur céda bientôt le gouvernement général à l'archiduc Albert d'Autriche, que le roi désigna, au mois de janvier 1596, pour entreprendre cette tâche difficile. Ce prince arriva, accompagné de trois mille hommes de guerre italiens et espagnols; et l'amiral d'Aragon, don Francisco de Mendoza, remplaça dans le commandement de l'armée Fuentes, qui reprit le chemin de l'Espagne.

Albert, fils de l'empereur Maximilien II et de Marie d'Espagne, sœur du roi Philippe, avait été, depuis son enfance, destiné à l'Église. A l'âge de dix-huit ans, il avait reçu du pape Grégoire XIII le chapeau de cardinal, au titre de Sainte-Croix de Jérusalem. Mais Philippe II, qui l'avait appelé en Espagne avec ses deux frères Ernest et Wenceslas, ne voulut pas qu'il prît les ordres; car il se réservait de lui procurer un tout autre établissement. En 1578, après l'acquisition du royaume de Portugal, il plaça le jeune prince en qualité de vice-roi à Lisbonne, où il rendit les plus grands services, en combattant la faction soulevée par don Antonio, prieur de Crato, qui élevait des prétentions sur ce royaume. En 1594, Albert fut nommé coadjuteur de l'archevêché de Tolède. Bientôt après il obtint cette primatie, sans cependant avoir été ordonné prêtre. Mais le roi avait d'autres desseins sur son jeune parent: il le destinait pour époux à sa fille l'infante Isabelle, dont les Pays-Bas devaient être la dot. C'est pour lui en préparer la voie qu'il l'envoya d'abord en qualité de gouverneur général dans les provinces belges.

Albert fit son entrée à Bruxelles le 11 février 1596. Outre les trois mille hommes qu'il amenait, il apportait une somme de deux millions de ducats, destinée à pourvoir aux besoins de la guerre. En outre, pour se procurer un moyen d'accommodement avec les confédérés, il conduisait avec lui Philippe-Guillaume, comte de Buren, fils aîné du Taciturne, qui, pendant les premières persécutions du duc d'Albe, avait été enlevé à l'université de Louvain, où il étudiait, et conduit prisonnier en Espagne. Mais ni ces troupes, ni cet argent, ni ce prince, gage de réconciliation qu'il venait donner aux Provinces-Unies, ne l'amenèrent à ses fins. Car le roi, moins préoccupé de faire rentrer dans l'obéissance les Pays-Bas soulevés, que de seconder en France les efforts de la Ligue, avait, depuis longtemps, tourné toutes ses forces de ce côté. Il espérait que, la Ligue triomphant, il lui serait facile de dompter ses propres provinces.

L'archiduc fut forcé de suivre ce système indirect de conquête. Cependant il ne négligea point d'agir sur les confédérés par des moyens de conciliation. Il leur adressa des lettres pleines de bienveillance, et qui respiraient la loyauté et la franchise, leur promettant qu'il s'engageait à ramener au sein de leur patrie la paix, l'ordre et la prospérité. Mais les choses en étaient venues à une telle extrémité, que toutes ces promesses ne firent pas le moindre effet, et que les états se montrèrent aussi peu disposés à écouter ce langage qu'à se résoudre à la soumission.

C'est donc à la guerre seule qu'Albert put avoir recours. Il s'appliqua d'abord à lever un nombre considérable de troupes, et ses armes remportèrent en France des avantages importants : la ville de Calais fut prise, et réunie à la Flandre. Puis, se tournant brusquement vers les marches de la Zéelande, il emporta la ville de Hulst, mais non sans d'énormes sacrifices. Cet échec ne découragea point les confédérés, qui prirent une revanche signalée, en réunissant leur flotte à celle des Anglais, et en allant frapper les Espagnols sur leur propre sol. Ils s'emparèrent du port de Cadix, qu'ils livrèrent au pillage et à l'incendie.

Les Provinces-Unies s'étaient ainsi réveillées. Elles répondirent par un coup à chaque coup que l'archiduc leur portait.

Albert employa le reste de l'année à méditer une entreprise décisive. Dans les premiers jours du mois de janvier 1597, ses troupes se mirent tout à coup en mouvement. Un corps commandé par le comte de Varas, et composé de trois mille hommes d'infanterie et de cinq cents chevaux, s'avança du côté de Turnhout. On disait qu'il devait profiter du moment où les rivières et les canaux seraient pris par la glace, pour pénétrer en Hollande : mais le prince Maurice prévint les ennemis en rassemblant à la hâte et en secret, dans les environs de Bréda, une troupe de cinq mille hommes d'infanterie et de huit cents chevaux, et vint prendre position près de Turnhout. Varas, au lieu de se tenir enfermé dans cette ville, qui était munie d'excellentes fortifications, en sortit pour se replier sur Herenthals. Pendant sa retraite il fut accosté par les confédérés, et mis dans une déroute si complète, qu'il resta sur le champ de bataille avec plus de deux mille hommes. Cette sanglante défaite eut lieu le 24 janvier. Maurice mit à profit le découragement où elle avait jeté les Espagnols, pour aborder et enlever Turnhout.

Albert n'avait aucun moyen de s'opposer aux progrès des confédérés, toutes ses forces se trouvant absorbées par le siège d'Amiens, dont ses troupes s'étaient emparées par stratagème, et qu'Henri IV était venu investir en personne avec une armée formidable. Aussi, le prince Maurice se multiplia pour pousser la guerre avec vigueur. Il se transporta tout à coup sur le Rhin, emporta la ville de Rhynberg et la place de Meurs, se rendit maître de Groll et d'Oldenzeel, et termina cette campagne par la prise de Lingen, qui capitula le 12 novembre.

Cependant Philippe II, sentant sa fin approcher, avait entièrement perdu l'espoir de reconquérir les Pays-Bas. En effet, il voyait les Provinces-Unies lui opposer une résistance toujours plus énergique, et se développer, après chaque nouvelle campagne, en force et en puissance ; il les voyait, en outre, soutenues d'un côté par l'Angleterre, et de l'autre par Henri IV, dont le parti, en France, avait déjà presque entièrement dompté la Ligue. Il sentit que continuer la guerre contre tant et de si puissants ennemis, c'était s'exposer d'une manière presque certaine à perdre même les provinces qui lui étaient restées soumises ;

et d'ailleurs l'argent et toutes les autres ressources lui manquaient pour la conduire selon les nécessités du moment. Dans cet état de choses, Rome lui offrit de s'entremettre pour lui ménager la paix avec la France. Philippe accepta la médiation papale, et des conférences furent ouvertes à Vervins, où s'étaient rendus les plénipotentiaires d'Henri IV et ceux de l'archiduc Albert.

Les confédérés furent d'abord effrayés en entendant cette résolution ; mais quand ils apprirent que le roi Philippe avait fiancé sa fille Isabelle-Claire-Eugénie à l'archiduc Albert, et que cette princesse allait obtenir à titre de dot la Bourgogne et les Pays-Bas, leurs inquiétudes furent moins grandes. Cependant ils se hâtèrent d'envoyer des ambassades à Paris et à Londres, pour empêcher la conclusion de la paix entre la France et l'Espagne, qui semblait aussi devoir amener la paix entre l'Espagne et l'Angleterre. Mais, malgré leurs efforts, un traité fut signé à Vervins le 2 mai 1598, et la France rentra dans la possession de la ville de Calais, et de toutes les places dont les Espagnols s'étaient emparés dans la Champagne et dans la Picardie. Toutefois, bien que cet accommodement fût intervenu, Henri IV conserva son alliance avec les Provinces-Unies, auxquelles il continua à payer des subsides annuels pour pousser la guerre. Quant à l'Angleterre, elle ne s'était montrée qu'en apparence disposée à traiter avec l'Espagne ; et, lorsque les états se furent engagés à payer à la reine Élisabeth la somme de huit millions de florins, comme dette arriérée, et trois cent mille florins par an pendant toute la durée de la guerre, elle se décida à reprendre les armes : cet engagement fut signé le 16 août.

Dès le 6 mai, le roi Philippe avait abdiqué à Madrid en faveur de sa fille la souveraineté de la Bourgogne et des Pays-Bas, en stipulant toutefois le retour de ces provinces à la couronne d'Espagne, en cas que cette princesse vînt à mourir sans postérité. Deux jours après, le contrat de mariage de l'infante et d'Albert fut confirmé par l'impératrice, sœur de Philippe II, et par l'ambassadeur de l'empereur à la cour d'Espagne. Le 30 du même mois, Isabelle envoya à l'archiduc une procuration par laquelle elle l'autorisait « à prendre, accepter et retenir, au nom de l'infante, l'entière, réelle et pleine possession des Pays-Bas et comtés de Bourgogne et de Charolais, et de faire tout ce qu'elle pourrait faire elle-même, y étant en sa propre personne. » Le 15 août, Albert fut inauguré dans le palais, à Bruxelles.

§ II. JUSQU'A LA TRÊVE DE 1609.

Ici s'ouvre une période toute nouvelle pour les provinces de l'Union ; elles rencontreront désormais un ennemi plus direct dans le gouverneur général des Pays-Bas espagnols, qui en est maintenant le souverain. Avant d'aborder les événements qui vont se succéder dans cette phase nouvelle, il importe que nous jetions un coup d'œil sur l'organisation et sur l'administration des provinces affranchies du joug de l'Espagne.

D'abord, et en première ligne, se présente à nos yeux le conseil d'État, qui a subi en 1587 sa dernière modification, et qui continue à exister dans cette forme. Selon l'organisation qu'il avait reçue, les stathouders ou gouverneurs des différentes provinces avaient le droit d'y siéger, et étaient tenus de suivre les résolutions qu'il jugeait à propos de prendre. Depuis le départ de Leycester, il n'avait plus été nommé de gouverneur général, et les stathoudérats des provinces s'étaient réunis dans les mains des deux princes de Nassau. Maurice avait d'abord obtenu celui de la Hollande et de la Zéelande, et plus tard il avait acquis celui d'Utrecht, d'Over-Yssel, de Gueldre et de Zutphen, tandis que son frère Guillaume-Louis, après n'avoir primitivement possédé que celui de Frise, y avait joint celui de Groningue et des Ommelanden. Comme Maurice était en même temps capitaine général dans les provinces qui avaient le plus d'importance pour la guerre, et que les ordres du conseil d'État, au sujet des opérations à entreprendre, n'étaient exécutoires que lorsque le stathouder provincial et le capitaine général ou ses lieutenants les avaient approuvés, il arriva que presque toutes les forces de l'armée se trouvèrent sous la main de ce prince. Il est vrai que les états généraux lui adjoignirent des commissaires, à l'exemple des provéditeurs de Venise. Mais Maurice ayant toujours possédé, parmi les fonctionnaires qu'on attachait ainsi à sa personne, le brave et intelligent Oldenbarneveld, cette mesure, inspirée par la défiance, fut plutôt pour lui un moyen d'avancement qu'une entrave.

Leycester avait cherché à paralyser le pouvoir de Maurice comme amiral de Hollande, en établissant de nouvelles amirautés en Zéelande et en Flandre. Mais ce ne fut là encore qu'une nouvelle source de puissance pour ce prince; car le lieutenant d'Élisabeth eut à peine quitté les Pays-Bas, que l'on sentit le besoin de nommer un amiral suprême; et cette charge fut établie en 1589. Maurice fut nommé premier amiral. Six conseillers de Hollande, de Hollande et Frise, de Zéelande et de West-Frise, formaient avec l'amiral en chef le conseil de l'amirauté, qui se trouvait à la tête des affaires de la marine. Les provinces de Gueldre et d'Utrecht s'étaient réservé le droit de nommer également de leur côté des membres à ce conseil, quand elles le jugeraient convenable. Sous cette amirauté suprême étaient cinq autres amirautés, qui avaient leur siége à Rotterdam, à Amsterdam, à Hoorn, à Middelbourg et en Frise.

Toutes les autres lacunes que la suppression de la charge de gouverneur général avait laissées dans l'administration ou dans la législature, furent comblées par les états des provinces, qui s'arrogèrent naturellement ce droit, mais qui se virent par là même impliqués dans des difficultés de tout genre avec les stathouders provinciaux. De là une infinité de froissements et de collisions qui se manifestèrent d'une manière différente dans les diverses provinces, selon la direction que prenait l'esprit d'empiétement des états ou des stathouders. Une autre branche du pouvoir où ce même esprit put se donner libre carrière, fut celle des domaines ecclésiastiques et de l'organisation religieuse. Leycester s'en était longtemps servi à son avantage, et pour l'intérêt particulier de sa position. Enfin, on sentit le besoin de soumettre cette matière à un règlement normal, et l'on prit pour base un projet formulé déjà du vivant du Taciturne, mais que la mort inattendue de ce prince laissa inachevé. Grâce aux soins de Barneveld, ce règlement nouveau fut introduit dans les premiers mois de l'an 1591. Il établissait, dans la hiérarchie de l'Église protestante des Pays-Bas, trois degrés : les conseils ecclésiastiques locaux, qui se composaient de leurs pasteurs, de leurs diacres et de leurs anciens; les conseils ecclésiastiques de district, et en dernière instance le synode.

Comme, en réalité, le pouvoir suprême, dans les Pays-Bas, était retombé entre les mains des états des provinces, ou du moins qu'ils étaient redevenus le centre de presque toute l'autorité, il n'est guère étonnant qu'ils se soient, sous plus d'un rapport, arrogé l'exercice de la justice. La connaissance d'un grand nombre de crimes, à la répression desquels se rattachait un intérêt politique, était abandonnée par les états de Hollande à des commissions permanentes, qui expédiaient ces affaires rapidement et en dernier ressort. En beaucoup de cas, les états admettaient la compatibilité de la réunion de l'administration et de la juridiction dans les mêmes mains. Ainsi, par exemple, les magistrats des villes exerçaient le pouvoir judiciaire dans les affaires relatives aux impôts, et ils les jugeaient sans appel. Les commissions permanentes, déléguées par les états de Hollande, étaient, depuis 1590, divisées en deux sections, dont l'une pour la Nord-Hollande, l'autre pour la Sud-Hollande.

Les stathouders provinciaux étaient nommés par les états des provinces, mais ils ne recevaient formellement leur charge que des états généraux, et ils étaient tenus de prêter serment à l'un et à l'autre de ces corps.

Ainsi, à part les modifications devenues nécessaires par l'abolition de la charge de gouverneur général et souverain, tout était resté à peu près conforme à l'ancien état de choses dans les pays de l'Union, si ce n'est que le clergé catholique perdit partout son importance politique, et même disparut, pour ainsi dire, complétement, la plupart des provinces ayant embrassé le culte protestant.

A coup sûr, peu de corps souverains ont été plus singulièrement composés et formés d'éléments aussi peu homogènes, disons presque aussi hostiles, que le corps des états des Provinces-Unies. Il n'y avait qu'une seule chose qui lui donnât de l'unité et de l'ensemble : c'était l'impérieuse nécessité de la défense commune.

Quand l'archiduc Albert eut vu que toutes les tentatives qu'il put mettre en œuvre pour en venir à conclure la paix étaient devenues infructueuses, il résolut de reprendre la guerre, et d'y appliquer cette fois toutes les forces qu'il pourrait réunir. D'ailleurs, les mutineries que le défaut de paye avait fait éclater, à plusieurs reprises, parmi ses troupes, lui avaient fait comprendre la nécessité de chercher à occuper des soldats trop disposés à se livrer, pendant la suspension des hostilités, à tous les excès de l'indiscipline. Il assembla donc près de la Meuse son armée, renforcée de toutes les garnisons que la paix de Vervins avait laissées disponibles ; et il la plaça sous le commandement de l'amiral d'Aragon, Mendoza. Ensuite, après avoir remis au cardinal André d'Autriche l'administration civile des provinces, il partit, le 14 septembre 1598, pour aller prendre son épouse en Espagne, où Philippe II était mort le 13 du même mois, dans le palais de l'Escurial.

Pendant ce temps, Mendoza s'avança vers le bas Rhin, par les territoires neutres de Clèves et de Juliers. Il se trouvait à la tête de vingt mille fantassins et de deux mille chevaux. Cette expédition fut singulièrement laborieuse, tant à cause de l'indiscipline des troupes, qu'à cause des représailles auxquelles se livrèrent contre les Espagnols tous les petits États des bords du Rhin. Cependant elle faisait chaque jour des progrès nouveaux ; car Maurice n'avait à opposer à l'ennemi qu'une armée de six mille hommes de pied et quinze cents cavaliers. Mendoza assiégea et prit Rhynberg, enleva Wesel, et emporta Rees et Emmerich. Dans le but de s'opposer aux progrès des Espagnols, Maurice occupa aussitôt Zevenaar, Huissen et Lobith ; car ils s'avançaient vers l'Yssel, et il lui importait de leur barrer la route de Doesburg. Mais l'approche de l'hiver, et plus encore la famine, les forcèrent bientôt à la retraite ; et ils se replièrent sur la Westphalie, où ils établirent leurs quartiers d'hiver sur le territoire de l'empire d'Allemagne. Maurice les harcela pendant quelque temps, restitua Emmerich au pays de Clèves, dont il balaya le territoire autant qu'il lui fut possible.

Dans toute cette campagne le prince Maurice s'était tenu sur la défensive ; et il avait non-seulement la conviction, mais encore il fournit la preuve la plus éclatante que, pour un capitaine qui sait bien tirer parti de ses moyens, la défensive est la forme de guerre la plus favorable. Pendant longtemps il eut à disputer, avec une poignée de quatre mille hommes, l'île de Bommel à un ennemi qui ne comptait pas moins de quinze mille combattants, et qui poussait en masses serrées vers le Wahal. Plus tard, même après qu'il eut reçu des renforts de troupes levées en Allemagne, il évita toujours un engagement décisif ; car ce n'était pas là qu'il fallait frapper le grand coup à la puissance de l'archiduc.

De toutes les provinces belges, celle de Flandre offrait le plus de ressources : elle était par conséquent d'une haute importance pour les Espagnols; de plus, c'était de ce côté que la Zéelande était principalement menacée et inquiétée, le général Spinola tombant à chaque moment, du fond du port de l'Écluse, avec ses puissantes galères, sur les côtes zéelandaises, où les bâtiments de cette partie de l'Union souffraient souvent de grands dommages. Il importait de mettre un terme à ces courses incessantes. Aussi les états généraux amenèrent Maurice à transporter la guerre en Flandre. Après avoir réuni un corps assez considérable d'Anglais, d'Écossais et de huguenots venus de France, s'élevant ensemble à douze mille fantassins et trois mille cavaliers, il entra avec sa flotte dans l'Escaut, et s'empara du fort Philippine, sur les frontières de Flandre. Puis il traversa à marches forcées Eecloo et Maele; et, après avoir passé sous le canon de la ville de Bruges, il dégagea Ostende, que les Espagnols tenaient bloqué, et planta ses tentes devant Nieuport, tandis qu'une flotte hollandaise entrait dans le port d'Ostende avec des vivres, de l'artillerie, et les bagages de l'armée. C'était vers la fin du mois de juin 1600.

Depuis la fin du mois d'août de l'année précédente, l'archiduc Albert se trouvait de retour aux Pays-Bas, où il avait amené son épouse, l'infante Isabelle. La marche rapide et la manœuvre inopinée des confédérés lui avaient inspiré les inquiétudes les plus vives. Il était devenu manifeste pour lui que le prince Maurice avait l'intention de s'emparer de Nieuport et de Dunkerque, et de dominer ainsi la Flandre par ses ports de mer. Aussi il se hâta de mettre sur pied une armée de dix mille hommes d'infanterie et de seize cents chevaux, et se mit en marche avec tant de vitesse qu'il reprit Oudenbourg avant que Maurice en fût averti. La garnison qui occupait ce fort s'enfuit en désordre à Ostende, où elle porta l'alarme et annonça que l'armée de Maurice était coupée, Albert ayant pris position entre ce port et les confédérés. En effet, l'armée espagnole avait entièrement intercepté les communications du prince d'Orange avec sa flotte, qui était mouillée dans les eaux d'Ostende. Ainsi, toute retraite étant devenue impossible, Maurice ne pouvait se frayer un chemin qu'en passant sur le corps à l'archiduc. Il se hâta donc de prendre ses dispositions pour une bataille, devenue inévitable. Le 1er juillet, il se trouva littéralement cerné d'un côté par les dunes de la mer, de l'autre par l'ennemi, qui avait déjà enlevé quelques détachements chargés des vivres. Afin de ne pas être pris en flanc, et pour garder ses derrières libres, il s'enfonça plus avant dans les dunes, où il concentra ses forces dans une masse serrée et compacte. Le lendemain, un corps considérable, que le comte Ernest de Nassau lui amenait, fut taillé en pièces par les Espagnols, presque sous les yeux de l'armée principale. On crut Maurice perdu sans miséricorde. Lui, fut le seul à ne pas désespérer de sa position. Il fit ordonner à la flotte de lever l'ancre; et, après avoir dressé ses batteries et rangé son armée en bataille, il parcourut les rangs de son armée, et dit à ses troupes qu'il n'y avait plus de choix à faire : qu'il fallait vaincre, ou périr dans les flots. Il était trois heures de l'après-midi. Le combat s'engagea aussitôt par quelques escarmouches, et bientôt la bataille fut générale. Elle dura jusqu'au soir, et se termina par la défaite complète des Espagnols, qui laissèrent près de cinq mille hommes sur le terrain, outre cent cinq drapeaux et les prisonniers, parmi lesquels se trouvait l'amiral d'Aragon, Mendoza lui-même.

Cette victoire, si glorieuse pour les confédérés, répandit la consternation dans les provinces espagnoles. On craignait que Maurice, poursuivant le cours de ses succès, ne formât le siége de Nieuport et ne se fortifiât dans la Flandre. Mais ces craintes ne se réalisèrent point; car, avant la fin du mois de juillet, il s'était déjà embarqué pour la Hollande.

Cependant l'archiduc, ayant convoqué à Bruxelles les états généraux des provinces belges, leur fit connaître que, malgré le désir qu'il avait de faire la paix, il fallait, dans l'impossibilité où l'on était d'arriver à la conclure, se résoudre à continuer la guerre et à la pousser avec vigueur. Cette déclaration n'avait pour but que d'en venir à de nouvelles demandes d'argent, et elle conduisit naturellement les états des provinces catholiques à faire proposer de nouveau la paix à ceux des provinces de l'Union. Mais Oldenbarneveld leur répondit qu'aussi longtemps qu'il se trouverait des troupes espagnoles sur le territoire belge, on ne pourrait considérer l'archiduc comme le souverain indépendant de ce pays, ni conclure avec lui un traité sûr et durable. Des ouvertures faites dans le même sens par les Belges aux Anglais n'obtinrent pas un meilleur résultat. Ayant ainsi échoué dans cette double tentative, les provinces méridionales des Pays-Bas se décidèrent à fournir de nouveaux subsides à leur prince, pour l'aider à pousser la guerre avec l'énergie réclamée par les circonstances.

Pourvu des ressources nécessaires pour reprendre les hostilités, l'archiduc appliqua tous ses soins à la Flandre. Son but était de reprendre Ostende à tout prix ; car il sentait trop bien qu'aussi longtemps que les confédérés seraient maîtres de ce port, le pays n'aurait aucune sûreté de ce côté contre les invasions des Hollandais, qui pouvaient, à chaque instant, pénétrer par ce point au cœur des provinces les plus importantes.

Le mois de juillet 1601 était venu ; et Maurice, qui avait de nouveau transporté la guerre sur le Rhin, s'était rendu maître de Rhynberg. Le mois suivant, il avait investi la place de Meurs. Pendant ce temps, l'archiduc s'était brusquement porté devant Ostende, dont il avait commencé le siège. Mais la garnison se défendit si bravement, que Maurice eut tout le temps de menacer Bois-le-Duc vers la fin de la même année, et de prendre la ville de Grave au mois de septembre 1602. L'été de l'année suivante arriva avant qu'Ostende se trouvât réduit aux dernières extrémités, bien que le siège fût commandé par le marquis Ambroise Spinola, un des officiers les plus entendus de cette époque dans la science des fortifications. L'archiduc pressait ce siège de toutes ses forces ; mais l'année 1603 s'écoula tout entière sans que la ville se rendît. Cependant elle était serrée de si près, que les états confédérés sentirent la nécessité de jeter une armée sur les côtes de la Flandre, pour empêcher ce port important de tomber au pouvoir des Espagnols. Aussi, au mois d'avril 1604, le prince Maurice parut, avec un bon corps de troupes, dans l'île de Cadzand en Zéelande, enleva Yzendyk et investit Aardenbourg. Bientôt après il commença le siège de l'Écluse, qui se rendit le 20 août. Enfin, le 2 septembre, Ostende fut pris par l'archiduc. Mais cette perte, les confédérés l'avaient largement compensée par la possession de l'Écluse, dont le port offrait une importance infiniment plus grande. Albert reçut donc un grand échec, plutôt qu'il ne remporta un avantage.

Mais, de leur côté, les états de l'Union avaient perdu une puissante alliée, l'Angleterre, depuis la conclusion de la paix entre ce royaume et l'Espagne, sous Jacques Ier, qui avait succédé en 1603 à la reine Élisabeth.

Tout le reste de l'année 1604, depuis la prise d'Ostende, on l'employa de part et d'autre à faire des préparatifs pour la campagne suivante. Le prince Maurice n'entreprit rien avant le printemps de l'an 1605. Alors il tenta de surprendre la ville d'Anvers, mais il fut repoussé avec une perte considérable.

Quand l'armée espagnole se fut refaite des sacrifices énormes que le siège d'Ostende lui avait coûté, Spinola songea à exécuter le projet qu'il méditait depuis longtemps, de pénétrer dans la Frise. Il laissa donc dans la Flandre un corps destiné à tenir tête à Maurice, qui avait pris position dans le pays de Waes; puis il se porta brusquement, avec une armée de dix-huit mille combattants, sur le Rhin, et s'avança dans l'Over-Yssel, où il s'empara de la place d'Oldenzeel. Maître de cette ville, il rentra en Westphalie, et emporta Lingen après huit jours de siége.

Aussitôt que Maurice eut appris que cette forteresse était menacée, il remit le commandement de la Flandre à un de ses capitaines, et se mit à la poursuite de Spinola. Mais il arriva trop tard pour l'empêcher de s'emparer de Lingen. Les deux armées se trouvèrent bientôt en présence, et le prince d'Orange essuya près de Muhlheim une défaite qui le força de se retirer avec des pertes assez considérables. Presque en même temps Wachtendonck tomba entre les mains des Espagnols, pendant que l'archiduc tentait vainement de surprendre Bergop-Zoom.

Sur ces entrefaites l'automne arriva, et la mauvaise saison força les deux armées à prendre leurs quartiers d'hiver. Les états des Provinces-Unies mirent à profit ce temps de repos pour prendre leurs mesures pour la campagne prochaine, résolus cependant à se tenir sur la défensive.

L'année 1606 arriva, et la guerre se rouvrit. Spinola divisa son armée en deux corps; il remit l'un, composé de onze mille hommes, au commandement du comte de Bucquoi, et il garda sous ses ordres l'autre, composé de treize mille combattants. Il comptait pouvoir entrer avec ce dernier dans la Frise par le territoire de Drenthe. Mais les pluies continuelles ayant rendu le sol entièrement impraticable, il fut forcé d'abandonner son projet. D'ailleurs Maurice occupait avec ses troupes les bords de l'Yssel, et avait jeté de bonnes garnisons dans les places de Deventer, de Zutphen et de Doesburg. Cependant il avait négligé Lochem, dont Spinola se rendit maître. En même temps Bucquoi essayait de pénétrer dans le Betuwe; mais le prince d'Orange, qui s'était fortifié sur l'Yssel et sur le Wahal, lui barra le passage. Alors Spinola voulut essayer une pointe sur Zwolle. Cette tentative ne réussit pas mieux que celle de Bucquoi, et le capitaine espagnol se contenta, pour cette campagne, de la prise de Grol et de Rhynberg.

Cette année avait complétement épuisé les ressources de l'archiduc; de sorte qu'il songea plus sérieusement que jamais à entamer des négociations avec les Provinces-Unies. D'ailleurs, de nouvelles mutineries avaient éclaté à plusieurs reprises parmi les troupes espagnoles, et les rebelles étaient entrés en arrangement avec les états confédérés. D'un autre côté, le développement prodigieux qu'avait pris la puissance maritime des provinces de Hollande et de Zéélande menaçait incessamment d'une ruine complète le commerce espagnol et portugais. Le roi Philippe III devait donc également désirer la paix.

Dans ces circonstances impérieuses, il fut fait des ouvertures, au nom de l'archiduc et d'Isabelle, d'abord au comte Guillaume-Louis de Nassau et à l'avocat des états, Oldenbarneveld; ensuite aux états généraux des provinces eux-mêmes. Ces ouvertures eurent pour premier résultat de rendre plus vive la mésintelligence qui régnait entre Maurice et Barneveld. Le premier insistait fortement pour que la guerre fût continuée; le second inclinait vers la paix pour plusieurs motifs : d'abord, parce qu'il voyait à regret le prince habituer de plus en plus l'armée à ne voir que dans lui seul le chef de l'État, et qu'il le soupçonnait de viser à l'autorité suprême; ensuite, parce que toutes les provinces, excepté la Hollande et la Zéélande, étaient fatiguées d'une lutte aussi longue, qui les épuisait de plus en plus. Aussi, ce ne fut qu'avec beaucoup de peine que Barneveld parvint à amener Maurice à consentir à des négociations. Les bases posées par les archiducs étaient : « qu'ils témoignaient le désir de traiter avec les états généraux des Provinces-Unies, comme les tenant pour pays, provinces et États libres, sur lesquels Leurs

Altesses n'avaient rien à prétendre, pour une paix perpétuelle, ou pour une trêve de douze, de quinze ou de vingt ans, au choix des états ; à condition que, si l'on venait à conclure l'une ou l'autre, chacun demeurerait en possession de ce qu'il tenait, à moins que par accommodement on vînt à faire l'échange de quelque ville ou place par consentement mutuel. »

Le négociateur des archiducs était le P. Neyen, provincial des franciscains. Il obtint, le 12 avril 1607, une sorte d'armistice qui, à dater du 4 mai suivant, devait se prolonger pendant huit mois. Cependant cette suspension d'armes, conclue seulement entre les provinces belges et hollandaises, n'empêcha point la guerre maritime de suivre son cours; et elle laissa précisément aux états leur liberté d'action là où ils étaient les plus forts. Une flotte hollandaise, composée de vingt-six bâtiments, et placée sous les ordres de l'amiral Van Heemskerk, était partie du port de Texel, et mouillait dans les eaux de Lisbonne. Elle reçut tout à coup l'ordre d'attaquer les Espagnols dans la baie de Gibraltar, où elle les battit à outrance. Cet événement faillit un instant rompre les négociations. Mais les états, se rendant enfin aux instances des archiducs, et d'une ambassade que leur envoya le roi de France Henri IV, consentirent à rappeler leur flotte.

La cour d'Espagne avait ratifié l'armistice le 30 juin, mais dans des termes vagues et généraux, et sans la clause essentielle de l'indépendance des Provinces-Unies ; de sorte que les états demandèrent, avant de vouloir entrer dans des pourparlers ultérieurs, une déclaration nouvelle, qui fut en effet signée à Madrid le 18 septembre. Alors seulement commencèrent les négociations réelles à la Haye. Elles traînèrent singulièrement en longueur, les états ayant demandé, comme préliminaires du traité, un acte solennel de leur indépendance, et une renonciation expresse, dans la forme la plus étendue, à toute espèce de droits et de prétentions sur les Provinces-Unies, tant au nom du roi qu'au nom des archiducs et de leurs successeurs, avec l'obligation d'abandonner les armes, titres et marques quelconques de leur ancienne souveraineté de ces provinces. Les députés des archiducs réclamaient, de leur côté, que les Provinces renoncassent à la navigation et au commerce des Indes. Il était impossible qu'on s'entendit au sujet de ces prétentions réciproques; on s'obstina donc de part et d'autre. Aussi, par une résolution du 23 août 1608, les états généraux déclarèrent qu'ils rompaient toute espèce de négociation.

Les choses en étaient à ce point, quand le roi de France et celui d'Angleterre chargèrent leurs ambassadeurs de proposer un traité de longue trêve. Enfin ce terme moyen fut adopté, et, le 9 avril 1609, on signa une trêve de douze ans, dont les deux rois se portèrent garants, et dont les principales stipulations sont que « les archiducs déclarent, tant en leur nom qu'au nom du roi d'Espagne, qu'ils sont contents de traiter avec les seigneurs états généraux des Provinces-Unies, comme les tenant pour pays, provinces et États libres, sur lesquels ils n'ont rien à prétendre; que la trêve sera bonne, ferme et inviolable pour le terme de douze années, et sera une cessation d'actes d'hostilités, de quelque sorte qu'ils puissent être, entre les susdits roi, archiducs et états, tant par terre que par mer, en tous leurs royaumes, provinces, pays et seigneuries, sans exception de places ou de personnes; qu'un chacun retiendra les provinces, villes, places, pays et seigneuries qu'il possède présentement, en comprenant les places, bourgs et villages qui en dépendent; que les sujets et habitants des susdits seigneurs, roi, archiducs et états tiendront toute bonne correspondance et amitié, sans se souvenir des offenses et dommages qu'ils ont soufferts; et pourront venir et demeurer au pays les uns des autres, pour y faire leur commerce en assurance, tant par mer que par terre, seulement dans les royaumes, provinces, pays et seigneuries que le susdit roi possède en Europe ; que les sujets et habitants des pays des états auront la même assurance et liberté dans les pays du roi et des archiducs, laquelle a été accordée aux sujets du roi de la Grande-Bretagne, dans le dernier traité de paix, et dans les secrets articles conclus avec le connétable de Castille ; que les sentences prononcées entre personnes de divers partis, sans avoir été défendues, en matière civile ou criminelle, ne pourront être exécutées ni contre les personnes condamnées, ni contre leurs biens, pendant la trêve ; que ceux dont les biens ont été arrêtés ou confisqués à cause de la guerre, leurs héritiers ou ceux qui y ont droit, jouiront de ces biens durant la susdite trêve, et en prendront possession de leur propre autorité, en vertu du présent traité, à condition néanmoins qu'ils ne pourront en disposer, ni les charger ou amoindrir, durant le temps de cette jouissance ; que la même stipulation s'applique aux héritiers du prince d'Orange ; que les membres de la maison de Nassau ne pourront être poursuivis ni molestés en leurs personnes ou biens durant ladite trêve, à cause des dettes du prince d'Orange contractées depuis l'an 1567 jusqu'à sa mort ; que les sujets et habitants des pays des archiducs et des états, de quelque qualité ou condition qu'ils soient, sont déclarés capables de succéder les uns aux autres tant par testament qu'autrement, selon les coutumes du lieu ; enfin, que tous les prisonniers de guerre seront relâchés de part et d'autre sans rançon. »

Tel est le contenu de cet acte célèbre, le premier qui, depuis l'origine de cette guerre si longue, consacrât la reconnaissance de la souveraineté des Provinces-Unies, non pas encore d'une manière diplomatique et absolue, mais au moins d'une manière indirecte.

Ce document ferme la première phase de la révolution des Pays-Bas. Maintenant que ce grand déchirement s'est opéré entre les provinces dont ils se composaient, nous allons voir comment les Provinces-Unies s'élevèrent au degré presque fabuleux de puissance et de grandeur où le dix-septième siècle les vit placées.

LIVRE X.

HISTOIRE DES PROVINCES-UNIES JUSQU'EN 1785.

CHAPITRE PREMIER.

LES PROVINCES-UNIES JUSQU'A L'EXTINCTION DE LA DESCENDANCE DE GUILLAUME I D'ORANGE EN 1702.

§ I. JUSQU'A LA MORT DU PRINCE MAURICE, EN 1625.

Avant de continuer le récit des événements politiques, il importe que nous jetions un coup d'œil sur le développement prodigieux que la marine hollandaise avait pris dans le cours des dernières années.

Bien que la guerre entre l'Espagne et les Pays-Bas n'eût pas eu de relâche, les rapports commerciaux entre les deux pays n'avaient pas été interrompus. Mais enfin Philippe II résolut de les faire cesser tout à coup, et, par cette mesure, il anéantit toute communication entre la deuxième station du commerce du monde en Europe, c'est-à-dire entre les Pays-Bas, ou, pour mieux dire, la place d'Anvers et Lisbonne, dont le port servait de premier entrepôt aux navires qui trafiquaient avec le Levant ou avec les Indes. Les relations que le commerce hollandais avait établies avec la Russie, et qui transformèrent un simple couvent en cette ville aujourd'hui si considérable qu'on nomme Archangel, ne purent compenser en aucune manière, si avantageuses qu'elles fussent, la perte qu'on éprouvait en se trouvant privé du Portugal. Force fut donc aux bâtiments des Provinces-Unies d'essayer de se passer de la station de Lisbonne, et de pousser jusqu'aux Indes, en s'avançant jusqu'à la source elle-même de ce grand commerce d'Orient. Quelques marins hollandais, qui avaient déjà navigué dans ces parages sur des galions portugais, s'offrirent à tenter cette voie nouvelle. Oldenbarneveld et plusieurs hommes influents favorisèrent ce plan de toutes leurs forces. On vint d'abord à l'idée de chercher un passage au nord-est, pour atteindre les Indes orientales. Deux routes furent explorées : l'une par le nord de la Nouvelle-Zemble, l'autre au sud, par le détroit de Waigat. Aucune des deux ne fournit le passage désiré. Alors on se résigna à prendre la route ordinaire. En 1595, les quatre premiers vaisseaux hollandais doublèrent le cap de Bonne-Espérance, et atteignirent l'île de Java, après une navigation d'une année et un quart. Ils revinrent heureusement dans la mère-patrie en 1597. Cette tentative ayant réussi, d'autres expéditions se firent, plus nombreuses, chaque année ; de sorte que les relations s'établirent rapidement avec ces pays lointains.

Le succès que ce commerce obtenait dans les Indes ne tarda pas à exciter l'attention du roi d'Espagne Philippe III, qui envoya, en 1601, une flotte commandée par Hurtado de Mendoza, pour anéantir les vaisseaux hollandais dans ces parages. Mais l'amiral espagnol subit une rude défaite dans le voisinage de Bantam ; et les capitaines des Provinces-Unies conclurent des traités avec le roi de Ternate et des îles Moluques, avec le roi de Ceylan, avec la reine de Patna sur la côte de Cochinchine, avec le roi d'Achem dans l'île de Sumatra, et avec un grand nombre de princes et de chefs des îles et des pays d'Orient. Enfin, partout ils formèrent des établissements et des comptoirs, et fondèrent les bases de ce système colonial qui rendit la république des Provinces-Unies une des plus puissantes qui aient étonné le monde moderne.

Mais, jusqu'alors le commerce des Indes n'avait été exploré que par de petites sociétés isolées. Les résultats obtenus firent bientôt sentir la nécessité de former une vaste association qui pût exploiter, sur une échelle plus étendue et avec plus d'unité, cette riche et abondante source de prospérité. Barneveld, dont le nom se trouve à la tête de toutes les grandes choses et de toutes les grandes idées qui se formulèrent à cette époque dans les Pays-Bas, conseilla la réunion de toutes ces petites sociétés, et l'établissement de la compagnie des Indes orientales, qui obtint, pour la durée de vingt et un ans, le privilége exclusif de naviguer au levant du cap de Bonne-Espérance et par le détroit de Magellan, de conclure des traités et des alliances, et de faire la guerre au nom des états généraux.

Le principal résultat de cette compagnie fut le développement et la consolidation du commerce des Indes orientales. Elle établit des rapports avec le roi de Djohor, à Malacca, avec le Zamorin de Calicut et le roi de Bisnagar; elle fit la conquête d'Amboine, où elle fonda une colonie; elle bâtit une forteresse à Ternate, et éleva de solides retranchements dans plusieurs des îles Moluques. Tels furent à peu près ses travaux jusqu'à la conclusion de la trêve signée en 1609.

Mais si le commerce étendu et florissant que la Hollande et la Zéelande s'étaient créé, et la bravoure inébranlable dont les Provinces-Unies avaient fait preuve, leur avaient procuré l'estime et l'admiration de l'Europe, et fait naître partout le désir de se mettre en bonne intelligence et de nouer des relations commerciales avec la nouvelle république, aucune des cours de l'Europe ne la traitait cependant encore autrement que comme une simple puissance de fait. La république de Venise et le roi Charles IX de Suède étaient, de toutes les puissances civilisées, celles qui professaient le plus d'estime pour les Provinces-Unies. Enfin, le Grand Sultan négocia et conclut avec elles un traité de commerce en 1611, et cet exemple fut suivi bientôt après par l'empereur de Maroc.

La paix momentanée de 1609 eut pour la maison d'Orange-Nassau un résultat particulier. Après l'arrangement des difficultés qui avaient longtemps divisé la France et l'Espagne, Philippe-Guillaume de Buren, fils aîné du Taciturne, était rentré en possession de la principauté paternelle d'Orange; et, depuis peu, il était venu à Bréda, pour faire valoir également ses droits héréditaires sur les biens de sa famille situés dans les Pays-Bas. Ce qui servit beaucoup ses intérêts, ce fut de s'attacher à la politique d'Oldenbarneveld, dont l'assistance contribua à faciliter le partage de la riche succession de Guillaume le Taciturne entre ses fils.

Pendant ce temps, les Pays-Bas, malgré la politique pacifique introduite par l'influence de Barneveld, virent tout à coup naître sur leurs frontières une nouvelle cause de guerre. Peu de jours avant la signature de la trêve conclue entre les Provinces-Unies et l'Espagne, Jean-Guillaume, duc de Juliers, de Berg et de Clèves, vint à mourir. La longue folie de ce prince avait depuis longtemps établi une lutte acharnée entre sa sœur et sa femme, qui toutes deux se disputaient l'administration du duché. D'un autre côté, les grands du pays s'étaient peu à peu habitués à n'avoir plus d'autre maître qu'eux-mêmes. Ces circonstances ne pouvaient manquer d'amener, après la mort du duc, une guerre de succession.

Les états généraux devaient nécessairement désirer de voir à la tête du duché un prince protestant et puissant. Dans ce but, ils soutinrent un des parents de Jean-Guillaume, l'électeur Jean-Sigismond de Brandebourg. L'Autriche avait un intérêt tout opposé, et devait naturellement appuyer un prince catholique. Dès le 31 mai 1609, l'électeur de Brandebourg s'était arrangé avec le comte palatin Philippe-Louis de Neubourg, héritier le plus proche du duc de Juliers, pour la nomination d'un administrateur intérimaire du duché. Dans ces entrefaites, un grand nombre de prétendants s'étant mis sur les rangs, l'empereur trouva des motifs suffisants pour mettre le duché en séquestre, sous la garde et l'administration de l'archiduc Léopold. Cette mesure donna l'éveil au parti catholique dans les pays contestés : il prit les armes, et se rendit maître de la ville et du château de Juliers au nom de l'archiduc. Une lutte éclata aussitôt entre les hommes du séquestre, et les gens du comte palatin et de l'électeur de Brandebourg. Ceux-ci parvinrent à resserrer leurs ennemis dans la ville de Juliers, et commencèrent le siège de cette place; mais ils firent des efforts inutiles pour s'en emparer. Dans cet état de choses, les états généraux résolurent d'envoyer une armée au secours des assiégeants. Le 16 juillet, le prince Maurice parut devant la ville : un mois plus tard, un corps français, promis par Henri IV, joignit les Hollandais, et la forteresse se rendit le 2 décembre. Ce succès obtenu, les deux armées auxiliaires rentrèrent dans leurs frontières. Toutefois les états généraux n'atteignirent point le but qu'ils s'étaient proposé; car la division ne tarda pas à se mettre entre Sigismond de Brandebourg et le jeune comte palatin Wolgang-Guillaume. Le premier passa au calvinisme, et s'attacha plus étroitement aux Hollandais; le second embrassa la religion romaine, et s'assura ainsi de l'appui des catholiques; de manière que la lutte, cette fois, s'engagea entre ces deux princes. L'un y fut secondé par les Provinces-Unies; l'autre, par l'archevêque de Cologne et par les archiducs Albert et Isabelle. Après une guerre désastreuse, on en vint à un arrangement, en vertu duquel George-Guillaume, fils de l'électeur de Brandebourg, obtint le pays de Clèves, de la Marck, de Ravensberg et de Ravenstein, outre quelques possessions situées en Flandre et en Brabant, tandis que le comte palatin fut investi du duché de Juliers et de Berg. Mais les archiducs refusèrent de souscrire à cet accord aussi longtemps que le roi d'Espagne ne l'aurait pas approuvé. Les choses restèrent donc pendant quelque temps dans le *statu quo*. Les états généraux se maintinrent en possession de la forteresse de Juliers, et l'électeur de Brandebourg occupa en 1615, outre les parties du territoire de Clèves qu'il tenait déjà, les terres du comté de la Marck, pendant que les Hollandais mirent en son nom la main sur la seigneurie de Ravensberg. Les archiducs se bornèrent à l'occupation de la place de Wesel; et un accommodement, conclu à Dortmund, vint enfin régler l'administration en commun des territoires contestés, au nom de l'électeur et du comte palatin.

Pendant ce temps, la marine des Provinces-Unies avait fait de nouveaux progrès. De nouveaux voyages de découverte avaient été entrepris dans la direction du nord-ouest, dans le but de chercher une route directe vers la Chine; et Henri Hudson, marin anglais au service des Pays-Bas, avait découvert d'abord la rivière de Hudson, dont les rives, pourvues de colonies hollandaises, devinrent plus tard le berceau de la population actuelle des États-Unis de l'Amérique septentrionale; ensuite, la baie à laquelle il donna son nom. Dans les Indes orientales, les établissements des Provinces-Unies s'étaient consolidés de plus en plus, particulièrement dans les îles Moluques. En 1610, on avait installé dans ces parages le premier gouverneur général des Indes hollandaises, qui avait pris sa résidence à Bantam. Un bâtiment néerlandais, poussé par les hasards de la mer sur les côtes du Japon, avait entamé d'importantes relations commerciales avec cet empire; et en 1609 le premier navire hollandais était arrivé à Firando, près de Nangasaki, l'une des cinq villes impériales de l'île de Ximo.

Une des conséquences nécessaires du développement toujours croissant du commerce extérieur, et du nombre également croissant de la population en Hollande et en Zéelande, fut une augmentation considérable de la valeur territoriale dans ces provinces. Déjà, dès le commencement des troubles, on avait commencé à dessécher une partie des eaux intérieures, et on s'était appliqué à conquérir sur la mer des lignes de terres littorales. Ces luttes avec l'Océan furent des travaux aussi pénibles et aussi glorieux que ceux de cette guerre si longue et si épique que les Provinces-Unies soutinrent contre le colosse du seizième siècle, l'Espagne.

Mais si la puissance hollandaise grandissait ainsi, au dedans et au dehors, d'une manière si merveilleuse, il s'était développé, au cœur des Provinces, un élément de division qui ne tarda pas à amener de fatals déchirements intérieurs : c'était l'élément religieux. Cette dissension funeste fut allumée par deux théologiens, professeurs de l'université de Leyden, Arminius et Gomar. Le premier professait, au sujet de la prédestination et de la grâce, une doctrine à laquelle on reprochait avec raison une teinte de pélagianisme, mais qui rallia tous les esprits éclairés des Provinces-Unies ; le second, debout sur le rigorisme de Calvin, entraîna de son côté la grande masse du bas peuple, et réclamait à grands cris la proscription de son adversaire. Le pays ne tarda pas à se voir partagé en deux camps, et la querelle s'envenimait de plus en plus. Le prince Maurice contribua surtout à l'aigrir, en excitant les gomaristes et en leur donnant son appui. Or, Barneveld, qui depuis longtemps surveillait avec la plus grande défiance toutes les démarches du prince, crut démêler, dans ces manœuvres, un but d'ambition. Maurice, soit que Barneveld eût calomnié ses intentions, soit qu'il les eût dévoilées, jura la perte du vénérable vieillard. Barneveld était du parti d'Arminius. Le prince le représenta à la fanatique populace comme un monstre d'impiété. Puis, convoquant le synode de Dordrecht, il fit condamner la doctrine d'Arminius par les gomaristes furieux.

Trois mois avant que le synode s'assemblât, Maurice avait fait arrêter Barneveld, sans aucun ordre des états généraux. Les états de Hollande avaient vainement protesté contre cet acte arbitraire. Le prince courut dans les villes qui avaient eu le courage de condamner sa conduite, et partout, à la tête de ses troupes, il agit en maître absolu, cassant les magistrats, et les remplaçant par des créatures de son choix. En vain la cour de France intervint-elle en faveur du prisonnier : ses efforts furent neutralisés par l'influence du cabinet de Londres, qui nourrissait un esprit hostile à Barneveld.

La décision prise par le synode de Dordrecht mit le grand pensionnaire dans un péril imminent. Dans le cours du mois de février 1619, un tribunal, composé en grande partie de ses ennemis, fut appelé à le juger, pendant que le parti de ses adversaires inondait le pays de pamphlets, dans lesquels on l'accusait d'avoir agi dans l'intérêt des Espagnols, et trahi la cause des Provinces. Le 13 mai, il fut condamné à mourir par le glaive. Il refusa courageusement de s'humilier devant le prince en implorant sa grâce, et il tomba en héros.

Sur ces entrefaites, la trêve conclue entre les états généraux et les archiducs Albert et Isabelle tira vers sa fin. Les douze années d'armistice, commencées en 1609, devaient expirer en 1621. L'explosion de la guerre de trente ans en Allemagne, qui eut lieu en 1618, peut être regardée comme un événement des plus heureux pour les Provinces-Unies, au milieu des déchirements domestiques que nous venons d'y signaler. Dans cette grande guerre, sur laquelle protestants et catholiques fondaient les uns et les autres de vastes espérances, l'Espagne et les archiducs voyaient déjà d'avance le triomphe des armées impériales. Aussi, la trêve étant expirée, ils envoyèrent aux états généraux le chancelier de Brabant, pour les sommer de se soumettre. La réponse qui fut faite à ce messager fut digne de la république déjà si puissante que les Provinces-Unies avaient réussi à fonder ; car elle renfermait un refus formel de reconnaître l'autorité de l'Espagne ou des archiducs, et la résolution bien décidée de maintenir l'indépendance du pays. La guerre recommença donc aussitôt, c'est-à-dire le 31 août 1621, la trêve ayant été prolongée de quelques mois seulement. Pendant cet intervalle, Philippe III d'Espagne était mort le 31 mars, et l'archiduc Albert l'avait suivi dans la tombe le 13 juillet. Au premier avait succédé Philippe IV ; et, par la mort d'Albert, le nouveau roi était rentré en possession des Pays-Bas, que l'infante Isabelle continua de régir comme gouvernante générale, avec toutes les prérogatives dont elle avait joui comme souveraine de ces provinces.

Au moment où les hostilités recommencèrent, les Espagnols tenaient encore les places de Wesel, Grol, Oldenzeel et Lingen. Mais ce ne fut pas sur le Rhin d'abord qu'ils voulurent porter les premiers coups : leur but était de s'emparer de l'Écluse, et de pénétrer ensuite dans la Betuwe. Cependant des pluies continuelles les empêchèrent d'avancer dans leurs opérations. Spinola porta alors toutes ses forces contre la ville de Juliers, qu'il réduisit le 22 janvier 1622. De là il marcha sur Berg-op-Zoom, qu'il était sur le point d'enlever, et qu'il eût pris le 2 octobre, si le prince Maurice et le comte de Mansfeld ne fussent accourus avec une armée de seize mille hommes, pour dégager cette place.

Si la lutte avait été reprise sous des auspices peu favorables pour les Provinces-Unies, les haines allumées au cœur du pays continuaient à porter leurs fruits amers, et les dissensions à diviser les esprits et les cœurs. Au mois de janvier 1623, les deux fils de Barneveld, pour venger leur père, formèrent un complot contre la vie de Maurice. Leur trame ayant été découverte, l'aîné fut pris, et condamné à mort. Sa mère étant allée demander au prince la grâce de son fils :
— Je m'étonne, dit-il, que vous fassiez pour votre fils ce que vous avez refusé de faire pour votre mari.

— Je n'ai pas demandé grâce pour mon mari, parce qu'il était innocent, répondit la digne épouse de Barneveld ; mais je la demande pour mon fils, parce qu'il est coupable.

Comme ce complot avait de grandes ramifications, et que la plupart de ceux qui l'avaient formé appartenaient aux doctrines d'Arminius, de nouvelles persécutions furent dirigées contre ce parti. Maurice en fut tellement absorbé, qu'il dut négliger les soins de la guerre pour s'occuper de ses propres intérêts, que les circonstances venaient si singulièrement seconder.

Spinola eût pu profiter de ces divisions intérieures, s'il avait possédé des ressources suffisantes pour pousser la guerre avec toute l'énergie nécessaire. Ce ne fut qu'au mois de février 1624, après que de fortes gelées eurent facilité le passage des rivières et des marais, que les Espagnols purent pénétrer dans le Betuwe et dans le pays de Groningue, dont ils s'emparèrent. Pendant qu'une partie de ses troupes était occupée de ces conquêtes, Spinola investit tout à coup la ville de Bréda, et se rendit maître de cette importante forteresse. Ces revers mirent la république à deux doigts de sa perte ; et Maurice en conçut un si vif chagrin, de la perte de Bréda surtout, qu'il mourut le 23 avril 1625, inconsolable de n'avoir pu faire lever le siége de cette ville.

§ II. STATHOUDÉRAT DU PRINCE FRÉDÉRIC-HENRI, JUSQU'EN 1647.

Maurice eut pour successeur son frère Frédéric-Henri, que les états généraux investirent aussitôt du titre de capitaine et d'amiral général, et que les états de Hollande nommèrent leur stathouder. Quelques jours après, ceux de Zéelande, de Gueldre, d'Utrecht et d'Over-Yssel suivirent l'exemple des états de Hollande. Ceux de Groningue se rattachèrent à la Frise, et choisirent pour leur stathouder Ernest-Casimir, frère du prince Guillaume-Louis.

Frédéric-Henri se vit à peine revêtu de presque tout le pouvoir que Maurice avait possédé, que la situation de la république devînt plus critique encore. L'Angleterre s'était, il est vrai, détachée du parti espagnol et rapprochée des Provinces-Unies, auxquelles elle avait permis de lever sur son territoire un corps de six mille hommes. Mais l'amitié de la France vint tout à coup montrer des exigences au-dessus des ressources de la république : elle força, en quelque sorte, les états généraux à mettre à la disposition de Louis XIII, ou plutôt de Richelieu, une flotte dont il se servit contre les huguenots, qui se défendaient dans les murs de la Rochelle depuis le mois de juillet 1625. Le mécontentement que ne pouvait manquer d'exciter parmi le peuple l'envoi de cette flotte, remua profondément tous les esprits. On vit partout avec un déplaisir extrême ce secours donné à un prince catholique, pour combattre des sujets dont on partageait la foi religieuse. Les ministres, du haut des chaires, se prononçaient ouvertement contre cet usage impie qui se faisait des forces de l'État, et ils redoublaient l'animosité générale : de sorte qu'au commencement de l'an 1626 les états généraux se virent forcés de rappeler les navires envoyés à la Rochelle, et de détacher ainsi le cabinet français des intérêts des Provinces-Unies.

D'un autre côté, l'Angleterre, qu'un coup de tête de Buckingham, le favori du roi, avait brusquement fait rompre avec l'Espagne, était une alliée sur laquelle il était difficile de compter. Depuis longtemps le commerce des Indes avait donné lieu à des collisions fatales avec ce pays, jaloux des établissements florissants que la république avait formés dans ces contrées lointaines. L'Angleterre d'alors était l'Angleterre d'aujourd'hui.

C'est au milieu de ces circonstances que se passa la campagne de 1626. Elle ne fut signalée que par des revers, et les désastres qui affligèrent les protestants d'Allemagne n'étaient pas faits pour ramener la confiance de l'avenir dans les Provinces-Unies. D'ailleurs, les divisions religieuses continuaient à y semer le désordre. Les arminiens, enhardis par la douceur avec laquelle le prince Frédéric-Henri exécutait les mesures rigoureuses adoptées contre eux par le grand synode de Dordrecht, avaient recommencé à se réunir publiquement, et à donner lieu à des troubles dans plusieurs villes. Aussi, les synodes des provinces poussèrent à l'adoption de moyens énergiques pour refréner leurs adversaires ; et le prince osa d'autant moins s'opposer à ces exigences, qu'il avait besoin de ce parti rigide, qui occupait presque toutes les fonctions publiques, pour obtenir de lui les subsides nécessaires à la guerre. En effet, dans le cours de l'été 1627, il put investir la forteresse de Grol, que Spinola avait munie d'une bonne garnison. Il la força, le 19 août, à capituler.

Les hostilités restèrent suspendues durant toute l'année suivante ; car les provinces espagnoles des Pays-Bas, toujours retranchées dans le principe qui avait déjà une fois causé leur soulèvement contre l'Espagne, refusèrent de payer les taxes extraordinaires qu'il eût fallu pour activer la guerre. Il paraît cependant que les Provinces-Unies, de leur côté, ne trouvèrent pas des ressources beaucoup plus abondantes ; car elles n'entreprirent rien ou presque rien sur terre. Mais, en revanche, la compagnie des Indes occidentales avait équipé une flotte de trente et un navires, sous le commandement de l'amiral Pierre Hein, pour enlever la *flotte d'argent* que les Espagnols amenaient en Europe. Les Hollandais la rencontrèrent dans la baie de Matanzas, et la prirent : elle était composée de vingt voiles, et portait douze millions de florins, qui devinrent la proie de la compagnie.

Après une perte aussi importante, l'archiduchesse Isabelle ne pouvait guère compter sur des secours du côté de l'Espagne, et moins encore songer à reprendre l'offensive en 1629 : car, outre qu'elle se trouvait privée de toute ressource, le marquis de Spinola venait de partir pour Madrid, et les affaires en Allemagne allaient au plus mal pour l'Empire. Dans cet état de choses, le prince Frédéric-Henri résolut d'attaquer la ville de Bois-le-Duc. Ce siége fut un des plus mémorables de toute cette longue guerre. Ni les efforts de l'archiduchesse, ni la bravoure du commandant de la place, ni la diversion qu'essaya d'opérer le général autrichien Montecuculli, qui pénétra jusqu'à Amersfoort, rien ne put sauver cette place. Frédéric-Henri la réduisit à capituler le 14 septembre. Avant la prise de cette forteresse, un autre corps de troupes hollandaises, après s'être emparé de Wesel, qui était la base d'opérations des Autrichiens dans le Veluwe, avait forcé Montecuculli à la retraite.

La république avait aussi repris la forteresse de Zantvliet, que les Espagnols avaient élevée entre l'Escaut et Berg-op-Zoom, et elle poursuivait le cours de ses conquêtes. L'archiduchesse, dans la détresse où elle se voyait réduite, sentit plus que jamais le besoin qu'elle avait de Spinola, dont la présence seule eût pu rétablir la balance des affaires. Mais ce seigneur, rappelé à la cour d'Espagne, y répondait devant le roi à une série d'accusations dont l'envie l'avait rendu victime.

Sur ces entrefaites, la paix avait été signée, le 15 novembre 1630, entre l'Espagne et l'Angleterre, et Charles Ier avait fait d'inutiles efforts pour y faire comprendre les Provinces-Unies. Mais si elles perdaient ainsi l'alliance anglaise, elles avaient retrouvé, le 17 juin de la même année, l'alliance française, et conclu un traité avec Louis XIII. D'ailleurs, toutes les attentions étaient tournées du côté de l'Allemagne, et tous les yeux fixés sur les progrès que Gustave-Adolphe ne cessait d'y faire.

Frédéric-Henri eut ainsi beau jeu. Il s'empara de Ruremonde, de Venlo et de Straelen, et acheva de se rendre maître de la Meuse, en enlevant la place de Maestricht le 22 août 1632. Ces revers jetèrent l'archiduchesse dans un tel découragement, qu'elle ne se sentit plus la force de continuer la guerre. Elle convoqua donc les états généraux de ses provinces, et parvint à faire charger le duc d'Arschot de faire au prince d'Orange des propositions de paix. Les états généraux des Provinces-Unies accueillirent ces ouvertures; mais, s'il faut en croire quelques historiens, dans le but caché de former une république ou une fédération qui eût compris toutes les provinces des Pays-Bas que Charles-Quint avait tenues sous son sceptre. Toutefois les négociations n'amenèrent aucun résultat, et la campagne de 1633 s'ouvrit sans qu'on fût parvenu à s'entendre sur quoi que ce fût. Aussi bien il y avait trop de difficultés à vaincre, non-seulement du côté de l'Espagne, mais encore du côté de la France; car Richelieu ne pouvait se résoudre à voir plus longtemps ce royaume serré des deux côtés par la puissance espagnole. A l'intérieur même, les états généraux voyaient se manifester la plus vive opposition à tout accommodement avec l'archiduchesse, tant à cause de la religion, que parce que la compagnie des Indes occidentales, après la prise d'Olinda, espérait de la continuation de la guerre la conquête du Brésil tout entier.

Les hostilités furent donc reprises, et Frédéric-Henri s'empara de la place de Rhynberg. Il n'était plus question de songer à la paix; et bientôt la mort de l'archiduchesse Isabelle, survenue le 2 décembre 1633, vint détruire toutes les espérances que le commencement des pourparlers avait fait concevoir; car cet événement faisait rentrer les provinces belges sous l'autorité immédiate de Philippe IV.

Déjà en 1631 le roi avait prévu le cas du retour de ces provinces à l'Espagne, et nommé, pour les administrer, aux fonctions de gouverneur général, son frère le cardinal infant Ferdinand, archevêque de Tolède. Or, au moment où Isabelle mourut, il fallait, dans l'absence du gouverneur, pourvoir à une administration provisoire du pays : ce qui fut fait par une commission composée de six ministres, à la tête desquels se trouvait le marquis d'Aytona, conseiller d'Etat et commandant de l'armée. Le 4 novembre 1634, le cardinal Ferdinand entra à Bruxelles, et prit les rênes du gouvernement.

Pendant ce temps, la guerre n'avait rien amené de nouveau dans les Provinces-Unies. Seulement, le 15 avril, une alliance plus étroite avait été signée avec la France, malgré l'opposition des villes d'Amsterdam et de Dordrecht. Par ce traité, les deux puissances s'étaient engagées à n'entamer aucune négociation avec l'Espagne dans les huit mois, et à ne rien conclure dans les douze mois qui suivraient le 1er mai. Les douze mois écoulés, les états généraux ne pouvaient signer aucune paix ni aucune trêve sans l'accession de la France. Enfin, le roi de France avait pris l'engagement de fournir aux états une somme annuelle de deux millions de florins, comme subside de guerre, pendant toute la durée du traité; et, en outre, une somme de trois cent mille florins, ou un régiment de cavalerie et un régiment d'infanterie, à son choix. Le 8 février, on signa un second traité par lequel le roi et les états prenaient sous leur protection et admettaient dans leur alliance les pays, les villes, les princes et les seigneurs qui passeraient de leur côté, et dans lequel ils stipulèrent, en outre, que si ces pays n'étaient pas capables de se défendre eux-mêmes contre les Espagnols, toutes les places situées sur le littoral de la Flandre, jusqu'à Blankenberg inclusivement, sur une largeur de côtes de deux lieues, resteraient au roi, avec les villes de Diedenhoven, de Namur et d'Ostende; tandis que les états obtiendraient les places de Damme et de Hulst, de même que le pays de Waes, et les forteresses de Bréda, de Gelder et de Stevenswaard.

Au mois de juin, le roi de France envoya à Bruxelles déclarer la guerre aux Espagnols, après avoir lancé dans les provinces belges une armée de quarante mille hommes, sous les ordres des maréchaux de Châtillon et de Brézé,

qui pénétrèrent dans le pays de Liége, où ils se réunirent, à Meersen près de Maestricht, à l'armée de Frédéric-Henri, pour agir contre l'ennemi commun. On enleva sans peine Arschot et Diest; mais malheureusement la première ville brabançonne qu'on attaqua de vive force, Tirlemont, opposa une si vive résistance, qu'il fut impossible de la sauver du massacre et du pillage, quand elle tomba entre les mains des alliés. Les Brabançons en furent vivement irrités; et les Français, au lieu d'approuver le plan proposé par le prince d'Orange, de se porter rapidement sur Bruxelles, ayant insisté pour faire d'abord le siége de Louvain, tous les fruits des premiers succès furent perdus par cette faute; car Piccolomini accourut aussitôt d'Allemagne avec un corps d'Impériaux, et força les alliés de lever le siége de Louvain, et de se replier sur Ruremonde. En ce moment le cardinal infant résolut de prendre l'offensive. Il s'empara par trahison du fort de Schenk, sur le bas Rhin, que Frédéric-Henri ne lui arracha qu'à grand'peine l'année suivante, pendant que les Espagnols entraient dans la Picardie, pour former le siége de Corbie.

Dans le cours de 1636 la guerre se ralentit complétement dans les Provinces-Unies. Mais la compagnie des Indes occidentales, qui avait pris à sa solde tout ce que l'Europe possédait à cette époque de plus hardis aventuriers, poursuivait ses conquêtes dans le Brésil, et s'emparait des capitaineries de Fernambouc, de Paraïba et de Rio-Grande. Ses armes ne triomphaient pas moins sur les côtes d'Afrique, où elle prit Saint-Georges del Mina, lieu fort important pour le commerce des esclaves. Cependant ces succès ne rachetèrent point l'atteinte que l'alliance avec la France avait reçue dans la malheureuse campagne de 1635, et dont les Français et les Hollandais se faisaient mutuellement le reproche. Cependant l'intérêt des deux puissances ne tarda pas à les rapprocher. Les Espagnols avaient, d'un côté, pénétré dans la Picardie, et pris la capitale de cette province, ainsi que le Câtelet et Corbie, et, de l'autre, enlevé la place de Venlo et celle de Ruremonde.

La campagne de 1637, qui avait été signalée par une partie de ces désastres, avait vu le prince Frédéric-Henri échouer dans une entreprise sur Dunkerque, mais réparer aussitôt cet échec par la prise de Bréda, dont la possession était d'une haute importance stratégique pour les Provinces-Unies. Cependant un nouveau revers ne tarda pas à affliger les états généraux. Leur armée fit une tentative sur Anvers; mais elle fut si complétement battue, qu'elle laissa plus de deux mille hommes sur les digues de Calloo. L'année suivante, leurs alliés, les Français, furent écrasés par Piccolomini près de Thionville, après avoir remporté quelques avantages sur leurs frontières. Toutefois les Provinces ne se découragèrent point, et un événement inattendu vint bientôt relever leurs espérances. La Catalogne s'était révoltée, et le Portugal avait secoué le joug de l'Espagne. C'en était assez pour qu'on reprît avec énergie les armes en France et en Hollande. Les Français reconquirent successivement toutes les places que l'ennemi leur avait enlevées, et s'emparèrent d'Arras, malgré ce vieil adage usité dans le pays :

Quand les Français prendront Arras,
Les souris mangeront les chats.

Les Provinces-Unies tentèrent, de leur côté, une entreprise sur Guelder, mais sans réussir à emporter cette place. Leurs succès maritimes avaient été infiniment plus heureux. Martin Tromp, amiral de la flotte des états, après avoir, à plusieurs reprises, remporté des succès partiels sur les Espagnols, avait rencontré, le 21 octobre 1639, une grande flotte, commandée par don Antonio de Oquendo, et l'avait dispersée, après l'avoir battue à outrance. La marche prise par la guerre de trente ans dans le cours de la même année, en Allemagne, avait produit un autre avantage pour les Provinces-Unies : c'est qu'elles furent reconnues de plus en plus par les cours de l'Europe, qu'elles prirent rang après les royaumes et après la république de Venise, mais avant les électorats, et que les états généraux furent qualifiés de hauts et puissants seigneurs.

Les affaires en étaient à ce point, quand, le cardinal infant étant mort le 9 novembre 1641, le roi Philippe IV d'Espagne investit son fils naturel, don Juan d'Autriche, du gouvernement général des Pays-Bas. Mais ce prince ayant différé pendant douze ans de se rendre en Belgique, l'administration y fut confiée au marquis de Castel Rodrigo. Pendant ce temps, Richelieu mourut en 1642, et Louis XIII le suivit dans la tombe en 1643. Tous ces événements rendirent plus désirable que jamais cette paix que tout le monde appelait de ses vœux, et que chaque parti reculait toujours. Enfin, vers le milieu de l'an 1643, les conférences de Munster et d'Osnabruck s'ouvrirent. Mais chacune des parties belligérantes voulut mettre à profit le temps qui restait encore aux conférences, avant de se formuler en un traité définitif, pour se ménager par quelques succès éclatants des conditions plus favorables. En 1644 et en 1645, les Français pénétrèrent fort avant dans la Flandre. Frédéric-Henri profita du moment où les troupes espagnoles étaient occupées contre la France, pour s'emparer de Sas-de-Gand. Il essaya sur Anvers deux tentatives également infructueuses, mais il parvint à se rendre maître de la forteresse de Hulst. Il expira le 14 mars 1647, sans avoir vu la conclusion du congrès de Munster, et eut pour successeur son fils unique Guillaume.

§ III. STATHOUDÉRAT DU PRINCE GUILLAUME II, JUSQU'AU MOIS DE NOVEMBRE 1650.

Le jeune prince d'Orange avait l'esprit ardemment porté vers la guerre; mais les négociations pour la paix se continuaient en Westphalie avec une célérité qui ne lui laissa pas le temps de prendre les armes.

Depuis 1647, les hostilités cessèrent entièrement dans les Pays-Bas; et, dès la fin de l'année précédente, tous les articles principaux d'un arrangement avaient été arrêtés entre l'Espagne et les états généraux. Il ne manquait plus, pour les convertir en un acte formel, que l'accord de l'Espagne et de la France, les Provinces-Unies ne pouvant, selon les traités existants, conclure, sans le consentement de cette dernière, aucune paix séparée avec les Espagnols. Cette circonstance fit retarder jusques au 30 janvier 1648 la signature de la paix. Enfin, elle fut signée le même jour par le comte de Penarranda et Antoine Brun du côté de l'Espagne, et par sept d'entre les huit plénipotentiaires hollandais, bien que la France différât toujours de faire connaître sa résolution.

Cet acte célèbre, qui vint clore une guerre dont la durée avait été de quatre-vingts ans, portait, dans ses articles relatifs aux Provinces-Unies, les stipulations suivantes : « Que le roi d'Espagne reconnaissait les états généraux des Pays-Bas-Unis pour libres et souverains, sur lesquels ni lui ni ses successeurs n'auraient jamais aucune prétention; que les sujets et habitants des pays respectifs pourront fréquenter, séjourner et commercer dans les pays l'un de l'autre, tant par mer et par eau que par terre; que la navigation et le trafic des Indes orientales et occidentales seraient maintenus en conformité des octrois relatifs à cet objet; que les Espagnols borneraient leur navigation aux Indes orientales, comme aussi les Hollandais s'abstiendraient de fréquenter les places des Espagnols dans les mêmes contrées; que, quant aux Indes occidentales, les sujets et habitants des dominations respectives s'abstiendraient de naviguer dans les lieux garnis de forts, loges ou châteaux possédés par l'autre parti; que la fréquentation et le commerce entre les sujets respectifs ne pourraient être empêchés; que l'Escaut serait tenu fermé du côté des états; que les sujets et habitants des pays respectifs, allant dans les pays l'un de l'autre, se comporteraient à l'égard de la religion en toute modestie, sans donner aucun scandale de parole ou de fait, et sans proférer aucun blasphème; que les églises, collèges, etc., de l'obéissance du roi, rentreraient dans la jouissance de leurs biens situés dans la domination des Provinces-Unies; et, enfin, qu'on ne pourrait construire aucun nouveau fort dans les Pays-Bas ni de l'un ni de l'autre côté, ni creuser aucun nouveau canal ou fossé, par lesquels on pourrait repousser l'une ou l'autre partie. »

La France fut excessivement mécontente de cette paix, qui néanmoins fut bientôt après ratifiée par toutes les provinces de l'Union, à l'exception de celles d'Utrecht et de Zéelande, qui n'osèrent d'abord y adhérer, de peur de déplaire au cabinet français. Cependant la province d'Utrecht ne tarda pas à la signer aussi, quand on lui eut fait comprendre que les négociateurs français avaient arbitrairement voulu arrêter la conclusion des différends. La Zéelande, ne pouvant seule continuer les hostilités contre l'Espagne, ratifia à son tour l'acte de Munster.

La paix de Westphalie avait non-seulement assuré, sous le rapport politique, l'existence de la république des Provinces-Unies, mais encore elle l'avait posée comme un des membres les plus importants du système politique de l'Europe. Maintenant ce petit État, composé d'un lambeau de terre et de quelques îles qu'il fallait, par une lutte constante contre l'Océan, disputer sans cesse aux flots, allait devenir une des puissances les plus redoutées du continent, et la plus redoutée qu'il y eût sur les mers, dans le cours du dix-septième siècle. Il allait offrir à l'Europe le spectacle le plus prodigieux de la force et de la richesse, lancer ses flottes vers tous les points de la terre, faire dominer son nom sous toutes les zones, battre l'Angleterre, et fatiguer le puissant colosse que Louis XIV avait fait de la France.

Le traité de Munster avait ôté l'appui des Hollandais à la France ; mais ce royaume n'en continua pas moins, avec plus de vigueur que jamais, sa guerre contre l'Espagne, tandis que, de son côté, la compagnie hollandaise des Indes occidentales continuait, dans le Brésil, sa lutte avec les Portugais.

Cependant une difficulté d'une autre nature éclata bientôt dans les Provinces elles-mêmes. Depuis que la paix avait été conclue avec l'Espagne, une vive mésintelligence s'était élevée entre le prince d'Orange et les états généraux d'une part, et les états de Hollande de l'autre : les premiers étaient d'avis qu'il fallait maintenir sur pied le plus grand nombre possible de troupes de terre, tandis que les seconds voulaient que l'on en congédiât la plus grande partie. Ceux-là se fondaient sur la quantité prodigieuse de forteresses, où il importait de maintenir des garnisons : ceux-ci alléguaient les charges considérables qui pesaient déjà sur le pays, et qu'il était urgent de diminuer. Mais, grâce à des concessions mutuelles, on arriva enfin à réduire toutes les difficultés à la question de savoir s'il fallait conserver ou licencier vingt-neuf compagnies de fantassins étrangers que la province de Hollande avait à sa charge, et que les états de cette province renvoyèrent enfin, de leur propre chef, dans le cours du mois de mai 1650, quand ils eurent vu que les négociations ne produisaient aucun résultat. Irrités de cette mesure, les états généraux rappelèrent à ces troupes le serment qu'elles leur avaient prêté, leur ordonnèrent de rester sous les armes, et conférèrent le 5 juin, avec le consentement des provinces de Zéelande, de Frise, d'Over-Yssel et de Groningue, au prince d'Orange la mission de prendre les mesures nécessaires pour le maintien de l'ordre et du repos public, et pour empêcher qu'il n'y pût rien être fait de contraire. Investi de ce mandat, le prince se mit alors à parcourir toutes les villes de Hollande, à la tête d'une députation, afin de les engager à revenir sur la décision adoptée par leurs états. Cette mesure cependant n'amena aucun résultat ; car un événement tout particulier était venu redoubler l'animosité des états de Hollande. L'amiral De Witt, après avoir conduit au Brésil une flotte, était revenu en Europe sans en avoir reçu la permission du conseil de la compagnie des Indes occidentales ; et le prince d'Orange l'avait fait jeter en prison, comme prévenu d'insubordination. Les états de Hollande déclinèrent la juridiction des états généraux, et demandèrent que l'accusé fût cité devant son juge légal, l'amirauté de la Meuse. Le prince fut forcé d'y consentir. Ainsi allait triompher l'opinion émise par Barneveld, que la souveraineté ne résidait point dans les états généraux, mais qu'elle appartenait historiquement et légitimement aux états des provinces, quand tout à coup Guillaume II recourut à une mesure arbitraire. Le 30 juillet, il fit saisir et conduire prisonniers à Loevenstein six membres des états de Hollande, et donna à Frédéric de Nassau, stathouder de Frise, l'ordre de surprendre et d'occuper militairement Amsterdam, qui était le siége principal de l'opposition. Mais le bonheur voulut que la ville se mît à temps en état de défense ; de sorte que Frédéric de Nassau ne put exécuter les ordres qu'il avait reçus. Guillaume II, irrité de voir son projet échouer, accourut aussitôt lui-même de la Haye ; mais il ne réussit pas davantage, les gens d'Amsterdam ayant commencé à mettre sous l'eau les abords de la ville. Force lui fut donc d'accepter la médiation que lui offrirent les états généraux ; et il retira ses troupes, après qu'Amsterdam, pour ne pas se voir exposé à un blocus, eut consenti au maintien des troupes étrangères, et à exclure à perpétuité du magistrat les frères Bikker, qui s'étaient montrés le plus opposés aux projets du prince.

Dès ce moment il fut reconnu que le droit de renvoyer les troupes ou de les tenir sous les drapeaux appartenait aux états généraux; et le prince d'Orange songea à recommencer la guerre avec la France contre les Pays-Bas espagnols, et à s'emparer du port d'Anvers, probablement dans le but de se venger d'Amsterdam. Mais il tomba subitement malade, et mourut le 6 novembre 1650, âgé de vingt-cinq ans à peine. Il était mort depuis huit jours, quand sa veuve mit au monde un fils, qui reçut le nom de Guillaume-Henri.

§ IV. VACANCE DU STATHOUDÉRAT JUSQU'EN 1674.

La mort du prince Guillaume II anéantit d'un seul coup tous les succès que le parti opposé à la souveraineté des états des provinces avait obtenus; car il ne se trouvait personne que l'on pût revêtir de la dignité de stathouder général. Excepté la Frise et Groningue, qui se déclarèrent pour Guillaume-Frédéric de Nassau, stathouder de Frise, aucune des cinq autres provinces ne voulait de ce prince. Elles voulaient beaucoup moins encore d'un homme qui n'eût pas été du sang des Nassau. Puis d'ailleurs les tendances arbitraires que le dernier stathouder général avait montrées dans sa conduite avaient excité de grandes craintes dans l'esprit de tous ceux qui étaient attachés à l'institution républicaine. Voyant l'occasion favorable, les états de Hollande résolurent de donner à la république une forme nouvelle. Avant même que Guillaume-Henri fût né, c'est-à-dire le 12 novembre 1650, ils proposèrent une assemblée générale de toutes les provinces, afin d'ordonner ce que les circonstances commandaient. La Zéelande abolit le titre et la dignité de *premier noble*, dont les princes d'Orange avaient été investis jusqu'alors. Partout les états provinciaux s'emparèrent de la collation des charges militaires, et de toute l'autorité que les stathouders généraux avaient exercée. Et enfin les villes se choisirent librement leurs magistrats, sans s'inquiéter d'aucune influence supérieure à elles-mêmes.

L'assemblée générale des états provinciaux du pays, provoquée par les états de Hollande, s'ouvrit le 18 janvier 1651. L'Union d'Utrecht accordait au stathouder général le droit de décider dans certains différends entre les provinces. La Frise et Groningue se fondèrent principalement sur ce point, pour démontrer la nécessité d'un stathouder général, afin de parvenir ainsi à faire nommer le leur. Mais les autres provinces persistèrent dans leur résolution de ne plus vouloir un dignitaire de cette nature, qui effarouchait leur souveraineté; et elles émirent l'avis que les difficultés prévues par l'Union d'Utrecht pourraient facilement s'aplanir par d'autres moyens. On abolit aussi la dignité de capitaine général, et, après de longues discussions élevées à ce sujet, l'armée fut placée directement sous l'autorité des états généraux. Toutefois les états provinciaux se réservèrent, relativement à l'emploi et au déplacement des troupes dans leurs provinces respectives, des droits importants; et même on admit que les troupes devaient aussi leur prêter serment. Mais on ne se borna pas à stipuler ces mesures gouvernementales: on se vit aussi forcé d'en arrêter contre les catholiques, parce que le prince d'Orange, au moment où il se trouvait en querelle avec la Hollande au sujet du licenciement des troupes, avait fait circuler parmi le peuple le bruit que les états étaient d'une grande tiédeur en matière religieuse. Les décisions du synode de Dordrecht furent donc complétement confirmées. Enfin, les résolutions adoptées par les états généraux l'année précédente, pour favoriser les intentions du prince d'Orange contre la Hollande, furent annulées; et l'entreprise tentée contre Amsterdam par Guillaume II fut déclarée un acte attentatoire à la liberté et à la souveraineté de la province. Cette assemblée fut solennellement close le 21 août.

Au dehors, la mésintelligence qui était survenue en 1648 entre les Provinces-Unies et la France au sujet du traité de Westphalie, et de la signature donnée à cet acte par les plénipotentiaires hollandais sans égard pour le cabinet de Paris, continuait à régner entre ces deux puissances. Les corsaires français enlevaient les bâtiments de commerce des Provinces, qui faisaient route pour l'Espagne. Les produits des fabriques hollandaises étaient prohibés en France; et, par contre, l'ambassadeur français était traité à la Haye avec si peu d'égards, qu'on pourrait presque dire que c'était du mépris.

Depuis la mort de Guillaume II, les Provinces-Unies se trouvaient dans les meilleurs termes avec la nouvelle république d'Angleterre. Au mois de mars 1651, deux ambassadeurs du parlement arrivèrent à la Haye, et proposèrent une union si intime entre les deux pays, que non-seulement les Hollandais devaient épouser toute l'animosité du parlement contre la famille des Stuarts, mais encore que cette alliance devait pouvoir être considérée, en Angleterre, comme le premier pas d'une union politique complète des deux républiques. Le 30 juin 1651, ces messagers prirent congé des états généraux, sans avoir atteint le but de leur mission; et les principes d'une inimitié réelle avec l'Angleterre commencèrent à se manifester. Le mécontentement auquel donna lieu la résistance opposée aux plans du parlement produisit en grande partie l'acte de navigation du 9 octobre, qui apporta tant de dommages au commerce de la Hollande et de la Zélande avec le royaume britannique, et qui anéantit complétement le riche trafic que la pêche hollandaise faisait avec les Anglais. Une ambassade extraordinaire envoyée en Angleterre ne parvint ni à faire rapporter ni à faire adoucir la rigueur de cet acte. Aussi l'irritation ne tarda pas à devenir telle, que, le 29 mai 1652, l'amiral anglais Robert Blake avec cinquante navires, et le lieutenant amiral hollandais Martin Tromp avec quarante-deux bâtiments, s'étant rencontrés dans les eaux de Douvres, en vinrent aux mains pour la simple formalité d'un salut, et se livrèrent un véritable combat naval. Les ambassadeurs hollandais en Angleterre furent insultés par le peuple, aussitôt que la nouvelle de cet engagement se fut répandue : on n'accepta rien de ce qu'ils purent dire pour la justification de l'amiral hollandais; et quand ils partirent de Londres, le 10 juillet, la guerre était décidée.

Cependant Tromp n'avait pas été regardé par les états généraux comme entièrement à l'abri du soupçon d'avoir amené le combat près de Douvres, par haine contre les Anglais. On le dépouilla donc du commandement suprême de la flotte des Provinces-Unies, et il fut remplacé par Corneliszoon De Witt. Une seconde flotte fut placée sous les ordres de Michel Adriaanszoon de Ruyter, qui battit, le 26 août, l'amiral anglais Ascue près de Plymouth, et se joignit à De Witt. Les deux flottes réunies attaquèrent de nouveau, le 8 octobre, les amiraux Blake et Ascue près des côtes de Flandre. Pendant le reste de cette année, et pendant toute l'année suivante, il ne se passa pas de mois sans que les navires des deux républiques se heurtassent sur la mer. Le vice-amiral Tromp fut tué dans une de ces sanglantes rencontres, le 10 août 1653, à la hauteur de Scheveningue.

Si de glorieux combats s'étaient livrés pendant ce temps, à plus d'une reprise aussi de grands revers avaient affligé la marine des Provinces-Unies. Mais, plus encore que les batailles perdues, les pertes essuyées par le commerce devenaient chaque jour plus sensibles; car les corsaires anglais infestaient presque toutes les eaux de la mer du Nord, barraient le passage de la Manche, empêchaient la pêche de la baleine, et portaient des coups funestes aux relations avec la Baltique. Amsterdam, selon quelques historiens, en souffrait tellement, qu'il s'y trouva bientôt quinze cents à deux mille maisons vides. Aussi le désir de faire la paix devenait chaque jour plus général; les ressources d'ailleurs s'épuisaient, et ne permettaient plus de continuer la guerre.

Cromwell, qui, dans ces entrefaites,

s'était rendu maître de toute l'autorité en Angleterre, ne désirait pas moins vivement conclure la paix avec les Provinces-Unies. Mais, cette fois encore, les Hollandais repoussèrent la proposition d'une union complète des deux républiques. Ils eurent l'adresse de traîner les négociations en longueur, et s'appliquèrent surtout à couvrir la faiblesse momentanée où la dernière campagne maritime venait de les mettre, en formant des alliances avec d'autres puissances. Ils firent craindre de nouveau à Cromwell un rapprochement plus intime de la France, et conclurent avec le Danemark un traité par lequel ce royaume s'engageait à défendre le Sund à tous les navires anglais, et à tenir en mer, depuis le 11 avril jusqu'au 11 novembre, vingt vaisseaux de guerre, pour exécuter cet engagement.

Les retards continuels apportés aux négociations avec l'Angleterre, et les détails qui avaient transpiré sur les propositions qui en faisaient l'objet, produisirent bientôt un certain mécontentement parmi la population des provinces de Hollande et de Zéelande, dont le commerce d'ailleurs se trouvait dans un incroyable état de souffrance. Le peuple était toujours singulièrement porté pour la famille d'Orange, et il commença à soupçonner des idées de trahison dans les chefs de la république, opposés aux princes de cette maison. Dès l'an 1652 il y avait eu en Hollande des mouvements, où s'était manifesté le vœu populaire de voir le jeune prince d'Orange appelé à la dignité de stathouder général. Les ministres protestants parlaient en faveur de Guillaume-Henri du haut de leurs chaires ; et enfin les états de Zéelande prirent l'initiative, en proposant que le jeune prince fût nommé capitaine et amiral général des forces de terre et de mer de la république, et que le comte Guillaume de Nassau, stathouder de Frise, fût appelé à l'administration provisoire du pays. La ville de Haarlem en Hollande se prononça dans le même sens. Bientôt on ne vit flotter partout que des rubans et des drapeaux oranges ; et le parti qui tenait les rênes du gouvernement ne tarda pas à se trouver dans la position la plus difficile.

En ce moment critique le jeune pensionnaire de Hollande, Jean De Witt, déploya la plus grande énergie, et se conduisit avec la plus haute intelligence. Il obtint le retrait de la proposition émise par la ville de Haarlem, étouffa heureusement les tumultes suscités en Hollande, provoqua dans l'assemblée des états de cette province une protestation énergique contre la résolution des Zéelandais, et triompha de tous les obstacles. Il fallait nécessairement qu'on eût obtenu ce point, pour que l'on pût songer à conclure enfin la paix avec l'Angleterre ; car Cromwell exigeait que les états généraux et les états provinciaux des Pays-Bas s'engageassent à ne pas nommer à la dignité de capitaine, d'amiral ou de stathouder général, le prince d'Orange, si étroitement uni à la maison de Stuart par le mariage de Guillaume II avec Marie d'Angleterre, fille du roi Charles I. Cette exigence, à l'exécution de laquelle la dignité des états généraux ne pouvait se soumettre, fut modifiée plus tard, Cromwell s'étant contenté d'une simple promesse des états de Hollande, que De Witt obtint sans peine. Ce résultat atteint malgré les protestations de la Frise et de la Zéelande, la paix fut enfin conclue le 15 avril 1654.

Dès ce moment, le commerce des Provinces-Unies recommença à fleurir avec un nouvel éclat ; et, grâce à ce retour de prospérité, les dissensions populaires ne tardèrent pas à se calmer.

Pendant que ces débats intérieurs s'étaient élevés, les échecs reçus par la compagnie des Indes occidentales, dans ses entreprises contre le Brésil, avaient été largement réparés dans les Indes orientales. En 1651, elle avait colonisé le cap de Bonne-Espérance. En 1656, elle s'empara de Ceylan, qui était l'établissement principal des Portugais dans l'Orient. En

1657, elle prit Tutocorin; et, l'année suivante, elle conquit Jaffanapatnam, Négapatnam, et l'île des Perles, Manaar.

Toutes ces expéditions n'avaient été faites qu'au nom des compagnies, sans que la république elle-même se considérât comme étant en guerre avec le Portugal. Toutefois elle se montra disposée d'entrer en accommodement avec ce royaume, et fit faire des ouvertures, par l'ambassadeur français, à la cour de Lisbonne. Mais cette proposition n'ayant amené aucun résultat, on envoya une flotte sur les côtes portugaises, qui les tint bloquées pendant quelque temps. Enfin, en 1661, De Witt et les provinces de Hollande et de Frise s'étant prononcées pour la paix, la Zéelande, Utrecht et la Gueldre y consentirent, et elle fut signée le 6 août.

Pendant que les armes des compagnies étaient ainsi occupées dans les Indes, et que la république concluait un traité avec le Portugal, il s'était élevé entre elle et la France une grave mésintelligence, à cause des courses que les corsaires français faisaient sans relâche, non-seulement contre les bâtiments espagnols, mais encore contre les navires hollandais, qui trafiquaient avec l'Espagne. Les états généraux, fatigués enfin de cet état de choses, chargèrent l'amiral de Ruyter d'agir en représailles. Cette nouvelle fut à peine connue, que l'embargo fut mis dans tous les ports de France sur les vaisseaux des Provinces-Unies qui s'y trouvaient. Cette mesure en fit prendre une autre dans les Pays-Bas, où les états de Hollande obtinrent des états généraux que, jusqu'au moment où leurs navires auraient été relâchés, on prohibât toutes les marchandises françaises, et qu'on ne restituât aucun des bâtiments corsaires qui auraient été pris. La France consentit enfin à faire droit aux réclamations des Provinces. Toutefois, la bonne intelligence ne se rétablit point entre les deux États; et, après que la paix des Pyrénées eut mis Louis XIV en possession d'Arras et d'une partie de l'Artois,

de Gravelines, de Bourbourg et de Saint-Venant, dans la Flandre; de Landrecies, du Quesnoy, d'Avesnes, de Marienbourg et de Philippeville, dans le Hainaut; enfin, de Thionville, de Montmédy et de Dampvilliers, dans le Luxembourg, l'inquiétude que la république conçut du côté de la France ne pouvait tendre à ramener la bonne harmonie entre ces pays.

D'un autre côté, les rapports de la jeune république avec les puissances du Nord marchaient de complication en complication. La guerre de trente ans avait donné à la Suède une haute importance dans la balance politique de l'Europe : et ce royaume, dans la conscience de sa valeur, tenait sur pied une force armée, avec laquelle il comptait fonder une puissance plus grande encore. Une série de tentatives de conquêtes dut nécessairement résulter de cette tendance, qui inquiétait vivement les Provinces-Unies, jusqu'à ce que, heureusement pour elles, les entreprises hasardeuses de Charles XII ayant échoué, la Suède revint à son premier point de départ. Les attaques dirigées par le roi Charles-Gustave sur Brême inquiétèrent beaucoup moins la république hollandaise que celles que ce prince entreprit contre la Pologne. Pour cette guerre, les Suédois trouvèrent un allié dans l'électeur de Brandebourg, qui, naguère si étroitement uni à la cause des Provinces-Unies, se jeta ici dans une tout autre ligne, parce qu'il était de son intérêt d'affranchir le duché de Prusse de la suzeraineté de la Pologne. Si le royaume de Pologne succombait sous les Suédois, ceux-ci devaient nécessairement étendre leurs conquêtes le long de tout le littoral de la Baltique, et mettre entièrement sous leur dépendance une des principales directions du commerce hollandais. Les années 1655 et 1656 soumirent à Charles-Gustave la Pologne presque tout entière. Les craintes de la république commencèrent ainsi à se réaliser. Aussi, elle se hâta d'envoyer dans la Baltique une flotte, commandée par l'amiral Jean de Wassenaar, afin de protéger Dantzig contre les Suédois, et de jeter dans cette place une garnison de quinze cents hommes. On fut un moment près de rétablir la paix, quand tout à coup, en 1657, le roi Frédéric de Danemark commença les hostilités contre la Suède, qui se trouvait aussi en guerre avec la Russie. Les états généraux rompirent aussitôt les négociations déjà entamées, appuyèrent de leurs troupes et de leur flotte leur allié le roi de Danemark, et empêchèrent ainsi les Suédois de s'emparer du Sund.

Sur ces entrefaites Cromwell étant mort, et son fils Richard l'ayant remplacé à la tête de la république anglaise, les états des Provinces-Unies conclurent avec l'Angleterre et la France un traité, dans le but de pacifier le nord de l'Europe. Ils envoyèrent ensuite des ambassadeurs en Suède et en Danemark, pour faire connaître leurs intentions à ces royaumes; et l'amiral de Ruyter reçut l'ordre de se rendre dans la Baltique avec soixante-dix vaisseaux de guerre, pour appuyer les démarches de la double ambassade, dont la mission était de sommer, au nom de la république d'Angleterre et de celle des Provinces-Unies, les deux parties belligérantes de déposer les armes, si elles ne voulaient s'y voir réduites par la force. Les deux rois reçurent très-mal cette intervention armée. Cependant Frédéric de Danemark se soumit, et retrouva dans les Hollandais ses bons alliés de la veille. Charles-Gustave se refusa à la sommation qui lui fut faite, et il succomba en 1659 sous les armes danoises, auxquelles s'étaient jointes les troupes auxiliaires de Pologne et celles de l'électeur de Brandebourg, déserteur de la cause du roi de Suède. Ce prince étant mort en 1660, la régence, qui lui succéda, fit la paix avec la Pologne et avec le Danemark. Les Provinces-Unies y entrèrent en ratifiant le traité d'Elbing, qu'elles avaient été sur le point de signer en 1657, au moment où Frédéric de Danemark était brusquement venu rompre les négociations.

Ces graves occupations militaires à l'extérieur n'avaient pas tenu la république en repos au dedans. Bien qu'en Hollande le parti anti-orangiste se fût énergiquement maintenu au pouvoir, sous la direction du grand pensionnaire De Witt, et que même il parût avoir rallié le stathouder de Frise, le parti opposé avait cependant tenu en haleine le mécontentement populaire dans les autres provinces; et, plus d'une fois, des troubles assez sérieux en étaient résultés. De Witt avait, d'une main ferme et vigoureuse, contenu les partisans du prince d'Orange. Cependant il se relâcha de sa sévérité lorsque les Stuarts furent rentrés en Angleterre, tandis que les états de Hollande anéantirent, en 1660, l'acte qui contenait la promesse, faite à Cromwell, d'exclure la famille d'Orange du stathoudérat, et se chargèrent du soin de l'éducation du jeune prince, afin de le préparer aux hautes dignités que ses ancêtres avaient occupées. Mais, pendant que le parti à la tête duquel se trouvait le grand pensionnaire cédait ainsi en apparence à l'influence du cabinet anglais, il cherchait sous main à renouer avec la France, dans le but de se faire de cette puissance un appui contre l'intérêt de l'Angleterre; et un traité fut en effet conclu avec Louis XIV le 27 avril 1662. Mais les partisans du prince d'Orange, pour contrebalancer l'avantage de position que leurs adversaires s'étaient ainsi procuré, insistèrent aussitôt pour qu'on traitât également avec l'Angleterre; et une alliance avec le roi Charles II fut signée le 14 septembre de la même année.

Tandis que les affaires prenaient cette marche en Europe, la compagnie des Indes orientales continuait le cours de ses conquêtes. En 1660, elle avança rapidement dans l'île Célèbes, noua avec la dynastie mantchoue, en Chine, des relations favorables au commerce hollandais, et signa un traité non moins avantageux avec la Perse. En 1662, le pavillon de la république parut devant les États barbaresques, sous les ordres de Ruyter, et en 1664 sous le commandement de Corneille Tromp, pour faire respecter les couleurs des Provinces-Unies. Lorsqu'on eut fini avec les pirates africains, on eut à s'occuper des Anglais, qui s'étaient, malgré la paix récemment conclue, rendus maîtres des établissements formés par les Hollandais sur la côte occidentale de l'Afrique. Cette conquête avait été faite pour une compagnie commerciale anglaise par Robert Holmes, qui en 1664 s'empara aussi de la Nouvelle-Hollande en Amérique, et changea le nom de Nouvelle-Amsterdam en New-York. La république se plaignit vivement de ces agressions, qui furent présentées par le roi Charles II comme des entreprises particulières, que l'Angleterre désavouait; mais les états généraux ne se contentèrent point de ces explications. A l'instigation de De Witt, ils envoyèrent secrètement une flotte, sous les ordres de Ruyter, pour reprendre les possessions africaines. Déjà une grande partie de ces établissements était reconquise; et même le fort de Cormantin, que les Anglais avaient construit, était tombé au pouvoir de Ruyter, avant qu'on eût reçu en Angleterre la nouvelle de cette expédition. Dès ce moment, la guerre éclata entre les deux pays sur toutes les mers. Les Provinces-Unies envoyèrent aussitôt une ambassade à Louis XIV, pour réclamer son appui, conformément au traité d'alliance qui unissait les deux puissances. Mais ce prince paraissait déjà disposé à rompre le traité, quand on lui fit comprendre qu'en agissant ainsi, il fournirait au parti de la maison d'Orange l'occasion de devenir prépondérant en Hollande, et qu'il se créerait lui-même un adversaire trop puissant pour ses projets ultérieurs sur les Pays-Bas espagnols, en préparant une union inévitable entre la république et l'Angleterre. Dans ces circonstances, Louis chercha à gagner du temps, et retint pendant longtemps l'ambassadeur, sans lui donner une réponse décisive.

Cependant le gouvernement des Provinces-Unies avait commencé, le 26 janvier 1665, par prohiber, sous les peines les plus sévères, l'importation de tout objet fabriqué en Angleterre; et, le 14 mars, la guerre lui fut formellement déclarée par ce royaume. Trois mois après, la flotte hollandaise commandée par Wassenaar, et la flotte anglaise placée sous les ordres du duc d'York, se rencontrèrent, à la hauteur de Lestof. L'amiral de la république sauta en l'air avec son vaisseau, et tous ses bâtiments firent leur retraite. Ce revers faillit produire une explosion populaire contre le parti anti-orangiste, qui tenait toujours le gouvernement; mais heureusement Ruyter revint, prit le poste de lieutenant général amiral, et protégea efficacement contre les croiseurs anglais les navires qui revenaient des Indes. La fortune des armes commençait ainsi à se rétablir, et bientôt les Provinces firent une alliance avec les Danois, qui déclarèrent aussitôt la guerre à l'Angleterre. Cependant l'ambassadeur anglais n'avait pas pour cela quitté les Pays-Bas: il parcourait les provinces, relevant partout l'influence du parti orangiste, et promettant que le roi son maître ferait aussitôt la paix, si l'on rendait au prince d'Orange la position que ses ancêtres avaient occupée. Le peuple en vint ainsi à croire que le parti de De Witt était l'unique cause de la guerre; et toutes les provinces, à l'exception de celles de Hollande et d'Utrecht, demandèrent que le jeune prince fût nommé capitaine général.

Telle était la situation dans laquelle De Witt trouva le pays, lorsqu'il revint de l'expédition où il avait accompagné de Ruyter, en qualité de commissaire des états.

D'un autre côté, l'évêque de Munster, sollicité par l'Angleterre, avait commencé la guerre contre les Provinces-Unies, sur leurs frontières orientales. Mais Louis XIV, décidé enfin à soutenir la république, fournit un secours qui réduisit aisément au repos ce prélat, que l'électeur de Brandebourg menaçait d'ailleurs, et auquel les Anglais ne fournissaient pas les subsides solennellement promis.

Les circonstances commandaient certains égards pour les orangistes. Aussi De Witt, pour leur donner quelque satisfaction, proposa qu'on adoptât le jeune Guillaume-Henri comme *enfant de l'État*, sans toutefois lui conférer la capitainerie générale. Cette proposition fut admise ; et tous les Anglais qui entouraient le prince furent éloignés. De Witt chercha en même temps, mais sans succès, à fomenter la guerre civile en Angleterre même.

Ce n'était que depuis le 26 février 1666 que Louis XIV avait déclaré la guerre aux Anglais. Il ne s'y était déterminé aussi tard que par la crainte de voir succomber le parti de De Witt sous les accusations et sous les attaques des orangistes. Cependant son intervention dans ce grave débat ne fut pas d'abord d'une grande efficacité ; car, pendant le cours de l'été suivant, tout le poids de la guerre pesa exclusivement sur les Provinces-Unies, dont la flotte, commandée par de Ruyter, rencontra le 11 juin les vaisseaux anglais, sous les ordres de Robert, prince palatin, et du général Monk, comte d'Albemarle, et leur livra un combat naval qui dura quatre jours tout entiers. Les Hollandais remportèrent une victoire signalée. Une seconde rencontre eut lieu le 4 août. L'amiral Tromp s'y laissa tellement emporter par son audace, qu'il fut coupé avec l'avant-garde qu'il commandait, et faillit compromettre le reste de la flotte, que conduisait Ruyter. Cependant celui-ci sauva les bâtiments de la république ; mais Tromp perdit sa charge, et dès lors une vive inimitié s'alluma entre les deux amiraux.

Le roi d'Angleterre vit enfin que le but dans lequel il avait entrepris la guerre, c'est-à-dire l'élévation du prince d'Orange, devenait chaque jour plus difficile à atteindre par la voie des armes, et que d'ailleurs les dépenses et les pertes que cette guerre entraînait agissaient d'une manière défavorable sur l'opinion publique en Angleterre. De leur côté les Provinces-Unies, qui n'avaient été amenées à la lutte que forcément, voyant que la ville de Brême, dont les états généraux avaient pris le parti contre les Suédois, était entrée en négociation directe avec ces derniers, et que la Suède offrait, à son tour, de servir d'intermédiaire à la république avec l'Angleterre, s'empressèrent d'accepter cette médiation. Mais les négociations ne furent entamées qu'après que Charles II eut consenti à traiter également avec la France et le Danemark, alliés des Provinces-Unies. Au mois de mai 1667, les plénipotentiaires des trois puissances se réunirent à Bréda, où se rendirent bientôt les envoyés d'Angleterre et de Suède. Les hostilités n'avaient pas été formellement suspendues sur mer. Aussi, pendant que l'on négociait, l'amiral de Ruyter pénétra dans la Tamise jusqu'à Upnore, et brûla ou prit huit vaisseaux anglais. Après y avoir exercé d'autres ravages encore, il bloqua avec sa flotte l'embouchure du fleuve, et menaça d'une attaque aussi inopinée tous les ports méridionaux de l'île britannique. Cette expédition enleva aux négociations toutes les difficultés dont elles étaient hérissées, et la paix fut signée le 31 juillet. La colonie de New-York resta aux Anglais ; et les Hollandais conservèrent l'île de Pulo et l'établissement de Surinam, que le Zéelandais Krynssen avait enlevé aux Anglais au mois de février précédent ; en outre, le commerce de la république obtint que l'Angleterre ajoutât à son acte de navigation une stipulation en faveur des produits allemands qui entreraient dans les Pays-Bas par terre ou par eau.

L'influence française, à laquelle le parti anti-orangiste avait dû se résigner, pour se mettre en mesure de tenir tête aux entreprises de l'Angleterre en faveur de la maison d'Orange, était un fardeau sous lequel il fallait maintenant songer à ne pas succomber. Mais la république fut heureusement délivrée de toutes craintes de ce côté, par le projet qu'avait conçu Louis XIV de s'emparer des Pays-Bas espagnols.

Le traité des Pyrénées avait amené le mariage de ce prince avec l'infante Marie-Thérèse, fille de Philippe IV, roi d'Espagne. Elle obtint une dot de cinq cent mille écus, sous la condition qu'elle renoncerait à tous ses droits à la succession du royaume paternel. Mais après la mort de Philippe, qui laissa le pays abandonné à la régence d'une femme, Marie-Thérèse d'Autriche, mère de Charles II, âgé de quatre ans, Louis XIV résolut de s'appuyer sur un droit spécieux de dévolution, pour se mettre en possession des provinces espagnoles des Pays-Bas. Mais il lui importait d'abord de s'assurer des dispositions des Provinces-Unies, qui déjà précédemment avaient vu avec une défiance fondée la France étendre ses conquêtes dans les provinces méridionales. Aussi il chargea son ambassadeur, le comte d'Estrades, d'instruire les états généraux de ses intentions. Bien que l'envoyé royal eût rempli sa mission avec toute la prudence et toute la finesse qu'on lui reconnaissait, le zèle de De Witt pour les intérêts de la république lui fit deviner tout de suite la route qu'il s'agissait de suivre. La position dans laquelle il se trouvait était d'une difficulté extrême; car il fallait choisir entre deux partis à prendre : ou faire cause commune avec la France, et c'était agir contre le véritable intérêt des Provinces-Unies ; ou se tourner contre la puissance avec l'appui de laquelle son propre parti avait réussi à se maintenir. Puis encore il fallait rompre un traité qu'avant la mort de Philippe IV l'Espagne avait conclu avec la république, dans le but d'assurer le maintien des provinces espagnoles des Pays-Bas. Or ce traité, le comte d'Estrades l'avait déjà, au nom de Louis XIV, déclaré un motif de guerre, au moment même où il fut signé. Dans cette situation, De Witt, pour tourner la difficulté, usa d'un subterfuge; il espérait gagner du temps, en remettant sur le tapis un projet de partage des Pays-Bas espagnols entre la France et la république, basé sur une alliance signée avec Louis XIV pendant la guerre. Le roi s'empressa d'accepter cette proposition, bien qu'il désirât à la délimitation projetée un changement qui lui eût donné la possession du port d'Anvers. Mais cette négociation traîna en longueur, et elle n'arriva à aucun résultat.

Alors tout à coup l'armée française s'ébranla et se mit en campagne, pour commencer la guerre, pendant que le congrès de Bréda se trouvait encore réuni. C'était au mois de mai 1667. Elle entra dans les provinces espagnoles, et prit Charleroi, Armentières, Bergues-Saint-Winox et Furnes, pendant le mois de juin; Courtrai, Oudenaerde, Ath, Tournai et Douai, pendant le mois de juillet; Lille, pendant le mois d'août; et enfin Alost, au mois de septembre. Quelques semaines suffirent ainsi pour faire tomber au pouvoir des Français une grande partie de la Flandre et du Hainaut.

Ainsi pressé par Louis XIV, le gouverneur espagnol de Belgique adressa sur demande à la république pour obtenir des secours d'hommes et d'argent; et l'on vit le singulier spectacle d'une sollicitation de cette nature faite à une puissance née d'une rébellion contre l'Espagne, par les provinces restées fidèles.

L'influence de De Witt parvint à obtenir de Louis XIV un armistice; et l'on commença à négocier avec la France un arrangement auquel l'Angleterre avait un intérêt trop puissant, pour que le roi Charles II ne cherchât pas à y prendre part. Mais les prétentions de Louis XIV étant de nature à ne pouvoir être accordées, des pourparlers eurent d'abord lieu entre les Provinces-Unies et l'Angleterre ; et ils amenèrent un traité défensif entre ces deux pays. Dans le but

vrée à ces déchirements intérieurs, qu'au dehors elle se trouvait en paix avec ses voisins, et que sa puissance dominait l'Europe, Louis XIV s'appliquait à dénouer la triple alliance qui avait traversé tous ses projets. Au mois de mars 1669, son ambassadeur Arnauld de Pomponne arriva à la Haye, pour proposer une alliance intime entre la France et les Provinces-Unies. Il échoua dans sa demande, et partit aussitôt pour la Suède, où il avait ordre de traiter, tandis que Colbert entamait des pourparlers avec l'Angleterre. La duchesse d'Orléans, sœur du roi Charles II, se rendit elle-même à Londres en 1670, pour y appuyer les négociations. Elle réussit à amener une alliance avec la France, dans le but de détruire la république des Provinces-Unies. Au mois de mai il fut signé à Douvres un traité secret, dont l'article principal était ainsi conçu : « Le roi d'Angleterre s'engage à déclarer publiquement, à l'époque qu'il jugera la plus convenable, qu'il est devenu catholique; et il promet, après cette confession, d'assister comme allié le roi de France dans la guerre qu'il commencera tôt ou tard, selon sa convenance, contre la république des Pays-Bas-Unis. »

De Witt n'eut pas plutôt vent de ce qui se tramait entre la France et l'Angleterre, qu'il s'appliqua à rechercher avec le plus grand mystère des alliances au dehors. Mais l'entreprise des Français dans la Lorraine eut lieu sur ces entrefaites; et l'Autriche, aussi bien que l'Espagne, devaient naturellement en être saisies d'une grande frayeur. La Suède avait répondu aux avances de Louis XIV, et signé avec lui une alliance défensive. L'archevêque de Cologne et l'évêque de Munster s'étaient engagés également envers le grand roi. Les dangers s'amoncelaient ainsi de toutes parts autour de la république hollandaise, où l'esprit populaire se montrait de plus en plus disposé en faveur du parti orangiste et de ses projets. Mais De Witt n'était pas homme à sacrifier facilement tous les travaux de sa vie à la crainte d'un concours accidentel de mauvaises circonstances. Il avait déjà, dans des situations très-difficiles, et avec bonheur, empêché le rétablissement de la dignité de stathouder général. Cette fois encore il tint bon contre les orangistes, qui demandaient toujours que le prince d'Orange fût nommé capitaine général à vie. Toutes les provinces, celle de Hollande exceptée, et même une partie de cette dernière, avaient exprimé ce désir. Mais De Witt parvint à les contenter, en faisant conférer à Guillaume-Henri la dignité de capitaine général, grandement limitée, il est vrai, et seulement pour la durée de la guerre. Le prince prêta serment en cette qualité le 25 février 1672.

Mais on était loin de se trouver préparé à la guerre. L'armée était entièrement désorganisée, et à peine comptait-elle vingt mille hommes sous les armes. Les forteresses étaient dans le plus mauvais état, et la flotte seule pouvait inspirer quelque respect.

Au mois de janvier, l'Angleterre avait saisi un prétexte frivole pour rompre avec la république : elle fit semblant de se fâcher d'un refus de salut qu'elle prétendait avoir été fait par la flotte hollandaise, qui rencontra un yacht anglais près des côtes des Pays-Bas. Louis XIV procéda avec plus de franchise. Il se plaça tout simplement à la tête de son armée, divisée en deux corps, dont l'un commandait l'un avec Turenne, et dont l'autre se trouvait sous les ordres de Condé. Le 7 avril, les deux rois déclarèrent formellement la guerre à la république. Cent mille Français s'avancèrent aussitôt contre les Provinces-Unies, et y pénétrèrent par la Meuse et par le Rhin, avec une rapidité qui s'explique par l'impossibilité d'une résistance qui n'était point organisée. En peu de semaines les provinces de Gueldre, d'Utrecht et d'Over-Yssel étaient prises, plus de quarante villes fortifiées se trouvaient au pouvoir du vainqueur, et Amsterdam était menacé. L'archevêque de Cologne et l'évêque de Munster

de rétablir la paix, on décida ensuite de laisser à la France le choix de se contenter des places qu'elle occupait déjà, ou de la Franche-Comté, outre les villes de Cambrai, Aire, Saint-Omer, Bergues-Saint-Winox, et Charleroi. Ce traité fut accompagné de plusieurs articles secrets qu'on laissa ignorer aux Français, et qui portaient que les trois parties contractantes (car la Suède se joignit à l'Angleterre et aux états généraux) s'engageaient à déclarer en commun la guerre à Louis XIV, si les propositions qu'on lui faisait n'amenaient point la paix. Mais on ne fut pas réduit à venir à cette extrémité; car la France rendit la Franche-Comté, et garda Charleroi, Binche, Ath, Douai, Tournai, Oudenaerde, Lille, Armentières, Courtrai, Bergues et Furnes. Cet acte fut signé à Aix-la-Chapelle le 2 mai 1668.

Par cette paix, De Witt avait assuré à sa patrie le boulevard que la nature lui avait donné contre la France dans les provinces de la maison de Habsbourg, aux Pays-Bas. Mais Louis XIV ne put jamais lui pardonner le contenu des articles secrets du traité de la triple alliance; et il se montra dès lors aussi opposé au grand pensionnaire qu'il s'en était montré auparavant l'ami et le soutien.

Le jeune prince d'Orange avait été, en quelque sorte, adopté par la république, et déclaré enfant de l'État. Depuis ce moment, il avait été entouré et élevé par des hommes appartenant au parti des états. De Witt s'était montré inexorable sur ce point. Mais, après que l'alliance conclue avec l'Angleterre eut établi une vive mésintelligence entre les états généraux et la France, le parti orangiste prit naturellement un nouvel espoir. Dès l'an 1667, les états de Hollande voulurent accorder au prince d'Orange un siége dans le conseil d'État, mais sous la condition que la dignité de stathouder général et celle de capitaine général seraient déclarées incompatibles pour l'avenir. Les autres provinces se montrèrent opposées à cette proposition. Alors De Witt s'appliqua à faire passer en forme de loi, dans sa province, l'*Édit perpétuel*, dont la teneur était : « 1° qu'à l'avenir, en Hollande, la noblesse seule aurait le droit de nommer les membres nouveaux de son ordre, comme aux villes seules appartenait le droit de nommer leurs magistrats, sans que ni l'une ni les autres pussent s'en départir; 2° que les charges et les fonctions dont la collation appartenait aux états de Hollande ne pourraient être conférées que par eux, à l'exception des offices militaires; 3° que l'on ne consentirait pas à laisser jamais se réunir sur la même tête la dignité de stathouder général et celle de capitaine général; que même on s'appliquerait à faire entièrement abolir la première, et qu'on s'efforcerait de faire adopter les mêmes résolutions par les autres provinces; 4° que la noblesse, les magistrats des villes et les états jureraient le maintien de ces points; et enfin, 5° qu'à l'avenir les capitaines et les amiraux généraux s'engageraient par serment à ne rien faire qui pût y être contraire. »

Cet Édit perpétuel excita le plus vif mécontentement dans les autres provinces, où le parti orangiste était plus puissant. Après de longues négociations, on y rédigea un acte qu'on nomma l'*Acte d'accord*, et qui fut d'abord signé par les provinces de Gueldre, d'Utrecht et d'Over-Yssel; ensuite par les autres, la Hollande exceptée. En vertu de ce document, la dignité de stathouder général fut confirmée, mais séparée à perpétuité de celle d'amiral et de capitaine général. Par degrés, les diverses provinces qui avaient signé l'Acte d'accord consentirent au prince d'Orange l'entrée du conseil d'État, comme la Hollande l'avait déjà fait auparavant. Le 18 septembre 1668, les états de Zéelande conférèrent solennellement au prince le titre de premier noble de leur province. Enfin, peu à peu le pays tout entier se divisa en deux camps, dont l'un prit pour chef Guillaume-Henri, et l'autre le grand pensionnaire De Witt.

Pendant que la république était li-

avaient joint leurs forces à celles de Louis XIV. La flotte alliée était composée de cent trente voiles, et les états généraux n'avaient à leur opposer que quatre-vingt-onze bâtiments, commandés par l'amiral Ruyter. Ces deux armements se rencontrèrent, le 28 mai, près de Solebay. Un combat terrible s'engagea, où les républicains firent des prodiges de valeur; mais ils furent forcés de se retirer devant le nombre, après avoir lutté comme des lions pendant un jour tout entier.

Cependant la fortune des Provinces-Unies ne les abandonna pas. Une tempête violente s'éleva, qui empêcha les alliés d'aborder aux côtes, et elle sauva l'indépendance hollandaise. Toutefois, l'abattement s'était emparé de tous les esprits, et un grand nombre songeaient déjà à se soumettre à la France. Le 26 juin, les états firent demander la paix au roi; mais les conditions qui leur furent offertes étaient si humiliantes, que tous les cœurs passèrent aussitôt de la crainte au courage du désespoir. Il n'y eut qu'un cri : « La mort, plutôt que l'humiliation ! » Mais il fallait un chef à l'État, et un chef à l'armée. Les provinces de Hollande et de Zéelande proclamèrent d'une voix unanime le prince Guillaume-Henri stathouder général à vie, capitaine et amiral général; et les états généraux le nommèrent capitaine général de l'Union. Cette décision, qui date des premiers jours de juillet, abattit pour le moment le parti que la maison d'Orange avait eu jusqu'alors pour adversaire.

§ V. STATHOUDÉRAT DU PRINCE GUILLAUME-HENRI.

L'élévation du prince d'Orange au stathoudérat et à la capitainerie générale ne changea cependant en rien la position hostile que l'Angleterre avait prise à l'égard de la république. Malgré les liens de famille qui unissaient Guillaume-Henri aux Stuarts, des ambassadeurs anglais furent chargés de rendre plus étroite encore l'alliance des deux cours de Londres et de Paris, en même temps qu'une armée française pénétrait dans la Flandre zéelandaise, afin d'y appuyer les opérations de la flotte des Anglais. Les conditions de paix que les rois alliés posaient à la république étaient tellement inacceptables, que le prince d'Orange lui-même, auquel ils offrirent en outre la souveraineté du reste des provinces de l'Union, les repoussa avec indignation, et insista avec les habitants d'Amsterdam sur une rupture complète des pourparlers. Le dévouement de cette ville sauva le pays, en paralysant tous les mouvements de l'ennemi contre la Hollande, pendant que Guillaume-Henri s'appliqua à relever le moral de l'armée. D'ailleurs les provinces commençaient à recevoir des secours de leurs alliés. Le comte Zuniga de Monterey, gouverneur des Pays-Bas espagnols, leur envoya un corps de dix mille hommes. Seize mille combattants, promis par l'électeur de Brandebourg, ne devaient pas tarder à s'unir aux Hollandais. L'Empire lui-même, inquiet de la marche des Français, conclut, le 25 juillet, une alliance défensive avec la république, dans le but de maintenir les traités de Westphalie, des Pyrénées, et d'Aix-la-Chapelle ; et les troupes brandebourgeoises, conduites par l'électeur en personne, se réunirent sur le Rhin à celles de l'empereur, placées sous les ordres de Montecuculli, dans le cours du mois de septembre. Louis XIV ayant quitté son armée depuis le mois de juillet, Turenne s'avança vers le Rhin, au-devant des forces de l'Empire et du Brandebourg.

Ce fut alors que la haine du parti orangiste contre les frères De Witt amena une sanglante catastrophe, qui restera dans l'histoire comme une tache indélébile au nom du prince Guillaume-Henri. Toutes les tentatives faites pour perdre le grand pensionnaire par des calomnies et par des accusations de toute nature avaient été vaines ; car aucune d'elles n'avait été proférée, qu'il n'y eût répondu de la manière la plus victorieuse. Ne pouvant le perdre par un semblant de légalité, on résolut de le perdre par un crime. Un barbier, nommé Guillaume Tichelaar, consentit à servir d'instrument, et déclara que Corneille De Witt, frère de Jean, et ruwaard du pays de Putten, lui avait proposé d'assassiner le prince d'Orange. L'accusé fut saisi à Dordrecht le 24 juillet, dans l'église, au moment même où l'on célébrait le service divin. Conduit à la Haye, il n'eut pas de peine à prouver son innocence. Alors on eut recours à un autre moyen, et on incrimina sa conduite comme commissaire des états sur la flotte, malgré l'énergie avec laquelle il fut défendu par l'amiral de Ruyter. Appliqué à la question, il récita, dit-on, des vers d'Horace appliquables à la situation malheureuse où il se retrouvait, et il prononça d'une voix ferme la strophe :

Justum et tenacem propositi virum, etc.

Cette horrible tragédie n'était pas terminée encore, que son frère Jean se démit de son office de grand pensionnaire. C'était se mettre entièrement à la merci de ses ennemis. Corneille De Witt, n'ayant pas été convaincu des crimes dont on l'accusait, n'en fut pas moins condamné, par la cour de Hollande, à perdre toutes ses dignités, et au bannissement perpétuel. Ce jugement ne fut point publié de la manière ordinaire, sous le prétexte de ne pas donner lieu à un mouvement du peuple, que Tichelaar avait reçu secrètement l'ordre d'ameuter ; car la perte des De Witt était jurée, et le bruit circulait qu'ils étaient la cause de toutes les calamités qui affligeaient la république. Les affidés du stathouder engagèrent insidieusement l'ancien pensionnaire à venir rejoindre son frère dans la prison, disant qu'il allait être rendu à la liberté. A peine le malheureux s'y trouva-t-il, que toute la populace armée accourut en poussant des cris de mort. Bientôt les portes de la prison furent forcées, et les deux frères misérablement massacrés. La fureur des assassins s'acharna sur les cadavres avec la plus horrible atrocité. C'est le 22 août 1672 que s'accomplit ce drame épouvantable. Les états de Hollande demandèrent vainement que les assassins fussent traduits en justice. Le prince d'Orange s'y opposa, et il alla même jusqu'à accorder un office et une pension à Tichelaar, l'instrument de ce crime odieux.

L'archevêque de Cologne et l'évêque de Munster pressaient, pendant ce temps, le siége de Groningue, qu'ils avaient entrepris. Mais ils furent forcés de le lever, et perdirent en outre la place de Coeverden, qui retomba au pouvoir des Hollandais.

La république, revenue de sa première stupeur, avait retrouvé son ancienne énergie. Le jeune stathouder, qui joignait à un génie actif et perçant une valeur réfléchie et une fermeté inébranlable, offrit tous ses biens et tous ses revenus pour subvenir, dans ce pressant danger, aux besoins de la patrie. Dans les premiers jours de novembre, il déboucha avec une partie des troupes de la baronnie de Bréda, et s'avança vers Maestricht, qu'il pourvut d'une garnison. Après avoir parcouru une partie du Limbourg, il se porta brusquement vers Charleroi, qu'il investit aussitôt, mais dont il fut, peu de jours après, forcé de lever le siége, à cause des fortes gelées. D'ailleurs il fallait tenir tête au maréchal de Luxembourg, qui se disposait à faire une pointe dans la province de Hollande. Ce capitaine avait attendu le moment où les rivières, fermées par la glace, lui rendraient praticable l'entrée du pays. Le 27 décembre, il se dirigea vers Woerden, et pénétra jusque dans le voisinage de Leyden, quand tout à coup le dégel vint le forcer à la retraite.

L'hiver laissa quelque répit aux Provinces-Unies. Mais, s'il leur donna le temps de se mettre en mesure pour la campagne prochaine, il fut aussi en aide à leurs ennemis, qui resserrèrent plus fortement leur alliance. Cependant il rétablit le calme à l'intérieur. Les états se rallièrent au stathouder ;

et une amnistie générale, qui fut publiée, éteignit les haines politiques au fond de tous les cœurs, où il ne devait plus rester de place que pour l'amour de l'indépendance et le dévouement à la patrie.

Le retour de cette union était d'autant plus nécessaire, que l'électeur de Brandebourg, succombant sous les armes réunies du roi de France, de l'archevêque de Cologne et de l'évêque de Munster, s'était vu réduit à entrer en négociation avec Louis XIV, pour sauver ses domaines du Rhin et de Westphalie. Après avoir conclu d'abord une trêve, il signa enfin, au mois de juin 1673, un traité séparé avec les Français.

La perte de cet allié si utile ne fut que médiocrement compensée par les dispositions que manifestèrent bientôt pour la paix les cours de Suède et d'Angleterre, effrayées du développement prodigieux que la puissance française avait pris par toutes ses conquêtes. Elles songèrent sérieusement à arrêter Louis XIV. Cependant il n'en prit pas moins la forteresse de Maestricht le 1er juillet, pendant qu'il destinait deux armées, sous les ordres du prince de Condé et du maréchal de Luxembourg, à se porter sur Amsterdam. Mais la marche de ces deux corps fut heureusement arrêtée par le prince d'Orange, qui s'était emparé de Naarden, dont les murailles fermèrent à l'ennemi l'accès de la capitale. Un troisième corps, commandé par Turenne, avait mission d'agir contre les troupes impériales; car l'empereur Léopold avait fait signer le 30 août, à la Haye, un traité par lequel il s'engageait à fournir à la république un secours de trente mille combattants. Le même jour, les états généraux conclurent l'abandon de la ville de Maestricht aux Espagnols à la fin des hostilités, et s'attachèrent ainsi le comte de Monterey, gouverneur des provinces belges, qui déclara la guerre à la France six semaines après.

L'automne étant venu, Montecuculli descendit le Rhin avec les Impériaux, pendant que le prince d'Orange et les Espagnols, après avoir passé la Meuse à Venlo, s'avançaient dans le territoire de Cologne, où ils le rejoignirent. Ils commencèrent par emporter la place de Bonn. Les Français, ne voulant pas laisser ces armées sur leurs derrières, évacuèrent aussitôt la province d'Utrecht et le Veluwe, levant partout des contributions, emmenant des otages et démantelant les forteresses.

La guerre maritime n'était pas moins active. Le 7 juin, les amiraux Tromp et Ruyter rencontrèrent la flotte combinée des Français et des Anglais, et, malgré l'immense supériorité de l'ennemi, lui tinrent tête vaillamment, sans lui laisser le moindre avantage. Le combat s'étant renouvelé le 14 juin sur les côtes de Zéelande, les alliés furent battus à outrance, et refoulés dans la Tamise. Une troisième rencontre eut lieu le 21 août, à l'embouchure du Zuyderzée, dans le voisinage du Helder; elle se termina de même par la fuite des ennemis.

Les résultats de cette campagne firent incliner de plus en plus vers un accommodement les deux alliés de Louis XIV. Le 19 février 1674, le roi d'Angleterre signa un traité de paix avec les Provinces-Unies, auxquelles la Suède, de son côté, avait fait faire des ouvertures dès le 6 janvier. Ce n'est que le 6 mars que les états généraux et les Suédois tombèrent d'accord sur le lieu à choisir pour les négociations. On décida que ce serait la ville de Cologne; mais on s'y trouvait à peine réuni, que les conférences furent brusquement interrompues, l'empereur ayant fait saisir le plénipotentiaire de l'archevêque de Cologne, sous la prévention de haute trahison envers l'Empire, et les Français ayant déclaré que cet acte était une infraction aux droits des nations. L'empereur laissa dire; et ses ambassadeurs amenèrent l'évêque de Munster à signer, le 22 avril, la paix avec les Provinces-Unies, et à leur restituer toutes ses conquêtes. L'archevêque fit de même le 11 mai, et il ne conserva que la ville de Rhynbergen.

La ligue française étant ainsi dissoute, il s'en forma une nouvelle contre Louis XIV. Le 20 juin, les alliés des états généraux conclurent un traité avec le duc de Brunswick pour un contingent de treize mille hommes, destinés à marcher contre les Français. Le 1er du même mois, l'électeur de Brandebourg s'était rallié à l'empereur, à l'Espagne et aux Provinces-Unies, et il avait promis de mettre sur pied un corps de quatorze mille combattants, dont la moitié resterait à sa solde.

Dès les mois d'avril et de mai, les Français avaient abandonné toutes les places des provinces de Zutphen et de Gueldre, et celles du Rhin qu'ils tenaient encore occupées; car ils ne pouvaient plus les défendre. Les forteresses de Grave et de Maestricht, sur la Meuse, étaient les seules dans lesquelles ils se fussent maintenus.

Aussitôt que l'ennemi eut, pour ainsi dire, entièrement évacué le territoire de la république, il s'éleva une vive querelle entre les provinces. Celles qui avaient résisté à l'invasion étrangère ne voulurent plus souffrir dans l'Union, à une égale condition, celles qui s'étaient conduites avec une coupable mollesse quand le sacrifice de tous était nécessaire pour sauver tout. Peu s'en fallut qu'on n'opérât le démembrement de l'État. Mais le prince d'Orange parvint heureusement à calmer cette effervescence, et sut si bien s'attacher tous les esprits, que, d'une voix unanime, les états le proclamèrent stathouder héréditaire, en limitant toutefois l'hérédité à sa descendance masculine.

A peine investi de cette nouvelle dignité, Guillaume III se remit à la tête de ses troupes, réunies aux Espagnols commandés par Monterey, et aux Impériaux conduits par le comte de Souches. Son but était d'envahir la France, après qu'il aurait emporté la place de Charleroi. Mais le prince de Condé ne lui laissa pas le temps d'investir cette forteresse. Le 1er août, il attaqua, près de Seneffe, l'arrière-garde des alliés, la défit complétement, et tomba ensuite sur le corps d'armée, que le stathouder commandait en personne. On combattit avec acharnement jusque dans la nuit; et, après avoir laissé vingt-sept mille morts sur le champ de bataille, les deux partis se séparèrent, en s'attribuant chacun la victoire, bien que les Français fussent restés maîtres du terrain. Les Hollandais reprirent Grave le 26 octobre; et les Espagnols enlevèrent, le 2 décembre, la citadelle de Huy.

Les Français rouvrirent la campagne de 1675 en s'établissant dans la principauté de Liége, sans essayer d'aller plus avant cette année. Mais ils se fortifièrent dans la Franche-Comté, dont ils s'étaient rendus maîtres l'année précédente.

De leur côté, les états généraux continuaient à tenir la mer avec leurs flottes, qui tentèrent de s'emparer de la Martinique, et aidèrent le roi d'Espagne à châtier ses sujets révoltés en Sicile. C'est dans un combat qui eut lieu dans ces derniers parages le 22 avril 1676, contre l'amiral français Duquesne, que Ruyter fut blessé à mort. Il expira sept jours après, à Syracuse.

Cependant Louis XIV avait espéré que la guerre prendrait une tournure bien plus favorable pour lui, si la Suède attaquait le territoire de l'électeur de Brandebourg, rentré dans l'alliance hollandaise. Mais l'électeur, secondé par plusieurs princes du nord de l'Allemagne, usa tellement les forces des Suédois, que la France perdit aussi tout espoir de ce côté. Alors il ne resta plus au grand roi qu'à demander la paix. Il accepta la médiation du roi d'Angleterre; et ses négociateurs, Colbert, d'Estrades et d'Avaux, se présentèrent, vers la fin du mois de juin 1676, à Nimègue, où, depuis le mois de janvier, se trouvaient réunis en congrès William Temple pour l'Angleterre, Beverning et van Haren pour les Provinces-Unies. Les conférences ne commencèrent cependant qu'en novembre; mais elles traînèrent singulièrement en longueur, la guerre continuant toujours, et chacune des parties cherchant à se faire par ce moyen une position plus favorable à faire valoir dans les négociations. Avant la fin de l'année, les Français furent maîtres des places de Condé et de Bouchain dans Hainaut; et, au printemps de l'année suivante, ils enlevèrent Valenciennes, Cambrai et Saint-Omer. Le défaut d'ensemble dans les opérations des Hollandais et des Espagnols fit échouer toutes les tentatives qu'on essaya pour arracher ces villes à l'ennemi. La fortune ne favorisait pas moins les armes françaises sur le Rhin.

Cependant Louis XIV et les états généraux désiraient également la paix: ceux-ci pour ne pas user leurs forces inutilement dans des entreprises qui ne leur apportaient aucun avantage; celui-là, pour se maintenir dans la possession de ses conquêtes. Il n'en était pas de même de l'Autriche et de l'Espagne, dont l'intérêt s'opposait à toute conclusion. Aussi les négociations se prolongèrent-elles comme si elles n'étaient pas destinées à conduire à une fin.

Pendant ce temps, l'Angleterre avait proposé à la république un traité d'alliance défensive, dans le cours du mois de janvier 1677. Ainsi le prince d'Orange entra avec le roi Charles II dans des termes d'amitié tels, qu'ils lui firent entreprendre, dans le mois de novembre, une visite à la cour de Londres, où il demanda et obtint la main de Marie, fille de Jacques, duc d'York. Les négociations de Nimègue étaient restées suspendues durant cet intervalle; et, dès le mois de février 1678, les armées françaises rentrèrent en campagne. Un corps pénétra dans la Flandre et enleva Gand et Ypres, tandis qu'un autre partit de Maestricht, et emporta la ville de Louvain. En présence de ces nouveaux progrès de Louis XIV, que l'Angleterre était soupçonnée d'avoir favorisés sous main, le traité enfin conclu entre la république et Charles II, à Westminster, au mois de mars, n'offrait plus aucune importance. Louis XIV se trouvait en position de dicter les conditions de la paix; car en Hollande même il s'était formé un parti qui se montrait également mécontent de la longue durée d'une guerre, laquelle ne se faisait plus qu'en faveur de l'Espagne, et des relations, trop intimes en apparence, que le prince d'Orange avait nouées avec la cour méprisée de Charles II. Enfin, le 10 août, les plénipotentiaires des états généraux convinrent avec la France d'un traité qui leur rendit Maestricht, et leur assura de précieux avantages commerciaux. Le prince d'Orange, qui avait rejoint l'armée au moment même où les derniers arrangements se concluaient, et qui n'était pas instruit de la signature du traité, attaqua tout à coup le maréchal de Luxembourg à Saint-Denis, dans le voisinage de Mons, le 14 août, et lui fit éprouver une rude défaite. La nouvelle que la paix était signée arriva le lendemain dans les deux camps.

Le prince d'Orange, mécontent de voir que les négociateurs de la république avaient fait un traité séparé avec la France, et abandonné ainsi leurs alliés, quitta aussitôt l'armée. De leur côté, les états généraux différèrent de ratifier la paix jusqu'au 17 septembre, jour où l'Espagne, à son tour, entra en accommodement avec la France. L'empereur fut le dernier à conclure la paix avec Louis XIV.

Bien que le nouveau grand pensionnaire de Hollande, Gaspard Fagel, qui avait succédé au malheureux De Witt, se trouvât parfaitement d'accord avec le prince d'Orange, les dernières négociations avaient cependant montré que le parti des états était loin encore d'être éteint en Hollande. C'était surtout le magistrat d'Amsterdam qui se trouvait à la tête de cette tendance politique. La lutte des arminiens et des gomaristes s'était reproduite sous une forme nouvelle; et chacun des deux partis religieux représentait, comme en 1618, un parti politique. A l'exemple de Maurice, Guillaume III avait choisi le côté populaire. Dans les affaires de religion il agissait avec dureté, et souvent d'une manière arbitraire. En affaires de législation, c'était toujours son intérêt personnel qu'il cherchait à faire prévaloir.

Toutefois, la mésintelligence qui régnait ainsi à l'intérieur ne réagit en aucune façon sur l'influence que la république avait acquise au dehors ; car, depuis que les Provinces-Unies étaient sorties, sans avoir perdu la moindre partie de leur territoire, du péril immense où elles s'étaient trouvées en 1672, elles s'étaient tellement relevées aux yeux de l'Europe, que, dans le cours de l'an 1679, les cabinets de Paris et de Londres proposèrent aux états généraux des traités particuliers, que ni l'un ni l'autre ne réussit à obtenir, la république voulant garder sa neutralité, et veiller à l'équilibre européen.

En effet, rien n'était plus nécessaire au repos du continent qu'une grande puissance qui prît la tâche de surveiller le grand roi dans le système de conquête et d'agrandissement où il était entré ; car il en était venu au point de vouloir imposer aux puissances les décisions mêmes de ses parlements. Les chambres de *réunion*, chargées d'interpréter le traité de Nimègue, *réunissaient* à la France les dépendances des places, que la paix lui avait abandonnées. Bien que ce système des réunions ne s'étendît point aux Pays-Bas, l'esprit de la paix de Nimègue était complétement détruit, dès le moment où personne n'était là pour le défendre. Mais la république des Provinces-Unies avait les yeux ouverts : elle conclut, le 10 octobre 1681, une alliance défensive avec la Suède. L'Espagne et l'empereur Léopold y accédèrent l'année suivante. Le Brandebourg et le Danemark refusèrent d'y prendre part ; car ils étaient trop irrités encore d'avoir été abandonnés par la république en 1678, le premier dans sa guerre avec la France, le second dans sa lutte contre la Suède. Ils firent donc en 1682 un traité séparé, auquel se joignit l'évêque de Munster.

Comme la conduite de la France n'était aucunement de nature à rassurer ses voisins, la Suède, l'Espagne, l'Empire et les Provinces-Unies s'engagèrent, le 6 février 1683, à s'aider mutuellement de douze bâtiments de guerre et de six mille hommes d'infanterie, à la première réquisition qui en serait faite. L'empereur était dispensé de fournir des vaisseaux, et l'Espagne pouvait racheter son concours à prix d'argent.

Louis XIV ne pouvait manquer de voir cette alliance avec un profond dépit. Aussi il s'appliqua à fomenter la discorde dans la république, à exciter l'opposition du parti des états contre le prince d'Orange, et à se faire ainsi un élément d'influence dans les provinces de Frise et de Groningue, et dans la ville d'Amsterdam. Son ambassadeur alla même jusqu'à offrir deux millions de florins au grand pensionnaire Fagel, s'il voulait amener le prince Guillaume III à agir dans le but de la France. Mais il ne réussit point dans cette tentative, les projets du roi étant maintenant trop bien connus.

Parmi les réclamations élevées par les chambres de réunion, il y en avait qui frappaient les provinces belges. Le pays d'Alost, qui avait été occupé pendant la guerre par les Français, et dont la restitution n'avait pas été nominativement stipulée par le traité de Nimègue, fut réclamé par le roi. Ces prétentions furent étendues à la châtellenie de Vienbourg et de Gand, aux villes de Grammont, de Ninove et de Renaix, aux pays de Beveren, et à d'autres parties des provinces de Namur, de Luxembourg et de Brabant. Louis XIV avait laissé à l'Espagne jusqu'au mois d'août 1683, pour satisfaire aux prétentions qu'il venait ainsi de formuler. Ce terme arriva. L'occasion était favorable ; car l'empereur se trouvait occupé pour longtemps de sa guerre contre les Turcs, et les Suédois étaient entrés en lutte avec les Danois : de manière que la France avait beau jeu. Le maréchal d'Humières entra aussitôt en Flandre avec des paroles de paix à la bouche, et, après s'être emparé de Courtrai et de Dixmude, et avoir commis d'horribles dégâts, s'avança vers Luxembourg, qui fut horriblement bombardé. Ce n'est que le 11 décembre que l'Espagne envoya une déclaration de guerre à la France. Les Provinces-Unies ne pouvaient dès lors se soustraire au cas stipulé par le traité d'alliance, ni refuser leurs secours aux Pays Bas espagnols. Le prince d'Orange s'y rendit avec un corps de huit mille combattants, après avoir, depuis quatre mois, insisté pour que les forces de la république fussent augmentées de seize mille hommes. Malgré la rancune que l'électeur de Brandebourg gardait aux états généraux, il envoya cependant un ambassadeur, pour chercher à arranger cette nouvelle difficulté, si peu loyalement suscitée par la France. Le cabinet anglais vint également s'entremettre, quand on reçut tout à coup la nouvelle que la forteresse de Luxembourg s'était rendue aux armes de Louis XIV le 4 juin 1684.

La république hollandaise n'était pas disposée à porter seule le fardeau de la guerre; et l'Espagne, épuisée, ne se trouvait pas en mesure de tenir tête aux Français. Il fallut donc songer à négocier. Les états généraux conclurent le 29 juin une trêve de vingt ans avec la France, et s'engagèrent à amener l'Espagne à y adhérer. Cette accession eut lieu en effet le 15 août, après que l'empereur l'eut déjà signée depuis le 10 du même mois. Pendant toute la durée de cette trêve, Louis XIV devait rester en possession de la ville de Luxembourg et de sa prévôté, de Beaumont, de Chimay, et de leurs dépendances.

Pendant que cette guerre durait encore, un nombre considérable de calvinistes, pour échapper aux persécutions dont ils étaient devenus l'objet en France, et qui devaient aboutir à la révocation de l'édit de Nantes, étaient venus chercher un refuge dans les Provinces-Unies. La position politique de ces sectaires, qui les excluait des charges publiques, les avait portés depuis longtemps à demander leur existence aux occupations industrielles; de sorte qu'une partie importante de l'industrie et du commerce français avait passé entre leurs mains. Les plus fortunés d'entre les émigrants furent donc naturellement portés à s'établir dans les riches provinces de la république, surtout à Amsterdam et à Haarlem, où leur animosité contre le roi exerça une grande influence sur l'esprit du peuple, qui jusque-là avait été porté pour les Français. Bientôt les persécutions commencèrent même à s'étendre sur les Hollandais qui habitaient la France, et même sur les propriétés hollandaises qui se trouvaient entre les mains des protestants de ce pays. Ces mesures irritèrent de plus en plus les Provinces-Unies. Pendant ce temps on fut témoin d'une série d'entreprises équivoques et despotiques de Jacques II, qui avait succédé à son frère Charles II en Angleterre. La république ouvrit un asile aux adversaires fugitifs du nouveau roi, comme elle avait accueilli les protestants rejetés de leur patrie par la révocation de l'édit de Nantes; et, tandis que le prince d'Orange pouvait déjà songer à tirer parti des circonstances pour fonder sa domination future en Angleterre, le parti qui lui avait été naguère si vivement opposé obéissait à la fois à l'influence de ses intérêts religieux et de ses intérêts commerciaux, et devenait ainsi l'allié le plus ardent du prince dans tout ce qui pouvait concerner sa politique extérieure.

L'ambition de Louis XIV, qui menaçait à la fois l'Autriche et l'Espagne; son orgueil, qui n'avait pas craint de blesser la puissance pontificale elle-même, suscitèrent enfin contre lui une ligue que signèrent à Augsbourg, le 9 juillet 1686, l'empereur et un grand nombre de princes de l'Empire, parmi lesquels se trouvait l'Espagne pour le cercle de Bourgogne, et la Suède pour la Poméranie. Bientôt après, la guerre se trouva rallumée; mais cette fois les Français portèrent leurs armes en Allemagne, et entrèrent dans le Palatinat, qu'ils livrèrent aux plus affreuses dévastations.

Pendant ce temps, le roi Jacques II s'éloignait de plus en plus de la nation anglaise; et il ne tarda pas à mettre, par sa fanatique imprudence, un abîme entre lui et son peuple : de sorte que le prince d'Orange se reprit bientôt à l'espoir de monter un jour sur le trône d'Angleterre, qu'il avait cru voir un moment lui échapper, un fils étant né à Jacques dans le cours du mois de juin 1688. Guillaume III, dès ce moment, n'eut plus qu'un but et qu'une pensée : c'était de toucher le plus tôt possible à la couronne de son beau-père. Aussi, il s'appliqua d'abord à se concilier tout ce qu'il lui restait encore d'adversaires dans les Provinces-Unies. Il n'eut pas de peine à y réussir, avec l'esprit insinuant qu'il possédait. Ainsi, bien rassuré à l'intérieur, il profita des querelles pour le choix d'un nouvel empereur, auxquelles les princes de l'Empire se livraient à Cologne, et en fit le prétexte d'une levée assez considérable de troupes. Il trouva également des motifs suffisants en apparence pour armer une flotte. L'influence du grand pensionnaire Fagel lui procura une somme de quatre millions de florins. Enfin, la crainte d'une collision avec la France se trouva subitement écartée, quand Louis XIV eut tout à coup transporté la guerre en Allemagne : de manière que la Providence elle-même semblait avoir tout disposé pour inviter le prince d'Orange à s'emparer du trône d'Angleterre.

Ce fut le 20 octobre que Guillaume III mit à la voile pour les côtes anglaises, avec une flotte qui portait quatorze mille hommes destinés à opérer un débarquement. Il entra dans le port de Torbay; et le résultat des événements ultérieurs en Angleterre fut que Jacques II quitta le royaume, qu'une convention convoquée par Guillaume III déclara le trône vacant, et que l'épouse de ce prince et lui-même furent revêtus de la dignité et du pouvoir royal, après qu'ils eurent juré la confirmation et le maintien des droits et des libertés de la nation anglaise.

Bien que la position nouvelle de Guillaume d'Orange, à la fin roi d'Angleterre et stathouder des Provinces-Unies, eût établi entre les deux pays une union fort étroite, l'acte de navigation, qui était si désavantageux à la république, ne fut cependant pas aboli. Le roi alla même jusqu'à proposer aux ambassadeurs des états généraux de consentir à un traité qui déclarait toutes les côtes de la France en état de blocus, et qui devait apporter des dommages plus considérables encore au commerce hollandais. Mais comme il s'agissait de combattre à forces réunies les projets ambitieux du grand roi, et de l'arrêter dans la marche de ses conquêtes, le grand pensionnaire lui-même conseilla aux états de signer le traité conçu par le roi Guillaume III.

Le 9 mars 1689, la république déclara la guerre à la France. Le mois suivant, Louis XIV la déclara à l'Espagne; et dans le mois de mai le roi d'Angleterre suivit l'exemple des Provinces-Unies, qui signèrent en même temps une alliance avec l'empereur Léopold. La Grande-Bretagne, le Brandebourg, la Bavière, la Saxe, l'Espagne, le Danemark et la Savoie, y adhérèrent l'un après l'autre : de manière que la France avait, pour ainsi dire, l'Europe tout entière contre elle.

La campagne s'ouvrit aussitôt. Les Brandebourgeois, réunis aux Hollandais, chassèrent les Français du bas Rhin, pendant que les Impériaux les refoulaient en amont de ce fleuve, et que le prince de Waldeck agissait contre eux dans les Pays-Bas, à la tête des différents corps qui s'y trouvaient réunis, et qui se composaient de Flamands, de cinq mille Anglais commandés par le comte de Marlborough, et de quelque cavalerie espagnole. Le 27 août, le maréchal d'Humières fut battu près de Walcourt, et les lignes françaises près de Gand furent enlevées. Mais le maréchal de Luxembourg répara cet échec l'année suivante par une grande victoire qu'il remporta, le 1er juillet 1690, sur le prince de Waldeck, dans les plaines de Fleurus. Les alliés perdirent, dans cette journée, six mille hommes tués et huit mille prisonniers.

La campagne suivante ramena le roi Guillaume sur le continent. Au mois de février 1691, il avait assisté à une grande réunion de princes à la Haye : et il y avait été décidé qu'avec le secours de l'empereur et de la Savoie, on mettrait sur pied une armée de deux cent vingt mille hommes. Il fallait du temps pour réunir une quantité aussi considérable de troupes, et les circonstances étaient singulièrement pressantes. Guillaume III crut pouvoir venger la défaite de Fleurus avec une armée de quatre-vingt mille combattants, et s'avança contre le maréchal de Luxembourg. Mais quand il eut appris que les Français, qu'il croyait toujours dans leurs cantonnements, avaient investi la place de Mons, il s'arrêta tout à coup, et établit son camp près de Halle. Cette forteresse, vivement serrée, se rendit à l'ennemi après un siège de seize jours, pendant lesquels il y fut lancé près de cinquante-huit mille boulets et six mille bombes.

L'année 1692 ne fut pas plus heureuse pour les alliés. Louis XIV voulut l'employer à porter la guerre dans la Flandre, afin d'occuper le roi Guillaume sur ce point, tandis que Jacques II tenterait une descente en Angleterre, sous la protection de la flotte française, commandée par le chevalier de Tourville. Mais la flotte fut battue et dispersée, entre la Hogue et Barfleur, par les vaisseaux anglo-hollandais. Ce désavantage, les Français le compensèrent bientôt par la prise de la ville et du château de Namur, que Guillaume III et l'électeur de Bavière avaient vainement essayé de dégager, et par un rude échec qu'ils firent essuyer au roi d'Angleterre à Steenkerque, près de Halle, où les alliés laissèrent sept mille hommes sur le terrain.

Cette terrible lutte traînait ainsi en longueur, et presque toujours elle fut malheureuse pour les princes alliés. Depuis l'année 1694, la fortune se montra cependant un peu plus favorable à leurs armes. Au mois d'août 1695, la grande ligue contre la France avait été renouvelée dans un congrès qui fut tenu à la Haye. Mais le désir de la paix était général ; et bientôt le duc de Savoie se détacha de l'alliance par un traité séparé avec Louis XIV, qui lui-même ne demandait pas mieux que de cesser les hostilités, préoccupé qu'il était déjà de ses vues sur l'Espagne, dans le cas où le roi Charles II viendrait à mourir. Le roi invoqua la médiation de la Suède, qui proposa aux princes de la ligue, au nom de la France, de commencer de nouvelles négociations sur la base des traités de Westphalie et de Nimègue; en retour de quoi Louis XIV consentirait à reconnaître Guillaume III comme souverain de la Grande-Bretagne. Cette proposition fut acceptée, et les conférences furent ouvertes à Ryswyck près de la Haye, le 9 mai 1697. Mais comme on ne put s'entendre d'abord sur les termes d'une trêve, on continua les hostilités ; et les Français remportèrent de nouveaux avantages, sous Catinat dans le Hainaut, sous Vendôme en Catalogne, et sur mer contre la flotte espagnole et hollandaise. Ces succès servirent au roi à lui faire élever plus haut ses prétentions à l'égard de l'empereur. Mais enfin la paix fut signée le 20 septembre, en remettant les choses dans l'état où elles étaient après le traité de Nimègue, et en n'attribuant à la France que la possession de quelques villages voisins de Tournai. Les provinces-Unies obtinrent pour tout avantage un traité de commerce qui ouvrait le marché de la France à leurs marchands au même titre qu'aux nationaux. Enfin, Guillaume d'Orange fut solennellement reconnu comme souverain de la Grande-Bretagne par Louis XIV, qui renonça en outre à aider désormais Jacques II dans les tentatives qu'il pourrait faire pour ressaisir son trône perdu.

La paix de Ryswyck n'était, à vrai dire, qu'un moment de repos donné aux peuples de l'Europe occidentale, afin qu'ils eussent le temps de se retourner du côté de l'Espagne, où la mort d'un seul homme allait peut-être remettre tout le continent en feu. Car il s'agissait de savoir ce que deviendrait la monarchie espagnole, avec Naples, les Pays-Bas et les Indes, quand le roi Charles II, vieillard de trente-neuf ans, serait allé rejoindre dans la tombe son aïeul Charles-Quint. Ce prince, obéissant tour à tour aux mille influences qui l'environnaient, faisait et défaisait son testament, et ses dépouilles étaient depuis longtemps un objet de convoitise pour le fils du roi de France, pour l'empereur, pour l'électeur de Bavière et pour le duc de Savoie, tous issus de princesses espagnoles. Déjà plus d'une fois des projets de plan de succession avaient été dressés par les États intéressés à ce riche héritage. Tantôt on s'était accordé pour l'un, tantôt pour l'autre. On avait été même jusqu'à mettre en avant l'idée d'un démembrement.

Enfin, le 11 octobre 1698, l'Angleterre, la France et les Provinces-Unies signèrent à la Haye un traité qui assurait d'avance au fils de l'électeur la couronne d'Espagne, au Dauphin le royaume de Naples et de Sicile, et quelques places des Pyrénées; et à l'archiduc Charles, deuxième fils de l'empereur, le duché de Milan. Mais la mort du jeune prince de Bavière, survenue au mois de février 1699, fit abandonner ce projet, qu'on remplaça, le 25 mars 1700, par un nouvel arrangement qui donnait le trône d'Espagne à l'archiduc, et tout le reste de l'héritage de Charles II au fils de Louis XIV. Enfin l'événement, si longtemps redouté, arriva le 1er novembre 1700 : Charles d'Espagne mourut. Mais il laissa un testament qui, daté du 2 octobre, désignait comme son héritier universel le prince Philippe d'Anjou, deuxième fils du Dauphin de France. Louis XIV rompit aussitôt le traité conclu avec ses alliés, prétendit, au nom de son petit-fils, à toute la monarchie espagnole, et fit occuper par ses troupes les places fortes des provinces belges, dont le gouverneur général avait reconnu l'autorité du jeune roi Philippe V.

Il était facile de prévoir que les états généraux, inquiets du voisinage des Français, ne manqueraient pas de mettre tout en œuvre pour susciter de nouveau une ligue contre Louis XIV. Celui-ci envoya donc aussitôt un ambassadeur à la Haye pour leur proposer de négocier. Mais les états demandèrent que, pour la sûreté de la république, les villes et les forteresses de Venlo, de Ruremonde, de Stevenswaard, de Luxembourg, de Namur, de Charleroi, de Mons, de Termonde et de Damme, fussent remises à la garde des Hollandais; et que les Anglais fussent admis à Ostende et à Nieuport, avec le droit pour chacune de ces puissances d'y placer des garnisons sous le commandement des généraux qu'il leur plairait de nommer. Cette demande fut formellement refusée. La république se mit donc en mesure de trouver des alliés. Dès le 15 juin 1701, elle avait signé à Copenhague une alliance de dix ans avec l'Angleterre et le Danemark. Le 7 septembre, elle conclut avec l'Angleterre et l'Empire un traité plus directement relatif à l'affaire de la succession espagnole. Enfin, au mois de décembre, elle traita avec l'électeur de Brandebourg, devenu roi de Prusse, pendant que les Anglais s'étaient également attaché les Suédois. Déjà l'empereur avait commencé la guerre en Italie. Le roi Guillaume III se disposait à l'ouvrir dans les Pays-Bas au printemps prochain, quand le malheur voulut qu'il tombât de cheval, étant à la chasse, le 4 mars 1702, et mourût des suites de cette chute quinze jours après.

CHAPITRE II.

LES PROVINCES-UNIES DES PAYS-BAS DEPUIS LA MORT DU ROI GUILLAUME (1702) JUSQU'A LA RÉVOLUTION DE 1787.

§ I. VACANCE DU STATHOUDÉRAT JUSQU'EN 1747.

Peu de temps après la mort de Guillaume III, les états généraux déclarèrent la guerre à la France : ce fut le 8 mai 1702. Leurs alliés, la reine Anne d'Angleterre et l'empereur Léopold, suivirent bientôt cet exemple ; et les hostilités recommencèrent aussitôt avec une fureur qu'elles avaient rarement présentée.

L'électeur de Bavière, et le prince-évêque de Liége, électeur de Cologne, avaient pris parti pour Louis XIV. Une garnison française avait été admise dans la citadelle de Liége, et successivement les autres places de la principauté furent ouvertes aux troupes du roi.

Les alliés débouchèrent par la Gueldre, et emportèrent sans peine la place de Venlo, dont la chute entraîna celle de Ruremonde. Marlborough, général de l'armée et arbitre de la grande alliance, enleva la citadelle de Liége et le château de Huy. La forteresse de Limbourg tomba en même temps en son pouvoir, pendant que les Prussiens prenaient la place de Gueldre, après l'avoir battue pendant quinze jours. Cette guerre horrible se prolongea jusqu'au mois de mai 1706, et ne se signala que par des villes bombardées, prises et reprises tour à tour, et par les revers que les armes françaises ne cessèrent d'éprouver.

Jusqu'au 6 mai 1706 aucune grande bataille n'avait été livrée, et l'on n'en était venu qu'à des escarmouches plus ou moins sanglantes. Mais ce jour-là les deux armées se trouvèrent en présence dans la vaste plaine de Ramillies en Brabant, dans le quartier de Louvain. On en vint aux mains ; et l'armée française, commandée par le maréchal de Villeroi, essuya une défaite complète.

Cette victoire ouvrit aux alliés les portes de Bruxelles et des principales villes de Brabant et de Flandre, Louvain, Malines, Tirlemont, Lierre, Gand, Bruges et Oudenaerde. Ostende fut pris après un siège de dix-sept jours ; Menin tomba le 22 août, et Ath le 21 septembre.

Les hostilités duraient encore en 1709. La France était épuisée par cette lutte, et Louis XIV, qui, en 1672, avait refusé avec tant de hauteur des conditions raisonnables aux Hollandais, se vit forcé d'implorer de ces mêmes hommes une paix humiliante. Ses ambassadeurs furent d'abord reçus à la Haye avec le mépris qu'il avait témoigné lui-même auparavant aux envoyés de la république. Mais les ministres des alliés, qui s'étaient réunis dans cette capitale, convinrent enfin d'un traité, qu'il refusa de signer. Cet acte eût été, en effet, la plus grande humiliation de la France ; et un roi comme Louis XIV ne pouvait ainsi passer sous les Fourches Caudines : car on ne lui demandait rien de moins que de laisser proclamer unique et véritable roi d'Espagne l'archiduc Charles, qui venait d'être solennellement inauguré à Madrid, sous le nom de Charles III ; de rappeler d'Espagne le duc d'Anjou, son petit-fils ; de reconnaître la reine Anne comme seule et véritable reine d'Angleterre, et la succession de cette couronne dans la ligne protestante ; de faire sortir de France celui qui prétendait être le roi de la Grande-Bretagne, Jacques II ; de céder les villes de Furnes, Ypres, Warneton, Commines, Werwick et le fort de Knock, avec leurs dépendances, aux états généraux en toute propriété, et les villes de Lille, Tournai, Condé et Maubeuge, pour y tenir garnison, et pour en former avec le reste des Pays-Bas espagnols une barrière pour la sûreté de leurs provinces ; de rendre toutes les places des Pays-Bas, qu'il avait prises sur la couronne d'Espagne, dans l'état où elles se trouvaient alors ; de restituer avant le terme de deux mois, pendant lesquels il y aurait un armistice, les villes de Namur, Mons,

Charleroi, Luxembourg, Condé, Tournai, Maubeuge, Nieuport, Furnes, Ypres, Dunkerque, Strasbourg, etc.

La France fut ainsi forcée de continuer la guerre.

L'armée de Louis XIV était commandée par le maréchal de Villars; celle des alliés, par Marlborough et par le prince Eugène de Savoie. Elles en vinrent aux mains le 11 septembre 1709, à Malplaquet, où, après la lutte la plus meurtrière qu'on eût vue dans toute cette guerre si longue, les alliés ne gagnèrent que le champ de bataille. Pendant que Villars se retirait sous le canon du Quesnoy, ils investirent la ville de Mons, qu'ils prirent le 20 octobre.

Le roi de France était réduit aux dernières extrémités. Il lui était impossible de continuer à lutter contre des forces si supérieures, malgré toute la bravoure de ses soldats. D'ailleurs ses finances étaient entièrement épuisées. Il songea donc à faire de nouvelles propositions de paix. Le 2 janvier 1710, il adressa aux princes alliés une note qui était en partie conforme au projet de traité formulé à la Haye l'année précédente, mais qui laissait pour ainsi dire intacte la question de la souveraineté de Philippe d'Anjou en Espagne. Aussi ses propositions ne furent point accueillies; car elles n'eussent produit qu'une paix apparente, et elles n'étaient au fond qu'un piége. Cependant le roi ne se rebuta point. Il obtint des passe-ports pour le marquis d'Uxelles et pour l'abbé de Polignac, qui se réunirent à Geertruydenberg avec les envoyés des Provinces-Unies, mais qui ne réussirent pas davantage à entrer sérieusement en pourparlers.

La guerre fut donc reprise une seconde fois. Les alliés assiégèrent Douai, et s'emparèrent de cette place, dont la chute fut suivie de celle de Béthune, de Saint-Venant et d'Aire; pertes que le maréchal de Villars ne racheta point par la prise de la bicoque de Bouchain.

Mais, pendant que l'armée alliée s'avançait ainsi dans la France, la reine Anne, fatiguée des concussions que l'avidité de Marlborough exerçait depuis si longtemps dans l'armée, songea tout à coup à le rappeler en Angleterre. Elle voyait d'ailleurs qu'elle faisait presque seule les frais de cette guerre, qui n'avait pour elle aucun but, et dont elle ne pouvait attendre aucun avantage réel. Cependant elle ne commença que par restreindre l'autorité de ce général au seul commandement de l'armée. Ce fut presque un événement amené pour changer la face des choses. Mais ce qui en fut un en réalité, c'est la mort de l'empereur Joseph I, survenue le 11 avril 1711. La guerre avait été commencée pour empêcher la réunion de la France et de l'Espagne; et maintenant Charles III succédant à son frère sur le trône de l'Empire, la couronne du roi et celle de l'empereur n'allaient-elles pas se placer l'une et l'autre sur la même tête, pour refaire une partie de Charles-Quint? La reine Anne, pressée par ces considérations, se hâta donc de se retirer de la grande alliance, entra en négociation directe avec Louis XIV, et accepta, le 8 octobre, des préliminaires qui portaient en substance que « le roi, voulant contribuer de tout son pouvoir au rétablissement de la paix générale, déclarait : 1° qu'il reconnaîtrait la reine de la Grande-Bretagne en cette qualité; 2° qu'il consentirait de bonne foi qu'on prît toutes les mesures raisonnables pour empêcher que les couronnes de France et d'Espagne ne fussent jamais réunies en la personne du même prince, Sa Majesté étant persuadée qu'une puissance si excessive serait contraire au bien et au repos de l'Europe; 3° que l'intention du roi était que tous les princes et les États engagés dans cette guerre trouvassent une satisfaction raisonnable dans la paix qui se ferait; 4° que, comme l'objet que le roi se proposait était d'assurer les frontières de son royaume sans inquiéter, en quelque manière que ce fût, les États de ses voisins, il promettait de consentir, par le traité qui serait conclu, que les Hollandais fussent mis en possession des places fortes qui y seraient spécifiées dans les Pays-Bas, lesquelles serviraient, à l'avenir, de barrière pour assurer le repos de la Hollande contre toutes les entreprises de la France ; 5° que le roi consentait également qu'on formât une autre barrière sûre et convenable pour l'Empire et pour la maison d'Autriche ; 6° qu'il voulait bien s'engager à faire démolir les fortifications de Dunkerque, à condition qu'on lui donnerait un équivalent à sa satisfaction ; et enfin, 7° que, lorsque les conférences seraient formées, on y discuterait de bonne foi toutes les prétentions des princes et des États engagés dans cette guerre. »

Ces préliminaires, agréés par la reine Anne, furent envoyés à l'empereur Charles VI, qui les repoussa, ne voulant entrer dans aucune négociation qui pût le priver de la couronne d'Espagne et des Indes. Malgré l'opposition qu'il témoignait ainsi, tout marchait cependant vers une solution pacifique, les autres parties belligérantes se trouvant aussi fatiguées que la France l'était elle-même.

Le 20 janvier 1712, un congrès fut ouvert à Utrecht, où se rendirent les plénipotentiaires de tous les princes, excepté ceux du roi d'Espagne, qui n'était pas reconnu encore à ce titre. Les travaux de la paix commencèrent aussitôt.

Ils ne furent pas cependant sans être accompagnés de quelques mouvements militaires sur les frontières de la France. Une suspension d'armes avait été signée, il est vrai, le 16 juillet entre les Français et les Anglais ; mais les Impériaux continuaient la guerre. Le prince Eugène alla mettre le siège devant Landrecies. Villars parvint à dégager cette place, força Denain, emporta Marchiennes, et, profitant de sa victoire, reprit Douai, le Quesnoy et Bouchain.

Cet éclatant succès remporté par la France fit pousser avec plus d'activité que jamais le travail de la pacification. Les conférences d'Utrecht se terminèrent par différents traités qui furent signés le 11 avril 1713. Dans celui qui fut conclu entre la France et les Provinces-Unies, il fut stipulé que « Louis XIV remettrait aux états généraux, pour la maison d'Autriche, tout ce que ce prince ou ses alliés possédaient encore dans les Pays-Bas, c'est-à-dire tout ce que le roi Charles III y avait possédé conformément au traité de Ryswyck, pour être donné à la maison d'Autriche dès que les états généraux seraient convenus avec cette maison de la manière dont ces pays serviraient de barrière et de sûreté ; qu'il serait réservé, dans le duché de Luxembourg, une terre de la valeur de trente mille écus de revenu annuel, pour être érigée en principauté en faveur de la princesse des Ursins et de ses héritiers ; qu'en conséquence le roi de France ferait remettre aux états généraux la ville et le duché de Luxembourg, avec le comté de Chiny, la ville, le château et le comté de Namur, les villes de Charleroi et de Nieuport, avec l'artillerie, les armes et les munitions qui se trouvaient dans ces places au temps du décès du roi Charles II ; que le roi de France obtiendrait de l'électeur de Bavière une renonciation aux droits qu'il prétendait avoir sur la souveraineté des Pays-Bas, en vertu de la cession qui en avait été faite par Charles III ; mais que l'électeur retiendrait la souveraineté du duché de Luxembourg et du comté de Namur, jusqu'à ce qu'il eût été rétabli dans la possession de ses États héréditaires d'Allemagne ; que le roi de France cédait aux états généraux, en faveur de la maison d'Autriche, la ville et la verge de Menin, la ville et la citadelle de Tournai, avec le Tournaisis, leurs dépendances, appartenances, annexes et enclaves, les villes de Furnes, de Loo, de Dixmude, d'Ypres, de Poperingue, de Warneton, de Commines et de Werwick ; que la navigation de la Lys, depuis l'embouchure de la Deule en remontant, serait libre ; qu'aucune province, ville, fort ou place des Pays-Bas espagnols ne pourrait jamais échoir à la couronne de France, ni à aucun prince ou princesse de la maison ou ligne de France, à quelque titre que ce pût être ; que les états généraux remettraient au roi la ville, la citadelle et la châtellenie de Lille, les villes d'Orchies, d'Aire, de Béthune et de Saint-Venant, avec leurs bailliages, gouvernances, appartenances, dépendances et annexes; que la religion catholique romaine serait maintenue dans les Pays-Bas autrichiens; que les communautés et les habitants des pays et des villes que le roi de France cédait seraient conservés dans la libre jouissance de tous leurs priviléges, coutumes, exemptions, droits, octrois communs et particuliers, charges et offices héréditaires, avec les mêmes honneurs, rangs, gages, émoluments et exemptions. »

Telles étaient les conditions de ce traité d'Utrecht, où Louis XIV signa sa propre humiliation, lui qui, peu de temps auparavant, dictait encore la loi à l'Europe. L'empereur toutefois refusa d'y souscrire, et la guerre continua en Allemagne, où le maréchal de Villars prit Landau et Fribourg. Mais ces conquêtes mêmes furent un acheminement à la paix, qui fut en effet signée à Rastadt le 6 mars 1714, sur les bases du traité d'Utrecht, par le prince Eugène au nom de l'empereur, et par Villars au nom du roi, et qui fut ratifiée plus tard, le 7 septembre, à Bade, par l'Empire et par la France.

Maintenant que Louis XIV était entièrement mis hors de la question, les difficultés étaient loin d'être terminées; car il restait à régler entre l'Autriche et les Provinces-Unies la fameuse question de la barrière posée par le traité d'Utrecht. Des conférences furent ouvertes à Anvers en 1714 ; et, après des discussions longues et épineuses, elles aboutirent au traité du 15 novembre 1715, qui rappelait une partie des stipulations consacrées dans celui d'Utrecht, et qui déterminait, en outre, quelles seraient les forces destinées à défendre les places fortes dont la barrière était composée. C'est ainsi que l'on convint d'entretenir dans les Pays-Bas autrichiens un corps de trente à trente-cinq mille hommes, dont l'empereur devait fournir trois cinquièmes, et dont deux cinquièmes seraient procurés par les états généraux, sauf à augmenter ce nombre selon le besoin. Les villes et les châteaux de Namur et de Tournai, les places de Menin, de Furnes, de Warneton, d'Ypres, et le fort de Knock, reçurent des garnisons hollandaises.

Louis XIV ne survécut guère à cet acte, qui fut en quelque sorte le testament politique qu'il laissa à la France; car il mourut dans le cours de la même année 1715.

Au milieu de cette longue lutte, pendant laquelle était mort Guillaume III en 1702, les états généraux avaient perdu en ce prince leur stathouder, et en même temps leur amiral et leur capitaine général. Comme il ne laissait point de descendant mâle, l'hérédité du stathoudérat, stipulée en sa faveur, cessait par le fait. Son neveu Jean-Guillaume Friso essaya vainement de se faire investir de la dignité de stathouder; car, dès le 25 mars 1702, les états de Hollande avaient déclaré aux états généraux qu'ils entendaient la regarder comme abolie. Les provinces de Zéelande, de Gueldre, d'Utrecht et d'Over-Yssel s'étaient prononcées dans le même sens.

Mais ce ne fut pas sans de grands troubles que cette crise se passa, l'abolition du stathoudérat ouvrant de nouveau les portes aux mouvements anarchiques et aux collisions inévitables auxquels elle donna lieu entre les pouvoirs publics.

A ces désordres intérieurs venaient se joindre les plaintes que les Provinces ne cessaient de proférer sur les pertes que la guerre leur causait, depuis que le parlement anglais avait résolu, en 1703, que tout commerce devait être interrompu entre les Pays-Bas d'un côté, et la France et l'Espagne de l'autre.

C'est ce double motif qui fit si souvent incliner les états généraux vers les négociations offertes par la France.

Dans les dernières guerres, l'État s'était singulièrement appauvri : la dette était montée à plus de trois cent cinquante millions de florins. Si les citoyens étaient riches, il était de leur intérêt de ne pas la laisser s'augmenter encore, afin de ne point voir compromis leurs capitaux particuliers. Aussi l'armée fut bientôt diminuée, et réduite à trente-quatre mille hommes. La flotte subit également une réduction considérable. Dans cette situation, il importait qu'on se tînt à une stricte neutralité, et qu'on se gardât de s'ingérer désormais dans aucune complication européenne, par laquelle on eût pu être engagé dans une guerre. Tous les soins de la république tournèrent, dès ce moment, vers ce but.

Pourtant elle se laissa encore entraîner, en 1717, dans une alliance avec la France et l'Angleterre pour la défense du traité d'Utrecht, que la cour d'Espagne s'apprêtait de nouveau à rompre. Mais lorsque, en 1718, les Espagnols ayant attaqué les possessions autrichiennes en Italie, l'Empire, déjà allié avec l'Angleterre, s'allia de nouveau avec la république et avec la France, et que, dans la supposition que la république y accéderait, on nomma ce traité la quadruple alliance, les états généraux ne voulurent y entrer qu'à la condition qu'ils ne prendraient aucune part à la guerre, et qu'ils seraient tout simplement considérés comme médiateurs.

Les états ne se mêlèrent pas davantage de la guerre dans le Nord, ou, du moins, ils n'y intervinrent que pour protéger leur commerce dans la Baltique, contre les ordonnances rendues par le roi de Suède Charles XII, contrairement au principe selon lequel le pavillon couvre le navire. Ces ordonnances conduisirent à de véritables actes de piraterie, et les Provinces-Unies envoyèrent une flotte pour s'y opposer.

Le traité d'Utrecht avait été loin d'aplanir toutes les difficultés. Il était resté à résoudre un grand nombre de points que le temps était venu développer. Parmi ces points le plus grave était l'établissement d'une compagnie qui s'était formée dans les Pays-Bas autrichiens, dans le but de nouer un commerce direct entre le port d'Ostende et les Indes orientales et occidentales. Les premiers essais en avaient été si heureux, qu'on ne tarda pas à redoubler d'efforts, et à constituer l'entreprise sur des bases plus larges. Les Hollandais ne pouvaient manquer de voir cette compagnie d'un œil jaloux ; et ils trouvèrent une arme pour s'y opposer dans le traité de Munster, dont ils prétendaient que les articles 5 et 6 interdisaient la navigation des Pays-Bas autrichiens aux Indes. L'empereur soutenait que ces articles ne concernaient que la navigation des Castillans, sans avoir le moindre rapport avec les Pays-Bas; et il maintint en conséquence les lettres patentes qu'il avait délivrées, au mois de mai 1719, pour l'érection de la compagnie d'Ostende, et qu'il confirma le 19 décembre 1722.

Pour régler les différends qui s'étaient ainsi accumulés, on était venu à l'idée de réunir un congrès à Cambrai, afin d'arriver aux moyens de les aplanir. Mais les pourparlers et les négociations préparatoires traînèrent tellement en longueur, que cette assemblée ne put être ouverte avant le mois de janvier 1724. Les discussions devaient y être d'autant plus vives que les Hollandais, exaspérés par les progrès de la compagnie belge, s'étaient portés d'abord à des actes de violence contre les navires de cette société qu'ils rencontraient sur les mers, et avaient ensuite vainement proposé à l'empereur, s'il consentait à retirer ses lettres patentes, de décharger la maison d'Autriche des sommes considérables qu'elle devait à la république, et de fournir tout l'entretien des garnisons hollandaises, auquel les Pays-Bas étaient tenus de contribuer en partie, conformément au traité de la barrière.

Toutefois le congrès de Cambrai n'amena pas le moindre résultat. Il ne fut que le précurseur d'une complication nouvelle. Car bientôt, le 30 avril 1725, l'Espagne conclut avec l'empereur un traité particulier, par lequel ces deux puissances se promirent une garantie mutuelle pour tous les vaisseaux de leurs pays qui pourraient être attaqués ou pris par qui que ce fût, soit en deçà, soit au delà de la ligne; avec l'engagement exprès de venger les torts et les injures que chacune des deux parties pourrait avoir soufferts de ce chef. Cet article consacrait clairement et directement le maintien de la compagnie ostendaise.

Le commerce anglais avait le même intérêt que le commerce des Provinces-Unies à l'abolition de cette société; et la France voyait, dans l'union intime qui venait de s'établir entre l'Espagne et l'Autriche, un renouvellement de l'époque de Philippe II. Aussi ces trois puissances se réunirent en quelque sorte contre l'Espagne et l'Autriche par un traité conclu à Herrenhausen, en Hanovre, le 3 septembre 1725. L'influence que George I d'Angleterre exerçait sur son gendre, Frédéric-Guillaume I de Prusse, réussit même à faire entrer un moment ce souverain dans cette alliance, dont il ne tarda cependant pas à sortir pour se rattacher à l'empereur, mais dans laquelle il fut remplacé par la Suède et par le Danemark, tandis que l'Autriche gagna de son côté la Russie.

Ainsi, pendant quelque temps l'Europe se montra divisée en deux camps. Dans cet état de choses, les éléments de guerre s'amassaient, et le continent pouvait être entraîné de nouveau dans une lutte générale.

Les rapports entre l'Angleterre et l'Espagne étaient arrivés à un grand degré de complication; et cette dernière puissance s'apprêtait à assiéger Gibraltar, que les forces anglaises avaient conservé. D'un autre côté, le discours du trône, prononcé par le roi George Ier à l'ouverture du parlement, en janvier 1727, avait si vivement irrité l'Autriche, que l'empereur menaça l'Angleterre d'une guerre, si des explications satisfaisantes ne lui étaient données. Une explosion allait ainsi avoir lieu, quand le cardinal de Fleury, qui dirigeait alors le cabinet français, s'entremit tout à coup pour arranger cette difficulté. Des préliminaires furent signés à Paris au mois de juin; et il fut établi que les hostilités seraient arrêtées; que la compagnie d'Ostende serait suspendue après le terme de sept années, et que des négociations ultérieures seraient ouvertes dans un congrès à Aix-la-Chapelle. Cette assemblée toutefois n'eut pas lieu dans cette ville; elle se réunit à Soissons en 1728, et presque toutes les cours de l'Europe y envoyèrent des plénipotentiaires. Mais les prétentions qui y furent produites étaient, de leur nature, trop divergentes pour qu'on pût parvenir à s'entendre; de sorte que cette réunion se sépara l'année suivante, sans avoir conclu la moindre chose. Cependant les négociations se continuèrent à la cour de France jusqu'en septembre 1730, mais sans conduire davantage à un résultat.

Un meilleur succès avait été obtenu à Madrid, où des pourparlers avaient eu lieu pendant ce temps; car la France et l'Angleterre avaient réussi à détacher de nouveau l'Espagne de son alliance avec l'Autriche, et à attirer de leur côté ce royaume par le traité de Séville, qui fut signé le 9 novembre 1729. Les états généraux des Provinces-Unies accédèrent aussi à cet acte, qui réglait entièrement en faveur de leur commerce les différends relatifs aux Pays-Bas autrichiens. L'empereur refusa d'abord d'y souscrire; mais enfin, le 16 mars 1731, toute cette longue contestation parut devoir se terminer par le traité de Vienne. Les états généraux y furent nommés comme partie principale. Les Anglais et les Hollandais y reconnaissaient l'indivisibilité des États de la maison d'Autriche, comme essentielle pour le maintien de l'équilibre de l'Europe, et s'engageaient à la garantir, à condition que l'empereur se déciderait à sacrifier la compagnie d'Ostende, qui fut supprimée, en effet, par l'article 5, portant que tout commerce et toute navigation aux Indes orientales, dans toute l'étendue des Pays-Bas autrichiens et des pays qui avaient été sous la domination de l'Espagne au temps de Charles II, seraient abolis à perpétuité. Les Provinces-Unies, avant de signer ce traité, voulurent que la stipulation relative à la navigation et au commerce des Pays-Bas autrichiens fût étendue également aux Indes occidentales; mais enfin ils y accédèrent le 20 février 1732.

Désormais la république hollandaise n'avait plus à songer qu'à son commerce, et qu'à amasser des richesses : elle ne fut distraite un moment de ce soin que pour se poser, avec l'Angleterre, comme médiatrice dans la guerre qui s'éleva au sujet de la succession au trône de Pologne après la mort du roi Auguste II, et pour amener la paix de Vienne de 1738. Cette pacification obtenue, les Provinces-Unies se remirent à leurs travaux pacifiques, développant leur prospérité d'une manière presque fabuleuse. On peut s'en faire une idée par la splendeur que la compagnie des Indes orientales atteignit ; ses dividendes produisaient quarante pour cent tous les ans, et ses actions étaient montées à six cent cinquante pour cent.

Mais, tandis que la république prospérait ainsi dans le repos momentané qui lui était donné, un événement arriva, qui l'entraîna de nouveau dans le tourbillon des affaires européennes. L'empereur Charles VI, dernier mâle de la maison de Habsbourg-Autriche, mourut en 1740 ; et sa fille Marie-Thérèse vit la succession paternelle compromise, malgré les stipulations et les garanties de la pragmatique-sanction, publiée à Vienne le 19 avril 1713, et elle se trouva bientôt elle-même en butte aux attaques de toutes les ambitions jalouses de la grandeur et de la puissance autrichiennes. Les princes voisins comptaient sur la faiblesse de cette jeune femme, pour lui arracher chacun un lambeau de ses domaines.

La Bavière, la Saxe et l'Espagne donnèrent le premier signal. La Prusse envahit la Silésie. Enfin la France prit les armes, sans aucun but d'agrandissement, il est vrai ; mais pour humilier une rivale qu'elle supportait avec dépit sur le continent, tandis que, de son côté, la Sardaigne s'empara du Milanais.

Les Provinces-Unies et l'Angleterre furent les seules alliées de Charles VI qui restèrent fidèles aux engagements qu'elles avaient contractés avec lui. Il s'agissait de montrer que les traités n'étaient pas de vaines stipulations que la force avait le droit de rompre, mais qu'ils étaient placés sous la garantie solennelle de la morale publique. Aussi, les états généraux augmentèrent aussitôt leur armée de cinquante mille hommes, malgré les remontrances de la France, et se décidèrent à soutenir Marie-Thérèse par d'importants subsides. L'Angleterre ne resta pas en arrière : elle envoya, à titre d'alliée de l'Autriche, un corps de seize mille hommes dans les Pays-Bas, pour occuper les places de Gand, d'Oudenaerde, de Courtrai, de Lierre, d'Ostende et de Nieuport. Les états de Hollande, croyant qu'il ne suffisait pas de secourir la jeune impératrice par des subsides, et qu'il fallait lui fournir une aide plus efficace, proposèrent de lui envoyer une armée auxiliaire de vingt mille hommes. Cette résolution fut embrassée par les états généraux, et cette armée entra dans les provinces belges, que les Anglais quittèrent pour se transporter sur le Rhin, et prendre une part active à la guerre.

Le prudent et circonspect cardinal de Fleury étant mort en 1744, la France déclara aussitôt la guerre aux Anglais. Les hostilités commencèrent donc également sur mer, et le commerce des Provinces-Unies en eut considérablement à souffrir. En même temps une armée française pénétra dans la Flandre et conquit cette province, d'où cependant le duc de Lorraine, accouru du Rhin avec les troupes impériales, parvint à la chasser.

Quand on eut appris à la Haye que la France venait d'occuper les villes de la barrière en Flandre, l'inquiétude fut grande, et les états généraux résolurent d'envoyer une seconde armée de vingt mille hommes au secours de Marie-Thérèse, en augmentant en même temps leurs forces de terre de douze mille combattants. Par suite de cette résolution, il se trouvait dans les Pays-Bas autrichiens un total de quatre-vingt mille Hollandais, Autrichiens et Anglais, pour tenir tête aux Français, commandés par le maréchal de Saxe. Mais le maréchal, n'étant pas en mesure de lutter contre toutes ces forces réunies, ne put tenir la campagne; et les alliés pénétrèrent jusque dans la Picardie, exerçant partout les plus grands dégâts.

Cependant les factions s'étaient réveillées au cœur des Provinces-Unies. La maison d'Orange avait conservé dans la république de nombreux partisans, qui songeaient à faire élever au stathoudérat le jeune prince de Nassau-Dietz, qui était maintenant le représentant et le chef de la famille d'Orange, et possédait l'appui du roi George II d'Angleterre, dont il avait épousé la fille. Ce furent eux qui parvinrent à populariser d'abord l'idée de prendre parti pour Marie-Thérèse. A leur tête se trouvaient les frères Van Haren, tous deux membres des états de Frise et des états généraux. Le jeune prince servait dans l'armée autrichienne, sous les ordres du prince Eugène. Il vit son parti s'augmenter à mesure que la guerre se développait, et enfin approcher le moment où il serait appelé à la dignité tant désirée de stathouder. La Frise prit l'initiative, et demanda qu'il fût nommé par la république général d'infanterie. Les provinces de Groningue, de Gueldre et d'Over-Yssel appuyèrent celle de Frise; mais la Hollande et la Zéelande s'opposèrent vivement à cette proposition. Cette fois le vœu des orangistes ne se réalisa point. Le moment de réussir ne devait arriver pour eux qu'en 1744.

Après le traité de Fuessen, la France tourna presque exclusivement ses forces contre les Pays-Bas autrichiens. Une de ses principales entreprises, au début de la campagne de l'an 1745, fut le siége de Tournai, qu'elle envahit avec toute son armée, commandée par le maréchal de Saxe. Pendant que ces forces étaient ainsi occupées, les alliés, Anglais, Autrichiens et Hollandais, accoururent pour dégager cette place. Le 11 mai, les deux partis se trouvèrent en présence dans la plaine de Fontenoy, où se livra une des batailles les plus mémorables de ce siècle. Les Français remportèrent une victoire signalée, qui fut bientôt suivie de la chute de Tournai.

Après cet éclatant succès, Louis XV fit offrir aux états généraux, par son ambassadeur à la Haye, les conditions les plus favorables, s'ils voulaient consentir à rester neutres dans la lutte; mais ils tardèrent si longtemps de donner une réponse décisive, que l'armée française, ayant repris ses opérations, se trouva bientôt en possession de toute la Flandre orientale et d'une grande partie du Hainaut.

La campagne suivante ne fut pas moins heureuse pour les armes françaises, le débarquement du prétendant au trône d'Angleterre ayant forcé les Anglais à rentrer dans la Grande-Bretagne, et à affaiblir ainsi l'armée des alliés. Dès le mois de février, les Français prirent Bruxelles, et firent prisonniers un grand nombre d'Impériaux et de Hollandais. Avant de poursuivre ses avantages, Louis XV proposa de nouveau à la république un traité de neutralité, que les états généraux refusèrent derechef, évidemment à l'instigation de l'Angleterre, qui, en prolongeant la guerre, espérait faire obtenir à la fois dans les sept provinces le stathoudérat au prince d'Orange, quand les affaires de la république se trouveraient un peu plus compromises qu'elles ne l'étaient déjà. Malgré ce refus, on ouvrit cependant des conférences à Bréda pour des négociations ultérieures, et les Français continuèrent à s'avancer dans le Brabant. Le mois de mai leur donna la citadelle d'Anvers; le mois de juillet, la place de Mons. Namur et Huy, avec leurs châteaux forts, tombèrent à leur tour. Enfin, l'automne venu, toute la Belgique, à l'exception de la province de Luxembourg, se trouvait à la discrétion du roi.

Mais la paix de Dresde vint, cette année, mettre l'Autriche dans la possibilité d'envoyer une armée plus forte dans les Pays-Bas. Malheureusement la saison était trop avancée, quand le duc de Lorraine passa la Meuse avec ces renforts si nécessaires. Ils n'arrivèrent que pour essuyer, le 11 octobre, une défaite à Rocourt, près de Liége. Ce nouvel échec des alliés mit les Français directement en contact avec le territoire des Provinces-Unies. Mais ils se réservaient cette conquête pour l'année suivante.

Dès la fin de l'hiver, les drapeaux de Louis XV entrèrent dans la Flandre zéelandaise; et, avant les derniers jours d'avril, presque toute cette partie des domaines de la république se trouva soumise : l'Écluse, Yzendyk et Liefkenshoek.

Toutes les provinces s'émurent, quand on apprit que l'ennemi avait envahi les frontières du pays; et tous les yeux cherchèrent un chef qui, en réunissant dans ses mains les rênes du pouvoir, donnât plus d'harmonie et d'activité au gouvernement. Le nom du prince d'Orange fut prononcé, et un mouvement populaire éclata dans toute la Zéelande pour l'élever au stathoudérat. Les villes de Hollande, d'Utrecht et d'Over-Yssel imitèrent cet exemple, et, avant la fin du mois de juin, le prince se trouva stathouder de ces provinces.

Pendant ce temps, les conférences tenues à Bréda avaient été rompues, sans qu'elles eussent abouti à rien ; et les Français avaient enlevé le reste des places de la Flandre zéelandaise, d'où ils menaçaient continuellement la Zéelande elle-même. Tout à coup, après y avoir laissé de bonnes garnisons, ils concentrèrent leur armée derrière la Dyle, et se portèrent brusquement vers la Meuse, du côté de Tongres. Les alliés accoururent au même instant de Bréda pour couvrir la place de Maestricht, qu'ils crurent menacée par l'ennemi. Les deux armées se rencontrèrent près de cette ville, à Lawfeldt, le 2 juillet, et se livrèrent un combat meurtrier, qui se décida en faveur des armes françaises.

Les vainqueurs résolurent alors une entreprise dont l'idée, et plus encore le succès, étonnèrent l'Europe : ce fut le siége de Berg-op-Zoom. Les efforts des plus fameux capitaines avaient échoué devant cette place, le prince de Parme en 1588, le marquis de Spinola en 1622; et elle passait pour imprenable, car elle avait été fortifiée par Coehoorn, et elle était protégée par une armée nombreuse. Les Français l'emportèrent le 16 septembre.

La terreur que le bruit de cette conquête produisit dans les Provinces-Unies fut grande; et il fallut songer, pour la défense du territoire de la république, à lever un nouvel armement en Hollande et en Zéelande, et à frapper le pays de fortes contributions, destinées aux dépenses de la guerre.

Le péril inspira un autre moyen encore : c'était de concentrer le pouvoir, en élevant le prince d'Orange à la dignité de stathouder héréditaire. La noblesse de la province de Hollande proposa de stipuler cette hérédité, non-seulement en faveur de la descendance masculine du prince, mais encore en faveur de sa descendance féminine. Le peuple avait été préparé, par une foule de pamphlets, à cet événement. Le 16 novembre 1747, les états de Hollande proclamèrent le stathoudérat héréditaire dans l'une et dans l'autre descendance de la maison d'Orange; mais toutefois avec la stipulation qu'on en tiendrait exclus les princes qui posséderaient la dignité royale ou électorale, ceux qui ne professeraient pas la religion protestante, et les princesses qui auraient épousé un mari étranger à ce culte. Toutes les autres provinces suivirent successivement et avec enthousiasme l'exemple de celle de Hollande. Enfin, le dévouement et l'affection pour le prince étaient tels, qu'on étendit considérablement les attributions du stathouder, qui fut même nommé gouverneur général des Indes hollandaises, titre qu'aucun de ses prédécesseurs n'avait encore porté.

§ II. GOUVERNEMENT DES STATHOUDERS HÉRÉDITAIRES JUSQU'EN 1787.

Depuis que les conférences de Bréda avaient été rompues, un nouveau congrès s'était ouvert à Aix-la-Chapelle. Mais, le 27 janvier 1748, les plénipotentiaires de Marie-Thérèse, de l'Angleterre, des Provinces-Unies et de la Sardaigne concertèrent à la Haye, en dehors du congrès, une alliance dans le but de faire en commun la guerre à la France. A cette ligue devaient se joindre les troupes auxiliaires que la Russie rassemblait en Livonie, au moyen des subsides que l'Angleterre et la république hollandaise lui avaient fournis. Cependant, comme on était des deux côtés également fatigué de cette lutte, les négociations d'Aix-la-Chapelle prirent bientôt une tournure toute pacifique. Au mois d'avril, les Français avaient investi la forteresse de Maestricht, et l'avaient réduite dans les premiers jours du mois suivant. Ce fut le dernier événement militaire qui frappa les Pays-Bas; car la menace faite par la France de raser les fortifications de Berg-op-Zoom avait amené tout à coup les états généraux à accéder aux préliminaires d'Aix-la-Chapelle, qui furent signés le 30 avril.

En vertu de ces préliminaires, toutes les conquêtes faites jusqu'à ce jour furent restituées : l'armée russe, qui se trouvait déjà en marche, retourna sur ses pas ; et, après de longues négociations avec l'Autriche, toutes les difficultés furent enfin levées : de manière que, le 18 octobre, on signa une paix par laquelle la France s'engageait à rendre les provinces belges, la Flandre zéelandaise, et les places de Berg-op-Zoom et de Maestricht. Le traité de la barrière ne fut pas renouvelé ; et, bien que la république, après l'évacuation de la Belgique par les Français, conservât le droit de tenir garnison dans les forteresses désignées dans ce traité, la plupart furent laissées démantelées, et rendues militairement intenables.

La paix d'Aix-la-Chapelle ayant définitivement mis fin à la guerre, les Provinces-Unies purent de nouveau se livrer exclusivement à leur développement intérieur. Elles s'identifièrent tellement avec leur stathouder, que, si ce prince avait possédé l'amour de la domination comme le possédèrent les fils du Taciturne, il eût pu mettre à profit, sans aucun péril, l'amour et l'affection populaires, pour fonder une souveraineté réelle en faveur de sa maison. Mais il respecta la confiance nationale, les droits populaires, et l'institution traditionnelle des états généraux. Il ne s'appliqua qu'au bien-être, à l'indépendance et à la prospérité de l'État ; et lorsqu'il mourut, le 22 octobre 1751, âgé de quarante ans à peine, il laissa le nom de Guillaume IV cher et respecté.

Il n'était resté de ce prince qu'un fils, Guillaume V, né le 4 mars 1748, et par conséquent mineur encore. Sa mère prit donc le stathoudérat en sa place, et mit à la tête de l'armée le duc Louis-Ernest de Brunswick-Wolfenbuttel.

Sous cette régence, la république jouit pendant quelque temps d'une paix profonde. Elle mit tout en œuvre pour garder une stricte neutralité dans la guerre de sept ans. Mais elle eut beaucoup à souffrir dans son commerce, à cause de la lutte nouvelle qui ne tarda pas à s'élever entre l'Angleterre et la France. L'Angleterre avait pris les armes, parce que les Français voulaient l'empêcher de bâtir des forts sur leur territoire au Canada, et que les Espagnols se refusaient à laisser leurs possessions ouvertes à ses contrebandiers. Ce ne furent là, il faut le dire, que des prétextes ; car le but réel des

Anglais était la ruine des colonies espagnoles et françaises. La paix d'Utrecht leur avait assuré la prépondérance maritime, en abaissant la France; et ils la consolidèrent par l'ascendant qu'ils exerçaient sur la Hollande. Irrités de voir que les Provinces-Unies refusaient de les aider dans leur querelle avec la France, ils inquiétaient de toutes les façons les vaisseaux de la république, arrêtant et déclarant de bonne prise tous ceux qu'ils rencontraient dans les eaux des colonies françaises. Bientôt ils se mirent à les enlever sans aucune formalité, ne se donnant plus même la peine de se fonder sur le prétexte spécieux de secours donnés à leurs adversaires.

Cette manière d'agir excita naturellement des plaintes graves contre la régente, qui était une princesse anglaise; et le parti contraire au stathoudérat puisa une certaine force dans ces circonstances. Aussi, quand cet état de choses eut conduit la princesse à demander que le nombre des troupes de terre fût augmenté de quinze mille hommes, et qu'outre les quarante-huit vaisseaux de guerre que la république tenait en mer, on en armât vingt-cinq autres, pour protéger plus efficacement le commerce, ses adversaires, surtout ceux que comptait la Zéelande, voulurent que l'on appliquât exclusivement toutes les ressources de l'État aux armements maritimes. De là naquit une lutte intérieure qui eût peut-être eu de sérieux résultats, si la mort d'Anne d'Angleterre, arrivée en 1759, n'était venue y mettre un terme.

Le duc de Brunswick resta chargé de la tutelle du jeune prince et du commandement de l'armée, et les états des différentes provinces reprirent l'exercice des autres attributions du stathouder. Pendant ce temps, la petite guerre de pirates qu'il fallait soutenir contre l'Angleterre continuait toujours, bien que les deux pays restassent en Europe dans une apparence de paix. Toutefois, elle ne fut pas sans porter des coups terribles aux établissements lointains qui avaient fait jusqu'alors la force et la prospérité de la république. Les Anglais s'emparèrent en 1757 du commerce du Bengale, au détriment de la Hollande. Ils s'établirent ensuite à Ceylan et sur les Moluques. Mais enfin les traités de Paris et d'Hubertsbourg vinrent mettre un terme à ces hostilités, en 1763.

Dans une république telle qu'était celle des Provinces-Unies, où plusieurs pouvoirs politiques se tenaient en quelque sorte juxtaposés sans être reliés de manière à faire un ensemble, il y a nécessairement plus de facilité pour les projets politiques individuels, que dans un état plus solidement composé. Il n'y avait donc pas lieu de s'étonner qu'un homme aussi énergique et en même temps aussi ambitieux que le duc de Brunswick cherchât à tirer parti de son influence comme tuteur du jeune stathouder, pour se créer une position solide dans l'État. Il essaya de se mettre à la tête du parti contraire au stathoudérat, qu'on appelait aussi le parti patriote ou républicain. Par une réaction inévitable, les partisans du stathouder s'appliquèrent à restreindre de plus en plus l'autorité du duc, et travaillèrent à faire déclarer majeure la princesse Caroline, sœur aînée de Guillaume V, et à la faire investir de la régence jusqu'à la majorité de son frère. Ils avaient à leur tête la grand'mère du jeune prince, et Van Haren, député de la province de Frise aux états généraux. Ce dernier surtout gênait considérablement le duc, qui ne parvint à écarter ce puissant adversaire qu'en l'accusant publiquement d'inceste, dans un pamphlet qu'il répandit à profusion. Van Haren eut beau être renvoyé de cette accusation en 1762, par la cour de Frise; son importance politique était brisée; et, par la chute de ce seul homme, qui était l'âme de son parti, le duc triompha, et affermit de plus en plus son influence.

L'année suivante, Guillaume V ayant atteint sa quinzième année, prit solennellement place dans l'assemblée des états généraux. Le 18 mai 1766, il fut déclaré majeur, ayant dix-huit ans accomplis. Mais, avant ce moment, le duc de Brunswick avait eu l'adresse de se faire donner par le prince un acte, d'abord tenu secret, qui le reconnaissait comme conseiller du stathouder, et continuait ainsi ses pouvoirs de tuteur au delà de leur limite légale. Le prince était de cette manière dans la dépendance d'un homme qui le tenait entièrement sous son pouvoir, sans être retenu par aucune espèce de responsabilité. Le grand pensionnaire Steyn et d'autres hauts fonctionnaires savaient l'existence de cet acte; mais, malgré toute la volonté qu'ils eurent de l'annuler, ils ne purent y réussir. Force fut donc de laisser venir les événements.

Heureusement pour la paix intérieure de la république, il arriva une suite d'années où la richesse et la prospérité matérielle s'accrurent de nouveau d'une manière presque miraculeuse. Ce qui peut en donner une idée, c'est que la dette de l'État s'était élevée à cent dix pour cent, bien que l'intérêt ne fût que de deux et demi pour cent. Nulle part on ne rencontrait un pauvre. L'abondance régnait partout, et il semblait qu'une bénédiction particulière fût descendue sur le pays. Mais ce fut précisément cette richesse qui lui fut fatale : elle fit oublier la possibilité du retour de la guerre, et on laissa déchoir la force qui était toute l'existence de la république, c'est-à-dire la flotte. Si le sommeil fut long et doux, le réveil fut pénible. Pendant la guerre de l'indépendance dans l'Amérique du Nord contre l'Angleterre, les Provinces-Unies cherchèrent de toutes les manières à rester neutres, selon l'esprit de leur véritable politique. Elles ne le purent pas plus qu'elles ne l'avaient pu quelques années auparavant : leur commerce en reçut les plus notables dommages. Elles manquaient de tous les moyens militaires indispensables pour faire respecter leur neutralité; et toutes les tentatives que put faire le stathouder pour pousser les états généraux à des armements plus considérables sur terre et sur mer échouèrent, dans ce riche pays, contre le prétexte de l'impuissance. Ce spectacle misérable fit déchoir si complétement la république, que l'Europe ne dut plus la regarder qu'avec mépris, après l'avoir longtemps regardée avec terreur et admiration.

Les pertes redoublées que l'Angleterre faisait subir au commerce des Provinces-Unies ne furent pas cependant sans réveiller quelque énergie dans une fraction du pays; mais ce ne fut que dans le parti républicain, toujours hostile au stathoudérat. Il espérait pouvoir tenir tête aux Anglais avec le secours de la France, qui, enveloppée dans la lutte des Américains du Nord contre la mère patrie, traitait les états généraux avec les plus grands égards. L'Angleterre, de son côté, croyait, en vertu des traités, être en droit d'invoquer l'aide de la république. Elle s'apprêtait déjà à alléguer les stipulations signées entre les deux pays au sujet de la possession de Gibraltar, qui avait été garantie par les Provinces-Unies, et que les Français et les Espagnols venaient d'attaquer. Mais le stathouder s'empressa d'entrer en négociation avec la cour de Londres, et essaya de la détourner de cette sommation, et de faire suspendre une décision à ce sujet. Le résultat de cette démarche fut que le parti républicain crut le prince acquis aux intérêts de l'Angleterre.

Les affaires étaient arrivées à ce point, qu'il ne fallait qu'un rien pour amener une collision avec l'Angleterre, bien que le stathouder s'appliquât de toutes ses forces à l'empêcher. Mais les événements furent plus forts que lui. Les Anglais voyaient avec déplaisir le commerce de bois de construction que les Provinces-Unies faisaient avec la France. Ils le déclarèrent commerce de contrebande; et la république l'ayant continué malgré cette défense, ils lui signifièrent qu'ils ne se tiendraient plus liés à elle par aucun traité, si elle ne se bornait pas à la neutralité la plus complète. Les états généraux s'étaient réservé un délai pour répondre; mais on le laissa expirer sans avoir pris une résolution, et, à dater du 17 avril 1780, tous les traités qui existaient entre l'Angleterre et les Provinces-Unies furent considérés comme n'ayant plus ni force ni valeur. Dans ces circonstances, le stathouder obtint que du moins les forces militaires du pays fussent augmentées, et la république chercha à se rattacher à la neutralité armée des puissances du Nord. Mais un malheureux hasard fit éclater la guerre avant que l'on eût pu s'entendre avec ces États, et avant le terme où l'on pouvait calculer qu'elle arriverait. Le pensionnaire d'Amsterdam, Van Berkel, avait conclu en 1780, avec un émissaire américain, un traité de commerce provisoire, pour le temps où, la paix revenue, l'Angleterre reconnaîtrait l'indépendance américaine. Ce traité tomba malheureusement entre les mains des Anglais. Le cabinet de Londres rappela aussitôt son ambassadeur de la Haye, et déclara la guerre aux états généraux.

Si dangereuse que dût être pour les Provinces-Unies une lutte avec l'Angleterre, dans l'état où se trouvait alors la marine de la république, toutes les provinces, excepté la Zéelande, acceptèrent cependant le défi. L'opposition du parti patriote ou républicain, qui se fortifiait dans la sympathie populaire, excitée de plus en plus par l'exemple de l'Amérique du Nord, et qui entretenait avec soin tous les éléments démocratiques, était trop intéressée à une guerre contre les Anglais, pour ne pas applaudir à celle qui se préparait. Seulement il ne suffisait pas de la résolution de l'esprit de parti pour vaincre; il fallait combattre, et avoir surtout les moyens de combattre; et c'était là précisément ce qui manquait.

Avant la fin du mois de janvier 1781, les corsaires anglais avaient déjà fait sur le commerce des Provinces-Unies un butin de quinze millions de florins; et bien plus grandes encore furent les pertes qu'elles subirent dans leurs colonies des Indes occidentales, qui, restées sans défense, se trouvèrent subitement attaquées par l'amiral Rodney. L'assistance des Français leur rendit, il est vrai, les établissements de Saint-Eustache, de Berbice, d'Essequebo et de Démérary, que les ennemis avaient déjà occupés; et elle leur conserva le cap de Bonne-Espérance. Mais les possessions hollandaises sur la côte de Coromandel furent perdues en grande partie dès le mois de juin 1781, Négapatnam dès le mois de novembre. L'année suivante, en janvier, les Anglais enlevèrent le port de Trinconomale dans l'île de Ceylan, avec les forts qui en dépendaient. Enfin, tous les établissements néerlandais à Sumatra, au Bengale, à Surate, à Malabar et dans la Guinée, tombèrent au pouvoir de l'ennemi.

Tous ces désastres portèrent un coup si terrible à la compagnie des Indes orientales, qu'elle fut forcée de suspendre ses payements, et qu'elle eût été frappée d'une ruine complète, si la province de Hollande ne lui était venue en aide; car, outre tous ces marchés qui lui étaient maintenant enlevés, elle avait, dans le cours des années 1781 et 1782, perdu plus de cinq cents vaisseaux de commerce.

L'irritation était parvenue à son comble, moins à cause de ces malheurs qu'en raison de la lenteur que mettait le stathouder aux armements maritimes. Chaque jour on disait plus hautement qu'il était de connivence avec les Anglais; ce qu'on attribuait surtout à l'influence du duc de Brunswick, qu'on avait vu naguère dans une grande intimité avec l'ambassadeur britannique. Aussi, on commença bientôt à insister auprès du stathouder pour qu'il éloignât le duc. Mais le prince s'y refusa formellement; et ce refus ne fit qu'envenimer la mésintelligence qui s'était déjà si ardemment développée entre les deux partis.

La chute du ministère de lord North, à Londres, donna bientôt lieu à des propositions de paix de la part du cabinet anglais aux Provinces-Unies. Mais tous les esprits étaient trop irrités, pour que la république voulût en entendre parler. Elle repoussa également les offres de médiation que lui firent la Russie et d'autres cours, et reconnut solennellement, en avril 1782, les États-Unis de l'Amérique du Nord, avec lesquels elle conclut ouvertement, en octobre, un traité de commerce.

Mais à peine eut-elle signé ce traité, que les Français, après avoir jusqu'alors tout mis en œuvre pour tenir les états généraux éloignés de l'Angleterre, entrèrent eux-mêmes en négociation avec les Anglais. La défaite de l'amiral français de Grasse dans les Indes orientales, et le mauvais succès de l'entreprise tentée sur Gibraltar, engagèrent le cabinet de Paris à pousser avec ardeur ces négociations, dans lesquelles il fit intervenir, comme ses alliés, l'Espagne et les États-Unis américains. Ces puissances signèrent, en 1783, la paix avec l'Angleterre. Les Provinces-Unies, qui, dans leur irritation, avaient jusqu'alors refusé tout traité séparé, durent consentir à l'abandon de l'établissement de Négapatnam sur la côte de Coromandel, par le traité de paix qu'elles signèrent avec la Grande-Bretagne le 20 mai 1784. Leurs autres colonies leur furent restituées, mais à la condition que les navires anglais obtiendraient le libre accès aux Moluques.

La faiblesse que la république hollandaise montra dans tout le cours de cette guerre paraît avoir encouragé l'empereur Joseph II dans l'idée de réclamer la liberté de l'Escaut. Après la mort de sa mère, ce prince était venu aux Pays-Bas pour s'y faire inaugurer. De là il entreprit, en juin 1781, un voyage dans les Provinces-Unies. Il fut frappé du bien-être et de la richesse qui s'y offraient partout à ses yeux, malgré les pertes énormes que la guerre leur avait fait subir; et il songea que la Belgique, après avoir fleuri de même deux siècles auparavant, n'était déchue si profondément que par la fermeture de l'Escaut, le plus désastreux des résultats du soulèvement contre l'Espagne. Dès ce moment, sans tenir aucun compte des traités qui réglaient la navigation de ce fleuve, il résolut de l'affranchir. Pendant son séjour en Belgique, il avait érigé Ostende en port franc. A son retour à Vienne, il déclara que son intention était de démanteler complétement les forteresses de la barrière. Les Provinces-Unies étaient alors en guerre avec les Anglais, et elles avaient les Français pour alliés : elles laissèrent donc faire l'empereur. La barrière fut abattue. Mais à peine eurent-elles été forcées de conclure avec l'Angleterre la paix de 1784, que l'Autriche commença à leur susciter toutes sortes de petites querelles sur des questions territoriales, escarmouches qui devaient préluder à une bataille.

Encouragé de plus en plus par l'inertie où se tenait la république, Joseph II demanda enfin qu'on lui remît la place de Maestricht, et quelques autres territoires de moindre importance; sinon, que la liberté de l'Escaut fût reconnue. Sans attendre une réponse des états généraux, il déclara brusquement que ce fleuve était libre, et que tout empêchement que les Hollandais y apporteraient serait regardé par lui comme une déclaration de guerre. En même temps il essaya de faire forcer le passage par un brigantin autrichien; mais ce bâtiment fut saisi par les Hollandais. Aussitôt l'ambassadeur de l'empereur quitta la Haye, et Joseph II déclara à la cour de France que son but n'était point de faire des conquêtes dans la guerre qui allait s'ouvrir, mais qu'il avait l'intention bien arrêtée de faire cesser la fermeture l'Escaut.

Louis XVI commença par offrir sa médiation, et réunit un corps d'observation dans la Flandre française. Les états généraux prirent de leur côté des mesures de défense, instituèrent une milice nationale, et engagèrent le rhingrave de Salm, avec une troupe de partisans. Mais bientôt leurs ingénieurs leur ayant remontré que les places fortes des frontières se trouvaient dans un incroyable délabrement, tant on avait négligé de les entretenir, toute la faute de cette négligence fut rejetée sur le prince d'Orange et sur le duc de Brunswick, dont on disait toujours qu'il ne faisait que suivre les inspirations. Le duc surtout devint l'objet de l'animadversion publique, et il fut un moment sur le point d'être mis en accusation. Les états de Hollande se bornèrent à demander que sa conduite devînt l'objet d'une enquête, et, à la suite de cet acte, qu'il fût renvoyé du territoire de la république. Les provinces d'Utrecht, de Frise et de Zéelande se rallièrent à cette proposition, et le duc fut enfin forcé de sortir du pays.

Grâce à l'intervention de la France, on n'en vint cependant pas à des hostilités ouvertes. L'empereur se contenta des forts de Lillo et de Liefkenshoek, qui lui furent remis ; de la démolition de quelques autres forts, et d'une somme de dix millions de florins. Il laissa aux états généraux la place de Maestricht et la domination exclusive de l'Escaut. Cet arrangement fut suivi d'un traité d'alliance défensive entre la France et les Provinces-Unies, qui fut conclu, à la grande joie des patriotes, le 12 novembre 1785.

Tous ces événements et toutes ces difficultés avaient donné une grande force au parti des républicains, et leur opposition en était devenue d'autant plus vive contre le prince d'Orange. Dans presque toutes les villes ils eurent bientôt le dessus, et des collisions ne tardèrent pas à avoir lieu sur tous les points du pays. Le prince, ne se trouvant plus en sûreté à la Haye, quitta enfin cette résidence, et la Hollande, avant la fin de 1785.

Ces divisions intestines firent craindre à la France, alliée des patriotes, et à la Prusse, alliée de la famille d'Orange, l'explosion d'une guerre civile dans la république : aussi ces deux puissances résolurent de la prévenir par leur médiation. Mais Louis XVI ne tarda pas à abandonner ce rôle pacifique, dans l'espoir d'acquérir une influence décisive sur les affaires des Provinces-Unies, par le triomphe du parti républicain. Cet abandon isola complétement le plénipotentiaire de Prusse à la Haye, dont les efforts n'obtinrent aucun résultat. Les esprits sages qui se trouvaient parmi les patriotes ne réussirent pas davantage à calmer l'effervescence, qui se manifestait de plus en plus. Les partis s'irritaient chaque jour davantage ; et cette irritation, portée jusqu'à la fureur, fit couler le sang, le 9 mai 1787, près de Vreewyk sur le Leck. La guerre civile se trouvait allumée. La ville d'Utrecht était surtout la plus ardente dans cette lutte. Aussi les états généraux résolurent, contrairement à l'avis des états de Hollande, d'intervenir à main armée dans les sanglants débats que cette ville avait suscités. Cependant il restait encore quelque espoir de terminer pacifiquement ce déplorable état de choses.

La princesse d'Orange voulut elle-même le tenter, et elle prit, au mois de juin, le parti de revenir à la Haye. Mais les patriotes l'arrêtèrent entre Gouda et Schoonhoven, et la forcèrent à retourner à Nimègue, où la cour s'était retirée. Cette insulte, ainsi faite à sa sœur, irrita vivement le roi de Prusse Frédéric-Guillaume II, qui en demanda aussitôt satisfaction aux républicains : ils la lui refusèrent, car ils comptaient sur l'appui d'un corps d'armée français qui s'était réuni près de Givet, sur la Meuse. Mais l'Angleterre intervint au même instant ; et, menaçant de commencer la guerre contre quiconque empêcherait le roi de Prusse de demander une juste satisfaction, elle tint de cette manière la France en échec.

Le 13 septembre 1787, le duc Ferdinand de Brunswick entra sur le territoire de la république avec une armée de vingt mille Prussiens. La place de Gorcum se rendit, après n'avoir essuyé que le feu d'une seule bombe ; et le rhingrave de Salm s'enfuit avec ses huit mille partisans, emportant la caisse de l'armée. Enfin, le 18 septembre, la majorité des états de Hollande réintégrèrent le prince d'Orange dans toutes ses dignités et dans tous ses pouvoirs; et, deux jours après, il fit son entrée à la Haye.

Les patriotes avaient été dispersés de tous côtés dans les provinces par des détachements prussiens. La ville d'Amsterdam seule offrit une résistance sérieuse. Mais, après quelques combats énergiques, elle fut réduite à capituler le 8 octobre.

Tous les corps patriotes furent désarmés. On déposa les fonctionnaires nommés par les patriotes, et la lutte finit, la princesse d'Orange s'étant contentée de la retraite des membres des états de Hollande, et des magistrats des villes qu'elle désigna. L'armée prussienne se retira ensuite du pays, laissant un corps de trois mille hommes à la disposition des états généraux, pour le terme de six mois.

Si la lutte était ainsi terminée, les haines n'étaient point apaisées. Il y eut de violentes et brutales réactions contre les vaincus, des persécutions mesquines, des pillages populaires, toutes les conséquences des passions déchaînées, levain d'une révolution mal faite, mais qui devait produire bientôt une révolution plus terrible.

LIVRE XI.

HISTOIRE DES PROVINCES BELGES JUSQU'EN 1790.

CHAPITRE PREMIER.

LES PROVINCES BELGES JUSQU'EN 1713.

Le gouvernement des archiducs Albert et Isabelle laissa entièrement intacte l'ancienne organisation qui avait été donnée par le roi Philippe II aux provinces belges retournées sous la domination des souverains espagnols. Cependant les états généraux de ces provinces n'étaient que fort rarement convoqués. Nous les voyons se réunir en l'an 1600, pour régler l'état civil, militaire et financier du pays, après que l'archiduc Albert eut été investi de cette partie des Pays-Bas. Nous les voyons s'assembler de nouveau en 1632, quand l'archiduchesse Isabelle, après les succès des armes hollandaises dans les provinces belges, se vit réduite à entrer en négociations avec les Provinces-Unies. Mais ce fut la dernière fois que les états généraux belges figurèrent en corps, sous le règne de la maison de Habsbourg.

Après la conclusion de la paix entre l'Espagne et la république des Pays-Bas en 1648, la guerre continua pendant quelques années encore entre l'Espagne et la France. Ce furent surtout les provinces belges qui en furent le théâtre : elle ne se termina que le 7 novembre 1659, par le traité des Pyrénées, qui adjugea à Louis XIV, dans l'Artois, Arras, Hesdin, Bapaume, Lille, Lens; dans la Flandre, Gravelines, Bourbourg, Saint-Venant; dans le Hainaut, Landrecies, le Quesnoy, Avesnes, Marienbourg, Philippeville; dans le Luxembourg, Thionville, Montmédi et Dampvillers; et la France, de son côté, restitua à l'Espagne Ypres, Oudenaerde, Dixmude, Furnes, Merville, Menin et Commines.

Jusqu'au traité d'Aix-la-Chapelle, signé le 2 mai 1668, la situation politique et territoriale des provinces belges resta entièrement intacte. Après la première phase de la guerre de la succession, cet acte assura à la France les conquêtes qu'elle venait de faire dans ce pays, à savoir les places de Charleroi, de Binche, d'Ath, de Douai, de Tournai, d'Oudenaerde, de Lille, d'Armentières, de Courtrai, de Bergues et de Furnes, contre la restitution qu'elle fit de la Franche-Comté.

Ce traité fut détruit par celui de Nimègue, qui intervint le 10 août 1678, et fit rendre par les Français à l'Espagne une partie des territoires du Hainaut et de la Flandre, qu'ils avaient obtenus par la paix d'Aix-la-Chapelle, c'est-à-dire, Charleroi, Binche, Ath, Oudenaerde et Courtrai, avec leurs prévôtés, châtellenies et dépendances; tandis qu'il assurait à Louis XIV la Franche-Comté, le Cambrésis, et les villes de Valenciennes, Bouchain, Condé, Aire, Saint-Omer, et leurs dépendances; celle d'Ypres avec sa châtellenie, celles de Werwick, Warneton, Poperingue, Bailleul, Cassel, Bavai, Maubeuge, et leurs appartenances.

A la suite de la nouvelle guerre que fit éclore le système des chambres de réunion, instituées par Louis XIV, comme le lecteur l'a déjà vu, nous assistons à une série de nouvelles batailles dont la Belgique est de nouveau le théâtre, et que la paix de Ryswyck, en 1697, vient fermer à son tour, en remettant les choses dans l'état où elles s'étaient trouvées après le traité de Nimègue, et en ne donnant à la France que quelques villages voisins de Tournai.

La Belgique, bouleversée par tous ces événements, et à chaque instant mutilée dans ses frontières, reste enfin, quelques années, en repos dans les limites que l'acte de Ryswyck lui a données. Elle existe jusqu'à l'extinction de la ligne espagnole de la maison de Habsbourg.

Pendant la guerre de la succession d'Espagne, et particulièrement par suite de la campagne de 1706, la plus grande partie des Pays-Bas espagnols, qui s'était déclarée pour Philippe V, était tombée au pouvoir des Hollandais et des Anglais alliés, qui l'avaient occupée au nom du roi Charles III. Un nouveau conseil d'État, composé exclusivement de nationaux et formé sur les bases de l'ancien, avait été investi de l'administration de ces provinces. Il n'obéissait cependant pas directement à Charles III; mais il relevait d'un collège de commissaires anglais et hollandais, qu'on appelait la *conférence*. Cette conférence transmettait au conseil d'État, sous le nom de *réquisitions*, les mesures que l'Angleterre et les Provinces-Unies jugeaient nécessaires; et elle était ainsi, à vrai dire, l'autorité souveraine du pays.

Les événements qui se succédèrent jusqu'à la conclusion du fameux traité de la barrière ont déjà été développés; nous y renvoyons le lecteur.

CHAPITRE DEUXIÈME.

LES PROVINCES BELGES SOUS LA DOMINATION DE L'AUTRICHE JUSQU'EN 1786.

La signature du traité de la barrière produisit d'abord un vif mécontentement dans toute la Belgique. On craignait que les Hollandais ne missent à profit l'occupation militaire des principales forteresses de ces provinces, pour opprimer le pays, et achever d'en ruiner le commerce. Aussi les états de Brabant et de Flandre firent à Vienne des remontrances réitérées à l'empereur, pour l'engager à défendre la dignité de sa couronne. Ces représentations eurent pour résultat de faire envoyer à la Haye un plénipotentiaire, dans le but d'entamer de nouvelles négociations, à l'effet d'obtenir que le nombre des places de la barrière en Flandre, tel qu'il était fixé par le traité, fût diminué. Les négociations se terminèrent par une convention, le 22 décembre 1718.

Immédiatement après la conclusion de la paix d'Utrecht, l'empereur Charles VI avait chargé du gouvernement général des Pays-Bas le prince Eugène de Savoie; mais celui-ci n'étant pas venu remplir lui-même ce poste, l'administration du pays avait été confiée au marquis de Prié, nommé ministre plénipotentiaire pour la Belgique, le 28 juin 1716. Ce seigneur représenta l'empereur à la cérémonie de son inauguration solennelle, qui eut lieu à Bruxelles le 11 septembre de l'année suivante. Il s'occupa ensuite, comme nous venons de le dire, de négocier avec la république hollandaise les modifications à apporter au traité de la barrière. La convention du 22 décembre 1718, qu'il signa avec l'Angleterre et les Provinces-Unies, réduisit à un cinquième le territoire assigné aux états généraux dans la Flandre, assura d'une manière plus positive aux habitants des lieux cédés le maintien et la liberté de la religion catholique, et enfin modifia l'article séparé qui désignait la Flandre et le Brabant comme devant servir d'hypothèque au subside annuel de cinq cent mille écus que l'empereur s'était engagé par le traité à payer à la république, et stipula que la moitié de cette somme serait prise sur les revenus des pays rétrocédés par la France, et l'autre moitié sur les droits d'entrée et de sortie.

Le mécontentement populaire avait été loin de se laisser apaiser par ces légères satisfactions. Dès le mois de juillet, le marquis de Prié avait envoyé au conseiller des finances De Neny, qui préparait à la Haye les négociations, une lettre où nous voyons combien les esprits étaient agités. « Je puis bien dire avec vérité, écrivait-il, que je n'ai guère eu de repos ni de satisfaction depuis que je suis arrivé dans ce pays-ci, tant par rapport aux affaires de la barrière, qu'à l'extravagance de ces peuples et aux manœuvres qui se font pour causer tous ces troubles. Louvain commence à remuer, et l'on travaille à Gand et à Bruges pour exciter la populace. On se sert présentement des prétextes que fournissent les affaires de la barrière. S'il arrive quelque mouvement à Gand et à Bruges, je ne répondrais pas que cela ne passe à une révolte formée et générale du pays. J'attends au premier jour les réponses de la cour sur un projet que j'ai fait pour éteindre ce feu dans sa naissance, et ne pas laisser durer plus longtemps ce désordre. Je ne doute pas que la cour envoie un corps de troupes, dès que la trêve sera conclue avec les Turcs. Mais le chemin est un peu long de Belgrade jusqu'ici; c'est ce qui m'a fait souhaiter un remède plus prompt. Je n'en connais pas de meilleur que de prendre deux ou trois mille hommes de troupes palatines, et trois autres mille des troupes anglaises qui sont dans les États du roi d'Angleterre en Allemagne. Avec un pareil renfort, nous rangerons bientôt ces mutins à la raison, et nous rétablirons le calme dans tout le pays, jusqu'à ce qu'après l'arrivée des troupes impériales, on puisse rechercher la source de tous ces désordres, et y remédier une fois pour toujours. » Ce document se termine par ces paroles : « Je connais bien que je ne manque pas d'ennemis. »

Dans d'autres lettres adressées à Vienne, il ne s'exprime pas avec plus de ménagements pour des populations qu'il opprimait à plaisir dans tous leurs droits, et auxquelles il refusait jusqu'à celui de se plaindre.

Bruxelles était le principal foyer du mécontentement. Les sommes énormes que cette ville avait dû payer pour son contingent, dans le subside accordé aux états généraux de la république, avaient singulièrement épuisé ses finances. En 1717, le marquis de Prié demanda aux représentants du tiers-état, qu'on appelait les *doyens des nations*, le quadruple impôt du vingtième. Il employa, il épuisa tous les moyens pour les engager à y consentir, raisonnements, promesses, menaces. Les doyens se réunirent quatre-vingt-dix fois à l'hôtel de ville, et ils persistèrent constamment dans leur refus. Peu de temps après, les magistrats et les doyens furent renouvelés. François Agneessens, fabricant de grosses chaînes en cuir, fut du nombre des doyens. En 1718, on renouvela la demande du quadruple impôt. Mais les doyens ne se contentèrent pas de le refuser ; ils exigèrent, en outre, qu'on leur rendît compte de l'emploi du subside antérieur. On ne leur répondit pas. Alors toute la populace se souleva, et se mit à piller la maison du bourgmestre et l'hôtel du chancelier, et à dévaster plusieurs autres habitations. Ces désordres eurent lieu le 17 et le 23 juillet. Ne se trouvant pas en mesure de les réprimer, de Prié laissa faire l'émeute et garda le silence. Mais il fit venir des troupes ; et, le 14 mars 1719, on arrêta les doyens des neuf corps de métiers et cinq bourgeois de la ville, qui furent conduits à la prison criminelle. Les rues par où ils passèrent étaient bordées des soldats de toute la garnison, qui avaient ordre de faire feu au premier bruit ou au premier mouvement. Le 19 septembre, leur sentence fut prononcée. Celle d'Agneessens contenait vingt chefs d'accusation, dont la plupart consistaient en simples propos tenus. Il fut condamné à avoir la tête tranchée, et conduit à la chancellerie pour y entendre lire sa sentence dans la chambre du conseil, qui s'y trouvait assemblé. On l'y mena sur une charrette, le dos tourné vers le cheval, ayant son confesseur devant lui. Il était suivi de sept autres, condamnés à être pendus, pour avoir eu la principale part au pillage. Ils subirent tous leur supplice sur la grande place de Bruxelles.

Cette exécution jeta la ville et le pays dans une stupeur profonde, et l'on se demanda si les temps du duc d'Albe étaient revenus, et si l'Autriche allait rivaliser avec l'Espagne, en ressuscitant les motifs de haine qui avaient rendu le nom espagnol si odieux dans les Pays-Bas.

L'animosité populaire que le marquis de Prié avait, dès son arrivée en Belgique, su exciter contre lui s'accrut d'année en année; si bien que l'empereur lui-même n'attendait qu'une occasion pour rappeler cet exécrable proconsul. Cette occasion se présenta en 1724. Le prince Eugène, ayant résigné son titre de gouverneur général, obtint pour successeur momentané le maréchal comte de Daun, auquel de Prié remit son administration. Le comte arriva aussitôt dans les provinces, afin d'y mettre tout en ordre pour la réception de l'archiduchesse Marie-Élisabeth, sœur de l'empereur, qui vint établir en 1725 sa résidence à Bruxelles, avec le titre de gouvernante des Pays-Bas.

L'administration absente du prince Eugène avait eu cela de bon, qu'il n'avait cessé d'insister auprès de l'empereur pour que tout fût mis en œuvre pour relever le commerce dans les provinces. C'est grâce à cette insistance qu'était née la compagnie d'Ostende, dont nous avons déjà raconté les malheureuses destinées.

Un traité conclu entre la France et la république des Pays-Bas assura, en 1733, la neutralité des provinces belges, durant la guerre de la succession de Pologne.

Dès ce moment, le calme se rétablit en Belgique. Pendant quelques années elle peut vivre dans le repos le plus profond, et se remettre des laborieuses fatigues qu'elle a endurées pendant un siècle et demi. A peine si elle voit passer au gouvernement de ses provinces l'archiduchesse Marie-Élisabeth, qui mourut en 1741; le duc Charles de Lorraine, qui lui succéda la même année; et cette série de gouverneurs intérimaires qui administrèrent au nom de ce prince jusqu'en 1780; le comte Frédéric de Harrach, le comte de Kœnigsegg-Erps, le comte de Kaunitz-Rittberg, le comte de Bathiani, et enfin le comte de Cobenzl.

Au moment où Charles de Lorraine devait prendre le gouvernement des provinces (1741), la guerre de la succession d'Autriche éclata. Nous avons vu quelles conséquences elle eut pour la Belgique, et comment la paix d'Aix-la-Chapelle (1748) rendit à l'impératrice Marie-Thérèse les Pays-Bas, tels que son père les avait possédés.

La guerre de la succession étant close, la Belgique obtint enfin un répit qui dura longtemps. Ce fut une paix réelle pour ces provinces, fatiguées par tant de secousses. Leur gouvernement était, à la vérité, devenu une monarchie presque absolue; mais la liberté nationale possédait, contre les écarts auxquels cette forme tend nécessairement toujours à se livrer, une garantie puissante dans une organisation municipale qui avait fini par faire partie de la vie même du peuple, et dans des priviléges politiques que rien n'avait pu anéantir ni ébranler.

Le premier soin de Marie-Thérèse fut d'améliorer les finances et de réduire les impôts, de réparer les abus, et d'introduire un système uniforme et régulier d'administration. Mais elle ne se borna pas à ces mesures seulement : elle concourut aussi au développement de l'intelligence, régla sur des bases plus larges et plus libérales la censure des livres, réorganisa l'université de Louvain, encouragea partout les bonnes études, fonda à Anvers une académie militaire, à Bruxelles une académie impériale des sciences et des belles-lettres, et créa un grand nombre d'établissements pour l'enseignement des beaux-arts. Enfin, pendant tout son règne, elle respecta les droits constitutionnels de ses populations belges, corrigea les abus locaux sans violer les principes et sans contrarier les opinions.

Dans tout ce travail, elle fut merveilleusement secondée par le prince Charles de Lorraine, auquel les Belges érigèrent, par reconnaissance, une statue sur la place royale de Bruxelles le 17 janvier 1775.

L'impératrice mourut le 29 novembre 1780, et emporta dans sa tombe les regrets de ces peuples, depuis si longtemps habitués à se réjouir de la mort de leurs souverains, dans l'espérance d'obtenir enfin un maître qui leur fût bon. Charles de Lorraine l'avait précédée de cinq mois; il était mort le 4 juillet.

Marie-Thérèse eut pour successeur, sur le trône de l'Empire, son fils Joseph II. A l'avénement du prince, le comte de Stahremberg possédait l'administration intérimaire des Pays-Bas. Joseph pourvut aussitôt au gouvernement général en y appelant sa sœur, l'archiduchesse Marie-Christine, et son époux, le duc Albert-Casimir de Saxe-Teschen. En 1781, il vint lui-même aux Pays-Bas; et nous avons vu quelles furent les conséquences du voyage qu'il fit ensuite dans les Provinces-Unies. Dès le principe, il s'était posé en réformateur des abus. Il avait, à son avénement, refusé les dons gratuits que présentaient ordinairement au souverain, en semblable occasion, les royaumes et les provinces héréditaires; et il n'avait pas voulu que des présents de cette nature fussent donnés à sa sœur l'archiduchesse, lorsqu'elle fut installée dans le gouvernement des provinces belges. Il avait également aboli la génuflexion, qui avait de tout temps fait partie de l'étiquette en Belgique quand on approchait le prince, ou le gouverneur général, s'il était prince du sang. Aussi rien ne dut lui être plus agréable, quand il visita ces provinces, que de se voir assailli de requêtes et de mémoires contre la vicieuse administration de la justice. Il puisa dans ces documents l'idée de bouleverser un jour toute l'organisation de la Belgique. Cette idée, il ne put la mettre en pratique dès son retour en Autriche; il ne la formula en fait que quelques années plus tard, et ce fut tout à la fois un grand coup pour l'empereur et un grand coup pour les Pays-Bas.

CHAPITRE TROISIÈME.

HISTOIRE DE L'ÉVÊCHÉ DE LIÉGE. 1484 à 1792.

L'évêque Jean de Horne, qui succéda, en 1484, à l'infortuné Louis de Bourbon, tombé sous l'épée de Guillaume d'Aremberg, comte de la Marck, avait fait arrêter ce seigneur, qui fut décapité à Maestricht le 18 juin 1485. Cet acte de justice fut regardé comme une trahison par la famille et par les partisans du comte, qui prirent les armes, et commencèrent une guerre terrible contre l'évêché. A leur tête se trouvaient Évrard de la Marck, frère de Guillaume d'Aremberg, et Robert son neveu. Ils s'étaient attaché Ghys de Kanne, seigneur de Spauwen, que les chroniques contemporaines depeignent comme l'homme le plus hardi, le plus entreprenant et le plus féroce de son temps. Le prélat se vit bientôt forcé de fuir devant eux, et de se réfugier dans le Brabant; car ils avaient pris à leur solde et armé un grand nombre de vagabonds, avec lesquels ils entrèrent en campagne. Ghys porta le fer et le feu dans le comté de Horne, et prit la petite ville de Weerdt, qu'il livra au pillage, tandis que Robert emportait le château de Stokheim, et qu'Évrard surprenait la ville de Hasselt et répandait la terreur dans le comté de Looz. Jean de Horne, retiré à Louvain avec une grande partie de la noblesse et des notables du pays, eut beau lancer les foudres de l'excommunication contre les la Marck, Kanne et leurs adhérents; ceux-ci n'en devinrent que plus furieux.

Ghys dominait la populace de Liége, qui l'avait nommé général de la milice, et il exerçait dans la ville une sorte de dictature. Il lança ses bandes sur la ville de Saint-Trond, où elles exercèrent les plus affreux brigandages. Il s'empara du château de Curenge, qui ne fut pas mieux traité. Revenu à Liége, il vit avec jalousie l'ascendant qu'avait su prendre sur le peuple un partisan de la maison de la Marck, Pierre Rockar, bailli de

Condroz, et il le tua de sa propre main. Dès ce moment il ne mit plus de bornes à sa cruauté et à sa tyrannie, et il fut à la fois un tribun et un tyran. Pour mieux assurer sa domination, il fit construire un château fort sur les hauteurs de Sainte-Walburge. Mais l'oppression qu'il exerçait ainsi suscita une troupe déterminée de jeunes gens, qui, résolus à vaincre ou à mourir, escaladèrent la citadelle, et la ruinèrent de fond en comble. Kanne, saisi de fureur, envoya contre les assaillants une troupe de routiers, qui furent reçus et repoussés à coups de pierre. Alors il résolut de se venger sur leurs familles, et fit venir de Saint-Trond les bandes qu'il y avait laissées. A peine cette nouvelle fut-elle connue, que toute la ville de Liége s'émut. Les métiers s'assemblèrent en armes dans leurs chambres, et les bourgmestres, réunis au conseil de la commune, publièrent un décret portant que Ghys de Kanne était dégradé de ses dignités et de ses emplois; que les clefs de la ville seraient remises aux bourgmestres; qu'on posterait de bonnes gardes aux avenues de la cité, et que l'administration serait confiée par intérim aux bourgmestres et au conseil. Ce décret ayant été notifié au peuple, les métiers descendirent de leurs chambres, précédés de leurs bannières, et vinrent se ranger en ordre de bataille sur le grand marché. De tous les villages situés en amont et en aval de Liége, sur les bords de la Meuse, étaient accourus ces intrépides *rivageois*, que nous rencontrons toujours à l'heure du péril. C'en était fait de Ghys de Kanne.

En entendant gronder cette émeute si menaçante, il s'était empressé de gagner l'église de Saint Lambert, comme un lieu d'asile. La plupart de ses satellites l'y suivirent. Quand il les vit réunis en assez grand nombre autour de lui, il reprit toute son audace, et crut pouvoir imposer à la multitude furieuse. Il s'avança aussitôt sur les degrés de la cathédrale, et essaya de conjurer la tempête. Mais, cette fois, il vit que sa parole n'avait plus de prise sur la foule. Au même instant il fut attaqué et enveloppé de toutes parts.

Un horrible carnage commença. Ghys et la plupart de ses compagnons périrent; quelques-uns seulement parvinrent à s'échapper; de ce nombre était Robert de la Marck. Cette boucherie eut lieu le vendredi de Pâques 1486.

Quelques jours après, Jean de Horne rentra à Liége, et le pays semblait rendu au repos. Mais à peine deux mois s'étaient écoulés, que les la Marck, après s'être fortifiés dans leurs châteaux dans les Ardennes, marchèrent de nouveau contre la ville, dont ils comptaient se rendre maîtres par surprise. Cependant, trompés dans leur attente, et n'ayant pas trouvé l'appui qu'ils espéraient du peuple, ils se retirèrent sans avoir fait autre chose qu'une vaine démonstration. Les Liégeois, indignés de cette audace, coururent à l'instant à l'église des Mineurs déterrer le cadavre de Ghys de Kanne et la tête de Pierre Rockar, qu'ils réduisirent en cendres, sous le gibet.

Les la Marck ne s'avouèrent cependant pas encore vaincus; et, durant six ans, ils continuèrent leurs brigandages. Ce ne fut qu'au mois de mars 1492 que l'évêque traita avec eux, et qu'il mit un terme à ces luttes intestines, qui avaient pendant si longtemps déchiré le pays.

La révolte du Sanglier des Ardennes et de ses adhérents n'avait pas été le seul fléau de la principauté : il y en avait un autre dont le pays ne souffrait pas moins, c'était l'anarchie. Le duc Charles le Téméraire avait enlevé toutes les anciennes lois du pays, et l'on ne s'était pas empressé de les réclamer, parce que l'on sentait vivement le besoin d'une réforme; car toute la législation ancienne ne présentait qu'un chaos informe, où il était impossible de voir clair. Il fallait la remanier tout entière. Une commission de jurisconsultes, de magistrats et de seigneurs fut chargée de ce soin, et elle produisit une espèce de code qui fut approuvé et confirmé par l'évêque le 28 avril 1477, et fut appelé la *Paix* ou *l'Ordonnance de Saint-Jacques*, du nom de l'abbaye où les conférences avaient été tenues.

Jean de Horne occupa le siége épiscopal jusqu'en l'année 1505. Il mourut, à la suite d'une frénésie que lui causa une querelle qu'il eut avec les Liégeois au sujet des impôts dont il voulait les frapper. Dans la lutte qui eut lieu entre l'archiduc Maximilien et la France, il avait mis tout en œuvre pour maintenir la principauté dans l'état de neutralité qu'elle voulait garder : ce fut le seul motif de reconnaissance qu'il légua à son évêché. En l'an 1500, il avait vu entrer le pays de Liége dans le cercle de Westphalie, lors de l'institution des cercles de l'Empire, arrêtée dans la diète tenue à Augsbourg.

Les blessures que Jean de Horne avait faites à la principauté furent fermées en grande partie par son successeur Erard de la Marck, fils de Robert de la Marck, seigneur de Sedan et de Lumey, que les chanoines de Saint-Lambert investirent de la mitre le 30 décembre 1506.

Ce prince s'appliqua à réparer les désordres civils que les deux règnes précédents avaient introduits dans l'administration et dans la police Par des lois sages, mais sévères, il rendit à la légalité son action, et à la justice son cours. Il fit remettre en bon état les forteresses du pays, bâtit un nouveau palais épiscopal à Liége, réforma les monnaies, restaura les mœurs, et maintint l'ordre et le repos aussi bien qu'il était donné à un évêque de le faire. Il chercha, avant tout, à éteindre les factions, et il empêcha, pendant quelque temps, que le pays de Liége ne prît part à la querelle qui s'agitait alors entre la maison de Habsbourg et la Gueldre. Cependant il n'observa pas aussi bien lui-même la neutralité dont les Liégeois avaient fait, depuis la mort de Charles le Téméraire, la base de leur politique ; car, s'il rompit brusquement les liens qui l'avaient si longtemps attaché à la France, ce ne fut que pour se livrer entièrement à l'Espagne. En effet, en 1518 il conclut à Saint-Trond avec le roi Charles, qui fut depuis Charles-Quint, un traité dont les principales stipulations portaient que l'évêque Érard et son frère Robert jureraient amitié sincère et bon voisinage au roi Charles et à ses successeurs; que leurs ennemis seraient communs, et qu'ils s'assisteraient mutuellement de toutes leurs forces ; que l'évêque ne céderait son évêché qu'à Philippe son neveu, fils de Robert, ou à celui qui serait plus agréable au roi, et que, sous aucun prétexte, on ne pourrait nommer un successeur à l'évêque Érard qui pût être suspect au roi; que, si les seigneurs de la maison de la Marck venaient à être attaqués à l'occasion du présent traité, le roi les défendrait de toutes ses forces, et que, si ces seigneurs en étaient requis, ils assisteraient à leur tour le roi d'Espagne.

Cette alliance fut corroborée la même année par un autre traité qui était, à proprement parler, une alliance défensive entre le pays de Liége et celui de Brabant, et qui contenait la promesse réciproque de ne recevoir ni de favoriser les ennemis respectifs.

Ce prompt revirement ne put manquer d'exciter les partisans que la France avait conservés en grand nombre dans la principauté. Il donna lieu à une conspiration contre l'évêque. On voulut la réprimer avec vigueur, en faisant jeter une partie des coupables dans les eaux de la Meuse; mais leurs amis n'en devinrent que plus furieux. Ils conçurent le projet de se défaire de tous les partisans de la maison d'Autriche, de s'emparer de l'évêque, et de le livrer au roi de France. Le moment venu d'exécuter ce plan hardi, ils essayèrent d'introduire dans la ville une troupe de soldats français; mais le complot fut de nouveau déjoué, pour ne plus se renouveler.

Le dévouement que l'évêque venait de témoigner à l'empereur ne tarda pas à porter ses fruits. Le crédit de ce prince fit obtenir en 1522, à Érard de la Marck, le chapeau de cardinal. Mais cette faveur donna lieu à une difficulté nouvelle : il s'agissait de pourvoir au remplacement du prélat, et de mettre la crosse entre des mains qui fussent aussi dévouées aux intérêts et au service de la maison d'Autriche. Le choix de Charles-Quint tomba sur Corneille de Berg, qui était attaché à la cour et à la personne de Marguerite, tante de l'empereur et gouvernante des Pays-Bas. Le chapitre de Saint-Lambert, informé de ce choix, en fut aussi étonné qu'alarmé, parce qu'il voyait dans cette nouveauté un attentat à ses priviléges; mais force fut aux chanoines de l'accepter, ou mieux de le subir.

Presque vers la même époque Marguerite d'Autriche vint à mourir : ce fut en 1530. L'empereur chargea alors du gouvernement des Pays-Bas sa sœur Marie, reine de Hongrie, et vint lui-même l'inaugurer à Bruxelles en 1531. Érard de la Marck s'était rendu aux fêtes qui accompagnèrent cette solennité. Pendant son absence, une guerre civile éclata, causée par une hausse extraordinaire dans le prix du grain. Les rivageois, que nous avons déjà vus en scène sous Ghys de Kanne, coururent aux armes, et s'avancèrent contre la ville, pour forcer les magistrats à faire exécuter le règlement sur les grains, qui commençaient à manquer sur les marchés. Les révoltés furent aisément défaits, après plusieurs rencontres sanglantes, et le repos fut rétabli.

Érard de la Marck n'eut pas aussi bon marché des difficultés que lui suscita l'invasion des doctrines de Luther dans la principauté. A l'exemple de Charles-Quint, qui venait de lancer ses édits contre le luthéranisme, l'évêque rédigea des édits. Pour étouffer mieux et d'une manière plus sûre les sectaires qui en étaient atteints, il institua un inquisiteur, dont l'extraordinaire sévérité faillit soulever de nouveau le pays. Tous les esprits se révoltèrent contre le pouvoir illégal dont ce ministre était investi. Le magistrat lui-même décida qu'aucune poursuite ne pourrait être faite pour cause d'hérésie, si ce n'est après une conviction acquise par une information et une poursuite conformes aux lois et aux franchises du pays. L'évêque en appela à l'autorité et à l'exemple de l'empereur; mais ceux de Liége, fermes dans leur volonté de maintenir les priviléges de la nation, déclarèrent qu'ils n'accepteraient les édits de l'empereur que pour les points qui ne seraient pas contraires aux droits des citoyens. Érard de la Marck céda un moment en apparence à cette opposition, mais pour revenir bientôt avec plus d'énergie aux mesures de la rigueur la plus extrême : si bien que les têtes s'échauffèrent de plus en plus, et que le nombre des hérétiques crut à mesure qu'on redoublait de violence pour les combattre. Tous les moyens de la sévérité ayant été épuisés, l'évêque conçut l'idée de convoquer un synode, dont l'ouverture fut fixée au 8 janvier 1538; mais cette idée trouva une vive résistance dans le clergé, qu'il s'était aliéné par la réforme introduite, l'année précédente, dans la discipline ecclésiastique, entièrement relâchée, grâce aux temps de troubles qu'on avait parcourus sous les règnes de Louis de Bourbon et de Jean de Horne : de sorte qu'il fut forcé de renoncer à son projet de synode, et de revenir à son premier système de lutte contre les doctrines luthériennes. Mais la mort ne lui laissa pas le loisir de l'exercer longtemps encore; car il expira le 16 février 1538.

Charles V avait décidément mis la main sur la principauté de Liége. Il avait commencé par la détacher de la France; il avait ensuite nommé coadjuteur d'Érard de la Marck Corneille de Berg, qui succéda à ce prélat. A peine le nouvel évêque eut-il été inauguré à Liége le 16 juin, qu'il fit un pas de plus, en faisant nommer coadjuteur de Corneille de Berg un fils naturel de l'empereur Maximilien, George d'Autriche, archevêque de Valence. Ce n'était pas assez de tenir ainsi les Liégeois par la bride. A la diète tenue à Spire en 1544, il réclama le contingent du pays de Liége pour la guerre contre François Ier, déclaré ennemi de l'Empire, sous le prétexte qu'il entretenait des relations avec les Turcs. Les hostilités causèrent de grands dommages à la principauté, à cause du fréquent passage des troupes, qui ne respectaient rien. Heureusement le traité de Crespy, conclu le 18 septembre, vint bientôt y mettre un terme.

Ce traité ne rassura pas complétement Charles-Quint, qui ne tarda pas a apprendre que François Ier négociait avec le pape et les protestants, avec Venise et les Turcs, avec l'Angleterre et le Danemark. Il lui importait, dans l'attente de quelque événement nouveau, d'assurer les marches du pays du côté de la France. C'est dans ce but que la reine de Hongrie conclut à Binche, avec l'évêque de Liége, l'échange de la baronnie d'Herstal pour une partie du territoire liégeois qui s'étendait dans le Hainaut, et sur laquelle cette princesse fit bâtir la ville de Mariembourg.

Ce contrat fut bientôt suivi d'une nouvelle tentative sur les droits du chapitre de Liége. L'empereur insista sur la nomination d'un nouveau coadjuteur; mais cette fois les chanoines de Saint-Lambert, voyant que ce qui d'abord avait été un acte de condescendance de leur part allait devenir un usage, firent un appel à leurs priviléges, et obtinrent enfin le droit de nommer eux-mêmes le coadjuteur, sous l'approbation de l'évêque et de l'empereur. Leur choix tomba sur Robert de Berg, dont Charles-Quint confirma la nomination le 18 décembre 1549.

La ligue préparée par François Ier se forma enfin sous le règne de son fils Henri II, qui lui avait succédé en 1547 : elle se composait de Maurice, duc de Saxe, chef des protestants; d'Albert, marquis de Brandebourg, et de quelques autres princes d'Allemagne appartenant à ce parti. Conclue en octobre 1551, elle fut ratifiée au commencement de l'année suivante. Henri II ouvrit les hostilités en s'avançant vers la frontière avec une armée nombreuse, et en s'emparant des villes de Metz, Toul et Verdun. Mais ces forces ne tardèrent pas à se porter dans la vallée de la Meuse, et à envahir la principauté de Liége, qui eut à supporter tout le fardeau de la guerre. Elle perdit les places de Bouillon, de Dinant et de Bouvignes, si célèbre par l'héroïque dévouement des trois dames de Crèvecœur.

Cette guerre ne se termina que par la paix de Câteau-Cambrésis, en 1559. Depuis quatre années l'empereur avait abdiqué l'empire en faveur de son frère, et le reste de ses nombreux royaumes en faveur de son fils Philippe II ; et depuis deux ans l'évêque George d'Autriche était descendu dans la tombe.

Robert de Berg, coadjuteur de l'évêché de Liége, obtint la mitre le 12 décembre 1557. Après la paix de Câteau-Cambrésis, dans laquelle les Liégeois furent compris, il vit son diocèse soumis à une grande mutilation, par suite de l'établissement des nouveaux évêchés que le roi Philippe II fonda dans les Pays-Bas. En vain ceux de Liége adressèrent-ils leurs réclamations à la cour de Rome ; ils n'obtinrent pour toute compensation que le privilége de ne pouvoir être évoqués hors du pays en première instance pour les affaires ecclésiastiques.

A cette cause de mécontentement il s'en joignit une autre, peu de temps après. Mais celle-ci provint directement du clergé liégeois, qui s'obstinait depuis longtemps à refuser de prendre part au payement des subsides consentis par les états. Alors l'affaire fut portée devant le pape Pie IV, qui rendit, le 3 juillet 1560, une bulle, dans laquelle il déclara que les charges publiques ne regardaient pas moins le clergé que le peuple, et que les subsides déterminés, par le consentement des trois ordres de l'État, pour les besoins de la principauté ou pour les besoins de l'Empire, devaient être exigés de tous les chapitres, églises, abbayes, prieurés, monastères et couvents en général, et des individus en particulier qui tenaient au clergé, sans qu'ils pussent se prévaloir des

29.

prétextes de leurs exemptions ou de leurs priviléges. Malgré cette décision papale, la majeure partie du clergé persista dans son refus, et la querelle continua, et s'envenima de plus en plus.

L'évêque en fut distrait, pendant quelque temps, par les mesures à prendre contre les progrès de l'hérésie. Il rendit, le 6 mars 1562, un édit contre les religionnaires. Mais le conseil et les jurés, appuyés par les trente-deux métiers, déclarèrent cet acte illégal et nul, parce qu'il ne portait que les noms du prince, du chapitre et des échevins.

Fatigué de toutes ces contrariétés, Robert de Berg résolut enfin d'abdiquer l'évêché; et le chapitre le remplaça par Gérard de Groesbeeck, doyen de la cathédrale, que le pape confirma le 11 avril 1562.

Le nouvel évêque se signala par sa sévérité contre les sectateurs de la doctrine luthérienne. Il chercha à terminer la déplorable querelle des impôts, et convoqua une assemblée générale du pays, pour la régler d'une manière définitive. Cette assemblée s'occupa aussi de la réforme des abus qui s'étaient introduits dans l'administration de la justice et dans l'organisation des tribunaux. L'évêque Gérard y recueillit d'utiles lumières, et chargea une commission de jurisconsultes éclairés de revoir toutes les lois du pays et de rédiger un code général, qui fut appelé la *Réformation de Groesbeeck*.

Mais alors commença dans les Pays-Bas, en 1566, la guerre de quatre-vingts ans contre l'Espagne. La principauté de Liége ne fut pas sans en ressentir de graves atteintes, quel que fût le soin extrême qu'elle prît de rester neutre dans cette formidable lutte. On a pu voir, dans le récit que nous avons fait de ce long drame, combien ses efforts restèrent sans résultat, et sous Gérard de Groesbeeck, qui mourut en 1580, après avoir vu, l'année précédente, la ville de Maestricht exterminée presque tout entière; et sous Ernest de Bavière, son successeur, qui vit la forteresse de Huy emportée par les Hollandais et le pays dévasté par les deux armées belligérantes; et sous Ferdinand de Bavière, qui monta sur le siége épiscopal le 16 mars 1612. Ce pays était devenu une terre banale, où tous les partis entraient tour à tour, et commettaient les plus odieux dégâts.

A ces déchirements qui venaient du dehors se joignirent bientôt, sous le règne de Ferdinand, d'âpres dissensions intestines, qui donnèrent de rudes secousses à l'État. La modification qu'il voulut apporter à la manière usitée d'élire les bourgmestres fut un premier motif de querelle. Depuis plus de cent cinquante ans on avait suivi le système établi par le règlement de l'évêque Jean de Heinsberg, selon lequel une commission de vingt-deux personnes, dont six nommées par l'évêque et seize nommées par les métiers, avait le droit de former un conseil de trente-deux électeurs, fournis chacun par l'un des trente-deux corps de métiers de la ville. A ce conseil appartenait la nomination des bourgmestres ou maîtres de la cité. En l'an 1603, ce mode d'élections avait été modifié par Ernest de Bavière, qui ordonna qu'on tirerait au sort trois personnes de chaque métier, ce qui faisait quatre-vingt-seize, dans lesquelles on en prendrait au sort trente-deux, destinées à choisir les bourgmestres. Mais cette modification ne fit qu'augmenter le mal, au lieu de remédier aux abus auxquels le règlement de Heinsberg avait ouvert la porte; elle donna plus libre carrière à la cabale, à l'intrigue et à la corruption. L'empereur essaya vainement de ramener l'ordre dans les élections, en rétablissant le règlement de Heinsberg. On respecta si peu sa volonté, qu'on persista à suivre le mode nouveau institué par Ernest.

Dès son avénement, Ferdinand de Bavière chercha à remédier à ces désordres. Il obtint de l'empereur, en 1613, un diplôme qui abolissait le règlement de 1603, et remettait en vigueur celui de Heinsberg, légèrement modifié. Mais il ne réussit qu'à irriter plus encore les esprits, et l'on ne tint aucun compte de la prescription impériale.

Il ne fut pas plus heureux en voulant établir un impôt, pour lequel il sollicita le consentement des états. Cette demande lui fut refusée, et il échoua de même dans tout ce qu'il entreprenait. Ferdinand n'eut plus alors d'autre recours qu'à l'empereur, auquel il adressa un mémoire contenant cinquante-huit griefs, et appelé *les cinquante-huit articles*. La chambre impériale, saisie de cette plainte, la mûrit longtemps, selon sa coutume, avant de se prononcer. Mais en 1628 elle rendit sa sentence, qui accordait à l'évêque tous les articles de son mémoire, et qui fut signifiée au magistrat et au conseil. Le peuple en fut grandement courroucé. Le conseil y fit opposition formelle, et les bourgmestres la portèrent à la connaissance du chapitre. L'irritation s'accrut de part et d'autre ; en sorte que l'évêque, comptant toujours sur l'appui de l'empereur, fit bientôt entrer dans le pays une multitude de gens de guerre étrangers, qui le ruinèrent et le rançonnèrent d'une manière effroyable. La ville, à son tour, porta ses plaintes à Vienne, et l'empereur déclara positivement qu'il n'entendait pas autoriser des exécutions militaires. Ces incursions n'en continuaient pas moins, et les soldats de la garnison de Maestricht poussaient souvent jusque dans la Hesbaie. Un jour même un corps espagnol pénétra jusque dans un des faubourgs de Liége.

Toutes ces exactions étaient attribuées, non sans fondement, à l'évêque ; aussi le peuple n'attendait que l'occasion d'éclater. Sur ces entrefaites, les élections de 1629 arrivèrent. Ferdinand de Bavière fit connaître aux bourgmestres et au conseil que sa volonté était qu'elles se fissent conformément au rescrit impérial de l'an 1613. Ses intentions furent exécutées, et le sort désigna deux noms auxquels il n'était aucunement contraire. Mais ils furent à peine proclamés, que les bourgeois forcèrent aussitôt les métiers à procéder à une nouvelle élection, d'après le mode prescrit par le règlement de 1603. Le choix des électeurs tomba sur deux hommes, dont l'un surtout, Guillaume Beeckman, était haï de l'évêque. Cette première démonstration pouvait amener une collision, que l'empereur redoutait avant tout. Il espérait que les élections de 1630 se feraient avec plus de modération, et les envoya présider par un commissaire impérial. Cette fois on procéda en effet d'après la forme introduite par le rescrit de 1613 ; mais le nom de Beeckman sortit de nouveau de l'urne, accompagné de celui de Sébastien la Ruelle, homme singulièrement populaire, qui partageait complétement les opinions de son collègue. Ce résultat fut un coup de foudre pour l'évêque. Il refusa de reconnaître les nouveaux maîtres de la cité, qui déclarèrent de leur côté qu'ils se maintiendraient par la force des armes. Une collision était devenue imminente, quand tout à coup Beeckman mourut, le 29 janvier 1631. On assura qu'il avait succombé au poison, et ce fut un nouveau grief qu'on mit à la charge de Ferdinand de Bavière. Le mort fut remplacé par Henri de Rivière, comte de Heers. Mais l'irritation ne fit que s'augmenter chaque jour, non-seulement à cause de l'affaire électorale, mais encore à cause des dégâts que les Espagnols ne cessaient de commettre sur le territoire de la principauté, malgré l'intervention du roi de France, qui réclamait vainement en faveur des Liégeois la neutralité qu'ils avaient acquise par les traités, et dont se composait la base de leur politique.

Peu de temps après la mort de Beeckman, l'évêque reparut dans le pays et convoqua les états à Huy. Les bourgmestres et le conseil protestèrent contre cette convocation illégale, et engagèrent le prince à se rendre à Liége, la capitale étant le lieu fixé par la loi pour le siége des états. Ferdinand se rendit à cette prière, et rentra au milieu de son peuple, qui le reçut avec des acclamations. Sa présence y ramena momentanément la paix. Il accorda une amnistie générale ; et, dans l'espoir de mettre définitivement un terme aux troubles, il publia un règlement électoral, qui rétablissait et confirmait celui que son prédécesseur avait formulé en 1603.

Cette concession eût ramené entièrement le calme, si Ferdinand de Bavière ne l'avait pas faite pour mieux faire sentir son autorité absolue par un autre règlement qui restait à conclure, celui des affaires militaires. Celui-ci, il le dressa et le publia de son seul chef. Ce fut une véritable ordonnance, qui lui laissait entre les mains la disposition de toutes les forces du pays. Aussi la colère populaire prit un caractère plus furieux que jamais.

Il s'était formé deux partis connus sous les noms bizarres de *Grignoux* et de *Chiroux*. Le premier se composait de tous les hommes du peuple ; le second comprenait tous les hommes instruits, les nobles, les patriciens, et les magistrats ou fonctionnaires supérieurs. Le nom de Chiroux, selon quelques historiens, fut donné à la faction qui le portait, à cause de la ressemblance que présentait, avec une espèce d'hirondelles appelées chiroux en wallon, la mise de quelques jeunes gens nobles qui, venus récemment de Paris, se plaisaient à se parer de bas blancs, et de culottes noires qui leur tombaient sur les genoux. Le mot Grignoux signifie grognard, et servait à caractériser le peuple, toujours mécontent. Les premiers étaient pour le prince, les seconds étaient dévoués aux principes démocratiques. Ces factions en vinrent souvent à des luttes sanglantes ; et chaque année, les élections donnaient lieu à des scènes meurtrières. En 1636, le mal était arrivé au point que Ferdinand convoqua de nouveau les états à Huy, malgré l'opposition des bourgmestres et du conseil, et lança un manifeste dans lequel il dépeignait la ville de Liége comme *un bois plein de voleurs*, et prétendait que les factieux, *semblables à des chevaux échappés*, avaient pour but de s'émanciper et de se soustraire à l'Empire.

Le bourgmestre la Ruelle fut chargé de répondre à ce manifeste par un écrit en forme d'appel. Il le fit avec énergie, et sa réponse fut à la fois une justification et une récrimination.

Malheureusement ce ne fut qu'un motif de plus pour empêcher l'évêque de s'employer à faire cesser les dégâts que les soldats étrangers ne cessaient de commettre sur le territoire de la principauté. Les Impériaux et les Espagnols dévastaient la Hesbaie. Les Français et les Hollandais la traversèrent à leur tour, pour investir et assiéger Tirlemont. Puis vint Jean de Weert avec ses Croates, qui, attendant le moment de pénétrer dans la Picardie, s'occupa à ravager le pays, à brûler les villes de Brée et de Bilsen, tandis que Piccolomini tombait sur la place de Tongres avec les hordes impériales.

Tous ces malheurs, au lieu d'abattre les Liégeois, ne firent que ranimer leur courage. On courut aux armes, et on livra aux Croates plusieurs combats furieux, où ils sentirent ce que peut le bras d'un peuple libre.

Dans ce danger commun, les partis n'avaient fait trêve un moment que pour se heurter avec plus de fureur. Les Chiroux obtinrent un moment le dessus, et assiégèrent l'hôtel de ville ; mais, refoulés par le peuple, ils furent forcés de se sauver dans la cathédrale ; et on leur permit enfin, après une capitulation en règle, de sortir de la ville, tenant des baguettes blanches à la main, en signe de sauf-conduit.

Les troubles et les divisions allaient ainsi croissant ; et l'évêque, obligé par les affaires d'Allemagne à résider loin de la principauté, qu'il ne regardait plus que comme un bénéfice dont il percevait les revenus, laissait aller les choses comme elles voulaient. Il fallait cependant que ces fâcheuses dissensions eussent une fin. Le cardinal Ferdinand, infant d'Espagne, gouverneur général des Pays-Bas, résolut de s'entremettre pour y donner un terme, et chargea le marquis de Lède de négocier un accommodement entre les Liégeois et leur prince. Mais ce négociateur, qui arriva à Liège au mois d'août 1636, ne réussit point dans sa mission. Une tentative que l'empereur fit faire par le comte Jean-Louis de Nassau n'obtint pas une meilleure issue.

Il était devenu d'autant plus difficile d'arranger ces différends, que la faction des Grignoux avait trouvé un puissant auxiliaire dans l'abbé de Mouzon, envoyé de France, qui ne se servait de son caractère diplomatique que pour travailler à détacher les Liégeois du cercle de Westphalie, et à les attirer du côté de Louis XIII. Afin de mieux atteindre ce but, il s'appuyait sur les Grignoux, et il ne négligeait rien pour fomenter les troubles, augmenter les mécontents, et les soulever de plus en plus, contre les Allemands. Il n'avait pas oublié de se mettre en parfaite intimité avec le bourgmestre la Ruelle, le cœur et le chef du parti. Les craintes qu'inspiraient ces deux hommes étaient grandes. Aussi parvint-on à insinuer dans l'esprit de l'évêque qu'il se tramait un complot pour livrer la ville et le pays de Liège à la France; et le bourgmestre lui fut désigné comme le chef de cette conspiration. Craindre, c'est haïr. Le 2 novembre 1636, la Ruelle, retournant chez lui à la nuit tombante, fut attaqué dans la rue par un homme aposté, qui lui tira un coup de pistolet, dont la balle frappa sa femme à l'épaule. Cet attentat fut attribué au prince par l'exaspération populaire; mais ce ne fut que le précurseur d'une catastrophe plus terrible.

Le comte René de Renesse-Warfusée, ancien intendant des finances de l'archiduchesse Isabelle, n'ayant pu obtenir le payement d'une créance qu'il réclamait du roi d'Espagne, s'était enfui de Bruxelles en 1632, avec la caisse dont il était dépositaire. C'est à Liège qu'il était venu chercher un refuge. Il y menait grand train, et vivait dans la splendeur; mais il eut bientôt tout dépensé. Pour mériter son pardon et rentrer dans la faveur de la maison d'Autriche, il conçut, en 1637, de se rendre utile en s'employant à contreminer les desseins qu'on attribuait à l'abbé de Mouzon et au bourgmestre la Ruelle. L'évêque accepta ses offres de service, et le mit en rapport avec la cour de l'infant Ferdinand. Le 16 avril, tout était disposé pour l'exécution du projet infâme que Warfusée méditait depuis longtemps. Il avait invité à un festin plusieurs personnes, parmi lesquelles se trouvaient l'abbé de Mouzon et la Ruelle, dont il était parvenu, par de faux semblants, à acquérir l'amitié. Au milieu du banquet, au moment où le comte, se levant, eut demandé des coupes et proposé par hypocrisie un toast au roi de France, les convives aperçurent aussitôt des canons de mousquet braqués sur eux par toutes les fenêtres de la salle, et une troupe de soldats espagnols cerner la table. — « Qu'est-ce-ci? demanda le bourgmestre étonné. — Ne bougez pas, messieurs, répondit le comte. Vous venez de boire à la santé du roi de France : maintenant il faut boire à celle de l'empereur, et de son altesse le prince de Liège! » Mais personne ne répondit. — « Qu'on empoigne ce galant, » reprit alors Warfusée, en faisant saisir le domestique de la Ruelle, qui se tenait derrière la chaise de son maître. Puis il ordonna qu'on s'emparât également du bourgmestre, dont on lia les bras avec la jarretière d'un des soldats, et qu'on renferma dans une chambre à côté de la porte. Deux religieux dominicains furent mandés aussitôt, pour entendre la confession du prisonnier. Mais comme ils n'en avaient pas le pouvoir, on appela le sous-prieur du couvent, qui, accouru au même instant, sans savoir de quoi il s'agissait, apprit avec épouvante la mission pour laquelle on l'avait fait quérir. Il intercéda vainement en faveur du bourgmestre, dont il fut enfin forcé d'entendre la confession. Ce dernier devoir accompli, et le prêtre étant sorti de la chambre, trois soldats furent désignés pour tuer la Ruelle : ils reculèrent. Trois autres, moins humains, le mirent impitoyablement à mort. Pendant tout le temps qu'avait duré cette horrible tragédie, les autres convives avaient été gardés à vue dans la salle basse. Quand tout fut fini, Warfusée leur donna connaissance de ce qu'il avait fait, leur montrant des papiers qu'il avait signés du nom de la Ruelle, et par lesquels il prétendait prouver que le bourgmestre avait réellement eu l'intention de livrer la cité et le pays aux Français.

Cependant le bruit qui avait été entendu dans la maison, l'arrivée des soldats et les allées et venues des moines, avaient excité l'attention de quelques voisins. On s'attroupa devant la porte, où bientôt le cousin de la Ruelle vint frapper violemment, en demandant si le bourgmestre était là. Après avoir fait quelque difficulté, le comte le laissa entrer avec plusieurs autres bourgeois, leur répéta ce qu'il venait de dire à ses convives, et leur montra les mêmes lettres fabriquées. Le tumulte croissant toujours avec la multitude qui se réunissait devant la maison, Warfusée demanda qu'on le conduisît auprès des chefs de la cité. Le parent du bourgmestre et ses compagnons y consentirent; mais un des complices du comte refusa de le laisser partir. Le parent de la Ruelle sortit donc seul avec les siens. A chaque moment la rumeur devenait plus menaçante dans la rue; car la nouvelle de l'assassinat avait parcouru toute la ville.

De toutes parts les bourgeois accoururent en armes; un canon même fut placé devant la maison. Au même instant le peuple furieux y pénétra par la porte et par le jardin, et un combat terrible s'engagea bientôt dans la cour. Des soixante à soixante-dix Espagnols que Warfusée avait fait venir en secret pour assurer l'exécution du crime, il ne s'en échappa que deux seulement. Son confident Grammont, et deux jurisconsultes, l'échevin Théodore de Fléron et l'avocat Marchand, accusés de lui avoir servi de complices, furent massacrés. Lui-même, ayant été trouvé blotti sous un lit, fut saisi par le peuple et entraîné. A la porte de sa maison, il reçoit un coup d'estoc qui le fait chanceler et tomber sur les genoux. Il se relève, et un coup de hache le renverse de nouveau. On lui arrache ses vêtements, on lui perce le pied, on le traîne dans les rues, on l'attache à une potence élevée sur le marché, puis on lui coupe la tête, les bras et les jambes, et on va les clouer aux différentes portes de la ville. Deux jours après on brûla son corps, et les cendres en furent jetées dans la Meuse.

Mais la fureur populaire ne s'arrêta pas là. Des lettres, trouvées parmi les papiers du comte, avaient fait supposer que le prieur des carmes déchaussés avait eu connaissance du complot tramé contre la vie de la Ruelle. On se transporta aussitôt au couvent, qui fut envahi et livré au pillage; l'église et les tombeaux même ne furent pas respectés. Les mêmes actes de violence se répétèrent au couvent des pères jésuites : le recteur fut poignardé, et une partie des religieux furent blessés ou mis à mort.

Pendant plusieurs jours le corps du bourgmestre resta exposé dans la nef de la cathédrale aux yeux de la multitude, et il fut mis en terre au milieu du deuil de toute la population.

Dès ce moment on ne garda plus de mesure envers le parti des Chiroux. On avait dressé sur le marché un gibet, où on les pendait sans forme de procès; de sorte qu'il ne leur restait qu'à choisir entre la fuite et la mort. Ces représailles durèrent longtemps, et l'anarchie devenait chaque jour plus terrible.

Malgré tout ce qui venait de se passer, l'évêque se montra disposé à en venir à un accommodement avec les Liégeois. Dans les premiers jours de décembre 1638, il envoya faire au magistrat des propositions de paix. Mais, pendant qu'on était en pourparlers, les Espagnols pénétrèrent de nouveau dans la principauté, et se rendirent maîtres des villes de Thuin, Fosses, Châtelet et Couvin. En présence de ces actes d'hostilité, le magistrat et le conseil ordonnèrent de faire des levées d'hommes pour défendre la capitale, si les ennemis, comme on le craignait, s'avisaient de l'attaquer. Mais Ferdinand de Bavière s'opposa à cet armement, bien que les Espagnols, selon l'énergique expression de l'historien Bouille, mangeassent le pays à belles dents. On était alors au mois d'avril 1639, et jusqu'au mois de septembre on continua à parlementer de part et d'autre, quand tout à coup une troupe espagnole s'avança vers la ville, et tenta de s'en emparer par surprise. Heureusement la vigilance et l'énergie du magistrat firent avorter ce projet. L'évêque alors leva le masque, et porta ouvertement la guerre dans ses propres États, pour forcer les Liégeois à renoncer a la neutralité. Le conseil de la cité en appela aussitôt au pape et à toutes les puissances de la chrétienté, par un manifeste dans lequel il exposa qu'au mépris de la neutralité reconnue et avérée par tous les potentats, le pays était livré à une invasion étrangère. Le roi de France répondit à cet appel. Il écrivit aux gens de Liége pour les engager à se défendre de toutes leurs forces, et leur promit assistance et protection dès qu'ils l'en requerraient. Il envoya en même temps à l'évêque des lettres par lesquelles il l'informait de cette décision.

La grande voix de la France fut entendue, et Ferdinand de Bavière prit le parti de venir à Saint-Trond, où le conseil de la cité envoya des députés, et où s'assemblèrent également les états du pays, afin d'ouvrir des négociations pour la paix. Mais, ce congrès réuni, l'évêque, qui au fond ne visait qu'à gagner du temps, chercha à engager les représentants de la noblesse et des bonnes villes à se réunir à lui pour subjuguer les Liégeois. Il ordonna en même temps, par un mandement, que les milices levées pour s'opposer aux brigandages que venaient commettre jusque dans les faubourgs de Liége les troupes de la garnison de Huy, fussent licenciées, à peine d'être traitées comme rebelles. Le conseil de la cité protesta contre ce mandement. L'évêque n'en persista pas moins à le maintenir; et pendant quelque temps encore il sut amuser les membres du congrès, quand tout à coup on apprit qu'une troupe de trois mille Lorrains venait d'arriver aux environs de Tongres. Tous les députés furent si effrayés de cette nouvelle, qu'ils se dispersèrent, et que le congrès fut dissous.

Ferdinand de Bavière offrit, il est vrai, de faire chasser cette troupe par ses soldats, assistés des Espagnols, si on voulait licencier les milices; mais le piége était trop grossier pour qu'on s'y laissât prendre.

On était alors au commencement de l'an 1640. Les nouveaux bourgmestres montrèrent une énergie qui était à la hauteur des circonstances. Ils forcèrent les chanoines à fournir une somme de quatre-vingt-seize mille florins pour les besoins de la cité, et prirent toutes les mesures commandées par la situation où l'on se trouvait. Mais heureusement, le 26 avril, de nouvelles négociations, entreprises par l'évêque avec les Liégeois, amenèrent la paix de Tongres, qui maintint la neutralité, établit que les habitants de la cité seraient traités selon les lois et les priviléges, et stipula que les élections magistrales se feraient suivant la réformation de 1603 et l'addition de 1631.

Tout paraissait ainsi devoir rentrer dans l'ordre. L'évêque était revenu à Liége, et la tranquillité semblait rétablie; mais les réactions ne tardèrent pas à commencer. Les Chiroux obtinrent la direction exclusive des affaires; et, malgré la paix, les Lorrains s'emparèrent de la ville de Fosses, avec la résolution de s'y maintenir.

Aussi le traité de Tongres ne dura pas longtemps, et les factions se réveillèrent avec plus de violence que jamais en 1646, cette fois encore à propos des élections magistrales. Les Grignoux reprirent de nouveau le dessus, et l'anarchie recommença de nouveau. Ferdinand de Bavière résolut alors de frapper un grand coup. Il se rendit à Huy, y convoqua les états du pays, et déclara que désormais il tiendrait cette ville pour sa résidence. Il y évoqua toutes ses cours, devant lesquelles il fit mander les échevins de Liége, qui furent condamnés par contumace et frappés de proscription. Enfin, son neveu, Maximilien-Henri de Bavière, appelé nouvellement à l'office de grand doyen de la cathédrale de Saint-Lambert, vint camper à deux lieues de Liége, avec un corps de troupes bavaroises, soutenu par quatre mille Allemands qui s'étaient assemblés à Huy. Ces forces réunies se portèrent sur Liége, et commencèrent à investir la place. Mais le feu de leur artillerie n'était pas encore ouvert, que la ville se rendit par capitulation, à condition que ses priviléges seraient maintenus, et que la neutralité serait religieusement observée; mais que l'évêque obtiendrait la tête de trois ou quatre habitants, qui, au reste, pourraient encore recourir à sa clémence. Cette capitulation fut signée à Saint-Gilles le 29 août. Dix jours plus tard, quatre têtes tombèrent, et donnèrent satisfaction au prince.

Si solennel que fût l'engagement que Ferdinand de Bavière venait de prendre, il traita dès lors la principauté comme un véritable pays conquis. Ses auxiliaires lorrains exercèrent partout les plus affreux brigandages en reprenant le chemin de leur duché. Lui-même le mit au pillage en quelque sorte, pour en tirer une partie des sommes que l'empereur s'était engagé, par le traité de Munster, à payer à la reine de Suède, pour qu'elle retirât ses troupes d'Allemagne. En vain les Liégeois alléguèrent-ils leur neutralité pour refuser ces énormes subsides: un corps de troupes suédoises entra dans la principauté, pour la réduire par la force à payer. A peine les Suédois furent-ils partis, que les Français entrèrent à leur tour dans le pays, et vinrent réclamer une partie des frais de la guerre : de sorte que l'État liégeois se trouva bientôt entièrement ruiné.

Au milieu de ces désastres, le 13 septembre 1650 donna un moment d'allégresse à tous les cœurs. Ferdinand de Bavière mourut ce jour-là, dans son château d'Aremberg.

Un des derniers actes de sa vie avait été de décider la construction d'une citadelle destinée à dominer la ville et à contenir les habitants. La nécessité de recueillir les sommes nécessaires à ce grand travail, qui fut achevé par son successeur Maximilien-Henri de Bavière, donna lieu à de nouvelles exactions, et fut un nouveau motif de mécontentement. Aussi le peuple liégeois désigna-t-il, dans son énergique langage, ce monument d'oppression par le nom de *HaCeLDaMa*[1], dont les lettres numérales marquent précisément l'année où il fût bâti.

Cette menace toujours suspendue sur la ville; ces épées allemandes qu'on y voyait briller; les mutineries de cette soldatesque étrangère, qui, à plus d'une reprise, se livra aux excès les plus graves contre la population liégeoise, irritaient singulièrement les esprits. On eut de plus à déplorer les pillages et les dévastations auxquels ne cessaient de se livrer les Lorrains, depuis l'an 1650 jusqu'en 1654, dans toutes les parties du pays. Pour déloger ces auxiliaires pires que des ennemis, le cercle de Westphalie fut réduit à porter directement ses plaintes à l'empereur; et les électeurs de Trèves et de Mayence joignirent leurs forces à celles des Liégeois, que les maréchaux de Créqui et de Fabert vinrent aider avec onze mille hommes d'armes français. Mais, au moment où les hostilités allaient commencer, l'archiduc Léopold, gouverneur général des provinces belges, ménagea une suspension d'armes par ses envoyés à Liége; et un congrès s'ouvrit à Tirlemont, où la paix fut signée le 17 mars 1654. Le traité stipula que la bonne harmonie entre le roi d'Espagne et le prince de Liége, leurs successeurs et leurs sujets, serait

[1] *Haceldama*, c'est-à-dire *ager sanguineus*, le champ qui fut acheté avec les trente deniers pour lesquels Judas avait vendu Jésus.

maintenue inviolablement; que la neutralité du pays de Liége serait conservée; que les troupes lorraines sortiraient de la principauté sans pouvoir y rentrer à l'avenir, ni exiger quelque contribution que ce fût; que Sa Majesté Catholique pourrait faire passer ses armées par le territoire de Liége, si le besoin l'exigeait, en le dénonçant toutefois au prince ou à son conseil; et enfin, que les dommages causés par le duc de Lorraine pourraient être poursuivis par voie de justice contre ses biens meubles et immeubles.

La tranquillité paraissait ainsi rétablie. Mais il restait toujours un grand grief contre l'évêque, qui maintenait l'irritation dans l'esprit des Liégeois : c'était la terrible citadelle de Ferdinand de Bavière. Le mécontentement que causait cette despotique construction fit explosion à plusieurs reprises. Le grand prévôt de la cathédrale, comte de Groesbeeck, eut le courage de s'en plaindre, comme aussi de l'énormité des impôts, et de l'infraction que l'évêque faisait au traité de Tirlemont, en s'attachant à la France et en compromettant ainsi la neutralité du pays. Il fut enlevé par les troupes allemandes, et enfermé au château de Keysersweert, au delà du Rhin. En 1654, une conspiration fut tramée par quelques bourgeois, dans le but de s'emparer de la citadelle; mais elle échoua, et se termina par le supplice des conjurés.

Dès ce moment la principauté continua à vivre dans un calme apparent, jusqu'à ce que la guerre vînt à éclater entre la France et la Hollande, en 1672. Les armées de Louis XIV traversèrent le pays, et le foulèrent de toutes les manières. Les Allemands y pénétrèrent à leur tour, et y commirent toute sorte d'exactions. Cet état de choses dura jusqu'au traité de Nimègue, où les Liégeois intervinrent, et firent consacrer la neutralité de leur territoire. Ils n'avaient retiré de ces hostilités, comme compensation de tous les dégâts dont ils furent les victimes, que la démolition de l'odieuse citadelle, que le comte d'Estrades, maréchal de camp français, fit raser en 1676. Mais ils furent si satisfaits de se voir délivrés de cette forteresse, qu'ils ne regrettèrent pas même le comté d'Agimont, que le traité leur enleva pour l'adjuger à la France, ni le duché de Bouillon, dont la propriété fut rendue singulièrement précaire.

La citadelle détruite, le peuple de Liége se crut libre, et les trente-deux métiers reprirent la forme électorale de 1603, avec l'addition de 1631. L'empereur leur adressa des remontrances; mais ils n'en tinrent aucun compte. L'évêque ne réussit pas davantage; et sa colère redoubla, quand il apprit que les députés liégeois avaient signé la paix de Nimègue en 1678, et compromis les droits de l'évêché sur Bouillon. Ce fut alors sur l'affaire électorale que le prélat se rejeta exclusivement. Il lança des troupes allemandes sur la principauté, qui fut livrée à une exécution militaire. Les Liégeois appelèrent à leur secours la France, et Maximilien de Bavière se radoucit enfin au point de leur offrir la paix : elle fut conclue le 22 novembre 1683, et publiée à Liége le 26 février 1684. La cité consentit à fournir au prince un don de cent mille écus.

Mais les moyens employés pour réunir cette somme donnèrent lieu à de nouvelles difficultés, et divisèrent la ville en deux camps. Bientôt se ralluma la guerre civile, et le sang coula de nouveau. On prétendait que l'évêque lui-même cherchait, par des manœuvres souterraines, à fomenter de nouvelles dissensions pour ne pas tenir la paix récemment signée, après que le peuple l'aurait violée le premier. Ce que les bons esprits avaient craint ne tarda pas à se vérifier. Maximilien, fatigué de lutter avec cette indomptable population, résolut d'en finir une bonne fois, et par un grand coup. Au mois d'octobre 1684, un corps de troupes de l'électorat de Cologne entra brusquement dans la principauté; et les Liégeois, après avoir vainement invoqué l'aide des Français, furent forcés de se soumettre. Les deux bourgmestres, qui se trouvaient à la tête du mouvement, furent décapités.

Les trente-deux métiers furent abolis, et remplacés par seize chambres, qui, investies de droits politiques fort restreints, représentaient la cité de Liége. Chacune de ces chambres était composée de trente-six assesseurs, dont vingt appartenant à la noblesse et aux patriciens, dix appartenant au haut commerce, et six aux métiers. Le conseil fut réduit à vingt-deux membres, c'est-à-dire deux bourgmestres et vingt conseillers. Les bourgmestres furent dépouillés du droit de faire des édits, et leurs fonctions limitées à la simple administration des revenus de la ville, à l'entretien des bâtiments, etc. Enfin, la constitution liégeoise fut bouleversée, et reçut une nouvelle forme qui la mit tout entière sous la main de l'évêque, maître, dès ce moment, des élections, et par conséquent de tout le pouvoir. Maximilien ne se borna pas à cette mesure d'énergie : il fit rebâtir la citadelle, et ordonna la construction d'un fort au milieu du pont de la Meuse. Cette batterie reçut le nom de Dardanelle, et devait servir à interrompre la communication des deux parties de la ville, et à prévenir les émeutes populaires.

Maximilien de Bavière mourut en 1688, et il eut pour successeur Jean-Louis d'Elderen. Sous ce nouvel évêque, la ligue formée en 1689, entre les princes de l'Empire, contre Louis XIV, amena de nouveaux malheurs pour le pays de Liége. Les Français étaient entrés dans les électorats de Mayence et de Trèves, dans les évêchés de Worms et de Spire, et ils s'étaient emparés du Palatinat. Partout ils levèrent d'énormes contributions. La principauté de Liége ne fut pas épargnée : ils en occupèrent presque toutes les places, et agirent partout en maîtres.

Le 9 janvier 1689, les Liégeois avaient conclu, à Versailles, un traité par lequel leur neutralité fut déclarée maintenue, et la démolition de la citadelle stipulée; mais cette convention même ne fut pour eux qu'une nouvelle source de désastres. La ligue de Ratisbonne s'étant formée, et l'empereur ayant sommé les Liégeois de se joindre a lui pour déclarer la guerre à Louis XIV, ils refusèrent de s'unir aux princes de l'Empire. La ligue résolut de les y forcer : les Hollandais vinrent s'établir devant la ville de Liége, et menacèrent de la bombarder, si elle ne se rendait pas à la sommation de l'empereur. Force fut donc de prendre un parti, et on se déclara contre la France.

Louis XIV, sans considérer que les Liégeois n'avaient adopté cette résolution que sous l'empire de la force, fit tomber tout l'effort de ses armes sur leur pays, qui fut entièrement mis à ruine. Le traité de Ryswyck n'y mit pas un terme; car la guerre de la succession d'Espagne vint, bientôt après, rouvrir la carrière des batailles; et la principauté en fut encore en partie le théâtre jusqu'à la paix d'Utrecht, en 1713.

Sur ces entrefaites l'évêque Jean-Louis d'Elderen était mort, après n'avoir été élevé à la mitre que pour voir de plus haut tous ces désastres. Jacques-Clément de Bavière lui avait succédé en 1694, et assista au reste de ce long drame. Après le traité d'Utrecht, il eut à lutter avec les princes alliés, pour empêcher les Hollandais de faire de la ville de Liége une place d'armes de la fameuse barrière, puis à amener les Liégeois à consentir à la réaccession de la principauté au cercle de Westphalie. Ces deux actes politiques furent les seuls que cet évêque posa. Il mourut en 1723, et fit place à George-Louis, comte de Berg, dont l'illustre famille avait déjà donné deux prélats à l'évêché.

Dès ce moment, le rôle que le pays de Liége joua pendant si longtemps au milieu de nos provinces était fini. Les Liégeois continuèrent à vivre, politiquement anéantis, sous les évêques Jean-Théodore de Bavière, qui prit la crosse en 1744; Charles-Nicolas, des comtes d'Outremont, qui lui succéda en 1763; François-Charles, des comtes de Velbruck, qui fut élevé à l'épiscopat en 1772; et enfin César-Constantin, des comtes de Hoensbroeck, qui, élu en 1784, fut le dernier des anciens princes-évêques de Liége.

LIVRE XII.

HISTOIRE DES PAYS-BAS JUSQU'EN 1843.

CHAPITRE PREMIER;

DEPUIS 1787 JUSQU'EN 1814.

§ I. JUSQU'A LA DOMINATION FRANÇAISE DANS TOUTES LES PROVINCES DES PAYS-BAS EN 1795.

Après que le prince stathouder héréditaire eut été rétabli dans les Provinces-Unies, grâce aux armes prussiennes, l'ordre et la concorde étaient si bien rentrés dans la république, qu'aucune voix ne s'éleva contre la position qu'elle prit, en s'attachant à la politique de l'Angleterre et de la Prusse. Toutes les provinces confirmèrent l'autorité du stathouder héréditaire, tous les officiers publics en jurèrent le maintien; et, le 15 avril 1788, les états généraux conclurent une alliance plus intime avec la Prusse et l'Angleterre, qui, de leur côté, garantirent le maintien de la république batave.

Tandis que le repos était ainsi revenu dans les provinces septentrionales, il s'était manifesté dans les provinces autrichiennes un grand mouvement révolutionnaire. L'empereur Joseph II, jaloux d'appliquer à la Belgique le plan de réforme qu'il avait conçu pour elle pendant le voyage qu'il y fit pour se faire inaugurer, commença par publier une foule d'édits et d'ordonnances qui tendaient à la réalisation de son système. Il attaqua d'abord la constitution religieuse, supprima les couvents, et abrogea l'appel au pape. Il voulut que les mandements des évêques fussent soumis à l'approbation du gouvernement, et que la connaissance des différends relatifs au mariage fût ôtée aux évêques. Il régla très-minutieusement la discipline des chapitres de chanoinesses, supprima leur chant, changea leur costume, et limita leurs prières. Il détermina la division des provinces, dirigea la collation des cures, et prescrivit la forme des concours. Il ne se borna pas à ces mesures générales : il entra jusque dans les détails les plus petits, et souvent les plus ridicules. Ces règlements ne purent manquer de causer les plus vives alarmes dans un pays où non-seulement les doctrines religieuses, mais encore les formes, avaient de si profondes racines. Mais bientôt il compléta son système de réforme par son édit du 16 octobre 1786, qui ordonnait l'établissement d'un séminaire général à Louvain, et d'un séminaire filial à Luxembourg. Tous les écoliers du clergé, tant séculier que régulier, des provinces belges, devaient être réunis dans l'une ou l'autre de ces écoles, pour y être élevés dans une parfaite uniformité d'instruction et de morale. Le cours d'études était fixé à cinq ans. Les élèves devaient être agréés et présentés par les évêques. Toutes les bourses fondées pour l'étude de la théologie devaient être regardées comme instituées en faveur des étudiants des deux séminaires. Les séminaires épiscopaux étaient supprimés et convertis en presbytères, où les élèves séculiers du séminaire général ou filial devaient se retirer après avoir terminé leur cours, pour y pratiquer, sous les yeux de leur évêque, les différents exercices de leur ministère futur, comme une sorte de noviciat. Enfin, il était ordonné aux ordres religieux de n'admettre à la prise d'habit que les candidats qui auraient fini leur cours d'études dans l'un des deux séminaires impériaux.

Telles étaient les mesures par lesquelles Joseph II voulut réorganiser les études cléricales, qui, à la vérité, étaient trop circonscrites, mais qu'il eut le grand tort de vouloir soustraire à l'autorité des évêques. Aussi tout le clergé s'en émut. L'archevêque de Malines fut le premier à faire à l'empereur des représentations au sujet de cet établissement, dont le projet était connu d'avance par le bruit public; mais, tout en cherchant à le rassurer, on passa outre. Le séminaire général s'ouvrit le 15 novembre; et presque aussitôt il éclata des troubles graves parmi les étudiants, tant à cause de la discipline intérieure, qui froissait les habitudes, qu'à cause de la doctrine de quelques professeurs, qui ne paraissait rien moins qu'orthodoxe. Pour réprimer ce désordre, on fit marcher un régiment à Louvain. Le séminaire fut investi, et vingt-cinq étudiants furent jetés dans les prisons de l'université. Peu de jours après, tous les autres désertèrent; de sorte qu'il en resta à peine une vingtaine au mois de janvier.

Les esprits étaient excités, et on attendait avec inquiétude quel serait le développement du système de réforme que l'empereur annonçait. On prévoyait qu'il ne s'arrêterait pas à la réorganisation des établissements religieux seulement. En effet, il s'attaqua bientôt à l'ordre civil. Deux diplômes datés de Vienne, et donnés le 1ᵉʳ janvier 1787, instituèrent une nouvelle forme pour l'administration générale du gouvernement des Pays-Bas, et pour l'administration particulière de la justice. Le premier de ces actes établissait, au lieu des trois conseils collatéraux et de la secrétairerie d'État, un seul conseil, sous le nom de conseil de gouvernement, dont le ministre impérial serait le chef et le président: il divisait aussi la Belgique en neuf cercles, dans chacun desquels il nomma un intendant et des commissaires chargés de l'administration, au lieu des députés des états. Le second diplôme, au lieu des conseils de justice ou des tribunaux existant aux Pays-Bas, établissait à Bruxelles un conseil souverain, deux tribunaux d'appel, l'un à Bruxelles, l'autre à Luxembourg; et un tribunal de première instance dans chaque province, au lieu des justices seigneuriales et des tribunaux ecclésiastiques ou des cours particulières.

Ces actes ne blessèrent pas moins profondément tous les Belges, déjà si irrités par l'institution des séminaires. Comme l'archevêque de Malines avait pris à tâche de défendre les intérêts du clergé, les états de toutes les provinces s'opposèrent aux innovations dans la forme gouvernementale et dans l'organisation judiciaire, qu'ils signalèrent comme autant d'infractions aux priviléges et aux constitutions du pays. Le conseil de Brabant déclara qu'il ne pouvait ni ne devait expédier ni publier les deux diplômes, comme étant contraires à la Joyeuse Entrée; et les états de cette province prirent, en vertu de leurs antiques priviléges, la résolution de ne pas donner leur consentement à la continuation ordinaire des impôts, aussi longtemps que les infractions faites à la Joyeuse Entrée ne seraient pas redressées. Les états de Hainaut, du Tournaisis, de Namur et de Flandre opposèrent la même résistance; si bien que les gouverneurs généraux, forcés de céder aux instances presque menaçantes des états, supprimèrent les intendances, et suspendirent l'exécution du nouveau règlement de la procédure civile. Ce premier pas rétrograde encouragea singulièrement le peuple, dont l'esprit était exaspéré, et qui se livrait à toute sorte d'excès. On forma des corps de volontaires, on porta des cocardes et des uniformes, on arbora des drapeaux. La populace alla même jusqu'à exercer d'affreux pillages à Anvers et à Namur.

A la nouvelle de ces désordres, l'empereur manda à Vienne les gouverneurs généraux des Pays-Bas, le ministre plénipotentiaire, et une députation des états. Cet ordre répandit dans toutes les provinces une vive inquiétude, et jeta la crainte dans tous les esprits. Le départ des gouverneurs généraux était regardé comme un prétexte, et l'appel d'une députation des états comme un piége. On se rappelait le sort des seigneurs que, dans des circonstances presque pareilles, Philippe II avait mandés à Madrid ; on se rappelait aussi quels désastres avaient suivi le départ de Marguerite de Parme ; et tous ces souvenirs redoublèrent la défiance et l'épouvante auxquelles le pays était en proie.

Les états de Brabant, de Flandre et de Hainaut engagèrent vivement les gouverneurs généraux à ne pas quitter le pays, en leur représentant la confusion et l'anarchie auxquelles, dans les circonstances où l'on se trouvait, leur absence pouvait donner lieu. Mais la voix de l'empereur se fit entendre, et il fallut se résigner. Aussi les états convoquèrent à Bruxelles une assemblée générale, où devaient se rendre des députés de toutes les provinces. On choisit une députation de vingt-neuf membres, qui partit aussitôt pour Vienne, où les gouverneurs généraux l'avaient précédée. Mais les pourparlers qu'elle eut avec l'empereur n'aboutirent qu'au renouvellement de la volonté de Joseph II, qui était qu'il fallait que toutes choses fussent rétablies sur le pied où elles étaient avant le 1ᵉʳ avril, et qu'il ne restât plus le moindre vestige d'aucune des choses contraires à ses ordres ou à ses intentions depuis ce jour. Ces préalables entendus, les états persistèrent dans leur résolution de ne pas vouloir accorder la continuation des impôts, les volontés de l'empereur se trouvant contraires à la Joyeuse Entrée, qui leur donnait ce droit de refuser les taxes. Cependant ils firent droit à la réclamation de Joseph II, qui exigeait la dissolution des compagnies de volontaires qu'on avait formées dans les provinces ; du moins elles déposèrent leurs cocardes et leurs uniformes. Cette première concession obtenue, le comte de Murray, investi par intérim du gouvernement général des provinces, publia aussitôt une déclaration de l'empereur, qui portait que les constitutions, les priviléges et la Joyeuse Entrée seraient maintenus ; que les nouveaux tribunaux et les intendances seraient supprimés ; que les tribunaux et les juridictions anciennes, les états, etc., subsisteraient sur l'ancien pied ; et que Sa Majesté s'entendrait avec les états au sujet du redressement des points contraires à la Joyeuse Entrée. Forts du premier article de cette déclaration, les états de Brabant s'empressèrent de demander le rétablissement des couvents supprimés, et de l'université de Louvain. Ceux de Flandre réclamèrent dans le même sens. Mais l'empereur répondit qu'en rendant aux états leurs constitutions et leurs priviléges, il n'avait réellement entendu que le rétablissement des anciens tribunaux et de l'ancienne administration des provinces ; que quant à ses ordonnances sur les autres points contestés, il voulait qu'elles fussent exécutées, bien qu'il consentît à en traiter avec les états. Le comte de Trautmansdorf, qui venait d'être nommé ministre plénipotentiaire de l'empereur à Bruxelles, produisit, au nom de son maître, un décret interprétatif, conçu à peu près dans les mêmes termes.

Le conseil de Brabant hésitant à publier ce décret, le ministre impérial le somma d'en faire la publication, en menaçant d'employer le canon et les baïonnettes, si on levait la séance sans avoir obéi. Le comte d'Alton, que Joseph II avait envoyé aux Pays-Bas avec le titre de commandant d'armes, craignant un mouvement populaire, fit incontinent cerner par de fortes patrouilles la salle du conseil et les lieux environnants. La foule, qui grossissait toujours, et qui n'affluait d'abord que poussée par la curiosité, fut aisément dissipée par la force armée, mais pour se transporter ailleurs, et se reformer sur la grande place. Une patrouille fut chargée de la disperser de nouveau ; mais la multitude devint de plus en plus menaçante, et commençait à lancer des pierres sur les Autrichiens. Une décharge des soldats répondit à cette attaque, et plusieurs bourgeois furent tués ou blessés. Pendant ce temps le conseil délibérait toujours, sans pouvoir se décider à prendre une résolution. Ce ne fut qu'à onze heures du soir qu'il se détermina à publier le décret, mais en l'accompagnant toutefois d'énergiques réserves.

L'opposition que les représentants de la nation commençaient à montrer pour la défense des choses politiques doubla le courage du clergé pour la défense des choses religieuses. L'empereur tenait surtout à l'exécution de ses ordres relatifs aux séminaires, et l'archevêque de Malines s'y opposait toujours plus vivement, bien que les obstacles que le clergé avait d'abord fait valoir eussent été levés : c'est-à-dire que le droit de surveillance sur les doctrines, sur les livres et sur les élèves eût été laissé aux évêques ; que l'éloignement du directeur placé par Joseph II à la tête du séminaire général eût été accordé à leurs réclamations, et qu'il leur eût été permis de proposer au choix de l'empereur les ecclésiastiques qu'ils croiraient le plus propres à remplir dignement la direction de cet établissement. La défiance était devenue telle, qu'aucune concession ne put raccommoder le clergé avec les innovations impériales. Le séminaire de Louvain resta désert, et les leçons continuèrent dans les séminaires des évêchés. Cette désobéissance obstinée détermina l'empereur à transférer à Bruxelles les facultés de droit, de médecine et de philosophie, en ne laissant à Louvain que la faculté de théologie avec le séminaire général, et à faire fermer par la force les séminaires épiscopaux. Le comte d'Alton exécuta ces mesures avec une violence toute militaire, et non sans avoir employé les armes contre la populace ameutée à Anvers et à Malines.

Ce fut alors que l'époque de la convocation ordinaire des états arriva. Ceux de Brabant se réunirent le 21 novembre, pour délibérer sur l'accord du subside. L'ordre ecclésiastique et l'ordre noble y consentirent par peur; mais le tiers état s'y refusa obstinément, et son refus rendait nul le consentement des deux premiers ordres. Les états de Hainaut rejetèrent le subside d'une manière plus unanime, et l'empereur les supprima, de même que les priviléges de la province, qu'il déclara vouloir désormais tenir comme province conquise. Cette décision violente fut, peu de temps après, appliquée aussi au Brabant, dont les états et le conseil furent cassés et supprimés.

Ces mesures ne purent manquer d'exaspérer encore les esprits, déjà si vivement excités. La fureur populaire était à son comble. Une foule de jeunes gens quittèrent le pays, et se réunirent dans les environs de Bréda, attendant l'occasion de prendre les armes contre les Impériaux. Un homme dont l'ambition était la seule qualité, l'avocat Van der Noot, s'était placé à la tête de l'opposition, qui bientôt devait en venir à des actes d'hostilité contre l'empereur. D'ailleurs, les sollicitations du dehors ne manquaient pas. L'agitation qui commençait à se manifester en France réagissait vivement sur les provinces belges, où, d'un autre côté, la princesse d'Orange fomentait l'irritation, pour se venger de la protection insultante que l'archiduchesse Marie-Christine avait accordée aux patriotes hollandais, retirés à Bruxelles depuis le retour du stathouder dans les Provinces-Unies. La Prusse, qui voyait avec dépit la trop grande puissance de l'Autriche, ne restait pas inactive, et elle encourageait les Belges ; tandis que, dans les provinces mêmes, l'ambassadeur anglais agissait dans le même sens par haine contre la France, dans les bras de laquelle il craignait de voir la Belgique se jeter un jour. Un plan fut même concerté, d'après lequel la Belgique eût pu être réunie à la Hollande sous un gouvernement séparé, qui aurait été donné au prince Frédéric d'Orange, second fils du stathouder, avec le titre de gouverneur général.

Jusque-là les esprits en Belgique n'avaient eu en vue que le redressement des griefs et le rétablissement des anciens priviléges du pays : c'était le but de Van der Noot, que secondaient en sous-ordre Van Eupen, et les abbés de Tongerloo et de Saint-Bernard. Mais il ne tarda pas à s'y former un parti qui ne prit à cœur la réparation des atteintes apportées aux droits de la nation que dans un but démocratique et révolutionnaire : il avait pour chefs l'avocat Vonck et Van der Meersch.

Pendant que Van der Noot négociait avec l'étranger, et courait à Londres, à la Haye, à Berlin, pour préparer un dénoûment par d'autres bras que ceux du pays même; Vonck, plus actif, plus entreprenant, et mieux fait pour son rôle, achevait d'organiser en silence à Bruxelles une association, qui prit pour devise ces mots : *Pro aris et focis*. Homme d'action avant tout, il ne tarda pas à se séparer de Van der Noot, qui, se nourrissant de chimères, espérait toujours dans le secours de l'étranger. Il comprit que les révolutions ne se font que par la propre force d'un peuple. Aussi il se rendit à Hasselt, où il forma un comité de patriotes, qui partageait entièrement ses vues. Mais bientôt, ne se croyant plus en sûreté dans cette ville, il se retira avec les siens sur la frontière de Hollande, aux environs de Bréda, où il s'occupa d'organiser les émigrés qui s'y trouvaient déjà réunis en foule. Il fallait un chef pour commander ces forces : Vonck jeta les yeux sur Van der Meersch, colonel belge, qui s'était distingué au service de la France. Celui-ci n'hésita point; il se mit à la tête de l'armée, et s'occupa aussitôt d'un plan d'invasion en Belgique.

Le moment était propice; car les nouvelles venues de France avaient singulièrement élevé l'ardeur des patriotes et abattu les Autrichiens. La prise de la Bastille et le soulèvement de Paris étaient venus avertir les Belges que l'heure des peuples avait sonné. Le 24 octobre 1789, on se trouva prêt. Ce jour-là, fut lancé le manifeste du peuple brabançon, qui déclarait l'empereur Joseph II déchu de la souveraineté du duché de Brabant;

et Van der Meersch avec sa troupe, forte à peine de quinze cents hommes, franchit la frontière de la province d'Anvers, se dirigeant vers Diest. Il sortait précisément de Turnhout pour prendre cette direction le 26, quand tout à coup il apprit qu'un corps autrichien accourait de Lierre, conduit par le général Schroeder, et composé d'environ quatre mille hommes, avec sept bouches à feu. Les patriotes se replièrent au même instant sur Turnhout, où le lendemain, au point du jour, ils parvinrent à attirer l'ennemi, et le mirent dans une déroute complète, après lui avoir enlevé cinq canons. Ces pièces formèrent, pendant les premiers mois de l'insurrection, leur unique artillerie.

Cet échec déshonorant éprouvé par ses armes irrita vivement l'empereur, qui sentit que la force morale de son armée avait reçu, dans cette première rencontre, une atteinte des plus funestes. Et en effet, l'armée des volontaires s'augmentait d'heure en heure, et toutes les villes aspiraient à s'affranchir du joug autrichien. D'Alton comprit qu'il fallait compter avec un homme tel que Van der Meersch. Aussi il remplaça par le général d'Arberg, Schroeder, qui avait été grièvement blessé à Turnhout, et il lança contre les patriotes un corps imposant, soutenu par une bonne artillerie, avec l'ordre de cerner Van der Meersch. Celui-ci, qui s'était avancé sur Mol, Meerhout et Everbode, et paraissait annoncer l'intention de s'emparer de Diest, devina à temps les intentions des Autrichiens, se replia sur Hoogstraeten, et rentra sur le territoire de Bréda. Au fond, le mouvement des patriotes leur fut d'un grand avantage, en ce qu'il occupa un moment toute l'attention de l'ennemi, et permit ainsi à un corps belge, commandé par le prince Louis de Ligne, de pénétrer dans la Flandre, de s'emparer de Gand, et d'enlever Bruges et Ostende.

Aussitôt que les troupes patriotes eurent obtenu ce succès, la Flandre à son tour proclama la déchéance de

Joseph II, et décréta l'union avec le Brabant, la levée d'une armée de vingt mille hommes, et la fraternité avec les autres provinces.

Cette marche rapide, et surtout ces succès presque inattendus, répandirent une sorte de panique dans l'armée autrichienne. Elle évacua sans coup férir la province de Hainaut, et les gouverneurs généraux s'enfuirent de Bruxelles avec les principaux membres du gouvernement, pour aller se mettre en sûreté dans la forteresse de Namur.

Van der Meersch craignait que les Autrichiens ne cherchassent à reprendre la Flandre. Il tenait surtout à rester maître de cette province, qui lui offrait, en cas de défaite, la possibilité de se retirer en Zéelande ou en France. Mais le comité patriotique de Bréda, craignant de son côté que le général n'acquît une trop grande influence dans la Flandre, où il était né, se hâta de le faire rentrer dans la Campine. En même temps on conçut le projet de pousser une colonne expéditionnaire dans le comté de Namur. Elle devait y pénétrer par la Hesbaie, en passant par Hasselt et Huy, en laissant Namur sur la gauche. Mais elle se porta imprudemment à Liége, où elle se livra à la dissipation et ébruita ses projets; puis elle se dirigea par Ciney vers Dinant. A peine eut-elle atteint cette ville, qu'elle y fut abordée par les Autrichiens, qui la mirent dans une déroute complète.

Pendant ce temps, Van der Meersch, informé que le général d'Alton projetait une attaque contre la place de Diest, où les patriotes s'étaient établis, résolut d'effrayer l'ennemi par un coup de main hardi. Il fit répandre le bruit qu'il allait marcher sur Louvain; et les Autrichiens, croyant qu'il allait en effet opérer ce mouvement, disposèrent leurs forces sur les routes de Louvain à Diest et de Louvain à Tirlemont, comptant ainsi le prendre en face et en flanc; mais il tourna brusquement à gauche, et se rendit maître de Tirlemont.

En ce moment les patriotes interceptèrent un rapport adressé par d'Alton à l'empereur, et deux paquets de dépêches envoyées de Vienne, l'un à d'Alton, l'autre au comte de Trautmansdorf. Ces pièces révélèrent à Van der Meersch la désunion qui régnait entre le général et le ministre impérial. Il sut en tirer parti. Sa position à Tirlemont était devenue embarrassante et dangereuse; car les Autrichiens se disposaient à s'avancer en trois colonnes sur cette place. S'exposer à subir un siége, il ne le pouvait sans être sûr de voir la ville réduite en cendres. Attendre l'ennemi en rase campagne, il ne le pouvait pas davantage avec une troupe peu exercée aux armes, qu'il était presque certain de voir se débander au premier choc. Il prit donc le parti d'adresser au comte de Trautmansdorf des copies des deux dépêches de l'empereur, et de lui demander une suspension d'armes de quatre jours. Cette proposition fut reçue avec empressement; mais on ne put tomber d'accord sur les conditions d'une plus longue trêve. Dans cette situation, le chef des patriotes jugea prudent d'évacuer Tirlemont, et de se retirer du côté de Léau. Arrivé dans cette ville, il se trouva dans la même perplexité; n'ayant ni vivres ni munitions. Heureusement l'arrivée d'un plénipotentiaire envoyé par Trautmansdorf vint le tirer d'embarras, en lui offrant de négocier une suspension d'armes de deux mois pour les provinces de Brabant, Namur, Luxembourg et Limbourg. Cependant, comme Van der Meersch insistait pour que la Flandre fût comprise dans cette trêve, on ne signa qu'un armistice de dix jours, qui commença le 2 décembre.

Le comité de Bréda apprit avec une vive colère la stipulation qui venait d'être ainsi conclue avec les ennemis, et ordonna à son général de reprendre les armes, et d'agir comme si rien n'avait été signé. Van der Meersch cependant ne se remit en mouvement que le 12 décembre. Il se dirigea droit vers Bruxelles. Depuis plusieurs jours cette ville se trouvait dans une agitation extrême. D'Alton en avait inondé la partie basse; il avait barricadé et coupé les rues, établi dans la partie haute des redoutes prêtes à foudroyer les bourgeois, s'ils opéraient le moindre mouvement; enfin, il s'était retranché tout à la fois dans des mesures de défense et dans des mesures de terreur. Toutes ces précautions cependant n'avaient frit qu'irriter de plus en plus la population. Aussi le comte de Trautmansdorf, espérant calmer les esprits par la modération et la douceur, avait essayé de corriger le mauvais effet produit par la conduite violente de d'Alton, et fait restituer aux habitants les armes dont ce général les avait dépouillés. Malheureusement pour l'empereur, il était trop tard. Pressé par les circonstances, il avait eu beau promettre, dans une série d'édits, de maintenir l'ancienne organisation politique et judiciaire des provinces belges, de supprimer le séminaire général de Louvain, et d'accorder une amnistie générale pour tout ce qui s'était fait; il n'était plus en son pouvoir d'arrêter la marche des choses.

Dès le 10 décembre, c'est-à-dire deux jours avant l'expiration du terme assigné à la suspension d'armes, les patriotes de Bruxelles ne crurent plus devoir se cacher. On fit chanter, dans l'église de Sainte-Gudule, une messe solennelle pour le succès de l'armée nationale, et on distribua, sur les degrés de la cathédrale, des cocardes brabançonnes, dont la ville tout entière fut parée avant le soir. Le lendemain le tocsin fut sonné, et les patriotes s'emparèrent de plusieurs postes occupés par la troupe. Le 12 ils étaient maîtres de la ville tout entière. Trautmansdorf était parti; d'Alton s'était replié sur Waterloo, après avoir perdu par la désertion une grande partie de ses soldats. Là il trouva un ordre de l'empereur qui le rappelait, et il remit le commandement au général Ferraris, qui avait été envoyé pour le remplacer. Le nouveau général voulut tenter la voie des accommodements; mais il échoua comme Trautmansdorf avait échoué.

Tandis que ces événements se passaient, un corps de deux mille volontaires, qui s'était formé dans la Flandre, marcha sur Bruxelles, et chassa devant lui les garnisons autrichiennes de Termonde, d'Alost et d'Assche, qui, frappées de terreur, se portèrent en désordre sur Waterloo. Nivelle se déclara en même temps pour la cause nationale, et il ne resta plus à Ferraris que de faire sa retraite sur Namur, où il ne tint pas davantage devant les forces réunies des Flamands, commandés par le baron de Kleinenberg, et des volontaires de Van der Meersch. Le 17 décembre, le général en chef belge entra dans cette ville, aux acclamations du peuple.

Le même jour, Van der Noot, accompagné de tout le comité de Bréda, fit son entrée à Bruxelles au bruit des cloches et des canons. Il fut conduit en triomphe à Sainte-Gudule, où, agenouillé sur le prie-Dieu de Joseph II, il assista à un brillant *Te Deum*. Le soir, passant de l'église au théâtre, il fut couronné par les comédiens, dans la loge même des gouverneurs généraux.

Il ne restait plus un seul Autrichien dans les provinces, si ce n'est dans la citadelle d'Anvers, les débris de l'armée de Ferraris ayant poursuivi leur fuite jusqu'au fond du grand duché de Luxembourg. Ainsi délivrées de leurs garnisons, les villes devinrent alors le théâtre d'odieux pillages, cet accompagnement presque inévitable de tout soulèvement populaire; mais ces excès furent promptement réprimés; et l'on songea à organiser le pouvoir, sans trop savoir encore quel usage on en ferait, ni quelle forme on lui donnerait. Les états de Hainaut et de Flandre proclamèrent leur indépendance par un manifeste, et ceux de Brabant et de Namur firent leur inauguration solennelle. Les états de Brabant ne se bornèrent pas à cet acte: ils méditaient un projet plus grand, celui de s'arroger le pouvoir souverain. Ils étaient poussés à cette idée par Van der Noot et par Van Eupen, qui, grand pénitentiaire d'Anvers, avait été nommé secrétaire des états unis. D'ailleurs, le conseil de Brabant se montrait disposé à appuyer ce projet, qu'il consomma dans les derniers jours de décembre, par des résolutions dans lesquelles il décréta que les états exerceraient la souveraineté sur le même pied que l'empereur Joseph II.

Presque en même temps les états des autres provinces affranchies de l'autorité impériale envoyèrent des représentants à Bruxelles, pour y tenir une assemblée générale. Ils eurent leur première séance le 7 janvier, formèrent une confédération, sous le nom d'États belgiques unis, et instituèrent un congrès, sous la dénomination de Congrès souverain des états belgiques.

La joie populaire fut distraite un moment de ce spectacle presque républicain, par la nouvelle de la reddition de la citadelle d'Anvers, qui, voyant l'impossibilité de tenir plus longtemps, capitula avec les patriotes. Mais si ce nouveau succès augmentait la confiance dans l'avenir, le progrès des armes nationales dans le Luxembourg ne pouvait donner de grandes espérances. Van der Meersch, après s'être arrêté un jour à Namur, avait pénétré dans cette province, et s'était mis à la poursuite des Impériaux. Mais deux échecs, essuyés entre Marche et Saint-Hubert, l'avaient forcé à venir reprendre position à Namur. Cette défaite n'était pas de favorable augure; car l'armée patriote était maintenant assez imposante, et elle n'avait plus devant elle que des troupes démoralisées et affaiblies.

Ce qui ne pouvait manquer d'arriver bientôt, c'était la division entre ceux qui avaient pris à tâche de conduire la révolution. Vonck se trouvait à la tête du parti dévoué aux principes démocratiques, c'est-à-dire de celui qui avait le plus contribué à l'établissement de l'ordre de choses nouveau. Van der Meersch y appartenait avec tous les hommes d'action, de cœur et d'énergie. L'autre parti avait pour chef nominal Van der Noot, et pour chef réel Van Eupen, hommes étroits, ambitieux. L'influence de Vonck leur portait le plus grand ombrage; aussi ils ne négligeaient rien pour le renverser: sophismes, fourberies, calomnies, violences, tout leur était bon. Sectateurs de l'immobilité sociale, ils n'avaient concouru au mouvement que pour maintenir les formes anciennes, les priviléges traditionnels, et les droits de caste: et ils n'entendaient pas admettre un homme de plus au partage de la conquête faite par tous et au nom de tous. Vonck, plus généreux, demandait que le prix de la victoire remportée par le peuple profitât au peuple; mais sa voix fut étouffée. Van der Noot et les siens envoyèrent dans tout le Brabant des émissaires chargés de signaler tous ceux qui voulaient introduire des changements ou des nouveautés, soit dans la religion, soit dans la constitution, c'est-à-dire de faire connaître les Vonckistes comme traîtres à la patrie et perturbateurs du repos public. Ils furent singulièrement servis dans cette manœuvre par l'influence que le clergé exerçait sur le peuple, surtout dans les campagnes: aussi, ils triomphèrent partout, excepté à Gand, où le parti démocratique garda le dessus. Le carême approcha dans ces entrefaites; et ce fut une occasion pour l'archevêque de Malines de faire enfin une déclaration publique de principes. Son mandement fut une véritable déclaration de guerre contre les Vonckistes. Si bien que le comité patriotique de Vonck, qui formait un trop important contre-poids à la ligue aristocratique de Van der Noot, fut forcé de céder aux menaces et aux calomnies, et prit le parti de se dissoudre.

Ainsi, seuls maîtres du terrain, les partisans de Van der Noot ne surent bientôt, pas plus que lui-même ne le savait, de quel côté se tourner. Les secours étrangers, sur lesquels ils avaient compté si longtemps et avec tant d'assurance, n'arrivaient pas. L'Angleterre et la Hollande, qui avaient soufflé le feu de la révolte dans l'unique but d'affaiblir l'Autriche et de l'humilier, restaient complétement immobiles. La Prusse, qui avait si fortement encouragé le soulèvement des patriotes, ne les aidait que de belles paroles, et ne songeait qu'à tirer parti des embarras qu'elle avait contribué à susciter à l'empereur, pour pousser les projets qu'elle méditait sur la Pologne.

C'était sur la Prusse que Van der Noot comptait le plus. Tout secours faisant ainsi défaut aux états souverains de Belgique, on se tourna du côté de la France, où l'assemblée nationale devait, croyait-on, appuyer un jeune État sorti d'une révolution. Ce fut un curieux spectacle, en vérité, de voir les députés de la confédération belge, c'est-à-dire les représentants les plus extrêmes de l'aristocratie, aller demander protection à un pouvoir d'un principe entièrement opposé. Toutefois, vers le milieu de février 1790, l'assemblée nationale prescrivit à la Belgique les conditions suivantes, promettant de disposer la maison d'Autriche à y accéder avant la fin du mois de mai : « 1° que les Pays-Bas se choisiraient un chef constitutionnel dans la maison d'Autriche; 2° qu'on établirait dans les provinces belges une représentation libre et élective dans les trois ordres, au gré de la nation; 3° que l'armée et toute la force militaire serait nationale, et qu'elle prêterait serment aux chefs et aux représentants de la nation; 4° que le corps représentatif serait le dispensateur du trésor public. »

Ces conditions, posées par le patronage de la France, ne pouvaient convenir à l'ambitieux Van der Noot, qui non-seulement les repoussa, mais qui, en outre, défendit, *sous peine de coups de bâton*, à l'envoyé qu'il avait employé à Paris, de les publier. De cette manière, les états souverains de Belgique n'eurent plus à compter que sur eux-mêmes, et cela devenait chaque jour plus difficile. Le pape Pie VI leur avait adressé, le 13 janvier 1790, un bref dans lequel il les engageait à rentrer sous la puissance de Joseph II. Le 20 février, l'empereur était mort, et son frère Léopold avait pris le sceptre de l'Empire. Cet événement précipita le drame révolutionnaire de Van der Noot.

Ce Washington de comédie s'amusait niaisement à se faire encenser, et appeler Monseigneur et Excellence, tandis que l'armée se désorganisait chaque jour davantage, et que Van der Meersch le Vonckiste était en butte à toute sorte de tracasseries. Malgré les réclamations de ce général, le congrès, comme pour faire acte d'autorité de quelque manière que ce fût, licenciait les patriotes, congédiait les officiers aguerris, les remplaçait par des enfants inhabiles au feu, et laissait manquer de tout les troupes restées sous les drapeaux.

Un des premiers soins de l'empereur Léopold fut de faire exposer aux Belges que, étranger aux infractions faites par son frère à la Joyeuse Entrée et aux innovations qui avaient amené la révolution, il appelait les provinces à rentrer dans l'obéissance, et qu'il offrait la pleine confirmation de la Joyeuse Entrée et de tous les priviléges particuliers des provinces, l'amnistie pleine et entière, l'oubli complet du passé, le rétablissement dans leurs emplois de tous les officiers publics destitués par le gouvernement impérial, enfin l'exclusion des étrangers de toutes les fonctions judiciaires, administratives et militaires. Il promit, en outre, que les gouverneurs généraux seraient toujours de la famille du souverain ou natifs des Pays-Bas; que le ministre et le commandant général devraient être nés Belges; qu'on formerait, d'accord avec les états, de nouveaux régiments, qui porteraient les noms des provinces respectives, et dont les officiers, tous natifs du pays, seraient nommés et avancés à la proposition des états; que les militaires prêteraient serment à la fois au souverain et aux états; qu'ils ne pourraient jamais être employés, sous aucun prétexte, hors de la Belgique, sans le consentement des états, ni marcher dans le pays que pour sa défense contre les ennemis étrangers, ou pour y protéger l'ordre, dans les seuls cas où ils en seraient requis par les états ou par les magistrats des villes. Tous les bons esprits se montrèrent disposés à accepter ces conditions, et à se soumettre à l'autorité de l'empereur. Mais le congrès repoussa ces ouvertures, quelque raisonnables qu'elles fussent, et il décida que la guerre serait continuée. Il comptait sur la diversion que devaient opérer les démêlés de l'Empire avec la Turquie.

Ce fut précisément en ce moment que les persécutions contre les partisans de Vonck prirent le plus de violence. Van der Meersch fut abreuvé de dégoûts. On laissa ses troupes dans le dénûment le plus complet, de manière que le découragement et la désertion ne tardèrent pas à les décimer. On envoya au général des commissaires chargés de s'informer de l'esprit des troupes, et ils firent des rapports qui mettaient son honneur et sa loyauté en doute. En vain les officiers envoyèrent-ils au congrès souverain une adresse, dans laquelle ils représentaient leur chef comme leur espérance et comme le défenseur du pays : rien ne put détruire les odieux soupçons que l'on accréditait sur l'homme qui peut-être avait servi avec le plus de dévouement et d'abnégation une cause qu'il croyait utile au peuple. On devait mettre le comble à la mesure. On commença par répandre le bruit qu'il visait à la dictature ; puis on envoya à Namur un corps commandé par un Prussien, Schoenfeld, avec l'ordre d'arrêter tous les officiers qui tenaient pour Van der Meersch. Cependant on n'osait pas encore porter la main sur lui; car c'eût été frapper le peuple lui-même, qui avait pour lui la plus grande vénération. Après l'avoir brutalement remplacé par Schoenfeld, on le manda à Bruxelles, pour le condamner d'abord aux arrêts, et l'envoyer ensuite prisonnier à la citadelle d'Anvers, où il resta pendant sept mois.

La perte de Van der Meersch fut la perte de l'armée patriote. Elle commençait à peine à se former sous la conduite d'un chef dans lequel elle avait mis sa confiance; et maintenant elle se trouvait placée sous les ordres de deux étrangers qui n'étaient attachés par aucun lien à la Belgique : l'Anglais Koehler et le Prussien Schoenfeld. Démoralisée comme elle l'était ainsi, elle ne pouvait plus offrir une résistance sérieuse aux Autrichiens, qui, ayant eu le temps de se refaire, se disposaient à ouvrir la campagne.

Le 18 mai, les Impériaux commencèrent leurs opérations. Ils tombèrent sur les avant-postes des patriotes, et les forcèrent à se replier. Bientôt, battue sur tous les points dans les Ardennes, elle dut repasser la Meuse, grâce à l'incapacité ou à la trahison de Schoenfeld. Dès ce moment déjà la cause de la révolution eût été perdue, sans le courage et l'habileté de Koehler, qui se maintenait avec quelque avantage à Bouvignes, et arrêtait les Autrichiens.

Les Vonckistes cependant n'étaient pas entièrement abattus. Ceux de la Flandre méditaient une insurrection contre l'inepte gouvernement qui conduisait les affaires ; mais leur projet fut malheureusement éventé. Pour perdre complétement le parti, on imagina d'attribuer aux Vonckistes de Bruxelles un dessein plus atroce, celui d'assassiner, pendant la procession solennelle de la fête de la Trinité, l'archevêque de Malines, le congrès, les états, les volontaires, Van der Noot et Van Eupen. Si stupidement imaginée que fût cette accusation, le peuple crédule, qu'on maniait, y prêta l'oreille. Les paysans de tous les villages voisins de Bruxelles accoururent, armés de fusils, de fléaux, de haches et de bâtons, et conduits par leurs pasteurs, montés sur de grands chevaux. Parmi les plus furieux adversaires du parti de Vonck se trouvait l'abbé de Feller, qui les combattait par ses écrits, comme la populace le combattait par le pillage et par la violence.

Tandis que ces désordres agitaient

la capitale brabançonne, le congrès continuait à jouer au gouvernement. En ce moment il s'amusait à frapper de la monnaie d'or, d'argent et de billon, dont les inscriptions latines n'étaient pas toujours exemptes de barbarismes.

Le désordre n'était pas moins fort dans l'armée, où l'indiscipline des soldats était aussi grande que l'indolence des chefs, et où régnaient la corruption et le libertinage. Koehler se maintenait toujours avec quelque succès à Bouvignes; mais Schoenfeld éprouva une terrible défaite dans le Limbourg, où les Autrichiens, encouragés par le relâchement de tous les liens dans l'armée patriote, avaient pénétré.

Quelques jours avant cet échec essuyé par l'armée patriote, les ministres de Prusse, de Hollande et d'Angleterre, réunis à Reichembach, avaient signé, le 27 juillet, une convention dans laquelle il avait été arrêté que la tranquillité serait restaurée le plus promptement possible dans les provinces belges, et que les trois puissances alliées concourraient au rétablissement de la domination de la maison d'Autriche en Belgique, moyennant l'assurance de l'ancienne constitution, l'amnistie pleine et entière, et l'oubli parfait de tout ce qui s'était passé. Cet acte montrait clairement au congrès qu'il n'y avait plus à compter sur le secours étranger, que Van der Noot n'avait cessé de lui faire espérer. Les yeux auraient dû se dessiller. Les vrais patriotes étaient découragés, par le dégoût dont on les avait abreuvés depuis longtemps. Cependant Van der Noot ne se crut pas vaincu. Il comptait sur l'enthousiasme des paysans, qu'il n'avait cessé de tenir en haleine, et il résolut de frapper un grand coup. Il proposa aux états de faire un appel aux villages au nom de la religion, pour les engager à se lever en masse, et à marcher contre les Autrichiens. Cet appel fut fait, et l'on se put croire au temps des croisades. Le jour du rassemblement fut fixé au 4 septembre, et Van der Noot déclara qu'il se mettrait à la tête du peuple armé. Le jour indiqué étant venu, tous les villages accoururent sous les drapeaux de cet homme, que l'on comparait à Gédéon, et qu'on disait investi d'une mission divine. Ce fut moins une armée qu'une cohue : selon les rapports les moins exagérés, elle s'élevait à vingt mille hommes. On les distribua en différents corps, et Van der Noot la conduisit contre l'ennemi. Ce fut le 22 septembre. Au premier coup de canon toute cette masse se débanda et prit la fuite, entraînant dans sa déroute Koehler et Schoenfeld.

Ce désastre ne fit pas encore ouvrir les yeux au congrès, qui, s'étant trop fortement prononcé contre l'empereur pour pouvoir reculer, continua à entretenir la fermentation du peuple et à persister dans la résistance. Un déplorable événement servit ce projet. Le 6 septembre, une procession eut lieu. Quelques jeunes gens s'étaient moqués un peu trop haut des capucins qui y figuraient : le peuple se jeta avec fureur sur l'un de ces imprudents, qu'on ne parvint qu'à grand'peine à lui arracher. On le mit en prison, et la foule furieuse s'amassa devant la porte, demandant à grands cris que le coupable lui fût livré. En vain quelques membres des états vinrent-ils haranguer la multitude, et lui promettre que le prisonnier serait puni : elle grossissait toujours, plus furieuse. Enfin la prison fut forcée; et la malheureuse victime, entraînée par la populace, fut pendue à un réverbère. Mais la corde s'étant cassée, on lui scia la tête, qu'on promena avec une joie féroce dans les rues de la capitale.

L'exaltation du petit peuple, ainsi renouvelée, soutint pendant quelques jours encore l'édifice si chancelant déjà de Van der Noot. Mais le dénoûment approchait à grands pas. L'empereur Léopold, ayant conclu la paix avec la Turquie, pouvait maintenant donner toute son attention aux affaires des Pays-Bas. Par un manifeste du 31 octobre, il se déclara toujours disposé à maintenir les conditions de paix qu'il avait offertes aux Belges. De leur côté, les ministres médiateurs tenaient aux états un langage toujours plus pressant. Le 31 octobre, ils firent connaître, « pour la dernière fois, officiellement, au nom de leur souverains respectifs, qu'il ne tenait qu'à la nation belge de rétablir sa constitution légitime dans sa plus grande pureté, la prévenant que le temps pressait, et qu'on ne lui donnait qu'un terme de vingt et un jours après la date de cette déclaration, pour accepter ces propositions. »

Décidé à tenir jusqu'au bout, le congrès s'assembla le vingt-unième jour, et, après une séance orageuse, proclama à l'unanimité l'archiduc Charles, troisième fils de l'empereur, grand duc héréditaire des provinces belges. Acte de souveraineté inutile; car, le 25 novembre, les Impériaux, commandés par le général Bender, entrèrent à Namur. Quelques jours plus tard, la Belgique se trouva replacée tout entière sous la domination impériale, et Van der Noot s'était enfui en Hollande. Une convention, conclue à la Haye entre les ministres médiateurs et le représentant de Léopold, confirma toutes les constitutions, les priviléges et les coutumes des provinces belges, assura une amnistie générale, et consacra, sous la garantie des trois puissances médiatrices, la souveraineté des Pays-Bas à l'empereur et à ses héritiers. Toutes les innovations de Joseph II furent abolies, l'archiduchesse Marie-Christine et le duc Albert de Saxe-Teschen furent replacés à la tête du gouvernement général des Pays-Bas, et le comte de Mercy d'Argenteau fut nommé ministre plénipotentiaire de l'empereur.

Ainsi l'ordre fut rétabli sans secousse et sans réaction.

Pendant que cette courte révolution avait agité les provinces belges, la principauté de Liége n'était pas restée en repos. Ni la ville épiscopale, ni le reste du pays, n'avaient oublié les anciens priviléges et les anciennes libertés dont cette espèce de république avait joui; et tout le monde songeait avec douleur aux infractions que les derniers évêques avaient apportées à la constitution de la principauté. Bien que César-Constantin, des comtes de Hoensbroeck, promu à l'épiscopat en 1784, gouvernât l'État avec la plus grande modération pendant les premières années de son règne, les éléments d'opposition étaient loin d'être éteints. On attendait une occasion de reconquérir ce qu'on avait perdu. Cette occasion se présenta en 1789; et ce fut par un motif singulièrement futile.

L'évêque Jean-Théodore de Bavière avait accordé, à un établissement formé à Spa, le privilége de tenir des jeux de hasard, qui y attiraient un grand nombre d'étrangers. Ses successeurs en avaient autorisé d'autres sous main. En 1785, un spéculateur fonda une nouvelle salle, et l'ouvrit, appuyé qu'il était par un grand nombre de familles puissantes, qui s'y trouvaient intéressées. L'évêque voulut la faire supprimer; en 1789, un procès s'ensuivit entre lui et l'entrepreneur, devant la chambre impériale de Wetzlaer: et ce procès, dans lequel le peuple, content de trouver un motif de faire une manifestation contre le prince, prit une part active, finit par enfanter une révolution.

A la vérité, la maison de jeu de Spa ne fut pas le seul grief qu'on reprocha à César de Hoensbroeck. On prit aussi prétexte contre lui d'un traité conclu avec la France, de la facilité avec laquelle il permettait aux enrôleurs français d'engager des troupes sur le territoire de la principauté, et du mépris qu'il témoignait ainsi pour les priviléges qui avaient été laissés au pays.

On avait commencé par user de petites représailles envers l'évêque, en empiétant sur ses droits dans la nomination du magistrat de Verviers, en mettant des entraves à la perception des revenus de sa chambre, et en lui suscitant toute sorte de difficultés de cette nature. Sur ces entrefaites, la révolution française vint à éclater, et l'agitation qu'elle communiqua aux pays voisins mit en mouvement cette incandescente population liégeoise. Alors on se prit à parler haut. On voulut que le clergé, exempt jusqu'à cette époque de tout impôt, fût aussi tenu à une part proportionnelle dans les charges publiques. Le grand ébranlement imprimé à l'Europe occidentale, par l'explosion de Paris, fit sentir à l'évêque que le moment des concessions était arrivé. Aussi le prélat adressa, le 13 août 1789, une invitation aux chapitres et au clergé de la principauté, pour les engager à se soumettre, selon l'équité, aux charges de l'État, comme les autres ordres du pays. En outre il convoqua, pour le 31 août, une assemblée générale des trois ordres. Les Liégeois crurent que le moment était favorable pour réclamer le rétablissement de la constitution du pays. Le prince consentit à réintégrer l'ancienne forme électorale, objet de tant de querelles; et on procéda incontinent au renouvellement des magistrats. L'élection fut singulièrement tumultueuse; car tous les habitants de la ville voulurent y prendre part. Le choix des hommes nouveaux qu'elle amena n'était guère de nature à plaire au prélat, qui cependant conserva les semblants, et parut se contenter des noms qu'elle venait de désigner. On eût dit que le meilleur accord régnait entre le prince et le peuple, quand tout à coup une nouvelle incroyable vint frapper d'étonnement toute la cité. On apprit que l'évêque avait furtivement quitté la ville dans la nuit du 27 au 28 août, c'est-à-dire l'avant-veille du jour fixé pour l'ouverture de l'assemblée générale des états. Il avait laissé une lettre dans laquelle il déclarait qu'il quittait le pays par de purs motifs de santé, et non par crainte des troubles auxquels la prochaine assemblée pourrait donner lieu; qu'il n'avait aucunement l'intention de chercher du secours étranger contre le peuple de la principauté, et qu'il protestait d'avance contre toutes les plaintes qui pourraient être produites en son nom.

Mais, peu de temps après qu'il fut sorti de l'évêché, la chambre impériale adressa aux Liégeois une déclaration dans laquelle elle disait qu'elle se regardait comme autorisée à intervenir par son propre conseil dans les affaires liégeoises; que le mouvement qui s'opérait dans la principauté avait tout le caractère d'une infraction à la paix de l'Empire, et que tous les princes du cercle de Westphalie allaient être convoqués, pour protéger par les armes, et aux frais des Liégeois, le prince-évêque et ses fidèles serviteurs, pour rétablir la constitution qu'on venait d'abolir, et pour châtier les chefs du mouvement révolutionnaire.

Il était tout simple que, dès le premier instant, on crût généralement à Liége que cette sommation avait été provoquée par l'évêque, malgré les protestations solennelles qu'il venait de donner. Et on le crut d'autant mieux, qu'une députation des états, qui s'était rendue à Saint-Maximin pour engager le prélat à revenir, ne put l'émouvoir, et qu'il refusa de rentrer dans la principauté.

A Liége cependant les bons et les mauvais éléments de la constitution reconquise se confondaient de plus en plus. Si, dans le principe, on avait pu considérer comme naturel et fondé en justice le désir des Liégeois de se voir réintégrés dans leurs anciens priviléges, la manière dont ils entendaient ces droits, et l'application démocratique qu'ils en faisaient dans les élections magistrales, devaient suffire pour donner à leur mouvement un caractère tout révolutionnaire. Ce caractère se montrait surtout d'une manière bien tranchée dans certaines localités, où l'on ne parlait de rien de moins que d'une refonte totale de la constitution. Aussi, cette tendance se fortifiant de plus en plus, on en vint bientôt aux émeutes et aux tumultes populaires, surtout quand l'évêque, rompant enfin le silence, déclara, par une lettre du 15 octobre, qu'il ne pouvait considérer comme légale l'assemblée générale des états, provoquée par lui-même.

De tous les princes du cercle de

Westphalie que la chambre impériale avait convoqués, le plus puissant était sans contredit le roi de Prusse, duc de Clèves. Cependant ce souverain commença par négocier avec les Liégeois, dans l'espoir de terminer les difficultés par des moyens pacifiques ; car, il faut le dire, on n'avait pas l'intention de rattacher par la force la principauté au cercle, les armes ne devant être employées qu'à la dernière extrémité. Les explications données par l'envoyé du duché de Clèves obtinrent que les troupes prussiennes, palatines, et celles des autres princes, entrassent, sous les ordres du baron de Schlieffen, dans le pays de Liége sans trouver de résistance. Les députés de Juliers et de Munster protestèrent, il est vrai, comme le prince-évêque le fit lui-même, contre les dispositions pacifiques de la Prusse. Ce dernier surtout réclamait à grands cris les mesures énergiques ; et, s'étant adressé de nouveau à la chambre impériale, il en obtint en effet, le 4 décembre, une ordonnance qui rendait tout arrangement impossible. Les autres princes qui avaient fait occuper en commun, avec le roi de Prusse, le territoire de Liége, menacèrent de rappeler leur contingent, si le roi ne consentait à faire agir ses forces avec plus de rigueur. Le résultat de toutes ces difficultés fut que les troupes prussiennes évacuèrent Liége le 1er avril 1790. Alors, en désespoir de cause, les Liégeois s'adressèrent à l'assemblée constituante de Paris, et lui demandèrent du secours. Mais l'assemblée ne répondit point à cet appel, disant qu'elle ne pouvait se mêler d'affaires étrangères à la France.

La retraite des Prussiens ne tarda pas à donner lieu à une difficulté nouvelle. Les membres du cercle ne pouvaient songer à soumettre la principauté par la force des armes, sans s'engager dans de grandes dépenses, bien qu'elle n'eût rien à espérer des Français. Cependant l'évêque persistait plus fortement que jamais dans sa résolution. Enfin, il s'adressa à l'empereur lui-même, souverain des provinces du cercle de Bourgogne, et réclama de lui l'exécution du jugement prononcé par la chambre impériale. Cet appel fut entendu, et la principauté de Liége fut envahie par les Autrichiens. Elle se soumit, en janvier 1791, au prince de Metternich, et l'évêque fut rétabli dans toute son autorité.

De même que, peu d'années avant ces événements, l'exemple de la lutte des Américains contre l'Angleterre avait assez puissamment agi sur les esprits dans les Provinces-Unies pour rendre quelque énergie au parti patriote, et l'amener à une tentative contre l'autorité du stathouder ; maintenant le mouvement qui avait commencé à s'opérer en France venait, à son tour, faire sentir son influence dans la république hollandaise. Il donna une vie nouvelle aux républicains, mal domptés par les armes de la Prusse. Les adversaires de la famille d'Orange devinrent plus nombreux que jamais : chaque progrès de la révolution française fut un progrès pour eux. Les restes des Vonckistes, dans les provinces belges, ne tenaient pas avec moins d'espérances les yeux fixés sur Paris.

Enfin, la Prusse s'étant rapprochée de l'Autriche, dont son intérêt naturel devait la tenir éloignée, ces deux puissances formèrent une coalition, dans le but de soutenir en France le principe monarchique, près de s'écrouler. La guerre devint ainsi une nécessité pour les Français ; et la révolution débuta en 1792 par la victoire de Valmy, qui rejeta les ennemis hors des frontières déjà entamées. Le moment arriva bientôt où la royauté fut déclarée abolie, et où la France se constitua en république. Le gant ainsi jeté à l'Europe des rois, il fallait combattre ceux qui l'avaient imprudemment ramassé. Une armée républicaine s'ouvrit l'entrée de la Belgique par la bataille de Jemmapes, et elle conquit toutes ces provinces jusqu'à la Meuse.

L'invasion française, que renforcèrent aussitôt les débris des légions de Van der Meersch, fut accueillie avec d'autant plus d'enthousiasme par les Belges, que la déclaration de la liberté de l'Escaut par la France en fut la suite.

Le parti anti-orangiste, en Hollande, ne l'applaudit pas avec moins de transport.

Au commencement de l'an 1793, la mort tragique de Louis XVI vint donner un nouveau développement à la guerre. L'Europe tout entière s'arma contre la naissante république. Jusqu'à ce moment le Piémont, l'Autriche et la Prusse avaient été les seuls ennemis déclarés de la France : l'Angleterre à son tour entra dans la lice, en poussant en avant d'abord l'Espagne, ensuite la Hollande, à laquelle l'ouverture de l'Escaut apportait un si notable dommage. La France allait ainsi avoir à défendre ses Thermopyles, l'Europe étant prête à lui livrer l'assaut, et les Perses l'enveloppant de toutes parts.

Les Provinces-Unies temporisaient encore en amusant Dumouriez, déjà maître de la Belgique, par des négociations pour la paix, quand tout à coup la jeune république prévint les ennemis qu'elle avait de ce côté, en déclarant, le 1er février 1793, la guerre à l'Angleterre et à la Hollande.

Dumouriez avait sur l'Escaut trente mille hommes, et environ soixante-dix mille sur la Meuse. Il conçut l'aventureux et hardi projet de pénétrer de front au cœur de la Hollande avec un corps qui s'élevait à peine au quart de ces forces, en laissant à ses lieutenants Thouvenot, Valence et Miranda, le soin de s'emparer de Maestricht, de Venlo et de Grave, pour venir ensuite le joindre par la Gueldre et le pays d'Utrecht. Après avoir lancé une proclamation où il promettait amitié aux Bataves, et guerre seulement au stathouder et à l'influence anglaise, il franchit, le 17 février, la frontière hollandaise, et emporta Bréda dix jours après. Les places de Geertruidenberg et de Klundert tombèrent à leur tour; et les Français, parvenus au bord du Biesbos, se disposaient à passer le Hollands-Diep, quand tout à coup on apprit que les Prussiens s'avançaient dans la Gueldre, et que le prince de Cobourg, après le combat d'Aldenhoven, qui avait été livré le 1er mars, marchait sur Aix-la-Chapelle pour aller dégager la forteresse de Maestricht, que le général Miranda avait commencé à bombarder. Cette nouvelle fit tout à coup renoncer au projet de franchir le Hollands-Diep. En effet, la coalition venait d'envoyer contre la France deux cent soixante mille Autrichiens, Prussiens, Hessois, Saxons et Bavarois, qui la menaçaient depuis Bâle jusqu'à Coblence. De ce nombre trente mille tenaient le Luxembourg, et soixante-dix mille se dirigeaient vers la Meuse pour prendre Dumouriez en flanc, tandis que, du fond de la Hollande, quarante mille Anglais, Hanovriens et Hollandais, s'avançaient sur sa ligne d'opération.

L'armée française se mit aussitôt en retraite, et se concentra entre Saint-Trond et Tirlemont, où elle essuya, le 18 mars, la meurtrière défaite de Neerwinde. Cet échec la fit se replier tout entière vers la frontière de France, où les alliés la poursuivirent.

Cette fois la Belgique se vit avec joie débarrassée des proconsuls français, qu'elle avait d'abord reçus avec tant d'enthousiasme, mais dont elle n'avait pas tardé à sentir le joug, chaque jour plus insupportable; car ils n'avaient rien respecté de ce qu'elle révérait : ils l'avaient blessée dans tous ses préjugés et dans toutes ses croyances ; ils l'avaient inondée d'assignats, froissée de toutes les manières, et foulée moins comme un peuple ami que comme un peuple vaincu, malgré les efforts mis en œuvre par Dumouriez pour s'assurer l'affection des Belges, en les respectant dans eux-mêmes.

L'armée des alliés, dans laquelle se trouvait un corps de dix-sept mille Hollandais, commandés par le prince Guillaume-Frédéric, fils du stathouder, débuta en France par la prise de Condé et de Valenciennes : elle emporta ensuite le Quesnoy, dont la prise cependant ne racheta pas la défaite que les Anglais essuyèrent à Hondschoote.

Mais la fortune des armes tourna bientôt en faveur de la France. L'armée de la république força les Autrichiens à lever le siége de Maubeuge qu'ils venaient d'entreprendre, et s'établit dans les principautés de Chimay et de Beaumont. Elle s'empara d'Ypres, força Messines, Warneton et Commines, enleva Werwick, et battit cruellement les Hollandais, qui furent d'un seul coup refoulés en désordre au delà de Courtrai. Tout le reste de la campagne de 1794 ne fut qu'une suite de succès pour l'armée républicaine, à laquelle la victoire de Fleurus vint assurer définitivement la possession de la Belgique.

La guerre se trouvait ainsi de nouveau transportée sur les frontières des Provinces-Unies. Dans le cours de l'hiver précédent, la Prusse s'était engagée, par une convention conclue avec l'Angleterre et la Hollande, à tenir sur pied, pour un subside d'un million cent mille livres sterling, une armée de soixante-deux mille hommes contre la France, et à fournir des garnisons aux places dont les puissances maritimes pourraient s'emparer. Ce traité cependant ne produisit point les résultats qu'on en attendait; car les Prussiens se tinrent sur le Rhin, et n'empêchèrent ni les Autrichiens, ni les Anglais, ni les Hollandais, d'être chassés des provinces belges presque au pas de course.

L'empereur François II, qui avait succédé en 1792 à son père Léopold dans les États héréditaires de l'Autriche, était venu lui-même en Belgique, pour relever par sa présence le courage des siens; mais il n'était venu assister qu'à leur désastre. Son armée fut refoulée vers le Rhin par le général Jourdan, pendant que Moreau pénétrait dans la Flandre zéelandaise, et que les Hollandais et les Anglais étaient rejetés sur la Meuse inférieure par Carnot, qui avait pris le commandement des troupes républicaines destinées à opérer en Belgique contre les coalisés, après que Dumouriez, traître à la cause de sa patrie, eut été ensevelir sa gloire dans les rangs des ennemis.

Pichegru, chargé d'envahir les Provinces-Unies, se mit à l'œuvre sans laisser aux coalisés le temps de respirer. Assisté des conseils de Daendels, réfugié hollandais, il commença par s'emparer de la forteresse de Bois-le-Duc, où il entra le 3 octobre 1794.

Depuis les premiers mois de cette année, l'éloignement de l'armée avait permis au parti anti-orangiste de relever la tête dans les Provinces-Unies, et surtout dans celle de Hollande. Les succès des armes françaises ne firent qu'accroître son audace. Il ne voyait dans l'arrivée des drapeaux républicains que l'occasion de renverser le stathouder; et il hâta l'invasion en la facilitant par tous les moyens, et en disposant pour elle l'esprit public au moyen de pamphlets et de brochures dont le pays se vit de toutes parts inondé. Le mauvais état des finances lui vint puissamment en aide; car le peuple, mécontent des impôts nouveaux dont on le chargeait, se plaça en quelque sorte de lui-même du côté de ceux qui applaudissaient à la venue de l'étranger. L'agitation ne tarda pas à se transformer en actes; on se concerta pour prendre les armes, et le prince stathouder fut publiquement désigné comme un tyran.

Ces choses eurent pour résultat de faire perdre toute assurance au gouvernement, qui bientôt ne vit plus de moyen de salut pour la république que dans la résolution de conclure la paix avec la France. Des négociations furent entamées aussitôt avec le représentant du peuple qui se trouvait auprès de l'armée du Nord : elles inquiétaient vivement le parti patriote, qui mit tout en œuvre pour les faire transporter à Paris, où, en effet, elles furent continuées. Mais, dès ce moment, l'affaire de la paix ne fut plus qu'un marché, où les plénipotentiaires des états généraux vinrent surenchérir contre les représentants des patriotes. Ceux-là offrirent pour la paix la somme de quatre-vingts millions de florins; ceux-ci cent millions, si les Français voulaient les aider à s'emparer du gouvernement.

Ces étranges négociations duraient

encore à l'entrée de l'hiver. Pendant ce temps, les places de l'Écluse en Flandre, de Maestricht et de Nimègue, étaient tombées au pouvoir des Français. Les opérations de Pichegru paraissaient devoir se borner là pour le moment, en attendant le retour de la bonne saison. Mais, comme si la fortune n'eût pas voulu lui laisser de repos, les froids commencèrent bientôt à régner avec une telle intensité, que les rivières, qui rendent en tout temps l'accès de la Hollande si difficile, furent tout à coup prises par la gelée, au point de pouvoir porter le canon. C'est par ces ponts de glace que l'armée française entra dans les Provinces-Unies. Elle enleva la ville de Grave en passant, et occupa le Betuwe dans les premiers jours de 1795, tandis que les Anglais se repliaient sur le Hanovre, et que le prince d'Orange, n'ayant plus de moyen pour résister à l'ennemi, s'embarquait pour l'Angleterre. Les Anglais s'étaient livrés à toute sorte d'excès pendant le cours de leur retraite; et la discipline des troupes de Pichegru contrasta si vivement avec ces brigandages, que, non-seulement le parti anti-orangiste, mais encore tout le reste de la population, accueillit les républicains comme des libérateurs. Les vainqueurs franchirent le Leck, et pénétrèrent dans la province d'Utrecht, en voyant partout leurs rangs se grossir des patriotes, qui se soulevèrent de toutes parts. Enfin ils entrèrent à Amsterdam, où ils furent accueillis avec un enthousiasme presque frénétique. Bientôt ils se trouvèrent maîtres du pays tout entier.

Depuis le 22 janvier, la Prusse, sentant la nécessité de se retirer de la coalition, avait signé, à Bâle, la paix avec la France; de manière que les états généraux se virent forcés de subir les conditions que leur nouvelle alliée se disposait à leur imposer. Le 16 mai, ils conclurent avec le vainqueur un traité qui détermina les rapports réciproques des deux républiques. La France reconnut l'indépendance des Provinces-Unies, moyennant la cession de Venlo, du Limbourg hollandais, de Maestricht et de la Flandre zéelandaise; le droit d'occuper Flessingue par une garnison française; la libre navigation, pour les bâtiments français, du Rhin, de l'Escaut et de la Meuse; la somme de cent millions de florins pour les frais de la guerre; et enfin l'obligation d'entretenir toujours, en temps de guerre, un corps d'armée de vingt-cinq mille Français, sous les ordres d'un général de cette nation.

La réunion de la Belgique à la France fut votée bientôt après à Paris. Les représentants du peuple français, envoyés dans les provinces belges pour les gouverner, avaient commencé par les diviser en quartiers, en districts et en cantons, déterminés d'une manière conforme à la circonscription des juridictions civiles. La Belgique avait été répartie ensuite en neuf départements, savoir: celui de la Lys, chef-lieu Bruges; celui de l'Escaut, chef-lieu Gand; celui des Deux-Nèthes, chef-lieu Anvers; celui de la Dyle, chef-lieu Bruxelles; celui de la Meuse-Inférieure, chef-lieu Maestricht; celui de l'Ourthe, chef-lieu Liége; celui de Jemmapes, chef-lieu Mons; celui de Sambre-et-Meuse, chef-lieu Namur; et celui des Forêts, chef-lieu Luxembourg.

Enfin, la réunion à la république française fut solennellement prononcée le 1er octobre 1795.

§ II. LES PAYS-BAS SOUMIS A LA FRANCE JUSQU'EN 1813.

Les provinces belges, ainsi détachées de l'Europe et liées au sort de la France, contre laquelle leur faiblesse ne leur permettait pas de défendre leur indépendance nationale, furent réduites à se soumettre à la tutelle républicaine, et à partager les destinées de leurs nouveaux maîtres. Aussi, pendant tout le consulat et tout l'empire, leur histoire se confond avec celle de la France.

Quant aux Provinces-Unies, elles ne furent pas tout d'abord absorbées de la même manière: elles s'étaient constituées en république batave, modelant leur forme gouvernementale sur celle de la république française. Tous les Hollandais devinrent citoyens, le principe de l'égalité n'admettant plus de seigneurs ni de maîtres. Les provinces furent placées directement sous des états provinciaux, qui prirent le nom de représentants provisoires. Au-dessus d'eux se groupaient les états généraux, naturellement composés presque tout entiers d'éléments démocratiques. Cette organisation toutefois ne s'établit pas sans donner lieu à une lutte intérieure, une fraction du parti patriote poussant le pays vers la centralisation, et voulant établir une union complète entre les provinces, tandis qu'une autre fraction se prononçait pour un système de fédéralisme. Ce dernier triompha. Des municipalités furent mises à la tête des villes et des autres localités. Tout ce qui rappelait les formes féodales fut aboli, et les fonctionnaires les plus éminents de l'ancienne république furent jetés dans les prisons. Le prince stathouder héréditaire avait trouvé un asile chez les Anglais, et il s'efforçait de conserver au moins avec leur secours les colonies de la république, que l'Angleterre regardait comme une ennemie déclarée, depuis que les Hollandais s'étaient alliés avec la France. Dès le mois de mai 1796, les Anglais se trouvèrent en possession de tous les établissements des Provinces-Unies dans l'Orient et dans l'Occident, à l'exception de Surinam, de Curaçao et de Java. Ils ne se bornèrent pas à ces entreprises : ils enlevèrent tous les vaisseaux sous pavillon hollandais qu'ils rencontraient sur les mers, et détruisirent ainsi tout le commerce de la république. Ce n'était pas assez pour la Hollande d'être ainsi dépouillée de ses possessions et de voir anéantir sa navigation; il lui fallut encore, à l'appel de la France, restaurer sa marine à grands frais, et charger ainsi le pays de nouvelles dépenses. La question des dettes continuait, en outre, l'agitation intérieure; car c'était elle surtout qui fournissait l'arme la plus forte aux démocrates et aux fédéralistes. Les premiers avaient pour principal appui l'intérêt des provinces les plus obérées, parce que l'union devait nécessairement entraîner la fusion des dettes, et procurer ainsi un immense avantage aux provinces qui étaient le plus chargées. Or, les provinces les plus endettées étaient celles qui avaient toujours eu le plus d'importance politique, et c'était surtout celle de Hollande. Cette importance détruite, la Hollande devait désirer l'union complète. Aussi la fraction démocratique n'eut pas beaucoup de peine à l'amener, de même que la Zéelande et la Frise, à consentir à la convocation d'une convention nationale, à laquelle le pouvoir législatif et le pouvoir administratif furent conférés, et qui se réunit le 1er mars 1796. Dès ce moment les états généraux cessèrent leurs fonctions. Les anti-fédéralistes avaient réussi à faire entrer un grand nombre de leurs partisans dans la convention; mais ils échouèrent dans leur opposition, par suite de la décision que prit ce corps, le 20 janvier 1797, en déclarant la fusion des dettes de toutes les provinces.

Cette première assemblée ne put parvenir, grâce aux obstacles que les démocrates lui suscitaient de toutes parts, à élaborer une constitution définitive de la république; de sorte qu'elle ne tarda pas à se dissoudre. Dans le cours de l'automne 1797, il fut institué une convention nouvelle, dans laquelle les fédéralistes se trouvèrent en grand nombre. Mais lorsque la nouvelle flotte de quinze vaisseaux de ligne et de onze frégates, qui n'avait pu être mise en mer que par des sacrifices extraordinaires, eut été défaite par les Anglais à la hauteur de Kamperduin, ce qui rendit de nouveaux sacrifices nécessaires, les démocrates mirent à profit cette circonstance pour emprisonner, le 22 janvier 1798, avec l'aide du général Joubert et de Daendels, vingt-deux membres fédéralistes de la convention, exclure de cette assemblée le reste des députés qui partageaient la même opinion, et instituer un directoire exécutif de cinq membres et une commission constitutive. Celle-ci rédigea alors une constitution qui divisa les Provinces-Unies en huit départements, sur le modèle de l'organisation départementale admise en France, et plaça à la tête du gouvernement une chambre composée de trente membres, et une autre de soixante, de même qu'un directoire de cinq membres, le tout calqué sur le patron français.

Cette constitution fut déclarée acceptée par le peuple le 23 avril 1798.

La république batave, si elle ne cessa pas d'être en proie à une grande agitation à l'intérieur, jouit du moins de quelque repos au dehors. Mais, dans les derniers jours du mois d'août 1799, les Anglais recommencèrent à l'attaquer. Une flotte britannique, sur laquelle se trouvait le fils aîné du prince stathouder, se montra tout à coup dans les eaux de la Hollande septentrionale. La flotte hollandaise s'y trouvait à l'ancre, et se vit inopinément surprise. Les équipages perdirent toute contenance, et forcèrent les officiers à rendre les vaisseaux qu'ils montaient au prince d'Orange, sans que celui-ci eût fait autre chose que les en sommer. Ce premier succès obtenu, l'expédition débarqua, et elle fut renforcée, en septembre, d'un corps de vingt-trois mille Anglais et Russes. Mais cette armée, placée sous le commandement du duc d'York, ne rencontra qu'une suite de désastres. Bien qu'elle eût occupé la place de Hoorn et investi Alkmaar, après avoir remporté un léger avantage près de cette ville, les Français culbutèrent York dans un combat qui eut lieu près de Kastricum, et forcèrent les alliés à regagner leurs vaisseaux; mais la flotte hollandaise resta au pouvoir des Anglais.

Après que Bonaparte, revenu d'Égypte, eut donné à la république française une organisation nouvelle, il remplaça en Hollande le général Brune par le général Augereau, sous lequel un corps batave prit part à la campagne d'Allemagne en 1800. Les modifications que la forme gouvernementale reçut en France, à la suite du 18 brumaire, furent le signal d'une modification de la même nature dans la constitution des petites républiques placées sous la protection de la républiques française. Dès les premiers mois de 1801, on songea à remanier la constitution batave; et le directoire proposa un plan qui en plus d'un point rappelait des formes anciennes, et qui, en tout cas, secondait singulièrement les vues des fédéralistes. Mais ce projet fut repoussé par les corps législatifs, et les négociations entreprises avec Bonaparte paraissaient devoir aboutir à une constitution qui se fût rapprochée davantage du principe monarchique. Toutefois, comme on ne put s'accorder sur le choix d'un président, on arrêta enfin l'organisation suivante : douze citoyens furent investis du pouvoir exécutif, et trente-cinq du pouvoir législatif. Les anciennes provinces furent rétablies sous le nom de départements, et placées sous leurs autorités et leurs gouverneurs particuliers; ceux-ci étaient chargés de décider toutes les affaires locales, tandis que les trente-cinq ne traitaient que les affaires d'intérêt général, et ne se réunissaient que deux fois par an.

Au congrès d'Amiens, la république batave fut représentée par Jean Schimmelpenninck, qui eut une grande influence sur la conclusion définitive de la paix, le 27 mars 1802. Dans ce traité, les Hollandais renoncèrent formellement aux colonies de Ceylan et de Trinconomale, et au commerce de la cannelle, des perles et de l'ivoire, en faveur de l'Angleterre, qui leur restitua les Moluques, le Cap, Berbice, Essequébo et Démérary.

Au milieu des déplorables circonstances où le pays s'était trouvé depuis plusieurs années, la compagnie des Indes orientales était totalement déchue; de sorte que le retour de ces possessions fut réellement une bonne fortune pour le commerce hollandais, épuisé par tant de pertes et de sacrifices. La paix rendit aux affaires un essor nouveau et une activité si prodigieuse, qu'on n'en trouve guère d'exemple que dans ce pays, où l'esprit des entreprises et des spéculations est porté à un si haut degré. Mais cette ressource ne resta pas longtemps ouverte aux Bataves; car la guerre recommença, dès l'année suivante, entre la France et l'Angleterre La république avait, en payant dix-huit millions de florins, obtenu que le nombre des troupes françaises qu'elle avait à entretenir sur son territoire fût réduit à dix mille hommes; et elle songea à demander que les Anglais respectassent sa neutralité. Mais l'Angleterre ne voulut y consentir qu'à la condition que la Hollande tout entière serait évacuée par les Français. Malheureusement Bonaparte ne se laissa pas émouvoir. Il avait même, malgré l'argent fourni par les Bataves, quadruplé le chiffre de l'armée d'occupation; de sorte qu'il ne songeait à rien moins qu'à le retirer. C'est ainsi que la république se vit de nouveau enveloppée dans la guerre, et dépouillée de ses colonies et de ses vaisseaux de commerce, dont les Anglais firent un vaste butin.

Les modifications qui venaient à peine d'être introduites dans la constitution batave satisfirent d'autant moins Bonaparte, que, pour un esprit aussi militaire que le sien, les intérêts des administrés, dans tout ce qui concernait les impôts et le commerce, se trouvaient représentés par un nombre beaucoup trop considérable d'organes. C'est pourquoi il insista auprès de Schimmelpenninck pour qu'il fît adopter par les Bataves une constitution plus monarchique et se plaçât lui-même à la tête de l'État, même en faisant consacrer en sa faveur le principe de l'hérédité. Schimmelpenninck toutefois repoussa cette proposition, jusqu'à ce que Bonaparte menaçât enfin d'incorporer les provinces bataves à la France. Forcé de plier devant une volonté qui commençait à désapprendre déjà à transiger avec la volonté des autres, Schimmelpenninck rédigea alors un projet de constitution qui présentait les formes de celle des États-Unis de l'Amérique du Nord. Mais le consul à vie, devenu l'empereur, n'en voulut point. Enfin, au mois de mars 1805, on tomba d'accord, et Schimmelpenninck fut investi, pour cinq ans, d'une sorte de royauté constitutionnelle, déguisée sous le titre de pensionnaire du conseil, mais naturellement tout à fait dépendante de Napoléon. On institua en outre un corps législatif de dix-neuf membres, qui toutefois ne reçurent pas le nom d'états généraux. Ainsi placé sur cette hauteur nouvelle, mais pour n'en descendre que plus vite, Schimmelpenninck introduisit dans les provinces bataves un système général et uniforme d'impôts; car ils avaient été jusqu'alors répartis d'une manière fort inégale entre les différentes provinces, bien qu'on eût depuis longtemps opéré une fusion totale des dettes du pays.

Lorsque, en 1805, l'Angleterre, pour échapper à la descente dont elle était menacée par la France, eut poussé l'Autriche à ressaisir les armes, Napoléon força l'armée batave à prendre part à la campagne d'Allemagne. Ce ne fut là que le prélude d'une réforme nouvelle en Hollande, que précipita la glorieuse issue de cette guerre. Dès le mois de février 1806, le ministre des affaires étrangères, Talleyrand, écrivit à Schimmelpenninck « que le moment était venu de compléter le système de politique intérieure et extérieure de la Hollande, et en même temps d'assurer l'indépendance et l'union intime de ce pays avec la France, tous deux inséparables l'un de l'autre; que la coalition avait eu le projet de rétablir la maison d'Orange en Hollande, et qu'il importait de détruire toutes les espérances des partisans de cette famille, en donnant à l'État une organisation définitive avant que la paix fût conclue avec les Anglais, afin que celle-ci ne pût plus être troublée, l'empereur désirant qu'elle fût de longue durée. » En conséquence de cette note, il fut signifié au peuple batave qu'il eût à supplier l'empereur Napoléon d'élever à la dignité de roi de Hollande son frère Louis Bonaparte. Dans une assemblée du corps législatif, qui fut tenue pour délibérer sur cette injonction, Schimmelpenninck se prononça énergiquement contre la domination de l'étranger; mais ses collègues gardèrent un prudent silence, craignant que, s'ils n'accédaient pas à la volonté de l'empereur, leurs provinces fussent incorporées à la France, et eussent à subir la triste destinée de la Belgique. On ne laissa cependant pas de négocier, et de faire des efforts pour se soustraire à ce prince étranger; mais toutes les tentatives furent infructueuses. Les Bataves se virent enfin réduits à demander formellement pour roi Louis Bonaparte, et c'est le 5 juin 1806 que la république fut convertie en royaume de Hollande.

Le roi Louis n'avait rien de ce qu'il lui eût fallu pour plaire aux Hollandais. Il venait au milieu d'eux, parlant une langue qui n'était pas la leur, ayant des habitudes qui n'étaient pas les leurs : c'était plus qu'il n'en fallait pour déplaire à un peuple où les usages anciens et les traditions du sol exercent un si grand empire. Aussi, il fut accueilli dans son nouveau royaume avec une vive répugnance. Toutefois il s'appliqua avec tant d'ardeur à gagner l'affection de ses sujets, que l'aversion dont il avait été l'objet d'abord changea bientôt en un véritable amour. Il trouva les finances délabrées, et il les répara autant qu'il était en son pouvoir. Il était placé à la tête d'une nation qui n'a jamais su se plier à un joug étranger, et il sut lui faire oublier qu'il était étranger. Il trouva la liberté de la presse établie, et il l'eût laissée régner, si son frère, qu'effarouchait cette arme puissante de la liberté, ne l'eût forcé à la briser.

Le nouveau royaume eut naturellement à prendre part à la guerre contre la Prusse. Les Hollandais occupèrent les territoires prussiens de Westphalie et d'Oost-Frise. Mais le roi Louis, indigné de la position qui lui avait été faite à côté des généraux de l'armée impériale, quitta brusquement ses troupes à Kassel, et rentra en Hollande, où non-seulement il prit sur lui de ne promulguer que pour la forme le décret de son frère qui établissait le système continental, mais où il protégea en outre les marchandises anglaises contre la confiscation, et refusa de mettre en séquestre les rentes sur l'État que le prince d'Orange avait conservées. Toutefois, malgré ces mesures, Napoléon n'en donna pas moins à la Hollande, par le traité de Tilsitt, la Frise orientale, la ville de Jever, et les petits ports de Kniphausen et de Varel : il est vrai que ce fut en échange de Flessingue.

Mais, si populaire que le roi Louis sût se rendre, si ardemment qu'il s'appliquât à relever la prospérité du pays, il ne put empêcher le commerce de décliner de plus en plus, et les colonies de tomber entièrement au pouvoir des Anglais. Ils avaient pris le Cap en 1806; ils enlevèrent Surinam peu de temps après. Le développement que Napoléon donna au système continental eût achevé d'anéantir la navigation hollandaise, si les courses que les navires anglais faisaient contre elle sur toutes les mers ne l'avaient déjà presque réduite à rien. A dater du mois de janvier 1808, les ports de la Hollande furent forcés de se fermer à tous les bâtiments voguant sous un pavillon autre que le pavillon français. Mais ce n'était pas tout : il fallut encore que le royaume prît part à la guerre de l'empereur contre la Suède, et qu'il vît également toute relation commerciale fermée de ce côté.

Dans cet état de choses, les finances du pays devaient nécessairement empirer chaque jour davantage, et les charges dont le peuple était accablé devenir chaque jour plus lourdes. Cependant le roi Louis ne cessait pas d'avancer dans l'affection des Hollandais, qu'il ménageait en toutes choses autant que son frère le lui permettait. Il les prit si bien à cœur, qu'il refusa la couronne d'Espagne qui lui fut offerte, et qu'il repoussa un échange de territoire qui lui eût

31

donné les villes anséatiques, mais qui lui eût enlevé le Brabant septentrional, la Gueldre méridionale et la Zélande. Parmi les monuments que ce prince a laissés, la Hollande compte un grand nombre de travaux d'utilité publique, des canaux, des chaussées, des écluses et des digues. Forcé d'introduire le Code civil français et les formes administratives de l'empire, il modifia, par des arrêts particuliers, tout ce que ces formes pouvaient offrir de trop vexatoire, et tout ce que ce Code renfermait de trop contraire aux usages de la nation. Il laissa à tous les fonctionnaires les titres que ces officiers portaient naguère dans le pays. Il maintint partout l'usage de la langue hollandaise, et envoya le général Daendels à Java, qui avait su résister jusqu'alors aux attaques de l'Angleterre. Il respecta, en un mot, non-seulement les intérêts matériels du royaume, mais encore tout ce qui en constituait la nationalité.

L'expédition que les Anglais entreprirent en 1809 contre l'île de Walcheren et contre le port d'Anvers, amena bientôt une révolution nouvelle dans les destinées du royaume de Hollande. Leur flotte, commandée par lord Chatham, et composée de seize cent cinquante-trois bâtiments que montaient cinquante mille hommes, prit les îles de Walcheren et de Zuid-Beveland, et remonta l'Escaut. Mais, après avoir fait une démonstration infructueuse du côté d'Anvers, dont elle avait le projet d'incendier les chantiers, elle recula devant le canon français, et évacua même les îles dont elle venait de s'emparer.

Napoléon attribua au défaut d'énergie de son frère le succès momentané et partiel de l'expédition anglaise. D'ailleurs il avait déjà contre Louis un grief qu'il ne pouvait lui pardonner : c'était de permettre en Hollande le commerce de contrebande avec les Anglais, et d'enfreindre ainsi le système continental. Aussi, quand le roi fut arrivé à Paris, au mois de décembre 1809, pour assister au grand conseil de famille tenu par l'empereur, il se vit en butte aux menaces les plus violentes, et dut consentir au renvoi de deux de ses ministres, dont l'un, Krayenhof, placé à la tête du département de la guerre, était l'homme qui se montrait le plus grand ennemi de l'influence étrangère en Hollande ; à admettre des garnisons françaises dans les villes, et des gardes sur toutes les côtes du royaume ; et enfin à abandonner tous les territoires situés au sud de la Meuse et du Wahal, sans compensation aucune et sans que la part qu'ils avaient à la dette de l'État les suivît. L'empereur ne se borna pas à ces actes : il commença contre son frère un système de tracasseries qui enfin amena ce prince à abdiquer, le 1er juillet 1810, la couronne de Hollande en faveur de son fils mineur, et à se retirer dans les États autrichiens. Mais, sans tenir compte de ces dispositions solennellement prises par le roi, Napoléon décréta, le 9 juillet, la réunion du royaume de Hollande à l'empire français, et la réduction de la dette publique au tiers. Les commerçants hollandais furent forcés de payer cinquante pour cent de la valeur de toutes les denrées coloniales qu'ils avaient dans leurs magasins, afin qu'ils ne fissent pas des bénéfices trop exorbitants sur les négociants du reste de l'empire, avec lesquels ils allaient maintenant ouvrir des relations directes. Cependant les lignes douanières furent maintenues sur les frontières belges ; et la division du pays en départements, avec tout le système français d'administration, fut introduite en Hollande. La police secrète de Paris y étendit son réseau d'espionnage et de vexations. La conscription, calamité inconnue jusqu'alors dans ces provinces, les envahit à leur tour. Enfin, l'enseignement de la langue française fut introduit forcément dans toutes les écoles, comme la censure le fut dans la presse. Les Hollandais furent d'abord saisis d'une grande stupéfaction, ne comprenant pas qu'un peuple qui avait vécu, pendant deux siècles et demi, libre et indépendant, pût être opprimé par un despotisme aussi écrasant ; puis ils se croiserent les bras, attendant, non pas avec résignation, mais avec un espoir ardent, le moment de briser ce joug si lourd.

Au milieu de ces circonstances qui désolaient ainsi la mère-patrie, on n'eut plus même la force de s'émouvoir de la perte de la dernière colonie, celle de Java, dont les Anglais s'emparèrent enfin en 1811. On en avait déjà trop des malheurs présents, pour s'inquiéter des malheurs lointains.

Dès le moment de son absorption par l'empire, la Hollande n'a plus d'histoire politique à elle. Elle se borne, comme la Belgique, à gémir sous l'étranger, à ronger son frein sous la fiscalité impériale, et à fournir de la chair à canon à tous les champs de bataille de Napoléon, à l'Espagne, à la Russie, à l'Allemagne, qui dévorent ses légions. Elle ne commença à sortir de son anéantissement que par l'opposition à la France, qu'elle manifesta la première dans l'Europe occidentale. Pendant longtemps elle avait murmuré assez haut pour que les mille oreilles de la police parisienne pussent l'entendre; mais quand le terrible désastre de la grande armée en Russie eut été connu, elle s'agita d'un bout à l'autre. De toutes parts on fut prêt à courir aux armes, et à s'affranchir du joug impérial. Dans les premiers mois de 1813, il y eut des mouvements populaires sur plusieurs points du pays; mais la force des garnisons parvint à les réprimer. Toutefois, ce ne fut pas sans peine qu'on put se résoudre à ne pas recourir encore à un soulèvement général; car le même esprit animait toutes les provinces, et il n'y avait qu'une seule pensée dans toutes les têtes, celle de reconquérir l'indépendance nationale.

Avant d'entrer dans le récit de cette insurrection, tournons d'abord un moment nos regards vers la Belgique.

Par le décret du 1er octobre 1795, les provinces des Pays-Bas autrichiens et la principauté de Liége avaient été réunies à la république française. Elles lui furent solennellement cédées par l'empereur François II le 17 octobre 1797, selon les termes du traité de Campo-Formio, et ne furent plus désignées que sous le titre de Départements-réunis. Placée d'abord sous l'empire de la constitution de l'an III, au même titre que la république française, après le 18 brumaire la Belgique passa, avec la France, sous la constitution de l'an VIII. Les préfectures remplacèrent ses administrations centrales; et les sous-préfectures, ses administrations municipales. Elle vit s'établir les conseils généraux de département, les conseils d'arrondissement, les tribunaux d'appel, civils et criminels. En un mot, toute l'administration fut organisée comme elle l'était en France. Cependant, au milieu de l'abattement que causa l'asservissement du pays, les Belges saluèrent avec une grande joie le concordat conclu avec le saint-siége le 15 juillet 1801, qui rétablit dans toute l'étendue de la république le libre exercice du culte catholique. Un archevêché fut établi à Malines, et quatre évêchés suffragants furent placés à Gand, à Tournai, à Namur et à Liége.

§ III. SOULÈVEMENT CONTRE LA FRANCE.

Lorsque les premiers mouvements insurrectionnels se manifestèrent en Hollande en 1813, le prince stathouder héréditaire était mort depuis longtemps. Il avait succombé à Brunswick en 1806. Son fils aîné, le prince Guillaume-Frédéric d'Orange, qui avait fait la campagne de 1793 contre la France, et qui, depuis l'invasion de la Hollande par Pichegru, était allé chercher un asile en Angleterre, vivait toujours à Londres. Il était tout naturel que, dans la prévision de la chute de Napoléon, la pensée des fidèles partisans de la maison d'Orange se tournât vers ce prince. Aussi ils s'appliquèrent à lui préparer la voie, les chances de son prochain retour en Hollande devenant chaque jour plus certaines. Un descendant de l'illustre Onno Zwier van Haren se mit à la tête de ce mouvement : c'était le comte Gysbert van Hogendorp. Aidé de quelques autres citoyens, il forma un comité secret de trente membres, qui tous promirent à leur chef une obéissance aveugle, et dont chacun forma à son tour une loge plus petite, composée de quatre membres seulement, auxquels il laissait ignorer les noms du chef de la conjuration.

Telle était la disposition des esprits, quand la nouvelle de l'issue de la bataille de Leipzig vint tout à coup donner un essor nouveau à l'énergie nationale. Bientôt après on apprit l'arrivée des Russes dans les provinces de Frise et de Groningue, d'où tous les employés français s'enfuirent, et se replièrent en désordre sur les provinces plus méridionales. Une feuille apocryphe du *Moniteur*, qui avait été répandue en Hollande, accrédita partout le bruit du renversement de l'empereur. En même temps la retraite du général Molitor, qui évacua Amsterdam et concentra ses troupes dans la province d'Utrecht, servit à enflammer plus encore toutes les têtes.

Le 15 novembre, la population d'Amsterdam se souleva, et chassa les employés impériaux de cette ville, dont les principaux habitants établirent, le lendemain, un gouvernement provisoire. Une garde nationale se forma sous le nom de *Schutterij*, et se chargea du maintien de l'ordre. Ce mouvement se communiqua à la Haye, où, le 17, les fils du comte Hogendorp et le comte de Limburg-Stirum se montrèrent publiquement avec la cocarde orange. La population tout entière se groupa autour de ce signe de ralliement. Limburg-Stirum fut nommé gouverneur de la Haye. Hogendorp et Van der Duyn entreprirent le gouvernement général des Provinces-Unies, au nom du prince d'Orange, et proclamèrent la déchéance de Napoléon; tandis que deux citoyens notables, Fagel et Perponcher, se rendirent à Londres, pour informer Guillaume-Frédéric que le vœu unanime des Hollandais le rappelait au milieu d'eux. Cependant on s'armait de toutes parts. Des corps francs se formèrent sous le commandement de deux patriotes, de Jonghe et Sweers de Landas, et eurent bientôt chassé les Français de toute la Hollande méridionale. En même temps on avait envoyé des messagers à Munster, où se trouvait le général prussien Bulow, et dans l'Over-Yssel, où les Russes venaient d'arriver sous les ordres de Natrisckin et de Benkendorf, pour les presser d'avancer. Le 24 novembre, les éclaireurs cosaques parurent devant Amsterdam. Six jours après, Bulow emporta d'assaut la place d'Arnhem; et Molitor, pour éviter d'être coupé, se replia sur Gorcum, en ne laissant que quelques villes de la province d'Utrecht occupées par ses troupes.

Le même jour le prince d'Orange prit terre dans le port de Scheveningue, et fit son entrée à la Haye le 2 décembre; il fut proclamé à Amsterdam prince souverain des Pays-Bas affranchis, et il résolut de remplacer l'ancienne république aristocratique des Provinces-Unies par une monarchie constitutionnelle.

Pendant ce temps la retraite des Français continuait toujours, mais lentement, pas à pas. Ils se maintinrent longtemps encore dans les places fortes.

CHAPITRE II.

LES PAYS-BAS DEPUIS LE COMMENCEMENT DE 1814 JUSQU'EN 1830.

§ 1. JUSQU'A L'ÉRECTION DU ROYAUME DES PAYS-BAS EN 1815.

Au premier moment de la panique qui avait saisi l'armée française, elle avait évacué Bréda, qu'elle essaya vainement de reprendre le 21 et le 22 décembre. Les places fortes qu'elle tenait encore sur le territoire hollandais, le Helder, Naarden, Berg-op-Zoom, Grave, Bois-le-Duc, Nimègue, Deventer, Coeverden et Delfzyl, furent bloquées par les troupes alliées. Une flotte anglaise cherchait, pendant ce temps, à purger la Zéelande; mais elle ne put réussir à s'emparer de l'île de Walcheren, où les forces françaises s'étaient concentrées. Anvers fut cerné à son tour; mais Carnot, qui commandait la citadelle, s'y maintint énergiquement. Cependant les alliés avançaient toujours; ils se trouvèrent bientôt en possession de toute la Flandre, du Brabant, du Hainaut, de Namur et de Liége. Les Prussiens entrèrent à Bruxelles le 1er février 1814, et un gouvernement provisoire y fut établi aussitôt. Le 20 du même mois, le général Rampon rendit Gorcum, après que Nimègue eut capitulé le 5 et Bois-le-Duc le 26 du mois précédent.

La marche de l'armée alliée vers la France permit aux Hollandais de s'occuper de l'organisation de leur gouvernement. Le prince souverain présenta, le 28 mars, à la grande assemblée nationale des Provinces-Unies, convoquée à la Haye, le projet de loi fondamentale qu'il avait promis dès le moment de son arrivée à Amsterdam. Cet acte, qui fut accepté le lendemain, forma la constitution du nouvel État. Il maintint l'ancienne division des provinces, à la tête desquelles il plaça, sous le nom d'états provinciaux, des corps composés de membres choisis, par voie d'élection, parmi les citoyens appartenant à l'ordre équestre, et parmi ceux des villes et des campagnes qui payaient un cens déterminé. Au-dessus de ces assemblées était groupée la chambre des états généraux, soumise à l'élection des états provinciaux, présidés par le gouverneur de la province, qui représentait le chef de l'État. Aux états provinciaux fut dévolu le règlement de certaines affaires provinciales et locales, tandis que les états généraux furent admis à prendre part aux travaux législatifs et à l'adoption de certaines mesures politiques, sans pouvoir toutefois s'ingérer, autrement que par voie de conseil, dans les affaires du gouvernement, qui appartenait exclusivement au prince.

Cette constitution ainsi formulée, et acceptée par le peuple, fut officiellement annoncée aux puissances alliées, déjà représentées, depuis la fin de 1813 et le commencement de 1814, à la cour de la Haye; et Guillaume-Frédéric en jura le maintien.

Sur ces entrefaites, la chute de Paris vint délivrer les villes hollandaises des garnisons que l'armée impériale y avait laissées. La convention signée par le comte d'Artois, comme lieutenant général du royaume au nom de Louis XVIII, eut pour résultat de faire évacuer les places du Helder, Delfzyl, Coeverden, et toutes les autres forteresses des Provinces-Unies: celles de Venlo et de Maestricht furent restituées aux Hollandais; et ce premier traité de Paris stipula que la Hollande, placée sous la souveraineté de la maison d'Orange, recevrait un accroissement de territoire. Cet accroissement devait se composer des provinces belges et de la principauté de Liége. Le 1er août, elles furent provisoirement remises au prince d'Orange comme gouverneur général.

La Belgique ne se vit qu'à regret placée sous un souverain dont la profession religieuse, différente de la sienne, lui faisait pressentir de justes sujets de crainte. Mais l'Autriche ne pouvait plus vouloir de ces provinces, dont la garde était plutôt pour elle une charge qu'un avantage, à cause de leur éloignement du centre de l'empire. Il leur fallut donc se soumettre, sauf à attendre de l'avenir une occasion de devenir autre chose qu'un simple accroissement pour un pays dont la population était de beaucoup inférieure à la leur. Malgré la répugnance qu'elles manifestèrent, le congrès de Vienne consomma leur sacrifice par l'acte du 16 décembre 1814, qui institua le royaume des Pays-Bas sur les bases qui avaient été posées par le traité de Paris du 30 mars, et par la convention de Londres du 20 juin. Cet acte portait « que les anciennes Provinces-Unies des Pays-Bas et les anciennes provinces belges, les unes et les autres dans les limites qui seront fixées, formeront avec les pays et les territoires compris dans ces limites, sous la souveraineté du prince d'Orange-Nassau, le royaume des Pays-Bas, héréditaire dans l'ordre de succession établi par l'acte de constitution des Provinces-Unies; que le titre et les prérogatives de la dignité royale sont reconnus par toutes les puissances dans la maison d'Orange-Nassau; qu'une partie de l'ancien duché de Luxembourg, comprise dans des limites déterminées, est également cédée au prince souverain des Provinces-Unies, aujourd'hui roi des Pays-Bas, qui ajoutera à ses titres celui de grand duc de Luxembourg; que le grand duché de Luxembourg formera un des États de la confédération germanique, et que le roi des Pays-Bas entrera dans le système de cette confédération comme grand duc de Luxembourg; que la ville de Luxembourg sera considérée, sous le rapport militaire, comme ville de la confédération, dont le grand duc aura le droit de nommer le gouverneur; que le roi des Pays-Bas, grand duc de Luxembourg, possédera la souveraineté de la partie du duché de Bouillon non cédée à la France par le traité de Paris, et qu'elle sera réunie au grand-duché de Luxembourg. »

Ces arrangements furent confirmés, le 31 mai 1815, par le traité conclu entre les Pays-Bas, l'Angleterre, l'Autriche, la Prusse et la Russie.

Le grand duché de Luxembourg devait servir de compensation pour les États héréditaires de la maison d'Orange en Allemagne, comme le reste des provinces belges et la principauté de Liége furent données aux Pays-Bas, en dédommagement des colonies de Démérari d'Essequebo, de Berbice, du cap de Bonne-Espérance, et des autres établissements hollandais d'outre-mer, qui furent laissés aux Anglais.

Le nouveau roi prit solennellement possession de son royaume par une proclamation qui fut publiée le 16 mars, et il fit son entrée publique à Bruxelles le 30 du même mois.

§ II. LE ROYAUME DES PAYS-BAS JUSQU'A SA DISSOLUTION.

Sur ces entrefaites, Napoléon, échappé de l'île d'Elbe, avait brusquement reparu sur les côtes de France et il était entré à Paris le 20 mars, cherchant à ressaisir la fortune, qui, après avoir fait pour lui tant de miracles, l'avait si cruellement abandonné dans les désastreux événements de 1814. Ce fut comme un coup de foudre pour les Pays-Bas; car une lutte nouvelle se préparait entre l'Europe coalisée et un seul homme, et tout annonçait que les provinces belges en seraient de nouveau le théâtre. Ces craintes ne furent que trop tôt réalisées; car, le 12 juin, l'empereur fondit sur la Belgique avec la rapidité de l'éclair, à la tête d'une armée de cent vingt mille hommes. Le 16, il se trouva à Fleurus, dans le Hainaut, en face des Prussiens, des Anglais, des Hollandais, des Belges, des Brunswickois et des troupes du duc de Nassau, qui, réunis, ne comptaient pas moins de deux cent trente mille combattants; et il livra la bataille de Ligny, où il écrasa les Prussiens, qui laissèrent vingt-cinq mille hommes sur le terrain. Le lendemain, il divisa son armée en deux colonnes, dont l'une se dirigea sur Quatre-Bras, où se trouvait l'avant-garde anglaise, qu'il poussa jusqu'au Mont-Saint-Jean, que Wellington avait choisi pour concentrer ses troupes. L'autre colonne était chargée de poursuivre vigoureusement les Prussiens. Le 18, la bataille s'engagea dans les plaines de Waterloo. Après huit heures de feu et de charges de cavalerie et d'infanterie, la victoire semblait se déclarer en faveur des Français, et tout annonçait que la journée d'Austerlitz allait avoir une sœur digne d'elle, quand, vers la nuit tombante, un corps frais de trente mille Prussiens, que, par d'inexplicables malentendus, la colonne envoyée à leur poursuite avait laissés échapper, parut inopinément dans la plaine, et vint prendre part à l'action. Le désordre s'établit aussitôt dans les lignes des Français, déjà épuisés de fatigue. En vain Napoléon essaya-t-il de rallier ses soldats, en luttant pendant longtemps avec quatre escadrons de cavalerie et quatre bataillons de la garde contre la majeure partie de l'armée anglaise, afin de laisser aux siens le temps de rétablir leur rangs : ces faibles forces ne tardèrent pas à être entraînées elles-mêmes dans la déroute. L'armée ne fut bientôt plus qu'une masse confuse, où, toutes les armes étant mêlées, il était impossible de reformer un corps. La nuit vint augmenter encore le désordre, et la volonté fatale du destin s'accomplit pour l'empereur.

Les Prussiens et les Anglo-Bataves, pendant les trois journées, laissèrent sur le champ de bataille cinquante-huit mille hommes. Mais cette perte énorme consolida le royaume des Pays-Bas, auxquels le deuxième traité de Paris accorda, outre les limites qui leur avaient déjà été assignées, les places de Marienbourg et de Philippeville, le duché de Bouillon, et quelques autres territoires des provinces de Namur et de Hainaut, qui avaient été laissés à la France en 1814.

Le calme se trouvant rétabli, le roi Guillaume s'occupa d'approprier la loi fondamentale, écrite pour la Hollande, aux besoins du royaume des Pays-Bas tout entier. Il divisa d'abord la Belgique en huit provinces : le Brabant méridional, Anvers, la Flandre orientale, la Flandre occidentale, le Hainaut, Liége, Limbourg et Namur, auxquelles fut ajouté le grand duché de Luxembourg sous la même constitution. L'esprit aristocratique qui avait survécu dans ces provinces, et le grand nombre d'anciennes et puissantes maisons dont elles étaient peuplées, inspirèrent au roi l'idée de diviser les états généraux en deux chambres, dont la seconde seule obtint la publicité des délibérations. La première était nommée à vie, et composée de membres choisis par le roi parmi les personnes les plus considérables par leur fortune, leur naissance, ou leurs services. Le principe de la liberté des cultes devait naturellement se placer de lui-même dans cette charte, qui avait pour base l'idée de soumettre les deux pays à des institutions uniformes ; mais il rencontra une vive opposition. L'évêque de Gand donna le signal, et un grand nombre de notables se rallièrent à ce prélat. Ce fut le premier obstacle contre lequel le nouveau prince eut à lutter, avant-coureur des obstacles plus grands encore que son gouvernement devait trouver dans l'esprit si opposé qui animait les deux populations, dont l'impolitique réunion composait le royaume des Pays-Bas. Guillaume cependant tourna la difficulté par une fiction, nous dirions presque par une fraude, en déclarant la constitution acceptée par le pays, tandis qu'elle ne l'était en réalité que par les états généraux hollandais, convoqués en nombre double, et qu'une infime minorité des notables belges y avait seule adhéré.

Le 24 août, cette déclaration trompeuse fut publiée ; et le 21 septembre, le roi fut inauguré dans les provinces belges.

En 1816, le royaume des Pays-Bas rentra dans la possession des colonies qui lui avaient été laissées. Mais dans celle de Java il eut, depuis le départ des Anglais, à soutenir contre les indigènes une lutte qui ne se termina qu'en 1821. Tous ces établissements lui furent rendus dans l'état le plus déplorable. Cependant, quoique le roi eût fort à se plaindre de l'Angleterre pour ce motif, il prit part à l'expédition que cette puissance envoya, sous le commandement de lord Exmouth, pour châtier le dey d'Alger et bombarder ce nid de pirates. Cette affaire eut pour résultat, non-seulement d'assurer sur la Méditerranée le commerce des Pays-Bas et de l'Angleterre, mais encore de faire adoucir le sort des esclaves chrétiens dans l'Algérie. Ce fut dans le même but d'humanité que les deux pays conclurent, en 1818, une convention pour empêcher la traite des noirs.

Une partie des contributions que les alliés avaient fait payer par la France fut consacrée à la fortification des frontières du nouveau royaume. Pour occuper toutes ces places, il fallait une armée qui n'était pas proportionnée aux ressources du pays, obéré déjà et écrasé de plus en plus par la dette hollandaise, qui, réduite au tiers par Napoléon, avait été rétablie sur l'ancien pied par le roi Guillaume. Les impôts devinrent ainsi d'une énormité excessive ; si bien que des troubles éclatèrent à ce sujet en 1823 dans le grand duché de Luxembourg, et nécessitèrent l'intervention des armes. Ce fut un aliment de plus à l'antipathie qui, dès l'origine, s'était manifestée en Belgique contre la Hollande. Cette antipathie allait croissant chaque jour, car tout y donnait pâture ; et le gouvernement lui-même semblait avoir pris à tâche de la nourrir et de la développer de toutes les manières. Dans le but de détacher de plus en plus les provinces belges de l'influence et des idées françaises, on voulut à toute force y introduire l'usage de l'idiome hollandais, dans l'administration, dans les tribunaux, dans l'enseignement. Afin d'éclairer, comme on disait, le clergé belge, on tenta de renouveler l'idée de Joseph II, et d'établir à Louvain un grand séminaire, sous le nom de *Collège philosophique*. Puis en toutes choses se montrait la partialité la plus odieuse. Le titre de Belge et de catholique était un titre de proscription. Les employés hollandais inondèrent les provinces méridionales : toutes les dignités les plus élevées étaient à eux ; toutes les fonctions les plus lucratives leur appartenaient ; tous les grands corps de l'État étaient établis dans leurs provinces ; toute l'armée, toute l'administration, tout le gouvernement, étaient entre leurs mains. La Belgique était une proie qu'on exploitait, qu'on dévorait. A peine si ses enfants avaient la chance d'arriver à quelque position en reniant leur nationalité, ou en allant combattre les Indiens rebelles, sous les cieux meurtriers de Java et de Sumatra.

Aussi la haine nationale s'accrut de jour en jour. Le pays, froissé dans tous ses intérêts, dans sa croyance, dans sa langue, dans sa dignité, ne gardait cependant pas le silence sous cette lourde oppression. Plus d'une fois la bouche de la presse se fit entendre ; mais elle était bâillonnée aussitôt par l'application illégale de deux arrêtés du prince souverain, inspirés par la crainte des événements pendant les cent jours, et laissés suspendus comme une épée sur la tête de ceux qui osaient se plaindre. On persistait avec courage cependant.

En 1827, le roi conclut avec la cour de Rome un concordat qui avait pour base celui de 1801, et qui était destiné à régler d'une manière précise les rapports des diocèses et des évêques avec le gouvernement. Cet acte parut, un moment, devoir donner satisfaction à l'un des griefs les plus importants dont se plaignait la Belgique ; mais on ne tarda pas à se détromper.

Dès lors tout se fit de plus en plus dans les intérêts exclusifs des Hollandais. Depuis longtemps le système des impôts faisait tomber sur la Belgique la partie la plus lourde des charges publiques. L'administration et les lois prirent chaque jour un caractère plus anti-catholique, et le gouvernement résolut enfin, en 1828, de réformer aussi la législation civile et criminelle, d'après les idées hollandaises. Il fallait que la Belgique fût effacée tout entière ; mais, dès ce moment, une opposition énergique naquit dans les provinces belges. Catholiques et libéraux se réunirent et mirent en commun leurs griefs, espérant parvenir ainsi à forcer le gouvernement à la justice. Ce noyau ne tarda pas à devenir une puissance. En vain on essaya de la combattre par les procès de presse, et par la destitution des membres des états généraux, et des autres corps électifs qui avaient le courage d'élever la voix en faveur de la vérité : on ne fit qu'irriter la flamme et propager l'incendie. La mesure fut comblée par le fameux message royal, qui, lancé le 11 décembre 1829, mit enfin à nu les principes du gouvernement, et nia toute responsabilité et tout lien du pouvoir envers la nation. Dans cet acte fameux, une royauté dont l'origine ne remontait pas à quinze années osa dire : « *les droits de notre maison*, nous n'avons jamais désiré les exercer d'une manière illimitée ; mais, *de notre propre mouvement*, nous les avons restreints. »

Alors on vit clair : toutes les mesures dont la Belgique était victime depuis quinze ans se trouvaient expliquées.

Toutefois, si le lent déchirement commencé le lendemain du jour où la Belgique fut unie à la Hollande avait amené une dissolution morale du royaume des Pays-Bas, la dissolution matérielle n'était pas encore dans les prévisions. Un événement inattendu vint la déterminer : ce fut la révolution française de 1830. A l'explosion du volcan de Paris, quelque chose devait répondre en Belgique, où tant d'éléments inflammables se trouvaient amassés. L'éruption populaire manifesta ses premiers symptômes à Bruxelles le 25 août. Après s'être mesurés des yeux pendant quinze ans, oppresseurs et opprimés allaient commencer la lutte. Le signal donné par la capitale parcourut les provinces avec la rapidité de l'éclair, et bientôt toutes les villes belges furent en mouvement, animées du même esprit et n'ayant qu'un même but, l'affranchissement du pays. Toutefois la bataille ne s'engagea pas à l'instant même d'une manière ouverte. Ce fut pendant un mois tout entier le spectacle le plus étrange : on s'armait, on faisait acte d'insurrection, et on prétendait rester dans les bornes de la légalité et de l'obéissance à l'ordre.

Effrayé de ce mouvement, qui pouvait d'un moment à l'autre se convertir en une révolte ouverte, le roi Guillaume convoqua les états généraux en assemblée extraordinaire pour le 13 du mois de septembre. Mais, tout en proclamant qu'il allait soumettre aux états parlementaires l'examen des griefs dont la Belgique réclamait le redressement, il fit avancer sur Bruxelles le prince Frédéric, à la tête d'un corps d'armée. La capitale menacée, la résistance s'organisa de toutes parts. Des corps de volontaires accoururent de toutes les villes. On n'avait pas cru d'abord que le prince entrerait dans Bruxelles; mais, soit qu'il y eût été appelé en effet par quelques notables, soit que le roi eût voulu trancher en réalité par les armes les questions promises à la décision des états généraux, l'armée ennemie s'approcha de la capitale. Elle y pénétra le 23 septembre, après avoir eu la veille et l'avant-veille quelques escarmouches avec les volontaires patriotes. A mesure qu'elle avançait dans la ville, elle trouva une résistance de plus en plus ardente. Accueillie par une vive fusillade qui venait de partout et qui ne venait de nulle part, écrasée par des pavés, par des briques, par des poutres, par mille projectiles qui tombaient des toits et des fenêtres, arrêtée à chaque moment par des barricades qu'il fallait abattre à coups de canon, elle parvint à atteindre le Parc, où elle eut la maladresse de se concentrer, après avoir fait la faute de s'engager dans une ville où elle était sûre d'avoir à conquérir chaque rue par le canon et par la baïonnette.

Cependant la résistance n'était ni organisée comme elle aurait dû l'être, ni dirigée par des chefs habitués à commander et à se faire obéir; mais elle n'en fut pas moins d'une énergie qui déconcerta vivement les Hollandais. Dès huit heures du matin, un corps de neuf cents hommes d'infanterie et de trois cents chevaux, soutenus par quatre canons, avait essayé vainement de forcer la porte de Flandre; il avait été mis en déroute par une poignée de volontaires, et s'était enfui à Assche, en abandonnant ses fusils et ses tambours. Un autre corps de huit cents hommes, qui s'était présenté en même temps à la porte de Laeken, s'était dispersé de même devant quarante bourgeois décidés. Ces attaques n'étaient, à la vérité, que des feintes destinées à faire diversion, et à permettre au gros de l'armée hollandaise de s'emparer de la ville haute. Ils y parvinrent, non sans difficulté, et se rendirent maîtres, non-seulement du Parc, mais encore de tous les palais qui l'environnent. Ce point devint ainsi le centre de la bataille.

Cependant chaque heure amenait de

nouveaux défenseurs à la cause nationale ; de toutes parts on accourait comme à une grande partie de chasse.

Le lendemain, la résistance, qui jusque-là avait été conduite en quelque sorte au hasard, s'organisa mieux. Un premier gouvernement s'était formé sous le nom de *commission administrative*, et il cherchait à donner de l'unité et de l'ensemble à la guerre. L'enthousiasme populaire était redoublé, à la nouvelle qu'une entreprise tentée la veille par les Hollandais sur Louvain, avait échoué, grâce à l'énergie des habitants de cette ville. Aussi, dès le matin, les Bruxellois s'emparèrent de plusieurs hôtels situés dans la rue Royale, d'où leurs balles commencèrent à harceler l'ennemi, tandis qu'un canon citoyen monté sur une terrasse de l'hôtel de Belle-Vue le foudroyait presque à bout portant. La lutte, engagée le matin, durait encore à dix heures du soir, sans que l'armée hollandaise eût pu faire un pas en avant ; et, pendant tout ce temps, elle n'avait cessé de lancer sur la ville des boulets et des obus, et d'incendier par ce moyen quelques maisons des quartiers inférieurs de la cité.

Durant ces deux journées le prince Frédéric n'avait pas quitté son quartier général, établi à Schaerbeek, ignorant que ses douze mille hommes, cernés dans le Parc, se trouvaient dans une fournaise de feu, d'où il leur était impossible de sortir.

Le 25 septembre fut une journée plus terrible encore. Le tocsin et le canon se remirent à gronder dès six heures du matin. Dans la nuit qui venait de s'écouler, une proclamation, par laquelle il était promis à l'armée hollandaise deux heures de pillage, si elle parvenait à s'emparer de la ville, avait été affichée et lue au peuple au son du tambour et à la clarté des torches. Cette proclamation, réelle ou supposée, acheva d'allumer tous les esprits, déjà si vivement exaltés par deux jours de combat, et surtout par l'incendie et le pillage qu'avait exercés l'ennemi dans le quartier dont il était maître.

Cette fois la guerre prit aussi un caractère beaucoup plus régulier. Dans la nuit du 24 au 25, le gouvernement provisoire avait investi du commandement militaire Juan Van Halen, ancien aide du camp du général Mina, et réfugié espagnol. Le général Mellinet, vieil officier français, fut chargé de l'artillerie. Les combats durèrent toute la journée. Une tentative fut faite pour s'emparer du Parc à l'arme blanche ; mais les patriotes furent refoulés par les canons ennemis. Cette attaque, si elle ne réussit point, eut cependant pour effet de démoraliser de plus en plus les troupes hollandaises. Un renfort de six mille hommes avec vingt pièces de canon, qu'elles attendaient de Maestricht, n'arrivait pas ; car il avait été repoussé à Louvain, sans oser s'aventurer plus loin. La terreur qui régnait dans leurs rangs était telle qu'au milieu de la pluie de projectiles qui les assaillait, elles allèrent jusqu'à attacher aux arbres les cadavres de leurs morts, pour détourner sur eux les balles qui leur étaient destinées. Cependant la réserve hollandaise occupait toute la ligne des boulevards qui s'étend depuis la porte de Laeken jusqu'au delà de la porte de Namur ; mais sur tous ces points il y avait à escarmoucher sans relâche. Les volontaires belges avaient occupé, le premier jour, les bâtiments de l'observatoire, d'où ils avaient fortement maltraité la cavalerie ennemie ; mais ils les avaient évacués devant une force supérieure, pour aller harceler ailleurs les troupes du roi par une guerre de rue qui décuplait leur nombre. Ils tiraillaient partout. Sur toute l'étendue des boulevards, pas un jardin, pas un coin de mur qui n'eût ses feux, pendant que l'effort principal des patriotes se concentrait toujours sur le Parc.

Le matin, le prince Frédéric avait demandé une suspension d'armes ; mais l'exaspération était si grande, qu'on repoussa tout ce qui pouvait approcher d'une conciliation. Le prince cependant ne se rebuta point ; il écrivit lui-même au gouvernement provisoire deux lettres, qui n'eurent pas un meilleur succès. Le soir il envoya un troisième message, qui n'obtint pas davantage la réponse qu'il attendait.

La fusillade de la quatrième journée s'ouvrit dans la rue Royale. On s'attendait à un effort décisif de l'ennemi ; on savait qu'il allait réunir toutes ses forces pour enlever la place Royale. Aussi on l'attendit de pied ferme, et des canons étaient braqués à toutes les issues par où il aurait pu déboucher. A huit heures du matin, la réserve que le prince Frédéric avait tenue dans le faubourg de Louvain entra dans la ville, et se forma en colonne d'attaque. Deux heures plus tard, toutes les forces des Hollandais s'avancèrent en marche sur le front du Parc. Mais, à un signal convenu, un feu général partit de toutes les positions occupées par les Belges, dont les canons sillonnèrent les rangs ennemis. Les troupes royales hésitèrent un instant ; mais elles sentirent qu'il n'y avait plus de ressource que dans une attaque désespérée. Elles s'avancèrent donc de nouveau en épaisses colonnes, soutenues par deux batteries, débouchant de la rue Ducale, et se dirigeant vers la place Royale par la plaine des Palais ; mais elles furent refoulées de nouveau par l'artillerie patriote, tandis que d'autres attaques tentées à la Montagne du Parc et à l'escalier de la Bibliothèque furent repoussées avec la même vigueur. D'un autre côté, les Belges parvinrent à planter leur drapeau à l'entrée du Parc, et se mirent à prendre leurs mesures pour essayer d'enlever le lendemain cette position à la baïonnette.

Mais, vers le milieu de la nuit, le prince hollandais, sentant que tous ses efforts échouaient devant l'attitude énergique du peuple, résolut d'ordonner la retraite : il l'effectua dans un si grand silence, que les patriotes, se disposant le lendemain à recommencer la bataille, s'aperçurent avec étonnement qu'il ne restait plus un seul ennemi dans la ville.

Le drapeau national fut hissé aussitôt sur les tours de Sainte-Gudule, dont le bourdon annonça dès le matin la délivrance de la ville.

Mais, au milieu des réjouissances publiques, le gouvernement provisoire sentit le prix du temps ; il donna à plusieurs chefs l'autorisation de lever des corps francs, et s'occupa des préparatifs de guerre. On pouvait craindre le retour de l'ennemi avec de nouvelles forces. On doubla donc les moyens de défense de Bruxelles ; on répara les barricades, on en éleva de nouvelles, et on les munit d'artillerie.

Mais les Hollandais se repliaient sur Anvers.

Au moment où Bruxelles s'affranchissait, la ville d'Ath se souleva, et fournit son arsenal et toute son artillerie à la révolution. Le même jour, des corps de volontaires se mirent à la poursuite de l'armée ennemie, qu'ils harcelèrent dans tout son mouvement rétrograde, avec une audace qu'on a de la peine à expliquer autrement que par la démoralisation qui régnait parmi les troupes royales. On vit plus d'une fois des détachements de cent tirailleurs à pied aborder cette armée de douze mille hommes, la repousser et lui prendre ses positions. Le 29, les patriotes attaquèrent à Vilvorde et forcèrent à la retraite l'arrière-garde ennemie, qui s'y trouvait postée.

Alors toutes les villes belges secouèrent le joug. La place de Charleroi se rendit ; la citadelle de Tournai capitula ; Mons s'affranchit ; Namur, Dinant, Huy, Philippeville, Marienbourg, Arlon et Gand suivirent bientôt cet exemple. De sorte que, dès les premiers jours d'octobre, la Belgique presque tout entière se trouva délivrée des Hollandais.

Le 5, le prince d'Orange était arrivé à Anvers ; il avait été nommé, la veille, par son père gouverneur général provisoire de la Belgique. Ce prince était fort aimé dans ces provinces, à cause de ses façons ouvertes et de son esprit chevaleresque. Il s'était distingué à la bataille de Waterloo, où il avait combattu à la tête des Belges. Puis, au commencement de l'insurrection de Bruxelles, le 1er septembre, il s'était rendu presque seul au milieu de la population soulevée, pour chercher à amener un accommodement. Il y avait institué une commission chargée d'examiner les mesures à prendre. Mais le retour d'une députation qui avait été envoyée à la Haye pour rendre compte au roi de l'état des choses était venu renverser le lendemain toutes les espérances que l'arrivée du prince avait fait concevoir. Les vagues promesses données par le roi aux députés, de redresser les griefs dont la Belgique se plaignait, n'avaient fait qu'irriter les esprits; et l'effervescence était devenue si grande, que les chefs de la garde bourgeoise, qui, la veille encore, avaient répondu sur leur tête de la sûreté du prince d'Orange, s'étaient crus obligés de lui donner le conseil de quitter sur-le-champ Bruxelles; et il était parti.

Maintenant, après la fatale et aveugle expédition des Hollandais, c'était sur le nom populaire de son fils que le roi paraissait compter pour apaiser les troubles. Il était trop tard. Les Belges n'avaient demandé qu'une administration séparée pour leurs provinces, sous le même sceptre : le prince lança d'Anvers une proclamation qui accordait tous les points demandés avant la guerre; mais le sang avait coulé, et toute transaction était devenue impossible. D'ailleurs on reconnut bientôt que la nomination du prince et les promesses qu'on lui faisait faire n'étaient que des stratagèmes; car les troupes qui garnissaient la citadelle d'Anvers restaient sous le commandement du général Chassé, qui recevait ses ordres directement de la Haye. L'acte par lequel le roi Guillaume révoqua, le 20 octobre, les pouvoirs qu'il avait donnés à son fils, vint prouver que cette mission n'avait eu rien de sérieux.

Après l'échec reçu par son armée à Bruxelles, le prince Frédéric arriva à Anvers le 8 octobre, en même temps que la réponse du gouvernement provisoire, qui rejetait avec fermeté toutes les propositions du prince d'Orange, et la proclamation du roi Guillaume, datée du 7, qui appelait tous les Hollandais aux armes. Les troupes avaient été énergiquement harcelées dans leur retraite, repoussées de village en village, et battues sur tous les points. Des rencontres sanglantes eurent lieu à Lierre, à Waelhem et à Berchem, et l'armée en déroute fut rejetée en désordre dans la place d'Anvers le 24 octobre. Le lendemain, le prince d'Orange quitta cette ville, où il n'avait servi, à son insu, qu'à être un leurre nouveau. Cette forteresse était occupée par huit mille hommes, dont la moitié formait la garnison de la citadelle. La lutte commença le 26 entre les habitants et les troupes qui défendaient la ville. Elle dura la journée tout entière. Le 27, un corps de volontaires pénétra dans la place, et vint au secours de la population. A midi le feu avait cessé, on entrait en pourparlers avec le général Chassé, et on débattait une capitulation qui devait être acceptée à quatre heures. Mais, pendant la négociation, un conflit s'éleva à l'arsenal entre les Hollandais qui en étaient encore maîtres et les Belges. Quelques coups de fusil furent tirés, un combat s'engagea, et les Belges expulsèrent les Hollandais de l'arsenal. Alors Chassé donna aux forts et à la flottille mouillée devant la place le signal du bombardement. Le feu s'ouvrit à trois heures et demie; le nouvel arsenal et l'entrepôt, rempli de richesses immenses, furent bientôt en flammes. Quinze cents bombes, quinze cents fusées à la Congrève et seize mille obus sillonnèrent la ville dans tous les sens; deux cent trente maisons furent brûlées ou écrasées, quatre cents autres furent gravement endommagées. A dix heures du soir, quatre habitants de la ville se dévouèrent, et se rendirent à la citadelle au péril de leur vie, pour faire cesser un ravage aussi cruel qu'inutile. Ils obtinrent la cessation du bombardement; et le lendemain, un envoyé du gouvernement provisoire fut admis dans la citadelle, et conclut des préliminaires d'armistice. L'armistice définitif fut signé le 30 octobre.

L'incendie d'Anvers rendait impossible tout pacte entre la Belgique et la Hollande, comme le sang répandu à Bruxelles avait à jamais mis un abîme entre ces deux nations. Tout était rompu entre le roi Guillaume et les provinces belges. L'antipathie, commencée en 1815, avait abouti à une révolution, et cette révolution avait brisé le royaume des Pays-Bas.

Par un arrêté du 4 octobre, le gouvernement provisoire avait convoqué un congrès national, qui fut chargé de constituer la Belgique et de déterminer la forme gouvernementale qu'il conviendrait de donner au nouvel État. Cette assemblée, composée de deux cents membres, élus dans toutes les provinces, ouvrit ses séances le 10 novembre, et proclama le 18, à l'unanimité de cent quatre-vingt-dix-sept voix, l'indépendance de la Belgique, sauf les relations du Luxembourg avec la confédération germanique. Le 22, elle déclara, à la majorité de cent soixante-quatorze voix contre treize, que la forme du gouvernement serait monarchique. Le lendemain, l'exclusion perpétuelle des membres de la maison d'Orange-Nassau de tout pouvoir en Belgique fut prononcée à la majorité de cent soixante-une voix contre vingt-huit. Enfin la constitution se trouva achevée le 7 février 1831.

CHAPITRE III.

LE ROYAUME DE BELGIQUE.

Jusque-là la Belgique n'avait eu à s'occuper que de ses affaires intérieures. En déclarant son indépendance et en adoptant un régime qui devait s'accorder avec le système européen, elle n'avait en aucune manière rompu avec le principe des grandes puissances. Toutefois elle n'était pas au bout de ses épreuves; car elle se trouva bientôt engagée dans le dédale de la diplomatie.

Dès les premiers jours du mois d'octobre 1830, le roi Guillaume s'était adressé à l'Autriche, à la France, à la Grande-Bretagne, à la Prusse et à la Russie, en leur qualité de puissances signataires des traités de Paris et de Vienne, qui avaient constitué le royaume des Pays-Bas. A cet appel, les plénipotentiaires de ces puissances se réunirent en conférence à Londres. Ils donnèrent le 4 novembre leur premier protocole, dans lequel ils proposaient la cessation des hostilités, en assignant à la Hollande, comme ligne de l'armistice, les limites qu'elle avait avant la réunion, c'est-à-dire avant le traité de Paris du 30 mai 1814, et ils s'attribuèrent simplement le droit de faciliter la solution des questions politiques. Cet armistice fut, bientôt après, converti en une suspension d'armes qui stipulait la cessation complète des hostilités, et notamment le rétablissement de la liberté de communication par terre et par mer, et la levée des blocus des ports et des côtes. Cependant, bien que la Belgique et la Hollande eussent adhéré à cet acte, le roi Guillaume n'en continua pas moins à tenir l'Escaut fermé. Les Belges, de leur côté, continuèrent à investir Maestricht. La conférence intervint de nouveau, et ordonna, le 9 janvier 1831, le déblocus réciproque de Maestricht et de l'Escaut. Les deux parties obéirent, mais le roi ne se rendit qu'en protestant contre cette décision.

Ces points obtenus, les plénipotentiaires proclamèrent que la suspension d'armes constituait un engagement envers chacune des cinq cours, et entreprirent de régler eux-mêmes les questions principales, dont ils avaient seulement annoncé vouloir faciliter la solution. Dès le 20 décembre 1830, ils avaient, il est vrai, déclaré la dissolution du royaume-uni des Pays-Bas, malgré la protestation du roi Guillaume, qui tenait toujours à ne vouloir qu'une simple séparation administrative des deux pays, comme les états généraux hollandais l'avaient eux-mêmes demandée, peu de jours après que les troubles eurent éclaté à Bruxelles.

Le 20 et le 27 janvier 1831, la conférence fixa enfin les bases de séparation entre la Belgique et la Hollande : elle assigna à celle-ci les limites que possédait la ci-devant république des Provinces-Unies des Pays-Bas, en l'année 1790; elle laissa à la Belgique tout le reste des territoires qui avaient reçu la dénomination de royaume des Pays-Bas dans les traités de 1815, sauf le grand duché de Luxembourg qui, possédé à un titre différent par les princes de la maison de Nassau, devait continuer à faire partie de la confédération germanique; elle stipula que les dispositions de l'acte général du congrès de Vienne, relatives à la libre navigation des fleuves et des rivières navigables, seraient appliquées aux rivières et aux fleuves qui traversent le territoire hollandais et le territoire belge; elle détermina que la Belgique formerait un État perpétuellement neutre, placé sous la garantie des cinq grandes puissances; elle demanda à la Belgique, sous forme de simple proposition, de prendre à sa charge seize trente-unièmes des dettes du royaume des Pays-Bas, prises en masse, sans égard à leur origine, pour être admise à participer au commerce colonial; enfin, elle termina en établissant que, sans rien décider sur la question de la souveraineté de la Belgique, il appartenait cependant aux plénipotentiaires des puissances de déclarer, qu'à leurs yeux, le souverain de ce pays devait nécessairement répondre aux principes d'existence du pays lui-même, satisfaire par sa position personnelle à la sûreté des États voisins, accepter à cet effet les arrangements consignés au présent protocole, et se trouver à même d'en assurer aux Belges la paisible jouissance.

Le roi Guillaume adhéra le 18 février à ces arrangements, et par là il rétractait sa protestation contre le principe de l'indépendance belge, établi dans le protocole du 20 décembre; et en même temps il abdiquait implicitement la souveraineté sur la Belgique, les termes du protocole admettant la possibilité de l'avénement d'un nouveau souverain. Mais le congrès belge rejeta, le 1er février, les propositions des plénipotentiaires, et y répondit par une protestation formelle, qui, sans annuler l'acte de Londres du 20 et du 27 janvier, parvint cependant à tenir la conférence en suspens pendant six mois.

La Belgique, en acceptant la suspension d'armes comme un engagement contracté envers chacune des cinq cours, persistait à décliner la compétence de l'Europe. Elle voulut prouver d'une manière éclatante que sa souveraineté nationale était absolue, et résolut de se donner un roi en ne consultant que ses affections du jour, sans égard à la politique des cabinets. Pour se soustraire à toute influence étrangère, on fixa un délai très-court; on déclara que le 28 janvier il serait procédé au choix du chef de l'État. Après cinq jours de discussion, trois noms sortirent de l'urne du congrès : celui du duc de Nemours avec quatre-vingt-neuf voix, celui du duc de Leuchtenberg avec soixante-sept, et celui de l'archiduc Charles d'Autriche avec trente-cinq. Au second tour de scrutin, quelques voix s'étant ralliées au duc de Nemours, il obtint la majorité, c'est-à-dire quatre-vingt-dix-sept voix, le nombre des votants étant de cent quatre-vingt-douze. La veille de ce scrutin curieux, une tentative avait été faite à Gand, par un colonel de corps franc, en faveur du prince d'Orange; mais elle avait été comprimée par l'énergie populaire. D'un autre côté, la conférence avait prononcé, le 1er février, l'exclusion formelle des ducs de Nemours et de Leuchtenberg. Le pays se trouva donc de nouveau placé dans une position singulièrement embarrassante. Une députation du congrès, ayant à sa tête le président de cette assemblée, M. Surlet de Chokier, se rendit à Paris pour offrir au fils de Louis-Philippe le trône où l'appelait la Belgique; mais revint avec le refus du roi des Français, dont le congrès reçut officiellement connaissance le 21 février. Cette nouvelle jeta le découragement dans la plupart des esprits. Les factions commençaient à lever la tête, et les craintes de l'avenir augmentaient chaque jour. Il fallait cependant continuer l'œuvre qui avait déjà coûté tant de sacrifices. Aussi on résolut de promulguer la constitution qui était achevée depuis le 7 février, et de remplacer le gouvernement provisoire par une régence, tout en conservant au congrès le pouvoir législatif sans partage, et le choix du chef définitif de l'État. Le baron Surlet de Chokier fut nommé régent du royaume, et la France admit aussitôt un envoyé extraordinaire et ministre plénipotentiaire belge.

Cependant le pays se trouvait au dedans et au dehors dans un état de crise. Au dedans, l'anarchie menaçait de déborder le gouvernement, dont elle n'était l'alliée que comme adversaire de la restauration, mais dont elle était l'ennemie comme adversaire de la diplomatie; elle voulait la guerre, et y poussait par tous ses moyens. L'*Association nationale* se forma dans ces circonstances, et elle sauva la révolution, contre laquelle le parti orangiste conspirait en pleine rue et en plein soleil. Au dehors, la situation n'était pas plus rassurante. L'Angleterre, l'Autriche, la Prusse et la Russie avaient désiré d'abord la restauration, soit par un retour complet des provinces belges à la Hollande, soit au moyen de la séparation administrative des deux pays. Mais cette restauration ne pouvait être produite que dans un mouvement intérieur; et l'échec qu'avait reçu la grande conspiration orangiste ourdie au mois de mars venait de prouver combien peu le peuple belge était disposé à s'y prêter, malgré les grands noms qui s'y trouvèrent mêlés, et bien que le régent lui-même n'y eût pas été plus étranger que ne l'avaient été les intrigues de l'Angleterre. Ce complot, dont le but était le renversement de l'ordre de choses établi par la révolution, pour rouvrir le pays à la famille d'Orange, avait eu pour chef le général Van der Smissen, et pour complices un grand nombre d'officiers supérieurs, de notabilités aristocratiques et de citoyens. Il échoua grâce, à l'énergie de l'Association nationale. Si les quatre puissances avaient ainsi été trompées dans leur calcul, la France, de son côté, n'avait pu, sans rompre avec l'Europe, accepter la couronne belge pour le duc de Nemours, acceptation qui aurait pu être considérée comme un acheminement à la réunion de la Belgique à la France.

C'est alors que les cabinets conçurent l'idée de se partager les provinces belges. Bien que l'existence de ce projet ait été vivement contestée, il n'en a pas moins été réel. La Belgique avait ainsi le plus vif intérêt à se hâter d'en finir au plus vite, et de trouver un roi. On jeta les yeux sur le prince Léopold de Saxe-Cobourg, qui, veuf de la princesse Charlotte d'Angleterre, avait refusé, l'année précédente, le trône de Grèce. Quatre commissaires lui furent aussitôt envoyés pour le pressentir. Les négociations marchèrent si bien, que, le 25 mai, le congrès fut saisi d'une proposition formelle, signée par quatre-vingt-seize députés, qui demandaient que l'élection de ce prince au trône de Belgique fût mise à l'ordre du jour. Le 30, la discussion s'ouvrit sur quelques questions préjudicielles, qui peuvent se ranger en trois catégories. La première avait pour objet l'ajournement de toute élection et la guerre immédiate; la seconde, l'ajournement de l'élection, et des négociations préalables; la troisième l'élection immédiate du chef de l'État, et des négociations ultérieures. Cette dernière obtint la priorité; et, le 4 juin, le scrutin fut ouvert pour l'élection d'un souverain. Le prince Léopold obtint cent cinquante-deux voix sur cent quatre-vingt-quinze votants. Le même jour une députation se rendit à Londres pour lui donner connaissance du décret du congrès, et le prince accepta solennellement la couronne de Belgique le 27. La veille, la conférence avait formulé, dans un nouveau protocole, des bases de séparation plus équitables: elle assignait à la Hollande les territoires qu'avait possédés en 1790 l'ancienne république des Provinces-Unies, en donnant au nouvel État belge tout le reste de ce qui composait en 1815 le royaume des Pays-Bas; elle laissait entrevoir la possibilité d'un arrangement au sujet du grand duché de Luxembourg; elle promettait qu'il serait avisé aux moyens de concilier, par des échanges, les deux parties au sujet des enclaves situées dans le territoire hollandais, et de la souveraineté indivise de la forteresse de Maestricht, qui, en 1790, avait été possession commune de la république de Hollande et du prince-évêque de Liége; elle offrait ses bons services pour des négociations à ouvrir entre les deux royaumes au sujet de la navigation des eaux intérieures entre le Rhin et l'Escaut, tout en maintenant les stipulations du congrès de Vienne relativement à la libre navigation des fleuves et des rivières; en outre, elle établissait en principe la neutralité perpétuelle de la Belgique, sous la garantie des grandes puissances; enfin, elle stipulait que le partage des dettes aurait lieu de manière à faire retomber sur chacun des deux pays la totalité des dettes qui originairement, c'est-à-dire avant la réunion, pesaient sur les divers territoires dont ils se composent, et à diviser dans une juste proportion celles qui auraient été contractées pendant la communauté.

Le congrès ayant adopté, par cent vingt-six voix contre soixante-dix, cet acte, connu sous le nom de traité des dix-huit articles, le prince Léopold vint aussitôt prendre possession de la couronne de Belgique. Il fit son entrée à Bruxelles le 21 juillet, aux acclamations unanimes du peuple, et fut solennellement inauguré le même jour roi des Belges. Dès ce moment la révolution était close au dedans; elle avait atteint son but à l'intérieur : elle avait produit l'ordre de choses désiré, et établi l'indépendance de la nation, sous une charte votée par la volonté populaire, et sous un roi librement choisi. Mais au dehors elle n'avait pas tout fini. Le 21 juillet, au moment même où la Belgique célébrait l'inauguration du souverain qu'elle s'était donné, le roi Guillaume protestait contre les dix-huit articles, et déclara que, si le prince Léopold prenait possession du trône, il ne pouvait le considérer que comme placé dans une attitude hostile, et comme son ennemi. Ce fut en vain que la conférence l'invita à négocier pour parvenir à un traité définitif, et lui rappela que la suspension d'armes qu'il avait souscrite était un engagement solennel envers chacune des cinq puissances. Le 1er août, le gouvernement hollandais répondit aux plénipotentiaires réunis à Londres qu'il consentait à l'ouverture d'une nouvelle négociation, et le même jour il dénonçait à la Belgique l'armistice. Les hostilités devaient commencer le 4; et le 2, les Hollandais s'emparaient déjà de quelques points de la Flandre limitrophes de la Zéelande, et ils s'établissaient le lendemain à Turnhout, dans la province d'Anvers. Le pays se trouvait dans une singulière position, privé qu'il était de toute armée disciplinée; car le peu de troupes qu'il avait sur pied n'était guère en état de se mesurer avec les forces considérables que la Hollande avait sous les armes. Aussi, on se hâta de porter le fait à la connaissance du cabinet de Paris et de la conférence. En même temps le roi des Belges réclama l'intervention d'une armée française.

Dès la première nouvelle de la reprise des hostilités, il avait projeté la jonction des corps d'armée de la Meuse et de l'Escaut; jonction qui eût eu pour résultat d'arrêter la marche des ennemis. Jusqu'au 8 il resta sans aucune troupe régulière. Ce jour-là seulement il parvint à joindre le corps de l'Escaut. Le surlendemain il s'empara de Montaigu, où les Hollandais avaient pénétré, et où le corps de la Meuse devait se réunir à lui ; mais cette troupe ayant essuyé un échec, il fallut battre en retraite pour éviter d'être coupé. Le même jour, une armée française, commandée par le maréchal Gérard, entra en Belgique : elle arriva trop tard pour empêcher l'ennemi de s'emparer de Louvain. Mais, dès le 13, les Hollandais commencèrent leur mouvement rétrograde, et rentrèrent dans leurs frontières.

Cette courte campagne, où la bravoure individuelle se montra avec tant d'éclat, ne fit rien perdre au roi Léopold de sa popularité. Une armée, ou pour mieux dire une foule indisciplinée, surprise et désunie, avec des chefs improvisés et sans science stratégique, à cause du système d'exclusion pratiqué pendant quinze ans par le roi Guillaume, avait été facile à culbuter par des masses rompues à la manœuvre et conduites par des capitaines faits à leur métier, et guidées surtout par d'habiles stratégistes allemands. Le besoin de chefs s'était si bien fait sentir, que, dès le mois d'avril, une proposition avait été faite au congrès pour faire autoriser le régent à employer, jusqu'à la paix définitive, un certain nombre d'officiers supérieurs étrangers, et à leur donner des commandements dans l'armée. Cette proposition, admise alors avec de grandes restrictions, fut reprise après la désastreuse campagne d'août; et la loi du 22 septembre autorisa le roi à prendre au service de l'État, jusqu'à la paix, tel nombre d'officiers étrangers qu'il jugerait utile ou nécessaire pour le bien du pays.

La conférence de Londres songea à rétablir aussitôt la suspension d'armes, qui fut signée d'abord pour six semaines par la Hollande, puis prorogée jusqu'au 25 octobre. Ce deuxième terme expira sans prorogation nouvelle. Pendant ce temps, les négociations pour la paix avaient été reprises, mais sous l'influence de la défaite que la Belgique venait de subir, et la Hollande ayant pour elle l'avantage que la mauvaise foi venait de lui procurer. Le 15 octobre, un nouveau traité, dit des vingt-quatre articles, émana de la conférence. Il fut accepté, un mois après, par la Belgique. Un délai de deux mois était fixé pour l'échange des ratifications. Dans cet intervalle, les plénipotentiaires d'Angleterre, d'Autriche, de Prusse et de Russie s'occupèrent du projet, déjà entamé dès le 17 avril, de démolir les forteresses belges construites aux frais des quatre cours depuis 1815. La Belgique avait adhéré, le 15 novembre, au traité des vingt-quatre articles; elle adhéra, le 22, à celui qui stipulait le démantèlement des forteresses. La Hollande, qui n'avait pas été admise à prendre part à ce dernier acte, et qui avait protesté contre cette exclusion, se refusa à signer celui des vingt-quatre articles; elle attendait mieux de sa facile victoire du mois d'août. Cependant la France et l'Angleterre ratifièrent ce dernier acte, tandis que les trois cours du Nord demandèrent, par égard pour la Hollande, que le protocole leur fût laissé ouvert jusqu'à ce qu'elles eussent obtenu l'adhésion de cette puissance. Les efforts qu'elles mirent en œuvre pour y parvenir furent infructueux, et elles se déterminèrent enfin à donner leur ratification, avec des réserves toutefois. La Prusse et l'Autriche signèrent, en laissant saufs les droits de la confédération germanique quant aux articles du traité relatifs à la cession ou à l'échange d'une partie du grand duché de Luxembourg, à négocier avec la Belgique; la Russie, sauf les modifications et les amendements à apporter, dans un arrangement définitif entre la Hollande et la Belgique, aux articles qui réglaient la navigation de l'Escaut et des eaux intérieures, la communication promise à la Belgique avec l'Allemagne par le territoire hollandais, et le partage de la dette, qui mettait à la charge des Belges une rente perpétuelle de huit millions quatre cent mille florins des Pays-Bas.

Bien que les trois cours eussent introduit de cette manière un système étrangement nouveau en diplomatie, la Belgique crut devoir demander à la conférence qu'elle prît des mesures pour amener l'évacuation des territoires belges que les Hollandais occupaient encore. Pendant que ce point nouveau se débattait à Londres, le roi Léopold épousa à Compiègne, le 9 août 1832, la princesse Marie-Louise, fille aînée du roi des Français, et réalisait ainsi une idée qui avait préoccupé la nation depuis les premiers jours de la révolution; c'est qu'il fallait au trône belge un prince ou une princesse de la maison d'Orléans. Après quelques tentatives infructueuses pour parvenir à négocier directement avec la Hollande, on pressa plus vivement que jamais la conférence de procurer à la Belgique l'exécution du traité par la force des armes. Dans le cas d'un refus des grandes puissances, on était résolu à recourir à la force, pour prendre possession des territoires assignés par le traité au nouveau royaume. Dans la prévision de cette nécessité, les Belges avaient poussé leurs armements à un degré extraordinaire. Le premier octobre, la conférence reconnut que l'emploi des mesures coërcitives était devenu nécessaire; mais les trois cours du Nord refusèrent de s'y associer. C'est alors que la France et l'Angleterre conclurent, le 22 du même mois, un traité dans lequel elles stipulèrent : que les gouvernements de Belgique et de Hollande seraient requis d'opérer réciproquement l'évacuation des territoires qui ne leur appartenaient pas, d'après les vingt-quatre articles; que la force serait employée, contre celui de ces gouvernements qui n'y aurait pas consenti au 2 novembre; que, notamment, en cas de refus de la part de la Hollande, l'embargo serait mis sur les vaisseaux hollandais, et que, le 15 novembre, une armée française entrerait en Belgique, pour faire le siége de la citadelle d'Anvers. Une sommation fut, en conséquence, adressée par ces deux puissances à la Belgique et à la Hollande; le gouvernement belge s'y soumit. Le cabinet de La Haye s'y refusa. Dès le 5, l'embargo fut mis sur les vaisseaux hollandais dans les ports de France et de la Grande-Bretagne, et les flottes combinées firent voile pour les côtes de la Hollande. Enfin, le 15 novembre au matin, l'armée française du Nord, sous le commandement du maréchal Gérard, franchit la frontière; le 19, elle se trouva sous les murs d'Anvers.

Il importait que le siége de la citadelle pût être fait sans que la ville fût exposée; ce qui n'était possible que pour autant que les Belges restassent inactifs dans l'intérieur. La neutralité de la ville ainsi admise, et le siége ayant dû pour cela se faire par l'intervention d'une puissance étrangère, les opérations militaires se trouvèrent fort circonscrites; mais elles n'en devenaient que plus difficiles et plus dangereuses. Le terrain, détrempé par les pluies automnales qui tombaient en grande abondance, offrait mille difficultés aux travailleurs : cependant cet obstacle n'en était pas un pour les Français. Ils avaient commencé par placer un corps d'observation sur l'Escaut inférieur, pendant que l'armée belge, ayant son quartier général à Lierre, s'était postée sur les frontières du Limbourg et du Brabant septentrional, pour tenir de ce côté l'œil sur l'ennemi. Dix jours s'étant écoulés avant l'arrivée du matériel de siége, le maréchal Gérard somma, le 30 novembre, le général Chassé de lui livrer la citadelle d'Anvers et les forts qui en dépendent, lui signifiant que, quoi qu'il advînt, il eût à s'abstenir d'hostilités contre la ville. La tranchée avait été ouverte la nuit précédente; et, sur le refus que fit le général hollandais de rendre la place, le siége commença aussitôt. Il fut poussé avec une vigueur extrême. Les Français eurent surtout à déployer leur courage contre les difficultés de la saison. Le maréchal Gérard, retenu chez lui par une indisposition, ne prit part que de loin à la direction des travaux; mais il avait sous lui des chefs expérimentés. Le général Haxo commandait le génie, le général Neigre l'artillerie : ils donnèrent à leurs jeunes soldats de rares exemples de constance et d'intrépidité. Le duc d'Orléans et le duc de Nemours, qui étaient venus faire leurs premières armes, se distinguèrent à ce siége mémorable. Le 4 décembre, le feu fut ouvert. Les Hollandais, quelques efforts qu'ils fissent, ne purent empêcher les assiégeants de conduire leurs approches de façon à enlever, dès le 13, un ouvrage avancé, appelé la lunette Saint-Laurent. Dès le principe, la division qui occupait l'Escaut inférieur, sous les ordres du général Tiburce Sébastiani, opéra, sur la rive gauche du fleuve, de manière à empêcher de ce côté les mouvements de l'ennemi. Les batteries qu'il avait dressées sur l'Escaut devaient arrêter les communications entre la citadelle et la flotte. Le 12 décembre, les vaisseaux hollandais tentèrent de remonter. Le fort Lacroix, armé seulement de deux obusiers, les tint en respect tout le jour; et ils se retirèrent, après qu'un obus français fut venu tuer leur commandant, le contre-amiral Lewe Van Aduard, et mettre le feu à la frégate que montait ce marin. Pendant ce temps, on avait pu approcher de la citadelle au point que, le 21, les batteries de siége purent commencer à jouer. Elle fut canonnée pendant deux jours avec une telle énergie, que la brèche devint enfin praticable; et, le 23, les Hollandais, craignant de s'exposer à un assaut, demandèrent à capituler. Presque au même moment leur flotte opérait un debarquement sur la rive gauche de l'Escaut, pour essayer de s'ouvrir ensuite des communications avec la citadelle; mais, après un combat assez opiniâtre, les troupes hollandaises furent refoulées sur leurs navires. Les forts de la Tête de Flandre, de Burght, d'Austruweel et de Zwyndrecht tombèrent avec la citadelle. La garnison, composée de cinq mille hommes, se rendit prisonnière de guerre; et le maréchal Gérard s'obligea à la mettre en liberté, le jour où les forts de Lillo et de Liefkenshoek, situés sur l'Escaut inférieur et restés au pouvoir des Hollandais, seraient remis à la Belgique. Le roi Guillaume refusa de ratifier cette dernière condition. Une flottille de douze canonnières et un bateau à vapeur, qui étaient restés devant la ville, n'ayant pas voulu se laisser comprendre dans la capitulation, furent en partie détruits par ceux qui les montaient; le reste fut pris.

Ce siége curieux, auquel on vit assister une ville tout entière, comme à un grand et imposant spectacle, et qui dura vingt-quatre jours et vingt-cinq nuits, procura ainsi aux Belges la citadelle d'Anvers, qui leur fut remise avec son matériel de guerre le 31 décembre. Mais ce fut plus qu'un spectacle curieux, ce fut un événement de la plus haute gravité; car le siége de cette simple forteresse n'était pas seulement une lutte d'une armée contre quelques lignes de murailles, c'était une lutte de la jeune Europe contre la vieille Europe, de l'Europe révolutionnaire contre l'Europe absolutiste. L'armée française et la citadelle représentaient chacune un principe; ces deux principes s'étaient heurtés, et la victoire était restée au premier.

La prise d'Anvers, et les courses que les bâtiments français et anglais ne cessaient de faire contre les navires hollandais, ramenèrent enfin le roi Guillaume dans la voie des négociations. Pendant tout le temps que l'armée française, occupant le territoire belge, avait consacré à ses opérations, il s'était tenu dans l'immobilité de l'attente; car il comptait que les cabinets du Nord se seraient émus, et que le corps d'observation prussien, concentré entre le Rhin et la Meuse, se serait ébranlé. Mais les cabinets étaient restés spectateurs du grand fait d'Anvers, et l'armée prussienne était rentrée dans son cantonnement. Le roi de Hollande passa ainsi sous les Fourches Caudines de la nécessité, et il négocia. Le 16 mai 1833, on tomba d'accord sur un armistice indéfini; et, le 21, fut signée une convention provisoire, qui consacrait la liberté de l'Escaut, soumettait le péage de la Meuse aux tarifs de Mayence, maintenait le *statu quo* territorial en y comprenant le Luxembourg, levait l'embargo sur les navires hollandais, et rendait la liberté à tous les prisonniers de cette nation retenus en France depuis le siége d'Anvers.

Toutefois, malgré la signature et la ratification de cet acte, le roi Guillaume n'avait pas renoncé à tout espoir de rentrer en Belgique. Il se maintenait toujours sur un pied-de guerre au-dessus des ressources de son royaume, et même donnait à ses armements une impulsion nouvelle.

Il concentra une armée considérable aux environs de Bréda, et doubla ses forces navales stationnées à l'embouchure de l'Escaut. Toutes ces dispositions annonçaient des projets contre la Belgique, qui eut soin de se mettre en garde, en faisant avancer quelques régiments vers les frontières hollandaises. Mais il se manifestait à l'intérieur des symptômes qui n'étaient pas moins inquiétants. Il existait encore à Gand, à Liége, à Bruxelles, à Anvers, un noyau de partisans de la maison d'Orange, composé d'intérêts industriels ou commerciaux en souffrance, de nobles ou de fonctionnaires délaissés. Parmi ceux qui en faisaient partie, on remarqua du mouvement; des paroles indiscrètes leur échappèrent, des écrits circulèrent; enfin, les journaux de cette opinion parurent compter sur de prochains événements.

C'est dans ces circonstances que, le 20 mars 1834, l'administration du séquestre des biens de la famille du roi Guillaume en Belgique, désirant en liquider les charges, fit procéder à la vente des chevaux du haras de Terveuren, qui appartenait au prince d'Orange. Un comité directeur orangiste, qui s'était formé, racheta quatre de ces chevaux, les paya; et, pour rentrer dans cette avance, ou plutôt pour faire une sorte de démonstration publique, ouvrit ensuite au milieu du pays une souscription : il fut annoncé que les quatre chevaux seraient offerts au prince. La souscription, secrète d'abord, attira quelques signatures qui furent aussitôt livrées à la publicité, et qui en attirèrent d'autres. Chaque jour il paraissait une nouvelle liste d'hommes qui, en Belgique, se déclaraient ouvertement favorables au général ennemi; et ce général, dans le même moment, menaçait la frontière.

Cette audace souleva une indignation générale. Dès les premiers jours d'avril, une grande fermentation se manifesta parmi le peuple de Bruxelles. Le 5, dans la soirée, elle éclata. Le lendemain, seize maisons appartenant aux personnes les plus notables du parti de la restauration, dont les noms avaient figuré sur les listes de souscription, furent complétement dévastées. Cet événement fut sans doute une des pages les plus déplorables de la révolution; mais ne s'explique-t-il pas par l'imprudente provocation de ceux qui en furent les victimes?

A l'ombre du traité du 21 mai 1833, la Belgique put continuer à s'organiser à l'intérieur. Les arts et les lettres y prirent une vie nouvelle, fécondés qu'ils étaient maintenant par ces grands éléments qui leur avaient manqué pendant tant de siècles, la nationalité et l'indépendance. Le commerce et l'industrie suivirent ce développement d'une manière prodigieuse, et créèrent établissements sur établissements, pour arriver à cette crise funeste que la témérité des entreprises et l'exubérance de la production amenèrent en 1838. Il s'ensuivit de grandes catastrophes, parmi lesquelles il faut compter la suspension des payements de la banque de Belgique, que le gouvernement se vit forcé de secourir.

Dans les derniers mois de cette année, la Hollande, fatiguée de porter depuis si longtemps le fardeau d'un *statu quo* intolérable, se montra enfin sérieusement disposée à négocier, pour amener enfin une paix définitive entre elle et la Belgique. Depuis 1831, elle avait repoussé le traité des vingt-quatre articles; elle déclara qu'elle était prête à l'accepter. Cette notification produisit un mouvement extraordinaire en Belgique; car il fallait en venir à l'évacuation d'une partie des provinces de Limbourg et de Luxembourg, qui n'avaient cessé d'avoir des représentants dans les deux chambres belges, et qui, depuis les événements de 1830, s'étaient identifiées de plus en plus avec la Belgique, sous la protection d'institutions communes. Les deux chambres votèrent unanimement des adresses au roi, en faveur du maintien de l'intégrité du territoire. Les régences des villes envoyèrent à la législature des pétitions dans le même but. Ce fut une excitation générale. Les couleurs nationales furent arborées autour du rayon militaire de la forteresse de Luxembourg. Le peuple était prêt à s'armer pour protéger des frères que la diplomatie allait leur arracher. Des réunions tumultueuses se manifestèrent surtout dans la capitale, sans toutefois qu'on en vînt à des désordres, malgré l'exaltation des esprits.

Le 23 janvier 1839, la conférence de Londres soumit à l'acceptation de la Belgique et de la Hollande le traité définitif des vingt-quatre articles. Après une discussion orageuse, les chambres belges autorisèrent enfin le roi, par la loi du 4 avril, à conclure et à signer ce traité, sous telles clauses, conditions et réserves qu'il pourrait juger nécessaires ou utiles dans l'intérêt du pays. Les ministres de Belgique et de Hollande à Londres le signèrent le 19 avril, et l'échange des ratifications eut lieu entre ces deux puissances le 8 juin suivant. En vertu de cet acte, qui consacrait enfin l'existence de la Belgique, indépendante selon le vœu de l'Europe, ce pays ne fut plus tenu à concourir à l'ancienne dette des Pays-Bas que pour une rente annuelle de cinq millions de florins, au lieu de huit millions quatre cent mille florins qui lui avaient été imposés par le traité du 15 novembre 1831. En outre, la Belgique obtint toute la partie wallonne du grand duché de Luxembourg, mais contre l'abandon de toute la partie du Limbourg qui se trouve sur la rive droite de la Meuse, et d'une partie située sur la rive gauche.

Dès ce moment le nouveau royaume fut consolidé, et doté d'une indépendance qu'il saura d'autant mieux défendre qu'il l'a plus chèrement achetée et acquise par des luttes séculaires et des flots de sang. Sous des institutions trop républicaines peut-être, sous un prince sage et éclairé, qui sait tenir compte des traditions nationales et les allier avec les progrès du temps, la Belgique marche enfin vers ses destinées. Elle saura les atteindre, grâce aux vertus héréditaires de ses enfants, à l'activité, au courage, à l'esprit d'ordre qui les animent.

CHAPITRE IV.

LE ROYAUME DE HOLLANDE.

Les neuf années qui s'étaient écoulées depuis les événements de 1830 avaient été singulièrement rudes pour la Hollande. Si le roi Guillaume, au lieu de se tenir à l'esprit et à la lettre des traités de 1815, et de chercher à établir entre les deux parties du royaume des Pays-Bas une union intime, n'avait pas plutôt visé à l'absorption complète de la Belgique par la Hollande; s'il n'avait pas tendu à réduire à une espèce de vasselage les provinces belges, et à faire dominer une population de deux millions et demi à peine sur une population de quatre millions d'âmes, sans doute la révolution française de 1830 n'eût pas trouvé une sympathie aussi générale en Belgique, et peut-être le royaume des Pays-Bas n'eût pas été brisé. Mais, homme, il n'avait rien appris dans l'exil; prince, il n'avait pas marché avec le temps. Il croyait que des traités imposés par la force pouvaient être éternels. Il comptait toujours avec les rois, et il ne songeait pas qu'il faut compter aussi avec le peuple. Il pensait que tout était fait pour la nation qu'il gouvernait, quand il lui avait procuré une prospérité commerciale et industrielle, moins réelle que factice. Il s'était bercé ainsi pendant longtemps d'illusions, que l'explosion de 1830 ne parvint pas même à détruire.

Cet événement fut toutefois un coup de foudre pour la Hollande; et, il faut le dire, il fut exploité d'une manière singulièrement habile par le vieux roi, qui eut l'adresse de le présenter aux provinces hollandaises autant comme une rébellion à combattre, que comme une cause religieuse à anéantir. Aussi, elles se groupèrent autour de lui avec un dévouement et une unanimité qui étonnent dans ces vieux républicains d'hier, mais qui s'expliquent par le fanatisme religieux auquel il avait su donner l'éveil. On vit les citoyens se soumettre à des sacrifices de toute nature. Ce fut partout un enthousiasme aussi vif que celui qu'avait excité en Belgique une cause tout opposée.

Tandis que les provinces belges se constituaient et s'affermissaient dans leur indépendance, celles de Hollande attendaient l'accomplissement des espérances de leur roi, qui, les yeux sans cesse fixés sur les signataires des actes de 1815, ne pouvait se résoudre à croire que son royaume n'existait plus. Ce ne fut qu'après une longue et vaine attente que quelques voix commencèrent à s'élever contre l'obstination du souverain, et contre les dépenses énormes nécessitées par les armements considérables qu'il tenait sur pied. Ces voix parvinrent à trouver de l'écho dans la presse et jusque dans la législature. Bientôt elles atteignirent le peuple lui-même, qui, courbé sous des charges écrasantes, ne tarda pas à s'apercevoir que c'était moins son intérêt à lui qui pouvait profiter de cette longue persévérance, que l'intérêt du roi. Ce fut ainsi par la voix publique que Guillaume fut forcé à souscrire enfin au traité de 1839, qui, au lieu de procurer un avantage à la Hollande, augmenta les charges de ce royaume des quatre millions quatre cent mille florins de rente annuelle, dont la part des dettes mise à la charge de la Belgique avait été diminuée. En outre, le pays avait, pendant tout le temps qui s'était écoulé depuis la révolution, payé les intérêts de toute la dette réunie du royaume des Pays-Bas. Ils s'élevaient à plus de soixante quatre millions de florins, et ce fut la Hollande qui eut seule à les supporter. Tel fut le prix de la ténacité du vieux souverain.

Le traité définitif ayant été signé et ratifié, le roi de Hollande prit possession, le 22 et le 23 juin, des territoires du Limbourg et du Luxembourg qui lui avaient été assignés par cet acte ; et il évacua, de son côté, les forts de Lillo et de Liefkenshoek sur l'Escaut, qui furent remis aux Belges.

La question extérieure ainsi vidée, l'attention dut se reporter, en Hollande, sur la question intérieure. Jusqu'en 1833 les chambres législatives avaient aveuglément secondé la politique du roi. Ce ne fut que lorsque la rupture des négociations à Londres eut mis à nu les intentions du gouvernement, que l'on commença à voir clair dans le système où il marchait, et qu'une opposition se forma. Cette opposition devint plus vive à chaque session des états généraux. Celle de 1833 signala un déficit de près de cinq millions et demi de florins, et présenta un budget de cinquante-trois millions et demi. Celle de l'année suivante donna lieu à des discussions orageuses qui aboutirent à une protestation de la seconde chambre contre le système du gouvernement. La session de 1835 prit un caractère plus sérieux encore. L'opposition somma le ministère de mettre tout en œuvre pour amener enfin la conclusion d'une paix définitive que la nation réclamait à grands cris. Des troubles éclatèrent même à Amsterdam, où le roi avait toujours été le plus populaire, mais où les impôts étaient devenus intolérables. En cette année la résistance de la représentation nationale s'était organisée complétement, et une scission s'était opérée entre elle et le roi. Celui-ci ne vit d'autre moyen de faire tête à l'orage que de proposer la création d'une dette de cent quatre-vingt-quinze millions de florins, hypothéquée sur les colonies. A chaque nouvelle réunion de l'assemblée, c'étaient toujours, dans les discours du trône, les mêmes paroles d'espoir et les mêmes promesses d'un avenir meilleur ; mais, en même temps aussi, c'étaient les mêmes demandes d'impôts, et chaque fois un nouveau déficit. Ce ne fut qu'en 1839 que le roi Guillaume céda enfin, et souscrivit à la paix avec la Belgique.

Dès ce moment, l'armée put être

considérablement réduite; les mesures extraordinaires, prises pour la défense des frontières, cessèrent; les bâtiments qui occupaient les bouches de l'Escaut rentrèrent dans les ports hollandais; les relations avec la Belgique furent rétablies; enfin l'état de guerre, qu'on avait entretenu pendant neuf années à si grands frais, cessa complétement. La Hollande put respirer. Les rapports commerciaux avec la Belgique, qui n'avaient pas été, il est vrai, entièrement rompus, mais qui avaient été entravés de la manière la plus vexatoire, furent renoués, et reprirent une importance telle, que la face des affaires se présenta bientôt sous un aspect des plus favorables. Mais il restait encore beaucoup à faire. L'état intérieur du pays montrait, dans toutes les branches de la vie publique et de l'administration, les conséquences des efforts extraordinaires que la nation avait faits depuis 1830. L'économie du pays réclamait instamment un examen, et l'abolition d'un grand nombre d'abus et d'irrégularités dont l'introduction avait été inévitable dans les circonstances insolites qu'on avait eues à traverser. Beaucoup de questions de la nature la plus sérieuse, et qui touchaient au cœur même des intérêts les plus vivaces de la nation, avaient été laissées irrésolues dans le danger commun, et dans les préoccupations qui avaient absorbé les esprits. Maintenant que tout était rentré dans l'ordre, on devait d'autant plus généralement se livrer à cet examen, que ces questions se montraient plus en relief. Deux points surtout occupaient vivement l'attention : c'était d'abord l'état des finances; c'étaient ensuite les changements que le nouvel ordre de choses nécessitait dans la loi fondamentale, et les bases sur lesquelles devait s'asseoir l'édifice politique et civil de la Hollande. L'ouverture de la première session de l'assemblée législative, après la conclusion de la paix, devait ainsi naturellement être attendue avec une vive impatience. Elle eut lieu le 21 octobre 1839. Le discours du trône témoignait que l'intention du gouvernement n'était pas d'éviter la discussion des objets devenus vitaux pour le pays. Quatre jours après, le budget des dépenses fut présenté à l'assemblée; il s'élevait à près de cinquante-six millions et demi de florins, dont environ vingt et un millions devaient servir à payer les intérêts de la dette. Le gouvernement proposa, en outre, de faire un emprunt de cinquante-six millions, sous la garantie des colonies. L'impression que produisit la présentation de ces lois financières fut des plus défavorables. On avait déjà remarqué dans le discours de la couronne quelques passages obscurs et embarrassés sur l'état des finances. Les lois proposées frappèrent toute l'assemblée d'une espèce de stupeur. La paix était signée, le désarmement s'était opéré, un état militaire considérable avait cessé; et le chiffre du budget demandé dépassait de beaucoup tous les budgets qui, dans le cours des neuf années qu'on venait de parcourir, avaient déjà donné lieu à tant de réclamations. Aussi l'irritation devint bientôt générale, et l'irritation amena les défiances.

Peu de temps après la conclusion de la paix, le roi avait institué une commission chargée d'étudier l'état financier du pays. On attendait d'elle un examen approfondi, un exposé clair et net des choses. Et, au lieu de cela, qu'obtenait-on? Rien que des indications incomplètes, que des données faites plutôt pour cacher la véritable situation que pour l'éclaircir. Ce qui donna lieu surtout aux soupçons les plus étranges et les mieux fondés, ce fut la déclaration produite par le ministre des finances, « que l'équilibre entre les dépenses et les recettes était rompu, et que, pour éviter tout danger, une mesure financière extraordinaire était devenue indispensable; c'est-à-dire qu'il fallait négocier un emprunt de cinquante-six millions de florins, pour mettre le ministre des colonies en position de payer des avances qui avaient été faites sur les revenus des établissements d'outre-mer, et pour lesquelles ceux-ci étaient engagés. » Cette déclaration parut d'autant plus inexplicable, que les colonies s'étant toujours trouvées dans un état prospère, et ayant même été en quelque sorte une source d'abondance pour la mère patrie, on ne pouvait comprendre comment il était possible qu'elles fussent obérées. Alors éclata un cri unanime dans la presse, dans l'assemblée législative, dans le pays tout entier. On demanda des éclaircissements; on exigea que le gouvernement rendît compte de sa gestion. Ces réclamations se firent de manière à prouver que l'excitation des esprits était à son comble, et que le pays avait la ferme résolution de ne pas se contenter de faux-fuyants, ni de demi-mesures. Le gouvernement fut sommé de venir avec confiance et franchise au-devant des états généraux, et de leur communiquer sans détour le véritable état des choses : c'était le seul moyen d'échapper à la défiance, et aux suites qu'elle pourrait entraîner. Forcé ainsi dans ses derniers retranchements, le roi fit enfin avouer « que pour faire face, dans ces dernières années, au payement des intérêts de la dette de la mère patrie, il avait emprunté à la Société de commerce des Pays-Bas la somme de quarante millions de florins, pour laquelle il avait engagé les revenus des colonies.

Cette révélation fut une lumière étrange pour la Hollande tout entière. Les états généraux, conduits vers le seuil des découvertes, y pénétrèrent plus avant; et ils se convainquirent bientôt que, non-seulement l'État était débiteur des quarante millions empruntés à la Société de commerce, mais encore que le syndicat d'amortissement présentait un déficit annuel de quatre millions de rente, qui équivalaient à un capital de quatre-vingt millions, lesquels, ajoutés à la première somme, donnaient une dette de cent vingt millions créés par le gouvernement, sans l'autorisation des chambres. Il avait donc été agi, contrairement à la loi fondamentale, par le pouvoir, qui avait ainsi rendu entièrement illusoire le contrôle de la législature. La découverte de ces abus doubla les forces de l'opposition, qui, dès lors, songea à établir dans la constitution des garanties contre le retour de pareilles irrégularités : et ainsi on fut conduit naturellement à revoir de fond en comble la loi fondamentale. En consentant à passer l'éponge sur ce qui s'était fait, on voulut au moins sauver l'avenir, et stipuler pour lui. On déclara qu'on ne voulait entraver en rien la marche du gouvernement; mais qu'on avait appris par l'expérience à se défier de ses assurances, et à ne plus compter sur ses promesses. On demanda la révision de la loi fondamentale, des garanties pour l'administration régulière des finances, l'abolition du syndicat d'amortissement, la responsabilité ministérielle; en un mot, toutes les réformes que les leçons qu'on avait reçues dans les dernières années avaient rendues nécessaires et indispensables. Les accusations les plus violentes et les récriminations les plus âpres ne firent pas défaut. Les trois quarts des membres de la seconde chambre rejetèrent le projet d'emprunt proposé par le ministère. Et ce qui donnait un poids de plus au chiffre de cette majorité, c'est qu'elle comptait les hommes qui, depuis 1830, avaient fait le plus de sacrifices pour le pays, et avaient montré le plus de dévouement au roi.

L'irritation était partout arrivée à un degré extraordinaire. Bientôt vint s'y joindre un élément nouveau de mécontentement. On apprit que le roi se proposait de contracter un mariage morganatique avec la comtesse Henriette d'Oultremont, Belge d'origine, et ancienne dame d'honneur de feu la reine des Pays-Bas. Cette nouvelle faillit soulever toutes les classes infimes du peuple, qui devait nécessairement voir avec dépit se former une union entre le vieux souverain et la comtesse, odieuse à cause de sa double qualité de Belge et de catholique. La popularité de Guillaume en fut entièrement ruinée; et peut-être n'eût-il fallu qu'une étincelle pour allumer un déplorable incendie.

A l'ombre de tous ces éléments d'opposition, les restes de l'ancien parti républicain avaient aussi relevé la tête. Bien qu'il ne formât qu'une fraction très-minime de la nation, il présentait cependant contre le trône de Guillaume une arme d'autant plus dangereuse, qu'elle savait ce qu'elle voulait; son but était une forme de gouvernement où le roi n'eût plus compté pour rien.

L'esprit qui s'était manifesté pendant les derniers jours de l'année 1839 devait amener en Hollande un nouvel ordre de choses. Le pouvoir royal, qui jusqu'alors avait agi en quelque sorte d'une manière absolue et arbitraire dans tout ce qui concernait le gouvernement, se vit enfin forcé de plier devant la volonté ferme et unanime de la représentation nationale. Ce qui avait eu lieu en Belgique arrivait maintenant en Hollande aussi. Le pouvoir royal était le vaincu, le peuple était le vainqueur. Un crédit provisoire avait été accordé, mais à condition que le gouvernement présenterait sans délai un projet de révision de la loi fondamentale. Cette condition fut exécutée à la lettre, mais cette fois encore d'une manière qui ne montrait que trop l'ancienne politique, si funeste à la considération du pouvoir, et qui consistait moins à donner franchement, qu'à se laisser arracher de force ce qu'on ne pouvait plus refuser sans danger. Dès le 30 décembre, un message du roi fut communiqué à la législature, avec cinq projets de loi relatifs à des modifications à introduire dans la constitution. Les développements qui accompagnaient ces projets firent connaître mieux encore le but et l'importance de ces réformes. « Toujours disposé, « disait le message royal, à concourir, « par des principes larges et géné- « reux, au bonheur du bon peuple « que la Providence divine a confié à « nos soins, nous avons mûrement « examiné si nous pouvions encore « proposer d'autres modifications. « Mais, en tenant compte des résul- « tats peu heureux que des essais po- « litiques de la même nature ont ob- « tenus dans d'autres pays durant ces « dernières années, et du désir du « peuple néerlandais de maintenir ses « institutions ; en considérant les per- « turbations et les autres conséquen- « ces qui pourraient résulter de ces « changements, et *la conviction qui* « *résulte de l'expérience faite dans* « *ces derniers temps, que les inté-* « *rêts généraux de la Néerlande* « *sont suffisamment assurés par la* « *loi fondamentale existante ;* nous « avons cru devoir borner nos propo- « sitions aux points qu'il est devenu « urgent de modifier, par suite des « changements survenus dans l'ordre « de choses. Cependant nous restons, « comme toujours, disposés à faire « tout ce qui est indispensable au bon- « heur de la nation, l'objet constant de « nos soins et de nos délibérations. » Ces phrases accompagnèrent les cinq projets, dont le premier, avait pour objet une nouvelle division du royaume, devenue nécessaire par suite de la paix ; le second, une modification à introduire dans l'article de la loi fondamentale qui concernait l'inauguration du roi; le troisième, la diminution du nombre des membres du conseil d'État, qu'il réduisait à douze au lieu de vingt-quatre, en proportion de la diminution du territoire; le quatrième, la réduction des membres de la première chambre à vingt au lieu de cinquante-huit, et de ceux de la seconde chambre à quarante au lieu de cent dix ; enfin, le cinquième, la suppression de l'article de la loi fondamentale, en vertu duquel les sessions des états généraux auraient lieu alternativement dans une ville des provinces méridionales, et dans une ville des provinces septentrionales.

On s'était attendu à un remaniement complet de la constitution, et à la consécration des garanties réelles et des principes essentiels qui manquaient à l'ancienne loi fondamentale; et on n'obtenait que quelques points de ferme, qui laissaient debout la grande machine des abus. Aussi, ce message fit l'impression la plus pénible sur le pays; et on fut convaincu de plus en plus que le pouvoir n'était rien moins que disposé à satisfaire au vœu de la nation.

La chambre se trouvait dans la position la plus difficile en face de ces propositions du pouvoir. Les accepter, elle ne le pouvait pas; car c'eût été déclarer implicitement qu'elles répondaient aux besoins du temps. Les rejeter, elle ne le pouvait pas davantage; car les modifications qu'elles tendaient à introduire dans la constitution étaient une conséquence immédiate de la séparation de la Hollande et de la Belgique. L'assemblée, au lieu de se proroger, comme d'habitude, au commencement du mois de mars, résolut, malgré l'opposition de son président, de commencer, dès le 13 janvier 1840, la discussion des projets présentés.

Pendant ce temps, la presse et l'opinion publique se mirent en mouvement. La législature reçut de toutes parts des pétitions qui réclamaient une réforme complète de la constitution. Aussi, le 14 janvier, les chefs de l'opposition présentèrent à l'assemblée une motion, dans laquelle ils représentaient qu'il résultait des communications faites par le gouvernement, qu'il restreignait ses propositions à des modifications secondaires à introduire dans la loi fondamentale, en laissant à la chambre l'initiative des réformes ultérieures. Ils concluaient en demandant qu'il fût nommé par l'assemblée une commission composée de dix de ses membres, qui serait chargée de la révision de la constitution. La chambre toutefois, si fort que fût en elle le désir de recourir à cette mesure, ne l'adopta point. Mais elle déclara presque à l'unanimité « que les propositions faites par le gouvernement lui paraissaient incomplètes, et qu'elle voyait à son grand regret que le pouvoir n'en avait pas d'autres à présenter. » Elle instruisit le roi que quarante-cinq membres de l'assemblée demandaient la consécration du principe de la responsabilité ministérielle; que la presque unanimité désirait que la position des colonies fût régularisée, et qu'elles cessassent d'être considérées comme une espèce de domaine de la couronne. » Quant à l'élection directe des membres de la législature, l'assemblée n'en parla point, ce principe n'ayant pas obtenu l'assentiment de la majorité. L'abolition du syndicat d'amortissement ne fut pas rappelée davantage, le gouvernement lui-même s'étant formellement engagé à supprimer cette institution.

Pressée ainsi dans ses derniers retranchements, la couronne présenta enfin le 18 mars, aux états généraux, sept nouveaux projets de loi relatifs aux modifications à faire à la loi fondamentale. Ils portaient : « que le droit électoral, dans les villes et dans les campagnes, ne serait réglé par des statuts provinciaux, mais qu'il le serait par une loi, et par conséquent avec l'intervention de la législature; que la liste civile du roi serait diminuée d'un million de florins, et réduite à un million et demi; que le budget décennal serait supprimé, et qu'à l'avenir les dépenses et les recettes de l'État seraient fixées pour deux années seulement ; que le budget de chaque département ministériel serait déterminé par une loi particulière : qu'il serait rendu tous les ans, aux états généraux, un compte exact de l'emploi des deniers publics; que les attributions et l'action de la chambre des comptes seraient élargies et définies d'une manière plus précise; que le roi ne pourrait nommer les membres de ce corps que sur une liste qui lui serait présentée par les états généraux; qu'en temps de paix, la moitié seulement de la force armée serait tenue sous les armes. » Enfin, un projet de loi décidait la suppression du syndicat. Mais le gouvernement gardait toujours le silence sur la responsabilité ministérielle. Si incomplètes que fussent ces modifications, elles tendirent cependant à un rapprochement entre la couronne et la représentation nationale. Toutefois, le roi ne les avait accordées, ou plutôt il ne se les était laissé arracher, qu'à son corps défendant. Chacune de ces concessions avait été pour lui un sacrifice de plus, et un lien de moins qui l'attachait au trône.

Fatigué de cette lutte et aspirant d'ailleurs au repos, depuis que le peuple lui avait enseigné qu'une loi fondamentale, sans garanties, n'est pas une loi fondamentale, il résolut enfin de déposer le sceptre entre les mains du prince d'Orange. L'abdication était, au surplus, la seule voie par où il pût arriver à réaliser son union avec la comtesse d'Oultremont, contre laquelle la nation tout entière s'était prononcée d'une manière si formelle. En 1840 il dépouilla son manteau de roi, et se retira avec le simple titre de comte de Nassau dans ses terres de Silésie, où il épousa l'ancienne dame d'honneur de la reine des Pays-Bas.

Le prince d'Orange lui succéda sous le titre de Guillaume II.

L'avénement du nouveau souverain ne fut pas sans être marqué par de grandes difficultés. Guillaume II eut à lutter d'abord avec l'esprit ancien et avec l'esprit nouveau, avec les vieilles tendances fanatiques d'une partie de la Hollande et avec les idées réformistes, auxquelles les abus du pouvoir de son prédécesseur avaient donné un si vif élan. Puis venaient les embarras financiers, puis enfin une popularité à regagner, que ce prince avait perdue en grande partie, tant à cause de son père, qu'à cause du rôle qu'on lui avait fait jouer à lui-même dans les événements survenus en Belgique depuis 1830. Il surmonta heureusement ces premiers obstacles; il s'appliqua à restaurer dans ses droits de citoyen la population catholique de ses provinces, dont l'esprit d'opposition avait fait jusqu'alors une race de parias mécontents; il mit son étude à rétablir, par une économie sévère, les finances obérées; il prit à tâche d'éteindre les passions et les haines que les dernières années avaient si abondamment excitées; en un mot, il entra dans une route tout opposée à celle où son prédécesseur s'était égaré, et il commença en 1841, pour la Hollande, le système que son père aurait dû commencer en 1815 pour les Pays-Bas réunis.

BEAUX-ARTS

Après l'Italie, la Belgique et la Hollande sont les pays où les beaux-arts ont brillé avec le plus d'éclat. Dans la peinture, dans la sculpture, dans l'architecture, dans la gravure et dans la musique, elles ont produit des noms qui peuvent être placés à côté des plus beaux qu'aucune autre fraction de l'Europe ait fournis. Nous nous occuperons d'abord des peintres.

PEINTURE.

Les origines de l'histoire de cet art dans les Pays-Bas sont enveloppées de grandes ténèbres. Toutefois, plusieurs passages des romans du cycle karolingien nous autorisent à croire que, dans le premier quart du XIIIe siècle, fleurissait déjà à Maestricht une école de peinture qui jouissait d'une haute réputation. Dans quel principe marchait-elle? on l'ignore; car il ne reste d'elle aucun ouvrage authentiquement reconnu, sur lequel on puisse asseoir un jugement. Aussi ce n'est que par conjecture qu'on a pu avancer qu'elle se rattachait à l'école de Cologne, dont elle était contemporaine.

Ce n'est qu'au commencement du XVe siècle que la peinture flamande prit place dans le monde. Deux artistes, nés à Maeseyck, petite ville placée sur la Meuse, entre Maestricht et Ruremonde, fondèrent alors notre première école connue, qui devint une école européenne : ce furent les frères Hubert et Jean Van Eyck. Attirés à la cour des ducs de Bourgogne, ce royaume du luxe et de l'opulence, ils s'établirent à Bruges, d'où le plus jeune des deux frères reçut le surnom de Jean de Bruges, et ou il trouva le secret de peindre à l'huile, grâce aux connaissances profondes qu'il avait en chimie. Leur réputation ne tarda pas à les faire distinguer par le duc Philippe le Bon, qui les combla de ses faveurs, nomma Jean son varlet de chambre, et l'adjoignit, en 1428, à l'ambassade qu'il envoya en Portugal, pour demander en mariage l'infante Isabelle.

Avant les frères Van Eyck, l'école de Cologne dominait dans les Pays-Bas; mais pleine de traditions byzantines, elle donnait à la figure humaine une incroyable roideur. Suivant son système de composition, elle affectait toujours, dans la disposition des scènes qu'elle représentait, une forme symétrique et architectonique. Puis, elle peignait généralement sur des fonds d'or, ou isolait au moins les figures de toute nature extérieure. Hubert Van Eyck, l'aîné des deux frères, fit faire un pas à l'art. Il tient encore en partie au principe des peintres de Cologne, mais il touche déjà au principe nouveau que Jean Van Eyck va introduire. Celui-ci opère une transformation complète dans le style, dans la composition, dans le point de vue, dans la conception. Il renonce à l'isolement des figures et à leur disposition symétrique; il quitte la forme typique et traditionnelle, pour s'attacher à la simple reproduction de la nature réelle et des physionomies individuelle; il cesse de peindre sur des fonds d'or, et ouvre à l'œil du spectateur les profondes perspectives et les horizons immenses. Tout le monde visible, le ciel et la terre, les plans les plus rapprochés et les lointains les plus reculés, les montagnes, les vallées et les plaines, les arbres avec leurs fruits, les buissons avec leurs fleurs, les gazons avec tous leurs brins d'herbe, les maisons et les édifices, la variété immense des choses qui tiennent à la vie et qui servent à la vie, tout cela est reproduit dans les ouvrages que le XVe siècle voit éclore sous le pinceau de cet artiste prodigieux. La forme humaine se présente au milieu de ces mille choses, de ces mille détails; et le tout fait un ensemble d'une signification toute particulière. Puis l'exécution de l'œuvre nous montre avec quel amour l'art entre dans ces détails infinis, et témoigne de la scrupuleuse rigueur qu'il met à reproduire la nature dans son exactitude la plus minutieuse. Ce système nouveau, que l'on pourrait appeler *cosmogonique*, présente, il est vrai, çà et là des défauts de plus d'un genre : de la dureté dans le modelé et dans l'agencement des draperies et des vêtements; une connaissance peu exacte et peu approfondie de l'anatomie. Mais tous ces défauts se résolvent dans l'unité de l'œuvre. Les détails, pris isolément, sont d'une discordance souvent frappante; mais l'ensemble est d'un accord merveilleux, avec ses couleurs splendides, avec ses riches jeux de lumière, avec sa profondeur si intime de sentiment, avec la grâce et la souplesse de ses figures féminines, et le luxe de ses draperies; de sorte que l'effet que produisent les ouvrages de Van Eyck est celui de la glorification de la vie terrestre au milieu de toutes les choses de la création.

Les tableaux de ce maître sont fort recherchés. La Belgique en possède quelques-uns dans les cathédrales de Saint-Bavon, à Gand, au musée de Bruxelles, à l'Académie de Bruges, et dans quelques autres établissements. Dès le XVe siècle, il en eut dont les rois étrangers faisaient les ornements de leur palais. Le nom de Van Eyck avait pénétré jusqu'en Italie, à cette époque des voyages difficiles. Le roi Alphonse Ier, de Naples, appelait les productions de cet artiste les perles de sa galerie. Jean Santi, père de Raphaël, cite ainsi Van Eyck dans sa chronique rimée :

A Brugia fu tra gli altri piu lodato,
Il gran Joannes........

Antonello de Messine vint même du fond de la Sicile se mettre, à Bruges, sous la discipline du grand maître flamand.

A l'école fondée par les deux frères Van Eyck, se rattachèrent Pierre Christophsen, Juste de Gand, Hugo

Van der Goes, Roger de Bruges, Liévin de Witte, Albert Van Ouwater, Thierry Stuerbout, et surtout Jean Memling. Ce dernier a laissé à l'hôpital de Saint-Jean, à Bruges, une châsse peinte tout entière de sa main, et qui peut être regardée comme une des plus admirables reliques de l'art flamand au XVe siècle.

Au commencement du siècle suivant fleurit à Bruxelles Bernard Van Orley, qui, après avoir été à Rome élève de Raphaël, fut nommé peintre de la cour de Charles-Quint et de Marguerite d'Autriche, gouvernante des Pays-Bas. Il excella dans la représentation des chasses, et se distingua par la pureté et la grâce du dessin. En même temps brillait à Anvers le fameux peintre-forgeron Quentin Metsys, auquel Thomas Morus adressa ces vers :

Quintine, o veteris novator artis,
Magno non minor artifex Apellis.

Ensuite vinrent Jean de Maubeuge, qui fut le premier à sortir de l'histoire sainte, et à aborder les sujets profanes et les nudités mythologiques; Lucas de Leyde, peintre et graveur, que Vasari met au-dessus d'Albert Durer, et que l'artiste de Nuremberg vint visiter dans les Pays-Bas en 1520; Jean Schoreel, que les peintres de son temps proclamèrent le flambeau de l'art flamand, et qui, pour donner un plus grand cachet de vérité à ses tableaux, alla en Palestine étudier les lieux mêmes où l'histoire sainte s'était déroulée.

Depuis la mort de Jean Memling, que l'on rapporte généralement à l'année 1499, la peinture flamande avait perdu son individualité et son cachet particulier. L'Italie était devenue la Mecque des artistes des Pays-Bas. Bernard Van Orley, Lambert Lombard et Michel Coxcie étaient allés s'instruire à l'école romaine, Van Kalker à celle de Venise. Jean de Maubeuge, Pierre Koeck, Josse Van Cleef, tous avaient pris la même route pour aller puiser et rapporter dans nos provinces quelqu'un des principes qui surgissaient coup sur coup dans les centres des différentes écoles italiennes. La première génération, pleine encore des souvenirs de nos vieux maîtres flamands, s'attacha à Léonard de Vinci et à Raphaël, à Raphaël surtout, dont elle réussit parfois à saisir avec un certain bonheur les motifs gracieux. Elle fit disparaître de l'art flamand ces duretés dans les détails et ces irrégularités naïves, que les traditions de Van Eyck et de Memling y avaient maintenues; les figures devinrent plus grandes, plus belles et plus exactes; les groupes, plus arrondis et plus élégants; et l'ensemble prit un caractère plus moelleux et plus agréable. Mais la fusion de deux principes différents n'a jamais pour résultat que l'affaiblissement de l'un et de l'autre; et ce fut précisément ici le cas. Le sentiment sévère, religieux et mystique, qui fut le cachet distinctif de notre école du XVe siècle, était presque entièrement perdu; et l'on ne put s'approprier d'une manière complète l'idéalisme de Raphaël, ni sa profondeur spiritualiste.

La génération suivante se prit d'un vif enthousiasme pour Michel-Ange. Elle eut pour chef François floris, et s'attacha à développer dans la forme, souvent jusqu'à l'exagération, cette puissante musculature, ce travail de la vie, cette énergie terrible, que donnait à la figure humaine le maître florentin, architecte jusque dans la peinture, car il bâtissait des hommes comme il bâtissait des églises. Elle entra en plein dans la manière de voir sculpturale de Buonarotti; elle porta le dernier coup aux traditions flamandes du siècle précédent; elle tendit à devenir de plus en plus étrangère.

Tandis qu'elle outrait ainsi la forme et la rendait de plus en plus matériellement exagérée, Martin de Vos vint l'enrichir des belles couleurs de l'école vénitienne, qu'il fut le premier à visiter avec fruit. Enfin Othon Van Veen se dirigea vers l'école de Parme, et s'attacha principalement à l'étude du Corrége. La peinture flamande courut ainsi en étourdie à chacune des écoles d'Italie, à Rome, à Florence, à Venise, à Parme ; prenant quelque chose ici, prenant quelque chose là, prenant au hasard et à pleines mains les éléments les plus opposés, les principes les plus divers ; mêlant tout cela, et produisant une espèce d'art éclectique sans unité, sans individualité, sans caractère. Sans doute si tous ces éléments avaient été recueillis avec discernement et logique, mêlés sagement, et employés chacun dans une proportion convenable ; si on avait cherché à en faire un ensemble mis en harmonie avec le sentiment flamand et avec la nature flamande, on fût arrivé aux plus glorieux résultats. Mais il fallait, pour élaborer cette tâche, un homme de génie, et cet homme de génie ne vint qu'à la fin du XVIe siècle : ce fut Rubens.

Ce maître créa notre deuxième école, celle du XVIIe siècle, qui jeta un si vif éclat, et qui devint si européenne. Elevé sous la discipline d'Othon Van Veen ou Venius, il passa plusieurs années en Italie, où il s'initia, par une étude longue et assidue, à l'intelligence de toutes les diverses écoles qui avaient fleuri depuis le Pérugin, et dont il s'appropria les qualités pour les accommoder à la nature flamande, et en faire l'art nouveau qu'il introduisit. La beauté telle qu'il la concevait n'a pas la pureté idéale qu'offre celle du chef de l'école romaine, mais elle est plus individuelle et plus réelle ; la force, telle qu'il la comprenait, n'a pas le grandiose de celle de Michel-Ange, mais elle est plus intellectuelle et plus animée : dans la forme de Rubens, l'exubérance n'a pas la mollesse que présente la forme vénitienne, mais elle est d'une nature plus saine et plus vigoureuse. La grâce, chez notre peintre, n'a pas le charme extérieur de celle du Corrége, mais elle est plus intime et plus profonde. Enfin Rubens efface tous les maîtres connus, par son extraordinaire facilité, par la variété de son génie, par l'audace et la richesse de sa composition. Il n'y a pas de genre qu'il n'ait abordé et dans lequel il n'ait montré une supériorité qui confond presque la pensée : l'histoire sacrée et l'histoire profane, la mythologie, l'allégorie, le portrait, les sujets familiers et d'imagination, les chasses et les animaux sauvages, le gibier mort et les fruits, les fleurs, le paysage, et les bestiaux. Rubens mourut en 1640, après avoir fondé une école nouvelle, et avoir produit plus de seize cents ouvrages, tableaux, dessins et gravures : génie presque universel, qui avait touché en maître à toutes les branches de l'art ; qui avait écrit sur l'architecture, et donné à cet art un style nouveau ; qui avait rédigé un traité sur les couleurs, et les observations les plus savantes sur la perspective, sur l'optique, sur l'anatomie, et sur la science des proportions du corps de l'homme ; qui avait parlé sept langues, la latine, la française, l'espagnole, l'italienne, l'allemande, l'anglaise et la flamande, et qui avait eu l'habitude de se faire lire, pendant qu'il peignait, les vers de Virgile, d'Horace et d'Ovide ; qui avait créé à Anvers cette grande école de graveurs qui y fleurirent au XVIIe siècle ; qui avait possédé l'amitié de plusieurs princes, et qu'un roi puissant n'avait pas dédaigné de charger des missions les plus délicates ; qui enfin exerça sur son siècle une influence souveraine.

Le nombre de ses disciples fut prodigieux. S'il ne put léguer à aucun d'eux son génie et son imagination, tous cependant obtinrent une partie de son héritage, une partie de sa couleur et de son faire. Dans la peinture historique, il eut pour élèves ou imitateurs Jordaens, Van Dyck, Van Thulden, Gaspard de Crayer, Abraham Diepenbeek, Corneille Schut et Érasme Quellyn. Comme peintre d'animaux et de chasses, il fut continué par F. Sneyders, par Paul et Simon de Vos, par Jean Fyt, et par les deux Weeninx dans leurs grands tableaux. Sa manière de traiter le portrait fut développée avec moins d'énergie peut-être, mais avec plus d'élégance à coup sûr, par Van Dyck, auquel se rattachèrent plus tard Corneille de Vos et d'autres, même Kneller et Lely. Par un autre de ses élèves, David Teniers, une route nouvelle fut ouverte aux peintres flamands dans le genre, celle des bambochades. Certains tableaux de Rubens, surtout ceux qui sont connus sous le nom de *Jardins d'amours*, exercèrent une grande influence sur les artistes qui traitèrent dans la suite le genre noble, tels que Ferburg, Netscher, Gonzales Coques, Eglon Van der Veer, Pierre de Hooghl, Gabriel Metzu, Gérard Dow, Mieris, et Rokes. Dans le paysage, il parvint, par son élève Wildens, à élever Jacques Van Artois et Huysmans à la conception grandiose de la nature. Enfin, un autre de ses élèves, Lucas Van Uden, fut, dans la représentation fidèle et simple des paysages de nos provinces, le précurseur d'Everdingen, de Jacques Ruysdael, d'Hobbema, et de Waterloo. De cette manière le maître agit sur toutes les branches de l'art dans les Pays-Bas.

Mais, peu d'années après qu'il se fut couché dans la tombe, commença le déclin de la glorieuse école dont il avait été le chef pendant plus d'un quart de siècle. Les traditions allèrent s'éteignant par degrés. Érasme Quellyn, qui mourut en 1715, fut, en Belgique, le dernier des Romains. Cette décadence de l'art s'explique par tous les malheurs qui vinrent coup sur coup fondre sur nos provinces. La Belgique avait été épuisée par des guerres longues et désastreuses. Elle avait été labourée pendant quatre-vingts ans par une lutte obstinée, que vint clore le traité de Munster. L'Escaut était bouché, Anvers avait perdu toute sa splendeur. Le pays, déjà miné, fut écrasé par les innombrables traités politiques qui intervinrent dans tout le cours du XVIIe et du XVIIIe siècle, depuis celui de Westphalie, en 1648, jusqu'à celui de Rastadt, en 1713. Au commencement du XVIIIe siècle, il ne restait plus rien de l'école de Rubens. L'ancienne opulence des provinces étant détruite, de quoi les arts eussent-ils pu vivre? L'esprit national étouffé, et tout sentiment d'indépendance et de patrie éteint dans les cœurs, où l'art aurait-il trouvé l'émulation qui incite aux grandes choses? Ce qu'il restait d'artistes en Belgique n'eut plus d'autres ressources que l'émigration. Van der Meulen s'attacha à Louis XIV, pour lui peindre les batailles que Boileau chantait. Philippe de Champagne alla fraterniser à Paris avec les savants de Port-Royal. Nicolas Vlenghels accepta la direction de l'Académie de France à Rome. Gérard de Lairesse obtint à Amsterdam le surnom, un peu exagéré, de Poussin Hollandais.

Au moment même où la décadence de l'art belge se précipitait ainsi, l'art arrivait en Hollande à son apogée. La peinture historique y avait jeté un certain éclat dans le cours du XVIe siècle, grâce à Jean Schorcel, à Lucas de Leyde, et à Martin Heemskerk. Elle était tombée depuis que, le protestantisme ayant envahi les provinces hollandaises, les toiles religieuses avaient été bannies des églises. L'art était entré dans une autre route : il n'exploitait plus que le paysage national, car l'amour du sol de la patrie était doublé depuis qu'on s'était affranchi de l'Espagne; que la marine, car elle était devenue la force et l'appui du nouvel État; que le genre, car dans les calmes scènes d'intérieur on aimait à se reposer des fatigues de la lutte furibonde dont on venait de sortir. Alors surgissent Hobbema, Jacques Ruysdaël, Wynants, Van Everdingen, Berghem, Pynacker, ces magnifiques paysagistes, alors naissent Gérard Dow, Terburg, Pierre de Hoogh, Jean Steen, Mieris et Metzu, si incomparables dans les scènes d'intérieur et de genre; alors arrivent Paul Potter, le premier peintre de bestiaux, Karel Dujardin, et Wouvermans, qui excellent dans les chevaux, Van de Cappellen, Backhuysen et Guillaume Van de Velde, qui n'ont point d'égaux dans la marine. Au-dessus de ces noms dominent, de toute leur hauteur, Van der Helst, si étonnant dans ses portraits, et Rembrandt, le sublime coloriste, le peintre de l'ombre, comme Rubens avait été le peintre de la couleur.

Les bonnes traditions de la couleur ne cessèrent de se maintenir en Hollande. Elles se perdirent en Belgique, dans le cours du dix-huitième siècle, l'école de Wateau et de Boucher ayant déteint sur l'art flamand, sans l'animer de l'esprit qui la vivifiait. Arriva ensuite le système du gris de perle de David, qui y régna jusqu'en 1825. Depuis quelques années cependant, un homme s'était rencontré à Anvers, que cette ville avait placé à la tête de son académie, et qui s'était repris à l'étude de nos grands maîtres du XVIIe siècle, de Rubens surtout : c'était Herreyns, dont le nom est presque inconnu aujourd'hui, parce qu'il a laissé peu d'ouvrages, mais auquel est due la renaissance de la peinture flamande. Elle se développe aujourd'hui dans la route que Rubens avait tracée ; elle est redevenue toute coloriste, et compte des noms qui, bien jeunes encore, se rattachent glorieusement aux noms de nos maîtres du XVIIe siècle.

En Hollande, où l'influence de l'école de Watteau et de celle de David fut beaucoup moins immédiate, les traditions avaient été loin de s'effacer aussi complétement que dans les provinces belges. Elles s'y maintinrent, fort affaiblies, il est vrai, mais vivantes toujours. A l'heure où nous écrivons, elle possède un certain nombre de peintres qui, dans le paysage, la marine, le genre, et le genre historique, produisent des œuvres fort distinguées.

Les musées d'Anvers, d'Amsterdam et de la Haye sont remarquables par leurs richesses.

SCULPTURE.

Cet art fut pratiqué de bonne heure dans les Pays-Bas. Toutefois, il reste peu de sculptures antérieures au XVIe siècle, le plus grand nombre de celles qui ornaient les églises de nos provinces et les palais des grandes familles belges et hollandaises ayant péri dans les luttes de cette époque, et sous le marteau des iconoclastes. Au commencement du XVIe siècle, florissait à Malines un sculpteur qui jouissait d'une grande célébrité, et qui était attaché à la cour de la princesse Marguerite d'Autriche : c'était maître Conrad. Albert Durer, qui vint le visiter en l'an 1520, le proclama le premier artiste de son temps. Aucun de ses ouvrages n'est connu. Dans le siècle précédent, Liége avait possédé son Érasme Dellepierre, son Gérard de Felem, son Jean Godèle, son Lambert Horne et les deux Lambert Zutman, dont les travaux périrent dans la dévastation de la riche cité liégeoise par Charles le Téméraire. Cet art ne fleurissait pas avec moins d'éclat dans le reste des Pays-Bas, comme le poëte Martin Franc nous l'apprend dans les vers suivants de son *Champion des dames* :

Se tu parles d'art de peintrie,
D'historiens, d'enlumineurs,
D'entailleurs par grande maistrie,
En fust-il oncques de meilleurs ?

Peu de temps après que Conrad de Malines eut inspiré un si grand enthousiasme à Albert Durer, Mons se vantait de Jacques du Bruque, architecte et sculpteur, qui acheva le jubé de Sainte-Waudru ; Tournai citait avec orgueil le nom de Lecreux et celui de Gillis, dont le premier exécuta le groupe de saint Michel qui couronne le jubé, et le second tailla la chaire de vérité de la cathédrale de cette ville ; Liége se glorifiait de son Thiry, Anvers de son Claude Floris ; la Flandre redisait les noms, aujourd'hui oubliés, des artistes qui sculptèrent la fameuse cheminée du Franc de Bruges, et celle de la salle du Conseil à Courtrai.

A peu près jusqu'à la venue de Rubens, la sculpture, dans les Pays-Bas, était restée au même point de vue que la peinture. Elle tenait, par ses racines, à l'idée et au sentiment intime de Van Eyck. Mais peu à peu d'autres branches avaient poussé sur ce tronc magnifique, greffes que tour à tour nos artistes y avaient entées, à mesure qu'ils étaient revenus d'Italie pour nous en rapporter chacun quelque principe exotique. Nous avons déjà dit, à propos de la peinture, quelle fut l'influence exercée par Michel-Ange et son école en Belgique. Beaucoup de nos sculpteurs n'empruntèrent au maître florentin que la partie la plus matérielle de l'art; ils outrèrent, jusqu'à la convulsion, le travail de la musculature dans la forme. Enfin, Rubens, qui, comme peintre, sauvait toujours, par la richesse de ses couleurs et par l'ensemble de ses compositions, ce qu'il y avait de trop peu idéal dans ses formes, vint par son autorité généraliser ce matérialisme. Dès lors, le coup le plus funeste fut porté à la sculpture en Belgique. Cependant deux hommes cherchaient encore à le retenir dans sa véritable sphère : ce furent François et Jérôme Duquesnoy. Le premier, qui partit pour l'Italie avec le Poussin, et lui apprit à modeler des figures pour l'aider à gagner sa vie, alla mourir à Livourne. Au milieu du dévergondage auquel se livrait la sculpture dans les Pays-Bas, il sut rester poétique et élégant. La grâce et la perfection du modelé forment le caractère principal de ses productions. Rien de plus charmant que ses jeux d'enfants et ses bacchanales : ces petits chefs-d'œuvre seront toujours des chefs-d'œuvre. Ses bas-reliefs, si admirables, seront toujours admirés. Il fut pour la sculpture ce que l'Albane fut pour la peinture. Mais ce ne fut pas seulement dans le genre gracieux que François Duquesnoy excella. Sa *Sainte Susanne*, placée à Lorette; son *Saint André*, placé dans la basilique de Saint-Pierre à Rome; enfin, le grand nombre de Christs qu'il a taillés en ivoire, prouvent qu'il ne réussissait pas moins dans le style noble et sévère.

Son frère Jérôme, qui termina si ignominieusement sa vie à Gand, où il fut condamné à être brûlé vif, possédait une grâce et une finesse incroyables de ciseau. Personne n'a représenté les anges et les chérubins avec autant de délicatesse que lui. On l'a surnommé à juste titre le Praxitèle de la Belgique. Le monument qu'il fut chargé d'ériger à la mémoire de l'évêque Triest, dans la cathédrale de Gand, est incontestablement un des plus beaux ouvrages que la sculpture moderne ait produits.

A côté de ces grands artistes se place Jean Warin, de Liége, qui fut graveur de médailles de Louis XIII et de Louis XIV, et dont il reste deux magnifiques bustes, l'un du dernier de ces rois, l'autre de Richelieu.

Ces trois hommes maintinrent pendant quelque temps la sculpture dans le vrai, le poétique et le grand. Mais ils luttèrent vainement contre l'invasion toujours croissante du matérialisme, si fatal à tous les arts, et plus fatal à celui-là qu'à tous les autres. Gilles d'Ardennes, Pierre de Fraisne, Henri Flemalle, Jean Delcour du pays de Liége, Arthur Quellyn d'Anvers, et plusieurs autres, hâtèrent cette décadence du vrai style. Vainement Verbruggen, Delvaux, Van Poucke et Godecharles essayèrent-ils de le relever. Chacun de ces artistes possédait, il est vrai, des qualités précieuses, mais des qualités isolées. L'un avait la grâce, l'autre avait la force; l'un avait la pensée, l'autre avait la pratique. Aucun ne possédait réunies les qualités dont l'ensemble est indispensable à celui qui veut donner la vie et l'âme au marbre ou au bronze.

Arriva enfin un sculpteur digne de ce nom. Ce fut Rutxhiel, pâtre, qui naquit aux environs de Stavelot et passa sa vie à Paris, où il laissa plusieurs ouvrages qui sont aussi remarquables par le style que par l'exécution, et qui dénotent une étude savante de la plastique ancienne.

A ce nom il faut ajouter celui de Kessels de Maestricht, qui mourut en 1839 à Rome, où il exécuta un grand nombre de travaux, et dont le gouvernement belge a acheté tous les modèles, pour en orner le musée national.

GRAVURE.

Dès le seizième siècle, les Pays-Bas produisirent d'excellents graveurs. Outre Lucas de Leyde, dont nous avons déjà eu l'occasion de parler, nous rencontrons les noms de Jérôme Cock, de Théodore de Bry, de Lambert Suavius, de Nicolas de Bruyn, de Marc Gheeraerds, de Dominique Custos, de Jacques de Gheyn, et des deux frères Jean et Raphaël Sadeler.

Dans le siècle suivant, Rubens, entouré de sa cour d'artistes, ne se contenta pas de produire lui-même des eaux-fortes remarquables; il forma aussi une école de graveurs, dont les noms sont inséparables du sien. Pontius, Vosterman et Bolswert s'appliquèrent à reproduire ses tableaux, sous sa propre direction. Pontius, avec une taille élégante et facile, savait donner un charme particulier à l'exécution, sans lui rien ôter de son énergie. Vosterman savait forcer le burin à imiter à propos la liberté de l'eau-forte. Le plus étonnant des trois fut Bolswert, si admiré pour la hardiesse et la puissance de ses tailles. A ces maîtres il faut rattacher Witdoeck, les deux Pierre de Jode, Corneille Marinus, Van Balen, Jacques Neefs, Pierre Van Schuppen, Nicolas Pitau, et Corneille Vermeulen. Van Dyck a laissé plusieurs eaux-fortes que les connaisseurs recherchent avec avidité. Celles de Rembrandt sont trop connues, pour que nous en fassions ressortir l'étonnant mérite.

Contemporain des derniers élèves de Rubens, l'Anversois Edelinck mérita, à la cour de Louis XIV, où le grand Colbert avait su l'attirer, le surnom de Prince des graveurs.

Une grande partie des progrès que cet art a faits depuis son origine est due à des artistes appartenant aux Pays-Bas. Corneille Bloemaert introduisit dans la gravure cette partie du clair-obscur qui consiste à conduire, par une dégradation suivie, la lumière la plus piquante à l'ombre la plus forte. Soutman introduisit un autre perfectionnement, qui consistait dans une sage combinaison de l'eau-forte et du burin: et il forma Van Sompel, graveur moelleux et fin; Jonas Suyderhoef, auquel on doit la grande planche de la *Paix de Munster*, d'après Terburg; et enfin Corneille Visscher, qui, sans Edelinck, occuperait la première place. C'est à un Liégois, Gilles de Marteau, qui vécut longtemps à Paris, qu'est due l'invention de la manière de graver dans le goût du crayon. Le dernier artiste belge qui ait pratiqué le burin avec quelque succès fut Cardon, auquel on doit les belles planches de *Tippo-Saïb*, du *Combat de Maïda*, et de la *Femme adultère*, de Rembrandt.

ARCHITECTURE.

Le nombre de monuments anciens que l'on trouve semés en profusion dans les Pays-Bas prouve combien l'art de l'architecture y était cultivé. Tous se distinguent par la richesse du style, malgré les mutilations nombreuses qu'ont dû leur faire subir les guerres dont ces provinces furent labourées à toutes les périodes de leur histoire. Beaucoup de nos édifices présentent des parties appartenant à la période du style roman. Celui qui offre le plus d'intérêt historique est incontestablement la cathédrale de Tournai. Comme échantillons remarquables et précieux du style gothique, il faut distinguer la flèche de Notre-Dame d'Anvers, l'église de Saint-Martin d'Ypres, la maison communale de la même ville, les hôtels de ville de Bruxelles, de Bruges, de Louvain, de Courtrai, d'Audenarde, de Middelbourg en Zéelande; une partie de celui de Gand, la cathédrale d'Utrecht, la grande église de Haarlem, celle de Bois-le-Duc, et un grand nombre d'autres. C'est le Belge Gérard de Saint-Trond, qui passe pour avoir dressé les plans de la célèbre cathédrale de Cologne.

L'architecture moderne a aussi produit un certain nombre d'édifices remarquables en Belgique et en Hollande. Nous nous bornerons à citer le palais de la Nation à Bruxelles, le palais de l'Université et le Casino à Gand.

MUSIQUE.

La culture de la musique n'a pas été moins en honneur dans les Pays-Bas depuis les temps les plus reculés. Dès le XIII° siècle les musiciens furent recherchés à la cour de Gui de Dampierre, comte de Flandre, et de Henri III, duc de Brabant. Parmi ceux qui y figuraient se distinguait le poète Adenez, qui suivit à la cour de Philippe le Hardi la princesse Marie de Brabant, devenue l'épouse de ce roi. En 1380 brillait, au nombre des chanteurs pontificaux, Guillaume Dufay, de Chimay, qui se rendit célèbre, et peut être considéré comme un chef d'école, car on lui attribue le perfectionnement de quelques parties de la notation musicale. Selon l'Allemand Kiesewetter, au XIV° siècle l'art de la musique était beaucoup plus avancé dans les Pays-Bas, sous le rapport de l'harmonie, qu'on ne le trouve dans les ouvrages des musiciens florentins de cette époque. Dans le siècle suivant, arrivèrent ces maîtres célèbres que Rabelais cite avec tant d'éloges : Josquin Des Prés, Ockeghem, Jean le Teinturier, Simon Van der Eycken. Au commencement du XVI° siècle, Guicciardini disait, en parlant des musiciens des Pays-Bas : « *Questi sono e veri maestri della musica, e quelli che l'hanno restaurata e ridotta a perfettione*; ils sont les véritables maîtres de la musique, et ceux qui l'ont restaurée et conduite à sa perfection. » Cet éloge s'explique pour ceux qui savent qu'Ockeghem fonda en France une école de musique, d'où sortirent les meilleurs musiciens français; que Jean le Teinturier rendit le même service dans le royaume de Naples; que Josquin des Prés jeta les fondements de la belle école romaine; qu'Adrien Willaert, de Bruges, créa l'école vénitienne; et que Cyprien Rore, de Malines, inaugura l'art musical à Parme, et mérita, comme Willaert, le surnom de *Divino*. En 1520, naquit à Mons en Hainaut le célèbre Roland de Lattre, plus connu sous le nom d'Orlandus Lassus ou d'Orlando di Lasso. D'abord maître de chapelle à l'Église de Saint-Jean de Latran à Rome, il s'attacha ensuite à Albert, dit le Généreux, duc de Bavière, dont il dirigea la musique, l'une des meilleures de l'époque. L'empereur Maximilien II lui conféra des lettres de noblesse, le pape Grégoire XIII lui donna l'Éperon d'or, et le roi de France Charles IX le combla de présents. Il laissa quinze cent soixante-douze morceaux de musique religieuse et sept cent soixante-cinq compositions profanes. C'est lui qui introduisit dans la musique les premiers passages chromatiques, et qui parvint, par ce moyen, à améliorer grandement la monotonie de la modulation. Le savant auteur de la *Biographie universelle des musiciens* n'hésite pas à faire de Roland de Lattre le chef de l'école allemande, comme Palestrina est le chef de l'école italienne.

Ces traditions ne se sont point perdues, bien que, depuis le XVI° siècle jusqu'au XVIII°, les Pays-Bas n'aient produit aucun grand compositeur. En 1741 Ernest-Modeste Grétry naquit à Liége, et cette longue stérilité fut oubliée.

Aujourd'hui les musiciens exécutants belges sont cités parmi les meilleurs qu'il y ait en Europe.

SCIENCES ET BELLES-LETTRES.

Les Pays-Bas ont possédé de bonne heure des écoles célèbres : celles de leurs monastères occupent une place importante dans l'*Histoire littéraire de la France*. La fameuse abbaye de Saint-Bertin fournit à l'Angleterre le moine Grimbald, qui fonda en 886 l'université d'Oxford. Au XI° siècle Godefroid de Bouillon rédigea le *livre des Assises et des bons usages du royaume de Jérusalem*. Au XIII° Henri Goethals surnommé de Gand, fut honoré par la Sorbonne du titre de *Docteur solennel par excellence*, et passa pour un des hommes les plus savants de son époque. En même temps le fameux *Roman du Renard* sortait de la Flandre pour se revêtir de toutes les formes et entrer dans toutes les langues, tandis que nos poëtes français, tels qu'Adenez et Jean le Nevelois, lançaient dans le monde leurs épopées chevaleresques, et que Philippe Mouskes préludait à sa Chronique rimée, et Van Heelu à sa Chronique de la bataille de Woeringen; que les poëtes Maerlant et Melis Stoke allaient venir, et que Sigebert de Gembloux et Albéric de Trois-Fontaines allaient naître. Le duc de Brabant Jean IV fonda en 1426 la célèbre université de Louvain, où brillèrent un grand nombre de savants, parmi lesquels il faut citer Juste Lipse et le pape Adrien VI. Celle de Leyde fut établie en 1575 par le prince d'Orange Guillaume, surnommé le Taciturne, et ce fut une nouvelle pépinière de grands hommes et de noms illustres. L'idée qui produisit l'*Art de vérifier les dates*, et la première *Collection des grands voyages aux Indes orientales et occidentales*, est due à des Belges. Le premier de ces ouvrages fut conçu par le bénédictin Dom Maur François d'Antine; le second, par Théodore de Bry. Une des plus vastes publications qui aient été faites, la célèbre collection des *Acta sanctorum*, est l'ouvrage des jésuites des Pays-Bas.

Si Juste Lipse et Jansénius sont Belges, la Hollande cite ses Scaliger, ses Érasme, ses Grotius, ses Heinsius.

Le Brabançon Guillaume de Ruysbroek, plus connu sous le nom de Rubriquis, répandit en 1230 de grandes lumières sur la géographie, dans la relation de ses voyages, adressée au roi de France Louis IX. Ce fut un navigateur flamand, Leroy, qui découvrit l'île de Madagascar; le père Hennepin, d'Ath, signala, en 1680, le Mississipi et une partie du Canada. Au XVIe siècle, la Belgique produisit Mercator, que Malte-Brun proclame le père de la géographie moderne.

Ce champ ne fut pas le seul où les savants des Pays-Bas se distinguèrent. La Belgique enfanta André Vésale, le fondateur de l'anatomie; la Hollande, ses Boerhaave et ses Ruysch, auxquels les sciences médicales doivent tant. Le Malinois Dodonée, qui florissait au XVIe siècle, fut proclamé en Italie la lumière de la botanique. La ville de Haarlem attribue à Laurent Coster l'invention de l'imprimerie, et conserve, dans une cassette d'argent, le *Speculum humanæ salvationis*, imprimé, dit-on, par lui, en 1440. Le mathématicien et astronome Nicolas de Cusa, né dans le Luxembourg en 1401, développa le premier le système dont Copernic et Galilée eurent l'honneur. Un autre savant, Grégoire de Saint-Vincent, né à Bruges en 1584, émit presque toutes les grandes vérités qui ont rendu immortel le nom de Newton. Le Flamand Ferdinand Verbiest fut appelé en 1669 à la cour de l'empereur de la Chine, qui lui donna la présidence du tribunal des mathématiques, et lui conféra des lettres de noblesse et le titre de grand mandarin. Le Brugeois Simon Stévin inventa, au XVIIe siècle, le calcul décimal, et imprima aux sciences mathématiques le plus vigoureux essor. Les bombes furent inventées à Venlo en 1588; le télescope à Middelbourg, en 1590.

Le célèbre Hooft se présente à la tête des historiens hollandais, et mérite une place parmi les plus grands que l'Europe moderne ait produits. A la suite de ce nom éminent se rangent Wagenaar, Styl et Van der Palm, qui n'ont pas manié avec moins d'énergie le burin de l'histoire. La Hollande a produit un nombre considérable de philologues remarquables: les Gronovius, les Burmann, les Hemsterhuys, les Walckenaer, les Wessling, dont l'illustre Van Heusden a si bien soutenu, dans ces dernières années, l'antique réputation. Ses poètes occupent aussi un rang distingué, depuis Vondel, dont le *Lucifier* fournit le type de Satan au *Paradis perdu* de Milton, jusqu'à Tollens, en comprenant Onno Zwier Van-Haren, Bellamy, Feyth, Helmers et Bilderdyk.

La poésie a toujours été grandement cultivée dans les Pays-Bas. Depuis le XIIIe siècle, les villes flamandes possédèrent des confréries poétiques, appelées *chambres de rhétorique*. Ce fut la princesse Sibylle d'Anjou, épouse de Thierry d'Alsace, comte de Flandre, qui introduisit dans les Pays-Bas ces institutions méridionales, connues sous les noms divers de puys, de cours d'amour, de puys verts, de jeux sous l'ormel. Dès la première moitié du siècle suivant, Valenciennes en Hainaut eut son puy, où les poëtes venaient se disputer le prix de la poésie ; et Tournai sa réunion d'*Ouvriers de Rhétorique*, au nombre de douze, en souvenir des douze apôtres, comme leur règlement s'exprime. La ville de Diest passe pour avoir possédé la première chambre flamande : elle datait de l'an 1302 et s'appelait *Christus Oogen* (les yeux du Christ.) Ces confréries se multiplièrent à l'infini dans presque toutes les villes, et jusque dans les villages belges. Elles n'étaient généralement composées, dans le principe, que de gens d'Église, et ce ne fut guère qu'au milieu du XVe siècle qu'elles s'ouvrirent aux hommes de tous les rangs et de toutes les conditions. Les membres étaient appelés camóristes, et divisés en deux catégories : en chefs et en frères caméristes ordinaires. Aux premiers appartenaient toutes les dignités de la confrérie : c'étaient l'empereur, le grand doyen, le capitaine, le prince, le facteur, le trouvère. Outre ces dignitaires, il y avait un fiscal chargé de maintenir le bon ordre, un porte-drapeau qui tenait l'enseigne blasonnée de la compagnie, et un bouffon qui avait mission d'égayer le peuple dans les solennités publiques. Il y avait deux espèces de sociétés, des sociétés libres, et des sociétés non libres. Les premières étaient celles que l'autorité avait reconnues ; les autres, celles qui n'avaient pas obtenu la sanction gouvernementale. Celles-là étaient régies par des lois communes à toutes, et chacune d'elles avait le droit de se présenter aux concours ouverts par les autres.

Le but de ces institutions était de cultiver la poésie, et surtout de s'exercer dans la représentation théâtrale. Les compositions dramatiques qu'elles représentaient pouvaient se diviser en trois genres, savoir : les *esbattements* ou comédies, les moralités, et les facéties ou *soties*. Ces représentations avaient ordinairement lieu sur les places publiques, et à des époques déterminées. Mais c'était principalement dans les fêtes populaires, et aux autres grandes solennités, que les rhétoriciens étalaient leur luxe et leur talent. A des jours marqués d'avance, ils ouvraient chaque année des fêtes poétiques, auxquelles les chambres du pays étaient invitées par une carte, laquelle indiquait les sujets mis au concours, et les prix destinés aux vainqueurs. Outre ces prix, il y en avait pour la société qui faisait son entrée avec le plus de magnificence, pour celle qui venait de la ville la plus éloignée, pour celle qui faisait la plus belle illumination ou le plus beau feu de joie, enfin, pour celle qui représentait la meilleure farce ou le meilleur mystère. Au jour désigné, la fête commençait. Les rhétoriciens mettaient leurs vêtements de velours et de soie bordés de galons d'argent, et leurs toques ornées de plumes et de galons d'or : c'était, s'il faut en croire l'historien Van Meteren, un spectacle à comparer aux fêtes olympiques de la Grèce. Voyez, par un beau soleil d'été, la ville où ils sont attendus ouvrant ses portes toutes larges à la Poésie qui entre, assise à cheval ou traînée sur des chars antiques ; la ville s'émerveillant à cette riche bigarrure de figures et de costumes, et tendant toutes ses oreilles aux accords des musiques dont les sons retentissent de toutes parts ; la ville s'épanouissant de rire aux soties qu'on lui récite, ou pleurant aux lamentables mystères qu'on lui déclame ; la ville pleine de bruit et de joie : puis les églises qui carillonnent, et les cloches qui sonnent à pleines volées, et les canons qui tonnent, et toute une population qui applaudit et bat des mains : puis, quand la nuit est venue, les places publiques qu'on prendrait pour des fournaises ardentes, les fusées qui jettent dans l'air des gerbes de feu de mille couleurs, les vastes tonneaux de poix qui brûlent; et tout cela, le jour comme la nuit, accompagné des acclamations de la multitude, et des orchestres qui chantent, mais dont la voix se perd dans la voix de cet autre immense et formidable orchestre, la foule.

Ces sociétés, propagées d'abord par le clergé, dans la vue de répandre la connaissance de l'Évangile et d'exalter le sentiment religieux par le moyen des représentations théâtrales, se détournèrent bientôt de leur but, lorsqu'elles se furent ouvertes à tout le monde. Elles ne tardèrent pas à être uniquement composées de laïques, et à se mettre dès lors au service de toutes les idées qui depuis le commencement du XVe siècle engagèrent la lutte avec l'ordre politique et l'ordre religieux. Les factions des Hoekschen et des Kabeljaauwschen, qui désolèrent pendant si longtemps la Hollande, se servirent tour à tour des rhétoriciens pour se combattre. Vers le milieu du siècle, les chambres de rhétorique parurent si dangereuses au duc de Bourgogne Philippe le Bon, membre lui-même d'une des associations bruxelloises, qu'effrayé de leur esprit d'opposition, ce prince leur défendit, en 1445, de déclamer ou de réciter des poésies factieuses. Charles le Téméraire leur accorda sa protection, et leur permit de chanter à leur aise comme devant, pourvu qu'il pût batailler à sa fantaisie, et dépenser, dans ses folles guerres, les deniers de nos provinces. Son petit-fils, Philippe le Beau, sous le prétexte de promouvoir l'art de rhétorique, convoqua, à Malines, en 1492, des députés de toutes les chambres de ses villes et pays flamands, et donna une organisation à ces confréries, à la tête desquelles il plaça son chapelain maître Pierre Altuers, avec le titre de prince souverain de Rhétorique. Il crut ainsi parvenir à en diriger l'esprit, à en dominer les tendances. Mais la presse était née, et les idées de la réforme frappaient à nos portes. Les nouvelles doctrines pénétrèrent dans les chambres des rhétoriciens, et y trouvèrent le plus puissant écho. En 1539, la Société des fontainistes, de Gand, mit au concours une question de morale qui fut résolue dans le sens des nouveaux principes. L'audace des rhétoriciens allait croissant de jour en jour. Le soupçonneux Philippe II fulmina contre eux un édit sévère en 1559. Le duc d'Albe les acheva par la censure, après les avoir frappés par la main du bourreau dans un de leurs chefs Van Straelen, bourgmestre d'Anvers, qui fut décapité à Vilvorde en 1568. Ils étaient dignes, en effet, de cette persécution; car ils avaient abordé avec une incroyable audace toutes les questions sociales et philosophiques, qui s'étaient posées dans le grand conflit de nos guerres religieuses de ce siècle. Ils avaient traduit les Psaumes à l'usage des protestants belges, et flétri dans leurs chants les tortionnaires étrangers qui saignaient la patrie à toutes ses veines les plus chères; ils avaient attaqué les Espagnols avec la parole, comme d'autres les attaquaient avec l'épée, et leur langue valait une épée. On sait quelle fut l'issue de cette longue et mémorable lutte pour les provinces des Pays-Bas. Celles du nord en sortirent triomphantes avec la liberté; celles du midi, vaincues et plus esclaves que jamais. Nos chambres de rhétorique y reçurent le coup de mort aussi; et toutes ces belles fêtes poétiques désertèrent les bords de la Lys et l'Escaut, pour aller s'établir sur ceux de la Meuse et de l'Amstel, où elles ont cessé depuis longtemps de se faire entendre.

Nous nous trompons en disant que les rhétoriciens belges disparurent dans le XVIe siècle : une grande partie avaient émigré en Hollande. D'autres étaient restés en Belgique; mais, réduits au silence, ils continuaient en secret à cultiver les Muses. Aujourd'hui, c'est dans ces associations que s'est réfugiée, en quelque sorte, toute la littérature flamande. Elles n'étalent plus le luxe et la magnificence que leurs devancières déployaient si largement dans leurs solennités. Au lieu d'être organisées comme l'étaient celles d'autrefois, elles ne sont plus que de simples sociétés littéraires, qui, à certaines époques, ouvrent des concours où l'on présente des odes ou des poëmes écrits sur des sujets proposés, où l'on déclame des monologues tragiques ou comiques, et même où l'on improvise quelquefois. Ces fêtes ne sont pas sans offrir un cachet fort caractéristique, et donnent aux habitudes flamandes une physionomie que l'étranger serait loin de leur supposer.

COMMERCE ET INDUSTRIE.

Déjà, sous la domination romaine, l'industrie et le commerce des Pays-Bas étaient d'une haute importance. Selon les documents de l'antiquité, les Belges d'alors avaient des charrons habiles, des armuriers, des dessinateurs, des peintres; ils savaient extraire les métaux de la terre, notamment le fer et le plomb; ils y donnaient toutes les formes. Leurs ouvriers travaillaient également la laine et le lin, et les teignaient en plusieurs couleurs; si bien que leurs tissus et leurs feutres étaient devenus un objet d'exportation jusque dans la capitale de l'empire, tandis que les Frisons et les Hollandais enseignaient aux Romains la fabrication du savon. En un mot, César, en parlant des habitants des Pays-Bas, s'exprime d'une manière bien précise au sujet de leur génie industriel; il les appelle *genus summæ solertiæ*.

Ces peuples ne déchurent pas tellement du degré de civilisation qu'ils avaient atteint, même après les invasions des peuplades du Nord, qui commencèrent au IVe siècle, que les arts industriels s'y perdissent entièrement; car dans le tombeau de Childéric, à Tournai, monument qui date du Ve siècle, se sont retrouvées les preuves matérielles que le luxe des armes, que l'art de convertir l'or en joyaux de toute espèce, que l'art, plus difficile encore, de la gravure sur pierres précieuses, s'étaient conservés, sinon dans toutes les Gaules, au moins dans quelques villes de la Belgique. Cependant les arts, après avoir résisté aux premières apparitions des barbares du Nord, ne tardèrent pas à marcher vers une décadence déplorable. La chute des rois de la première race fut en même temps l'agonie de la civilisation et la mort du travail. Charlemagne fut le restaurateur du pouvoir royal; il releva aussi l'industrie. Il s'occupa beaucoup d'agriculture; il rouvrit des rapports avec le Levant, et peupla la Flandre avec des Saxons: ses conquêtes tournèrent au profit du commerce et de l'industrie; il s'attacha à affermir par de bonnes lois ce qu'il avait commencé par la victoire. Les commencements du IXe siècle furent ainsi une époque de développement commercial et industriel pour les Pays-Bas. Mais bientôt les irruptions des Normands vinrent détruire à leur tour l'œuvre du grand empereur. La bataille de Louvain, où ces barbares furent complétement défaits en 892, ayant mis un terme à leurs dévastations, l'essor que la culture des terres et les manufactures cherchaient depuis longtemps à prendre ne fut plus combattu. C'est en Flandre, et avec le Xe siècle, que cette ère nouvelle se rouvrit d'abord, et c'est à l'action vigilante et civilisatrice des Baudouins qu'on la doit. Pendant ce siècle, tandis que l'Europe occidentale restait sans mouvement et sans pensée, soupçonnant à peine qu'il pût y avoir rien de mieux en politique et en morale que la guerre et la loi du plus fort, les Belges entrevirent pour la société un état meilleur, fondé sur le travail. L'institution des foires, dont l'origine remonte au VIIe siècle, s'étendit; et le commerce gagna en sécurité. Baudouin, troisième du nom, en créa dans plusieurs villes de ses États; il fit des lois pour réprimer la violence des grands seigneurs, qui rançonnaient les marchands; il rendit la sûreté aux routes, administra lui-même la justice, et imprima la terreur par quelques exemples. Ce prince est regardé avec raison comme le fondateur du commerce dans la Flandre. Les autres provinces des Pays-Bas furent entraînées par cet exemple. La navigation y avait déjà reçu un développement tel, qu'à l'époque des croisades, tandis que les empereurs d'Allemagne et les rois de France faisaient le voyage d'outre-mer par terre, ou sur des vaisseaux génois ou vénitiens, les Flamands et les Frisons partirent sur leurs propres navires, longeant la France et l'Espagne, et entrant dans la Méditerranée par le détroit de Gibraltar.

Les croisades procurèrent aux Pays-Bas, trop souvent déchirés par la discorde, le repos intérieur : le repos permit aux esprits de diriger toute leur activité vers le commerce. L'activité créa la richesse ; la richesse soutint la population et les forces industrielles du pays. Le démembrement des grands fiefs commença avec les croisades, et le nombre des propriétaires s'accrut. Les communes, les corporations des marchands se constituèrent ; elles obtinrent des priviléges, qui étaient alors les meilleures garanties pour le travail, et ces priviléges leur inspirèrent un redoublement de confiance et de vigueur. Alors se déployèrent tout à fait les notions déjà répandues dans les arts utiles et dans l'art de la navigation. Le moment était favorable pour offrir à l'Europe du blé, du lin, de la laine, des draps, de la toile, et mille autres objets de première nécessité dont elle manquait. La Belgique le saisit ; elle vendit à tout le monde connu. Ses émigrés abordant sur toutes les plages, semblaient lui préparer les voies. Désormais chaque pas que fait cette nation est marqué par un progrès nouveau, par un accroissement de richesse. S'agit-il de dérober aux Orientaux leurs arts chimiques ou mécaniques, c'est aux Belges que l'honneur en revient. Ils reçoivent des Arabes et mettent en pratique l'art de filer et de tisser le coton ; les premiers, ils construisent des moulins à vent, et s'adonnent à la fabrication des tapis.

En 1164 une confédération commerciale se forma à Brême, sous le nom de Ligue hanséatique ; Bruges et Anvers se hâtent d'y entrer, comme membres d'abord, mais bientôt pour la diriger : Bruges est un des quatre comptoirs généraux de l'association ; et la ligue devient pour cette ville, comme plus tard pour Anvers, un instrument de grandeur nouvelle, un marche-pied à l'aide duquel ces deux places se rendent l'entrepôt le plus universel du commerce entre le nord et le midi de l'Europe.

Au commencement du XIIIe siècle, le comte de Flandre, Baudouin IX, parti pour la croisade, se détourne de sa route, s'empare de Constantinople, et se place sur le trône de l'empire d'Orient. Cette conquête sert aux Belges à consolider leurs affaires commerciales dans les mers du Levant. Alors il n'y eut aucune côte d'Europe, aucun port de l'Asie occidentale, qui ne fussent visités par les navires belges, qui ne fussent ouverts à l'exportation des produits de la Flandre. Le XIIIe siècle jette sur la Belgique un immense éclat. Ce pays traite avec tous ses voisins de puissance à puissance ; une seule de ses provinces tient parfois un royaume en échec. En 1270, les marchands de Bruxelles se font accorder par la ville de Cologne la libre fréquentation des marchés et des foires, avec toute protection en cas d'insulte ; avantages dont ils jouissaient déjà en France. En 1274, Édouard d'Angleterre avait défendu l'exportation des laines : elles étaient indispensables aux draperies de Flandre et de Brabant. Les armateurs de la Zéelande courent sur les navires des marchands de Londres, et en 1296 Édouard déclare que ceux de Flandre peuvent acheter dans ses domaines les laines aussi franchement et aux mêmes conditions que les Anglais eux-mêmes. L'année précédente ils avaient obtenu la pêche libre du hareng sur les côtes d'Angleterre.

Si l'on recherche par quels moyens ce grand mouvement industriel et commercial s'éleva si haut, l'on remarque que la politique commencée dès le Xe siècle par les Baudouins, fut continuée avec persévérance par leurs successeurs. Dans les Flandres, dans le Hainaut, dans le Brabant, de nombreux édits sont portés pour favoriser les entreprises des commerçants; les corps de métiers sont honorés et facilités par des priviléges; les communications sont bien entretenues, et l'on s'attache de bonne heure à les multiplier; on pourvoit surtout à leur sûreté. Les marchands, individuellement, jouissent d'une considération proportionnée à leur utilité. Les distinctions leur sont prodiguées; ils peuvent prétendre à tous les emplois. De plus, les marchands étrangers trouvent bon accueil sur le sol belge. Les Juifs eux-mêmes, alors qu'ils étaient presque partout rançonnés par les princes, sont, en 1321, accueillis dans le Hainaut.

Les provinces belges, parvenues à ce degré de richesse, étaient destinées à monter encore. Toutefois, au XIVe siècle, le progrès fut déjà plus d'une fois interrompu par des signes avant-coureurs de décadence, qu'au milieu d'une civilisation hâtive et confuse l'enivrement ne permit pas d'apercevoir. L'amour du travail était dans le cœur de tous les citoyens. Ici des bourses de commerce, là des halles aux draps, ailleurs des canaux et des digues, se construisaient, empreints d'un caractère monumental, qui dénote la puissance de l'époque. Mais les mœurs, qui naguère s'épuraient, s'obscurcirent; une jalousie fatale divisa entre elles les différentes parties du même État, les villes de la même province, les corporations de la même ville; les passions, excitées précisément par les intérêts commerciaux, devinrent tumultueuses, quelquefois féroces. L'ignorance de la multitude fut exploitée par d'audacieux génies, qui n'avaient en vue que l'intérêt de leur ambition. Et cependant, au milieu de ces tristes écarts, la prospérité de quelques villes put souffrir; celle du pays se maintint encore. Partout l'industrie avait jeté des racines si profondes, cette plante portait en elle une vertu si vivace, que lorsqu'une ville par ses excès en détruisait une branche, elle reparaissait un peu plus loin, avec des fruits plus abondants. Beaucoup d'années durent s'écouler, les mêmes fautes durent être souvent répétées, pour que la puissance commerciale des Belges, s'écroulant de toutes parts avec leur puissance politique, allât enrichir de ses débris plusieurs nations voisines. Les villes pour lesquelles au XIVe siècle le déclin commence sont Louvain, Ypres, Gand, et Bruges. D'après un dénombrement dont les documents existent encore, Ypres comptait, en 1246, deux cents mille âmes. En 1383, les Gantois l'assiégèrent, aidés par les Anglais, qui fabriquaient les mêmes étoffes de laine que ceux d'Ypres; les artisans s'éloignèrent, et la population se trouva réduite à quatre-vingt-un mille habitants. Bruges, qui comptait dans son enceinte et dans sa banlieue vingt-quatre mille édifices, non compris les habitations des ouvriers, trouva l'origine de sa ruine dans sa lutte contre les Gantois en 1382, et déchut complétement un siècle plus tard, dans sa lutte contre Maximilien. Louvain, qui en 1360 occupait dans ses draperies cent vingt mille ouvriers, se trouva réduite, un siècle plus tard, à une population de trente mille âmes. Enfin la ville de Gand, qui, sous le règne de Marguerite de Constantinople, avait une enceinte de quatre lieues de tour, et qui, selon Froissard, ne contenait pas moins de quatre-vingt mille hommes capables de porter les armes, vit crouler toute sa puissance au milieu des luttes intestines dont elle fut le théâtre pendant le XIVe siècle. La sévérité de Charles-Quint vint enfin achever la ruine de cette grande cité.

Dès ce moment, Anvers commença l'ère de sa splendeur. Au XVIe siècle, ce port commerçait avec l'Afrique, le Portugal, l'Espagne, l'Irlande, l'Écosse, l'Angleterre, la France, le Danemark, l'Allemagne, toutes les villes d'Italie, Naples, et la Sicile. Mais ce n'était pas seulement au commerce maritime qu'il se livrait; il s'adonna aussi aux arts manufacturiers. Il eut des tisserands en laine et en lin, des armuriers. La fabrique des étoffes de soie, celle des tapis, s'y naturalisèrent. Ce déplacement du grand centre de la navigation belge ne tua cependant pas la prospérité flamande; car on reconnaît généralement que le règne de Charles-Quint fut, dans son ensemble, une époque de splendeur pour les provinces des Pays-Bas.

Après la mort de ce prince, éclatèrent ces terribles guerres de religion qui ensanglantèrent nos provinces pendant quatre-vingts ans. Toute l'industrie, tout le commerce belge y périrent; et la Hollande s'enrichit des dépouilles de la Belgique. Elle développa sa navigation d'une manière inouïe, et s'empara du commerce du nord de l'Europe. L'Escaut fermé, Amsterdam devint l'entrepôt du monde septentrional, et prit le rôle qu'Anvers avait joué jusqu'alors. La puissance maritime des Provinces-Unies fit bientôt de cette république l'État le plus redouté du continent, et lui assura, avec le commerce du monde, la domination de toutes les mers. Tous ses actes, depuis le traité de Munster en 1648, jusqu'au traité de la barrière en 1715, n'eurent pour objet que l'anéantissement commercial et industriel de la Belgique; et elle y réussit à merveille.

En 1722, l'érection de la compagnie d'Ostende eût relevé les provinces belges de leur décadence; mais l'impitoyable république était là, qui fit supprimer cet établissement, peu de temps après sa naissance.

C'est ainsi que les Pays-Bas autrichiens continuèrent à végéter, tandis que les Hollandais continuaient à jouir d'une prospérité presque sans exemple dans l'histoire du monde. Ils avaient tout perdu. Leur marine était anéantie, leurs riches draperies avaient disparu; leur agriculture elle-même, cette ressource qui, au siècle précédent, avait sauvé la Belgique, fut pour un moment en péril.

Enfin, en 1741, le gouvernement des Pays-Bas autrichiens fut déféré au prince Charles de Lorraine. Après la paix d'Aix-la-Chapelle en 1748, commencent le réveil industriel de la Belgique et le déclin de la Hollande. Le prince Charles comprit l'importance du commerce et de l'industrie, et posséda l'art bien rare de choisir et de conserver les administrateurs qu'il employa.

Jusqu'alors la politique intérieure des gouverneurs auxquels nos provinces avaient été confiées s'était montrée aussi vicieuse que chancelante. Pas d'unité dans la constitution du pouvoir (un chef militaire et un chef civil se partageaient le gouvernement), ni connaissance des choses, ni expérience dans la conduite des affaires. Enfin (et ceci est le défaut capital de l'époque) on ne fit aucun effort pour ramener la nation à un esprit homogène, pour créer un véritable sentiment national. On craignait l'opposition des états généraux du pays; on évita de les réunir, et on laissa chaque province délibérer, en dehors de l'action et des délibérations des autres provinces. De là d'interminables dissidences entre le Brabant et la Flandre; de là l'impossibilité, même dans les questions d'industrie et de commerce, d'obtenir de l'ensemble pour concevoir, et des moyens suffisants pour exécuter. Quand on était d'accord sur un travail quelconque, on ne l'était plus sur la répartition de la dépense. Un gouvernement mobile et indécis ajournait toutes les solutions. L'Espagne, depuis les troubles, considéra sa position comme provisoire dans les Pays-Bas; elle ne fit rien pour la rendre définitive. Toutefois, dans cette administration mal assise, il faut se garder de comprendre le temps des archiducs Albert et Isabelle, et celui de l'électeur de Bavière. Si quelque soulagement fut apporté à de longues et profondes calamités, si des projets utiles furent conçus, de bienfaisantes améliorations introduites et, par ces divers moyens si le mal fut adouci, on en doit reporter la gloire presque tout entière sur ces deux époques, marquant l'une le commencement, l'autre la fin du XVIIe siècle.

Sous le règne de l'archiduchesse Isabelle, en 1627, fut conçu un projet que le génie de Napoléon n'a pas dédaigné de s'approprier, la construction d'un canal destiné à mettre l'Escaut en communication avec le Rhin. Les travaux furent entrepris d'abord de la Meuse au Rhin; mais les Hollandais intervinrent les armes à la main pour détruire le commencement de la fameuse *fosse Eugénienne* ; le traité de Munster en rendit la reprise inutile.

La période nouvelle, qui commença en 1748, grâce au prince Charles de Lorraine fut, selon l'expression du prince de Ligne, l'âge d'or des Pays-Bas. Elle ne fut arrêtée que par la révolution brabançonne, en 1787. Tout, à compter de cette époque, prit une vie nouvelle. Quelques particuliers se chargèrent d'introduire dans le pays des branches d'industrie qu'il ne possédait pas encore; d'autres se ranimèrent. La preuve de l'accroissement de la prospérité de la Belgique, à cette époque, est irrévocablement constatée par trois faits : l'augmentation de la population, l'amélioration progressive du revenu de la douane, l'abondance des capitaux.

Le prince Charles mourut en 1780; et bientôt l'avénement de Joseph II, et les innovations que cet empereur introduisit dans les Pays-Bas, amenèrent une crise qui détruisit l'ouvrage de quarante ans. La période des dix années qui s'écoulèrent de 1785 à 1795 enleva à la Belgique les restes de son industrie. Les débouchés extérieurs furent perdus; la consommation intérieure s'arrêta; les capitaux disparurent; les ateliers se fermèrent. Les réquisitions militaires épuisèrent les épargnes; les campagnes, foulées aux pieds, cessèrent de produire; la disette de l'année 1794, et enfin l'invasion des assignats, auraient complété la ruine, si la richesse du sol et la persévérance des Belges n'étaient pas inépuisables.

Pendant ce temps, la splendeur de la république hollandaise était singulièrement déchue. Après avoir brillé pendant un siècle et demi comme un météore, elle avait perdu la domination des mers, dont les Anglais s'étaient emparés. La puissance maritime était pour elle le commerce, la prospérité, l'opulence. Cette puissance perdue, elle ne vivait plus que de ses anciens trésors, si abondamment amassés. Ses luttes intestines achevèrent ce que le génie de l'Angleterre avait commencé. Bien qu'après l'incorporation de la Belgique à la république française, les Provinces-Unies continuassent à vivre d'une vie politique individuelle, du moins la dépendance dans laquelle elles se trouvaient à l'égard de la France les tenait dans un état d'hostilité envers les Anglais, qui ne leur permirent plus la mer, et achevèrent de s'emparer des établissements d'outre-mer, où les Hollandais avaient trouvé jusqu'alors des sources si abondantes de richesse. Leurs chantiers devinrent déserts, leurs ports se fermèrent; et si les infractions que le roi Louis tolérait au système continental procurèrent un bien-être momentané à la Hollande, l'incorporation de ce royaume à l'empire ne tarda pas à mettre un terme à cette prospérité fugitive.

Dès l'année 1795 la guerre s'éloigna des frontières, pour n'y reparaître que dix-huit ans plus tard. Les traités de Bâle et de Campo-Formio interviennent bientôt après : l'Europe semble vouloir respirer. Dans le même temps les savants et les industriels, autrefois isolés les uns des autres, réunissent leurs études et leurs efforts; et la révolution industrielle commence sur le continent. Les événements politiques, une législation civile uniforme et mieux appropriée, la réorganisation complète des tribunaux, les institutions commerciales améliorées, secondent un élan industriel admirable en Belgique comme en France; mais la Belgique est le pays qui en recueille les premiers et les plus grands profits. Aux expositions nationales ouvertes à Paris en l'an IX et en l'an X, l'industrie belge figura avec éclat. Ce fut un Belge, Liévin Bauwens, qui fut le premier importateur en France des machines à filer le coton : ce fut sur le sol même de la Belgique que Napoléon rendit le fameux décret du 7 mai 1810, qui assurait une récompense d'un million à l'inventeur, de quelque nation qu'il pût être, de la meilleure machine propre à filer le lin. En l'an XIII, comprenant la haute importance de la position d'Anvers sur l'Escaut, il avait décrété la construction des bassins et des chantiers maritimes de ce port; l'amélioration des ports d'Ostende, de Nieuport et de Blankenberg; la construction d'une ville nouvelle à la Tête de Flandre; la création d'une fonderie de canons à Liége; l'ouverture du canal du Nord, qui devait joindre l'Escaut au Rhin; l'ouverture du canal de Saint-Quentin, pour unir l'Escaut à la Seine; puis enfin, l'ouverture du canal de Bruxelles à Charleroi, qui devait préparer un jour la jonction de l'Oise à l'Escaut.

Dans aucun de ses actes la politique impériale ne voulut se soumettre à la doctrine des modernes économistes, qui repousse toute intervention quelconque du gouvernement dans les opérations industrielles. Napoléon intervint de toutes les manières dans l'industrie pour la faire prospérer : cependant il n'était en rien partisan de la routine. Pour sa politique à l'égard des manufactures et du commerce, il imita les Anglais; il exagéra le mode d'encouragement suivi par Colbert.

Le système continental donna lieu en Belgique au développement de plusieurs industries nouvelles : à la culture de la garance pour remplacer la cochenille, à celle de la betterave pour remplacer le sucre à canne. Le temps pendant lequel il dura fut une époque de prospérité commerciale pour les provinces belges. Les débouchés du nouveau monde étaient fermés; mais le marché de la France et celui du continent occidental furent ouverts à la Belgique, et elle y trouva un placement tellement facile, tellement abondant, que sa production ne fut limitée que par ses moyens de produire. Verviers par la fabrication de ses draps; Gand par la filature, le tissage et les impressions des étoffes de coton ; tout le reste de la Flandre par la fabrication de toiles de lin; Tournai par ses tapis, ses porcelaines et sa bonneterie; Stavelot, Bruges et Namur par leurs tanneries, virent se former alors de grandes fortunes. Le bien-être rejaillissait ensuite sur les campagnes. L'industrie du fer, souffrante sous l'administration espagnole, peu active sous l'administration autrichienne, se ranima ; les fers du Luxembourg étaient consommés par les fabriques d'armes de Charleville; ceux de Liége et de Charleroi trouvaient leur emploi dans les arsenaux que le gouvernement avait formés à Liége et à Anvers, et où régnait la plus grande activité. La tannerie de Stavelot, de Bruges et de Namur trouvait, dans les besoins sans cesse renaissants de l'armée, une demande assurée et une vente avantageuse. Cette prospérité, il faut le dire, ne fut peut-être pas tout à fait générale. Pour Bruxelles, rien ne put compenser les ressources que versait dans son sein la présence constante d'une administration centrale. Elle vécut, à cette époque, sur la fabrication des dentelles et la construction des voitures. La ville de Liége fut contrariée, pour la fabrication des armes à feu, par le monopole impérial des armes de guerre; mais la création d'un immense arsenal militaire, qui date de l'an XI, lui servit de compensation. La marine marchande eut contre elle les événements; elle ne se releva pas. La grande pêche ne reprit pas davantage la position qu'elle avait eue anciennement. Anvers était le seul port où, depuis 1803, il se manifestât une grande activité, grâce à l'idée que Napoléon conçut d'en faire un vaste chantier pour la marine militaire. Deux bassins, destinés à contenir l'un douze, l'autre quarante vaisseaux de ligne, y furent entièrement terminés en 1811. En 1805, on avait déjà lancé deux corvettes et une frégate. En 1807, on comptait dix vaisseaux de ligne en construction ; en 1813, trente bâtiments de guerre environ avaient été mis à flot dans ce port ; et il y avait sur les cales quatorze vaisseaux de ligne.

L'empire français, en tombant, ne rendit que pour un moment bien court la Belgique à elle-même. Sans avoir été consultée, elle fut réunie à la Hollande. Dans cette combinaison politique, la grandeur et l'harmonie des proportions extérieures frappèrent les yeux tout d'abord, et les défectuosités fondamentales ne furent pas aperçues. Deux nations habiles, l'une dans le commerce et la marine, l'autre dans l'industrie agricole et manufacturière, étaient réunies ; elles allaient s'appuyer sur des possessions coloniales riches en territoire, en population et en produits de toute espèce. On composait un ensemble de quinze millions de consommateurs. A la première vue, il y avait assez de ressources dans la formation d'un pareil marché pour faire oublier à la Belgique les pertes que lui causait sa séparation du marché français. On ne pouvait mieux mettre à la portée des armateurs de la Hollande les éléments des cargaisons par lesquelles ils devaient promptement renouer des rapports avec les possessions orientales que la paix leur avait rendues. Malheureusement, de ces circonstances mêmes, qui semblaient destinées à être une cause de rapprochement, un gage d'union, sortirent bientôt des sujets de défiance et de discorde. Les Hollandais et les Belges, précisément parce qu'ils étaient les uns commerçants, les autres manufacturiers et agricoles, ne purent parvenir à s'entendre. Dès le début, des divisions d'intérêt éclatèrent ; une grande jalousie tint de part et d'autre les esprits en défiance ; une prévention marquée accueillit tous les actes de la nouvelle administration. Il y a là un phénomène étrange en apparence, mais qui, expliqué par l'histoire, devient tout aussitôt un fait ordinaire et naturel. La diplomatie n'avait tenu compte ni d'une rivalité de situation résultant de la topographie des lieux, ni d'une incompatibilité de sentiments, que deux siècles d'inimitié politique, d'oppression et de lutte commerciale avaient créée. Les Hollandais, tout en affectant de croire à leur supériorité, redoutaient un état de choses qui, pour le commerce, plaçait les Belges sur une ligne égale ; les Belges, de leur côté, ne pouvaient croire à la sincère fraternité de ceux qui leur avaient imposé les traités de 1648 et de 1715, et qui avaient ruiné les travaux du canal de jonction de la Meuse au Rhin : ils voyaient donc s'ouvrir pour eux une nouvelle ère d'oppression.

Dès la chute de l'empire, l'industrie belge se trouva en concurrence avec celle de l'Angleterre, sans aucune transition et dans des conditions très-inégales : elle exprima ses alarmes. Pour la rassurer, le prince d'Orange, en prenant possession des provinces belges, déclara, par sa proclamation du 1er août 1814, que son intention était d'encourager l'agriculture, le commerce et tous les genres d'industrie. Malheureusement les effets de cette bonne volonté se firent attendre longtemps. La Hollande, peu ou pas industrielle, se voyait à regret limitée à la Belgique pour se pourvoir de produits destinés à l'exportation. Aussi les mesures prises en 1814, en 1815 et pendant la plus grande partie de 1816, pour la conservation des intérêts, ne sont pas nombreuses. La concurrence anglaise était toujours présente. Les fabricants de coton de Gand s'en plaignirent : on les renvoya au prochain tarif de douanes qui serait publié. Ce tarif parut le 3 octobre 1816. Il faisait un pas vers la protection industrielle, dont alors plus que jamais les peuples du continent, à l'exemple de la politique anglaise, éprouvaient le besoin. Mais si pour quelques articles l'intention protectrice du législateur était évidente, pour d'autres elle parut trop timide. Cette inégalité provoqua des murmures. La Hollande y fut favorisée d'une manière très-partiale, tandis que la protection accordée aux fabrications belges y fut presque insensible. Forcé par les plaintes qui ne cessaient de devenir de plus en plus pressantes en Belgique, le gouvernement prit enfin, de 1822 à 1823, des mesures plus décisives pour relever l'industrie. Le tarif des douanes est révisé, le système de navigation amélioré; un fonds spécial est affecté à la création des branches d'industrie qui manquaient au pays; une société est créée pour les manufactures, une autre pour aider le commerce; plusieurs expositions d'industrie ont lieu; des récompenses sont décernées, de grands travaux entrepris. Mais ce fonds spécial, appelé par dérision le million Merlin, parce que, semblable à l'enchanteur de ce nom, il devait créer de nouvelles branches d'industrie, donna bientôt lieu aux plus grands abus. S'il servit quelquefois à protéger des établissements qui méritaient des secours, il servit aussi à susciter souvent des concurrences inopportunes; même il arriva fréquemment que les secours profitèrent à l'ignorance et à l'intrigue. Jusqu'en 1822 la Belgique n'avait point possédé de banque d'escompte, dont le besoin s'était cependant déjà fait sentir sous l'administration autrichienne et sous Napoléon. Celle d'Amsterdam, fondée en 1814, au capital de dix millions de florins, était la seule qu'il y eût dans les Pays-Bas; mais elle opérait en Hollande, et ne pouvait guère faire sentir son influence dans les provinces belges. Il en fut donc créé une à Bruxelles, au capital de cinquante millions de florins : elle prit le nom de *Société générale*. Bientôt elle obtint pour complément la *Société de commerce*, destinée à agrandir et à multiplier les débouchés au dehors, en facilitant les exportations. La Société de commerce fut constituée au capital de trente-sept millions de florins, et eut la ville de la Haye pour siége principal, avec autorisation d'établir des agents dans les principales places de commerce. Dans la position où était le gouvernement du royaume des Pays-Bas, entre deux nations réciproquement jalouses et défiantes,

il arriva rarement qu'il prît une mesure qui ne portât pas ombrage à l'une ou à l'autre, qui n'excitât pas de doubles murmures. Tel fut le sort de l'érection de la Société de commerce. En Hollande, le grand commerce ne voulut y voir qu'une concurrence redoutable qui lui était suscitée. En Belgique, et notamment à Anvers, on se plaignait de ce que les principaux retours de la Société eussent lieu dans les ports dépendant des provinces septentrionales. On avait remarqué aussi que, sur les vingt-six commissaires, qui composaient, outre les cinq directeurs, l'administration de la Société, quinze appartenaient au commerce du nord, onze seulement au commerce du midi; et l'on en tirait une conclusion déjà bien des fois répétée, que la Hollande aspirait à conserver, dans le maniement général des affaires du pays, une suprématie que ne lui méritaient ni l'importance de son territoire, ni le chiffre de sa population.

Dès la formation du royaume des Pays-Bas, la Hollande avait vu de mauvais œil la liberté de l'Escaut. Aussi, pour entraver le commerce d'Anvers, on avait essayé d'établir sur ce fleuve un droit de toll pour les navires venant de la mer dans le port. Mais on renonça bientôt à cette mesure vexatoire, pour donner, d'une autre façon, carrière à la jalousie qu'inspirait la position de la Belgique. On s'opposa formellement à la reprise des travaux du canal du Nord; on dressa des règlements sur la pêche, qui faisaient obstacle aux procédés pratiqués en Belgique. Une différence dans la manière de jauger les liquides établissait pour les acheteurs du midi une différence de huit à dix pour cent. Puis encore on admit dans le service de la douane une tolérance telle, que plusieurs articles, prohibés à la sortie, purent notoirement sortir sans difficulté par les ports de Hollande, et que d'autres articles, trop chargés de droits à l'entrée, y purent être facilement introduits.

Cependant, à compter de 1823, l'importance des mesures utiles, des mesures franchement protectrices, et conçues dans l'intérêt du plus grand nombre, l'emporta. Leur efficacité ne fut pas douteuse. On s'attacha à vivifier les exploitations des mines de houille, l'extraction des minerais, la préparation des métaux, la construction des mécaniques; on fit quelque chose pour l'agriculture; on seconda les exportations; de larges débouchés furent ouverts et à peu près exclusivement réservés aux produits nationaux. Les fautes ou les injustices des huit premières années de ce gouvernement eussent été promptement oubliées ou réparées, si, dans le moment même où il s'efforçait d'accorder une satisfaction éclatante aux intérêts matériels, il n'eût presque aussitôt soulevé contre lui une série de griefs puisés dans une mauvaise répartition des impôts, dans une gestion financière équivoque, et, ce qui était plus grave encore, dans le froissement du sentiment national.

Bien que des avantages de toute nature eussent été réservés à la Hollande, et qu'elle se développât de nouveau en richesse et en puissance, les principales villes des provinces belges, et notamment Bruxelles, Gand, Liége et Anvers, retrouvèrent peu à peu leur éclat. A Gand, les manufactures pour la filature, le tissage et les impressions d'étoffes de coton, puis les opérations maritimes; à Bruxelles, toutes les industries de mode et de luxe; à Liége, la transformation multipliée des métaux; à Anvers, le transit avec l'Allemagne, le commerce avec les possessions des Indes orientales, répandirent l'aisance et accrurent la population.

Sur ces entrefaites, la révolution éclata en 1830. Elle jeta nécessairement une grande perturbation dans les affaires, en fermant à l'industrie belge des marchés qu'elle avait exploités jusqu'alors, et que le déchirement opéré dans le royaume des Pays-Bas devait leur fermer désormais. Si les organes du grand négoce hollandais ont pris pour devise, « La liberté du commerce, et point de traités; » si la Hollande peut maintenant choisir plus librement les marchés de production les plus avantageux, et servir d'intermédiaire entre eux et les lieux de consommation; la Belgique n'a besoin que de mesures protectrices pour se conserver d'abord le marché intérieur et le travail, ensuite pour trouver des débouchés où elle puisse écouler les produits de son industrie, si riche et si avancée. Dans le but de relier l'Escaut au Rhin autrement que par le canal du Nord, le gouvernement belge conçut en 1834 l'idée d'établir une ligne de chemins de fer partant d'Anvers et aboutissant à la frontière de la Prusse, dans la direction de Cologne. De l'idée d'une simple ligne on arriva à celle d'un système complet qui fut entrepris aussitôt, et qui se trouve presque entièrement terminé à l'heure qu'il est. La grande artère part d'Anvers, et se dirige par Malines, Louvain, Tirlemont et Liége, vers la frontière allemande. Une deuxième artère part de Bruxelles, traverse Hal, Braine-le-Comte, Soignies et Mons, pour gagner la frontière française à Quiévrain, et courir vers Valenciennes. Une troisième s'étend d'Anvers vers Ostende par Termonde, Gand et Bruges. Celle-ci lance une ligne de Gand sur Courtrai, et de là vers la frontière de France, dans la direction de Lille. Enfin, d'autres embranchements sont destinés à relier diverses villes à ce système, de manière à établir sur tous les points du royaume les communications les plus promptes et les plus faciles.

La Hollande, toute sillonnée qu'elle est de canaux, se mit aussi, en 1838, à se construire des chemins de fer. Elle en possède un d'Amsterdam à Haarlem; elle en construit un autre d'Amsterdam à la frontière de Prusse, par Utrecht et Arnhem, avec un embranchement d'Utrecht à Rotterdam.

INSTRUCTION PUBLIQUE.

La culture intellectuelle a toujours été grandement favorisée en Hollande: aussi y est-elle très-développée. L'enseignement supérieur y est aussi florissant que solide. Le pays possède trois universités, établies à Leyden, à Utrecht et à Groningue. Toutes trois, et surtout la première, occupent un rang fort distingué parmi les établissements universitaires de l'Europe, pour l'étude des langues, des sciences naturelles et des sciences historiques. Le nombre total des élèves s'élevait, en 1831, à mille six cent vingt-quatre; en 1834, à mille cinq cent quatre-vingt-dix-sept; en janvier 1840, à mille trois cent quatre-vingt-dix-neuf. Ainsi, la population de la Hollande s'élevant d'après le dernier recensement, elui de 1837, à deux millions cinq cent cinquante-sept mille habitants, le pays présente, sur environ mille huit cent vingt et une âmes, un élève qui se livre aux études supérieures. Plus de la moitié de la population académique se trouve à l'université de Leyden; un tiers fréquente Utrecht, et un sixième Groningue. Un tiers se livre à l'étude de la théologie, un tiers à celle de la jurisprudence; quatre quinzièmes s'adonnent à la médecine et à la chirurgie, et un quinzième à la philologie, à la philosophie et aux mathématiques.

Comme institutions préparatoires aux études universitaires, il y a soixante-deux écoles latines, outre le grand Athénée d'Amsterdam, auquel se trouve attaché un séminaire pour la théologie protestante. Les grandes écoles de Franeker et de Deventer portent également le nom d'athénées. Le nombre des élèves qui se préparaient dans les établissements aux études académiques était, en 1831, de mille trois cent quinze; en 1834, de mille deux cent quarante-cinq; en 1837, de mille deux cent cinquante-cinq.

L'enseignement élémentaire et primaire est très-soigné par le gouvernement. La Hollande, outre le Limbourg et le Luxembourg, comptait, en 1835, deux mille quatre-vingt-dix écoles primaires, que fréquentaient trois cent quatre mille quatre cent cinquante-neuf élèves, dont cent soixante-treize mille cinq cent soixante-dix-huit garçons et cent trente mille huit cent quatre-vingt-une filles, c'est-à-dire un élève sur huit âmes de la population totale du pays, à cette époque. Les Juifs avaient en outre vingt-quatre écoles, fréquentées par deux mille élèves.

En Belgique, l'enseignement n'a pas encore eu le temps de se développer dans une voie nationale. De même que la littérature, dans ce pays, se nourrit presque exclusivement des éléments intellectuels que lui fournissent les nations voisines, l'enseignement, bien qu'il soit depuis quelque temps dans une voie de progrès, a, depuis le commencement de ce siècle, subi tour à tour les influences étrangères de la France, de l'Allemagne et de la Hollande. Aujourd'hui le royaume possède deux universités du gouvernement, à Gand et à Liége, et deux universités libres, à Bruxelles et à Louvain. Ces quatre établissements étaient fréquentés, en 1838, par mille à onze cents élèves. L'année académique de 1839 à 1840 a donné officiellement les chiffres de mille cinq cent soixante-dix, dont trois cent quatre-vingt-seize à Gand, trois cent trente et un à Liége, quatre cent quatre-vingt-neuf à Louvain, et trois cent cinquante-quatre à Bruxelles. Par conséquent, en acceptant comme exact ce chiffre, qui est regardé comme fort exagéré, et en fixant la population à quatre millions soixante-quatre mille habitants, il y aurait, sur deux mille six cents âmes, un élève qui se livre aux études supérieures.

Outre ces grandes institutions, on compte dans le royaume cinquante-huit athénées et colléges, dont vingt et un reçoivent des subsides de l'État, et dont trente-sept obtiennent des subsides des communes. Ils sont fréquentés par six à sept mille élèves. Enfin le pays possède un grand nombre d'autres institutions, consacrées à l'enseignement moyen : ce sont des entreprises particulières, dont le plus grand nombre sont dues et appartiennent au clergé.

L'état des établissements d'instruction primaire offrait, au 31 décembre 1840, les résultats suivants : il y avait cinq mille cent quatre-vingt-neuf écoles privées, ou pourvues de subsides des communes ou du trésor public; elles étaient fréquentées par quatre cent cinquante-trois mille trois cent quatre-vingt-un élèves, dont deux cent quarante-trois mille neuf cents garçons et deux cent neuf mille quatre cent quatre-vingt-une filles; par conséquent il y avait à peu près un élève sur neuf âmes.

L'athénée d'Amsterdam possède une riche bibliothèque, un jardin botanique, un cabinet d'anatomie; il est monté sur le pied d'une université. Il y a dans la même ville une académie royale des beaux-arts, où l'on enseigne la peinture, la sculpture, l'architecture, la gravure et la perspective. L'école militaire hollandaise est établie à Bréda, et l'école de marine dans le port de Medenblik.

La Belgique possède, outre les établissements que nous venons d'énumérer, une académie royale des beaux-arts à Anvers, une école royale de gravure, un observatoire royal, un conservatoire de musique, une école vétérinaire et une école militaire, à Bruxelles. A l'université de Liége est adjointe une école des mines, à celle de Gand une école de génie civil, et à l'académie d'Anvers une école de construction maritime. Enfin, dans la plupart des autres villes du royaume se trouvent, soit des écoles de dessin, soit des académies de peinture. A Gand et à Liége il y a un conservatoire de musique, monté sur une échelle moins vaste que celui de Bruxelles, mais où l'enseignement est cependant fort solide.

ARMÉE.

Avant l'exécution des traités des vingt-quatre articles, le contingent de l'armée belge, sur pied de guerre, était de cent dix mille hommes, et celui de la levée de la milice, de douze mille hommes. Pour 1841, le nombre d'hommes à tenir sous les drapeaux a été fixé à un maximum de quatre-vingt mille hommes, et le contingent à fournir par la milice, à dix mille hommes. Voici comment, d'après la nouvelle organisation de 1837, l'armée est constituée. Elle se compose de douze régiments d'infanterie de ligne, de trois régiments de chasseurs, et d'un régiment de grenadiers. La cavalerie est divisée en sept régiments, dont deux de cuirassiers, deux de lanciers, deux de chasseurs, et un de guides. L'état-major de ces deux armes compte huit généraux de division, dix-neuf généraux de brigade, trente et un colonels, quatre lieutenants colonels, six majors et quatorze capitaines. L'artillerie est composée de trois régiments, et son état-major compte un général de brigade, deux colonels, neuf lieutenants colonels et douze majors. Le génie a un général de brigade, sept colonels et lieutenants-colonels, et trente-cinq officiers inférieurs, outre un bataillon de sapeurs-mineurs.

Quant à la marine militaire belge, elle est encore à sa naissance, la Hollande ayant gardé, seule, les forces maritimes du ci-devant royaume des Pays-Bas. Jusqu'à ce jour la Belgique ne possède qu'une flottille de quinze bâtiments légers, qui stationnent à Anvers et à Ostende, savoir : une goëlette armée de dix pièces, deux brigantins armés chacun de huit pièces, quatre cannonières-goëlettes de sept pièces, et huit cannonières-chaloupes de cinq pièces. Leur service consiste principalement dans le pilotage sur l'Escaut, dans la surveillance des navires placés en quarantaine au fort Sainte-Marie, et dans la protection et la surveillance des pêcheurs maritimes belges, dont le nombre est de huit cents.

L'état de guerre que maintenait la Hollande avant la conclusion de la paix, en 1839, était tel, que le chiffre de l'armée s'élevait à trois et demi pour cent de la population. Depuis la signature du traité qui consacre la division de l'ancien royaume des Pays-Bas, le gouvernement hollandais donna, en juillet 1839, une organisation nouvelle à son armée. Son infanterie se compose de douze régiments de ligne, d'un régiment de grenadiers et de deux bataillons de chasseurs. Cette arme possède un état-major général, et un corps d'officiers qui compte seize lieutenants généraux, quarante généraux majors, cent vingt-deux officiers d'état-major, deux cent cinquante-quatre capitaines et neuf cent dix lieutenants. La cavalerie, composée de trois régiments de cuirassiers, d'un régiment de lanciers, de deux régiments de dragons et d'un régiment de hussards, fut divisée en deux brigades, l'une de grosse cavalerie, l'autre de cavalerie légère. Elle a un corps d'officiers qui comprend un lieutenant général, deux généraux majors, trente-six officiers d'état-major, soixante-neuf capitaines et cent cinquante-neuf lieutenants. L'artillerie fut constituée en une brigade, avec un corps d'officiers de huit généraux, de trente-six officiers d'état-major, et de trois cent quarante-cinq capitaines et lieutenants. Le génie se compose de vingt-deux officiers d'état-major et de cent sept officiers inférieurs, et le corps des sapeurs et mineurs, de trois officiers d'état-major et de trente-neuf officiers inférieurs. Le chiffre total de l'armée, sous-officiers et soldats, fut fixé à quarante-deux mille quatre cents hommes.

Après la séparation de la Belgique et de la Hollande en 1830, la flotte des Pays-Bas se composait de neuf vaisseaux de ligne, de vingt-trois frégates, de dix-sept corvettes, de quatorze bricks, de deux bateaux à vapeur, et d'un bâtiment d'exercice. En décembre 1839, le nombre des vaisseaux de ligne s'élevait à douze, portant chacun de soixante-quatre à quatre-vingt-quatre bouches à feu ; celui des frégates, à vingt-quatre, chacune de trente-deux à soixante canons ; celui des corvettes et des bricks, à quarante-quatre, chacun de sept à vingt-huit canons ; celui des bateaux à vapeur, à cinq ; de manière que la flotte comptait soixante-dix-sept gros bâtiments, armés de deux mille six cent vingt-neuf bouches à feu. En outre, elle comprenait cent trois chaloupes canonnières, parmi lesquelles dix bombardes, armées chacune de trois canons et d'un mortier. Cependant il ne se trouvait pas même la moitié de cette force maritime en activité de service, savoir, neuf frégates, sept corvettes, quatre grands bricks, deux petits bricks, trois bateaux à vapeur armés chacun de huit canons, et treize chaloupes canonnières. Tous ces bâtiments réunis étaient montés par quatre mille sept cent quatre-vingt-treize hommes d'équipage. L'état-major de la marine se composait, en décembre 1839, d'un amiral, de trois vice-amiraux, de six contre-amiraux, de dix-huit capitaines, de quarante et un capitaines-lieutenants, de quatre-vingt-quatre lieutenants de première classe, de cent soixante-quatorze lieutenants de deuxième classe, et de soixante-dix-sept aspirants de marine.

FINANCES, DETTE PUBLIQUE.

La situation financière des Pays-Bas a été, pendant longtemps, une des plus obscures qu'il y eût dans aucun pays de l'Europe. La dette de ce royaume était composée de tant d'éléments divers, que l'œil le plus exercé ne réussissait pas à y voir clair. Le système d'administration des finances, tel qu'il fut érigé en principe par la loi fondamentale, et qu'il fut organisé par les règlements postérieurs, permettait de dérober au contrôle public une grande partie des points les plus importants, et laissait au gouvernement la facilité d'entreprendre les opérations les plus graves, sans qu'il fût tenu par aucune loi de rendre des comptes détaillés et réguliers. La récente modification de la loi fondamentale en Hollande a mis un terme à tout ce mystère, par l'établissement d'une cour des comptes. Si la dette du royaume des Pays-Bas avait atteint un chiffre prodigieux pour un État aussi petit, ce n'était pas seulement aux charges énormes que la Hollande avait eues à supporter par les guerres, par les contributions, par des subsides de toute nature : la faute en avait aussi été au déplorable système que ce pays a toujours pratiqué, en escomptant l'avenir pour faire face aux besoins du moment, en contractant emprunt sur emprunt, et en poussant le crédit public jusqu'à ses dernières limites. Ce système est ancien en Hollande ; et c'est grâce à lui qu'en 1814, au moment où les Provinces-Unies reconquirent leur liberté, il ne se trouva dans les caisses de l'État que trois cent mille florins, tandis que la dette inscrite s'élevait à deux milliards deux cent soixante-quatre millions de florins. Les intérêts de cette dette ne se trouvaient pas, il est vrai, établis au même taux ; ils variaient de un et demi à six pour cent. L'empereur Napoléon l'avait, de sa seule autorité, réduite au tiers. Mais elle fut rétablie sur l'ancien pied par le roi Guillaume, et divisée en dette active et en dette différée. La première s'élevait au capital de cinq cent soixante-treize millions cent cinquante-quatre mille cinq cent trente florins, à deux et demi pour cent ; la seconde formait un capital de un milliard cent quarante-six millions, trois cent sept mille soixante et un florins, qui ne portait point d'intérêt, mais dont quatre millions, tous les ans, devaient être convertis en dette active.

Au moment de la création du royaume des Pays-Bas, c'est-à-dire après que les provinces belges eurent été réunies à la Hollande, les intérêts annuels de la dette s'élevaient à quatorze millions et demi de florins. Depuis 1815 jusqu'en 1830, une série d'emprunts furent contractés ; et au bout de ces quinze années, passées dans la paix la plus profonde, les intérêts annuels, auxquels le pays eut à faire face, étaient montés à dix-neuf millions de florins. En 1815, la Belgique n'était entrée dans cette masse que pour la dette belge, qui comportait deux cent quatre-vingt-deux mille sept cent dix-neuf florins d'intérêts annuels, et pour la dette austro-belge, qui s'élevait à un intérêt annuel de quatre cent trois mille six cent dix florins.

L'état de guerre dans lequel la Hollande se tint depuis 1830 jusqu'en 1839 donna lieu à de nouveaux emprunts ; de sorte que la dette active, qui en 1830 s'élevait à six cent quatre-vingt-quatre millions six cent dix mille six cent quatre-vingts florins à deux et demi pour cent, c'est-à-dire à un intérêt de dix-neuf millions six cent quinze mille deux cent soixante-sept florins, se trouva, en 1839, augmentée de cent quatre-vingt-dix-sept millions deux cent cinquante-sept mille neuf cents florins, qui, empruntés à cinq pour cent, réclament un intérêt annuel de neuf millions huit cent soixante-deux mille huit cent quatre-vingt-quinze florins. Les colonies hollandaises sont grevées de la plupart des emprunts contractés depuis 1830. En 1839, elles étaient chargées d'un capital de deux cent cinquante-huit millions quatre cent quatre-vingt-onze mille cent florins, exigeant un intérêt annuel de neuf millions cent cinquante mille florins. On a de la peine à comprendre comment un pays qui ne compte pas trois millions d'habitants peut faire face à des charges si énormes. Il est vrai que le crédit de la mère patrie se trouve assuré pour le moment, les colonies servant de gage à une grande partie de la dette nationale, et ces riches établissements étant susceptibles encore de vastes améliorations. Mais pour qu'il reste assuré, il lui faut des siècles de paix ; car, outre l'intérêt annuel de près de vingt et un millions de francs que porte la dette coloniale, et l'intérêt de quarante et un millions et demi de francs auquel la Hollande elle-même doit faire face, il lui reste à pourvoir à ses propres dépenses, qui sont fort élevées.

La Belgique ne paye annuellement que vingt-cinq millions et demi de francs de dette ; c'est une moyenne d'environ six francs par habitant, tandis que la moyenne est en France de huit francs, en Hollande de vingt-cinq francs, et en Angleterre de trente francs. Dans le chiffre de la dette, tel que nous venons de l'indiquer, est comprise la rente annuelle de dix millions cinq cent quatre-vingt-deux mille francs que le gouvernement belge paye au gouvernement hollandais, pour la part qui, par le traité de 1839, a été mise à sa charge dans l'ancienne dette du royaume des Pays-Bas.

SITUATION GÉOGRAPHIQUE.

La Belgique s'étend entre la France, la confédération germanique, la Prusse, la Hollande, et la mer du Nord. Le développement de ses frontières, depuis le traité du 19 avril 1839, est de neuf cent quatre-vingt-un mille mètres, ou de cent quatre vingt-seize lieues et deux cinquièmes. Sa superficie embrasse deux millions neuf cent quarante-deux mille cinq cent soixante-quatorze hectares, ou onze cent soixante-dix-sept lieues. Dans son aspect général, le pays est très-varié, riant et fertile. Il n'offre point de montagnes proprement dites; mais les Ardennes y projettent leurs rameaux le long de la Meuse, et forment, à l'est, un pays de collines et de hauteurs boisées et métallifères, dont les plateaux n'ont pas deux cents mètres d'élévation au-dessus de la mer. Dans le sud-est règne une chaîne de collines arrondies, qui se lie pareillement aux Ardennes, et va d'Audenarde à Maestricht, en séparant la Sambre de l'Escaut. Une autre ramification des Ardennes couvre la partie la plus méridionale du royaume. Les plus hauts sommets dépassent rarement six cent cinquante mètres. Le reste du terrain, au nord-ouest, se termine par des plaines qui s'étendent jusqu'aux bords de la mer. Les côtes sont généralement basses, et relevées en dunes; en plusieurs endroits elles sont garanties par des digues contre l'envahissement de la mer. Le terrain de la Belgique, composé d'argile et de sable, que l'on combine en différentes proportions, est d'une grande fertilité. Dans la partie septentrionale se trouvent les terres les plus productives; elles sont en général sablonneuses. Celles qui sont purement argileuses dominent principalement dans les *polders*, terrains d'alluvion entourés de digues, et rendus susceptibles de culture. Les simples alluvions, qui ne sont pas encore parvenues au degré de maturité nécessaire pour les entourer de digues et les convertir en terres labourables, s'appellent *schoores*, et produisent une herbe fine que paissent les moutons. Une partie des champs le mieux cultivés de la Flandre, et toute la lisière de l'Escaut, sont des terres alluviales. La partie méridionale de la Belgique renferme beaucoup de terrains pierreux et fertiles. Les terres arrosées par la Meuse sont couvertes d'une couche formée du dépôt successif de matières charriées par les débordements, ce qui les rend très-propres à la végétation. La contrée appelée la Hesbaie est une des plus favorables à la culture des plantes céréales et oléagineuses. Dans les parties agricoles de la Belgique, les qualités du sol donnent à ses produits une assez haute valeur; et il est vrai de dire que, sous le rapport de la science agronomique, la culture ne laisse rien à désirer. La plaine la plus étendue est la Campine, entre l'Escaut et la Meuse; elle borde la frontière hollandaise à peu près dans toute son étendue, et a beaucoup de bruyères, avec de vastes marais et des étangs. De la Meuse à la mer, s'ouvrent des vallées couvertes des plus abondantes moissons et des plus gras pâturages, presque tous naturels. Nulle contrée de l'Europe ne surpasse la richesse de la Flandre. Surtout dans le sud, la fertilité du territoire est très-variée.

Deux grands fleuves arrosent la Belgique : la Meuse et l'Escaut, qui, grossis d'une multitude de courants subalternes, vont se jeter dans la mer du Nord. C'est sur la Meuse que s'élève, près de Maestricht, le plateau de Saint-Pierre, sous lequel sont creusées les célèbres Cryptes de ce nom. La petite rivière de Lesse, qui arrose une partie de la province de Luxembourg et de la province de Namur, s'engouffre, dans cette dernière, au village de Han, dans une montagne calcaire, pour ne reparaître qu'à un quart de lieue plus bas, après avoir décrit d'immenses détours souterrains. Cette grotte, que les voyageurs ne manquent pas d'explorer, est enrichie des plus belles et des plus curieuses pétrifications. Une autre rivière, l'Ourthe, a creusé à Tilf, un peu au-dessus de Liége, une autre grotte plus dangereuse à visiter, mais non moins remarquable par les stalagmites et les stalactites dont elle est peuplée. Parmi les sources minérales que possède la Belgique, les plus célèbres sont celles de Spa, qui sont visitées tous les ans par un grand nombre d'étrangers.

La Hollande est bornée au nord et à l'ouest par la mer du Nord, à l'est par la Prusse, et au sud par la Belgique. Elle comprend cinq cent trente-quatre lieues carrées, et compte une population d'environ trois millions d'habitants. Elle est arrosée par la Meuse et le Rhin, et par une infinité de rivières moins importantes, et de canaux qui sillonnent le pays dans tous les sens, et établissent une communication entre presque toutes les villes, les bourgs et les villages. Ce sol est en grande partie bas et marécageux. Les provinces de Gueldre, d'Utrecht et d'Over-Yssel sont les plus élevées. Les autres passent pour la partie la plus basse de l'Europe. Dans beaucoup d'endroits la terre est une conquête faite sur la mer; et souvent, au milieu d'un bras de mer ou de fleuve, on montre au voyageur étonné la place où des villages et des populations entières existaient autrefois. Ce n'est qu'à force de persévérance et de courage, et par une lutte de tous les jours, que les Hollandais parviennent à conserver une partie de leur territoire contre les attaques incessantes de la mer du Nord. La Hollande est entrecoupée par un grand nombre de golfes, de lacs et de marais, dont plusieurs se trouvent tellement mêlés avec les eaux courantes, qu'on ne pourrait les reconnaître, si l'on n'avait conservé la tradition des anciennes terres que ces lacs couvrent aujourd'hui. Leur étendue s'accroît tous les jours, soit par les inondations, soit par la fouille des tourbes, dont les habitants font leur principal chauffage. Le golfe le plus considérable est le Zuyderzée. Le lac de Haarlem, qui a douze lieues de circonférence, a été formé par les eaux du Rhin, que les sables de son embouchure ont fait refluer dans les marais environnants. On s'occupe aujourd'hui de le dessécher. L'agriculture de la Hollande consiste presque uniquement dans la culture des prairies et du jardinage, qui est parvenu à un haut degré de perfection, et qui donne des produits considérables. On y cultive peu de froment, et la récolte qui en provient suffirait à peine pour nourrir le douzième des habitants, si l'on n'y suppléait par la pomme de terre, qui se plaît dans plusieurs cantons de la Gueldre et dans toute la Zéelande, et par le sarrasin ou blé noir, le riz, et le gruau. L'horticulture est fort en honneur en Hollande, et y est parvenue à un degré de perfection vraiment surprenant. On sait que Haarlem est célèbre pour la culture des tulipes et des jacinthes.

FIN.

EXPLICATION DES PLANCHES

CONTENUES DANS CE VOLUME

N° I. — PORTRAIT DE L'AMIRAL TROMP. — Martin Tromp, fils d'Harbert Trompl, capitaine de frégate, naquit à la Brielle en 1597. Fait prisonnier, à l'âge de onze ans, par un forban anglais, après une lutte acharnée qui eut lieu sur la côte de Guinée, et dans laquelle son père fut tué, il fut réduit à servir le vainqueur, en qualité de mousse, pendant deux ans et demi. Rentré dans sa patrie, il était en 1622 lieutenant de vaisseau, et obtint en 1624 le commandement d'une frégate. Il se distingua dans une rencontre que la flotte hollandaise eut en 1629, près des côtes de la Flandre, avec la flotte espagnole. Peu de temps après, dégoûté du service par quelques passe-droits dont il fut victime, il rentra dans la vie privée. Mais en 1637 le prince Frédéric-Henri le créa lieutenant amiral, et lui donna le commandement d'une escadre, avec laquelle il se mit en campagne contre les Espagnols. Il remporta sur eux la célèbre victoire des Dunes, le 21 octobre 1639 (voy. pag. 404). Les États-généraux l'en récompensèrent par le don d'une chaîne d'or, et le roi de France, en lui conférant le collier de l'ordre de Saint-Michel. Les campagnes de 1640 et de 1641 ne furent pas moins glorieuses pour Tromp. Après l'explosion des inimitiés qui divisèrent la Hollande et l'Angleterre à la suite de l'acte de navigation, en 1651, une carrière plus belle encore s'ouvrit pour lui : il put mesurer ses bâtiments avec ceux des Anglais. Après avoir commencé la lutte avec l'amiral Robert Blake le 20 mai 1652, il le battit le 3 décembre suivant. Il se signala par les plus beaux faits d'armes et par un héroïsme presque épique, dans les rencontres qui eurent lieu pendant une année tout entière entre les deux flottes. Il fut tué dans une de ces luttes le 10 août 1653, à la hauteur de Scheveningue (voy. pag. 408). Il avait été vainqueur dans trente-deux combats sur mer. On voit son mausolée dans la vieille église de Delft.

N° II. — PORTRAIT DE L'AMIRAL RUYTER. — Michel Ruyter naquit à Flessingue en 1607. Il entra dans la marine comme mousse dès l'âge de onze ans, et passa successivement par les grades de matelot, de contre-maître, de pilote et de lieutenant. En 1635, il atteignit le rang de capitaine de vaisseau. Après avoir fait huit campagnes dans les Indes occidentales, il fut nommé vice-amiral, et chargé, en 1645, du commandement d'une escadre envoyée au secours des Portugais contre les Espagnols. En 1647, il attaqua devant Salé cinq grands corsaires algériens, qu'il coula bas. Les Maures, témoins de cette lutte glorieuse, le reçurent avec enthousiasme, et l'introduisirent en triomphe dans leur ville, monté sur un cheval richement caparaçonné, et menant à sa suite les capitaines vaincus. Il prit une part glorieuse aux combats que la flotte hollandaise livra à celle des Anglais, après que la guerre eut éclaté avec l'Angleterre en 1652, et se distingua partout avec l'escadre placée sous son commandement (voy. page 408). Ayant reçu, en 1655, l'ordre de châtier les Barbaresques, qui avaient insulté le pavillon hollandais, il anéantit un grand nombre de corsaires d'Alger et de Tunis, et fit pendre le renégat Armand de Diaz, qui s'était rendu si fameux par sa cruauté. Envoyé, quatre années après, au secours du Danemark contre la Suède, il battit cette dernière puissance dans deux combats, et obtint du monarque danois des lettres de noblesse et une pension. A cette récompense les États-généraux joignirent le titre de vice-amiral. Après avoir été chargé de faire une nouvelle expédition contre les Barbaresques en 1664, il reçut la mission de recouvrer les possessions hollandaises sur la côte d'Afrique, que les Anglais avaient enlevées. Il reprit ces établissements, et s'empara de plusieurs colonies anglaises et d'une grande quantité de bâtiments britanniques (voy. page 412). Il se dirigea ensuite vers l'Amérique, et essaya de se rendre maître de la Barbade; mais il échoua dans cette tentative. Les hostilités ayant éclaté ouvertement avec l'Angleterre en 1665, Ruyter fut envoyé avec une flotte contre celle du prince Rupert, et signala cette campagne par plus d'un beau fait d'armes. En 1666, il fut rejoint par l'amiral Corneille Tromp, et attaqua les Anglais, malgré l'infériorité numérique de sa flotte; mais cette fois il fut battu. L'année suivante, il prit une éclatante revanche. Il parut tout à coup à l'embouchure de la Medway et de la Tamise, rompit la chaîne qui fermait la première de ces rivières, et, après avoir incendié tous les navires qui se trouvaient dans le port de Sheerness, entra dans la Tamise, où il détruisit un grand nombre de bâtiments ennemis. La guerre ayant éclaté entre la France et la Hollande en 1671, Ruyter fut élevé au grade de lieutenant-amiral général, et placé à la tête d'une flotte de soixante-douze vaisseaux. Avec ces forces il eut à tenir tête aux flottes combinées de la France et de l'Angleterre, qui ne comptaient pas moins de quatre-vingt-trois gros bâtiments. Les 7, 14 et 23 juin 1673, il livra bataille aux ennemis, et fit tant de prodiges de valeur, que l'amiral français, écrivant à Colbert, lui dit qu'il voudrait avoir payé de sa vie la gloire que Ruyter venait d'acquérir. L'année suivante, il fut chargé d'une expédition contre la Martinique; mais il échoua dans cette entreprise. Au commencement de l'année 1675, la ville de Messine, ayant secoué l'autorité de l'Espagne, se mit sous la protection de la France. De leur côté, les Espagnols demandèrent des secours à la Hollande. Ruyter fut envoyé avec vingt-quatre bâtiments pour reprendre Messine, déjà occupée par les Français, que soutenait l'amiral Duquesne avec une flotte de trente vaisseaux. Ruyter ayant rallié quatre navires espagnols, attaqua l'ennemi dans les eaux de Catane. Dans cette rencontre, il fut blessé mortellement le 27 mars 1676, et se réfugia dans la baie de Syracuse, où il mourut le 29 avril suivant. Le mausolée de cet amiral célèbre se trouve dans l'Église Neuve (*Nieuwe Kerk*), à Amsterdam.

N° III. — (Manque.) Voy. planche IX *bis*. qui remplace cette planche III.

N° IV. — ÉGLISES DE SAINT-JEAN ET DE SAINT-SERVAIS, A MAESTRICHT. — L'église que l'on voit à gauche n'était à l'origine qu'un baptistère de la collégiale de Saint-Servais. Elle fut considérablement agrandie et érigée en paroisse au commencement du XIII° siècle. Elle est consacrée aujourd'hui au culte protestant, et possède le tombeau du célèbre philologue Saumaise, mort en 1653. La tour dont elle est surmontée ne date que du XV° siècle. Selon la chronique d'Herbenus, on y travaillait encore en 1450. — L'église de Saint-Servais est d'une construction beaucoup plus ancienne. Elle fut bâtie au VI° siècle par saint Monulphe, évêque de Maestricht, en l'honneur de saint Servais, qui avait été placé, au IV° siècle, sur le siége épiscopal de Tongres. Les guerres et les incendies la détruisirent en partie à plusieurs reprises. Aussi on y remarque un bizarre mélange de tous les styles d'architecture qui se sont succédé depuis le VI° siècle jusqu'au XV°. Cet édifice est représenté ici tel qu'il était avant que sa pittoresque tour de bois eût été remplacée, en 1767, par la lourde cage de pierre qui le couronne aujourd'hui.

N° V. — ÉGLISE DE DELFT ET MAISON ESPAGNOLE. — La ville de Delft se distingue par le morne silence qui y règne, et par l'aspect rigide et froid de ses édifices. On y voit un assez grand nombre de ces maisons dont l'architecture appartient au style improprement appelé style espagnol. L'église qui se trouve représentée ici est appelée *de Oude Kerk*, la Vieille Église. Elle fut fondée en 1240, et dédiée à saint Hippolyte. Elle renferme le mausolée de l'amiral Tromp, et n'a réellement de remarquable que sa tour.

N° VI. — TOUR DE L'ÉGLISE SAINT-MARTIN A UTRECHT. — Cette église remonte à une haute antiquité : on en rapporte la construction au roi Dagobert I⁰ʳ. Saint Willebrord y établit une abbaye de religieux. Érigée en cathédrale peu de temps après, elle fut entièrement reconstruite en 1024 par l'évêque d'Utrecht Adelbold. Deux siècles plus tard, en 1224, elle fut rebâtie pour la seconde fois dans la forme où nous la voyons aujourd'hui; mais il n'en reste plus que la tour et le chœur, toute la nef de l'église ayant été détruite par un ouragan en 1674. La tour elle-même, qui a 380 pieds d'élévation, menace ruine depuis l'ouragan du 20 novembre 1836, par lequel elle a été ébranlée jusque dans ses fondements. Du sommet de ce monument, la vue s'étend sur presque toute la province de Hollande, et sur une partie de la Gueldre et du Brabant septentrional. En 1546, l'empereur Charles-Quint célébra, dans l'église de Saint-Martin, un chapitre de la Toison d'Or.

N° VII. — ÉGLISE A LA HAYE. — On trouve à la Haye un assez grand nombre d'églises, mais aucune d'elles ne mérite sérieusement l'attention sous le rapport de l'art. Celle dont nous donnons ici la vue et le plan s'appelle la Nouvelle Église (*Nieuwe Kerk*). Elle fut bâtie en 1649. Il ne s'y trouve de remarquable que les orgues, dont les volets sont ornés de peintures dues à Théodore van der Schuur.

N° VIII. — INTÉRIEUR DE LA VIEILLE ÉGLISE LUTHÉRIENNE, A AMSTERDAM. — Bien que cette église porte déjà la qualification de vieille, elle ne date cependant que du XVIIe siècle. On en posa la première pierre en l'an 1632. On y voit de belles orgues, ornées d'un grand nombre de statues. Elles furent construites en 1692, et sont décorées d'énormes volets peints par Philippe Tideman.

N° IX. — BUFFET D'ORGUES DANS LA NOUVELLE ÉGLISE LUTHÉRIENNE, A AMSTERDAM. — La nouvelle église luthérienne à Amsterdam appartient également au XVIIe siècle; elle n'est postérieure que de fort peu d'années à la vieille église. Elle a été construite sur les plans de l'architecte Dorsman. On y remarque une belle coupole en cuivre rouge, dont le roi Charles XI, de Suède, fit don à la communauté luthérienne d'Amsterdam. Les orgues de cette église sont fort belles: elles sont doubles, et furent construites en 1709. Elles sont ornées de plusieurs statues, et présentent une élévation de cent soixante-deux pieds.

N° IX bis. — PORTRAIT DE REMBRANDT. — Rembrandt van Rhyn naquit le 15 décembre 1606, près de la ville de Leyde, entre Leyerdorp et Koukerk. Son père, qui exerçait l'état de meunier, l'envoya aux écoles latines; mais la passion dominante du jeune Rembrandt le portait vers le dessin et la peinture; de sorte que la volonté de ses parents finit par céder, et il fut placé dans l'atelier de Jacques van Zwanenborg, chez lequel il resta trois ans. Il eut aussi pour maîtres Jacques Pinas, George van Schoten, Jean Lievensz, et Pierre Lastman. L'influence de ce dernier maître surtout se montre puissamment dans les premiers ouvrages de Rembrandt. Quand le jeune artiste fut parvenu à attirer l'attention de quelques amateurs, il alla s'établir à Amsterdam; ce fut en 1630. Deux années après, il produisit le fameux tableau si connu sous le nom de l'*Amphithéâtre d'anatomie*, qui n'est peut-être pas le chef-d'œuvre de Rembrandt, mais qui est à coup sûr une des plus étonnantes productions que l'école hollandaise ait fournies. Il mourut à Amsterdam en 1665. Rembrandt est un de ces noms qui dispensent d'une longue notice; car il n'est personne qui ne connaisse cet artiste sublime, dont les peintures, portraits ou tableaux d'histoire, sont des joyaux, sans lesquels aucune collection n'est complète. Ce peintre a été l'objet de singulières calomnies, et on en a fait le héros d'un grand nombre d'anecdotes également fausses et controuvées. Une des imputations le plus généralement accréditées qu'on ait produites contre lui, est celle d'une avarice extraordinaire, et d'un amour immodéré de l'or. Pour satisfaire cette passion, dit-on, il se fit un jour passer pour mort, afin de tirer un grand bénéfice de la vente de ses tableaux, de ses dessins, de ses planches et de ses études. La vérité est que Rembrandt avait le goût des antiquités et des belles choses, et que, n'ayant pu satisfaire à des engagements qu'il avait contractés, il vit, en 1656, son mobilier saisi, et tout ce qu'il possédait vendu par autorité de justice, comme il résulte des registres authentiques de la chambre des insolvables, à Amsterdam. Telle fut l'origine de tous les mensonges que les biographes des peintres flamands et hollandais ont débités sur cet homme illustre.

N° X. — BUFFET D'ORGUES DE L'ÉGLISE OCCIDENTALE (*Westerkerk*) D'AMSTERDAM. — Cette église est la plus grande de toutes celles que renferme la ville d'Amsterdam. Elle est un curieux échantillon de l'architecture du XVIIe siècle, et la première pierre en fut posée en 1620. Elle a cent soixante-huit pieds de long sur quatre-vingt-dix de large dans œuvre. Elle renferme de fort belles orgues qui furent posées en 1687, et dont les volets sont peints par le Liégeois Gérard Lairesse. La tour de cette église est la plus haute de toutes celles que possède Amsterdam: elle n'a pas moins de trois cents pieds d'élévation.

N°s XI et XII. — HÔTEL DE VILLE D'AMSTERDAM. — Cet édifice, construit pour servir d'hôtel de ville, n'est plus employé à cette destination; on l'appelle aujourd'hui le palais Royal. Le plan en fut dressé par l'architecte van Kampen; la pose de la première pierre eut lieu le 28 octobre 1648, et la construction se trouva entièrement terminée en 1655. L'ensemble présente la forme d'un parallélogramme de deux cent quatre-vingt-deux pieds de long sur deux cent trente-cinq de large. La hauteur est de cent seize pieds, et de cent cinquante-sept en y comprenant la tour. Le tout repose sur treize mille six cent cinquante-neuf pilotis, fondement artificiel dont ne peut se passer aucune construction à Amsterdam. Cet édifice est le plus grand et le plus riche qu'il y ait dans cette capitale du commerce hollandais. La façade principale, qui offre trois corps de bâtiments en saillie, se compose de deux rangées de pilastres superposées, dont la première est d'ordre composite, et la seconde d'ordre corinthien. Le fronton qui couronne le péristyle est orné d'un bas-relief en marbre représentant la ville d'Amsterdam: assise sur un trône soutenu par deux lions, elle a sur la tête une couronne impériale, appuie sur ses genoux les armes de la ville, et tient à la main droite une branche d'olivier; elle est entourée de naïades qui lui présentent des couronnes, et de tritons qui célèbrent sa gloire au son de leurs trompes marines. Aux trois angles de ce fronton, qui a quatre vingt-deux pieds de longueur sur dix-huit de hauteur, sont placées des statues colossales en bronze, représentant la Paix, la Justice et la Prudence. L'intérieur est d'un luxe peu ordinaire; on y remarque une incroyable profusion de marbres de toutes les couleurs, et de riches tapisseries de haute lice. Quand on a franchi le seuil de l'une des portes d'entrée (qui sont au nombre de sept, par allusion aux sept provinces), on est frappé de la magnificence déployée dans cette superbe habitation, détournée de sa destination primitive en 1808, par le roi Louis Napoléon, qui en fit son palais. Tous les grands appartements sont ornés de tableaux et de sculptures. Mais il y a surtout deux salles remarquables : l'une est la salle du Trône, qui sert aujourd'hui de salle de bal ; elle est entièrement revêtue de marbre blanc, et a cent pieds de long sur soixante de large ; l'autre est la salle des Citoyens (burgerzaal), ainsi appelée parce que l'entrée en était ouverte autrefois à tous les habitants de la ville, aux plus riches comme aux plus pauvres. Cette salle est une des plus grandes, des plus hautes et des plus richement décorées qu'il y ait en Europe.

N° XIII. — HÔTEL DE VILLE DE LEYDE. — Cet édifice, dont l'architecture est d'un caractère bizarre, mais pittoresque, fut bâti en 1574. Dans ses détails on démêle encore çà et là le gracieux et charmant bégayement architectonique de la renaissance; mais il faut reconnaître que l'esprit de ce style ne se révèle déjà plus dans l'ensemble. Le rez-de-chaussée de cet hôtel de ville sert de halle aux viandes.

N° XIV. — HÔTEL DE VILLE DE DELFT. — Depuis que l'hôtel de ville d'Amsterdam a été converti en palais royal, celui de Delft passe pour le plus beau qu'il y ait en Hollande. Il est entièrement construit en pierres de taille, et fut bâti en 1608. On y conserve plusieurs bons tableaux de l'école hollandaise, dus au pinceau de Martin Heemskerk, de Bronckhorst, de Miereveld.

N° XV. — HÔTEL DE VILLE DE MAESTRICHT. — Cet édifice, bâti en pierres de taille, est situé au milieu d'une place fort spacieuse, qui sert de marché. Il fut commencé en 1659 et achevé en 1663. On y monte par un double perron. Celui de droite servait autrefois au magistrat liégeois, celui de gauche au magistrat des Provinces-Unies, lorsque la ville de Maestricht se trouvait placée sous la souveraineté indivise du prince-évêque de Liége et des États généraux de Hollande. De chaque côté du grand vestibule, dont le plafond est peint par van der Schuur, on voit encore, au-dessus des portes des salles d'audience, les armes de ces deux puissances, et ce vers latin, qui exprimait le caractère de l'autorité à laquelle la ville était soumise :

Trajectum neutro domino, sed paret utrique.

N° XVI. — GRANDE SALLE D'AUDIENCE A LA HAYE. — Les historiens qui se sont occupés de l'origine des monuments que renferme cette ville, rapportent généralement au comte de Hollande Guillaume II, qui devint en 1247 roi des Romains, la construction du palais que l'on nomme aujourd'hui le *Binnenhof*, et où les États généraux des Provinces-Unies tenaient leurs séances, et les stathouders leur résidence. Les vastes bâtiments qui le composent sont occupés aujourd'hui par la législature néerlandaise, et par les ministères ou les administrations générales. La grande salle d'audience que nous reproduisons ici fait partie du Binnenhof. On l'appelle communément *Treveskamer* (chambre des trèves), parce qu'elle servait, sous l'ancienne république, aux conférences hebdomadaires des ambassadeurs et des ministres étrangers avec leurs hautes puissances les États-généraux. Elle fut restaurée et enrichie de nouvelles décorations en 1697. Les sculptures et les peintures y abondent. Sur les panneaux qui se présentent devant le spectateur, on remarque les portraits en pied des princes Guillaume I de Nassau, Maurice, Frédéric-Henri et Guillaume II, peints par Henri Brandon. Le trumeau de cheminée à gauche est orné du portrait de Guillaume III, roi d'Angleterre ; et celui de la cheminée à droite est décoré d'une composition allégorique de Théodore van der Schuur, représentant la Liberté, la Paix et l'Abondance.

N° XVII. — BOURSE D'AMSTERDAM. — Cet édifice, qui fut commencé en 1608 et achevé en 1613, avait été construit sur le modèle de la bourse d'Anvers. Il était tout en pierres de taille, et offrait une longueur de deux cent cinquante pieds sur une largeur de cent quarante. Mais on a été forcé de le démolir il y a quelques années, parce qu'il menaçait de s'écrouler, les fondements ayant commencé à céder.

On s'occupe d'achever la construction de la bourse nouvelle.

N° XVIII. — MONNAIES. — Cette planche donne un échantillon de différentes monnaies du comté de Hollande, de l'évêché d'Utrecht, du duché de Gueldre et du royaume de Hollande, frappées à plusieurs époques.

N° XIX. — PIERRE CELTIQUE, DITE DE BRUNEHAUT, A HOLLAIN. — Le village de Hollain est situé à deux lieues de Tournai, à la droite de la chaussée qui conduit de cette ville à Saint-Amand. C'est là que s'élève sur un plateau cette pierre énorme, à laquelle la tradition a attaché le nom de Brunehaut. On n'est pas d'accord sur l'origine de ce monument étrange. D'après un historien belge, il aurait été érigé par les habitants de la contrée, en souvenir d'une victoire remportée sur les Hérules au IV° siècle; mais l'unique preuve que l'on puisse produire pour étayer cette opinion, est que cette pierre se trouve placée près d'un chemin appelé *le chemin des Hérules*. Un autre historien rapporte l'origine de ce monument à l'époque où Jules-César eut dompté les Tournaisiens, révoltés contre son lieutenant Cicéron. D'après un troisième écrivain, Godefroid le Captif, comte de Verdun et seigneur d'Eenham, ayant donné, par un diplôme du 21 janvier 979, le village de Hollain à l'abbaye de Saint-Pierre à Gand, y fit placer une borne élevée, pour marquer par un signe que ce village était le chef-lieu de sa juridiction et le local de ses plaids généraux. Cette borne serait la pierre dont nous parlons ici. Cependant l'opinion qui a le plus de crédit, est que le monument de Hollain est un *menhir* celtique. Quoi qu'il en soit, il est d'un grès très-dur, offre la forme d'un trapèze, et est d'une nature de pierre dont il ne se trouve pas de carrière dans un rayon de cinq lieues. Il présente une masse de quatre cent cinquante pieds cubes, en y comprenant la partie enterrée. Il ne montre aucune inscriptions, ni aucune trace de sculpture. Quant à la dénomination de *pierre de Brunehaut*, par laquelle le peuple le désigne, et qu'il porte sur les plus anciennes cartes du pays, elle est aussi improprement donnée à ce monument qu'aux chaussées romaines qui traversent la Belgique, et qui sont toutes attribuées à Brunehaut, reine d'Austrasie. Ajoutons encore que la chaussée romaine qui conduisait de Tournai à Bavai passait près du *menhir* de Hollain.

N° XX. — MAIN SYMBOLIQUE, DITE PANTHÉE. STATUE D'ISIS. LANCE DE BRONZE. — La Belgique a conservé des traces nombreuses de la domination romaine, que des fouilles viennent assez fréquemment rendre à la lumière : des vases, des armes, des monnaies, des statuettes, des thermes, etc. La main symbolique que nous représentons ici est une de celles que les artistes romains avaient coutume de sculpter, et qu'on appelle *Panthées*, parce qu'elles offrent les symboles et les attributs de plusieurs divinités. La petite statue d'Isis porte aussi le cachet de l'art romain.

N° XXI. — PONT A TOURNAI. — Ce pont, composé d'une seule arche audacieusement jetée sur l'Escaut, était d'une construction fort ancienne. Il était couvert d'une toiture, et servait de passage. Dans ces dernières années, il menaçait ruine, et on a été forcé de le démolir. C'était véritablement une des curiosités de la ville de Tournai, et nous avons tenu à en conserver ici le souvenir.

N° XXII. — CATHÉDRALE DE TOURNAI. — Cette cathédrale est un des édifices les plus importants que possède la Belgique, et elle est peut-être la plus remarquable sous le rapport de l'art et de l'antiquité. Ce ne fut d'abord qu'une humble chapelle dédiée à Notre Dame, et bâtie vers la fin du III° siècle par saint Piat, Italien d'origine, qui vint dissiper à Tournai les ténèbres du paganisme. Cette chapelle s'agrandit plus tard, lorsque Tournai fut devenu le siége du royaume des Franks. La cathédrale, telle qu'elle existe aujourd'hui, manque d'unité, parce qu'elle fut construite par parties à différentes époques. Mais, malgré sa forme hybride, elle est d'un effet imposant et grandiose. Elle a quatre cent quatre-vingt-quatorze pieds de long, et appartient en partie au style roman, en partie au style ogival. La nef est d'architecture romane; on ignore l'époque de sa construction. Le chœur, incendié en 1213, fut reconstruit en 1242; il est d'architecture ogivale, et se distingue par sa hardiesse et par son élévation, qui est de cent pieds au moins. Le croisillon offre des dimensions colossales, et se termine de chaque côté par une abside circulaire; une coupole, haute, à l'intérieur, de cent soixante-trois pieds, en domine la partie centrale. Le grand portail est un ouvrage conçu dans le mauvais goût du XVII° siècle. Cette magnifique cathédrale est surmontée de cinq tours, dont l'une a la forme d'un dôme, et dont les quatre autres sont plus élancées. On remarque dans cet édifice plusieurs sculptures anciennes. Le jubé, qui fut construit après les dévastations exercées par les iconoclastes en 1566, est d'une grande élégance.

N° XXIII. — PORTRAIT DE JEAN VAN EYCK, DIT JEAN DE BRUGES. — Ce peintre célèbre naquit vers l'an 1370 à Maeseyck, petite ville située sur la rive gauche de la Meuse, entre Maestricht et Ruremonde. On lui donne communément pour maître son frère Hubert. Tous deux se fixèrent de bonne heure en Flandre, où l'art brillait déjà d'un certain éclat, au milieu des riches et magnifiques communes de Bruges et de Gand. C'est dans cette dernière ville qu'ils s'établirent d'abord, et qu'ils commencèrent en 1420 le fameux tableau à douze volets, qui représentait l'*Agneau pascal*, et qui ornait l'église de Saint-Jean (aujourd'hui Saint-Bavon). Ce vaste et incomparable ouvrage fut peint pour un seigneur gantois, qui fit connaître les deux artistes à la cour de Philippe le Bon, duc de Bourgogne. Ils trouvèrent dans ce prince un protecteur généreux. Hubert mourut à Gand en 1426. Jean, qui occupait déjà le poste de varlet de la chambre ducale à la cour de Philippe, fut adjoint à l'ambassade que ce prince envoya en 1428 à Lisbonne, pour demander la main d'Isabelle de Portugal. Il mourut à Bruges vers l'an 1444. C'est en 1410 qu'il découvrit ou qu'il perfectionna le procédé de la peinture à l'huile. Il commença par inventer plusieurs vernis gras, qu'il employait pour faire ressortir les tableaux qu'il peignait, selon l'ancien procédé, au blanc d'œuf et à la détrempe. Un jour il exposa au soleil, pour en faire sécher le vernis, un tableau qu'il avait fini avec un soin précieux; et la chaleur fendit les jointures du panneau. Désolé de voir ainsi périr en un instant le fruit de ses longues études, il se livra à de nouvelles recherches, et ses expériences parvinrent enfin à constater que l'huile de lin et l'huile d'œillette se mêlaient parfaitement avec les couleurs, séchaient facilement, résistaient à l'eau, et produisaient un brillant qui pouvait dispenser du vernis. Il s'aperçut en même temps que ces couleurs à l'huile étaient plus fluides, se fondaient plus moelleusement, et donnaient plus de vigueur à la peinture. Cette admirable découverte stimula singulièrement son génie; et ses nouvelles productions furent tellement supérieures à sa première manière, qu'il excita l'admiration universelle. On sait qu'un peintre sicilien, Antonello de Messine, vint du fond de l'Italie à Bruges pour apprendre ce procédé nouveau, dont van Eyck lui fit longtemps un secret, mais qu'il finit par lui enseigner.

N° XXIV. — MAISON DES BATELIERS, A GAND. — Dans presque toutes les grandes villes de la Belgique on trouve de ces bâtiments construits par les riches corporations qui peuplaient nos industrieuses et opulentes communes. On peut citer surtout les beaux et pittoresques édifices qui ornent la grande place à Bruxelles. La maison des Bateliers à Gand ne doit cependant leur céder ni en beauté ni en élégance. Elle est située au quai aux Herbes, et fut bâtie en 1531.

N° XXV. — PORTRAIT DE JEAN HEMLING. — La vie de ce peintre est une des plus obscures qu'il y ait dans l'histoire de l'art flamand. On ne sait en quelle année il vint au monde, ni en quelle année il mourut. Les uns le font naître à Bruges, les autres à Damme. Et, de même qu'on n'est pas d'accord sur le lieu de sa naissance, on se dispute sur la manière d'orthographier son nom, dont on fait tantôt Memling, tantôt Memmeling, tantôt Hemmeling, bien que l'artiste lui-même ait signé ses ouvrages du nom que nous avons mis sous son portrait: Aussi la légende s'est emparée de ce génie mystérieux, et en a fait le héros d'une tradition poétique qui passe aujourd'hui pour une incontestable vérité dans l'histoire de l'art. On raconte que, ayant servi sous les drapeaux de Charles le Téméraire, duc de Bourgogne, il assista à la terrible défaite que ce prince essuya près de Nancy, et vint, malade et souffrant, demander un asile à l'hospice de Saint-Jean, à Bruges. Accueilli dans cet établissement charitable, il fut rendu à la santé, et peignit, dit-on, plusieurs ouvrages, pour témoigner sa reconnaissance à ses bienfaiteurs. C'est là qu'il exécuta la fameuse *Châsse de sainte Ursule*, dont nous donnons plus loin un dessin. Le style d'Hemling se rapproche beaucoup de celui de van Eyck, dont il diffère cependant par un caractère plus sévère, qui a quelque rapport avec celui des maîtres de l'école de Cologne. Les ouvrages d'Hemling sont fort recherchés. Les biographes font naître cet artiste en 1440, bien que, d'après la physionomie de son portrait, il nous paraisse né avant cette époque. On croit généralement qu'il mourut en 1499, car c'est le dernier millésime que l'on trouve marqué sur ses tableaux. Les archives du couvent des chartreux de Miraflores, près de Burgos, parlent d'un peintre désigné par le nom de *Juan Flamenco* (Jean le Flamand), qui commença en 1496 et termina en 1499, pour cet établissement, plusieurs peintures représentant des scènes de la vie de saint Jean-Baptiste. Comme l'histoire de l'art belge ne connaît aucun peintre du nom de Jean qui ait vécu à cette époque, et qu'Hemling disparut tout à coup vers ce même temps, on a conclu que c'est de lui qu'il est question dans le document de Miraflores.

N° XXVI. — CATHÉDRALE D'ANVERS. — Cette cathédrale est célèbre par sa beauté, autant que par les ouvrages d'art qu'elle renferme. Ce ne fut d'abord qu'une simple chapelle transformée en église, mais devenue insuffisante vers le milieu du XIV° siècle. Aussi en 1352 on commença à la reconstruire de fond en comble, dans la forme générale que cet édifice présente aujourd'hui. Le plan en fut conçu par un architecte nommé Amelius, que les uns disent originaire de Bologne, et que les autres prétendent natif d'Anvers même. Le travail avança avec tant de lenteur, que la grande flèche ne se trouva terminée qu'en 1518. Elle a 432 pieds d'élévation. Le chœur fut commencé en 1521, et achevé en 1533. D'après le plan primitif, l'édifice devait être couronné de cinq flèches, aussi hautes que celle dont il est aujourd'hui surmonté. Celle que nous voyons, conduite à peine jusqu'à la moitié de sa hauteur, était beaucoup plus élevée ; mais elle fut dévorée par un incendie en 1537. L'église fut érigée en cathédrale en 1559, et la chrétienté en possédait peu qui fussent aussi riches et aussi splendidement décorées. Les iconoclastes la pillèrent et la dévastèrent d'une manière affreuse en 1566 (voy. p. 339). Mais bientôt après elle se releva de ses ruines, pour être de nouveau ravagée par les troupes de la république française en 1798. Cependant, malgré ce dernier saccagement, elle a conservé un grand nombre d'ouvrages d'art qui attirent la curiosité des étrangers. On y admire plusieurs des meilleurs tableaux de Rubens, et les belles stalles gothiques en bois sculpté que deux artistes contemporains, MM. Durlet et Geerts, viennent d'y placer, et qui ne sont inférieures en rien à celles des anciens sculpteurs belges, qui pratiquaient cette sorte de sculpture avec une si grande perfection. La cathédrale d'Anvers est remarquable par la beauté de ses nefs, qui sont au nombre de sept, et qui présentent les perspectives les plus belles et les plus variées.

N° XXVII. — INTÉRIEUR DE LA CATHÉDRALE D'ANVERS. — Cette vue est prise de la branche du croisillon qui s'ouvre sur la place Verte, et où se trouve le célèbre tableau de la *Descente de croix*, par Rubens. Dans l'autre partie du croisillon, on voit l'*Érection de la croix*, ouvrage du même maître. La voûte de la coupole, pratiquée au point d'intersection des deux grandes lignes dont se compose la forme de la cathédrale, est ornée d'une *Assomption de la Vierge*, peinte par Corneille Schut, élève de Rubens. Tout alentour règne l'inscription suivante : *Exaltata est sancta Dei Genitrix super choros angelorum.*

N° XXVIII. — ÉGLISE SAINT-PAUL, A ANVERS. — Cette église, qui appartenait autrefois à la congrégation des dominicains, fut construite, vers le milieu du XIII° siècle, aux frais du duc de Brabant Henri III. Albert le Grand, évêque de Ratisbonne, la consacra en 1271. Mais elle fut dévorée en grande partie par le feu du ciel en 1679, pour être rebâtie dans la forme qu'elle présente aujourd'hui. On y trouve une profusion de sculptures en bois, qui sont presque toutes du XVII° siècle. On y voit aussi plusieurs magnifiques tableaux de van Dyck, de Crayer, de Jordaens et de Rubens. La *Flagellation du Christ*, par ce dernier, est surtout l'objet de l'admiration des connaisseurs. En sortant de l'église par la nef de droite, on remarque un calvaire orné d'un grand nombre de figures, dues au ciseau de plusieurs d'entre les meilleurs sculpteurs en bois de l'ancienne école anversoise.

N° XXIX. — ÉGLISE DE DINANT. — La ville de Dinant a l'air d'avoir été broyée par les eaux de la Meuse contre l'énorme banc de rochers au pied duquel elle est située ; car elle ne forme, à vrai dire, qu'une seule rue, qui se prolonge dans le sens du fleuve. Elle est d'une origine fort ancienne, et il en est déjà fait mention dans des documents du VI° siècle. Saint Monulphe, dans le patrimoine duquel elle était comprise, la donna en 559 à l'Église de Liége ; et, depuis cette époque, elle a toujours continué à faire partie du domaine de cet évêché. Dès le XII° siècle, elle était ville forte. Aussi elle soutint plusieurs siéges mémorables, et fut dévastée à diverses reprises. Cependant, bien que Philippe le Bon, duc de Bourgogne, l'ait fait saccager en 1466, et que les Français, commandés par le duc de Nevers, l'aient ravagée de nouveau en 1554, elle a sauvé de ces désastres et conservé presque intacte sa belle église de Notre-Dame. Cet édifice appartient à l'époque de transition où le style roman allait faire place au style ogival. Il est remarquable par la pureté de ses formes et l'harmonie de ses proportions. On y trouve plusieurs sculptures anciennes qui méritent l'attention des archéologues, et des vitraux assez curieux. L'église est située au pied même du rocher où se trouve bâtie la citadelle de Dinant. La croix du clocher n'atteint qu'à peine la base des murailles de cette forteresse.

N° XXX. — ÉGLISE SAINT-JACQUES, A LIÉGE. — Le monastère de Saint-Jacques fut fondé en 1016 par l'évêque Baldric II. L'église qui en faisait partie fut terminée en 1030. Mais de cet édifice du XI° siècle, il ne reste que la tour et quelques pans de mur adjacents. L'église actuelle ne fut commencée que vers l'an 1522; elle se trouva achevée en 1538. C'est un des plus curieux échantillons qu'il y ait du mélange des divers styles. Il y a une partie romane; il y a du moresque; il y a du gothique mêlé de moresque; enfin il y a un portail dessiné par le peintre liégeois Lombard, et conçu dans le style de la renaissance. Mais c'est l'intérieur surtout qui produit une impression singulière. « C'est l'architecture gothique avec « toute la coquetterie de l'art arabe, dit « M. Nisard dans ses *Impressions de* « *voyages*. La nef, vaste, majestueuse et « légère, élève l'âme sans peser sur elle. « La voûte semble comme dérobée sous un « réseau de fines arêtes qui s'entre-croisent « avec symétrie, et courent autour de mé- « daillons où sont peintes des têtes, les « unes nues, les autres portant le casque « du XVI° siècle: celles-ci d'hommes, celles- « là de femmes; mystérieux assistants pla- « cés entre la terre et le ciel. On dirait un « immense berceau dont le treillis de pierre « offre, à chacun de ses points d'intersec- « tion, un camée antique, et dont les ouver- « tures laissent voir l'azur du ciel, figuré « par les fresques bleues qui remplissent les « parties vides de la voûte. Ce berceau « tombe, en s'arrondissant, sur de légères « murailles coupées d'immenses fenêtres, et « portées par deux galeries en arcades ogi- « vales, que surmonte un balcon à jour, « dont la pierre a été tressée comme du « jonc, et qui semble posé sur la pointe des « arcades. Les profils des ogives sont des « broderies. Un élégant feston monte du bas « des deux arcs jusqu'à leur sommet, et de « là encore s'élance et grimpe le long du « mur, en manière de bas-relief. Dans l'es- « pace plein qui s'étend entre les têtes de « chaque arcade, sont représentés en mé- « daillons les portraits des rois, princes- « ses, prophètes et prophétesses de l'Écri- « ture, avec leurs noms et les versets du « livre sacré qui les concernent, et qui for- « ment, de chaque côté de la nef, comme « une inscription continue, écrite en carac- « tères gothiques. » Saint-Jacques possède plusieurs sculptures dignes d'attention, et un buffet d'orgues d'une richesse extraordinaire, déployant à ses deux côtés d'immenses panneaux dorés, dont l'intérieur est orné de peintures.

N° XXXI. — ÉGLISE SAINT-MICHEL ET SAINTE-GUDULE, A BRUXELLES. — C'était jadis une collégiale qui fut terminée en 1047 par Lambert II, comte de Louvain, et qui devint la souche de la basilique actuelle, dont la première pierre fut posée en 1155. Un siècle plus tard, Henri I, duc de Brabant, la fit agrandir considérablement. Le chœur et le croisillon datent de cette époque. La grande nef et les tours sont du XIV° siècle, et les bas-côtés appartiennent au XV°. La chapelle du Saint-Sacrement des Miracles, érigée en mémoire des hosties miraculeuses poignardées par des juifs en 1369, et conservées, depuis cette époque, dans l'église de Sainte-Gudule, fut bâtie en 1534. Elle appartient encore au style gothique, mais elle montre déjà un caractère altéré par le style de la renaissance, qui perce à travers l'ogive. La façade principale de la basilique est ornée de deux tours carrées, qui sont restées inachevées depuis l'an 1518, et qui auraient dû être reliées par un pont, couronné d'une troisième tour beaucoup plus haute.

N° XXXII. — INTÉRIEUR DE L'ÉGLISE SAINT-MICHEL ET SAINTE-GUDULE, A BRUXELLES. — La grande nef de cette église se distingue par sa hardiesse et par son élévation. On y voit une superbe chaire en bois, sculptée par Verrbuggen. Cette basilique possédait autrefois un grand nombre de beaux tableaux, qui ont disparu depuis 1798. Il y reste cependant encore différents ouvrages d'art d'un grand prix. Ce sont d'abord plusieurs confessionnaux décorés de statues en bois, taillées par Duquesnoy; ensuite, de magnifiques vitraux, exécutés au XVI° et au XVII° siècle par Jean Ack et Jean de la Bar, d'Anvers, d'après les dessins de Roger van der Weyde, de Bernard van Orley, de van diepenbeek et de van Thulden.

N° XXXIII. — CATHÉDRALE DE MALINES. — Deux siècles après la mort de saint Rombaut, missionnaire écossais qui vint prêcher l'Évangile à Malines vers le milieu du VIII° siècle, on songea à ériger une église à sa mémoire : ce fut en 960. Notger, évêque de Liége, dont l'Église comptait Malines au nombre de ses domaines, y plaça douze chanoines. Vers la fin du XIII° siècle, le temple élevé à saint Rombaut étant devenu insuffisant, on en bâtit un nouveau dans des proportions beaucoup plus vastes. La grande nef est du XV° siècle; elle fut terminée en 1437; le chœur fut achevé en 1451. La tour fut entreprise l'année suivante; elle a un caractère singulièrement grandiose, et est assise sur le sol avec une ampleur qui produit l'effet le plus imposant. Elle repose sur une grande ogive qui sert de portail; mais elle est toujours dépourvue de la flèche qui devait la surmonter, et qui en eût fait la tour la plus élevée qui soit connue. Cette cathédrale fut érigée en archevêché en 1559 par le roi Philippe II, en faveur de Perrenot de Granvelle (voy. page 334). On y trouve plusieurs tombeaux d'archevêques et plusieurs tableaux remarquables, parmi lesquels on distingue surtout un *Christ en croix*, dû au pinceau de van Dyck.

N° XXXIV. — JUBÉ DE L'ÉGLISE SAINT-PIERRE A LOUVAIN. — L'église de Saint-Pierre date des premières années du XI° siècle; car on en rapporte la fondation à Lambert le Barbu, comte de Louvain. Elle fut réduite en cendres en 1130. Brûlée de nouveau en 1373 et en 1458, elle fut relevée deux fois de ses ruines. Dans l'édifice tel que nous le voyons aujourd'hui, il existe encore une partie qui appartient au XIV° siècle : c'est la partie basse. Quant au chœur, il fut construit en 1434. Le transept méridional date du commencement du XVI° siècle. D'après le plan primitif et le modèle en relief de cette église, qui se trouvent au musée de l'hôtel de ville de Louvain, elle devait être surmontée de cinq flèches, dont la plus grande aurait atteint une élévation de cinq cent trente-cinq pieds. Mais ces tours ne furent conduites que jusqu'à la hauteur du toit, les fondements ayant été reconnus trop peu solides pour supporter une masse aussi considérable. L'église présente la forme d'une croix latine, ayant trois cents pieds de long sur soixante-quinze de large. Elle se compose de trois nefs : celle du milieu est fort élevée, et repose sur vingt-huit piliers en gerbe. Elle est d'une grande beauté, et renferme un nombre considérable d'ouvrages d'art qui méritent l'attention. On y voit plusieurs tableaux antiques fort précieux, parmi lesquels il y en a d'Hemling et de Quentin Metsys; un portail en bois, sculpté avec un grand art; une chaire en bois, taillée avec un goût rare; un superbe lustre en fer battu, qu'on attribue à Quentin Metsys; un tabernacle en pierres de taille, haut de trente-cinq pieds, et sculpté en 1433, avec toute la finesse d'une dentelle; une balustrade en marbre blanc ornée de rinceaux, œuvre du célèbre Duquesnoy; et enfin le jubé, dont nous donnions ici l'arcade intermédiaire. Ce monument se compose de trois arcades, dont les archivoltes sont ornées d'une profusion de feuillages travaillés avec une délicatesse étonnante. Au-dessus règne une file de niches peuplées de statuettes. Ce chef-d'œuvre d'architecture appartient à la fin du XVI° siècle, et il est conçu entièrement dans le style qu'on appelle gothique-arabe.

N° XXXV. — CHASSE DE SAINTE URSULE. — La tradition rapporte qu'Hemling, pendant son séjour à l'hôpital Saint-Jean, à Bruges, peignit cette châsse, comme un témoignage de sa reconnaissance pour les soins qu'il y avait reçus (voy. ci-dessus, n° xxv). Elle a la forme d'une église gothique, sur les grands côtés de laquelle sont représentées les scènes principales de la vie de sainte Ursule. Elle est artistement taillée en bois, et dorée. Elle est placée sur un pivot, sur lequel elle tourne de manière à pouvoir présenter successivement chacune de ses faces au spectateur. Voici ce que la légende raconte au sujet de sainte Ursule. Au commencement du III° siècle, Théonote était l'un des cinq rois qui gouvernaient l'Irlande. Sa femme Daria lui donna une fille qu'ils nommèrent Ursule, et qu'ils élevèrent dans la piété, car ils avaient embrassé la doctrine de l'Évangile. Ursule était d'une beauté rare, et elle était citée dans toute l'Irlande comme un modèle de douceur et de grâce. Or, en Britannie régnait Agrippinus, homme d'un caractère impérieux et farouche. Il avait un fils unique, nommé Conan, qui rechercha en mariage la belle Ursule. Comme elle avait fait vœu de chasteté, et qu'elle craignait d'exciter la colère d'Agrippinus en refusant d'accepter son fils pour époux, elle eut recours à Dieu, et elle apprit, par une apparition céleste, que ce mariage aurait lieu dans un autre royaume, où elle entrerait au milieu d'un cortége de jeunes vierges; et qu'elle devait aller avec ses compagnes dans un pays lointain, attendre ce que Dieu déciderait de son sort. Elle s'embarqua avec onze mille jeunes filles qui vinrent à elle de tous les points de l'Irlande, de la Britannie et de la Belgique. La flotte se composait de onze gros navires. A peine Ursule et ses compagnes y furent-elles montées que le vent se leva, et poussa les vaisseaux vers l'embouchure du Rhin. Elles remontèrent ce fleuve jusqu'à Cologne, où elles s'arrêtèrent pour voir Sigillindis, autre princesse britannique, qui, après la mort de son époux, s'était retirée aux bords du Rhin, où elle avait bâti une chapelle et un monastère. Mais, au milieu de la nuit qui suivit leur arrivée, Ursule fut avertie dans une vision que la voix du Seigneur l'appelait à Rome.

Elle se rembarqua donc le lendemain avec ses compagnes, et se dirigea vers Bâle, d'où elles prirent route à travers les Alpes vers la capitale du monde chrétien. Entrées à Rome, elles se rendirent à la première église qui se présenta devant elles; et le pape Cyriaque, miraculeusement averti de leur arrivée, les reçut sur le seuil de la basilique. Une grande foule de pèlerins, qui s'étaient joints à elles sur la route, y reçurent le baptême. De ce nombre fut Conan, qui avait gagné Rome par un autre chemin, après avoir perdu son père. Cependant Alexandre Sévère avait été remplacé sur le trône de l'empire par Maximin, soldat farouche, qui, pour mieux se maintenir au pouvoir, avait appelé à son secours les Huns et d'autres barbares. Les persécutions contre les chrétiens avaient recommencé, et le sénat ordonna à Ursule et à ses compagnes de quitter Rome et l'Italie. Le bon Cyriaque fut profondément affligé en apprenant cet ordre; mais, dans une prière qu'il adressa au ciel pour la pieuse étrangère, il crut entendre une voix qui lui ordonnait de suivre la princesse britannique et ses compagnes. Il résolut donc de partir avec elle, et emmena une partie de son clergé. On se remit aussitôt en route, et on se dirigea vers Bâle, où l'on s'embarqua pour Cologne. Mais, arrivés devant cette ville, les vaisseaux furent assaillis par Maximin et ses Huns. Les hommes tombèrent les premiers, après avoir opposé une résistance inutile: Conan, qui avait pris, en recevant le baptême, le nom d'Éthéré, périt à la tête de ces braves. Toutes les compagnes d'Ursule furent percées de flèches. Elle seule ayant été épargnée à cause de sa ravissante beauté, les soldats la conduisirent devant Maximin, qui lui offrit la vie si elle consentait à devenir son épouse. Elle refusa, et subit la mort. — Telle est la poétique légende qui a servi de texte à Hemling, et dont il a représenté les six épisodes principaux sur les parties latérales de la châsse. Le premier est le débarquement d'Ursule à Cologne; le deuxième, son arrivée à Bâle; le troisième, sa réception par le pape à Rome; le quatrième, son départ de Bâle pour Cologne; le cinquième, le massacre; et enfin le sixième, le martyre d'Ursule. Chacun de ces six tableaux a trente-cinq centimètres de hauteur sur vingt-cinq et demi de largeur. Sur l'un des panneaux qui ornent les extrémités de la châsse, on voit Ursule et ses compagnes; sur l'autre se trouve la Vierge avec l'enfant Jésus, à côté de laquelle sont agenouillées deux femmes, dans l'ancien costume des religieuses de l'hôpital Saint-Jean à Bruges. Enfin, la partie qui forme la toiture de l'édifice est ornée de six médaillons, dont les deux plus grands représentent l'un la glorification de sainte Ursule, assise sur un trône et couronnée par l'Éternel, tandis que Jésus la bénit, et que le Saint-Esprit plane sur elle; l'autre, sainte Ursule avec ses compagnes dans le ciel. Dans les quatre petits médaillons, l'artiste a placé des anges qui jouent de divers instruments. Toutes ces peintures sont d'un sentiment exquis et d'une exécution merveilleuse: aussi elles sont rangées parmi les chefs-d'œuvre les plus précieux de l'art flamand au XVe siècle.

N° XXXVI. — RÉFECTOIRE DE L'ABBAYE DE SAINT-MICHEL, A ANVERS. — Parmi les riches établissements religieux qui se trouvaient autrefois à Anvers, l'abbaye de Saint-Michel occupait la première place. Ce ne fut d'abord qu'une humble chapelle, bâtie par saint Éloi vers le milieu du VIIe siècle, ruinée par les Normands deux siècles plus tard, et remplacée par une église plus vaste, que Godefroid de Bouillon pourvut de plusieurs prébendes en 1096. Ce pieux guerrier y plaça douze chanoines, chargés de prier pour le succès de la grande entreprise des chrétiens en Orient. Au commencement du XIIe siècle, un fameux hérésiarque, nommé Tanchelin, s'étant fait à Anvers de nombreux partisans, saint Norbert vint extirper ces détestables doctrines par ses prédications et par ses exemples. Pour lui témoigner leur gratitude des services qu'il avait ainsi rendus à la population anversoise, les chanoines de Saint-Michel offrirent au saint apôtre leur monastère et une partie des prébendes qui y étaient attachées; et ils se retirèrent dans la chapelle de Notre-Dame, qui devint plus tard la cathédrale dont nous avons parlé. Saint Norbert érigea le monastère en abbaye, et peu à peu se forma cet opulent et splendide établissement, dont les domaines occupaient une grande partie de la province actuelle d'Anvers. Cette maison hébergea pendant tout le moyen âge, et jusqu'à l'époque où elle fut supprimée par la république française, tous les souverains et les princes qui vinrent visiter la ville. Les œuvres d'art y abondaient; et elle possédait une quantité de précieux reliquaires, de sculptures et de tableaux. Le réfectoire était surtout d'un effet imposant. Érasme Quellyn l'avait décoré de magnifiques peintures, dont Descamps parle en ces termes, dans son *Voyage pittoresque de la Flandre et du Brabant*: « Il y a représenté, en sept
« tableaux qui remplissent les espaces des
« ogives jusqu'à la voûte, autant de sujets

« relatifs à la place, et pris dans la vie de
« Notre Seigneur. Tout est composé avec
« esprit et génie; la correction du dessin, la
« richesse des fonds, d'une savante archi-
« tecture, une belle couleur et des effets
« piquants, embellissent ce lieu, qui paraît
« agrandi, tant l'illusion y est portée loin
« par l'art. » Depuis la destruction de l'abbaye de Saint-Michel (car elle a été démolie
à la suite de l'invasion française de 1794),
tous les chefs-d'œuvre qui l'ornaient ont
été dispersés.

N° XXXVII. — PALAIS DE L'ÉVÊQUE, A
LIÉGE. — Le palais épiscopal, aujourd'hui
converti en palais de justice, est un des
monuments les plus intéressants que possède la ville de Liége. Il se trouve bâti sur
l'emplacement même où était situé le palais
construit par l'évêque Notger en 973,
et dévoré par un incendie en 1185. Le
nouveau palais, construit sur les ruines de
celui-ci en 1189, ayant été dévasté à son
tour par le feu au commencement du XVIe
siècle, l'évêque Érard de la Marck éleva
en 1508 l'édifice actuel. C'était un monument d'une grande splendeur. La reine
Marguerite de Navarre, qui y logea en
1577, en parle ainsi dans ses *Mémoires*:
« C'est le palais le plus beau et le plus com-
« mode que l'on puisse voir, ayant plusieurs
« belles fontaines, et plusieurs jardins et
« galeries; le tout tant peint, tant doré et
« accompagné de marbres, qu'il n'y a rien
« de plus magnifique et plus délicieux. »
Un nouvel incendie détruisit, en 1734, une
partie de ce superbe édifice, c'est-à-dire la
façade et deux ailes latérales de la première
cour, qui furent reconstruites quatre années
après, mais sans être mises en harmonie
avec l'ancien plan. C'est cette cour que nous
reproduisons ici. Quelque mutilée et déna-
turée qu'elle soit aujourd'hui, elle n'en est
pas moins d'un aspect étrange et imposant.
Elle est entourée d'une galerie soutenue par
soixante colonnes qui toutes diffèrent entre
elles, et qui, taillées en forme de chandeliers
d'église, sont chargées d'ornements, et de
sculptures aussi variées qu'originales.

N° XXXVIII. — HÔTEL DE VILLE DE
BRUXELLES. — Il y a peu de places publiques
qui possèdent une physionomie aussi caractéristique et aussi originale que la grande
place de Bruxelles. Encadrée de trois
côtés par des lignes de maisons aussi riches que pittoresques, dont les pignons,
dits espagnols, présentent les formes et les
ornements les plus variés, elle est décorée
d'un des plus beaux édifices de la capitale,
c'est-à-dire de l'hôtel de ville. Ce monument, commencé en 1401, vit sa partie la
plus ancienne achevée cinq ou six ans
après. C'était d'abord un bâtiment assez
modeste, qui s'étendait depuis l'angle
oriental, à gauche du spectateur, jusqu'à
la partie où se trouve aujourd'hui la base
de la flèche. Quarante ans plus tard, on
conçut l'idée d'y ajouter une tour. On en
commença la construction en 1444, et on
l'adapta à l'angle occidental de l'édifice.
L'architecte fut Jean de Ruysbroeck. En
moins de dix ans, il éleva à la hauteur de
cent mètres cette flèche hardie et colossale,
qui surpasse en élégance comme en légèreté
tout ce que l'art avait produit jusque-là
de plus merveilleux. C'est une pyramide
à jour, qui monte d'étage en étage jusqu'à
perte de vue, et dont le faîte aérien a pour
couronnement un groupe gigantesque de
cuivre doré, représentant saint Michel
vainqueur du dragon. Elle a trois cent cinquante pieds d'élévation. L'aile occidentale
du bâtiment fut ajoutée vers la fin du
quinzième siècle. La tradition rapporte que
ce fut par une des fenêtres de cet édifice
que le duc d'Albe assista à l'exécution des
comtes Egmont et de Hornes, le 5 juin 1568
(voy. page 342).

N° XXXIX. — HÔTEL DE VILLE D'Y-
PRES. — La ville d'Ypres était au moyen
âge une des trois principales villes de la
Flandre flamingeante, et elle faisait un riche commerce avec l'Angleterre, la Champagne, la Bourgogne, la Lombardie, la
Gascogne, l'Espagne et les villes anséatiques. Elle comptait une population de deux
cent mille habitants, et était renommée
pour ses immenses et nombreuses draperies, et surtout pour l'excellence de sa tein-
ture. Aussi les anciens monuments qui lui
restent sont encore une preuve de l'opulence et de la splendeur dont elle jouissait.
Parmi ces monuments, celui que nous reproduisons ici, et qui est plus vulgairement
connu sous le nom de Halle des Drapiers
que sous celui d'Hôtel de Ville, occupe
incontestablement la première place. Ce
bel édifice, entièrement isolé, a la forme
d'un trapèze irrégulier, ayant cent trente-
trois mètres dans sa plus grande longueur.
La partie la plus ancienne est le beffroi, dont
la première pierre fut posée en l'an 1200
par le comte de Flandre Baudouin, qui devint, quelques années plus tard, empereur
de Constantinople. Cette tour, de hauteur
médiocre, mais d'architecture élégante,
est flanquée de quatre légères tourelles, et
surmontée d'un dragon de bronze, emblème
que portaient aussi les étendards de la Flandre au XIIe siècle. A ses pieds se déploie la halle elle-même, dont l'aile gauche

se trouva terminée en 1230. L'aile droite fut bâtie dans l'intervalle de 1285 à 1304, et la façade postérieure en 1342. La façade principale présente trois étages : d'abord une galerie voûtée, soutenue par de fortes colonnes, et qui embrasse tout le pourtour de l'édifice; puis une sorte d'entresol, éclairé par des demi-fenêtres gothiques, au nombre de plus de quarante; enfin les salles supérieures, dont les belles et hautes fenêtres forment une ligne parfaitement régulière et de l'effet le plus majestueux. Le sommet de la muraille, crénelé comme les remparts d'une forteresse, est décoré de riches ornements, qu'a mutilés par malheur une prétendue restauration entreprise en 1822. L'étendue du monument, l'harmonie de ses proportions, son architecture antique et imposante, tout concourt à produire sur le spectateur une impression profonde d'étonnement, d'admiration, et aussi de tristesse, quand il reporte ses regards sur la place vide et sur la cité déchue.

N° XL. — HÔTEL DE VILLE DE GAND. — La fondation de l'hôtel de ville ou de l'hôtel échevinal de Gand, comme on l'appelait autrefois, se rapporte à la fin du XV° siècle. L'architecte qui fut chargé d'en dresser le plan proposa de réserver tous les embellissements pour l'intérieur, en ne montrant au dehors qu'un bon mur et de fortes voûtes, qui pussent se conserver longtemps, malgré les intempéries de l'air. Il bâtit en 1518 la partie de l'édifice donnant sur le marché au beurre. A sa mort, arrivée en 1527, son successeur abattit la plus grande partie des constructions qu'il avait exécutées, et recommença le monument tel qu'on le voit aujourd'hui. Il est à regretter que ce bâtiment, où le gothique flamboyant déploie une richesse d'ornements incroyable, soit resté inachevé en 1580. Il fut, il est vrai, continué de 1600 à 1618; mais on adopta alors un nouveau mode d'architecture : trois étages ornés de colonnes accouplées, des ordres dorique, ionique et corinthien. Une cage d'escalier saillante se voit au milieu de la façade gothique dans la rue Haute-Porte, et une tribune à coin de cette rue et du marché. Un escalier en pierre, qui n'est nullement en harmonie avec l'édifice, a remplacé en 1815 des degrés plus beaux et plus anciens. L'hôtel de ville, selon le plan du deuxième architecte, devait avoir deux étages au-dessus du rez-de-chaussée, et un toit décoré de lucarnes et de fenêtres. Le premier étage a seul été terminé, et la toiture dont on l'a couvert est fort simple et sans ornement.

N° XLI. — HÔTEL DE VILLE DE LOUVAIN. — Cet édifice, commencé en 1447 et achevé en 1463, est le *nec plus ultra* du gothique fleuri, selon l'expression de Thomas Hope dans son *Histoire de l'architecture*. En effet, rien ne peut donner une idée de l'abondance, de la profusion de sculptures dont il est orné. Il est composé d'un rez-de-chaussée assez élevé et de deux étages, éclairés de trois côtés par trois rangées de fenêtres, dont les archivoltes sont ornées de feuillages. Entre chaque fenêtre se trouve une saillie, qui, basée sur une colonnette engagée, s'élance depuis le rez-de-chaussée jusqu'au toit, autour duquel règne une balustrade. Ces saillies sont ornées de feuillages, de niches, de dais, de tourelles et de reliefs du travail le plus exquis. Les quatre angles sont flanqués de tourelles pentagones, dont les angles sont décorés à peu près des mêmes ornements que les saillies dont il vient d'être parlé. Vers le toit, ces tourelles, admirablement travaillées à jour, s'élancent avec leur double balcon, et forment d'élégants minarets. Aux deux angles du toit sont disposées deux tourelles pareilles, mais plus élevées, qui prennent naissance à la balustrade dont tout l'édifice est entouré. Ces six tourelles présentent un caractère original et singulièrement gracieux. Les détails et l'ensemble de tout l'édifice sont également admirables par leur exécution. On s'extasie devant cette forêt de colonnettes sveltes et élancées avec leur chevelure de feuillages, devant ces reliefs tout peuplés de sujets bibliques parfois un peu obscènes, devant ces tourelles et ces balustrades à mille contours différents. En un mot, il y a là de quoi défrayer dix édifices gothiques ordinaires. L'intérieur de l'hôtel de ville de Louvain est aussi fort beau. Le plafond du vestibule est décoré, à chacune de ses poutres, de superbes sculptures, pareilles à celles de la façade. La salle de réception possède un plafond en bois de chêne, sculpté aussi avec beaucoup d'art, et représentant plusieurs scènes de la passion du Christ. Mais c'est surtout un petit cabinet y attenant qui est digne d'attention. Le plafond est orné de culs-de-lampe, de reliefs, de moulures, et d'autres ornements du travail le plus exquis. Au deuxième étage, on conserve une collection de tableaux anciens, parmi lesquels il y en a plusieurs qui sont d'un grand mérite.

N° XLII. — CHEMINÉE DE L'HÔTEL DE VILLE DE BRUGES. — Dans la salle magnifique que l'on voit ici, se réunissaient régulièrement les magistrats du Franc de Bruges. Le bureau, les bancs et les sièges qu'ils occupaient autrefois, y sont restés entièrement intacts. La simplicité de cet ameublement contraste d'une manière étrange avec la cheminée, qui est richement ornée de sculptures en bois, et qui, par la conception générale, aussi bien que par l'admirable exécution des détails, est supérieure à tout ce qu'il y a d'analogue en Europe. Sa hauteur est de six mètres, et sa largeur de onze. Les colonnes de chaque côté du foyer sont en pierre de touche, ou en marbre noir. La frise, ornée de génies en marbre blanc, offre des bas-reliefs en albâtre, représentant des sujets tirés de l'histoire de la chaste Susanne. La partie supérieure est divisée en trois compartiments, dont celui qui occupe le milieu de la composition a neuf décimètres d'avant-corps. Là se trouve placée la statue de l'empereur Charles-Quint. A gauche du spectateur sont disposées les figures de Maximilien et de Marie de Bourgogne ; à droite, celles de Charles le Téméraire et de Marguerite d'Angleterre, ou, comme l'a prétendu l'auteur d'une notice sur ce monument, Ferdinand d'Aragon et Élisabeth de Castille. Toutes ces statues sont de grandeur naturelle ; les attitudes en sont gracieuses et pleines d'aisance. Les nombreux écussons jetés de toutes parts représentent les armes d'Espagne, de Bourgogne, de Brabant, de Flandre, etc. On ne trouve sur ce chef-d'œuvre d'autre inscription que le millésime de 1529. Mais on ignore à quelle occasion il a été élevé ; seulement on a conjecturé que ce fut en mémoire de la victoire remportée à Pavie par l'empereur Charles-Quint. Le nom du sculpteur auquel ce bel ouvrage est dû, on ne le sait pas davantage. Cependant on serait en droit d'affirmer (d'après le caractère que ce monument présente) qu'il est dû au ciseau de quelque artiste italien, ou au moins de quelque sculpteur belge, nourri de l'étude des bons maîtres qui florissaient en Italie au commencement du XVIe siècle.

Nº XLIII. — BEFFROI DE BRUGES. — Un des plus beaux ornements de la ville de Bruges est le bâtiment de la vieille halle. C'est un vaste édifice équilatéral, surmonté d'une solide tour carrée, qui autrefois servait de beffroi. Le corps de bâtiment qui sert de soutien à la tour est la partie la plus ancienne de cette construction. Il existait dès le commencement du XIIIe siècle, mais n'était surmonté, dans le principe, que d'une simple tour de bois. Il fut dévasté par un incendie en 1280. Onze ans plus tard, en 1291, on commença à bâtir la tour telle qu'elle existe aujourd'hui ; la halle n'y fut ajoutée qu'en 1364. La tour du beffroi a cent huit mètres de hauteur. A l'origine, elle était surmontée d'une flèche en bois qui fut brûlée par le feu du ciel en 1493, et dévorée de nouveau par la foudre en 1741, après avoir été rétablie en 1502. Depuis ce second accident la flèche ne fut plus rétablie, et l'on se borna à recouvrir d'un toit le couronnement octogone de la tour. Le carillon que renferme le beffroi de Bruges est cité comme le plus beau de l'Europe : il se compose de quarante-sept cloches, formant quatre octaves.

Nº XLIV. — BEFFROI DE TOURNAI. — Selon l'opinion de plusieurs écrivains tournaisiens, la tour primitive du beffroi, avant qu'elle eût subi les modifications qui l'ont rajeunie d'un ou de deux siècles, aurait fait partie de l'ancienne enceinte de la ville. Quoi qu'il en soit, en 1391 elle fut détruite en partie par un violent incendie. Après cette catastrophe, elle fut rebâtie sur le même plan, c'est-à-dire, dans la forme qu'elle présente aujourd'hui. Elle était garnie de trois cloches appelées le *Vigneron*, le *Timbre* et la *Bancloke*. La première était la cloche de réjouissance et de victoire ; la deuxième, celle d'alarme ; et la troisième, la cloche du ban, ou celle qui servait à appeler le peuple aux assemblées et à la défense de la ville, lorsqu'elle était menacée ; elle annonçait aussi l'exécution à mort, la mutilation et le bannissement des criminels, comme nous l'apprend cette inscription qu'elle portait :

Bancloque suis de commune nommée,
Car pour effroy de guerre suis sonnée.
Si fut celuy qui fondis devant my,
Et pour le cas que dessus je vous dy :
Robin de Croisille, c'est cler,
Me fist pour rustres assembler,
L'an mil trois cent nonante et deux,
Pour sonner à tous faits piteux,
De mort, d'oreille et d'orteaux,
De caiche et batrir temoings faux.

Nº XLV. — BEFFROI DE GAND. — La construction de cet édifice fut entreprise en 1183 ; elle fut commencée, par conséquent, cinq années après que le comte de Flandre Philippe d'Alsace eut constitué la ville de Gand en commune. C'est un lourd bâtiment carré, construit en pierres, couronné de cinq tourelles ou clochetons en bois, et percé de fenêtres en lancette. Les quatre tourelles qui sont placées aux angles de l'édifice renferment un carillon que l'on tient pour un des meilleurs du pays. Celle du milieu contient une grosse cloche qui a succédé à celle qu'on appelait Roland, et sur laquelle on lisait ces deux vers flamands :

Mynen naem is Roelant; als ick kleppe, dan is 't brandt;
Als ick luyde, dan is 't storm in Vlaenderland.

« Mon nom est Roland; quand je tinte, c'est l'incendie; quand je sonne, c'est la tempête dans la Flandre. »

Au-dessus de la même tourelle est placée une énorme girouette de cuivre doré, qui a la forme d'un dragon. La tradition populaire raconte que ce dragon fut enlevé par les Brugeois à l'une des églises de Constantinople, lors de la prise de cette ville par la croisade qui plaça le comte Baudoin de Flandre sur le trône de l'empire d'Orient; et que les Gantois à leur tour l'enlevèrent à Bruges, après la bataille de Beverholt en 1382. La partie inférieure du beffroi sert de prison municipale, et s'appelle le *Mammeloker*, parce qu'au-dessus de la porte se trouve un ancien bas-relief représentant une femme allaitant un vieillard. Le bâtiment gothique qui se trouve à côté de la tour fut construit en 1424, pour servir de halle; mais, depuis l'an 1613, il fut converti en salle d'armes pour la corporation de Saint-Michel ou des escrimeurs.

N° XLVI.—LA BOURSE D'ANVERS.— Cet édifice, dont la construction remonte à l'an 1531, se compose d'une galerie qui règne à découvert sur une cour carrée, et qui est soutenue par quarante-quatre piliers. Les arcs sont surbaissés en trèfle, et les piliers sont d'une grande élégance, et tous sculptés d'une manière différente. Au-dessus des galeries règnent des salles qui sont occupées par le tribunal et par la chambre de commerce. Deux petites tourelles surmontent l'édifice, qui a cent quatre-vingts pieds de longueur sur cent trente de largeur. Cette bourse a servi de modèle à celle d'Amsterdam, dont nous avons parlé plus haut (voy. n° XVII), et à celle de Londres, que fit construire en 1566, par un architecte flamand, sir Thomas Gresham, qui avait été pendant longtemps facteur ou banquier de la reine Élisabeth à Anvers.

N° XLVII.—LE GRAND CANAL ET MAISONS ESPAGNOLES, A GAND.— Sous le numéro XXIV, nous avons donné la façade isolée de la maison des Bateliers. Ici nous représentons une vue plus générale du quai aux Herbes à Gand, et d'un groupe tout entier de ces maisons que l'on appelle vulgairement espagnoles, bien que le style dans lequel elles sont construites soit essentiellement flamand. Ce n'est qu'une forme particulière que prit aux Pays-Bas l'architecture ogivale dans les édifices civils; et cette forme se trouva employée dans nos provinces dès le milieu du XV° siècle, comme beaucoup de plans de monuments dressés à cette époque nous l'attesteraient, si on n'en trouvait les vestiges sous les modifications que la plupart de ces édifices ont subies à travers les siècles. Ce style ne peut être non plus désigné par la dénomination de style élisabéthien, que les Anglais lui ont donné, avec non moins d'arbitraire; car il est antérieur d'un bon siècle au règne de la reine Élisabeth.

N° XLVIII.— PUITS DE FER FORGÉ, PAR QUENTIN METSYS. — Parmi les noms qui figurent dans l'histoire de l'art flamand, il n'en est point d'aussi populaire que celui de Quentin Metsys. Il n'est personne en Flandre qui ne sache la jolie légende dont il est le héros, et qui se trouve résumée dans ce vers latin, gravé sur une pierre qui se trouve incrustée dans la base de la grande flèche de la cathédrale d'Anvers :

Connubialis amor de Mulcibre fecit Apellem.

Cette légende, la voici : Quentin Metsys était un pauvre forgeron; mais personne ne maniait le fer ni ne savait l'assouplir et lui donner toutes les formes avec autant d'art que lui. La preuve en est le puits que nous représentons ici, et qui, surmonté d'une petite figure représentant Brabon, ce roi fabuleux du Brabant, se trouve placé près du portail principal de la cathédrale. Outre cet ouvrage, la Belgique et l'Angleterre possèdent un grand nombre de productions attribuées au marteau de Quentin Metsys. Or, pendant que le forgeron martelait ainsi le fer, il tourna un jour ses regards vers les fenêtres d'une maison située en face de son atelier, et depuis ce jour il ne put plus détacher les yeux de cette fenêtre, car il y avait aperçu une des plus jolies créatures du monde, la réalisation de tous les rêves de sa vie : c'était la fille d'un des peintres les plus renommés d'Anvers. Bientôt un grand désespoir s'empara de lui, car il sentait bien qu'il ne pouvait prétendre, pauvre qu'il était, à la main de cette jeune fille, qui vivait dans l'opulence, et dont le père, disait-on, ne voulait pour gendre qu'un peintre de réputation. Metsys en tomba malade. Pendant sa longue convalescence, il trouva une distraction à enluminer de petites images. Ainsi lui vint le goût de la peinture. Il s'y adonna avec tant d'ardeur, qu'il ne tarda pas à devenir un artiste distingué. Cependant la fille du peintre n'avait pas été insensible à la passion du jeune forgeron. Lorsqu'il se sentit assez avancé dans l'art pour oser se produire, il obtint un jour d'être introduit en secret dans l'atelier du maître, qui était absent. Il y resta seul pendant quelque temps, et profita de ce moment pour peindre une mouche sur le bras d'une Vierge que l'artiste était précisément occupé à terminer. Rentré chez lui et voulant se remettre à l'ouvrage, il aperçut la mouche, et voulut la chasser en agitant la main. Mais l'insecte ne bougeant pas, il reconnut qu'elle était peinte. Il appela aussitôt sa fille, demanda qui était venu dans son atelier, obtint d'elle l'aveu de ce qui s'était passé, et accepta pour gendre Quentin Metsys. Telle est la légende du peintre forgeron. Il a produit un assez grand nombre de tableaux, qui sont fort recherchés. Son chef-d'œuvre représente un *Christ au tombeau*, et se trouve au musée d'Anvers. Metsys était musicien. Il a gravé une médaille en l'honneur d'Érasme. Il était fort lié avec ce savant, comme aussi avec Albert Durer et le chancelier Thomas Morus, qui lui adressa une épître en vers latins. On ignore en quelle année cet artiste naquit. Il mourut en 1529, selon l'épitaphe qui se trouve incrustée dans la tour de la cathédrale d'Anvers.

N° XLIX. — TOMBEAU DE MARIE DE BOURGOGNE. — Marie, fille unique et héritière de Charles le Téméraire, étant morte en 1482, à la suite d'une chute de cheval qu'elle fit en chassant le héron, fut enterrée dans le chœur de l'église Notre-Dame à Bruges. On érigea sur sa tombe le mausolée que nous reproduisons ici. Il est en cuivre repoussé, et entièrement doré. On ignore à quel artiste ce monument est dû. En 1558, le roi d'Espagne Philippe II ordonna qu'un mausolée exactement semblable fût érigé au duc Charles le Téméraire, les restes de ce prince, qui avaient reposé d'abord dans l'église de Saint-Georges à Nancy, ayant été ramenés aux Pays-Bas, à la demande de Charles-Quint. Le travail fut confié à un sculpteur et ciseleur anversois, appelé Jacques Jongelinckx, qui termina ce second monument en 1562. Les deux tombeaux sont placés aujourd'hui dans une des chapelles latérales de l'église Notre-Dame.

N° L. — PORTRAIT DE RUBENS. — Pierre-Paul Rubens naquit le 29 juin 1577, à Cologne, où sa famille s'était réfugiée pour échapper aux troubles qui agitaient les Pays-Bas. Son père fut Jean Rubens, qui occupait une place distinguée dans la magistrature de la ville d'Anvers. Le jeune Pierre-Paul fut de bonne heure destiné à la robe. Il eut en 1587 le malheur de perdre son père. L'année suivante, sa mère étant rentrée à Anvers, il fut placé en qualité de page dans une des meilleures maisons du pays, dans celle de Marguerite de Ligne, veuve du comte de Lalaing. Bientôt il conçut un grand dégoût pour cette vie de domesticité et pour l'étude de la jurisprudence à laquelle sa mère et ses tuteurs voulaient qu'il se livrât. Après bien des larmes et des luttes, il obtint de pouvoir se partager entre l'étude des lettres et celle de la peinture, vers laquelle ses goûts le portaient particulièrement. Il entra d'abord dans l'atelier du paysagiste Tobie Verhaegt, puis dans celui du peintre d'histoire Adam van Noordt. Après avoir été quelque temps sous la discipline de ce maître, il fut admis parmi les élèves d'Otho Venius, un des peintres les plus savants du XVIe siècle. Il fit de si rapides progrès, qu'en l'an 1600 il put entreprendre le voyage d'Italie, pour étudier les différentes écoles qui avaient illustré ce pays. Il partit, après avoir été présenté par son maître aux archiducs Albert et Isabelle, souverains des provinces belges, lesquels le munirent de lettres pour les princes dont il se proposait de visiter les États. L'école vénitienne fut la première à laquelle il s'adressa, et elle exerça toujours sur lui une grande influence. De Venise il se rendit à Mantoue, où il entra en si grande faveur auprès du duc Vincent I, qu'il fut chargé par ce prince d'une mission auprès du roi d'Espagne Philippe III. Rentré en Italie, Rubens se livra de nouveau à l'étude des grands peintres de ce pays, et visita successivement les différentes villes où des écoles célèbres avaient fleuri. En 1608, il se trouvait à Gênes, quand il reçut tout à coup la nouvelle que sa mère se mourait. Il se hâta de partir pour Anvers; mais il apprit en chemin qu'elle avait rendu le dernier soupir. La douleur que lui causa cet événement, et l'isolement dans lequel il se sentit loin de tous les chefs-d'œuvre de l'Italie, lui firent prendre la résolution de quitter la Belgique presque aussitôt qu'il y arrivé. Mais Albert et Isabelle le pressèrent si vivement, qu'il consentit à rester dans sa patrie : ils lui assurèrent une pension considérable, et lui donnèrent le titre de chambellan. Rubens se fixa à Anvers, et s'y bâtit une sorte de palais, où il reçut plus tard la visite de l'archiduchesse Isabelle et de la reine de France Marie de Médicis. Là il commença cette vie laborieuse qui produisit près de quinze cents tableaux et un nombre considérable de dessins. Il aimait à s'entourer de savants, et parlait lui-même plusieurs langues, le latin, le français, l'espagnol, l'italien, l'allemand, l'anglais, et le flamand. Il joignait à une grande intelligence une étonnante facilité de parole. Il fut chargé de plusieurs missions politiques en Espagne, en Hollande et en Angleterre. Le roi Charles Ier le créa chevalier, et lui fit présent de l'épée avec laquelle il lui avait conféré l'ordre. Rubens mourut des suites d'une goutte remontée, le 30 mai 1640. Il avait abordé avec la même supériorité toutes les branches de la peinture : l'histoire, l'allégorie, le portrait, le paysage, les sujets de genre, les bestiaux, les fleurs, les chasses, et la nature morte. Il fut le fondateur et le chef de la grande école flamande du XVII° siècle, et domine encore aujourd'hui dans toutes les galeries, par la fougue de sa pensée, par l'énergie vivace de ses figures, et par la chaleur de son pinceau. (Voyez notre *Histoire de la vie et des ouvrages de Pierre Paul Rubens*; Bruxelles, etc., 1840.)

N° LI. — PORTRAIT DE FRANÇOIS DE MONCADE. — Antoine van Dyck, né à Anvers le 22 mars 1599, fut un des élèves les plus distingués de Rubens. C'est surtout dans la peinture du portrait qu'il s'acquit une réputation éclatante, bien qu'il possède également un très-grand mérite comme peintre d'histoire. Après avoir voyagé en Italie, il se fixa en Angleterre, où il devint l'ami et le protégé du roi Charles I. Il mourut à Londres en 1641. Van Dyck a fait un nombre considérable de portraits, dont une grande partie peuvent être placés à côté des meilleures productions qui aient été fournies en ce genre par le Titien. Le portrait que nous donnons ici est celui de François de Moncade, qui fut gouverneur général des provinces belges en 1633. Cette toile est regardée comme un des bons ouvrages du peintre flamand.

N° LII. — FAÇADE DE L'ÉGLISE DES JÉSUITES, A ANVERS. — Cette église, dédiée à saint Charles-Borromée, fut construite, selon l'opinion générale, d'après les dessins de Rubens. On raconte qu'un bâtiment espagnol ayant enlevé à un corsaire algérien une grande quantité de très-beau marbre noir, le vendit aux jésuites d'Anvers, et que ce marbre, destiné d'abord à la construction d'une mosquée, donna aux acquéreurs l'idée de faire bâtir une église qui surpassât en magnificence toutes celles que l'on connaissait. C'est alors que Rubens aurait été chargé de dresser un plan, et l'église que nous avons représentée ici serait l'œuvre de cet artiste. La vérité est que le plan en fut conçu en 1614 par le père jésuite Aguillon, et que Rubens se borna à l'enrichir d'un grand nombre de belles peintures. Cet artiste orna les voûtes de trente-deux plafonds peints, qui passaient pour des productions dignes d'être rangées parmi les meilleures que ce maître ait laissées. Le reste de l'église et l'intérieur étaient décorés avec une richesse et une magnificence qui se trouvaient en harmonie avec les ouvrages du chef de l'école flamande. Mais malheureusement, le 18 juillet 1718, un violent incendie éclata dans cet édifice, et en dévasta tout l'intérieur. La façade ne reçut que fort peu de dommages; de sorte que nous la voyons ici telle qu'elle sortit primitivement de la pensée de l'architecte. Elle est fort belle, et présente une masse imposante. Aussi on la classe au nombre des meilleures productions architectoniques du XVII° siècle.

N° LIII. — ÉGLISE DE SAINT-AUBIN, A NAMUR. — Cette église a été bâtie en 1750, et a remplacé l'ancienne église de Saint-Aubin, érigée en cathédrale en 1599, lors de l'érection des nouveaux évêchés par le roi Philippe II (voy. page 334). Elle présente une façade imposante par sa majestueuse élévation. Le portail est orné de vingt colonnes corinthiennes, et soutient un frontispice dont la corniche supporte cinq statues en marbre blanc, représentant le Sauveur et les quatre évangélistes. A l'intérieur de cette église, richement dallée de marbre, on voit un mausolée érigé à la mémoire de don Juan d'Autriche, mort au camp de Bougy, près de Namur, le 1ᵉʳ octobre 1578 (voy. page 358).

N° LIV. — MAISONS DU XVI° SIÈCLE, A MALINES. — Dans le cours du XVI° siècle, la ville de Malines était dans l'opulence et dans la splendeur. Elle comptait dans son sein plusieurs grands établissements de l'État. Elle avait dans ses murs le conseil suprême de justice. Marguerite d'Autriche, devenue gouvernante des Pays-Bas, prit tellement cette ville en affection, qu'elle voulut y transférer la résidence du gouvernement. Malines possédait une immense fonderie de canons, qui travaillait sans relâche pour les armées de Charles-Quint. Elle fut érigée en primatie des Pays-Bas en 1559 (voy. pag. 334). Enfin Marie, reine de Hongrie, ayant été investie, en 1531, du titre de gouvernante, s'y plaisait tant, qu'elle y était presque toujours, et qu'elle y forma une collection de livres et de tableaux. La présence presque constante de la cour et des officiers attachés aux institutions qui se trouvaient établies dans cette ville, y donna un grand élan à l'architecture. Aussi, malgré tous les désastres dont Malines fut frappée depuis l'explosion de son grand magasin de poudre en 1546, jusqu'aux trois dévastations qu'elle subit en 1572, en 1578 et en 1580, pendant les guerres de religion, elle conserve encore une grande partie d'anciens monuments du XVI° siècle, pleins de fantaisie et d'imagination. De ce nombre sont les quelques maisons que nous offrons ici au lecteur. Elles sont situées sur le bord de la Dyle.

N° LV. — Palais des États-Généraux, a Bruxelles. — Tel est le nom sous lequel était connu, pendant le gouvernement du roi des Pays-Bas, ce monument, appelé aujourd'hui le palais de la Nation. Il est situé près du parc, et fait face directement au palais du roi, construit sur l'emplacement qu'avait occupé la modeste habitation où Charles-Quint se retira pendant quelque temps, après qu'il eut abdiqué; il fut commencé en 1779, et terminé en 1783. Cet édifice fut élevé aux frais de la ville, et destiné aux séances du conseil de Brabant. Pendant la domination française, les différents tribunaux y siégeaient. En 1817, ce palais reçut une autre destination; il fut affecté à la réunion des deux chambres des états généraux, qui en prirent possession le 18 octobre 1818. L'extérieur présente un ensemble fort harmonieux, surtout dans la belle rue où il est situé, au milieu de ces somptueux hôtels, et devant la masse touffue des grands arbres du parc. La façade est décorée de huit colonnes cannelées, que couronne un fronton triangulaire, dont le bas-relief représente la Justice. De chaque côté du vestibule monte un vaste escalier de marbre rouge, qui conduit aux salles de réunion des deux branches de la législature. Celle du sénat est d'une grande simplicité; celle de la chambre des représentants est ornée d'un rang semi-circulaire de colonnes, entre lesquelles sont placées les tribunes publiques et réservées.

N° LVI. — Chambre des Représentants, a Bruxelles. — Dans la planche précédente, nous avons vu le même palais isolé de ce qui l'entoure. Ici nous le voyons du côté du grand bassin vert du parc, et nous pouvons mieux juger du bel effet d'ensemble qu'il produit avec les puissants massifs de cette promenade, anciens restes de la forêt de Soigne.

N° LVII. — L'Université de Gand. — Parmi les nombreux édifices modernes que la Belgique a vus s'élever depuis quatre-vingts ans, il n'en est pas, à coup sûr, qui puisse être comparé pour la beauté, pour l'élégance, pour la richesse, au palais de l'université de Gand. C'est un monument vraiment digne de cette grande cité, dans laquelle Charles-Quint se vantait de cacher Paris. Il a été construit sur l'emplacement d'un ancien couvent. Commencé en 1819, il se trouva entièrement terminé en 1826. Ce bel édifice est d'un style vraiment classique, et d'une pureté dont nous ne pourrions guère citer d'autre exemple en Belgique. La façade est composée de huit colonnes d'ordre corinthien, dont les proportions sont celles du Panthéon de Rome, et dont les chapiteaux ont été moulés sur ceux des temples d'Antoine et de Faustine. Elles supportent un fronton triangulaire, qui est orné d'un bas-relief représentant le Gouvernement, sous la forme de Minerve, distribuant à la ville de Gand des faisceaux académiques; car cette université est une institution du royaume des Pays-Bas; elle ne date que de 1816. Ce péristyle malheureusement ne produit aucun effet, l'édifice se trouvant en quelque sorte enfoui au milieu des constructions les plus ordinaires, au lieu d'être isolé. L'intérieur est orné avec une rare magnificence. L'architecte, sans sortir jamais des bornes qu'impose le bon goût, semble y avoir prodigué toutes les richesses et tous les ornements du style antique. Un somptueux vestibule, dont nous donnons ici le dessin, conduit à la salle principale du palais, qui est celle des promotions académiques. Elle est circulaire, et décorée d'un pourtour de dix-huit colonnes corinthiennes, en stuc blanc poli, imitant le marbre. Cette colonnade forme un magnifique rang de loges, qu'on peut augmenter au besoin d'un rang inférieur, formé par les piédestaux des colonnes, qui s'ouvrent et se ferment au moyen de panneaux à coulisses. Le milieu de la salle, disposé en amphithéâtre, est garni de gradins destinés au public, et d'une estrade réservée au sénat académique. Toute la partie dont nous venons de parler est de construction nouvelle. Le reste des bâtiments de l'université n'est qu'une appropriation de l'ancien couvent aux besoins de sa nouvelle destination.

N° LVIII. — Monnaies belges de différentes époques. — La première pièce est brabançonne. La deuxième est de Louis de Bourbon, évêque de Liége, qui fut tué par Guillaume de la Marck, surnommé *le Sanglier des Ardennes* le 30 août 1482 (voy. page 302). La troisième est de Philippe d'Aremberg, prince d'Empire, et duc d'Arschot aux Pays-Bas. La quatrième est de François, duc d'Alençon et d'Anjou, auquel la souveraineté des Pays-Bas fut conférée en 1582, et qui fut inauguré comte de Flandre le 20 août de la même année (voy. page 367). La cinquième fut frappée dans le cours de la révolution brabançonne de la fin du dernier siècle; on y remarquera la bizarre faute de latin que nous avons déjà signalée : le mot *unio* employé dans le sens de *concordia*. Enfin la sixième est du roi actuel des Belges.

HOLLANDE.

L'Amiral Tromp.
(d'après Metzu)

HOLLANDE.

L'Amiral Ruyter.
(D'après Jordaens.)

HOLLANDE.

Églises St Jean et St Servais à Maestricht

HOLLANDE.

HOLLANDE.

Tour de l'Église St. Martin, à Utrecht.

HOLLANDE.

Église de la Haye.

Intérieur de la nouvelle Église Luthérienne à Amsterdam.

HOLLANDE.

HOLLANDE.

Rembrandt

Buffet d'Orgues dans l'Église occidentale d'Amsterdam.

HOLLANDE.

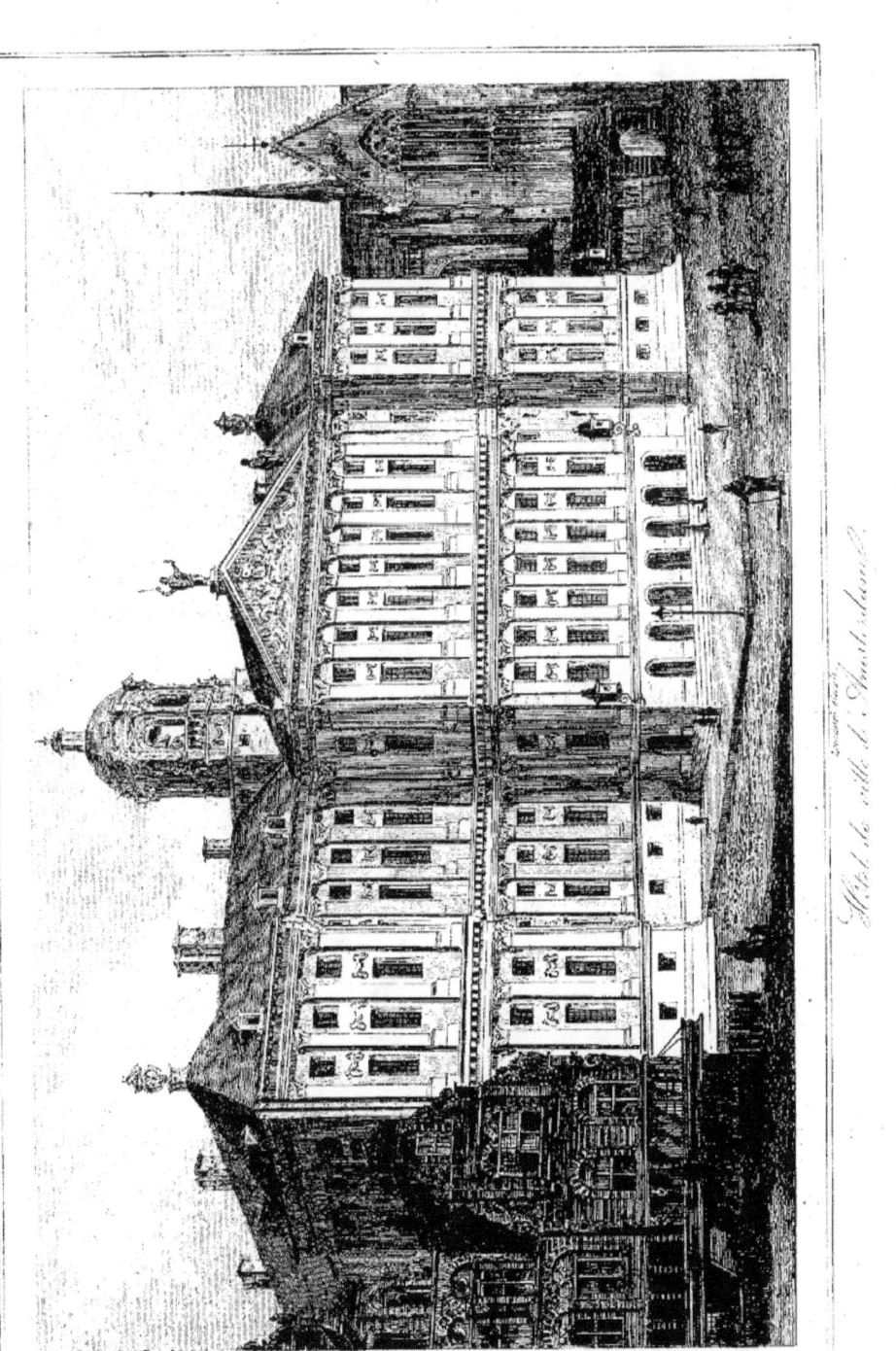

Hôtel de ville d'Amsterdam.

HOLLANDE.

Grande salle de l'hôtel de ville d'Amsterdam.

HOLLANDE.

Hôtel de ville de Leyde.

HOLLANDE.

Hôtel de ville de Delft.

HOLLANDE.

Grande salle d'audience à la Haye.

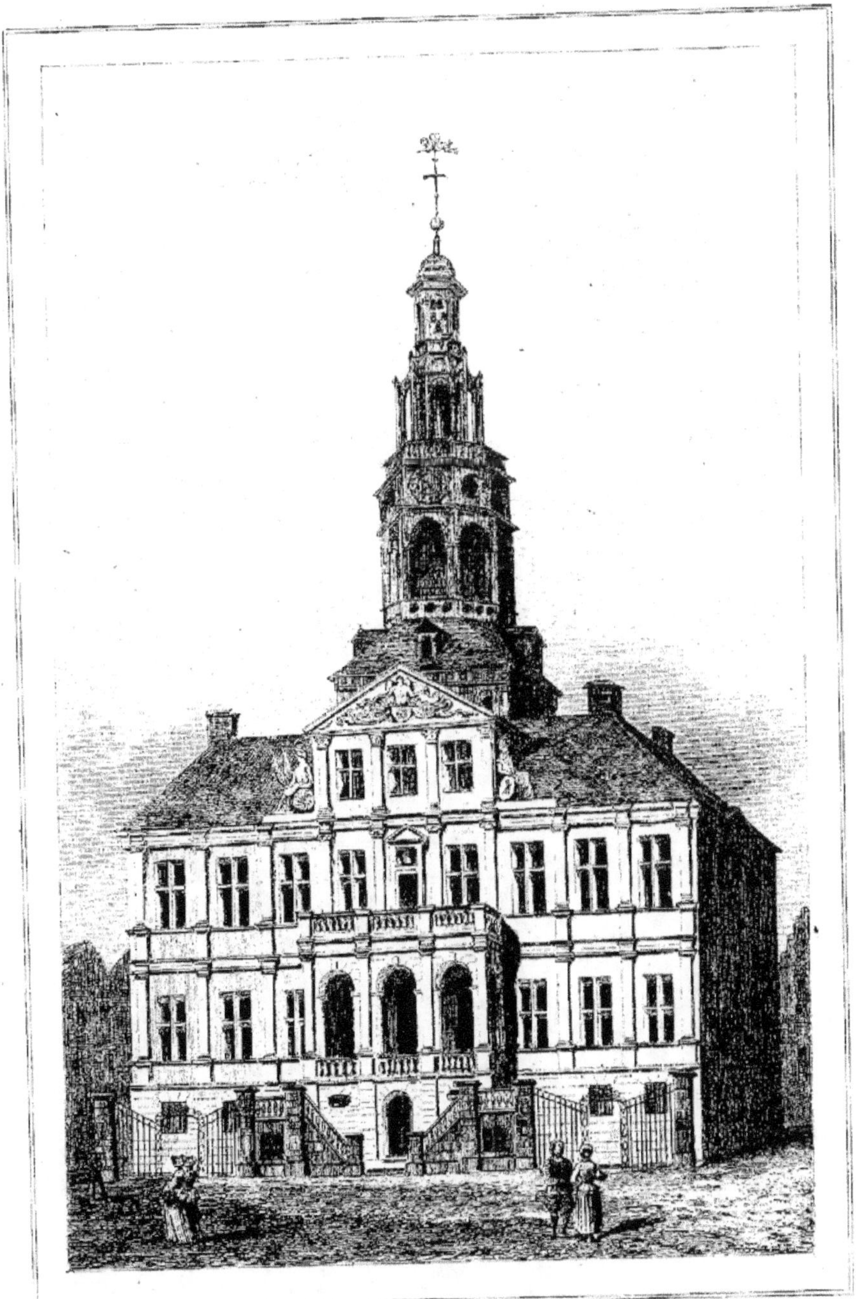

Lemaitre direxit

Hôtel de ville de Maastricht.

HOLLANDE.

Bourse d'Amsterdam.

BELGIQUE

Pierre Celtique, dite de Brunehaut à Hollain.

BELGIQUE.

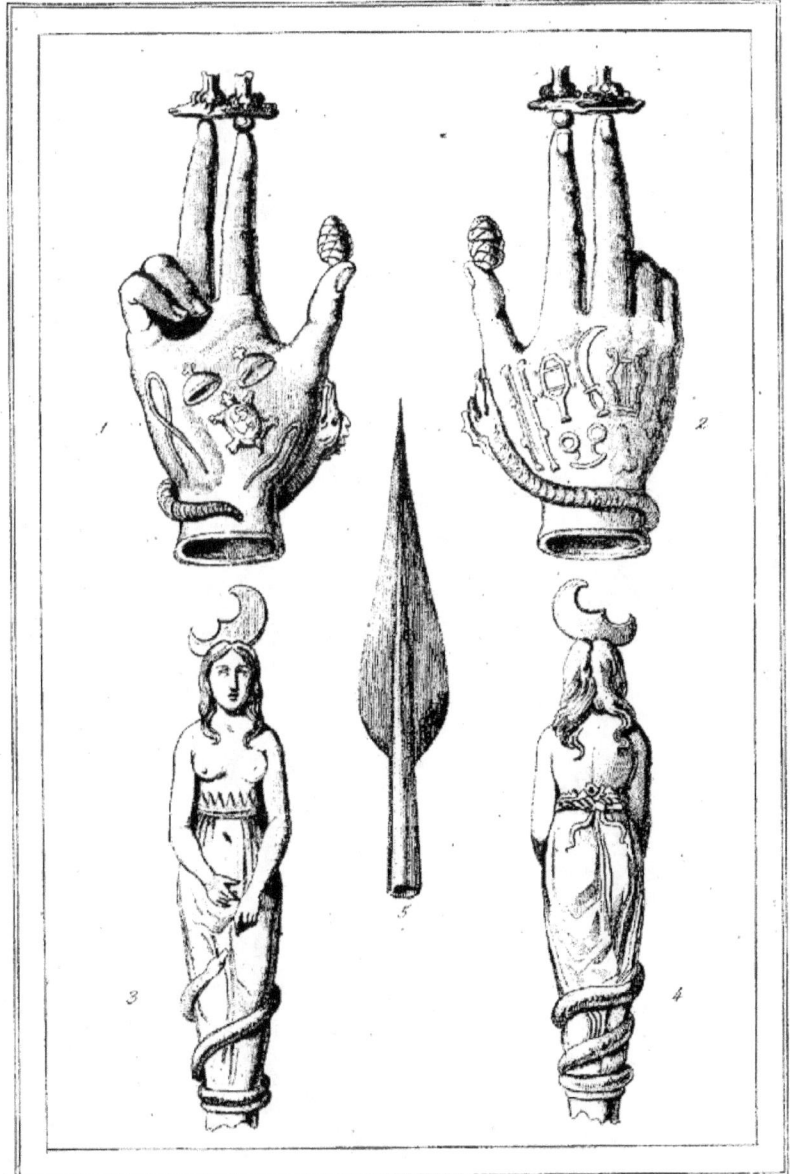

1. 2. main Symbolique, dite Panthée.
3. 4. Statues d'Isis. 5. Lance de bronze.

BELGIQUE.

Pont à Tournai.

Cathédrale de Tournai.

BELGIQUE

JOANNES AB EYCK PICTOR.

J. Van Eyck, dit Jean de Bruges

Inventeur de la Peinture à l'huile.

BELGIQUE. 24-47 bis

Maison des Bateliers à Gand.

BELGIQUE.

Hemling.

Cathédrale d'Anvers.

BELGIQUE.

Cathédrale d'Anvers.

Église St. Paul à Anvers.

BELGIQUE.

Église de Dinant.

BELGIQUE

Église St Michel et Ste Gudule, à Bruxelles.

Église S.t Michel et S.t Gudule, à Bruxelles.

BELGIQUE.

Jubé de l'Église St Pierre, à Louvain.

Châsse de Ste Ursule (Peinte par Memling)

BELGIQUE.

Réfectoire de l'Abbaye S.t Michel, à Anvers.

Palais de l'Évêque à Liège.

BELGIQUE.

Hôtel de Ville d'Ypres.

BELGIQUE.

Hôtel de Ville de Gand.

BELGIQUE.

Hôtel de Ville de Louvain.

Cheminée de l'Hôtel de Ville de Bruges.

BELGIQUE. 44

Beffroi de Tournay.

BELGIQUE.

Beffroi de Gand.

BELGIQUE.

Pal. Bourse d'Anvers.

BELGIQUE.

Le grand Canal et Maisons Espagnoles, à Gand.

BELGIQUE.

Puits de Le brad par Quentin Metsus.

BELGIQUE

Tombeau du Musée de Bourgogne.

BELGIQUE.

Rubens.

François de Moncade.

(d'après Van Dyck)

BELGIQUE.

Façade de l'Église des Jésuites à Anvers.

BELGIQUE.

Église St Aubin à Namur.

BELGIQUE.

Maisons du XVIe Siècle à Malines.

BELGIQUE.

Palais des États Généraux à Bruxelles.

BELGIQUE.

Chambre des représentants à Bruxelles.

BELGIQUE.

L'Université de Gand.

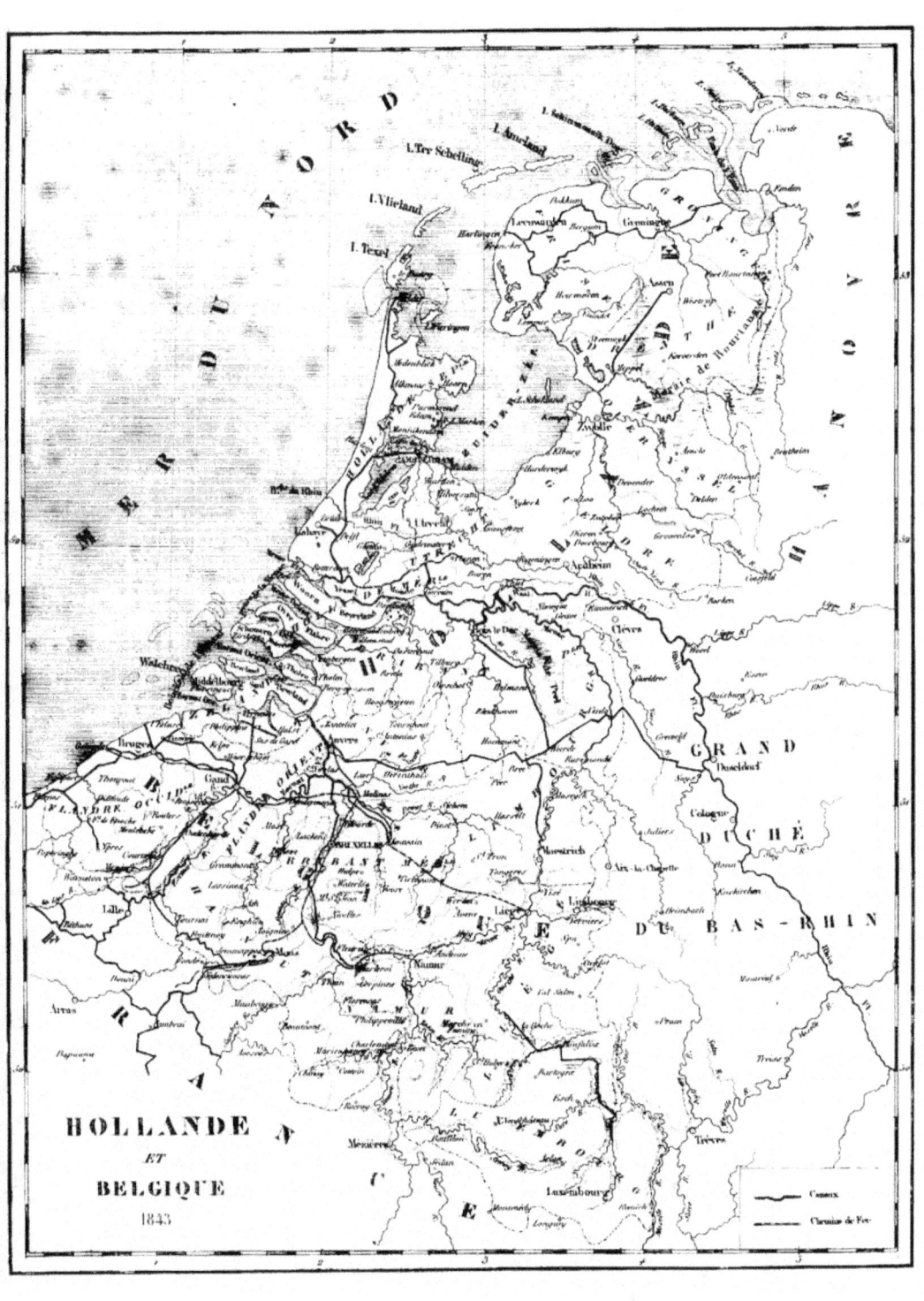

www.ingramcontent.com/pod-product-compliance
Lightning Source LLC
Chambersburg PA
CBHW050103230426

43664CB00010B/1427